스피노자 철학에서 개인과 공동체

Individu et communauté chez Spinoza by Alexandre Matheron
Copyright © 1988 by Les Éditions de Minuit.

All rights reserved.
Korean Translation Copyright © 2008 by Greenbee Publishing Company.
Korean Translation edition published by arrangement with Les Éditions de Minuit through PubHub Literary Agency.

스피노자 철학에서 개인과 공동체

초판1쇄 발행 2008년 4월 15일
초판4쇄 발행 2018년 3월 30일

지은이 알렉상드르 마트롱 · **옮긴이** 김문수, 김은주
펴낸이 유재건 · **펴낸곳** (주)그린비출판사 · **주소** 서울시 마포구 와우산로 180, 4층
전화 02-702-2717 · **이메일** editor@greenbee.co.kr · **신고번호** 제2017-000094호

ISBN 978-89-7682-308-3 03160

이 도서의 국립중앙도서관 출판예정도서목록(CIP)은 서지정보유통지원시스템 홈페이지(http://seoji.nl.go.kr)와 국가자료공동목록시스템(http://www.nl.go.kr/kolisnet)에서 이용하실 수 있습니다.(CIP제어번호: CIP2008001097)

이 책의 한국어판 저작권은 PubHub 에이전시를 통한 저작권자와의 독점계약으로 (주)그린비출판사에 있습니다. 저작권법에 의하여 한국 내에서 보호를 받는 저작물이므로 무단전재와 무단복제를 금합니다.
책값은 뒤표지에 있습니다. 잘못 만들어진 책은 서점에서 바꿔 드립니다.

나를 바꾸는 책, 세상을 바꾸는 책 www.greenbee.co.kr

스피노자 철학에서 개인과 공동체

그린비 크리티컬 컬렉션 07

알렉상드르 마트롱 지음
김문수 · 김은주 옮김

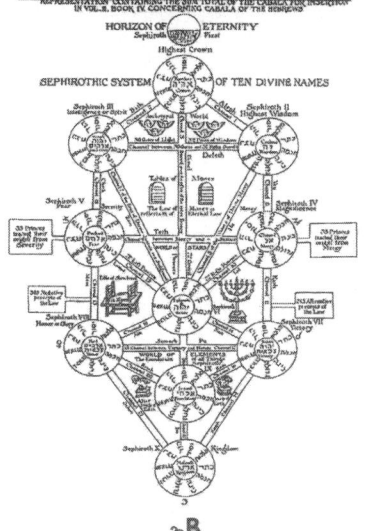

옮긴이 서문

이 책은 알렉상드르 마트롱(Alexandre Matheron)의 박사학위논문이자 첫 저서인 *Individu et Communauté chez Spinoza*(Editions de Minuit, 1969, 1988)를 완역한 것이다. 우리는 제목을 "스피노자 철학에서 개인과 공동체"라 옮겼다. 이 책의 주제가 스피노자의 존재론이나 인식론이었다면 제목은 마땅히 "스피노자 철학에서 개체와 공통성"이라 해야 할 것이며, 우리 역시 필요할 경우 본문에서 '개체'나 '공통성'이라는 용어를 사용했다. 그럼에도 제목을 이렇게 옮긴 이유는 이 책 전체의 주제가 결국 스피노자의 인간학으로 수렴되기 때문이다. 이 선택은 존재론과 인식론에 국한되어 있던 스피노자 연구를 정치학을 비롯한 인간학으로 체계적으로 확장한 이 책의 의의에도 부합하리라 생각한다.

우리는 이 책에서 몇 가지를 추가하거나 변경했다. 첫째, 목차를 활용하여 본문에 소제목을 붙였다. 둘째, 본문 이해에 필수적이라 판단되는 경우에 한해 각주에다 『윤리학』 원문을 옮겨 두었다. 하지만 지면상 이를 최소한으로 한정했으므로, 복잡하고 정교한 논증이 전개되는 부분을 충실히 이해하려면 독자들은 원 텍스트를 참조해야 할 것이다. 셋째, 1988년 판본 서두에 붙은 "1987년 서문"을 "1988년판에 부쳐"라는 제목으로 부록에 옮겼다. 이 서문이 책의 전체적인 얼개를 그리거나 주도적인 문제의식을 제시하기보다는 이 책에 대한 평가와 맞물린 저자의 향후 연구 계획, 이 책이 겪어야 했던 질곡에 대한 소회를 담고 있어, 본문 다음에 읽도록 뒤에 배치하는 것이 보다 자연스러울 것 같다는 판단에서다. 넷째, 부록에 마트롱과 현재 프랑스의 스피노자 연구를 주도하고 있는 연구가들과의 대담('A propos de Spinoza : Entretien avec Alexandre Matheron', *Multitude*, n 3, 2000)을 추가했다. 이 대담에는 이 책 『스피노자 철학에서 개인과 공동체』의 집필배경, 주요 논점, 책에 대한 후속 연구자들의 평가, 더 나아가 저자의 최근 연구 상황이 생생하고 구체적으로 담겨 있다. 이 대담과 앞의 서문이 이 책에 대한 훌륭한 해제가 되리라 기대하며, 여기서는 스피노자 연구사에서 이 책이 갖는 의의만 간단히 언급해 두기로 한다.

이 책은 1960년대 말, 그러니까 마르샬 게루의 『스피노자』와 질 들뢰즈의 『스피노자와 표현의 문제』와 거의 같은 시기에 출간되었다. 흔히들 이 시기를 스피노자 연구사의 "영웅적 시기"라 부른다. 이 저서들을 계기로 데카르트주의의 아류나 독일 관념론의 들러리가 아닌 명실상부한 "스피노자주의"가 등장했기 때문이다. 그의 문헌들이 체계적으로 정리되었던 19세기~20세기 초 이후의 공백까지 생각하면 그야말로 스피노자의 재탄생이었던 것이다. 하지만 '88년판 서문'에서 마트롱 스스로 "압도적인 무시"라 표현할 만큼, 이 세 권의 저서 가운데 이 책만은 오랫동안 진가를 인정받지 못했다. '철학자' 스피노자는 단연 '형이상학자'였던 프랑스 강단 철학계가 보기에 이 책은 너무나 정치학적인 저작, 반면 당대의 좌파 지성계가 보기에는 지나치게 아카데믹한 연구서였기 때문일 것이다. 더구나 여기 그려진 스피노자는 당대 좌파 철학의 공공연한 적이었던 헤겔을 너무 많이 닮아 있었는지도 모른다. 그래서인지 현재의 3세대 연구자들에게 미친 영향력과는 대조적으로, 그의 연구는 '정치적 스피노자주의'라 일컬어지는 2세대 연구자들(마슈레, 네그리, 발리바르, 토젤 등)에게조차 꽤 오랫동안 별다른 반향을 일으키지 않았다. 그렇다면, 오늘날 이 책이 스피노자 연구의 가장 중요한 준거 중 하나로 꼽히고 있는 이유는 무엇일까? 역설적으로 우리는 이러한 평가절하의 동기를 복권의 이유로 재해석할 수 있을 듯하다.

우선, 방법의 측면이다. 이 책은 스피노자 연구에서 엄밀한 방법론적 전통을 확립했다. 마트롱은 게루가 피히테, 데카르트, 스피노자 연구를 통해 세워 놓은 이른바 "철학사의 구조주의 방법"을 충실히 따랐다고 말한다. 철학사의 구조주의 방법의 핵심은 한 철학자의 완숙기 "저작"(l'œuvre)(가령, 데카르트의 『성찰』, 스피노자의 『윤리학』)에 담긴 논증 구조에 대한 철저한 천착에 있다. 시나 소설, 과학이론, 형이상학적 의견과는 구별되는 철학적 진술의 고유성은 바로 논증에 있기 때문이다. 그러므로 어떤 철학을 충실히 구축하기 위해서는 통시적 영향이나 공시적 교섭을 괄호치고 저작의 논증 구조를 밝혀야 한다. 물론 철학적 개념들의 의미 역시 바로 이 구조에 따라 결정된다. 그런 이상, 전체 구조를 따져 보지 않은 채 인상적인 몇몇 개념으로 한 철학 전체를 구축한다든지, 다소간 상상력을 동원하여 철학자의 심리나 직관을 구성하는 방법은 엄밀한 의미의 철학사 구축에서 배척된다. 또한 한 철학자의 여러 저작들 간의 관계를 발전사적으로 해석한다든지, 외견상의 개념적 유사성을 토대로 선대 철학과의 영향관계를 밝혀내거나, 당대의 시대적 맥락을 중심에 두고 철학을 구축하는 작업도 마찬가지다.

이런 방법론적 기조는 이 책에서도 확인된다. 우선, 데카르트, 스콜라철학, 중세 유대철학 등과의 철학사적 비교작업은 과감하게 생략되어 있다. 스피노자를 당대의 맥락에서 읽어내는 작업도 주변부로 밀려나 있고, 스피노자의 여러 저작들 간의 관계를 진화론적으로 해석하는 작업도 (단 한 부분을 빼면) 찾아볼 수 없다. 거의 유일한 참조점인 홉스와의 비교작업은 오히려 구조주의 방법의 전형적인 특징을 보여 준다. 이 작업은 스피노자나 홉스 모두 사용하는 '코나투스'나 '계약'이라는 용어들이 두 철학 체계의 내적 논리상 얼마나 상이한 의미를 지니는지를 밝히고 있으니 말이다. 이 책에서 우리는 텍스트 외부에 대한 참조 대신 일관된 "근거들의 연쇄"를 발견할 수 있다. 존재론을 다루는 1부에서부터, 정념론과 정치학을 다루는 2, 3부를 거쳐, 영원성을 다루는 4부에 이르기까지. 이는 『윤리학』 1부에서 5부까지의 순서와 거의 일치하며 연역적 질서로 쓰인 저작의 정신에 따른 것이기도 하다. 나아가, 개별 논증들에서는 텍스트의 어법을 한 치도 위반하지 않고 내적 근거로부터 치밀하게 체계를 짜나가는 철저한 텍스트 내재주의를 실감할 수 있다. 가령, 스피노자의 논증 순서로부터 스피노자 테제의 의미를 밝히는 장면들이나 지루할 만큼이나 세세하게 전개되는 9장의 정치체제 분석을 보라. 이런 특징 때문에, 가령 피에르 프랑수아 모로는 마트롱과 게루를 한데 아울러 "프랑스의 철학사 연구의 가장 탁월한 전통을 구성하는 것, 곧 텍스트의 건축술이나 체계에 대한 엄밀한 분석의 완성"이라고 평한다. 이러한 평가는 맑스주의적 경향의 스피노자 연구자인 앙드레 토젤도 공유하는 바이다. 그는 마트롱을 게루와 함께 "가장 엄밀한 주석가, 철학사의 구조적이고 내재적인 실천의 거장"이라 칭하면서 들뢰즈나 알튀세르 같은 "철학적인 주석가"에 대비한다. 실상 이 책 전체를 관통하는 빈틈없는 엄밀성이야말로, 근

40년이 지난 지금까지도 바래지 않는 이 책의 효력의 원천이라 할 수 있다. 더 정확히 말해, 이 효력은 오히려 90년 대 이후에야 비로소 충만히 발휘되기 시작했는데, 이는 스피노자 연구의 양적인 확산과 더불어 점증해 가는 엄밀성에 대한 요구에 부응하는 것이기도 하다.

이처럼 마트롱은 게루의 방법론을 계승했음에도, 그가 그려낸 스피노자 철학은 게루의 그것과는 사뭇 다르다. 우선, **연구 대상**이 확장된다. 중간(3부)에 정치학이 개입되는 책 순서에서 이미 나타나듯, 『윤리학』만을 대상으로 스피노자 철학의 구조를 밝혀내려 했던 게루와는 달리 그는 『신학정치론』과 『정치론』을 『윤리학』과 하나로 통합한다. "저작"(l'œuvre)의 외연이 넓어지는 셈이다. (초기 저작인 『지성교정론』이나 『소론』과도 달리) 전통적으로 스피노자의 "철학" 저작에서는 제외되어 왔던 이 정치저작들 역시 『윤리학』과 하나의 연역적 체계를 이루는 것으로 간주되며, 이는 마트롱의 스피노자 연구가 가져온 가장 큰 혁신으로 평가받는다. 다음으로, **서술방식**도 다르다. 게루의 책이 분석적이라면, 이 책은 종합적이며 나아가 한 편의 드라마처럼 펼쳐진다. 곧 개체들 간의 분리와 갈등, 그리고 통일의 드라마로 말이다. 특히 사회구성체의 형성과정과 맞물려 전개되는 정념들의 발생적 연역에서 우리는 이러한 극화 작업의 극치를 맛볼 수 있다. 물론 여기에는 헤겔철학의 영향이 분명하게 감지된다. 정념들의 연역 과정은 인간 정신의 발달 과정인 동시에 '소외'의 심화 과정인 양, 그리고 연역적 '파생'(dérivation)은 '일탈'의 의미로 사용되면서 마치 모순의 필연적인 전개인 양 기술되는 것이다. 당연히 소외도 모순도 스피노자 고유의 어법과는 거리가 멀다. 이런 대가에도 불구하고, 이처럼 발생적이고 드라마틱한 서술방식은 풍부한 결과들을 산출하며 이 책을 엄밀한 주석서로만이 아니라 한 권의 철학서로도 읽을 수 있게 해준다. 다른 한편, 이런 '절취' 작업은 비단 헤겔철학에 한정되지 않는다. 우리는 철학사적으로 스피노자와 전혀 무관한 개념이나 도식이 과감하게 차용되는 경우도 적지 않게 발견할 수 있다. 『윤리학』 3부 이하의 전 체계를 도해하는 데 차용되는 카발라의 도식이나, 다양한 경우들을 분석하는 도구로서 암묵적으로 사용되는 레비-스트로스 식 조합과 배치, 콩트의 진화 공식, 사르트르의 상호성 개념, 모스의 증여론 등이 그렇다. 물론 이것들은 도해의 도구일 뿐 영향사적 주장과는 무관하며, 스피노자 철학을 한층 명쾌하고 구체적으로 그려내는 데 이바지한다.

다음으로, 내용의 측면이다. 마트롱의 연구는 내용상으로도 오늘날 스피노자 해석의 지평을 마련하였다. 적어도 세 가지 수준에서 그렇다. 첫째, **존재론**의 수준에서, 개체론이 스피노자 존재론의 가장 중요한 대상 중 하나로 확립되었다(1부). 사실, 스피노자 철학을 유일 실체의 철학으로, 그래서 모든 소가 검게 보이는 무구별의 철학으로 바라보았던 전통적 의미의 범신론적 관점과의 분명한 단절은, 앞서 말한 세 저작 모두가 공유하는 점이기도 하다. 1부 제일 첫줄에 곧바로 등장하는 코나투스 테제가 시사하듯, 이 책 또한 실체가 아닌 개체를 실재의 전면에 부각시킨다. 개체들의 충만한 자연권은 오히려 실체이론으로 뒷받침된다. 곧 실체는 양태 안의 순수 활동성이며, 개체는 특정한 방식으로 표현된 신(Deus quatenus)이다. 범신론이 역량의 존재론으로 재해석되면서 오히려 "형이상학적 개체주의"를 정당화하는 것이다. 마트롱은 이와 같은 형이상학적 진술에 만족하지 않고 "물체 방정식"과 같은 수학적 모델을 도입하여, 부분들 사이의 상호 관계의 평형으로서 개체의 통일성의 근거를 아주 구체적으로(이후 스스로도 지나친 수학주의라고 할 만큼) 밝히고 있다. 이런 점에 착안하여 네그리 같은 이는 마트롱의 연구가 들뢰즈의 연구와 더불어 "심층의 내재성"을 대체하는 "표면의 내재성"을 확립했다고 평한다.

둘째, **정념이론**과 **윤리학**의 수준에서, 정서모방 기제와 유사성의 윤리라는 주제가 스피노자 철학에서 처음으로 발굴되었다(2부). 대표적인 영미권 스피노자 연구자인 앨런 도너건은 이 책의 정념이론을 "내가 지금까지 살펴본 스피노자의 정념이론 가운데 가장 훌륭하고 가장 철저한 연구를 담고 있다"고 평가한다. 그만큼 2부에 제시된 정념이론은 이 책 안에서도 백미를 이루는 부분이다. 마트롱은 우선 정념의 원천을 지향 대상에 두는 전통 정념론과, 코나투스에 두는 스피노자의 이론을 대결시키면서 스피노자 정서론의 근대성을 분명히 보여 준다. 더 강조해야 할 점은 인간 상호간의 정서모방 기제에 주목하여 스피노자 정서론의 독창성과 현대적 함축을 밝혀내었다는 점이다. 정서 모방은 정념 구성의 대상적 차원과 이론적으로 동등한 지위를 획득하며, 결과적으로 코나투스의 함의도 확장된다. 이는 개인적 차원과 사회적 차원의 불가분성을 함축할 뿐 아니라, 윤리적 해방의 핵심 역시 사회적 차원, 곧 "유사성의 윤리"에 있음을 시사한다. 이후 발리바르는 마트롱의 정서이론 가운데 사회성의 토대로서 명예에 대한 야망에 주목하여 그것이 이기주의와 이타주의, 개인주의와 공동체주의의 이분법을 극복할 개념적 수단을 제공한다는 점을 높이 평가하고, (비실체적인) 관계와 소통의 존재론을 구축하는 실마리로 삼기도 한다.

셋째, **정치론**의 수준에서, 마트롱은 정치제도의 조직을 윤리적 이행의 필수적 계기로 확립하였다(3부). 정치의 필수성은 우선 정서모방의 양가성에서 비롯된다. 정서모방이 함축하는 자생적 사회성은 또한 갈등의 원천이기 때문이다. 따라서 정념들은 반드시 정치-경제-이데올로기적 제도, 곧 국가(*imperium*)를 통해 정향되고 중화되어야 한다. 다음으로,

정치는 윤리학의 중요한 물음인 이행의 아포리("이성적이 되기 위해서는 먼저 이성적이어야 한다")를 해소하기 위해서도 필수적이다. 누구에게나 이성의 초기 자본은 있고 이성의 사이클은 일단 시동이 걸리기만 하면 자가 증식한다. 그러나 문제는 이성 혼자 힘으로는, 그리고 우리 혼자 힘으로는 시동이 걸리지 않는다는 점이다. 따라서, 한편으로는 이성(아직은 추상적인)이 자신의 타자인 정념들을 전향시켜 원군으로 삼을 수 있도록, 다른 한편 우리가 외부 환경, 특히 "인간이라는 환경"에서 도움을 받을 수 있도록 정치사회를 조직하는 것이 윤리적 이행의 핵심 계기가 된다. 스피노자와 정치라는 문제는 차후 네그리나 발리바르에 의해서 보다 급진적으로 제시되지만, 그럼에도 처음으로 정치의 문제를 스피노자의 '진정한 철학적 문제'로 제기했다는 점이야말로 이 책의 의의라 할 수 있다. 이후 다른 논문에서 마트롱은 이와 같은 "사회체의 정념이론"으로서의 정치이론을 정념적 인간들 간의 상호작용이 수용할 수 있는 "자가조절적 평형의 형태에 대한 탐구"로 정식화한다. 주류 정치철학이 지금껏 정당성 및 합법성에 대한 논의에 한정되어 왔다면, 이는 스피노자의 정치학이 인간상호관계를 실질적으로 지배하는 역관계, 곧 미시권력과 거시권력의 교호작용을 다루는 대안적 정치이론이 될 수 있음을 시사한다.

끝으로 4부에 대해 언급해 두자. 이는 현자들이 3종의 인식을 통해 교유하는 완전한 공동체로서의 **코뮤니즘**과 **영원한 삶**을 다룬다. 앞의 세 지점이 스피노자 연구에서 표준적 해석 혹은 연구 프로그램의 역할을 해 온 반면, 4부는 연구가들 사이에 별다른 영향을 미치지 않았다. 마트롱 자신도 이후 다른 논문에서, 자신이 3종의 인식에 도달하는 과정보다는 이미 도달한 가정적 상태(가령 신체에 대한 완전한 지배나 타인과의 전면적 교유)를 과도하게 다루었다고 평가한다. 하기에 영원한 삶에 대한 적극적

묘사나 영원의 수준에까지 사회적 차원을 도입하는 관점은 어떤 의미에선 이 책의 가장 독특한 해석으로 남는 셈이다. 애초 맑스주의에서 출발했던 그의 실천적 관심과 68시대의 낙관론이 반영되어 있는 것이다.

옮긴이들이 이 책을 처음 접한 지도 8년이 되어 간다. 이 책의 가장 큰 매력은 스피노자 텍스트에 가장 충실하면서도 그 못지않게 커다란 모험을 감행하여 스피노자 철학 전체를 명쾌하면서도 구상적으로 풀어나간다는 점이다. 우리가 특별히 일독을 권하고 싶은 부분은 정념 연역을 다루는 5장과 사회계약론을 다루는 8장이다. 5장은 드라마틱한 전개의 진수를, 8장은 정교하고도 긴장감 넘치는 분석의 백미를 보여 주고 있기 때문이다. 우리는 이 책이 스피노자 철학에 관심 있는 모든 이들에게 교과서 같은 역할을 하길 바라며, 그로 말미암아 스피노자 연구자들과 독자들 사이에 한층 더 높은 "긍정적 상호성의 사이클"이 형성되었으면 한다.

끝으로, 그 누구보다 진태원 선배에게 깊은 감사를 드린다. 선배는 옮긴이들을 처음으로 스피노자 철학에 들어서게 했고 지금까지 길잡이 역할을 해주었다. 그리고 대담의 게재를 허락해 준 피에르 프랑수아 모로 교수, 만만찮은 두께의 전문 연구서 번역을 선뜻 받아 주었고 여러 가지 지원을 아끼지 않은 도서출판 그린비, 특히 옮긴이 이상의 애정으로 이 책을 만들어 준 편집부 박순기 차장님께도 감사드린다.

2008년 4월
옮긴이 김문수·김은주

Individu et Communauté chez Spinoza
C·O·N·T·E·N·T·S

옮긴이 서문 5

제1부 실체에서 인간 개체로 : 코나투스와 자연권

1장_ 실체에서 개체성 일반으로 19

2장_ 분리 : 초보적 개체성과 경쟁적 우주 42

3장_ 외적인 통일 : 복합적 개체성과 조직된 우주 59

4장_ 내적 통일로 : 의식적 개체성과 내면화된 우주 93

제2부 분리 : 소외된 개체성과 자연 상태

5장_ 정념적 삶의 토대와 전개 119

개인적인 정념적 삶의 토대(A_1군) 122 | 개인적인 정념적 삶의 전개(A_2군) 165 | 인간 상호적인 정념적 삶의 토대(B_1군) 217 | 인간 상호적인 정념적 삶의 전개(B_2군) 275 | 경탄이 정념적 삶에 미치는 반향(A'_2, B'_2, A'_1, B'_1군) 303 | 결론 : 자연 상태와 중세적 세계 316

6장_ 이성의 상대적 무력함 320

선악에 대한 참된 인식 320 | 이성과 정념들(C, D, E, F, G군) 329 | 문제 342

7장_ 이성적 삶의 토대 345

개인적인 이성적 삶의 토대(A_1군) 347 | 인간 상호적인 이성적 삶의 토대(B_1군) 370 | 결론 : 정치적 매개의 필요성 399

제3부 외적 통일 : 정치사회와 지도된 소외

8장_ 자연 상태에서 정치사회로 411

자연권에 대한 세부 설명 414 | 자연 상태에 대한 세부 설명 428 | 사회계약 438 | 국가 일반의 구조 470

9장_ 분리 : 소외된 정치사회와 분열된 개체성 502

역사, 혹은 사회체의 정념들 503 | 집단의 무력함 592 | 집단적 균형의 기초 596

10장_ 순전히 외적인 통일 : 신정의 난관과 잘 조직된 야만 623

11장_ 내적 통일을 향해 : 자유 국가와 문명화된 개체성 648

집단적 평형의 실현 : 자유 군주정 651 | 집단의 역량 : 중앙집권적 귀족정 669 | 연방제적 귀족정에서 민주정으로 : 완벽한 국가를 향해 688 | 결론 : 자유 국가와 이성 702

제4부 내적 통일 : 해방된 개체성과 현자들의 공동체

12장_ 이성적 삶의 전개 717

개인적인 이성적 삶의 전개(A_2군) 726 | 인간 상호적인 이성적 삶의 전개(B_2군) 736

13장_ 이성의 역량 750

정념의 축소(C군) 757 | 첫번째 단계(F, D, E군) 764 | 두번째 단계(G군) 779

14장_ 영원한 삶의 토대와 전개 788

개인적인 영원한 삶의 토대(A_1군) 803 | 인간 상호적인 영원한 삶의 토대(B_1군) 815 | 개인적인 영원한 삶의 전개(A_2군) 831 | 인간 상호적인 영원한 삶의 전개(B_2군) 839 | 결론 845

『윤리학』의 구조를 보여 주는 세피로트 도식 847

참고문헌 853

부록

1988년판에 부쳐 859

대담_ 스피노자에 대하여 866

찾아보기 907

| 일러두기 |

1 이 책의 각주에 인용된 스피노자 저작들은 라틴어 원문을 옮긴 것이며, 마트롱이 인용한 라틴어 판본은 총 4권으로 편집된 게브하르트 판본(*Spinoza Opera*, ed. Carl Gebhardt, Heidelberg : Karl Winters Universitätsbuchhandlung, 1925)이다. 인용문 뒤 괄호 안에 표기된 G는 바로 이 판본을 가리키며, 그 뒤의 로마자로 된 숫자 표기는 이 판본의 권수를 가리킨다. 그리고 P는 플레야드 판본(*Oeuvres Complètes de Spinoza*, trad. Roland Caillois, Madeleine Francès et Robert Misrahi, Paris : Gallimard/Bibliothèque de la Pléiade, 1954)을 가리키며, 『지성교정론』의 경우 K가 추가되어 있는데 이는 쿠아레 판본(*Traité de la réforme de l'entendement*, trad. Alexandre Koyré, Paris:Vrin, 1951)을 가리킨다.

2 본문 중 큰 따옴표로 표시된 것은 마트롱의 원문에서도 따옴표 처리된 것이며, 작은 따옴표로 표시된 것은 원문에서는 따옴표가 붙지 않은 라틴어 인용구이다. 그리고 라틴어 관용구에는 작은 따옴표 없이 우리말 뒤에 라틴어만 병기해 두었으며, 본문에 병기한 라틴어는 모두 이탤릭체로 표기했다.

3 본문 중 고딕체로 표시된 것은 원문에서는 대문자로 표시된 것이다. 단, 시각적인 고려를 위해 마트롱 원문의 대문자 표시를 전부 고딕체로 옮기지는 않았으며, 특별한 의미가 없는 것은 고딕체 표시를 생략했다.

4 본문 중에 나오는 대괄호([ ])는 독자들의 이해를 돕기 위해 옮긴이가 추가한 부분이다. 그러나 각주에 인용된 스피노자 원문 가운데 쓰인 대괄호는 마트롱이 추가한 부분이며, 옮긴이가 추가한 부분에는 "옮긴이"라는 말을 덧붙였다.

5 각주 중 번호에 별표(*)가 붙은 것은 마트롱이 해당 번호의 주석을 보충하는 의미로 붙인 주석들이다. 가령 "72*"인 각주는 각주 72)를 보충하는 성격의 주석이다.

6 옮긴이가 추가한 각주는 내용 앞에 "[옮긴이]"라고 표기하여 마트롱의 것과 구분했다.

7 책과 정기간행물의 제목은 겹낫표(『 』)로 표시했고, 논문 제목은 낫표(「 」)로 표시했다. 스피노자 저작 이외 모든 책 제목은, 독자들의 이해를 돕기 위해 옮긴이가 임의로 우리말로 번역하고 우리말 뒤에 마트롱이 인용한 책의 원어 제목을 표기했으며 그 자세한 서지사항은 참고문헌에 정리했다. 단 옮긴이 주에서 언급된 참고문헌들은 서지사항을 각주에서 밝히고 참고문헌에 따로 정리하지는 않았다.

1부

실체에서 인간 개체로
코나투스와 자연권

1장
실체에서 개체성 일반으로

2장
분리
초보적 개체성과 경쟁적 우주

3장
외적인 통일
복합적 개체성과 조직된 우주

4장
내적 통일로
의식적 개체성과 내면화된 우주

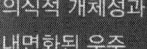

1장_ 실체에서 개체성 일반으로

"각 사물은 자신의 존재 역량에 따라(*quantum in se est*) 자기 존재를 유지하려고 노력한다."[1] 이는 스피노자의 정념론, 정치학, 도덕론 전체를

---

1) 『윤리학』 3부 정리 6. [옮긴이] 이것이 스피노자의 코나투스 테제다. 원문은 "*Unaquaeque res, quantum in se est, in suo esse perservare conatur*"이다. 이 책의 핵심 탐구 대상이며, 앞으로 나올 주요 표현들을 담고 있으므로, 각 표현의 번역에 대해 간단히 이유를 밝혀 둔다. ① *res* : 실재적인 것을 가리키나, 철학용어로 쓰이기 이전에 주로 법이나 수사학에서 '일', '이익', 논의의 '쟁점' 등을 가리킨 데서 알 수 있듯, 꼭 구체적인 물질적 대상만을 가리키지는 않는다. 특히 중세철학에서는 대체로, 존재하는 모든 것, 나아가 생각되거나 말해질 수 있는 모든 것을 가리키는 가장 넓은 범위의 초월용어로 사용되었다. 이 라틴어 단어에 가장 잘 들어맞는 우리말 단어로는 '것' 혹은 한자말 '자'(者) 정도일 텐데, 이 단어들은 홀로 쓰일 수 없는 의존명사라는 점 때문에 용법상 일치하지 않는다. 정확하게 상응하는 번역어가 없다는 점은 서구어권에서도 마찬가지인데, 거기서는 이를 'thing', 'chose', 'Ding'으로 번역한다는 점을 고려하여, 우리는 이를 '사물'로 옮기며, 수식어가 분명하게 붙는 경우에는 '것'(가령 '*res nobis similes*' = '우리와 유사한 것')으로 옮긴다. 하지만 스피노자에게서 가령 '*unaquaeque res*'(혹은 '*res singulier*')는 우리말 '사물'과는 다르게, 특히 인간에 대해서도, 그리고 물질적 대상만이 아니라 관념처럼 정신세계에 속하는 것에 대해서도 쓰인다는 점을 염두에 두자. ② *quantum in se est* : '*in se*'는 이 책에서 앞으로 반복해서 등장할 표현인 "그 자체로 본"과 동일한 의미이다. 그리고 스피노자에게서 '*est*'(*esse*, 존재하다)는 '역량이 있다'(=결과를 산출하다)를 의미한다. 따라서 '*in se est*'는 외적 원인과의 관계를 추상하고 본 모든 존재자의 원초적인 역량을 나타낸다. 다음으로, '~인 만큼', '~하는 한에서'를 뜻하는 '*quantum*'은 이 역량의 양적 규정 혹은 그것이 구성되거나 행사되는 구체적인 조건을 가리킨다. 따라서 '*quantum in se est*'는 신의 역량이 표현되는 특정한 방식으로서, 앞으로 자주 등장할 "~한에서의 신"(*Deus quatenus*)이라는 말과 등가이다. 이런 이유에서 우리는 이 구문을 "자기 안에 존재하는 한에서" 또는 "자기 자신

아우르는 단일한 출발점이다. 그런데 이 출발점은 사실 『윤리학』 1, 2부의 도달점이기도 하다. 우선 각 사물이 본성상, 자신을 보존하는 경향의 결과들을 산출하는 이유는 무엇인가? 이는 1부 형이상학에서 연역된다. 그런데 이 산출 활동이 장애에 부딪혀 **노력**으로 보이게 되는 이유는 무엇인가? 이는 2부 처음 열세 개 정리에서 암묵적으로 제시된다. 그렇다면 이 노력이 개체에 따라 더 크거나 작은 **역량**으로 행사되는 이유는 무엇인가? 이는 2부 정리 13에 이어지는 몇 개의 공리와 정의, 따름정리에서 고찰된다. 마지막으로, 이 역량은 인간 수준에서는 어떻게 발현되는가? 이는 2부 정리 14~49에서 제시된다. 이 책의 처음 네 장은 바로 이 네 가지 논점을 다룰 것이다. 우리는 『윤리학』 1부와 2부를 주제적으로 연구할 생각은 없으며, 다만 거기서 코나투스 학설을 명료하게 밝혀 줄 수 있는 것만 이끌어낼 것이다.

* * *

으로 존재하는 한에서"라는 직역 표현 대신, 마트롱의 번역대로 '**자신의 존재 역량에 따라**'(selon sa puissance d'être)로 옮긴다. ③ *in suo esse perseverare conatur* : "*in suo esse perservare*"는 직역하면 "자기 존재 안에 머무르다"이나 우리말 표현이 너무 생경하고, 3부 정리 44의 주석 등에 나오는 "*suum esse conservare*" (자기 존재를 보존하다)와 등가로 보이므로, '**자기 존재를 유지하다**'라고 옮긴다. 그리고 '*conari*'는 '코나투스'(*conatus*)의 동사형으로, 데카르트, 호이헨스, 홉스 등 스피노자 당대 자연학에서 한 물체가 여러 원인의 작용을 받음으로써 완수되지 못하거나 상쇄되는 극소적인 시초 운동이나 운동의 경향성을 의미한다. 따라서 이 말은 '*tendere*' (경향을 띠다)와 바꿔 쓸 수 있는 말이다. 따라서 '*conari*'는 의식이나 의도를 함축하는 '노력하다'라는 말과는 다소 거리가 있으며, 스피노자의 코나투스 역시 목적론적 의지를 가리키지는 않는다. 그러나 가령 데카르트에게서와 달리 스피노자에게서는 자연적 사물에 의식이나 의지작용이 배제되지는 않으므로, 지금까지 통용되어 온 대로 '**노력하다**'로 옮기며, 명사형은 라틴어 표현 그대로 '**코나투스**'라 옮긴다. 이 책에서 우리가 '경향을 띠다'라고 옮긴 '*tendre à*'도 이 말의 등가적인 표현으로, '지향하다'라는 함축이 완전히 배제되지는 않음을 염두에 두자.

코나투스 학설은 분명 두 근본 원리에 바탕을 두고 있다. 첫번째 원리는 사실 암묵적인 것인데, **사물들**이, 더욱이 **개체적인** 사물들이 있다는 것, 그리고 개체성은 전체에 대한 우리의 무지에서 비롯되는 가상이기는커녕 오히려 환원될 수 없는 실재성을 지니고 있다는 것이다. 이런저런 형태로 등장하는 두번째 원리는 『윤리학』의 **주도적 모티브로서**,[2] 만물은 아무런 잔여 없이 철저히 가지적(intelligible)이라는 것이다. 이 두 원리를 조합하여 우리는 **개체적 본질이 있다**는 긍정판단을 내릴 수 있다. 그런데 이 세번째 진리는 다시 두 측면으로 제시된다. 한편으로, 인식의 질서는 존재의 질서를 본(本)으로 하기에, 각 개체는 다른 개체들과 독립적으로 인식될 수 있으며 **판명한** 정의의 대상이 된다.[3] 다른 한편, 존재의 질서는 인식의 질서를 본으로 하기에, 개체란 해당 개체의 정의를 존재론적으로 이항한 것에 다름 아니다. 다시 말해, 우리 지성 바깥에 있는 그대로의 독특한 사물들은, 더도 덜도 아니고 꼭 그것들의 개념에 포함된 것만을 담고 있다.[4]

이 두 원리에서 출발하여 코나투스는 두 단계에 걸쳐 정당화된다. 첫 단계는 순전히 소극적인 정당화이다. 이는 아무것도 저 스스로 소멸되지 않는다는 것으로서, 여기에는 별다른 난점이 제기되지 않는다. 사실 한 사물의 정의에서 우리는 이 정의와 일치하는 결론들만을 연역할 수 있으

---

[2] 이는 특히나 1부의 공리계 전체를 이끌어 간다.
[3] "… 그러나 [사물들이] 서로 간에 불일치할 때, 그런 만큼 그것들 각각은 우리 정신 안에서 다른 것과 구별되는[판명한] 관념을 형성합니다"(『편지』 32[G IV pp. 170~1/P p. 1235]). 수고 원본에는 "다른 것과 구별되는 관념을"(*ideam ab aliis distinctam*) 대신, "나머지 다른 것들 없이 판명한 관념을"(*sine reliquis ideam distinctam*)으로 표현되어 있다(같은 편지 [G IV p. 405]를 참조하라).
[4] 『윤리학』 1부 공리 6을 참조하라. 이는 물론 전통적인 원리이지만, 스피노자는 이를 고유의 엄밀한 방식으로 취하고 있다.

며, 사물을 단독으로 고찰하는 한 우리는 이 사물의 본질과 모순되는 어떤 것도 발견할 수 없다.[5] 그리고 우리 바깥의〔있는 그대로의〕 사물은 그 사물 자체의 정의에 정확히 부합하므로, 다음은 우리에게 선험적으로 확실하다. 즉 사물은 스스로를 파괴할 수 있는 그 어떤 내적 모순도 안고 있지 않으며, 그럼에도 만일 그것이 사라진다면 이는 외적 원인에 기인할 수밖에 없다.[6] 물론 그렇다고 아무 원인에 의해서나 파괴될 수 있는 건 아니다. 본성 A인 사물이 본성 B인 사물에 의해 파괴될 수 있다면, 이는 이 두 본성 A와 B가 논리적으로 양립할 수 없는 한에서만, 즉 그들이 동일한 기체/주체에 함께 속할 수 없는 한에서만 그렇다.[7] 만일 동일한 주체가 A인 동시에 B일 수 있고, B가 A를 파괴한다면, 이 주체는 내부로부터 파괴되는 셈일 테니 말이다.[8] 우리가 가지적인 것과 실재적인 것이 동일하다고 가정한 이상, 3부의 이 정리 4, 5는 자명하다.

하지만 정리 6으로의 이행은 그만큼 자명하진 않다. 한 사물이 자기 자신을 파괴할 수 없다고 해서, 이로부터 적극적으로, 그 사물이 자신을 보존하기 위해 노력한다는 점이 따라 나오는가? 그 사물을 파괴할 수 있는 외적 원인과 그 사물의 본성이 양립할 수 없다고 해서, 이로부터 적극적으로, 그 사물이 외적 원인에 저항한다는 점이 따라 나오는가? 그렇다. 단, 조건이 있다. 이 사물이 **활동해야** 한다는 것이다. 만일 이 사물의 본성이 특정 결과들을 산출하는 데 있다면, 이 결과들은 분명 이 본성과 일치할 것이며 따라서 그것을 유지시키는 경향을 띨 것이다. 요컨대, 자기를 –

---

5) 『윤리학』 3부 정리 4의 증명.
6) 『윤리학』 3부 정리 4.
7) 『윤리학』 3부 정리 5.
8) 같은 정리의 증명.

파괴하지-않음은 자기-보존이 될 것이다. 만일 이 사물의 본성이 특정 활동들을 실행하는 데 있다면, 이 활동들은 분명 이 본성을 배제하는 모든 것과 대립할 것이다. 요컨대, 논리적 모순은 이제 물리적 충돌이 될 것이다. 그런데 모든 사물은 활동적인가? 이는 『윤리학』 1부의 형이상학에 기대지 않고서는 증명될 수 없다.

*　*　*

『윤리학』 1부의 형이상학은 사실 우리가 말한 두 원리의 전개이자 심화에 불과하다. 개체들이 있다고, 또 그것들이 가지적이라고 가정된 이상, 다음을 따져 묻기만 해도 스피노자의 존재관을 충분히 재구성할 수 있다. 개체의 가지성이란 과연 무엇인가?

이 점에 관한 한, 『지성교정론』이 우리의 길잡이가 된다.[9] 어떤 실재를 지성적으로 인식한다는 것, 이는 그 실재에 대한 **발생적 정의**를 형성한다는 것이다.[10] 우선, 정신은 오직 스스로가 구축한 것만을 진정으로 이해하기에, 참된 정의라면 정의되는 사물의 구성 과정을 혹은 이를테면 "근접인"을 명시해야 한다.[11] 그리고 이런 절차를 밟아 갈 때, 우리는 정의되는 사물을 마치 우리 자신이 만들었던 양 내부로부터 인식하게 될 것이다. 정의되는 사물의 이런저런 피상적인 측면들이 아니라 "내밀한 본질"에 따라서 말이다.[12] 그리고 이로부터 우리는 그 사물의 특성들 가운데 오

---

9) 그런데 『윤리학』에서는 아니다. 역설적이지만, 『윤리학』으로 들어가는 열쇠는 미간행 저작 [『지성교정론』]에서 찾아야 한다.
10) 『지성교정론』 92절[G II p. 34/P pp. 190~1/K p. 77].
11) 『지성교정론』 96절[G II p. 35/P p. 192/K p. 79].

직 그 사물의 본성에서 따라 나오는 모든 특성을 연역할 수 있을 것이다.[13] 기하학적 사례를 들자면, 이렇게 하여 구(球)는 한 반원을 그 지름을 축으로 회전시켜 발생된 입체로 정의될 수 있다.[14] 물론 이는 유비에 지나지 않는다. 다시 말해, 수학적 존재자는 "사고상의 존재자"일 뿐이며,[15] 우리가 이를 정의하는 방식이란 늘 어느 정도는 규약적이기에[16] 어떤 방식으로 정의하느냐는 실상 그리 중요치 않다.[17] 하지만 물리적으로 실재하는 존재자의 경우, 발생적 정의는 필수적이다.[18] 그러지 않고서는 그 존재자를 이해하지는 못하고서 고작 그 특성들을 확인하는 데 불과할 것이다. 한 사물을 이해한다는 것, 이는 곧 그 사물을 어떻게 산출하는지를 안다는 것이다.

존재와 사유가 가정상 일치하는 이상, 우리는 이를 존재론적으로 이항할 수 있다. 발생적 정의가 참이려면, 그 정의는 사물 자체의 표현이어야 한다. 따라서 모든 개체는 서로 보완적이면서 호환적인 다음 두 측면 하에서 **실재적으로** 제시되어야 한다.[19] 산출하는 활동(유비적으로는 반원의 회전)의 측면과 이 활동의 결과(반원의 회전으로 발생된 입체)의 측면으로 말이다. 여기에서 결과란 활동 자체와 다른 것이 아니다. 사실, 그것은

---

12) 『지성교정론』 95절 [G II p. 34/P p. 191/K p. 79].
13) 『지성교정론』 96절 (앞의 주 11을 참조하라).
14) 『지성교정론』 72절 [G II p. 27/P p. 183/K p. 59].
15) 『지성교정론』 95절 [G II p. 35/P p. 191/K p. 79].
16) 『지성교정론』 108절 VII [G II p. 39/P pp. 196~7/K p. 91].
17) 『지성교정론』 95절 (앞의 주 15를 참조하라).
18) 같은 곳.
19) 라쉬에즈-레이(P. Lachièze-Rey), 『스피노자 신의 데카르트적 기원』(*Les origines cartésiennes du Dieu de Spinoza*), pp. 22~23. 하지만 이 저자는 이와 같은 존재관을 발생적 정의이론에 결부시키지는 않는다. 실제로 연대기상으로 볼 때도, 발생적 정의이론은 이 존재관보다 뒤에 나온 것이다.

활동이 전개되면서 취하는 구조일 뿐이며, 바로 이런 의미에서 결과는 **활동에 의해** 인식되며 마찬가지로 **활동 안에** 있다. 구는 반원의 운동을 제쳐 놓으면 어떤 실재성도 갖지 않는다. 반원이 회전을 멈추자마자 구는 곧장 사라져 버릴 테니 말이다. 달리 말해서, 활동은 자기 구조의 **내재적 원인**이다. 따라서 이 두 측면은 오직 추상에 의해서만 분리될 수 있다. 왜냐하면 우선, 부분적으로든 전체적으로든 ── 개체의 내적 동학이 실행되는 데에 특정한 외적 조건들이 필요하냐 아니냐에 따라 ── , 모든 개체는 자가-산출적이기 때문이다. 또한 바로 이 자가-산출성 때문에 개체는 분석상 "능산적"인 것으로도 "소산적"인 것으로도 간주될 수 있기 때문이다.

좀더 나아가 보자. 아주 엄밀히 말하자면, 반원이 구의 진정한 일차적 뿌리는 아니다. 반원 역시 발생적으로 정의되어야 하므로, 우리는 반원에서도 능산-소산의 이원성을 다시 발견한다. 한편으로는 한 끝이 고정되어 있고 다른 끝이 움직이는 선분이, 다른 한편으로는 이 선분의 회전으로 발생된 도형이 있는 것이다.[20] 그 다음, 이 선분 역시 같은 방식으로 정의된다. 곧 선분의 능산적 측면은 한 점의 이동,[21] 다시 말해 운동과 정지의 조합 ── 물론 이 조합은 가장 단순한 것이므로 일반적으로 운동과 정지라는 기초개념(notion)[22]들을 통해서만 인식된다[23] ── 이며, 소산적 측면은 이 이동으로 그어지는 선이다. 마지막으로, 운동과 정지는 연장이 취하는 두 가지 직접적 규정이다. 곧 운동과 정지는 연장에 의해 인식되므로, 정의(定義)이론은 운동과 정지가 연장에 의해 산출됨을 **요구한다.**

---

20) 『지성교정론』 96절(앞의 주 11를 참조하라).
21) 『지성교정론』 108절 III[G II p. 39/P p. 196/K p. 89].

비록 우리가 이런 산출을 표상하기 어렵고, 이 산출의 메커니즘을 말로 설명하기 어렵다고 하더라도 말이다.[24] 만일 그렇지 않다면, 존재 안에 비가지적인 무언가가 있는 셈이 될 것이다. 그런데 여기서 우리는 이번에는 오직 능산적이기만 하며 결코 소산적이지 않은 절대적 능산자에 도달한다. 왜냐하면 연장은 다른 것을 통해서가 아니라 오직 자신의 본질을 통해서만 인식되는 한에서,[25] 그 자체 스스로의 근접인이기 때문이다.[26] 곧

---

22) [옮긴이] 'notion'은 사물이나 사태에 대해 누구나 가지고 있으며, 누구에게나 익숙하고 자명한 일반적인 관념을 가리킨다. 따라서 이는 특정 체계를 전제로 하는 개념(concept)과는 다르다. 그런데 스피노자에게서 이 자명함은 형성 방식에 따라 두 가지로 구별된다. 하나는 누구에게나 공통적이라는 점에서 오는 자명함이고, 다른 하나는 편견이나 선입견처럼 습관에서 오는 자명함이다. 따라서 그에게서 'notion'(notto)은 다음의 두 가지로 나눠질 수 있다. ① 하나는 운동이나 정지와 같이 모든 물체들에 공통적인 특성을 기반으로 형성되는 관념으로서, 스피노자는 이것이야말로 우리 추론의 참된 기초이자 이성적 인식의 출발점으로 본다. ② 다른 하나는 마주침의 우연에 따라 형성되는 관념으로서, 언뜻 보편적인 듯 보이나 실은 우리 신체 자체의 특수한 기질이나 한계를 더 많이 반영하는 관념이다. 여기에는 '인간', '동물'과 같은 일반 관념이나 '존재자', '사물'과 같은 초월 관념, '선악'이나 '완전성', '불완전성'과 같은 가치판단을 비롯하여 '따뜻함', '차가움', '단단함', '무름' 등의 감각적 성질, 그리고 '수'나 '척도'처럼 사물을 용이하게 구획하기 위한 "상상의 보조물"에 이르기까지 다양한 사고양태들이 포함된다. 따라서 'notion'을 우리말의 어느 한 단어로 일괄적으로 옮기기란 쉽지 않다. 그것을 관념(idée)이나 개념(concept)과 구별해야 하기 때문에 더욱 그렇다. 불가피하게 우리는 앞으로 ①처럼 추론의 출발점이자 원재료라는 의미가 강할 때는 '기초개념'으로 옮기되, 이성적 인식의 출발점인 'notion commune'의 경우에는 '공통관념'으로 옮긴다. 반면 ②와 같이 주관적인 편견의 함의가 강할 때는 '통념'으로 옮긴다. 단, 연장, 운동, 정지 등 몇 가지 공통관념을 제외하면 스피노자에게서도 양자의 구획은 분명치 않다. 실상 인식을 주어진 관념의 실천적 변형 과정으로 보면서 오히려 양자 모두를 이러한 실천의 대상으로 삼는다는 점이야말로 스피노자 인식이론의 독창성이라 할 수 있다. 따라서 우리 구별은 편의상의 구별에 더 가까움을 덧붙여 둔다.
23) 『데카르트의 "철학 원리"』(이하 『원리』) 2부 정리 15의 주석[G I p. 203/P p. 271]을 참조하라.
24) 스피노자는 죽기 7달 전, 자신도 여기까지는 도달하지 못했다고 고백한다(「편지」 83[G IV p. 334/P p. 1357]).
25) 『지성교정론』 97절[G II p. 35/P p. 192/K p. 81].
26) 「편지」 60[G IV p. 271/P p. 1313]을 참조하라.

연장은 불활성의 용기(容器)가 아니라,[27] 공간화하는(spatialisant) 순수 활동으로서,[28] 자기가 취하는 구조들을 산출하면서 자기 자신을 산출하기 때문이다. 그런데 우리는 아무것에 대해서나 이런 식의 분석을 수행할 수 있다. 가령 우리가 정신적 실재의 일부라면 우리는 다른 유형의 활동을, 즉 공간화하는 활동이 아니라 사유하는 활동, 그러나 역시 절대적인 능산자인 활동을 발견할 것이다.

이제 이를 전통적 어휘로 말해 보자. 이와 같은 순수 산출성이 곧 실체이며, 실체가 전개되면서 취하는 구조들이 바로 실체의 **양태들**이다. 그리고 실체의 본질을 구성하는 것, 곧 실체가 자신의 구조들을 산출하는 방식(물체의 경우, 연장되면서 그리고 '상호 외재적으로' *partes extra partes*, 관념 혹은 정신의 경우, 사유하면서 그리고 '상호 내재적으로' *partes intra partes*)이 곧 **속성**이다. 스피노자의 발생적 정의론(定義論)을 염두에 둔다면, 1부 정의 3, 4, 5는 이와 다른 의미일 수 없다.

『윤리학』은 이렇게 시작된다. 그 다음, 처음 15개 정리는 실체를 양태들과 무관하게 고찰하면서 아래 두 삼단논법을 이용하여 결국 실체의 통일성에 이른다.

1. 동일한 속성을 지닌 둘 혹은 다수의 실체는 있을 수 없다.[29] 왜냐하면 개념적으로 구별되지 않는 둘 혹은 여러 실재들은, 지성과 사물의 상응 원리에 따라, 절대적으로 동일하기 때문이다.[30]

---

27) 「편지」 81 [G IV p. 332/P p. 1355]을 참조하라.
28) 라쉬에즈-레이에 따르면 "… 공간화되는 공간이 아니라 **공간화하는 공간**"이다(『스피노자 신의 데카르트적 기원』, p. 127).
29) 『윤리학』 1부 정리 5.

2. 우리가 명석 판명한 관념을 갖는(명석 판명하게 인식하는) 모든 실체는 필연적으로 자신에 의해 실존한다.[31] 만일 그렇지 않다면, 실체는 다른 사물에 의해 산출될 수 없는 이상[32] 실체의 실존은 권리상 절대적으로 불가능할 것이며, 상응 원리에 따라 우리도 실체에 대해 참된 관념을 가질 수 없을 테니 말이다.[33]

3. 모든 실체는 필연적으로 무한하며, 설령 실체에 단 하나의 속성만이 속한다 해도 마찬가지다.[34] 왜냐하면 실체는 자기 유(類)에서 유일하므로, 같은 본성을 가진 다른 어떤 실체에 의해서도 제한되지 않으며,[35] 따라서 아무것도 이 실체의 무궁무진한 산출성을 가로막을 수 없기 때문이다. 그런데 각 실체가 하나의 속성만을 가져야 할 이유가 있는가? 우리는 당연히 단 하나의 방식이 아니라 동시에 여러 방식으로 실행되는 순수 활동을 충분히 생각해 볼 수 있다. 왜냐하면 어떤 실체가 실재성이나 존재를 더 많이 가질수록 우리는 그 실체에 더 많은 속성들이 속함을 인정할 수밖에 없으며,[36] 극한적으로는 무한하게 많은 속성들이 속함을 인정하지 않을 이유가 없기 때문이다. 이럴 경우 실체의 각 속성들은, 우리가 가설적으로 설정한, 하나의 속성을 지닌 실체와 똑같은 이유에서, 자신에 의해 인식되고[37] 자기 유(類)에서 무한할 수밖에

---

30) 『윤리학』 1부 정리 5의 증명.
31) 『윤리학』 1부 정리 7.
32) 『윤리학』 1부 정리 6과 따름정리. 이 두 정리 자체는 정리 2와 3에 의해서 증명되거나, 공리 4 및 실체에 대한 정의를 통해 곧바로 증명된다.
33) 『윤리학』 1부 정리 8과 주석 2. 이는 정리 7의 증명을 만족스럽게 완결시킨다.
34) 『윤리학』 1부 정리 8.
35) 같은 정리의 증명.
36) 『윤리학』 1부 정리 9.
37) 『윤리학』 1부 정리 10.

없을 것이다. 이렇게 해서 우리는 신에 대한 명석 판명한 관념을 형성한다. 곧 신은 절대적으로 무한한 실체, 다시 말해 각각이 영원하고 무한한 본질을 표현하는 무한하게 많은 속성들로 구성되는 실체이다.[38]

4. 그러므로 신은 필연적으로 자신에 의해 실존한다.[39]
5. 이 모든 점으로 볼 때, 신은 실존하며 모든 가능한 속성들을 이미 소유하기에, 어떤 실체도 신 밖에서 실존할 수 없다.[40] 신은 실재 전체의 유일한 능산자이다.[41] 곧 모든 것은 신 안에 있고 신에 의해 인식된다.[42]

따라서 이제 우리는 정리 16에 도달한다. 취른하우스가 잘 간파했듯이,[43] 이 정리는 『윤리학』 1부 전체에서 가장 중요한 정리이다. 우리는 분석적 후행을 통해 각 개체의 핵심에서 능산자를 발견했고, 그런 다음 이 능산자의 통일성에 도달했다. 그런 이상 우리는 이제 그 길을 거꾸로 되밟아 개체들 자체의 발생을 목격할 수 있다. "신의 본성의 필연성으로부터

---

38) 『윤리학』 1부 정의 6.
39) 『윤리학』 1부 정리 11. 이것이 적어도 첫번째 신 존재 증명으로, 이 증명은 실체 일반에 대해 증명되었던 것을 신의 경우에 적용한 것이다. 그러나 뒤따르는 세 증명(특히 정리 11 주석의 마지막 증명)은 곧바로 신의 관념에서 출발한다.
40) 『윤리학』 1부 정리 14.
41) 같은 정리의 따름정리 1.
42) 『윤리학』 1부 정리 15.
43) 「편지」 82[G IV p. 334/P p. 1357]를 참조하라. 〔옮긴이〕 취른하우스(E. W. Von Tschirnhaus, 1651~1708) : 독일 태생의 수학자·물리학자·철학자. 자기(瓷器) 발명과 수학에서 '취른하우스 곡선'으로 유명하다. 그는 스피노자의 서신 교환자 중 한 사람으로, 스피노자와 거의 동등한 수준에서 대화를 나눌 만한 철학적 식견을 가지고 있었다. 그가 스피노자에게 보낸 편지들에는 연장 개념으로부터 다양한 사물들의 선험적 연역 가능성, 속성들의 동등성과 사유 속성의 지위, 적합한 관념들에 정도 차이가 있는지의 여부 등, 스피노자 철학에 제기될 수 있는 여러 문제들이 날카롭게 제기되고 있다. 그는 라이프니츠와 평생에 걸쳐 철학적 서신을 교환했는데, 이 때문에 특히 오늘날 스피노자와 라이프니츠의 관계를 탐구하는 데 중요한 인물로 부각되고 있다.

무한히 많은 방식으로 무한히 많은 사물이, 즉 무한지성에 포섭될 수 있는 모든 것이 따라 나올 수밖에 없다." 스피노자의 말을 따르면, 이 정리는 "자명하다". 단, 지성이 한 사물의 정의로부터, 그 사물의 본질에서 실재적으로 따라 나오는 여러 특성을 연역한다는 것을 인정한다면, 또 이 특성들의 수는 본질의 풍부함에 비례한다는 것을 인정한다면 말이다.[44] 하지만 사실 스피노자적 의미의 가지성이 무엇인지 모르는 한, 이 "자명함"은 잘 납득되지 않는다. 비록 무한한 본질을 지닌 사물이 무한히 많은 특성들을 지닐 수밖에 없다는 것이 사실일지라도, 이로부터 그 사물이 무한히 많은 결과를 산출한다는 것이 과연 도출되는가? 스피노자는, "특성"이라는 종과 "결과"라는 종 모두가 "귀결"이라는 유에 속한다는 구실로 이 둘을 동일시하면서, 애매어의 효과를 누리고 있는 것은 아닌가? 그러나 정의(定義)이론과 이 정의의 존재론적 이항 이론에 비추어 보면, 모든 것은 명확해진다. "~에 의해 인식됨"이란 "~에 의해 발생됨"을 뜻하므로, 가지성의 원천이 되는 것은 동시에 작용인일 수밖에 없다.[45] 곧 산출한다는 것은 신의 본질에 속하며, 이 본질에서 연역되는 특성들 각각은 특정 결과의 산출에 상응하고,[46] 이 결과들은 본질 자체가 더 풍부할수록 더 많다. 그러므로 무한히 많은 속성 가운데 하나의 속성 하에서 활동하

---

44) 『윤리학』 1부 정리 16의 증명.
45) 정리 16의 따름정리는 여기서 도출된다.
46) 물론 실체의 본질이 지닌 이런저런 측면을 표현하는 데 불과한 분석적 특성들은 여기서 제외된다. 가령 필연적 실존, 무한성, 통일성, 불변성 등등이 그렇다. 그런데 취른하우스에 대한 답변(『편지』 83[G IV p. 335/P p. 1358])에서 스피노자는 단지 이런 것들만 언급하며, 그럼으로써 논쟁을 적당히 피해 가는 듯하다. 하지만 그는 특성-결과의 문제에 대해, 즉 신으로부터 무한하게 많은 다양한 사물들의 발생에 대해, 차후 답변하겠다고 분명히 밝히고 있다(같은 곳. 앞의 주 24를 참조하라). 결국 죽음 때문에 그렇게 하지 못했지만 말이다.

는 한에서의 실체는 필연적으로 무한히 많은 구조를, 즉 전지적인 지성이 인식할 수 있는 구조들 모두를 취한다. 그런데 실체는 무한하게 많은 속성들로 이루어지므로 이 각각의 구조들을 또한 무한하게 많은 방식으로, 곧 전지적 지성이 인식할 수 있는 모든 활동 유형에 따라 취한다. 그 결과 우리는 앞에서 얻은 것의 역(逆)을 얻게 된다. 곧 지금까지 우리가 알고 있었던 바는 모든 실재가 신에 의해 인식된다는 것이었다면, 이제 우리는 **인식 가능한 모든 것이 실현된**다는 것을 터득한다. 우선, 가지적이라는 것은 실체에 의해 산출될 수 있다는 것이다. 그런데, 실체는 자신이 산출할 수 있는 모든 것을 정의상 산출한다. 그러므로 결코 세상에 나올 수 없는 것이 있다면 이는 오직 논리적으로 모순적인 것뿐이다. 모든 개체적 본질은 현실화되는 경향이 있고 또 이를 주장하며, 현실화되기 위한 특정한 **힘**을 가지며[47] 현실성에 대한 **권리**를 지닌다. 이 경향성, 또는 이 힘, 또는 이 권리, 이것이 바로 신 자신이다. 신은 "모든 가능한 개체들은 실존할 수밖에 없다"는 명제의 존재론적 투사(投射)다.

그런데 본질에서 실존으로의 이런 이행이 어떻게 실질적으로 일어나는가? 난점은 바로 여기서 등장한다.

신이 그에 대한 정의만으로도 실존하는 이상, 실체의 모든 속성들은 영원하다.[48] 따라서 그 자체로 고찰된 신의 한 속성으로부터(이 속성의 "절대적 본성"으로부터)는 영원하고 무한한 변양이 따라 나올 수밖에 없다.[49] 이 변양은 영원한데, 만일 그렇지 않다면 신의 활동이 발현되지 않을 어떤 순간이 있는 셈이 되기 때문이다. 또 이 변양은 무한한데, 만일 그렇지

---

47) 『윤리학』 1부 정리 11의 주석.
48) 『윤리학』 1부 정리 19.
49) 『윤리학』 1부 정리 21.

않다면 신의 활동이 불가해하게 제한될 것이기 때문이다. 같은 이유에서, 영원하고 무한한 변양으로 이미 변용된 한에서의 속성이 산출하는 것 역시 영원하고 무한할 수밖에 없다.[50] 물론 이 직접적 무한양태의 영원성은 파생된 영원성에 지나지 않는다. 곧 이 무한양태가 필연적으로 실존한다 하더라도, 이는 그 자신의 본질에서 비롯되는 결과가 아니라, 신의 본질에서 비롯되는 결과다.[51] 또한 이 무한양태의 본질이 영원 진리라 하더라도, 이는 오직 그것이 신의 본질의 필연적 귀결이기 때문일 뿐이다.[52] 한편, 매개적 무한양태의 경우에도 그것의 영원성은 간접적으로 파생된다. 곧 이 영원성은 직접적 무한양태에서 유래하며, 또 직접적 무한양태는 오직 신이 규정하는 한에서만 어떤 결과를 산출하도록 규정된다.[53] 하지만, 직접적 무한양태나 매개적 무한양태 모두 여하간 그것들을 산출하는 능산자의 무한성을 분유한다는 것만은 사실이다…. 아울러 이 복수형 표현에 속지 말자. 우리는 실재적으로 구별되는 것들을 거론하는 것이 아니다. 실체적 속성, 이 속성의 직접적 무한양태(사유에서는 신의 관념[54] 혹은 무한지성,[55] 연장에서는 운동-정지[56]), 직접적 무한양태의 귀결(전 우주의 얼굴 *Facies Totius Universi*,[57] 혹은 사유하는 자연과 연장된 자연의 영원한 법칙들의 체계), 이들은 단 하나의 동일한 무한개체를 구축하는 세 계기이다. 이 세 계기 간의 관계는, 앞의 기하학적 사례를 다시 들어 보자면, 회

---

50) 『윤리학』 1부 정리 22.
51) 『윤리학』 1부 정리 24와 따름정리.
52) 『윤리학』 1부 정리 25.
53) 『윤리학』 1부 정리 26.
53) 『윤리학』 1부 정리 21과 그 증명, 그리고 2부 정리 3과 4.
55) 「편지」 64[G IV p. 278/P p. 1319].
56) 같은 곳.
57) 같은 곳.

전하는 반원, 구, 그리고 구의 본질에서 연역되는 특성들의 체계, 이 세 가지 간의 관계와 동일하다.

자, 이것이 실재하는 것 전부이다. 그렇다면 유한한 개체들은 어떻게 되는가? 그럼에도 유한개체들 역시 당연히 실존할 수밖에 없다. 왜냐하면 이들 역시 신의 본질에서 따라 나오는 본질을 지니고 있기 때문이다.[58] 따라서 유한개체들 역시 실존하는 내내 신에 의해 산출되고 재산출될 수밖에 없다. 그들의 본질에는 실존이 함축되어 있지 않으니 말이다.[59] 그런데 신은 무한자만을 산출할 수 있는 듯 보인다. 그렇다면 우리는 이로부터, 전체 안에는 개별 개체들이란 실상 존재하지 않는다고 결론 내려야 할까? 우리에게 개별 개체로 보이는 것도 실상은 추상에 불과하다고? 결코 그렇지 않다. 우선, 개체적 본질들이 있다는 것에 대해 스피노자는 추호도 의심치 않았다. 또한 이 본질들은 저마다 다른 본질들과 무관하게 신에 의해 곧바로 인식된다. 구가 반원의 회전에 의해 인식되고, 또한 반원이 발생시킬 수 있는 다른 모든 입체들과 무관하게 인식될 수 있듯이 말이다. 하지만 여하간 실존하려면 어떤 식으로든 무한해야 한다. 바로 여기서 역설이 생긴다. 곧 단독으로 고찰된 독특한 본질은, 그것이 가지적인 한 실존할 권리가 있지만, 가지성에서 비롯되는 이 실존의 권리도 자기 혼자만의 힘으로는 누릴 수 없으며, 이에 필요한 무한하게 많은 규정들이 그에게는 결여되어 있다. 또한 이 본질은 인식 가능한 한에서 현실화되려는 경향이 있지만, 그것이 지닌 '실존의 힘'(*vis existeni*)은 제한되어 있기에 이 힘으로는 현실화를 완수하지 못한다. 이는 국가를 설립하

---

58) 『윤리학』 1부 정리 25.
59) 『윤리학』 1부 정리 24와 따름정리.

기 이전, 자연권은 있으나 오직 자기 힘만으로는 이를 행사하지 못하는 인간의 상황과 상당히 유사하다. 따라서 바로 이런 상황을 실체 안에 벌어지는 본질들의 "자연 상태"(état de nature)라고, 혹은 이를테면 본질들의 "능산적 상태"(état naturant)라고 부를 수 있을 것이다. 여기서 본질들은 존재하기의 필연성과 존재하기 어려움 사이의 모순에 빠져 든다.

분명 이 모순은 해소될 수 없는 것은 아니다. 하지만 이를 해소하려면 새로운 유형의 인과성이 개입해야 한다. 이제 독특한 본질은 실존에 필요한 결여분을 외부에서 받아들일 것이다. 물론 여전히 신으로부터 받아들이겠지만, 이번에는 간접적으로다. 다시 말해, 본질을 산출하는 내적 능산자로서 **이 본질 속에서** 발현되는 한에서의 신이 아니라, **다른 모든 독특한 본질들 속에서** 발현되는 한에서의 신으로부터다. 가령 유한한 사물 D는, 물론 실존하도록 신에 의해 필연적으로 규정되지만, 이 규정은 신의 "절대적 본성"에 의한 것도, 무한한 변양으로-변용되는-한에서의-신에 의한 것도 아니다. 오히려 그것은 이미-다른-**유한한**-변양으로-변용되는-한에서의-신, 곧 다른 유한한 사물 C에 의한 것이다.[60] 가령 반원이 회전하기 위해서는 그것을 회전하게 하는 외적 원인이 필요하다. 하지만 물음은 단지 자리만 바뀔 뿐이다. 무엇에 의해 C는 D의 실존을 지탱해 주는 활동 c를 행하도록 규정되는가? 당연히 신에 의해서다.[61] 그렇다면 C 자신은 무엇에 의해 실존하도록 규정되는가? 마찬가지로 신에 의해서다. 단 또다시, 그리고 같은 이유로, 다른-유한-양태로-변용되는-

---

60) 『윤리학』 1부 정리 28의 증명.
61) 『윤리학』 1부 정리 26.

한에서의-신에 의해, 따라서 세번째 유한한 사물 B에 의해서다. 그리고 이제 이 B 역시 활동-a를-행하는-유한한-사물-A를-통해-발현되는-한에서의-신에 의해 실존하도록 규정되며, 또 그런 한에서의 신에 의해 C를 산출하는 활동 b를 행하도록 규정되며, 이렇게 무한히 나아간다.[62] 이렇게 볼 때 어떤 독특한 본질이 결국 현실화된다면, 이는 그 본질 자체의 '실존의 힘'(vis existendi)과 다른 모든 독특한 본질들의 실존의 힘 간의 연접에 의해, 즉 전제되었던 대로 신의 무한한 역량에 의해서이다. 이러한 개체적 본질들의 총체(…ABCD…)가 바로 직접적 무한양태가 아니고 무엇이겠는가? 그리고 이 본질들에서 비롯되는 결과들의 총체(…abcd…)가 바로 매개적 무한양태의 영원한 법칙들이 가능한 모든 방식으로 서로 조합되면서 발생시키는 사건들의 총체가 아니고 무엇이겠는가? 따라서 결론은 이중적이다. 첫째, 독특한 본질들은 만물이 만물에 점점 더 가까이서 작용하는 무한한 우주의 부분들로서, 오직 **공통성/공동체 속에서만** 실존할 수 있다. 왜냐하면 이 본질들은 유리한 맥락을 상호 마련해 가는 이 보편적 상호작용을 통해서만, 그들 각자의 본성에는 없었던 무한하게 많은 규정들을 외부에서 조달해 오면서 각자의 현실화를 가로막아 왔던 논리적 공백을 채울 수 있기 때문이다. 하지만 둘째, 이 협력에는 부정적 상관항이 있다. 실상 유한양태 B는 무조건적으로 실존하는 것이 아니라 **조건부로** 실존한다. B는 다른 유한양태 A가 현실화되는 **경우, 오직 그 경우에만** 현실화되며, A가 없다면 B는 능산자 안에 잠재성의 상태로 머물러 있기에 말이다. 따라서 독특한 사물은 실존하지 않는 것으로도 인식될 수 있는 한에서, 필연적으로 영원하진 않다. 만일 이 양태들의 속성이

---

62) 『윤리학』 1부 정리 28.

그것들을 모두 한꺼번에 산출할 수 없다면(물론 당분간 우리는 이에 대해 아무것도 모른다), 이 양태들에게는 제한된 **지속**만이 있을 것이고, 이들 각각은 각자의 환경이 허용하지 않는다면 결국 소멸되어 다른 것들에 자리를 내주게 될 것이다. 이는 시민들에게 자연권 행사를 제한함으로써 오히려 이 자연권의 향유를 보증해 주는 사회계약의 메커니즘과 상당히 흡사하다. 이를 본질들의 "실존적 계약"이라고 부를 수도 있을 것이다.

그러므로 전체 자연은 준엄한 결정론에 따른다. 아무것도 우연적이지 않다. 신은 필연적으로 실존하고 활동하며, 신의 양태들은 필연적으로 산출되고, 이 양태들의 활동은 필연적이기 때문이다.[63] 그런데 이 필연성은 현실화될 수도 있었을 잠재성들을 제거함을 함축하지 않는가? 전혀 그렇지 않다. 이 필연성에는 선별적 성격이 조금도 없어 어떤 가능한 것도 특별히 희생시키거나 특권화하지 않기에, 오히려 그것은 이를테면 가장 민주적이라고까지 할 수 있다. 만일 신이 실현하지 않는 어떤 것이 있다면, 그것이 어떻게 생각될 수나 있겠는가? 설령 어떤 전지적 지성이 있다 하더라도 말이다. 무한지성은 유한지성과 마찬가지로 신의 속성들과 여기서 따라 나오는 귀결 외에는 아무것도 이해할 수 없다.[64] 게다가 그것은 사유의 양태로서, 능산적 자연이 아니라 소산적 자연에 속한다.[65] 곧 무한지성은 사물들의 산출에 앞서기는커녕 단지 이 산출을 관념적으로 표현할 뿐이다. 더욱이 신이 자유롭게 의지하여 또 다른 세계를 실현하겠다고 결정할 수도 있었으리라는 가정이 어떻게 가능하겠는가? 무한의지는 유

---

63) 『윤리학』 1부 정리 29.
64) 『윤리학』 1부 정리 30.
65) 『윤리학』 1부 정리 31.

한 의지만큼이나 자유롭지 않으며,[66] 그것은 실상 스스로가 연역하는 것을 긍정하도록 필연적으로 규정되는 한에서의 지성 그 자체이다.[67] 신은 자신이 산출하는 것 외에 다른 것을 산출할 수 없었을 것이다.[68] 그러려면 그의 본성이 다른 것이어야 했을 테니 말이다.[69] 하기에 어떤 개체적 본질도 만일 그것이 진정으로 가능한 것이라면 결코 배제되지 않는다. 요컨대, 모든 본질은 직접적 무한양태 안에서, 각자가 지닌 현실성에 대한 권리를 실질적으로 행사한다. 안정된 국가의 모든 신민이 시민권을 실질적으로 행사하듯이 말이다. 또한 신은 같은 사물을 다른 질서로 산출할 수도 없었을 것이다.[70] 그러려면 그는 우리 현실 세계에서 사물들이 서로를 실존하게 하는 활동과는 다른 활동을 하도록 그들을 규정할 수 있었어야 했을 것이고, 따라서 사물들은 그들 자신과는 다른 것이 되었을 것이고, 신은 다시금 본성을 바꾸어야 했을 테니 말이다.[71] 따라서 단 하나의 질서만이 가능하다. 곧 매개적 무한양태의 법칙들이 정의하는 질서, 그리고―매개적 무한양태는 모든 개체적 본질들의 총합에서 연역되므로(안정적인 국가에서 법률들이 모든 개체적 욕망들의 합력이자, 모든 개체적 능력들의 합력이듯)―모든 본질이 예외 없이 실존의 고개를 넘도록 해주는 단 하나의 질서만이 가능한 것이다. 사정이 이렇다면, 신의 역량이 신의 본질과 구별되지 않는 이상[72] 우리가 신의 권능에 속한다고 인식하는 모든 것은 언젠가는 필연적으로 발생한다.[73]

---

66) 『윤리학』 1부 정리 32.
67) 『윤리학』 2부 정리 49와 따름정리를 참조하라.
68) 『윤리학』 1부 정리 33.
69) 같은 정리의 증명.
70) 『윤리학』 1부 정리 33.
71) 같은 정리의 증명.
72) 『윤리학』 1부 정리 34.

* * *

이제 우리는 존재가 무엇인지 알게 되었다. 양태들은 실체 없이는 아무런 실재성도 갖지 못한다. 그렇지만 실체 역시 양태들과 독립적으로 고려되는 한, 여전히 추상에 불과하다. 활동을 활동의 구조들에서 떼어내 마치 별도의 무엇인 양 여긴다면 이는 모순일 것이다. 능산적이면서 소산적인 자기-산출적 전체만이 실존하며, 이 전체는 단 하나의 보편적 능산자를 각자 자기 본질의 풍부함만큼 분유하는 무한히 많은 독특한 전체들로 분절된다. 신은 무한개체에 외적이지 않으며, 비록 별도로 고려된 유한개체 각각은 무한히 넘어서더라도 여하간 유한개체들에도 외적이지 않다. 신은 이 개체들 안에서 그들을 존재하게 하고 이해하게 만드는 바로 그것이기 때문이다. '~한에서의 신'(Deus quatenus), 곧 범신론은 형이상학적 개체주의를 정초한다.[72*]

사정이 이렇다면, 코나투스에 대한 정당화의 두번째 단계도 첫번째 단계만큼 납득할 만해진다. 자연적인 실재 모두가 인과 활동을 한다는 것은 이제 분명해졌다.[74] 개체란 특정 구조를 취하는 한에서의 신의 활동에 다름 아니다. 그런데 산출 활동은 그것이 특정 구조를 취하는 한에서 이 구조의 틀 내에서 필연적으로 무언가를 산출하기 마련이다. 따라서 개체적 본질이 현행적으로 실존할 경우, 이 본질의 논리적 귀결들은 이 본질의 실재적 결과들이 된다. 그리고 이 본질의 귀결들이 이 본질과 모순될

---

73) 『윤리학』 1부 정리 35.
72*) 아펭(Appuhn)이 말한 대로 말이다(『스피노자』 Spinoza, 4장, p. 66). 따라서 쿠슈(P.-L. Couchoud, 『브누아 드 스피노자』 Benoît de Spinoza, 7장, p. 184)의 생각과 반대로, 실체이론과 개체성 이론 사이에는 아무 모순도 없다.
74) 『윤리학』 1부 정리 36.

리 없듯, 이 본질의 결과들은 결과적으로 이 본질의 실존을 유지해 준다.[75] 그뿐만이 아니다. 한 사물의 본질은 자신을 파괴할 수 있는 사물들의 본질과 논리적으로 양립불가능하기에, 이 본질이 산출하는 실재적 결과들은 그것을 파괴할 수 있는 사물들에서 생겨나는 결과들과 실재적으로 양립불가능하다. 그리고 이 사물의 본질은 그것을 파괴할 수 있는 사물들의 본질과 **대립한다**.[76] 단지 개념적으로만이 아니라 물리적으로도 말이다. 따라서 이제 문제는 해결된다. 즉 개체는 자기 존재를 유지하려고 **노력한다**.[77] 나아가 이 자기 보존의 노력은 그의 존재에 그저 덧붙여지는 것이 아니라 그의 현행적 본질과 일체가 된다.[78] 왜냐하면, 사물의 본질은 그것이 인식 가능한 것이었다는 바로 그 이유만으로도 필연적으로 늘 스스로를 현실화하려 해왔고, 또한 현실화되고 난 후에도 같은 방식으로 매 순간 스스로를 재현실화하려 하기 때문이다. 결국 한 사물의 코나투스란 그 사물의 영원한 '실존의 힘'(*vis existendi*)이 지속으로 이어진 것이기 때문이다. 이렇게 볼 때 유한하든 무한하든 모든 개체는 그 자신에서 산출되는 결과들의 합력으로서 출현한다. 마치 자기 자신을 항구적으로 산출하고 재산출하는 자기완결적인 전체처럼 말이다. 이와 같은 자가-재산출은 외적 환경이랄 게 없는 무한개체의 수준에서는 아무 장애에도 부딪히지 않는다. 직접적 무한양태는 매개적 무한양태를 영원히 산출하고, 매개적 무한양태는 직접적 무한양태를 영원히 재산출하며, 바로 이것이 우주의 삶 자체이기 때문이다.[79] 반면, 유한개체의 경우에는 장애가 출현할 수

---

75) 『윤리학』 3부 정리 6의 증명.
76) 같은 곳.
77) 『윤리학』 3부 정리 6.
78) 『윤리학』 3부 정리 7.

있고 또 출현할 수밖에 없다. 왜냐하면 독특한 사물은 다른 독특한 사물들이 유리한 맥락을 마련해 주어야만, 다른 모든 코나투스들이 그의 코나투스를 지원해 주어야만 실존하기 때문이며, 또 협력이 적대로 뒤바뀌는 계기는 늘 생겨나기 때문이다. 하지만 유한개체 그 자체는 그것이 **활동하**는 한에서, 즉 자신을 오직 자기 본성에서만 연역되도록 하는 한에서, 무제한적 지속에 걸쳐 자기를 보존하는 경향이 있다.[80] 어떠한 경험도 이 근본 진리를 약화시키지 못할 것이다. 만일 우리가 자기 존재를 유지하려 하지 않는 어떤 존재자를 만난다고 여긴다면, 이는 단지 진정한 개체를 염두에 두고 있지 않음을 뜻할 뿐이다.

바로 이 코나투스가 자연권의 토대이다.[81] 자연권이란 본질이 갖는 실존에의 영원한 권리를 지속 안으로 이항한 것에 불과하다. 여기에 놀라울 게 있는가? 모든 당대인들에게 그랬듯이, 스피노자에게서도 모든 가치의 근원은 신이다. 정의상, 모든 권리는 만물의 유일한 원인에 돌아간다.[82] 그러나 스피노자에 따르면, 신은 개체적 실재들 각자의 내적인 자가-산출성과 다르지 않으며, 전체 및 그것을 이루는 부분적 전체들이 지닌 능산적 측면과 다르지 않다. 따라서 한 개체가 행하는 모든 것은, 행한다는 바로 그 사실에 의해(*ipso facto*) 정당화된다.[83] 그리고 이는 물론 초월적

---

79) 이 때문에 무한양태는 둘밖에 없다. 그렇지 않다면 무한양태들의 행렬이 무한정하게 줄줄이 이어지지 않을 이유도 하등 없을 것이다. 이 점에서 우리는 해럴드 포스터 해일릿(H. F. Hallet, 『베네딕트 데 스피노자*Benedict de Spinoza*』, 3장, pp. 34~40)의 다소 어지러운 분석에 그다지 동의할 수 없다.
80) 『윤리학』 3부 정리 8.
81) 『정치론』 2장 3절.
82) 같은 곳.
83) 같은 곳.

규준(이는 우리에게 도덕적 허무주의만 안겨 줄 것이다)이 없기 때문이기도 하지만, 적극적으로는 규준이 내재적이기 때문이기도 하다. 각 존재자는 자기 존재를 유지하는 역량만큼 권리를 갖는데,[84] 왜냐하면 이 역량이야말로 신적인 것을 분유하는 정도이기 때문이다. 무한개체에겐 절대적 권리를,[85] 유한개체들에겐 상대적이고 제한된 권리를, 단지 인간뿐 아니라 모든 자연적 존재자들에게도 그런 권리를.[86] 따라서 큰 물고기가 작은 물고기를 잡아먹는 것은 당연하다.[87] '~한에서의 신'(*Deus quatenus*), 곧 범신론은 윤리적 개인주의를 정당화한다.

그런데 자연권을 행사할 때에 우리는 왜 갈등에 돌입하는가? 개체적인 코나투스들은 왜 조화롭게 공존하는 대신에 늘 서로 경쟁하는가? 벨(P. Bayle)의 말을 빌리자면,[88] 왜 독일인으로 변용된 신은 투르크족으로 변용된 신을 죽이는가? 앞으로 살펴보겠지만, 모든 악은 연장에서 비롯된다.

---

84) 같은 곳.
85) 『정치론』 2장 4절.
86) 같은 곳.
87) 『신학정치론』 16장 [G III p. 189/P p. 880].
88) 벨의 철학 사전에서 스피노자를 다룬 항목 (폴 베르니에르P. Vernière의 『스피노자와 프랑스 혁명 이전의 프랑스 사상』 *Spinoza et la pensée française avant la Révolution*, 1권 6장, p. 302에서 인용).

2장_분리 : 초보적 개체성과 경쟁적 우주

유한양태들은 그들의 자연권을 과연 어떻게 이용할까? 이는 전적으로 그것들이 발현하는 속성이 무엇이냐에 달린 문제다. 각 사물은 신에 의해 무한히 많은 방식으로 산출되지만, 이 방식 가운데 우리는 단지 두 가지만 알고 있다. 그리고 우리는 지금 바로 이 이원성을 검토해야 한다. 물론 주어진 한 개체의 형식적 구조는 사유에서부터 연장까지 완전히 동일하겠지만, 이 형식적 구조가 전개되는 활동 유형은 완전히 다르다. 바로 여기서 아주 중대한 귀결을 초래하는 어떤 비틀림이 생겨난다.

＊　＊　＊

연장은 신의 한 속성이다.[1] 모든 물리적 대상은 연장에 의해 인식되고, 연장은 그 자체로 인식되기 때문이다. 물질적 사물들의 가지성의 원천인 이상, 연장은 이 사물들의 작용인이자 내재인일 수밖에 없다. 또한 자기 유(類)에서 무한하기에, 연장은 전지적 지성이 인식할 수 있는 모든

---

1) 『윤리학』 2부 정리 2.

물질적 사물을 발생시킬 수밖에 없다. 연장은 이를테면 자신의 구조들을 3차원상에 '상호 외재적으로'(partes extra partes), 곧 외재적이고 침투 불가능한 물체들의 형태로[2] 펼쳐 놓으면서, 무한히 많은 구조들을 취하는 한에서의 신의 활동이다.

그런데 연장은 이 모든 물체들을 어떻게 산출하는가? 자신의 직접적 무한양태인 운동-정지를 산출하면서이다.[3] 사실 스피노자는 이 문제를 완결적으로 해명하지는 못했다.[4] 하지만 그가 염두에 두고 있었던 답변의 원리만큼은 명백한 듯하다. 심리적 장애가 되는 것은, 우리가 데카르트처럼 연장을 정지에 의해 이미 변양된 연장과 혼동하는 데 길들여져 있다는 점이다.[5] 양자를 혼동할 경우, 우리는 어떻게 이 '정지한 덩어리'(moles quiescence)가 저절로 운동에 돌입할 수 있는지 이해하지 못할 게 뻔하다.[6] 만일 이 덩어리가 정지해 있다면 그것은 영원히 정지한 상태로 머물 것이고, 여기서는 어떤 개별 물체도 생겨나지 못할 테니 말이다. 그런데, 실상 연장은 운동뿐만 아니라 정지에도 논리적으로 선행한다. 다시 말해, 운동과 정지라는 이 두 규정은 동일한 자격으로 연장에 의해 인식되며, 따라서 동일한 자격으로 연장에 의해 산출될 수밖에 없다. 만일 연장

---

[2] 『원리』(2부 정의 1[G I p. 181/P p. 249])에서 스피노자는 연장을 오직 3차원성만으로 정의할 뿐, '연장하는 활동'으로 정의하지는 않는다. 이는 당연한데, 왜냐하면 여기서 그는 데카르트의 관점을 제시하고 있기 때문이다. 게다가 자연학을 2종의 인식 수준에서 수립하는 데는 이 정도로 충분하다. 3차원성은 연장이 자신의 양태들로 표현될 때 공통특성으로서 나타나는 것이기에 말이다.
[3] 「편지」 64[G IV p. 278/P p. 1319]. 운동과 정지의 통일성에 대해서는 요아킴(H. H. Joachim), 『스피노자의 윤리학 연구』(A Study of the Ethics of Spinoza), pp. 83~88을 참조하라.
[4] 「편지」 83[G IV p. 334/P p. 1357].
[5] 「편지」 81[G IV p. 332/P p. 1355].
[6] 같은 곳.

에 운동은 없고 정지만 있다면, 연장에서는 천편일률적인 미분화(未分化)된 덩어리밖에 나오지 않을 것이다. 반대로 연장에 정지는 없고 운동만 있다면, 여기서도 역시 내적으로 분절되지 않은 순수 유체밖에 나오지 않을 것이다.[7] 따라서 무한히 다양한 사물들이 나오기 위해서는 운동과 정지의 최적의 비율 —— 이 비율에 못 미치거나 이 비율을 지나칠 경우 가능한 것 모두가 산출되지는 못할 —— 이 요구된다. 정의상 연장이 인식 가능한 모든 물체를 산출하는 경향을 필연적으로 띤다는 사실을 감안할 때, 운동과 정지는 불가분의 짝을 이루면서 연장의 "절대적 본성"에서 연역되는 것이다.

이렇게 직접적 무한양태에 의해서 변양된 연장은 이제 무한하게 많은 '가장 단순한 물체들' (corpora simplicissima)로 쪼개지며 이들은 물리적 세계의 바탕을 이루는 기초 요소가 된다.[8] 스피노자가 이 입자들의 본성을 구체적으로 밝힌 적은 거의 없으며, 우리 역시 그를 대신하여 이를 시도하지는 않을 것이다. 스피노자는 단지 이것들이 "운동과 정지, 빠름과 느림에 의해서만 서로 구별된다"[9]라고 말할 뿐이다. 이는 당연하다. 왜냐하면 '가장 단순한 물체들'은 단순하기 때문이다. 다시 말해서 내적으로 분화되어 있지 않기 때문이다. 그래서 만일 서로 붙어 있는 두 개의 가장 단순한 물체가 둘 다 정지해 있거나 혹은 같은 속도로 움직인다면, 이들은 함께 연속적이고 동질적인 하나의 가장 단순한 물체를 이룰 것이다. 또한 이들 각각이 구별되는 개체성을 지니기 위해서는, 이들 중 하나는 이동하는 반면 다른 하나는 그 상태 그대로 남아 있거나, 아니면 각각

---

7) 『신, 인간과 인간의 행복에 관한 소론』(이하 『소론』) 부록 2부 14절[G I p. 120/P p. 150].
8) 『윤리학』 2부 (정리 13 이후의) 따름정리 7의 주석을 참조하라.
9) 같은 곳.

이 서로 다른 속도로 운동해야 한다. 따라서 가장 단순한 물체들의 독특한 본질이란 그들 각각의 **상대속도**로 환원되는 듯하다. 또한 그들은 오직 타자와의 외적 관계로만 정의되는 개체, 요컨대 아직은 순전히 사건에 불과한 개체이다. 더욱이 그들은 이 초보적인 개체성조차도 아주 순간적으로만 지켜내거나 거의 지켜내지 못한다. 실상 그들은 침투불가능해서 서로 자리를 바꾸고서만 움직일 수 있으며,[10] 그것도 그들 중 하나가 자리를 비우자마자 다른 하나가 곧장 거기를 차지하는 식으로 이루어진다.[11] 이렇게 해서, 데카르트가 말하는 것과 같은[12] 서로 교차하는 소용돌이 운동이 생겨나는데,[13] 이 운동은 이에 연루되는 단순 물체들의 속도를 계속해서 바꿔 버리면서[14] 이 물체들을 쉴 새 없이 서로 결합되고 분리되도록 강제한다.

그러므로 부분들의 수준에서는 영원성이란 아예 생각도 할 수 없는 일이다. 이미 우리는 어떤 속성이든 그것의 유한양태들은 이전과 이후에 예속될 **수 있음**을 알고 있었다. 이제 우리는 연장의 유한양태들이 이전과 이후에 **필연적으로** 예속될 수밖에 없음을 알게 된다. 물질은 취할 수 있는 모든 형식을 다 취하긴 하나, 동시에 취하는 게 아니라 차례차례로만 취

---

10) 『원리』 2부 정리 7[G I p. 196/P p. 264].
11) 『원리』 2부 정리 8[G I pp. 196~7/P p. 265].
12) 데카르트 자연학에서 "터무니없다고는 할 수 없어도 무용한" 것은 바로 **원리들**이다(「편지」 81[G IV p. 332/P p. 1355]). 특히 다른 무엇보다도, 자연 바깥에 있는 어떤 신이 타동적 인과 작용을 가하여 운동이 연장 안으로 도입된다는 원리가 그렇다. 그 나머지에 대해서는 스피노자는 그저 데카르트의 6번째 충돌 규칙이 오류라고만 언급할 뿐이다(「편지」 32[G IV p. 174/P p. 1237]). 따라서 『원리』에서 제시된 내용도 그것이 『윤리학』과 논리적으로 양립할 수 있는 경우에는(바로 이 경우가 그렇다) 스피노자의 생각과 일치한다고 볼 수 있다. 그렇지 않다는 명시적 지표가 없다면 말이다.
13) 『원리』 2부 정리 8의 따름정리[G I p. 198/P p. 266].
14) 『원리』 2부 정리 9~11[G I pp. 198~200/P pp. 266~8].

할 수 있다.[15] 왜냐하면 우주의 특정한 짜임이 주어졌다 하더라도 무한히 많은 다른 짜임들 역시 여전히 인식될 수 있고 이 짜임들 역시 실현될 수밖에 없으며, 이 다른 짜임들은 오직 구성 요소들을 계속적으로 개편해야만 실현되기 때문이다. 자신의 양태들을 '상호 외재적으로'(*partes extra partes*) 산출하는 한, 연장은 이들 모두를 한꺼번에 산출할 수는 없다. 즉, 연장이 운동-정지를 통해 양태들의 본질들을 현실화시킬 때, 이는 차례차례 이뤄질 수밖에 없다. 공간성이 있기 때문에 **지속**이 있는 것이다. 다시 말해, 실존은 오직 신의 본성에서 무조건적으로 따라 나오는 결과가 아니라, 장소라는 특정 조건에 의존하며, 바로 이 사실로 인해 또한 시간이라는 특정 조건에 의존한다. 실존이란 곧 '여기 지금의'(*hic et nunc*) 실존이며, 또한 '여기의'(*hic*) 실존이기에 '지금의'(*nunc*) 실존인 것이다.

이제 한 걸음 더 나아가, 초보적 개체들에서 그들 본성의 귀결로 옮겨가 보자. 가장 단순한 물체도 본질을 가지므로, 그것은 매 순간 이 본질을 재현실화하고자 노력한다. 가장 단순한 물체의 본질은 속도에 의해 정의되므로, 단순 물체는 속도를 보존하려는 경향을 띤다.[16] 그것도 논리적으로 가장 단순한 방식으로,[17] 곧 계속해서 일직선으로 나아감으로써 말이다.[18] 따라서 이 물체의 코나투스가 따르는 유일한 법칙은 오직 관성이라는 보편 원리뿐이다. 물론 복합 개체들의 경우에는 사정이 완전히 다를 것이다. [이것들에게는] 일반적으로, **자기 존재**를 유지한다는 것은 **자기 상**

---

15) 『원리』 3부 도입의 마지막 부분[G I p. 228/P p. 296].
16) 『원리』 2부 정리 14와 따름정리[G I pp. 201~2/P pp. 269~70]. 또한 『윤리학』 2부 (정리 13 이후의) 보조정리 3도 참조하라.
17) 『원리』 2부 정리 15의 주석[G I p. 203/P p. 271].
18) 『원리』 2부 정리 15[G I p. 202/P p. 270].

태를 유지한다는 것과 같지 않기에 말이다.[18*] 하지만 바로 이 단순 물체의 경우, 존재는 상태로 환원된다. 그런데 이 초보적 코나투스는 필연적으로 갈등적이다. 입자는 직선 운동을 계속하기 위해, 이 운동을 방해하는 이웃 입자들을 밀쳐내야 하며, 또 이웃 입자들 역시 이 입자를 밀쳐내야 한다. 따라서 분리는 극에 달한다. 단순 물체들은 각자 마치 왕국 안의 왕국이기라도 한 양 주변과 대립하면서 자기 혼자 스스로를 긍정하며, 이것이야말로 만물의 만물에 대한 전쟁이다. 그런데 이는 단숨에 결판 나버리는 각자 모두의 불가피한 패배이기도 하다. 소용돌이 운동은 직선 이동의 운동을 아예 불가능하게 하므로,[19] 가장 단순한 물체는 끊임없이 자기 경로에서 빗나가도록 강제되고, 따라서 거의 항상 무화되어 버리기 때문이다. 물론 가장 단순한 물체도 동일한 속도를 지켜내기만 한다면, 방향을 바꾸면서도 자기 본질을 보존할 수 있을지 모른다. 하지만 이는 사실상 실현되기 아주 어렵다. 왜냐하면 대개의 경우 충돌은 [속도와 방향의] 이 두 요인을 동시에 변경시키기 때문이다. 그렇기에 이 코나투스들의 결합은 결과적으로 만물의 만물에 대한 항구적인 파괴가 되고 만다.

하지만 이 보편적 전쟁도 카오스는 아니며, 오히려 정반대다. 그것은 준엄한 결정론을 따르기 때문이다. 실상 전체로서의 물리적 개체에도 역시 본질이 있으며, 이는 우주 규모의 운동과 정지 사이에 수립되는 비율로 특징지어진다. 따라서 이 개체에도 역시 코나투스가 있고, 유한한 코나투스들은 단지 이 코나투스의 개별적이고 일시적인 측면들에 지나지 않는다. 더구나 이 경우 아무것도 이 코나투스에 장애될 리 없다. 왜냐하면 그

18*) 델보스(V. Delbos), 『스피노자주의』(Le spinozisme), pp. 118~23을 참조하라.
19) 『원리』 2부 정리 8의 따름정리의 증명 [G I p. 198/P p. 266].

에게는 무언가를 수용하거나 전달할 수 있는 [외적] 맥락이 없으므로, 이 코나투스는 필연적으로 동일한 운동량,[20] 동일한 정지량,[21] 따라서 운동과 정지의 동일한 비율[22]을 지켜내기 때문이다. 바로 여기서 자연학의 근본 법칙이 나온다. 전체의 한 부분이 다른 부분을 움직일 때, 이 부분이 운동을 상실하는 만큼 다른 부분은 이를 획득한다는 것 말이다.[23] 이[=운동량 보존] 법칙을 관성의 원리와 조합하면 여기서 보편적인 자연 법칙들의 전 체계가 도출된다. 우선 가장 단순한 물체의 경우, 우리는 여기서 데카르트가 제시한 7가지 충돌 규칙을 아주 손쉽게 연역해낸다.[24] 그런데 이는 단지 시작에 불과하다. 가능한 모든 상황마다 그에 해당하는 물체적 코나투스들 간의 인식 가능한 관계가 있고 운동 전달의 규칙이 있다. 바로 이것이 영원한 전 우주의 얼굴[25]이다. 그것은 연장의 양태들이 시간의 흐름에서 과연 어떤 질서로 서로를 실존하거나 사라지도록 규정하는지를 정의하며,[26] 자신이 운동-정지의 영원한 귀결인 이상, 이 운동-정지를 결과적으로 영원히 보존해 준다. 이처럼 물질적 전체는 그것을 이루는 기초 입자들 간의 무한히 많은 충돌을 매개로 스스로를 산출하고 재산출한다. 말하자면, 보편적 불화에서 보편적 조화가 생겨나며, 불화가 출현하는 전 과정은 보편적 조화 자체가 지배한다. 참 낡았지만 여전히 매혹적인 발상

---

20) 『원리』 2부 정리 13(G I p. 200/P p. 269).
21) 같은 곳.
22) "… 왜냐하면 모든 물체는 다른 물체들로 둘러싸이며, 특정하고 규정된 비율로 실존하고 작용하도록 서로에 의해 규정되어, 결국 이들 모두에서, 곧 전 우주 안에서, 늘 동일한 운동과 정지의 비율이 보존되기 때문입니다"(「편지」 32(G IV pp. 172~3/P p. 1236)).
23) 『원리』 2부 정리 20(G I p. 208/P p. 276).
24) 『원리』 2부 정리 24~31(G I pp. 211~9/P pp. 279~88). 스피노자에 따르면 데카르트가 잘못 연역한 것은 오직 6번째 규칙뿐이다(앞의 주 12를 참조하라).
25) 「편지」 64(G IV p. 278/P p. 1319).
26) 『윤리학』 2부 정리 6을 참조하라.

이다. 스피노자는 이를 합리적으로 개조하지만 풍취만은 여전하다.

물론 이러한 기술(記述)도 여전히 추상적이다. 실상, 물리적 자연은 소용돌이치면서 서로 투쟁하는 가장 단순한 물체들의 병치로 환원되지 않는다. 하지만 이는 충분히 근거 있는 추상으로서, 이는 우리 자신이 전지적이라고 가정할 경우 실재의 구체적 구조들을 발생적으로 재구성하는 출발점이 될 것이다. 그리고 이 구체적 구조들은 이 추상을 그저 폐기하는 대신 극복한다. 인류의 자연 상태 역시 정치사회에서 극복되는 동시에 보존되는 하나의 추상이라면, 그것과 유비적으로 이를 우주의 "자연 상태"라 부를 수 있을 것이다. 이제 곧 우리는 어떻게 단순 물체들이 서로 결합하여 함께 더 복잡한 전체를 형성하는지 검토할 것이다. 그러나 복합성과 통일성의 정도가 제아무리 높다 한들, 연장의 양태들은 결코 그들의 본래적 결함을 완전히 탈피하진 못할 것이다. 물질적 세계는 경쟁적 세계, 온갖 종류의 분할과 대립의 장소이며, 만약 홉스에게서처럼 모든 것이 오직 물질뿐이라면 개체들은 늘 다소간은 서로 분리되어 있을 것이다. 신플라톤주의 식으로 연장에서 신적 본질의 퇴락을 찾아야 하기 때문이 아니다. 연장은 자기 유(類)에서 완전하므로 사유와 같은 자격으로 신의 역량을 표현한다. 하지만 인간적 비극, 곧 분리라는 비극의 원천은 역시 연장이다. 이미 카발라의 한 분파가 주장했듯이,[27] 이 비극의 존재론적 뿌리는 **신 자체에서 찾아야 한다**.

* * *

사유 편에서 보면, 상황은 명백히 다르다. 사유 역시 신의 속성이다.[28] 왜냐하면 모든 개별 사유활동(cogitation)은 사유에 의해 인식되고, 사유는 그 자체로 인식되기 때문이다. 사유는 무한히 많은 구조들을 그리고 연장 및 그 밖에 [우리에게] 알려지지 않은 다른 모든 속성들과 정확히 동일한 구조들을 취하되, 단 다른 방식으로 취하는 한에서의 신의 활동이다. 곧 물체의 형식이 아니라 관념의 형식으로, 그리고 상호 외재성의 양상이 아니라 논리적 함축의 양상으로, 또한 3차원상이 아니라 아무런 차원[크기]도 없이 말이다. 그런데 바로 여기서 두 가지 중대한 귀결이 초래된다.

첫째, 사유의 모든 양태는 지속과는 무관하게 실존한다. 왜냐하면 이

---

27) 숄렘 선생이 알려준 대로, 『조하르』의 몇몇 구절은 이렇게 말하고 있다. "악의 근본 원인은…신의 발현들 가운데 하나 혹은 신의 세피로트와 관련되어 있다"(『유대 신비주의의 주요 흐름』Les grands courants de la mystique juive, p. 253). 곧 분리와 축출의 권력을 특징으로 하는 준엄한 심판의 속성이 그렇다. 이삭 루리아(Issac Luria)가 말하는 "깨진 꽃병" 신화(같은 책, pp. 282~6)는 바로 이와 같은 생각을 전개하며 예시하고 있다. 곧 모든 분리의 뿌리는 자기 자신을 완성하기 위해 스스로를 자기 자신과 분리시켜야만 하는 신 안에 있는 것이다. 일반적으로 볼 때, 악의 적극적 원리는 "세피로트 나무의 왼편——엄밀함, 수동성, 여성적 요소…"에 있을 것이다(레비-발랑시E. A. Lévy-Valensi, 『유대주의의 신비적 전통에서 근본악과 대속』Mal radical et rédemption dans la tradition mystique du judaïsme, p. 145). 스피노자의 연장을 분리의 측면인 이 왼편에 접근시키고, 사유를 통일성의 측면인 오른편에 결부시켜 보는 것도 해볼 만한 일이다(10가지 속성을 통해 발현되는 신의 삶을 상징적으로 표상하는 세피로트 나무에 대해서는 850쪽의 〈그림 4-1〉을 참조하라). [옮긴이] 세피로트 나무 : 이 책에서 마트롱은 스피노자의 『윤리학』 3, 4, 5부의 구조를 유대 신비주의인 카발라의 세피로트 체계로 재현하고 있다. '전승'이나 '수용'을 의미하는 히브리어 '카발라'(Kabbale, Kabbalah)는 원래 교리적 전통, 더 나아가 종교적 실천에 관한 가르침 일반을 의미했지만, 13세기에 이르러 유대교 신비주의 내지는 그들이 표방하는 특정한 교리 체계를 가리키는 말로 고착되었다. 카발라는 신의 창조 과정과 우리의 구원 과정을 하나의 비전적 체계로 보여 주고 있는데, 그것이 바로 세피로트 나무다. 원래 '셈하기'라는 뜻을 지녔던 세피라(sefirah)는 세피로트 나무를 이루는 여러 마디를 가리키며, 신의 여러 속성의 발현이자 이 세계의 원형으로 신과 물질세계 사이에 놓여 있다. 세피로트 나무는 어떻게 무한한 빛인 신(아인 소프)이 일종의 '유출'을 통해 유한하고 물질적인 이 세계를 창조하는지(왕관에서 왕국으로 내려가는 순서)를 보여 주면서, 이와 동시에 원죄 이후 신성을 상실한 인간이 어떻게 해야 신과의 합일이라는 구원을 얻는지(왕국에서 왕관으로 올라가는 순서)를 보여 준다. 일반적으로 세피로트 체계는 다음의 표처럼 제시될 수 있다. 단, 이 책 부록에 수록된 「1988년판에 부쳐」에서 마트롱 자신이 말하듯, 세피로트 구조는 『윤리학』의 구조를 도식적으로 표현해 주는 수단 정도로 이해할 필요가 있다.

경우 직접적 무한양태는 무한지성이기 때문이다.[29] 혹은 신이 자신의 속성들 전체를 인식하면서 자기 자신을 인식하는 무한관념이기 때문이다.[30] 그런데 신은 자신의 속성들 각각을 인식하면서 이 속성들에서 연역되는 모든 귀결을 필연적으로 인식한다.[31] 따라서 무한지성은 사유하지 않는[사유 속성이 아닌] 무한히 많은 다른 속성들을 표상적으로(objectivement) 표현하는, 서로 평행하는 무한히 많은 부문들을 포괄한다.[32] 그리고 이 부문들 각각은, 상응하는 속성에서 발생된 무한히 많은 유한양태를 표상적으로 표현하는 무한히 많은 관념을 포괄한다. 요컨대 무한지성은, 역시

세피라의 이름	속성	의미	정의 (수동/수축/여성)	의지	자비 (능동/팽창/남성)
케테르 (Keter)	왕관	의지의 의지 과거와 현재의 모든 것을 포괄			
호크마 (Hokhmah)	지혜	의지를 표현하려는 의지 부성 신과 인간의 능동적인 내적 지성			
비나 (Binah)	지성 이해	수동적 수용능력 모성			
헤세드 (Hesed)	은총 사랑	신의 사랑, 지혜와 이해의 결합에서 생겨남			
게브라 (Gevurah)	준엄한 심판	정의와 통제			
티페레트 (Tiferet)	미	세피로트의 중심부			
네자 (Nezah)	항상적 인내 (승리)	은총/사랑을 보완			
호드 (Hod)	위엄 (광휘)	정의를 보완			
예소드 (Yesod)	토대	세계에 대한 지각이나 의지를 완성, 또 다른 세피로트를 생성하는 능력			
말쿠트 (Malkhut)	왕국	물질 속에 깃든 신의 소재			

28) 『윤리학』 2부 정리 1.
29) 「편지」 64[G IV p. 278/P p. 1319].
30) 『윤리학』 2부 정리 3.
31) 같은 정리.

'무한히 많은 것을 무한히 많은 방식으로'(*infinita infinitis modis*)[33]를 포괄한다. 이 모든 것은 당연히 하나의 유일 관념에 통합되는데,[34] 이는 신 자신이 유일하기 때문이다.[35] 곧 무한지성은 **하나의** 지성이지 여러 정신의 병치가 아니며, 그것이 포함하는 관념들 역시 구별되는 **주체들**이 아니다. 우리 자신이 지닌 관념들이, 가령 우리가 어떤 정리를 증명하기 위해 그것들을 연쇄시킬 때, 주체가 아니듯이 말이다. 그런데 직접적 무한양태를 구성하는 한에서의 이 유한양태들은 생성소멸을 겪을 수밖에 없지 않을까? 결코 그렇지 않다. 비록 독특한 물체적 본질들이 운동-정지 안에서 오직 차례차례 현실화될 수밖에 없다 하더라도, 그것들에 대한 관념들은 그렇지 않다. 관념들은 크기가 없으므로, 또한 하나의 앎을 이루는 다수의 진리들처럼[36] 서로를 함축하므로, 어떤 식으로도 서로 방해하지 않기 때문이다. 따라서 신은 자신이 연장 속에서는 잇달아 산출하는 사물도 동시에 인식할 **수 있으며**, 인식할 수 있으므로 또한 인식한다. 그러므로 개체적 본질에 대한 관념들은 모두 영원히 공존한다. 관념의 대상이 그 원천인 속성 안에서 아직 혹은 이미 논리적 잠재태에 불과할 때조차도, 관념은 **신의 무한관념의** 현행적 부분이다.[37]

그렇다면 관념들은 조건부가 아니라 무조건적으로 실존한다는 뜻인

---

32) 이는 「편지」 66에서 알 수 있다(G IV p. 280/P pp. 1320~1). 이 문제에 대한 논의로는 위앙(G. Huan), 『스피노자의 신』(*Le Dieu de Spinoza*, pp. 213과 286~8), 그리고 두닌 보르코프스키(S. Dunin-Borkowski), 『스피노자의 나날 : 필생의 과업』(*Aus den Tagen Spinozas 3 : Das Lebenswerk*, pp. 457~66)을 참조하라.
33) 『윤리학』 2부 정리 4.
34) 같은 정리.
35) 같은 정리의 증명.
36) 플로티누스의 지성에서처럼 말이다(브로샤르V. Brochard, 『스피노자 철학에서 영혼의 영원성』*L'éternité des âmes dans la philosophie de Spinoza*, pp. 378~9를 참조하라).
37) 『윤리학』 2부 정리 8과 따름정리의 전반부.

가? 그렇지는 않다. 관념들은 유한하기 때문이다. 물체적 본질 C에 대한 관념은 오직 물체적 본질 B에 대한 관념이 실존하기 때문에 실존하고, 이 물체적 본질 B에 대한 관념은 다시 오직 물체적 본질 A에 대한 관념이 실존하기 때문에 실존하고… 등등.[38] 물체적 본질 A, B, C… 모두를 사유하는 신은, 이 본질들로부터, 그것들 서로가 시간의 흐름에서 현실화되도록 상호 규정하는 질서(곧 전 우주의 얼굴로 정의되는 질서)를 연역하며, 따라서 똑같은 질서로 이 본질들에 대한 관념들 역시 연쇄시킨다. 곧 B의 원인으로서 A를 인식하고, C의 원인으로서 B를 인식하고, 등등. 바로 이런 의미에서 관념들도 서로를 규정한다고 할 수 있을 것이다.[39] 신의 관념에서 따라 나오는, 그리고 신의 관념을 이루는 부분들 각각을 재산출함으로써 그것을 재산출하는, (물질적 '전 우주의 얼굴'의 관념적 등가물인) 사유하는 자연(사유속성)의 법칙들에 따라서 말이다. 요컨대 한 본질에 대한 관념은 이 본질의 실존 조건들에 대한 관념들을, 곧 멀리나 가까이 있는 다른 모든 본질들에 대한 관념들 모두를 실존 조건으로 한다. 그런데 연장에서 벌어지는 상황과는 반대로, 각 관념의 실존 조건들은 모두 통일되어 있지 **않을 수 없다**. 즉 본질 A에 대한 관념은 영원하고 따라서 본질 B에 대한 관념도 영원하고… 등등.[40] 신은 "설탕이 녹기를 기다릴"[40*] 것 없이, 우주의 전 역사를 '단번의 직관으로' (uno intuitu) 사유한다.

둘째, 하지만 사유의 유한양태들 역시 지속에 예속될 수밖에 없다. 왜냐하면 비록 이 양태들이 영원하다 하더라도, 무한지성이 포괄하는 부

---

38) 『윤리학』 2부 정리 5를 정리 7로 보완할 경우.
39) 『윤리학』 5부 40의 주석을 참조하라.
40) 같은 곳.
40*) 베르그송(H. Bergson), 『창조적 진화』(L'évolution créatrice), p. 338.

문들 가운데 연장에 상응하는 부문에서만은 그것들도 일시적으로 실존하는 유한양태들을 표상적으로 표현하기 때문이다. 그런데 관념의 질서가 사물의 질서와 **정확하게 같으려면**,[41] 사유 안에도 이와 같은 비(非)영원성의 등가물이 있어야만 한다. 물체 X가 '여기 지금' 실존할 때, 그 본질에도 **무언가**가 일어난다. 이 본질에 이전에는 일어나지 않았던, 그리고 앞으로도 일어나지 않을 무언가가 말이다. X의 본질은 현실화되는 데 필요했던, 또 언젠가는 다시금 필요해질 외적 지원을 다른 본질들에서 받아들이는 것이다. 물론 이 역시 무한지성은 영원하게 인식할 것이다. 하지만 그가 이를 인식하는 것도, 그가 오직 본질 X에 대한 관념만을 갖는 한에서가 아니라 모든 물체들의 모든 본질들에 대한 관념들을 갖는 한에서이다. 단독으로 고려된 본질 X에 대한 관념으로부터는 어느 누구도 X가 실존한다고 결론 내릴 수 없다. 그럼에도 여하튼 평행론이 준수되기 위해서는, **X에 대한** 관념은 **X에게** 일어나는 이 사건을 표현해야만 한다. 곧 X에 대한 관념에서 지금까지 일어나지 않았던, 그리고 앞으로도 일어나지 않을 무언가가, 바로 이 **X에 대한 관념 안에** 일어나야 한다. 달리 말해, 어떤 물체가 여기 지금 실존할 때, 그 물체에 대한 관념[=영혼] 또한 여기 지금 실존해야 한다.[42]

그런데 가장 단순한 물체는 오직 다른 물체들과 분리되면서밖에 실존할 수 없으며, 자기 존재를 가능한 한 가장 오랫동안 유지하기 위해 이들에 맞서 투쟁한다(정도의 차이는 있지만, 이는 [가장 단순한 물체뿐만 아니라] 모든 물체 ── 아무리 복합성이 큰 물체라 하더라도 ── 에 해당될 것이

---

41) 『윤리학』 2부 정리 7.
42) 『윤리학』 2부 정리 8, 따름정리(후반부)와 주석.

다). 그러므로 가장 단순한 물체에 대한 (그리고 모든 물체에 대한) 관념은, 이 물체가 실존하는 한 다른 관념들에서 분리되어 오직 자기 대상에만 집착한다. 다시 말해, 이 관념은 우주의 나머지 부분은 염두에 두지 않은 채 자기 대상의 현존만을 무한정하게 지각하면서, 그 역시 무한정하게 지속하려는 경향이 있다. 마치 우리가 어떤 정리를 증명하는 동안, 우리 표상들이 연역의 필연성은 염두에 두지 않은 채, 각자 고유한 생을 획득하듯, 그리고 우리 정신에서 사라지지 않으려고 발버둥치듯 말이다. 물론 그렇다 해도 신의 관점에서 볼 때 바뀌는 건 전혀 없다. 현행적으로 실존하는 독특한 사물에 대한 관념은, 정확히 '전 우주의 얼굴'의 법칙들이 할당해 준 시간 동안만 지속하는 것이다. 물론 이 관념들은 서로를 실존하고 사라지도록 규정하며[43] 그것도 시간 순서를 따라 규정하지만, 이 관념들은 역시나 사물의 본질들에 대한 관념이기도 하기에 신의 관념 안에서 논리적 질서를 따라 영원하게 연쇄되며, 시간적 순서는 바로 이 논리적 질서를 매우 충실하게 옮겨 놓은 것에 지나지 않는다. 그러나 어쨌든 이들 각각은 필사적으로 살아남으려 한다.

따라서 무한지성은 이중화되는 셈이다. 한편으로, 무한지성은 여전히 자기 자신으로 있으며, 그것을 구성하는 관념들도 무한지성 안에 있는 그대로 있다. 그들 대상의 영원한 본질을 이 대상의 영원 진리를 따라 영원하게 표현하면서 말이다. 다른 한편, 그리고 다른 구도에서 볼 때, 무한지성은 무한하게 파편화된다. 곧 각각의 관념은 다른 관념들과의 관계를 끊고 나와, 구별되는[판명한] 주체성의 초점으로 자처한다. 그리고 단독으로 고려된 자기 대상의 현행적 실존을, 모두를 향해 또한 모두에 맞서 긍

---

43) 『윤리학』 2부 정리 9.

정하려고 노력한다. 각각의 관념은 일단 물체의 관념이지만 이렇게 하여 그것은 신체의 **영혼**이 된다.[44]

무한지성의 이 파편화가 사유 그 자체, 곧 형상적 실재성의 측면에서 본 사유에서 연역될 리는 없다. 아마도 우리가 모르는 속성들에 상응하는 부문에서는 사태는 전혀 다르게 돌아갈 테니 말이다. 하기에 스피노자 역시 이 연역을 시도한 적이 없다. 여하한 형태로 사유에서 일어나는 분리(특히 정념)를 탐구할 때도, 그는 늘 물체를 준거로 이를 설명한다. 물론 그렇다고 해서 그가 자가당착에 빠진다거나, 데카르트적인 (심신) 상호작용을 은밀하게 끌어들인다고 할 순 없다. 그는 단지 관념이 갖는 지향성을 염두에 두고 있을 뿐이다. 물체에 준거한다고 해서 속성의 자율성이라는 원리를 위반한다고 할 수는 없다. 왜냐하면 사유는 본성상 **어떤 것에 대한** 사유이며, 우리가 의식할 수 있는 유일한 경우로는, 오직 **연장에 대한** 사유이기 때문이다. 그 결과, 사유는 자신이 사유하는 대상이 지닌 종별적인 규정들에 대해 이해하는 바를 그 자신 안에 지닐 수밖에 없기 때문이다. 관념은 표상적이므로, 관념에는 형상적 실재성 말고도 표상적 실재성이 있으므로, 관념의 본성을 고찰할 때 우리는 필연적으로 관념의 대상의 본성에 준거할 수밖에 없다.

이처럼 분리된 관념, 이처럼 현행적으로 실존하는 독특한 사물의 "영혼"으로 변형된 관념은 무엇을 내용으로 할까? 관념은 자신이 그 실존을 긍정하는 유한양태[=가령, 신체] **안에서** 현행적으로 일어나는 것만을

---

[44] 『윤리학』 2부 정리 11에서 인간의 영혼에 대해 말한 바는 현행적으로 실존하는 사물에 대한 관념 모두에 대해 타당하다. 정리 13 주석의 다음과 같은 언급을 참조하라. "만물에는 다양한 정도이긴 하지만 모두 영혼이 있다(*animata sunt*)".

표현할 수 있다.[45] 그런데 가장 단순한 물체의 경우 거의 아무것도 일어나지 않는다. 그와 같은 물체는 본성상 내적으로 분화되어 있지 않으며, 텅 빈 단조로움밖에 없는 일률적 직선 운동으로 환원된다. 외부에서 사건이 일어나 이 물체의 방향을 바꾸기라도 하면, 이 물체는 곧장 파괴되어 버린다. 따라서 이 물체의 영혼은 아무것도 혹은 거의 아무것도 사유하지 못할 것이다. 이는 눈멀고 귀먼 일종의 전(前)의식적 정신(psychisme)으로, 라이프니츠가 말하는 '순간 정신'(mens momentanea)이 아마도 이와 상당히 유사할 듯하다.

연장을 변용시키는 존재론적 비극은 이런 식으로 사유에 반향된다. 무한지성은 자기 자신의 수준에서는 아무 변질도 겪지 않지만, 다른 수준에서는 무한히 많은 '가장 단순한 정신들'(mentes simplissimae)로 쪼개진다. 자기 자신과 세계에 대해 의식하지 못하며 자신이 잘 알지 못하는 대상[자기 신체]의 실존에 집요하게 집착하는 이 단순 정신들은, 보존 충동의 어두운 밤에 심지어 서로를 알아보지도 못하며 서로 투쟁할 뿐이다.

* * *

하지만 분리는 완벽하지 않다. 가장 단순한 물체의 영혼도, 신이 이 물체를 인식하면서 갖는 참된 관념 외에 다른 것이 아니다. 다시 말해, 이 물체의 영혼은 이 참된 관념 자체이다. 비록 자기 대상이 현실화되는 탓에 주체로 변형되고, 또 이 대상의 실존 방식이 경쟁적인지라 어쩔 수 없

---

45) 『윤리학』 2부 정리 12 (앞 주석을 참조하라).

이 [다른 관념들로부터] 고립되는 탓에 모호해지기는 했지만 말이다. 따라서 영혼은 자기 대상의 현행적 실존을 긍정하려고 노력하는 와중에 부지불식간 대상을 있는 그대로 사유하려고 노력하게 된다. 가장 낮은 단계에서조차, 가장 희미한 단계의 개체성에서조차, 정신적 우주의 삶을 특징짓는 것은 빛[=진리]을 향한 거대한 열망인 것이다. 마찬가지로, 영혼은 경향적으로 명석한 사유를 향해 가는 와중에 신의 무한한 관념 안에 있는 자기 자리로 복귀하는 경향이 있다. 또한 영혼이 은닉해 둔 참된 관념이 다른 참된 관념들과 내적으로 소통하듯, 영혼은 보편적 경쟁 너머에서, 또한 그것을 거쳐서 다른 영혼들과 소통하려고 한다. 가장 낮은 단계에서조차, 정신적 우주의 삶을 특징짓는 것은 교유에 대한 거대한 열망인 것이다.

가장 단순한 정신들의 경우, 이 두 열망은 분명 실패하게 되어 있다. 하지만 물체들이 함께 복합적 전체를 형성하는 식으로 조직화된다면, 영혼들이 내적으로 변별화된다면, 이 열망은 호기를 만날 경우 실현될 확률이 있을 것이다.

3장_외적인 통일 : 복합적 개체성과 조직된 우주

사유는 연장에 대한 사유이므로, 자신의 대상을 종별성에 따라서 사유하려면 자기 자신과 분리될 수밖에 없다. 그런데 평행론은 양 방향으로 작동한다. 연장 역시 사유에 대한 연장이므로, 자신의[=자신을 사유하는] 주체에 의해서 인식될 수 있는 방식으로 내적으로 조직될 수밖에 없기 때문이다. 구별되는/판명한 정의를 내릴 수 있는 통일성 있는 모든 구조는 가지적이다. 그런데 지금까지 우리가 살펴보았던 것은 단지 두 종류의 물리적 구조뿐이었다. 하나는 너무나 빈약해서 거의 무에 가까운 가장 단순한 물체들이었고, 다른 하나는 무궁무진한 풍부함을 지닌 전체 우주였다. 그런데 이 양 극단 사이에서, 무한지성은 무한하게 많은 등급의 완전성에 따라 위계화되는 무한하게 많은 본질들을 인식할 수 있다. 따라서 이 본질들은 현실화되어야 한다. 그런데 어떻게? 스피노자는 이를 전혀 모른다. 그도 원인과 결과의 세세한 질서까지는 포착하지 못하기 때문이다. 그런데 선험적으로 확실한 것이 하나 있다. 바로 '전 우주의 얼굴'의 법칙들이다. 이 법칙들은 가능한 모든 것들이 세상에 나오도록 해주는 운동과 정지의 최적 비율에서 따라 나오는 이상, 어떤 등급으로든 존재의 사다리에 끼어들 수 있는 개체들 모두를 산출할 수 있을 만큼 정의상 충분히 폭넓다.[1] 따라서 보편적 인과결정의 운행만으로도, 가장 단순한 물체들은 서로 결합되어 합성된 개체를 생겨나게 할 수밖에 없고, 이 합성된 물체들이 다시 결합되어 더 많이 합성된 개체를 생겨나게 할 수밖에 없으며 …, 이렇게 무한히 나아간다. 이를 일컬어 **물리적 계약**이라 할 수 있을 것이다. 사회계약이 인류의 자연 상태를 특징짓는 역관계들의 필연적 합력이듯이, 이는 우주의 "자연 상태"를 특징짓는 역관계들의 필연적 합력이기 때문이다. 이제 남은 것은 이 복합적 전체들 각각의 개체성이 정확히 어떤 것인지, 그리고 이들의 등급화를 어떻게 사고해야 하는지 살펴보는 일이다.

* * *

모든 개체는 근접인에 의해 발생적으로 정의된다. 그런데 이 근접인은 두 요소를 포함하는데, 이는 전통적 정의에서 사용되어 왔던 "유" 및 "종차"와 얼마간 유사하다. 가령, 원에 대한 정의의 경우, 한편으로 이 도형이 작도되는 출발점인 선분이 있고, 다른 한편 이 선분에 적용되면서 "한쪽 끝은 고정되어 있고 다른 끝은 움직인다"는 공식으로 표현되는 운동과 정지의 특수한 조합이 있다. 따라서 물리적 개체에 대한 정의 역시 이처럼 질료적 요소와 형상적 요소라는 두 요소를 포함할 것이다.

주어진 한 개체 I의 질료적 요소는 물체 $C_1, C_2, C_3, \cdots C_n$이며, 개체 I

---

[1] "… 그에게는[신에게는] 최고 등급의 완전성을 지닌 것에서부터 가장 낮은 등급의 완전성을 지닌 것에 이르기까지 모든 것을 창조할 질료가 조금도 결핍되어 있지 않았다고, 아니 더 적절히 말해, … 신의 본성의 법칙은 어떤 무한지성이 인식할 수 있는 모든 것을 산출할 수 있을 만큼 폭넓었다고 …"(『윤리학』 1부 부록[G II p. 83/P pp. 409~10]).

는 이 물체들로 합성되어 있다. 물론 그저 아무것들이나 모여 있는 건 아니다. 우선, **특정 수**[2] —— n이라고 하자 —— 의 물체들이 있으며, 이 개체의 파괴를 초래하지 않고서는 이 수는 증가할 수도 감소할 수도 없다. 다음으로, 이 물체들 각각에는 **특정한 본성**[3]이 있으며, 이 개체의 소멸을 초래하지 않고서는 이 본성은 바뀔 수 없다. 여기서 "본성"이라는 말은 분명 모든 물체에 예외 없이 공통적인 것(연장, 운동과 정지)을 가리키진 않는다. 왜냐하면 복합체의 합성 요소가 되는 물체들은 서로 간에 **상이한** 본성을 가질 수 있기 때문이다.[4] 그렇다고 해서 이 물체들 각각의 독특한 본질을 가리키는 것도 아니다. 왜냐하면 합성 요소가 되는 물체는 **동일한** 본성을 가진 **다른** 물체로 대체될 수 있기 때문이다.[5] "본성"이란 아마도 중간적인 어떤 것과 관련될 것이다. 가령, C_1이 T_1 유형의 특정 운동(직선 이동, 회전, 진동, 그 밖의 다른 형태의 자리바꿈)을 수행하고, C_2는 T_2 유형의 특정 운동을 수행하고… 등등이 그것이다. 물론 C_1 자체가 복합체라면, 그것은 마찬가지로 다른 운동 T_1', T_1'' 등등을 따를 것이다. 하지만 이 다른 운동들은 개체 I의 정의에는 개입하지 않는다. 만일 C_1이 T_1', T_1''의 운동은 하지 않고 T_1의 운동만 수행하는 다른 물체에 자리를 내주고 사라진다 해도 개체 I는 보존될 테니 말이다.[6] 이런 의미에서, 두 물체 각각의 독특한 본질이 상이하더라도, 그것들이 동일한 전체 I에서 동일한 역할을 수행하고 동일한 자리를 차지할 만큼 서로 유사하다면, 이

---

2) 『윤리학』 2부 정리 13 이후의 정의에서 '몇몇'(Aliquot)이라는 표현을 참조하라. 이 정의 다음의 보조정리 4에 나오는 '같은 수의'(totidem)라는 표현 역시 참조하라.
3) 같은 보조정리 4에서 "동일한 본성의"(eiusdem naturae)라는 표현을 참조하라.
4) 정리 13 뒤에 이어지는 요청 1을 참조하라.
5) 주 3을 참조하라.
6) 정리 13 뒤의 보조정리 4.

둘은 동일한 본성을 지닌다.

다음으로, 형상적 요소는 복합체에 통일성과 유일성을 부여하는 구조를 말한다. 단순한 집적에 대립되는 통일성을, 그리고 동일한 요소들로 형성될 수 있을 그 밖의 다른 개체들과 대립되는 유일성을 말이다. 연장에는 운동과 정지밖에 없는 이상, 이 구조란 운동과 정지 사이에 수립되는 특정한 관계일 수밖에 없다. 그런데 이 관계 역시 두 가지 방식으로 표현된다. 단순정식 F와 전개된 정식 F′이 그것이다.

단순정식 F는 『윤리학』 2부가 우리에게 제시하는 개체성에 대한 정의[정리 13 뒤의 자연학 소론에서 보조정리 3 이후 공리 1, 2에 이어지는 정의]에는 등장하지 않는다. 하지만 이 정의에 이어지는 따름정리 5에서, 마찬가지로 4부 정리 39에서 암묵적으로 환기되며, 여하튼 『소론』과 「편지」 32에서는 명시적으로 진술되고 있다. 개체 I는 **운동과 정지의 특정한 비율**로 정의된다.[7] 스피노자는 "가령, 1에서 3까지"라 말한다.[8] 등장하는

---

[7] 『소론』 2부 서문 주 8절[G I p. 52/P p. 99]의 *"Proportie van beweginge en stilte"* (정지에 대한 운동의 비율). 『소론』 부록, 「인간 정신에 대하여」 14절[G I p. 120/P p. 150]의 *"Een zekere proportie van beweginge en stilte"* (정지에 대한 운동의 동일한 비율). 그리고 「편지」 32[G IV p. 173/P p. 1236]의 *"eadem ratione motûs ad quietem"* (정지에 대한 운동의 동일한 비율), 또한 『윤리학』 2부 정리 13 이후의 따름정리 5의 *"motûs et quietis rationem"* (운동의 비율과 정지의 비율/운동과 정지의 비율), 그리고 『윤리학』 4부 정리 39의 *"motûs et quietis ratio"* (운동의 비율과 정지의 비율/운동과 정지의 비율). 이 중 『윤리학』의 두 구절은 사실 애매하다. 즉 그것은 합성 요소가 되는 물체들이 "서로 간에"(*ad invicem*) 갖는 운동의 비율과 정지의 비율을 가리키므로, 개체 규모에서 유지되는 **운동과 정지 사이의 비율**을 말하는 건 아니라고 생각할 수도 있을 것이다. 그렇다면 이는 정식 F가 아니라 F′을 암시하는 셈이 될 것이다. 그런데, 만일 정식 F′이 정식 F에서 연역된다면, 이 두 해석은 서로 배타적인 것이 아니다. 더욱이 정식 F가 고려하는 것도 여하간 합성 요소가 되는 물체들 서로 간의 상대적 운동 상태와 정지 상태뿐이다. 『소론』의 두 구절은 네덜란드어 표현을 그대로 옮긴 것이니만큼, 아무것도 『소론』과 『윤리학』 사이의 시기 동안 스피노자의 생각이 바뀌었다는 입증은 되지 않는다. 곧 『소론』에서 정식 F′을 시사하는 대목은 아직 발견되지 않은 이상, 단지 그의 생각을 명시해 두는 데 그칠 수밖에 없을 것이다.

것은 단지 두 항[운동과 정지]뿐인 이상, 이 구절은 이 개체를 변용시키는 총운동량과 총정지량 사이의 비율, 다시 말해 이 개체를 이루는 부분들의 운동량의 총합과 정지량의 총합 사이의 비율일 수밖에 없다. C_1의 질량 (스피노자의 어법대로 하자면 '크기')이 m_1, C_1의 운동 T_1의 상대속도가 v_1이고, C_2의 질량이 m_2, C_2의 운동 T_2의 상대속도가 v_2… 등등이라면(좌표계는 개체 I의 상대적 위치가 바뀔 수 있는 외부 물체들이 아니라 오직 개체 I와 관련되어 있다), 또한 정지량이 질량의 함수임을 인정한다면,[9] 정식 F는 가령 다음과 같이 기술될 수 있을 것이다.

$$\frac{m_1v_1 + m_2v_2 + \cdots + m_nv_n}{m_1 + m_2 + \cdots + m_n} = K$$

항수 K는, 체계가 띠는 매 순간의 상태에 상응하거나, 적어도 체계의 변이들이 그 언저리에서 실행되고 체계가 끊임없이 되돌아가는 **평균** 상태에 상응한다. 개체는 변이들을 겪을 수 있지만, 여하간 이 관계가 확증되는 한 개체는 존속한다. 우선, 부분들 중 일부는 운동을 상실해도 된다. 그것이 상실한 운동을 다른 부분들이 가져가서 항수 K가 보존되기만 한

---

8) 『소론』 2부 서문 주 12절[G I p. 52/P p. 100].
9) 스피노자가 정지량을 어떻게 이해했는지를 명확히 할 수 없는 이상, 사실 이는 까다로운 문제이다. 하지만 우리가 아는 바에 비춰 보면, 한편으로 운동량은 mv와 같다. 다른 한편, 모든 빠름은 동시에 느림이기도 하므로, 빠르기[속도]는 운동과 정지에 동시에 관여한다. 예컨대, "물체들은 더 느리게 움직일수록 정지를 더 많이 갖는다"(『원리』 2부 정리 22의 따름정리 1). 그리고 더 빨리 움직일수록 운동을 더 많이 갖는다. 따라서 만일 한 물체의 정지량을 r이라 한다면, v=k·mv/r이 될 것이고 따라서 r=k·m이 될 것이다. 운동량이 동일할 경우, 더 큰 질량과 더 작은 속도를 지닌 물체들에는 정지량이 운동량보다 더 많다. 왜냐하면 "이 물체들은 자신보다 더 빠른 속도로, 그러나 더 작은 힘으로 부딪쳐 오는 물체들에 대해서는 더 저항하며, 마찬가지로, 그들과 직접적으로 접촉하고 있는 물체들과는 덜 분리되기" 때문이다(같은 곳).

다면 말이다. 가령 우리가 달릴 때 두뇌는 둔해지지만 그동안 근육은 가열되며, 술에 취해 있을 때는 그 반대가 된다.[10] 다음으로, 개체 I가 외부 물체들에 운동을 전달할 수도 있다. 단 그가 다른 측면에서는 이 외부 물체들에서 운동을 받아들이기만 한다면, 그리고 전체적 비율이 유지되기만 한다면 말이다. 또한 I의 질량이 증가하거나 감소할 수도 있다. 개체 I의 부분들이 수행하는 운동이 적정 비율 내에서 증가하거나 감소하기만 한다면 말이다.[11] 그런데 정식 F가 돌이킬 수 없이 효력을 상실할 때, 그 즉시 죽음이 찾아온다.[12]… 물론 『소론』과 「편지」 32에 나타나는 이와 같은 관점이 과연 『윤리학』에서도 고수되는지 물을 수도 있을 것이다. 『윤리학』에서는 더 신중하게, 운동과 정지 간의 관계가 아니라 개체를 이루는 부분들 사이의 운동의 비율 및 정지의 비율이 언급되며, 이는 여러 의미를 지닐 수 있기 때문이다. 하지만 이는 우리 논의에선 중요치 않다. 합성 요소가 되는 물체들이 서로 어떤 관계를 맺든, 단지 운동과 정지라는 용어로 표현될 수 있는 **하나의** 항상적 관계를 통해 서로 연결되어 있다는 점만 알아도 우리로선 충분하다.

전체 개체의 수준에 운동과 정지의 항상적 비율이 있다면, 유한개체의 수준에서 이 비율과 등가를 이루는 것이 바로 이 정식 F이다. 따라서 자연 전체 규모에서 전 우주의 얼굴의 전 법칙들이 운동-정지 비율의 보존 법칙에서 따라 나오듯, 법칙들의 전 체계는 정식 F에서 따라 나온다. 곧 개체 I 내부의 가능한 매 상황마다 상응하는 운동 전달의 규칙이 있다. 그

---

10) 『소론』 2부 19장 12절[G I pp. 92~3/P pp. 130~1].
11) 『윤리학』 2부 정리 13 뒤의 보조정리 5.
12) 『소론』 2부 서문 주석의 14절[G II p. 52/P p. 100].

런데 개체 I 내부에 가능한 상황들이 무한하게 많은 것은 아니다. 왜냐하면, 부분들이 수적으로 유한하기도 하지만, 그뿐 아니라 이 부분들 각각이 특정한 운동, 곧 그 운동이 사라지면 개체 자체가 사라져 버릴 특정 운동을 수행해야만 하기 때문이다. 따라서 이와 같은 제한 사항을 염두에 둔다면, 합성 요소가 되는 물체들 가운데 한 물체가 다른 물체에 운동을 전달할 수 있는 방식은 **단 한 가지밖에 없다**. 그렇지 않다면, 이 두 물체 중 어느 하나가 "본성"을 상실하거나, 아니면 정식 F가 더 이상 확증되지 않게 된다. 여하간 둘 중 어느 경우든 개체 I는 죽는다. 바로 여기서, 전개된 정식 F'이 도출된다. 정식 F'은 개체성에 대한 정의의 후반부에서 환기되는 것으로, **개체 I의 부분들이 서로 간에 운동을 주고받는 항상적 비율들의 집합을 표현한다.**[13] 이 정식은 가령, C_1이 자신의 운동 T_1의 한 부분 k_{12}를 C_2에게, 그리고 동일한 운동 T_1의 다른 부분 k_{13}을 C_3에게 전달해야만 함을, 또 C_2는 자신의 운동 T_2의 한 부분 k_{23}을 C_3에게, 이 운동 T_2의 다른 부분 k_{24}를 C_4에게 전달해야 함을… 그리고 C_n은 자신의 운동 T_n의 한 부분 k_{n1}을 C_1에 전달해야 함을, 등등을 지시할 수 있을 것이다. 물론 여기서 k_{12}, k_{13}, … k_{n1}…은 불변항이다. 이 상수들 중 몇몇은 소거될 수 있다. 만일 k_{12}가 소거된다면, C_2는 C_1에 대해 (만일 C_1이 C_2와 접해 있다면) 정지 상태가 될 것이다. 심지어 이 상수들 모두가 소거될 수도 있으며, 이럴 경우 개체 I의 부분들은 자리를 바꿀 수 없을 만큼 서로 압착될 것이다.

---

13) 『윤리학』 2부 정리 13 이후에 나오는 정의. [옮긴이] "동일한 크기나 상이한 크기를 가진 특정한 수의 물체들이 나머지 다른 것들에 의해 강제되어 서로 맞붙거나, 혹은 그것들이 동일하거나 상이한 속도로 운동하고 있을 경우 어떤 특정한 비율로 자신들의 운동을 서로 간에 전달하게 될 때, 우리는 이 물체들이 서로 합일되어 있다고, 또한 그것들을 모두가 단 하나의 물체 혹은 개체를 이루며 이 개체는 이 물체들 간의 합일에 의해 다른 모든 물체들과 구별된다고 말할 것이다."

개체성에 대한 정의의 전반부는 바로 이와 같은 특별한 경우에 해당된다.[14] 이 경우 모든 문제는 정식 F 및 합성 요소 물체들의 "본성"에 달려 있다. 곧 만일 우리가 양자 모두를 알고 있다면 이로부터 정식 F'을 연역해낼 수 있을 것이다. 역으로, F' 및 질료적 요소를 알고 있다면 F를 찾아낼 수 있을 것이다.

개체를 이런 식으로 정의한다면, 우리는 가장 단순한 물체(n=1인 특수한 경우), 데카르트의 소용돌이, 태양계, 지구, 사이클론, 돌, 생물학적 유기체에 이르기까지, 아주 상이한 온갖 종류의 사물들을 정당하게 개체로 간주할 수 있다. 마찬가지로, 이 정의는 전체 우주에도 적용된다. 이 수준에서 F는 운동-정지이며, F'은 '전 우주의 얼굴'이다. 또한 이 정의는 다른 무엇보다도 정치사회에도 해당된다. 이 경우 F는 주권의 형태를 가리키며(신정에서는 운동에 대한 정지의 우위, 자유 국가들에서는 정지에 대한 운동의 우위), F'은 주권 형태에서 따라 나오는 제도적 체계를 가리킨다. 물론 새로운 경지에 이르기 전까지 우리는 그 어떤 개체도 이런 식으로 이해하지는 못한다. 하지만 우리는 적어도 연장의 그 어떤 양태도 발생적으로 정의하도록 해줄 수밖에 없는 **규칙**만은 가지고 있다. 나아가 우리는 이 규칙을 다양한 추상 수준에 적용해 볼 수도 있다. 우선, 개체성 일반에 대한 정의는 최고도의 추상 수준에 상응한다. 곧 그것은 우리에게 단지 질료적 요소와 [형상적 요소인] 정식 F 및 F'이 **있다**는 것만을 알려준다. 이를 조금 더 구체화함으로써 우리는 실재의 이런저런 유형에 상응하는, 가령 인간이나 귀족정에 상응하는 정식 F와 F'의 일반적 윤곽을 얻게 된다. 하지만 우리는 아직 이 실재들을 양적으로까지 규정하지는 못한

---

14) 『윤리학』 2부 정리 13 이후에 나오는 정의.

다. 그러나 이런저런 독특한 개체의 본질에 도달할 때까지, 가령 인간 스피노자나 네덜란드 귀족정에 상응하는 정식 F와 F'에 도달할 때까지, 이를 점점 더 구체화해 가는 일은 권리상 가능할 수밖에 없다. 이에 도달할 경우, 해당 본질에 관한 한, 3종의 인식은 달성될 것이다.

    그 전까지 우리는 적어도 하나는 알고 있다. 모든 물리적 개체는, 외부에서 오는 교란들을 추상한다면, 닫힌 사이클을 그리는 운동과 정지의 체계라는 것, 그래서 이 체계의 가동은 결과적으론 동일한 체계의 재생산으로 이어진다는 점 말이다. 모든 물체 $C_1, C_2 \cdots C_n$이 비율 $k_{12} \cdots k_{n1}$에 따라 서로의 운동을 교환했다면, 이 물체들은 결국 동일한 비율에 따라 운동을 재-교환하게끔 서로를 규정하는 상황에 있는 셈이다. 그리고 이 때문에, 오직 이 때문에, 그들은 단순한 집적이 아니라[14*] 함께 명실상부한 하나의 개체를 형성한다. 이렇게 해서 우리는 독특한 구조 I가 비록 다른 독특한 구조들의 도움 없이는 현실화될 수 없어도, 어떻게 다른 독특한 구조들과 독립적으로 인식될 수 있는지는 알게 된다. 만일 이 구조를 정의하는 비율들의 체계가 A, B, C … 유형의 선형적 연쇄라면, 우리가 이 구조를 이해하려면 그것을 원인들의 무한 계열에 점점 더 많이 결부시켜야만 할 것이다. 그런데 이 구조는 A, B … A 유형의 순환적 연쇄이다. 물론 유한한 개체는 외부 환경의 동조가 없다면 **실존할 수 없으리라**는 건 사실이다. 외부 환경이 이 개체의 부분들에 작용하여 그것들이 정식 F와 F'에 따라 운동을 상호 전달하도록 배치해 주어야만 하는 것이다.[15] 하지만

14*) 이 점에 대해서는 새뮤얼 햄프셔(S. Hampshire), 『스피노자』(*Spinoza*) 2장, p. 77을 참조하라. 또한 다음과 같은 알랭(Alain)의 정식 또한 참조하라. "물체란 그것을 보존하게 해주는 운동들의 집합 외에 다른 것이 아니다"(『스피노자』, p. 66).

15) "나머지 다른 것들에 의해 강제되어"(*a reliquis ita coërcentur*)라는 표현은 이 때문이다 (『윤리학』 2부 정리 13 뒤에 나오는 정의).

이 개체는 자기 완결적으로 닫힌 전체라는 바로 그 이유 때문에 그의 **본질**은 환경에 대한 참조를 조금도 함축하지 않는다. 마찬가지로 우리는 코나투스 학설이 어떻게 연장의 양태들에 적용되는지도 알게 된다. 곧 코나투스란 개체의 현행적 본질 외에 다른 것이 아니다.[16] 실상 이 본질은 그것이 '여기 지금' 실존할 때 결과적으로 자신을 계속 실존하도록, 나아가 외적 원인이 대립해 오지 않는 한 무한정 실존하도록 유지시켜 줄 운동들을 산출하도록 되어 있기 때문이다.

* * *

그렇지만 외적 원인들은 있다. 독특한 물체 I는 환경이 뒷받침해 주는 한에서만 실존한다. 그런데 환경은 끊임없이 변하기 마련이다. I에게 유리했다가도 이내 불리해지며, I의 코나투스가 전개되도록 해주었다가도 결국 언젠가는 장애에 부딪히게 한다. 그렇다면 개체는 환경 조직에 아주 미미한 변화만 일어나도 소멸될 수 있다는 것인가? 물론 그렇지 않다. 구조만 건재하다면, 요소들은 어느 정도 변이를 겪어도 무방하다. 이러한 변이에는 네 종류가 있다. 첫째는 **재생**이다. 가령, 개체 I가 부분 C_1을 상실하고, 또한 곧장 이 C_1을 정확히 동일한 운동 T_1을 수행할 수 있는 같은 본성을 가진 다른 물체로 대체한다면, I는 그대로 존속할 것이다.[17] 둘째, **커짐과 작아짐**이다. I를 이루는 부분들이 이전과 동일한 운동과 정지 비율을 보존하면서도 더 커지거나 작아질 때, I는 그대로 남아 있을 것

---

16) 『윤리학』 3부 정리 7.
17) 『윤리학』 2부 정리 13 이후의 보조정리 4.

이다.[18] 그리고 I의 총질량은 증가하거나 감소하겠지만, I의 운동량 역시 동일한 비율로 증가하거나 감소할 것이므로, I의 정식 F는 항상 확증될 것이다. 셋째, **내적 변이**이다. 부분 C_1, C_2, … C_n은 그들의 운동 T_1, T_2, … T_n의 방향을 바꾸도록,[19] 또는 (특정한 복합성의 등급에서부터는) 심지어 속도까지 바꾸도록[20] 규정될 수 있다. 이 부분들이 정식 F'에 따라 운동을 계속할 수 있고 그것을 서로 간에 전달할 수만 있다면, I는 자신의 본질을 보존할 것이다. 마지막으로, **외적 변이**가 있다. I가 외부 물체와의 상대적 위치상 전체적으로 이동하든 정지 상태에 있든, 혹은 이런 방향으로 이동하든 저런 방향으로 이동하든, I 안에 일어나는 일들이 여전히 그의 정식 F'에 부합한다면 I는 변함없이 동일하게 남아 있을 것이다.[21] 그러므로 개체는 자신을 그대로 유지하면서도 여러 상태들을 거칠 수 있다. 다시 말해 여러 방식으로 변용될 수 있다.[22] 이처럼 동일한 본질의 다양한 상태를 **변용**(affection)이라 부르자.[23]

그런데 이 변용 개념도 분석해 보면 둘로 나뉜다. 한편으로, 개체가 바깥에서 받아들이는 변용들이 있다. 개체를 둘러싼 환경은 C_1에 작용하여 C_1을 P_1, P'_1, P''_1의 상태에 처하게 할 수 있고, C_2에 작용하여 C_2를 P_2, P'_2, P''_2의 상태에 처하게 할 수 있고 등등. 이 상태들은 I의 본성만으로는 설명되지 않으며 I의 본성과 I를 변용시키는 대상의 본성의 연접을 통해

---

18) 『윤리학』 2부 정리 13 이후의 보조정리 5.
19) 『윤리학』 2부 정리 13 이후의 보조정리 6.
20) 『윤리학』 2부 정리 13 이후의 보조정리 7의 주석.
21) 『윤리학』 2부 정리 13 이후의 보조정리 7.
22) 같은 정리의 주석.
23) "… 우리는 인간 본질의 변용을 이 본질의 각각의 상태로 이해한다"(『윤리학』 3부 감정들에 대한 정의. 정의 1의 해명[G II p. 190/P p. 525]).

설명된다.[24] 이런 의미에서 이 상태들은 **수동적이다**.[25]

그런데 다른 한편, 이 개체가 이와 같은 다양한 자극들에 반작용할 때의 변용들이 있다. C_1이 P_1의 상태에 있을 때, C_1은 가정상 그의 운동 T_1을 비율 k_{12}에 따라 C_2에 전달할 수밖에 없고, 이는 결과적으로 C_2를 상태 a_2에 처하게 한다. 그 다음 C_2는 비율 k_{23}에 따라 C_3에 자기 운동을 전달하면서 C_3을 상태 a_3에 처하게 하고 등등. 아마도 이러한 과정이 진행되는 도중이나 끝에 I와 외부 세계 사이의 교환이 일어날 것이다. 가령, P_1에서 운동량이 증가한다면 이 증가분을 [외부에] 상실하면서 이를 상쇄하거나, 혹은 반대로 P_1에서 운동량이 상실된다면 그만큼을 [외부에서] 얻어 오면서 이를 상쇄하는 것이다. 어쨌든 이와 같은 교환의 전체적 결과는 정식 F를 정의하는 운동과 정지의 비율이 개체 안에서 보존되는 것이다. 이 연쇄 $a_2 - a_3 \cdots a_n - a_1$을 A_1이라 부르고, 이 연쇄로 인해 외부환경이 겪는 변양을 M_1이라 부르자. 마찬가지로 C_2가 상태 P_2에 있을 때 C_2가 촉발하는 연쇄 $b_3 - b_4 \cdots b_n - b_2$를 A_2라 부르고, 그 결과 I 바깥에 있는 사물들에 생겨나는 변양을 M_2라 부르자. 또한 C_1이 변용 P'_1을 겪을 때 C_1이 촉발하는 연쇄 $a'_2 - a'_3 \cdots a'_n - a'_1$을 A'_1이라 부르고 이에 상응하는 환경의 변형을 M'_1이라 부르고 등등. 이 반응 $A_1, A_2, \cdots A'_1, A'_2$을 유발하는 수동적 변용은 추상하고서 이 반응들 각각을 **그 자체로 고려한다면**, 그것들은 오직 개체 I의 본성만을 통해 인식된다. 곧 I의 본질을 인식함으로써, 이로부터 "만일 a_2라면 a_3이고 그러면 a_4이고…" 따라서 I는 운동들의 집합 A_1을 실행**해낼 수 있으며** 등등을 연역할 수 있는 것이

---

24) 『윤리학』 2부 정리 13 이후의 보조정리 3에 이어지는 공리 1.
25) 『윤리학』 3부 정의 2.

다.[26] 그리고 변형 $M_1, M_2, \cdots M'_1, M'_2, \cdots$ 가운데 $A_1, A_2, \cdots A'_1, A'_2$에서 비롯되는 변형들 전부도 마찬가지로 오직 I의 본성만으로 설명된다. 곧 I의 본질을 인식함으로써, 이로부터 이 개체가 이런저런 규정된 방식으로 외부 대상들을 변용시킬 수 있다는 점을 연역할 수 있는 것이다. 따라서 이 반응들은 스피노자적 의미에서 **능동**이다.[27] 다시 말해, I는 이 반응들이 일어나는 내적 메커니즘의 온전한 원인 또는 적합한 원인이다. I의 코나투스 양상들의 F에 대한 관계 및 F'에 대한 관계는, 유한한 물체들의 운동-정지에 대한 관계 및 '전 우주의 얼굴'에 대한 관계와 얼마간 같다.

사정이 이렇다면, 개체가 수동적 변이를 견뎌낸다면 이는 오직 그가 이를 상쇄하는 활동으로 이에 응수할 수 있는 한에서이다. 만일 개체 I가 교란 P_1을 정정하는 활동 A_1을 수행할 소질이 있다면, P_1은 I를 파괴하지 못할 것이다. 하지만 만일 교란 P_1이 촉발하는 과정이 $C_1, C_2, \cdots C_n$ 간에 F를 확증하지 않는 운동과 정지 비율을 수립하는 결과를 초래한다면, P_1은 치명적일 것이다. 따라서 I가 실행할 수 있는 활동의 수가 많으면 많을수록, I가 겪을 수 있는 변양의 수도 더 많아질 것이다. 즉 활동 역량과 겪는 역량은 함께 간다.[28] 그런데 이와 같은 적응 능력이야말로 개체의 생존 확률을 아주 정확히 가늠해 준다. 개체는 자가-조절 회로를 더 많이 가질수록, 환경 변이로 인해 위험에 빠지는 빈도는 더 줄어들며, 자기 존재

---

26) 때리는 행위를 참조하라. "때리는 행위는 물리적으로 고찰되는 한, 그리고 어떤 사람이 팔을 들어 올려 주먹을 쥐고 온 팔의 힘으로 내리친다는 사실에 주목하는 한, 인간 신체의 구조로부터 인식되는 덕이다"(『윤리학』 4부 정리 59 주석).
27) 『윤리학』 3부 정의 2를 참조하라.
28) 『윤리학』 2부 정리 13의 주석에서 다음 구절을 참조하라. "어떤 신체가 동시에 더 많은 방식으로 활동하거나 겪는 소질이 다른 신체들보다 더 많을수록".

를 유지하는 힘은 더 커지는 것이다. 따라서 우리는 다음의 이중 등식을 세울 수 있다. 곧 코나투스의 효력 = "활동 역량"[29] = "외부 물체를 변용시키는 소질과 외부 물체에 의해 여러 방식으로 변용되는 소질"[30] 또는 "여러 방식으로 배치될 소질"[31] 또는 "많은 것들에 대한 소질".[32]

그런데, 적응에도 여러 종류가 있다. 실상 개체 I의 활동들이 그 자체로는 오직 I의 본성만을 통해 이해된다 하더라도, 그것들이 '여기 지금' 촉발될 때는 항상 그렇지는 않기 때문이다. 개체 I가 무엇인지를 알기에, 우리는 이 개체가 가령 A_3을 수행할 수 있음을 안다. 하지만 언제 실제로 수행하는가? 이 개체는 **무엇에 의해** 하필이면 이때 그것을 실행하도록 규정되는가? 이것도 두 가지 경우가 있을 수 있다.

가장 흔한 경우는 I가 수동적 변용, 가령 P_3에 의해, A_3을 수행하도록 규정되는 경우이다. 이럴 경우 I의 **행동**, 곧 자극과 반응으로 이루어진 집합은 수동적이다. 다시 말해, I는 P_3의 온전한 원인이 아니므로, P_3의 영

---

29) "… 역량 또는 코나투스"(『윤리학』 3부 정리 7의 증명), 그리고 "… 자기 존재를 유지하는 역량 또는 코나투스"(3부 정리 57의 증명), "활동하는 역량을 … 곧 (3부 정리 7에 의해) 노력을 …"(3부 정리 37의 증명).
30) "인간 신체가 더 많은 방식으로 변용되도록 배치하는 것, 또는 그것이 외부 물체들을 더 많은 방식으로 변용시키는 소질을 갖게 하는 것은 인간에게 이롭다"(『윤리학』 4부 정리 38). 이로부터 스피노자는 기쁨이 선이라고 결론 내리는데, 왜냐하면 기쁨에 의해 신체의 "활동 역량"은 증대되거나 촉진되기 때문이다. 따라서 활동 역량은 정리 38에서 말하는 이 두 소질과 동일하다. 마찬가지로 4부의 정리 59의 증명에서 스피노자는 과잉된 기쁨이 "인간에게 활동하는 소질이 덜하도록 방해하는 한에서" 악이라 단언한다. 그리고 이 증명은 4부 정리 43을 준거로 하는데, 이 정리의 증명에서는 "신체가 더 많은 … 방식으로 변용되는 소질이 덜하도록"이라는 표현이 사용되고 있다.
31) "… 신체가 더 많은 방식으로 배치될 수 있을수록 …"(『윤리학』 2부 정리 14). 3부 정리 11의 증명에서 이 소질은 활동 역량과 동일시된다.
32) "… 더 많은 소질이 있는"(『윤리학』 5부 정리 39). 이 정리의 증명은 "더 많은 활동을 하는데 소질이 있는"이라는 표현을 사용하며, 4부의 정리 38에 준거하고 있다(앞의 주 30을 참조하라).

향 하에 자신이 행하는 것에 대한 온전한 원인도 아니다.[33] 그리고 행위 P_3A_3은 정식 F'을 정의하는 법칙들만으로 설명되는 것이 아니라, 이 법칙들과 외적 인과 작용의 연접으로 설명된다. 더 나아가 보자. 만일 다음 순간 개체 I가 새로운 수동적 변용 P'_1을 겪는다면, I는 P'_1에 대해 활동 A'_1로 반응할 것이다. 그리고 P'_1이 P_3의 필연적 후속물은 아니듯이, A'_1도 A_3의 필연적 후속물은 아닐 것이다. 이렇게 되면 아마도 변형 M'_1은 변형 M_3을 소거할지도 모르며, 여간 이 둘은 서로 이어지지는 않을 것이다. 말하자면, 서로 함께 하나의 동일한 작품을 형성하기는커녕, 완성될 가망 없는 두 밑그림처럼 병치되는 데 그칠 것이다. 이렇게 해서 개체는 결국 환경의 요구에 굴복하고 말 것이다. 물론 적응은 하겠지만 마주침의 우연에 따라 무질서하고 혼돈된 방식으로 적응할 것이고, 살아남긴 하겠지만 순간순간 겨우 살아남을 것이다.

하지만 권리상 다른 형태의 자가-조절도 가능하다. 사실 모든 활동은 활동인 동시에 변용(혹은 변용들의 집합)이며, 따라서 다른 활동을 촉발할 수밖에 없다. 활동 A_1은 개체 I가 그것을 실행한다는 이유만으로도 I를 이전과는 다른 상태에 처하게 한다. 또한 활동 A_1은 I를 간접적으로 변양시킬 수도 있다. 외부 세계에 변형 M_1을 산출하고 이 M_1이 다시 I에 반향을 일으키는 식으로 말이다. 이 두 경우 모두에서, 이와 같은 변이는 I에게 활동 A_2를 수행하도록 규정한다. 그 다음에는 활동 A_2가 직접적으로, 혹은 그것이 환경에 가져온 변양 M_2를 매개로, I에게 활동 A_3을 수행

---

33) 가령, 『윤리학』 4부 정리 23의 증명을 참조하라. "인간이 부적합한 관념들을 갖는다는 점으로부터 활동하도록 규정되는 만큼, 그는 수동적으로 겪는다. 다시 말해 그는 오직 자신의 본질만으로는 지각될 수 없는 것을 행한다". 물론 이 역시 활동이지만, 이 활동에서 '여기 지금' 촉발되는 것은 수동이다.

하도록 규정하고 … 등등. 만일 이 과정을 구속하는 것이 아무것도 없다면 수동성은 아예 사라질 것이다. 그리고 개체가 실존하는 내내, 그의 행동은 오로지 그 본성의 법칙들만으로 설명될 것이다. 곧 정식 F'을 인식함으로써, 이로부터 I가 자기 활동들을 엄밀한 질서로 연쇄시킬 수밖에 없음이 연역될 것이며, 이 질서와 정식 F'의 관계는 무한한 인과계열과 '전 우주의 얼굴'의 관계와 같을 것이다. 가령, 다음과 같이 말이다.

$$A_1 \to [M_1] \to A_2 \to [M_2] \to \cdots \to A_n \to [M_n] \to A'_1 \to [M'_1] \to A'_2 \to \cdots$$

이렇게 해서 우리는 이를테면 개체의 **물체 방정식**을 얻게 될 것이다. 물체 방정식은 우리에게 I의 부분들 각각의 운동과 정지 상태를 그것들과 직접적으로 이웃한 부분들의 운동과 정지 상태를 함수로 점점 더 자세히 지시해 줄 것이고, 이를 통해 우리는 시간 흐름에 따른 체계의 진화를 예견할 수 있을 것이다. 만일 이 방정식이 항상 확증된다면, 여기서 실현되는 적응의 종류는 분명 아주 우월할 것이다. 매 활동은 그 자체 선행 활동의 논리적 후속물로서, 후속 활동들──아무리 멀리 떨어진 것이라 하더라도──을 논리적으로 준비할 것이고, I의 활동성은 환경의 우여곡절에 조금도 의존하지 않을 테니 체계적이고 일관될 것이다. 일탈이나 교란 없이, "시행"이나 "착오" 없이 단 하나의 동일한 근본 기획의 방법적 실현으로서 나타나는 것이다. 다른 한편, 변형 $M_1, M_2 \cdots M'_1, M'_2 \cdots$ 는 이처럼 정연한 배치 상태를 I 바깥에 옮겨 놓을 것이다. 곧 이 변형들은 서로를 소거시키거나 병치되는 대신, 서로 연쇄될 것이고 그 결과 서로를 이끌어 갈 것이며, M_1에 의해 가능해진 M_2는 다시 M_3의 조건을 창출하고…, 이런 식으로 외부 세계는 점차 I의 요구에 따라 조직화될 것이다. 이렇게 되면 개체는 최소 비용으로 최대 효과를 산출하면서 가장 효율적으로 가동될 것이다. 이를테면, **자신의 최적의 현실화 수준**에서 가동될 것이다.

물론 이런 경우는 사실상 매우 드물다. A_1이 이제 막 맹아적으로 형성되자마자 곧장 외적 원인 x가 그것을 굴절시키며, 이렇게 되면 I는 더 이상 A_1의 상태가 아니라, A_1과 x의 연접을 통해 설명되는 수동적 변용, 가령 P_3의 상태에 처하게 된다. 이 때문에 활동 A_2 대신 A_3이 출현한다. 그 다음에는 이 A_3이 다시 외적 원인 y에 의해 굴절되며, 이는 A_3을 수동적 변용 P'_1로 변형시키고, 이 때문에 활동 A_4 대신 A'_1이 출현하고⋯ 등등. 그래서 아래와 같은 유형의 불규칙적 연쇄가 생겨난다.

$$\rightarrow \left.\begin{matrix} A_1 \\ x \end{matrix}\right\} \rightarrow \left.\begin{matrix} P_3 \rightarrow A_3 \\ \rightarrow y \end{matrix}\right\} \rightarrow \left.\begin{matrix} P'_1 \rightarrow A'_1 \\ z \end{matrix}\right\} \rightarrow \cdots$$

따라서 유한한 개체는 자신의 물체 방정식에 완벽히 부합하진 않는다. 그것은 오직 특정한 결절점에서만, 곧 그 부분들이 상호간에 운동을 전달하는 지점들(C_1이 C_2에 작용하는 지점, C_2가 C_3에 작용하는 지점, 등등)에서만 물체 방정식을 확증하며, 그 나머지 지점에서는 이 방정식에서 다소간 벗어나 있다. 하지만 모든 독특한 본질에는 저마다 최적의 현실화 수준이 **있다**. 만일 어떤 본질이 지속 안에서 전개되면서 띠는 모든 양상이 오직 그의 정식 F′만을 통해 설명된다면, 이것이 바로 그의 최적의 현실화 수준일 것이다. 가장 단순한 물체의 경우 우리는 이와 같은 왕도가 무엇인지 알고 있다. 그것은 곧 직선 운동이다. 직선 운동이 가장 단순하기 때문이다.[34] 그런데 합성된 물체의 경우 우리는 무엇이 그의 왕도일 수

---

34) 『원리』 2부 정리 15의 주석[G I p. 203/P p. 271].

있는지 모른다. 하지만 권리상 그것을 발견하지 못할 이유도 없다. F'을 알아내고, I 안에서 모든 것이 논리적으로 가장 단순한 방식으로 일어나려면 I가 무엇을 해야 하는지를 연역하기만 하면 되는 것이다. 그런데 개체는 다른 모든 조건이 같을 경우, 바로 이 최적의 수준에서 가동되는 **경향을 띤다**. 비록 개체가 이 최적의 수준에서 가동되는 데 실패한다 하더라도, 이는 오직 외부 원인들이 방해하는 한에서만, 그의 코나투스가 환경에 의해서 왜곡되고 손상되는 한에서만 그렇다. I가 최적의 수준에 더 많이 접근할수록, 그의 활동들이 촉발되는 과정이 그의 내적인 본질에서 연역되는 정도는 더 커지며, 다른 물체들이 그의 실제 행동을 규정하는 데 끼치는 영향은 더 적어지고,[35] I는 자기 본질을 더 잘 현실화하고 또 재현실화한다. 또한 그가 이 최적의 수준에 더 접근할수록 그는 더 많이 [능동적으로] 활동하며 더 적게 [수동적으로] 겪는다. 그러므로 이 최적의 수준에 더 많이 접근할수록 I는 자기 존재를 유지하는 힘을 더 많이 갖는다. 따라서 우리는 다음의 이중 등식을 세울 수 있다. 코나투스의 효력 = 활동 역량 = 개체가 오직 자기 본성의 법칙들에서 따라 나오는 것을 행하는 소질.[36]

따라서 개체의 활동 역량은 우선은 다음 두 요인의 함수인 듯 보인다. 하나는 이 개체가 견뎌낼 수 있는 변이들의 수이고, 다른 하나는 그의 행위의 자율성의 정도이다. 그런데 이 두 요인이 진정 서로 독립된 변수

---

35) "… 한 신체의 활동이 오직 그 자신에만 더 많이 의존할수록, 그리고 활동하는 데 그와 함께 협력하는 다른 물체들이 더 적을수록 …"(『윤리학』 2부 정리 13의 주석).
36) "… 오직 그 자체로만 고찰된 우리 본성의 필연성에서 따라 나오는 것들을 행하는 것"(『윤리학』 4부 정리 59의 증명). 그리고 바로 뒤이어 스피노자는 슬픔이 "이 활동 역량을" 감소시킨다고 단언한다(같은 곳). 4부 정리 20과 증명 또한 참조하라.

일까? 아주 적은 것에만 소질이 있으면서도 오직 자신의 법칙들만을 따라 활동할 수 있는 개체를 생각해 볼 수도 있지 않을까? 결코 그렇지 않다. 실상 I가 동시에 겪을 수 있는 수동적 변용이 하나밖에 없다고 가정해 보자. 이 경우 그의 활동들의 질서는 정황의 우연에 따라 가차 없이 규정될 것이다. 곧 활동 A_1에는 행위 P_3 A_3이 이어지고, 그 다음에는 행위 P'_1 A'_1이 이어지고 …, 이 연쇄를 끊을 수 있는 것은 아무것도 없을 것이다. 바로 이것이 가장 단순한 물체의 운명이다. 가장 단순한 물체는 그 맹목적 고집에도 불구하고 결국 직선 이동을 해내지 못할 것이다. 하지만 I가 보다 많은 **동시적**[37] 변양들을 겪을 수 있다면 상황은 아주 다르게 돌아갈 것이다. 가령, 활동 A_1의 한 구역 a_2가 부분 C_2에서는 외적 원인 x_2에 의해 수동적 변용 P_2로 변형될 것이고, 이와 동시에 이 동일한 활동 A_1의 그 구역 a_3이 부분 C_3에서는 외적 원인 x_3에 의해 수동적 변용 P_3으로 변형될 것이고… 등등. 그런데 만일 이 수동적 변용들의 수가 아주 많다면 그것들은 상호 중화될 것이다. 설령 이 변용들 모두가 같은 쪽으로 정향된다고 하더라도 치명적이지는 않다. 그리고 이제 이 수동적 변용들 가운데 공통분모가 출현할 것이다. 곧 활동 A_1은 상충하는 다수의 일탈을 거치면서 결국은 완수되며 모든 사정에도 불구하고 A_2를 촉발할 것이다. 그런 다음 이번에는 이 A_2가 다시 상쇄 메커니즘에 따라 활동 A_3을 촉발하는 데 성공을 거둘 것이고 등등. 결국은 왕도로 이어질 것이다. 그러므로 두 요인은 서로 결부되어 있다. 곧 한 개체가 동시에 여러 방식으로 변양될 소질이 더 많을수록, 그것이 오직 자기 본성의 법칙들에서만 연역되는 것을

---

37) 우리가 앞의 주 28에서 인용한 표현에서 '동시에'(*simul*)라는 단어가 등장하는 것도 이 때문이다.

행하는 소질도 더 많아진다.[38] 변이도와 독립성은 함께 가는 것이다. 물론 유한양태의 경우 활동 역량은 겪는 역량과 함께 증대된다는 건 사실이다. 하지만 이 두 역량 모두가 증대될수록 활동하는 경우가 겪는 경우보다 더 우세해지는 경향이 있다는 것 역시 사실이다.

하지만 왜 특정 존재자들에게는 다른 존재자들보다 변이도의 여백이 더 클까? 이는 적어도 상당 정도는 그들의 합성 등급에 기인한다. 개체 I가 세 개의 단순 물체로 합성되어 있다면, I가 동시에 변용될 수 있는 방식은 세 가지뿐일 것이다. 하지만 만일 개체 I를 이루는 세 부분들 각각이 세 개의 단순 물체로 합성되어 있다면, 그 개체가 동시에 변용될 수 있는 방식은 아홉 가지일 것이고, 등등. 그렇다면 개체들의 이와 같은 층첩(emboîtement)은 어떻게 제시되는가?

* * *

어떤 의미에서는, 가장 단순한 물체도 이미 개체성에 대한 정의를 확증하고 있다. 우선, 가장 단순한 물체의 부분들의 수는 1이다. 다음으로, 이 유일한 요소의 "본성"은 정식 F와 일치하며, F는 비율 mv/m, 곧 이 입자의 속도만을 표현한다. 정식 F'의 경우, 이는 개별 경우인 이 입자에 적용된 관성 원리와 다름없다. 한편, 가능한 변이들은 별로 많지 않을 게 뻔하다. 우선 단순 물체는 커질 수도 있고 작아질 수도 있는데,[39] 왜냐하면

---

38) 이와 같은 상응 관계는 4부의 정리 59 증명에서 명백하게 나타난다. 스피노자는 오직 자기 본성의 법칙들에서만 연역되는 것을 행하는 능력인 **이 활동 역량**을 감소시키는 한에서 슬픔이 악이라고 말한 뒤에(주 36을 참조하라), 그 준거로 정리 41을 가리키는데, 이 정리 41의 증명 자체는 또한 정리 38에서 정의되는 두 소질에 준거하고 있다(앞의 주 30을 참조하라).

질량은 단순 물체의 정의에는 개입하지 않기 때문이다. 그리고 몇 가지 외적 변이가 있는데, 단순 물체는 동일한 속도를 지켜낼 경우 방향을 바꿀 수 있기 때문이다. 하지만 이 경우 변이의 여백은 매우 협소하다. 어쨌든 가속이나 감속이 동반되지 않는 방향 변화는 예외적이기 때문이다. 반면, 단순한 물체는 부분들이 여럿이 아니기에, 재생이나 내적 변이는 허용되지 않는다.

가장 단순한 물체들로 합성된 등급 1의 복합 물체의 경우, 요소들의 "본성"은 그것들 간의 상대속도로 정의된다. 왜냐하면 가장 단순한 물체들은 이 점에서, 오로지 이 점에서만, 서로 구별되기 때문이다. 정식 F는 생각해낼 수 있는 모든 운동과 정지의 비율을 다 표현할 수 있다. 이는 무한히 많은 개체들을 제시해 주며, 우리는 이 개체들을 대략 세 종류로 나눠 볼 수 있다. 정지가 운동보다 훨씬 우세한 경우라면 **단단한** 물체, 운동이 정지보다 훨씬 우세한 경우라면 **유동적** 물체, 그리고 양자 사이에 있는 **무른** 물체로 말이다.[40] 한편, 변이도의 여백은 가장 단순한 물체의 경우보다는 크지만, 여전히 협소하다. 우선, 등급 1의 개체 역시 커지거나 작아

---

39) [옮긴이] 가장 단순한 물체를 더 이상 분할 불가능한 원자와 같은 것으로 볼 경우 이는 이상하게 여겨질 수 있다. 왜냐하면 이는 가장 단순한 물체도 크기를, 나아가 서로 상이한 크기를 가질 수 있음을 함축하기 때문이다. 하지만 스피노자에게서 단순성이란 결국 운동의 단순성을 의미할 뿐이라는 점을 감안하면 이는 납득될 수 있다. 이에 대해서는 다음과 같은 게루의 지적을 참조하라. "합성체든 단순체든 모든 물체는 상이한 크기를 가질 수 있지만, 그럼에도 그들의 실재적 차이의 토대는 크기가 아니라, 단순체의 경우 단지 운동과 정지, 빠름과 느림에, 합성체의 경우 물체들 간의 특정한 합일에 있다"(M. Gueroult, *Spinoza II-L'âme*, Paris: Aubier, 1974, p. 164). 물론 가장 단순한 물체가 크기를 갖느냐 여부에 대해서는 논쟁의 여지가 있다. 이와 반대되는 입장으로는 대표적으로 요아킴(H. Joachim)의 책을 참조하라(*Study of the Ethics of Spinoza*, Oxford: Claren Press, 1901, p. 83, note 1).

40) 『윤리학』 2부 정리 13 이후의 공리 3.

질 수 있다.[41] 그런데 이 개체는 더 나아가, 자신을 이루는 부분들 중 하나를 상실할 수도 있다. 물론 이 부분이 동일한 본성,[42] 곧 동일한 속도를 지닌 다른 부분으로 대체된다면 말이다. 하지만 엄밀히 말해, 이 다른 부분도 정말로 **다른** 부분은 아닐 텐데, 단순 물체의 경우 속도와 개체적 본질은 구별되지 않기 때문이다. 그러므로 그것은 이를테면 동일한 것이 부활한 것이라 할 수 있다. 몇 가지 내적 변이도 가능해지는데, 이는 요소들의 외적 변이이다. 즉 합성 요소가 되는 물체들은, 정식 F'을 무효화하지 않는 선에서는 운동 방향을 바꿀 수 있는 것이다.[43] 그러나 아직 속도까지는 바꿀 수 없다. 속도가 바뀔 경우, 합성 요소가 되는 물체들은 "본성"을 상실할 테니까 말이다. 마지막으로, 더 많은 수의 외적 변이들을 수용할 수 있다. 속도는 더 이상 등급 1의 개체의 본질에 속하지 않으므로, 이 개체가 외부 세계와의 상대적 위치상 전체적으로 이동하면서 방향뿐만 아니라 속도까지 바꿀 수 있기 때문이다.[44] 하지만 가속과 감속은 부분들의 상대속도를 변경할 위험이 있기 때문에 일정한 한계를 넘을 수는 없다.

등급 1의 복합 물체들로 합성된 등급 2의 복합 물체의 경우, 요소들의 "본성"은 이제 그것들의 개체적 본질과 구별된다. 그러므로 특정 부분이 더 단단해지거나 물러진다고 해도, 이 부분이 수행하는 운동 유형이 반드시 그 영향을 받지는 않는다. 정식 F의 경우, 등급 1의 물체들과 마찬가지로 어떠한 운동과 정지의 비율도 전부 표현할 수 있으며, 또한 마찬가지로 무한하게 많은 개체들을 제시해 준다. 한편, 변이 가능성의 여백

---

41) 『윤리학』 2부 정리 13 이후의 보조정리 5.
42) 『윤리학』 2부 정리 13 이후의 보조정리 4.
43) 『윤리학』 2부 정리 13 이후의 보조정리 6.
44) 『윤리학』 2부 정리 13 이후의 보조정리 7.

은 분명 확장될 수밖에 없다. 어떤 물체 내부의 운동과 정지 비율이, 합성 요소인 물체의 그것과 달라도, 이 차이가 정식 F에 아무 영향을 미치지 않는다면, 합성 요소인 물체는 이 물체로 대체될 수 있다. 마찬가지로, 이 개체는 더 많은 수의 내적 변이도 견뎌낸다. 이 개체의 부분들은 그들 자신이 등급 1의 개체들이므로 방향뿐만 아니라 속도까지 바꿀 수 있다.[45] 정식 F′만 유효하면 되는 것이다. 그리고 바로 이 사실로 인해 더 많은 수의 외적 변이들도 가능해진다. 이 경우 외적 변이들이 요소들의 상대속도를 변경시키는지 여부는 하등 중요치 않으며, 단지 F′이 그대로 유지되기만 하면 된다.

따라서 이를 되풀이함으로써 우리는 무한히 많은 복합성의 등급을 생각해낼 수 있다. 일반적으로, n 등급의 물체는 일정 수의 n-1 등급의 물체들로 합성된다. 그리고 이 n-1 등급 물체들의 "본성"은 반드시 그것들의 본질과 동일하지는 않으며, 오히려 전체 안에서 이런저런 특정 기능을 실행하는 소질로서 정의된다. 다음으로, n이 여전히 유한한 한에서는, 가능한 정식 F도 늘 무한히 많다. 곧 매 수준마다 우리는 인식 가능한 운동과 정지의 비율 모두를 재발견하며, 상이한 수준마다 바뀌는 것은 오직 정식 F′뿐인데, 이는 더 높은 존재자의 층위로 올라갈수록 점점 더 풍부해진다. 마지막으로, 유한개체가 견뎌낼 수 있는 외적 변이의 수는 이 개체가 겪을 수 있는 내적 변이의 수보다 더 많으면서도 그것에 비례하며, 이 내적 변이의 수는 다시, 그 합성 부분들이 얼마나 많은 수의 외적 변이들에 적응할 수 있느냐에 달려 있다. 가령, 만일 n-1 등급의 한 개체가 내적 변이 p와 외적 변이 kp(k > 1)에 소질이 있다면, 등급 n의 개체는 내

---

45) 『윤리학』 2부 정리 13 이후의 보조정리 7의 주석.

적 변이 kp와 외적 변이 k²p에 소질이 있을 것이며, 등급 n+1의 개체는 내적 변이 k²p와 외적 변이 k³p에 소질이 있을 것이고 등등 …, 이렇게 무한히 나아간다.

이렇게 해서 극한에서는 전체 우주가 무한한 복합성의 등급을 지닌 최고의 개체로 나타난다.[46] 이 개체는 분명 ∞-1 등급의 복합 물체들로 합성된 것은 아니며, 이는 전혀 무의미할 것이다. 무한에 비추어 보면 유한한 등급들은 모두 등가이기 때문이다. 따라서 이 개체의 부분으로는, 합성의 정도가 얼마이든 **모든 물체**가 예외 없이 포함되며, 그들의 본성은 단지 **물체**라는 것,[47] 다시 말해 연장 안에 있는 운동과 정지의 조합이라는 것밖에 없다. 이럴 경우 이 개체의 정식 F는 전체 자연이라는 층위에서 영원한 항상성을 지니는 운동과 정지의 비율을 표현한다.[48] 그리고 정식 F′은, 가능한 모든 상황이 고려되면서 이 비율에서 연역되는 운동 전달 법칙들의 영원한 체계에 상응한다. 그리고 무한하게 많은 가능한 상황들이 있는 이상, 이 법칙들은 무한하게 많다. 다시 말해, 불변하는 전 우주의 얼굴[49]은 무한하게 풍부하다. 한편, 이 전체적 개체에는 [외적] 맥락이 없으므로 이 개체는 커지지도 작아지지도 않으며, 재생되지도 않고, 어떤 외적 변이도 겪을 수 없다. 반면, 그것은 무한히 많은 내적 변이들을 치른다.[50] 곧 이 경우 k의 승수는 무한이다. 다음으로, 바깥에서 이 개체에 작용을 가하는 것은 없으므로 이 변이들은 당연히 오직 이 개체의 본성에서 전부 연

---

46) 『윤리학』 2부 정리 13 이후의 보조정리 7의 주석.
47) 같은 곳.
48) "… 이들 모두[모든 물체]에서, 곧 전 우주 안에서, 동일한 운동과 정지의 비율이 늘 보존되기 …"(「편지」 32[G IV pp. 172~3/P p. 1236]).
49) 「편지」 64[G IV p. 278/P p. 1319]를 참조하라.

역된다. 이 개체는 수동성의 기미는 전혀 없이 오직 능동적이기만 하며, 그의 "물체 방정식"은 매 순간 그리고 모든 지점에서 확증되는 것이다.[51]

개체들의 이 같은 무한한 충첩은 사람들이 흔히 "법칙"으로 생각하는 모든 것을 동일한 개념 하에 통일할 수 있게 해준다. 물리적 자연의 법칙, 이런저런 분화된 유기체를 특징짓는 생물학적 법칙, 정치사회와 같은 특별한 형태의 개체성을 지배하는 사법적 법칙[=법률], 인간 개인과 인류 공동체 전체에 특유한 "도덕" 법칙 등등을 말이다. 법칙은 처음에는 다만 추상적 보편자로 등장한다. 곧 같은 종에 속하는 모든 개체나 몇몇 개체들이 공유하는 활동양식으로서 말이다.[52] 이성이 단지 이성이기만 할 때, 그것은 바로 이런 관점에 머물러 있다. 물론 이 관점은 정당하기는 하나 피상적이다. 3종의 인식의 관점에서 보면 오직 개체적 법칙만이 있기 때문이다. 물론 개체 I를 합성하는 부분들 $C_1, C_2, C_3, \cdots C_n$ 사이에는 **공통특성**이 있다는 것은 사실이다. 이 부분들이 하나의 동일한 전체를 형성하려면, 그들의 코나투스가 하나의 동일한 결과를 산출하면서 서로 결합하려면, 그들 각자의 본성이 논리적으로 서로 일치해야 하기 때문이다.[53]

---

50) 같은 곳. 그리고 『윤리학』 2부 정리 13 뒤의 보조정리 7의 주석. 「편지」 32 역시 참조하라. "우주의 본성은 피의 본성처럼 제한되어 있지 않고 절대적으로 무한해서, 이 무한한 역량의 본성에 의해 우주의 부분들은 무한하게 많은 방식으로 조절되고, 무한하게 많은 변이를 겪도록 강제됩니다"[G IV p. 173/P p. 1236].
51) 바로 앞의 주 인용문에서 "이 무한한 역량의 본성에 의해"(ab hac infinitae potentiae natura)라는 표현은 이 점에 기인한다.
52) "절대적으로 말해 법칙(legis)이라는 이름은, 동일한 종에 속하는 개체들 전부나 일부가 모두 하나의 동일한 특정하고 규정된 방식으로 활동할 때 따르는 것을 의미한다"(『신학정치론』 4장[G III p. 57/P p. 722]).
53) 피와 피의 부분들의 사례를 참조하라. "림프와 유미 등의 입자의 운동들이 크기와 모양에 따라 서로에게 맞춘 결과, 유미, 림프 등등이 단지 피의 부분들에 불과하다고 간주될 만큼 서로 완벽히 부합하고 모두가 동시에 하나의 액체를 구성할 때"(「편지」 32[G IV p. 171/P p. 1235]).

마찬가지로 본성 C_1인 부분이 본성 C_2인 부분에 운동을 전달할 **때마다** k_{12}의 비율에 따른다는 것 역시 사실이다. 또한 그 결과, C_1이 상태 a_1에 처할 **때마다** C_2를 상태 a_2에 처하게 할 수밖에 없다는 것 등도 사실이다. 만일 사고할 줄 아는 기생충이 인간 피에 서식한다면, 그 기생충이 보는 관점이 딱 요만큼일 것이다. 이 기생충은 입자들이 운동을 상호 전달하는 방식을 관찰함으로써 이로부터 항상적 관계를 그럭저럭 도출할 테니 말이다.[54] 하지만 이 항상적 관계들이 실은 이 입자들이 속한 전체의 포괄적 본성에서 따라 나온다는 것을 알 리 없다.[55] 실상 모든 개체는 저마다 자신의 근본 법칙을 가지고 있다. 그것은 곧 정식 F이며, 이는 그 개체의 질료적 요소와 합해져 그의 독특한 본질을 정의한다. 그리고 바로 이 정의로부터 (상수 k_{12}, k_{13} 등등으로 표시되는) 부분적 법칙들이 연역되는데,[56] 이 법칙들은 부수적으로, 또한 핵심을 모르는 자에게는 보편자처럼 보인다. 안정적 관계들이란 이 관계들을 구현하는 요소들이 하나의 동일한 구

---

54) "피 안에 서식하면서, 림프 등등 피의 입자들을 눈으로 보아 분간할 수 있고, 각각의 입자들이 다른 입자들과 부딪힐 때 어떤 식으로 튕겨져 나오거나 자기 운동의 일부를 전달하는지 등등을 이성적으로(ratione) 관찰할 수 있는 기생충을 한번 상상해 봅시다"(「편지」 32[G IV p. 171/P p. 1235]).
55) "… 이 기생충은 어떤 방식으로 피의 모든 부분들이 피의 전체적 본성에 의해 조절되는지, 그리고 피의 전체적 본성이 요구하는 대로 서로에게 자신을 맞추도록 강제되어 서로 특정한 관계 하에 부합하게 되는지까지는 알 수 없을 것입니다"(같은 곳).
56) "자연의 필연성에 의존하는 법칙이란 곧 사물의 본성 자체 또는 사물의 정의로부터 필연적으로 따라 나오는 법칙이다"(『신학정치론』 4장[G III p. 57/P p. 722]). 바로 다음에 스피노자는 사법적 법칙들[법률]은 인간의 의지에 의존하는 것이라고 말하면서 별도의 경우로 취급하는 듯하다. 하지만 조금 더 뒤에서 그는 인간의 의지 역시 결국은 자연적 필연성의 한 개별 형태이므로 결코 그렇지 않다고 말하고 있다(같은 곳[G III p. 58, 6~8행/P pp. 722~3]). 실상 법률은 그것이 다스리는 해당 정치사회의 본성에서만이든(잘 짜인 국가의 경우), 이 본성과 몇몇 외적 원인들에서든(잘못된 국가의 경우), 여하간 이것들에서 따라 나오는 필연적 귀결이다. 만일 '부분들'(*partes*)을 '시민들'(*cives*, 혹은 '신민들' *subditi*)로, 그리고 '피의'(*sanguinis*)를 '국가의'(*civitatis*)로 대체한다면, 주 55에서 인용한 구절은 이 경우에도 완벽하게 맞아떨어질 것이다.

조에 속한다는 사실의 귀결에 지나지 않는다. 부분들 수준에서 추상적 보편자는 전체 수준에서는 구체적 보편자인 것이다. 모든 물체를 예외 없이 지배하는 "자연 법칙들"은 전체적 개체의 독특한 본질의 발현일 뿐이다.

그런데 그 역도 참이다. 등급 n의 여러 개체들이 등급 n+1의 한 동일한 개체에 속함으로써 공통특성을 갖게 되듯, 역으로 등급 n의 여러 개체들이 공통특성(단지 연장의 모든 양태들을 특징짓는 공통특성만이 아니라 더 특수한 다른 공통특성들까지)을 가질 경우 이들은 등급 n+1의 한 동일한 개체로 통일될 수 있다. 그것들은 함께, 이미 현실적이거나 적어도 잠재적인 하나의 구체적 전체를 형성하는 것이다. 그런데 모든 잠재성들은 결국 실현되고야 말지 않는가? 가령, 인간들 사이에 유사성이 있다는 사실만으로도 인간 공동체는 실존하는 **경향이 있지 않는가**? 따라서 그것은 어느 때고 필연적으로 실존할 **수밖에 없지 않는가**?

여하튼 일반 법칙은 독특한 전체의 표현으로서, 이 전체의 내부에서만, 그것도 이 전체가 자기 요소들을 실질적으로 지배하는 한에서만 유효하다. 개체 I가 파괴되면, 정식 F′으로 표현되는 법칙들 또한 곧장 효력을 잃고 만다. I가 파괴되지 않는다 하더라도, 법칙들은 I에 일어나는 모든 일을 **온전히** 제어하지는 못한다. 이 법칙들은 외부에서 I에 작용을 가해 오는, 그리고 이 법칙들의 흐름을 굴절시켜 그것들이 '여기 지금' 현실화되지 못하도록 가로막곤 하는 상이한 인과결정과 경합하기 때문이다. 따라서 이 법칙들만으로는 I의 행동을 확실히 예견할 수는 없다.[57] 위반될

---

[57] 바로 이것이 피의 경우에 해당된다. "하지만 피의 본성의 법칙들을 특정한 방식으로 조절하고 또 역으로 피에 의해 조절되는 다른 원인들도 있는 이상, 피 안에는 오직 피를 이루는 부분들 사이에 성립하는 운동 비율에서만이 아니라, 피의 운동과 동시에 외적 원인들 사이에 성립하는 운동 비율에서 귀결되는 다른 운동과 다른 변이들이 생겨나게 됩니다" (「편지」32[G IV p. 172/P p. 1236]).

수 없는 법칙이 있다면, 그것은 정의상 아무것도 작동을 교란할 수 없는 오직 전체 자연의 법칙들뿐이다. 유한양태들(생물, 인간, 사회 등등)의 법칙은 그 자체로는 기껏해야 경향적 규칙성에 불과하다. 또한 이 법칙이 강제력을 가질 확률은, 그 법칙이 연역되는 구조의 복합성 정도의 함수이다. 곧 다른 모든 조건이 같다면, 복합성의 등급이 높을수록 변이 가능성의 여백은 커지며 개체들이 자신의 물체 방정식에 부합하는 경우는 더 많아진다. 자기 자신의 법칙을 따르는 데 여지없이 실패하고 마는 가장 단순한 물체에서부터 항상 성공하기 마련인 무한개체에 이르기까지 등급화는 연속적이다.

* * *

이제 우리는 '자기 존재 역량에 따라'(quantum in se est)[58]라는 표현이 무엇을 뜻하는지 이해하게 된다. 만물이 자기 존재를 유지하는 힘은 서로 동일하지 않다. 개체들은 활동 역량에 따라, 달리 말해 완전성의 정도에 따라 위계화된다. 완전성은 실재성과 동의어이며 실재성은 활동성의 동의어이므로,[59] 활동 역량과 완전성이라는 두 통념은 등가이다.

한 개체의 본성적 활동 역량은 무엇보다도 그의 **합성 등급**에 달려 있다는 점, 이는 이제 명백하다.

그런데 이 역량은 또한 두번째로, **통합의 등급**에도 달려 있다. 실상, 만일 한 개체가 아주 많은 변이를 치를 수 있다 하더라도, 더 나아가 이 변이들이 진정 이 개체 **안에** 일어나야 하며 또 이 개체**에게** 일어나야 한

---

58) 『윤리학』 3부 정리 6.
59) 『윤리학』 5부 정리 40과 증명을 참조하라.

다. 그런데 사태는 늘 그렇게 돌아가진 않는다. 이미 살펴보았듯, 정식 F는 반드시 합성 요소인 물체들의 운동들 **모두**와 관련되지는 않는다. 개체 I의 부분 C_1이 다수의 운동 T_1, T'_1, T''_1 … 을, 부분 C_2가 다수의 운동 T_2, T'_2, T''_2 … 를 하고 있다 하더라도, F가 오직 운동 T에만 관련되는 경우는 당연히 있을 수 있다. 그런데 F는 또한 운동 T와 T'에 동시에 관련될 수도 있으며, 그럴 경우 I는 더욱 통합적이다. 만일 F가 운동 T, T', T''에 동시에 관련된다면, I는 더욱 더 통합적이고 등등. 그런데 첫번째 경우, 운동 T'과 T''의 방향 변화나 속도 변화는 I의 변용이 아니다. 다시 말해, 이 변화는 요소들에만 관련될 뿐, 전체와 관련되지는 않는다.[60] 심지어 전체가 극도로 복합적이라 하더라도, 그 부분들에서 펼쳐지는 사건들 대다수가 이 전체의 본질의 변양은 아니라면, 이 전체는 **전체로서** 많은 방식으로 배치되지는 못할 것이다. 반면, 두번째 경우는 바로 그런 경우가 될 것이고, 세번째 경우는 더더욱 그럴 것이다. 따라서 다른 모든 조건이 같다면, I는 통합이 더 많이 진전될수록 보다 완전해질 것이다. 곧 복합성의 등급이 동일할 경우, F와 관련되는 운동의 수가 더 많아진다면, F'의 내용은 더 풍부해질 것이고, I는 더 많은 활동에 소질이 있을 것이다.

따라서 통합성의 정도는 아주 높지만 복합성의 정도는 아주 낮은 개체들이 있다. 가령 돌이 그렇다. 돌에 일어나는 모든 것은 거의 예외 없이 돌의 구조와 관련되지만, 사실 돌에는 거의 아무것도 일어나지 않으며, 따라서 돌의 본질은 아주 빈약하다. 역으로, 복합성의 정도는 매우 높지만 통합성의 정도는 아주 낮은 개체들이 있다. 가령 정치사회가 그렇다. 정치사회에는 아주 많은 일이 일어나며 정치사회의 내적 변이도는 매우

---

60) 『윤리학』 2부 정리 24와 증명을 참조하라.

큰 생존 확률을 확보해 주지만, 이 변이들(사생활, 개인적인 우애와 반감 등등. 법의 눈에 이 모든 것들은 무차별적이다) 대부분은 정치사회의 구조와는 전혀 무관하다. 이 때문에 정치사회의 본질은 인간의 본질보다 더 높은 합성 등급에 속하면서도 훨씬 덜 완전하다. 반면, 매우 통합적인 동시에 매우 복합적인 개체들도 있다. 특히 인간이 그러한데, 이 때문에 그들의 본질은 아주 풍부하다. 마지막으로, 전체적 개체는 전면적으로 통합되어 있는 동시에(우주 안에 일어나는 어떤 일도 "자연 법칙"에서 벗어나지 않는다) 무한하게 복합적이다. 따라서 이 개체의 완전성은 무한하다.

셋째, 하지만 그럼에도 **형식적 요소**는 개체의 활동 역량에서 상당한 몫을 차지한다. 복합성 및 통합성의 매 수준마다 무한하게 많은 정식들 F가 가능하다. 하지만 이 정식들은 아마도 똑같은 효율을 내지는 않을 것이다. 가령, 정지가 운동보다 훨씬 우세한 물체는 매우 내구적이지만 잘 변이되지 못하며, 운동이 정지보다 훨씬 우세한 물체는 매우 유연하지만 아주 취약하다. 따라서 매 수준마다, **가장 완전한** 개체를 정의해 주는 (아마도 전 우주의 정식일) **하나의** 최적의 정식이 있음에 틀림없다. 가령, 모든 인간이 본성상 동등한 재능을 타고나진 않는다. 그들의 독특한 본질이 이 특권적 비율에 보다 근접할수록, 그들은 더 많은 데 소질을 지니는 것이다. 이것이 과연 무엇을 함축하는지는 앞으로 살펴볼 것이다.

바로 이것이 한 본질이 지니는 본성적 완전성을 가늠케 해주는 세 기준이다. 하지만 이것이 전부는 아니다. 이 본성적 완전성은 몇 가지 잠재성만을 정의할 뿐이다. 아마도 최선의 경우에나 도달 가능한 최대치만을 말이다. 무한개체를 제외하고는, 이러한 잠재성들이 실제로 현실화되리라는 확실한 보장은 누구에게도 없다. 사실 "소질 있다"는 형용사에는 두 가지 의미가 있다. 그것은 때로는 개체의 생물학적 조직까지 포함하는 타고난 소질과 관련되며, 때로는 이 소질들 가운데 어느 하나를 여기 지금 가동시킬 수 있는 소질과 관련된다.[61] 그런데 후자와 같은 정황적 소질은 시간의 흐름에 따라 변할 수 있다. 가령 아주 복합적인 유기체도 불리한 상황을 겪고 나면 비록 파괴까지는 되지 않더라도, 일순간 특정한 활동을 수행하지 못하게 될 수 있다. 이 활동을 여전히 자기 장비의 일부로 갖추고는 있으면서도 말이다. 또한 그러다가도 보다 관대한 상황을 겪고 난 후에는 이 활동을 재개할 수 있게 되기도 한다. 물론 우리의 활동 역량을 강화시키지도 약화시키지도 못하는 변용들도 있지만, 역량을 증대시키거나 감소시키는 변용들도 있는 것이다.[62]

스피노자는 이와 같은 3부 요청 1을 뒷받침하는 근거로, [2부 정리 13 이후] 따름정리들 가운데 4와 6은 제쳐 둔 채, 오직 5와 7만을 들고 있다. 이는 아주 쉽게 납득할 수 있다. 따름정리 4와 6에는 논쟁의 여지가 있는 반면, 따름정리 5와 7은 그가 말하려는 바를 단번에 이해할 수 있게 해주기 때문이다. [따름정리 5에서 말하듯] 우리가 성장하면서 이전에는 수행할 수 없었던 몇몇 활동을 할 수단이 생긴다는 것은 더없이 자명하다. 가령, 우리가 아주 어렸을 때 활동 A_1은 외부 세계에 변양 M_1을 산출하는 데 이르지 못했지만(따라서 A_1 자체도 끝까지 펼쳐지지 못했지만), 우리 키가 어느 정도 자라고 나서부터는 성공하게 된다. 이럴 경우 활동 A_1

---

61) 가령, 2부 정리 14에서는 첫번째 의미로 사용되며, 4부 정리 38에서는 두번째 의미로 사용된다. 그리고 5부 정리 39 주석에서는 이 두 의미 모두가 차례차례 사용된다. 곧 처음에는 첫번째 의미로(G II p. 305의 14행), 그 다음에는 두번째 의미로(같은 곳, 24행과 26행) 쓰이고 있다.
62) 『윤리학』 3부 요청 1. [옮긴이] "인간 신체는 그의 활동 역량을 증대시키거나 감소시키는 많은 방식으로 변용될 수 있으며, 또한 다른 방식으로, 곧 이 활동 역량을 더 커지게도 더 작아지게도 하지 못하는 방식으로 변용될 수도 있다. 이 요청 또는 공리는 2부 정리 13 이후에 나오는 보조정리 5와 7로 뒷받침된다."

은 더 많은 양의 운동을 동원해내기 때문이다. 역으로 노쇠해지면 우리는 지금껏 성공적으로 수행해 왔던 몇몇 활동을 못하게 된다. 반면, 외적 변이의 경우 그것이 우리 안에 일어나는 일에 아무런 반향도 미치지 않는다면 우리 능력을 증가시키지도 감소시키지도 못한다는 것도 더없이 자명하다.

하지만 이 진리가 단지 이 두 종류의 변이에만 관련되진 않는다. 그것은 재생에도 해당된다. 가령 좋은 음식이 있고 나쁜 음식이 있다. 이는 또한 내적 변이에도 해당된다. 우리가 활동 A_1을 하도록 규정될 때, 이 활동을 수동적 변용 P_3으로 변형시키는 외적 원인 x_3 때문에 이 활동이 우리의 기관 C_3에서 굴절된다면, 이 수동적 변용 P_3은 우리를 우리의 최적의 현실화 수준에서 멀어지게 할 것이다. 가령, C_3은 우리의 물체 방정식이 정해 둔 것보다 더 많은 운동을 하거나(예를 들어 과도한 열), 반대로 충분한 운동을 하지 못할 수 있다(가령 추위).[63] 또는 C_3의 운동 T_3이 너무 복잡한 회로나 너무 직접적인 회로를 통하는 바람에 C_4에 전달되지 못할 수도 있고 등등. 여하간 수동적 변용 P_3은 잠정적으로 우리를 활동 A_1에 소질이 없도록 만들기 때문에 우리 활동 역량을 **감소시킬** 것이다. 바로 이 사실에 의해, P_3은 우리 코나투스를 **저해할** 것이다.[64] 왜냐하면 우리는 오직 우리 자신의 법칙들만을 따르면서 가능한 한 가장 단순한 방식으로 가

---

63) 『소론』 부록, 「인간 영혼에 대하여」 15절[G I p. 120/P p. 150].
64) 우리는 'coërcere' (저해하다)의 의미는 'minuere' (감소시키다)와, 'juvare' (촉진하다)의 의미는 'augere' (증대시키다)와 다르지 않다고 본다. 우리 활동 역량에 장애가 된다(그것을 '억제하다')는 것은 활동 역량의 효력을 감소시킨다는 것이며, 촉진한다는 것은 효력을 증대시킨다는 것이기 때문이다. 'augere-minuere' (증대시키다-감소시키다)의 쌍은 때로는 홀로 쓰이기도 하고(『윤리학』 3부 요청 1), 때로는 'juvare-coërcere' (촉진하다-저해하다)의 쌍과 함께 쓰이기도 하는데(『윤리학』 3부 정의 3, 정리 11~13 등등), 어느 경우든 의미상의 변화는 전혀 없다.

동되려는 경향을 띠어 왔지만, 수동적 변용의 출현은 이러한 노력을 방해할 것이기 때문이다. 따라서 우리는 적어도 활동 A_1을 하도록 여전히 규정되는 동안은 P_3에 저항할 것이고,[65] 이 갈등은 활동 A_3으로 귀결될 것이며, 이 활동 A_3은 그것 자체가 다시 환경에 의해 굴절되지 않는다면 균형을 회복할 것이다. 반면, 다른 외적 원인 x'_3이 x_3을 대체하고 또 반대 방향의 변용 P'_3으로 변용 P_3을 상쇄시킨다면, 우리는 다시 A_1을 수행할 수 있게 되거나 수행하는 데 덜 무능해질 것이다. 물론 이는 우리 자신의 본성만으로는 설명되지 않지만 적어도 우리는 우리의 최적 수준에 실질적으로 접근은 하게 될 것이다. 요컨대 우리 활동 역량은 **증대될 것이다**. 바로 이 사실에 의해, P'_3은 우리 코나투스를 **촉진할 것이다**.[66] 우리는 본성상 우리 자신의 물체 방정식에 부합하는 경향을 띠는데, P'_3은 바로 이를 도와주는 것이다. 따라서 우리가 이전보다 A_1을 행하도록 더 규정되리라는 이유만으로도, 우리는 동일한 상태에 머무르려고 노력하는 셈이 될 것이다.[67] 물의 분출이 그런 경우다. 물은 단지 터져 나왔다는 사실만으로도 자신이 지나온 틈을 계속 벌어져 있도록 유지하는 경향이 있다. 마지막으로, 세번째 원인 x''_3이 A_1을 다른 방향으로 굴절시키되, 앞의 두 경우보다 더 많이도 더 적게도 굴절시키지 않는 변용 P''_3을 C_3 안에 산출한다면, 우리의 활동 역량은 증가하지도 감소하지도 않을 것이며, 또한 우리는 이 새로운 변이에 대해 긍정적으로도 부정적으로도 반응하지 않을 것이다.

　이와 같은 동요는 변이도의 여백이 충분히 큰 존재자들에서만 가능하다. 본질이 풍부할수록, 이 본질에서 연역되는 귀결들의 수는 더 많아

---

[65] 『윤리학』 3부 정리 37의 증명을 참조하라.
[66] 주 64를 참조하라.
[67] 『윤리학』 3부 정리 37의 증명을 참조하라.

지며, 이 본질은 다소간 더 현실화될 수 있게 된다. 그리고 본질이 풍부할수록, 이 본질의 최적의 현실화 수준과, 웬만한 불리한 변용에도 이 본질이 지속에서 실존할 수 있는 최소한의 문턱 사이의 거리는 더 멀어진다. 본성적으로 매우 완전한 개체들만이 시간이 흐를수록 더 완전해진다. 물론 우리는 **가장 완전한 개체들**이라고는 하지 않았다. [가장 완전한 개체인] 전체적 개체의 활동 역량은 변하지 않기 때문이다. 그런데 이 둘 사이에 인간이 있다.

4장_내적 통일로: 의식적 개체성과 내면화된 우주

이와 같은 우회를 거치고 나면, 사유 양태들의 짜임은 한층 분명해진다. 물체들이 그것들의 활동 역량에 따라서 위계화되듯이, 평행론에 따라 영혼들 역시 그들의 사유 역량에 따라서 위계화될 수밖에 없다. 곧 만물에는 영혼이 있으나(animées), 단 다양한 등급으로 그렇다.[1] 그런데 우리가 살펴보았듯, 한 물체의 활동 역량은 변이도와 자율성의 두 측면으로 제시된다. 따라서 한 영혼의 사유 역량도 이와 유사한 두 구성 요소에 따라 분석될 수밖에 없다. 한편으로, 한 물체가 동시에 작용하고 작용을 겪을 수 있는 방식이 더 많을수록, 이 물체의 영혼은 더 많은 것을 동시에 지각할 수 있다.[2] 다른 한편, 한 물체의 활동이 오직 그 자신에만 의존할수록, 이 활동의 촉발에 외부 물체들이 협력하는 몫이 적을수록, 이 물체의 영혼은 오직 자기 본성만으로 이해되는 관념을 형성하는 소질을 더 많이 지니게

---

1) "만물은 다양한 정도로 영혼이 있다(animata sunt)"(『윤리학』 2부 정리 13의 주석[G Ⅱ p. 96/P p. 423]).
2) "… 어떤 신체가 동시에 더 많은 방식으로 활동하거나 겪는 소질이 다른 신체들보다 더 많을수록, 그것의 정신은 더 많은 것을 동시에 지각할 소질이 다른 정신들보다 더 많다. …"(같은 곳[G Ⅱ p. 97/P p. 424]).

된다. 곧 이 활동을 온전하게 이해하는 데 필요한 모든 것을 자체 내에 담고 있는 적합한 관념 혹은 온전한 관념을 말이다.[3] 그런데 우리는 활동 역량의 두 측면이 서로 무관하지 않다는 점 역시 알고 있다. 한 물체가 더 많은 변이들에 소질이 있을수록, 이 물체의 행위가 오직 그 물체를 고유하게 특징짓는 법칙들의 작용만으로 설명될 확률은 더욱 높아지는 것이다. 따라서 영혼 편에서도 상황은 마찬가지일 수밖에 없다. 의식장이 넓어질수록 영혼이 명석 판명한 인식에 접근할 확률은 더 높아지는 것이다. 그리고 이처럼 점증하는 개연성은 특정한 문턱을 넘고 나면 실재성이 될 것이다. 곧 매우 높은 등급의 완전성을 지닌 물체의 영혼은 우주의 배열을 심적으로 재구축함으로써 적어도 부분적으로는 우주를 내면화할 수 있을 것이다. 그리고 이에 힘입어 영혼들은 단 하나의 동일한 진리로 서로 교유할 것이다. 연장의 외적 통일은 사유 편에서의 내적 통일을 가능하게 한다.

* * *

어떤 사물을 의식하거나 지각한다는 것은 그것에 대한 관념을 **가진다**는 것이다.[4] 그런데 그 자신 하나의 관념인 영혼이 다른 관념들을 "가질" 수 있다면, 이는 오로지 영혼이 **자기 안에** 이 관념들을 포함하는 한에서만이다. 따라서 관념은 내적으로 분화되어 있는 한에서만 의식적이다.

---

3) "… 한 신체의 활동들이 오직 그 자신에만 더 많이 의존할수록, 그리고 활동하는 데 그와 함께 협력하는 다른 신체들이 더 적을수록, 이 신체의 정신은 판명하게 인식하는 소질이 더 많다"(『윤리학』 2부 정리 13의 주석).
4) 가령, 『윤리학』 2부 정리 12를 참조하라.

가령, 하나의 대상 X에 대한 관념이 X에 일어나는 사건 A, B, C를 포함하고 있다면, 이 관념은 A, B, C를 의식할 것이다. 그리고 이는 A, B, C 각각에 대한 관념들이 서로 간에 더 선명하게 구별될수록 더욱 그럴 것이다. 그런데 X에 대한 관념은 A, B, C에 대한 관념들을 매개로 한다면 모를까, X 그 자체를 반드시 의식하지는 않을 것이다.[5] 요컨대, "어떤 관념이다"란 아직 "이 관념을 가지다"를 뜻하지는 않는다. X에 대한 관념[6]은, X 안에 일어나는 것 —— X **안에** 무언가가 일어난다면 —— 만을 지각할 것이다.[7]

그런데 영혼은 과연 어떤 대상을 표현하는가? 한편으로, 우리가 이미 알고 있듯, 영혼은 현행적으로 실존하는 신체에 대한 관념이다.[8] 다른 한편, 스피노자가 이제 알려 주듯, 영혼은 또한 영혼 자신에 대한 관념이

---

5) 『윤리학』 2부 정리 19를 참조하라.
6) [옮긴이] 우리는 "l'idée du corps"를 "신체에 대한 관념"으로, "l'idée de X"를 "X에 대한 관념"으로 옮긴다. 주지하다시피, 스피노자는 영혼을 "신체에 대한 관념"이라고 규정함으로써 데카르트 철학에서 제기된 영혼과 신체의 결합이라는 문제를 관념과 대상의 관계로 바꿔놓는다. 그런데 여기서 관념과 신체, 관념과 X를 연결하는 전치사 de는 스피노자 철학에서 이중적 함의를 지닌다. 한편으로는 속성들의 통일성에서 비롯되는 존재론적 동일성을, 다른 한편으로는 가지성의 원리에서 비롯되는 관념과 대상의 동일성을 의미하는 것이다. 'de'의 이런 중의성을 담아내기 위해서는 "~의"(그러니까 "신체의 관념", "X의 관념")라 번역하는 편이 더 나을 수도 있다. 관념과 대상의 동일성은 속성들의 통일성과 분리될 수 없으며, 연장과 사유 외에도 무한히 많은 다른 속성들 역시 있기 때문이다. 그러나 마트롱은 적어도 이 책에서만은 속성들의 통일성에 대해 그다지 고심하지 않았고, 이 책 전체를 이끌어가는 연장과 사유의 관계 역시 속성들의 통일성으로부터가 아니라 주로 관념의 지향적 성격을 바탕으로 논증하고 있다. 우리가 de를 "~에 대한"으로 옮긴 것도 이 때문이다. 단, 주의할 점은 "X에 대한 관념"이 반드시 "X에 대한 인식"을 의미하지는 않는다는 것이다. 이 책의 용어법을 사용하자면, 전자는 "관념이다"를 후자는 "관념을 **가진다**"에 해당한다. 양자는 신 안에서는 필연적으로 일치하지만, 우리와 같은 유한 지성에서는 대개 분리되어 있다. 만일 양자가 반드시 일치한다면, 평행론 하에서는 오류 문제를 생각할 수 없고 그래서 스피노자 철학처럼 윤리적 인식의 증진에서 찾는 다소 주지주의적 성격의 윤리는 불가능하다는 부조리에 빠지게 될 것이다.
7) 『윤리학』 2부 정리 12를 참조하라.

기도 하다. 신 안에는 모든 속성의 모든 양태에 대한 관념이 있으며, 여기에는 사유의 양태도 포함된다.[9] 따라서 신 안에는 인간 정신에 대한 관념 [의식]도 있다.[10] 그리고 영혼에 대한 이 관념은, 영혼이 자기 대상[신체]과 합일되어 있듯이 영혼과 합일되어 있어, 영혼과 더불어 단 하나의 동일한 사물을 이룬다.[11] 그런데 [영혼과 신체의 동일성과 달리] 이 경우 동일성은 아무 제한 없는 단적인 동일성이다. 왜냐하면 영혼과 영혼에 대한 관념은 동일한 속성에 포함되기 때문이다.[12] 곧 관념에 대한 관념이란 스스로를 반성하는 한에서의 관념 외에 다른 것이 아니다. 따라서 영혼은 자기 신체에 일어나는 것만을, 또한 영혼이 신체를 무대로 일어나는 사건들을 지각하는 한에서 영혼 자신에게 일어나는 것만을 의식한다. 요컨대 영혼은 자기 신체의 변용들만을, 그리고 반성적으로는 이 변용들에 대한 관념들만을 의식한다.[13]

그런데 물체 안에는 이 물체가 견뎌낼 수 있는 비파괴적인 변이들의 수와 폭이 얼마나 되느냐에 따라 더 많은 일이 일어날 수도 있고 더 적은 일이 일어날 수도 있다. 그리고 이는 앞서 말했듯 물체의 복합성 및 통합성의 등급에, 따라서 물체의 정식 F의 효율에, 결국 이 물체의 본질이 지닌 풍부함에 달려 있다. 따라서 이 물체의 영혼의 의식이 어떤 등급이냐

---

8) 『윤리학』 2부 정리 13. [옮긴이] 여기서 말하는 '신체'(corps)는 물체와 정확한 등가어로서 '물체'로 읽어도 무방하다. 데카르트에게서 '인간 신체'가 자연학적 차원과 인간학적 차원에서 의미를 달리하면서 애매한 지위를 갖는 것과 달리, 스피노자에게서 '인간 신체'는 정도상의 차이 외에 다른 물체들과 다른 특별한 지위를 갖지 않으며 그것들과 연속적이다. 여기서는 단지 가독성을 위해, 맥락에 따라 때로는 '신체'로, 때로는 '물체'로 옮긴다.
9) 『윤리학』 2부 정리 20의 증명.
10) 『윤리학』 2부 정리 20.
11) 『윤리학』 2부 정리 21.
12) 『윤리학』 2부 정리 21의 주석.
13) 『윤리학』 2부 정리 22.

역시 마찬가지로 여기에 달려 있다. 단순 물체나, 복합적이지만 덜 통합된 물체, 혹은 잘 통합되어 있지만 덜 복합적인 물체에는, 의식이 없거나 없는 거나 다름없는 영혼이 상응한다. 이 물체에 변양들이 일어나더라도 (사실 변양들은 항상 있기 마련이니까), 이 변양들은 너무 취약하고, 너무 소수이고, 서로 간에 너무 구별되지 않는 탓에 선명하게 지각될 수 없는 것이다. 반면, 매우 복합적인 동시에 매우 통합적인 물체는 많은 수의 변양들을 동시에 치른다. 그리고 이럴 경우 이 변양들 가운데 몇몇이, 나머지 다른 변용들과 물체 안에 늘 불변으로 있는 변용들로 짜인 배경막 위로 강력하게 부각될 수 있다. 따라서 이러한 물체의 영혼은 의식적이 되고[=변용들을 의식하게 되고] 이와 동시에 영혼 자신도 의식하게 되며, 이는 이 영혼의 내용이 다채로울수록 더욱 그렇다. 그렇다면 의식은 정확히 언제 출현하는가? 이에 대해 스피노자는 아무 언급도 하지 않는다. 단지 그는 동물은 의식이 있으나[14] 돌은 그렇지 않다고만 단정할 뿐이며,[15] 그 중간에 있는 식물에 대해서는 침묵하고 있다. 하지만 분명한 것은 여하간 이 사슬이 연속적이라는 점이다.

    그런데 이 위계에서 우리는 제법 높은 급에 있다. 왜냐하면 인간 신체는 아주 복합적인 아주 많은 수의 개체들로 합성된 아주 복합적인 개체이기 때문이다.[16] 바로 이 때문에 인간 신체는 또한 아주 많은 수의 내적 변이와[17] 재생적 변이를[18] 치르며, 그 결과 외부 물체들을 아주 많은 방식으로 움직일 수 있고 배치할 수 있기 때문이다.[19] 그런 이상, 인간 영혼은

---

14) "하지만 나는 짐승이 감각한다는 것을 부정하지는 않는다"(『윤리학』 4부 정리 37 주석 1).
15) 「편지」 58[G IV p. 266 13~14행/P p. 1308]. 뒤의 5장 1절의 주 30(p. 134)도 참조하라.
16) 『윤리학』 2부 정리 13 뒤의 요청 1.
17) 『윤리학』 2부 정리 13 뒤의 요청 3.
18) 『윤리학』 2부 정리 13 뒤의 요청 4.

많은 것을 지각할 소질이 있다.[20] 그런데 정확히 무엇을 지각하는가? 이는 금방 알 수 있다. 수동적 변용은 우리 신체의 본성에서, 또한 이와 동시에 우리를 변용시키는 외부 물체의 본성에서 따라 나오는 이상,[21] 이 수동적 변용에 대한 관념은 이 두 본성을 동시에 함축한다.[22] 그러므로 우리 영혼은 자신의 신체만이 아니라 자기 신체에 직·간접적으로 작용을 가해 오는 모든 것을 지각할 수밖에 없다.[23] 물론 이 지각들이 반드시 우리에게 사물들의 진정한 구조를 알려 주는 건 아니다. 오히려 그것은 우리를 둘러싼 대상들의 실재적 특성보다는 우리 신체의 상태를 지시하기 마련이다.[24] 하지만 적어도 이 대상들이 '여기 지금' 실존함을 감지하게는 해준다. 인간 신체가 이런저런 외부 물체의 본성을 함축하는 변용을 겪는 동안, 인간 정신은 이 외부 물체가 현존한다고 간주하는 것이다.[25] 이런 종류의 신체 변용들을 **이미지들**이라 부르고, 이에 대해 우리 영혼이 갖는 의식을 **상상**이라고 부르자.[26]

그런데 이것만이 아니다. 인간 신체는 아주 높은 정도로 합성되어 있을 뿐만 아니라 아주 다양화되어 있기도 하다. 우선 인간 신체를 이루는 부분들 중 일부는 단단하고, 다른 부분은 유동적이고, 또 다른 부분은 무르다.[27] 그리고 인간 신체의 정식 F는 운동이 정지보다 지나치게 우세하

---

19) 『윤리학』 2부 정리 13 뒤의 요청 6.
20) 『윤리학』 2부 정리 14.
21) 『윤리학』 2부 정리 16의 증명.
22) 『윤리학』 2부 정리 16.
23) 『윤리학』 2부 정리 16 따름정리 1.
24) 『윤리학』 2부 정리 16 따름정리 2.
25) 『윤리학』 2부 정리 17.
26) 같은 정리의 주석.
27) 『윤리학』 2부 정리 13 뒤의 요청 2.

다거나 정지가 운동보다 지나치게 우세함을 함축하지 않기에, 아마도 최적의 비율에 접근할 것이다. 바로 여기서 중요한 귀결이 나온다. 곧 외부 물체에 의해 유동적 부분이 무른 부분에 자주 부딪히도록 규정될 경우, 유동적 부분은 우리 안에 이 외부 물체의 흔적을 새겨 넣으면서 무른 부분의 표면을 변화시키며,[28] 무른 물체에 부과된 변양들은 상대적 내구성을 지닐 것이다. 이렇게 해서 우리는 사물이 부재할 때에도 그것을 상상할 수 있게 된다.[29] 그럴 경우, 그리고 오직 그럴 경우에만, 사물은 우리에게 **사물**로서 나타난다. 우리가 시선을 두고 있지 않을 때에도 사라져 버리지 않고 우리와 독립적으로 존속하는 사물로서 말이다. 그리고는 **대상**이라는 통념이 만들어진다. 물론 이 흔적은 다른 흔적들 때문에 뒤죽박죽되어 흐려질 수도 있다. 하지만 그것은 인접성에 의한 연합에 힘입어 되살아난다. 가령 우리가 두 대상 A와 B 모두를 지각했다면, 그리고 차후 A를 다시 지각한다면, 우리 신체는 우리가 이 대상 A를 처음 지각했던 때의 상황에 다시 놓이게 될 것이다.[30] 따라서 우리 신체는 이 두 변양 모두에 의해 동시에 변용될 것이고,[31] 우리는 다시금 B를 상상할 것이다.[32] 바로 이것이 **기억**이다.[33] 이는 우리에게 무제한적이지는 않더라도 적어도 실제로는 고갈될 수 없는 관념들의 자본을 소지하게 해준다.

그러므로 우리 정신의 사유 역량은 아주 크다. 우선, 우리의 지각장은 더 초보적인 "영혼들"의 지각장과는 반대로 현재 순간보다 훨씬 더 멀

---

28) 『윤리학』 2부 정리 13 뒤의 요청 5.
29) 『윤리학』 2부 정리 17의 따름정리.
30) 『윤리학』 2부 정리 18의 증명.
31) 같은 곳.
32) 『윤리학』 2부 정리 18.
33) 같은 정리의 주석.

리까지 미친다. 또한 우리는 당장의 것에만 외곬으로 몰두하는 대신, 지나간 인상들을 붙들어 두고 우리가 겪은 경험에 비추어 미래를 상상할 능력을 갖고 있다. 물론 이것도 외부 세계의 여건이 허용해 주어야만 가능한 일이다. 만일 우리의 환경이 천편일률적이고 변화가 없다면, 혹은 우리에게 매 순간 아주 격렬한 변용 **하나**만을 강요하여 다른 모든 변용들은 이 변용에 대해 흐릿한 배경밖에 되지 않는다면, 우리 영혼은 단일관념편집중에 빠져 본성에도 없던 성향인 일종의 반수상태에 처하게 될 것이다. 그런데 핵심은 우리가 혼수상태에 빠져 있을 운명이 아니라는 점이다. 다시 말해, 우리 의식의 등급 및 자기-의식의 등급은 애초부터 아주 높으며, 뿐만 아니라 상당한 정도로 더 증대될 수 있다.

*　*　*

하지만 불행하게도, 의식의 출현을 설명해 주는 것이 동시에 의식의 부적합한 성격 또한 해명해 준다.

영혼은 현행적으로 실존하는 신체에 대한 관념**이다**. 하지만 영혼은 현행적으로 실존하는 신체에 대한 관념을 **가지고** 있진 않다. 이 관념을 가진 자는 신이며, 신은 우리 신체를 실존하게 하는 외부 원인들에 대한 관념들을 갖는 한에서만,[34] 또 이 원인들의 원인들에 대한 관념들 역시 이렇게 무한하게… 갖는 한에서만, 이 관념을 갖는다. 따라서 영혼 그 자체로는 이 신체를 인식하지 못한다.[35] 하지만 영혼은 다른 우회 수단을 통해,

---

34) 『윤리학』 2부 정리 19의 증명.
35) 같은 곳.

곧 자신에게 일어나는 사건들에 힘입어 신체를 인식한다. 영혼은 신체의 변용들에 대한 관념들만은 가지고 있고, 또 이 관념들은 신체의 본성을 함축하므로, 영혼은 이 변용들을 지각함으로써 신체를 지각한다.[36] 이것이야말로 영혼이 자기 대상[=신체]을 의식하는 데 주어진 유일한 수단이다.[37] 마찬가지 이유로, 영혼은 신체 변용들에 대한 관념들을 반성적으로 지각함으로써만 자기 자신을 지각한다.[38] 또한 이것이야말로 영혼이 자기의식에 다가가는 데 주어진 유일한 수단이다. 그런데 이는 명석 판명한 인식일까? 결코 그렇지 않다. 단독으로 고려된 신체 변용은 통합된 전체로서의 신체의 본성을 함축하진 않기 때문이다. 다시 말해, 이 특수한 변양 외에도 우리는 또한 아주 많은 다른 방식으로도 변용될 수 있기 때문이다.[39] 따라서 이 변용의 관념은 인간 신체 자체의 본성을 단지 부분적으로만 표현한다. 우리 신체를 적합하게 인식하도록 해주지는 못하는 것이다.[40] 마찬가지 이유로, 이 관념에 대한 관념도 우리 자신의 정신을 적합하게 인식하도록 해주지는 못한다.[41]

그렇다면 우리 신체에 대한, 그리고 우리 정신에 대한 참된 인식은 전혀 불가능한 셈인가? 권리상, 반드시 그렇진 않다. 실상 변용은 결코 혼자가 아니다. 우리는 아주 많은 수의 변용들을 지각하며, 또한 이전에 지각했던 변용들을 회상해낸다. 따라서 만일 우리 안에서 펼쳐지는 사건들이 오직 우리의 본성만으로 설명된다면, 우리는 이 사건들을 전체화해

---

36) 같은 곳.
37) 『윤리학』 2부 정리 19.
38) 『윤리학』 2부 정리 23.
39) 『윤리학』 2부 정리 27의 증명.
40) 『윤리학』 2부 정리 27.
41) 『윤리학』 2부 정리 29.

봄으로써 우리의 본성을 이해할 수 있을 것이다. 만일 우리 신체가 자신의 최적의 현실화 수준에서 가동된다면, 만일 우리 신체가 행하는 모든 것이 자신의 정식 F′에서 연역되는 이론 방정식을 확증한다면, 이 변용들의 배열 상태는 신체의 본질에 대한 적합한 표현일 것이다. 곧 신체의 본질은 그것이 '여기 지금' 실존하는 방식에서 투명하게 드러날 것이며, 모양이 바탕에서 도드라져 나오듯, 신체의 본질도 현행적으로 실존하는 신체에서 선명하게 도드라질 것이다. 따라서 마찬가지로, 현행적으로 실존하는 신체에 대한 관념인 영혼 역시 신체의 본질에 대한 관념을 명시적으로 가지게 될 것이다. 요컨대 우리는 진정으로 우리인 바에 따라 활동하는 까닭에, 우리가 무엇인지를 진정으로 알게 되는 것이다. 그런데 적어도 처음부터 그렇진 않다. 실상, 우리 신체는 그것을 지탱해 주는 외적 원인들에 의해 왜곡된 채로, 알아보지 못할 정도로 왜곡된 채로만 실존한다. 또한 신체 변용들이 무질서하게 연쇄되는 탓에 우리는 신체의 내적 법칙을 재구성해 볼 수도 없다. 신체의 구조는 이미 거기 항구적으로 있지만, 환경에서 쇄도하는 규정들에 가려져 떠오르지 않는다. 따라서 신체 구조에 대한 참된 관념도 우리 정신 안에 떠오르지 않는다. 이 참된 관념 역시 이미 거기 있지만, 매 지점마다 이 관념을 뒤덮고 있는 혼돈된 상상으로 인해 흐려진 채 우리 모르게 있는 것이다.

그렇다면 우리는 이 참된 관념을 간접적으로나마 끌어낼 수는 없을까? 우리 신체 변용들에 대한 관념들은 우리 신체의 본성 외에도, 우리를 변용시키는 외부 물체들의 본성과, 우리 신체 안에서 변용이 일어나는 지점인 우리 신체 부분들의 본성 역시 함축한다.[42] 만일 이 관념들이 우리에

---

42) 『윤리학』 2부 정리 28의 증명.

게 이 외부 물체들과 이 부분들을 적합하게 인식하도록 해준다면, 그 밑에 상존할 잔여를 분석함으로써 우리 자신인 바를 발견하는 것도 가능하지 않을까? 물론이다. 그런데 문제는 적합하게 인식하도록 해주지 않는다는 점이다. 한편으로, 신체 변용들에 대한 관념들은 외부 물체에 대한 적합한 인식을 결코 함축하지 않는다.[43] 이 관념들은 우리에게 아주 부분적으로만, 그것도 오직 외부 물체가 이런저런 운동으로 우리에게 작용을 가하는 한에서만, 외부 물체들을 지각하게 해주며,[44] 그 외의 경우 우리는 외부 물체를 아예 포착도 할 수 없다. 우리 바깥에 위치한 대상에 대한 온전한 관념은 결코 우리 정신 안에 있지 않으며, 신 안에, 현행적으로 실존하는 다른 독특한 사물에 대한 관념을 갖는 한에서의 신 안에 있다.[45] 다른 한편, 우리는 우리 신체의 부분들에 대한 적합한 인식도 갖고 있지 않다.[46] 부분들은 오직 그것들이 수행하는 여러 운동 가운데 우리 정식 F와 F′에 참여하는 운동을 서로 간에 전달하는 한에서만 우리를 변용시킨다. 그런데 이 부분들은 이 운동 말고도 우리의 구조와 아예 무관한 다른 많은 운동을 실행할 수 있다.[47] 따라서 이 부분들에 대한 온전한 관념들 역시 인간 정신 내부에 있지 않다. 행여 완전무결한 통합성을 갖춘 개체가 있다면 오직 그런 개체만이 자신의 부분들을 아무 문제없이 온전히 이해할 수 있을 것이다. 결론적으로, 이 변용들 중 어느 하나에 대한 관념도 자기 기원의 비밀을 우리에게 알려 주지 않는다. 그 자체로 볼 때, 이 관념은 우리에서 유래한 것이 무엇이고 환경에서 유래한 것이 무엇인지 규

---

43) 『윤리학』 2부 정리 25.
44) 같은 정리의 증명.
45) 같은 곳.
46) 『윤리학』 2부 정리 24.
47) 같은 정리의 증명.

정할 수 있게 해줄 만한 것을 전혀 담고 있지 않은 것이다.

그렇지만 변용에 대한 관념이 우리에게 변용을 드러내 주는 이상, 그것은 적어도 이 변용의 내적 메커니즘만은 이해하게 해줄 수 있지 않을까? 이는 아예 불가능하다. 그것의 원인을 모르고서 어떻게 그것을 이해하겠는가?[48] 전제와 분리된 결론인 상상의 관념들은[49] 자기 존재 근거를 자체 내에 가지고 있지 않으며, 이 존재 근거는 적어도 일부는 다른 곳에, 곧 우리 정신에 속하지 않는 다른 관념들 속에 있다. 이처럼 상상의 관념들은 손상되어 있고 온전하지 않기에, 필연적으로 혼동되어 있다.[50] 물론 이 관념에 대한 관념 역시 마찬가지다.[51]

따라서 우리가 자연의 통상적 질서에 따라 사물을 지각할 때, 우리는 우리 정신도, 우리 신체도, 우리를 둘러싼 물체들도 적합하게 인식하지 못한다.[52] 우리는 마주침의 우연에 따라 외적 원인들에 의해 조종되기 때문에, 우리인 바도 우리가 행하는 바도 이해하지 못한다. 우리 정신은 자기 안에 출현하는 사유들의 온전한 원인이 아닌 이상,[53] 우리 신체와 마찬가지 이유에서 수동적인 것이다. 이는 어떤 의미에서는 극복할 수 없는 상황이다. 실상 우리를 포괄하는 우주에 의해 변양되기를 어떻게 피할 수 있겠는가?[54] … 하지만 그럼에도 우리의 혼동된 관념들 각각에는 적합한 무언가가 분명히 있다. 아주 많다는 바로 그 사실로 인해 아주 빈번하게

---

48) 『윤리학』 2부 정리 28의 증명.
49) 같은 곳.
50) 『윤리학』 2부 정리 28.
51) 같은 정리의 주석.
52) 『윤리학』 2부 정리 29의 따름정리.
53) 『윤리학』 3부 정리 1.
54) 『윤리학』 4부 정리 4를 참조하라.

환히 드러나고 우리에게 참된 것의 길을 열어 줄 수밖에 없는 **무언가**가 말이다.

* * *

실상, 우리의 모든 신체 변양들 각각에는 오직 우리의 본성만으로 인식되는 무언가가 있다. 모든 물체에는 공통특성들이 있다. 우선 모든 물체는 연장의 양태이다. 또한 모든 물체는 다양한 정도의 빠름이나 느림에 따라 운동과 정지에 동시에 참여하며,[55] 따라서 직접적 무한양태의 본성을 함축한다. 또한 모든 물체는 운동 전달의 근본 법칙에 부합하게끔 배치되며, 따라서 매개적 무한양태의 본성을 함축한다. 물론 이 공통특성들은 특별히 어느 한 물체의 본질에 속하진 않는다.[56] 하지만 공통특성은, 전체적 개체이든, 갖가지 등급의 합성된 개체들이든, 혹은 가장 단순한 물체들이든, 적어도 모든 사물 각각의 전체와 부분에 골고루 있다.[57] 공통특성은 우리 신체 안에, 그리고 우리 신체의 모든 변용 안에 온전하게 현존하기 때문에 적합하게 인식될 수밖에 없다.[58]

물론 인식된다면 말이다. 그런데 인식되려면, 더 나아가 특정 조건들이 구비되어야만 한다. 공통특성이 우리 모든 변용들 각각에 함축되어 있다 하더라도, 이 변용들에서 순수한 상태로 발현되지는 않기 때문이다. 곧 우리는 연장 자체에 의해서나 운동과 정지 자체에 의해서가 아니라 운

---

55) 『윤리학』 2부 정리 13 뒤의 보조정리 2.
56) 『윤리학』 2부 정리 37.
57) 같은 곳.
58) 『윤리학』 2부 정리 38.

동과 정지의 특수한 조합들에 의해 변용되며, 이것들은 단지 우리의 법칙들만으로는 이해되지 않는다. 또한 우리 지각에서도 적합한 것은 부적합한 것과 뒤얽혀 있으며 이 지각에서 그것을 끌어내는 건 우리 몫이다. 그런데 우리 신체 자체가 그럴 여건이 아니라면 어떻게 우리 정신이 이를 끌어내겠는가? 만일 우리가 동시에 상상하는 것이 단 하나밖에 없다면, 이 작업은 아예 이루어질 수 없을 것이다. 가령 우리에게 색깔에서 연장을 분리해내도록 자극하는 것은 아무것도 없을 것이다. 또한 우리가 동시에 상상하는 것이 극소수의 것이거나 우리가 거의 서로 구별되지 않는 것들을 상상할 경우에도, 이 작업은 마찬가지로 불가능하다. 어떤 의미에서는 동물도 공통관념을 가지고 있지만 이를 자신의 맥락[=환경]에서 추출해내진 못하고 단지 암묵적으로 가지고 있을 뿐이다. 반면, 인간에게서는 암묵적인 것이 명시적인 것이 된다. 왜냐하면 인간 신체의 경우, 아주 많은 수의 선명한 인상들을 동시에 붙들어 둘 수 있으며, 따라서 그가 지닌 이미지들의 장에서는 모양-바탕의 구조가 출현하기 때문이다. 두드러지게 대조를 이루는 수많은 변용들로부터 공통분모가 떠오르는 것이다. 물론 늘 그렇진 않다. 만일 우리의 주위 환경이 너무 빈약하다면, 혹은 이 환경이 너무 불균형적이어서 우리 안에 다른 모든 변용들을 가려 버리는 하나의 변용만을 산출한다면, 이와 같은 분리 작업은 이루어질 수 없을 것이다. 하지만 적어도 사물들의 공통특성들만은 아주 빈번하게 우리 신체 전면에 부각된다. 우리 정신은 바로 이럴 경우 공통특성을 분리해서 인식하게 된다. 상이성과 대립들을 지각함으로써, 이와 동시에, 여기서 부각되는 진정한 상수를 지각하는 것이다.[59] 우리가 알고 있듯, 공통관념은 가상적 보편자와 정확히 반대이다. 이 보편자들은 너무 많은 것을 동시에 판명하게 상상할 수 없는 우리 무능력 때문에 생겨나는 것에 불과하다.⁶⁰⁾ 반면, 공통관념은 우리가 개체적 차이들을 의식하는 한에서만 형성되며, 우리 사유 역량의 한계를 표현하는 것이 아니라 오히려 우리 사유 역량 자체를 표현한다. 그런데 이 능력은 다른 고등 동물들에는 결여되어 있는데, 왜 인간에게만은 특권적으로 주어져 있는가? 스피노자는 이에 답변할 수 없었을 것이다. 그에겐 생물학적 인식이 부족했기 때문이다. 하지만 그는 유한한 존재자 가운데 오직 인간만이 공통관념이 영혼에 투명하게 나타날 수 있을 만큼 충분한 복합성과 충분한 통합성을 지니고 있음을 이미 자명한 것이라고 **정립한다**. 결과적으로 이 공통관념들은 **모든 인간에게**⁶¹⁾ 공통적이며, 또한 모든 인간에게만 공통적이다.

그런데 공통관념 외에도, 우리 정신 안에서 적합할 수밖에 없는 다른 관념들 역시 존재한다. 모든 특성은 다음 조건만 충족시키면 명석한 개념의 대상이 된다. 곧 그것이 우리 신체와 몇몇 외부 물체에 공통적이면서, 이 외부 물체들 각각의 전체와 부분에 동시에 있고, 또 이 외부 물체들이 우리를 습관적으로 변용시키는 것이면 된다.⁶²⁾ 그런데 모든 물체에 예외 없이 공통적이지는 않으나 이 세 조건 중 앞의 두 조건을 충족시키는 특성들이 있고, 이 특성들을 지니면서 세번째 조건까지 만족시키는 물체들이 있다. 특정한 종 X에 속하는 물체들이 본성적으로 특정한 전체 운동 A(직선 이동, 회전 등등)를 하게 되어 있다고 가정해 보자. 그리고 우리 신체 역시 이 동일한 운동 A를 수행할 수 있다고, 다시 말해 우리가 생물학

---

59) "… 정신이 내부로부터, 곧 많은 사물을 동시에 응시함으로써, 그것들 사이의 일치와 차이, 그리고 대립을 인식하도록 규정된다면, … 사물들을 명석 판명하게 응시할 것이다"(『윤리학』 2부 정리 29의 주석).
60) 『윤리학』 2부 정리 40 주석 1.
61) 『윤리학』 2부 정리 38의 따름정리.
62) 『윤리학』 2부 정리 39.

적 구성상 소질 있는 활동 가운데 A가 포함된다고 가정해 보자. 이 경우 특성 A는 X종의 물체들 각각에, 그리고 이 물체들의 모든 부분에 온전하게 현존할 뿐만 아니라, 우리 신체에도 온전하게 현존할 것이다. 즉 특성 A는 둘 중 어느 쪽이든 상관없이, 오직 이 물체들의 본성만으로도 인식되고, 오직 우리의 본성만으로도 인식될 것이다.[63] 이제 이 X종에 속하는 물체들 중 어느 하나, 가령 X_1이 특정한 방식으로 우리를 변용시킨다고 가정해 보자. X_1이 우리에게 그 전체로 작용하든, 단지 그 부분들 중 하나를 통해 작용하든, 그리고 이 부분이 무엇이든, 여하한 경우에도 우리 변용은 가정상 이 특성 A를 함축할 것이다. 따라서 우리가 이 변용에 대해 갖는 의식도 A에 대한 관념을 함축할 것이다. 또한 A는 우리 안에 온전하게 현존할 것이므로, 우리가 가진 A에 대한 관념은 적합할 수밖에 없을 것이다.[64] 마지막으로, 차후에 X_1이 우리에게 자신의 다른 여러 부분을 통해 작용을 가한다면, 그리고 이번에는 X종에 속하는 다른 물체들(X_2, X_3, X_4, 등등)이 우리를 변용시킨다면, 그리고 우리가 이 다양한 인상들을 잘 붙들어 둔다면, A에 대한 적합한 관념은 이 관념을 함수로 하는 다수의 맥락에 한결같이 등장할 것이고 따라서 우리 영혼 안에서 선명하게 부각될 것이다. 요컨대 우리는 A에 대한 명석 판명한 개념을 형성할 것이다. 따라서 우리 지각장이 균형적이면서 풍부할 경우, 잘 인도된 경험들은 우리가 지닌 참된 관념들의 보유고를 증대시켜 줄 수 있다. 외부 세계는 적절하게 탐구될 경우, 우리에게 우리 자신의 반영물을 제공함으로써 우리 자신을 드러내 준다.

---

[63] 같은 정리의 증명.
[64] 『윤리학』 2부 정리 39의 증명.

그렇지만 여기에도 다양한 등급이 있다. 이는 모두 우리의 소질에 달려 있다. 만일 우리가 활동 A를 수행할 수 있다면, 필요할 경우 우리는 우리 바깥에서 산출되면서 전체적으로 A 유형을 띠는 운동들을 명석하게 인식할 수 있을 것이다. 또한 만일 우리가 다른 활동 B를 수행할 수 있다면, 우리는 전체적으로 B 유형을 띠는 운동들 역시 인식할 수 있을 것이고, 등등. 인간은 여하간 많은 것을 해낼 수 있다. 가령, 인간은 직선이나 원에 대한 명석한 관념을 아주 쉽게 형성하며, 이는 그 스스로 긋거나 회전을 실행해 보기 때문이다. 그런데 어떤 사람은 다른 사람보다 더 많은 능력을 가지고 있으며, 동일인도 시간이 지남에 따라 자기 능력을 발달시킬 수 있다. 요컨대, 우리가 더 많은 수의 활동에 소질이 있을수록, 우리 신체가 다른 신체와 공유하는 특성들도 더 많아지고, 우리 변용들(그리고 이 변용들이 촉발하는 행위들)이 오직 우리 본성만으로 설명되는 정도도 더 커지며, 우리가 많은 것을 적합하게 인식하는 소질도 더 커지기 때문이다.[65] 다시 한 번, 변이도와 자율성은 함께 간다.

이 명석한 관념들도 처음에는 우리 정신 안에 분산된 질서로 있다. 가령 연장에 대한 관념,[66] 직선에 대한 관념, 운동에 대한 관념, 원에 대한 관념 등등, 이 모든 것은 단지 병치되어 있는 듯 보인다. 그런데 우리 지각장이 여전히 균형적이면서 풍부하다면, 우리가 혼수상태에 빠지지 않는다면, 권리상 우리는 분명 이 초기 자본으로 이윤을 거둬들일 수 있다. 우리가 이미 가진 적합한 관념들로부터 역시나 필연적으로 적합한 다른

---

[65] "여기서 다음과 같은 점이 따라 나온다. 곧 정신은 자기 신체가 다른 신체들과 더 많은 공통성을 지닐수록 더 많은 것을 적합하게 지각하는 데 더 많은 소질이 있다"(『윤리학』 2부 정리 39의 따름정리).
[66] 이 책에서는 속성으로서의 연장은 연장으로, 공통특성으로서의 연장은 다른 표시 없이 '연장'으로 표기하기로 한다.

관념들이 연역된다.[67] 점차로 계열들이 구성되어 간다. 우리는 여러 개념을 조합하면서 다른 개념들을 구축해 가는 것이다. 그뿐만이 아니다. 더 나아가 우리는 원래부터 소지해 왔던 적합한 관념들을 다른 데서 얻은 또 다른 단순 관념들에서 출발하여 재구축할 수도 있다. 애초에는 한 중심에서 등거리에 있는 점들의 모임으로서 정태적으로 인식되던 원도, 그 다음에는 선분의 회전을 통해 발생적으로 인식된다.[68] 그리고 이 선분이 다시 한 점의 이동을 통해 발생적으로 인식되고,[69] 또 이 긋는 활동은 오직 운동이라는 공통관념만으로 인식되며,[70] 이 운동 자체는 오직 연장이라는 공통관념만으로 인식된다.[71] 극한적으로, 우리의 모든 적합한 관념들은 하나의 유일 체계를 이룰 것이다. 그리고 마지막, 이 연장의 공통관념이 이 체계의 출발점이 될 것이다.

이와 같은 이성적 연역의 신체적 등가물은 무엇일까? 스피노자는 이에 대해 지시는 해주고 있지만, 이는 단지 5부 초입에서뿐이다. 곧 우리 정신에 자신의 관념들을 서로 간에 연역되게 할 능력이 있는 한, 우리의 신체에도 역시 자기 변용들을 가지적인[72] 질서로 연쇄시킬 능력이 있다는 것. 이는 아주 쉽게 납득할 수 있는 일이다. 일반적으로, 신체적 이미지들은 대개 인접성의 법칙에 따라 서로 연합된다. 그런데 인접성에도 여러 가지가 있다. 우리에게서 일어나는 연합은 대개 경험적이긴 하지만 또한 논리적일 수도 있다. 이는 모두 우리가 가진 이미지들 가운데 과연 무

---

67) 『윤리학』 2부 정리 40.
68) 『지성교정론』 95~6절[G II p. 35/P pp. 191~2/K p. 79]을 참조하라.
69) 『지성교정론』 108절[G II p. 39/P p. 196/K p. 89]을 참조하라.
70) 같은 곳.
71) 『지성교정론』 108절. 스피노자는 여기서 연장을 '양'(量)이라고 부른다.
72) 혹은 "지성에 부합하는"(ad intellectum). 『윤리학』 5부 정리 10의 증명을 참조하라.

엇이 이 연합들의 실마리 노릇을 하느냐에 달려 있다. 붉은 원의 이미지는 그 가운데 "붉음"이라는 측면이 우선할 경우, 피의 이미지를 연상시킬 수 있으며, 이 피의 이미지는 다시 전쟁의 이미지들을 연상시킨다. 그런데 그 가운데 "원"이라는 측면이 우선할 경우, 동일한 이미지가 선분의 회전이라는 이미지에 연합될 수 있다. 그 다음, 이 선분의 회전이라는 이미지는, 마찬가지로 기하학적 측면이 여전히 우선할 경우, 다시 점의 이동이라는 이미지와 연합될 수 있고, 등등. 그런데 지금 이 경우 사태는 바로 이렇게 돌아갈 수밖에 없다. 우리 신체에서 명석 판명한 관념에 상응하는 것은 하나의 개별 이미지가 아니다. 그것은 우리가 지닌 이미지들 중 어느 한 이미지나 여러 이미지들의 특정 측면, 곧 오직 우리의 물리적 본성만으로 인식되는 측면이다. 우리가 지닌 적합한 관념들이 우리 정신 안에서 부각될 때, 우리 신체 안에 부각되는 것은 바로 이와 같은 측면들이다. 따라서 이 적합한 관념들이 서로 연쇄될 때, 이미지들 가운데서도 바로 이 측면들이 서로 연쇄될 수밖에 없다. 그것들과 경험적으로 연관되는 다른 측면들을 끌어들이면서 말이다. 물론 별도로 본 각각의 이미지는 분명 수동적이다. 가령 원은 여전히 붉거나 흰 바탕에 검은 색이며, 이 색깔들은 부적합하게 지각된 우리 본성과 물체의 본성 간의 연접을 통해 설명된다. 하지만 연합을 지휘하는 것은 이 색깔들이 아니다. 그것은 바로 이미지들이 서로 조합되고 서로 잇따르는 **질서**(선분＋회전→원)이다. 그리고 연역의 질서가 오직 우리 정신의 본성만으로 이해되듯, 이와 같은 이미지들의 질서는, 이미지의 요소들 가운데 질료적 내용은 추상한다면, 오직 우리 신체의 본성만으로 이해된다.

    더 나아가 보자. 모든 이미지는 활동(action)을 촉발하기 마련이다. 그런데 우리에게 있는 이미지들이 가지적으로 연쇄될 때, 여기서 귀결되는 활동들 역시 엄밀한 논리적 질서에 따라 연쇄될 수밖에 없다. 이 활동들은 모두 함께 정합적인, 따라서 완벽한 효율을 발휘하는 기술적(技術的) 조작을 형성하는 것이다. 그리고 이 조작을 통해 우리는 마주침의 우연에 따라 세계에 적응하는 대신, 우리 주변을 우리 필요에 맞게 개작함으로써 그것을 방법적으로 변형시킨다. 이는 곧 **능동적**(active) 행위인데, 왜냐하면 이 행위를 유발하는 이미지들의 체계 자체가 능동(action)으로 간주될 수 있기 때문이다.[71*] 곧 우리가 이 행위의 적합한 원인인 것이다. 물론 이 활동들의 체계가 반드시 우리 외부 환경의 실재적 변형으로 이어지진 않을 것이다. 하지만 우리는 이 과정을 적어도 맹아적으로나마 수행할 것이다. 우리가 원의 개념을 구축할 때, 우리 신체는 비록 감지될 수 없는 방식일지언정, 계기가 주어지면 어떤 원형(原形) 대상의 제작으로 이어질 **수도 있을** 일련의 몸짓을 어렴풋이 형성한다. 바로 이 대상의 발생적 정의를 관념적으로 표현하는 몸짓들을 말이다. 나아가 이 몸짓들은 필요하다고 느껴질 경우 실재적인 기술적 제작으로 이어질 것이다. 따라서 결국 모든 이성적 연역의 물리적 등가물은 맹아적이거나 실질적인 기술적 행동이며, 이 행동을 수행함으로써 우리는 자연의 일부에 대한 잠재적이거나 실재적인 지배자가 되고 소유자가 된다. 그리고 우리의 연역 능력, 다시 말해 특정 대상들을 심적으로 재구축하는 능력의 크기는, 우리 신체가 자신에게 소질 있는 활동들을 이런저런 질서로 조합하여 이 대상들을 구축하는 능력의 크기와 정확히 동일하다. 요컨대, 우리는 우리 신

[71*] 모든 활동이 그 자체로 볼 때는 능동적인 것과 마찬가지로, 또한 그럼에도 우리 활동들의 질서는 수동적일 수 있는 것과 마찬가지로, 모든 이미지는 그 자체로 볼 때는 수동적이지만, 이 이미지들의 질서만은 능동적일 수 있다. 우리 활동들의 질서는, 그것들을 촉발하는 이미지들의 질서 자체가 능동적일 경우 능동적이며, 그 반대 경우, 다시 말해 가장 흔한 경우에는 수동적이다. 하지만 첫번째 경우도 권리상 배제되지는 않는다.

체가 할 줄 "아는" 것을 명석하게 인식한다.[73]

물론 우리가 서 있는 지점에서는 이 인식도 추상적이다. 우선 이성의 출발점은 공통관념이다. 곧 연장은 아직 신의 한 속성으로서가 아니라, 단지 모든 물체를 예외 없이 특징짓는 3차원성으로 인식될 뿐이며, 그 능산적 측면은 여전히 어둠 속에 있다. 도달점 역시, 물론 점점 덜 일반적이 되어 가고는 있지만, 그래도 아직 일반적인 특성들에 지나지 않는다. 설령 이성이 구체적인 존재자들을 인식한다 해도 이는 단지 자신이 연역했던 보편적 진리들을 이들에게 외부로부터 적용하면서일 뿐이다.[74] 이에 평행해서, 이미지의 체계들과 이 이미지에 상응하는 활동의 체계들도 여전히 추상적 산출의 도식에 불과하다. 그런데 이를 계속해서 더 많이 구체화하는 것도 가능하지 않을까? 완벽한 연역의 끝에 이르게 되면 우리도 우리의 독특한 본질에 도달할 수 있지 않을까? 우리 이미지들을 우리 개체적 신체 구조를 정확하게 재산출하는 구조를 지닌 체계로 연쇄시키고, 이 체계에서 다시, 우리를 우리 최적의 현실화 수준에 묶어 두는, 그래서 우리 물체 방정식에 정확하게 부합하는 활동들의 체계가 도출되게 할 수 있지 않을까? 그럴 수 있다. 단, 조건이 있다. 우리에게 어떤 독특한 본질이 있음을 우선 **우리가 알고 있어야** 한다는 것이다. 그런데 이성이 그저 이성이기만 할 때, 그것은 우리에게 이를 가르쳐 주지 않는다. 이를 알기 위해서는 우리는 또한 만물이 신으로부터 연역되는 한에서 철저하게 가지적임을 이해해야 한다. 그리고 우리는 오직 신에 대한 명석 판명한

---

73) 실뱅 자크(S. Zac) 선생도 『지성교정론』 31절을 주해하면서, 이와 유사한 생각을 전개한다(『스피노자 철학에서 생의 관념』 *L'idée de vie dans la philosophie de Spinoza*, pp. 110~1).

74) 『윤리학』 2부 정리 40의 주석 2를 참조하라.

관념을 형성하는 순간부터 비로소 이를 이해할 것이다. 그런데 우리는 이 관념을 이미 가지고 있지 않은가? 어떤 의미에서는 그렇다. 모든 것은 신에 의해서 인식되는 이상, 신의 관념은 우리의 모든 관념 안에 함축되어 있기 때문이다.[75] 그런데 새로운 경지에 이르기 전까지는, 우리는 이를 단지 암묵적으로만 가지고 있다. 그렇다면 과연 우리는 신의 관념이 우리의 정신에서 전면에 부각되게 할 수 있을까? 만일 그럴 수 있다면, 우리는 3종의 인식에 참여할 수 있을 것이다.[76] 그 자체로 인식된 신의 속성들에서 출발하여, 우리의 신체적·정신적 자아에 대한 충만한 이해를 향해서 나아가는 것이다. 그런데 이는 어려운 일이다. 왜냐하면 신은 신체의 공통특성들과는 반대로, 상상의 대상이 아니기 때문이다.[77] 당분간 이 문제는 유보해 두자.

* * *

인간은 이렇다. 우선 인간은 고도로 분화된 유기체지만, 그 행위는 아직 능동적이기보다는 훨씬 더 수동적이다. 또한 영혼은 이미 매우 의식적이지만, 여기서도 명석 판명한 표상들의 작은 섬은 혼동된 관념들의 대양 한가운데 거의 떠오르지 않고 있다. 따라서 자기 존재를 유지하려는 영혼의 노력은 그것을 고취하는 것이 이성이냐 정념이냐에 따라, 상충하는 두 방향으로 진로를 잡을 것이다. 그리고 이 두 경향 가운데 적어도 처음에는 두번째 경향이 분명히 우세할 것이다. 하지만 인간이 무엇을 하든

---

75) 『윤리학』 2부 정리 45~47.
76) 『윤리학』 2부 정리 47의 주석.
77) 『윤리학』 2부 정리 47의 주석.

그에게는 그럴 권리가 있다. 정념에 사로잡힌 인간이든 이성적 인간이든, 어리석은 인간이든 지혜로운 인간이든, 그의 모든 뜻과 모든 활동은 그의 개체적 코나투스의 발현물이며, 바로 이 사실에 의해 그것들은 무제약적으로 정당하며 그야말로 신적이기 때문이다.

남은 문제는 우리가 이 자연권으로 무엇을 할 것인가이다. 우선, 자연 상태에서 우리 코나투스는 어떻게 우리를 개인적 소외에 빠뜨려 결국 타인과의 관계에 불화를 빚게 하는가? 이 책 2부에서는 이 문제를 다룰 것이며, 이는 『윤리학』 3부, 그리고 4부 서문에 대한 해제가 될 것이다. 다음으로, 어떻게 사회 상태가 자연 상태의 운행 자체에서 발생하며, 일단 탄생하고 나면 우리의 소외를 새로운 방향으로 이끌어 가는가? 3부에서는 이 문제를 다룰 것이며, 이는 스피노자의 정치학에 대한 탐구가 될 것이다. 마지막으로, 일단 정치적으로 조건형성되고 난 후 어떻게 우리가 개인적 차원에서 우리 자신의 해방을 가져올 수 있으며, 또한 우리 유사한 자들과 함께 지성의 일치를 바탕으로 한 공동체로 합일될 수 있을까? 4부에서는 이 문제를 다룰 것이며, 이는 『윤리학』 4부의 마지막 부분과 5부에 대한 연구가 될 것이다.

2부

분리

소외된 개체성과
자연 상태

5장
정념적 삶의 토대와 전개

6장
이성의 상대적 무력함

7장
이성적 삶의 토대

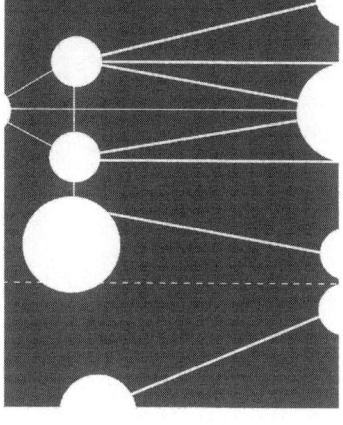

5장 _ 정념적 삶의 토대와 전개

『윤리학』 3부, 그리고 4부 처음부터 정리 37의 주석 2까지를 통해, 우리는 **자연 상태**에서 인간의 코나투스가 어떻게 되는지를 알 수 있다. 자연 상태는 두 가지 성격을 띤다. 한편으로, 그것은 **현실적 인간들**의 상태이다. 곧 부적합한 관념에 지배되지만 이성의 씨앗과 이성에서 따라 나오는 요구를 지닌, 있는 그대로의 인간들의 상태이다. 그런데 만일 이 인간들이 **그들 욕망의 무정부적 자생성만을 따라 움직인다면**, 만일 그들 정념의 흐름이 어떤 정치적 조건형성(conditionnement)에 의해 유도되지 않는다면 어떻게 될까? 자연 상태는 다른 한편, 바로 이런 상황에서 움직일 현실적 인간들의 상태이다. 어느 누구도 이런 상태에서 오래 살 수 없다는 바로 그 이유에서, 자연 상태는 어떤 경험에도 상응하지 않는다. 그렇다고 그것이 단지 허구에 불과한 것은 아니다. 자연 상태는 일종의 하부-정치사회로서, 별도로 실존하진 않지만 여하간 정치사회의 일차적 질료가 되며 정치사회는 그것의 직접적 연속이기에 말이다. 따라서 자연 상태는 구체적 현실에서 극복되면서 보존되는 일종의 추상이다.

    자연 상태는 삼중의 모순을 안고 있다. 그리고 바로 이 모순 때문에 자연 상태는 극복될 것이다.

우선, **정념적 삶 자체의 내적 모순**이 있다(3부 정리 9부터). 인간 개체는 대개 수동적이다. 그는 외적 원인들에 예속되어 있어, 한편으로는 소외되며, 또 한편으로는 다른 개인들과 더불어 갈등적 공동체에 참여한다. 이 장은 이를 다룰 것이다.

다음으로는, **이성과 정념 사이의 모순**이 있다(4부 처음부터 정리 18까지). 실상 이성은 이미 있다. 어떤 인간이든 공통관념을 소유하고 있으며, 이로부터 적어도 몇몇 귀결을 연역할 수 있다. 하지만 이성의 발달은 정념적 삶에 의해 속박된다. 6장은 이를 다룰 것이다.

마지막으로, **이성의 요구들 자체의 내적 모순**이 있다(4부의 정리 18에서 정리 37의 주석 2까지). 이는 이성이 발달하고 만개하기 위해 요구하는 조건들이 자연 상태에서는 그야말로 실현 불가능하기 때문이다. 사실상으로만이 아니라, 권리상으로도 말이다. 7장은 이를 다룰 것이다.

우리는 이 세 가지 모순(특히 첫번째 모순)을 바탕으로 자연 상태에서 정치사회로의 필연적인 이행을 이해할 수 있을 것이다.

* * *

그 다음에 이어지는 4부와 5부도 그렇지만, 우리는 『윤리학』 3부의 구조를 **유사-세피로트** 구조라 부를 것이다. 사실, 3부에서 정념이론이 제시되는 순서는 (우리가 이 책 847쪽에 수록한 〈그림 1〉이 보여 주듯) 형식적 특징상 카발라의 세피로트 나무 테마의 자유로운 변주로 간주될 만하기 때문이다.

이 구조의 정점에는 3부 정리 4~8이 있는데, 이 정리들은 이 책 1부에서 다루었던 코나투스에 대한 일반론이라 볼 수 있다. 이를 출발점으로 삼아, 그 다음 서로 평행하는 두 개의 열을 그릴 수 있다. 그 중 하나는 개인적 삶을 다루며 다른 하나는 인간 상호관계들을 다룬다. 이 두 열 각각은 다시 두 개의 군(群)을 포함한다. 토대에 속하는 군과 전개에 속하는 군이 그것이다. 따라서 도합 네 개의 군이 있는 셈이다.

1. A_1군 : 개인적 삶의 토대(정리 9~정리 13의 주석), 곧 욕망, 기쁨과 슬픔, 사랑과 미움.
2. A_2군 : 개인적 삶의 전개(정리 13의 주석~정리 26의 주석, 그리고 여기에 정리 50을 덧붙이자. 그 이유는 앞으로 알게 될 것이다), 곧 환경을 함수로 생겨나는 사랑과 미움의 파생태.
3. B_1군 : 인간 상호관계의 토대(정리 27~정리 32의 주석), 곧 감정모방, 여기서 따라 나오는 보편성의 욕망, 그리고 여기서 발생하는 인간 상호적인 사랑과 미움.
4. B_2군 : 인간 상호관계의 전개(정리 33~정리 49), 곧 환경을 함수로 생겨나는 인간 상호적인 사랑과 미움의 파생태.

평행하는 두 개의 가지 사이에 있는 중간 열에는 정리 4~8 외에도, 요충지 역할을 하는 정리 28, 그리고 모든 것을 수렴하고 일반적인 결론의 역할을 하는 정리 51이 포함된다.

나아가 이 네 개의 군 각각이 다시 큰 나무 안에서 그 자체로 작은 유사-세피로트 나무를 형성한다. 그리고 이 작은 나무의 몇몇 가지들은 거의 동일한 구조를 지니고 있다.

그렇지만 3부는 이것으로 완결되지는 않는다. 집합 A_1, A_2, B_1, B_2 다음에는, 홀로 하나의 독립적인 작은 유사-세피로트 나무를 형성하는 정리군(정리 52~57)이 이어진다. 이는 앞의 큰 나무와 역대칭을 이루면서 그것을 보충한다 할 수 있다. 여기서 스피노자는 이미 탐구한 정념들에 경탄이 미치는 효과를 기술해 두고 있다. 따라서 이 나무는 다시, 큰 나무를 이루는 네 개의 군 각각에 상응하며 수평축으로 회전하면 그들 각각과 포개질 수 있을 네 개의 군을 포함한다(A'_2, B'_2, A'_1, B'_1).

따라서 우리가 제시할 내용은 다섯 부분이 되는 셈이다. 이를 이해하려면 독자들은 끊임없이 이 책[847쪽]의 〈그림 1〉을 참조해야 할 것이다.

1. 개인적인 정념적 삶의 토대(A_1군)

1) 문제의 소재

스피노자가 코나투스에서 모든 종류의 인간 정념을 연역할 때, 그는 17세기에는 자명했던 어떤 문제들을 필연적으로 받아 안을 수밖에 없었다. 사실 이 시대에 도덕적 삶을 다루었던 철학자들 모두는 같은 재료로 작업했다. 그들 가운데 몇몇 변종을 제외하면 모두에게서 정념의 목록은 동일했으며, 그들 각각이 지닌 독창성은 다만 정념의 요소들을 어떤 식으로 조합하느냐에 있을 뿐이었다.[1] 그런데 이러한 조합에도 규칙이 있었다. 그리고 대다수 저자들은 특별히 세 쌍의 근본 감정, 곧 사랑과 미움, 욕망과 혐오, 기쁨과 슬픔(또는 쾌락과 고통)을 일차적인 것으로 간주했고,[2] 여타의 감정들을 다소간 파생적인 것으로 간주했다. 이제 이 세 쌍의 정념들 중 과연 무엇이 우선적이냐는 문제가 제기되었고, 이를 축으로 중대한 분

---

[1] 따라서 스피노자가 제시하는 정념들의 목록이 데카르트의 것과 가깝다는 점은, 다른 아무하고나 비교하더라도 딱히 더 의미심장할 것도 덜 의미심장할 것도 없다. 홉스와 비교해도 결과는 마찬가지다.

화가 일어났다. 그리하여 논리적으로도 가능하고 실제로도 실현되었던 정념이론의 세 유형이 나오게 된다.

이 논쟁이 아무 근거 없이 일어난 건 아니다. 이 우선권 논쟁의 이면에는 인간관이, 그리고 어떤 의미에서는 세계관 자체가 걸려 있었다. 심지어는 이 이론적 갈등 자체에 17세기에 아주 강렬하게 체험되었던 현실, 그러니까 중세적 인간에서 근대적 인간으로의 지난한 이행이 나름의 방식으로 표현되고 있지는 않은지 물어볼 수도 있을 것이다. 어쨌든 스피노자는 이를 매우 신중하게 다루었다. 그는 서로 대치하는 이 세 유형의 학설을 각각이 내포하는 듯 보이는 소외의 등급에 따라 위계화한다. 그러면서 스피노자는 중세적 세계관과 결부된다고 보는 입장에 한해서 결정타를 가하고, 중간적인 입장인 듯 보이는 학설에 대해서는 은연중 무시하는 방식으로 신속하게 해치우며, 중대한 정정을 가한다는 조건으로 가장 근

---

2) 이것이 아퀴나스가 말하는 욕정적인 정념들이다. 데카르트의 조롱을 받았던 욕정적인 것(le concupiscible)-성마른 것(l'irascible)의 이원론은 더 이상 보편적으로 인정받지 못한다. 어쨌든 성마른 것은 욕정적인 것을 전제한다. 〔옮긴이〕 욕정적인 것-성마른 것 : 아퀴나스에 따르면, 모든 자연적 형상들에는 일종의 욕구능력이 있고, 이 능력은 다시 자연적 충동·감각적 충동·의지로 나뉜다. 이 중 감각적 충동은 욕정적인 것과 성마른 것으로 분화된다. 욕정적인 것은 존재자의 본성에 맞는 대상을 그대로 수용하는 운동을 일으키며, 반면 성마른 것은 존재자에 반대되는 것에 맞서 싸우고 격퇴하려는 운동을 일으킨다. 아퀴나스는 이 두 가지야말로 인간이 겪는 모든 정념의 원천이라고 간주하며, 그 아래에서 11개의 주요 정념을 분류한다. 욕정적인 것에 해당하는 정념은 사랑과 미움, 욕망과 혐오, 기쁨과 슬픔이며, 성마른 것에 해당하는 정념은 희망과 절망, 대담함과 두려움, 분노다. 아퀴나스는 욕정적인 것을 성마른 것의 기원(대상에 대해 평가하기 위해서는 먼저 대상을 수용해야 한다는 점에서)이자 목적(존재자들은 쾌락을 얻기 위해 싸운다는 점에서)으로 제시한다. 데카르트는 『정념론』 68항에서 이를 다음과 같이 비판한다. ① 영혼에는 욕정적인 부분이나 성마른 부분과 같은 별도의 부분들이 없으며, ② 영혼에는 정념과 연관된 수많은 능력(가령, 경탄하는 능력, 사랑하는 능력 등등)이 있음에도 이 모든 능력을 단 두 가지 능력(곧 '욕정적인 것'인 욕망의 능력과 '성마른 것'인 화내는 능력)으로만 환원해야 할 특별한 이유가 없고, ③ 이처럼 왜소한 환원 때문에 주요 정념들이 충분히 제시되지 못한 나머지, 파생적인 정념들을 풍부하게 연역할 수 없다고 말이다.

대적인 입장에 가담한다.

최고 등급의 소외를 대표하는 것은 가장 전통적인 인간학과 도덕론인데, 이들은 명백히 목적론적 발상을 지니고 있다. 이에 따르면, 인간은 객관적이고 초월적인 선을 향하도록 자연적으로 정향(定向)되어 있으며, 인간을 움직이고 인간의 제반 행위를 설명하는 것은 바로 이 선이 발휘하는 매력이다. 성 토마스 아퀴나스에서 찾아볼 수 있는 고전적 형태의 정념론에서, 이는 사랑에 부여된 특권으로 나타난다. 가장 탁월한 아퀴나스 주석가에 따르면, "모든 정념의 일차적인 뿌리"[3]인 사랑은 다름 아닌 "선 안에서 만족하는 것이다".[4] 그것은 "생명체와 이 생명체가 만나는 대상 간의 본성적 친화성과 상보성에 대한 일종의 무매개적 경험이다. … 이런 경험이 일어나는 즉시, 이 정념은 자신과 합치하는 대상을 더 이상 지향적으로가 아니라 실재적으로 점령하려는 충동의 운동을 촉발시킨다. 이 운동이 곧 사랑에서 생겨나는 욕망이다. 이 운동이 자신의 목적을 달성할 때, 그것은 사랑하는 대상의 소유에 머무르는 정지로 끝난다. 이 정지가 곧 기쁨, 욕망의 충족이다."[5]

이 유형의 도덕론은 가장 흔한 것이기도 하다. 왜냐하면 그것은 결국 보편적으로 팽배한 어떤 자생적 가상에 기대고 있으며, 사실 이 도덕론이 하는 일이란 단지 이 가상을 합리화하는 일에 지나지 않기 때문이다. 이는 곧 **가치가 객관적이라는 가상**이다. 이 가상은 한편으로는 인간이 본성상 자신의 개체적 자아와는 다른 무언가를 지향한다고 믿게 하고, 다른 한편으로는 본성상 이 열망을 채워 줄 수 있는 특정 대상들과 특정 존재자들

---

[3] 에티엔 질송(E. Gilson), 『토미즘』(Le Thomisme), p. 374.
[4] 같은 책, p. 376.
[5] 같은 책, p. 374.

이 정해져 있다고 믿게 한다. 스피노자가 『윤리학』 3부 정리 9 주석의 유명한 정식[6]에서뿐만 아니라 1부 부록과 4부 서문에서 가장 맹렬하게 비판하는 것도 바로 이 가상이다. 왜냐하면 이 가상에서 우리가 겪는 모든 불행의 근원이 드러나기 때문이다.

중간 등급의 소외를 대표하는 것은 쾌락주의적 발상의 인간학과 도덕론이다. 이들은 중세에는 주로 다른 이론을 돋보이게 하는 들러리 노릇만 하면서 오랫동안 가려져 있었지만, 이제 특히 가상디의 신-에피쿠로스주의를 통해 거듭나게 된다. 이 이론들은 분명 기쁨 내지 쾌락을 특권화하며, 이것의 매력에서 인간의 모든 열망을 파생시키고자 한다. 전 세계 모든 에피쿠로스주의자들이 줄기차게 원용했던 『최고선악론』(De Finibus)[7]에서 제시되는 고전적 해명이 바로 이러한 환원의 모델이 되어 주었다.

스피노자는 이 입장을 단 한 번도 명시적으로 비판한 적이 없다. 그가 보기에, 이 입장은 앞의 이론보다 한층 더한 명민함을 보여 준다. 또한 이 입장은 가치들의 사이비-객관성을 고발하는 데 일조한다는 점에서 소극적이고 논쟁적인 유용성을 지닌다. 이른바 객관적 선이란 기실 쾌락의 도구에 **불과하며** 사랑이란 외부 원인의 관념을 수반하는 기쁨에 **불과하다**고 봄으로써 말이다. 더 나아가 이런 종류의 고발이야말로 진정한 탈소외의 예비 단계로 간주될 수도 있다.

---

6) "… 우리는 무언가를 선하다고 판단하기 때문에 노력하고 원하고 열망하고 욕망하는 것이 아니라, 오히려 정반대로 우리가 노력하고 원하고 열망하고 욕망하기 때문에 그것을 선하다고 판단한다".
7) 키케로(Cicéron), 『최고선악론』(Des termes extrêmes des biens et des maux) I, pp. 34~6과 pp. 42~54을 참조하라.

하지만 의심할 바 없이, 쾌락주의 역시 소외다. 왜냐하면 쾌락이 곧 나는 아니기에 말이다. 심지어 쾌락이 나와 **다른 것**이 아닐 때조차, 쾌락이 나에게 일어나는 사건일 때조차, 이 사건은 나의 개체성과는 여전히 구별된 채로 남아 있다. 그러므로 (『지성교정론』 5절에서 스피노자가 명시적으로 언급하듯)[8] 쾌락에의 집착이 설령 외적 대상에의 집착보다는 덜 해롭다 하더라도, 그 역시 도착의 시작이다. 게다가 쾌락주의는 그저 불안정한 입장일 뿐이다. 우리는 쾌락에서 시작하지만 결국 우리에게 쾌락을 가져다 준 대상이나 아니면 쾌락이 표출하는 내적 동학으로 거의 어김없이 되돌아가고 말기에 말이다. 전자는 우리를 다시금 목적론적 외향성으로 인도하고, 후자는 우리를 자아의 발견으로 인도한다.

사실 가장 명민한 등급을 대표하는 것은 "보편적 이기주의" 유형의 인간학과 도덕론이다. 특히 누구보다도 홉스다. 홉스는 이를테면 "소유적 개인주의"[9]를 가장 완벽한 형태로 구현했다. 홉스에게서 인간의 근본동인은 더 이상 쾌락의 추구가 아니라 개인적 자아의 긍정이자 확장, 곧 자기애이며, 이는 미래를 계산하면서부터는 권력의지가 된다.[10] 그러므로 여기서 일차적인 것은 욕망이다. 욕망이 지향하는 바는 초월적 가치의 실현도 아니요, 심지어 목적 자체로 간주된 기쁨의 획득도 아니요, 다만 개체의 실존을 보존하고 세계에 대한 개체의 지배력을 증대하는 것뿐이다. 곧 홉스가 명시적으로 언급하듯, 욕망은 바로 자기보존의 코나투스(노력

---

8) "… 여기[명예와 부]서는 정욕에서와 같은 고통은 없다. 오히려 이 둘의 경우 우리가 그것을 더 많이 가질수록 기쁨은 더 증대되며, 그 결과 그것을 증대시키도록 더욱더 많이 자극된다"[G II p. 6/P pp. 159~60].
9) 이는 맥퍼슨(C. B Macpherson)의 저작, 『소유적 개인주의의 정치이론』(*The Political Theory of Possesive Individualism*)의 제목이다.
10) 이 책 뒤의 pp. 219~21를 참조하라.

endeavour)이다.[11] 우리 안팎에 있는 모든 것은 바로 이 계산적 이기주의의 수단에 불과하다. 사랑도, 그리고 쾌락마저도, 이 코나투스의 부차적인 측면 내지 양상에 지나지 않는다.

스피노자는 바로 이 진영에 가담하여, 17세기를 들쑤셔 놓았던 자기애(amour-propre)를 둘러싼 대전투에 참여한다. 그렇지만 형이상학적 전제와 윤리적 요구가 다른 이상, 스피노자의 관점은 홉스의 관점과 순전히 그리고 단적으로 일치하지는 않는다. 스피노자의 욕망이론은 —— 적어도 그 자신이 보기에는 —— 이 영국 철학자의 이론을 심화하는 동시에 극복한다.

사실 근본 정념에 대한 홉스의 이론은 **생명운동**과 **동물운동**의 구별에 전적으로 의거하고 있다. 피의 순환 및 이와 결부된 제 과정들로 정의되는 생명운동(식물적 생명)은 자기 자신을 항구적으로 재생산하는 닫힌 순환 운동이며, 오직 그 자체만을 목적으로 한다. 반대로, 동물운동(관계적 생명)은 항상 외부를 향하면서 생명운동을 보조하는 역할을 한다. 생명운동에 유리한 대상을 선별하고 방해가 되는 대상은 제거하는 것이다. 홉스가 말하는 코나투스란 이 두 동물운동 중 어느 하나의 무한소적 시초운동에 다름 아니다. 곧 생물학적으로 유용한 대상을 전유하는 행동을 어렴풋이 취할 때 그것은 욕망이며, 해로운 대상 앞에서 도주하는 행동을 어렴풋이 취할 때 그것은 혐오다.[12]

여기서 두 가지 중대한 귀결이 생겨난다. 한편으로, 세 쌍의 근본 정념은 사실 단 한 쌍에 불과해진다. 실상 사랑과 기쁨이 욕망과 구별될 수

---

11) 홉스(T. Hobbes), 『리바이어던』(*Leviathan*) 1부 6장, p. 23.
12) 같은 곳.

밖에 없다 하더라도, 이는 실재적으로가 아니라 단지 양태적으로만 그렇다. 이제 사랑은 고전적인 관점에서처럼 모든 욕망에 선행하는 선의 포착이 아니며, 쾌락도 욕망을 충족하고 난 후 이어지는 정지 상태가 아니다. 사랑은 이미 운동이며, 쾌락도 여전히 운동이다. 따라서 사랑과 쾌락은 기껏해야 욕망 그 자체가 특정 방식으로 변양된 것이라고밖에 정의될 수 없다. 그런데 만일 이 변양 자체가 이미 욕망의 정의에 개입하고 있다면, 구별은 전부 사라지는 셈이다. 양태적 구별까지도 말이다. 지금 이 경우가 바로 그렇다. 우선, 욕망이 본성상 늘 지향적인 이상, 심리학적으로 그것은 사랑과 같아진다. 차이가 있다면, 단지 지향 대상이 부재하느냐 현존하느냐 하는 순전히 외래적인 차이뿐이다.[13] 마찬가지로, 욕망이란 유리한 자극을 촉발하거나 보존하려는 노력이고 혐오란 불리한 자극을 격퇴하려는 노력인 이상, 쾌락과 고통은 내용상 욕망과 혐오에 완전히 흡수되며 기껏해야 욕망과 혐오의 주관적 외양에 불과해진다.[14] 그런 이상, 쾌락과 사랑을 욕망의 소외로 볼 수는 없다. 욕망이 세계에 투자되면서 제 자신을 망각할 리 없기 때문이다. 모든 정념은 항상 조직되어 있진 않다 해도 적어도 의식적인 계산처럼은 나타난다. 가치들이 객관적이라는 가상이 그토록 비난받는 것도 바로 이를 해명할 수 없어서이다.

그러나 다른 한편, 욕망과 생명운동 간에 여전히 목적론적 유형의 관계가 설정되면(실상 이 경우가 그렇다), 순전한 생물학적 이기주의의 단계는 어떻게든 넘어설 수 없는 것이 되어 버린다. 이 경우 존재를 유지하려는 우리 경향성은 우리가 유지하려 하는 그 존재와 동일하지 않으며, 전

---

13) 홉스, 『리바이어던』 1부 6장, p. 24.
14) 같은 책, p. 25.

자는 후자에 복무하는 수단,[15] 곧 다른 운동을 지켜 주기 위한 용도로 이루어지는 운동에 불과하다. 그리고 지켜내야 할 이 존재란 조금도 종별화되지 않은 그야말로 **원초적인 생물학적 실존**에 지나지 않는다. 그러므로 인간의 행동이 아무리 복잡한 매개와 연루되더라도, 이와는 전혀 무관하게 모든 행동은 결국 보존 본능의 단순한 파생태로 환원되고 만다. 영예라는 감정의 극히 미묘한 차이들을 경험할 때조차, 지적 사변의 극히 추상적인 측면들을 파고들 때조차, 인간은 단 하나, 가능하면 가장 오래 사는 것만을 추구하는 셈이다.[16] 물론 폭력적인 죽음에 대한 공포 때문에 우리는 시민사회를 구성하긴 하지만,[17] 이 공포도 실상은 이 근본 기획에 대한 자각에 불과하다. 그러므로 오직 절대주의 국가만이 안전에 대한 크나큰 욕구를 충족시킬 수 있는 이상, 이 국가에서 정치적으로 살아가는 것이야말로 궁극적 구원인 셈이다.

물론 이는 스피노자의 관점일 리 없다. 경향성을 한편으로 하고, 이런 경향성을 외부에서 이끌어 갈 〔생명운동과 같은〕 임의적으로 축소된 목적을 다른 한편으로 하는 이원론은 스피노자에겐 없다. 물론 욕망을 보존 본능과 동일시할 수 있을지도 모르나, 보존 본능은 보기보다 훨씬 풍부하다. 이 경우 보존되어야 하는 것은, 전체에 통합되어 있으면서도 그로부터 추상적으로 분리되는 생명운동이 아니라, 우리 개체성을 정의하는 정식을 담은 운동과 정지의 전 체계이다. 물론 우리는 살기를 원하며, 어떤 의미에서는 단지 살기만을 원한다. 그렇지만 삶은 단지 피의 순환이나 그 밖의 기초적인 생물학적 기능으로 환원되지 않는다.[18] 산다는 것,

---

15) "충동이라 불리는 이 운동은 … 생명운동을 강화하고 돕는 것으로 보인다"(같은 곳).
16) 뒤의 pp. 219~21를 참조하라.
17) 홉스, 『리바이어던』 11장, p. 50과 13장, p. 66을 참조하라.

이는 **나의 개체적 본질에 따라** 산다는 것이다. 왜냐하면 내가 이 본질을 상실할 때, 설령 내 피가 여전히 돌고 있다 하더라도 나는 죽기 때문이다.[19] 모든 존재자에게서 **존재를** 유지한다는 것은 **자기 존재를**("*in suo esse*") 유지한다는 것이다.[20] 그런데, 우리가 이미 알고 있듯, 이처럼 우리 존재를 구성하는 운동과 정지의 전 체계는 가동되는 과정에서 그 자신을 항구적으로 재생산하며 — 홉스에게서 이는 오직 생명운동에만 해당되는 것이었다 —, 역시 우리가 이미 알고 있듯, 바로 이 자가-재생산이 곧 스피노자적 코나투스다. 이 코나투스는 우리의 개체적 본질에 추가되는 것이 아니라 이 본질이 현행적으로 실존하는 내내 이 본질과 일체를 이룬다.[21] 그런데 이 체계, 따라서 이 코나투스가 우리 안에서 모든 것을 총괄하는 이상, 그것은 우리 자신에서 유래하는 한에서의 우리 모든 특수한 욕망 역시 총괄한다. 따라서 이 특수한 욕망들 모두는, 결국 우리 자신 외에 다른 것이 아닌 더 근본적인 한 욕망의 파편적 측면이자 부분적인 귀결에 불과하다. 하기에 이제는 욕망이 그저 수단으로 간주되어, 유일하게 자기-완결의 특권을 지닐 특수한 형태의, 그리고 특별히 빈곤한 형태의 운동〔생명운동〕에 종속되는 일은 없다. 나의 욕망은 자기에 대한 욕망이며, 자기에 대한 이 욕망이 곧 나이다. 단 내 모든 풍부함과 복합성 가운데 있는 나인 것이다.

이처럼 순전한 생물학적 이기주의를 단지 심화시키기만 해도 차후 이 이기주의를 극복할 가능성은 확보된다. 이 가능성은 욕망이 자기에 대

---

18) 『정치론』 5장 5절[G III p. 296/P p. 1006]을 참조하라.
19) 『윤리학』 4장 정리 39의 주석.
20) 『윤리학』 3부 정리 9.
21) 『윤리학』 3부 정리 7.

한 적합한 인식에 도달할 때 실현될 것이다. 통상적 형태의 보존 본능은 자기 자신의 내용에 대해 아직 의식하지 못한 이기주의다. 그리고 오직 3종의 인식 수준에 가서야 비로소 우리는 이 내용이 무엇인지 알게 될 것이며, 오직 3종의 인식만이 우리 독특한 본질의 베일을 벗겨 줄 것이다.

이처럼 욕망이라는 기초개념을 풍부화하고 탈목적화한 이상, 스피노자는 이제 홉스와는 반대로 욕망 개념을 기쁨 및 사랑 개념과 양태적으로 구별할 수 있게 될 것이다. 욕망을 개체의 현행적 본질과 동일시해 버리면, 그것은 외부 대상을 전혀 참조하지 않고서도, 심지어 욕망에 닥쳐오는 여러 자극의 유·불리한 성격을 참조하지 않고서도 인식될 수 있다. 그리고 후자에 대한 참조까지 삭제해 버리면, 욕망에는 더 이상 반대항이 없는 셈이다. 혐오라는 통념이 완전히 의미를 상실하는 것이다. 하지만 그렇다 하더라도 자극들은 여전히 욕망에 닥쳐오며, 여전히 대상들에 의해 야기된다. 그러므로 우리가 추상을 통해 제쳐 두었던 것을 다시 도입해 보자. 그러면 우리는 **기쁨—슬픔**의 쌍을, 그 다음엔 **사랑—미움**의 쌍을 얻게 될 것이다. 그리고 이들 쌍이 욕망과 맺는 관계는, 양태들이 실체와 맺는 관계와 어느 정도 유비적일 것이다.[22] 또한 우리가 코나투스로 이루어진 구체적 전체와 이 전체의 유사-양태들을 고찰해 본다면, 우리는 개별 욕망들——물론 홉스는 이들 너머로까지 거슬러 가보지 못했다——을 재차 발견하게 될 것이다. 그리하여 이제 일종의 정념적 소외 이론이 가능해질 것이다. 그리고 이는 [가치를] 객관화하는 가상을 논박할 뿐만 아니라 이 가상이 어떻게 발생하는지를 재구성하게 해줄 것이다.

---

22) 단지 약간만 그렇다. 왜냐하면 욕망은 [실체와 달리] 외부에서 연원하는 변양들을 겪기 때문이다.

2) "현세적" 소외의 발생 : 욕망, 기쁨과 슬픔, 사랑과 미움

스피노자는 이 정념들을 발생적으로 정의하면서, 이와 동시에 자생적 가상들의 기원 역시 이해하게 해준다. 실상, 그가 대항했던 제 학설들은 사실 이 가상들의 이론적 상부구조에 지나지 않는다. 정리 9~13은 우리에게 다음을 차례차례 보여 줄 것이다. 어떻게 해서 코나투스는 스스로를 순전한 생물학적 보존 본능으로 여길 정도로 필연적으로 자신에 대해 무지한지, 또 자신에 대해 무지한 이 코나투스가 어떻게 필연적으로 쾌락주의에 이르는지, 그리고 어떻게 우리가 필연적으로 쾌락주의에서 가치객관주의로 이행하는지를 말이다.

자생적으로 우리가 코나투스의 진정한 본성을 오해한다는 것은, 스피노자가 『윤리학』 2부에서 인간 영혼은 자기를 의식한다는 점, 그러나 이 의식은 부적합하다는 점을 증명할 때 고려했던 사항들에서 도출되는 결론이다. 이 두 지점은 잘 구별되어야만 한다. 전자는 어떤 이유에서 욕망이 우리의 현행적 본질과 동일한 것인지, 후자는 그러나 왜 우리가 이 두 항의 동일성을 알아보지 못하는지를 해명한다.

첫째, 인간에게서(물론 인간에 국한되진 않지만) 코나투스란 자기에 대한 의식이며, 그런 한에서 **욕망**이다. 이 감정[=욕망]에 대해 스피노자는 두 가지 발생적 정의를 잇달아 제시하는데, 두 정의는 내용상 동일하지만 형식상으로는 의미심장한 차이가 있다. 이 정의는 먼저 『윤리학』 3부 정리 9와 그 주석에서 제시된다.[23] 그것은 극히 단순하지만, 사실 선행하는 두 행보[24]에서 비롯되는 것으로서, 이 두 행보의 결과들을 전제하고 있다. 우선, 정리 자체에서 스피노자는 인간 영혼이 자신의 코나투스를 의식한다고 말한다. 그리고 이를 증명하기 위해 2부의 정리 23을[25] 참조한다. 그런 다음, 주석에서 그는 **충동**을 정의한다. 충동이란 영혼과 신체에 동시에 관계하는 코나투스 자체라고, 또는 달리 말해, 인간 본질의 본성으로부터 이 본질의 보존에 필수적인 것들(물질적 운동 및 정신적 과정)이 필연적으로 따라 나오는 한에서, 인간의 본질 자체라고 말이다. 그런 후 마지막으로 그는 욕망을 **자기의식을 동반하는 충동**이라 정의한다.

이와 반대로 스피노자는 3부 말미, 감정들에 대한 정의 1항에서는,[26] 선행하는 이 두 행보를 욕망의 정의에 들여 오면서도 이 행보의 결과들은 전제하지도 심지어 언급하지도 않는다. 우선 한편으로, "충동"이라는 단어는 몇 가지를 제외하면 그것을 정의하는 데 사용되었던 용어들의 집합으로 대체된다. "욕망이란 인간의 본질이 … 무언가를 행하도록 규정되는 한에서 인간의 본질 자체이다". 다른 한편, 의식에 대한 명시적인 언급은

---

23) [옮긴이] 『윤리학』 3부 정리 9 : "정신은 명석 판명한 관념을 갖는 한에서나 혼동된 관념을 갖는 한에서나, 무한정한 지속에 걸쳐 자기 존재를 유지하고자 노력하며, 또 자신의 이런 노력을 의식한다". 증명 : "인간의 본질은 적합한 관념들과 부적합한 관념들로 구성되며(3부 정리 3에서 우리가 보여 주었듯이), 따라서 (3부 정리 7에 의해) 적합한 관념들을 가지든, 부적합한 관념들을 가지든, 자기 존재를 유지하고자, 그것도 (3부 정리 8에 의해) 무한정한 지속에 걸쳐 유지하고자 노력한다. 그리고 정신은 (2부 정리 23에 의해) 신체의 변용들에 대한 관념들을 통해 필연적으로 자신을 의식하므로, 정신은 (3부 정리 7에 의해) 자신의 노력을 의식한다". 주석 : "이 노력은 정신에만 관련될 때 의지라 불리지만, 정신과 신체에 동시에 관련될 때 충동이라 칭해진다. 그러므로 이 노력은 인간의 본질 자체에 다름 아닌데, 바로 이 본질의 본성으로부터 그것의 보존에 복무하는 것들이 필연적으로 따라 나오며, 따라서 인간은 그것들을 행하도록 규정된다. 다음으로, 충동과 욕망 사이에는, 일반적으로 욕망이 자기 충동들을 의식하고 있는 한에서의 인간과 관련된다는 점 외에는 아무 차이가 없으며, 이 때문에 **욕망은 [충동에 대한] 의식을 수반하는 충동**(*appetitus cum eiusdem conscientia*)으로 정의될 수 있다 (이하 생략)".
24) [옮긴이] 곧, 『윤리학』 2부 정리 23과 3부 정리 4~8.
25) [옮긴이] 『윤리학』 2부 정리 23 : "정신은 신체의 변용을 지각하는 한에서만 자기 자신을 인식한다".
26) "욕망이란, 인간 본질이 이 본질의 주어진 각각의 변용들로부터 무언가를 행하도록 규정되는 한에서 인간의 본질 자체이다"(『윤리학』 3부 감정들에 대한 정의 1항).

전부 사라진다. 조금 더 뒤에서 그 스스로 해명하듯, 그는 이를 역시 동일한 원리에 따라, 우리가 우리 자신의 코나투스를 의식하게 되는 **원인**에 대한 진술로 대체한다.[27] 그런데 이는 결국, 정리 9를 입증하는 데 사용되었던 2부 정리 23의 요체이기도 하다. 이 때문에 "그것[본질] 자체의 어떤 변용에 의해"라는 말이 추가된다.[28]

이 마지막 추가 사항이 중요하다. 스피노자가 그저 앞에 나온 정리를 환기시키는 것만으로는 충분히 명백하지 않은 양, 이 지점을 이처럼 눈에 띄게 강조해 둘 필요를 느꼈다는 점에서 말이다. 만일 우리가 우리 존재를 유지하려는 경향이 있음을 의식한다면, 이는 **무언가가 우리에게 일어나기 때문**이다. 스피노자는 "우리는 인간 본질의 변용을 이 본질의 모든 상태(constitutio)로 이해한다 …"[29]고 이를 더 분명히 해둔다. 그런데 이 변용 개념이 유의미하려면 또한 상태가 본질과 구별되어야 한다. 달리 말해, 본질은 충분히 분화되고 통합되어 있어, 본질과 관련되면서도 본질에서 실존을 박탈하지 않는 내적 변이들을 받아들일 수 있을 정도가 되어야 한다. 그럴 경우라야 개체는 다소간, 자기가 겪는 변용들을 통해서 혼동되고 맹아적인 방식으로나마 자기 코나투스의 영속성을 느낄 것이다. 「편지」 58에 나온 돌멩이의 경우에는 그렇지 않다.[30] 돌멩이는 자기가 직선

---

27) "… 그것을 의식하는 데 대한 원인을 함축하기 위해 …를 덧붙일 필요가 있었다"(『윤리학』 3부 감정들에 대한 정의 1항).
28) [옮긴이] 그러므로 이 정의에서 욕망을 정의하는 전체 문장은 다음과 같다. "욕망이란 인간의 본질이 이 본질 자체의 어떤 변용에 의해 무언가를 행하도록 규정되는 한에서 인간의 본질 자체다".
29) 같은 곳.
30) "… 운동을 계속하는 동안, 할 수 있는 한 자신이 운동을 계속하고자 노력한다는 것을 인식하며 알고 있는 돌멩이를 한번 생각해 보십시오"[G IV p. 266/P p. 1308]. 당연히 이는 돌멩이가 이 경우에 해당되지 않음을 함축한다.

으로 운동을 계속하고자 노력한다는 것을 알지 못한다. 왜냐하면 돌멩이에겐 이 장소이동 외에는 거의 아무 일도 일어나지 않기 때문이다. 반대로 인간과 동물[31]의 경우에는 그렇다. 곧 이들은 자신의 노력을 지각한다. 왜냐하면 이들에게서는 자기에게 일어나는 사건들과 자기 자신이 구별되고, 이 사건들을 매개로 자기 자신을 지각하기 때문이다. 근본적으로 볼 때 이것이 바로 욕망이다.

둘째, 그렇지만 욕망이 함축하는 의식은 적어도 처음에는 지극히 부적합하다. 그리고 이는 의식을 얻는 대가이기도 하다. 주지하듯, 우리 신체는 외부 세계가 가해 오는 수동적 변이들을 견뎌내지만, 이처럼 견뎌내는 한에서는 이 수동적 변이들에 의해 왜곡된 형태로만 실존한다. 그리고 신체의 코나투스가 신체의 현행적 본질과 동일한 이상, 우리 신체의 코나투스는 이 경우 그를 항구적으로 훼손시키는 이러한 파행으로 인해 손상되어 자기 최적의 현실화 수준에 한참 못 미쳐서 작동할 수밖에 없다. 그 결과 우리 영혼의 코나투스도 [이 신체 변용들에] 상응하는 관념들의 부적합한 성격에 의해 모호해진다. 우리에게는 우리 자신으로 존재하려는 경향이 있고 우리 자신을 사유하려는 경향이 있지만, 이 존재와 사유가 향해 가는 바로 그것[=우리 자신]에 대해서는 알지 못한다. 물론 우리는 적게나마 원래부터 적합한 관념들 및 능동적 운동들을 보유하고 있지만, 그럼에도 아직은 우리의 개체적 본질을 모르며 이를 충만하게 실현하지는 못하기 때문이다.

정리 9의 전반부, "영혼은 명석 판명한 관념들을 가진 한에서나 또한 혼동된 관념들을 가진 한에서나, … 자기 존재를 유지하고자 노력하며"가

---

[31] "하지만 나는 짐승이 감각한다는 것을 부정하지는 않는다"(『윤리학』 4부 정리 37의 주석).

의미하는 바는 이것이며, 오직 이것뿐이다. 이 구절이 말하고자 하는 바는 우리가 명석한 관념을 유지하고자 노력하듯 마찬가지로 혼동된 관념을 유지하고자 노력한다는 것도 아니요, 이로부터 슬플 때 우리가 슬픔을 유지하려고 노력한다고 "논리적으로" 결론지어야 한다는 것도 아니다.[32] 오히려 정반대로 이는 우리에게 늘 우리의 독특한 본질을 인식하고 이 본질을 최대로 현실화하려는 경향이 있으나, 이 노력은 우리를 변용시키는 관념들이 명석한 것인지 혼동된 것인지에 따라 다양한 양상을 띤다는 것, 곧 전자의 경우 충만하게 효력을 발휘하나 후자의 경우 부분적으로는 억제되고 자기 왕도를 벗어난다는 것, 하지만 이러한 탈선과 혼동에도 불구하고 그리고 탈선과 혼동을 넘어 독특한 본질을 인식하고 최대로 현실화하려는 노력은 존속하며 전개된다는 것을 뜻한다. 그래서 인간이 무언가를 행하도록 규정되는 한에서 인간의 본질 자체인 욕망은, 이 본질에서 따라 나오는 것이 오직 이 본질에서만 따라 나오는 것은 아닐 때마다 역설적으로 수동/정념이 된다. 그리고 우리가 겪는 왜곡 때문에 욕망의 방향은 외부로부터 규정된다.

    그렇다면 이러한 조건에서 욕망이 향하는 것은 과연 무엇일까? 자신의 독특한 본질 — 그는 이를 모른다 — 의 최적의 현실화가 아니라면, 개체 스스로가 의식하는 이 경향성은 무엇을 향하는 것일까? 이는 전적으로 개체의 복합성과 통합의 등급에 달린 문제이다. 실상 앞서 말한 것은 (적합한 관념에 대한 언급을 제하고 보면) 인간의 본질보다 덜 풍부한

---

32) 코나투스를 관성의 원리와 혼동할 때만, 이런 "모순"을 들어 스피노자를 비난할 수 있다. 하지만 관성의 원리는 코나투스의 한 특수한 적용 사례에 불과한 것으로, 가장 단순한 물체들에 대해서만 유효하다. 게다가 이 비난은 또한 '관성'이라는 말의 일상적 의미와 고유하게 역학적인 의미를 혼동할 때만 가능하다.

본질을 지닌 여타의 의식적 존재자들에도 타당하며, 이 의식적 존재자들의 사다리가 연속적이지 말라는 법도 없다. 그러므로 욕망은 그것을 느끼는 주체가 이 사다리에서 차지하는 위치에 따라 무한히 많은 형식으로 나타날 수 있을 것이다. 하지만 어쨌든 질적인 문턱들은 분간되어 있다.

한 가지는 확실하다. 욕망은 부정성이 아니라는 것이다. 왜냐하면 아무도 자기 자신의 파괴를 진정으로 상상할 수는 없기 때문이다. 물론 유한한 존재는 늘 죽기 마련이다. 곧 언젠가는 더 강력한 외적 원인에 정복되어, 그의 적응 능력에 비해 너무 큰 규모의 변이가 닥쳐와 그의 코나투스의 닫힌 사이클을 중단시키는 경우가 필연적으로 생길 수밖에 없다. 그렇지만 이 변이는 **개체 자신**에게 일어나는 것이 아니다. 다시 말해, 개체는 이 변이가 나타나기 이전에도, 또 이 변이가 일어날 때에도, 이 변이의 주체일 수 없다. 왜냐하면 이 변이가 나타나기 전에는 이 변이 자체가 아직 실존하지 않고, 이 변이가 일어날 때는 개체 자체가 더 이상 실존하지 않으니 말이다. 오히려 이 개체를 대신하여 어떤 새로운 독특한 본질이 같은 장소에서 같은 재료를 조직하면서 현실화된다. 이에 상응하여, 이와 같은 파괴적인 변이에 대한 관념 역시 이 개체의 영혼에 있을 수 없다.[33] 그런 변이에 대한 관념은 개체의 영혼을 아예 대체해 버릴지언정 변용시키지는 못하는 것이다. 따라서 생명체가 자기 코나투스를 죽음이 예상되는 경험 앞에서의 도주로 의식하는 일은 결코 없을 것이다. 루크레티우스의 말처럼[34] 죽음은 우리에게 아무것도 아닌 것이다.

---

33) 『윤리학』 3부 정리 10.
34) 루크레티우스(Lucretius), 『사물의 본성에 대하여』(*De Natura rerum*) III, pp. 830~93을 참조하라.

전부 아니면 전무의 법칙을 따르는 존재자에게서 변이는 곧바로 소멸을 뜻한다. 하기에 그것은 단 한 순간도 자신의 근본요구를 의식하지 못한다. 다른 한편, 더 풍부한 본질을 지닌 존재자에게서 욕망은 주관적으로 체험되지만 이 체험의 방식은 오직 비파괴적인[=그가 견뎌낼 수 있는] 변이들의 수와 규모에 달려 있다. 그렇다면 이 두 범주의 경계에서는 어떤 일이 일어날까? 생명체가 어느 정도의 변용을 견뎌내되, 수적으로 매우 적고 규모도 너무 작아 겨우 마비 상태에서 깨어나게 하기에만 족할 뿐 어느 정도 분화된 지각장을 구성하기에는 너무도 미약한 변용만을 견뎌낼 수 있는 지대에서는? 답변은 자명해 보인다. 곧 가장 낮은 형태의 의식이 존재 일반에 대한 모호한 느낌이라면, 미규정적인 "무언가"에 대한 희미한 포착이라면,[35] 이에 상응하는 욕망은 그저 실존 자체를, 그리고 실존한다는 느낌을 유지하려는 노력으로서 체험될 수밖에 없다. 아무런 규정도 특수한 집중도 없는, 완전히 벌거벗은 미(未)분화된 순수 상태의 보존 본능으로서 말이다. 이 경우 "자기 존재를"(*in suo esse*) 유지하기는 "존재"(*in esse*)를 유지하기에 지나지 않으며 그것이 전부다. 동물은 바로 이 수준을 넘어서지 못하기에 아마도 (미래에 대한 계산이 출현하기 이전의) 기초적 정념에 대한 홉스 이론이 지닌 부분적인 진리를 정당화하는 종류의 삶을 영위할 것이다. 이는 스토아학파에서 말하는 원초적인 "자기화"(*conciliatio*)[36]와도 흡사한 무구의 상태로서, 어떻게 보면 더 분화된 존재자라면 필연적으로 저지르고 말 오류를 범하지 않도록 생명체를 보호해 준다고도 할 수 있다.

---

35) "반면 신체 안에서 이미지들이 완전히 혼동되어 있을 때, 정신 역시 모든 물체를 아무 구별 없이 혼동되게 상상할 것이며 마치 그것들이 하나의 속성 하에, 즉 **존재**, **사물** … 등등과 같은 속성 하에 포괄되는 듯이 상상할 것이다"(『윤리학』 2부 정리 40의 주석 1).

그런데 일단 이 문턱을 넘어서자마자 의식의 내용은 분명해지면서 풍부해지며, 욕망은 상반된 두 양상으로 종별화된다. **기쁨** 혹은 **슬픔**이 되는 것이다.

기쁨과 슬픔은, 유기체가 수동적 변이 가운데서도 최종 상태가 초기 상태와 선명하게 구별될 만큼 충분히 큰 규모의 변이를 견딜 수 있게 되면서부터 개입한다. 그럴 경우 영혼은 이 두 상태 간의 차이와 한 상태에서 다른 상태로의 이행을 지각한다.[37]

그런데, 앞서 살펴보았듯, 이 변이에는 세 부류가 있을 수 있다. 우선 중립적인 변이들이 있다. 이 변이들은 구조에서 일어나는 왜곡을 이와 등가적인 다른 왜곡으로, 곧 우리를 우리 최적의 가동 수준에 더 접근시키지도 더 멀어지게도 하지 않는 왜곡으로 대체할 뿐이다. 따라서 이 변이들에 상응하는 의식 상태는 특별한 정서적 색조 없이 순전히 표상적이다.

다음으로 부정적인 변이들이 있다. 이 변이는 개체에 일어나는 사건들에서 개체의 코나투스가 수행하는 인과적 역할을 0으로까지 축소하진 않더라도, 어쨌든 이를 감소시켜 외적 환경의 비중을 늘린다. 물론 이 변

---

36) 키케로, 『최고선악론』, III, 16을 참조하라. 〔옮긴이〕 자기화: 이는 키케로가 스토아학파의 '오이케이오시스'(*oiketosis*)를 라틴어로 번역하면서 사용했던 용어들 중 하나다. 이는 '집의', '친숙한', '나에게 속하는' 등등을 의미하는 형용사 '오이케이오스'(*oikeios*)에서 파생된 단어다. 어린아이가 고통을 무릅쓰고 걸으려 노력하는 데서 보이듯, 그리고 누가 가르쳐 주지 않아도 자기에 유용한 것을 포착하고 해로운 것을 거부하는 데서 보이듯, 그것은 자기 자신과 맞게 되고 자기 자신을 보존하려는 생명체 일반의 행위 원리를 일컫는다. 여기서는 이런 의미로 쓰였다. 물론 스토아학파에서 이는 단지 생물학적 적응에만 국한되지는 않으며, 가령 인간의 경우, 지혜를 추구하는 성향이나 자기로부터 인류 전체로 삶을 확장하려는 성향을 가리키기도 한다.
37) 물론 영혼이 이 두 상태를 명시적으로 **비교하기** 때문은 아니다(『윤리학』 3부 「감정들에 대한 일반적 정의」). 하지만 영혼이 한 상태에서 다른 상태로의 이행을 **느끼려면**, 이 두 상태가 어느 정도는 선명하게 구별되어야 한다.

이들이 출현하기 전에도 이미 개체는 자기 변용들의 온전한 원인은 아니었다. 부분들이 각자의 운동을 상호 전달하는 결절점에서 말고는, 개체 안에서 펼쳐지는 과정들이 그의 이론적 물체 방정식을 확증해 주진 않았던 것이다. 그런데 이처럼 부정적인 변이들이 일어나면, 상황은 한층 악화된다. 이런 변이들의 영향 하에서, 유기체의 현실 상태를 나타내는 곡선은 물체 방정식을 나타내는 곡선에서 더욱 멀어지며, 그리하여 결절점에서조차 이 곡선에 상응하지 않게 된다. 치명적인 위험의 순간에 다가가는 것이다. 따라서 이 변이들은 신체의 "활동 역량"을 감소시키며 이를 저해한다. 우선, 활동 역량을 감소시키는데, 왜냐하면 이 변이들은 신체를 신체 자신의 것이라 할 만한 상태로부터, 곧 신체에 일어나는 모든 일이 이 신체의 본질을 정의하는 유일한 정식의 적용에 불과한 경우에서 멀어지게 하기 때문이다. 요컨대, 신체를 전보다 더 수동적으로 만들기 때문이다. 다른 한편, 활동 역량을 저해하는데, 왜냐하면 이 변이들은 가능하면 가장 단순한 방식으로 자기 기능을 실행하려는 신체의 노력을 가로막기 때문이다. 신체에게 우회적인 회로나 위험하게 짧은 회로를 이용하도록 강제하거나, 또는 너무 느리게 또는 너무 빨리 작동하도록 강제하는 등등의 방식으로 말이다. 이에 평행해서, 이 변이들에 대한 관념들 역시 영혼의 "사유 역량"을 감소시키며 이를 저해한다.[38] 다시 말해, 영혼을 영혼 자신의 것이라 할 만한 상태로부터, 그러니까 영혼이 자기 자산(資産)만으로도 신체의 본질에 대한 명석한 관념에서 영혼 자신의 변양들을 연역할(그리고 산출할) 수 있는 경우로부터 멀어지게 하며, 더 많은 빛을 향하는 영혼의 노력을 방해한다. 이것이 슬픔의 기원이다.[39]

---

38) 『윤리학』 3부 정리 11.

마지막으로 긍정적인 변이들이 있다. 이 변이들은 이전에 일어났던 왜곡을 상쇄함으로써 개체를 최적의 현실화 수준에 다가가게 한다. 결절점 외에서 실행되는 운동들은 여전히 유기체의 물체 방정식을 확증하지는 않는다 하더라도, 이 변이들 덕분에 그것을 확증하지 않는 정도는 전보다 덜해지며 이 운동들을 나타내는 곡선은 조절되는 경향을 띤다. 따라서 이 변이들 덕분에 신체의 "활동 역량"은 증대되고 촉진된다. 우선, 활동 역량은 증대되는데, 왜냐하면 그것을 왜곡하는 교란이 약화될수록 신체에 일어나는 일들은 신체의 본질로부터는 더 많이, 외적 원인들로부터는 더 적게 따라 나오기 때문이다. 또한 활동 역량은 촉진되는데, 마찬가지로 교란이 약화될수록 신체는 가능한 한 가장 단순하게 작동하려는 노력에 예기치 못한 도움을 얻기 때문이다. 한편, 이에 상응하는 정신적 상태들 역시 영혼의 사유 역량을 증대시키거나 촉진한다.[40] 곧 영혼은 자신의 관념들을 연역하는 소질을 점점 더 많이 지니며, 극한적으로는 완벽하게 지닐 것이다. 또한 그럼으로써 영혼은 자신을 명석 판명하게 의식하기 때문에 수동은 능동으로 변형될 것이다. 이것이 기쁨의 기원이다. 하지만 기쁨은 이 극한에까지 도달하지 못하는 한은 여전히 수동적 감정이다.

따라서 기쁨이란 정신이 자기 코나투스와 같은 방향으로 작용하는 외적 원인의 영향 하에서 더 큰 완전성으로 이행할 때 느끼는 정념이다. 그리고 슬픔이란 정신이 자기 코나투스와 대립하는 외적 원인의 영향 하에서 더 작은 완전성으로 이행할 때 느끼는 정념이다.[41] 스피노자는 정리 11의 주석에 이 완전성이라는 통념을 도입하고 있지만, 그렇다고 정리 자

---

39) 같은 정리의 주석.
40) 같은 정리.
41) 같은 정리의 주석.

체에서 이미 말한 것에 새로운 무언가를 덧붙이고 있는 건 아니다. 왜냐하면 완전성은 실재성의 동의어이고,[42] 실재성은 활동성과 등가이기에 말이다. 어떤 사물의 실재성이 더 커질수록 그 사물에서 생겨나는 귀결들은 더 많아지는 것이다.[43] 만일 이 완전성이라는 통념으로 개체적 본질들을 위계화할 수 있다면, 이 통념을 활용하여 한 개체적 본질이 현실화되는 두 수준 혹은 여러 수준들을 비교하는 것 역시 정당하다. 이는 물론 동일한 본질이 시간이 흐르면서 더 풍부해지거나 더 빈곤해지기 때문은 아니다 — 물론 블뤼엔베르흐는 스피노자 말대로라면 이렇게 된다고 믿었지만 말이다.[44] 오히려 정반대로, 본질로부터 연역되며, 그래서 다른 본질의 완전성 등급에 비겨 이 본질의 등급을 말해 주는 귀결들은 영원히 동일하다. 다만 이 귀결들은 실존으로 이행할 때, 때에 따라 더 잘 이행하거나 덜 잘 이행할 수 있으며, 본질 자체가 현실화되는 수준에 따라 더 많이 이행하거나 더 적게 이행할 수 있다. 바로 이 때문에 다른 수준에서의 완전성 정도에 비겨 바로 이 수준에서의 완전성의 정도를 가늠할 수 있다. 물론 이는 어떤 개체가 슬퍼할 때 그가 어떤 본연의 불완전성을, 그 개체의 "정상" 상태에서는 없었을 일종의 존재론적 결함을 겪고 있음을 뜻하진 않는다. 우선, 보편적 결정론을 감안할 때, 자연 안에 있는 모든 것은 매 순간 그래야 하는 만큼 완전하다. 물론 독특한 본질에게 특정한 현실화 수준에 접근하게 하는 것은 이런저런 환경의 협력이지만, 이 현실화의

---

42) 『윤리학』 2부 정의 6.
43) 『윤리학』 1부 정리 16의 증명.
44) "당신 생각을 위와 같은 말들로 표현해 볼 수 있을 텐데, 이로부터 사물의 본질에는 지각되는 순간 그 사물이 지닌 것만 포함된다는 점이 분명히 따라 나오는 듯합니다"(「편지」 22 [G IV p. 137/P pp. 1211~12]).

수준 자체는 여전히 독특한 본질에 의존한다. 그런데 사실상 이 수준은 시간의 흐름에 따라 변동하므로, 완전성이라는 통념이 상대적이고 조작적이라는 점(따라서 **불완전성**이란 없으며, 다만 ~**에 비해 덜한 완전성**만 있다는 점)만 유념해 둔다면, 이 통념은 과정을 측정하기 위한 편리한 계량기가 된다.

이렇게 볼 때, 기쁨과 슬픔은 신체상으로 더 정교해진 내적 분화에 상응하는 의식의 진보를 나타낸다. 기쁨과 슬픔은 이를 체험하는 동물에게 보존 본능의 밤에 소중한 빛이 될 생물학적 지침을 제공하며, 동물의 코나투스는 이 지침을 따라 어두운 밤을 헤쳐 나갈 것이다. 동물도 가능하면 가장 높은 수준에서 현실화되고자 한결같이 노력하는 이상, 필연적으로 기쁜 자극은 이어 가려는 경향을, 슬픈 자극은 물리치려는 경향을 띨 것이다. 따라서 쾌락은 추구하고 고통은 피할 것이다. 이를테면, 자생적으로 쾌락주의적(그것도 에피쿠로스 식보다는 퀴레네 식의) 삶의 양식을 영위할 것이다.

그렇지만 기쁨과 슬픔에 전혀 오류가 없는 건 아니다. 더구나 이와 같은 의식의 진보는 필연적으로 소외의 발단으로 이어진다. 실상 즐거움도 활동 역량이 신체 전체에 고르게 분배되면서 증대되는 **쾌활**(hilaritas)인 경우는 드물며, 대부분의 경우 순전히 국소적 자극인 **쾌락**(titillatio)에 불과하다. 쾌락은 구조의 왜곡을 상쇄한다 해도, 단지 제한된 지점에서만 그러하며, 더구나 신체 다른 부분들의 희생을 대가로 하는 경우가 태반이다.[45] 따라서 쾌락은 불균형적이기에 과잉될 수 있다.[46] 곧 침해당한 부분

---

45) 『윤리학』 3부 정리 11의 주석.
46) 『윤리학』 4부 정리 43.

들은 이 침해를 다른 것으로 벌충하며, 신체의 한 지점에서 파행이 완화되더라도 이는 곧장 유기체의 나머지 모든 부분에서의 더 나쁜 파행으로 이어진다. 그리고 미래가 현재에 희생된다. 슬픔의 경우도 마찬가지다. 슬픔이 **우울**(*melancholia*)이 아닌 **고통**(*dolor*)일 때,[47] 그것은 간접적으로 유용할 수 있다.[48] 또한 고통은 부분적 왜곡이기에 장기적으로는 이전의 쾌락에서 과잉되었던 것을 상쇄할 수도 있다. 그렇지만 우리는 우리 신체의 현재 상태에 현혹되어 늘 슬픔을 피하기 마련이다. 이처럼 개체는 마주침의 운에 따르면서, 자신에게 해로울 수도 있는 부분적이고 직접적인 자극에 굴복하고 만다. 그리고 실존의 측면에서는 주위 환경에 더 독립적이 되지만, 바로 이 사실에 의해 실존방식의 측면에서는 더 의존적이 된다. 보다 초보적인 생명체는 아무 변화 없이 그대로 있든지 죽든지 둘 중 하나인 반면, 이런 개체는 살아남긴 하되 외부에서 가해져 그것을 철저하게 틀 짓는 조건형성에 따른다.

　사랑과 미움이 신체의 새로운 분화와 의식의 새로운 진보를 전제하는 새로운 단계에 상응한다는 것, 이는 정리 12와 13의 진술만으로도 분명히 드러난다.[49] 사실 정리 13은 지금까지 다루지 않았던 기억에 명시적으로 기대고 있으며, 정리 12는 실제로는 현존하지 않는 사물을 상상할 가능성에 암묵적으로 기대고 있다. 그런데 이미지의 보존과 재생에는 단

---

47) 『윤리학』 3부 정리 11의 주석.
48) 『윤리학』 4부 정리 43.
49) 〔옮긴이〕 3부 정리 12 : "정신은 신체의 활동 역량을 증대시키거나 촉진하는 것을 할 수 있는 한 상상하려고 노력한다". 정리 13 : "정신은 신체의 활동 역량을 감소시키거나 이 역량을 저해하는 것을 상상할 때, 이것의 실존을 배제하는 사물들을 할 수 있는 한 기억하려고 노력한다".

단한 부분과 무른 부분, 그리고 유동적 부분의 조합이 필요하며, 이런 식의 조합은 매우 복잡한 유기체에서만 실현된다.[50] 그러므로 매우 복합적인 영혼만이 이 두 정념을 체험할 수 있을 것이다.

사랑이 이미지의 보존과 연관되어 있음은 쉽게 이해할 수 있다.[51] 기쁜 자극이 우리를 변용시키는 경우 우리는 이를 가능하면 더 오랫동안 이어가려는 경향이 있다. 그런데 우리 변용들은 우리 신체의 본성뿐만 아니라 외부 물체의 본성 역시 함축하기 때문에,[52] 이런 자극에는 이 자극을 유발하는 대상의 다소간 혼동된 이미지가 연결되어 있기 마련이다. 그렇다면 이 이미지가 그 외적 원인이 사라지고 난 다음에도 얼마 동안 우리 안에 존속한다고, 혹은 [이미지들의] 우연한 연합에 의해 소생될 수 있다고 가정해 보자. 이럴 경우 이 이미지에 상응하는 기쁨은 우리 안에 계속 남아 있거나 되살아날 것이다. 하지만 아주 예외적인 경우를 제외한다면, 이 이미지는 그 원인이 부재할 경우 원인이 현존할 때만큼 생생할 수는 없다. 왜냐하면 그럴 경우 이 이미지는, 이 이미지가 우리에게 표상해 주는 물체의 현행적 실존을 배제하면서 이 이미지에 특정 계수의 비실재성을 부여하는 다른 이미지들과 충돌하기에 말이다.[53] 그러므로 이 이미지와 연결된 기쁨 또한 줄어들 것이다. 그런데 유리한 변이의 약화는 우리 코나투스를 저해한다. 즉 코나투스는 이에 저항하며, 우리는 동일한 감정을 애초의 강도로 되살리려는 왕성한 경향을 띤다. 결과적으로 우리 코나투스는 이미지 자체에 원래의 생생함을 다시 부여하려는 노력으로 종별

---

50) 『윤리학』 2부 정리 17의 따름정리의 증명.
51) 『윤리학』 3부 정리 12.
52) 『윤리학』 2부 정리 16.
53) 『윤리학』 2부 정리 17의 따름정리의 주석.

화될 것이다. 극한적으로 우리는 그 이미지의 대상을 항상 현존하는 것으로, 또는 다시 현존하는 것으로 표상하고자 할 것이다. 그리고 욕망은 이 대상에 투자되고 고착되며 무조건적으로 집착할 것이다. 이러한 긍정적 집중이 바로 사랑이다.

미움과 기억 사이에도 이와 동일한 연관이 있다 — 이는 이번에는 명시적으로 표명된다.[54] 우리를 슬프게 하는 이미지가 우리를 변용시킬 때, 우리는 이 불리한 변이에 저항하며, 이 변이를 제거하려는 경향, 그러니까 이 변이가 출현하기 이전의 우리의 물리적·정신적 상태를 회복하려는 경향을 띤다. 그런데 이 선행 상태에서는 이 이미지와는 다른 이미지들이 현전했다. 곧 우리라는 유기체가 세계와 맺는 다른 관계에서 귀결되며, 우리를 슬프게 하는 이미지와는 양립할 수 없기에 이 이미지의 대상의 현행적 실존을 배제하는 이미지들이 말이다. 따라서 슬픔에 저항한다는 것은 바로 이런 이미지들을 가능하면 많이 되살려낸다는 것이다. 그런데 그렇게 하려면 그 이전에 이 이미지들이 언젠가 우리 안에 흔적을 남겨 놓았어야 하며, 이 흔적 없이는 악에 대항하는 우리의 투쟁은 맹목일 것이다. 만일 그렇다면(그리고 우리의 경우 정말로 그렇다), 우리 코나투스는 언젠가 해로운 대상을 대체했던 것들을 상기하려는 노력, 극한적으로는 이것들을 현행적으로 실존하는 것으로 상상하려는 노력이 될 것이다. 이런 식으로 우리는 지나간 경험의 자산을 전부 동원하여 더 이상 이 해로운 대상이 들어설 여지가 없는 지각장을 구성하려는 경향을 띨 것이다.[55] 이와 같은 부정적 집중이 바로 미움이다.

---

54) 『윤리학』 3부 정리 13.
55) 『윤리학』 3부 정리 13 따름정리.

따라서 사랑과 미움은 우리 지평이 직접적 감각 너머로까지 확장되어 사물이 부재할 때도 그것을 표상할 수 있게 되는 한에서만, 요컨대 사물을 **사물**로서 표상할 수 있게 되는 한에서만 가능하다. 곧 우리와 독립해서 안정적 특성들을 지니는 실재로서, 우리가 그것을 지각하는 일시적 순간으로 실존이 제한되지 않고, 따라서 장래에도 늘 대기중인 것으로 말이다. 결국 이 두 정념은 현존하지 않는 대상을 마치 현존하는 것처럼 상상하려는 노력에 지나지 않는다. 우리를 기쁘게 하는 대상이나 우리를 슬프게 하는 것과 대립되는 대상을 말이다.

그러므로 사랑과 미움에 대한 발생적 정의가 외부 원인의 관념에 동반되는 기쁨과 슬픔이라는 점[56]은 당연한 이치다. 외부성을 참조한다고 해서, 여기서도 역시, 앞선 두 정리[3부 정리 12와 13의 진술]에서 말했던 것에 새로운 무언가를 덧붙이는 건 아니다. 외부성에 대한 언급은, 두 정리에서 우리가 알게 된 기억의 역할에서 비롯되는 결과를 단 한마디로 표현하고 있을 뿐이다. 실상 기억이야말로 **외적 대상 자체**라는 통념에 다가갈 수 있게 해준다.

사정이 이렇다면, 사랑하는 자는 사랑하는 대상을 가까이에 두거나 보존하려고 필연적으로 노력한다고, 또한 미워하는 자는 미워하는 대상을 물리치거나 파괴하려고 필연적으로 노력한다고[57] 덧붙이는 것은 거의 동어반복이나 마찬가지다. 하지만 스피노자도 아직 이를 증명하지는 않는다. 조금 더 뒤에서 검토할 한 가지 이유[58] 때문에, 그는 정리 28에 가서야 이를 증명하며, 당분간은 이를 예고하는 데 만족한다. 그렇지만 정리

---

56) 『윤리학』 3부 정리 13 따름정리의 주석.
57) 같은 곳.
58) 뒤의 pp. 217~9을 참조하라.

28은 정리 12와 13에서 곧바로 따라 나오며, 따라서 스피노자가 자신의 정념이론(〈그림 1〉을 참조하라)을 A_1, A_2, B_1, B_2의 순서가 아니라 A_1, B_1, A_2, B_2의 순서로 제시했다면, 정리 28은 정리 12와 13 바로 뒤에 위치했을 것이다. 하기에 정리 28이 자명한 이상, 지금부터 우리는 이 정리를 전제로 삼아도 될 것이다.

하지만 사랑과 미움이 의식의 새로운 진보에 상응한다 하더라도, 이와 동시에 그것들은 선행 단계에서 이미 시동이 걸린 소외의 완성이기도 하다. 사랑과 미움은 우리 욕망을 현재 우리가 의식하고 있는 특수한 외부 대상에 굳게 고착시키며, 그와 동시에 우리를 이 대상에 예속시킨다. 이 예속은 심각하다. 왜냐하면 그것은 기쁨과 슬픔이 지닌 부분적이고도 순간적인 특징 때문에 이미 생겨났던 단점을 파국적으로 강화하기에 말이다. 물론 스피노자는 때때로 사랑의 편벽성을 기쁨의 편벽성과 동일시하는 듯하며, 그렇다면 사랑이 단일 대상으로 집중되는 것은 기쁨이 우리 신체의 한 지점으로 국지화되는 데서 비롯되는 결과일 것이다.[59] 하지만 사실 사랑에는 훨씬 이상의 것이 있다. 권리상, 우리는 순전히 국지적인 쾌락을 체험하면서도 그것이 다수의 원인에서 유래한다고 여길 수 있다.[60] 심지어 우리는 이 쾌락을 무한정 되풀이하기를 욕망하면서도 그렇게 하려면 우리에겐 장차 다른 대상들(가령, 성적 쾌락을 위해서는 다른 여성들)이 필요하리라 생각은 할 수 있을 것이다. 쾌락의 주관적 상대성에 대한 몰인식은 아직 쾌락의 원인의 객관적 상대성에 대한 몰인식은 아닌 것이다. 그런데 사랑은 바로 이 두번째 몰인식을 함축한다. 실상 어떤 대

---

59) 『윤리학』 4부 정리 44의 증명을 참조하라.
60) 『윤리학』 3부 정리 48, 그리고 5부 정리 9를 참조하라.

상이 언젠가 우리에게 기쁨을 주었다 해도, 이는 단지 어떤 일시적 맥락 때문이었다는 점을 우리는 모른다. 이 맥락에는 우리 신체의 현재 상태와 동시에 무한 계열의 원인들이 개입했다는 것, 이 원인들은 이 상태에 선행하는 동시에 병존하며, 따라서 이 맥락조차 이 무한 계열 가운데 제일 뒤의 최근 고리에 불과했다는 점을 모르는 것이다. 이를 모르기 때문에 우리는 맥락에서 유리된 이 단일 대상에 집착한다. 이 대상이 그 당시 우리가 쾌락에 연합시켰던 유일한 대상이기 때문이다. 나아가, 이 대상을 일시적으로나마 유용한 것으로 만들어 주었던 환경이 사라진 이후에도 우리는 여전히 이 대상에 집착한다. 우리는 이 대상을 원하며, 오직 이 대상만을, 그리고 언제까지나 원한다. 이중의 오류를 범하는 셈이다.[61]

하기에 이 대상이 행사하는 매력의 실재적 기원을 우리 스스로 납득하기란 불가능하다. 우리는 우리 자신이 이 대상을 욕망한다는 것을 의식하긴 한다. 그런데 왜 욕망하는가? 사랑하기 때문이다. 그렇다면 왜 사랑하는가? 그것이 기쁨의 원인이기 때문이다. 그런데 왜 기쁨의 원인인가? 이는 모른다. 왜냐하면 우리는 우리 코나투스의 진정한 본성도, 코나투스를 사로잡는 외적 원인들의 진정한 본성도 모르며, 그런 이유로 우리 자신이 자유롭다고 믿기에 말이다.[62] 그러므로 우리는 물음 자체를 통해서만 물음에 답할 수 있을 뿐이다. 대상이 우리를 기쁘게 하는 이유는 그것이 객관적으로 유쾌하기 때문이며, 그 대상에는 그것을 본성상 추구할 만

---

[61] "왜냐하면 우리는 종종 사람들이 … 할 정도로까지 한 대상에 의해 변용되는 것을 목도하기 때문이다"(『윤리학』 4부 정리 44 주석). "다음으로 영혼의 상심과 불운의 주요한 원천은, 숱한 변화를 겪을 수밖에 없는 것에 대한, 그리고 우리가 결코 지배할 수 없는 것에 대한 과잉된 사랑이라는 점에 주목해야 한다"(『윤리학』 5부 정리 20의 주석).
[62] 『윤리학』 2부 정리 35의 주석.

하게 해주는 본연의 가치가 있기 때문이라고, 요컨대 대상이 그 자체로 선이기 때문이라고 말이다. 이 사이비 대답이 전개되고 심화될 때, 우리는 이제 어떤 세계관 자체에 말려들게 된다. 이 경우 아리스토텔레스적인 세계관이나 플라톤적인 또는 스콜라적인 (또는 더 정확히 말하자면 이런 유형의 형이상학의 자생적 기원이 되는) 세계관에 말이다. 왜냐하면 이 사이비 대답은 "사랑하는 쪽으로의 운동"(κινεῖ ὡς ἐρώμενον)이라는 가상에 의존하고 있기 때문이다. 「편지」 58에서 스피노자가 말하듯, 돌멩이가 만일 자기가 떨어진다는 것을 의식한다면, 돌멩이는 자기가 자유롭다고 믿을 것이다.[63] 이와 연결되어 있으니만큼 다음도 덧붙이자. 이 돌멩이가 자생적으로 아리스토텔레스의 자연적 장소이론을 채택했으리라고 말이다. 인간이 하는 짓이 이렇다.

3) 이데올로기적 소외의 발생 : 자연의 지배자에 대한 믿음

스피노자가 1부 부록에서 목적인에 대한 우리 믿음의 기원을 해명하면서 하는 일이란 결국 그의 사랑이론에 함축된 것을 풀어낸 것에 불과하다. 이 해명에 착수하기에 앞서 스피노자는 아직은 이를 인간 정신의 본성으로부터 연역할 때가 아니라고 선언한다. 대신 그는 이를, 자신이 요청의 자격으로 잠정적으로 받아들이는 두 원리에서 따라 나오도록 하고 있는데, 이 두 원리는 분명 이어지는 2·3부에 준거하고 있다. 하나는 우리가 날 때부터 원인에 대해 무지하다는 것으로, 이는 2부 정리 24~31에서 연역된다. 다른 하나는 우리가 스스로에게 유용한 것을 욕망한다는 것으로, 이는 3부 정리 13 주석의 후반부(또는 결국 같은 것이지만,[64] 정리 28)에서

---

63) 주 30을 참조하라.

연역되는데, 이는 특수한 욕망, 바로 사랑과 미움에 의해 변양된 욕망을 다루는 부분이다.

간단히 여기에다 사물에 원인을 지정하려는 욕구만 덧붙이자. 사실 자생적으로 우리는 우리 내부나 외부에 산출되는 사건들의 이유를 따져 묻곤 한다. 우리가 공통관념을 소지한 이상 우리는 그것을 발달시키고자 노력하고 이해하고자 욕망하며, 이해한다는 것은 원인을 통해 이해한다는 것이기 때문이다. 그렇지만 이해에 이르려면 욕망하는 것만으론 충분치 않다. 우리의 노력은 우리를 구속하는 외부 환경에 저지당하면서 대개 허사로 끝나곤 하며, 우리는 자연에 대한 진정으로 이성적인 해명이 무엇일지 막연하게도 알지 못한다. 물론 수학이 우리에게 길을 보여 줄 수 있었을지도 모른다.[65] 하지만 수학도 일반적으로는 그것에 상응하는 인식 유형이 지배적 비중을 획득했다고 보일 만큼 우리 정신에서 충분히 발달하지는 않았다. 결국 합리성의 요구는 자랄 수 있는 데서 자라난다. 곧 이 합리성의 요구를 엇나가게 하고 도착시키는 우리의 실천적 경험에서 말이다. 그런데 우리가 직접적으로 이해하고 있다고 여기는 한 가지, 단 한 가지 형태의 인과성이 있다. 그것은 바로 우리 자신이 세계에 가하는 인과성이다. 따라서 이제 이 인과성이 우리를 이끌어 갈 것이다.

그런데 사랑은 단번에 우리 행위와 우리 산물에 목적론적 구조를 씌워 버린다. 우리에겐 예전에 기쁨을 주었던 것을 가능하면 가장 생생하게 지각하려는 경향, 따라서 그것을 현행적으로 실존하게 하려는 경향이 있다. 가령 거주의 편안함을 상상하면서 우리 자신이 그런 편안함을 누리고

---

64) 앞의 pp. 147~8을 참조하라.
65) "… 목적을 다루는 것이 아니라 도형의 본질과 특성을 다루는 수학이 인간에게 진리의 다른 규준을 보여 주지 않았다면 …"(『윤리학』 1부 부록).

자 욕망한다.[66] 이를 위해 우리는 수단을 활용한다. 우리가 사랑하는 것이 출현했을 때 그에 선행했던 것이나 그것이 소멸됐을 때 그에 동반되었던 것을 상기하면서,[67] 전자는 재생하고 후자는 제거하고자 노력하는 것이다. 그리고는 우리 주변에서 본 대로 집을 짓는다. 일단 이 작업이 끝나면, 사물은 실존한다.

그렇지만 이 과정의 실재적 기원은 우리 의식에 들어오지 않는다. 물론 우리가 우리 욕망을 유발했던 인과 연쇄를 어느 정도 알고 있을 때도 가끔씩 있다. 스피노자도, 거주의 편의에 바치는 우리 사랑이 우리의 유기체적 욕구와 선행하는 문화적 조건형성의 연접으로 설명된다는 사실을 우리가 아예 무시해 버리고 이 편의를 물신화할 정도로 어리석다고 보지는 않는다. 그가 거주의 예를 택한 것도 바로 이 때문이다. 거주의 예는 아무데서나 손쉽게 탄로나지는 않는 가상의 메커니즘을 단순한 사례를 통해 제법 잘 증명할 수 있게 해준다. 그런데 이토록 매우 단순한 경우에서도 우리는 자생적으로는 원인들의 사슬을 거슬러 올라가 볼 생각을 하지 않는다. 하물며 다른 경우 이 사슬은 우리 이해 범위를 아예 벗어나 버린다. 또한 설령 우리가 아무리 멀리까지 이 사슬을 거슬러 올라가 본들, 여하간 이 사슬이 멈춰 버리는 — 그 자체로는 아닐지라도 적어도 우리에 대해 — 순간은 늘 도래하기 마련이다. 결국 우리는 그 조건들은 모르면서 욕망에 빠져 드는 것이다.

우리는 이제 제1원인을 발견했다고 여긴다. 이 원인은 분석해 보면

---

[66] "가령, 우리는 거주가 이런저런 집의 목적인이라고 말하지만, 이때 우리가 뜻하는 바는 인간이 거주 생활이 편리하다고 상상하기 때문에 집을 지으려는 충동을 갖는다는 것에 불과하다"(『윤리학』 4부 서문).
[67] 『윤리학』 2부 정리 44 따름정리 1의 주석을 참조하라.

둘로 나뉜다. 한편으로는 자기 자신이 무제약적인 듯 보이기에, 스스로를 자유롭다 여기는 행위자가 있다.[68] 다른 한편으로는 (그럼에도 여하튼 우리 선택에 동기를 설정해야 하기에) 목적인, 곧 그 자체로 욕망되는 대상이 있다. 이 대상은 마치 실현되기 이전에도 신비적인 방식으로 이미 실존하고 있었던 양, 행위자의 자유의지에 일종의 인력(引力)을 행사하여 이 의지를 기울게 하는 듯이 보인다.[69] 물론 이 믿음도 그 자체로는 아직 자유의지의 본성에 대한 특별한 철학적 이론을 함축하지는 않는다. 형이상학자들이 [행위자의 의지와 목적인이라는] 두 항 각각에 정확히 어느 정도의 몫이 돌아가는지 —— 일부는 의지의 미규정성을 강조하고, 다른 부류는 의지가 선에 의해 규정됨을 강조하면서 —— 에 대해 논할 수 있는 것은 그 다음의 일이다. 그런데 스피노자가 여기서 기술하고 있는 것은 이 학설들 모두에 가로놓인 공통의 하부구조, 이들 모두가 갇혀 있는 문제들의 경험적 뿌리다. 곧 이 학설들 모두, 아니면 거의 모두는, **자유로우면서도 가치들의 부름**에 민감하게 반응하는 주체라는 가정에 의존하고 있다.[70] 그런데 왜 하필 선의 인력인가? 문제는 제기되며, 조금 더 뒤에서 우리는 우리가 어떻게 이 문제를 아주 일탈적인 방식으로 해결하는지를 목도할 것이다.

이렇게 해서, 우리에 대해서는 사건들의 진정한 추이가 전도(顚倒)된다. 실재적인 순서를 따르면, 알지 못하는 원인들이 행위자에게 특정

---

[68] "왜냐하면 이로부터 첫째, 사람들이 자신의 의욕과 충동을 의식하지만, 그러나 그들에게 이처럼 충동을 갖게 하고 원하게 하는 원인들에 대해서는 무지하며 꿈에서도 생각해 보지 않으므로, 그들 자신이 자유롭다는 의견을 갖는다는 점이 따라 나오기 때문이다"(『윤리학』 1부 부록[G II p. 78/P p. 403]).

[69] "둘째, 사람들은 모든 것을 목적 때문에 수행한다는 점이 따라 나온다"(같은 곳).

[70] "가치들의 부름"이라는 표현은 골드슈미트(V. Goldschmit)에게서 따온 것이다(『플라톤의 '대화편', 변증술의 구조와 방법』*Les Dialogues de Platon, Structure et méthode dialectique*). 이 표현은 스피노자가 여기서 가상으로 고발하는 것을 정의하는 데 아주 잘 들어맞는다.

활동을 수행하고자 욕망하도록 규정했고, 이 활동이 결국 특정한 결과에 이르렀던 것이다. 그런데 우리에게는 결과가 목적으로 둔갑하여 행위자에게 이 동일한 활동을 수단으로 활용하려는 욕망을 불어넣었던 것처럼 보인다. 이렇게 하여 귀결은 그것을 산출한 전제들의 원인으로 등장하며, 도구는 자신이 산출한 결과의 결과로 등장한다. 나에게는 거주가 내 집의 목적인인 듯 보이지만, 실상 거주하고자-욕망하는-한에서의-나가 내 집의 작용인이다.[71] 물론 이 차이는 대수롭지 않게 보일 수 있다. 왜냐하면 내가 거주하기 **위해** 집을 짓는다는 것은 아주 확실하기 때문이다. 곧 이 경우 우선 작용인은 자기가 세운 기획의 결과를 앞질러 상상해 보는 의식적 행위자다. 그리고 내가 이 결과에서 예상되는 이미지를 "목적"이라 칭한다고 해서 그다지 나쁠 것도 없어 보이며, 또 그렇게 하지 않는다고 해서 나를 지배하는 인과결정에 대해 내가 더 진전된 인식을 가지는 것도 아닐 것이다.[72] 그렇지만 단지 말이 문제는 아니다. 목적을 작용인에 편입시키느냐, 아니면 목적과 작용인을 분리시켜 목적이 외부에서 작용인에 작용한다고 보느냐, 양자의 귀착점은 같지 않다. 첫번째 경우 우리는, 설령 보편적 필연성이 우리에 대해서는 공백으로 남아 있다 하더라도, 우리가 보편적 필연성에 속해 있다는 원리만은 인정한다. 하지만 두번째 경우 우리는 [인과의] 사슬을 끊어 버리고 가상적으로 공백을 메우면서 사태를 뒤집어 놓는다. 이는 우리가 만든 산물에 대한 고찰에서 자연 현상에 대한 고찰로 이행할 때 선명하게 나타난다.

---

71) "목적인으로 간주되는 한에서의 거주란 이 독특한 충동에 불과하며, 이 충동은 실상 작용인이다"(『윤리학』 4부 서문).
72) 이 때문에 스피노자는, 단지 **우리에게** 우리 자신이 목적을 위해 행위하는 **것처럼 보인다**고 하는 대신, **우리가** 목적을 위해 **행위한다**고 말한다(앞의 주 69를 참조하라).

실상 이제부터는 심지어 의식적 행위자가 없는 경우에도 우리는 우리가 사용해 왔던 유일한 설명이자 우리 정신 안에서 그에 대립되는 것이 거의 없는 이 사이비 목적론적 설명에 도움을 구할 것이기 때문이다. 이제 여느 사건에 대해서도 "왜?"라는 질문은 "무엇을 위해?"라는 질문으로 은밀히 탈바꿈할 것이다. 그리고 이 질문에 답했다고 믿을 때 우리는 만족할 것이다. 아무것도 우리를 그 이상 탐구하도록 자극하지 않을 테니 말이다.[73] 이처럼 우리 주관성을 사물들에 투사하는 데는 특별한 정신적 작업, 가령 귀납도 유비 추론도 필요치 않다. 그저 우리에게 어떤 관념은 있고 다른 관념(적어도 이 관념과 경쟁할 만큼 강력한 관념)은 없을 뿐이며, 따라서 우리에게 있는 이 관념은 확실한 것으로까지는 아니라도 적어도 의심할 수 없는 것으로 부과되기 때문이다.[74] 이렇게 하여 우선 타인의 행동이, 다음으로 물리적 세계가 해석될 것이다.

그런데 우리가 자연에 대해 그것의 목적인에 대한 물음을 제기하자마자, 답변은 자명하게 부과되는 듯하다. 실상 우리가 목표를 이루기 위해 활동할 때, 이에 협조하는 재료를 우리 자신이 전부 조직해내지는 못한다. 우선 어떤 재료는 자연에 의해 전부 만들어진 상태로 우리 손에 들어온다. 또한 우리가 제작하는 재료조차 늘 기존의 천연 재료를 바탕으로 제작되기 마련이며, 이 천연 재료 자체는, 역시나 우리가 만들어낸 산물은 아니면서 그럼에도 우리에게 간접적으로 유용한 물리적 조건을 전제한다. 이처럼 도구적 인과성은 자연적 인과성에 의존하며, 따라서 자연적

---

[73] "… 바로 이 때문에 사람들은 완성된 사물에 대해 늘 오직 목적인만을 알려고 들며, 누군가에게서 이를 얻어듣고 나면 그것으로 만족한다"(『윤리학』 1부 부록[G II p. 78/P p. 403]).
[74] "그들에겐 더 의심해 볼 이유가 없기 때문이다"(같은 곳).

인과성에서 도구적 인과성에 이르기까지 연쇄는 연속적이다. 만일 그 결과 우리가 사물의 질서를 전도한다면, 모든 것은 우리에게 이 전도를 끝까지 속행하도록 권할 뿐이며, 이를 가로막는 것은 전혀 없다. 따라서 우리에게 자연 전체는 우리 자신의 목적에 복무하는 광대한 수단들의 체계로 나타난다.[75]

이 대목에서 자연적 수단들은 세 종류로 구별된다. 우선 우리 안에는 우리 자신의 신체 기관이 있다. 보기 위한 눈, 씹기 위한 치아 등이 그렇다. 이 경우 목적성은 내적인 듯하다. 곧 우리 자신의 한 부분은 다른 부분에 종속되는 듯이 보이며, 우리 몸의 구조는 자신에서 따라 나오는 특수한 욕망들의 시종으로 둔갑한다. 다음으로 우리 바깥에는 우리가 욕망하는 사물을 실존하도록 해주고 그것을 지각하게 해주는 자연적 실재들이 있다. 우리를 비춰 주기 위한 태양, 물고기를 먹여 살리기 위한 바다 등이 그렇다. 이 경우 목적성은 외적이다. 마지막으로 이 둘 사이에 있는 것, 곧 본성상 우리 바깥에 있지만 사용 목적은 우리 안에 있는 것으로서, 우리가 직접적으로 욕망하는 사물들이 있다. 우리에게 영양을 공급하기 위한 풀이나 동물 따위가 그렇다. 이 마지막 경우 목적성은 외적이면서도 동시에 내적인 듯하다. 우선 이는 외적인데, 왜냐하면 이것들은 인간을 위해 만들어졌기 때문이다. 하지만 이는 내적이기도 한데, 왜냐하면 이 사물들이 충족시켜야 하는 인간적 목적은 다름 아닌 소비-되어야만-하는-한에서의-이 사물들-자체이기 때문이다. 가령 식용 동물의 신체 내

---

75) "게다가 그들은 가령, 보기 위한 눈, 씹기 위한 치아, 영양을 주기 위한 풀과 동물, 빛을 비추기 위한 태양, 물고기를 기르기 위한 바다 등등 … 과 같이, 자기 안팎에서 자신에게 적지 않게 이익이 되는 수단들을 적지 않게 발견하기 때문에, 그들은 모든 자연물을 그저 자신에게 유용한 수단으로만 간주하였다"(같은 곳[G II p. 78/P pp. 403~4]).

에 있는 모든 기관과 기능은, 그 동물 안에 있으면서 그 동물을 우리 입맛에 맞게 해주는 어떤 것에 복무하는 수단이다. 그런데 실상 세 유형의 목적성은 상대적으로만 구별된다. 가령 태양에도 내적인 목적이 있다. 곧 우리를-비춰-주어야만-하는-한에서의-태양-자체. 그리고 우리 자신의 본성의 경우, 어떻게 우리가 여기에도 마찬가지로 외적 목적을 귀속시키는지는 앞으로 살펴볼 것이다.

따라서 우주에 대한 목적론적 도식에서 두 항은 곧바로 우리에게 주어지는 셈이다. 하나는 목적이며, 이는 우리 자신의 목적과 다르지 않다. 다른 하나는 수단으로, 이는 전체로서의 자연 자체이다. 그렇다면 세번째 항, 곧 행위자를 발견하는 일이 남는다. 이 행위자는 우리 자신은 아닌 이상, 다른 누군가일 수밖에 없다. 우리처럼 의도적인 활동을 하기에 우리와 비슷하나 우리보다 훨씬 더 강력한 어떤 자 말이다. 그리하여, 인간적인 자유를 가지고 있으며 인간을 위해 만물을 만들어내는 하나 혹은 다수인 '자연의 지배자들'(rectores naturae)에 대한 믿음이 생겨난다.[76] 이 인격신들을 고안하는 데도 역시 특별한 정신적 작업이 하등 필요치 않으며, 사실상 동어반복을 하는 것에 불과하다. 우리가 인간중심주의적 견지에서 세계에 대해 따져 묻는 이상, 인격신이 실존한다는 긍정판단은 이미 질문 자체에 암묵적으로 포함되어 있기에 말이다.[77] 물론 인격신의 본성은 아직까지 미규정 상태다.

---

[76] "… 그들 자신에게 흔히 마련되는 수단들로부터 그들은 다음과 같이 결론내릴 수밖에 없었다. 곧 인간과 같은 자유를 가지고 있고, 바로 그들을 위해 만물을 돌보며 그들의 쓰임에 맞게 만물을 만들어낸 하나 혹은 다수인 자연의 지배자가 있다고 말이다"(『윤리학』 1부 부록[G II p. 79/P p. 404]).
[77] "왜냐하면 그들은 일단 사물들을 수단으로 간주하고 난 다음에는, 그것들이 저절로 만들어졌다고는 믿을 수 없었기 때문이다"(『윤리학』 1부 부록[G II p. 79/P p. 404]).

그렇다면 새로운 질문이 제기된다. '자연의 지배자들'은 과연 어떤 목표로 우리에게 그토록 많은 친절을 베푸는가? 그들이 만일 인간을 위해 만물을 만들었다면, 인간은 또 왜 만들었는가? 그런데 이 물음에 대한 답변('자연의 지배자들'은 인간의 애착을 얻고자 욕망하며 이는 인간에게서 커다란 영예를 얻기 위해서이다)[78]은 이미 인간 상호관계를 함축하는 동기들을 개입시킨다. 따라서 이 답변의 발생은 정념이론 가운데 B_1군과 결부되어 있다.[79]

인간의 모습을 한 '신'(une divinité anthropomorphe)에 대한 믿음도 그 자체로 볼 때는 아직 미신이 아니다. 이 믿음이 미신이 되려면 앞으로 또 하나의 보충적인 원인이 필요할 것이다. 물론 여기서도 이미 스피노자는 미신을 암시하고 있다. 하지만 그가 이에 대해 언급하는 방식 자체는, 그가 미신을 여기서의 비판 대상인 편견과 혼동하고 있지 않음을 잘 보여 준다. 실제로 그는 "이러한 편견은 미신이 된다"[80]라고 선언한다. 그런데 편견이 미신이 된다면, 이는 편견이 본래부터 미신은 아니었음을 의미한다. 그렇다면 언제 이런 변형이 일어나는가? 확실히 이는 우리가 자연적 실재들을 수단으로 간주할 때도, 우리가 '지배자들'을 고안해낼 때도 아니다. 왜냐하면 목적론적 편견 자체가 이 두 순간이 경과하는 동안에 세공되어 나오기 때문이다. 이 두 순간이 지나기 전에는 목적론적 편견 또한 실존하지 않으며, 따라서 그것은 무언가로 될 수가 없다. 그렇다면 신들에게 예배받으려는 욕망이 있다고 믿는 순간인가? 이 역시 아니다. 왜냐하면 이러한 예배도 권리상으로는 다분히 오직 정의와 자비의

---

78) 같은 곳.
79) 뒤의 pp. 261~2을 참조하라.
80) "그리고 이렇게 하여 편견은 미신이 된다"(같은 곳).

실천만으로 이루어질 수도 있기 때문이다. 그러므로 이는 스피노자가 그 다음으로 언급하는 어떤 단계가 경과하는 과정에서일 수밖에 없다. 곧 각자가 신이 다른 누구보다 자기를 더 사랑하게 하기 위해, 그리고 자기를 위해 자연 전체를 운용해 주도록 하기 위해 제 천성에 따라 특수한 예배를 고안해내는 단계에서 말이다.[81] 그런데 우리는 아직 이 단계에까지 와 있지 않다. 지금으로서는 아직도 우리는 자연이 **이미** 우리를 위해 운행되고 **있다**고 믿고 있기 때문이다. 자연이 항상 그렇지는 않음을 알아차리려면 그 사이 실패의 경험을 거쳐야 할 것이다. 이럴 경우 공포가 생겨날 것이고, 미신은 바로 이 공포에서 생겨날 것이다. 그리고 이제 우리는 A_2군으로 돌아가게 된다.[82] 이 지점은 중요하다. 정치학 전체가 바로 이에 의존하며, 스피노자는 참되진 않지만 그렇다고 미신적이지도 않을 어떤 종교의 가능성을 열어 두고자 하기 때문이다. 자유 공화국에 합치하는 보편 종교가 바로 그것인데,[83] 『신학정치론』 14장에는('최소한의 믿음'이라 불리는)[84] 이 신앙의 일곱 조항이 제시되어 있다.[85]

이렇게 하여 세계의 피안에 배후-세계가 구성된다. 물론 우리가 이 배후-세계에 주의를 기울이는 정도는 때에 따라 더 크거나 작을 수 있겠지만, 어쨌든 이제부터 그것은 우리의 상상을 끊임없이 따라다닐 것이다. 또한 그것은 일단 구성되고 나면 이제 우리 세계 자체에 반작용하여 이 세계의 일탈적 조직화를 공고히 다지는 데 일조할 것이다.

---

81) "이 때문에 각자는 신이 다른 자들보다 자기를 더 총애하도록, 그리고 자연 전체를 자기의 맹목적 욕망과 지칠 줄 모르는 탐욕을 만족시키게끔 이끌어 주도록, 신을 숭배하는 다양한 방식을 자기 기질을 바탕으로 고안해내게 되었다"(같은 곳).
82) 뒤의 pp. 197~203을 참조하라.
83) 『정치론』 8장 46절을 참조하라.
84) 이는 마틀렌 프랑세(M. Francès)의 표현이다[P p. 1459의 주 108].

이는 특히 (물론 다른 두 범주의 수단에도 간접적으로 적용되기는 하지만) 세번째 범주의 수단, 곧 우리가 직접적으로 욕망하는 사물의 경우에 해당된다. 이 부류의 사물에서 우리가 사랑하는 것은 분명 그것이 우리를 변용시키는 측면, 곧 우리가 그것을 향유할 때 우리 상상에 관계되는 그것의 모습이다. 모든 이미지가 다 그렇듯, 이 모습은 사물의 본성보다는 오히려 우리 신체의 현재 상태를 훨씬 더 많이 지시하지만,[86] 그럼에도 우리는 이를 사물에 속한다고 여긴다. 그런데 이제 우리는 신이 우리 마음에 들려는 특별한 의도를 가지고 그 사물을 만들었다고 믿는다. 따라서 우리는 신이 사물을 제작할 때 그 사물에 우리가 좋아할 만한 외양을 부여하는 것을 무엇보다도 먼저 생각했음에 틀림없다고 믿는다. 신은 바로 이 외양을 기준으로 사물들을 배치하며 그가 사물들에 그 밖의 다른 특징들을 부여하는 것도 바로 이 외양을 입혀 주기 위해서라고 말이다. 이렇게 되면 이제 이 주관적인 모습은 우리에게 그 사물의 객관적인 특성으로, 더 나아가 주요 특성으로까지 나타나게 된다. 사물의 **본질**을 구성하

---

85) G III pp. 177~8/P pp. 865~6. 〔옮긴이〕 보편 신앙의 일곱 조항 : 앞의 주 84에서 마트롱이 밝혔듯, '최소한의 믿음'은 프랑세의 표현이며, 스피노자 스스로는 이를 "보편 신앙의 교리들 혹은 보편 성서가 지향하는 근본적인 것들"이라 부른다. 이는 예수의 가르침을 실천하는 데 필수적인 가장 단순하고 가장 적은 수의 보편적인 교리들을 스피노자 스스로 추출한 것으로, 일종의 종교의 '공통관념'이라 할 수 있다. 4개의 사변적 조항과 3개의 실천적 조항을 포함한 일곱 항목은 다음과 같다. ① 신은 실존한다. ② 신은 유일하다. ③ 신은 편재한다. ④ 신은 만물에 대해 지고의 권리와 권력을 지니며, 무언가에 강제되어 어떤 것을 하는 게 아니라 항상 절대적으로 선한 기쁨과 개별적인 은총을 통해 활동한다. ⑤ 신에 대한 숭배란 신에 대한 복종이며, 이는 오로지 정의와 자비에, 말하자면 이웃에 대한 사랑에 있다. ⑥ 이러한 삶의 규칙에 따라 신에게 복종하는 자들, 오로지 그들만이 구원받는다. 쾌락에 휩쓸려 살아가는 다른 사람들은 사멸한다. ⑦ 신은 회개하는 자들의 원죄를 용서한다. 이것이 등장하게 된 역사적 배경과 신앙의 각 항목에 대한 마트롱의 상세한 논의는 『스피노자에서의 그리스도와 무지자의 구원』(*Le christ et le salut des ignorants chez Spinoza*, Paris: Aubier Montaigne, 1971)의 1장과 2장을 참조하라.
86) 『윤리학』 2부 정리 16의 따름정리 2.

며 그로부터 다른 모든 특성들이 도출되는 특성으로 말이다. 이렇게 해서 신 덕분에 목적인은 **형상인**으로 둔갑한다. 지금까지는 가치를 유쾌한 대상이 우리를 위해 실현하도록 예정된 것이라 여겨왔지만, 이제 가치는 이 대상에 체현되고 이 대상과 일체가 된 듯 보이며, 그 자체로 그리고 우리와 무관하게, 있는 그대로의 이 대상의 본성을 정의해 주는 듯 보인다. 나아가, 자연적 실재들이 항상 동일한 정도로 우리 마음에 들지는 않는 이상, 우리는 이 실재들이 그 자체로 그리고 우리와 무관하게, 그것들이 객관적으로 지닌 가치의 정도에 따라 분류된다고 상상한다. 요컨대, 우리 쾌락들의 위계가 존재론적 위계가 되는 것이다.[87]

이것이 바로 선과 악이라는 통념의 기원이다. 처음에 우리는 건강(신에 대한 숭배는 더 나중에 출현할 것이다)[88]에 기여하는 것, 곧 매우 일반적인 의미에서 우리 신체를 유리한 변이로 변용시키는 모든 것을 선이라 부르며, 그 반대를 악이라 부른다. 여기서 자동적으로 기만적인 신비화가 일어난다면 이는 분명 새로운 단어를 채용한다는 이유 때문만은 아니다. 어휘는 별로 중요치 않으며 스피노자 자신도 차후 거리낌 없이 이 어휘를 사용할 것이다.[89] 오류는 우리가 이 용어를 사용하면서 사물 본연의 성질을 지칭한다고 믿는 데 있다. 이것이 단지 사물이 오직 우리 개체적 유기

---

[87] "사람들은 만들어진 모든 것이 바로 자신을 위해 만들어졌다고 스스로 납득한 다음에는, 자신에게 가장 유용한 것을 사물들이 저마다 지닌 주요 특성이라 판단하며 자신을 최적으로 변용시키는 것 모두를 가장 탁월한 것이라고 평가할 수밖에 없었다. 이로부터, 그들이 사물의 본성을 설명하는 통념들이 만들어질 수밖에 없었다"(『윤리학』 1부 부록[G II p. 81/P p. 407]).
[88] "따라서 그들은 건강에, 그리고 신의 숭배에 도움이 되는 모든 것을 선이라고, 그것들에 반대되는 것을 악이라고 불렀다"(같은 곳). "그리고 신의 숭배에"에 대해서는 뒤의 p. 263을 참조하라.
[89] 『윤리학』 4부 정의 1을 참조하라.

체하고만 맺는 일시적 관계를 지칭하는 것이 아니라,[90] 사물에 본질적으로 속하며 또 모든 사람이 그렇다고 인정할 수밖에 없을 어떤 성질을 지칭한다고 말이다.

그런데 이 두 통념은 다시, 대상이 우리를 변용시키는 방식에 따라 다양하게 분화된다. 일반적으로, 어떤 사물은 그 감각적 외양이 제시하는 형식적 특징 덕분에 다른 사물보다 더 쉽게 상상될 수 있다. 따라서 이 사물은 우리 마음에 더 드는데, 왜냐하면 그것은 우리 사유 역량을 더 촉진하기 때문이다. 그리고 이럴 경우 우리는 그런 사물들은 질서정연하며 다른 것들은 무질서하다고 말할 것이고, 이 질서와 무질서라는 성질이 사물에 속한다고, 그것도 사물의 객관적인 특성으로서 속한다고 여길 것이다.[91] 그런 다음 더 특수하게, 우리의 감각 기관 각각이 또 이와 비슷한 객관화 과정을 발생시킨다. 우리는 가령 시각의 대상을 그 자체로 아름답거나 추하다고 간주한다. 그리고 후각의 대상을 그 자체로 향기롭거나 악취가 난다고, 또는 미각의 대상을 그 자체로 맛있거나 맛없다고, 촉각의 대상을 그 자체로 단단하거나 무르다고, 꺼칠꺼칠하거나 매끄럽다고, 따뜻하거나 차갑다고, 또는 청각의 대상을 그 자체로 조화롭다거나 불협화음이라 간주한다.[92] 이러한 열거 목록을 유사-세피로트 도식으로 그려 보면, 각각 세 가지 종을 포함하는 두 군(群)의 가치가 나타난다. 우선, "우월한" 가치가 있으며, 여기에는 질서, 미, 조화가 있다. 이 삼원항은 두말

---

90) "왜냐하면, 인간 신체들은 비록 많은 점에서 일치하지만 더 많은 점에서 일치하지 않으며, 그래서 어떤 이들에게 선으로 보이는 것이 다른 이들에게는 악으로 보이기 때문이다"(『윤리학』 1부 부록[G II pp. 82~3/P p. 408]).
91) 같은 곳[G II p. 82/P pp. 407~8].
92) 『윤리학』 1부 부록[G II p. 82/P p. 408].

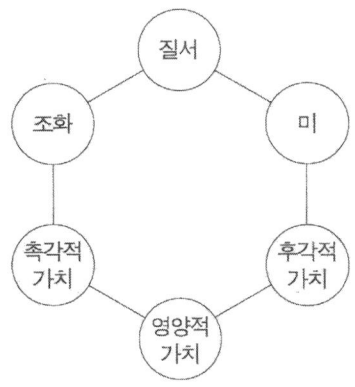

할 것 없이 『필레보스』의 삼원항(진리-미-비율)[93]을 연상시킨다. 다음으로, "열등한" 가치들이 있으며, 영양적 가치가 그 가운데 가장 특징적인 유형을 대표한다. 이 두번째 군은 조금만 반성해 봐도 그것들이 주관적이며 상대적임을 우리는 이내 인정하게 될 것이다. 그런데 사실 이는 첫번째 군도 마찬가지다. 이 가치들은 모두 우리 사랑을 촉발시키는 부동의 원동자들로서, 모두 존재에 토대를 두고 있는 것처럼 보인다. 그렇지만 또한 이 가치들 모두는, 고귀한 것이나 저열한 것이나, 천상에 있는 것이나 지상에 있는 것이나, 관조적 삶에 속하는 것이나 일상적 삶에 속하는 것이나, 실제로는 전부 우리 욕망을 투사한 것들에 불과하다.

이렇게 하여 기만적인 신비화의 원환은 완성된다. 우리는 특정 사물이 우리에게 행사하는 이 신비스런 인력이, 우리가 사랑할 때 느끼는 듯한 이러한 "가치들의 부름"이 도대체 어디에서 오는지 물어 왔다. 지금 우리에게 답변은 명백한 듯 보인다. 만일 우리가 사랑하는 사물이 우리를

---

93) 플라톤, 『필레보스』 65a를 참조하라.

끌어당긴다면, 이는 공교롭게도 그것이 우리를 끌어당기기에 안성맞춤이기 때문이며, 본성상 인력이 있기 때문이며, 그 자체로 그리고 독자적으로 선이기 때문이라고. 이는 물론 동어반복적인 답변이지만, 이 답변의 동어반복은 우리 시야를 비껴 간다. 왜냐하면 이 답변은 신과 세계에 의해 매개되기 때문이다. 사랑은 이미 그 자체로도 소외를 낳지만, 다시금 그것이 본래부터 안고 있던 소외를 공고히 하고 정당화하는 세계관으로 발전했다. 그리고 이제 우리는 아주 평온하게 사물들 안에 있는 우리 감정의 객관화된 반영물을 숭배할 수 있게 된다. 바로 이것이 [3부] 정리 9의 주석에서 고발하는 가상의 연원이다.[94]

따라서 우리를 욕망에서 사랑으로 인도했던 의식의 진보는 이와 동시에 우리를 이중의 소외에 연루시킨다. 한편으로, 세속적 소외가 있으며, 이는 아주 넓은 의미의 **경제적** 소외로 불릴 수 있을 것이다. 이 소외는 우리로 하여금 우리를 둘러싼 특수한 대상들에 무조건적으로 집착하게 하고 이 대상들을 긍정적으로나 부정적으로 신성화하게 하면서, 그것들을 "선"(또는 "현세의 선"〔=재화 또는 이익〕)이나 "악"〔=손해〕으로 간주하게 한다. 차후 우리는 이 대상들을 추구하거나 거기서 벗어나는 데 우리의 전(全) 실존을 바치게 될 것이다. 다른 한편, 이 경제적 소외의 결과이자 원인인 **이데올로기적** 소외가 있다. 이 소외는 우리로 하여금 우리의 정념적 편견을 존재론적으로 이항하게 하고 그럼으로써 이 편견을 스스로 해명해냈다고 믿게 하며, 그 결과 전도된 세계관[95]을 다듬어내게 한다. 그

---

94) 앞의 주 6을 참조하라.
95) "… 목적에 대한 이러한 교설은 자연을 완전히 전도시킨다"(『윤리학』 1부 부록[G II p. 80/P p. 405]). 따라서 드장티(J-T. Desanti)가 사용한 "세계의 전도된 반영물"(『철학사 입문』 Introduction à l'Histoire de la Philosophie, p. 104)이라는 표현은 스피노자의 명시적 생각을 아주 정확히 번역해 주는 셈이다.

리고 이 세계관에는 전통적 관점에서 보는 우주의 대강이 이미 잡혀 있다. 보편적 목적성, 선에 따른 존재자들의 위계, 인간에 할당된 특권적 지위, 그리고 무엇보다도 체계의 관건인 신——그러나 아직 명확한 윤곽은 잡히지 않은——이 그것이다. 이와 같은 이중의 소외가 앞으로 우리 정념적 삶의 전(全) 국면을 이끌어 갈 것이다.

2. 개인적인 정념적 삶의 전개(A₂군)

스피노자가 사랑과 미움을 정의하는 정리 [3부] 13의 주석은 A₁군과 A₂군에 동시에 속한다고 볼 수 있다. 요컨대, A₁의 도달점이자 A₂의 출발점 역할을 하는 것이다. 사실 소외는 일단 사랑과 미움이 출현하면서 절정에 오르고 나면 계속해서 눈덩이처럼 불어 간다. 과도하게 증폭되며, 점점 더 일탈적인 방식으로 가능한 모든 방향으로 파생해 가고, 또 이 일탈 자체로 인해 더 강화된다. A₂군은 바로 이 파생에 대한 탐구이다.

이 파생의 과정은 다시 두 양상을 포함하는데, 이들은 각각 A₂군이 형성하는 유사-세피로트 나무의 두 가지에 상응한다. 한편으로, 우리의 사랑과 미움은 한 대상에서 다른 대상으로 **전이된다**(정리 14~18). 다른 한편, 우리는 스스로를 사랑하는 대상과 **동일시**하거나 미워하는 대상과 **역(逆)동일시**한다(정리 19~26).

1) 전이에 의한 파생 I : 연합의 여섯 법칙들(신과 화폐, 우연적 인접에 의한 연합과 조건 형성의 전능성, 유사성에 의한 연합과 전통적 "형이상학"의 발생)

전이에 의한 파생의 원리는 정리 14에서 가장 보편적인 형태로 진술된다.[96] 이 정리는 2부 정리 18에서 기억에 대해 언급되었던 내용의 확장으로 제시된다. 다시 말해, **우리 신체에, 따라서 우리 영혼에 일어나는 모든 변용은 이전에 그 변용에 동반되었던 변용들을 소생시킨다**는 것이 정념이론으로 확장된 것이다. 이는 정당한 확장인데, 변용[97]은 늘 그렇진 않지만 분명 유리하거나 불리한 변이일 수 있기 때문이다. 곧, 어떤 감정일 수 있기 때문이다. 따라서 이미지가 감정을 함축할 경우, 이미지에 대해 타당한 것은 이 이미지가 함축하는 감정에도 역시 타당하다. 역시 타당할 뿐만 아니라 특히나 타당하다. 왜냐하면 변용의 가장 중요한 측면, 가장 생생하게 체험되고 우리 신체와 우리 영혼에 가장 강력하게 각인되는 측면은, 변용의 표상적 측면이 아니라 정서적 측면 —— 물론 정서적 측면이 있을 경우 ——이기 때문이다. 다시 말해, 이미지를 유발하는 외부 물체에 대한 더 선명하거나 덜 선명한 이미지가 아니라 우리 역량의 증대와 감소이기 때문이다. 이러한 조건에서, 만일 어떤 변용이 그것을 산출했던 외부 원인이 부재한데도 연합을 통해 우리 안에서 되살아난다면, 또한 이 외부 원인이 현존했을 때 수반되었던 세부 사항 전부를 연상시키지는 않으면서 되살아난다면, 바로 이 정서적 측면이 우선적으로 재출현할 것이며, 표상적 측면은 경우에 따라 뒤따르기도 하고 그렇지 않을 수도 있다. 이로부터, 몇 가지 가능한 경우가 나온다.

이 점이 정리 14에 이어지는 정리들을 이해하는 데 중요한 이상, 이를 명확히 해보자. 가령 우리에게 동시에 작용하는 외적 원인 C_1과 C_2가 있다고 해보자. C_1은 우리 안에 변용 A_1을 유발한다. 그리고 이 변용 A_1은 한편으로, 외부 원인의 몇몇 특질을 우리 안에 부적합하게 반영하는 이미

---

96) [옮긴이] 『윤리학』 3부 정리 14. "정신이 언젠가 두 정서/변용에 의해(*affectibus*) 동시에 변용되었다면, 차후 이 둘 중 한 정서/변용에 의해 변용될 경우 다른 정서/변용에 의해서도 역시 변용될 것이다".

지의 측면 I_1을 포함한다. 그리고 다른 한편, 우리 활동 역량의 증대이거나 감소인 감정의 측면 S_1을 포함하거나 포함하지 않을 수 있다(첫번째 양자택일). 다음으로 C_2의 경우, 그것은 우리 안에 변용 A_2를 유발한다. 그리고 이 변용 A_2는 이미지의 측면과 정서의 측면 둘 다를 포함할 수 있다.

---

97) 스피노자는 이 정리 14에서, [대개 감정을 뜻하는] '*affectus*' 라는 단어를 사용한다. 그런데, 그가 정리 14에서 연역하는 정리 15에서는 '*affectus*' 를 명백하게 '*affectio*' (변용)라는 뜻으로 사용한다. 왜냐하면 여기서 그는 영혼의 활동 역량을 증대시키지도 감소시키지도 않는 '*affectus*' 를 언급하기 때문이다([옮긴이] 뒤의 주 98의 옮긴이 주를 참조하라). 그런데 3부 정의 3과 「감정들에 대한 일반적 정의」에서 '*affectus*' 는 변용들 중에서 우리 활동 역량을 증대시키거나 감소시키는 변용으로 정의된다. 따라서 정리 15가 정리 14에서 연역될 수 있으려면, 정리 14의 '*affectus*' 역시 실상은 '*affectio*' 를 뜻해야 한다. 만일 그렇다면, 정리 14는 연합 법칙을 가장 일반적 형태로 진술하고 있는 셈이다. 만일 그렇지 않다면, 이 정리는 단지 그 가운데 단지 한 특수한 경우만을 언급하는 셈이 된다. [옮긴이] ① *affectio*(변용)와 *affectus*(정서나 감정)의 관계: 라틴어 '*affectio*' 나 '*affectus*' 모두 상태 변화나 변화된 상태를 의미하지만, 스피노자는 위와 같은 몇몇 예외적인 경우를 제외하고는 양자를 체계적으로 구별해서 사용한다. 마트롱은 여기서 이에 대한 가장 표준적인 해석을 제시하고 있다. 곧 *affectio*와 *affectus*는 하나가 신체에, 다른 하나가 정신에 관련된다는 점에서 구별되는 것이 아니라, 신체 및 정신의 상태 변화(*affectio*) 가운데 일부, 즉 역량의 증감이 수반되는 변화만이 *affectus*라는 것이다. 이에 따르면, 모든 변용에는 표상적 측면이 있지만, 그 중 일부(역량의 증감과 무관한 경우)에는 표상적 측면만이, 나머지 일부(역량의 증감을 수반하는 경우)에는 표상적 측면 외에 정서적 측면도 있다. ② *affectus*의 번역어 : 오늘날 적어도 불어권에서는 대개 '*affect*' (정서)라 번역되지만, 마트롱은 이를 '*sentiment*' 이라 번역하고 있다. 들뢰즈 역시 『스피노자와 표현의 문제』에서는 똑같은 번역어를 채택하고 있는데, 이는 당시까지 불어권에서 '*affect*' 라는 낱말이 정착되지 않았던 점에 기인한다. 아쩽판 『윤리학』에서 '*affectio*' 와 '*affectus*' 가 대개 무차별적으로 '*affection*' 으로 번역되었던 것도 이런 이유 때문이다(이 책에서 마트롱 역시 드물게나마 '*affection*' 을 '*affectus*' [정서나 감정]의 의미로 사용하는 경우가 있다). 사실, '*sentiment*' 은 주관적 느낌이라는 함의가 강해서 표상, 느낌, 행위를 한데 아우르는 '*affectus*' 의 함축을 온전히 담아내기가 힘들 듯하다. 더군다나 '*sentiment*' 으로 번역할 경우 그것은 정신과, '*affection*' 은 신체와 관련된다는 이분법에 빠지기 쉽다. 여하간 이후 정신분석학의 영향으로 '*affect*' 라는 단어가 정착되면서 '*affectus*' 는 그 어원을 간직한 '*affect*' 로 자연스럽게 번역되고 있고, 마트롱과 들뢰즈 역시 이후에는 이 용어를 채택한다. 이런 사정을 감안하여, 여기서 우리는 마트롱이 사용한 '*sentiment*' 은 '감정'으로, 스피노자 텍스트의 '*affectus*' 는 '정서' 로 옮긴다. 물론 '*affectus*' 에는 능동인 경우와 수동인 경우가 모두 포함되며, 이 가운데, 수동인 '*passion*' 은 '정념'으로 옮긴다.

곧, C_2의 이미지 I_2는 늘 포함하지만, 기쁨 혹은 슬픔, 그리고 이에 상응하는 욕망인 감정 S_2는 때로는 포함하지만 늘 포함하지는 않는다(두번째 양자택일). 이후에 만일 오직 C_1만이 우리를 변용시킨다면, A_1은 연합을 통해 A_2를 소생시킬 것이다. 이 경우 S_2는 —— 만일 이 측면이 있다면 —— I_2 없이 홀로 재생되거나 I_2에 수반되어 재생될 것이다(세번째 양자택일). 이제 세 가지 양자택일을 조합함으로써, 우리는 연합법칙을 적용한 여섯 경우를 얻게 된다.

1. A_1과 A_2 모두 정서적으로 중립적인 이미지인 경우(따라서 I_1과 I_2만 동반하고, S_1이나 S_2는 동반하지 않는 경우). 이 경우 우리는 순전히 표상적인 기억만 떠올릴 것이다. 이에 대한 개별 사례는 2부 정리 18에서 이미 탐구되었다.

2. A_1이 감정이고(I_1+S_1), A_2는 중립적인 이미지(I_2)인 경우. 이 경우 우리는 파급에 의한 정서 전이를 체험할 것이다. 곧 I_2가 S_1과 연합됨으로써, 이제 이 감정 S_1은 두 원인 C_1과 C_2 모두에서 기인한다고 여겨질 것이다. 이렇게 해서 우리는 무언가를 사랑할 때, 그 사물을 처음 향유했을 때의 전 맥락을 다시금 실존케 하고자 욕망한다.[98] 이 사례가 정리 15에 준거하고 있는 이상, 정리 15는 부분적으로 이 경우를 다룬다고 볼 수 있다.

3. A_1이 중립적 이미지(I_1)고, A_2가 감정(I_2+S_2)이며, I_2와 S_2가 함께 되살아나는 경우. 이 경우 우리는 마찬가지로 파급에 의한 전이를, 단 이번에는 반대 방향의 전이를 체험할 것이다. 곧 I_1이 S_2와 연합됨으로써, 이 감정 S_2는 두 원인 C_1과 C_2 모두에서 기인한다고 간주될 것이다. 이렇게 하여 우리는 행복한 기억을 연상시키는 것을 사랑하며,

이를 길조라고 간주한다.[99] 이 사례 또한 정리 15에 준거하고 있는 이상, 역시 정리 15에서 부분적으로 다뤄진다 할 수 있다. 마찬가지로 정리 16도 이 사례를 활용하고 있다.

4. A_1이 중립적 이미지(I_1)고, A_2가 감정(I_2+S_2)이며, S_2만이 되살아나는 경우. 이 경우 우리는 가장 단순하면서도 가장 위험한 형태의 전이를 체험할 것이다. 곧 S_2는 I_1과 연합됨으로써 오직 원인 C_1에 기인한다고 간주될 것이다. 정리 15 따름정리의 주석에서 스피노자는 우리가 이유를 알지 못한 채 사랑하거나 미워하는 것들에 대해 암시하고 있는 이상, 이 역시 정리 15에서 부분적으로 다뤄진다 할 수 있다. 마찬가지로 정리 16도 이를 활용하고 있다.

5. A_1이 감정(I_1+S_1)이고, A_2 또한 감정(I_2+S_2)이며 S_2만이 되살아나는 경우. 이 경우 우리는 응축에 의한 전이를 체험할 것이다. 곧 S_2가 I_1과 연합됨으로써, 우리는 원인 C_1에 대해 두 감정 S_1과 S_2를 한꺼번에 체험할 것이다. 만일 S_2가 S_1과 같은 종류라면, S_2는 S_1을 강화할

---

[98] 『윤리학』 3부 정리 36을 참조하라. 이에 대한 증명은 다시 정리 15를 참조한다. 〔옮긴이〕 정리 15 : 그 어떤 것도 우연에 의해 기쁨, 슬픔, 혹은 욕망의 원인이 될 수 있다. 증명 : 정신이 두 변용/정서에 의해(*affectibus*), 곧 활동 역량을 증대시키지도 감소시키지도 않는 변용/정서와 활동 역량을 증대시키거나 감소시키는 변용/정서에 의해 동시에 변용된다고 가정해 보자(3부의 요청 1을 보라). 앞의 정리(정리 14)로부터 다음이 명백하다. 즉 차후 정신이 전자로, (가정상) 그 자체로는 자신의 사유 역량을 증대시키지도 감소시키지도 않는, 자신의 진정한 원인에 의해 변용된다면, 정신은 곧장 후자로, 곧 자신의 사유 역량을 증대시키거나 감소시키는 것에 의해서도 역시 변용될 것이다. 즉 (3부 정리 11의 주석에 의해) 기쁨이나 슬픔으로 변용될 것이다. 따라서 이 사물은 그 자체로가 아니라 우연에 의해 기쁨이나 슬픔의 원인이 될 것이다. 그것이 우연에 의해 욕망의 원인이 된다는 것 역시 동일한 방식으로 쉽게 보여질 수 있다.

[99] "… 그들에게 과거의 좋거나 나빴던 무언가에 대한 기억을 환기시키는 일이 일어나는 것을 우연히 목격할 경우, 그들은 이것이 행복하거나 불행한 결과를 전조한다고 여기고 이 때문에 이를 … 길하거나 불길한 징조라 부른다"(『신학정치론』 서문〔G III p. 5/P p. 663〕). 이는 『윤리학』 3부 정리 50에서 증명되며, 이 정리 50은 정리 15를 참조한다.

것이다. 그렇지 않다면, 우리는 정리 17에서 탐구되는 '영혼의 동요'(*fluctuatio animi*)를 겪을 것이다.

6. A_1이 감정(I_1+S_1)이고, A_2 또한 감정(I_2+S_2)이며, I_2와 S_2가 함께 되살아나는 경우. 이 경우 우리는 가장 완결적인 형태의 감정연합을 체험할 것이다. 또한 이는 가장 복합적인 형태의 감정연합이기도 한데, 왜냐하면 이는 이중적인 파급과 이중적인 응축을 포함하기 때문이다. 곧 두 감정 각각이 두 원인 모두에 동시에 기인한다고 간주되며, 두 원인 각각이 두 감정 모두를 동시에 대상으로 한다. 예를 들어, 어떤 사물에 대한 우리의 사랑은, 기쁨을 주는 보상의 이미지와 연합됨으로써 촉진되거나, ('영혼의 동요' 가운데 또 다른 경우) 슬픔을 주는 처벌의 이미지와 연합됨으로써 방해받는다. 정리 14는 적어도 처음 보기에는[100] 바로 이 개별 경우만을 다루는 듯 보인다.

따라서 감정연합은 첫번째 경우를 제외한다면 다섯 가지 상이한 양상을 띨 수 있다. 그렇지만 이 양상들의 의미와 효력 범위는 매우 가변적이다. 그리고 이는 감정들이 처음 결합될 때 원인 C_1과 C_2가 어떤 관계를 맺느냐에 전적으로 달려 있다. 곧, 양자의 관계가 원인과 결과의 관계냐, 부분과 전체의 관계냐, 아니면 순전히 우연적인 인접성의 관계냐에 따라 달라지는 것이다.

어떤 원인 ─ 실재적이든 상상적이든 ─ 에서 산출되는 효과들이 우리에게 어떤 감정을 불러일으킬 때, 이 감정은 전이를 통해 원인으로 옮겨갈 수 있다. 이러한 관점에서 스피노자는 특별히 두 원인에 관심을

---

100) 만일 '*affectus*'가 '*affectio*'를 뜻한다고 보지 않는다면 말이다(앞의 주 97을 참조하라).

둔다. 신과 화폐가 그것이다. 상업사회에서 유쾌한 사물의 이미지는 쉽게 우리를 그 사물을 획득하게 해줄 화폐의 이미지에 이르게 하며, 우리는 이 화폐를 욕망하게 된다(경우 2). 역으로, 화폐의 이미지는 우리를 화폐로 마련할 수 있을 재화의 이미지에 이르게 하며, 이럴 경우 우리는 재화와 똑같은 자격으로 화폐를 사랑하게 된다(경우 3). 화폐에서 필수재로, 필수재에서 화폐로의 부단한 왕복 운동은, 결국 만물이 나고 되돌아가는 이 만물의 축도[101]에 대한 마르지 않는 사랑을 불러일으킨다. 다시 말해, 상업경제가 지배하는 곳에서는 화폐가 마치 그것의 원인인 듯 결부될 수 없는 기쁨은 거의 없으며, 화폐의 이미지가 군중의 정신을 그토록 사로잡는 것도 이 때문이다.[102] 이 사랑은 물론 새로운 소외이긴 하지만, 기존의 소외를 반드시 악화시키지만은 않으며, 오히려 이 소외의 유해성을 완화시킬 수도 있다. 경우 2에서 화폐에 대한 사랑은 우리의 지각장을 공통분모로 환원함으로써 지각장을 통일시키며, 경우 3에서는 수많은 사물을 동시에 사유하게 해줌으로써 지각장을 풍부하게 해주기에 말이다. 따라서 이 사랑은 '쾌활'까지는 아니더라도 적어도 '쾌활'에 가까운 것일 수 있다. 그런데 화폐의 이미지가 필수재의 이미지는 연상시키지 않고 오직 이 재화와 연결된 기쁨만을 연상시키는 경우도 있을 수 있다(경우 4). 이럴 경우에 '탐욕'(avaritia)은 강박적인 형태를 띠게 된다. 그리고 우리 모든 정서는 이 단일 대상으로 집중되어,[103] 우리는 그것이 단지 수단에 불과하다는 것도 망각하고 그것을 위해서 심지어 필수적인 것조차 포기

---

101) 『윤리학』 4부, 부록 28항.
102) 같은 곳.
103) "그런데 탐욕적인 사람이 이익이나 돈 외에는 아무것도 생각하지 않을 때 …"(『윤리학』 4부 정리 44의 주석).

하는 내핍 생활을 감수하면서,[104] 다시 최악의 단일관념 편집증에 빠져 들고 만다. 하지만 화폐가 우리 영혼에 항상 절대적인 주인으로 군림하는 것은 아니다. 왜냐하면 화폐의 획득에는 절약과 노동이 요구되는 만큼, 화폐의 이미지는 우리 정신에서 화폐가 부과하는 고통스런 노동의 이미지와 연합되거나, 화폐가 앗아가는 직접적 향유의 이미지와 연합될 수 있기 때문이다(경우 6).[105] 반면, 부유하고 퇴폐적인 사회라면 탐욕은 무위 도식과 방탕에 압도된다.[106] 물론 입법자는 새로운 자극제로 이 정념을 강화할 수도 있다. 가령 모든 부자가 그리고 오로지 부자만이 고위직과 공직에 접근하리라는 희망을 품을 수 있다면, 이러한 야망에 의해서 탐욕은 깨어날 것이다(경우 6).[107] 또한 이후 이 새로운 자극제의 이미지가 사라지면, 화폐의 이미지는 또다시 강박적인 특징을 띨 것이다(경우 5). 특히 이제 이 새로운 연합이 화폐의 이미지에다 실어 주었던 보충적인 정서 계수가 적재된 채로 말이다. 이미 여기에 정치의 모든 요소들이 함축되어 있다.

마찬가지로 신의 관념도 그 어떤 이미지와도, 따라서 그 어떤 기쁨과도 연합될 수 있다.[108] 물론 이에 대해 스피노자가 말하고 있는 바는 신에 대한 적합한 관념과 관련되며, 따라서 정념이론 내에 위치하고 있지 않다. 하지만 우리는 이를 아직까지는 보편종교의 '최소한의 믿음'(credo

---

104) 『윤리학』 4부, 부록 24절.
105) "… 는 인간이다. 곧 노동보다는 쾌락을 선호하는 성향이 있다"(『신학정치론』 17장[G III p. 203/P p. 901]).
106) 『정치론』 10장 4절[G III p. 355/P p. 1093].
107) 『정치론』 10장 6절[G III p. 356/P p. 1093].
108) 『윤리학』 5부 정리 14.
109) 앞의 주 85를 참조하라.

minimum)과[109] 부합할 여지가 있는──반드시 부합하지는 않는다 해도──어떤 '자연의 지배자'의 이미지에 응용해 볼 수 있다. 우리가 만일 이 상상적 신이 유일하고 편재하며 전능하다고 믿는다면, 우리는 이 신을 우리에게 일어나는 모든 일의 원인으로 간주할 것이다. 나아가 우리가 만일 신이 정의로운 사람에게 보상한다고 믿는다면, 우리는 정의로워질 것이다. 마지막으로 만일 사회가 올바르게 조직되어[110] 그 덕분에 정의로운 사람들이 현실적으로 보상받는다면, 우리는 우리 행복의 원인을 신에게 돌릴 것이고 신을 열정적으로 사랑할 것이다(물론 보상받지 않는다면 당연히 그를 미워할 것이다). 그러므로 이제 신의 이미지도 화폐의 이미지와 같은 방식으로 우리의 지각장을 통일시키고 풍부하게 할 것이며, 우리는 정념적인 쾌활에 가까워질 것이다.

그런데 이 두 경우는 매우 요원한 가능성에 불과하다. 자연 상태에서는 상업적 발전을 아예 생각조차 해볼 수 없으며 미신에서 비롯된 변덕스러운 신이 창궐한다. 심지어 우리가 살아가는 사실상의 정치사회에서도 상업은 경제적 삶을 보편적으로 지배하지는 못하며, 우리는 화폐와 동시에, 때로는 화폐보다도 더 많이, 특수하고 직접적인 형태의 부에 집착한다. 가령 토지가 그렇다. 이 역시 필수재를 마련하는 수단이지만 토지에 대한 사랑은 우리 상상의 장을 거의 확대해 주지 못한다.[111] 보편종교의 경우 이는 아직 꿈에 불과하다. 사실 정리 14에 이어지는 정리들은 우리를 이 두 경우와는 전혀 다른 방향으로 데려갈 것이다.

---

110) "실상 신의 정의의 표시는 정의로운 자들이 지배하는 곳에서만 발견될 것이다"(『신학정치론』 19장[G III p. 231/P p. 942]).
111) 뒤의 pp. 256~8을 참조하라.

실상 두 원인 C_1과 C_2가 동시에 우리를 변용시킬 때조차, 이 두 원인 사이에 늘 실재적인 객관적 관계가 있진 않으며, 우리도 대개는 둘 사이에 그런 관계가 있다고 상상하지도 않는다. 우리는 그저 이 두 원인을 함께 지각할 뿐이다. 따름정리에서 완결되는 정리 15가 우선적으로 탐구하는 것이 바로 이와 같은 우연적인 인접성에 의한 연합이다. 물론 정리 15는 경우 2, 3, 4의 모든 외연을 검토하고 있지만, 두 원인 C_1과 C_2 사이에 실재적 관계가 부재하다는 점, 양자의 연결이 순전히 우연적이라는 점을 특별히 강조하고 있다. 일반적으로 우리는 우리가 기뻤을 때 우리 눈앞에 있었던 모든 것을 사랑하며, 슬펐을 때 우리 눈앞에 있었던 모든 것을 미워한다고 말이다.

여기서 두 가지 귀결이 따라 나온다. 한편으로, 소외는 비가역적이 된다. 실상 소외는 우리가 욕망하는 이유에 대한 무지의 결과였다. 그런데 우리가 기쁨과 슬픔의 실재적이고 직접적인 원인, 곧 우리 신체에 직접적으로 작용함으로써 우리를 움직이는 원인을 사랑하거나 미워하는 한, 이러한 무지도 완전한 무지만은 아니었으며, 적어도 권리상 쾌락주의적 환원만은 아직 가능했다. 사랑이 대상에서 대상을 획득하는 수단으로 옮겨갈 때, 경우 2와 3에서는(그러나 경우 4는 그렇지 않다) 수단의 순전히 도구적인 성격은 아직 의식될 수 있었다. 여하간 효용론자들이 존재하는 것도 이 때문이다. 반면, 이전에 어떤 대상을 사랑했을 때 우연히 한번 그 대상과 함께 상상되었던 사물로 사랑이 옮겨 갈 경우에는, 이 사물이 우리의 유기적 구성 상태와 맺는 관계는 지각 불가능해지며, 초월성의 가상 역시 더 이상 교정될 수 없어진다. 곧 우리는 "우리에게 알려진 아무런 원인도 없이", 일종의 "공감"(sympathie) 따위를 통해 사랑하는 것이다. 물론 이 "공감"의 실재적 기원은 이제 우리의 시야에서 완전히 사라져 버리며 이 때문에 그것은 불가사의한 "가치들의 부름"을 통해서만 납득될 수 있다. 탯줄은 끊어진다.

다른 한편, 소외는 극히 유동적이다. 아무 대상이 아무 대상하고나 연합할 수 있기에 아무나 아무 대상, 혹은 거의 아무 대상이나 추구하려 들 수 있다. 모든 것은 마주침의 운에 의존하는 것이다. 나아가 마주침의 운은 모든 개체에게 동일하지 않으며, 동일한 개체에게도 시간이 지나면서 늘 동일하진 않다.[112] 이미 필수재의 수준에서도 어떤 개체에게 선인 것이 다른 개체에겐 악이었다. 하지만 이 수준에서 일어나는 가치의 다양화는 아직 인간 신체들의 공통 본성으로 정의되는 한계를 넘진 않았다.[113] 이제는 반대로, 그것은 끝을 모른다. 이렇게 하여 인간은 무궁무진하게 유연한 듯, 거의 마음대로 조건형성될 수 있는 듯 보인다. 이런 생각은 분명 관습에 대한 사회학적 비판, 곧 자연은 민족을 창조하지 않으며 나라마다 개인마다 매우 다양하게 나타나는 성격과 편견은 법과 전통이 행사하는 "심리조작"에 기인한다는 주장과 연결된다.[114] 회의주의의 유혹은 여기서 생겨난다.[115] 단, 이를 피상적으로 이해할 경우 말이다. 하지만 악은 악인 동시에 권리상 치유책이기도 하다. 스피노자에 따르면 인간의 유

---

112) 『윤리학』 3부 정리 51과 『윤리학』 4부 정리 33을 참조하라.
113) "왜냐하면, 인간 신체들은 비록 많은 점에서 일치하지만 더 많은 점에서 다르며, 그래서 어떤 이에게 선으로 보이는 것이 다른 자들에게는 악으로 보이기 때문이다"(『윤리학』 1부 부록[G II pp. 82~3/P p. 408]).
114) "이것[자연]은 민족을 창조하지 않으며 오직 개인만을 창조한다. 이 개인들이 민족별로 구분되는 것은 오직 상이한 언어와 법, 그리고 수용된 풍습에 의해서이다. 그리고 각 민족이 저마다 특정한 기질, 특정한 관습, 마지막으로 특정한 편견을 갖는 것은 이 가운데 오직 뒤의 두 가지, 즉 법과 풍습에 의해서만 생길 수 있는 일이다"(『신학정치론』 17장[G III p. 217/P p. 922]).
115) 『윤리학』 1부 부록[G II p. 82/P p. 408].

연성은 인간에게 유익한 방식으로 활용될 수 있다. 왜냐하면 환경을 정연하게 정비할 경우 이 환경이 다시 우리에게 이로운 방식으로 조건형성을 가하여 결국 우리가 우리에게 **진정으로** 유용한 것에 소외되도록[=몰입하도록] 해줄 것이기 때문이다. 어떻게 보면 바로 여기에 정치학의 모든 비밀이 들어 있을 것이다. 하지만 우리 처지는 아직 이와는 한참 멀다.

그런데 이러한 파생은 무질서 가운데서도 저절로 조직화되고, 유동성 가운데서도 저절로 안정화되는 경향을 띤다. 실상 두 원인 C_1과 C_2는 서로 세번째 종류의 관계, 곧 부분과 전체의 관계를 맺을 수도 있기 때문이다. 경우 3(혹은 경우 4라도 상관없다)을 두 번 연속 부분과 전체 관계에 응용하기만 해도, 완전히 색다른 —— 본성상으로는 아니라도 적어도 내용상으로 —— 형태의 연합이 충분히 출현할 수 있다. 인접성 법칙의 새로운 변형인 유사성에 의한 연합이 바로 그것인데, 이는 잡다하게 뒤섞인 소외의 세계에 적어도 형식적인 통일성을 주면서 이 세계를 구조화할 것이다. 정리 16이 보여 주는 것이 바로 이것이다.[116]

상상적 특징 A, B, C, D를 지닌 대상 O_1이 있다고 해보자. 그 중에 B, C, D만이 기쁨과 슬픔의 정서를 제공하며, A는 그 자체로는 정서적으로 중립적이라고 가정해 보자. 이 대상이 우리에게 불러일으키는 사랑과 미움은 이 중립성에도 불구하고 그 특징 A로 옮겨 갈 것이다(첫번째 응용). 차후 우리가 만일 상상적 특징 A, E, F, G를 지닌 대상 O_2를 보게 된

---

116) [옮긴이] 『윤리학』 3부 정리 16. "정신을 흔히 기쁨이나 슬픔의 정서로 변용시켜 온 대상과 다소 유사한 무언가를 지니는 어떤 사물을 우리가 상상한다는 사실만으로, 비록 이 사물과 그 대상의 유사점이 이 정서들의 작용인이 아닐지라도, 우리는 이 사물을 사랑하거나 미워할 것이다".

다면, A에 대한 우리 사랑이나 미움은 B, C, D가 없어도 이 대상 O_2 전체로 옮겨갈 것이다(두번째 응용). 따라서 O_2는 우연에 의해 사랑받거나 미움받을 것이다. 물론 이는 처음에는 기쁨과 슬픔의 원천이 아니었던 이 유사성의 요소[A] 때문이다. 약간의 농도 차이를 제외한다면, 우리가 A를 발견하게 되는 다른 모든 대상 O_3, O_4 등등도 마찬가지일 것이다. 물론 이는 농도 차이를 제외하는 한에서인데, 왜냐하면 A가 이 대상들에서 발현될 때 이는 대상에 따라 더 선명하거나 덜 선명할 것이기 때문이다. 가령, 어떤 대상에서는 점점 확산되지만, 다른 대상에서는 이제 막 어렴풋이 나타나기 시작하는 식으로 말이다. 이에 비례하여, 이 대상들이 눈앞에 있을 때 우리가 체험할 기쁨이나 슬픔도 더 강하거나 덜 강할 수 있을 것이고, 따라서 이 대상들이 우리에게 불러일으킬 사랑이나 미움도 더 격렬하거나 덜 격렬할 수 있을 것이다.

연합들의 이러한 연쇄는 이렇게 해서 결국 이중의 결과에 다다른다. 한편으로, 이 연쇄에 힘입어 우리 정신 안에 일반관념이 형성된다. 실상, 2부 정리 40의 주석 1을 따른다면, 가상적인 보편자도 정확히 이런 식으로 만들어진다. 만일 대상 O_3, O_4 ⋯, O_x가 그들 자체로는 정서적으로 중립적이고, 또한 수적으로 너무 많아 우리가 이것들을 지각하지 않는 동안에는 각각을 판명하게 기억할 수 없다면, 우리는 기껏해야 특징 A만을 붙들어 둘 것이다. 우리를 가장 자주 변용시키며 이와 동시에 우리 관심을 가장 많이 끄는 특징만을 말이다. 이럴 경우 우리에게는 이 대상들 전부가 동일한 종(種)에 속하는 것처럼 보일 것이고, 이 종의 보편적 본질은 A로 정의될 것이다. 그런데 다른 한편, 이와 같은 일반관념이 일단 형성되고 나면, 그것은 이후 우리에게 일어날 마주침에 대한 가치평가의 규준 노릇을 할 것이다. 차후 우리 앞에 등장할 모든 새로운 대상은 A와 비교되고, A에 견주어 평가되는 것이다. 가령, 우리는 이 대상들의 성격을 A 아닌 것 혹은 A인 것으로 규정할 것이고, 후자의 경우 다시, 우리에게 기쁨을 주거나 슬픔을 주는 이 특징 A가 어느 정도 선명하게 드러나느냐에 따라 A다운 것 혹은 A답지 않은 것으로 규정할 것이다. 우리 안에서 벌어지는 이미지들의 랩소디는 이처럼 우리 욕망에서 얻은 분류의 질서를 따라 분절될 것이다.

이렇게 볼 때, 정서 전이는 전개되어 가면서 그것이 처음 나타났을 때 보이던 혼돈과 무정부성을 교정해 가는 셈이다. 모든 새로운 소외는, 우리 경험 전체를 통일하는 원리 역할을 할 뿐 아니라 장차 우리 행위를 규제하는 준거가 될 인식론적이면서 가치론적인 도식의 형성으로 이어진다. 적응은 동화가 되는 것이다. 이렇게 하여 그 자체 가치들의 체계이기도 한 본질들의 체계가 점진적으로 수립된다. 요소들 상호간에 등위 관계나 종속 관계가 성립되면서 극한적으로는 통일성과 정합성을 향해 가는 위계적 체계가 말이다.

이 지점에서부터 목적론적 세계관은 한층 새롭게 가공될 것이다. 이 정합성의 혜택은 누리면서도, 이와 동시에 애초부터 그것이 함축하고 있던 이데올로기적 전도는 더 강화하는 방향으로 말이다. 스피노자가『윤리학』4부 서문에서 기술하고 있는 이 가공작업은, 우리가 이미『윤리학』1부 부록에서 거쳐 왔던 단계들을 되밟는 과정이지만, 단, 일반관념을 도입하고 이에 상응하여 완전성이라는 통념을 신비적으로 사용함으로써 이 단계들 각각도 변모시킨다.

무엇보다도 우선, 일반관념은 우리가 우리 자신의 활동과 우리 자신의 산물을 표상하는 방식을 변모시킨다. 애초에 우리가 사랑했고 목적으로 삼았던 것은 오직 하나의 독특한 대상이었다. 가령 우리는 언젠가 우리 마음에 든 적이 있는 한 개별 이미지를 본떠 개별적인 집을 짓는다. 작업이 완성되었을 때, 우리는 그것을 "완전하다"고, 반대의 경우에는 "불완전하다"고 말해 왔다. 바로 이것이 이 두 용어의 기원이다. 그런데 이제는 우리의 경험이 풍부해졌다. 우선 우리는 그 사이 다른 많은 집을 보았다. 그리고는 마주침의 운에 따라 이 집들에서 하나의 유적 이미지를 형성했다. 우리 집의 여러 특징 가운데 다른 집들에서도 어느 정도 똑같이 발견되는 특징들을 본떠서 말이다. 그러면서 우리 사랑은 이 유적 이미지로 옮겨 갔다. 그 다음부터 이 집들 역시 우리 마음에 들게 된다. 그리고 그 정도는 우리가 이 집들 각각에서 이러한 유적 이미지를 얼마나 선명하게 지각하느냐에 따라, 또한 이 집들 각각이 우리가 그것들의 보편적 모델로 여기는 원래의 이미지에 얼마나 부합하느냐에 따라 결정된다.[117] 이런 식으로 우리는 우리 자신의 목적을 타인에게 투사하면서, 이 집들을 건축한 장인들 모두가 이 동일한 원형에서 착상을 얻고 이를 모방했다고, 그들의 차이는 단지 얼마나 완벽하게 모방하느냐에 있을 뿐이라고 믿게 된다. 그 결과 우리는 이 집들이 완전하거나 불완전하다고 말하며, 이 완전성이나 불완전성은 우리에게 이 집들 각각이 지닌 본연의 성격으로 보이게 된다.[118]

---

117) "그런데 일단 사람들이 보편관념을 형성하고, 집, 건축물, 탑, 등등 … 에 대한 표본을 생각해내고, 사물에 대해 어떤 표본보다 다른 표본을 선호하기 시작하고 나면 …"(『윤리학』 4부 서문).
118) "… 누구나 이런 식으로 자신이 사물에 대해 형성했던 일반관념에 합치하는 듯 보이는 것을 완전하다고 부르고, 반대로 제작자의 생각에는 다 완성된 것이라 하더라도, 자기가 생각하는 표본의 개념과 덜 합치하는 듯 보이는 것을 불완전하다고 부르게 되었다"(같은 곳).

그런 다음 우리는 우리 경험에 대한 이런 식의 재해석을 인간의 모습을 한 신에게 투사한다. 이는 전혀 새삼스러운 일이 아닌데, 왜냐하면 1부 부록에서부터 우리에게 자연적 실재들은 우리를 만족시키려고 작정한 데미우르고스(dēmiourgos)적 활동의 결과처럼 보여 왔기 때문이다. 그런데 이제 이 활동은 보다 구체화된다. '자연의 지배자'가 세계를 우리 쓸모에 맞게 제작하는 이상, 그렇게 하려면 그들은 오직 우리의 이해관심에 맞는 규준들에서 착상을 얻어 올 수밖에 없다. 말하자면, 우리가 우리 자신의 정념적 선호에서 출발하여 사물들에 대해 형성해 왔던 일반관념들에서 말이다.[119] 따라서 우리는 '자연의 지배자' 역시 원형을 본떠 작업한다고 믿는다. 물론 이 원형들은 이 지배자에게 외적이다. 하지만 그 역시 그 가치를 인정하기에 이 원형들을 따르며, 따라서 이 원형들은 지배자에게 숙명으로 부과된다.[120] 더구나 이 원형들은 독특한 사물들의 발생을 규제하는 이상, 하물며 이 독특한 사물들에게는 더더욱 외적이며 그것들에 선행한다. 여기서 우리가 플라톤주의자이든 아리스토텔레스주의자이든 이는 아무 상관없다. 물론 후자의 경우 보편자란 실재하는 존재자가 아니라고 말하겠지만 그래본들 무슨 소용이랴. "그럼에도 그들은 여전히 보편자를 사물로 간주하며,"[121] 이것이 핵심이다. 플라톤 식이든 아리스토텔레스 식이든, 이렇게 하여 우리는 사이비-가지적인 것을 실체화한다. 그리고는 이를 우리가 이전에 그것을 추출해냈던 원료의 존재 근거로 탈바꿈시킨다.

---

119) "왜냐하면 사람들은 인공물뿐만 아니라 자연물에 대해서도 습관적으로 일반관념들을 형성하고는, 이 관념들을 마치 사물의 표본인 양 여기며…"(『윤리학』 4부 서문).
120) 『윤리학』 1부 정리 33의 주석 2의 마지막 부분.
121) 『소론』 1부 6장 7절[P p. 92].

그리하여 이제 자연의 얼굴은 바뀐다. 1부 부록의 수준에서도 이미 목적인은 형상인이 되는 경향이 있었다. 그리고 이를 바탕으로, 아직 거칠기는 하지만 존재론적 위계가 어렴풋이 그려졌다. 이제 우리는 이 위계를 더 명석하게 보고 있다 믿는다. 이 목적-형상인이란 신이 세계를 창조하면서 독특한 개체 안에 체화시켰던 바로 그 사이비 보편적 본질이다. 실체적 형상이 탄생하는 것이다. 이와 동시에, 신학적 인공주의는 우주론적 물활론이 된다. 우선, 이제는 신만이 아니라, 자연 자체도 일단 창조되고 나면 이 보편적인 원형에 따라 운동한다.[122] 그리고 만물은 자생적으로 자기 형상을 실현하려는 경향, 자기 종의 이상적 모델을 가능하면 잘 모방하려는 경향을 지닌다. 그런데 이 경향성이 우리에게는 그들 본성을 구성하는 것처럼 보이는 이상, 모방이 그저 대략적이며 서투를 경우 우리는 그들이 그들 본연의 어떤 결함을, 한낱 부정이 아닌 어떤 결여를 겪는다고 말할 수 있을 것이다. 물론 이는 피할 수 없는 일이기도 하다. 일반관념이 우리 상상의 찌꺼기에 불과한 이상, 우리가 마주치는 사물들에서 일반관념을 늘 아주 선명하게 지각할 특별한 이유는 없으니 말이다. 이로부터, 자연적 본성은 무력하며 제아무리 애쓴들 자신의 완성에까지 이르지 못하는 결점이 있다는 식의 부조리한 믿음이 생겨난다.[123] 그 결과, 개체들은 같은 종 내에서도 완전성의 등급에 따라 위계화되는 듯 보인다. 다른 한편, 종들 간의 위계는 이미 선 및 질서와 관련된 편견에 함축되어 있

---

122) "… 또한 그들은 (그들 생각에는 오직 목적인에 의해서만 활동하는) 자연이 이것[일반관념]을 바라보며 이것을 자연 자신의 표본으로 삼는다고 믿는다"(『윤리학』 4부 서문).
123) "따라서 그들이 이런 식으로 사물에 대해 갖게 된 표본 개념에 덜 합치하는 무언가가 자연 안에 일어나는 것을 볼 경우, 그들은 자연 자체에 결함이나 과오가 있다고 여긴다"(같은 곳).

었지만, 다만 이제는 하나의 체계로 연결될 수 있다.

마지막으로, 인간이 이 체계 안에 들어선다. 우리는 이 자리를 이미 알고 있다고 생각해 왔다. 감각 세계에서 으뜸가는 자리 말이다. 그런데 이제 우리는 그 이상을 알게 된 양 여긴다. 왜냐하면 우리는 다른 모든 존재자들에 대해서 했던 것과 똑같은 방식으로 사이비 보편적 본질을 지어내어 이를 인간에게도 귀속시키기 때문이다. 그리하여 이제 우리에게는 우리 종에 속하는 모든 성원들이 이 본질을 그럭저럭 실현하고자 노력하는 듯이 보인다. 모든 인간은 본성상 "다른 본성"[124]을, 곧 각자의 독특한 개체성을 초월하지만 그럼에도 여전히 각자의 참된 본성인 어떤 이상적 본성을 열망한다고 여기는 것이다. 그리고 그들을 초월하는 이 모델을 그들이 올바르게 모방하지 못했을 때(이는 당연하다), 우리는 그들을 불완전하다고, 자기 본성에서 멀어져 있다고 판단한다.[125] 이제 이런 조건에서라면, "가치들의 부름"으로 인해서 제기된 물음에 대한 답변을 새롭게 벼려낼 수 있다. 왜 우리는 특정 사물에 이끌리는가? 지금까지 우리는 신이 사물들을 이처럼 우리를 매료시킬 목적으로 만들었고 그런 이상 사물들이 객관적으로 선이기 때문에 그렇다고 생각해 왔다. 그렇다면 이 사물들은 과연 어떤 점에서 선인가? 이 물음에 대한 답은 이제는 우리에게 명백해 보인다. 곧 본성상 이 사물들은 우리가 자연적으로 향하는 경향이 있는 인간 일반의 이상적 원형에 우리가 더 다가가도록 해주며, 이 점에서

---

124) 『소론』 1부 6장 7절[P p. 93].
125) "우리는 … 인간의 외양을 한 모든 것을 하나의 똑같은 정의를 통해 표현하며, 이런 식의 정의에서 우리가 연역할 수 있는 최고의 완전성에 대한 소질이 이들 모두에게 똑같이 있다고 판단합니다. 그런데 이제 누군가의 행위가 이 완전성에 위배됨을 발견할 경우, 우리는 그가 이 완전성을 결여하고 있으며 그의 본성에서 벗어나 있다고 판단합니다"(「편지」 19[G IV p. 91/P p. 1180]).

그것들은 선이다.[126]

이렇게 해서 목적론적 편견은, 콩트 식으로 말하자면 "신학적" 단계에서 "형이상학적" 단계로 넘어간다. 중세적 세계관이 꼴을 갖추는 것이다. 물론 스피노자가 중세 철학 전부를 이처럼 아주 축약적인 도식으로 환원하려 드는 것은 아니다. 하지만 그에 따르면 이 세계관이 차후 수립되는 모든 중세 철학의 자생적 하부구조라는 것만은 분명하다. 우선 신적 지성이 인식한 원형들의 체계에 따라 신이 질서정연한 우주를 창조했다는 것, 그리고 개체의 형상인 보편적 원형이 개체 안에 구현되어 있다는 것, 존재자들이 완전성의 등급에 따라 위계화된다는 것, 마지막으로 만물에 이중의 목적성이 있다는 것, 곧 각 존재자가 자신의 종적 형상을 실현하려는 경향을 띤다는 점에서 내적인 목적성과, 신이 우월한 종을 위해, 곧 결국 인간을 위해 열등한 종을 창조했다는 점에서 외적인 목적성이 있다는 것이 그것이다. 이제 남은 일은 인간 자신의 외적 목적을 규정하는 것이고, 이 때문에 우리는 다시 한 번 B_1군으로 되돌아갈 것이다. 다른 한편, '신'의 본성을 구체화하는 일 역시 남아 있는데, 이 과업은 미신이 담당할 것이다.

그러므로 감정들의 전이는 다음과 같은 대립적이면서도 상보적인 두 가지 결과에 이른다. 한편으로, 감정 전이가 순전히 우연한 인접성에 의한 연합일 때, 그것은 각 개체를 각자에게 고유한 사이비 가치들로, 그

---

126) 스피노자는 4부 서문 말미에서 그 스스로도 이 편견을 답습하고 있는 듯 보인다. 그러나 그가 이처럼 인간 본성의 이상적 모델, 완전성, 선과 악 등등의 통념들을 활용한다 해도, 이는 이 통념들에 납득할 만한 의미를 부여하여 그것들을 탈신비화하는 작업일 뿐이다. 곧 의미상 그것들은 존재론적 가치가 아니라 조작적인 가치만을 지니는 사고상의 존재자일 뿐이라고 말이다.

를 다른 개체들과 대립시키고, 또 시간의 흐름과 더불어 자기 자신과도 대립시키는 사이비 가치들로 소외시킨다. 그러나 다른 한편, 감정 전이가 유사성에 의한 연합이 될 때, 그것은 이 모든 개체적 소외들에 공통의 구조를 부여하며, 이 구조는 존재론적으로 이항되면 결국 공통의 세계관이 된다. 물론 이 공통성도 오로지 이데올로기 및 이 이데올로기가 정당화하는 가치 체계의 형식적 특징들에만 관련될 뿐, 내용과는 관련되지 않는다. 실상 만인이 일반관념을 주조한다 하더라도, 각자는 또한 자기 나름의 일반관념을 가지고 있으며, 더구나 이 역시 바뀌기 때문이다.

그렇긴 하지만, 스피노자는 정리 17에서[127] 세심한 주의를 기울여 이것이 완전히 아무렇게나 이루어지는 과정은 아님을 분명히 해둔다. 내 자연적 욕구를 직접적이고 노골적으로 거스르는 것을 제외하고는, 나는 아무것에나 소외될[=몰입할] 수 있다. 그러다, 내가 조건부로 사랑해 왔던 대상이나 존재자가 나에게 해롭다는 것이 밝혀지면, 나는 그것을 사랑하면서도 미워할 것이다. 이는 **영혼의 동요**(fluctuatio animi)의 한 형태로서, 우리의 소외가 코나투스가 정의하는 요구에서 **지나치게 벗어나지는 않게** 함으로써 소외를 부분적으로나마 교정해 준다.[128] 개체는 상반되는 소외 사이에서 우왕좌왕하면서도, 항상적으로 특정한 중간 지점 —— 그가 인식하기만 한다면, 그에게 자신의 독특한 본질을 드러내 줄 —— 을 중심으로 흔들리는 것이다. 그러므로 인간이 유연할지라도, 무한하게 유연하지는 않다. 또한 인간은 조건형성에 따를 수 있지만, 이것도 특정한 한계 내에

---

127) [옮긴이] 『윤리학』 3부 정리 17. "우리를 흔히 슬픔의 정서로 변용시켜 온 어떤 사물이, 흔히 같은 크기의 기쁨의 정서로 우리를 변용시켜 온 다른 사물과 어느 정도 유사하다고 상상할 때, 우리는 이 사물을 미워하는 동시에 사랑할 것이다".
128) 같은 정리의 주석.

서이다. 어떠한 약속을 내걸든, 어떠한 위협을 가하든, 인간에게 자신이 은혜를 입은 자를 혐오하도록, 자신에게 고통을 준 자를 사랑하도록,[129] 자해를 하거나 자기 부모를 살해하도록,[130] 우스꽝스럽거나 불쾌감을 자아내는 자를 존경하도록[131]… 규정하지는 못할 것이다. 장기적으로 볼 때, 유일하게 효과적인 "심리조작"은 결국 우리 실재적 욕구와 같은 방향으로 진행되는 조작이다. 우리가 비록 이 욕구를 적합하게 인식하지는 못한다 하더라도 말이다.

2) 전이에 의한 파생 II(희망과 공포의 사이클, 미신의 발생과 현신現身들)
하지만 이것도, 전이에 의한 파생이 낳는 효과의 전부는 아니다. 이제 시간에 대한 고려를 거기에 포함된 모든 것과 함께 도입해 보자. 그러면 우리는 새로운 형태의 **영혼의 동요**가 출현함을 목도할 것이고, 이는 우리가 이미 도달했던 목적론적 도식을 다시 한 번 변경할 것이다. 물론 이 변형이 곧바로 감지될 수 있는 것은 아니다. 실상 다른 모든 조건이 같다면, 과거나 미래 사물의 이미지가 우리에게 불러일으키는 기쁨이나 슬픔은, 우리가 현재 사물의 이미지로 변용될 때 느끼는 기쁨이나 슬픔과 다르지 않기 때문이다.[132] 이미지는 언제나 이미지일 뿐이며, 또한 우리가 이미지 자체만을 고려하는 한, 거기에 결부된 감정은 불변인 것이다. 더 나아가 이런 이유에서, 시간은 앞서 말한 모든 것에 이미 암묵적으로 전제되었을 수도 있다. 이미 살펴보았듯, 사랑과 미움은 되돌아보는 것이면서 내다보

---

129) 『신학정치론』 17장[G III p. 201/P p. 898].
130) 『정치론』 3장 8절[G III p. 287/P p. 994].
131) 『정치론』 4장 4절[G III p. 293/P p. 1002].
132) 『윤리학』 3부 정리 18.

는 것이기에, 특정 사물에 대한 기억과 그 사물을 미래에도 상상하고자 하는 욕망을 참조해서만 이해될 수 있다. 그런데 여태까지는 사랑과 미움의 시간적 특징에서 비롯되는 특수한 귀결들은 연역되지 않았던 만큼, 이 두 감정은 그 대상의 실현 여부에 대한 불안이 전혀 함유되지 않은 듯 순수 상태(이는 사실 추상에 불과했다)로 나타날 수 있었다. 그런데 이제 여기서는 바로 이 특수한 귀결들을 설명해야 한다. 왜냐하면 구체적 현실에서는 다른 모든 조건이 같지가 않기 때문이다. 곧 사물의 지속에 대해 우리가 매우 부적합한 관념만을 가지고 있는 이상,[133] 미래는 그 자체로는 아닐지라도 적어도 우리에 대해서는 필연적으로 불확실할 수밖에 없다. 또한 과거 역시 대부분은 우리에게 포착되지 않는다. 바로 여기서 **희망**과 **공포**의 쌍이 생겨난다. 그것은 곧 그 결말이 우리에게 의심스러워 보이는 과거나 미래의 사물을 상상하는 데서 생기는 기쁨과 슬픔[134]이다.

이 감정군(群)은 다섯 쌍의 양자택일 —— 앞으로 살펴보겠지만, 이들 쌍이 서로 완전히 독립적이진 않다 —— 에 따라 진화한다. 우선, 공포 없는 희망도 없고, 희망 없는 공포도 없다는 것은 명백하다.[135] 이는 의심이 판단중지의 결과가 아니라 상반되는 관념들의 경합에서 비롯되는 결과이기 때문이다.[136] 가령, 사랑하는 사물의 도래가 우리에게 불확정적으로 보인다면, 이는 우리가 그 사물을 상상함과 동시에, 이 사물의 실존을 배제하는, 그래서 우리를 슬프게 하는 다른 사물을 상상하기 때문이다. 역으로, 이 장애물의 이미지는 사랑하는 사물의 이미지와 상충하는 이상, 이

---

133) 『윤리학』 2부 정리 31.
134) 『윤리학』 3부 정리 18의 주석 2, 그리고 3부 감정들에 대한 정의 12~13항.
135) 『윤리학』 3부 정서들에 대한 정의 중 13항의 해명.
136) 『윤리학』 2부 정리 49의 주석.

장애물의 도래 역시 우리에게 의심스러워 보인다. 따라서 우리가 희망을 품을 때, 정의상 이는 우리 욕망의 실현에 대립되는 어떤 것을 두려워한다는 것이기도 하다. 마찬가지로, 우리가 두려워할 때, 이는 꺼려하는 사건이 일어나지 않기를 희망한다는 것이기도 하다. 그러나 이 두 정념이 배합되는 양상은 다양하게 나타날 수 있으며, 도식적으로는 이미 두 가지 가능한 경우가 주어진다. (희망과 공포가 동등해지는 한계-상황을 고려하지 않는다면) 희망이 공포보다 우세한 경우와 공포가 희망보다 우세한 경우가 그것이다.

둘째, 이 쌍은 정태적이지 않으며 항상 역동적이다. 한편으로, 우리는 필연적으로 우리를 기쁘게 하는 것을 상상하려고 노력하고 우리를 슬프게 하는 것은 상상하지 않으려고 노력하며, 따라서 공포의 몫을 줄여 희망의 몫을 늘리려고, 극한적으로는 공포에서 완전히 벗어나려고 노력한다. 다른 한편, 끊임없이, 그것도 대개 예측할 수 없이 변화하는 외부 환경이 이 노력에 유리하게 작용하기도 하고 불리하게 작용하기도 한다. 가령, 뜻밖의 기쁨(**만족**_gaudium_)이 우리의 희망을 돌연히 증대시킬 수도 있고, 예기치 않은 실패의 쓰라린 상처(**상심**_conscientiae morsus_)가 우리의 공포를 불시에 되살아나게 할 수도 있다.[137] 우리 노력이 완벽한 성공을 거두었을 때 공포가 걷힌 희망은 **안심**이 되며, 우리 노력이 완전한 실패로 돌아갔을 때 희망이 박탈된 공포는 **절망**이 된다.[138] 그러므로 희망과 공포의 배합이 동일하다 하더라도, 그것이 매 순간 어떤 경향으로 나아가고 있는지를 검토해야 하며, 여기에도 가능한 두 가지 경우가 있

---

137) 『윤리학』 3부 정리 18의 주석 2, 그리고 3부 감정들에 대한 정의 중 16~17항.
138) 『윤리학』 3부 정리 18의 주석 2, 그리고 감정들에 대한 정의 중 14~15항.

다. 희망이 우세하게끔 공포가 감소하는 중에 있어 희망이 안심으로 나아가는 경우가 그 하나이고, 희망을 파괴하면서 공포가 증가하는 중에 있어 공포가 절망으로 나아가는 경우가 다른 하나다. 이 두 경우를 앞의 두 경우와 조합하면, 네 가지 단계(그리고 네 가지 한계-상황)가 나오며 여기서 이미 주기적 진화의 윤곽이 그려진다. 우선, 아직은 희망이 우세하나 이미 공포가 증가하고 있는 단계(그리고 증가하는 공포가 희망과 동등해지는 한계-상황), 둘째, 공포가 우세하며 증가하고 있는 단계(그리고 절망이라는 한계-상황), 셋째, 아직은 공포가 우세하나 이미 감소하고 있는 단계(그리고 감소하는 공포가 희망과 동등해지는 한계-상황), 넷째, 희망이 우세하고 공포가 감소하는 단계(그리고 안심이라는 한계-상황)가 그것이다.

하지만 셋째, 공포 없는 희망도 없고 희망 없는 공포도 없다 하더라도, 희망 섞인 공포와 공포 섞인 희망은 같은 것이 아니다. 희망 섞인 공포의 경우, 우리는 장차 우리 활동 역량이 감소할까 두려워하며, 단지 그렇게 되지 않기만을 희망한다. 물론 이 희망 역시 우리 활동 역량을 증대시키긴 하지만, 이전에는 슬픔을 주는 이미지를 예상한 나머지 우리 활동 역량이 감소되어 왔다는 사실에 비해서 그럴 뿐이다. 사실 이러한 희망은 기껏해야 우리를 '이전상태'(*statu quo ante*)로 되돌려 놓을 뿐이다. 이런 조건에서는 공포가 절망이 되는 일은 다분히 있을 수 있으나, 반면에 절대적인 안심은 거의 생각할 수 없다. 실상 만일 우리가 [희망 섞인 공포를 느끼다가] 이제 전혀 공포를 느끼지 않게 된다면, 이는 다음 둘 중 하나이다. 곧 과거의 위험에 대해 전혀 생각하지 않거나, 아니면 무사함에 기뻐하거나. 그런데 전자의 경우, 긍정적 개선을 내다보며 미래를 전망하지도 않기에 우리는 기쁨 역시 느끼지 못한다. 후자의 경우에는, 무사함에 기뻐하려면 여하간 예전의 공포를 다소간 되살려내야만 한다. 미워하는 사물의 파괴에서 생기는 기쁨에는 모종의 슬픔이 동반되지 않을 수 없는 것이다.[139] 반대로, 공포 섞인 희망의 경우, 우리는 장차 우리 활동 역량이 증대될 것을 적극적으로 희망하며, 단지 그렇게 되지 못하는 것만을 두려워한다. 그러므로 마찬가지 이유에서 이 경우 절대적인 절망은 생각하기 힘들다. 왜냐하면 슬픔은 희망과 관련해서만 의미가 있었던 만큼, 희망의 소멸은 곧 슬픔의 소멸로 이어지기 때문이다. 그렇지만 안심에는 도달할 수 있는데, 왜냐하면 일단 공포가 제거된 후에도 미래에 대한 전망은 존속하며 우리는 이전보다 더 기뻐하기 때문이다. 그러므로 적어도 원리상 우리는 다시 한 번 두 가지 새로운 조합을 구별할 필요가 있다. 유도 감정(희망과 공포의 쌍에서, 이를테면 양극陽極의 역할을 하는 감정)이 공포인 경우와 희망인 경우가 그것이다. 공포가 유도 감정일 때 우리가 체험하는 감정을 **공포–희망**이라 하고, 희망이 유도 감정일 때 우리가 체험하는 감정을 **희망–공포**라 하자. 이 구별은 선행하는 두 쌍의 양자택일과 겹치지는 않는다. 왜냐하면 공포가 우세하나 희망–공포인 경우(예를 들어, 우리가 원하는 만큼의 돈을 다 벌지는 못하리라 거의 확신하는 것처럼), 혹은 희망이 우세하나 공포–희망인 경우(예를 들어, 우리가 치명적인 위험에서만큼은 벗어나 있다고 거의 확신하는 것처럼)가 당연히 있을 수 있기 때문이다. 정치적으로 결정적인 선택이 바로 이 양자택일을 바탕으로 이루어지는 만큼, 이 새로운 양자택일은 중요하다. 국가는 두 감정 중 어느 하나를 주요 자극제(단지 주요한 것일 뿐인데, 왜냐하면 이 두 방법 가운데 어느 하나도 완전히 무시될 수는 없기 때문이다)로 이용하여 통치할 수 있다. 곧 보상에 대한 희망을, 단 보상받을 만하다고 인정받지 못하리라는 공포와

---

139) 『윤리학』 3부 정리 47의 주석.

결부된 희망을 이용하거나, 아니면 처벌에 대한 공포를, 단 처벌받지 않으리라는 희망과 결부된 공포를 이용해서 말이다. 단연코 첫번째 체계가 두번째 체계보다 낫다. 왜냐하면 그것은 미움이 아니라 사랑을 고취하기 때문이다.[140] 또한 두번째 체계는 오로지 죽음을 피할 걱정만 하는 노예의 무리를 양산하는 반면, 첫번째 체계는 삶을 만끽하는 길을 모색하는 자유로운 인민을 만들어내기 때문이다.[141]

하지만 이 세번째 양자택일은 실천적으로는 첫번째 양자택일과 완전히 무관하진 않다. 이는 적어도 세 가지 이유 때문이다. 우선, 우리가 외부 세계에 제기하는 현실적 문제는 늘 "A냐 A가 아니냐"의 유형은 아니며, 대신 "A냐 B냐"의 유형일 수도 있기 때문이다. 가령, "보상하느냐 하지 않느냐"라든지 "처벌하느냐 하지 않느냐"가 아니라 "보상하느냐 처벌하느냐"일 수가 있다. 이상적인 군주정에서 불명예스런 일로 기소되지 않은 모든 시민이 국가 최고위직, 곧 왕의 자문이라는 자리에 오르리라고, 그것도 아주 높은 성공 확률과 더불어 희망할 수 있는 경우가 그렇다.[142] 따라서 "비난받는 데 대한 공포-그렇지 않으리라는 희망"의 쌍은, 희망이 우세해지는 즉시 "왕의 자문이 된다는 희망-그렇게 되지 못한다는 공포"의 쌍으로 대체되며, 그 역도 성립한다. 이처럼 배합의 변화는 극(極)의 변화를 동반한다. 다음으로, 이런 상황이 아닐 때에도(실상 상황은

---

140) "다음으로, 어떤 국가에서든 법은 사람들이 공포보다는 그들이 아주 열렬히 욕망하는 어떤 선에 대한 희망 때문에 자제하게 되는 방식으로 수립되어야 하는데, 실상 이렇게 되면 각자는 자기 의무를 이행하기를 욕망할 것이기 때문이다"(『신학정치론』 5장[G III p. 74/P p. 741]).
141) "사실 자유로운 대중은 공포보다는 희망에 의해 인도되며, 반면 예속된 대중은 희망보다는 공포에 의해 인도된다. 왜냐하면 전자는 삶을 가꾸는 데 몰두하는 반면, 후자는 단지 죽음을 피하는 데 급급하기 때문이다"(『정치론』 5장 6절[G III p. 296/P p. 1007]).
142) 『정치론』 6장 21절과 7장 10절을 참조하라.

대개 이렇지 않다)[143] 우리의 방황하는 상상이 종종 그 역할을 대신하곤 하기 때문이다. 가령, 우리는 우리 운명을 향상시킬 수는 없다는 소극적인 공포만을 가지고 있다가도, 공포가 희망보다 우세해지면 쉽게 이 소극적 공포에서 우리 눈앞의 상황이 악화되는 데 대한 적극적 공포로 이행한다.[144] 마지막으로, 그리고 특히, 별도로 고려된 우리 욕망들 각각에 대해 유도 감정이 우세하지 않은 때가 있다 하더라도, 이는 해당 시기 우리 욕망들 전체를 고찰하는 경우에는 유효하지 않기 때문이다. 실상 우리는 거의 대개 다수의 사물을 탐내며,[145] 또한 이 다양한 요구들 간의 연관이 아무렇게나 이루어지지도 않는다. 긴급한 것들 간에도 위계가 있는 것이다. 임박한 악에 대한 공포에 강박적으로 시달린다면, 우리에겐 더 좋은 미래를 생각할 시간은 거의 없을 것이다. 하지만 위험이 멀어지자마자, 우리는 그때까지 감히 꿈도 꾸지 못했던 미래의 선에 대한 희망에 다시금 빠져 들 것이다. 가령, 대내외적 평화의 시기, 생존에 대한 공포가 줄어들면 우리는 곧장 문명의 편의를 열망하게 된다.[146] 따라서 일반적으로 말해, 공포-희망의 쌍에서 희망이 우위를 점할 때마다, 새로운 희망-공포의 쌍이 출현한다. 따라서 전체적으로 보면 결국 우리 희망이 지닌 강도의 합

---

143) 가령, 이상적 귀족정에서는 귀족의원이 불명예스런 일에 연루된 적이 없다 해서 어떤 특별한 자격을 얻는 건 아니다.
144) "그런 다음, 그들은 아주 사소한 동기만으로도 금방 다시 희망을 얻고 혹은 다시금 끔찍한 공포에 빠진다"(『신학정치론』 서문[G III p. 5/P p. 663]).
145) "… 인간은 수많은 변용들/정서들에(*affectiones*) 종속되며, 따라서 늘 하나의 동일한 변용/정서에(*affectu*) 사로잡히는 사람은 거의 찾아보기 어렵긴 하지만 …"(『윤리학』 4부 정리 44의 주석).
146) "사실 평화의 시기에 사람들은 공포에서 놓여나, 사납고 야만적인 상태에서 점차 공손한 혹은 온화한(*civiles seu humani*) 상태로, 온화한 상태에서 다시 무르고 타성적인 상태가 되며, 다른 자들을 덕이 아니라 교만과 사치로 능가하는 데 몰두한다"(『정치론』 10장 4절 [G III p. 355/P p. 1093]).

대 공포가 지닌 강도의 합의 비율은 대략 희망-공포 쌍의 합 대 공포-희망 쌍의 합의 비율과 동일하다. 따라서 더 간편하게는, 이 두 쌍의 양자택일은 서로 겹친다고 해도 무방할 것이다.

넷째, 희망과 공포는 두 가지 상이한 동기에서 생겨날 수 있다. 스피노자가 말하듯, 우리가 매우 확실하게 우리의 실존을 계획할 수 있다면, 또는 우리에게 늘 운이 따라 준다면, 희망과 공포는 (더불어 미신도) 결코 출현하지 않았을 것이다.[147] 절대적 안심은 우리가 자기 자신과 우주를 신뢰할 때만 가능하다. 다시 말해서, 우리가 목표를 추구하면서 우리 능력 내에 있는 수단들을 늘 적재적소에 배치할 수 있다고 자부할 때, 이와 동시에, 이 도구들이 우리와 독립되어 있는 물리적 실재이니만큼 우리가 이것들을 완전히 지배하지는 못한다 하더라도 자연과 '자연의 지배자'가 이것들을 늘 우리 성향에 맞게 조치해 놓았다고 믿을 때만 가능하다. 따라서 불확실성이 생겨나려면 이 두 믿음 중 적어도 어느 하나가 상실되어야 한다. 이에 대해 세 가지 경우가 가능하다. 첫째, 우리 자신의 힘을 의심하지만 우리가 스스로를 돕는 것과 무관하게 운명이 다소간 우리를 도와주리라 생각하는 경우. 둘째, 이 같은 기적적 가호를 의심하면서 우리 능력과 자원으로 사건을 지배할 수 있으리라 생각하는 경우. 셋째, 둘 다를 의심하면서 우리를 거역하는 환경에 대해 우리는 아무것도 할 수 없다고 여기는 경우. 그런데 실상 우리 자신에 대한 의심은 자연에 대한 의심이 있어야만 생겨날 수 있다. 만일 우리가 우리 수단들의 무오류성을 믿지 않는다면, 이는 과거의 경험에서 이 수단들이 우리가 기대했던 결과를

---

147) "사람들이 자신의 모든 일을 확실한 계획에 따라 꾸려갈 수 있기만 하다면, 혹은 그들에게 늘 운이 따라 준다면, 그들은 결코 미신에 빠지지 않을 것이다"(『신학정치론』 서문[G III p. 5/P p. 662]).

늘 가져오지는 못했기 때문이다.[148] 그런데 만일 이 수단들이 그런 결과를 가져오지 못했다면, 이는 예측 불가능한 환경이 문제의 주어진 여건을 변경해 버렸기 때문이다.[149] 따라서 우리 자신의 무력함에 대한 경험은 사건의 변덕에 대한 경험을 전제하며, 사건의 변덕에 대한 경험이 모든 것을 이끈다. 그러므로 첫번째 경우, 우리 자신의 힘과 관련된 불확실성은 우리를 많이 변용시킬 수는 없는데, 왜냐하면 자연에 대한 우리의 믿음은 거의 훼손되지 않았기 때문이다. 두번째 경우, 자연과 관련된 우리의 불확실성도 그다지 클 수 없는데, 왜냐하면 이는 우리 자신에 대한 신뢰를 뒤흔드는 데까지 이르지는 못했기 때문이다. 단지 세번째 경우에서만 우리는 심각하게 불안해 한다. 세계가 우리에게 해결할 수 없는 문제를 제기할 때, 우리는 무엇을 해야 할지 모르며 도움에 호소하는 일밖에 할 수 없는 것이다.[150] 따라서 이 삼자택일도 역시 첫번째 양자택일과 겹치는 셈이다. 처음 두 경우는 우리가 마주하는 상황의 유형에 따라 두 가지 상이한 방식으로 변양되기는 하지만 어쨌든 희망이 공포보다 우세한 경우에 해당된다. 그리고 세번째 경우는 우리가 우리 자신의 취약함을 처참하게 체험했던 유일한 경우로, 공포가 희망보다 우세한 경우에 해당된다.

　　마지막 다섯번째, 스피노자는 미래 일과 관련된 희망이나 공포와, 과거 일과 관련된 희망이나 공포를 구별한다.[151] 그렇지만 사실 여기서 말하

---

148) "… 대개 경험이 더 많은 자일수록 사태를 미래적인 것으로나 현재적인 것으로 응시하면서 동요하며, 사태의 결말에 대해서 아주 많이 의심하곤 한다"(『윤리학』 3부 정리 18의 주석 1).
149) 『윤리학』 2부 정리 44의 주석을 참조하라. 〔옮긴이〕 원문에는 정리 44의 주석 1로 되어 있으나 이는 잘못된 표기이다.
150) 『신학정치론』 서문[G III p. 5/P p. 662]을 참조하라.
151) 『윤리학』 3부 정리 18의 주석 2, 그리고 감정들에 대한 정의 12~13항.

는 과거는 우리에게는 여전히 미래다. 왜냐하면 우리는 이 과거에 대해 아직 우리에게 도달하지 않은 정보를 기대하고 있기 때문이다. 이렇게 볼 때, 과거는 우리가 더 이상 변경할 수 없다는 점에서만 미래와 구별된다. 따라서 과거에 대해서는 아무런 특별한 문제도 제기되지 않는다.

마지막으로 우리에게는 처음 두 쌍의 양자택일의 조합, 곧 순환적 진화의 네 국면이 남아 있다. 그리고 우리는 이를 좀더 구체적으로 기술할 수 있다.

처음에, 우리는 아무것도 의심하지 않는다. 우리는 어떤 것을 사랑하고, 그것을 차지하기를 욕망하며, 이미 그렇게 되기라도 한 양 미리 앞질러 그것에 대해 기뻐한다. 세계는 우리 성향에 맞게 이미 마련되어 있으며, 우리는 다만 그 열매를 주워 담기만 하면 된다. 물론 우리를 슬프게 하는 것도 있다. 그러나 우리는 이것도 너끈히 제거할 수 있다고 확신하면서 그것에 대해선 거의 생각하지 않는다. 우리는 강하다, 우리는 지혜롭다, 더구나 신들이 우리와 함께 한다. 그런데,

1. 우리가 처음으로 겪는 실패들은 우리를 깨어나게 한다. 거기에서 생겨나는 **상심**(conscientiae morsus)으로 말이다. 우리는 우리 자신이 모든 일을 다 할 수 있지는 않음을, 혹은 사건들이 늘 우리 뜻대로 되지는 않음을 알아차리는 것이다. 따라서 불확실성은 희망과 공포를 출현시킨다. 하지만 우리는 처음에는 과도하게 불안해 하진 않는다. 전체적으로는, 희망이 공포를 크게 압도한다. 예전에 우리에게 성공을 가져다 주었던 수단들이 효력이 없다는 사실이 때때로 드러났음을 잊어 버리고자 하면서 우리는 관례대로 그것들을 계속해서 사용하는 것이다. 그리고 일이 그 자체로든, 아니면 우리에게 새로운 아

이디어가 적시에 떠올라 주리라는 이유에서든, 결국은 잘 수습되리라 생각한다. 전체적으로 볼 때도 우리는 아직 공포 대신 희망에 집중되어 있다. 우리는 우리를 위협하는 요원한 위험에서 우리를 방어하려고 생각하기보다 우리 운명을 향상시키려고 생각하는 것이다. 요컨대 이는 우리가 "무르고 타성적이게"(molles et inertes)[152] 되는 평화로운 쇠퇴의 국면이다. 그러나 이는 위험이 분명해지고 실패가 누적된다는 점에서 평화가 차츰 사라지는 국면이기도 하다. 그 결과 공포도 완만하게 증가한다. 마침내 공포가 희망과 균형을 이루는 황혼의 순간이 도래한다.

2. 이 짧은 시기가 지난 후 공포가 우세해진다. 그것도 이중으로 말이다. 우선, 우리가 우리 수단들도 우리의 운세도 더 이상 신뢰하지 않기 때문이다. 더불어, 이제 더 이상 우리에게 아무 흥미도 자아내지 못하는 선을 획득하려 하기보다는 목전에 닥친 위험들에 맞서 우리를 방어하려 하기 때문이다. 공포는 증가일로에 있고, 우리는 어떤 해결책을 취해야 할지 모를 정도로 아주 곤란한 상황에 봉착한다.[153] 우리는 심리적 공황에 빠져 그야말로 터무니없는 제안조차도 따를 참이며, 아무에게나 조언을 구한다.[154] 그저 아무 데나 매달리는 것이다. 그렇지만 무위로 끝난다. 결국 완전한 절망이 도래한다.

3. 예측하지 못한 우연한 사건이, 거기에 수반되는 **만족**(gaudium)으로,

---

152) 앞의 주 146을 참조하라.
153) "… 그들은 종종 아무런 계획도 세울 수 없는 궁지로까지 내몰린다"(『신학정치론』 서문 [G III p. 5/P p. 662]).
154) "… 그러나 역경에 처하면 그들은 어디로 향해야 할지를 모르고, 아무에게나 조언을 간청하며, 제아무리 어리석고 터무니없고 공허한 조언을 듣더라도 이를 따르게 된다"(같은 곳).

우리의 낙담에 종지부를 찍는 작은 희망을 안겨 준다. 물론 아직까지는 희망이 공포보다 우세하지는 않다. 우리는 여전히 무능력하다고 느끼며, 우선은 거의 방어적인 일에 몰두한다. 그렇지만 적어도 우리는 '사나운 야만인'(feroces barbari)[155]처럼 열성을 다해 자신을 지킨다. 애초에 우리는 희망 때문에 힘든 노동을 수행했었지만, 이제 이 노동에서 얻은 성공이 다시 희망을 자극하여, 희망은 완만히 증가한다. 갈수록 우리는 덜 약하다고 느끼며, 장차 도래할 향상의 가능성을 진취적으로 내다보기 시작한다. 그런 다음 여명이 도래한다. 희망이 다시금 공포와 균형을 이루는 것이다.

4. 이 문턱을 넘어서면, 희망이 우세해진다. 우리는 기쁜 활동의 국면으로 접어든다. 우리는 수세에서 공세로 이행한다. 위험은 멀어지며, '평화의 시기에 공포에서 놓여나'(in pace deposito metu),[156] 우리는 이제 새로운 선을, 항상 더 새로운 선을 획득할 궁리만을 한다. 동시에 점점 더 우리 수단들의 효력을, 그리고 운명의 가호를 믿는다.

마침내 완벽한 안심이 도래한다. 공포가 없으므로, 이제 우리는 수고롭게 뭔가를 할 욕구도 느끼지 않는다. 다시 '무르고 타성적이게'(molles et inertes)[157] 되는 것이다. 또한 우리는 가증스러워진다. 과도한 자기맹신에 빠지고, 허세로 가득 차고, 허영에 부풀어 올라,[158] 우리의 현실적 무력함을 완전히 망각하고는, 너무나 잘나서 누군가 충고라도 해주면 이를

---

155) 앞의 주 146을 참조하라.
156) 『신학정치론』 서문[G III p. 5/P p. 662].
157) 같은 곳.
158) "… 스스로를 과신하면서 허세를 부리고 허풍을 떤다"(같은 곳).

전부 모욕으로 간주한다.[159] 하지만 착각은 오래가지 못하며, 사이클은 다시 시작된다.

이러한 기술(記述)을 개인적 차원에서 사회적 차원으로 이항해 봄으로써 우리는 차후 다음과 같은 순환적인 진화 과정을 이해하게 될 것이다. 곧 야만(3국면)에서 문명(4국면)으로, 그 다음 퇴락(1국면)으로, 그리고 예속으로 치닫는 첨예한 위기의 시기(2국면)를 지나, 다시금 이전의 야만으로 다소간 완결적으로 회귀하면서 사이클은 순환한다. 하지만 이 과정은 개인적 수준에서조차 아직은 추상적이다. 실상 희망과 공포의 사이클은 오직 현세적인 혹은 경제적인 관심의 차원에서만 가동되는 것이 아니기 때문이다. 여기에는 이데올로기적 구성 요소 또한 있으며, 이 역시 전자와 마찬가지로 사이클에 본질적인 것으로, 이것 없이는 사이클은 완결적으로 닫히지 못할 것이다. 그것은 곧 미신이다.

미신의 발생은 『신학정치론』 서문의 서두 — 이미 우리는 이 가운데 여러 단락을 종종 활용했다 — 에서 추적되고 있다. 이 텍스트는 『윤리학』 1부 부록과 판이하면서도, 다른 한편 그것을 완결시킨다. 1부 부록에서 스피노자는 '지배자들'에 대한 우리 믿음의 기원에 대해서는 해명했지만, 이 믿음의 구체적 내용(하나인가 다수인가? 누구인가? 등등)에 대해서는 설명하지 않았다. 우선 거기서 스피노자가 기술했던 세계관은 단지 신인동형론과 종교적 인간중심주의만을 특징으로 했을 뿐, 더 구체적으로 종별화되지 않았다. 그리고 이 세계관에는 스피노자가 이미 시사했듯

---

159) "… 대부분의 사람들은 아무리 경험이 미숙하다 할지라도 일이 번창할 때는 너무나 지혜로 넘쳐나서 행여 누군가가 그에게 조언이라도 해주려 하면 이를 자신에 대한 침해로 여길 정도이다"(같은 곳[G III p. 5/P p. 663]).

이[160] 미신의 가능성이 함축되어 있지만, 보편종교의 가능성 역시 함축되어 있었다. 그런데 『신학정치론』 서문에서는 이와 반대로 '지배자들'은 이미 있으며, 편견은 연역되는 대신 오히려 전제되는 반면, 이제 편견이 미신으로 변형되는 메커니즘의 정확한 본성이 설명되고 있다. 이는 물론 1부 부록에서는 다소 희미하게 제시되었던 것이다.

편견을 미신으로 변형시키는 원인에는 두 가지가 있다. 하나는 일반적 원인으로, 희망과 공포 사이의 항구적인 동요가 그것이다. 획득 여부를 결코 확신할 수 없는 외적인 "선"(善)을 우리가 욕망하는 순간부터, 우리는 이러한 동요를 필연적으로 겪을 수밖에 없다.[161] 그리고 이는 사이클의 네 국면이 경과하는 내내 미신이 유지되는 이유를 해명해 준다. 다른 하나는 더 특수한 원인이다. 운명의 장난 앞에서, 우리를 위협하는 무시무시한 위험을 어찌해 볼 수 없다고 느낄 때 사로잡히는 심리적 공황이 그것이다.[162] 여기서 우리는 더 구체적으로는 2국면으로 되돌아간다. 그러므로 미신은 일반적으로는 이 2국면이 경과하는 와중에 발생할 수밖에 없다. 이럴 경우 사태는 세 단계를 거친다.

우선 첫번째 단계, 우리는 초조하고 예민한 상태에 있다. 우리는 무엇을 해야 하는지 모르며, 하지만 또한 무엇을 해야 하는지 알아야 한다. 왜냐하면 필연적으로 우리는 공포에서 벗어나려고 노력하며, 공포가 강

---

160) "이렇게 하여 이러한 편견은 미신이 되고 …"(『윤리학』 1부 부록[G II p. 79/P p. 404]).
161) "… 그들이 과도하게 욕망하는 운의 불확실한 선 때문에 사람들은 대부분의 시기 희망과 공포 사이에서 비참하게 동요한다"(『신학정치론』 서문[G III p. 5/P, p. 662]). "사정이 이렇기 때문에, 특히 우리는 불확실한 선을 과도하게 욕망하는 자들이야말로 온갖 종류의 미신에 가장 심하게 빠져드는 자들임을 … 알게 된다"(같은 곳).
162) "… 그리고 특히 그들이 위험에 처할 때 그리고 스스로 자구책을 마련할 수 없을 때 …"(같은 곳, 그리고 앞의 주 153을 참조하라).

렬할수록 이 노력은 더 커지기 때문이다. 따라서 위험이 심각해질수록, 다른 이들이 주는 충고의 확실성을 가늠하는 기준은 덜 까다로워진다. 순전히 표상적인 의심의 상태에 있을 때도 벌써 아주 사소한 부추김조차 충분히 균형추를 기울게 할 수 있다. 하물며 이 의심이 정서적 색조를 띠게 될 경우 우리는 비판적 감각을 완전히 상실한다.[163] 그래서 우리는 아무에게나 아무 도움이나 간청하며, 누구든, 그가 어디를 가리키든 눈 딱 감고 따라갈 참이다.[164] 아마도 이를 위해 우리는 하늘이 점지해 둔 사람에게 호소할 수도 있을 것이다. 실상 대다수의 군주제는 바로 이렇게 해서 탄생한다.[165] 그런데 우리가 '자연의 지배자들'을 믿고 있는 이상(다시 한 번 말하지만, 이 믿음은 이 경우 전제되어 있다), 우리는 우선 이들을 향해 몸을 돌린다. 우리는 그들에게 제발 그들의 의도를 알게 해달라고 아녀자 같은 눈물로 애원한다.[166] 우리가 무엇을 해야 하는지, 우리 일이 과연 성공할지, 어떤 조건에서 성공할 수 있는지를 모종의 기호로 지시해 달라고 말이다.

그 다음 두번째 단계, 우리는 신이 우리에게 답한다고 믿는다. 이 단계에서는 감정연합 가운데 경우 3 ─ 아무것이나 우연에 의해 희망과 공포의 원인이 될 수 있다[167] ─ 이 작동할 것이다. 불안이 우리를 갉아먹고 있을 때 우리가 과거의 선이나 악을 상기시키는 사물을 지각하게 되면,

---

163) "의심에 휩싸여 있을 때 아주 사소한 충격에도 쉽게 이런저런 방향으로 기울어지며, 특히 희망과 공포에 휘둘릴 때 더욱 쉽게 그렇게 된다"(『신학정치론』 서문[G III p. 5/P p. 662]).
164) 앞의 주 154를 참조하라.
165) 『정치론』 10장 10절[G III p. 357/P p. 1096]을 참조하라.
166) "… 아녀자 같은 눈물로 신의 도움을 간청한다"(『신학정치론』 서문[G III p. 5/P p. 663]).
167) 『윤리학』 3부 정리 50.

이 사물의 이미지는 전이를 통해 우리를 기쁨이나 슬픔으로 뒤덮는다. 그 결과 이 이미지는 우리를 자극하는 공포-희망의 배합에 변경을 가져온다. 이 이미지가 우리에게 기쁨을 주는 경우 상황은 희망에 유리하게 돌아갈 것이고, 슬픔을 준다면 공포에 유리하게 돌아갈 것이다. 그리고 이럴 경우 우리는 이 이미지에서 성공이나 실패의 전조를 보게 된다.[168]

나아가 차후 이 이미지가 우리 안에서 되살아날 때마다 우리는 이를 같은 방식으로 해석할 것이다. 이것이 경험에 위배되어도 상관없는 일이다. 어차피 경험의 항변도 우리가 정서적으로 무관심할 때만 효력이 있을 테니까 말이다. 여하간 이 모든 것은 불확실성보다는 나으며, 우리는 문제의 사물을 결국 길조나 흉조로 간주할 것이다.[169] 따라서 신은 이미 스스로를 계시했던 셈이 된다. 그는 감각 세계에 직접 개입하여, 어떤 방향으로 우리 장래를 작정해 두었는지 우리에게 알려 주었던 것이다. 그런데, [3부] 정리 15에 따르면, 이 계시의 본성은 무진장 가변적이다. 이는 전적으로 해당 시기 우리가 느꼈던 불안과 그 이전 우리가 겪은 경험이 우리 각자 안에서 연접되는 방식에 달려 있기 때문이다. 우리는 (모세처럼)[170] 어떤 목소리나 (다윗처럼)[171] 어떤 영상을 신의 현현으로 간주할 수 있다. 그런데 이것들은 물론 때로 실재적일지 모르나(자연의 산출 능력은 무한하기에), 대개는 (요셉[172]이나 사무엘[173]의 경우처럼) 그저 우리 상상이

---

168) "… 왜냐하면 공포에 빠져 있을 때 그들에게 과거의 좋거나 나빴던 무언가를 환기시키는 일이 일어나는 것을 우연히 목격할 경우, 그들은 이것이 행복하거나 불행한 결말을 예고한다고 믿으며 …"(『신학정치론』 서문[G III p. 5/P p. 663]).
169) "… 이 때문에 그들은 설령 수백 번씩 속임을 당하더라도 여전히 이를 길조나 흉조라고 부른다"(같은 곳). 또한 『윤리학』 3부 정리 50의 주석을 참조하라.
170) 『신학정치론』 1장[G III p. 17/P p. 676].
171) 같은 곳[G III p. 19/P p. 679].

만들어낸 망상에 불과하거나 심지어 (아비멜렉의 경우처럼)[174] 몽상이기 마련이다. 이런 경우도 아니라면 우리는 어이없고 유치하게도 신이 동물의 내장, 바보, 광인, 새 등등을 통해 자신의 뜻을 알려 준다고 믿는다.[175] 마찬가지로 우리는 기괴한 특징으로 놀라움을 안겨 주는 사건들을 흉조라고 여기며 이를 신의 분노 때문이라 간주한다.[176] 그리고 여기서 우리는 A'_2군으로 되돌아간다.

마지막 세번째 단계, 우리는 이러한 신의 대답에 반응한다. 실상 천상에서 내려온 경고 앞에서 우리가 수동적으로 가만 있을 리 없다. 명심할 것은 여하한 기쁨에서든 여하한 슬픔에서든 욕망은 늘 작용하고 있다는 점이다. 따라서 우리는 길조는 재생해내고자 노력하며, 우리가 희망하는 것에 도달하기 위한 수단으로 이를 사용하고자 노력한다.[177] 그리고 흉조는 멀리하고자 노력하며[178] 과거 우리 경험에서 빌려 온 기술, 가령 희생제의나 서원(誓願)으로[179] 그 효과들을 몰아내고자 노력한다. 이렇게 해서 예지하는 주술은 속죄하는 주술이 된다. 그런데 이럴 경우 근본적인 문제가 등장한다. 신의 호의를 얻으려면 어떻게 해야 할까? 신이 우리를

---

172) 같은 곳.
173) 같은 곳[G III p. 17/P p. 677].
174) 같은 곳[G III p. 18/P p. 677].
175) "… 그들은 상상의 착란이나 몽상, 유치한 부조리에 빠져 있으면서도 오히려 신의 답변을 듣고 있다고 믿으며, 심지어 신이 지혜로운 자를 혐오하며 당신 뜻을 정신이 아니라 짐승의 내장에 새겨 놓았다고, 혹은 바보나 미치광이, 그리고 새들이 신의 숨결이나 영감을 통해 그것을 예언한다고 믿는다"(『신학정치론』 서문[G III p. 5/P p. 663]).
176) "더 나아가 아주 기괴한 일을 경탄하며 바라볼 경우, 그들은 이것이 여러 신들 또는 최고 신의 분노를 시사하는 경이로운 징조라고 믿으며 …"(같은 곳).
177) 『윤리학』 3부 정리 50의 주석.
178) 같은 곳.
179) "… 그리하여 … 희생물과 서원(誓願)으로 이[=신의 분노―옮긴이]를 진정시키지 않는 것을 불경으로 여긴다"(『신학정치론』 서문[G III p. 5/P, p. 663]).

5장 정념적 삶의 토대와 전개 201

도울 수밖에 없게 하려면 어떤 절차를 활용해야 할까? 흔히 그렇듯 신의 성향이 우리 마음에 들지 않을 때, 이 성향을 변경시키려면 어떤 방법에 호소해야 할까? 달리 말해, 우리가 신에게 어떤 "심리조작"을 가할 수 있을까? 그런데 이를 위해서는 신의 심리학을 알아야 한다. 그리고 이 심리학은 인간 상호관계들이 개입하는 여러 동기에 의존하는 만큼, 오직 B_1군의 정념들만이 우리 답변의 발생 과정을 해명할 수 있을 것이다. 당분간은 그저 우리가 문제를 우리 기질과 우리 이력에 따라 해결한다는 점만 인정해 두자.

이와 같이 '지배자들'에 대한 믿음이 공포에 의해 변양되어 미신을 발생시킨다. 미신은 신이 우리에게 언제나 그리고 무조건적으로 헌신적이지는 않다는 사실을 어쩔 수 없이 알게 될 때 출현한다. 미신은 이 가혹한 경험에 대한 방어반응이자, 신을 조종하여 이 경험을 치유하려는 노력으로서 등장한다. 이 노력은, 한편으로 신이 당신의 성향을 우리 눈높이에 맞추어 계시할 때 사용했을 법한 기호들을 우리 안팎에서 찾아보라고 우리를 충동질하며, 다른 한편으로, 이 기호들을 찾아냈다고 믿는 경우 적절한 기술을 동원하여 신의 의향을 변경시켜 보라고 우리를 부추긴다. 한편으로는 특별 계시에 대한 믿음, 다른 한편으로는 '지배자들'을 우리의 맹목적 욕망과 지칠 줄 모르는 탐욕(*avartia*)의 도구로 이용하기 위한 행위들의 체계,[180] 바로 이것이 미신을 구성하는 두 요소, 곧 이론적 요소와 실천적 요소이다. 이를 바탕으로 우리는 미신이 희망과 공포 사이클의

---

180) "이 때문에 각자는 신이 다른 자들보다 자기를 더 총애하도록, 그리고 자연 전체를 자기의 맹목적 욕망과 지칠 줄 모르는 탐욕을 만족시키게끔 이끌어 주도록, 신을 숭배하는 다양한 방식을 자기 기질을 바탕으로 고안하게 되었다"(『윤리학』 1부 부록[G II p. 79/P p. 404]). "다른 자들보다 더 총애하도록"이라는 정식은 B_2군의 수준에서만 납득될 수 있을 것이다. 뒤의 pp. 285~6를 참조하라.

상이한 여러 국면을 거쳐 가면서 어떻게 변천해 가는지 엿볼 수 있을 것이다.

미신은 2국면에서 생겨나 우리를 3국면으로 이행시킨다. 미신에 힘입어 우리는 다시금 희망을 품는다. 미신이 우리가 지어낸 것이라면, 이는 결국 "현세의 선"을 훨씬 더 효과적으로 추구하기 위한 것이다. 그러므로 미신은 탄생하자마자 우리가 이제부터 열 배 이상의 탐욕으로 몰두할 경제적 가치와 그 밖의 가치들을 추구하는 데 이내 재투자된다. 그렇다고 해서 미신의 유독성이 완화되진 않는다. 공포가 여전히 우세한 한, 미신이 전면적으로 지배하기 때문이다.[181] 차이가 있다면 다만 그것이 안정화되고 의례화된다는 점뿐이다. 이제 우리 수중에 의심할 수 없는 계시가 주어진 이상, 이 보물을 경건하게 보존하는 일이야말로 무엇보다 중요하다. 가령, 성스러운 텍스트의 구두점 하나도 소홀히 해서는 안 되며, 성서 자체가 새로운 숭배 대상이 된다.[182] 마찬가지로, 이제 우리는 어떤 절차로 신을 기쁘게 할 수 있는지 알고 있는 이상, 이런 속죄의 기술을 정확하게 준수하는 일 역시 무엇보다 중요하다. 가령, 무시무시한 화를 입지 않으려면, 사소한 몸짓 하나도 생략하거나 바꿔서는 안 된다. 그리고 이 국면을 거치면서 인민은, 가령 삶 전체가 복종의 영속적 제물이었던[183] 히브리 신정 같은 체제도 아주 달갑게 받아들이게 될 것이다. 그렇지만 이

---

181) "사람들은 오직 공포가 지속되는 동안에만 미신에 사로잡힌다"(『신학정치론』 서문[G III p. 6/P p. 664]).
182) 다음을 참조하라. "나로서는 오히려 정반대로 그들이 너무나 신성하고자 애쓴 나머지, 종교를 미신으로 둔갑시키는 건 아닌지, 더욱이 허상과 영상을, 다시 말해 종이와 잉크를 신의 말씀으로 숭배하기 시작하는 것은 아닌지 두렵다"(『신학정치론』 12장[G III p. 159/P p. 843]).
183) "… 그들의 삶은 계속되는 복종의 의례였다"(『신학정치론』 17장[G III p. 216/P p. 921]).

처럼 미신이 안정화될수록 사람들 사이의 불일치는 더 공고해진다. 왜냐하면 개인마다 민족마다 각기 '지배자들'의 현현을 어떤 방식으로 보았다고 믿느냐에 따라, 이 지배자들에게 특수한 얼굴을 부여하기 때문이다. 가령, 누구는 태양 혹은 달, 혹은 땅, 물, 공기를 숭배하고, 누구는 보이지 않는 신을 숭배하며,[184] 또 누구는 샤티용(Châtillon)이 자기 말에게 먹이로 주었던 신을 숭배한다.[185] 각자는 자기 나름의 계시와 의례를 가지고 있으며, 또한 거기에 고집스럽게 집착한다. 그리고 독특한 차이들에 대한 폐쇄적 집착이 보편적으로 만연한 가운데 공통분모는 뒤로 물러난다.

그런데 우리가 미신을 신뢰했던 정도만큼, 장기적으로는 미신의 기초도 허물어져 간다. 왜냐하면 이내 우리는 희망이 다시 우위를 점하는 4국면으로 접어들기 때문이다. 공포가 존속하는 이상 미신은 여전히 사라지지는 않지만, 어쨌든 차츰 완화되며 잠잠해진다. 생존투쟁의 혹독함이 누그러질 때, 우리는 어느 정도 여유를 갖게 되며, 이 여유 덕에 지상의 기쁨만이 아니라 사변에도 힘을 쏟는다.[186] 이럴 때 우리는 정리 16이 말하듯, 고난을 겪으면서 거의 망각해 버렸던 플라톤-아리스토텔레스적 세

---

184) 『신학정치론』, 6장[G III pp. 81~2/P p. 750].
185) 「편지」 76[G IV p. 319/P p. 1346]. [옮긴이] 이는 『신학정치론』 출간 후, 스피노자를 악령에 사로잡혔다고 간주하고 그를 가톨릭으로 개종시키려는 목적으로 보낸 알프레드 부르흐의 편지(「편지」 67)에 대한 스피노자의 답변에서 언급되는 사건이다. 새뮤얼 셜리에 따르면(Spinoza, *The letters*, trans. Samuel Shirley, Hackett Publishing Company, 1995), 이 사건은 1635년 5월 프랑스-네덜란드 군대가 벨기에에서 스페인 군대를 공격하면서 일어난 사건을 가리키는 듯하다. 여기서 말하는 샤티용은 가스파르 드 콜리니(Gaspard de Coligny)라는 프랑스 장군이다. 휘그교도였던 그는 정복한 마을을 휩쓸고 난 뒤 가톨릭의 우상 숭배에 대한 반감의 표시로 성체를 말에게 던져 주라고 명령했다. 스피노자에 따르면 물론 그러고도 그는 신에게서 벌받지 않았다. 따라서 신이 이처럼 피조물에게 먹히고 창자 속으로 들어가는 무력한 존재가 아니라 무한하고 영원한 한에서, 신에 대한 숭배는 오직 정의와 자비의 실천에만 있다는 것이 편지에서 이 사례가 인용되는 주된 맥락이다.

계관을 되찾게 된다. 이제 해야 할 일은 우리가 불행에서 얻은 새로운 믿음들을 이 세계관에 통합시키는 일이다. 이 경우 목적론적 편견의 두 지류, 곧 "형이상학적" 지류와 미신적 지류는 거의 동등한 힘으로 우리를 사로잡기에, 제기되는 문제는 이 두 지류를 화해시키는 일이다. 그리하여 상상적 계시를 재해석하여 여기서 상상적 철학의 "진리들"을 발견하려는 노력, 사이비-신앙과 사이비-이성을 조화시키기 위한 노력이 생겨난다.[187] 그 후, 균형추는 점점 더 사이비-이성 쪽으로 기울어진다. 그리고 미신은 애초 실패한 행위에서 생겨났던 만큼, 운이 우리에게 우호적일 경우 쓸모없는 사치품이 되며,[188] 우리를 따라다니던 오랜 공포의 환영들도 점점 덜해진다. 가령, 알렉산더 대왕은 다리우스 왕에게 승리하고 나서는 점쟁이들에게 조언을 구하지 않는다.[189] 불일치는 약화되고, 공통분모가 다시 출현하는 경향을 띠며, 우리는 보편종교—— 만일 이것이 이미 존재하고 있었다면 —— 가 가장 쉽게 확산될 수 있는 아주 특권적인 순간에 도달한다. 하지만 이 순간도 오래 가지 못한다. 왜냐하면 우리는 이번에는 지나치게 우리 자신을 신뢰하며, 성공에 도취되어 무신론으로 나아가기 때문이다.

무신론은 안심의 한계-국면에 상응한다. 우리가 환경을 전적으로

---

186) 여유가 사변에 필수적이라는 점은 『신학정치론』 19장의 다음 구절에서 부각된다. "그들이 종교 교리들을 너무나 많이 증가시키고 그것을 철학과 너무나 뒤섞은 나머지, 이 교리들에 대한 최고 해석자는 결국 최고의 철학자이자 신학자여야 했고 또한 무용한 사변들에 몰두해야 했는데, 이는 오직 여유가 많은 일반인에게(viris privatis)만 가능한 일이었다"(G III p. 237/P p. 950).
187) 가령 마이모니데스와 그 아류들은 "성서에서 오직 아리스토텔레스적인 헛소리와 그들 스스로가 지어낸 것을 쥐어 짜내는 데에만 관심이 있었다"(『신학정치론』, 1장[G III p. 19/P p. 679]). 또한 같은 책 7장[G III pp. 113~6/P pp. 785~9]을 참조하라.
188) 앞의 주 181을 참조하라.
189) 『신학정치론』 서문[G III p. 6/P p. 664].

지배한다면, 우린 결코 미신의 먹이가 되지 않을 것이다.[190] 또한 우리 자신이 세계의 지배자요 소유자라는 미망에 빠져 있는 한, 배후-세계는 전혀 우리 관심을 끌지 못한다. 그런데 미신이 사라질 때 '지배자들'에 대한 믿음 역시 더불어 사라진다. 아니 더 정확히 말해, 이 믿음은 우리가 사건들의 원인에 대해 따져 묻는 즉시 다시 출현할 태세를 하고서 잠복상태로 존속한다. 그런데 우리가 우쭐하게 자만에 빠져 있는 이상,[191] 우리는 더 이상 따져 묻지도 않는다. 우리는 무엇이든 알고 있고, 무엇이든 할 수 있고, 반성 없이 삶을 향유할 뿐이다. 그런데 무신론은 이와 다른 것이 아니다. 스피노자가 무신론자를 명성과 부의 추구에만 전적으로 몰두하는 자라 정의할 때,[192] 이는 단지 스스로가 무신론자가 아님을 보여 주어 악의적 비난에서 자신을 방어하기 위한 것만은 아니다. 무신론은 이론이기 이전에 우선은 실천적 태도이다. 미신적인 자들 역시 명성과 부를 탐욕스럽게 추구하되, 단 이를 획득하기 위해 '지배자들'에게 호소한다. 반대로, 무신론자들은 이 우회를 건너뛸 수 있다고 믿으며, 이 점에서 미신적인 자들과 구별된다. 그러나 목적론적 편견이 무지 및 정념과 분리될 수 없는 이상, 무신론자나 미신적인 자들이나 모두 사실상 동일한 세계관을 가지고 있다. 물론 미신적인 자들은 자기 번민을 투사시켰던 배후-세계에 강박적으로 사로잡히는 반면, 무신론자는 배후-세계를 망각하며 오히려 자기야말로 이 가소로운 '자연의 지배자들'의 '지배자'라 자임한다. 배후-세계에 대한 의식은 우리가 성공하느냐 실패하느냐 따라 희미해지

---

190) 앞의 주 147을 참조하라.
191) 앞의 주 158과 159를 참조하라.
192) "왜냐하면 무신론자들은 흔히 명예와 부를 지나치게 추구하는 자들이기 때문입니다"(「편지」 43〔G Ⅳ p. 219/P p. 1274〕).

기도 하며 생생해지기도 하는데, 무신론자는 성공한 미신적인 자이고, 미신적인 자는 운이 안 따라 준 무신론자일 뿐이다.

그런데 이 후자의 가능성 역시 조만간 실현되지 않을 리 없다. 실패의 여파로 미신은 잿더미에서 다시 살아난다. 상처 입은 알렉산더 대왕은 다시 점쟁이들에게 조언을 구한다.[193] 하지만 우리가 1국면에 머물러 있는 한, 사변할 만큼의 여유는 충분히 남아 있다. 따라서 4국면에서처럼 미신은 "형이상학적" 체계로 통합된다. 우리는 여전히 정리 16의 관할 하에 있는 것이다. 그렇지만 이제 균형추는 점점 더 사이비-신앙 쪽으로 기울며, 이는 신학적 발명에 대한 미친 듯한 열광으로 나타난다. 교회는 극장으로 타락하며, 이 극장에서는 박사의 말은 들리지 않고, 교설의 참신함으로 군중의 상상을 충격적으로 사로잡는 데만 급급한 웅변가의 말만 들린다.[194] 물론 이와 같은 열병은 아마도 최악의 정치적 조건에 의해 유지되고 조장될 것이다. 가령, 사제에게 과도한 고위직을 맡기는 경우가 그렇다.[195] 그런데 신학자가 교리상의 혁신을 기화로 승진을 도모하려 해도, 그러려면 일단 교리가 청중들의 실재 욕구에 부응해야 한다. 그리고 이 욕구의 뿌리는 명백하다. 즉 우리는 습관적으로 지녀 왔던 믿음으로도 몰아내지 못하는 점증하는 공포에 사로잡혀, 완전히 새로운 위안을 요구하기 시작하는 것이다.

마지막으로, 2국면에서 공포가 다시 우위를 점하고 우리가 또다시 심리적 공황에 빠질 때, 체계 역시 끝장난다. 정리 17에 나와 있듯, 우리는 일정 기간 관례적인 믿음과 당면한 요구 사이에서 동요하며, 그 다음

---

193) 『신학정치론』 서문[G Ⅲ p. 6/P p. 664].
194) 같은 곳[G Ⅲ p. 8/P p. 667].
195) 같은 곳.

엔 당면한 요구가 우세해진다. 곧 우리는 여전히 불행하며, 게다가 이제는 스스로가 근본적으로 무력하다고 의식하기에, 아직까지 우리를 기만하지 않은 새로운 미신을 위해 이전의 미신을 포기한다.[196] 그리고 순환은 다시 시작된다.

3) 동일시에 의한 파생

소외시키는[우리가 몰입하는] 대상과의 (긍정적 혹은 부정적) **동일시에 의한 파생**은 A_2군으로 형성되는 유사-세피로트 나무의 오른쪽 가지에 해당된다. 이는 전이에 의한 파생에 동반되며, 또 이를 완성한다. 그것은 전이에 의한 파생에서 도출되지도, 그렇다고 이를 이끌어 가지도 않으며, 다만 이에 평행하여 전개된다. 새로운 전이가 일어날 때마다 일련의 새로운 동일시가 시동되며, 그 역도 성립하는 것이다. 이를 다루는 정리군(群)은 그 자체 꼭대기가 잘려 나간 하나의 작은 유사-세피로트 나무로 제시된다. 이 나무는 수직적으로는 두 개의 열을 포함한다. 왼쪽 열(정리 19, 21, 22, 25)은 사랑하는 대상에 대한 긍정적 동일시를 다루며, 오른쪽 열(정리 20, 23, 24, 26)은 미워하는 대상에 대한 반(反)동일시를 다룬다. 이 나무는 수평적으로는 세 단계를 차례로 보여 주는데, 동일시의 기원(정리 19, 20)—전개(정리 21~24)—귀결(정리 25, 26)이 그것이다.

동일시의 기원은 아주 단순하다. 사랑하는 대상의 보존은 우리를 기쁘게 하고, 상실은 우리를 슬프게 한다.[197] 이는 더 없이 자명하다. 우리

---

[196] "사람들이 어떤 종류의 미신에도 쉽게 사로잡히는 만큼, 반대로 그들이 어느 한 미신을 고수하도록 하는 것 또한 어렵다. 게다가 우중(愚衆)은 늘 마찬가지로 비참한 상태에 처해 있기에, 그들은 단 한 순간도 만족하지 못하고 오직 혁신적이며 아직까지는 기만당하지 않은 것만을 좋아한다"(『신학정치론』 서문[G III p. 6/P p. 664]).

코나투스가 사랑에 의해 변양될 때 그것은 사랑하는 대상을 가능하면 가장 생생하게 상상하려는 노력이 되는 이상, 이 사물의 실존을 정립하는 모든 이미지는 이 노력을 촉진시키며 이를 배제하는 모든 이미지는 이 노력을 방해하기 때문이다. 그리하여 이제부터 향후 우리 행위는 우리 욕망이 고착되는 대상의 현신(現身)들에 의해 전적으로 지배될 것이다. 또한 이 대상이 파괴의 위협을 받으면, 우리는 그것을 방어하기 위해서 모든 자원을 동원할 것이고, 이 대상이 위험에서 벗어나면 우리는 마치 우리 자신이 그 원인이었던 양 이를 자축할 것이다. 이제 상황은 마치 우리 코나투스가 대상의 코나투스와 동일해지기라도 한 듯이 돌아가며, 여기에서 더 나아가 우리는 스스로를 급기야 이 대상과 자발적 의지로 결합시키기에 이른다—사랑에 대한 데카르트의 정의[198]는 비록 이 정념의 본질을 표현하지는 않더라도, 적어도 이 점에서는(단, "의지"라는 말에 데카르트와는 다른 의미를 부여한다는 조건에서) 사랑이 지닌 매우 중요한 한 가지 특징을 부각시켜 준다.[199] 그러므로 사랑은 본성상 소유적임에도 불구하고 외관상으로는 헌신적 무사심(無私心)의 제반 특징을 띠고 발현된다. 이렇게 하여 헌신, 극기, 희생처럼 보편적 이기주의의 관점에서는 납득하기 어려워 보일 수도 있었던 여러 행위들이 해명된다. 우리가 사랑하는 존재자가 객관적 가치의 구현체로 우리 앞에 등장하는 순간부터, 우리에게 그 존재자는 모든 것을 무릅쓰고서, 극한적으로는 우리 생명을 바치고

---

197) 『윤리학』 3부 정리 19.
198) [옮긴이] 데카르트의 정념론에서 사랑은 다음과 같이 정의된다. "사랑이란 정기의 운동으로 야기되어, 영혼으로 하여금 자신에게 합치해 보이는 대상에 자발적 의지로 결합하도록 부추기는 영혼의 감정이다"(『정념론』 *Les passions de l'âme*, 2부 79항).
199) 『윤리학』 3부 감정들에 대한 정의 4항의 해명을 참조하라.

서라도 보존-되어야-하는-것으로 나타나게 된다. 그래서 우리는 조국애란 순전히 풍문에 의한 것에 불과한데도[200] 조국을 위해 죽으며, 군주의 교만을 떠받치기 위해 피 흘리는 것도 영예롭게 여긴다.[201] 심지어 우리 목숨까지도 경제적 재화의 제물로 삼는 부조리의 극치에 이르기도 한다. 탐욕(avaritia)이 강박적이 될 때, 그것은 우리 신체의 보존까지 등한시하게 하는 것이다.[202] 여기에는 일종의 정언명령 같은 것이 있으며, 그 기원은 오직 "가치들의 부름"에 결부시킴으로써만 납득될 수 있다. 곧 가치 있는 것을 위해서는 어떤 희생도 무릅쓸 만하다는 건 두말 할 필요도 없으니까.

이와 대칭적으로 우리가 미워하는 대상의 파괴는 우리를 기쁘게 한다.[203] 그리고 우리는 동일한 메커니즘에 따라 반(反)가치와의 투쟁에 모든 것을 바친다.

그런데 우리가 사랑하거나 미워하는 존재자가 적어도 우리만큼 감정을 겪을 능력이 있을 경우, 동일시는 더 복잡하게 전개된다. 사실, 이럴 경우 이 존재자는 전부 아니면 전무의 법칙에 따르는 대신, 현실화의 여러 수준에서 가동될 수 있고 한 수준에서 다른 수준으로 이행할 수 있다. 그런데 그가 겪는 정념의 추이에 우리도 그저 무심할 리 없다. 그가 기쁘다고 상상하는 것은 그의 보존이 전보다 더 확실해졌다고 상상하는 것이며, 그가 슬프다고 상상하는 것은 그의 소멸이 진행되고 있다고 상상하는

---

200) 『소론』 2부 3장 5절[P p. 104].
201) "… 그리하여 그들은 마치 구원을 위한 것인 양 예속을 위해 싸우며, 한 인간의 허세를 위해 피와 생을 바치는 것이 치욕이기는커녕 최고의 영예라고 여기도록 …"(『신학정치론』 서문[G III p. 7/P p. 665]).
202) 『윤리학』 4부 부록 29절.
203) 『윤리학』 3부 정리 20.

것이다. 따라서 우리는 사랑하는 존재자의 기쁨에 기뻐하고, 그의 슬픔에 슬퍼한다.[204] 전자와 같은 감정을 칭하는 일상 어휘는 없으며, 후자는 특수한 형태의 연민이다.[205] 그 결과, 우리는 사랑하는 존재자를 기쁘게 해주는 대상을 사랑하며, 그를 슬프게 하는 대상을 미워한다.[206] 이것이 곧 특수한 형태의 **호의**와 **분개**이다.[207] 이와 대칭적으로, 우리는 미워하는 존재자의 슬픔에 기뻐하고 그의 기쁨에 슬퍼하며,[208] 그를 기쁘게 하는 것을 미워하며 그를 슬프게 하는 것을 사랑한다.[209] 이는 **시기심**과 결부되는 감정들이다.[210]

그런데 여기서 말하는 대상이란 정확히 무엇인가? 우리가 무언가의 감정을 상상한다고 할 때, 이 무엇에는 당연히 인간도 포함되지만 단지 인간만 포함되는 것은 아니다. 정리 21~24는, 우리가 종종 (물론 미신 때문이 아니라) 아녀자 같은 연민 때문에 차마 죽일 수 없는 친근한 동물[211]에도 해당될 수 있고, 인간의 모습을 한 '지배자들'에도, 심지어 우리가 신화적으로 영혼의 상태를 귀속시키는 무기물에도 해당될 수 있다. 그런데 무엇보다도 강조해야 할 점은 우리 유사한 것들[인간]이 관련될 때조차 스피노자가 당분간은 그것들을 **우리와 유사한 한**에서 고찰하지는 않는다는 점이다. 스피노자가 **여기서** 해명하고 있는 동일시는 이를 유발하는

---

204) 『윤리학』 3부 정리 21.
205) 『윤리학』 3부 정리 22의 주석.
206) 『윤리학』 3부 정리 22.
207) 『윤리학』 3부 정리 22의 주석.
208) 『윤리학』 3부 정리 23.
209) 『윤리학』 3부 정리 24.
210) 『윤리학』 3부 정리 24의 주석.
211) "… 이로부터, 짐승의 살육을 금하는 법은 건전한 이성보다는 공허한 미신과 아녀자 같은 연민에 토대를 두고 있다는 점이 명백해진다"(『윤리학』 4부 정리 37의 주석 1).

존재자들의 종별적인 인간 본성에서 도출되지는 않는다. 설령 그들의 감정이 우리 감정에 반향을 미친다 하더라도, 이는 아직까지는 그들이 우리와 같은 인간이기 때문이 아니라 그저 마주침의 우연에 따라 그들을 사랑하거나 미워하게 되었기 때문일 뿐이다. 여느 것과 마찬가지로 말이다.

따라서 스피노자가 말하려는 것은 사람들 사이에 (유사성을 토대로 한) 고유한 의미의 인간적인 상호관계가 구성되기 이전에도 **전(前)-인간적인 관계**가 맺어진다는 점이다. 우선 긍정적 동일시를 보자. 스피노자는 분명 성적 관계와 가족 관계를 염두에 두고 있다. 나는 사랑하는 여인의 감정을 공유한다. 하지만 이는 그녀가 인간이기 때문이 아니라, 언젠가 나에게 쾌락을 선사했던 적이 있기 때문이다. 물론 차후에 성적 사랑은 대상이 인간이라는 데 기인하는 고려들로 복잡해지긴 하지만(B_2군에서 탐구될 질투가 그렇다), 여하간 이 사랑으로 수립되는 공동체는 처음에는 순전히 생물학적이다. 부모-아이의 공동체도 마찬가지다. 어린아이인 우리는 아마도 부모가 우리를 길러 준다는 이유로 부모에 대해 사랑을 느낄 것이고, 이 사랑은 사춘기라는 위기의 순간 상당 정도 흔들리기도 하지만,[212] 결코 우리에게 존속살해를 교사할 수 없을 정도의 강한 흔적을 남긴다.[213] 나아가 이 사랑 때문에 우리는 가정환경에서 유래한 가치체계를 자생적으로 채택하기도 한다. 가령 우리는 부모가 사랑하는 것과 그들이 좋다고 말해 주는 것을 그저 듣기만 하고서도 사랑한다.[214] 부모의 자식사랑의 경우, 스피노자는 그 기원에 대해서는 해명해 주지 않지만, 여하간 그것은 자식의 부모사랑보다 훨씬 강하다. 게다가, 여기서 일어나는 동일

---

212) 『윤리학』 4부 부록 13절을 참조하라.
213) 『정치론』 3장 8절을 참조하라.
214) 『소론』 3부 5절.

시는 진정한 영혼의 융합에까지 이를 수도 있으며, 이는 3종의 인식에서 생겨나는 융합을 이미 정념적 삶의 수준에서 예고하고 있다. 가령 아버지와 아들이 단 하나의 동일한 존재를 형성하고, 아버지의 영혼이 아들의 이상적 본질에, 이 본질의 변용들과 이 변용의 귀결들에 참여하는 것이다. 물론 예외적이긴 하지만, 아버지가 가까운 미래에 아들에게 닥쳐올 중요한 사건들을 이미 눈앞에 있는 듯 느낄 수 있는 경우가 바로 이 융합에 해당한다.[215] 가족적 유대는, 다른 모든 조건들이 같다면, 일반적으로 우리 본성 안에 각인되어 있다. 그렇기에 어떤 정치체제든 혈연주의를 뿌리 뽑겠다고 나서 봐야 이는 무위에 그칠 것이며,[216] 할 수 있는 일이란 다만 그 효과를 완화시키는 정도뿐이다. 따라서 가족은 홉스에게서처럼 일종의 사회계약의 결과로 생기는 것이 아니라,[217] 오히려 자연 상태 자체와 동시적인 것 같다. 그리고 가족을 구성하는 관계들은 이후 정치사회를 발생시키는 문제들을 낳을 보다 복잡한 관계들에 논리적으로 선행한다.

반면, 스피노자는 고유한 의미의 인간적인 상호관계에 선행하는 부정적 동일시에 대해서는 아무 사례도 제시하지 않는다. 하지만 아마도 그는 가장 기초적인 형태의 "생존투쟁"을 염두에 두고 있는 듯하다. 내 식량을 무력으로 강탈해 간 사람을 내가 시기한다면, 이는 그가 인간이라는 것과는 전혀 무관하다. 만일 그것이 동물이라 해도, 나는 똑같은 감정을 느낄 것이다.

---

215) 「편지」 17 전체[G IV pp. 76~8/P pp. 1171~3]를 참조하라.
216) 귀족정과 과두적인 "민주정" 간에는 실질적으로는 큰 차이가 없다. 왜냐하면 "귀족들에게는 부유한 자, 혹은 혈연적으로 자신과 가까운 자, 혹은 자신들과 우애를 맺은 자들이 가장 훌륭해 보일 것이기"(『정치론』 11장 2절[G III p. 359/P p. 1098]) 때문이다. 이 가운데 우리 논의와 관련되는 지점은 오직 두번째 부분이다.
217) 홉스, 『리바이어던』 2부 20장, p. 105를 참조하라.

그러므로 인간에게 있긴 하지만 딱히 인간의 종별적 특성은 아닌 무언가에 토대를 두는 공동체, 따라서 인간 외에도 동물과 사물 역시 포괄할 수 있는 원초적인 생물학적 공동체들이 있다. 가령, 농부, 그의 가족, 그의 가축, 그의 밭, 그의 우상 사이에 성립하는 공동체가 그렇다. 하지만 이와 같은 공동체에서 진정한 사회성은 탄생할 수 없을 것이다. 진정한 사회성은 전혀 다른 기원에서 생겨난다. 다른 한편, 마찬가지로 순전히 생물학적인 갈등도 있다. 가령 사냥꾼과 야생 짐승 간의 갈등, 또는 똑같은 사냥감을 놓고 다투는 두 사냥꾼 간의 갈등이 그렇다. 그렇지만 역시 순전히 생물학적인 갈등에서는 만인의 만인에 대한 전쟁이 탄생할 수 없을 것이다. 이 전쟁은 전혀 다른 동기들에서 생겨난다. 스피노자는 바로 이런 이유 때문에 —— 적어도 우리가 보기에는 —— 연민, 호의, 분노, 시기심을 두 형태로 구분한다. 하나는 정황적인 형태로, 이는 사랑과 미움에 기인하며, 정리 21~24에서 해명된다. 다른 하나는 고유하게 인간적인 형태로, 정리 27과 32에서 해명될 것이며, 이는 유사성으로 설명된다. 물론 유사성에 의한 동일시에 의해 이미 새로운 미움과 우정이 생겨났다면, 이 감정들은 다시 부수적으로 정황적인 동일시를 일으킬 것이다(정리 45). 하지만 후자가 반드시 전자 뒤에 일어나지는 않으며, 이 때문에 스피노자는 이 정황적인 동일시를 유사성에 의한 동일시보다 먼저 탐구한다. 요컨대 정황적인 동일시는 우리가 다른 인간들과 맺는 관계만이 아니라, 그 어떤 대상과 맺는 관계에도 관여한다.

마지막으로, 동일시의 귀결은 아주 중요하다. 우리가 사랑하는 존재자의 기쁨에 기뻐하는 이상, 우리는 그 존재자가 기뻐한다고 상상하고자 노력하며, 또 이 상상에 대립되는 것이 없다면 그 존재자가 기뻐한다고 실제로 상상한다. 우리는 착각에 빠져, 우리가 사랑하는 존재자를 우리가 "선"이라고 간주하는 모든 것들로 치장한다.[218] 이와 대칭적으로, 우리가 미워하는 존재자에게는 우리가 "악"이라고 간주하는 모든 것을 귀속시킨다.[219] 여기서 **과대평가**와 **무시**가 도출된다. 과대평가란 사랑 때문에 타인에 대해 정당한 것 이상으로 평가하는 것이고, 무시는 그 반대이다.[220] 그런데 친구를 칭송하고 적을 깎아내리면서 우리는 또한 우리 자신을 과대평가한다. 왜냐하면, 우리 상상은 순전히 허구적으로 우리 자신을 기쁨의 원인으로 지어내기 때문이다.[221] 나아가 이 자기-찬미는 어떠한 감정도 느낄 수 없는 존재자를 우리가 사랑하거나 미워하는 경우에도 개입한다. 곧 우리가 사랑하는 대상의 실존은 우리를 기쁘게 하는 이상, 일반적으로 우리는 불가항력적으로 그렇다고 믿는 경향이 있으며, 장애물이 없다면 그렇게 믿는다. 이렇게 하여 **오만**이 생겨난다. 이는 일종의 깨어 있는 꿈으로, 이를 통해 우리는 우리 자신이 그 세계의 가능한 모든 "선"을 소유하는 신화적 우주를 만들어낸다.[222]

그런데 오만한 자기-기만은 사실에 의해 무참히 깨질 경우 종종 정반대의 것으로 바뀐다. 오만은 **굴욕**으로 대체된다. 굴욕은 마조히스트적인 자기-기만인데, 이 때문에 우리는 마찬가지로 착각에 빠져 우리 자신

---

218) 『윤리학』 3부 정리 25.
219) 『윤리학』 3부 정리 26.
220) 『윤리학』 3부 정리 26의 주석, 그리고 3부 감정들에 대한 정의 21항과 22항.
221) 정리 25의 진술 부분에서 "de nobis"(우리 자신에 대해)라는 말이 삽입되는 것도 이 때문이다. 〔옮긴이〕 3부 정리 25 : "우리는 우리 자신에 대해(de nobis), 그리고 우리가 사랑하는 것에 대해, 우리 자신이나 우리가 사랑하는 것을 기쁨으로 변용시킨다고 상상하는 모든 것을 긍정하고자 노력하며, 역으로 우리 자신이나 우리가 사랑하는 것을 슬픔으로 변용시킨다고 상상하는 모든 것을 부정하고자 노력한다".
222) 『윤리학』 3부 정리 26의 주석, 그리고 3부 감정에 대한 정의 28항.

이 온갖 "악"에 시달리고 있다고, 타인에게 경멸받고 있다고, 장차 어떤 일을 해도 잘될 리 없다고 상상하면서 우리의 실패를 부풀린다.[223] 물론 이 감정은 매우 드물다. 왜냐하면 인간 본성은 할 수 있는 한 이 감정에 저항하기 때문이다.[224]

주지하듯, 오만-굴욕의 사이클과 희망-공포의 사이클 사이에는 매우 직접적인 연관이 있다. 오만은 안심과 실천적 무신론의 한계-국면에 상응하며, 이는 우리가 전 우주의 주인이라는 착각을 심어 준다. 반면, 굴욕은 비등한 미신과 절망의 한계국면에 상응하며, 이는 우리가 신들 앞에서 근본적으로 무력하다고 느끼게 하고 이 신들에게 "굴욕적으로"(여기서야말로 이 단어는 온전한 자기 말뜻대로 쓰이는 셈이다) 종속된 위치에 있다고 여기게 한다. 그런데 오만-굴욕의 사이클은 희망-공포의 사이클을 반영하는 동시에 왜곡한다. 우선, 오만의 영향 하에서 안심은 4국면과 1국면을 잠식하는 경향을 띠며, 반면 굴욕에서 벗어나려는 노력 덕분에 웬만하면 우리는 절망을 피할 수 있고 2국면에서 곧장 3국면으로 이행할 수 있다. 또한 우리는 희망하는 것은 쉽게 믿어 버리고 두려워하는 것은 쉽게 믿지 못하며,[225] 특히 기괴한 사건이 우리에게 유리한 것일 때는 이를 신의 현현으로 간주한다.[226]

이렇게 해서 A_2군을 이루는 두 개의 가지는 합류하며, 이 결합은 바로 정리 50을 통해 이루어진다. 정리 50의 주석은 미신을 희망과 공포에 대한 분석과 결부시키면서 미신이라는 통념을 명시적으로 도입하는 한

---

223) 『윤리학』 3부 감정들에 대한 정의 28항(해명)과 29항.
224) 『윤리학』 3부 감정들에 대한 정의 29의 해명.
225) 『윤리학』 3부 정리 50의 주석.
226) 『신학정치론』 6장의 다음과 같은 표현을 참조하라. "특히 그것이 그들의 이익이나 편의에 맞을 경우 그렇다"[G III p. 81/P p.749].

편, 이와 동시에 다른 한편으로는 오만이 우리 믿음의 내용에 미치는 효과를 언급하고 있기 때문이다. 따라서 정리 50은 A_2군의 일반적 결론으로 간주될 수 있다. 그렇다면 왜 스피노자는 정리 50을 A_2군[정리 13~정리 26의 주석]에서 한참 떨어진 뒤쪽에 위치시켰을까? 만일 그가 시각적으로 3부 전체를 우리 그림에 나타난 유사-세피로트 도식에 따라 재현한다고 보아도, 이는 실상 전혀 놀라운 것이 아니다. 정리 50은 정리 49와 동일한 수평축에 위치하며, 정리 49가 B_2군에서 수행하는 것과 같은 기능을 A_2군에서 수행하므로,[227] 논증적 전개상에서는 아주 자연스럽게 정리 49 다음에 오는 것이다.

3. 인간 상호적인 정념적 삶의 토대(B_1군)

엄밀한 의미에서의 B_1군을 다루기에 앞서, 별도로 정리 28을 부각시킬 필요가 있다. 이 정리에 따르면, 우리는 우리를 기쁨으로 인도한다고 상상하는 모든 것을 산출하려고 노력하며, 슬픔으로 인도한다고 상상하는 모든 것을 물리치거나 파괴하고자 노력한다. 이는 사랑과 미움에 대한 정의에서 곧바로 따라 나온다. 주지하듯, 어떤 사물을 사랑하거나 미워한다는 것은 곧 그 사물을 상상하거나 상상하지 않으려고 노력한다는 것이다. 그런데, 스피노자의 평행론에 따르면, 우리 영혼의 이러한 노력은 우리 신체상에서도 사랑하거나 미워하는 대상의 산출이나 파괴를 지향하는 운동을 수반할 수밖에 없다. 물론, 역시 주지하듯, 아무런 장애에도 부딪치지 않는다면 우리는 우리 욕망이 이미 실현되었다고 착각하면서 공상적

---

227) 뒤의 pp. 300~1를 참조하라.

으로 반추해 보고 말 수도 있다. 이럴 경우 이에 상응하는 신체 운동은 단지 맹아적 상태에 머문다. 그렇지만 우리 노력이 만일 사라지지 않으려는 이미지들과 상충한다면, 이 노력은 필연적으로 분명해질 수밖에 없고 주위 환경을 실제로 변경하는 쪽으로 나갈 수밖에 없다. 오만한 꿈이 굴욕으로 대체되지 않는 한, 우리는 꿈에서 실천적 활동으로 옮겨 가는 것이다. 사실상 우리는 이 진리를 오래 전부터 알고 있었다. 이 진리는 정리 13의 주석 말미에서부터 예고되었으며, 우리가 A$_2$군을 설명할 때도 이를 사용하지 않기란 어려운 일이었다. 그런데 스피노자가 지금까지 이 진리를 엄밀하게 증명하지 않았다면, 여기에는 그럴 만한 까닭이 있다. 그렇게 함으로써 그는 우리 감정이 오로지 인간 상호적인 맥락에서만 **행동/현실태**(actes)에 이른다는 것을 보여 주고자 했던 것이다. 앞선 두 그룹 A$_1$과 A$_2$에서 본 것은 단지 추상에 불과했다. 자연 앞에 선 단독적 개인만을 다루었기 때문이다. 하지만 이는 정당한 추상이며, 더욱이 발생적 재구성을 위해서는 필수 불가결한 추상이다. 왜냐하면 홀로 있는 개인에서 출발할 때 이해되는 바를 조명할 필요가 있었고, 또한 소외는 그 자체로는 개인적이기 때문이다. 하지만 이는 결국 추상에 불과한데, 왜냐하면 실상 개인은 자연 상태에서조차 혼자가 아니기 때문이다. 우리는 부득이한 경우 고독하게 **상상할** 수는 있다. 그렇지만 우리 기획이 행동으로 옮겨져야 할 때가 오자마자, 이 기획은 다른 인간의 기획들과 충돌하며, 이것들과 타협하거나 타협될 수밖에 없다. 정리 28이 이처럼 행동으로의 이행이론을 제공하는 이상, 그것이 3부의 중심에 위치하면서 요충지의 역할을 수행하며, 개인적 삶과 인간 상호적인 삶의 연결점에 위치한다고 보는 것은 정당하다. 스피노자가 3부를 시각적으로는 〈그림 1〉이 보여 주는 대로 재현하고 있다 해도, 논증적인 제시상에서는 왜 정리 28이 정리 27의 주석과 따름정리들 뒤에, 그리고 정리 28을 토대로 하는 정리 29 앞에 오는지도 납득될 수 있다.

이제 B_1군(정리 27, 정리 29~32)으로 넘어가 보자. A_1 및 A_2군의 분석은 인간 실존의 두 차원, 곧 "현세적" 또는 광의의 경제적 차원과 이데올로기적 또는 종교적 차원을 밝혀 주었다. 그런데 경제와 이데올로기 모두 인간 상호관계를 함축한다는 점, 또한 대개 이 두 종류의 관계 자체가 다시 서로를 간섭하기 마련이라는 점은 명백하다. 따라서 B_1군이 완벽하게 납득되기 위해서는 다음과 같은 세 가지 면에서 차례로 해석되어야 할 것이다. B_1군은 우선, "현세의 선"을 추구하는 과정에서 맺어지는 **직접적인 인간 상호관계**와 관련된다. 다음으로, 그것은 또한 **인간-신의 상상적 관계**와 관련된다. 이 역시 인간 상호관계의 특수한 형태인데, 왜냐하면 무지자들의 신은 인간의 모습으로 상상되기 때문이다. 마지막으로, 그것은 **이 환상적 '신'에 의해 매개된 인간 상호관계**와 관련된다.

1) 인간 상호간의 직접적 관계

① 정서모방과 경쟁

인간 상호관계의 궁극적 토대는 정리 27에서 밝혀진다. 이 정리는 정리 9가 왼쪽 열에서 수행하는 역할을 오른쪽 열에서 수행하며, 정리 9와 똑같은 비중을 지닌다. 여기서 스피노자가 해결해야 하는 문제는 이미 홉스에게 제기되었던 것이기도 하다. 어떻게 단순 정념에서 고유하게 인간적인 정념들을 파생시킬 수 있는가? 어떻게 아무 대상에게나 향하던 감정들에서 인간이라는 종별적 대상을 향하는 감정들로 이행할 수 있는가?

홉스의 해결책은 익히 알려져 있다. 이 이행을 가능케 하는 것은 "미래에 대한 이성적 계산"이며, 이 계산은 보존 본능을 권력의지로 탈바꿈시킨다. 사실 우리에게 미래를 생각하는 능력이 생기자마자, 우리는 단지 살고자 할 뿐만 아니라, 가능하면 최대한 오랫동안 살고자 한다. 또한, 단지 눈앞에 주어지는 생물학적으로 유용한 대상을 향유할 뿐만 아니라, 언젠가는 필요해질 수도 있을 그 모든 것을 획득할 수단들을 지금부터 마련해 두고자 한다. 그리고 단지 현재의 욕망을 충족시키고자 할 뿐만 아니라, 미래 욕망의 활로를 확보해 두고자 한다.[228] 그런데 인간의 역량이란 바로 미래의 명백한 어떤 선을 획득하기 위해 그가 지금 당장 보유하고 있는 수단들의 집합이다.[229] 따라서 우리는 가장 역량 있는 자가 되길 원한다. 그리고 이런 열망에는 한계가 없는데, 왜냐하면 확고하게 보증되어 있는 것은 아무것도 없기에, 우리는 한층 더한 역량을 지님으로써만 현행 역량을 확보할 수 있기 때문이다.[230] 결국 구원은 오직 앞으로 부단히 도주하는 데, 다시 말해 늘 불안정한 안전의 여유 폭을 무한정 확장해 두기 위해 권력에 권력을 축적해 대는 데 있다.[231] 그렇지만 장래에 대한 보증 가운데 으뜸은 뭐니 뭐니 해도 우리가 우리 유사한 자들의 협력에서 얻는 보증이다.[232] 따라서 우리는 다른 인간들을 미래에 필요할 경우 언제든 써먹을 수 있게끔 대기시켜 두고자 하며, 이를 위해 그들을 지배하길 즐기

---

[228] "··· 인간 욕망의 목표는 단 한 차례, 단 한 순간만 향유하는 것이 아니라, 미래의 욕망의 길을 영원히 확보해 두는 것이다. 따라서 모든 인간의 자발적 행위와 성향은 만족스런 삶을 단지 획득하기만 하는 것이 아니라 또한 확고히 보증해 두려는 경향이 있다"(홉스, 『리바이어던』, 1부 11장, p. 49).
[229] "(보편적 의미에서) 인간의 역량(power)이란 미래의 명백한 선(Good)을 획득하기 위해 그가 현재 지니고 있는 수단들이다"(같은 책, 1부 10장, p. 43).
[230] "··· 그[=인간]가 현재 가지고 있는 잘 살기 위한 역량과 수단은, 더 많이 획득하지 않고서는 보증될 수 없다"(같은 책, 1부 11장, pp. 49~50).
[231] "그래서 첫째, 역량을 추구하는 권력(Power)에 대한 욕망, 죽음에 이르러서야 비로소 중단되는 이 항구적이고 쉼 없는 욕망을, 나는 모든 인간의 일반적인 성향으로 간주한다"(같은 책, 1부 11장, p. 49).

차게 열망한다. 그런 다음, 다시 이 지배 자체의 장래를 확실히 해두기 위해, 우리는 타인들에게 우리를 존경하라고, 다시 말해 그들이 우리 역량을 높이 평가하고 있음을 분명하고도 반복적인 징표를 통해 표현하라고 요구한다.[233] 그런 다음, 그들이 앞으로도 늘 우리에게 이처럼 존경을 표하도록 미래 상황을 확실히 해두기 위해서, 이를 유발하는 우리 역량의 징표들을 축적하고자 노력한다.[234] 요컨대, 권력 경쟁은 일단 안전을 위한 욕구에서 생겨나며, 이제 권력을 그 현실적 실상에서 고려할 때, 곧 권력이 타인의 의견에 미치는 반향이나 겉으로 드러나는 권력의 표징이라는 차원에서 고려할 때, 이 권력을 향한 경쟁이야말로 인간 상호관계의 토대가 된다. 복합 정념들은 모두 이 권력 경쟁의 다양한 양상인 것이다.[235]

---

232) "인간 권력 가운데 최대의 권력은, 대다수인의 권력이 동의에 의해 하나의 인격 —— 자연인이든 법인(Civile)이든 —— 으로 통일되어 그들의 권력 전부가 이 인격의 의지에 따라 실행되는 경우이다. 국가(Commonwealth)의 권력이 그런 경우이다. 혹은 이 권력이 각 개인(each particular)[통일되지 않은 다수(라틴어판)—옮긴이]의 의지에 따라 실행되는 경우도 있는데, 한 분파의 권력이나 동맹을 맺은 다양한 분파들의 권력이 그런 경우이다. 따라서 많은 종복을 갖는 것도 권력이고, 많은 친구를 갖는 것도 권력이다. 왜냐하면 이것들은 통일된 힘이기 때문이다"(같은 책, 1부 10장, p. 43).
233) "다른 모든 사물과 마찬가지로, 한 사람의 가치 또는 진가는 그의 가격과 같다. 이를테면 그가 권력을 행사하는 만큼 주어지는 가격이다. … 누군가에게 높은 가치를 매긴다는 것은 그를 존경한다는 것이며, 낮은 가치를 매긴다는 것은 그를 멸시한다는 것이다"(같은 장, p. 44). "… 누구나 내가 나 자신을 평가하는 만큼 상대방도 나를 평가해 주어야 한다고 여긴다. 그리고 조금이라도 경멸이나 과소평가의 징표를 보게 되면 본성상 모든 이는, 자신을 경멸하는 자들에게는 해를 입혀서, 다른 자들(관객처럼 보고 있는 제3자들 Spectatibus(라틴어판)—옮긴이)에게는 본보기를 보여 주어 이들에게서 더 높은 평가를 올려내고자 최대한 노력한다"(같은 책, 1부 13장, p. 64).
234) "그 어떤 소유물이나 행위, 자질도 권력을 보여 주는 증거이자 기호인 한, 존경받을 만하다"(같은 책, p. 46). 이 각각의 지점에 대해서는 레이몽 폴랭(R. Polin)의 책 『토머스 홉스에서 정치와 철학』(Politique et philosophie chez Thomas Hobbes), pp. 63~4를 참조하라.
235) 홉스의 『인간 본성』(Human Nature: Or, the fundamental Elements of Policie, 1650) 9장 21절에 나오는 달리기 경주의 은유를 참조하라.

스피노자는 기술(記述)의 차원에서는 홉스의 가혹한 현실주의에 거의 동의한다. 하지만 그가 홉스가 제안한 설명에 만족할 리 없음은 명백하다. 실상, 홉스의 설명이 정확하다면 인간 사이의 분리는 결국 넘어설 수 없는 것이 되어 버린다. 이 경우 개인들은 상호 일치하도록 강제되는 탓에 일치할 수는 있겠지만, 이 일치는 외적이며 피상적인 것에 머무를 것이다.[236] 최상의 경우에도, 우리는 정치사회를 잘 조직함으로써 보증되는 순전히 외면적인 통일의 단계를 결코 극복할 수 없을 것이다. 또한 인간이 인간에게 신이든 늑대이든, 여하튼 인간은 영영 단순한 수단에 지나지 않을 것이다. 그런데 스피노자는 분리를 극복하고자 하며, 이것이야말로 스피노자 철학의 근본요구다. 그러므로 홉스의 욕망이론을 변경했던 것과 같은 이유에서, 스피노자는 홉스가 웅장하게 기술했던 사실들을 해명해 주면서도 다른 곳에 도달할 가능성은 남겨 두는 어떤 원리를 인간 상호관계의 뿌리에서 찾을 필요가 있었다.

이 원리가 곧 **타인의 감정에 대한 모방**이며, 이 모방 자체는 타인과 우리의 **유사성**에, 즉 (이는 맥락상 명백하다) 타인이 우리와 공유하는 인간이라는 특성에 기인한다.[237] 이는 스피노자가 『윤리학』을 완성했던 바로 그 시기 푸펜도르프[238]가 복원해낸 스토아 전통에서처럼,[239] 닮은 것이 닮은 것에 주는 매력에서 생겨날 자생적 이타주의 같은 것이 아니다. 스피노자

---

[236] "… 인간은 그들[=교제하는 타인] 모두를 위압할 수 있는 권력을 가지지 못한 곳에서는, [타인과] 교제하는 것에 아무런 쾌락도 느끼지 못한다(오히려 반대로 커다란 슬픔을 느낀다)"(『리바이어던』 1부 8장, p. 64).

[237] 『윤리학』 3부 정리 27.

[238] 푸펜도르프(S. Pufendorf), 『자연의 권리와 인간의 권리』(Natur und Volcker Recht), 2부 3장 18절(드라테R. Derathé, 『장-자크 루소와 당대의 정치학』Jean-Jacques Rousseau et la science politique de son temps, p. 143에서 재인용).

[239] 키케로, 『최고선악론』 3부 63절과 65절을 참조하라.

는 이같이 하나마나 한 소리는 싫어했기 때문이다. 그렇다고, 우리가 흔히 골몰하곤 하는 비교는 더더욱 아니다. 우리가 불행한 자들에게 연민을 느낀다 하더라도, 이는 홉스가 생각했던 것처럼[240] 비슷한 운명이 우리에게도 닥칠 수 있다고 상상하기 때문은 아니다. 다른 한편, 타인의 감정에 대한 상상이 우리 안에 비슷한 감정을 **산출한다**고 주장한다면, 이조차도 아직은 부정확할 것이다. 실상 두 항은 같기에 말이다. 우리와 유사한 존재자의 감정을 상상한다는 것은 사실상(*ipso facto*) 그 감정을 체험한다는 **것이다**. 이에 대해 스피노자는 매우 독특하면서도 자신의 평행론과 완전히 부합하는 논거를 제시한다.[241] 우리가 어떤 존재자의 감정을 상상할 때, 모든 이미지가 다 그렇듯, 우리 신체상에서도 이에 상응하는 운동이 막 형성되거나 점차 뚜렷해져 간다. 가령 말〔馬〕의 기쁨이나 슬픔을 상상한다는 것은, 기쁜 말의 운동이나 슬픈 말의 운동을 적어도 맹아적인 방식으로라도 실행한다는 것이다. 그렇지만 우리는 말이 아니기에, 이 변이들은 우리에게는 유리하지도 불리하지도, 우리 활동 역량을 증대시키지도 감소시키지도 않으며, 따라서 우리에게는 감정이 아니다. 반면, 우리가 어떤 인간의 기쁨이나 슬픔을 상상한다면, 우리 신체상에서 이 이미지 자체를 구성하는 운동은 기쁘거나 슬픈 **인간**의 운동이다. 따라서 이 운동은 우리에게도 기쁨이나 슬픔이다. 물론 이에 관해 세부적으로 들어가는 작업은 상당히 곤혹스런 일이 될 것이다. 어떤 의미에서 보면 모두가 모두와 어느 정도 유사하지만, 다른 의미에서 보면 아무도 서로 완전히 유사하진 않기 때문이다. 따라서 타인과 우리 사이의 부분적 유사성이 과연

---

240) 『리바이어던』 1부 6장, p. 28을 참조하라.
241) 『윤리학』 3부 정리 27.

어느 정도로 강력해져야 타인의 현신이 우리에게 정서적 효과를 미치게 되느냐고 물을 수 있을 것이다. 그런데 스피노자는, 우리 공통의 인간 본성을 가져야만 이 문턱을 넘어선다고, 증명 없이 설정해 버림으로써 고르디우스의 매듭을 끊는다. 그래서 스피노자는 향후 다만 인간에 대해서만 말할 것이다.[242]

이러한 설명은 개체들의 층첩에 대한 스피노자의 이론과 밀접히 연관되어 있다. 우리는 이 책 3장에서[243] 더 큰 한 개체의 성원이 되는 개체들이 모두 공통특성을 가진다는 것, 곧 전체의 수준에서 독특한 본질인 것은 [전체로] 합성되는 부분들의 수준에서는 일반법칙이 된다는 것을 살펴보았다. 그렇다면 그 역도 참이 아닌지 우리는 물어 왔다. 공통특성들을 지닌 개체들은, [그것들로 합성된] 단일한 개체가 아직 형성되지 않았을 때조차도 이 개체로 모이려는 경향을 띠지 않을까? 이제 우리는 인간의 경우에는 긍정으로 답변할 수 있음을 알게 되었다. 사람들이 서로 유사하다는 사실만으로도 인류는 실존하는 경향을 띤다. 또한 타인의 욕망에 대한 모방 또는 **경쟁심**[244]은 모색 중에 있는 인간 공동체의 포괄적 코나투스로 간주될 수 있을 것이다.

그러므로 감정모방은 그 자체로 보면 결코 소외가 아니다. 감정모방은 모방되는 감정들 자체가 소외되어 있는 한에서만 — 물론 우리가 정념에 사로잡혀 있는 한 이것이 일반적 규칙이지만 — 우리를 소외시킨다. 그렇지만 외적 원인들로 인한 왜곡은 추상해 버리고 그 실정적인 내

---

242) 정리 29에서는 '*homines*' [인간들], 정리 30에서는 '*reliquos*' [다른 자들], 정리 31은 '*aliquem*' [어떤 자], 정리 31의 따름정리와 주석에서는 '*uniqisque*' [각자], 정리 32는 '*aliquem*' [어떤 자]라고 말한다.
243) 앞의 p. 85을 참조하라.
244) 『윤리학』 3부 정리 27의 주석.

용만 놓고 보면, 감정모방은 근본적으로는 보편성에 대한 욕망에 다름 아니다. 우리에게는 우리 존재를 유지하려는, 다시 말해 우리 자신과 일치하려는 경향이 있듯, 우리 유사한 것들과 일치하려는 경향이 있다. 후자의 경향은 전자의 경향에서 따라 나온다. 우리 자신에 대한 긍정이 타인에 대한 긍정을 거치는 까닭은, 다른 사람들의 독특한 본질이 우리 자신의 본질과 유사하기 때문이다. 그럼에도 이 인간 상호적인 코나투스는 외부 원인의 끊임없는 간섭으로 인해 알아볼 수 없게 된다. 외부 원인의 영향 하에서 이 코나투스는 자기 자신에 상충하며 자기 자신에 낯선 것이 되는 것이다. 정확히 개인의 코나투스가 그렇듯이, 그리고 똑같은 이유에서 말이다. 보편성에 대한 이처럼 소외된 요구가 낳을 귀결들은 B_1군의 이어지는 정리들에서 검토된다.

② **연민과 적선**

정리 27의 주석, 주석의 세 따름정리 및 따름정리 3의 주석에서, 우리는 **경쟁심** 이외에도, 스피노자가 이미 A_2군의 오른쪽 가지 중 다시 왼쪽 가지에서 탐구했던 것과 동일한 감정들을 발견한다. **연민, 호의, 분개**가 그것이다. 그런데 이제 이 감정들은 확장되고 이항된다. 이 감정들의 원천은 타인이 인간이라는 점이며, 더 이상 타인이 언젠가 우연히 우리에게 주었던 기쁨이 아니다. 여태껏 아무 감정도 느껴보지 못한 사람에 대해서도, 우리는 단지 그가 인간이라는 사실만으로 우리가 속한 소규모 생물학적 공동체의 성원을 대하듯이 처신한다.

    여기에서 스피노자가 특별히 강조하는 것은 타인의 슬픔에서 생겨나는 슬픔인 **연민**[245]과, 여기서 따라 나오는 욕망인 **친절**[246]이다. 두 감정이 인간관계에서 차지하는 비중은 부차적이긴 하지만 무시할 수는 없으며,

게다가 이 비중은 상황에 따라 변한다. 사실, 한편으로 연민은 슬픔인 이상, 이성이 회유하여 능동적 감정으로 변형시킬 수 있는 정념에 포함되진 않는다.[247] 따라서 연민은 그 자체로 본 인간 상호관계의 본질에는 속하지 않는다. 물론 무지자들의 경우, 연민을 느끼는 편이 그 반대보다는 낫다. 이성적이지도 않고 연민도 느낄 수도 없는 자는 말 그대로 더 이상 인간도 아닐 것이다.[248] 하지만 다른 한편, 정념에 빠진 인간들 자체에 대해서는 다음의 세 경우가 고찰되어야 한다. 연민은 우선 잘 조직된 정치사회에서는, 현자들의 공동체에서와 마찬가지로 아무 쓸모가 없을 것이다. 물론, 이성적이지 않은 한 우리는 연민을 느끼기는 하겠지만, 거기서 따라 나오는 친절이 발휘될 여지는 없을 것이다. 빈자들에 대한 배려는 통상 국가 소관이 되기 때문이다. 실상, 일개 사인(私人)에겐 불쌍한 자들 모두를 알아낼 가능성도, 그들의 고통을 덜어 줄 수단도 없기에, 이 과업을 개인적으로 직접 달성하겠다고 드는 사람은 집단에 큰 이익은 주지 못하면서 오히려 자기 이익만 해칠 뿐이다.[249] 오직 공적 부조만이 문제를 전체적 관점에서 효과적으로 해결할 수 있다. 따라서 연민 없는 사회는 가능할 뿐 아니라 바람직하다. 하지만 불행히도 우리가 살아가는 사실상의 정치사회는 매우 잘못 조직되어 있다. 따라서 이런 사회에서는 부득불 연민이 보완적인 기능을 담당한다. 연민은 무정부적으로, 개인적인 마주침의

---

245) 『윤리학』 3부 정리 27의 주석.
246) 『윤리학』 3부 정리 27의 따름정리 3과 주석.
247) 『윤리학』 4부 정리 50.
248) 『윤리학』 4부 정리 50의 따름정리의 주석.
249) 『윤리학』 4부 부록의 17절. 또한 『신학정치론』 19장의 다음 구절을 참조하라. "… 어느 누구도 그[주권자]의 권한이나 허가에 의하지 않고서는 … 가난한 자들을 부조할 권리와 역량을 가지지 못한다"(G III p. 235/P, p. 947).

운에 따라서이긴 하지만, 더구나 터무니없는 실수를 저지를 위험이 있긴 하지만,250) 제도의 결함을 그럭저럭 치유할 수 있다. 그렇지만 여기서조차 연민은 임시방편일 뿐이다. 가장 열렬한 개인적 동정조차, 오히려 가장 난폭한 정부에 복종하는 것보다도 사회적 유대를 유지하는 데 기여하는 바가 무한히 적으며, 양자가 갈등을 빚는 경우 전자보다 후자를 우선시하는 편이 오히려 일반이익에 더 합치한다. 가령, 훌륭한 시민이라면 극빈자가 자기 옷을 빼앗으려 할 때, 그에게 옷을 적선하려는 욕망에 저항하면서 이 도둑을 법원에 고발한다. 심지어 이 도둑이 사형당해도 말이다.251) 우리가 여기 지금 누군가의 처지에 흥분해서 이 사람에게만 이익이 되는 선행을 베풀 때, 이 선행이 다른 사람들에게 피해를 입히거나 더욱이 국가 전체에 피해를 입혀 가며 이루어진다면, 이 선행은 사회적 혼란의 원천이 된다.252) 따라서 연민의 덕은 단지 (마지막 세번째 경우인) 자연 상태에서, 일체의 정치적 조절기제가 없을 때라야만 충만히 발현된다. 자연 상태에서는 연민이, 또한 이번에는 오직 연민만이 갈등의 첨예함을 조금이나마 완화시킬 수 있다. 처벌의 위협이 전혀 없을 때, 우리는 지배의 야망이나 시기심 때문에 우리 유사한 자들에게 갖가지 악을 자행하겠지

---

250) "… 쉽게 연민의 정서에 물들며 타인의 비참함이나 눈물에 움직이는 자는, 대개는 이후에 스스로 후회할 일을 저지르기 마련이다. 왜냐하면 우리는 정서에 의해서는 우리가 선이라고 확실히 아는 것만을 행하지는 않을뿐더러, 거짓 눈물에 쉽게 속기 때문이다"(『윤리학』 4부 정리 50의 따름정리의 주석).
251) "… 누군가가 나를 공격하여 내 상의를 강탈하고자 할 때 그에게 내 외투까지 내준다면 이는 경건한 행위이다. 하지만 사람들이 이 행위를 공화국의 보존에 해롭다고 판단할 때는 이와 반대로 그를 재판에 회부하는 것이 경건한 행위이다. 설령 그렇게 하여 그가 사형을 당하게 된다고 할지라도 말이다"(『신학정치론』 19장[G III p. 232/P p. 943]).
252) "… 이로부터 다음이 따라 나온다. 곧 어느 누구도 또다른 이에게 해를 끼치면서 누군가를 돕는 것은 허용되지 않으며, 하물며 이것이 공화국 전체에 해가 되는 경우에는 더욱 그렇다"(같은 곳[G III p. 232/P p. 944]).

만, 그럼에도 이러한 방향으로 **너무 멀리** 나아갈 수는 없을 것이다. 그리고 우리가 더 이상 그들의 고통을 참기 힘들어지는 순간이, 또한 우리가 그들의 고통을 완화시키고자 하며 그럼으로써 우리가 거의 해체할 뻔했던 인간 상호간의 '유대' (nexus)를 회복시킬 순간이 도래할 것이다. 그렇기에 히브리 민족이 신정체제 하에서 겪었던 단 한 번의 내전에서, 승자는 패자에 대해 연민을 품으면서 그들에게 이전과 같은 상황을 회복시켜 주고자 노력했던 것이다.[253]

따라서 연민은 인간 공동체에서 일종의 규제적 역할을 수행하며, 이 역할의 크기는 해당 공동체의 안정성에 반비례한다. 연민은 우선 현자들 사이에선 실존하지 않으며, 『정치론』이 기술한 이상적 사회에서는 무용하고, 스피노자가 목격했던 사실상의 사회에서는 부차적으로만 유용하며, 자연 상태에서는 필수 불가결해진다. 이 지점에서 스피노자의 분석이 적선의 사회적 역할에 대한 고찰에서 영감을 받았다고 생각할 수는 없을까? 사실상 봉건세계에서 경제적 균형을 유지하는 데 핵심 요소였던 적선의 기능은 "부르주아" 세계에서는 감소하거나 사라지지 않았던가? "부르주아" 세계의 구성은, 자기 개인의 이익 추구에만 자유롭게 몰두하고자 예전의 부조 의무를 국가에다 전가하려는 사적 소유자들의 특정한 경향성을 수반하지 않는가? 만일 그렇다면, 자연 상태에서 연민은 중세 사회에서 적선이 수행했던 것과 동일한 구실을 한다고 볼 수 있을 것이다.

인간 상호적 코나투스와 개인적 코나투스를 체계적으로 비교하기 위해, 연민이 인간 공동체에서 수행하는 역할이, 간접적으로 좋은 슬픔이 개인에게서 수행하는 역할과 같다고 해보자. 그렇게 보면, 연민은 구조를

---

253) 『신학정치론』 18장(G III p. 224/P p. 932].

왜곡시키지만, 이 왜곡은 과도한 불평등 같은 더 심각한 다른 왜곡을 보상한다.

하지만 연민에서는 결코 사회성이 생겨날 수는 없을 것이다. 적어도 세 가지 이유 때문에 그렇다. 우선 연민은 슬픔의 한 형태인 이상, 다른 사람들의 괴로움을 목격하지 않고자 그들을 피하도록 부추길 수 있다. 물론 정리 27의 따름정리 2가 보여 주듯, 우리는 연민을 느끼는 자를 미워하지는 않을 것이다. 그렇지만 우리는 그를 불행하게 하는 원인을 미워하며,[254] 이 원인을 파괴할 수 없다면 때로는 이 원인을 피하는 편을 선호한다. 이 때문에 우리는 이 불행한 자 역시 피하게 되는 것이다. 둘째, 연민은 우연한 개인적인 마주침에 밀접히 의존한다. 가령 우리가 슬퍼한다면 이는 오직 특정 개인이 고통받는 것을 목격하기 때문이며, 이 감정은 야망과는 반대로 모든 인간에게 옮겨 가면서 일반화될 수는 없다. 마지막으로, 연민은 일시적이다. 연민은 우리 유사한 자가 고통을 겪는 것을 목격하는 동안에만 지속되며, 그때만 지나면 그 자는 우리에게 아무것도 아니다. 따라서 연민은 인간 공동체가 다른 이유들로 인해 이미 실존하고 있을 경우 이 공동체가 해체되는 것을 막을 수 있을 뿐이다. 그리고 이 다른 이유들은, 적극적이며 일반화될 수 있는 동시에 항구적인 어떤 인력 가운데서 찾아야 한다.

③ 사회성의 토대로서 명예의 야망

정리 29~30은 이러한 인력의 원천을 **야망**(ambition)에서, 좀더 정확히 말하자면 야망의 원초적 형태인 **명예의 야망**(ambition de gloire)에서 발

---

254) 『윤리학』 3부 정리 27 따름정리 1.

견한다. 스피노자가 차례로 제시한 두 개의 정의를[255] 염두에 두면, 명예의 야망의 발생은 실상 다섯 단계를 포함한다.

첫째, 우리는 사람들이 기쁘게 바라본다고 우리가 상상하는 모든 일을 하고자 노력하며, 그들 마음에 들지 않는다고 여겨지는 모든 일은 하기를 꺼려한다.[256] 이는 더없이 명백하다. 우리는 우리 유사한 자들이 사랑하거나 미워한다고 생각하는 것을, 그들의 감정을 모방하여 사랑하거나 미워한다. 그리고 (바로 정리 28이 증명하듯) 무언가를 사랑하거나 미워한다는 것은 곧 그것을 실존케 하기를 욕망하거나 그것이 산출되지 못하도록 방해하기를 욕망한다는 것이다. 따라서 우리는 외부 세계를 변경하여 타인에 대해 긍정적 가치를 구현하고 있다고 여겨지는 것을 촉진하고자 줄곧 애쓴다.[257]

이 노력은 처음에는 가치 부여된 대상의 산출에만 관련된다. 그렇지만 산출 이후에는 소비나 활용, 향유가 뒤따른다. 그리고 이 소비, 활용, 향유는 특정 조건에서는 다음의 양자택일을 낳을 수 있다. 우리가 타인이 사랑하는 것을 실현하고자 열망할 때 이는 우리 자신을 위해서인가 아니면 타인을 위해서인가? 그렇지만 물음이 항상 이런 식으로 제기되지는 않으며, 우리가 서 있는 지점에서는 스피노자도 이 물음을 잠정적으로 제쳐 둔다. 타인이 자신을 매혹시키는 대상을 향유하려는 욕망을 느낄 때, 이 욕망은 우리에게 타인이 그 대상을 향유하도록 해주려는 욕망과 우리 자신이 그 대상을 향유하려는 욕망을 동시에 불러일으키며, 또한 이 대상

---

255) 처음에는 3부 정리 29의 주석에서("오로지 사람들을 기쁘게 하기 위해 무언가를 하고자 하는(마찬가지로 무언가를 제거하고자 하는) 노력은 **야망**이라 불린다"), 그 다음에는 3부 감정들에 대한 정의 44에서("야망은 명예에 대한 무절제한 욕망이다").
256) 『윤리학』 3부 정리 29.
257) 같은 정리의 증명.

을 여럿이 소유할 수 있는지의 여부가 분명히 밝혀지지 않는 한에서는, 우리의 두 요구는 권리상 동시에 충족될 수 있다는 식으로 말이다. 따라서 다른 모든 조건이 같다면, 첫번째 단계는 마음껏 펼쳐질 수 있다. 그 결과, 두번째 단계, **사람들이 사랑하는 것을 행하려는** 노력은 **사람들 마음에 들려는** 노력이 되며, 바로 이것이 야망에 대한 첫번째 정의이다.[258] 보다 정확히 말하자면, 이는 **온화함**(*l'humanité*)에 대한 정의이다.[259] 온화함은 그것이 우중을 겨냥할 때만 야망이지만, 우중이 인간종의 거의 대부분을 차지하는 이상, 양자의 차이는 극히 소소하다.

그 다음 세번째 단계, 우리는 목적을 달성하거나 달성하지 못한다. 다시 말해, 우리가 사람들의 가치체계를 오해하지 않았다면 우리는 실제로 그들의 마음에 들게 되고, 그렇지 않았다면 그들 마음에 들지 않게 된다. 전자의 경우 우리가 사람들에게 불러일으키는 기쁨은 **칭찬**이다. 이는 그들의 사랑이 애초의 대상에서, 이것을 그들에게 제공해 준 자에게 파급된 경우로, 우리의 인격보다는 행동에 보내지는 사랑, 또한 계속되기 위해서는 끊임없는 갱신(更新)이 요구되는 사랑이다. 반대의 경우, 사람들이 우리의 과오 때문에 느끼는 슬픔은 **비난**이라 불린다.[260] 이렇게 해서 우리에 대한 여론이 형성된다. 사람들은 우리를 선하거나 악하다고 판단하며, 또한 이럴 때 우리 행동은 앞서 논의되었던 과정에 따라 객관적인 가치나 반(反)가치의 표출처럼 보이게 된다. 말하자면, 사람들이 칭찬하는 것은 그 자체로 **고결한 것**(*honestum*)으로, 비난하는 것은 그 자체로 **수치스러운 것**(*turpe*)으로 간주된다.[261] 따라서 칭찬과 비난은 자연 상태에서

---

258) 『윤리학』 3부 정리 29의 주석.
259) 같은 곳.
260) 같은 곳.

부터 가장 초보적 형태의 윤리적 판단을 대표한다. 또한 이러한 판단은 어떠한 상황에서든 외적 징표들을 통해 표출되기 마련이다. "예우"나 지탄의 표시들이 그것인데, 이는 우리 유사한 자들이 우리에 대해 어떻게 생각하는지를 알려 준다.

네번째 단계, 감정모방을 통해, 이전에 우리가 타인에게 불러일으켰던 감정을 우리 자신도 느끼게 된다. 우리는 누군가 우리를 칭찬한다고 상상하면, 기쁨을 느끼면서 우리 자신을 기쁨의 원인이라 생각할 것이고,[262] 우리를 비난한다고 상상하면, 우리 자신을 슬픔으로 바라볼 것이

---

261) "화합을 낳는 것은 [다른 무엇보다도] … 고결함(honestatem)과 관련되는 것들이다. 왜냐하면 인간은 … 수치스럽다고(turpe) 여겨지는 일, 곧 국가에서 인정되어 온 풍습을 누군가 짓밟는 것 역시 마찬가지로 참지 못하기 때문이다"(『윤리학』 4부 부록의 15항). [옮긴이] honestus(명사형: Honestas): 여기서 마트롱은 이를 'honorable'로 번역하고 있으나, 다른 곳에서는 (가령, 이 책 9장 주 78의 본문) 'honnête'로 번역하고 있다. 실상 라틴어 'honestus'는 개인의 도덕성과 관련되어 '올바른', '정직한'을 뜻하기도 하고, 다른 이들의 평가가 더 강조되면서 '존경받을 만한', '명예로운'을 뜻하기도 하는데, 위 인용문의 'honestas'는 후자의 의미에 더 가깝다. 이 때문에, 아뼁, 포트라, 지안코티 같은 프랑스어나 이태리어 번역자들은 후자의 의미가 아직 남아 있는 'honnête'나 'onestà'로 옮기는 반면, 컬리와 같은 영어권 번역자들은 이를 'honest'가 아니라 'honorable'로, 그리고 명사형은 'being honorable'로 옮기고 있다. 하지만, 다른 곳(4부 정리 37의 주석 1)에서 스피노자는 'Honestas/honestus'를 이성적인 인간이 타인과 우애를 맺으려는 행위 및 이에 대한 다른 이성적인 인간들의 평가로 정의하면서 이성적인 덕과 결부시키며, 그런 점에서 이를 명예(Gloire)에 대한 지나친 욕망인 'Ambitio'에서 비롯되는 정념적인 행위 및 이에 대한 세인들 일반의 평가와 구별한다. 이렇게 볼 때, 스피노자에게서 'Honestas'는, 스토아학파에서 말하는 현자의 도덕적 이상으로서의 'Honestas'의 의미를 함축하면서도, 17세기 프랑스에서 통용되던 'honnête homme'의 이상, 곧 세련됨과 정중함 같은 사교적 덕목을 가리킨다고 볼 수 있다. 이를테면, 타인에 대한 개인적 도덕성과 이에 대한 사회적 평가가 일치하는 지점으로서 **사회적 덕성**인 셈이다. 이는 스피노자가 'Honestas'를 내용상 'Generositas'(관대함)와 동일하게 정의한다는 점(위의 주석과 3부 정리 59의 주석을 참조하라)에서도 드러난다. 이를 고려하여, 그리고 이 단어의 반의어로 'turpis'(수치스러움, 추잡함)가 사용된다는 점을 감안하여, 우리는 이를 '고결함'으로 옮기며, 단, 타인의 평가가 주로 부각되는 경우에는 '영예로운'으로, 보다 소극적 의미일 경우에는 '추문을 사지 않은'으로 옮긴다. 그리고 복수형 'honneurs'는 '영예'나 '존경', '고위직', '예우' 등으로 옮긴다.

다.²⁶³⁾ 이것이 **명예**나 **수치**, 다시 말해서 우리 자신에 대한 사랑과 미움의 기원인데, 이 감정들은 우리가 칭찬받거나 비난받는다고, 곧 사랑받거나 미움받는다고 믿는 데서 생겨난다.²⁶⁴⁾ 물론 정리 30의 증명은 사태를 이런 식으로 제시하지는 않는 것 같다. 이 정리는 단지 우리가 타인의 기쁨이나 슬픔을 공유한다고만 말할 뿐, 사랑이나 미움에 대해서는 언급하지

---

262) [옮긴이] 원문 표현은 "nous sommes joyeux avec l'idée de nous-même comme cause"(우리는 원인으로서의 우리 자신의 관념과 더불어 기뻐한다)이다. 관련 정리(정리 30, 다음의 주 263의 인용문을 참조하라)의 라틴어 원문은 'is Laetitia concomitante idea sui, tantum causa afficietur'(그는 원인으로서의 자신의 관념이 동반되는/자신의 관념을 동반하는 기쁨으로 변용된다)이다. 여기서 'concomitante'(동반함)은 관념과 정서의 시간적 동시성을 의미한다. 그러나, 둘 중 어느 하나에 논리적 우선성이 있는지, 만일 있다면 무엇이 우선하는지에 관해서는 애매한 점이 있다. 그런데, 이 정리의 증명은 시간상으로는 아니라도 논리상으로는 '타인의 기쁨에 대한 상상――내가 기쁨으로 변용됨――이 변용을 통해 나를 의식함'으로 이루어지며, 따라서 기쁨의 정서가 자신에 대한 관념에 우선하는 듯 보인다. 따라서 이는 "원인으로서의 자신의 관념을 동반하는 기쁨"으로 읽어야 할 듯하다. 이는 물론 3부의 사랑과 미움에 대한 정의에서 "외부 원인의 관념이 동반하는 기쁨이나 슬픔"(정리 13의 주석)이나, 5부에서 "원인으로서의 자기 자신의 관념이 동반하는 기쁨"(정리 27의 증명)에서는 원인의 관념이 정서에 우선한다는 점(이 책 14장 주 22를 보라. 그러나 거기서도 마트롱은 여기서와 동일한 표현을 사용하고 있다)과 대조적이다. 따라서 우리는 여기서 동시성과 우선성을 모두 지시하면서 보다 쉽게 이해할 수 있도록, 이 구절을 "우리 자신을 원인이라 생각하면서 기뻐한다"가 아니라, 본문과 같이 옮긴다. 단, 아래 주에 인용된 정리의 원문이나 특히 뒤의 14장에서는 정확한 이해를 위해, 위의 직역 표현을 그대로 살려 둔다.
263) 『윤리학』 3부 정리 30. [옮긴이] 정리 30 : "만일 누군가가 자신이 다른 자들을 기쁨으로 변용시킨다고 상상하는 무언가를 행했다면, 그는 원인으로서의 자기 자신에 대한 관념을 동반하는(concomitante) 기쁨으로 변용될 것이다. 곧 그는 자기 자신을 기쁨으로 응시할 것이다. 반대로, 만일 그가 다른 자들을 슬픔으로 변용시킨다고 상상하는 무언가를 행했다면, 그는 반대로 자신을 슬픔으로 응시할 것이다." 증명 : "자신이 다른 자들을 기쁨이나 슬픔으로 변용시켰다고 상상하는 자는, 바로 이 사실에 의해 (3부 정리 27에 의해) 기쁨이나 슬픔으로 변용될 것이다. 또한 인간은 (2부 정리 19와 23에 의해) 그를 활동하도록 규정하는 변용들을 통해서 자기 자신을 의식하므로, 따라서 다른 사람들을 기쁨으로 변용시킨다고 자신이 상상하는 무언가를 행한 자는 자기 자신을 원인으로서 의식하면서(cum) 기쁨으로 변용될 것이다. 달리 말해, 그는 자기 자신을 기쁨으로 응시할 것이다. 그리고 그 역도 마찬가지다."
264) 『윤리학』 3부 정리 30의 주석.

않는다. 또한, 우리가 이 기쁨이나 슬픔의 감정을 그 감정의 원인으로서 우리 자신에 대한 관념과 결부시킨다면, 그 이유는 일반적으로 우리 변용들 각각이 필연적으로 우리 자아에 대한 의식을 함축하기 때문이라고 설명한다. 요컨대, 정리 30의 증명은 우리 유사한 자들이 내리는 판단이 여기에서 수행하는 매개적인 역할을 시사하고 있지 않다. 그런데 이렇게 하여 스피노자가 해명하고 있는 것은 실상 **자기만족** 또는 **겸손**이다. 단 이는 일반적인 경우로서이며, 명예나 수치는 이 두 감정의 특수한 응용에 불과하다.[265] 그리고 이 두 감정이 [일반적인 경우로서가 아니라] 그 자체로 탐구되는 것은 A'_1군에 가서야 비로소 이루어질 것이다.[266] 같은 정리의 주석은 곧장 이와 같은 조급한 일반화를 정정한다. 여기에서는 원인을 지정함으로써, 증명과는 반대로 타인의 의견이 담당하는 역할을 강조하고 있으며, 명예와 수치에 대한 정의에서는 이 역할이 명시적으로 언급된다. 차후부터 이 문제는 늘 바로 이 주석의 방식으로 제시될 것이다. 다시 말해서, 명예와 수치는 다른 사람들의 칭찬과 비난이 우리 안에 반향된 것이다.

마지막 다섯번째 단계, 명예라는 자기애의 변종이 일단 우리 안에 이식되면, 우리는 이를 지속시키고 재생시키고자 욕망한다. 따라서 우리는 부단히 증가하는 열정으로 계속해서 사람들 마음에 들고자 한다. 그런데 이제 우리 작업이 그들에게 유용함을 아는 것만으로는 마뜩지 않으며, 나아가 우리는 그 작업의 효력이 우리에게서 비롯되었다는 것까지 그들이

---

265) [옮긴이] 곧 자기만족과 겸손이 우리에 대한 타인의 평가 없이도 형성될 수 있는 우리 자신에 대한 기쁨 또는 슬픔이라면, 명예와 수치는 우리에 대한 타인의 평가가 개입해서 형성되는 우리 자신에 대한 기쁨 또는 슬픔이다.
266) 뒤의 pp. 308~10과 pp. 311~2을 참조하라.

알아주길 원한다. 왜냐하면 사랑은, 우리 자신에 대한 것이든 다른 사물에 대한 것이든, 그 대상을 상상하려는 노력으로 이어지며, 따라서 만일 우리가 친절을 베푼 사람들이 자기네가 행복해진 까닭을 다른 원인 때문이라고 믿는다면, 우리는 마냥 만족스럽지는 않을 것이기 때문이다. 우리는 그들의 기쁨을 공유할 것이고 그들의 기쁨은 우리 덕분이라는 것도 알겠지만, 우리 자신을 상상하고자 하는 우리의 노력은 다른 원인의 관념에 의해 속박되기에, 동시에 우리는 다소 슬퍼질 것이다. 그래서 우리는 우리가 사람들을 위해 하는 일을 사람들 역시 알아주기를 욕망한다. 가령, (스피노자주의자가 아닌) 철학자들도 명예를 무시하라고 가르치면서 사람들을 돕고자 하지만, 키케로의 말처럼 그 철학자들 역시 이 문제에 대해 쓴 책에 자기 이름을 적어 넣는다.[267] 여기서 야망에 대한 두번째 정의가 도출되는데, 이는 첫번째 정의에다 그로부터 따라 나오는 귀결들을 통합함으로써 얻어진다. 야망은 이제 "명예에 대한 무절제한 욕망"[268]으로 정의된다. 이것이 정념인 이상, 그리고 정념은 그 자체로는 거의 항상 과잉되어 있는 이상, 이는 "무절제"하다. 그러나 명예에 대한 절제된 욕망(이는 아마도 온화함과 동일할 것이다)은 야망과 본성상 차이는 없지만, 능동적 감정으로 변형될 수 있다.

    이와 같은 명예의 욕망은 우리가 얻고자 열망하는 존경의 본성이 무엇이냐에 따라 다양한 방식으로 발현된다. 처음에 우리는 아주 통상적인 찬성의 표시만을 추구한다. 가령 우리 유사한 자들과 화합하여 살고, 그들에게 완전히 인정받고, 우리의 직무를 '불명예스럽지 않게'(*sine*

---

267) 『윤리학』 3부 감정들에 대한 정의 44항의 해명.
268) 『윤리학』 3부 감정들에 대한 정의 44항.

ignominia) 수행하고,²⁶⁹⁾ 좋은 평판을 유지하고 추문을 피하는 것²⁷⁰⁾ 등이 그것이다. 이처럼 우리의 야망은 흔히 집단에 적응하는 데서 그친다. 그런데 이와 같은 익명적인 찬성을 넘어, 우리 공적이 각별히 주목받기를 바라는 경우도 마찬가지로 흔하다. 기회가 닿을 때마다 우리는 우리 자신이 돋보이길 원한다. 가령, 군사적인 가치가 높이 평가될 때는 무훈을 통해,²⁷¹⁾ 사회가 정상적일 때는 애국심을 통해, 사치와 방탕이 영예로 간주될 때는 악덕을 통해서²⁷²⁾ 말이다. 그 후, 상황이 이를 조장하면 위신에 대한 우리의 목마름은 곧바로 한결같은 것이 된다. 우리는 어떤 수를 써서든 우리 이름을 드높이고자 하며,²⁷³⁾ 군중이 우리에게 애착을 갖도록 만들고²⁷⁴⁾ 그들의 열광적인 찬양을 이끌어내고자 하는 것이다.²⁷⁵⁾ 마지막으로, 그렇게 될 가능성이 엿보이면, 우리는 그 즉시 최고의 영예를 열망하며, 이때 우리는 명실상부한 숭배를 요구하게 된다.²⁷⁶⁾ 그렇지만 실상 우리의

---

269) 근본적으로 민주정의 성격을 강하게 띠는 이상적 군주정에서는 최고위직이 "50세가 되기까지 불명예에 연루되지 않고 자신의 업무에 종사해 왔던" 자들 모두에게 실질적으로 부여된다(『정치론』 7장 4절[G III p. 309/P p. 1026]).
270) 주 261을 참조하라.
271) "실상 명예와 영예에 도달할 수 있다는 희망을 전부 박탈당한 병사들이 어떻게 용기를 내어 싸우겠는가"(『정치론』 8장 9절[G III p. 327/P p. 1052]).
272) 퇴폐한 사회에서 인간은 타락하여 "덕이 아니라 단지 교만과 사치에서 다른 자를 능가하고자 애쓴다"(『정치론』 10장 4절[G III p. 355/P p. 1093]).
273) "그들은 각자 자신의 이름으로 명예를 추구하기 시작했다"(『신학정치론』 18장[G III p. 222/P p. 930]).
274) "… 인민이 자신에게 애착을 갖도록"(『신학정치론』 17장[G III p. 218/P p. 924]), 그리고 "… 평민이 자신을 따르도록"(주 262 참조), 또한 "… 대다수 대중이 … 자신에게 집착하도록"(『정치론』 7장 11절[G III p. 312/P p. 1030]) 등등.
275) "… 그들은 할 수 있는 한 이들[=평민]에게 찬양받고자 애쓸 것이다"(『정치론』 8장 41절 [G III p. 212/P p. 916]).
276) "… 만일 그들이 인민에게 최고의 존경으로 숭배받기를 원한다면 …"(『신학정치론』 17장 [G III p. 212/P p. 916]).

포부가 드높아질수록, 어떤 보충적인 요인의 영향이 더 많이 느껴진다. 그 요인이란 바로 경탄으로, 이것이 야망에 미치는 반향은 B′₁군에 가서야 탐구될 것이다.[277] 이 부가적인 요소를 추상한 순수 상태의 명예의 야망만으로는, 우리는 최고 지위를 차지하려는 투쟁에 반드시 연루되지는 않는다. 명예의 야망은 그 자체로는 단지 타인을 보살펴 줌으로써 타인을 만족시키도록 우리를 자극할 뿐이며, 이는 위신을 얻기 위한 투기적 경쟁을 함축할 수는 있으나 항상 함축하지는 않는다.

따라서 명예의 야망에서 사회성의 토대 자체가 발견된다. 실상 명예의 야망은 개인의 우연적인 마주침에서 생겨나는 일시적 감정과는 무관하다. 야망은 궁핍하게 보였던 특정 인물의 마음에 들려는 성향이 아니라, 일반적으로 모든 사람들의 마음에 들려는 성향을 우리에게 심어 준다. 그들의 욕망에 대해 경험이 (물론 때때로 오도하기는 하지만)[278] 가르쳐 준 바에 따라서 말이다. 모든 사람의 마음에 들기 위해, 굳이 그들 각자를 개인적으로 도와줄 필요는 없다. 거의 우연적으로 선택된 단 한 사람에게 은혜를 베풀기만 해도 충분하다. 이 사실을 아는 사람들 모두는 감정모방을 통해 곧장 우리에게 우호적이 되니까 말이다.[279] 게다가 야망은 항구적인 감정이다. 명예는 우리를 매혹해, 우리에게 건네 오는 요청에 그저 수동적으로 반응하고만 있을 수 없게끔 한다. 우리가 먼저 나서는 것이다. 가령 요구가 없다면 우리 자신이 그것을 유발하거나, 우리가 혼자라면 함께 할 타인을 찾는 식으로 말이다. 요컨대 인간에게는 본성상 타인들이 필요하며, 이는 그들에게 칭찬받기 위해서다.

---

277) 뒤의 pp. 312~3을 참조하라.
278) 『윤리학』 3부 정리 30의 주석.
279) 『윤리학』 3부 정리 27의 따름정리 1.

이 감정은 설령 자아에 대한 찬미를 절정에 이르게 한다 해도 "이해타산적"이진 않다. 이 감정은 우리가 타인을 수단으로 간주하리라는 것을 결코 함축하지 않으며, 또 홉스의 생각과는 반대로 어떤 계산에도 의존하지 않는다. 홉스에 따르면, 영예의 추구는 스피노자 철학에서처럼 우리를 움직이는 근본동인들 중 하나이지만,[280] 우리가 영예를 누리길 원하는 이유는 다른 사람들이 우리 역량을 아주 높이 평가하여 그 값을 치르고 우리 의지를 실행할 각오가 되어 있음을 확신하기 위해서다. 반면 스피노자 철학에서는 그렇지 않다. 우리가 사람들 마음에 들기를 욕망한다면, 이는 이후에 사람들을 이용할 수 있기 위해서가 아니다. 물론 그런 때도 있겠지만, 부차적일 뿐이다. 그렇다고 야망이 콩트적인 의미에서 "이타주의적"인 것도 아니다. 야망은 이기주의냐 "이타주의"냐의 양자택일보다 더 아래에, 양자가 일치하는 시원적 장소에 위치해 있다. 효용주의적인 꿍꿍이 없이 그저 내가 나와 유사한 자들에게 주었던 기쁨 때문에 기뻐하는 것, 이는 곧 그들이 나에게 보여 주는 사랑을 통해 나 자신을 사랑하는 것과 **똑같기에** 말이다.

이와 같은 인간에 의한 인간의 인정 요구가 결과적으로 헤겔의 분석을 생각나게 할 수도 있겠지만,[281] 중요한 것은 차이에 주목하는 일이다. 헤겔과 스피노자 모두 홉스를 반성의 출발점으로 삼았다는 점에서, 양자의 비교는 하등 임의적이지 않다. 그런데 헤겔이 변증법적 심화를 통해 홉스를 지양하는 반면, 스피노자는 일종의 기원으로의 회귀를 통해 홉스를 극복한다. 홉스에 따르면, 인정 요구는 결국 주인-노예 관계의 수립에

---

280) 주 233을 참조하라.
281) 헤겔(G. W. F. Hegel), 『정신현상학』(*La Phénoménologie de l'Esprit*) I, pp. 155~66을 참조하라.

이를 뿐인데, 이는 탈취 국가에서는 직접적이며[282] 설립 국가에서는 간접적이면서 [다른 관계로] 이행되는[283] 성격을 지니지만, 여하튼 극복 불가능하기는 매한가지다.[284] 헤겔 역시 주인-노예 국면을 필연적인 것으로 간주하지만, 그는 이를 변증법화한다. 이 국면의 모순들을 첨예화시킴으로써 그것을 다른 것으로 변형하는 것이다. 반면 스피노자는 적어도 인간 본성만을 고찰하는 한, 주인-노예 관계가 필연적인 것은 아니라고 본다. 그리고 주인-노예 관계가 아직 전개되지 않은 보다 원초적인 상황으로 거슬러 올라간다. 그에 따르면, 주인-노예 관계는 야망에 각인되어 있는 여러 가능성 중 **하나**에 지나지 않는다. 곧 특정한 외적 원인이 개입할 **경우에만** 실현되는 가능성에 지나지 않는다 — 물론 이는 **사실상** 늘 산출되지만, 단지 사실상으로만 산출된다.

그러므로 야망은 인간 공동체의 접합제다. 이런 견지에서 볼 때, 야망의 역할은 규제적일 뿐 아니라 구성적이기도 하다. 다시 말해, 자연 상태에서는 오직 야망만이 사람들을 서로 가까워지도록 자극하며, 정치사회에서 점차 큰 비중을 차지하게 되는 효용주의적인 동기 역시 야망을 필연적으로 전제한다. 따라서 여기서도 마찬가지로, 사회-역사적인 접근을 시도해 볼 수 있을 것이다. 자연 상태에서 명예의 야망은 전(前)자본주의 사회에서 **과시적 증여**가 담당했던 것과 다소 유사한 기능을 수행한다고 볼 수 있지 않을까? 스피노자도 홉스처럼 자기 주위에(홀란드에서조차)

---

282) 『리바이어던』 2부 20장, p. 106을 참조하라.
283) 같은 책, 2부 20장, p. 104를 참조하라.
284) [옮긴이] 설립 국가란 자연 상태를 벗어나기 위해 만인의 동의 하에 세워지는 국가를 말하는 반면, 탈취 국가란 폭력에 의해 주권을 획득한 국가를 말한다. 둘 모두 공포에 바탕을 두지만, 국가수립의 원천이 설립 국가에서는 시민들이 서로간에 주는 공포라면, 탈취 국가에서는 한 사람이 만인에게 주는 공포이다.

잔존했던 봉건적 풍습에서 명예와 영예가 차지했던 지배적 중요성을 목격했지만, 이에 대해 이 영국 철학자가 제시한 순전히 효용론적인 설명의 불충분성을 깨닫고는 이 주제에 대해, 아마도 먼 훗날의 『증여론』을[285] 예고하는 분석들을 내놓았다고 볼 수 없을까? 이 두 경우에서, 적어도 우리는 이익-명예가 보이는 똑같은 양가성을,[286] (평화로운 소통에서 경쟁적 포틀래치까지) 똑같은 가능성들의 폭을,[287] 사회적 유대의 수립이 수행하는 똑같은 기능을[288] 발견한다.

여하튼 바로 이런 기능 때문에, 인간 공동체에서 명예의 야망은 개인에게서 기쁨과 같은 것으로 간주될 수 있다. 곧 그것은 구조를 최적의 현실화 수준에 근접시키는 구조의 변이인 셈이다. 그런데 이 정도에서 그칠 리 없으며, 이어지는 정리들은 인간 상호관계를 훨씬 더 어둡게 제시할 것이다.

④ 명예의 야망에서 지배의 야망으로

실상 우리가 정서 감염을 통해 체험하는 감정들도 백지 위에 그려지는 건 아니다. 다른 사람들이 무엇을 사랑하거나 미워하는지를 알기 이전에도, 우리는 이미 우리 자신의 가치체계를 가지고 있다. 우리의 성격이나 이력에 뿌리내리고 있는 이러한 가치체계는 별다른 저항 없이 순순히 변경될 리 없다. 우리의 가치체계가 우리 유사한 자들의 것과 일치할 때면, 별다

---

[285] 마르셀 모스(Marcel Mauss), 『사회학과 인류학』(Sociologie et Anthropologie) 중 「증여에 관한 시론」(Essai sur le Don), pp. 145~279를 참조하라.
[286] 같은 책, pp. 267~72.
[287] 같은 책, p. 153.
[288] 같은 책, p. 258~65.

른 문제가 제기되지 않는다. 타인의 사랑과 미움을 모방함으로써 그저 우리의 사랑과 미움이 강화될 뿐이다. 그렇지만 양자가 동떨어진 것일 때, 우리는 **영혼의 동요**(*fluctuatio animi*)에 빠진다. 가령, 우리 마음에 드는 사물을 어떤 사람들이 싫어한다고 상상하면, 이때부터 우리는 이 사물에 대해 사랑과 미움이 뒤섞인 감정을 체험할 것이고, 따라서 이 사물을 실존케 하려는 욕망과 파괴하려는 욕망을 동시에 느낄 것이다.[289]

이 상황은 그 자체로 고찰된 인간 본성에 각인되었던 것은 전혀 아니다. 심지어 정념적인 소외 그 자체에서도 따라 나오지 않는다. 우연한 조건형성의 결과 모든 사람이 언젠가 동일한 가치체계를 채택하게 되는 경우도 권리상으로는 다분히 생각해 볼 수 있는 일이다. 그런데 이는 사실상으로는 개연성이 상당히 떨어진다. 자연 상태에서 어떤 섭리적 목적성이 있어 인간 욕망을 조화시키고자 외적 원인들을 조직할 리 없기 때문이다. 잘 조직된 정치사회에서조차, 가치의 일치는 아주 불완전하게만, 그것도 핵심적인 것에 대해서만 실현될 뿐이다. 요컨대, 인간은 같은 것을 사랑하지 않는다.[290]

이제 우리의 가치체계와 타인의 가치체계 사이의 갈등은 내적 모순이라는 형태로 우리 안에 반향된다. 우리는 이 모순을 반드시 해소해야만 한다. 단지 사랑과 미움만이 문제라면, 우리는 별탈 없이 양가성에 머무를 수 있을지도 모른다. 그렇지만 (스피노자가 여기에서 두 번 언급하고 있는 정리 28에 따르면)[291] 여기에서 따라 나오는 욕망이 부추기는 행동은 수행 시에 딜레마를 낳는다. 애초의 감정이 장려했던 행위를 계속해서 밀어

---

289) 『윤리학』 3부 정리 31.
290) 『윤리학』 3부 정리 51을 참조하라.
291) 『윤리학』 3부 정리 31의 따름정리.

붙여야 할까? 그럴 경우 우리가 비난받으리라는 것, 우리가 창피해지리라는 것, 또 이 때문에 우리의 기쁨이 망가지리라는 것을 우리는 알고 있다. 아니면 지금 우리 안에서 여론을 반영하는 반대 감정에 따라 활동하겠다고 결단을 해야 할까? 그럴 경우 우리가 불행해지리라는 것 역시 우리는 알고 있다. 요컨대, 우리는 추문을 일으키는 환락과 이를 포기하면서 얻어지는 명예 사이에서 선택을 해야 하는 것이다. 그러나 우리는 선택할 수 없는데, 환락이나 명예 모두 우리에게는 불가결하기 때문이다. 우리의 가치체계가 명하는 행위는 우리 유사한 자들의 인정을 받지 못하기에, 우리는 우리의 가치체계를 창피해한다. 그렇지만 우리 본성과 경험은 그대로이기에, 우리는 그것에 늘 집착한다. 따라서 이러한 딜레마는 우리를 슬프게 하고, 우리는 이 딜레마가 낳는 '동요'(*fluctuatio*)에서 벗어나고자 노력한다. 이렇게 볼 때 정리 31은 우리를 선택의 갈림길에 세운다. 우리 자신의 욕망을 변경하여 타인의 욕망에 맞추든지, 아니면 무슨 수를 써서라도 타인이 우리와 같은 욕망을 갖도록 전향시켜야 하는 것이다.

이 정리 31의 따름정리가 알려 주듯, 일반적으로는 두번째 해결책이 지배적이다. 물론 논리적으로 반드시 그렇다는 것은 아니다. 상반된 두 감정 중에서는 보다 강한 것이 우세하며,[292] 때로 우리의 개인적 욕망들 중 몇몇은 우리가 타인에게서 모방한 감정들에 자리를 내줄 정도로 약할 수 있기 때문이다. 하지만 우리가 그리 쉽게 단념하지는 않는 것들도 많이 있다. 그리고 이것들에 대한 집착에서 벗어나기 위해서는, 오로지 외

---

292) 『윤리학』 4부 정리 7.

부에서만 비롯될 수 있을 체계적인 재조건형성을 받아야 할 것이다. 우리가 열렬히 사랑하는 것을 더 이상 사랑하지 않겠노라고 우리 스스로 결심할 수는 없기에 말이다. 그런데 우리는, 다른 모든 조건이 같다면, 우리 자신의 시각을 선호한다.[293] 따라서 우리 안에 균형을 회복하기 위해, 우리는 타인이 우리 자신의 가치체계를 채택하게 만들려고 노력한다.

이 욕망은 그 자체로 보면 명예의 욕망보다 더한 소외를 낳지는 않는다. 그것은 명예의 욕망으로 표출되었던 보편성의 요구를 확장한 것이기에, 명예의 욕망처럼 능동적 감정으로 변형될 수 있다.[294] 하지만 우리가 정념에 사로잡혀 있는 한, 외적 원인들은 이 욕망을 도착시킨다. 사실 우리의 가치들은 잘못되었지만, 오류가 내부로부터 알려질 수는 없다. 뿐만 아니라, 우리는 이성적 논증을 통해 이 가치들을 정당화하려는 시도조차 하지 않는다. 이 가치들은 우리에게는 자명한 듯 보이며, 사악한 자나 정신박약자가 아닌 이상 누구도 저항 못할 매력을 발산하면서 저절로 주어지는 것처럼 보이기 때문이다. 그런데 우리가 이 가치들을 유포하는 데 가용한 자원은 유혹이나 공포, 요컨대 교묘한 폭력이나 노골적인 폭력밖에 없다. 그래서 우리는 우리 유사한 자들에게 그들의 마음을 움직일 유일한 자극제, 곧 가능하다면 약속을, 그러지 못한다면 위협을 들이대면서, 우리 자신은 거부했던 재조건형성을 그들에게 가하려고 시도한다.[295]

---

293) "… 누구나 넘칠 만큼 자기 견해를 지니고 있다"(『신학정치론』 20장[G III p. 239/P p. 953]).
294) 『윤리학』 4부 정리 37의 두번째 증명과 5부 정리 4의 주석을 참조하라.
295) "… 다른 자에게 공포를 불어넣는 자, 혹은 다른 자가 그 자신의 방식대로 살기보다는 이 자의 방식에 맞춰 살기를 원할 정도로, 그리고 그 자신의 뜻대로 살기보다는 오히려 이 자의 뜻대로 살기를 원할 정도로 은혜를 베풀어 애착을 갖게 하는 자는 타인을 자기 권력 하에 둔다 …"(『정치론』 2장 10절[G III p. 280/P p. 983]).

달리 말해, 우리는 이제 **그들에게 명령하기**를 원한다. 실상 사람들에게 명령한다는 것은, 그들의 행위를 이끌어야 할 가치들을 적당한 "심리조작"을 통해 강요하는 것이 아니고 또 무엇이겠는가? 추구해야 할 "선"이 무엇이고 피해야 할 "악"이 무엇인지 지정해 주는 것이 아니고 또 무엇이겠는가?

이렇게 해서 야망은 권력 충동이 된다. 그리고 우리는 명예의 야망에서 **지배의 야망**으로, 시민 상태에서는 정치적 지배의 야망으로 옮겨간다.[296] 파스칼이 말한 것과는 아주 다른 이유에서, 각각의 나는 다른 모든 자들에게 군림하는 폭군이 되길 원한다.[297] 또한 각자는 이런 식으로 만인에 대립하면서 추악해진다.[298] 이럴 경우, 오직 이럴 경우에만 주인-노예 상황이 출현한다.

그러나 이것도 필연적이지는 않다. 실상 권력 의지는 그것의 출처인 명예의 욕망처럼, 어떤 상황에서 전개되느냐에 따라 아주 다양한 양상을 띨 수 있다. 잘 정돈된 사회에서 개인적 욕망들은 아예 뿌리까지 갈라져

---

296) 물론 스피노자는 'ambitio' [야망]란 낱말을 엄밀한 의미의 **정치적인** 지배의 야망이라는 뜻으로 한정해서 사용하지는 않는다. 이런 뜻을 나타내기 위해서는 오히려 우리가 주 306에서 인용한 표현을 사용한다. 그런데 'ambire' (야망을 품다)라는 동사는 적어도 한 번은 바로 이런 의미에서, 독재에 대한 열망을 가리키기 위해 사용된다.(『정치론』 10장 1절[G III p. 354/P p. 1090]). 게다가 'ambitio' 는 정치적 저작들에서도 두 번밖에 등장하지 않으며, 그것도 명예나(『신학정치론』 서문[G III p. 8/P p. 667]) 지배(『신학정치론』 7장 [G III p. 97/P p. 768])에 대한 **종교적** 야망이라는 의미로 쓰인다. 마지막으로, 'ambitiosus' [야망 있는]라는 단어도 눈에 띄는데, 이는 아주 일반적이면서도(명예와 지배 모두를 뜻한다) 정치적인 의미(『정치론』 6장 3절[G III p. 298/P p. 1009])로 쓰인다.
297) "… 각자는 본성상 나머지 모든 자들이 자기 기질에 따라 살아 주기를 욕망한다"(『윤리학』 3부 정리 31의 주석). 『윤리학』 5부 정리 4의 주석과 『정치론』 1장 5절[G III p. 275/P p. 976]에도 이와 똑같은 정식이 있다. 또 "각자는 … 만인이 자신의 기질에 맞춰 주기를 원한다"(『신학정치론』 17장[G III p. 203/P p. 901])는 구절도 있다.
298) 『윤리학』 3부 정리 31의 주석, 4부 정리 37의 주석 1.

있지는 않으며,²⁹⁹⁾ 그것들의 공통분모는 민주적 토론을 거쳐 평화롭게 도출될 수 있다.³⁰⁰⁾ 만일 이 절차가 제도화된다면, 핵심 부분에 대해서만은 모든 사람이 만족할 것이다. 곧 어느 누구도 전적인 우위를 점하진 않으며 또한 누구나 적어도 일정 정도는 집단에 무시할 수 없을 만한 영향력을 행사할 것이며,³⁰¹⁾ 단지 사소하고 지엽적인 분쟁들만이 잔존할 것이다. 그리고 설령 이 분쟁에 참여한 자들이 각자의 열망을 한층 우세하게 만들기 위해 싸우는 지경에 이른다 해도,³⁰²⁾ 이는 토론을 반란으로 탈바꿈시킬 만큼 심각하지는 않을 것이다.³⁰³⁾ 그런데 이 두 조건(핵심에 있어서 가치들의 수렴과 이러한 수렴이 상시적으로 도출되게 해줄 민주적 절차)은 사실상의 정치사회에서는 실현되지 않는다. 바로 여기서도 전부 아니면 전무의 법칙이 지배하는 것이다. 가령, 극소수 집단이 권력을 행사할 때, 강자들은 의미를 아예 상실해 버린 공통분모를 훨씬 초과하여 가장 세세한 사안에 이르기까지 자신들의 가치체계를 강요하는 반면,³⁰⁴⁾ 약자들은 살아남기 위해 자기들의 가치체계를 완전히 희생시킬 수밖에 없다.³⁰⁵⁾ 강자들은

---

299) 가령, "최대다수가 공통의 관심사나 평화의 기예에 대해서는 대개 하나의 정신이 될"(『정치론』 7장 8절[G III p. 311/P p. 1029]) 이상적 군주정이 바로 그런 경우이다.
300) "… 그들은 심의하고, 듣고, 논쟁하면서 … 결국은 모두가 찬성하는 것, 그리고 이전까지 그 누구도 생각해내지 못했던 것을 발견해낸다"(『정치론』 9장 14절[G III p. 352/P p. 1088]).
301) "따라서 그 사회의 지배권이 만인의 수중에 있고 법이 공통의 동의로 비준되는 사회에서는 [복종이란] 실상 존재하지 않는다는 점이 따라 나온다"(『신학정치론』 5장[G III p. 74/P 741]).
302) 연방 귀족정에서 각 도시 귀족들은 "자신의 권리를 … 할 수 있는 한 증대시키고자 애쓸 것이다"(『정치론』 9장 14절[G III p. 351/P p. 1087]).
303) "… 큰 규모의 협의체에서 빈번히 촉발되곤 하는 논쟁이 반란으로까지 나아가지 않는다면 …"(『정치론』 7장 5절[G III p. 309/P p. 1026]).
304) "… 경쟁이 결여된 탓에 귀족들의 의지가 법의 제약에서 완전히 풀려나는 과두정에서는 …"(『정치론』 11장 2절[G III p. 359/P p. 1098]).
305) 주 141을 참조하라.

자기네가 엿본 가능성에 더 고무되어 만족을 모르게 되며, 그들 각각은 혼자 군림하기 위해[306] 경쟁자들을 제거하려 노력한다. 반면 약자들은 특정한 문턱을 넘어서면 폭동을 일으키며,[307] 그럴 경우, 축출되었던 군주 후보들에게 대중조작의 대상으로 이용된다. 그리하여 주기적 내전이 발발하며, 이러한 내전은 세력들을 잠정적으로 재편하면서 막다른 길에 이른 기존의 불균형을 새로운 불균형으로 상쇄한다. 마지막으로, 자연 상태에서는 조절을 위한 제도적 장치가 전혀 없기에, 이런 식의 균형 회복만이 유일한 선택지가 되며, 전쟁은 항구적이 된다.

이렇게 해서 우리는 홉스의 기술(記述)을 (물론 전적으로는 아니지만) 다시 만나게 된다. 그의 기술은 기술로서는 완벽히 타당하다. 그러나 설명은 기술과는 아주 다르며, 그것도 여전히 똑같은 이유에서 그렇다. 홉스에 따르면, 만일 우리가 타인을 지배하고자 한다면, 이는 타인을 수단으로 이용하기 위해서다. 우리는 타인의 행동이 우리의 욕망 충족에 도움이 되길 원하며, 설령 타인의 의도에 관심을 갖는다 해도 이는 단지 거기서 그의 미래 행동에 대한 확신을 얻을 수 있는 한에서일 뿐이다.[308] 이와 반대로 스피노자에 따르면, 우리가 무엇보다도 지배하고자 하는 것은 우리 유사한 자들의 의도이다. 그리고 그들의 행동에 관심을 갖는다면 이는 단지 그들의 행동이 우리의 가치체계와 그들의 가치체계의 일치를 표출

---

306) "지배의 전권을 독차지하고자" (『신학정치론』 17장[G III p. 220/P p. 926]), 그리고 "… 지배하려는 충동에 자극되어"(같은 책, 18장[G III p. 224/P p. 933]), "… 국가의 장악으로 나아가는 길을 찾는다"(같은 책, 19장[G III p. 235/P, p. 947]), "… 지배에 대한 탐욕으로 가득 찬" (『정치론』 7장 13절[G III p. 313/P p. 1031]), "… 홀로 군림하고자"(같은 책, 8장 12절[G III p. 329/P p. 1055]).
307) 『정치론』 4장 4절의 끝부분[G III p. 293/P p. 1003].
308) 주 233을 참조하라.

하기 때문일 뿐이다. 효용주의적 동기는 그 다음에야 비로소 이 근본요구에 접목될 것이다. 홉스적인 인간이 명예를 추구한다면, 그것은 오직 권력을 위해서이며 명예가 바로 이 권력을 보여 주는 증거이기 때문이다.[309] 그리고 명예는 순전히 도구적으로만 인식될 뿐이다.[310] 반대로 스피노자적인 인간이 다른 사람들을 지배하고자 한다면, 이는 다른 사람들에게서 찬사를 끌어내어 명예를 얻기 위해서이다.

물론 몇몇 구절은 [권력과 명예의] 관계를 뒤바꾸고 있는 듯 보일 수도 있다. 이 구절들에서 스피노자는 다음과 같이 말한다. 히브리의 족장들이,[311] 그 다음에는 대제사장이[312] 인민들의 애착을 얻으려 했던 것은 권력을 완전히 장악하기 위해서였으며, 또 전쟁에서 승리한 장군들도 무훈으로 얻은 명예를 똑같은 목적에 이용했고,[313] 또 이상적인 귀족정에서 귀족의원들이 다중의 마음을 얻는 데 비상한 관심을 보인 것도 자기 권력을 증대시키기 위해서였다고 말이다.[314] 하지만 명성이 권력 장악에 이용된다 해도, 이 같은 권력욕은 사실 한층 더한 명성을 얻기 위한 것일 수 있다. 다른 텍스트들은 이를 입증해 준다. 가령, 이상적 군주정의 시민들이 왕의 자문관이 되고자 한다면, 이는 "만인이 명예에 의해 가장 많이 이끌리기" (gloria maxime ducuntur omnes)[315] 때문이며, 또 이상적 귀족정의 평민들이 귀족회의에 들기 위해 부를 축적한다면, 이는 "명예의 욕망"

---

309) "인간이 자신의 역량과 능력을 상상할 때 솟아나는 기쁨은 명예라 불리는 마음의 환희다" (『리바이어던』 1부 6장, p. 27).
310) 주 229를 참조하라.
311) 『신학정치론』 17장[G III p. 218/P p. 924].
312) 『신학정치론』 18장[G III p. 222/P p. 930].
313) 『정치론』 7장 17절[G III p. 315/P p. 1034].
314) 『정치론』 9장 14절[G III p. 351/P p. 1087].
315) 『정치론』 7장 6절[G III p. 310/P p. 1028].

(*gloriae cupidine*) 때문이고,[316] 독재를 열망하는 자는 "명예를 욕망하는"(*gloria cupidus*) 자이다.[317] 그리고 결정적으로, 권력과 명예의 관계는 순환적이지 않다. 정리 31의 따름정리의 주석이 이를 입증해 준다. 여기서 지배의 충동은 야망에 결부된 것으로 제시되지만, 야망 자체는 다른 데서[318] 명예에 대한 무절제한 욕망으로 정의되기 때문이다.

사람들이 사랑하는 것을 행하려는 우리 노력은 우리 자신의 개인적 요구들과 충돌하면서, 우리가 행하는 것을 사람들이 사랑하게 만들려는 노력이 된다. 사정이 이렇다면, 우리가 우리 유사한 자들에게 폭정을 일삼을 때조차, 우리를 추동하는 것은 여전히 그들 마음에 들려는 욕망이다. 요컨대, 우리는 항상 우리 유사한 자들의 행복에 기여하길 원한다. 그런데 이 행복이 우리 자신의 행복과 상충해서는 안 되는 이상, 우리 자신이 그들의 행복의 조건들을 정의하려 든다. 우리가 볼 때, 그들은 진정으로 "좋은" 것이 무엇인지 모르며, 따라서 그들에게 이를 가르쳐 주기만 하면, 이후 그들은 우리에게 감사할 것이다. 그 결과 그들의 저항은 도대체 이해할 수 없는 배은망덕으로 느껴지며, 이 때문에 우리는 그들의 눈을 뜨이게 할 목적으로 폭정을 강화한다. 요컨대, 만인은 만인에게서 찬성을 얻고 싶어 하기에 서로 미워하는 것이다.[319]

이렇게 해서 우리는 이제 세번째로 다시, 특정 유형의 사회로 되돌아가는 듯하다. 권력을 보유한 자들이 휘두르는 압제와 폭정, 권력을 장악할 만하다고 자부하나 아직 그것을 쥐지 못한 자들이 벌이는 권력 장악을

---

316) 『정치론』 10장 6절[G III p. 356/P p. 1093].
317) 『정치론』 10장 1절[G III p. 354/P p. 1090]. '*ambire*' (야심을 품다)라는 동사도 여기서 등장한다.
318) [옮긴이] 곧, 『윤리학』 3부 부록, 감정들에 대한 정의 44항.
319) 『윤리학』 3부 정리 31의 따름정리의 주석.

위한 끊임없는 경쟁, 그 결과 발발하는 내전, 이 권력 경쟁에서 효용주의적인 동기에 대한 명예의 동기의 우위 등등. 이 모든 것은 고대적의 기억 이외에도 특히나 봉건적 풍습을 생각나게 하지 않는가? 물론 있었던 그대로는 아니고, 다만 한 17세기인을 아주 민감하게 자극할 만한 모습을 한 봉건적 풍습, 가령 셰익스피어의 역사극(또는 아주 상이한 방식이기는 하지만 코르네유의 정치 비극)에서 극명하게 드러나며, 또 홀란드의 한 공화주의 부르주아가 오라녜파의 활동을 아주 쉽게 설명하는 데 도움이 되었던 봉건적 풍습을 말이다. 지배의 야망이 아무런 제도적 구속 없이 펼쳐지는 자연 상태는, 이 점에서도 역시 중세사회와 유사하지 않는가? 물론 중세사회를 너무 개인주의적으로 해석하고, 또한 지극히 무정부적으로 발현된 것들에 편중해서 본 것이긴 하겠지만 말이다.

야망은 여하튼 인간 공동체의 접합제이긴 하지만, 그와 동시에 인간 공동체를 해체할 우려가 가장 큰 것이기도 하다. 야망은 소외되면서 자기 모순을 빚기에 말이다. 개인의 수준에서 기쁨에 일어났던 일이 야망에도 일어난다. 기쁨이 과잉될 때, 곧 유기체 가운데 일부의 활동 역량의 증대가 다른 부분의 파괴를 불러올 때, 그것은 불균형을 일으키며 여기서 곧바로 슬픔이 생겨나던 것처럼 말이다.

그런데 이 상황도 그리 치명적이지는 않다는 점에 다시 한 번 주목하자. 만일 상황이 그렇게 된다면, 이는 다만 **사실상** 사람들이 똑같은 가치들을 신봉하지 않고 상이한 대상들에 소외되어[몰입해] 있기 때문일 뿐이다. 권리상으로는, 적합한 조건형성을 통해 사람들을 적어도 핵심에 있어서는 똑같은 사물들에 소외[=몰입]되게는 할 수 있을 것이다. 이렇게 되면 바로 정념적 삶의 수준 자체에서 일치가 실현되는 셈이다. 그리고 바로 이것이 정치의 목표 가운데 하나일 것이다.

⑤ 시기심과 토지소유

가장 침울한 국면은 정리 32와 그 주석에서 분석된다. 우리가 이런저런 방식으로 우리 자신의 가치체계를 다른 사람들에게 부과하는 데 성공했다손 치더라도, 우리는 만족하지 못할 것이며 갈등은 재개될 것이다. 왜냐하면 우리는 타인에게 특정한 "선"을 욕망하게 했지만, 이제 그것의 소유를 놓고 그와 다툴 것이기 때문이다.

그런데 정리 29와 그 주석에서 제쳐 두었던 문제를 제기할 필요가 있다. 모방에 의해 우리는 다른 사람들 마음에 드는 것을 행하고자 욕망한다. 그런데 이 정식은 그 자체로 보면 애매하다. 우리가 이를 욕망하는 것은 과연 누구를 위해서인가? 우리를 위해서인가 아니면 다른 사람들을 위해서인가? "다른 사람들 마음에 드는 것을 행하다"란, 우선 "우리와 그들 모두를 위해 그들이 욕망하는 것을 행하다"를 뜻할 수 있다. 하지만 이는 또한 "우리에게는 해가 되지만 그들을 위해 그들이 욕망하는 것을 행하다"를 뜻할 수도 있고, 또 "그들에게는 해가 되지만 우리 자신을 위해 그들이 욕망하는 것을 행하다"를 뜻할 수도 있다. 이 세 함의 중 어느 것이 가장 좋은가?

당연히 본래는 첫번째가 가장 좋다. 스피노자도 여태까지 이를 암묵적으로 전제해 왔다.[320] 아무런 장애가 없다면, 우리는 우리가 우리 유사한 자들에게 사랑하게 만들었던 선을 그들과 함께 향유하기를 바란다. 그런데 그러려면 장애가 없어야 한다. 만일 장애가 있다면, 우리는 선택의 갈림길에 놓이게 된다. 두번째 해결책과 세번째 해결책 중에서 우리는 선택해야 하며, 이럴 경우 명백히 후자가 우세할 것이다.

그런데 우리 모두 소외되어[몰입해] 있는 대상을 단 한 사람만이 소유할 수 있는 경우는 아주 흔하다. 물론 항상 그렇지는 않다는 점을 주목해 두자. 하지만, 대개의 경우 이 대상은 특정한 지각적 특징을 지니고 있어, 이 점에서 같은 유형의 다른 사물들과는 구별되고 또 엄밀한 재생산이 불가능한 구체적인 독특한 사물이기 마련이다. 따라서 우리가 만일, 욕망하는 대상의 특성들 가운데 오직 유사-종에 속하는 다른 대상들도 공유하는 특성들에만 애착을 갖는 것이 아니라 바로 이 변별적 특성에 집착한다면, 우리는 더 이상 여러 사람이 **같은 사물을** 소유한다고 말할 수 없다. 이는 우리에게는 더 이상 "같은 것"이 아니기 때문이다. 이때부터 소유는 독점적 지위를 의미하며, 감정모방에서 투쟁이 생겨난다.

여기서 스피노자는 적대의 원천에 따라 두 경우를 구별한다. 그것이 충족된 야망에서 비롯되느냐 좌절된 경쟁에서 비롯되느냐에 따라서 말이다. 단지 부수적으로만 검토되고 있는 첫번째 경우는 권력 의지의 성공 그 자체에서 생겨난다. 우리로 인해 우리가 사랑하는 것을 사랑하게 된 자는, 우리가 사랑하는 대상을 향유하듯 그 자신도 그것을 향유하려고 욕망한다. 그런데 사랑의 대상이 배타적 소유물일 수밖에 없다면, 곧 유일

---

320) 오비디우스를 인용(『윤리학』 3부 정리 31의 따름정리)할 때를 제외하고는 말이다. 이 인용은 뒤의 내용을 예고하고 있다. [옮긴이] 정리 31의 따름정리에서 스피노자는 "각자는 자기가 사랑하는 것을 모든 사람이 사랑하게끔, 그리고 자기가 미워하는 것을 모든 사람이 미워하게끔, 할 수 있는 한 노력한다"라고 말하면서 다음과 같은 시구를 인용한다. "사랑하면서 우리는 희망하는 만큼 또한 두려워하네/누군가를 타인이 버려 주어 사랑한다면 그는 목석일지니"(*Speremus pariter, pariter metuamus amantes/Ferreus est si quis quod sinit alter amat*). 이는 우리가 감정모방의 메커니즘을 따라, 동일한 것을 사랑하고자 하나, 그 대상이 가령 연인처럼 공유할 수 없는 것일 경우, 부딪힐 수밖에 없는 딜레마를 보여 준다. 곧 우리가 사랑하는 자는 모두에게 사랑받는 자여야 하지만, 우리가 그 자를 독점할 수 있는 것은 그가 타인들에게서 사랑받지 않을 경우, 곧 버림받을 경우에 가능하다. 물론 여기서 스피노자는 이 시가 누구의 시인지, 출처가 어디인지 명시하고 있지 않으나, 이는 오비디우스의 시(*Amores II*, xix, 4, 5)로 추측된다. 원문에는 두 행의 순서가 바뀌어 있으며 스피노자는 이 시를 아마도 자신이 기억하고 있던 대로 인용하고 있는 듯하다.

하면서 공유할 수 없는 것이라면, 그 사람은 우리 경쟁자가 되어 우리에게서 그 대상을 빼앗으려 한다. 이로부터 아주 흔한 형태의 **영혼의 동요**가 생겨난다. 우리는 우리 자신의 가치를 전파하려 하지만, 다만 특정한 지점까지만 그렇다. 또한 우리는 우리가 사랑하는 것을 소리 높여 칭찬하지만, 동시에 이러한 칭찬이 곧이곧대로 받아들여질까 두려워한다.[321] 하지만 이 모순이 반드시 해결 불가능하진 않다. 우리 자신이 우리 유사한 자의 욕망의 근원인 이상, 권리상 우리는 사랑하는 대상이 지닌 특성들 가운데서도, 엄밀하게 개별적인 특성이 아닌 종별적인 특성에 그가 애착을 갖게끔 선전 방향을 맞출 수도 있기 때문이다. 이럴 경우 우리의 두 요구는 동시에 충족될 수 있고, 따라서 갈등을 피할 수 있을 것이다. 그런데 이는 항상 가능하지는 않다. 가령 한 여성을 놓고 경쟁을 벌일 때는 이와 같은 조작은 아예 무의미할 것이다(이 때문에 오비디우스가 인용된다).[322] 하지만 경제적 재화의 경우, 이와 같은 조작은 생각해 봄직하다.

두번째 경우는 야망과는 완전히 독립적인 것으로서, 정리 32에서 더 특별하게 주안점을 두는 대상이다. 그것은 경쟁 일반을 다루었던 정리 27에서 곧바로 연역된다. 어떤 사람이 특정 사물에서 기쁨을 얻는다고 우리가 상상할 때, 그가 우리를 전향시켜 자기와 같은 취향을 갖도록 하지 않을 때조차, 아니 오히려 그 반대로 할 때조차, 우리는 그 사물을 사랑하며 그와 마찬가지로 그 사물을 향유하고자 한다. 그 사물이 유일하면서 공유될 수 없는 것일 때, 우리는 소유주에게서 그 사물을 강탈하고자 노력한다. 그리하여 다시 전쟁이 일어난다. 설령 우리가 이긴다 해도, 아마도 우

---

321) 『윤리학』 4부 정리 37의 주석 1.
322) 주 320을 참조하라.

리가 하는 일이란 기껏해야 그 사물을 분쟁의 대상으로 만드는 데 지나지 않을 것이다. 우리가 원래부터 그 사물에 매력을 느꼈던 건 아니기에, 일단 우리 경쟁자가 그 사물에서 더 이상 쾌락을 얻지 못한다면, 아마도 우리 역시 그것에 대한 흥미를 잃을 테니 말이다. 따라서 투쟁의 초점은 무엇보다도 소극적이다. 우리가 다가갈 수 없는 무언가를 누군가가 소유한다는 사실이 우리에겐 참을 수 없는 것이다.[323] 물론 그렇다고 해도 갈등은 달랠 수 없을 지경까지 치달을 수 있다. 우리 경쟁자가 우리 욕망을 적어도 — 그가 이를 자기 마음대로 움직일 수는 없는 이상 — 특정 방향으로 유도할 수 없는 한은 말이다. 하지만 이 또한 치명적이지는 않다. 일반적으로 우리 자신의 개인적 정념은 우리가 타인에게서 모방하는 정념보다 훨씬 강하므로, 만일 이런 정념이 우리를 반대 방향으로 이끈다면, 우리는 우리 마음을 적극적으로 움직이지도 않는 원인 때문에 무기를 드는 일만큼은 삼간다.

그런데 위의 두 경우를 조합하여 세번째 경우, 곧 적의가 불가피해지는 경우를 연역할 수 있다. 내가 구체적이며 독특한 대상 x_1을 사랑한다고 해보자. 나는 야망 때문에 x_1이 통상 소속되는 종 X를 다른 사람이 사랑하도록 만든다. 그가 X 전체에 공통적인 특징들에 애착을 갖도록 비상한 주의를 기울이면서 말이다. 나와 유사한 자는 X에 가치를 부여했기 때문에, 동일한 유사-종에 속하는 두번째 대상 x_2를 발견하여, 그것을 소유하고 거기서 기쁨을 얻는다. 그런데 이럴 경우, 그의 감정을 모방하여 이번엔 내가 대상 x_2 — 그것을 x_1과 달라지게 하면서 유일한 것으로 만들어 주는 변별적 특성들의 측면에서 본 — 를 사랑하게 되고 그것을 차지

---

[323] 정리 32의 진술 자체에서는 증명에서와는 반대로 오직 소극적 측면만이 언급된다.

하고자 욕망한다. 애초에 나에겐 다른 아무것도 필요하지 않았고, x_1만으로도 충분했다. 하지만 내가 타인에게 성공적으로 불러일으켰던 바로 그 사랑 때문에, 이제 나는 x_2를 소유하길 원한다. 그리고 나의 개인적인 정념들도 이를 단념시키진 못하는데, 왜냐하면 사실 이 정념들은 이미 나를 그것과 이웃하는 방향으로 이끌어 가고 있었기 때문이다. 따라서 이번에는 전쟁이 필연적으로 발발할 수밖에 없다. 이는 야망이 일단 자신의 목표를 달성하고 나면 일어날 수밖에 없는 일이기도 하다.

이렇게 해서 **시기심**이 생겨나는데, 이 감정은 연민과 역대칭을 이루면서도 기원은 동일하다.[324] 시기심은 연민과 마찬가지로 A_2군(오른쪽 가지에서 뻗어 나온 오른쪽 가지)에서 이미 탐구되었지만, 이제는 역시 연민과 마찬가지로 확장되고 이항된다. 시기심은 더 이상 우리의 생물학적 적대자들, 즉 생존수단을 놓고 우리와 다투는 것들을 향하지 않는다. 여기서는 생명 욕구가 더 이상 문제되지 않기 때문이다. 오히려 시기심은 일반적으로 우리가 보유할 수 없는 "선"을 보유하고 있는 **모든 인간**을 향해 있다. 또한 시기심은 어떠한 자연적 규범의 제한도 받지 않기에, 한도 없이 증폭될 수 있다. 곧 우리는 누군가 독점적으로 소유하고 있는 모든 것을, 단지 그에게서 빼앗기 위해 원하는 것이다.

따라서 가치의 정의를 둘러싸고 벌어졌던 투쟁은 그것이 성공적으로 마감되었다는 바로 그 이유로 인해, 가치 부여된 대상을 소유하기 위한 투쟁을 발생시킨다. 우리는 다른 사람들에게 우리가 탐닉하는 것과 똑같은 "선"에 탐닉하기를 요구할 뿐 아니라, 그 다음엔 그들이 이 선을 향유하는 것을 금지하려 든다. 우리에게는 다른 사람들이 똑같은 "선"을 욕

---

324) 『윤리학』 3부 정리 32의 주석.

망하는 것도 필요하고, 우리를 위해 그들의 욕망을 희생시키는 것도 필요한 셈이다. 게다가 한술 더 떠, 그들이 이 점에 대해 우리에게 감사하기를 바란다! 우리가 늘 그들의 행복을 생각해 주니 말이다. 우리가 보기에, 그들은 만일 정상적이라면(그들이 "사악하지" 않다면) 우리 자신의 기쁨에서 대리만족을 해야 할 것이다. 이제, 마지못해 빼앗기는 그들의 모습은 우리에게는 배은망덕의 증거처럼 보일 것이다. 도대체 우리가 어떻게 해 줬는데!

구체적으로 무엇이 문제인가? 독점할 경우 시기심을 초래하는 이 "선"은 도대체 무엇인가? 분명 여성들은 이 "선"에 포함되지만, 그들은 감정을 지닌 인간 존재자이고, 그래서 우리 감정에 반향을 미치는 이상 문제는 더 복잡해진다. [이런 경우를 다루는] 질투는 B_2군에 가서야 탐구될 것이다. 그런데 이 "선"에는 다른 것들도 있다. 스피노자의 정치 저작들에서 '*invidia*'(시기심)라는 단어는 대개 특별한 한정 없이 사용되곤 한다. 그렇지만 이 단어는 보다 분명한 두 가지 맥락에서도 등장한다. 경제적 맥락과 정치적 맥락이 그것이다.

이 단어가 순전히 경제적인 의미로 쓰이는 곳은 세 단락뿐이다. 우선 성직이 제공하는 이익이 있기 때문에 성직자들에게서 '시기심'(*invidia*)이 번성한다는 단락,[325] 그리고 공정한 판관은 부자를 시기하지도 빈자를 경멸하지도 않는다는 단락,[326] 마지막으로 주민에 의해 부양되면서 무위도식하는 레위족은 '시기를 받으며'(*invisos*), 특히 수확이 나쁜 시기에 그렇다는 단락.[327] 하지만 이 단락들은 별로 밝혀 주는 바가 없다.

---

325) 『신학정치론』 서문[G III p. 8/P p. 667].
326) 『신학정치론』 16장[G III p. 196/P p. 891].
327) 『신학정치론』 17장[G III p. 218/P p. 924].

다소 간접적이기는 하나 더 나은 것은 『정치론』 7장 8절이다. 스피노자는 여기서, 토지가 국유화된다면 모든 시민은 교역이나 금융에 종사할 수밖에 없을 것이고, 그 결과 그들의 욕망은 서로 조화를 이룰 것이라고 말한다. 왜냐하면 그들은 서로 간에 긴밀하게 의존하는 사업이나 좋은 성과를 얻는 데 동일한 수단들이 요구되는 사업에 관여할 수밖에 없기에 말이다.[328] 따라서 이익들의 상호의존이나 수렴을 통해 사람들 사이의 통일은 확보될 것이다. 당연히 이는 토지가 사유 재산일 경우에는 그렇지 않음을 함축한다. 이 경우 이익들은 상호 독립적이고 발산적이기 때문이다. 따라서 토지소유의 효과와 교역의 효과는 두 가지 점에서 대립하는 듯 보인다. 한편으로는 고립 대 상호 얽힘으로, 다른 한편으로는 발산 대 수렴으로 말이다. 첫번째 대립지점은 분명하지만, 이는 오히려 B_2군과 관련된다. 반면, 두번째 대립지점은 시기심에 대한 스피노자의 분석과 명백히 결부되어 있다.

실상 토지 소유자들이 서로 대립한다고 해도, 이는 분명 그들이 똑같은 것을 욕망하지 않기 때문은 아니다. 그들 모두는 땅을 사랑하며, 가능하면 가장 많은 땅을 가지길 원한다. 그런데 그들은 각자 자신을 위해서 이를 원하며, 또 각자는 오직 타인의 희생을 대가로 해서만 자기 자산의 증대를 기대할 수 있다. 이와는 반대로, 상인과 은행가들 역시 가능하면 가장 많은 돈을 가지길 원하고, 또 각자 자기 자신을 위해 이를 원하지만, 동일한 열망을 가지고 있다고 해서 그들 사이에 전쟁이 일어나지는 않는다. 이러한 차이는 두 종류의 "선"[=재화]이 갖는 본성 자체에 기인할 수밖에 없다. 사실 토지재화는 양적으로 무제한적이지 않고, 분배도 이미

---

[328] 『정치론』 7장 8절[G III p. 311/P p. 1029]. 또한 뒤의 p. 538과 9장의 주 60도 참조하라.

이루어져 있다. 게다가 더 분배할 몫이 남아 있다고 쳐도, 그것은 어쨌든 구체적 재화들로서, 전반적으로 질적 특성들에 따라 가치 평가된다. 가령, 하나의 밭은 다른 밭과 결코 **같은 것**이 아니며, 이 차이는 무시할 수 없다. 이럴 때 우리 욕망이 특정 대상에 고착된다면, 필연적으로 우리는 그 대상을 유일하고 대체 불가능한 것으로 만들어 주는 개별적 특수성에 집착하게 된다. 바로 이 두 가지 이유(희소성과 질적 다양성) 때문에, 토지 소유자들은 약간의 정도상의 차이는 있더라도 모두 시기심과 갈등을 초래하는 독점적 상황에 놓이게 된다. 반면, 화폐의 경우는 다르다. 화폐는 재생산될 수 있으며, 한 에큐[옛 금화]를 다른 에큐와 구별해 주는 차이는 단지 옛 화폐 전문가에게나 흥미 있을 따름이다. 또한 타인의 부가 우리 탐욕을 자극할 때조차도, 그와 동일한 액수의 부를 얻는 데는 굳이 그의 몫을 빼앗을 필요 없이 단지 노동만 해도 충분하다. 그리고 이는 문자 그대로 **같은 것**인데, 왜냐하면 여기서는 오로지 양만이 중요하기 때문이다.

따라서 (법제화된 것이든 자생적인 것이든) 소유제로 인해 **탐욕**이 토지재화에 집중되는 경우에만, 경제적 갈등은 불가피해진다. 순수 상업경제에서는, 여기서 문제가 되고 있는 시기심이 발현될 기회가 전혀 없으며, 한 방향으로 잘 유도된다면 경합은 평화적 경쟁이 될 것이다. 그런데 경제적 풍습에서 이러한 전환이 일어나기 위해서는 적절한 정치적 조건 형성이 필요하며, 이는 오로지 세심하게 짜인 제도들을 통해서만 가능하다. 가령 『정치론』에서 말하는 이상적 군주정이나 최소한 이상적인 귀족정의 제도들이 그렇다. 사실상의 사회에서는 이 제도들은 아직까지 실존하지 않는다. 홀란드에서조차 말이다 —— 그리고 자연 상태에서는 진정한 상업적 삶이란 있을 수 없다.

따라서 우리는 네번째로 다시, 동일한 유형의 사회적 관계로 되돌아간다. 사람들이 화폐가 아니라 구체적인 "선"〔=재화〕에만 (교환이 거의 일어나지 않으므로, 교환가치가 아니라 사용가치에만) 집착하는 자연 상태는 극한에 이른 봉건사회와 유사하다. 이 사회에서 이익은 오로지 토지에만 고착되어 있기에, **시기심**이 맹위를 떨친다. 가령, 나봇의 작은 포도밭조차도 거머쥐지 못해 안달하는[329] 소유주들에게선 강탈, 약탈, 부의 축적이, 그리고 자기네가 배제된 번영을 그저 보고만 있을 수 없는 비소유자들의 끊임없는 "땅에 대한 굶주림"과 폭동, 반란이, 요컨대 냉혹하고 상시적인 사회적 갈등이 터져 나오는 것이다.

바로 이와 유사한 분위기가, '*invidia*' (시기심)라는 단어가 아주 정확히 정치적 의미를 띠고 등장하는 아홉 개 단락에서 환기되고 있다.[330] 지배의 야망이 일단 개입하고 나면, 그것은 그 스스로 새로운 대상을 창출한다. 우리 유사한 자들에 대한 권력이 바로 그것인데, 이는 시민 상태에서는 정치권력이 된다. 그리고 이 새로운 대상은 독점될 수도 있고 그렇지 않을 수도 있다. 만일 지도자들이 수적으로 매우 제한되어 있다면, 만일 그들이 매우 폐쇄적인 특권층을 형성한다면, 보통 사람은 지도직에 오르리라는 희망을 거의 품을 수 없다. 따라서 그는 기질로 보나 이력으로 보나 야망을 가질 성향이나 재질이 없었다 하더라도, 지도자들을 시기하기 마련이다.[331] 그는 지도자들이 불행하길 원하며, 그들의 불운을 기뻐한다. 이러한 시각에서 볼 때, 특히 세습귀족의 존재는 만병의 근원이며,

---

329) 〔옮긴이〕 성서의 『열왕기』에 나오는 이야기로, 사마리아 왕 아합이 왕궁 근처에 있는 나봇의 포도원을 정원으로 삼고자 계략을 꾸며 이를 강탈하고 결국 나봇은 죽임을 당한다는 이야기다.
330) 모두 『정치론』에 있는 단락들이다. 곧 12장의 10절, 13절, 14절, 30절과 8장의 12절, 30절, 44절 그리고 10장의 1절과 8절이 그것이다.
331) 『정치론』 7장 13절[G III p. 313/P p. 1031].

잘 형성된 사회에서는 생각조차 할 수 없다.[332] 반대로, 엘리트 선발이 민주적으로, 아니면 적어도 매우 개방적으로라도 이루어진다면, '시기심'(*invidia*)을 살찌울 필수 자양분은 제거될 것이다.

이런 식으로 시기심은 사회적 분열을 극단으로 치닫게 한다. 시기심이 인간 공동체에서 하는 역할은 슬픔이 개인에게서 하는 역할과 같지만, 단 이번에는 대개의 경우, 슬픔이 간접적으로도 좋지 않을 때와 같다. 곧 이는 구조의 왜곡 가운데서도, 체계의 균형을 깨뜨릴 우려가 있는 왜곡인 것이다.

하지만 균형이 완전히 깨지는 지경까지 가진 않을 것이다. 왜냐하면 연민이 시기심과 동등한 영향력을 행사할 것이기 때문이다. 곧 우리는 타인의 재화를 빼앗음으로써 그를 슬프게 하지만, 그의 슬픔은 모방을 통해 우리에게도 전해지기에 우리는 이 슬픔을 덜어내고자 욕망하며, 이 때문에 우리의 사나운 욕심은 완화되고 사회적 유대의 해체도 저지된다. 봉건 영주는 자기가 갈취했던 것의 일부를 자신의 희생자에게 적선한다. 그리하여 사이클은 다시 시작된다. "연민—명예의 야망—지배의 야망—시기심—연민"의 사이클, 달리 말해 "적선—과시적 증여—압제—수탈—적선"의 사이클이 말이다. 이 사이클은 "간접적으로 좋은 슬픔—기쁨—간접적으로 나쁜 기쁨—슬픔—간접적으로 좋은 슬픔"으로 이어지는 개인의 사이클과 유사하다. 자연 상태에서(또는 아마도 대략적으로는 봉건사회에서) 인간 공동체의 포괄적 코나투스는 이런 식으로 발현된다. 곧 인간 공동체는 그것을 알아볼 수 없을 지경으로 왜곡시키는 그

---

332) 신정에서도(『신학정치론』 17장[G III p. 214/P p. 918]), 이상적 군주정에서도(『정치론』 7장 20절[G III p. 316/P pp. 1035~6]), 이상적 귀족정에서도(『정치론』 8장 14절[G III p. 330/P p. 1056]) 말이다.

모든 개인적 소외 저편에서, 그리고 이를 거쳐, 암암리에 그리고 끈질기게 스스로를 항구적으로 생산하고 재생산하는 것이다.

2) 인간-신 관계

지금까지는, 순전히 세속적인 가치들 쪽으로 정향된 인간 상호관계를 살펴보았다. 그런데 구체적 현실에서 세속적 소외는 늘 이데올로기적 소외와 연결되어 있기 마련이다. 곧 우리가 "현세의 선"을 추구하는 것도 늘 우리에게는 인간을 모습을 한 '자연의 지배자'(rector Naturae)의 요구들에 따른 것처럼 보이는 것이다. 따라서 정리 27~32에 대한 독해를 되짚어보면서, 정념에 빠진 인간들이 이 요구들을 과연 어떤 식으로 표상하는지를 살펴보아야 한다.

A_1군과 A_2군은 결국은 같은 물음으로 귀착되는 세 개의 물음을 미결 상태로 남겨 두었다. 우선 우리는 가장 원초적인 형태의 목적론적 편견의 발생을 검토하면서, 어떤 메커니즘에 따라 우리가 신에게 이런저런 목적을 귀속시키게 되는지를 물었다. '지배자들'이 우리 욕망을 충족시키기 위해 자연을 마련해 둔 까닭은 무엇인가, 이에 대한 반대급부로 '지배자들'이 우리에게 기대하는 것은 무엇인가, '지배자들'은 어떤 목표로 우리를 창조했는가 하는 식으로 말이다. 그 다음, 편견과 마찬가지로 이 물음도 두 가지로 보다 구체적으로 세목화되었다. "형이상학적인" 물음과 미신적인 물음으로 말이다. 한편으로, 우주의 경제에서 인간의 자리는 무엇인가? 신은 모든 존재자에게 내적 목적(각 존재자의 보편적인 사이비-원형의 실현)과 외적 목적(인간 욕구의 충족)을 지정해 주었는데, 그렇다면 일반적으로 인간 종의 외적 목적은 무엇인가? 그리고 다른 한편, 신을 우리 편으로 끌어들이려면 특수한 매 경우마다 어떻게 해야 하는가? 신은

여러 가지 속죄기술에 마음을 누그러뜨리는데, 그렇다면 가장 효과적인 기술은 정확히 무엇인가? 신은 어떤 외적 자극제에 감동할까?

이 세 물음은 하나의 문제로 집약된다. 우리는 신이 우리에 대해 갖는 감정을 어떻게 표상하는가? 정리 27에 힘입어 이제 우리는 이에 대한 포괄적인 답변을 내릴 수 있다. 우리는 우리가 다른 사람들이 가지고 있다고 여기는 감정들을 자생적으로 모방한다. 그런데 그 역 또한 참이다. 곧 우리 유사한 자들의 욕망에 대한 특별한 정보가 없는 상태에서 우리가 이 욕망에 대해 궁금해 할 때, 다른 모든 조건이 같다면, 우리는 그들의 욕망이 우리 욕망과 유사하리라고 상상하는 것이다.[333] 그런데 우리는 신을 인간처럼 생각한다. 따라서 자생적으로 우리는 신도 우리와 똑같은 정념을 겪으리라고 가정한다. 이런 식이라면, 삼각형이 만일 말을 할 수 있다면, 그것은 신이 탁월하게 삼각형적이라고 말할 것이다.[334] 이제 답변은 아주 간단하다. 신은 인간과의 관계에서, 우리가 인간 상호관계에서 추구하는 목적과 똑같은 것을 추구한다는 것이다.

우선 정리 27의 따름정리들과 주석에 따르면, 우리는 '자연의 지배자'가 **연민을 느끼며[긍휼하며]**, 따라서 스피노자적 의미에서 **친절하다**고 믿는다.[335] 바로 이러한 믿음에서 미신적인 자들 특유의 태도가 생겨난다. 우리의 슬픔을 장황하게 늘어놓고, 한탄하고, 기도하고, 탄식하라. 그러

---

333) "그런데 다른 자에게서 [목적인에 대해] 얻어 들을 수 없을 때, 그들은 고작 스스로에게 되돌아가 그런 행동을 하게끔 자신을 대개 규정하곤 하는 목적들에 대해 반성해 보는 것, 그리하여 필연적으로 자기 기질에 비추어 타인의 기질을 판단하는 것밖에는 할 수 없다"(『윤리학』 1부 부록[G II p. 78/P p. 403]).
334) 「편지」 56[G IV p. 260/P p. 1302].
335) 모세는 신이 "긍휼하고 친절하며 등등 …"이라 가르친다(『신학정치론』 2장[G III p. 38/P p. 701]).

면 신은 틀림없이 우리를 도와줄 것이다.[336] 하지만 우리는 여기서도 신의 성향의 비밀을 발견하지는 못할 것이다. 왜냐하면 연민은 개인적 상황에 대한 〔신의〕 응답에 불과한 이상, 여기서 일반적이고 영속적인 목적성까지 생겨날 수는 없기 때문이다. 신은 인간에게 고통을 주어 당신 스스로 슬퍼지고자 인간 유를 창조하진 않았으니 말이다.

이 비밀은 정리 29와 30에서 밝혀진다. 사실 우리가 연민보다 더 근본적으로 신에게 귀속시키는 것은 바로 **명예의 야망**이다. 그렇다면, 신이 만물을 우리 쓸모에 맞게 만들었다는 것도 하등 놀라울 게 없다. 신이 우리 마음에 들고자 하는 것은, 우리 기쁨에서 신 자신이 기쁨을 얻기 위해서이며, 또한 신의 관대함이 우리에게 불러일으키는 사랑을 통해 신이 자기 자신을 사랑하기 위해서이니 말이다. 그런데 우리 역시 분명한 기호를 통해, 신을 기리는 칭찬을 통해, 신에 대한 "예우"를 통해 이 사랑을 보여주어야 한다. 요컨대, 이 예우는 갖가지 예배 행위로 구현될 것이다.[337] 이렇게 해서 보편적 목적성의 원환은 완결된다. 이제 우리는 신이 선의(善意)의 대가로 무엇을 요구하는지 알게 된다. 신은 인간을 위해서 세계를 창조했지만, 또한 인간을 만든 까닭은 바로 그들에게서 숭배를 받기 위해서다.[338]

이제야 우리는 우리의 형이상학적 체계에 남아 있었던 공백을 메울 수 있게 되었다. 인간 본성(따라서 간접적으로는 우주의 나머지 모든 부분)

---

336) "아녀자 같은 눈물로 신의 도움을 간청하다"(『신학정치론』 서문〔G III p. 5/P p. 663〕).
337) "… 이렇게 해서 그들은, 신들이 인간에게 그들에 대한 애착을 갖도록 하기 위해, 그리고 인간에게서 최고의 존경을 받기 위해, 만물을 인간의 쓸모에 맞게 이끌어 간다고 여기게 되었다"(『윤리학』 1부의 부록〔G II p. 79/P p. 404〕).
338) "… 그들은 신이 인간을 위해 만물을 만들었다고, 그리고 인간 자체는 신을 숭배하게 하기 위해 만들었다고 말한다"(같은 곳〔G II p. 78/P p. 403〕).

의 외적 목적은 **신의 영광[명예]**이다. 인간중심주의는 신중심주의로 완성되며, 모든 스콜라 철학 공통의 하부구조인 중세적 세계관은 이제야 비로소 총체적으로 재구성된다. 게다가 이 세계관에는 고유한 가치론적 귀결들도 있다. 이에 따르면, 앞서 우리가 말한 대로, 우리를 우리 종의 이상적 모델에 접근할 수 있게 해주는 모든 것은 "선"이다. 그러나 우리가 단지 내적 목적만을 생각하고 마는 한, 이 정식은 (이미 "다른 본성"에 대한 것이긴 했지만) 단지 자연주의적 의미밖에 지닐 수 없었다. 반대로 이제 인간 본질은 그것을 초월하는 목적론으로 통합되는 듯 보이기에 유기체적 균형은 부차적인 중요성만 지니게 된다. 그래서 우리는 우리의 건강에 도움이 되는 것만이 아니라, 신의 숭배에 기여하는 것 역시, 아니 우선적으로 이를 "선"이라 부른다.[339]

하지만 미신의 수준에서는 문제가 말끔히 해결되지 않았다. 우리는 이제, 신을 우리에게 우호적이도록 만들기 위해 신에게 가해야 하는 "심리조작"은 바로 신을 공경하는 데 있음을 알게 되었다. 그렇다면 신은 정확히 어떤 존경의 표시에 감동할까? 신은 정확히 어떤 숭배를 요구할까? 달리 말해, 신이 사랑하는 것은 무엇인가? 신의 가치체계는 무엇인가? 이를 알기 위해서는, 신의 인성심리를 보다 면밀히 검토해야 한다. 곧 신을 인간이라 해보자, 그런데 어떤 종류의 인간일까? 이에 대해선 두 가지 해법이 가능한데, 이것들은 정리 31에 준거한다. 하나는, 신이 다른 인간들이 아닌 바로 우리, 독특한 개체인 우리와 유사하다고 상상하는 것이다. 그래서 신이 우리가 사랑하는 모든 것을, 오로지 우리가 사랑하는 것만을 사랑한다고 상상하는 것이다. 다른 하나는, 신의 본성 및 가치들이

---

339) 앞의 주 88을 참조하라.

인간적이긴 하지만 우리의 본성 및 가치들과 상당히 다르다고 상상하는 것, 따라서 신은 우리에게 우리가 하고 싶어 하지 않는 행위와 태도를 강요하려 든다고 상상하는 것이다. 첫번째 경우는 아무 문제가 없다. 반면 두번째 경우, 우리는 **영혼의 동요**에 빠져들며, 이미 말한 이유들 때문에 우리는 여기서 벗어나고자 욕망한다.

그런데 이 경우 영혼의 동요에서 벗어나기는 아주 쉽다. 우리는 허구의 영역에 있으며, 여기서는 그 어떤 경험도 우리 꿈과 상충하지 않을 테니 말이다. 정리 31의 따름정리에 따라, 우리는 신에게 우리 자신의 가치를 채택하게 하려고 노력하며, 장애가 없다면 이 노력은 곧바로 빛나는 성공을 거둘 것이다. 우리 마음에 드는 것은 마찬가지로(*ipso facto*) '신'에게도 흡족한 것이다. 만일 우리가 개인적으로 계시를 받았다고 믿는다면, 이 계시는 공교롭게도 우리 기질을 반영한다. 가령, 쾌활한(*hilari*) 예언자는 유쾌한 영상을 보며, 슬픔에 빠진 예언자가 본 영상은 침울하다.[340] 우리가 이전에 다른 누군가에게 내려졌던 계시에 의존한다 해도, 우리에게는 그 계시를 재해석할 자원이 늘 있기 마련이다. 가령, 신학자들은 무엇보다도 성서가 그들 자신이 원하는 바를 말하게 하는 데, 또 성서 안에서 그들 자신의 고안물을 찾아내어 그것을 신적 권위로 정당화하는 데 골몰한다.[341] 바로 여기서, 미신의 발생을 연구할 때 잠정적 요청으로 전제했던 우리의 성격 및 이력은 영향력을 발휘한다. 각자는 자신의 천성에 따라, 자기 이미지를 본떠 어떤 신을 주조하며, 이렇게 주조된 신

---

340) 『신학정치론』 2장[G III p. 32/P p. 694].
341) "나는 말하건대, 우리가 목도하듯 신학자들이 대개 몰두하는 일이란 그저 어떻게 하면 자기 구미에 맞는 고안물을 성스러운 문자에서 쥐어짜내고 신의 권위를 방패삼아 이를 보호하느냐이다"(『신학정치론』 7장[G III p. 97/P p. 767]).

에서 특수한 예배의 필연성을 연역하는 것이다.[342]

이럴 경우, 우리로선 아무런 손해도 입지 않고 신에게 **지배의 야망을** 귀속시킬 수 있다. 신은 우리더러 그의 가치체계를 택하라고, 또한 여기서 따라 나오는 행동을 하라고 위압적으로 요구한다. 하지만 신의 가치체계란 바로 우리 자신의 가치체계다. 따라서 우리는 이전처럼 평온하게, 하지만 덤으로 신의 축복까지 받으면서 신의 가치체계를 따를 수 있다. 우리가 우리에게 좋아 보이는 일을 하면, 신도 우리를 흡족하게 여길 것이다. 이렇게 하여 우리의 세속적 소외는 신성화된다. 거기에 우리 자신을 내맡기는 것이야말로 천상의 뜻에 복종하는 것이라고 말이다. 이러한 신성화를 위해서는 세속적 소외를 "영적 감응"이라 명명하고, 그것이 초자연적 빛에서 비롯되는 것이라 여기기만 해도 된다.[343] "진정한" 종교란 바로 우리 욕망을 정당화하는 종교인 셈이다.[344]

게다가 우리가 잘 조직된 사회에서 살아가기만 한다면, 이는 아무 지장도 초래하지 않을 것이다. 이럴 경우 우선, 우리의 핵심 가치들은 민주적 투표를 통해 도출되고 그런 다음 실효성 있는 입법 과정을 거쳐 법제화된 공통분모로 환원될 것이다. 따라서 우리가 믿는 핵심 교의 역시 — 교의의 역할이란 바로 이 가치들에 토대를 제공하는 일이므로 — , 만인이 받아들일 수 있는 공통분모로 축소될 것이다. 이를 요약한 것이 바로 보편종교의 '최소한의 믿음'이다. 그리고 여기서 따라 나오는 숭배란 순

---

[342] "… 그리하여 그들 각자는 자기 기질에 따라 신을 숭배하는 다양한 방식을 생각해냈다" (『윤리학』 1부의 부록[G II p. 79/P p. 404]).
[343] "… 신성한 빛을 지닌 자로 통한다"(『신학정치론』 서문[G III p. 8/P p. 667]).
[344] "… 적어도 그들이 두려워하는 것이 그들 자신의 출세를 위해서가 아니라 이들의[=그들과 유사한 자들의] 구원을 위해서라면 말이다"(같은 곳). 스피노자에 따르면, 실상은 그렇지 않음을 문맥상 알 수 있다.

전히 공민적이고 윤리적인 것으로, 우리가 집단적으로 만들어낼 이와 같은 법에 대한 복종 외에 다른 것이 아닐 것이다.[345] 그렇지만 우리가 살아가는 잘못 형성된 사회에서는, 하물며 각자 자기밖에 모르는 자연 상태에서는 더더욱, 믿음과 예배는 욕망이나 가치와 마찬가지로 요행이 따르지 않는 한 개인과 개인을, 집단과 집단을 분열시킬 수밖에 없다.

마지막으로 부수적이긴 하지만, 신이 인간과 유사한 이상 그 역시 **시기심**을 느낄 수밖에 없다. 신은 우리가 너무 행복해지는 것을 용인하지 않는다. 하기에 몇 가지 보상을 제공하여 신의 분노를 누그러뜨리는 편이 좋다. 희생물,[346] 특히 고행과 금욕이[347] 그것이다. '신'이 우리의 무력함과 고통에서 즐거움을 얻는다고 상상하게 만드는 야만적이고 슬픈 미신![348] … 다행히 이러한 금욕도 특정한 한계를 넘을 순 없다. 우리가 정말 고통스럽다면, 신은 우리에게 연민을 느낄 수밖에 없으며 사이클은 다시 시작된다.

3) 인간의 모습을 한 신에 의해 매개된 인간 상호관계 : 자비와 광신

이제 이와 같은 인간-신 관계를 직접적인 인간 상호관계에 적용해 보자. 그러면 사실상 처음과 동일한 결과를 얻겠지만, 그러나 여기에는 새로운 차원이 더해질 것이다. 말하자면, "현세적" 관계들은 보다 심층적인 이데

---

345) 보편종교의 신앙에 대한 다섯번째 항목을 참조하라(『신학정치론』 14장[G III p. 177/P p. 865]). 정의는 의당 법에 대한 복종과 일체가 되기 때문이다.
346) 주 179를 참조하라.
347) "이와 반대로, 미신은 슬픔을 주는 것을 선으로, 기쁨을 주는 것을 악으로 여기는 듯하다"(『윤리학』 4부 부록의 31절).
348) "야만적이고 슬픈 미신을 제외하고는 즐기는 것을 금하는 것은 없다. … 시기심에 빠져 있지 않는 한, 어떤 신이나 인간도 나의 무력함과 불편에 즐거워하지 않는다"(『윤리학』 4부 정리 45의 따름정리 2의 주석).

올로기적 관계의 현상으로서 나타날 것이다.

대체로 감정모방은 정리 27에서 기술된 그대로다. 다만 이제는 '자연의 지배자'가 사이클에 참여할 뿐이다. 인간 공동체는 여느 때처럼 자체적으로 생산되고 재생산되는 경향을 띠지만, 이제 신이 그것의 일부, 그것도 가장 탁월한 구성원이 된다. 우리와 우리 유사한 자들 사이에 화합이 지배하는 한, 이는 아무 문제도 일으키지 않을 것이다. 신은 우리와 일치하면서 동시에 그들과도 일치할 것이다. 그렇지만 우리가 그들과 대립할 때, '신'은 선택해야 할 것이다. 물론 우리는 '신'을 우리 편이라고 여길 것이다.

사이클의 초반에는 모든 것이 순조롭다. 불행한 자들에 대해 우리가 자생적으로 느꼈던 **연민**은 신 역시 이를 공유한다는 믿음을 통해 강화되기에, 우리는 더욱 열정적으로 타인을 비참한 상태에서 구해내고자 욕망한다. 모든 신흥 종교는, 심지어 미신적인 종교마저도, 아니 미신적인 종교가 특히, 처음에는 인류의 고통에 마침표를 찍는 사명을 띤 듯이 등장하며,[349] 또한 그 종교 예언자들의 내밀한 확신이 그렇지 않았다고 믿을 만한 특별한 이유도 없다. 교회 스스로가 빈자들을 돌볼 책임을 떠맡는 것이다.[350]

종교가 승리를 구가하는 국면에서도, 처음에는 모든 일이 아주 순조롭다. **명예의 야망**은 여전히 사회적 유대를 항구적으로 재창출하는 역할

---

[349] "… 우중은 늘 마찬가지로 비참한 상태에 머물러 있기 때문에… 혁신적이면서 아직까지는 기만당하지 않은 것만을 가장 좋아한다"(『신학정치론』 서문[G III p. 6/P p. 664]).
[350] 교회가 자생적으로 떠안는 상이한 여러 임무(스피노자에 따르면 국가가 이를 통제해야 하며 가능하다면 담당해야 한다) 가운데, 『신학정치론』은 "가난한 자들을 부조할"(*pauperibus providendi*) 임무를 마치 자명한 듯 언급하고 있다(19장[G III p. 235/P p. 947]).

을 한다. 그렇지만 이제 이 야망에는 새로운 자극제가 투여된다. 왜냐하면 인간에 의한 인간의 인정 과정에는 더 이상 두 개의 극이 아니라 세 개의 극이 개입하기 때문이다. 우리 자신, 타인, 그리고 신이 곧 그것이다. 우선, 우리는 언제나 타인의 마음에 들려고 한다. 그의 칭송으로 우리 자신의 명예를 드높이기 위해서 말이다. 그리고는 신 역시 똑같은 이유에서 우리처럼 한다고 상상한다. 마지막으로, 역시 같은 이유에서, 우리는 신의 호감을 사고자 한다. 따라서 이 욕망들 중 세번째 욕망은 두번째 욕망을 매개로 첫번째 욕망을 강화한다. 말하자면, 신이 우리 유사한 자들의 행복을 원하기에, 우리도 역시 전보다 더 그들의 행복을 원하는 것이다. 더구나 모든 종교는 신자들에게 상부상조하도록 지시하며,[351] 또한 자비의 요구 —— 시민 상태에서 이는 정의의 요구까지 포괄한다 —— 는 '최소한의 믿음'으로 정의되는 모든 종교의 공통분모에 속하는 것이기도 하다.[352] 역으로, 다른 사람들도 우리처럼 신의 행복을 원한다는 것을 알고 있는 이상, 우리는 그들의 마음에 들기 위해서 신의 마음에 들고자 한다. 가령, 종교적으로 동질적인 공동체에서 우리는 여론의 압력 때문에 신의 법으로 간주되는 것을 위반하지 못한다.[353] 우리는 사람들에게 선행을 베풂으로써 신의 찬사를 얻고, 신에게 예배드림으로써 사람들의 칭송을 받으니, 우리가 신에게 선택받았다는 확신과 세속적인 명예는 우리의 눈에

---

351) 가령 히브리인의 경우 "… 신의 총애를 얻기 위해, 최고의 경건으로 이웃에 대한, 다시 말해 동포에 대한 자비를 키워 가야 했다"(『신학정치론』, 17장[G III p. 216/P p. 920]).
352) 주 345를 참조하라.
353) 히브리인의 경우, "왕들은 그들 자신의 이익을 위해, 만사를 규정된 … 법에 따라 운영하는 데 … 신경을 쓸 수밖에 없었다. 만일 그들이 … 인민에게서 최고의 존경으로 숭배받기를 원한다면 말이다. 그렇지 않을 경우, 신학적 증오가 대개 그렇듯, 신민들의 가장 격렬한 미움을 피할 수 없었다"(『신학정치론』, 17장[G III p. 212/P p. 916]).

는 다르게 보이지 않는다.[354] 이 때문에 타인에 대한 우리의 헌신도 강화되고, 우리의 자화자찬도 강화되며, 우리의 신앙 자체도 강화된다. 물론 이와 같은 합성물 역시 우리를 과잉으로 치닫게 할 수 있다. 가령, 일부 야심가들은 무슨 수를 써서라도 대중의 갈채를 받으려는 욕심에[355] 종종 술수를 써서 성직을 얻고자 하며,[356] 일단 성직을 얻고 나면 전통 종교 안에 〔대중을〕 유혹하기에 알맞은 혁신을 도입하기에 이른다.[357] 후자의 경우, 경탄은 이미 종교적인 명예의 야망에 반향을 미치고 있다. 그러나 이 야망은 경탄에 오염되기 이전 그 자체로만 보면 무엇보다도 화합의 요인이다. 이 야망 덕분에, 세속적 사회성과 영적 교유는 서로를 촉진시키기에 말이다.

그렇지만 이 목가적 상황도, 최소한 핵심에 대해서만은 만인이 동일한 믿음을 공유하고 동일한 예배를 실천할 때만 가능하다. 그러나 실상은 이와 거리가 멀다. 우리가 살아가는 사실상의 사회에서는, 또한 자연 상태에서는 더더욱, 미신들이 번성하며 또한 상충한다. 이럴 경우 우리는 정리 31에서 기술된 **영혼의 동요**를 겪는다. 실상 여기서 문제되는 것은 "무사심한" 사변이 아니다. 모든 미신은 그 신봉자들의 가치체계와 결부되어 있으며 이를 반영하는 동시에 정당화하는 이상, 미신들 간의 불일치

---

354) "… 그리고 그들〔그리스도의 사도들〕은 바로 그리스도의 정신으로 다른 모든 자들보다 더 많은 영광을 누릴 수 있음을 몸소 보여 주었습니다"(『편지』 73〔G IV p. 309/P p. 1339〕).
355) 신학자들은 "통속적 우중의 갈채를 받아 자기 적에게 승리를 거두려는 희망"에 자극된다(『신학정치론』 20장〔G III p. 244/P p. 667〕).
356) "… 성직 운영에 대한 거대한 욕망"(『신학정치론』 서문〔G III p. 8/P p. 667〕).
357) 신학자들은 "새롭고 기이한 것, 그리고 우중을 최대한 경탄시킬 만한 것만을 가르치려는" 욕망에 자극된다(같은 곳). 두번째 히브리 국가에서 대제사장은 "평민의 환심을 사기 위해 모든 것을 용인했다. 심지어 이들 평민이 저지르는 불경한 행위조차 인정해 주면서, 그리고 그들의 아주 나쁜 습속에까지 성경을 뜯어 맞추면서 말이다"(『신학정치론』 18장〔G III pp. 222~3/P p. 930〕).

가 낳는 결과는 심각하다. 이로부터 우리가 이미 알고 있는 견디기 힘든 모순이 생겨난다. 우리 믿음을 거부하는 자는 우리 마음에 들지 않는 것을 사랑하면서 결국 우리 자신을 거부하는 셈이며, 우리는 여기서 생겨나는 불안 상태에서 벗어나려 열망하는 것이다.

그리하여 이데올로기적인 명예의 야망은 **이데올로기적인 지배의 야망**으로 변형된다. 타인을 우리의 가치들로 전향시키기 위해, 우리는 이 가치들의 근거를 제공하는 교리와 그것들을 예증하는 예배를 그에게 강요하려 든다. 타인의 의도를 지배하기 위해, 우리는 그의 의견을 좌지우지하길 원한다. 따라서 우리는 불관용적이 되며, 우리 신념을 공유하지 않는 자는 누구나 우리가 보기엔 신의 적이 된다.[358] 이 불관용은 모세의 신정이 제도화했던 불관용처럼[359] 타종교에 대한 것(interconfessionelle)일 수 있다. 그런데 이는 같은 한 종교 내적인 것(intra-confessionelle)일 수도 있으며, 이것이 보다 심각하다. 곧 우리는 우리와 같은 종교를 가진 자들에게 우리처럼 성서를 해석하라고 요구하며,[360] 우리에게 조금이라도 권위가 있다면 군중을 선동하여 우리를 거역하는 자에게 맞서게 한다.[361] 이는 곧 내전의 새로운 원천이 되는데, 이는 여전히 생생하던 중세적 과

---

358) "… 그들은 자신과 똑같이 생각하지 않는 자들 모두를, 설령 이들이 가장 정직하고 진정한 덕으로 헌신하는 자라 하더라도, 신의 적으로 박해한다"(『신학정치론』 14장[G III p. 173/P p. 860]).
359) 모세 신정에서 이교도에 대한 "일상적인 저주는 꾸준한 미움을 낳을 수밖에 없었다"(『신학정치론』 17장[G III p. 215/P p. 919]).
360) "우리가 목도하듯, 거의 모두는 자기가 지어낸 것을 신의 말씀이라 참칭하며, 종교를 구실로 오직 다른 자들이 자기처럼 생각하도록 강요할 궁리만 한다"(『신학정치론』 7장[G III p. 97/P p. 767]).
361) "어떤 사나운 권위를 이용해, 반항적인 평민들의 신앙심을 쉽사리 격분으로 뒤바꾸고 이 격분이 그들이 원하는 자들을 향하도록 선동할 수 있는 …"(『신학정치론』 20장[G III p. 244/P p. 960]).

거의 또 다른 측면이기도 하다.

이렇게 해서 권력투쟁은 종교 십자군으로 변모한다. 우리의 권력의지를 신에게 투사하고 난 후, 이제 우리는 우리 자신이 신에게서 이번에는 절대적 정당성의 인장이 찍힌 권력의지를 부여받았다고 상상한다. 왜냐하면 우리가 보기에, 만인에게 신이 원하는 대로, 즉 우리 정념에 맞게 신을 숭상하도록 명령하는 자는 다름 아닌 신 자신이기 때문이다. 그래서 우리는 진지하게든 아니든, 우리 자신이 신적 사명을 부여받았다고 믿는다. 무력을 비롯한 어떤 수단을 동원해서라도 우리 개인적 미신을 전파하라! 우리는 이 미신이 단지 우리 욕망의 승화에 불과했다는 것도 잊어버린 것이다. 그런데 정말 잊어버렸을까? 스피노자는 때로는 신학자들을 순전히 세속적 야망 때문에 움직이는[362] 의도적 사기꾼으로[363] 제시하는 것 같지만, 때로는 이와 반대로 정치 지도자들이 맹목적 광신에 의해 움직인다고 보기도 한다.[364] 그런데 이 두 극단 사이에는 아마도 온갖 종류의 중간단계들도 있을 것이다. 파렴치와 양심이 다양한 비율로 뒤섞인 혼합물과, 여하튼 수많은 기만이 있을 것이다.

마지막으로 '신'은 **시기심**의 메커니즘에서도 정당화의 역할을 한다. 우리는 다른 사람들에게 그들이 가진 재산을 우리에게 바치라고 요구하며, 신 역시 **사람들** 일반에게 재산의 일부를 신 자신에게 바치라고 요구한다. 그리고 우리에게 이 두 요구는 하나인 듯 보인다. 신은 이러한 희생을 우리보다는 **다른 사람들에게** 부과하기에 말이다. 아주 정확히 말하자면,

---

362) 그들은 "고위직에 이르리라는" 희망을 가슴 깊이 품고 있다(『신학정치론』, 20장[G III p. 244/P p. 960]).
363) "… 마찬가지 격분에 들뜬 협잡꾼들 …"(『신학정치론』, 18장[G III p. 225/P, p. 934]).
364) "… 귀족의원들이 미신에 사로잡혀, 신민들에게서 생각하는 바를 말할 자유를 제거하는 데 몰두하지 않도록 …"(『정치론』, 8장 46절[G III p. 345/P p. 1077]).

신은 우리가 탐내는 재화를 가지고 있거나 우리가 참을 수 없을 만큼 호사를 누리는 자들에게 희생을 강요한다.[365] 그들은 금욕과 포기를 입증해 보일 수 있어야 한다! 빈자들의 권리요구처럼 부자들에 대한 수탈에도 훌륭한 신학적 구실이 있는 셈이다. 가령, 바리새인들이 사두개교도에게 교리 싸움을 걸었던 이유도 바로 사두개교도의 부유함 때문이었다.[366] 이것이야말로 미신이 섬기는 신의 최후의 현신이다. 신은 적대적인 경제적 충동들의 대변자가 되는 것이다.

물론 이 경우, 이미 있었던 세속적 시기심에 대한 이데올로기적 정당화가 있을 뿐, (야망의 경우와는 반대로) 엄밀한 의미의 이데올로기적 시기심은 없다. 의견은 독점적 재화가 아니며, 선택받은 자가 극소수뿐이라 해도, 우리는 여전히 우리 자신이 그 중 한 명이라고 믿을 수 있기 때문이다. 물론 미신은 질투를 낳을 것이다. 그런데 질투는 보다 복잡하며, 이를 알기 위해선 B_2군을 참조해야 한다. 또한 물론 시기심은 다른 영역들에서처럼 종교 영역에서도 돋보이고자 하는 우리 욕망에서 탄생할 것이다. 하지만 이는 이 욕망이 경탄에 오염될 때 일어날 일이며, 이는 B'_1군에서 다루어진다. 우리가 지금까지 도달한 지점에서는, 시기심은 그 자체로 볼 경우 경제적이거나 정치적일 수밖에 없다. 반면 야망은 지금까지는 정치적이거나 종교적일 수밖에 없다. 그리고 스피노자는 한 단락을 제외하고는[367] 경제적 명예를 언급한 적이 없는 것 같은데, 이 단락 역시 B'_1군에서 다루어진다. 권세를 돈으로 살 수는 있어도, 돈은 영예가 아니다.

---

365) "미신적인 자들은 … 오직 나머지 모든 사람이 자기와 똑같이 비참해지기만을 의도할 뿐이다"(『윤리학』 4부 정리 63의 주석).
366) "… 바리새인들은 아주 부유한 자들에게서 위엄을 박탈하기 위해 종교에 대한 소송을 일으키고 사두개교인들을 고소하기 시작했다"(『신학정치론』 18장[G III p. 225/P, p. 934]).
367) 『윤리학』 4부 부록의 29항.

4) 결론 : 인간 상호적인 사랑과 미움, 사회성과 비사회성

B_1군의 결론은 자명한 만큼 여전히 암묵적이기도 하다. 우리는 이를 정리 13의 주석과 대칭을 이룰 법한 하나의 가상 정리(847쪽의 〈그림 1〉에서 빗금으로 표시된 정리)로 응축해 볼 수 있을 것이다. 간단히, 이렇게만 말하면 될 것이다. 곧 우리는, 연민이나 명예의 야망 때문에 우리에게 선을 베풀었던 자들을 사랑하며, 또한 우리와 상충하는 지배의 야망을 지닌 자들, 또는 뭔가를 독점적으로 소유함으로써 우리에게 시기심을 불러일으켰던 자들을 미워한다고. 게다가 이는 B_1군을 이루는 매 정리에서 스피노자가 단편적으로 언급했던 것이기도 하다.

이제 이 가상 정리를 명시화하는 것도 무용한 일은 아니다. 왜냐하면 이 정리는 외관상의 어떤 모순을 해소하도록 해주기 때문이다. B_1군의 정리들에서 스피노자는 사회성을 효용주의적인 계산을 통해서가 아니라, 인간들의 본성상의 유사성 및 여기서 따라 나오는 보편성에의 욕망을 통해 설명한다. 우리에게 사람들이 필요한 우선적인 이유는 다른 사람들의 도움을 이용하기 위해서가 아니라 그들의 찬성을 얻기 위해서라고 말이다. 그런데 정치 저작들에서 그는 이와 반대로 사회성을 순전히 "효용주의적"으로 설명하는 듯 보인다. 곧 우리가 다른 사람들을 필요로 하는 이유는, 자연을 지배하는 데서나[368] 우리 공격자들을 방어하는 데서[369] 그들의 협조가 필요하기 때문이라고. 그런데 이렇게 모순처럼 보이는 것도 사실은 다만 관점의 차이일 뿐이다.

두 개인 X와 Y가 있다고 해보자. (우리가 지금까지 취해 왔던 관점인)

---

368) 『신학정치론』 5장[G III p. 73/P p. 740].
369) 『신학정치론』 16장[G III p. 191/P p. 883]. 이 두 가지 동기가 모두 언급되는 곳은 『정치론』 2장 15절[G III p. 281/P p. 985]이다.

X는 연민 때문에 Y의 고통을 덜어 주고, 그 다음엔 명예의 야망 때문에 Y에게 기쁨을 준다. 두 경우 모두, X는 자생적으로 그리고 아무 계산 없이 Y에게 도움을 주며, 또 이는 Y의 어떤 욕구에 부합한다. 그런데 이럴 경우, (스피노자의 정치 저작들이 취하고 있는 관점인) Y는 "이해타산적인" 동기 때문에 X에게 애착을 갖는다. Y는 식량을 마련하고 적에 맞서 싸우는 데 X가 도움을 줄 수 있음을, 다소 혼동되게나마 느끼고 있다. 하기에 Y는 X의 협조를 항구적으로 확보해 두길 바라며, 이 때문에 사회적 유대는 견고해진다. 그런데 구체적 현실에서 우리는 X인 동시에 Y이며, 분석의 편의상 인간을 순수 증여자로 간주하든 혹은 순수 수혜자로 간주하든 두 설명 모두 타당하다. 실상 인간은 수혜자인 동시에 증여자다. 나는 명예욕 때문에 내 유사한 자의 마음에 들고자 하지만, 동시에 그에게도 명예욕이 있다고 짐작하고는 그의 명예욕에서 혜택을 입고자 한다. 그러면서 나는 그의 마음에 들고자 하는데, 이는 내가 그도 역시 내 안에 있는 명예욕을 간파할 것임을 아는 이상, 그도 내 명예욕의 혜택을 입으려고 욕망하게 만들기 위해서이다. 그러면서 나는 또 나를 그의 명예욕에서 혜택을 입으려고 욕망하게 만들려는 그의 욕망에서 혜택을 입고자 하며 … 등등. 이처럼 명예의 야망과 "이해타산적인" 사랑은 서로를 무한정 굴절시키면서 인간 상호관계를 해체 불가능하게 만든다.

하지만 더 심층적인 것은 첫번째 설명이다. 실상 우리가 타인을 이용하고자 욕망할 수 있는 것도, 오직 타인이 **이용 가능하다**는 것을 아는 한에서이다. 또한 타인이 이용 가능한 이유는, 오직 그와 우리 사이의 본성상의 유사성 때문에 그가 우리 감정을 모방하여 우리를 돕는 성향을 가지고 있기 때문이다. 심리학적 침전물이 아무리 겹겹이 쌓인다 하더라도, 모든 것을 결정적으로 이끌어 가는 것은 결국 명예의 야망이다. 효용주의적인 동기는 실질적으로 아무리 비중이 크다 해도, 늘 부차적으로만 출현할 뿐이다.

물론 이 분석이 **비사회성**에도 똑같이 적용될 수 있음을 덧붙이자(또한 이는 문제를 특별히 복잡하게 만든다). X는 지배의 야망 때문에 자기의 가치들을 Y에게 강요하려고 들며, 그 다음엔 자기로 인해 Y가 욕망하게 된 선을 자기 혼자 소유하려 든다. 이 모든 것에 "이해타산적인" 것은 없으며, 자생적인 정서모방이 있을 뿐이다. 이럴 경우, Y는 이제 "이해타산적인" 동기 때문에 X와 거리를 두게 되고, X를 해롭다고 생각하므로, 그를 피하거나 살해하고자 한다, 등등. 우리는 사회적인 X와 Y이자 비사회적인 X와 Y이다!

어쨌든 이제 우리는 인간이 인간인 한에서 어떻게 서로 사랑하고 미워하게 되는지 알게 되었다. 이 태도들은 각각 수혜자에게서 사랑을 발생시키는 B_1군의 왼쪽 가지와, 희생자에게서 미움을 발생시키는 B_1군의 오른쪽 가지에서 기술되고 있다. 사랑과 미움이 일단 생겨난 이상, 이제 그것들이 어떻게 진행되어 가는지를 살펴보아야 한다. 우리는 B_1군에 힘입어 인간 상호관계가 어떻게 수립되는지를 목격할 수 있었다. 이제 우리는 그 현신(現身)들을 기술해야 한다.

4. 인간 상호적인 정념적 삶의 전개(B_2군)

우리의 가상 정리는 또한 B_2군의 기원으로도 간주될 수 있다. 왜냐하면 우리가 은인이나 적에게 품게 되는 사랑과 미움이 제아무리 이기주의적이어도, 이 이기주의는 여전히 소외된 이기주의일 뿐이기 때문이다. 어떤 대상을 향한 사랑과 미움은 정의상 소외이며, 그 대상이 다른 인간일 경우에도 마찬가지다. 만일 X가 언젠가 Y를 도와주었다면(곧 X에게서 연민이나 명예의 야망이 지배의 야망이나 시기심보다 우세했다면), 이는 그저 환경의 협조에서 비롯된 결과이며, X의 개체성은 이 환경의 미미한 한 요소였을 뿐이다. 그러나 Y는 이러한 사정을 알지 못한다. 그래서 Y는 기쁨을 느끼면서, 또한 자유롭게 끌려서 이를 느낀다고 믿으면서, 이 기쁨이 X 본연의 완전성에, 곧 X의 "선량함"에 기인한다고 여긴다. Y는 자기가 욕망하는 대상에 가치를 부여해 왔듯, 또 이 대상 배후에 숨어 있는 사이비-'신'에 가치를 부여해 왔듯, 마찬가지로 자기에게 이 대상을 향유하도록 해준 듯 보이는 사람에게도 가치를 부여한다. Y가 보기에, X는 어떤 눈부신 광채로 인력을 발휘하여 불가항력적으로 존경심을 자아낸다. 즉 Y는 X에게 무조건적으로 헌신할 수밖에 없으며, 필요하다면 그를 위해 죽을 것이 틀림없다.[570] 대상숭배, 신성숭배에 이어 이제 오늘날의 용어로 "인격숭배"라 부를 만한 것이 등장하는 것이다. 물론 이는 미움에 대해서도 마찬가지로 타당하다. 만일 X가 무리한 가치론적 요구를 하거나 뭔가를 배타적으로 소유해서 언젠가 Y를 슬프게 했다면, Y에게 X는 "사악한" 자로 보이며, 심지어 반(反)가치의 구현체가 될 것이다. 이럴 경우 우리는 반(反)인격에 대해 저주한다. 이러한 이유로 스피노자는 1부 부록에서 선과 악에 관련된 편견들을 언급한 다음에 곧바로 칭찬과 비난을 언급한다. 거기서도 [가치를] 객관화하는 가상은 정확히 똑같은 것이기 때문이다.

    스피노자가 오직 오라녜가의 기욤(Guillaume d'Orange)[571]에 대한 인격숭배를 비난할 목적으로 정념이론을 구상한 건 분명 아니다. 이와 같은 숭배는 보다 일반적인 상황, 곧 봉건적 상황의 한 개별 경우일 뿐이며,

---

370) 주 201을 참조하라.

『정치론』의 저자는 틀림없이 이를 염두에 두고 있다. Y가 X의 개체성과, X가 외적 원인들 때문에 언젠가 행하게 되었던 것을 혼동할 때, Y가 X를 긍정적으로든 부정적으로든 신성화하고 X를 옹호하거나 대항하는 데 자신의 실존을 걸 때, X는 "제후"나 "영주"가 되지 않겠는가? 또는 반대로 "배역자"나 악마의 앞잡이가 되지 않겠는가? Y는 "충복", "가신", "수하"가 되지 않겠는가? 어쨌든 Y는 항구적으로 X의 관대함의 혜택을 보려는 희망 때문에 자기 자신의 욕망이 아니라 X의 욕망에 따라 살기를 선호한다. 그래서 Y는 X의 **역량 하에** 있게 된다.[372]

이러한 소외 역시 일단 구성되고 나면 엇나갈 것이다. 이미 A_2군에서 기술되었던 방식으로 엇나갈 뿐만 아니라(스피노자는 이를 지적하나 강조하지는 않는데, 왜냐하면 이는 자명하기 때문이다), 더 나아가 특유의 종별

---

371) [옮긴이] 오라녜가의 기움 : 네덜란드의 빌렘 3세(Willem III, 1650~1702), 그러니까 후일 명예혁명 이후 영국의 왕위에 오른 윌리엄 3세(William III)를 가리킨다. 네덜란드는 홀란드를 비롯한 7개 주가 연합한 연방국가로서 원래 스페인 식민지였다가 스페인의 펠리페 2세 등장 이후 경제적·종교적 압력을 이기지 못해 1581년 독립을 선언한다. 그러나 독립 이후, 지향해야 할 국가정체성을 놓고 일대 정치적 투쟁이 벌어진다. 공화파는 각 도시의 의회를 중심으로 7개 주가 느슨하게 묶여 있는 연방제 국가를 지향했고, 군주파는 1인 지배체제를 지향했다. 이런 정치적 투쟁의 배경에는 해상무역의 독점으로 막대한 부를 축적한 부르주아지의 성장으로 일어난 계급분화와 계급갈등, 거기에 덧붙여 종교적 갈등(이에 대해서는 이 책 9장의 주 94의 '성무 감독권'을 참조하라)도 깔려 있었다. 도시의 부르주아는 공화파(일명 정무관파)를 지지했고, 시골의 토지귀족과 도시의 프롤레타리아는 군주파(일명 오라녜파)를 지지했다. 이 공화파의 지도자가 스피노자의 친구 얀 데 비트였으며, 이 군주파의 지도자가 곧 오라녜가의 빌렘 3세였다. 특히 오라녜가는 빌렘 1세 때부터 네덜란드 각 주의 군사사령관의 역할을 담당한 '총독'(Stathouder) 직을 맡아 왔으며, 네덜란드 독립 당시의 무훈으로 네덜란드 독립의 상징으로 여겨졌다. 공화파와 군주파의 정치적 갈등은 1584년 빌렘 1세의 암살을 시발로, 1619년 빌렘 1세의 아들 마우리츠에 의한 공화파 숙청, 1650년 얀 데 비트에 의한 총독제 폐지 등, 1672년 얀 데 비트가 암살당하고 빌렘 3세를 위시한 군주파가 최종적으로 승리할 때까지 계속되었다.
372) 주 295를 참조하라.

적 양상으로 엇나갈 것이다. 이를 **일탈적 상호성**이라고 부를 수 있을 텐데, 그 근본 원인도 감정모방이다.

이를 탐구하기 위해, 스피노자는 잇달아 두 가지 관점을 채택한다. 우선 수혜자인 Y의 관점을(혹은 희생자의 관점을 — 그런데 희생자들의 반작용은 명백한 이상, 특별히 검토할 필요는 없다), 다음으로 증여자 내지 원수인 X의 관점을 취한다. 여기서 우리는 B_2군을 재현하는 유사—세피로트 나무의 두 가지를 얻게 된다. 첫번째 관점(왼쪽 가지)에 따라, 스피노자는 X에 대한 Y의 사랑이 어떻게 Y로 하여금 X에게 과도한 요구를 하도록 만드는지를 보여 준다. 이런 과도한 요구는 대개의 경우 충족될 수 없기에, 사랑은 미움으로 뒤바뀐다. 두번째 관점(오른쪽 가지)에 따라, 그는 Y의 요구가 관철될 때 어떻게 이 요구가 X에게서도 동일한 열망이 생겨나게 하고, 이 열망이 두 적대자를 사랑과 미움이 교대로 뒤바뀌는 파국적인 사이클에 연루시키는지를 보여 준다. 따라서 일탈적인 상호성에 의한 파생은 두 가지 양상을 포함한다. **상호성의 요구**에 의한 파생(정리 33~36)과 **요구들의 상호성**에 의한 파생(정리 39~43)이 그것이다.

1) 상호성의 요구에 따른 파생 : 질투 그리고 충성의 모순

이 두 파생 가운데 **첫번째 경우**를 다루는 정리들은 자체적으로 하나의 작은 유사—세피로트 나무를 형성한다. 이 나무의 꼭대기(정리 33)는 상호성의 요구 그 자체를 연역하고 있으며, 이 나무의 두 가지(오른쪽 가지는 정리 34~35, 왼쪽 가지는 정리 36과 따름정리)는 상호성의 요구에서 따라 나오는 서로 평행하는 두 요구를 다룬다. 그리고 나무의 밑동(정리 35의 주석)은 이 두 요구에 대해 사랑하는 존재자가 아무 반응도 보이지 않을 때 사랑이 변하여 생기는 특별한 형태의 미움, 곧 질투를 정의하고 있다.

X가 (사랑 때문이 아니라) 연민이나 명예의 야망 때문에 Y에게 기쁨을 주었다고 가정해 보자(만일 사랑 때문이었다면 선결문제의 오류가 될 것이다). 이럴 경우 Y는 X를 사랑하며, X를 긍정적으로 평가하고, X에게로 소외되며[=빠져 들며] X를 숭배한다. 이와 같은 소외는 장차 어떻게 진화할까?

우선, Y는 X 역시 자기를 사랑하게 하려고 노력한다.[373] 이는 아주 상이한 두 원인의 협력에서 비롯된다. 한편으로, 사랑의 정의에 함축되어 있듯, Y가 X를 사랑한다는 것은 결국 Y가 다른 누구보다도 X를 더 많이 상상하려고 노력한다는 것이다. 이 첫번째 욕망은, X가 만일 인간 존재자가 아니라면, X가 Y에게 불러일으킨 사랑을 X 역시 공유하게끔[=Y가 X를 사랑하듯, X도 Y를 사랑하게끔] 시도하도록 Y를 부추기지는 않을 것이다. 물론 이 경우 X의 기쁨은 X라는 유기체의 보존이 더 잘 확보되었음을 나타내 주는 기호일 것이기에 Y를 행복하게 해줄지도 모르지만, Y는 (X가 기쁨에 하나의 원인을 지정하고자 할 경우) X가 무엇을 기쁨의 원인으로 보는지에 대해서는 신경 쓰지 않는다. 식용으로 가축들을 살찌우는 농부가 가축들의 공감에는 관심이 없듯이 말이다. 그런데 다른 한편, X는 인간이며, B_1군이 보여 주듯이, 일반적으로 Y는 **사람들을** 기쁘게 해주고자 욕망하며, 그것도 Y를 이 기쁨의 원인으로 생각하면서 기뻐해 주길 욕망한다. 그들에게서 명예를 얻기 위해서 말이다. 이 두번째 욕망 역시, 만일 홀로 작동한다면, X라는 개체에 대한 어떤 특별한 고착도 초래하지 않을 것이다. 명예의 야망은 특정 인물에 맞추어져 있지 않으며, X가 Y를 사랑하지 않는다면 Y는 곧장 다른 아첨꾼을 찾을 것이다. 그런데 첫번째

---

373) 『윤리학』 3부 정리 33.

욕망과 두번째 욕망은 결합한다. Y가 인간 일반에게 사랑받길 원하는 이상, 또 그의 관심이 특별히 X라는 인간에게 집중되어 있는 이상, Y는 아주 정확히 **이 인간**에게 자기가 기쁨의 원인으로 보이길 원한다.[374] 그러므로 유사한 것을 향한 사랑에서는 상호성의 요구가 필연적으로 따라 나온다. 가령 가신도 제후가 자기에게 마치 가신처럼 굴기를 원하는 것처럼 말이다. Y는 자기가 X를 숭배했던 것과 흡사하게 X도 자기를 숭배해 주길 바라며, 자기가 X가 원하는 대로 해주었듯 X도 전적으로 또한 무조건적으로 자기에게 봉사해 주길 바란다. 여기에서 실현될 수 없는 두 파생적인 요구가 생겨난다.

첫째, Y는 **배타성**을 요구한다. Y에게 필요한 것은, X가 단지 자기를 숭배하는 것만이 아니라 오직 자기만을 숭배하는 것이다. 실상, Y가 느끼는 명예감의 강도는 그가 X에게 불러일으킨다고 상상하는 사랑의 강도와 정비례한다.[375] 또한 이 사랑의 강도는, 다른 모든 조건이 같을 경우, Y의 눈에 X가 자기를 행복의 유일한 원인으로 간주하지는 않는 듯 보일 때 감소한다.[376] 따라서 X가 Y 자신에게 품는 감정을 통해 자기 자신을 사랑하고자 하는 Y의 노력은, X가 다른 누군가에게 애착을 갖는 듯 보일 때마다 방해받는다.[377] 여기서 슬픔이 생겨나는데, 이는 두 원인의 관념과 연합되기에 이중의 미움으로 종별화된다. 우선, Y는 경쟁자를 혐오하며 X의 정신에서 그를 밀쳐내고자 별별 수단을 다 쓴다. 곧, 한 인간에 대한 우정은 이 인간이 우리와 유사하다는 바로 그 사실로 인해 이제 독점적 선이 되

---

374) 『윤리학』 3부 정리 33의 증명.
375) 『윤리학』 3부 정리 34.
376) 『윤리학』 3부 정리 48을 참조하라.
377) 『윤리학』 3부 정리 35와 증명.

며, 여기서 발생하는 시기심은 과두권력이나 토지재화가 촉발했던 시기심만큼이나 진정될 수 없는 것이다. 다음으로, 사랑받는 존재자[=X]도 여러 사람에게 애정을 보였다는 점에서 일말의 책임이 있기에, 이제 Y는 X에게 양가적 감정을 갖는다. Y의 사랑에는 미움이 섞여 들며, Y는 **영혼의 동요**에 빠지는 것이다.[378] 이것이 **질투**의 기원이다.[379] 정의상 명예의 야망은 X에게 가능하면 많은 사람들의 마음에 들도록 부추기는 이상, 질투는 반드시 출현할 수밖에 없는 감정이기도 하다. X가 이에 성공하면, 그가 뭘 하든, 누군가는 불만을 품게 될 것이다.

『정치론』은 이런 상황이 성적 갈등뿐 아니라 인간 상호관계 전반을 얼마나 오염시키는지를 간접적으로나마 보여 준다. 스피노자는 귀족정에서 귀족의원들의 수가 지나치게 적을 경우 초래되는 장애들을 누차 강조한다. 그런데 이상하게도 그는 이 장애들 가운데, 평민이 소수 지도자 집단에 편입될 수 있다는 희망을 품을 수 없을 때 느끼는 시기심은 거론하지 않는다. 그러나 이 시기심은 필연적으로 존재할 수밖에 없다. 권력에서 배제된 자는 누구든 권력 보유자에게 해를 끼치고 싶어 하기 때문이다. 그리고 이 문제에 대해 『정치론』 7장 13절에서 언급된 내용은[380] 어떤 체제에 대해서도 타당하다. 그러나 여하간 이 진리는 **군주정**을 다루는 장에서 등장하며, 이후 다시는 상기되지 않는다. 이는 시기심이 여느 귀족정보다, 심지어 극도로 과두적인 귀족정보다 군주정에서 더 맹렬하게 기

---

378) 같은 곳.
379) 『윤리학』 3부 정리 35의 주석.
380) "만일 [왕의 자문관들이] 종신으로 선출된다면 … 시민 대다수는 이 고위직에(*bonorem*) 도달하리라는 희망을 결코 품을 수 없을 것이고, 이로부터 시민들 간의 크나큰 불평등이, 이 불평등에서 시기심과 끊임없는 불평이, 마침내는 반란이 일어날 것이다" [G III p. 313/P p. 1031].

승을 부린다는 점에 기인하는 것이 아닐까? 또한 만일 그렇다면, 이는 군주정에서는 한 사람이 최고 권위를 행사한다는 점에서 비롯되는 것이 아닐까? 따라서, 군주정에서는 권력뿐 아니라 권력을 부여하는 자의 호의를 놓고서도 갈등이 일어난다는 점에서 비롯되는 것이 아닐까? 사실 그런 체제에서 만인은 적어도 처음에는 왕을 사랑한다. 왜냐하면 그들에게 왕은 가장 높은 만족을 나눠 주는 유일자이기 때문이다. 따라서 만인은 배타적으로 왕의 사랑을 받고 싶어 한다. 누구나 군주의 총신이 되길 원하며, 누구나 제후의 관심을 독차지하는 궁극적 대상이 되길 원한다. 그렇기에 정치적 **시기심**(*invidia*)은 다름 아닌 질투를 보조자양분으로 삼게 된다. 더구나 이는 최고위층에서만 일어나는 일이 아니라, 이런저런 이유로 개인이 모종의 개인적 위신을 지니는 곳 어디서나 일어날 수밖에 없는 일이기도 하다. 이럴 경우, 만인은 위신을 지닌 개인의 마음에 들기 위해 경쟁하며 서로를 시기한다.

이에 대한 치유책은 하나밖에 없다. 가능한 한 사랑을 탈인격화하는 것이다. 이는 역설적인 과제이지만, 제도적인 조건형성을 통해서라면 적어도 근접하게나마 달성될 수 있다. 사실 모든 악은 Y의 정서가 오직 X라는 한 개인에만 집중된다는 점에서 비롯된다. 만일 Y가 X에게 애착을 가지면서 동시에 다른 사람들에게도 애착을 갖는다면, X 역시 그렇게 한다는 사실에 대해 훨씬 쉽게 마음을 달랠 수 있을 것이다. 이럴 경우 Y가 상실할 명예의 양은 그가 [X와의 우정과] 병행하여 진행될 여러 우정들에서 얻어낼 명예의 양으로 상쇄될 테니 말이다. 또한, 그와 공감하는 자들의 범위가 넓어질수록, 이들 각각에 대해 그가 느낄 질투는 더 옅어질 것이다. 극한적으로, 만일 만인이 서로를 동등하게 사랑한다면, 갈등거리는 더 이상 존재하지 않을 것이다. 물론 우리가 수동의 수준에 머무르는 한,

이와 같은 이상적 극한은 도달될 수 없지만, 어느 정도 가까워질 수는 있다. 예를 들어, 상업적 교환이 강화되면 누구나 다른 모든 이에게 무언가를 빚지며, 정치권력이 민주화되면 조국에 대한 사랑은 군주가 아닌 집단 전체로 향하게 되듯이 말이다. 그러나 이렇게 되기 위해서는 사회가 잘 조직되어야 한다. 우리가 살아가는 사실상의 사회, 곧 직접적이고 편벽된 사적 관계가 우세한 사회에서나, 아니면 이러한 관계만이 지배하는 자연상태에서는(또한 어느 정도는 봉건세계에서는) 질투는 거의 불가피하다. 또 다른 원인이 질투를 강화하기에 더욱 그렇다.

두번째로, 사실 **반복의 요구**가 곧장 배타성의 요구에 더해진다. Y는 언젠가 X가 자기에게 베풀었던 선행을 상시적으로 다시 베풀어 주길 절실히 원한다. 그것도 처음과 정확히 같은 조건에서 베풀어 주길 바란다.[381] 왜냐하면 X가 Y에게 주었던 기쁨은 특정 맥락과 연결되어 있었고, 따라서 Y는 이 맥락을 사랑하게 되었기에(감정연합의 두번째 경우),[382] 이 맥락이 전체적으로 재생되지 않는다면 Y는 만족할 수 없을 것이기 때문이다.[383] 이 맥락을 구성하는 요소들 중 하나라도 환기되지 않을 경우, Y는 부재에서 생겨나는 슬픔인 **'갈망'**(desidrium)을 느낄 것이다.[384] 따라서 Y가 그의 제후에게 요구하는 호의는 세세하게 관례화되어야 한다. 그리고 만일 X가 이 예법의 아주 사소한 부분이라도 위반하면, Y는 좌절감을 느끼며 X를 더는 은인으로 인정하지 않을 것이고, 결국에는 X를 미워할 것이다. 이는 X에게는 특별히 곤란한 상황이다. 애당초 그는 단 한 번으

---

381) 『윤리학』 3부 정리 36.
382) 같은 정리의 증명.
383) 같은 정리의 따름정리.
384) 같은 정리의 따름정리의 주석.

로 Y의 결정적인 사랑을 얻고자 이례적인 노력을 보여 준 것뿐이니 말이다. 결국 확실히 얻어진 것은 아무것도 없기에, X는 무한정 다시 시작해야 한다. 그야말로 채무자[Y]에게 속박된 삶을 살아가는 것이다. 이와 같은 Y의 태도야말로 나중에 원시사회를 관찰한 초기 민속학자들의 주목을 끌게 될 태도, 또한 다비(M. Davy)가 레비-브륄에 대해 주해하면서 봉건제에서 가신의 태도와 연결시킬 태도와 유사하지 않는가?[385]

그래서 오히려 군주들이 진땀나게 곡예를 벌일 수밖에 없다. 왕이 만일 신민들의 반역을 끊임없이 억압하지 않고서도 자기 권력을 보존하길 원한다면, 그는 신민들에게 이미 익숙해져 있는 자유와 특권들을 무한정 갱신해 주어야 한다.[386] 왕이 만일 공포로 다스리는 편을 선호한다면, 결국 그는 자기 힘의 기반이 되는 자들(특히 무력을 보유한 자들)에게 쉴 새 없이 아첨을 해대는 수밖에 없다. 왕은 그들의 악덕을 눈감아 주며, 그들을 우대하고, 돈과 호의로 그들의 배를 채워 주며, 그들과 악수하고 그들을 껴안으며, 그들의 위신을 고스란히 지켜 주기 위해서 어떤 천한 짓도 서슴지 않는 것이다. 왕은 지배하기 위해서 자기 노예의 노예가 되는 셈이다.[387]

그렇지만 부질없다. 두번째 요구도 첫번째 요구처럼 실현 가능성이 희박하기 때문이다. 게다가, 첫번째 요구를 위반하면 동시에 두번째 요구를 위반하는 셈이다. 가령, X가 Y 말고도 Z라는 다른 개인을 사랑하게 되

---

385) 조르주 다비(G. Davy), 『어제의 사회학자와 오늘의 사회학자』(Sociologues d'hier et d'aujourd'hui), p. 248을 참조하라.
386) "그[왕]는 필요할 경우, 새로운 법을 제정한다거나 이전에 일단 인정해 주었던 자유를 인민에게서 다시 박탈하기가 어려울 것이다"(『신학정치론』 5장[G III p. 74/P pp. 741~2]).
387) "… 그들을 추켜세우고, 돈이나 특혜를 베풀고, 손잡고, 껴안으면서, 지배를 위해 온갖 노예적인 행동을 마다하지 않는다"(『정치론』 7장 12절[G III p. 312/P p. 1031]).

는 순간부터, X는 더는 Y에게만 애착을 보였던 때처럼 Y를 대할 수 없다. 그가 베풀 수 있는 선행의 총합은 무제한이 아니기에, X는 예전에 자기가 Y에게 주었던 것의 일부를 Z를 위해 떼어내야 하는 것이다. 그리하여 비-배타성에서 생겨난 질투는 비-반복성에서 생겨나는 '갈망'으로 인해 커지게 된다.[388] 또한 인격숭배가 우리 영혼을 지배하는 한, 이 두 이유로 인해 우리는 우리가 사랑했던 자를 거의 숙명적으로 혐오하게 된다. 가령, 사람들에게 한때 그들이 신처럼 열렬히 숭배했던 군주를 인류의 적으로 저주케 하는 것보다 쉬운 일은 없다.[389]

위에서 말한 것은 무엇보다도(단, 단지 여러 경우 가운데) 성적 질투라는 특수한 경우에 잘 들어맞는다.[390] 그렇지만 이는 또한 종교적 영역, 곧 인간-신의 관계와, '신'에 의해 매개된 인간 상호관계에도 해당된다. 우리는 신을 인간처럼 상상하기에, 우리가 그를 숭배하는 대가로 그도 우리를 사랑해 주길 바란다. 또한 위에서 말한 것과 동일한 이유에서, 우리는 배타성을 요구한다. 우리가 가장 효과적인 의례를 찾고자 골몰한다면, 이는 단지 신이 자연 전체를 우리의 '채워지지 않는 탐욕'(insatiabilis avaritia)을 달랠 목적으로 운행케 하기 위해서만은 아니다. 이는 또한 신이 다른 누구보다 우리를 사랑하도록 만들기 위해서이기도 하다.[391] 우리는 지상의 영주들에게 선택받길 원하듯, 주님에게 선택받길 원한다. 곧

---

388) "… 사랑받는 자는 질투하는 자를 흔히 대해 왔던 것과 똑같은 태도로 반겨 주지 않는다. 그리고 이것 역시 사랑하는 자를 슬퍼지게 하는 원인이다"(『윤리학』 3부 정리 35의 주석).
389) "… 이 때문에 [대중은] 때로는 자신의 왕들을 마치 신들처럼 숭배하도록, 때로는 반대로 그들을 혐오하고 마치 인류 공통의 재앙인 양 싫어하도록 쉽게 유도된다"(『신학정치론』 서문[G III p. 6/P. p. 665]).
390) 여기에는 꽤 야릇한 다른 원인도 있다(『윤리학』 3부 정리 35의 주석을 참조하라).
391) "… 신이 다른 자들보다도 자기를 총애하도록 …"(『윤리학』 1부 부록[G II p. 79/P p. 404]). 주 180을 참조하라.

신의 계시의 유일한 수탁자이자, 신의 섭리의 궁극적 목적이고 싶어 하는 것이다. 신이 다른 사람들에게 현현하거나 그들을 총애한다고 믿을 때, 우리는 질투에 빠지며 그들을 시기한다. 모세는 그러지 않았다 하더라도,[392] 이런 감정은 흔하다. 하지만 또한 이 질투라는 감정에서 해방되는 것보다 쉬운 일도 없다. 경험적으로 반증될 위험만 없다면, 자만의 도움으로 우리는 신이 우리를 편애한다고 계속 상상할 수 있으니 말이다. 게다가 유대인과 그 이후의 모든 민족이 그러했듯, 이를 다른 사람들에게나 우리 자신에게 증명하기 위해 우리는 기적을 고안해낼 수도 있다.[393]

그런 다음, 신이 우리를 사랑한다는 확신이 서고 나면, 곧장 우리는 신 또한 우리에게 배타성을 요구한다고 믿는다. 신이 최고로 질투에 빠진 자라고 상상하는 것이다.[394] 마찬가지로, 우리는 신이 그가 언젠가 우리에게 규정해 준 의례 행위들을 일상적으로 그리고 세세하게 반복할 것을 우리에게 요구한다고 여긴다. 히브리 신정에서, 인간에게서 자주성을 아예 박탈해 버렸던 생활의 완벽한 의례화[395]가 수용될 수 있었던 것도 오직 이와 같은 믿음 때문이었다.

마지막으로 우리는 신이 우리에게 베풀었던 선행을 계속해서 베풀

---

392) "신이 다른 민족들에게 나타나는 것을 모세가 시기했으리라고 한다면 이는 분명 우스꽝스러운 소리일 것이다"(『신학정치론』 3장[G III p. 53/P p. 717]).
393) 유대인들은 "자기네의 기적을 이야기해 주었으며, 더 나아가 이 기적을 통해, 자연 전체가 그들이 숭배하는 신의 명령에 따라 오직 그들의 편의를 위해 운행됨을 보여 주려고 노력했다. 이는 무척이나 사람들 마음에 들었기 때문에, 그들은 자기네야말로 나머지 어떤 자들보다 신에게 총애받는 자들이라고, 신은 그들을 목적인으로 만물을 창조했으며 또한 계속 이끌어 간다고 믿게 하기 위해, 그 시기까지도 여전히 기적들을 꾸며냈던 것이다"(『신학정치론』 6장[G III p. 82/P p. 750]).
394) "최고로 질투심 많은"(『신학정치론』 2장[G III p. 38/P p. 701]). "모세는 신이 질투심 많다고 분명하게 가르친다"(『신학정치론』 7장[G III p. 101/P p. 772]).
395) 주 183을 참조하라.

어 달라고 조른다. 물론 이는 충족시키기 어려운 요구다. 왜냐하면 자연은 사실 우리에게 쓰이기 위해 마련된 것이 결코 아니기 때문이다. 물론 불행이 닥쳐올 때도 우리에겐 여전히 이를 신의 징벌로 해석할 자원이 남아 있긴 하다(이는 조금 더 뒤에서 살펴볼 것이다). 하지만 불행이 연신 이어지면 우리는 마침내 인간의 모습을 한 '신'을 미워하게 된다. 이제 왜 우리가 한때 숭배했던 대상을 그렇게 쉽게 내동댕이치는지, 왜 우리는 그토록 변덕이 죽 끓듯한지[396] 잘 납득된다. 그리고 조금 뒤에 가면 한층 더 잘 납득될 것이다.

이 모든 악에 대한 치유책은 동일하다. 신을 탈인격화하는 것이다. 물론 우리가 정념에 사로잡혀 있는 한, 이는 완벽하게 이루어질 수는 없을 것이며, 상호성의 요구도 분명 끝까지 온존할 것이다. 오직 스피노자주의 철학자만이 신에게 응답해 달라고 조르지 않는다.[397] 그렇지만 무지자들에게도 신이 인격화되어 보이는 **정도에는 차이**가 있을 수 있다. 곧 우리는 신이 일상적 삶의 세계에서 **더** 현현하거나 **덜** 현현한다고, 우리의 속죄기술에 신이 **더** 감동하거나 **덜** 감동한다고 상상할 수 있다. 나아가, 보편종교에서는 특별 계시가 인정되지 않고 예배가 오로지 정의와 자비의 실천으로만 한정되는 이상, 신인동형론은 여전히 뚜렷하게 남아 있겠지만 어쨌든 최소한으로 축소된다. 그러므로 보편종교에서는 배타성의 요구나 반복의 요구 — 우리 쪽에서 신에게 기대하는 것이든, 신 쪽에서 우리에게 기대한다고 우리가 믿는 것이든 — 도 최소한으로 약화된다. 그런데 보편종교가 받아들여지려면, 완전한 짜임을 갖춘 국가만이 확보

---

396) 주 196을 참조하라.
397) 『윤리학』 5부 정리 19.

해 줄 수 있는 정치적 조건형성이 필요하다. 반대로, 우리가 살아가는 사회에서 위세를 떨치고 있고 자연 상태에서라면 더더욱 위세를 떨쳤을 미신은, 이 두 요구와 여기서 따라 나오는 재앙들을 더욱 조장한다.

이리하여 사랑은 전개되어 가는 와중에 바로 이 전개로 인해, 대부분의 경우 결국 자기를 부정하고 반대물로 뒤바뀐다. 게다가, 정리 38이 분명히 하고 있듯, 이 사랑에서 따라 나오는 미움은 사랑이 열정적이었을수록 더욱 강력하다. 한편 정리 37(욕망의 강도는 이 욕망에서 따라 나오는 감정의 강도와 비례한다)이 적용되는 범위는 훨씬 넓다. 그것은 정리 38을 증명하는 데 쓰였으며, B_2군의 왼쪽 가지에서 정리 38이 수행했던 것과 정확히 똑같은 역할을 오른쪽 가지에서 수행하는 정리 44를 증명하는 데도 쓰일 것이다. 따라서 정리 37은 B_2군의 요충지이며 두 가지들이 서로 연결될 수 있게 해준다.

2) 요구들의 상호성에 따른 파생 : 전쟁과 상업

요구들의 상호성에 의한 파생을 탐구하기 위해, 스피노자는 적어도 처음에는 Y의 관점이 아닌 X의 관점을 택한다. 지금까지는 Y가 X에 대해 품고 있는 감정들, 또한 이 감정들의 모순적 성격으로 인해 X와 Y가 빠져들 수밖에 없는 이 감정들의 자생적 변이(變異)만이 문제였다. 그리고 X의 반응은 추상되었다. 이와 반대로, 이제부터는 X의 반응이 고찰될 것이다. 왜냐하면 실상 X를 향한 Y의 의도는 X의 정신 안에 그와 유사한 의도를 발생시키며, X의 이러한 의도는 다시 Y에게 반향을 미치고 등등이기 때문이다. 이와 같은 거울놀이의 매 단계마다, 두 주인공 X와 Y의 감정들은 늘 각자의 입장에서 앞서 기술했던 식으로 교체될 수 있다. 그러나 현재로선 분석의 필요상 이는 무시할 것이다.

이 새로운 파생에는 두 가지 원인이 있다. 양자 모두 단독으로도 이러한 파생을 충분히 촉발할 수 있겠지만, 사실상 양자는 동시에 작용한다. 한 원인은 Y의 감정에 대한 X의 모방이며, 다른 원인은 Y의 미래 행동에 대한 X의 예견이다. 전자의 원리는 이미 우리에게 충분히 알려져 있다. 여기서 처음 도입되는 후자의 원리는 정리 39에 진술되어 있으며, 이 때문에 이 정리는 B_2군의 오른쪽 가지로 들어가는 입구 역할을 한다. 더군다나, 이 원리는 거의 자명하다. 만일 Y가 X를 싫어한다면, 그는 X를 물리치거나 파괴하려고, 여하튼 X에게 악을 자행하려고 노력할 것이다(정리 28의 새로운 적용). 단, 그가 이 때문에 더 큰 악을 겪게 되지는 않을까 두려워하지 않는 한에서 말이다. 만일 이러한 두려움을 느낀다면, 그는 잠자코 있을 것이다.[398] 역으로, 만일 Y가 X를 사랑한다면, 그는 X의 실존을 최대한 확고히 하려고 노력할 것이고, 따라서 X에게 기쁨을 주고자 노력할 것이다. 단, 이 때문에 자신이 더 큰 이익을 포기해야 한다고 생각하지 않는 한에서 말이다.[399] 그래서 X가 Y의 성향을 알게 된다면, X는 선수를 쳐서 이에 상응하는 반응을 할 것이다. 정서감염과 예방적 반응은 똑같은 효과를 유발하면서, 이 두 상대자를 긍정적 국면과 부정적 국면이 번갈아 교대되는 상호성의 사이클에 연루시킬 것이다.[400]

이로부터, 분석은 또 다시 유사-세피로트 나무 형태를 띤다. 이 나무의 왼쪽 가지(정리 40과 주석, 그 다음 이 정리 40의 따름정리 2와 그 주석)

---

398) 『윤리학』 3부 정리 39.
399) 같은 곳.
400) 이는 사르트르의 "긍정적 상호성"과 "부정적 상호성"이라는 표현을 따온 것이다(『변증법적 이성 비판』 *Critique de la Raison dialectique* 곳곳을 참조하라). 뿐만 아니라 계열(serie)에서 집단(groupe)으로의 이행이라는 사르트르의 문제설정과 자연 상태에서 시민 상태로의 이행이라는 고전주의적 문제설정 간에는 얼마간 유사성이 있지 않은가?

는 부정적 상호성을, 오른쪽 가지(정리 41과 주석의 전반부, 그 다음 이 주석의 후반부)는 긍정적 상호성을, 그리고 가운데 열(같은 것을 두 가지 상이한 관점에서 말하고 있다는 점에서 함께 묶을 수 있는 정리 40의 따름정리 1과 정리 41의 따름정리, 그 다음으로는 정리 42)은 이 두 사이클 각각의 반전과 반대물로의 전화를 이해하게 해준다.

먼저, X가 이전에 Y를 슬프게 했고 이제 Y는 X를 싫어한다고 해보자. 처음에 X는 Y에게 별다른 감정을 느끼지 않았다. 물론 그가 Y에게 고통을 줬지만, 고의는 아니었다. 이는 다만 X가 자기의 가치체계를 Y에게 강요하려 했기 때문이거나 아니면 X가 유일하고 공유 불가능한 선을 소유했기 때문이었다. 하지만 X가 Y에게 불러일으킨 미움은 앞서 말한 두 가지 이유 때문에 이제 X에게 반사되어 되돌아올 것이다.

첫째, X는 정서감염에 의해 슬퍼진다. 그는 이러한 영혼의 상태를 낳는 원인을 무엇이라 여길까? 두 가지 경우가 제시될 수 있다. 적어도 논리적으로 볼 때, 가장 단순한 경우는 X가 Y의 감정을 철저히 모방하는 경우다. 여기에는 물론 원인의 지정도 포함된다. 이럴 경우, X는 Y의 불행에 대한 책임이 자기한테 있다고, 따라서 그 자신의 불행에 대한 책임도 자기 자신한테 있다고 상상한다. 그리고 X는 Y가 자기에게 품은 미움을 통해 자기 자신을 미워하게 된다. 한마디로 수치스러워하는 것이다.[401] 그런데 스피노자에 따르면, 이런 경우는 아주 드물다.[402] 사실 오만 때문에 우리는, 우리에게 고통을 줄 수 있는 것을 우리 탓으로 여기기를 꺼린다. 그래서 특히, 우리 자신을 슬픔의 원인이라고 간주하기를 꺼려한다. 오직

---

401) 『윤리학』 3부 정리 40의 주석.
402) 같은 곳.

아주 특수한 정치-종교적 조건형성만이 이와 같은 역설적 감정을 촉발하고 발달시킬 수 있을 것이다.[403] 자생적으로는, 우리는 온힘을 다해 수치심에 저항한다.

따라서 대개의 경우 X는 자기한테 Y의 고통에 대한 일말의 책임이 있음을 인정하지 않으려 한다. 그가 보기에 Y의 고통은 정말이지 불가해하고 타당하지 않으며 비정상적이다. 이 상황에서 Y의 고뇌를 이해할 수 있는 방식은 단 한 가지밖에 없다. Y의 슬픔은 Y 자신이 만들어낸 것이며, 그 여파로 X 자신의 슬픔까지 만들어냈다고 이해하는 것이다. Y의 슬픔이 X 탓이 아닌 이상, 또한 Y조차 인정하듯 다른 외적 원인 탓도 아닌 이상, 그의 슬픔은 단지 Y 자신 탓일 수밖에 없는 것이다. Y의 불행은 그 스스로 자초한 것이며 그럼으로써 X도 불행하게 만든 것이다. X는 이제 Y를 미워하기 시작한다.[404] 물론 이런 식의 설명은 다소 기묘해 보일 수 있다. 하지만 스피노자의 독자가 이를 선뜻 수용할 수 없다면, 다음의 두 번째 원인에 기대어 보면 보다 쉽게 납득될 것이다.

둘째, 사실 X는 자기에 대한 Y의 태도를 알고 있다. Y가 자기를 미워하고 자기에게 악을 자행하길 원한다는 것을 아는 것이다. X가 예상하는 이러한 악의 관념은 그를 슬프게 한다. 그리고 Y는 이러한 악의 잠재적인 자행자이기에, X는 앞질러 Y를 미워한다.[405] 의심의 여지없이 Y는 "사악하고", 순전한 악의 때문에 X 자신을 고통에 빠뜨리길 원하며, 또한 Y는 체현된 반(反)가치이므로 고통의 절대적 근원이라고 말이다. 그래서

---

403) 『윤리학』 4부 정리 58 주석을 참조하라. 그것은 4부 정리 54를 참고하고 있으며, 거기서는 이런 종류의 감정들이 지배하는 문화에서 예언자들이 수행하는 역할이 언급된다.
404) 『윤리학』 3부 정리 40과 증명.
405) 같은 정리의 주석.

X의 의식에서 Y는 부정적으로 평가되며, 그런 이상 X는 이제부터 Y에게 악을 자행하는 것만을 목표로 삼을 것이다.

이제 X와 Y는 좀처럼 누그러들지 않는 전쟁에 연루된다. 적대행위를 먼저 시작한 자는 **분노**에 의해, 곧 자기가 증오하는 대상에 해를 끼치려는 욕망[406]에 의해 행동한다. 희생자도 나름대로 응수한다. 미움 때문에 자기에게 악을 자행했던 자에게 똑같은 악을 되돌려주려고 노력하는 것이다.[407] 이렇게 해 우리는 **복수**[408]의 사이클에, 봉건 사회에서 일어나는 피비린내 나는 복수(vendetta)의 사이클에 접어든다. 누구나 순수 정의를 집행하며, 이 반격들은 저마다 새로운 공격처럼 느껴지고, 그야말로 셰익스피어 식으로 새로운 반격을 불러온다. 그래서 이스라엘 왕국과 유다 왕국의 왕들은 서로 끊임없는 내전을 유발하여 학살에 학살을 거듭한 것이다.[409] 또한 미움은 매 순간 커져만 간다.

그러나 무한정하게는 아니다. 스피노자는 사이클이 어떻게 반전하는지를 설명하지는 않지만, 정리 41의 따름정리[410]가 납득될 수 있으려면 이 사이클이 어떤 순간에는 반전한다는 점이 반드시 전제되어야 한다. 이

---

406) 『윤리학』 3부 정리 40 따름정리 2의 주석.
407) 『윤리학』 3부 정리 40 따름정리 2.
408) 같은 정리의 주석.
409) 『신학정치론』 18장[G Ⅲ p. 224/P p. 932]. [옮긴이] 부족 동맹 체제였던 모세 신정 이후, 이방 민족(블레셋인)의 침입을 계기로, 히브리 민족은 왕정을 수립하게 된다. 그러나 이는 통치 형태상 불완전한 체제로서 부족 간 알력의 요소는 계속 잠복해 있던 차에, 솔로몬 사후 북부 지파가 분리를 선언하면서, 왕국은 북부의 이스라엘 왕국과 남부의 유다 왕국으로 분열된다. 『신학정치론』 18장에서 스피노자는 두 왕국 간 교전의 참상을 기술하면서, 인민 스스로 권력을 보유하던 히브리 민족의 전통과 왕정 체제 사이의 부조화 외에도, 특히 종교 지도자의 과도한 권한과 정치 지도자의 야망의 결탁이 빚어낸 산물로 이를 해석하고 있다.
410) [옮긴이] 『윤리학』 3부 정리 41의 따름정리. "자기가 미워하는 자가 자기를 사랑한다고 상상하는 자는, 미움과 동시에 사랑에 빠질 것이다 …."

를 이해하기 위해, 우리는 정리 42가 사랑에 대해 말한 내용[411]을 미움의 경우에 응용한 가상 정리 하나를 동원해 볼 수 있다. 곧 미움 때문에 누군가에게 악을 자행했던 자는, 이 악이 자기에게 되돌아오지 않는다는 것을 알면 기뻐하리라는 것. 그런데 언젠가는 이런 일이 일어날 수밖에 없다. X의 적의는 Y의 적의를 증대시키고, 다시 Y의 적의는 X의 적의를 증대시키며 등등 …, 그리하여 두 적대자 중 하나가 문득 공포를 느끼는 순간이, 적에게 쌓아 온 미움이 낳을 귀결을 두려워하는 순간이, 아주 잔혹한 보복이 예상되어 잠시나마 화해하는 편이 낫겠다고 생각하는 순간이 도래할 수밖에 없다. 이럴 경우 (만일 그가 X라면) X는 자기가 돌연 너무 멀리까지 와버렸다는 것을 깨닫고는 Y에게 평화적인 태도를 보여 준다. Y도 처음엔 놀라지만 이내 기뻐하면서 X를 어느 정도 사랑하기 시작한다.

이제 새로운 사랑은 긍정적 상호성의 사이클을 시동시킬 수 있다(게다가 이는 그 앞에 부정적 사이클이 없었다 해도 일어날 수 있다. 가령, X가 Y를 처음 보고서도 연민이나 명예의 야망 때문에 Y에게 선을 행할 때가 그렇다). 물론 이는 더 복잡하다. 지금의 상황은 사실 앞 상황의 역(逆)이기 때문이다. Y의 기쁨은 X에게 반향을 일으키지만, 이 경우 X가 이 기쁨이 자기 때문에 생긴 것이라고 여기지 않을 이유가 없다. 명예는 아주 유쾌한 감정이기에 말이다.[412] 만일 그렇다면, X는 Y의 사랑에 대한 보답으로 그를 사랑하지는 않을 것이다. 대신, X는 Y가 그에게 품는 사랑을 통해 자기 자신을 사랑할 것이며, 따라서 상호성은 생겨나지 않는다. 곧, 타인이

---

411) [옮긴이] 『윤리학』 3부 정리 42. "사랑이나 명예에 대한 희망 때문에 다른 누군가에게 선을 행하는 자는, 자신의 선행이 배은망덕한 마음으로(ingrato animo) 받아들여짐을 보면 슬퍼질 것이다".
412) 『윤리학』 3부 정리 41의 주석의 전반부.

나를 사랑하는 것은 당연하다, 왜냐하면 나는 "선하니까". 따라서 나로서는 그에게 아무 빚도 없다고 생각하는 것이다. 그런데, 마찬가지로 X가 스스로를 Y의 기쁨의 원인이라고 느끼지 않을 수도 있다.[413] 그리고 어쨌든 또 다시 두번째 원인이 개입할 수도 있다. 이제 X는 Y에게서 미래의 기쁨을 얻으리라 기대하면서 Y를 긍정적으로 평가한다. Y는 X가 잘되기를 바라기에, 또한 X에겐 Y야말로 이 같은 후의(厚意)의 절대적 원천인 듯 보이기에, X는 Y가 "선하다"고 여긴다. 이 경우 X 역시 Y를 사랑하기 시작한다.[414]

하지만 해묵은 미움이 단번에 뿌리 뽑힐 리 없다. X는 Y가 자기에게 자행했던 악을 잊지 않는다. 그리고 자신이 적어도 부분적으로는 패배했음을 쉽게 수긍하지 않는다. 따라서 X는 얼마 동안 **영혼의 동요**에 빠진다. X는 예전의 원한과, Y의 공감 때문에 자기 안에 생겨난 새로운 공감 사이에서 분열되는 것이다(이는, 만일 부정적 상호성이 선행하지 않고 사이클이 여기서 곧장 시작된다면 분명 존재하지 않을 이행국면이다).[415] 아마도 계기가 생기면, 미움이 우세해질 것이다. X는 보복을 통해 잔혹함의 진면목을 보여 줄 것이다.[416] 그런데 계기가 생기지 않을 수도 있으며, Y가 일관된 태도를 보여 주면 사랑이 승리할 것이다.

이렇게 해서, 복수심의 역대칭 감정인 **감사**가 생겨난다. 이제 X와 Y는 서로 사랑하게 된다. 그리고 예전에 악을 악으로 갚으려고 노력했듯이, 지금은 서로에게 기쁨을 주고자 노력한다. 이제 인간 상호적인 유대

---

413) 『윤리학』 3부 정리 41.
414) 같은 곳.
415) 같은 정리의 따름정리.
416) 같은 정리의 따름정리의 주석.

는 증여와 보답의 체계를 통해 확보되며, 이 체계는 증여와 수락, 보답이라는 삼중의 의무에 대한 X와 Y 양편의 존중을 매개로 부단히 재생된다.[417] 여기서도 다시 모스의 분석을 떠올릴 수밖에 없다.[418]

이와 같은 배려의 교환이 이어지기만 한다면, 상호성의 두번째 원인이 첫번째 원인보다 우세해지는 경향을 띨 수밖에 없을 듯하다. 왜냐하면 각자는 이미 도움을 받아 본 경험이 있기에, 상대방의 기쁨이 초래할 수 있는 놀라움은 잦아들고, 차후 상대방이 취할 행동을 더 잘 상상할 수 있기 때문이다. 그래서 무지자들에게서 감사는 대개의 경우 거래일 수밖에 없다.[419] 물론 그렇다고 해서 이것이 사랑과 전혀 무관하다는 건 아니다. 이 감정에 대한 스피노자식 정의에 따르면, 나는 내가 욕망하는 대상을 나에게 조달해 주는 상인을 필연적으로 사랑하기에 말이다. 게다가 그의 이러한 평가는 비록 정념적 감사를 비꼬고 있다 하더라도, 거래에 대해서만은 찬사조이다. 거래는 탁월하게 평화적인 활동이다.[420] (우리가 이미 살펴보았듯) 그것은 이익들의 수렴뿐만 아니라 이익들의 상호의존성을 확보해 준다.[421] 각자는 거래 덕분에 자기가 만인과 결속되어 있음을 느끼며, 자기 자신의 부의 증대가 자기와 사업상 연관을 맺고 있는 자들, 가령 고객이나 공급자, 출자자나 채무자 등의 번영에 달려 있음을 느끼는 것이

---

417) 증여의 의무는 『윤리학』 3부 정리 36에 이미 함축되어 있었다. 그리고 수락의 의무는 4부 정리 70의 주석에서, 되돌려 줌의 의무는 3부 정리 42에서 나타날 것이다.
418) 모스, 『증여론』 p. 205 이하를 참조하라.
419) "맹목적인 욕망에 이끌리는 자들이 서로에게 품는 감사는 대개 감사라기보다는 오히려 거래나 술책이다"(『윤리학』 4부 정리 71의 주석).
420) 가령, 이상적 귀족정에서 원로원들이 평화를 이룬다고 여기게 하려면 그들의 급여 총액을 대외 교역 규모에 연동시키는 것이 좋을 것이다(『정치론』 8장 31절[G III p. 336/P pp. 1065~6]).
421) 『정치론』 7장 8절 (앞의 pp. 256~8과 주 328을 참조하라).

다. 극한에 이르러, 교환의 망이 충분히 두터워지면, 전 국가적인 만장일치가 이루어질 수도 있다.[422] 하지만 이 경우 그래도 역시 상황이 순전한 계산속에서 돌아간다는 건 엄연한 사실이다. 우리는 오직 받기 위해서만 주며, 그것도 가급적 주는 것보다 많이 받기 위해서만 주는 것이다. 우리는 타인을 사랑하기 때문에 은혜를 베풀지만, 그를 사랑한다면 그 이유는 무엇보다도 우리가 그에게서 미래의 기쁨을 기대하기 때문이다. 인간 상호관계가 수립될 시점에서는 거의 존재하지 않았던 이와 같은 효용주의적인 동기들은 이제야 비로소 지배적인 비중을 차지하기 시작한다.

그러나 감사는 매우 불안정하다. 오직 좋은 제도만이 사이클의 무한정한 연장을 확보해 줄 수 있으며, 이런 제도가 없을 때, 특히 자연 상태에서는 사이클은 금방 퇴락해 버린다. 사실, 이내 X에게서 가령 명예가 사랑보다 우세해지는 때가 오며, 그때부터 그는 Y에게 빚지고 있다고 느끼지 않는다. X는 더 이상 채무를 갚지 않는데, 왜냐하면 Y가 그를 위해 했던 일은 "당연하기" 때문이다. 이 때문에 스피노자는 더 구체적으로 '거래나 술책' (*mercatura seu aucupium*)[423]이라 말한다. 사기가 거래의 본질에 속하기 때문이 아니라 모든 거래는 실효성 있는 제재가 없을 경우에 금방 신뢰의 악용이나 도둑질로 돌아서기 때문이다. 그리고 당연히 Y는 X의 배은망덕을 깨닫는 순간 슬퍼지며[424] X를 미워하기 시작한다.

따라서 우리는 부정적 상호성의 나락으로 다시 떨어진다. 정리 40에 나와 있는 대로, Y의 미움은 X에게 반향을 미친다. 분명, X는 예전에 Y가 가져다주었던 이익들을 금방 잊어버리지는 않는다. 정리 40의 따름정

---
422) 『정치론』 7장 8절.
423) 주 419를 참조하라.
424) 『윤리학』 3부 정리 42.

리 1(방금 전 우리는 이 따름정리를 생략했는데, 왜냐하면 이 정리는 긍정적 상호성이 선행함을 전제하고 있었고, 우리는 어디선가는 시작해야 했기 때문이다)이 보여 주듯, X는 얼마 동안은 사랑과 미움 사이에서 분열되어 있다. 하지만 Y가 계속해서 그를 미워하고자 한다면, 미움이 곧바로 우세해지며, 이전처럼 사활을 건 투쟁이 벌어진다.

따라서 전쟁과 교역, 이는 정치의 통솔 여부에 따라 우리를 교대로 지배하는 두 가지 인간 상호적 활동이다. 자연 상태에서는 전쟁이 우세할 것이고 잘 형성된 사회에서는 교역이 우세할 것이며, 우리가 살아가는 현실 사회에서는 장기적으로 보면 양자는 거의 똑같은 비중을 차지한다.

그런데 이 주기적인 요동에서 새겨 두어야 할 점은, 사랑이나 미움은 필연적으로 그 반대물로 뒤바뀌는 경향을 띤다는 점이다. 미움은 상호적인 미움 때문에 커지지만,[425] 단 특정한 문턱까지만 그렇다. 이 문턱에서부터 사이클은 반전하며 미움은 사랑으로 뒤바뀌기 시작한다. 특정한 조건에서는 미움이 사랑에 정복될 수 있으며,[426] 이것이 중요하다. 따라서 이제 정치의 주요 임무가 무엇일지 알 수 있다. 과정이 거쳐 가는 파국적 동요들을 제거함으로써 과정을 안정화하는 것, 또한 부정적 상호성으로 퇴락하지 않게 막으면서 긍정적 상호성을 조절하는 것이 바로 그것이다. 정확히 말해, 『신학정치론』 16장과 『정치론』의 2장은 바로 이 지점에서 출발할 것이다.

왼쪽 가지의 정리들처럼, 이 정리들도 인간-신의 상상적 관계에도 적용될 수 있다는 점을 덧붙이자. 더 나아가, 이 정리들을 미신의 진화를

---

425) 『윤리학』 3부 정리 43.
426) 같은 곳.

주재하는 공포-희망 사이클의 상이한 제 국면들과도 결부시켜 볼 수 있을 것이다. 이 사이클의 최저점, 곧 우리가 압도적인 불행들에 짓눌려 절망의 친구가 될 때, 신이 우리를 미워하는 듯, 우리에게 화난 듯, 우리의 죄와 예배에 대한 우리의 태만을 징벌하는 듯 보인다.[427] 그래서 우리는 수치심을 느끼며, 희생제의와 서원으로 우리 과오를 속죄하고자 한다.[428] 3국면에서도, 우리는 여전히 마음을 놓지 못한다. 우리는 늘 천벌을 두려워하며,[429] 이것이 대개의 경우 우리가 복종하는 유일한 이유이다.[430] 4국면에서, 운이 다시 우리 편이 될 때, 우리는 이제야 신이 우리를 사랑하게 되었다고 상상하며, 또한 우리가 신이 기뻐할 만한 일을 한 게 없다고 믿기에 신에게 감사의 마음을 품는다. 바로 이 단계에서, 공포가 아니라 사랑에 의거하는[431] 보편종교가 수립될 확률이 가장 높다. 하지만 이것도 잠시뿐이다. 안심에 도달하자마자, 그 후 1국면이 지나가는 동안 감사도 사라질 테니 말이다. 우리는 우리의 행복이 당연하다고, 신이 마땅히 우리에게 그렇게 해주어야 한다고 믿으며, 그래서 명예가 사랑을 대신하게 된다. 그리고 예배와 숭배는 낯 뜨거운 겉치레가 된다.[432] 마침내, 새로운 재앙으로 인해 2국면에 빠지게 되면, 이번에는 신이 노여워할 만한 정당한

---

[427] "그리하여 그들은 이런 일들[=태풍, 지진, 질병, 등등]이, 인간이 신들에게 범한 무례 때문에, 혹은 신들을 숭배하면서 범한 죄 때문에 신들이 분노해서 일어났다고 여겼다"(『윤리학』 1부 부록[G II p. 79/P p. 404]).

[428] 주 176과 179를 참조하라.

[429] "… 신의 사랑에 인도되어서라기보다는, 미신의 유일한 원인인, 처벌에 대한 두려움 때문에 …"(『편지』 76[G IV p. 323/P p. 1348]).

[430] 『윤리학』 5부 정리 41의 주석을 참조하라.

[431] "그것[=신법]의 핵심은 무엇보다도 신을 사랑하라, 그리고 이웃을 자기 자신처럼 사랑하라는 것이다"(『신학정치론』 12장[G III p. 165/P p. 850]).

[432] "우중은 신을 숭배하기보다는 신에 아첨하는 듯 보인다"(『신학정치론』 서문[G III p. 8/P p. 667]).

동기가 있었으리라는 것을 더 이상 인정하지 않을 것이다. 이럴 경우 우리는 신이 우리를 미워한다고 여기면서 이 미움에 미움으로 답할 것이고, 신을 파괴하고자 노력할 것이며, 우리 상상 속에서 일어나는 모든 일이 그렇듯이 새로운 미신을 택함으로써 실질적으로 신을 파괴한다.[433] 그런 다음, 다른 신과 더불어 사이클이 시작될 것이다. 따라서 여기서도 마찬가지로 정치적 제도의 역할은 이 사이클을 감사의 단계에서 정지시키는 것일 수밖에 없다.

어쨌든 (정리 38과 대칭을 이루면서, 정리 38처럼 정리 37에 의해 증명되는) 정리 44가 지시하듯, 이 영역들 각각에서 미움에 뒤따르는 사랑은 미움이 아예 없었을 경우보다 더 강하다. 대상이 종별적으로 인간이라는 점에 기인하는 소외의 두 파생태에 대한 연구는 이렇게 끝난다.

3) A₂군의 파생태

뒤이어 정리 45~48은 인간 상호적인 소외가 [대상이 인간이라는 점에 기인하는] 종별적인 파생양상 외에도, 아무 대상에 대해서나 일어났던 것과 동일한 파생도 겪는다는 점을 아주 간략하게 시사하고 있다.

한편으로 동일시에 의한 파생이 있다. 우리가 어떤 인간 존재자를 선량하고 충직한 가신으로서 사랑할 때, 우리는 그의 입장을 전적으로 지지한다. 곧 우리는 그를 미워하는 자를 미워한다.[434] 물론 스피노자는 계속해서 다음과 같이 말할 수도 있었을 것이다. 우리는 그를 사랑하는 자를 사랑하며, 반면 우리 적을 사랑하는 자를 미워하며 우리 적을 혐오하는

---

433) 앞의 pp. 207~8과 주 196을 참조하라.
434) 『윤리학』 3부 정리 45.

자를 사랑한다고 등등. 다만 굳이 말할 필요가 없었을 뿐이다.

다른 한편, 연합에 의한 파생이 있다. 첫째, 정리 16이 말한 대로, 한 인간에 대한 우리의 사랑이나 미움은 그와 유사한 모든 개인에게로, 다시 말해 같은 '신분'(classis)이나 같은 민족에 속하는 자들 모두에게로 옮겨 간다.[435] 이렇게 해서 신분차별과 인종적 편견이 형성된다. 요컨대, 자연적 존재자들이 유와 종으로 이루어진 우주적 위계로 조직되듯, 긍정적으로나 부정적으로 가치평가된 인간들이 사회적 위계로 조직되는 것이다. 둘째, 정리 17에서 다루는 영혼의 동요의 한 경우로, 타인의 불행에서 생겨나는 기쁨은 항상 슬픔을 동반한다.[436] 마지막으로, 정리 15에서 다루는 연합의 한 경우로, 한 인간에 대한 사랑이나 미움은 이 감정이 함축하는 기쁨이나 슬픔이 다른 원인의 이미지와 연합될 때 감소한다.[437] 왜냐하면 일정량의 정서 부하가 두 대상에 배분되면, 각 대상에 걸리는 정서 부하는 그것이 한 대상에 집중될 때보다 적어지기 때문이다.

정리 49는 앞의 정리들에서 따라 나오지만, 훨씬 광범위하게 적용된다. 그래서 이 정리를 B_2군 전체의 결론으로 간주할 수 있다. 우리가 어떤 인간을 자유롭다고 믿을 때, 따라서 그 인간이 그가 하는 행위의 유일한 원인이라고 믿을 때, 그에 대한 사랑이나 미움은, 우리가 필연적이라고 인정하는 것들이 불러일으킬 수 있는 사랑이나 미움보다 훨씬 크다.[438] 나아가 이 정리의 주석은 이를 더 분명히 결론짓는다. 비단 이런 이유 때문만이 아니라 또한 B_2군 전체가 언급했던 모든 이유들(곧 본질적으로는 감

---

435) 『윤리학』 3부 정리 46.
436) 『윤리학』 3부 정리 47.
437) 『윤리학』 3부 정리 48.
438) 『윤리학』 3부 정리 49.

정모방) 때문에, 우리는 다른 존재자들보다 인간을 훨씬 열렬하게 사랑하거나 미워한다고 말이다.[439] 인간에게 타인과의 관계만큼 중요한 것은 없다. 단, 상상적 '신'과의 관계를 제외하면 말이다. 그리고 여기서 우리는 정리 50으로 돌아가게 되는데, 앞서 살펴보았듯 이 정리는 A_2군의 결론 역할을 할 수 있다. 우리는 이제 스피노자가 왜 이 정리를 여기에다 위치시켰는지 더 잘 이해하게 된다.[440]

4) A_1, A_2, B_1, B_2군의 결론 : 정념적 자가-조절

A_1, A_2, B_1, B_2 전체의 일반적 결론은 정리 51과 그 주석에 담겨 있다. 개인적 삶을 다루는 가지(A_1, A_2)와 인간 상호관계를 다루는 가지(B_1, B_2)는 여기서 수렴된다. 여기서 스피노자는, 시간의 흐름과 더불어 자신이 지닌 가치들이 정반대로 바뀔 때 일어나는 한 개인의 분열과, 구성원들이 동일한 순간 적대적 가치들을 채택할 때 일어나는 인간 공동체의 분열을 비교한다. 두 경우 모두 과정은 같다. 곧 과잉이 일어나되, 개인적 또는 인간 상호적 코나투스가 정해 주는 평균치 근처에서 요동치면서 다른 과잉들을 상쇄하는 것이다.

이러한 조절 메커니즘은 공동체 차원에서는 개인들의 윤리적 판단을 매개로 실행된다. 물론 모든 도덕적 가치평가는 상대적이고 주관적이다. 가령, 내가 두려워하는 악을 대수롭지 않게 여기는 자를 나는 대담하다고 부르며, 내가 대수롭지 않게 보는 악을 두려워하는 자를 나는 소심하다고 부른다. 그리고 이처럼 내가 과잉으로 여기는 것은, 만인이 규범

---

439) 같은 정리의 주석.
440) 앞의 pp. 216~7를 참조하라.

으로 채택해야 할 이상적인 "인간 본성"에 비추어 본 과잉이 아니라, 내 욕망의 현재 상태에 비추어 과잉일 뿐이다. 그런데 주목할 점은 누구나 동일한 방식으로 다른 사람들을 판단하며, 자기와 유사한 자들은 칭찬하고 이런저런 점에서 자기와 거리가 있는 자는 비난한다는 점이다. 그리고 이 모든 개인적 판단의 합력 혹은 통계적 평균이 여론을 정해 주며, 또 도처에서 한결같이 쏟아지는 여론의 압력은 탈선을 교정하는 경향이 있다. 결국, 아웃사이더들은 조금은 더 순응주의로 기우는데, 왜냐하면 누구도 보편적으로 비난받으면서 살아갈 순 없기 때문이다. 이런 식으로, 인간 상호적 삶의 토대인 일치의 욕망은 정념적인 개인적 일탈에도 불구하고, 그리고 이를 거쳐서 그럭저럭 길을 헤쳐 나간다.

개인적 차원에서는 똑같은 메커니즘이 **자기만족**과 **후회**를 매개로 실행된다. 우연적인 조건형성으로 우리가 해로운 대상을 사랑하게 되거나 부정적 상호성의 사이클에 연루될 경우, 여기서 따라 나오는 행위들은 우리가 타인이나 세계와 맺는 관계를 불리한 방향으로 변경한다. 다시 말해, 이 행위들이 낳는 귀결들은, 다소 장기적인 견지에서 보면, 우리를 슬프게 한다. 따라서 이후에 우리가 이 행위들을 기억하게 될 때, 우리는 우리 자신이 자유롭다고 믿기 때문에 우리 자신을 우리 슬픔을 만들어낸 장본인으로 여기게 된다. 이것이 '**후회**'(*Poenitentia*)다. 이 감정이 특정 강도에 이르면, 우리는 스스로를 다시금 지탱할 수 있도록 결국 행동을 바꾸게 된다. 그러므로 이 감정은 우리를 우리 최적의 상태로 되돌려 놓음으로써, 우리의 개인적 탈선을 교정하는 셈이다.

역으로, 우연적인 조건형성으로 우리가 유용한 대상을 사랑하게 되었거나 긍정적 상호성의 사이클에 접어들었을 경우, 여기서 따라 나오는 행위들의 귀결은 우리를 기쁘게 한다. 이 행위들을 상기할 때 우리는 우리 자신을 우리의 기쁨의 원인으로 간주할 것이다. 곧 명예의 경우와는 달리 타인의 의견을 통해서가 아니라, 바로 우리 자신의 행위를 통해서 우리 자신을 사랑하는 것이다. 이것이 곧 (특수한 의미의) **'자기만족**(*acquiescentia in se ipso*)이다. 이 감정은 이렇게 해서 우리를 계속 유리한 방향에 있도록 인도한다. 물론 이 모든 것은 무지의 상태에서 일어나기에, 우리는 곧장 최적의 상태를 벗어나 버린다. 그래서 다시 후회가 생겨나고 등등. 그러므로 자기에 대한 후회-만족의 쌍은 정념적인 소외 체제에서 우리 실존을 그럭저럭 조절해 주는 셈이다.

5. 경탄이 정념적 삶에 미치는 반향(A'_2, B'_2, A'_1, B'_1군)

이로써 『윤리학』 3부가 끝났다고 생각할 수도 있을 것이다. A_1, A_2, B_1, B_2 전체는 자기 충족적이며, 이로부터 스피노자의 정치 저작들에서 등장하는 개인적 또는 인간 상호적인 행동들 거의 모두가 연역될 수 있기에 말이다. 하지만 모두 다는 아니며, 이 때문에 문제는 장차 새롭게 전개될 것이다. 사실 앞서 논의한 것이 정확하다면, 스피노자는 내심 홉스가 인간 상호관계에 대해 기술했던 바를 아주 상이한 설명을 바탕으로 가능한 한 가깝게 복원할 생각이었던 것 같다. 그런데 우리는 아직 이 단계에 완전히 이르지는 못했다. B_2군에서 연역된 형태의 지배의 야망과 시기심은 단지 특정한 정황에서만 생겨난다. 지배의 야망은 사람들이 사실상 대립된 가치들을 채택할 경우, 오직 그럴 경우에만 생겨나며, 시기심은 사람들의 이해관심이 독점적이면서 불평등하게 분배되는 재화에 집중될 경우, 오직 그럴 경우에만 생겨난다. 따라서 지배의 야망과 시기심은 절대적으로 불가피해 보이지는 않으며, 또한 이것이 오직 폭력적인 죽음에 대한 공포를 통해서만 종식될 수 있는 것도 아니다. 강력한 국가권력이 없더라도, 적어도 권리상으로는, 지배의 야망과 시기심을 잠재우는 상황이 가끔씩 있을 수 있다. 하기에, 설령 자연 상태에서 적대적 충돌이 지배적이라 해도, 자연 상태는 여하간 만인에 대한 만인의 전쟁이라기보다 평화적 교류와 적대적 충돌의 교대로 성립될 수밖에 없다. 결론적으로, [홉스의 기술과 우리가 도달한 지점과는] 간극이 있으며, 이를 메우는 것이 아마도 정리 52~55가 일정 정도 겨냥하는 바일 것이다.

문제의 새로운 전개는 **경탄-멸시**의 쌍에서 비롯된다. 지각된 어떤 대상이 우리의 습관적인 연합의 흐름을 깨뜨릴 때, 혹은 우리가 이 대상 안에서 어떤 독특한 특징들, 곧 이 대상을 우리의 상상적 보편자들 아래 포섭하지 못하도록 방해한다는 점에서 이 대상을 그야말로 분류할 수 없게 만드는 특징들을 발견할 때, 우리 주의는 이 대상에 고착되며, 우리는 그렇지 않은 경우보다 이 대상을 더 오래 응시할 것이다.[441] 여기에는 특별한 정신적 조작이 필요치 않다. 단지, 우리가 이 대상을 상상하며 이 대상은 우리에게 다른 대상을 생각하지 못하게 하는 것뿐이다.[442] 이것이 **경탄**이다.[443] 그런데 차후에, 우리가 경탄했던 대상에서 발견했다고 여겼던 측면이 사실은 이 대상과 전혀 무관함을 알아차리고 나면, 그때부터 이 대상의 이미지는 우리에게 그 대상에 있는 것보다는 없는 것을 더 생각하게 할 것이다. 보다 일반적으로, 사랑하거나 미워하는 존재자가 실상 우리에게 아무런 기쁨이나 슬픔을 줄 수 없다는 것을 알게 될 때도 마찬가지다. 이것이 **멸시**이며, 이는 우리에게 어떤 사물을 앞에 두고 그 사물에

---

441) 『윤리학』 3부 정리 52.
442) 『윤리학』 3부 감정들에 대한 정의 중 4항의 해명.
443) 『윤리학』 3부 정리 52의 주석.

없는 것과 그 사물이 아닌 것을 상상하도록 만드는 변용이다.[444]

이 두 변용은 그 자체로는 감정이 아니다.[445] 하지만 이 변용들은 우리 정념들 모두에 반향을 미쳐 그것들에 특별한 색조를 부여한다. 이러한 반향은 당연히 A_1, B_1, A_2, B_2로 이루어진 나무와 대칭을 이루는 유사-세피로트 나무의 형태로 제시될 것이며, 기하학적으로는 그 나무에 회전 사영될 수도 있을 것이다. 우선 우리는 정리 52의 주석에 섞여들어 있는 A'_2군과 B'_2군을 얻을 것이다. A_2군과 B_2군에 대응하는 이 두 개의 군 가운데, 전자는 우리가 아무 대상에 대해서나 느끼는 감정에 경탄이 어떻게 작용하는지를, 그리고 후자는 우리가 인간에 대해 느끼는 감정에 경탄이 어떻게 작용하는지를 다룰 것이다. 그 다음, A'_1군(정리 53~55)은 기쁨, 욕망, 슬픔에 경탄이 미치는 효과들을 다룰 것이며, B'_1군(정리 53의 따름정리와 정리 55의 따름정리, 그리고 이 정리의 따름정리의 주석 후반부, 이 주석의 따름정리와 그 주석)은 경탄이 야망이나 시기심과 맺는 관계들을 다룰 것이다. 그리고 정리 55의 따름정리의 주석 전반부는 요충지 역할을 할 것이며, 정리 56~57은 일반 결론의 역할을 할 것이다. 나아가, A'_1과 B'_1군은 자체적으로 하나의 새로운 유사-세피로트 나무를 형성하며, 단 이 경우에는 수직적 형태가 아니라 수평적인 형태가 될 것이다.

A'_2군은 어떤 대상으로의 긍정적이거나 부정적인 소외[=몰입]가 경탄과 멸시에 의해 어떻게 변양되는지를 보여 준다. 여기서 거론되는 감정들은 사랑, 미움, 공포(이것이 경탄과 관련될 때는 '**경악**' *consternatio*이 되고 멸시를 자아낼 때는 '**조롱**' *irrisio*이 된다), 희망, 안심이다.[446] 이렇게 해서

---

444) 같은 곳.
445) 주 442를 참조하라.
446) 『윤리학』 3부 정리 52의 주석.

무엇보다도 기적에 대한 믿음의 기원이 설명된다. 앞서 살펴보았듯, 미신은 우리가 길조나 흉조라고 간주하는 사건들이 신이 우리 눈높이에 맞춰 자신의 의도를 현시해 준 것이라는 관념에서 생겨났으며, 또 그 관념을 자양분으로 했다.[447] 이제는 과연 어떤 사건들에 우리가 이와 같은 특권을 부여하는지도 말할 수 있다. 기괴한 특징 때문에 우리의 상상을 사로잡으면서, 이전의 경험과 연결시킬 수 없어 이해한다는 착각마저도 심어 주지 않는 탓에, 신이 직접 개입하여 자연의 질서를 깨뜨리는 것이라고 여겨지는 사건들이 바로 그것이다.[448] 대개의 경우, 우리는 오만 때문에 이러한 사건들 중 우리 희망을 북돋우는 것만을 간직해 둔다.[449] 하지만 공포-희망 사이클의 2국면을 지나갈 때는 우리는 우리를 경악케 한 사건들을 새겨 두기도 한다.[450]

마찬가지로, 특정 인간이 기적처럼 보일 수도 있다. B′₂군이 보여 주듯, 인간 존재자에의 소외[=몰입] 역시 경탄과 멸시에 의해 변양된다. 그가 보여 주는 범상치 않은 능란함에 대한 경탄은 '숭상'(*veneratio*)이고, 그가 보여 주는 해로운 정념들에 대한 경탄은 '전율'(*horror*)이며, 그의 우둔함에 대한 멸시는 '경멸'(*dedignatio*)이다.[451] 특히 경탄은 사랑을 헌신(*dévotion*)으로 탈바꿈시킨다.[452] 물론 헌신은 통상 인간의 모습을 한 '신'

---

447) 주 168과 169를 참조하라.
448) "고대인들은 우중이 자연 사물을 흔히 설명해 오던 방식으로는 설명할 수 없는 것들을 기적이라 보았음이 틀림없다. 다시 말해, 우중이 기억에 호소하여, 경탄 없이 습관적으로 상상되는 다른 유사한 사물들을 회상해내는 방식으로는 설명할 수 없는 것들을 말이다. 실상 우중은 경탄하지 않을 때 사물을 충분히 이해하고 있다고 여기기에 말이다"(『신학정치론』 6장[G III p. 84/P p. 752]).
449) 주 226을 참조하라.
450) 주 176을 참조하라.
451) 『윤리학』 3부 정리 52의 주석.
452) 같은 곳.

에 한해 느껴지는 감정이긴 하다. 하지만 실재하는 개인 역시 헌신을 불러일으킬 수 있다. 이럴 경우 인격숭배는 명실상부하게 숭배가 된다. 우리가 이런저런 독특한 특징 때문에 여느 인간에 견줄 수 없어 보이는 사람에게 가치를 부여할 경우, 그는 일종의 살아 있는 신으로(혹은 만일 이 가치부여가 부정적이라면 악마로) 간주되는 것이다.[453] 이것이 신민들에게서 왕권신수에 대한 믿음이 생겨날 수 있는 가능조건이다.

그 다음 A'₁군은, 우리가 외부 세계가 아니라 우리 자신과 우리의 근본 변용들을 향할 때 이 메커니즘이 어떤 식으로 돌아가는지 보여 준다. 여기서 문제는 좀더 복잡하다.

영혼이 자기 자신을 응시할 때, 그리고 (실재성과 활동성이 동의어인 이상, 같은 말이 되겠지만) 자기 자신의 활동 역량에 대해 사유할 때, 다시 말해 자기 안팎에서 일어나는 것 중 그 자신에서 비롯되는 인과성의 몫에 대해 사유할 때, 영혼은 기쁘다.[454] 사실 영혼은 자기 신체의 변용들에 대한 관념들을 통해서만 자신을 의식할 수 있으며, 영혼의 자기의식은 이 관념들의 변동이나 관념대상들의 변동에 따라 변한다. 만일 신체가 자기 최적의 현실화 수준에서 가동된다면, 만일 신체의 변용들이 오직 신체의 본성에서 도출된다면, 영혼은 신체의 본질과 이 본질에 대한 참된 관념을 인식할 것이며, 따라서 자기 자신을 적합하게 인식할 것이다. 그러나 실상은 그렇지 못하다. 왜냐하면 신체가 외적 원인들에 의해 잠식되고 왜곡되는 이상, 신체에 대한 관념이나 이 관념에 대한 관념도 손상되고 모호해질 수밖에 없기 때문이다. 하지만 혼동에도 다양한 정도가 있다. 신체

---

453) "자신의 왕들을 마치 신처럼 숭배하다"(『신학정치론』 서문 [G III p. 6/P p. 665).
454) 『윤리학』 3부 정리 53.

가 자기 최적의 수준에서 멀어질 때, 신체의 수동성이 증대될 때, 영혼은 이와 유사한 변이를 겪으며, 영혼이 자기 자신에 대해 갖는 관념도 다른 데서 오는 기생적 관념들의 영향으로 흐려진다. 반면 신체가 자기 최적의 수준에 가까워질 때, 신체의 수동성이 줄어들 때, 영혼은 더 큰 완전성으로 이행하며, 영혼의 자기의식은 자신을 침해하는 외래 기생체들 중 몇몇을 제거함으로써 명석해진다. 그런데 평행론은 두 방향으로 작동하며, 따라서 우리는 사태를 다른 각도에서 바라볼 수도 있다. 영혼이 자기 자신을 이전보다 더 판명하게 지각할 때마다, 이는 곧 영혼 안에 신체에 유리한 변이에 대한 관념이 출현함을 의미한다고 말이다. 달리 말해, 영혼이 자기 안에 있는 인과성 및 실재성의 핵심을 상당히 선명하게 사유할 때마다, 영혼이 자기를 공격해 오는 외부 세계에 구속되어 그런 사유에 아예 혹은 원활히 이르지는 못했던 예전에 비해, 영혼과 그 신체는 더 큰 완전성으로 이행한다고 말이다. 그 결과, 영혼은 기쁨을 느낀다고 말이다.[455]

따라서 우리가 기쁨 없이 우리 자아를 응시하기란 불가능하다. 단, 다른 자아들에는 있으나 이 자아에는 결여된 측면에서 본 자아가 아니라, 우리 영혼의 실정적인 내용에서 고찰된 명실상부한 **우리 자아인** 한에서 말이다. 모든 존재자는, 아무리 덜 떨어진 존재자라 하더라도, 일정량의 본질과 활동성을 가지고 있으며, 상황이 그에게 이 본질과 활동성을 사유하도록 해주는 만큼은 행복하다.

우리 자신의, 그리고 우리 활동 역량의 응시에서 생겨나는 이와 같은 기쁨이 **자기애**(philautia)다. 스피노자는 이를 **자기만족**(acquiescentia in se ipso)이라고도 부르는데, 이 표현은 이번에는 아주 넓은 의미를 지닌다.[456]

---

455) 『윤리학』 3부 정리 53의 증명.

애매함을 피하기 위해, 이를 **내적 만족**(satisfaction intérieur ; 플레야드 판본 번역)이라 번역하고, 우리 자신의 행위에 대한 응시에서 생겨나며 후회와 대립되었던 'acquiescentia' 만을 **자기만족**(contentement de soi ; 아펭의 번역)이라 번역하자.

이 감정은 정의상 우리가 느끼는 기쁨들 전부를 다양한 정도로 수반한다. 목적성을 지향하는 듯 보이는 모든 행위에는 두 개의 극이 있다. 행위가 지향하는 듯한 가치 부여된 대상과, 행위의 유일한 원천으로 여겨지는 행위자가 그것이다. 이 두 극은 서로를 지시한다. 전자를 향유할 때, 이와 동시에 후자는 자기 자신과 이 대상을 손에 넣을 수 있게 해준 힘을 생각하는 것이다.

어떤 의미에서는 우리는 이미 이 모든 것을 알고 있었다. 우리는 오만, 명예, 자기만족과 관련해서 이를 조금씩 확인해 왔다. 이제 자기애라는 통념 덕분에 우리는 자아에 대한 이 세 감정을 통일시키게 된다. 이 감정들은, 소급적으로는 모두 내적 만족의 특수한 발현으로 나타나는 것이다.[457] 이렇게 볼 때 스피노자의 '자기애' (philautia)는 홉스가 말한 명예, 곧 우리 능력에 대한 상상에서 생겨나는 기쁨과 유사하다. 홉스가 말한 명예 역시 세 가지 종을 포함하고 있었다. 이전의 우리 행위들에 대한 경험에서 유래하는 명예(이는 스피노자의 자기만족과 등가다), 타인의 의견에서 비롯되는 명예(이는 스피노자의 명예와 등가다), 그리고 단지 공상적 반추의 결과로만 생겨나는 명예(이는 스피노자의 오만과 등가이다)[458]가

---

456) 『윤리학』 3부 정리 55의 따름정리의 주석 앞부분.
457) '오만'에 관해서는 『윤리학』 3부 감정들에 대한 정의 중 28항의 해명을, '명예'에 관해서는 5부 정리 36의 따름정리의 주석을 참조하라. '자기만족'의 경우 동일 단어[내적 만족]를 사용하고 있다고 볼 수 있다.
458) 『리바이어던』 1부 6장, p. 27.

그것이다. 유일한 차이(물론 중대한 차이)는 스피노자에게서 역량 개념은 효용주의적인 계산이라는 개념과 특별히 관련이 없다는 점이다.

그렇다면, 정리 53은 결국 새로운 진리는 전혀 가르쳐 주지 않는 셈인가? 이 정리는 이미 알려진 진리들을 조정하는 역할밖에 하지 않는 셈인가? 그렇지 않다. 왜냐하면 정리 53은 지금까지 어둠 속에 남아 있었던 통념 하나를 도입하고 있기 때문이다. 그것은 바로 **비교**라는 통념이다. 사실 우리 내적 만족의 강도는 분명, 우리가 우리 자아와 이 자아의 역량을 응시할 때 수반되는 판명함의 정도에 달려 있다.[459] 그런데 부적합한 관념에 관련될 경우, 이와 같은 판명함은 아주 상대적일 수밖에 없다. 이 경우 판명함은 오직 이 관념이 다른 관념들로부터 얼마나 선명하게 **돋보이느냐**에 의해서만 정의된다. 따라서 이 지점에서 경탄이 개입한다. 곧 우리는 우리 능력이 유례없는 것으로 보일수록, 그것을 익히 접할 수 있는 능력들로 치부하는 정도는 덜해지며, 그만큼 더 우리 자신을 사랑하게 된다. 우리 자아의 고양(高揚)은 우리 자신에게 있다고 자부하는 덕이 얼마나 색다른 특징을 지니고 있느냐에 비례한다. 그리고 이러한 고양에 힘을 실어 주는 원천은 우리 스스로를 다른 것들과 비교함으로써, 이것들을 배경으로 우리 자신을 부각시킬 수 있다는 데 있다. 그런데 무엇과 비교하는가? 물론 어떤 의미에서는, 이전의 우리 자신일 것이다. 우리는 예전부터 우리가 실행해 왔던 능력보다 새로이 획득한 소질에 더 크게 만족한다. 하지만 우리가 비교하는 대상은 무엇보다도 타인이다. 만일 우리가 자처하는 역량이 인류 일반에 대한 우리의 보편관념과 결부되는 듯 보인다면, 만일 이 역량이 만인 공통의 전유물로 보인다면, 이 역량에 대한 응

---

459) 『윤리학』 3부 정리 53.

시는 곧장 우리 유사한 자들에 대한 응시로 옮겨갈 것이며, 그만큼 우리는 우리 자신을 덜 사랑하게 될 것이다. 반면, 우리가 우리에게만 속하는 어떤 소질을 가지고 있다고 믿는다면, 우리의 '자기애'는 한껏 부풀어 오를 것이다.[460] 우리에게 역량이 있음을 기뻐한다는 것, 이는 홉스에서처럼 우리가 다른 것들보다 더 역량이 있음을 기뻐한다는 것이다.

이렇게 볼 때, 영혼은 자기 신체나 세계에 영혼 자신의 활동 역량을 정립하는 것들만을 상상하려는 경향을 필연적으로 지닌다.[461] 이는 근본적으로 우리 본질 자체에서 따라 나오는 요구이며, 이 때문에 스피노자는 이 요구를 코나투스에서 곧바로 연역한다. 곧 모든 정신은 본성상 그 자신을, 그리고 자신의 활동성을 최대한 명석 판명하게 인식하려고 노력한다. 이 노력의 도달점은 3종의 인식일 것이다. 이 인식은 환원불가능한 우리 독특성의 **실재적** 측면에서 우리 자신을 응시하게 해줄 것이다. 그렇지만 정념의 수준에서는 이와 같은 요구 역시 소외되어 있다. 우리는 우리 자아의 진정한 본성을 오해하며, 이 본성에 속하는 것은 무시하고 오히려 이 본성이 함축하지 않는 것을 그것에 귀속시킨다. 말하자면, 우리 자아의 진정한 본성을 이해하기 위해 **시작점으로 삼아야 할** 단순하고 평범한 특성들(무엇보다도 이성)을 모든 사람에게 있다는 이유로 무시하는 것이다.[462] 반면, 우리는 외래적인 특징들에 관심을 집중하면서, 요행히 타인이 그 특징들을 가지고 있지 않다는 이유로 그것들이야말로 우리가 지닌 가장 개인적인 것이라고 믿는다. 따라서 우리는 어떤 상황에서든, 우

---

460) 『윤리학』 3부 정리 55의 따름정리의 주석.
461) 『윤리학』 3부 정리 54.
462) "이러한 자연적 인식은 모든 인간에 공통적이기 때문에 … 늘 드문 것과 자기 본성에 낯선 것을 열망하는 … 우중에 의해 그리 높이 평가되지 않는다"(『신학정치론』 1장[G III p. 15/P p. 674]).

리가 다소 상상적으로 우리 자신에게 귀속시키는 소질의 우월성을 환기시켜 주는 모든 것을 표상하려고 애쓴다. 그렇기에 우리는 우리 행위를 떠벌리고, 우리 힘을 과시하며, 우리의 능숙함을 찬미하는 것이다.[463] 우리는 진정으로 우리 자신이 될 수도 없으면서 사람들 중에서 으뜸이고자 한다.

그리고 으뜸이 되지 못할 때, 우리는 슬퍼한다.[464] 우리가 우리에게는 없거나 약하게 있는 소질들이 우리 유사한 자들에게는 있다고 믿을 경우, 이는 우리를 실정적으로 특징짓는 것보다 우리에게 결여된 것을 생각하도록 부추긴다. 우리의 무력함을 상상하면서 우리 스스로를 멸시하는 것이다. 그리고 이 무력함은 우리를 슬프게 하기에, 우리는 우리 자신을 미워하게 된다. 이것이 자기애의 반대인 **겸손**이며,[465] 비굴, 수치, 후회는 이 감정의 특수한 발현들이다.

마지막으로, 이처럼 **으뜸이고자** 하는 욕망이 인간 상호관계를 어느 정도까지 악화시키느냐를 보여 주는 것이 바로 B′₁군이다. 사실 야망과 시기심은 파국적인 방식으로 강화될 것이다. 곧 **비교에 기반을 둔** 것으로 바뀌는 것이다.

명예의 야망은 지금까지는 우리의 선행에 대한 대가로 사람들의 칭송을 받으려는 욕망에 불과했다. 그런데 비난이 우리의 겸손을 촉진하듯,[466] 칭찬은 우리의 자기애를 촉진한다.[467] 그리고 내적 만족이 단지 비

---

463) 『윤리학』 3부 정리 55의 따름정리의 주석.
464) 『윤리학』 3부 정리 55.
465) 『윤리학』 3부 정리 55의 따름정리의 주석의 전반부.
466) 『윤리학』 3부 정리 55의 따름정리.
467) 『윤리학』 3부 정리 53의 따름정리.

교에 기반을 둔 만족일 때, 그것 자체가 다시 명예욕에 반작용하여 명예욕을 과도하게 만든다. 이제 우리는 단지 칭찬받고자 할 뿐 아니라 어느 누구보다도 더 칭찬받고자 하며, 단지 사람들 마음에 들고자 할 뿐 아니라 가장 마음에 드는 자이고 싶어 한다. 만인이 만인을 동등하게 인정하는 조화로운 공동체에서 우리는 전혀 만족하지 못할 것이다. 지금 우리에게 필요한 것은, 사람들이 우리에 대해 품은 경탄을 통해 우리가 스스로에 대해 경탄할 수 있도록, 사람들이 우리를 돋보이게 해주는 것이다. 우리는 **탁월하길** 원하며,[468] 이름을 떨치기를,[469] 군중들이 우리에게 애착을 갖기를,[470] "평민에게 찬양받기를"(*plebis applausum captare*),[471] "최고의 존경으로 숭배받기를"(*summo honore coli*)[472] 원한다. 이제는 사랑이 아니라 헌신을 요구하는 것이다. 이럴 경우, 오직 이럴 경우에만 위신을 얻기 위한 투기적 경쟁이 출현한다.

지배의 야망은 명예의 야망에서 도출되는 이상, 그것 역시 일탈적 발달 과정을 겪는다. 지배의 야망은 본래 일치의 욕망이었다. 만일 이후 적절한 조건형성을 통해 만인이 동일한 가치들을 신봉한다면, 이 욕망은 정념적인 소외 체제에서도 갈등 없이 충족될 수 있었다. 그런데 지금은 더 이상 충족되지 않는다. 우리는 타인과 일치하기를 원할 뿐 아니라 **이 일치를 강제해내는** 자이기를, 선악을 정의해 달라고 만인에게 요청받는 자이기를 원한다. 다른 사람들이 자발적으로 우리와 일치해도, 우리는 좌절감을 느낀다. 그래서 우리는 아주 고의적으로 불일치를 고안해내며, 필요하다

---

468) 주 272를 참조하라.
469) 주 273을 참조하라.
470) 주 274를 참조하라.
471) 주 275를 참조하라.
472) 주 276을 참조하라.

면 우리 자신의 가치들을 바꿔서라도 정말로 **우리의 것**인 가치론적 체계를 강요하고자 한다. 이전에는 계획을 실행하기 위해 지배하려 했지만, 이제는 지배하기 위해 계획을 세우려 한다. 우리에게 필요한 것은 '홀로 군림하는 것' (soli regnare),[473] 곧 절대군주가 되는 것이다.

시기심도 마찬가지다. 원래 시기심은 가치 있는 대상을 한 사람밖에 소유할 수 없을 때만 생겨났다. 그런데 지금 우리는 다른 자들과 똑같은 대상을 갖는 것만으론 만족하지 못한다. 우리는 심지어 독점적 재화가 아닌 경우에도 그들보다 **더 많이 갖기**를 원한다. 혹은 달리 말해, 그들이 우리보다 **더 적게 갖기**를 원한다. 우리가 우리 자신에 대해 긍정하는 것을 타인에 대해 부정할수록, 우리는 더 큰 기쁨을 누리는 것이다.[474] 따라서 정치적 시기심은 단지 민주정 체제가 실존한다는 사실만으로는 제거될 수 없다. 통치 집단의 성원들은 그들 자신을 더 찬미[경탄]할 수 있게끔 도드라지게 할 요량으로, 이민자들에게 가능한 한 시민권을 부여하지 않으려고 노력하며, 바로 이런 이유로 민주정은 귀족정이 되고 이 귀족정은 점점 더 과두정이 되어 간다.[475] 스피노자가 특별히 언급하진 않지만, 경제적 시기심의 경우도 동일한 메커니즘으로 돌아갈 수밖에 없다. 우리 자신의 부를 한층 더 향유하기 위해, 우리는 인류 전체가 비참함에 빠지길 바라는 것이다.

따라서 야망과 시기심은 경탄의 영향으로 배가된다. 이제부터는 특정 결과를 얻는 것보다는 타인을 낮춤으로써 그를 능가하는 것이 더 중요해진다. 이렇게 해서, 홉스가 기술했던 상황이 온전히 재구성된다. 만일

---

473) 주 306을 참조하라.
474) 『정치론』 3부 정리 55의 따름정리의 주석 후반부.
475) 『정치론』 8장 12절.

누구나 다른 자들보다 우월해지길 원한다면, 또한 누구도 자기보다 우월한 자나 심지어 동등한 자조차도 인정하지 못한다면, 조절제도가 없을 경우 만인의 만인에 대한 전쟁은 항구적으로 만연할 수밖에 없는 듯하다.[476] 하지만 두 가지 해결책을 생각해 볼 수 있다.

첫번째 해결책은 불평등이 수용될 수 있는 심리적 조건을 창출하는 것이다. 실상 우리가 시기하는 자들은 우리와 유사하다고 간주하는 자들뿐이다.[477] 따라서 어떤 개인이 우리와 같은 종에 속하지 않는 일종의 초인으로 보였다면(그리고 B'₂군은 이것이 가능하다는 것을 보여 준 바 있다), 우리는 굴욕을 느끼지 않고도 그의 탁월함을 인정할 것이다.[478] 바로 이것이 군주정 체제의 커다란 신비다. 왕은 왕으로 인정받을 수 있지만, 단 신민들이 그에게 신적인 무엇인가가 있다고 여기도록 하는 조건에서만 그렇다.[479]

반대로, 두번째 해결책은 평등을 결코 깨뜨리지 못하게 할 메커니즘의 창출이 될 것이다. 이런 메커니즘으로는 첫째, 이상적 귀족정의 감독위원회[480]와 같은 통제 기관을 생각해 볼 수 있다. 만일 자신이 다른 자들을 항구적으로 능가하기란 절대적으로 불가능한 일임을 누구나 납득한다면, 그들은 어쩔 수 없다며 체념할 것이다. 왜냐하면 사태의 흐름이 필연

---

476) "… 이렇게 해서, 만인은 똑같이 으뜸이 되기를 갈구하면서, 투쟁에 돌입하고, 가능한 한 서로를 누르려 하며, 승자는 자기에게 이득이 되었다는 점이 아니라 타인에게 해를 끼쳤다는 점에 대해 더 명예로워한다"(『정치론』 1장 5절[G III p. 275/P p. 976]).
477) 『윤리학』 3부 정리 55의 따름정리의 주석의 따름정리.
478) 『윤리학』 3부 정리 55의 따름정리의 주석의 따름정리의 주석.
479) "만일 소수나 단 한 사람이 권력을 보유한다면, 그는 자기 안에 공통의 본성을 넘어서는 무언가를 지니고 있어야 하며, 그렇지 않다면 최소한 우중이 그렇다고 믿게끔 온힘을 기울여 노력해야 한다"(『신학정치론』 5장[G III p. 74/P p. 741]).
480) 『정치론』 8장 20절을 참조하라.

적인 것으로 보일 때, 우리 정념은 약화되기 때문이다.[481] 또한 둘째, 배출구 노릇을 할 집정관 교대제를 생각해 볼 수 있다.[482] 단지 1년 동안만이라 해도, 누구나가 일생에 한 번은 다른 사람들을 능가할 희망을 품을 수 있다면, 그들은 더 쉽게 위안을 얻을 것이다.

그런데 스피노자가 집합 A'_2, B'_2, A'_1, B'_1을 3부에 대한 일종의 부록으로 제시할 뿐 거기에 속한 정리들 각각을 대집합 A_1, B_1, A_2, B_2에 포함시키지 않았다면, 이는 확실히 우연이 아니었다. 아마도 그렇게 함으로써, 그는 여기서 제기된 문제들이 중요하기는 해도 가장 근본적인 것은 아님을 표시해 두고자 했을 것이다. 요컨대, '자기애'(*philautia*)는 그보다 앞서 정의되었던 오만, 명예, 자기만족을 통해서 발현된다. 또한 자기애가 경탄에 의해 오염되면서 생겨나는 요구도 단지 부차적인 산물에 불과하다. 다시 말해, 그것은 분명 자기애의 해로운 확장이지만 결정적인 확장은 아니다. 따라서 정치에서 자기애가 고려될 수밖에 없다 하더라도 (또 그럴 수밖에 없다), 이는 자기애가 주요한 난점이기 때문은 아닐 것이다. 이렇게 볼 때 스피노자와 홉스가 가장 유사해지려는 순간, 둘 사이의 차이가 드러나는 셈이다.

마지막으로, 정리 56~57은 대상의 측면에서나(정리 56) 주체의 측면에서나(정리 57) 모든 정념은 **독특하다**는 점을 강조하면서 부록의 성격을 띤 이 그룹을 마무리한다.

6. 결론 : 자연 상태와 중세적 세계

자연 상태에서 정념에 빠진 인간이 구체적으로 표상하는 바를 일목요연하게 정리해 보자. 개인적인 "현세적" 삶의 차원에서, 이 인간은 모든 종류의 사물에, 원리상 아무 사물에나 무조건적으로 애착을 보인다. 그러나 교역이 불안정하거나 실존하지 않는 이상, 그는 당장 활용할 수 있는 구체적인 "선"[=재화]에 특별한 애착을 보인다. 가령 화폐보다는 토지에 애착을 갖는 것이다. 그는 거의 전적으로 자연의 변덕에 좌우되기에, 얼마간은 생활을 꽃피울 번영의 국면과 살아남는 데 급급한 불황의 국면을 주기적으로 거쳐 간다. 하지만 그에게는 견고한 버팀목이 있다. 고유한 의미의 사회관계 기저에서, 이 사회적 관계의 동요에 휘둘리지 않는 가족적 유대만큼은 만개한다.

하나 또는 다수의 인격적 신에 대한 숭배를 토대로 한 그의 이데올로기에는 두 지류가 있다. 하나는 미신이다. 이는 특별 계시에 대한 인정이자, 숭배의 의례가 발휘하는 마술적 효과에 대한 믿음이다. 다른 하나는 자생적 "형이상학"이다. 이는 매우 투박하기는 하지만, 플라톤적 혹은 아리스토텔레스적 발상을 지닌 대다수 중세철학과 핵심에 있어서는 유사하다. 이와 같은 이데올로기의 전반적인 윤곽은 영속적이지만 세부사항은 매우 불안정하며, "현세적" 삶과 똑같은 주기적 동요를 겪는다.

(가족을 넘어선) 사회관계는 적어도 가장 심층적인 동기에서만큼은 효용주의적인 계산에 의거하지 않는다. 근본동인은 오히려 명예욕인데, 이 욕망은 "무사심하지는" 않지만 그렇다고 "이익"으로 환원되지도 않는다. 그리고 명예욕으로부터, 공동체의 접합제 구실을 하는 과시적 증여와 같은 관대함이 생겨나며, 역으로 위신을 얻기 위한, 또 위신을 목적으로 권력을 얻기 위한 끊임없는 경쟁도 생겨난다. 여기에 토지소유를 둘러싼

---

481) 『윤리학』 5부 정리 6의 주석.
482) 『정치론』 7장 13절과 8장 30절.

첨예한 갈등이 더해진다. 하지만 인간 상호간의 긴장은 항상적인 적선의 관행을 통해 부분적으로는 상각된다. 종교의 차원에서도 동일한 동기에서 동일한 귀결이 뒤따른다. 곧 종교는 신자들에게 선행과 자비를 훈계하면서도 다른 한편으로는 종교재판과 십자군으로 세상을 피로 물들이는 것이다.

그리하여 한편으로는 후견관계나 봉신관계와 같은 사적인 충성관계가 맺어지는데, 여기에서 제후는 이런저런 정도로 신성화된다. 하지만 가신이 질투에 빠지게 되어서든, 제후가 압도적인 구속력을 잘 발휘하지 못해서든, 이 관계도 이내 퇴락한다. 그리하여 다른 한편, 사적인(혹은, 개인이 가문에 결속되어 있는 이상, 가문 간의) 복수의 원칙이 지배하는 주기적 내전이 일어난다. 물론 주기적 휴전도 있지만 이것도 아주 잠깐밖에 지속되지 못한다. 하지만 그 와중에 교역의 싹이 출현하며, 이렇게 하여 효용주의적인 동기는 좀더 확장된다.

여기서 우리가 유럽 봉건 사회의 몇몇 측면을, 그것도 상당 정도로[483] 목격하고 있다는 인상을 어떻게 물리칠 수 있겠는가? 권력의지가 전적으로 계산에 의거하는 홉스의 인간은, 맥퍼슨 식으로 말하자면 "소유적 상업사회"[484]의 인간일 것이고, 일상어로 말하자면 자본주의 사회의 인간일 것이다. 그런데, 스피노자에게서 정념에 사로잡힌 인간은 그대로 놔둘 경우 봉건적 인간처럼 처신한다. "부르주아"란 이런 인간의 뒤늦은, 그리고

---

483) 물론 이 역시 매우 편중되게 선택된 것이다. 곧 오직 가장 무정부적인 측면들만, 혹은 거의 그런 것들만이 선택되었고, 여기에는 가장 개인주의적인 동기들만이 있다고——실제로는 그렇지 않았을 수도 있다——설정되었다. 이 측면들을 상쇄시키는 질서와 안정성의 요인들은 추상되어 있는 것이다. 가령, 3부 정리 46에서는 사회적 위계의 구성이 맹아적으로 이루어지고 있다.
484) 맥퍼슨, 『소유적 개인주의의 정치이론』.

취약한 변양에 지나지 않을 것이며, 그것은 우리가 이미 커다란 윤곽을 그린 바 있는 어떤 인공적 조건형성을 통해서만 영속될 수 있을 것이다. 가령, 비록 민주적이지는 않더라도 광범위한 규모로 이루어지는 집단통치, 교역을 최대한 자극하는 소유제 및 여타의 제도들, 관용적이며 순전히 윤리적이기만 한 비미신적 종교를 체계적으로 진작시키는 교회제도 및 여타의 제도들을 통해서 말이다. 더욱이, 이렇게 함으로써 정념적 소외는 전위되고 정비될 수밖에 없을 것이다. 또한 비록 부르주아가 처한 조건이 내적 해방에 상대적으로 유리하다 해도, 여하간 봉건적 인간의 진정한 극복을 실현하는 자는 부르주아가 아닌 스피노자주의 철학자이다.

6장_이성의 상대적 무력함

1. 선악에 대한 참된 인식

그러나 정서적 삶은 자연 상태에서조차 정념적 삶으로 환원되지 않는다. 우리는 모두 다양한 정도로 이성을 지니고 있으며, 아무리 미미하게 발달되어 있을지라도 이성 역시 우리 안에 적어도 몇몇 감정을 유발하기 때문이다. 여기에는 한편으로 이성이 발휘되면서 곧바로 생겨나는 능동적 감정이, 다른 한편 이성이 그 자신의 불충분함 때문에 간접적으로 촉발하는 수동적 감정이 있다. 능동적 감정은 이성이 참되다는 데서, 수동적 감정은 이성이 여전히 추상적이라는 데서 비롯된다.

    우선 모든 참된 인식은 기쁨이다.[1] 실상 우리가 적합한 관념을 품을 때, 이 관념은 오로지 우리 정신에 의해 형성된다. 그리고 이에 평행해서, 우리 신체도 외부 원인에 전혀 기인하지 않는 운동, 곧 맹아적이거나 실질적인 일련의 기술적(技術的) 행동을 산출한다. 이 행동은 다시 신체를 환경의 속박에서 해방시켜, 신체에 세계와 자기 자신을 지배하고 소유하

---

1) 『윤리학』 3부 정리 58.

는 태도를 심어 준다. 이렇게 해서 우리 활동 역량은 최고치로 발현된다. 우리는 우리에게 일어나는 이 사건의 온전한 원인, 나아가 어떤 경우에는 이 사건의 결과 우리 바깥에 일어나는 다른 사건들의 온전한 원인인 것이다. 그런데 정리 53이 보여 주었듯, 우리가 우리의 활동 역량을 응시할 때 여기엔 늘 내적 만족이 따르기 마련이다. 우리의 인과적 역할이 부분적이었을 때조차 참이었던 것이, 이 역할이 전체적이 되는 순간 어떻게 타당하지 않을 수 있겠는가?[2] 따라서 안다는 것은 우리를 기쁘게 한다. 많이 알수록 더욱더 그렇다.

마찬가지로 이성에서 생겨나는 능동적 욕망이 있다.[3] 실상 우리 코나투스는 어떤 상황에서도 발휘되기 마련이다. 우리가 실존하는 한, 우리는 우리 자신의 개체적 본질에서 따라 나오는 것을 행하는 경향을 띤다. 이미 정념의 수준에서도 우리는 그러한 경향을 띠고 있었다. 물론 자각 없이, 맹목적인 모색을 통해, 그것도 세계의 압력 때문에 우리가 겪을 수밖에 없는 숱한 왜곡을 거치면서 말이다. 그렇다면 이와 같은 맹목과 압력이 극복된다면, 더욱더 그런 경향을 띠지 않겠는가?[4] 이성은 적어도 부분적으로나마 우리가 누구인지, 그리고 사물들이 무엇인지를 인식하도록 해준다. 그런데 영혼이 물체의 특성과 자기 신체의 특성을 참되게 인식하는 만큼, 신체도 자신에게 합치하는 운동을 수행하면서 자신의 진정한 본성에 따라 이번에는 왜곡 없이 활동한다. 우리는 우리 자신이 누구인지를 알기에, 우리에게 정말로 필요한 것을 아주 명료하게 추구하는 것이다. 더구나, 우리가 사물들의 진정한 본성을 인식하는 만큼, 우리는 그

---

2) 같은 정리의 증명.
3) 『윤리학』 3부 정리 58.
4) 같은 정리의 증명.

것들을 이 탐색에 가장 잘 맞게끔 이용하고자 욕망하지 않을 수 없다. 잘 이해된 우리의 이익이 요구하는 바에 따라 그것들을 소비하고 변형하며 파괴하기를 욕망하는 것이다. 이 욕망은, 이에 상응하는 기쁨이 그렇듯, 우리 앎이 확장될수록 더욱 강해질 수밖에 없다. 이성의 이와 같은 요구들이 어떤 내용인지는 『윤리학』 4부가 보여 줄 것이다.[5] 그러나 지금부터 확실해지는 것은 바로 그러한 요구들이 있다는 사실이다.

하지만 이성은 추상적이다. 이성은 아직 우리의 독특한 본질이 아니라 우리 신체와 영혼의 특성만을 전해 준다. 그것도 단지 몇몇 특성, 곧 우리 신체와 영혼이 다른 사람들의 신체 및 영혼과 공유하는 특성들만을 알려 주는 것이다. 우리 자신을 2종의 인식으로 인식한다는 것, 이는 공통 관념들에서 출발하여 이 보편 특성들에 대한 적합한 관념을 심적으로 재구축하고, 그런 다음 이 보편 특성을 우리라는 개별 경우에 외적으로 적용한다는 것이다. 우리가 그 밖에 우리에 대해 아는 것이라곤 우리 수동적 변용들에 대한 관념들이 가르쳐 주는 것뿐이다. 그러므로 우리 자신에 대한 지각은 두 가지 형태로 나타난다. 한편으로 **인간 본성 일반**에 대한 참된 관념으로, 다른 한편 **특수하지만** 부적합한 표상들로. 참된 관념은 이 부적합한 표상들을 통해서 그럭저럭 비쳐지지만, 이 표상들은 다소간 그것과 상충하기 마련이다. 그러나 새로운 경지에 이르기 전까지는 이 부적합한 표상들만이 우리 안에 있는 개체적인 것을 포착하는 유일한 수단이다.

그렇기에 이성적 욕망은 역설적으로 목적론적인 형국을 하고 있다. 우리가 능동적인 한, 우리는 여전히 추상적인 "인간 본성" 개념에서 따라

---

5) 스피노자는 3부 정리 59의 주석에서 이 내용을 앞질러 예고하고 있다. 그것은 곧 '굳건함'(animositas)과 '관대함'(generositas)으로 규정된다. 하지만 이에 대한 증명은 4부 정리 19~37에 가서야 이루어질 것이다.

나오는 모든 것을 수행하고자 노력하며, 우리 신체와 영혼 가운데 점점 더 커지는 한 부분을 이를테면 그 개념에 맞추려고 노력한다. 그렇지만 우리가 개체적인 우리 자아와, 외부로부터 이 자아에 일어나는 것을 혼동하는 동안은, 이 노력도 우리에게는 어떤 모델에 대한 열망으로밖에 보일 수 없다. 이성은 우리에게 초월적 규범을, 존재에 대립하는 당위를, 우리의 경험적 본성 너머에 있으면서 우리가 목적을 향하듯 지향해야 하는 어떤 이상을 처방하는 듯 보이는 것이다.[6] 또 한편, 현실과 이상의 비교는 가치판단을 낳는다. 가상적인 보편자의 경우와 정확히 동일한 방식으로 말이다. 곧 우리는 2종의 인식에서 형성된 인간에 대한 보편적 정의가 우리 안에서 얼마나 선명하게 표출되느냐에 따라, 이를 기준으로 우리나 우리 유사한 자들을 보다 완전하다거나 보다 불완전하다고 간주하는 것이다.[7] 설령 최선의 경우 이것이 존재론적 함의 없이 다만 조작적 절차의 산물에 불과함을 잘 알고 있다 하더라도,[8] 우리가 우리 자신의 개체적 본질을 모르고 그것을 충만하게 실현하지 못하는 한, 어쩔 수 없이 우리는 이 보편적 정의에 의뢰할 수밖에 없다.[9] 요컨대, 이성은 그것의 실천적 사용에 관한 한 규범적이며, 이는 이성이 그것의 이론적 사용에 있어서 추상

---

[6] "왜냐하면 우리는 우리가 인간 본성의 모델로 삼을 수 있을 인간의 관념을 형성하고자 하기 때문에 …"(『윤리학』 4부 서문[G II p. 208/P p. 545]). 또한 『지성교정론』 13절의 다음 구절도 참조하라. "하지만 …, 인간은 자기 본성보다 훨씬 강한 어떤 인간 본성을 생각하기 때문에 …"[G II p. 8/P p. 162].

[7] "다음으로 우리는 사람들이 이 모델의 관념에 더 많거나 적게 접근하는 정도에 따라 그들을 완전하다거나 불완전하다고 말할 것이다"(『윤리학』 4부 서문[G II p. 208/P pp. 545~6]).

[8] "… 완전성과 불완전성이란 실제로는 한낱 사고의 양태, 곧 우리가 같은 유나 종의 개체들을 서로 비교함으로써 습관적으로 지어내는 통념에 불과하다"(같은 곳[G II p. 207/P p. 545]).

[9] "하지만 실상이 이렇다 해도 우리는 이 어휘들을 보존할 필요가 있다"(같은 곳[G II p. 208/P p. 545]).

적이기 때문이다.

이 규범성 때문에 우리 안에 슬픔이 들어선다. 실상 우리의 이상 실현에서 이루어지는 모든 진보가 우리를 기쁘게 한다면, 이상 실현에 대립하는 모든 것은 필연적으로 우리를 슬프게 할 수밖에 없기 때문이다. 그런데 우리에게 외적인 것은, 추측건대 우리의 이상 실현에 대립되는 듯하다. 그렇지 않다면, 우리는 아무 문제없이 우리 본질에 온전히 부합할 테고, 이성도 이미 3종의 인식으로 극복되었을 테니 말이다. 따라서 이성의 기획에 걸림돌이 되는 모든 것은, 우리가 그것을 걸림돌이라고 지각하자마자 우리에게 고통의 원인이 되며, 그 결과 우리는 그것을 미워하고 그것이 나쁘다고 선언한다.[10] 이렇게 해서 **악에 대한 참된 인식**이 탄생한다. 곧 악이란, 우리에게 해가 될 수밖에 없다고 우리가 확실히 알고 있는 것이 우리 안에 유발하는 부정적 감정에 다름 아니다.[11]

좀더 정확히 해보자. 이 인식이 슬픔이라면, 이는 이 인식이 참된 한에서가 아니라 악을 대상으로 하는 한에서이다. 곧 그 인식이 결국 불충분하게 인식인 한에서이다. 진정한 앎은 우리를 기쁘게 한다. 왜냐하면 이 앎에 힘입어 우리는 앎의 대상을 현실적으로든 잠재적으로든 지배하기 때문이다. 우리가 나쁜 사물들을 완벽하게 인식한다면, 이와 동시에 이것들은 더 이상 나쁜 것이 아니며 우리를 슬프게 하지도 않을 것이다. 이럴 경우 우리는 그것들을 아무 장애 없이 우리 필요에 맞게 변형할 수 있을 테니 말이다. 그런데 문제는 이성이 단지 이 사물들의 몇몇 보편 특성만을 인식하며, 우리는 오로지 이 측면에서만 사물들을 조종할 수 있다

---

10) "나는 악을, 우리가 바로 이 모델처럼 되는 데 장애가 됨을 우리가 확실히 알고 있는 것으로 [이해할 것이다]"(『윤리학』 4부 서문).
11) 『윤리학』 4부 정리 8.

는 점이다. 나머지 측면에서 그것들은 우리를 거역한다. 따라서 어떤 사물을 나쁘다고 인식하는 것은, 그것이 끼치는 해로운 결과들을 예견할 만큼은 충분히 인식한다는 것인 동시에, 이내 그것을 해롭지 않은 상태로 만들 정도까지 우리가 충분히 인식하지는 못함을 안다는 것이기도 하다. 물론 첫번째 측면 하에서 우리 활동 역량은 증가하지만, 후자의 경우 감소한다. 그리고 오직 이 후자의 측면 하에서만 우리는 사물을 악이라 간주한다. 이성의 추상작용은 나쁜 사물에 대해, 실제적 변경이 뒤따르지 않는 역시나 추상적인 단죄만을 내리게 하기 때문이다. 이런 이유로 악에 대한 인식은, 비록 그것이 진리의 요소를 간직하고 있을지라도 필연적으로 부적합하다.[12]

그런데 이것이 전부가 아니다. 악에 대한 인식은 다시, 단순한 이웃 효과를 통해 이성의 발휘에서 생겨나는 기쁨에 반작용한다. 이 기쁨의 내용은 바꾸지 않고서 다만 거기에 새로운 형식을 부여하여, 이 기쁨이 **선에 대한 참된 인식**처럼 보이게 하는 것이다. 만일 이성이 아무런 구속 없이 홀로 가동된다면, 그래서 악에 대한 어떤 관념도 가지지 않는다면, 선이라는 통념을 형성할 기회 역시 이성에겐 없었을 것이다.[13] 이성은 사물을 인식할 것이고 그것이 어떤 점에서 자신에게 유용한지를 알 것이고 그것을 이용할 수 있다는 기쁨을 누리겠지만, 그렇다고 거기에 어떤 긍정적 가치를 갖다 붙이지는 않을 테니 말이다. 긍정적 가치란 오직 이전에 나쁘다고 판단되었던 다른 사물들과의 대조를 통해서만 부여되기 마련이니까. 그러나 사실 이성은 그렇지가 않기에, 세계에 대한 우리 지각은 필연

---

12) 『윤리학』 4부 정리 64.
13) 『윤리학』 4부 정리 68.

적으로 이분법적이다. 일단 이성의 이상 실현을 가로막는 고통스런 장애물들을 악의 범주로 묶고 나면, 바로 이 이상에 도달하는 수단으로 활용할 수 있어 우리에게 기쁨을 주는 모든 것은 비교를 통해 반대 범주로 보이게 된다. 그리고 정념의 지배 하에서 이미 일어났던 상황과의 유비를 통해 우리는 그것들을 "선"이라고 부른다.[14] 이와 같은 절개는 존재론적 타당성은 없지만 실용적 이익은 확실하다. 이성이 이성인 채로[=추상적으로] 머무르는 한은, 사물들은 그 자체로는 아니라도 우리에 대해서만은 사실 여전히 이런 식으로 나뉘기 때문이다.

따라서 선에 대한 참된 인식과 악에 대한 참된 인식은 서로를 발생시킨다. 하지만 동일한 관계 하에서는 아니다. 바로 이 점에서, 『윤리학』의 두 구절이 보이는 외관상의 모순도 해명된다. **내용상** 선은 논리적으로 악에 선행하며, 4부 정의 1과 2는 이를 지시하고 있다.[15] 곧 우리에게 유용하다고 우리가 확실히 알고 있는 사물들을 소유하지 못하도록 우리를 가로막는다고 우리가 확실히 알고 있는 사물들은 나쁘다는 것. 이 경우, 우리에게 유용하다고 우리가 확실히 알고 있는 사물들이 먼저 정립된다. 반면, **형식상**으로는 악이 선에 선행하며, 4부 정리 68의 증명은 바로 이를 지시하고 있다.[16] 곧 일단 악의 관념이 구성되고 난 다음, 우리에게 유용하다고 확실히 알고 있는 것은 소급적으로 선으로 나타나는 것이다.

우리가 보기에는, 바로 이것이 스피노자가 4부 정리 14부터 명명하

---

14) "… 나는 선을 우리 스스로가 다짐해 둔 인간 본성의 모델에 점점 더 많이 접근할 수 있는 수단이라고 우리가 확실히 알고 있는 것으로 이해할 것이다"(『윤리학』 4부 서문[G II p. 208/P p. 545]).
15) [옮긴이] 4부 정의 1 : "나는 선을, 우리에게 유용하다고 우리가 확실하게 알고 있는 것으로 이해할 것이다". 정의 2 : "그리고 악을, 우리가 선을 소유하지 못하도록 가로막는다고 우리가 확실하게 알고 있는 것으로 정의할 것이다".

기 시작한——굳이 재구성하지는 않았지만——**선악에 대한 참된 인식의 발생**이다. 주지하듯, 이 항목은 능동적 감정의 항목과 적어도 부분적으로는 걸쳐 있지만, 정확히 포개지지는 않는다. 사실 이성은 늘 기쁘며 결코 슬프지 않다. 왜냐하면 슬픔은 오직 우리 코나투스를 저해하는 외적 원인들에 의해서만 생기기 때문이다.[17] 이렇게 볼 때, 악에 대한 참된 인식은 수동이다. 물론 이 인식이 **이성 없이** 탄생하진 않을 것이다. 악에 대한 이 참된 인식은 어떤 의미에서는 "우리가 무언가를 이해하고 있다는 점"에서 비롯되기 때문이다.[18] 실상 이성이 실존하지 않는다면, 이성에 대립하는 것이 장애물로 지각되지도 않을 테고, 따라서 그것은 우리를 슬픔에 빠뜨리지도 않을 테니 말이다. 그렇지만 이 인식은 단지 **이성으로부터만** 생겨나지도 않는다. 그것은 이를테면 이성의 부정적 이면이고, 이성의 발휘가 속박될 때 생겨나는 부산물이다. 반면, 선에 대한 참된 인식은 능동적이다. 그것은 형식상 자신의 부산물에 의해 오염되기는 하지만 그 자체 이성적인 기쁨이다. 그런데 이성의 규범적인 성격은 양자가 공존할 수밖에 없도록 강제한다.

마지막으로, 이 애매한 인식은 기쁨이거나 슬픔이므로 이 인식에서 특수한 욕망들이 필연적으로 따라 나온다.[19] 우리는 무엇이 좋은지 알 때 그것에 도달하려 흔쾌히 노력하며, 무엇이 나쁜지 알 때 그것을 물리치거

---

16) [옮긴이] 4부 정리 68 : "만일 인간이 태어나면서부터 자유로웠다면, 그가 자유로울 동안에는 선과 악의 개념을 결코 형성하지 않을 것이다". 증명 : "나는 오직 이성에 의해서만 인도되는 자를 자유롭다고 말했다. 따라서 태어나면서부터 자유롭고 또한 여전히 자유로운 자는 오직 적합한 관념만을 가지며, 따라서 악의 개념은 전혀 갖지 않는다(4부 정리 64의 따름정리에 의해). 따라서 (선과 악은 상관적이므로) 선의 개념도 갖지 않는다".
17) 『윤리학』 3부 정리 59.
18) 『윤리학』 4부 정리 15의 증명.
19) 같은 곳.

나 파괴하려고 힘겹게 노력한다. 이 두 욕망 중 첫번째 욕망은 목적론적인 외양에도 불구하고 능동적인 이성적 욕망이다. 반대로 두번째 욕망은 정념적이다. 비록 이성이 간접적으로 그것의 부화를 촉진하고 방향을 규정함에도 말이다.[20]

따라서 이성의 요구는, 이성이 추상적이라는 사실 그 자체 때문에 순수한 상태로는 느껴지지 않는다. 다시 말해, 그것은 적어도 부분적으로는 비이성적인 외투를 뒤집어쓴 채 출현한다. 하지만 이런 불순함에도 정도가 있다. 왜냐하면 2종의 인식은 더 보편적이거나 덜 보편적일 수 있기 때문이다. 우리 자신에 대한 참된 관념이 풍부해지고 정확해지면, 이상과 현실 사이의 거리는 줄어들 것이다. 적합한 관념과 능동적 운동이 우리 안에서 점차 더 큰 비중을 차지할수록, 우리는 우리 본질을 점점 더 잘 현실화할 것이고, 인간 본성의 모델은 외관상의 초월적인 성격을 차츰 상실할 테니 말이다. 따라서 악에 대한 인식도 선에 대한 인식에 유리하도록 사라지는 경향을 띨 것이며, 그 반대급부로 선에 대한 인식 역시 점점 더 선으로서의 선에 대한 인식이라는 모습으로는 등장하지 않을 테니 말이다. 그러나 대부분의 인간은 그렇지 않다. 그들에게서 이성은 너무도 미약하게 발달되어 있어서, 이성이 그들에게 불어넣는 감정에는 "선악에 대한 참된 인식"이라는 측면(그 안에서도 "악에 대한 참된 인식"이라는 측면)이 훨씬 우세하다. 따라서 대다수 사람들은 적어도 처음에는 오직 이 측면에서만 이성의 약한 목소리를 들을 수 있다.

이렇게 해서 이성과 정념은 동일한 지반에서 마주친다. 이미 정념적 소외는 우리가 선이라고 혹은 악이라고 간주하는 특정 사물들에 우리 욕

---

20) 『윤리학』 4부 정리 63의 따름정리의 증명.

망을 고착시켰다. 이성 역시 자신을 뒤따르는 욕망들과 더불어 우리에게 사물을 선악의 측면에서 고찰하게 한다. 하지만 이 두 가치위계가 필연적으로 일치하지는 않는다. 양자의 기원이 상이하기 때문이다. 사실 외적 원인이 저절로 **항상** 우리를 잘 이해된 우리 이익의 방향으로 이끌어 갈 이유가 있겠는가? 따라서 우리 안에 있고 우리에서 유래하는 것과 우리 안에 있지만 우리가 아닌 것 사이에 갈등이 생길 수 있다. 이제 문제는 **이 두 힘 중 무엇이 더 우세할 것인가**이다.

2. 이성과 정념들(C, D, E, F, G군)

실제로 선악에 대한 참된 인식은 원래 커다란 약점을 안고 있다. 실상 우리 안에 일어나는 어떤 것도 자연적 인과성에서 벗어나 있지 않다. 우리 감정은 그것이 능동적이든 수동적이든 예외 없이 모두 준엄한 역학에 따른다. 이 역학에서 우리를 구출해 줄 자유의지란 없으며, 감정들 사이에 갈등이 일어나는 경우 어느 편에 승리가 돌아갈지를 결정하는 것도 이 역학이다. 그런데 이런 관점에서 보자면 이성은 상당히 불리하다. 이 또한 이성이 추상적이기 때문이다. 이성을 규범적으로 만들고 이성의 열망을 변장시켰던 것이, 또한 이성을 적어도 부분적인 무력함에 빠뜨리는 것이다. 4부의 처음 18개 정리는 바로 이를 증명할 것이다.

이 정리들은 다시 한 번, 하나의 유사-세피로트 나무를 형성한다.[21] **수직적으로 볼 때**, 이 정리들은 세 개의 열로 나뉜다. 우선 왼쪽 열(정리 2, 5, 7, 9~13)은 능동적 감정을 특별히 언급하지 않고서 감정역학 그 자체

---

21) 848쪽의 〈그림 2〉를 참조하라.

를 탐구한다. 중간 열(정리 1, 4의 따름정리, 정리 8, 14)은 선악에 대한 참된 인식이 어떻게 결국 정서역학에 편입되는지를 보여 준다. 오른쪽 열(정리 3~4, 6, 15, 16, 17)은 여기서 따라 나오는 이성의 상대적인 무력함을 다룬다. 이 정리들 전체를 마무리하는 정리 18은 세 개의 열 모두와 관련된다. **수평적으로 볼 때**, 이 정리들 전체는 다섯 군으로 나뉜다. C군(정리 1~4의 따름정리)은 문제를 장기적인 관점에서 고찰하면서 정념의 근본적인 제거불가능성을 증명한다. 이어지는 네 그룹은 정념의 제거불가능성을 염두에 두면서, 정념과 선악에 대한 참된 인식 사이에 당장, 그리고 단기적으로 성립하는 역관계를 다룬다. 우선 D군(정리 5와 6)은 감정의 힘이 어디에서 비롯되는지를 보여 준다. 그 다음, E군(정리 7, 8, 14, 15)은 이로부터 정서역학의 일반법칙을 연역한다. 그리고 F군(정리 9~13, 16~17)은 몇 가지 시간적 고려와 양상적 고려가 감정을 약화시키는 방식을 검토하면서 보충설명을 덧붙인다. 마지막으로 G군(정리 18)은 기쁜 감정의 효과를 슬픈 감정의 효과와 비교한다. 스피노자 자신이 이를 논증적으로 제시할 때, 정리 8까지는 수평적인 순서를 따르며, 그 다음에는 수직적인 순서를 따르고 있다. 이 구조는 중요한데, 왜냐하면 조금만 순서를 바꾸면 이는 동일한 문제를 다시 다루면서 새롭게 조명할 5부의 처음 20개 정리들의 구조가 되기 때문이다.

참된 인식은 단지 그것이 참되다는 사실만으로, 그것에 상충하는 정념들을 충분히 궤멸시킬 수 있을까? C군에 속하는 정리들은, 이에 부정적으로 답변한다. 왜냐하면 거짓 관념이 실정적으로 지닌 어떤 것도, 참인 한에서의 참된 것의 현존으로는 제거되지 않기 때문이다(가운데 열).[22] 그런데 정념 안에는 실정적인, 그것도 무한하게 실정적인 어떤 것이 있다

(왼쪽 열). 사실 우리가 정념을 체험할 때, 우리는 우리 자신의 개체적 코나투스를 촉진하거나 저해하는 실재적인 외적 원인에 의해 실재로 변용되며, 이 또한 역시나 실재적인 무한히 많은 다른 원인들의 영향 하에서 이루어진다. 실존에서도, 이 실존에서 일어나는 변화에서도, 우리는 다른 부분들의 작용에 의해 규정되는 자연의 일부인 한에서 수동적이며,[23] 이 상황이 지속되는 한 우리는 계속 그럴 것이다. 그런데 이 상황이 지속되지 않을 수도 있을까?(오른쪽 열) 우리가 오직 우리 본질에서만 연역되는 것들 외에 다른 어떤 변화도 겪지 않을 정도까지, 인식은 우리를 온전히 자율적으로 만들어 줄까? 이는 불가능하다.[24] 이렇게 되려면 비단 우리의 개체적 본질뿐 아니라, 멀리나 가까이서 우리에게 작용하는 존재자들 모두의 본질을 인식해야 할 것이기 때문이다. 만일 그렇게 된다면, 우리는 전지전능해질 것이며, 우주 전체를 우리 좋을 대로 지배하게 될 것이다.[25] 그런데 이보다 더 터무니없는 것은 없다.[26] 왜냐하면 우리 자신은 유한하며, 따라서 우리 능력이 아무리 크다 해도, 결국은 무한히 많은 다른 사물들의 능력이 늘 우리 능력을 능가할 것이기 때문이다.[27] 게다가 어떤 섭리적 목적성도 이 심연을 메우지는 못할 것이다. 오히려 자연의 전체 흐름이 저절로 우리 쓸모에 맞게 돌아갈 수 있다고 믿는 것, 이는 다른 방식으로 그러나 여전히 부당하게도 우리에게 무한성을 귀속시키는 것이다.[28]

---

22) 『윤리학』 4부 정리 1.
23) 『윤리학』 4부 정리 2.
24) 『윤리학』 4부 정리 4.
25) 같은 정리의 증명(첫번째 가정).
26) 같은 곳.
27) 『윤리학』 4부 정리 3.
28) 『윤리학』 4부 정리 4의 증명(두번째 가정).

참된 인식은 정념이 지닌 '실정적인 것'(quid positivum)을 완전히 자기 것으로 만들 수는 없기에, 어쩔 수 없이 이 실정적인 것을 자기 옆에 나란히 존속시켜 둘 수밖에 없다. 그리고 이런 이유로 정념은 설령 점점 더 약화되어 간다 하더라도 결국 근절될 수는 없다(중간열).[29]

아마도 이 진리와 대칭을 이루는 반대편 대응부가 있을 것이다. 그리고 장차 5부 정리 2~4는 바로 이를 부각시킬 것이다. 사실 무력함에도 정도가 있다. 우리가 우리 개체적 본질에 대한 충만한 인식과 충만한 현실화를 향해 더 많이 나아갈수록, 정념이 지닌 실정성도 명석한 관념으로 더 많이 전환된다. 그리고 3종의 실존 수준에서는, 비록 약간의 수동성이 우리 안에 남아 있다고 하더라도(현자들도 죽는다!), 이 수동성은 기껏해야 우리 영혼의 매우 작은 부분만을 구성할 따름이다. 그렇지만 문제는 3종의 실존이 우리에게 아직 먼 일이며, 새로운 경지에 이르기 전까지는 우리가 그렇게까지 높이 고양될 수 있는지도 확실하지 않다는 점이다. 이성은 여전히 매우 추상적이므로, 우리 안에서 그것은 그것에 동반되는 부적합한 관념들에 비해 매우 작은 자리만을 차지하기 때문이다. 그러므로 이제 문제는 이와 같은 근본적인 약점을 고려할 때 이성이 당장 무엇을 할 수 있느냐다. 참된 인식이 정념적 욕망을 제거하지 않는다 해도, 그 인식이 우리에게 불어넣는 요구들은 정념적 욕망들을 적어도 저지할 수는 있지 않을까?

이를 위해, 먼저 D군의 두 정리들을 통해 **감정의 힘이 어디서 오는지**를 살펴보자. 수동적 감정들의 경우(왼쪽 열), 그 활력은 분명 우리 자신의 역량과 비교된 외적 원인의 역량에서 비롯된다.[30] 외적 원인이 우리 코

---

29) 『윤리학』 4부 정리 4의 따름정리.

나투스에 비해 더 강할수록, 거기서 우리가 겪는 유·불리한 변이는 더 커지며, 느껴지는 정념도 더욱 생생해지는 것이다. 다른 한편, 능동적 감정의 경우, 그리고 선악 일반에 대한 참된 인식과 결부된 감정의 경우, 그 역량은 오로지 우리에게서 비롯된다. 곧 우리가 우리 자신을 더 잘 인식하고 현실화할수록 우리의 기쁨은 더 생생해지며, 여기서 따라 나오는 욕망, 즉 우리의 인간 본성을 더 잘 실현하려는 욕망은 더 커지고, 이 기획의 추진에 도움이 되는 수단이나 이 기획에 대립되는 장애들은 우리에게 더 큰 기쁨이나 슬픔을 안겨 주며, 이 기쁨이나 슬픔에서 생겨나는 욕망들은 더 강렬해진다. 이 마지막 욕망들(악에 대한 참된 인식은 수동적이지만, 여하간 여기서 생겨나는 욕망까지 포함해서[31])의 힘은 결국 오직 우리의

---

30) 『윤리학』 4부 정리 5.
31) 사실 악에 대한 참된 인식의 경우는 좀더 복잡하다. 이 인식이 함축하는 슬픈 감정의 강도는 하나의 요인이 아니라 두 요인에 의존한다. 하나는 인간 본성의 이상적 모델을 실현하고자 하는 우리의 능동적 욕망이며, 다른 하나는 이 욕망이 부딪히게 되는 장애물의 힘이다. 그런데, 첫번째 요인이 우리 앎의 폭에 정비례로 변이하는 반면, 두번째 요인은 그것과 반비례로 변이한다. 우리가 어떤 사물을 **해롭다고** 인식할수록 그것은 우리를 더 많이 슬프게 하지만, 이와 동시에 우리가 그것을 **인식할수록** 우리는 그것을 더 많이 제어하며 그것은 덜 해로워지고 우리를 덜 괴롭힌다. 그러나 해로운 사물을 해롭다고 인식하는 것은 또한 해로운 사물을 인식하는 것이며, 그 역도 성립한다. 따라서 이 경우 우리 앎의 증가는 두 가지 상반된 효과를 산출하는 셈이다. 그 중 첫번째 효과는 단지 특정한 지점까지만 지배적이며, 그 지점을 넘어서면 두번째 효과가 우세해지기 시작한다고 해야 할 듯하다. 우선, 해로운 대상에 대한 우리 앎이 증가하되, 아직은 그 대상에서 비롯되는 [해로운] 결과들을 중화시킬 수 있을 만큼은 아닌 한, 이 앎에서 따라 나오는 욕망이 증가하는 것과 마찬가지로 우리의 고통 역시 증가한다. 그런 다음, 우리가 이 대상을 충분히 알게 되어 효과적으로 지배하기 시작하자마자 고통은 줄어들기 시작한다. 물론 그렇다고 해서 이성의 발달과 **선악**에 대한 참된 인식에서 생겨나는 욕망의 힘 사이에 성립하는 정비례 법칙이 손상되는 건 아니다. 왜냐하면, 악에 대한 슬픈 인식이 약화되어 감에 따라, 대상도 차츰 이용할 수 있는 것으로 바뀌어, 이 인식은 선에 대한 기쁜 인식으로 대체되기 때문이다. 따라서 악에 대한 슬픈 인식을 발생시키는 것이 줄어들 경우, 선에 대한 기쁜 인식에서 생겨나는 욕망은 이제 반대급부 없이 증가한다. 물론 스피노자는 이 문제를 심화시키진 않았다.

앎, 따라서 우리의 인과적 능력의 크기이다.[32] 그런데 앞서 살펴보았듯(오른쪽 열) 우리의 인과적 능력은 유한하며 그것을 능가하는 외적인 힘에 가로막힐 소지는 늘 있기 마련이다. 그래서 정념이 대개 이성의 요구보다 훨씬 강하다는 것은 전혀 놀라운 일이 아니다.[33]

물론 아직도 문제가 남김없이 규명되진 않았다. 그리고 5부 정리 8~9는 이를 다시 다룰 것이다. 한편으로, 가장 강한 정념들이 반드시 가장 해로운 정념들은 아니다. 심지어 그 중 어떤 정념들(정신이 함께 고려하는 다수의 원인들을 가진 정념들)은 심지어 이성의 발휘를 용이하게 한다. 다른 한편, 정념적 욕망이 선악에 대한 참된 인식에서 생겨난 욕망들보다 더 생생할 수 있다 하더라도, **모든 경우에** 그렇다는 것은 결코 입증되지 않는다. 더욱이 우리 앎이 풍부해질수록, 그 욕망들이 생생할 위험은 더 적어진다. 이럴 경우 역관계는 이성에 차츰 덜 불리하게 바뀌기 때문이다. 그렇지만 강한 정념들이 대개, 나아가 가장 빈번하게, 이성의 보조물 노릇을 하기 위해서는 환경(우리는 뒤에서 특히 정치적 환경을 살펴볼 것이다)의 아주 특별한 개선이 필요하다. 물론 이는 외부 원인들의 맹목적인 작용에서는 기대할 수 없는 일이다. 게다가 2종의 인식은 그것이 매우 적은 수의 추상적 관념들로 축소되는 한, 우리에게 폭발적인 감정을 불어넣을 수는 없다. 따라서 2종의 인식이 낳는 감정들도 우리가 서 있는 이 지점에서는 정념보다 강력해질 확률이 거의 없다.

이제 우리는 E군의 정리들을 가지고 **정서역학의 일반법칙**에 대해 진술할 수 있다(왼쪽 열). 이 법칙은 매우 단순하며, 실상 물체들의 보편적 충돌 법칙을 인간의 수준에 전사(全射)한 것에 불과하다. 한 감정의 힘은 그 감정의 원인에서 비롯되므로, 이 감정은 그 원인이 계속해서 우리를 같은 방식으로 변용시키는 동안은 우리 안에 존속하기 마련이다. 그리고 이 원인이 우리에게 가하는 작용이 더 강력한 적대적 원인, 그러니까 애초의 감정에 대립되면서 더 격렬한 감정을 우리 안에 유발하는 원인에 의해 저지되거나 제거되지 않는 동안은, 그 감정은 계속된다.[34] 따라서 한 감정은 오직 보다 더 강하면서 우리를 반대 방향으로 이끄는 다른 감정에 의해서만 패퇴될 수 있다.[35]

그런데 선악에 대한 참된 인식 자체가 바로 이 역학을 이루는 일부이다(중간 열). 사실 그것은 기쁨이거나 슬픔이기 때문이다.[36] 그러므로 이 참된 인식은 설령 그 진리의 힘만으로는 가장 약한 정념조차 소멸시킬 수 없을지라도, 적어도 절대적으로 무능하진 않다. 이 인식이 감정인 한에서, 그것은 경우에 따라 자신과 일치하지 않는 충동들을 물리칠 수 있는 것이다.[37] 단, 이 인식에서 따라 나오는 욕망들이 물론 이 충동들보다 강하다는 조건에서 말이다.

그러나 문제는 바로 이 조건들이 처음에는 구비되어 있지 않다는 점이다(오른쪽 열). 이성의 영향력이 거의 없기 때문이다. 따라서 선악에 대한 참된 인식에서 생겨나는 욕망은 수많은 정념적 욕망들에 의해 패퇴될 수 있다.[38] 더욱이 우리의 인식 수준이 낮을수록, 이런 상황은 더 흔하다.

하지만 아직 상황은 끝나지 않았다. 그리고 5부 정리 10~13은 이

---

32) "… 이 욕망들은 … 우리가 무언가를 참되게 인식하는 데서 생긴다"(『윤리학』 4부 정리 15의 증명).
33) 『윤리학』 4부 정리 6.
34) 『윤리학』 4부 정리 7의 증명.
35) 『윤리학』 4부 정리 7.
36) 『윤리학』 4부 정리 8.
37) 『윤리학』 4부 정리 14.
38) 『윤리학』 4부 정리 15.

문제로 되돌아올 것이다. 사실 이성적 감정이나 이성에 유리한 감정에는 판세를 유리하게 바꿀 든든한 으뜸패가 있다. 이 감정들의 빈번함이 그것이다. 힘이 대등할 경우, 바로 이 점 때문에 이 감정들은 해로운 정념보다 결국 우세해진다. 왜냐하면 해로운 정념은 덜 항상적으로 분출되기 때문이다. 이 역시 감정역학의 일부다. 그렇지만 역시 나중에 살펴볼 것처럼 이 요인이 일정한 비중을 얻기 위해서는, 좋은 정치적 조건형성이 구비되어 있어야 하며, 동시에 이성 또한 이미 충분히 높은 수준으로 발달해 있어야 한다. 따라서 아직은 이에 대해 말할 때가 아니다.

감정들을 약화시키는 시간적이고 양상적인 고려는 상황을 더욱 악화시킨다. 사실 지금까지는 현재적인 사물에 대한 감정만이 문제였다. 그렇지만 과거의 사물에 대해서도, 또한 우리가 이전의 경험에 비추어 상상하는 미래의 사물에 대해서도, 우리는 감정을 느낀다. 희망, 공포 등등을, 아울러 이에 뒤따르는 욕망들을 느끼는 것이다. 이 경우 무엇이 일어나는지를 다루는 것이 F군의 정리들이다.

이 문제는 우선 정리 9~13에서 이성에 대한 특별한 언급 없이 검토되고 있는데(왼쪽 열), 이 정리들 자체가 하나의 작은 유사-세피로트 나무를 이룬다. 출발점은 다음과 같다. 부재함을 우리가 알고 있는 사물은, 그 사물이 직접 작용하는 순간만큼 생생하게 우리를 변용시키지는 못한다. 왜냐하면 이 경우 그 사물의 이미지는 그 사물의 **여기 지금**의 실존을 배제하는 다른 이미지들과 갈등에 돌입하기 때문이다(그리고 그것이 부재함을 우리가 아는 것도 단지 이 때문이다).[39] 그러므로 다른 모든 조건이 같

---

39) 『윤리학』 4부 정리 9.

다면, 과거 혹은 미래의 사물에 대한 감정은 현재적인 사물에 대한 감정보다는 약하다.[40]

이로부터 서로 평행하는 두 계열의 결론들이 도출된다. 첫번째 계열은 순전히 시간적이다. 우리는 먼 미래나 과거의 이미지보다는 가까운 미래나 과거의 이미지에 의해 더 많이 변용된다.[41] 왜냐하면 어떤 사물의 실존을 배제하는 이미지의 수는, 우리를 축으로 그 사물과 우리를 분리하는 시간순서상의 간극이 커질수록 증가하기 때문이다.[42] 그런데 우리의 상상 능력은 무제한적이지 않기에, 이 수는 이내 완전히 미규정적이 된다. 두 사물이 둘 다 아주 멀리 떨어져 있다면, 각각이 어느 때에 위치하든, 양자는 우리를 똑같이 약하게 동요시킨다.[43]

두번째 계열은 양상적이다. 사실, 현재 실존하지 않음을 알고 있는 사물을 우리가 상상하는 방식에는 세 가지가 있다. 첫째, 우연적인 것으로 상상하는 경우다. 이는 그 사물을 산출할 수도 있을 원인들은 전혀 모르고서 다만 그 사물만을 고려하는 경우이다.[44] 둘째, 가능한 것으로 상상하는 경우다. 이는 그 사물의 원인들에 대해 어떤 관념을 가지고는 있으나 이 원인들이 개입하여 그것을 실제로 산출할지의 여부는 알지 못하는 경우다.[45] 셋째, 필연적인 것으로 상상하는 경우다. 이는 그 원인들이 틀림없이 작용하리라는 것을 아는(혹은 안다고 믿는) 경우다. 그런데 가능하거나 우연적인 사물의 이미지는 필연적인 사물의 이미지보다 우리를 덜

---

40) 『윤리학』 4부 정리 9의 따름정리.
41) 『윤리학』 4부 정리 10.
42) 같은 정리의 증명.
43) 같은 정리의 주석.
44) 『윤리학』 4부 정의 3항.
45) 『윤리학』 4부 정의 4항.

변용시킨다.[46] 왜냐하면 가능하거나 우연적인 사물의 이미지의 경우, 그 대상의 여기 지금의 실존을 배제하는 이미지들뿐만 아니라, 장래의 실존을 배제하는 이미지들에 의해서도 저지되는 반면, 필연적인 사물의 이미지의 경우, 장래와 관련된 이 두번째 범주의 장애물만은 전혀 개입하지 않기 때문이다. 다시 말해, 후자는 이 대상을 이미 유사-현재적인 것으로 알려 주지만, 전자는 각각 그 대상을 실존할 것으로[가능한 것] 그리고 실존하지 않을 것[우연적인 것]으로 지각하게 하는 것이다. 마찬가지로, 우연적 사물의 이미지는 가능한 사물의 이미지보다 우리를 덜 변용시킨다.[47] 왜냐하면 가능한 사물의 이미지는 대상의 원인들이 출현할지 의심스러워도 어쨌든 적어도 이 불확정적인 원인들의 이미지에 의해 촉진되지만, 우발적 사물의 이미지는 이러한 강화제의 혜택도 누리지 못하기 때문이다.

마지막으로, 서로 평행하는 이 두 계열은 단일한 결론으로 수렴된다. 곧 우리가 우연적이라고 상상하는 사물에 대한 감정은 현재적인 사물에 대한 감정보다는 **훨씬 덜** 강하다.[48] 왜냐하면 우연적인 미래는 가능하고 먼 미래보다는 우리를 덜 변용시키고, 가능하고 먼 미래도 가능하고 가까운 미래보다는 우리의 마음을 덜 움직이며, 가까운 미래도 현재보다는 우리의 관심을 덜 끌기 때문이다. 또한 이는 비단 현재의 것에 대해서뿐만 아니라, 적어도 언젠가는 실존했음을 알고 있는 과거의 것에 대해서도 참이다.[49]

---

46) 『윤리학』 4부 정리 11.
47) 『윤리학』 4부 정리 12.
48) 『윤리학』 4부 정리 12의 따름정리.
49) 『윤리학』 4부 정리 13.

그런데 이 감정 약화의 원인들은 모든 감정에 예외 없이 해당된다(오른쪽 열). 선악에 대한 참된 인식과 결부된 감정까지 포함해서 말이다. 선악에 대한 참된 인식에서 생겨나는 욕망이 미래 대상에 실려 있을 때, 이 욕망은 현재적인 사물이 우리에게 불러일으키는 정념적 욕망에 아주 쉽게 패퇴당할 수 있다.[50] 우리가 이 미래를 우연적인 것으로 고려할 때는 한층 더 쉽게 말이다.[51]

물론 이 두 정리는 첫눈에는 다소 황당해 보일지도 모른다. **우연적인 미래에 대한 참된 인식**이라니, 도대체 무슨 뜻인가? 이성은 모든 것을 필연적인 것으로 인식하지 않는가? 이성의 대상은 시간적인 요동과 전혀 무관하기에, 어떤 의미에서는 늘 현재적이지 않은가? 물론이다. 그리고 5부 정리 5~7은 이로 되돌아가 문제를 새로운 국면으로 전환시킬 것이다. 하지만 우리가 서 있는 지점에서는 아직 이 두 진리가 별 비중을 차지하지 않는다. 왜냐하면 이 진리는 이성이 발휘되는 구체적인 조건은 염두에 두지 않은 채, 단지 **그 자체로 본** 이성에만 관련되기 때문이다. 그런데 주어진 한 대상에 대해서 이성은 단지 몇몇 보편 특성만을 인식할 뿐이다. 그리고 바로 이로부터 몇몇 결론을, 이성이 도달한 수준에 따라 더 많거나 더 적은 수의 결론들을 연역한다. 따라서 이 결론들은 우리에게 이 보편 특성, 오직 이 보편 특성만을 필연적인 것으로, 그리고 현재적인 것으로 고려하게끔 한다. 그 밖의 측면에 관한 한, 우리는 대상을 미래의 것으로, 그리고 가능하거나 우연적인 것으로 상상할 수 있을 뿐이다. 가령 모든 이들은 사회적 평화가 자신들이 추구하는 안전의 조건임(필연적이

---

50) 『윤리학』 4부 정리 16.
51) 『윤리학』 4부 정리 17.

며 영원하지만, 매우 추상적인 진리)을 안다. 그렇지만 그들은 갈등 없는 사회를 건설하게 해줄 원인들에 대해서는 그야말로 무지하기에, 갈등 없는 사회란 그들에게는 한낱 아름다운 꿈에 불과하며, 희생을 감수할 만한 가치가 전혀 없는 우연적인 미래에 지나지 않는다. 설령 그들이 『정치론』을 읽고 이 원인들(역시나 필연적이고 영원하지만, 이미 약간은 덜 추상적인 진리)을 인식하게 되었다고 해도, 그들은 이 원인들을 틀림없이 작용하게 하려면 현 상황에서 무엇을 해야 하는지는 여전히 알지 못한다. 이럴 경우 그들에게 인간 상호간의 화합은 가능한 미래로 나타난다. 이 미래는 물론 그들의 마음을 좀더 많이 움직이겠지만, 전면적인 참여를 촉구하기에는 아직 너무 불확실하다. 따라서 모든 것은 명석한 관념과 혼동된 관념이 각각 우리 안에서 얼마만 한 자리를 차지하느냐에 달려 있다. 우리 앎이 사물의 세부사항을 더 많이 꿰뚫어 볼수록, 사물이 우리에게 불러일으키는 감정이 의심과 시간 때문에 약화되는 정도는 덜해진다. 그렇지만 상상이 지배적인 한, 이 감정약화의 원인들이 미치는 영향력은 여전하다.[52]

한편, 역으로 수동적 감정들 역시 미래 사물을 대상으로 할 수 있다. 역시 5부 정리 5~7이 보여 주겠지만, 이럴 경우 이 감정들은 현재적인 것과 관련되는 능동적 감정들에 비해 불리할 것이다. 우리 정념이 우리를

---

[52] "만일 우리가 사물들의 지속에 대해 적합한 인식을 가질 수 있다면, 그리고 그들이 실존하는 시간을 이성으로 규정할 수 있다면, 우리는 미래의 사물들을 현재의 사물들과 동일한 정서로 응시할 것이다. … 그러나 우리는 사물들의 지속에 대해 아주 부적합한 인식밖에 가질 수 없으며, 사물들이 실존하는 시간을, 현재 사물의 이미지와 미래 사물의 이미지에 의해 동등하게 변용되지 않는 상상으로만 규정한다. 바로 이 때문에 선한 것과 악한 것에 대해 우리가 지닌 참된 인식은 추상적인 것 또는 보편적인 것에 불과하다"(『윤리학』 4부 정리 62의 주석).

항상적으로 장래, 특히나 먼 장래로 정향시키려면, 좋은 정치적 조건형성은 여기서도 다시 한 번 필수불가결하다. 자연 상태에서는, 심지어 짜임새가 잘못된 사회 상태에서도, 우리는 당장의 것에 집요하게 매달려 있다. 따라서 약화 법칙은 당분간은 단 한 방향으로, 그리고 이성에 불리하게 작동한다.

마지막으로, 다른 모든 조건이 같다면(G군), 기쁨에서 생기는 욕망은 슬픔에서 생기는 욕망보다 강하다.[53] 왜냐하면 전자는 그것을 산출하는 감정의 외적 원인에 의해 촉진되지만, 후자의 경우 그 안에는 오직 스스로 맞서 싸워야 하는 장애물밖에 없기 때문이다.[54] 따라서 악에 대한 인식에서 생기는 욕망은, 선에 대한 인식에서 생기는 욕망보다 훨씬 쉽게 기쁜 정념에 의해 패퇴될 수 있다. 이는 당장으로서는 이성의 요구를 약화시키는 새로운 원인이 된다. 왜냐하면 우리 앎의 극단적 추상성 때문에, 이성의 요구는 "선에 대한 참된 인식"의 측면에서보다는 "악에 대한 참된 인식"의 측면에서 느껴지기 때문이다. 아마도 이성이 발달함에 따라 상황은 뒤바뀔 것이다. 그러나 우리가 서 있는 지점에서 이는 아직 요원하다.

---

53) 『윤리학』 4부 정리 18.
54) 그렇다고 해서 원인과 결과의 비례 법칙이 조금이라도 손상되는 건 아니다. 하지만 이를테면 **총욕망**(désir brut)과 **실욕망**(désir net)은 구별할 필요가 있다. 어떤 외적 원인 C와 이것이 우리 안에 유발하는 감정 S가 있다고 해보자. k를 개체 항수라 할 때, S의 결과 생겨나는 총욕망 D는 역하간 kC(D = kC)이다. 그런데 만일 S가 기쁨이라면, D와 C 모두는 S를 보존하려는 경향을 띠며, 따라서 C의 힘이 D의 힘에 더해져야 한다. 이로부터 실욕망 D′ = kC+C = C(k+1)이 도출된다. 반대로, 만일 S가 슬픔이라면, C는 S를 보존하려는 경향을 띠는 반면 D는 그것을 제거하려는 경향을 띤다. 따라서 최종 합계에서는 C의 힘을 D의 힘에서 빼야 한다. 이로부터 실욕망 D′ = kC - C = C(k - 1)이 도출된다.

3. 문제

따라서 손익계산은 암울하다. 이성이 추상적일수록, 이성과 직·간접적으로 결부된 감정들은 정념 앞에 취약하다. 주지하듯, 이성적 욕망과 여기서 따라 나와야 할 행위 사이의 간극은 크다. 그럼에도 이성의 요구에 완전히 둔감한 자는 물론 없다. 우리 모두 저마다 공통관념들을 소유하고 있고, 이로부터 적어도 몇몇 결론을 연역할 수 있기 때문이다. 하지만 대다수 사람들은 이 요구에 따라 **살아가는** 데까지는 이르지 못한다. 왜냐하면 그들의 신체에서도 영혼에서도 이 요구는 보다 강한 정념적 욕망에 패퇴당하기 때문이다. 그래서 '더 좋은 것을 보고 또 수긍하지만 …'(*video meliora proboque*)[55]의 역설이 생긴다.

그렇지만 상황이 절대적으로 절망적이진 않다. 실상 무엇이 이성을 무력하게 만드는지를 검토하면, 마찬가지로 어떤 조건에서 이성이 승리할 수 있을지도 동시에 알 수 있기 때문이다. 앞서 말한 모든 것으로부터, 참된 인식에서 생기는 욕망이 실행으로 이어질 **수도 있다**는 것 **역시** 도출된다. 단, 다음의 두 가지(혹은 세 가지) 조건 중 어느 하나가 충족될 경우 말이다.

---

55) 『윤리학』 4부 정리 17의 주석. [옮긴이] "더 좋은 것을 보고 또 수긍하지만 더 나쁜 것을 따른다"(*Video meliora proboque, deteriora sequor*) : 이는 소포클레스의 비극 『메데이아』에서, 사랑을 위해 조국과 부모와 형제를 배반했던 메데이아가 사랑이 배신당하는 순간 분노와 복수심에 불타 자기 자식을 찢어 죽이면서 한 말이다. 사랑했던 자에게서 가장 소중한 것을 빼앗기 위해, 자기에게도 가장 소중한 것을 희생시킨 것이다. 이는 이후 오비디우스의 시에서, 성 바울을 거쳐, 고전 시대 철학, 곧 데카르트, 스피노자, 홉스, 로크, 라이프니츠에 이르기까지 서양 고전에서 줄기차게 인용되는 경구로, 앎과 윤리적 덕을 동일시하고 악덕을 오로지 무지에 기인한다고 보는 소크라테스 식의 주지주의적 윤리 전통과 반대로, 알면서도 행하지 못하게 하는 정념의 힘과 이성의 무력함을 요약적으로 표현하고 있다.

최대 조건 : 참된 인식에서 생겨난 욕망이 그 혼자로도 우리 정념들 전부를 합쳐 놓은 것보다 강해야 한다. 그렇지만 D군과 F군이 동시에 보여 주듯, 이는 오로지 이성이 우리 안에서 **이미 충분히 발달되어** 우리 정신의 과반(過半)이 적합한 관념들로 합성되어 있는 조건에서만 가능하다. 이럴 경우 혼동된 표상들은 이성 옆에서 거의 힘을 쓰지 못할 것이며, 원인과 결과의 비례 법칙도 이성과 연결된 감정들에 유리하게 작용할 것이고, 이 감정들은 약화 법칙의 영향을 거의 받지 않을 것이다. 이렇게 된다면, E군이 보여 주듯, 이성은 절대다수를 획득함으로써 실천적으로 무적이 될 것이다. 반면, 이 문턱에 아직 도달하지 않았다면, 인식이 증대된다는 것 자체가 우리에겐 오히려 우리 무력함에 대한 의식이 증가함을 의미할 수도 있다. 이 때문에「전도서」의 구절이 인용된다.[56]

최소 조건 : 참된 인식에서 생겨난 욕망이 홀로 우리를 이끌어 가기에는 아직 너무 약할 경우, 이 욕망은 우리를 그와 같은 방향으로 유도하는 정념적 욕망에 의해 보강되어야 하며, 또한 여기서 조달된 원조가 적수인 반대쪽의 정념적 욕망들을 패퇴시킬 만큼은 강력해야 한다. 이번엔 연립정부가 구성되는 것이다. 모든 정념이 치명적으로 해롭지는 않은 이상, 권리상 이것도 불가능하지는 않다. 섭리적 목적성이 없다면, 악마적 반목적성도 없기 때문이다. 하지만 이는 외적 원인에, 그리고 오직 외적 원인에 달린 문제이다. 따라서 이 최소 조건은 **마치 우리가 오직 이성의 명령만 받는 양** 활동하게끔 외적 원인이 **자체적으로 조직된다**는 것을 함축한다. 이성이 아직 자기 날개로 날아오를 수 없는 이상, 오로지 우리 소외가 적절히 지도될 경우에만 우리는 이성의 요구에 따라 살아갈 수 있다.

---

56) 같은 곳. [옮긴이] "앎을 늘리는 자는 고통도 늘린다"(『성경』,「전도서」1장 8절).

중간조건 : 위의 두 극단 사이에서 **중간 조건** 역시 생각해 볼 수 있다. 우리 정념들(심지어 아주 강하고 해로운 정념들)이 서로를 중화시킬 만큼 다양해지고 분산된다면, 참된 인식에서 생겨나는 욕망은 이럴 경우 비교 다수를 점하면서 이 다양한 암초들 사이를 헤쳐 나갈 것이다. 하지만 이를 위해서는 이미 이성이 현명한 균형정책을 실행할 수 있을 만큼은 강력해져 있거나, 그도 아니면 외적 원인들이 자체적으로 정념의 다양화나 분산에 유리하게 작용해야 한다. 이 때문에 우리는 물론 완화된 형태로이긴 하지만 앞의 두 조건으로 되돌아가게 된다.

따라서 인간의 윤리적 숙명 전체가 걸린 이중의 문제가 제기된다. 우선, 이성은 과연 무적이 될 문턱에 도달할 만큼 발달**할 수 있을까**? 그리고 그 전까지는, 외적 원인들이 우리에게 이성과 방향을 같이하는 정념들을 불러일으키게끔 자체적으로 조직**될 수 있을까**? 이 두 물음에 대한 답변이 부정적일 수밖에 없다면, 희망의 여지는 없을 것이다.

이 이중의 문제를 해결하기 위해서는 이성의 요구가 **무엇인지**를 명확히 알아야 한다. 지금까지 우리가 알고 있는 것은 단지 이 요구가 있다는 것뿐이다. 그런데 이 요구란 무엇인가? 이 요구의 내용은 무엇인가? 이것이 곧 이어지는 정리들에서 스피노자가 검토하는 문제이다.

7장_이성적 삶의 토대

『윤리학』4부 정리 18의 주석에서부터는 이성적 삶을 다룬다. 이 정리들 전체는 3부와 동일한 유사-세피로트 구조를 하고 있다. 여기서도 우리는 개인적 삶과 인간 상호적 삶의 두 열을 다시 만나게 되며, 정리 18의 주석은 양자 모두의 공통된 기원의 역할을, 정리 73은 공통된 결론의 역할을 한다. 그리고, 이 두 열 각각에는 다시 토대를 다루는 군과 전개를 다루는 군이 포함된다. 따라서 우리는 여기서 [5장에 이어] 또 한 번 다음의 분류를 얻게 된다.[1]

A_1군	개인적인 이성적 삶의 토대	정리 19~28
B_1군	인간 상호적인 이성적 삶의 토대	정리 29~37
A_2군	개인적인 이성적 삶의 전개	정리 65~69
B_2군	인간 상호적인 이성적 삶의 전개	정리 70~73

[5장의 분류와 비교할 때] 주목할 점은 한낱 외적 유사성이 아니다.

---

1) 849쪽의 〈그림 3〉을 참조하라.

구조가 유사하다면, 이는 내용이 상응하기 때문이다. 스피노자가 단도직입적으로 말하듯[2], 사실 참된 인식은 우리에게 우리 본성에 상반되는 요구를 불어넣을 수는 없다. 이성적 삶의 토대는 정념적 삶의 토대와 **같은 것**이며, 이는 정념적 삶의 토대를 그 실정적인 내용면에서 고려해 보면 금방 알 수 있다. "이성의 명령"이란 우리 수동적 충동의 뿌리에 이미 있어 왔던 것의 진정한 표현일 뿐이다. 그것은 곧 개인적 수준과 인간 상호적 수준의 코나투스 그 자체이며, 차이가 있다면 다만 이 코나투스가 소외에서 벗어나고 교란적인 외부원인들의 압력에서 해방된다는 것뿐이다. 다시 말해, 그것은 존재의 욕망이자 화합의 욕망이며, 이는 일단 이해되고 나면 인식하려는 욕망이자 인식시키려는 욕망으로 전개된다. A_1과 B_1군은 바로 이를 입증한다. 이어지는 A_2와 B_2군은 이성적 욕망이 어떻게 정념적 욕망과 동일한 양상으로, 단 3부 정리 14~26과 33~44에 기술된 일탈적 파생 없이 전개되는지를 보여 준다. 곧 동일시나 전이 없는 효용주의적 계산(A_2군)과 완전히 안정적인 긍정적 상호성(B_2군)으로 전개되는 것이다.

 하지만 이와 같은 토대의 동일성을 의식하는 자는 오직 스피노자주의 철학자뿐이다. 물론 무지자도 자기 안에서 이성의 요구들을 느낀다. 하지만 앞서 살펴보았듯, 무지자의 영혼에서 이 요구들은 아주 작은 부분만을 차지하기에(또한 이 요구들에 상응하는 운동들도 그의 신체에서 아주 작은 부분만을 차지하기에), 무지자는 이성의 요구를 자기 개체성에 생소한 것으로, 마치 초월적 규범처럼 외부에서 강요되는 것으로 체험한다. 따라서 그에게 이 요구는 별다른 특권 없는 여느 열망들 중 하나에 불과

---

[2] 『윤리학』 4부 정리 18의 주석.

하다. 대다수 사람들에게, 이성과 정념은 그저 병치되며 이질적인 듯 보이는 것이다. 이성은 일단 매우 높은 발달 수준에 도달하고 나서야 비로소 이미 획득된 인식들에 대해 반성하면서 자신이 애초부터 정념의 진리였음을 깨달을 수 있을 것이다.

그러므로 앞으로 제시될 스피노자 논의의 특징은 두 관점의 끊임없는 교섭이 될 것이다. 헤겔 식으로 말하자면, "대자적" 관점과 "즉자적이고 우리에 대한" 관점이, 자기 자신의 진리를 향해 나아가는 의식의 관점과 이 진리를 인식하고 의식이 나아가는 이 여정을 이해하는 철학자의 관점이 상호 교섭하는 것이다. 이 두 관점은 ("어떻게 스피노자주의자가 되는가"라는 제목을 붙일 수 있을) 5부의 정리 3에 이르러서야 비로소 합류할 것이다.

같은 이유에서, 4부는 더 이상 3부처럼 A_1, A_2, B_1, B_2의 순서가 아니라, A_1, B_1, A_2, B_2의 순서를 따를 수밖에 없다. 왜냐하면 애초 우리의 능동적 욕망은 허약하기에 토대에서 전개로 곧장 이행하기란 불가능하기 때문이다. 그토록 약하고 외관상 그토록 부분적인 요구가 어떻게 그 스스로 행동/현행태로(en acte) 표현되어 우리 행위를 이끌 수 있겠는가? 그러려면, 매개, 곧 정치적 조건형성이라는 매개가 필요하다. 정리 37의 주석 2, 그리고 적어도 어떤 관점에서는 정리 38~64가 다루는 대상이 바로 이것이다. 따라서 이 장에서는 A_1과 B_1군만 다룰 것이다.

1. 개인적인 이성적 삶의 토대(A_1군)

이 영역에서 우리의 모든 이성적 욕망이 도출되는 원천인 근본요구는 무엇일까? 달리 말해, 이성은 자신이 우리에게 모델로 정해 준 인간 본성의 개념에 어떤 내용을 부여하는가? 이에 대한 스피노자의 답변은 점진적으로 밝혀지는 형태로 세 단계로 제시된다. 생물학적 이기주의(정리 19~22)와 이성적 효용주의(정리 23~24), 마지막으로 지성주의(정리 25~28)가 그것이다.

1) 생물학적 이기주의

이 단계는 반박할 수 없는 정리에서 출발하는데, 그것은 우리가 이미 다른 곳에서 알게 된 것을 다른 말로 표현한 것에 불과하다. 곧 각자는 자기 본성의 법칙에 따라, 자기가 좋다고 판단하는 것은 필연적으로 욕망하며, 나쁘다고 판단하는 것은 필연적으로 물리친다는 것이다.[3] 이는 어떤 예외도 허용치 않는 보편 법칙이며, 정념이나 이성 모두에 타당하다. 따라서 이성이 우리에게 내리는 명령들 역시 이성이 언명하는 가치판단을 따른다. 그렇다면 문제는 이성이 과연 무엇을 선이라고 선언하느냐이다. 이를 알기 위해서는, 이성이 어떤 원리에 따라 이를 결정하는지를 찾아내야 한다.

스피노자는 우선 분석적 후행의 절차를 따라 이 원리를 탐색한다. 정리 19가 그에 선행하는 두 연역의 결과를 단 하나의 정식으로 단순하게 응축하고 있을 뿐인 이상, 이는 더 없이 용이한 절차이기도 하다. 두 연역 가운데 하나는 3부의 A_1군의 연역으로, 이는 1부 부록, 선악이라는 통념의 기원을 다루는 단락의 보완으로 완결된다. 여기서 우리는 정념적 소외와 이 소외에서 따라 나오는 특수한 욕망들의 발생을 목격했다. 다른 하나는 4부 처음 정리들을 거치면서 암암리에 윤곽을 드러냈던 연역이다.

---

3) 『윤리학』 4부 정리 19.

이는 비록 앞의 연역보다 파편적이기는 하지만, 여기서도 우리는 선악에 대한 참된 인식의 발생과[4] 따라서 이 인식이 우리에게 불러일으키는 욕망들의 발생을[5] 엿볼 수 있었다. 따라서 여기 정리 19에서는 이 이중적 구성의 상이한 국면들을 역순으로 밟아 나가기만 하면 된다. 이것이 바로 이 정리의 증명이 겨냥하는 목표이며, 이런 목표가 아니었다면 이 증명은 아무 쓸모가 없었을 것이다. 요컨대, 여기서 스피노자는 정리 19의 두 원천으로 거슬러 올라가 이를 재조립하면서, 이미 조립했던 것을 분해하고 있는 것이다.

우선, 목적론적 소외를 환원해 보자. 왜 우리 욕망은 선행하는 가치판단에 따라 정향되는가? 무언가를 좋거나 나쁘다고 평가하는 것, 달리 말해 그것을 사랑하거나 미워한다는 것은, 우리가 그것을 생각할 때 기뻐하거나 슬퍼한다는 것이며, 본성상 우리는 기쁨을 추구하고 슬픔을 멀리하기 때문이다. 따라서 우리가 내리는 가치평가의 동력은 대상 본연의 완전성이 아니라, 대상이 우리에게 안겨 주는 유·불쾌한 자극이다.[6]

두번째로, 쾌락주의적 반(半)-소외를 환원해 보자. 그렇다면 기쁨과 슬픔의 이 동기 유발 능력 자체는 또 어디서 오는가? 이는 무슨 "쾌락 원칙" 따위에서 오는 것이 아니라, 이 두 감정이 우리 본질 자체와 구별되지 않는 보다 근본적인 욕망의 양상에 불과하다는 사실에서 비롯된다.[7] 이 모든 것의 뿌리에는 "우리 본성의 법칙들",[8] 곧 현행적으로 실존하는 한에서 자신의 귀결들을 항구적으로 현실화하려는 경향을 띠는 우리 개체

---

4) 『윤리학』 4부 정리 8.
5) 『윤리학』 4부 정리 15의 증명.
6) 『윤리학』 4부 정리 19의 증명.
7) 같은 곳.
8) 같은 곳.

적 본질의 내적 결정론이 있다. 바로 이 본질이 모든 상부구조 아래에서 늘 작동하고 있는 것이다. 우리의 특수한 욕망들은, 우리 본성이 유리한 변용을 겪느냐 불리한 변용을 겪느냐에 따라, 그리고 이 변용들에 대해 우리가 어떤 의견을 갖느냐에 따라, 환경을 함수로 자신의 결과들을 전개해 가는 다기한 방향들에 지나지 않는다. 스피노자도 이를 분명히 못 박고 있다. 이 동학은 "오직" 우리 본성의 "법칙들에서"[9] 도출된다고 말이다. 외적 원인들은 피상적인 수준에서 개입하여 이 동학의 흐름을 구속하거나 교란시킬 수는 있지만, 이 동학의 유일한 원천은 우리 자신이다.[10]

이렇게 볼 때, 만일 이성이 윤리적 가치판단을 정식화할 수밖에 없다면, 의거하는 규준은 단 하나일 수밖에 없다. 그것은 곧 우리의 개체적 본성, 오직 우리의 개체적 본성, 전적으로 우리의 개체적 본성이다. 우선 이성은 오직 우리의 개체적 본성에 의거할 수밖에 없는데, 왜냐하면 이 본성은 극복될 수 없기 때문이다. 즉, 우리가 알든 알지 못하든, 우리의 모든 의지작용 및 행동은 바로 이 본질적 욕망에서, 이 근본적인 기획투사에서 파생하며, 이것이 곧 우리 "자아"이다. 그러므로 이성의 역할은 우

---

9) 『윤리학』 4부 정리 19의 증명.
10) 그러므로 『윤리학』 4부 정리 19의 증명(선한 것과 악한 것에 대한 인식은, 이를 의식하는 한에서 우리가 느끼는 기쁨이나 슬픔의 정서 그 자체이다. 따라서 각자는 저마다 선이라고 판단하는 것은 필연적으로 욕망하며, 악이라고 판단하는 것은 필연적으로 피한다)과 3부 정리 9의 주석(우리는 무언가를 선이라고 판단하기 때문에 욕망하는 것이 아니라 욕망하기 때문에 선이라고 판단한다) 사이에는 아무런 모순도 없다. 게다가 이를 의심한다면, 이는 곧 스피노자가 참으로 야릇한 판단마비에 빠졌다고 비난하는 셈이 될 것이다. 왜냐하면 정리 19의 증명은 바로 이 주석을 원용하고 있기 때문이다! 실상 이 문제를 완결적인 형태로 제시한다면, 이는 다음의 연쇄로 요약된다. 곧 코나투스 ─ 기쁨이나 슬픔 ─ 사랑이나 미움 및 이에 상응하는 가치판단 ─ 욕망의 특수한 경향. 4부 정리 19의 증명은 이 중 마지막 두 항을 가리키며, 3부 정리 9의 주석은 처음 세 항을 가리킨다. 곧 우리는 이런저런 개별 사물을 좋다고 판단하기 때문에 그것을 욕망하지만, 이 판단 자체는 기쁨으로 환원되며, 결국 이 기쁨을 매개로 하는 코나투스의 부차적 양상에 불과한 것으로, 이 코나투스에서 따라 나온다.

리에게 뭔가 다른 것(물론, 아직 우리가 모르더라도 이는 결국 같은 것이겠지만)을 제안하는 것이 아니라, 여하간 우리가 이미 원하고 있고 또 여전히 원하게 될 바를 명석하게 인식하도록 하는 일이다. 따라서 "다른 본성"을 끌어댈 일은 없다.[11] 또한 초월적 가치 따위도 없다. 왜냐하면 초월성은 단지 가상에 비춰 볼 때만 초월성이며, 참된 인식은 이 가상을 분쇄하기 때문이다.

이성은 또한 전적으로 우리 개체적 본성에 의거할 수밖에 없다. 그런데 바로 이 때문에 도덕적 가치평가는 여전히 유의미하다. 사실 모든 사람은 한결같이 자기 존재를 현실화하고자 열망하지만, 실제로 얼마나 잘 현실화하느냐에는 저마다 정도상의 차이가 있기 마련이다. 각자의 자아실현은 외적 원인들이 어떻게 작동하느냐에 따라 저마다 더 많거나 더 적은 장애물을 만날 수 있으며, 또 각자의 본질이 얼마나 풍부한가에 따라 저마다 더 크거나 더 작은 힘으로 환경의 이런 습격에 맞설 수 있기 때문이다. 따라서 이 기준에 따라 개인을 분류한다 해도 그리 터무니없는 일은 아니다. 바로 여기서 **덕의 정의**가 도출되며, 이 정의는 자의적으로 정립된 것이 아니라 스피노자 인간학을 염두에 둘 때 유일하게 가능한 정의다. 곧 덕 ― 만일 이 말에 무슨 의미가 있다면 ― 이란, 오직 우리 본성의 법칙에서만 연역되는 것을 행하는 우리 역량일 수밖에 없다.[12]

그런데 우리 본성의 법칙들이란 과연 무엇인가? 물론 우리는 이를 아주 추상적으로만 알고 있다. 새로운 경지에 이르기 전에는, 우리의 독특한 본질은 우리에게 포착되지 않는다. 그렇지만 이에 관해, 적어도 하

---

11) 『윤리학』 4부 정리 18의 주석을 참조하라.
12) 『윤리학』 4부 정의 8.

나, 우리가 절대적으로 확신하는 것이 있다. 곧 우리는 이 본질이 자기-보존의 코나투스라는 것만은 안다. 어떤 귀결이든, 우리 본질에서 도출되는 귀결들은, 그리고 우리 본질이 경향적으로 현실화해 가는 귀결들은, 결국 실존에서 이 본질의 유지로 귀착된다. 다시 말해, 우리 존재가 무엇이든, 존재한다는 것은 결국 환경이 우리를 방해하지 않는 한 늘 우리 자신을 산출하고 재산출한다는 것이다. 따라서 이제부터 우리는 덕이라는 통념에 내용을 담아낼 수 있다. 곧 우리는 우리 존재를 보존하고자 더 노력할수록, 그리고 그럴 능력이 더 커질수록 더 유덕해지며, 역으로 우리 존재를 더 잘 보존하지 못할수록 더 무력하거나 악덕해진다.[13] 인간 역시 존재자인 이상, 존재하고자 한다. 따라서 존재하는 데 필요한 것을 어떤 상황에서도 행하는 존재자야말로 인간 본성의 이상적 모델에 가장 가까운 근사치이다. 이럴 경우, 선이란 우리가 이 기획을 이루는 데 진정으로 유용한 것에 불과해진다.[14]

하지만 이 탈신비적 개인주의는 다소 불쾌감을 준다. 우리 이상은 정말 이런 식의 개인주의로 환원될 수밖에 없는가? 그 밖에 다른 덕은 없을까? 아니, 다른 덕이 없다 하더라도, 적어도 이 덕의 바탕에는 좀더 "고상한" 토대가 있지 않을까? 스피노자는 역증(逆證)을 위해 이 두 가설을 검토한다.

삶이 죽음보다 가치 있다는 것, 또한 심지어 우리에겐 우리 자신의 실존을 확실히 해두어야 할 "의무"가 있다는 건 어떤 의미에서는 누구나 인정한다. 하지만 혹자는 이것으론 충분치 않다고 말한다. 왜냐하면 인간

---

13) 『윤리학』 4부 정리 20.
14) 같은 곳.

에게는 각각 그 나름의 요구를 지닌 심급들이 위계를 이루고 있으며, 기초적 욕구의 충족이란 보다 고차적인 규범이 관할하는 도덕적 삶의 예비조건에 지나지 않기 때문이다. 잘사는 경지는 그저 사는 경지와는 다르며, 긴급한 일이 먼저라고 해서 꼭 가치들도 그에 따라 환원되어야 하는 건 아니다. 올바른 것을 유용한 것으로, "우월한 것"을 "저열한 것"으로 환원하는 것은 그야말로 인간에 대한 모독이다. 그렇지 않은가? 그렇지 않다. 실제로 도덕적 이상을 아무것이든 들어 보자. 제아무리 숭고하다 해도, 그것은 오로지 우리에게 욕망을 불러일으킬 때만 도덕적 이상이다. 만일 그렇지 않다면 그것은 **우리**에게 속하는 **우리의** 이상은 아닐 것이다. 그런데 이 욕망은 정의상 우리 현행적 본질의 표현일 때만,[15] 정확히 말해, 존재를 유지하고자 하는 우리 노력의 표현일 때만,[16] 욕망일 수 있다. "잘살기"를 원한다는 것, 이는 특정한 방식으로 살기를 원한다는 것이며, 따라서 흔히들 "잘"이라는 낱말에 부여하는 의미대로 살기를 원한다는 것이다.[17] 이 긍정판단은 자명하다.[18] 그렇지만 상식의 관점과 반대로(실상 이렇게 자명한데도 스피노자가 굳이 이를 증명하는 것도 바로 이 혼동을 피하기 위해서다), 이 자명함은 평범한 '**일단 살아야 한다**'(primum vivere)의 자명함이 아니다. 그것은 윤리적 열망이든 다른 열망이든, 여하간 모든 열망이 결국 **코나투스**의 한 양상에 불과하다는 것을 뜻한다. 존재하려는 욕망은 덕의 유일한 토대인 것이다.

    일차적 토대의 경우도 마찬가지다. 아마도 혹자는 도덕적 삶 전체가

---

15) 『윤리학』 4부 정리 21의 증명.
16) 같은 곳.
17) 『윤리학』 4부 정리 21.
18) 같은 정리의 증명.

코나투스에서 따라 나온다 해도, 코나투스 자체는 더 높은 원리에서 파생된다고 생각할지 모른다. 또 우리가 우리 존재의 보존을 추구한다 해도, 이는 아마도 무의식적으로는 보다 심오한 요구에 복무하기 위해서이리라 생각할지도 모른다. 가령, 이상적 전형을 실현하기, 목적론적인 우주 안에서 우리 본분을 다하기, 우리를 초월하는 전체의 보존에 나름대로 기여하기, 신을 모방하기 등등처럼 말이다. 그러나 이는 불가능하다. 만일 그렇다면, 우리 본질은 바로 이 근원적인 요구로 정의될 텐데, 이미 다른 데서 본질은 코나투스와 동일한 것으로 간주된 이상, 결국 논리적으로나 존재론적으로 우리 본질이 이 본질 자체에 선행하는 셈이 되기 때문이다.[19] 그러므로 우리가 우리 존재를 유지하는 경향은 결코 어떤 다른 열망의 결과가 아니며, 그것을 초월하는 어떤 다른 목적에 종속되지도 않는다. 요컨대 어떤 덕도 이 경향에 선행하지 않는다.[20]

이렇게 해서 우리는 우선 소외를 낳는 상부구조, 즉 모든 인간 활동의 일차적이자 유일한 토대를 왜곡하면서 은폐하는 상부구조 ─ 이 상부구조의 발생 과정은 이미 『윤리학』 3부의 A_1군에서 재구성되었다 ─ 를 제거했고, 그런 다음 이 토대를 훤히 드러냈다. 그것은 곧 코나투스이며, 이는 마찬가지 이유로 덕의 일차적이자 유일한 토대다.[21] 이것이 이 첫번째 단계의 결론이다. 그런데 만일 우리가 여기에만 머문다면, 이는 가장 적나라한 **생물학적 이기주의**를 정당화하는 듯 보일 것이다. 실상 정리 19~22는 맥락에서 떼어 놓고 보면, 홉스의 것으로 봐도 무방할 정도다. 우리는 이제 이 발견을 보다 심화할 필요가 있다.

---

19) 『윤리학』 4부 정리 22의 증명.
20) 『윤리학』 4부 정리 22.
21) 『윤리학』 4부 정리 22의 따름정리.

2) 이성적 효용주의

실상, 우리가 오직 우리 코나투스에 따라 활동한다는 것은 과연 무슨 뜻일까? 이 경우 우리는 정확히 언제 우리이며 언제 우리가 아닌가? 첫번째 제거의 결과, 다음은 명백하다. 우리 존재를 유지하려는 우리 노력이 불리한 외적 원인들의 압력 때문에 스스로를 배반할 만큼 본성적 흐름에서 벗어날 때, 우리는 유덕하게 활동하지 못한다. 또, 이 노력을 변양시키는 변용들이 이 본질적 욕망을 특정 방향으로, 결국에는 이 욕망과 상충하는 방향으로 이끌어 갈 때, 우리는 유덕하게 활동하지 못한다. 가령 자살하거나 먹기를 거부할 때가 그렇다.[22] 더 일반적으로 볼 때, 이는 해로운 정념으로 인해 우리가 유해한 대상에, 그러나 그 유해성은 잘 모르는 대상에 집착할 때 일어나는 일이기도 하다. 이럴 경우 상황은 불 보듯 뻔하다. 우리는 세계에 제압되어, 우리가 근본적으로 원하는 바와는 정반대로 행동한다. 그리고 이는 무력함에 대한 정의이기도 하다. 그런데 만일 그렇지 않다면? 세계가 우리를 짓밟지 않을 때는? 우리의 진정한 이익에 부합하는 행위를 하기만 하면 우리는 족히 유덕해질 수 있을까? 이에 대해선 다시 두 경우를 살펴보아야 한다.

한편으로, 이 행위는 정념에, 다시 말해 부적합한 관념에 강제된 것일 수도 있다. 수동적 변용은 심지어 장기적으로도 반드시 해롭지만은 않으며, 더구나 훌륭한 조건형성은 훌륭한 행위를 낳기 때문이다. 이럴 경우 우리가 우리 자신한테 유용한데 왜 덕을 말할 수 없겠는가? 게다가 스피노자 역시 정치 저작에서 종종 그렇게 말하곤 한다. 곧 퇴폐한 사회에서 시민들은 사치나 방탕으로 겨루는 반면, 건전한 문명에서 살아가는 모

---

[22] 『윤리학』 4부 정리 20의 주석.

든 시민은 덕으로 겨룬다고 말이다.[23] 그런데 (덕이라는 낱말의 넓고도 아주 상대적인 의미와는 반대로) 아주 엄밀히, 그리고 절대적으로 말하자면, 여기서 말하는 것은 덕이 아니다.[24] 왜냐하면 이럴 경우 우리 행위는 오직 우리 본성의 법칙들에서가 아니라, 이 법칙들과 외적 인과결정의 연접에서 따라 나오기 때문이다. 따라서 이질적 원인들이 적어도 부분적으로라도 우리를 규제하는 이상, 설령 우리를 좋은 방향으로 규제한다 해도, 여전히 우리는 무력하다. 사실 우리의 이익을 따르되 그 이익이 무엇인지를 알지 못하면서 따른다는 것은, 여전히 상황에 좌우된다는 것이다. 더군다나 상황은 시시각각 바뀔 수 있다.

그런데 다른 한편, 우리는 적합한 관념에 의해 활동하도록 규정될 수도 있다. 이 경우, 우리는 더 이상 맹목적으로 행동하지 않는다. 우리는 우리가 행하는 바를 이해하며, 더 나아가 이해하기 때문에 행한다. 이럴 경우, 오로지 이럴 경우에만, 우리의 덕과 역량은 충만하게 발현된다.[25] 왜냐하면 이번에는 우리가 우리 행위의 유일한 원인이기 때문이다. 곧 우리 코나투스는 비단 이 행위들을 일으키는 동학의 원천이 될 뿐 아니라, 이 동학을 정향시키는 변용들의 원천도 된다. 그리고 우리에게 이런저런 개별 사물을 욕망하도록 만드는 것은 더 이상 마주침의 우연이 아니라, 오히려 우리 이익에 대한 참된 인식이다. 따라서 우리 행위는 외적인 간섭 없이, 오직 우리 본성의 법칙에서 연역된다. 바로 이 때문에, 우리는 더 이상 눈앞의 환경에 의존하지 않는다. 물론 상황이 바뀌면, 우리는 이를 염두에 두고서 우리의 전술적 지침을 세우겠지만, 그렇다고 이제 명석

---

23) 『정치론』 10장 4절[G 3권 p. 355/P p. 1093].
24) 『윤리학』 4부 정리 23.
25) 같은 곳.

하게 인식된 지도 노선을 변경하지는 않을 것이다.

이렇게 해서 덕이라는 통념은 부인되지 않고 오히려 풍부해진다. 유덕하게 활동한다는 것, 이는 여전히 개인적 이익의 원리에 따라 우리 존재를 보존한다는 것이다.[26] 그런데 이제 더 명확히 하자면, 이 탐색은 **이성의 인도 하에서** 전개될 때만 진정으로 효과적이다.[27] 이성의 인도 없이는, 우리는 여전히 사태에 압도되어 있을 것이다. 달리 말해, 이전 단계에서 이성은 우리에게 단지 목표를 정해 주기 위해서만 개입했을 뿐 일단 목표가 부각되고 나면 외관상 사라지는 듯했지만, 이제 이성은 자신이 우리에게 제안하는 이상의 내용 자체에 들어간다. 물론 아직도 온건한 방식으로. 왜냐하면 이성은 당분간은 특권적인 도구의 자격으로, 모든 가능한 개별 수단을 찾는 데 필수적인 보편적 수단의 자격으로 도입되는 듯하기 때문이다.

이렇게 해서 우리는 **이성적 효용주의**에 도달한다. 그리고 여기서 통용될 도덕은 아주 쉽게 그려 볼 수 있다. 정리 24에서 곧장 정리 38과 39로 넘어가, 이 두 정리를 역순으로 밟으면서 다른 방식으로 제시하기만 하면 될 것이다. 곧 우리의 신체적 개체성은 운동과 정지의 특정한 비율로 정의되는 이상, 또 이 비율은 지극히 다양한 자극과 반응을 통해서만 유지되는 이상, 우리에게 중요한 것은 이성을 계발하여 우리 자신의 유기체적 균형과 우리가 세계와 맺는 관계의 풍부함을 확보하는 데 이를 활용하는 일이다. 그러므로 우리 실존을 연장하고 향상시킬 수 있는 의학과 기계적 기술을 개선하기 위해 제반 학문을 발전시켜야 한다.[28] 그리고 더

---

26) 『윤리학』 4부 정리 24.
27) 같은 곳.
28) 『지성교정론』 15절을 참조하라[G II p. 9/P p. 162].

일상적으로는, 우리 삶 전체를 합리화해야 한다. 이제부터 우리는 매 순간 우리 욕구의 최대만족을 안겨다 줄 계산에 따라 살아가야 하는 것이다. 그렇다면 이제 인간 본성의 이상적인 모델은 **'경제적 인간'**(*homo oeconomicus*)일 것이다. 이런 인간은 오로지 잘 형성된 사회에서만 탄생할 수 있다는 점(당연히 스피노자는 이에 동의한다)만 분명히 해둔다면, 정리 24는 그 문면만 볼 때 역시 홉스의 것이라 봐도 무방했을 만하다.

하지만 이는 어떤 심각한 애매성을 감수할 경우에만 그렇다. 이는 이 이상이 스피노자의 실제적 관심사와 일치하지 않기 때문이 아니다. 오히려 정반대로 스피노자는 이를 전적으로 자기 것으로 받아들인다. 그러나 이 두번째 단계는 그 자체로는 충분치 않으며, 이를 심화시킬 때 우리에게는 아주 새로운 전망이 열릴 것이다.

3) 지성주의

실상, 이성의 인도 하에 자기 존재를 보존한다는 것은 정확히 무슨 뜻인가? 여기서 우리는 다음과 같은 근본 원리의 안내를 따라야 한다. 곧 이성이 이처럼 우리 실존을 떠맡는다고 해서 반드시 [존재 보존을] 어떤 이상으로 대체하는 건 분명 아니라는 원리가 그것이다. 앞의 논의에서 명백히 드러나듯, 산다는 것은 최후까지 삶의 고유한 목적으로 남는다. 이성과 함께든 이성 없이든, 우리가 우리 존재를 보존하기 위해 노력한다는 것은 결코 **다른 것을 위해서가** 아니다.[29] 다만 차이가 있다면, 이성 없이 우리는 우리 존재에 대해 가상만을 갖지만, 이성과 함께라면 가상이 일소된다는 것뿐이다. 하지만 그렇다고 해서 반드시 홉스 생각처럼 이성의 역할

---

29) 『윤리학』 4부 정리 25.

이 순전히 도구적이기만 할까? 오히려 그 반대다. 이 원리가 잘 이해될 경우, 바로 이 동일한 원리에 의해, 효용주의는 보존되기 위해 극복될 수밖에 없다.

스피노자의 인간학적 일원론이 지닌 두 측면을 다시 떠올려 보기만 해도 이는 충분히 수긍할 수 있다. 한편으로, 우리가 이미 알고 있듯 코나투스는 단지 우리 자아의 일부가 아니라, 우리 자아 전체이다. 우리 안에는 오직 기초적인 생물학적 기능만으로 협소하게 정의되는 "생명"(홉스의 "생명운동")이 있고, 다른 한편 이 생명 보존을 목적으로 하는 파생적 심급들이 있다는 식의 이원성은 없다. 우리 존재를 보존하기 위한 노력은 우리가 보존하고자 노력하는 존재와 결코 다르지 않다. 이 노력이 곧 우리의 현행적 본질이기 때문이다. 그리고 이 본질은 전체적으로 닫힌 사이클의 체계를 이루므로, 자기 귀결들을 현실화시키는 능력이 얼마나 되느냐에 따라 정확히 그만큼 실존에서 유지된다.[30] 따라서 내 존재를 유지하는 경향을 띤다는 것은, 나의 존재에서, 그리고 **나의 전(全) 존재**에서 연역되는 것을 산출하는 경향을 띤다는 것이다. 나에게 어떠한 변용이 일어나든, 이는 늘 참이다. 내가 특정한 양상으로 변용되는 한에서 내 존재를 보존하려고 노력한다는 것, 이는 이 변용에 여전히 외적일 어떤 존재를 **위해** 내가 이 양상을 활용한다는 것이 아니다. 오히려 정반대로, 이는 내가 **바로-이-양상-으로-변용된다고-고려되는-한에서의-나의-본질**에서 따라 나오는 것을 행하고자 노력한다는 것이다.

다른 한편, 마찬가지로 우리가 알고 있듯, 이성은 우리 자신과 다르지 않다. 홉스의 생각과는 달리, 이성은 다른 데서 이미 구성된 생물학적

---

30) 『윤리학』 4부 정리 26의 증명.

개체성이 마련해 주는 자료를 바탕으로 연산을 수행하는 일련의 형식적 조작에 불과하지 않다. 다시 말해, 이성은 우리 자아를 전적으로 규정할 어떤 영양 장치에 접붙이된 일종의 계산기가 아니다. 반대로 이성은 정념처럼, 아니 정념보다 더 월등하게, 우리 자아와 통합되어 있다. 나의 이성은 **적합한-관념을-가지는-한에서의-나의-영혼**,[31] 즉 오직 자기 자신인 한에서의 나의 영혼이다. 한편, 나의 정념들은 **부적합한-관념을-가지는-한에서의-나의-영혼**, 다시 말해 외적 원인들에 의해 손상되는 한에서의 나의 영혼이다.

이제 이 두 진리를 조합해 보자. 정념의 인도 하에서 나의 존재를 보존하는 경향을 띤다는 것, 이는 곧 부적합한-관념에-의해-변양되는-한에서의-나의-영혼의-본질에서 연역되는 것을 행하는 경향을 띤다는 것이다. 모든 기쁜 자극을 되풀이하고 강화하며, 모든 슬픈 자극은 물리치는 경향, 다른 혼동된 관념이든 동일한 혼동된 관념이든, 여하간 늘 혼동된 관념들을 갖는 경향을 띤다는 것이다.『윤리학』3부는 이를 세부적으로 보여 주었다. 그런데 이성의 경우도 이와 유사하다. 이성의 인도 하에서 나의 존재를 보존하는 경향을 띤다는 것, 이는 곧 적합한-관념을-가지는-한에서의-나의-영혼의-본질에서 연역되는 것을 행하는 경향을 띤다는 것이다. 그렇다면 우리의 명석 판명한 관념들에서 연역되는 귀결들은 무엇일까? 너무도 자명하게 이는 바로 다른 명석 판명한 관념들이다. 진리는 오로지 진리만을 발생시킬 수 있으므로.[32] 따라서, 이성의 인도 하에서 우리는 이해하려는 경향, 늘 더 많이 이해하려는 경향을 띨 수밖에 없다.[33]

---

31) 『윤리학』 4부 정리 26의 증명.
32) 같은 곳. 이는 이 증명에서 2부 정리 40을 참조하고 있다는 점에서 알 수 있다.

그런데 무엇을 위해 이해하려고 하는가? 정확히 말해, 그 무엇을 위해서도 아니다. 그렇지 않다면 우리가 우리 존재를 유지하려는 것도 다른 무언가를 위해서일 것이다.[33] 물론 이성의 순전한 도구적 사용도 생각해 볼 수는 있다. 우리는 종종 하나의 지배적 정념에, 혹은 상대적으로나마 안정적으로 상호 균형을 이루는 다수의 지배적 정념들에 압도되곤 한다. 이럴 경우 우리는 정념들을 충족시키기 위해, 지성을 비롯한 우리 영혼의 모든 자원을 동원할 것이고, 그리하여 합리적 계획이라는 외관에 맞춰 생활할 수도 있다. 그렇지만 이는 한낱 외관에 지나지 않으며, 외적 원인들의 흐름에 사소한 변화라도 일어나면 그때마다 이 외관은 요동친다. 가령 홉스적 인간이 제아무리 정합적으로 계산한다 해도, 이 계산은 기껏해야 이 슬픈 정념에, 곧 폭력적인 죽음에 대한 공포에 늘 종속되기 마련이다. 더욱이 국가는 그에게 이 공포를 항구적으로 불어넣어야 하며 국가의 전능성은 바로 이를 위한 것이다. 그렇지 않다면 그는 곧장 광란[비이성]에 빠지고 말 것이다. "이성의 인도 하에 살아가기"가 의미 있는 말이라면, 이와 같은 상황을 그렇게 부를 수는 없다. 반면, 이성이 우리를 실제로 지도할 경우, 우세해지는 것은 바로 **이성의 자기에 대한 욕망들**이며, 이성은 오로지 최대치로 현실화되기만을 욕망할 뿐이다. 명석한 관념들을 가진 한에서의 우리가 어떻게 결국은 부적합한 관념들을 얻기 **위해** 다른 명석한 관념들을 획득하고자 할 수 있겠는가? 설령 이 부적합한 관념들이 유쾌하다고 해도 말이다. 산다는 것은 그 자체로 삶의 목적이기 **때문에**, 이성의 삶 자체인 인식은 이성적 인간에게는 그 자체 목적이지 수단은 아니

---

33) 『윤리학』 4부 정리 26.
34) 같은 정리의 증명.

다. 깨지기 쉬운 가상에 그치지 않으려면 이성적 효용주의는 **지성주의가** 될 수밖에 없다.

그러므로 이해하려는 노력이야말로 덕의 일차적이고 유일한 토대이다. 왜냐하면 덕이란 만개에 이른, 그리고 최고도의 효율에 도달한 코나투스에 다름 아니기 때문이다.[35] 인간은 진리를 명석하게 인식할 때만 충만하게 자기 자신인 존재자이므로, 상황을 막론하고 명석한 관념들을 갖는 데 필요한 모든 것을 행하는 존재자가 바로 인간 본성의 이상적 모델이다. 인식하려는 욕망은 존재하려는 욕망의 진리다.

이는 결국 우리가 일종의 금욕주의에 도달함을 뜻하는가? 쾌락을 포기하면서, 두번째 단계에서 획득한 것을 무효화한다는 것일까? 결코 그렇지 않다. 정리 38과 39는 여전히 타당하다. 하지만 이번에는 역순이 아니라 스피노자가 증명한 순서에서 그렇다. 실상 앎이 발달하려면 경험적 조건이 필요하기 때문이다. 우리 상상의 내용이 단 하나의 대상이나 극소수 대상으로 축소될 경우, 우리는 사물들의 공통특성들을 잘 사유하지 못한다. 왜냐하면 이 대상들에는 공통특성들이 우리 정신에서 선명하게 부각되는 데 필요한 배경막이 결여되어 있기 때문이다. 따라서 우리의 명석한 관념들이 아무런 구속 없이 펼쳐지려면, 우리 지각장이 균형 잡혀 있고 풍부해야 한다. 즉 우리 신체가 되도록이면 세계와 아주 많은 관계를 맺어야 한다.[36] 물론 이를 위해서는 분명 우리의 물리적 개체성을 정의하는 운동과 정지의 비율이 유지되어야 한다. 왜냐하면 이 비율의 소멸은 우리에겐 모든 지각의 종말이나 다름없기 때문이다.[37] 따라서 앎은 여전

---

35) 『윤리학』 4부 정리 26의 증명.
36) 『윤리학』 4부 정리 38.
37) 『윤리학』 4부 정리 39.

히 우리가 의학과 제반 기술을 개량하고,[38] 생활의 온갖 편리를 조화롭게 향유하게끔 우리 경험을 조직하는 데 쓰인다. 그런데 자연의 이와 같은 합리적 개조도 한낱 수단에 지나지 않는다. 이 개조 자체는 우리가 인식 발달에 유리한 환경을 조성하기 위한 것이기 때문이다. 결국 한층 더 잘 인식할 목적으로 세계를 더 잘 조직하기 위해 인식하기, 바로 이것이 이성적 삶의 완결된 사이클이다. 여기서 우리는 요컨대 "인식을 위한 인식"을 얻는다.

따라서 이제 우리는 정리 19가 암묵적으로 제기했고 지금까지의 탐구를 열어 주었던 물음에 포괄적으로 답변할 수 있다. 이성이 좋다고 판단하는 것, 다시 말해 이성 자신의 기획을 성공으로 이끄는 데 유용하다고 판단하는 것, 그것은 곧 참된 인식의 발달을 촉진하는 것이다. 반면, 이성이 나쁘다거나 해롭다고 판단하는 것은 참된 인식의 발달을 구속하는 것이다.[39] 그리고 우리가 좋거나 나쁘다고 확실하게 아는 것은 오직 이것뿐이다. 왜냐하면 우리가 갖는 모든 확실성은 바로 이성에서 오기 때문이다.[40]

이렇게 해서 우리는 도덕철학에서 제기되어 온 전통적 물음을 해결하는 데 필요한 모든 것을 얻은 셈이다. 그것은 곧 최고선이란 무엇인가라는 물음이다. 물론 스피노자는 지금까지 이 문제를 제기하지는 않았지만, 그에게서도 이는 의미가 있다. 홉스의 문제설정에서 이 물음은 설 자리가 없었다. 이 영국 철학자에게는 원초적인 생물학적 실존이야말로 "일차적 선"이었지만, 우리는 어느 때고 죽을 수 있기에, 이 위험을 의식하고서부

---

38) 주 28을 참조하라.
39) 『윤리학』 4부 정리 26.
40) 『윤리학』 4부 정리 27.

터는 생존수단은 한도 끝도 없이 축적되어야 했고, 우리의 권력의지는 결코 채워질 수가 없었기 때문이다.[41] 반대로 스피노자에게는 최고선이 있다. 그것은 곧 신에 대한 인식이다.[42] 왜냐하면 신은 자연의 전체 흐름이 연역되는 유일한 원인인 이상, 신에 대한 참된 관념은 우리에게 다른 모든 참된 관념들에 이르는 열쇠를 제공하기 때문이다. 곧 우리가 신을 명석하게 인식할 경우, 우리는 잠재적으로 전지적이 되며, 나머지 모든 것은 단지 시간 문제에 불과해진다. 따라서 우리가 이해하도록 하는 데 이 관념보다 더 나은 것은 없다. 따라서 그것보다 더 우리에게 유용한 것도 없으며, 우리로선 더 바랄 게 없다. 게다가, 이 수준에서는 수단과 목적 사이의 구별이 아예 폐기되며, 인식과 인식 도구는 같아진다. 사실 결과에 대한 관념은 원인에 대한 관념에 논리적으로 포함되어 있는 이상, 신에 대한 인식은 어떤 의미에서는 우리에게 이후의 모든 인식을 획득할 수 있게 **해주는 것**[=인식도구]이라 해도, 다른 의미에서는 오직 그것만이 **유일한 인식**이며, 다른 모든 인식은 다만 이 인식의 함축들을 전개하는 것에 불과하기 때문이다. 그래서 최고선은 동시에 최상의 덕이기도 하다. 왜냐하면 우리의 덕은 곧 인식하는 것이기 때문이다.[43]

숱한 우회를 거쳐 도달한 이 결론은 그러나 더없이 고전적으로 보인다. (물론 "선", "인식하기", "신"이라는 낱말에 다른 의미를 부여하기는 했지만) 아리스토텔레스와 마이모니데스도 문자 그대로는 같은 것을 말했고,

---

41) "옛 도덕철학자들의 책에서 언급되곤 하는 '궁극목적'(*Finis ultimus*)이나 '최고선'(*Summum Bonum*) 따위는 없기 때문이다"(『리바이어던』, I, 11장, p. 49).
42) 『윤리학』 4부 정리 28.
43) 같은 곳.

스피노자도 이를 아주 잘 알고 있었다. 어떻게 그러지 않겠는가? 꼭 스피노자주의자가 되어야만 이성의 요구를 느낄 수 있는 건 아니다. 인간이기만 하면 된다. 무언가를 이해했을 때, 우리 중 누가 기뻐하지 않겠는가? 우리 중 누가 적어도 가끔씩은 자기가 알고 있는 것보다 조금 더 알기를 욕망하지 않겠는가? 그래서 몇몇 이론가들이 그들의 무지에도 불구하고 이 특권적 계기들의 실질적 중요성을 엿보았다 해도 전혀 새삼스러운 일이 아니다.

그런데 정확히 그들은 다만 엿보았을 뿐이다. 왜냐하면 스스로를 철학자로 여기든 아니든, 스피노자주의자가 아닌 자는 자신이 체험한 이 열망의 의미를 알아보지 못하기 때문이다. 역설적이게도, 이는 우리가 이제 막 밟아 왔던 도정에서 그가 더 많이 진보할수록 더욱 그렇다.

이 몰이해는 첫 단계서부터 시작된다. 우리 모두는 우리 존재를 보존하기를 원하며, 또 우리가 이를 원한다는 것도 알고 있다. 그렇지만 우리 존재가 무엇인지를 모르기에, 우리는 이를 단지 죽지 않았다는 사실과 혼동한다. 따라서 설령 이 욕망이 우리 개체성에 매우 깊숙이 뿌리 내리고 있음을 알고 있다 하더라도, 우리는 이를 유일한 욕망으로 여기진 않는다. 또한 바로 이 때문에 정리 21의 자명함은 무지자들에게는 그저 '일단은 살아야 한다'(primum vivere)의 자명함에 불과해진다.[44] 곧 필요조건으로서 우리는 우선 살기를 욕망한다는 것. 하지만 그 다음으로 우리는 다른 많은 것들이 필요하다고 여긴다. 아주 중요하며 이 필요조건으로 결코 환원되지 않는 것, 그러니까 정념이 우리에게 애착을 갖게 하는 모든

---

44) [옮긴이] 4부 정리 21 : "어느 누구도 일단 존재하고 활동하고 살지 않고서는, 즉 현행적으로 실존하지 않고서는, 행복하고, 잘 활동하고, 잘 살기를 욕망할 수 없다".

것들이 말이다. 우리가 상식으로 돌아와 보존 본능을 최고 법칙으로 세우는 경우는 아주 가끔씩뿐이다. 가령 죽음의 위험을 목전에 두고 있을 때, 또는 우리 사랑과 미움이 이전에 겪은 재난에 대한 기억을 지워 줄 만큼 강력하게 우리를 집중시키지 못할 때가 그렇다. 하지만 그렇게 한다고 해도 이는 실제로 환원의 절차요, 절단의 절차다. 우리는 잉여를 필수적인 것에 바친다고, 그리고 살기 위해 삶의 이유들 — 우리가 겪는 다양한 소외들 — 을 포기한다고 여기는 것이다. 홉스가 한 일이란 결국 이 곤궁함을 개념화한 것에 불과하다.

미끄러짐은 두번째 단계에서 가속화된다. 우리가 두번째 단계에 접어들 때, 이 단계는 앞 단계를 포괄하거나 심화하는 대신 단지 거기에 추가된 듯 보인다. 물론 우리 모두 실존에 효용적 계산을 도입하고 그럼으로써 실존을 합리화하길 바라게는 된다. 그러나 이 소망은 여느 요구 중 하나에 불과한 듯 보이며, 더군다나 다른 요구들보다 훨씬 덜 절박해 보인다. 하기에 이 소망이 큰 비중을 차지하는 경우는 좀처럼 드물다. 적어도 장기적으로는 오직 극소수의 사람만이 일관된 '경제적 인간'(homines oeconomici)으로 행위한다. 대다수의 경우 직접적 자극이 조금만 일어나도 이내 경제인이길 포기하는 것이다. 마침내 경제인이 될 때조차, 그들은 자신이 취하는 태도의 토대에 대해 오해한다. 우선, 여전히 홉스주의자인 일군의 사람들은 모든 것을 오직 죽음을 모면하려는 근심을 바탕으로 계산한다. 다른 부류는 스스로가 쾌락의 외적 원인에 예속되면서 쾌락주의적 반(半)-소외에 빠진다는 것은 전혀 염두에 두지 않은 채, 쾌락이 자족적이며 자신은 이 자족적 쾌락을 계산하고 있다고 여긴다. 마지막으로, 또 어떤 부류는 그들에게 잘 이해되지 않는 다른 무언가를 막연히 예감하면서, 삶의 합리적 편성에 절대적이고 초월적인 가치를 부여하고, 어떤 부름에 따른다고 여긴다. 가령, 신의 부름에, 또는 목적화된 인간 본성의 부름에, 아니면 둘 모두에 따른다고 말이다. 이 마지막 부류와 더불어 우리는 이미 세번째 단계에 접어드는데, 이 단계 역시 제 방향에서 엇나가 있다.

실상 지성주의의 단계야말로 가장 심각한 오해를 낳는다. 이해하려는 이 욕망은, 설령 우리 모두가 이를 체험한다 해도, 이 역시 우리에게는 여느 욕망 중 하나로, 게다가 그것보다 훨씬 더 강렬하게 체험되는 다른 열망들 옆에 나란히 놓인 욕망으로 나타난다. 곧 우리는 살고자 한다, 그런 다음 가능하다면 우리 정념을 충족시키고자 한다, 그런 다음 이 정념이 아주 절박하지 않다면 이것을 더 잘 만족시키기 위해 우리 앎을 증대시키고자 한다, 그 다음 마지막으로, 그리고 오직 최종 심급에서만 앎을 위한 앎을 원한다. 따라서 이해하려는 욕망은 그저 단순한 호기심에 불과한 듯 보인다. 왜냐하면 우리는 이론상으로는 이 욕망의 우위를 인정할 수 있지만 실천상에서 우리 실존 전체를 이 욕망에 종속시키진 않기 때문이다. 우리는 이 욕구가 우리의 경험적 개체성의 요구들과 아주 동떨어진 관계에 있다고 생각한다. 그래서 우리가 이해하려는 욕망의 근원을 이해해 보고자 이 욕망에 대해 반성할 때, 이 욕망은 거의 틀림없이 다른 곳에서 오는 듯이 보이게 된다.

그런데 어디서? 불행하게도, 우리는 이미 다 마련된 답변, 곧 목적론적 우주관이 암시하는 답변을 내놓는다. 상기해 보자. 정념은 우리에게 우리의 보편적 본질이 있다고 믿게 한다. 우리의 독특한 본성을 초월하며, 본성상 우리가 모방하기를 열망하지만 결코 완벽히 모방하지는 못하는 "다른 본성"이 있다고 말이다. 어떤 인격신이 구상했고, 신 자신의 영광을 위해 질서지어 놓은 우주적 구도의 틀 안에 실현해 놓은 원형이 있다고 말이다. 이럴 경우 제기될 문제는 전혀 없다. 곧 우리가 살기를 욕망하는 동시에 인식하기를 욕망하는 까닭은, 우리에게 내적 목적을 정해 주는 보편적 본질이 바로 이성적 동물이라는 본질이기 때문이다. 그리고 인식하려는 욕망이 살려는 욕망보다 우위일 수밖에 없는 까닭은, 완전성의 위계에서 이성이 동물성보다 더 높은 지위를 차지하기 때문이다. 그리고 이 인식하려는 욕망이 신에 대한 인식에서 가장 완전하게 실현되는 까닭은, 우리 본질 자체가 다시 신의 영광을 외적 목적으로 하기 때문이다. 이성이 처음에는 부득이하게 그리고 순전히 조작적인 것으로서 생각해낸 인간 본성의 이상적 모델은, 이제 우리에게 존재론적 모델로 나타난다. 이렇게 해서, 우리가 지닌 이 진리의 편린은 우리의 정념적 소외에서 생겨난 세계관의 일탈적 맥락에 따라 재해석된다. 또 이 때문에 그것은 가상을 일소하기는커녕 오히려 가상을 강화한다. 왜냐하면 가상은 이 편린이 지닌 자명함의 위세에 편승할 수 있기 때문이다. 바로 이것이 고대와 중세의 위대한 철학자들이 겪었던 재난이다.

그래서 스피노자는 이러한 재난을 피하기 위해 A_1군의 다소 우회적인 행보를 따랐다. 물론 그는 곧바로 세번째 단계에서 시작할 수도 있었다. "이성은 무엇을 욕망하는가?"라는 물음에 곧장 "이성은 인식하기를 욕망한다"라고 답하면서 말이다. 누가 이를 부정했겠는가? 이는 누구도 반박할 수 없을 만큼 자명하며 평범한 인간의 경험에 완벽히 부합한다. 그런데 문제는 오히려 너무 잘 부합한다는 점이다. 만일 이런 절차를 밟았다면, 스피노자는 두 가지 위험을 감수해야 했을 것이다. 한편으로, 우리는 이 이성적 욕망이 있다는 데 대해서는 아니더라도 적어도 그것이 우세하다는 데 대해서는 마음껏 반박할 수 있었을 것이다. 사실 우리에게는 이 욕망 말고도 다른 욕망들, 더군다나 외관상 절대 그 욕망으로 환원될 수 없어 보이는 다른 욕망들 역시 있는데, 도대체 무엇을 내세워 모든 윤리가 이 욕망에서 따라 나온다고 할 수 있겠는가? 이는 자의적인 선택이 아닌가? 다른 한편, 설령 이 욕망이 우세함을 인정한다 하더라도, 이 우세함의 실재적 토대를 모르는 한, 목적론적 신비화 앞에서 우리는 금방 백기를 들고 말 것이다. 따라서 우선, 코나투스가 우리 욕망들의 유일한 원천임을 밝혀내어 욕망들의 이질성을 제거해야 했고, 그런 다음 앎에 대한 우리 열망이 바로 이 코나투스의 진리임을 보여 주어야 했다. 그러지 않았다면, "즉자적이면서 우리에 대한" 관점은 "대자적인" 관점에 희생되어 버렸을 것이다.

물론 이런 견지에서 볼 때, 스피노자는 훨씬 더 간단하게 첫번째 단계에서 곧장 세번째 단계로 넘어갈 수도 있었을 것이다. 일단 코나투스가 덕의 일차적이고 유일한 토대임을 보여 주고 난 다음에는, 단지 우리 영혼의 본질이 우리 신체의 독특한 본질에 대한 참된 관념이라고, 따라서 존재하기와 인식하기, 존재하기를 원하기와 인식하기를 원하기는 우리에게는 완전히 동일한 것이라고 덧붙이기만 해도 되었을 테니 말이다. 그리고 이런 식으로 우리를 훨씬 더 멀리 이끌고 가 5부의 핵심까지 인도할 수도 있었을 것이다. 그런데 문제는 오히려 너무 멀리까지 인도한다는 점이다. 왜냐하면 이번에는 "대자적" 관점이 "즉자적이고 우리에 대한" 관점에 희생되어 버렸을 테니 말이다. 실상 보통 사람들은 이성의 요구를 이런 식으로 체험하지 않는다. 그들은 자신에게 독특한 본질이 있다는 것도 알지 못하며, 또한 그들이 보유한 명석한 관념들이 거의 대부분 공통관념 및 여기서 연역되는 몇 가지 귀결에 불과하다는 것도 알지 못한다. 그런데 윤리적 담론은 사문화되지 않으려면, 바로 이 보통 사람의 경험에서 출발해야 한다.

결국 스피노자의 행보를 이끌어가는 것은 바로 이 두 관점 간의 상호 교섭이다. 이 때문에 행보는 굴곡지고 느리다. 그의 관심사는 우리의 현실적 경험에서 멀어지지 않으면서 이 경험이 은닉해 둔 진리를 추출해내는 데 있으며, 사슬의 두 끝은 아주 팽팽하게 당겨져 있어야만 하는 것이다. 그런데 이 절차에는 대가가 따른다. 우리는 논리적으로 강제된다고는 느끼지만 아직 지성적으로 충족된다고는 느끼지 못하기 때문이다. 실상 여전히 코나투스는 개체적이고 이성은 보편적이다. 그렇다면 증명이 제아무리 엄밀해도, 어떻게 양자의 태생적 동일성을 주저 없이 인정할 수 있겠는가? 또한 가령, A_2군에서 만날, 죽음 앞에서 취하는 태도의 역설처럼,[45] 어떻게 이 동일성에서 따라 나오는 역설들을 진정으로 받아들일 수 있겠는가? "우리 존재를 보존하기―명석한 인식을 통해 우리 존재를 보존하기―명석하게 인식하기"로 이어지는 장면에서 우리는 여정이 진행되는 와중에 어느새 첫번째 항이 깜쪽같이 사라져 버렸다는 인상을 떨쳐낼 수 없다.[46] 이러한 상념들은 우리가 오직 다음을 이해할 때만 자취를 감출 것이다. 곧 이성은 그것이 발달되어 가는 만큼 개체화되어 결국 우리의 개체적 본질에 대한 인식에 도달하리라는 것.

2. 인간 상호적인 이성적 삶의 토대(B_1군)

이제 이성의 요구들이 좀더 특수하게 인간 상호적인 영역에 적용될 때는 어떤 형태를 띨까? 스피노자는 이 물음에 답하기 위해, 이미 우리가 A_1군을 통해 일주했던 세 단계를 다른 각도에서 접근하면서 다시 한 번 거쳐 간다. 이제 생물학적 이기주의에는 정리 29~31이, 이성적 효용주의에는 정리 32~35가, 지성주의에는 정리 36~37이 상응한다.

이 평행론은 너무나 완벽해 실상 집합 $A_1 B_1$은 이중의 방식으로 읽힐 수 있을 정도이다. 우리는 스피노자 자신이 밟았던 순서에 부응하기 위해 수직적 독해를 채택했지만, 그 이외에 수평적 독해도 생각해 볼 수 있다. 아직은 "이성의 인도 하에 살아가는 삶"을 전혀 언급하지 않는 정리 29~31은 오직 정리 19~22가 이미 확립했던 것만을 전제하고 있으며, 아무런 논리적 비약 없이 이 정리들에 곧바로 이어질 수도 있을 것이다. 마찬가지로 아직 인식의 욕망을 언급하지 않으면서 이성을 개입시키는 정리 32~35는 정리 23~24 바로 다음에 제시될 수도 있을 것이다. 마지막으로, 마찬가지로 정리 36~37도 우리가 정리 25~28에서 밝혀낸 최종적 진리가 곧바로 적용된 경우로 간주될 수 있다. 따라서 스피노자가 만일 이 두 그룹 A_1과 B_1를 시각적으로 재현했다면, 몇 가지만 제외하면 바로 이 책 849쪽의 〈그림 3〉처럼 되었으리라 생각된다.

1) 생물학적 이기-이타주의

타인에 대해 우리는 어떻게 행동하는가? 대답은 어떤 의미에서는 곧바로 얻어진다. 곧 이성은 우리 이웃이 우리에게 보여 줄 수 있는 유용함이나 해로움의 정도에 따라 그를 대우하라고 요구한다. 그리고 이럴 때만 우리는 유덕할 것이다. 그렇지만 이를 실행하기는 어렵다. 실상 우리는 다른 사람들에 대해 아주 다양하고 모순적인 판단들을 내리기 때문이다. 우리에게 어떤 이는 "선량해" 보이고 다른 이는 "사악해" 보이며, 이 판단은

---

45) 『윤리학』 4부 정리 67을 참조하라. 〔옮긴이〕 "자유로운 인간은 죽음에 대해 추호도 생각하지 않으며, 그의 지혜는 죽음이 아니라 삶에 대한 성찰이다".
46) 물론 이는 그릇된 것인데, 왜냐하면 정리 26의 증명은 전적으로 코나투스 이론에 근거하고 있기 때문이다.

우리 정념의 변화무쌍한 놀이에 따라 이루어진다. 이 모든 가치평가 가운데 무엇이 근거 있으며, 무엇이 근거 없는 것일까? 타인들은 과연 어느 정도로 우리에게 **실제로** 유용하거나 해로울까? 어떤 기준으로 이를 결정하는가? 이것이 바로 정리 29~31을 이끌어 가는 암묵적 물음이다.

이 경우 탐구 방법은 모두 나와 있다. 그것은 이미 진가를 보여 주었다. 정리 19~22가 3부의 A_1군을 처리했던 것과 유사한 방식으로, 3부의 B_1군을 처리하기만 하면 된다. 곧 토대를 은폐하고 왜곡하는 상부구조들을 제거함으로써 토대를 명백히 드러내면 되는 것이다. 상기해 보자. 3부의 B_1군은 타인이 우리에게 불러일으키는 정념의 발생 및 우리가 이 정념으로 인해 타인에게 품게 되는 가치평가의 발생을 추적했다. 우선 본성들의 유사성에서 어떻게 감정모방이 생겨나는지, 다음으로 어떻게 이 감정모방이 외부원인들의 우연한 작용으로 인해 방향성을 띠게 되면서, "연민─명예의 야망─지배의 야망─시기심─연민"의 사이클로 요약되는 이롭거나 해로운 다양한 양상을 띠게 되는지, 마지막으로 여기에서 따라 나오는 태도들이 어떻게 다시 이 태도의 수혜자 내지 희생자들에게 사랑과 미움의 충동을 유발하고 이것이 결국 우리에 대한 그들의 가치판단으로 옮겨 가는지를 차례로 보여 주었다. 그러므로 일탈적인 가치평가를 바로잡고 진정한 기준을 발견하기 위해서는 또다시 길을 거꾸로 되밟아 뿌리까지 거슬러 가보아야 한다. 그렇게 함으로써 우리는 타인이 몸소 입증하는 듯 보이는 "선량함"과 "사악함" 가운데, 타인의 본질에 기인하는 것과 단지 우연적인 변양들에서 비롯되는 것을 가려낼 수 있을 것이다.

그런데 뿌리란 다름 아닌 사람들 사이의 본성의 유사성이다. 모든 특수한 변용의 바탕으로 내려가 보면, 모든 것은 바로 이 유사성에서, 오직 이 유사성에서 따라 나온다. 3부에서 인간 상호간의 정념적 관계 전체가 바로 본성의 유사성에서, 오직 여기서만 연역되었다. 스피노자가 명시적으로 "인간"이라는 단어를 쓰기보다 대개는 그냥 "우리와 유사한 것"이라고만 부르고 말 정도로 말이다. 그러므로 문제의 매듭은 바로 여기 있다. 따라서 문제의 해결에 어떻게든 접근하려면, 일단은 여타의 모든 특징을 추상하고서 **오직 우리 유사한 것인 한에서의** 다른 사람을 검토해야 한다. 그런데 이 같은 추상화는 동시에 보편화이기도 하다. 왜냐하면 인간 외의 다른 수많은 것들(실상 모든 것)도 다소간은 인간과 흡사하기 때문이다. 따라서 애초의 물음은 다른 예비적인 물음을 끌어들인다. 일반적으로, 본성상 많은 점에서 우리와 공통적인 사물은 우리에게 좋은가 나쁜가?

이내 하나의 사실이 자명하게 주어진다. 우리에게 선이나 악을 행한다는 것은 여하간 우리에게 작용을 가한다는 것이다. 그런데 주지하듯 원인과 결과 사이에 아무런 동질성이 없다면, 인과 작용이란 아예 생각조차 할 수 없다.[47] 두 존재자 사이에 전혀 공통점이 없다면, 양자는 상대방을 변용시키기는커녕, 전혀 마주치는 법 없이 아예 다른 판에서 살아갈 테니 말이다. 따라서 우리와 전적으로 다른 것은 우리에게 좋지도 나쁘지도 않다.[48] 물론 이는 순전히 이론적인 가설에 지나지 않는데, 왜냐하면 이는 오직 우리가 모르는 속성들의 양태들을 통해서만 입증될 수 있기 때문이다. 하지만 원리만은 제대로 정립된 셈이다. 곧 몇몇 공통특성이 있다는 사실이야말로, 그 밖의 다른 점에서는 서로 다른 사물들 사이에, 긍정적이든 부정적이든 일체의 상호작용이 일어날 수 있는 가능조건이다.

그런데 단지 그뿐인가? 공통특성이 있다는 사실은 단지 만남을 위한

---

47) 『윤리학』 4부 정리 29의 증명.
48) 『윤리학』 4부 정리 29.

중립지대를 창출할 뿐, 만남의 결과에는 아무 영향도 미치지 않을까? 아니면 그 밖에 이 만남의 결말에도 기여하는 바가 있는가? 만일 그렇다면 어떤 의미에서인가? 이를 알기 위해서는 다만 두 사물의 마주침이란 두 코나투스의 마주침이라는 점을 다시 떠올리면서, 그 함의를 잘 살펴보기만 하면 된다.

우선, 우리와 부분적으로 유사한 것은, 그것이 우리와 유사한 **한에서** 우리에게 해를 입힐 수 있을까? 스피노자의 다소 생략적인 논증[49]을 상술해 보면서 이를 명확히 해보자. X와 Y라는 두 존재자가 있고, X에게는 A와 B라는 특징이, Y에겐 A와 C라는 특징이 있다고 해보자. 문제는 X가 어떤 면에서 Y에게 나쁠 수 있느냐이다. 다시 말해 X의 코나투스가 자신의 귀결들을 산출하면서 과연 어떤 면에서 Y의 코나투스를 방해하고 급기야 그것을 파괴할 수 있는가? 우선 X의 특징 A가 Y의 특징 A를 위험에 빠뜨릴 수 있을까? 그렇지 않다. 만일 그렇다면, 본성 A를 지닌 존재자가 A인 한에서, 이 본성 A를 결국 부정하는 귀결들을 산출하는 셈이 되기 때문이다. 이 경우 본성 A는 자기모순적일 것이고, 따라서 X도 Y도 아예 실존할 수 없을 것이다. 그렇다면 X의 특성 A가 Y의 특성 C에 장애가 될 수는 없을까? 역시 그럴 수 없다. 만일 A의 귀결들이 C의 부정을 가져온다면, Y 자체 내에서 이 두 특성은 양립할 수 없을 것이고, 이런 조건에서 Y라는 존재자는 논리적으로나 존재론적으로 불가능할 것이기 때문이다. 그렇다면 X의 특성 B가 Y의 특성 A를 방해할 수 있을까? 이 역시 같은 이유에서 그렇지 않다. 이번에는 X가 내적 모순 때문에 스스로 파괴될 것

---

49) 『윤리학』 4부 정리 30의 증명.

이기 때문이다. 결국 A가 개입하는 위의 세 조합 중 어느 것도 물음에 대한 답변이 되지 못한다. 그러므로 그 어떤 것도 우리 공통의 본성이란 측면에서는 **결코** 우리에게 해로울 수 없다.[50] 이와 달리 생각한다면 그것은 결국 (그리고 여기서 스피노자가 우리에게 말하는 것도 단지 이것뿐인데) 자기 파괴적인 코나투스가 있음을 인정하는 셈이 될 것이다.[51]

그렇다면 네번째 조합이 남는다. X의 코나투스가 Y의 코나투스에 대립한다면, 이는 오로지 C에 가해지는 B의 작용 때문일 수밖에 없다. 즉 본성 B를 지닌 존재자가 B인 한에서, 본성 C를 지닌 존재자가 현실화하고자 노력하는 귀결들과는 양립할 수 없는 귀결들을 산출하는 경향을 띠기 때문이다. 단, 이는 본성 B와 C 자체가 논리적으로 양립 불가능할 때만, 그러니까 그저 다르기만 한 것이 아니라 서로 상반될 때만 그럴 수 있다. 이는 사물 A가 B이거나 C일 수는 있어도 결코 B인 동시에 C일 수는 없다는 것, 그리고 B나 C라는 규정 가운데 어느 하나를 상실하지 않고서는 다른 하나를 수용할 수 없다는 것을 의미한다.[52] 바로 이럴 경우 X는 실질적으로 Y에게 해를 끼칠 것이다. X의 코나투스로부터는 A를 존속시키면서 C의 실존을 위협하는 사건들만이 따라 나올 것이고, 따라서 Y가 자신의 본질을 전면적으로 현실화하지는 못하도록 방해할 것이고, 이에

---

50) 『윤리학』 4부 정리 30.
51) 같은 정리의 증명. 사실 이 증명은 너무 간결하여 불명확한 점이 있긴 하다. 이 증명에서 전건("만일 어떤 사물이 우리와 공통적으로 가지고 있는 것으로 인해 우리에게 악일 수 있다면")은 오직 우리의 처음 두 가정에만 상응하는데, 왜냐하면 그것은 X가 A로서 Y에게 가하는 작용에 준거하고 있기 때문이다. 반면, 결론("이 사물은 자신이 우리와 공통적으로 지닌 것 자체를 감소시키거나 저해할 수 있는 셈이 될 것이다")은 첫번째와 세번째 가정에만 상응하는데, 왜냐하면 그것은 X의 자기파괴에 준거하고 있기 때문이다. 이 때문에 우리는 이를 더 상세히 전개하였다.
52) 같은 곳. 이는 이 증명에서 『윤리학』 3부 정리 5를 참조하고 있다는 점으로 미루어 알 수 있다.

완전히 성공할 경우 Y를 구성하는 두 요소를 분리함으로써 심지어 Y를 파괴할 수도 있을 것이다. 결론적으로 무언가가 우리에게 나쁘다면, 이는 오직 그것의 본성이 어떤 점에서는 우리와 상반되는 한에서만이다.[53]

그렇다면 X의 A라는 성격은 Y에게 어떤 영향을 미칠까? 아무 영향도 미치지 않을까? Y에게 A는 그저 무관한 것일까? 그럴 리 없다. 왜냐하면 A가 아무 영향도 미치지 않는다는 것은, A인 한에서의 X가 산출하는 결과들이 Y의 보존에, 따라서 A의 보존에, 그러므로 X 자신의 보존에도 전혀 기여하지 않음을 의미할 것이기 때문이다. 그리고 이는 코나투스의 일반법칙에 부조리한 예외가 될 것이다.[54] 따라서 A인 한에서의 X는 Y에게 필연적으로 선이다.[55] 곧 X가 A라는 본성에 힘입어 현실화해 가는 귀결들은 결국 이 본성 A를 항구적으로 재생산하며, Y도 A인 이상 그 여파로 이 귀결들의 혜택을 입을 수밖에 없다.

그렇다면 X는 다른 특성을 통해서도 Y에게 도움이 될 수 있지 않을까? 결코 그렇지 않다. 앞서 보았듯, X는 B를 통해 Y에게 해를 입힌다. 설령 B가 C에 상반되지 않고 그저 다르기만 하다고, 다시 말해, A라는 본성을 지닌 동일 기체/주체에 B와 C가 공존할 수도, 그러지 못할 수도 있다고 가정한다 해도 그렇다. 이 경우 물론 B는 C를 위협하지 않을 것이다. 하지만 아무 도움도 되지 못할 것이다. 따라서 B가 현존하든 부재하든, B가 자신의 귀결들을 현실화하든 않든, C인 한에서의 Y는 조금도 변용되지 않을 것이며, B에서 산출되는 어떤 결과도 결코 Y를 더 C이거나 덜 C이게 하지는 못할 것이다. A는 제쳐 두고 B와 C만 놓고 본다면, 양자

---

53) 『윤리학』 4부 정리 30.
54) 『윤리학』 4부 정리 31의 증명.
55) 같은 곳.

가 놓이는 상황은 정리 29에서 기술된 대로[56]일 것이다. 다시 말해, 둘이 그저 다르기만 하다면 서로는 아예 무관할 것이다.[57] 그러므로 X가 Y에게 유용할 수 있는 것은 오직 공통특성 A라는 통로를 통해서뿐이다.[58]

이렇게 해서 예비적인 물음은 해결된 셈이다. 곧 한 사물은 우리 본성과 일치하는 정도만큼 필연적으로 좋다.[59] 역으로 어떤 사물이 좋다면, 이는 오직 그것이 우리 본성과 일치하는 만큼이다.[60] 따라서 우리를 둘러싼 존재자들에게서 우리가 얼마나 많은 이익을 끌어낼 수 있느냐는 우리가 그들과 공유하는 특성이 얼마나 많으냐와 정확히 일치한다. 여하튼 아무것이나 늘 우리에게 도움이 될 수 있는데, 연장 및 사유 안에 실존하는 어떤 것도 우리에게 절대적으로 이질적이지는 않기 때문이다. 하지만 모든 것이 우리에게 같은 정도로 도움이 될 수는 없는데, 왜냐하면 모든 것이 같은 정도로 우리와 유사하지는 않기 때문이다. 즉 우리와 더 유사한 것일수록 우리에게 더 유용하다.[61]

그러므로 애초의 물음도 적어도 대략적으로나마 저절로 해소되는 셈이다. 다른 인간만큼 인간에게 유용한 것도 없다. 그 어떤 독특한 사물도 인간보다 더 유사하지는 않기 때문이다(이는 '자명한' *per se notum* 사실이다).[62] 그러니 무엇보다 사회를 가꾸는 일이 중요하다. 아직도 지극히

---

56) [옮긴이] "우리 본성과 전혀 다른 본성을 지닌 독특한 사물은 우리 활동 역량을 촉진할 수도 없고 저해할 수도 없으며, 절대적으로 말해, 우리와 공통적인 무언가를 지니지 않은 사물은 결코 우리에게 선일 수도 악일 수도 없다".
57) 『윤리학』 4부 정리 31의 따름정리.
58) 같은 곳.
59) 『윤리학』 4부 정리 31.
60) 『윤리학』 4부 정리 31의 따름정리.
61) 같은 곳.
62) 『윤리학』 4부 정리 35의 따름정리 1.

일반적이고 추상적이긴 하지만, 바로 여기서 인간 상호관계에 적용되는 이성적 욕망의 첫번째 규정이 도출된다. 이 이성적 욕망의 발생은 두 계기를 포함하며, 양자는 분석의 필요상 분리해서 고찰되어야 한다. 다시 말해, 『윤리학』 3부를 탐구하면서 이미 이 이성적 욕망의 정념적 등가물에 대해 수행해 보았듯이,[63] **증여자 X의 관점과 수혜자 Y의 관점**을 나누어 볼 필요가 있다. 물론, 우리가 증여자인 동시에 수혜자라는 점을 잊지는 말자.

우리가 X(사적 차원에서 생물학적 이기주의 단계에 들어선 개인)인 한에서, 이성은 우리 존재를 보존하라고, 그리고 이에 도움이 될 만한 모든 것을 실존케 하라고 촉구한다. 이에 따라 가장 좋은 삶의 조건들을 추구하다 보면, 어느새 우리는 우리 자신에게 더 유리하도록 세계를 변형하게 된다. 그런데 우리 주변 환경이 이처럼 변경되어 다른 사람들을 변용시킬 경우, 이는 필연적으로 그들에게도 이득이 된다. 왜냐하면 그들의 본성이 우리와 동일한 만큼, 그들의 목적은 우리의 목적과 겹치며 우리에게 유용한 수단은 그들에게도 유용하기 때문이다. 물론 이는 우리가 의식적으로 목표한 바는 아니지만, 우리 노력의 결과인 건 분명하다. 그리고 우리 덕은 정확히 이 노력의 강도와 효율만큼이기에, 우리가 더 유덕해질수록 그만큼 우리는 타인을 더 돕는 셈이 된다. 본성의 유사성은 코나투스들의 수렴을 의미한다. 이 수렴은 그 자체 이를테면 인간 공동체 전체의 포괄적 코나투스로서, 이미 우리가 타인과 맺는 정념적 관계의 궁극적 토대였다. 우선, 사회적 삶 전체를 엮어내는 감정모방을 가능케 했던 것도 바로 코나투스들의 수렴이었다. 그런데 이 경우 수렴은 소외되었고, 외적 원인

---

63) 이 책 5장, pp. 274~5을 참조하라.

의 압력으로 알아보지 못할 만큼 왜곡되었다. 이제는 반대로, 수렴은 아주 투명하게 드러난다. 만일 우리가 오직 우리 본성의 법칙들에 따라서만 활동한다면, 우리 모두는 **마치 한 사람인 양** 활동할 것이며, 말 그대로 **만장일치와 화합** 속에서 살아갈 것이다.[64] 이성이 하는 일이란 결국 언제 어디서나 우리의 근본요구를 특징짓는 이 자생적 보편성을 명백히 언명하는 것뿐이다. 곧 우리 스스로를 돕자, 그러면 타인에게도 도움이 될 것이다. 저마다 진정으로 자기 자신이 되자, 그러면 인류가 존재하리라.

그런데 이 함의를 발견하는 것은 Y의 이성이지 X의 이성은 아니다. X는 자신의 친절한 이기주의가 타인에게 어떤 결과를 낳는지 알지 못하거나 적어도 필연적으로 알지는 못한다. 반면 Y의 경우, 인과 배열이 일단 그의 의식에 반성되고 나면, 이 배열은 도구적 관계로 바뀐다. 사실 우리가 Y인 한에서, 이성은 마찬가지로 우리에게 우리 존재를 보존하는 데 도움이 될 만한 모든 것을 추구하도록 촉구한다. 그리고 잘 찾아 나가다 보면, 우리는 이 모든 수단 가운데 가장 유용한 것은 다름 아닌 X, 곧 본성상 그 스스로를 도울수록 우리에게도 도움이 되는 다른 인간이라는 사실을 발견할 것이다. 따라서 우리가 유덕해질수록, 우리는 우리 유사한 것과의 교제를 더 욕망할 것이다. 이 욕망은 이번에는 명시적이며 "이해타산적"이다. 이 욕망 역시 정념적 삶에서부터 줄곧 있어 왔다. 누군가가 연민에서든 명예의 야망에서든 우리에게 이득을 안겨 줄 때, 우리가 그에게 애착을 가졌던 것도 바로 이 욕망 때문이었다. 그러나 이 욕망은 외적

---

64) "모두의 정신들과 신체들이 마치 하나의 정신, 하나의 신체인 양 합성될 정도로 ⋯ 하는 것, 그리고 모두가 동시에, 할 수 있는 한 자신들의 존재를 유지하며, 또한 모두가 동시에, 모두에게 공통으로 유용한 것을 자기 자신을 위해 추구하는 것 ⋯"(『윤리학』 4부 정리 18의 주석).

원인의 영향으로 스스로를 배반해 왔지만, 이제는 소외에서 벗어난다. 여기서도 역시 이성이 하는 일이란 이 욕망을 명석 판명하게 정식화하는 것뿐이다. 곧 타인의 협조를 확보하자, 서로 힘을 모아 모두 함께 하나의 개체를 구성하는 개체들이 더 많을수록 각자가 자기 개인적 열망을 실현하는 데 사용하는 역량은 더 커진다.[65] 정리 29~31에서 채택되는 관점이 바로 이 Y의 관점이다. 이 정리들에서 언급되는 "우리"란 Y인 한에서의 우리다. 왜냐하면 우리는 오직 Y인 한에서만, 생물학적 이기주의 단계에서 발현되는 우리 본질적 욕구의 인간 상호적 귀결들을 의식적으로 받아들이기 때문이다. 반면 X인 한에서의 우리는 아직 이 귀결들을 알지 못한다. 그렇지만 X의 관점이 그 자체로는 보다 근본적이라는 점을 곧장 덧붙이자. 왜냐하면 실상 자연적으로 가용한 것만이 이용될 뿐이며, 따라서 이 관점은 우리가 더 나아가는 만큼 점점 더 우세해질 것이기 때문이다.

따라서 이 첫번째 단계의 끝에서 우리는 이를테면 **생물학적 이기-이타주의**에 도달한다. 곧 A_1군에서 이에 상응하는 단계에서 그랬듯이, 이성이 우리에게 가르치는 계율은 여전히 우리 존재를 보존하라는 것뿐이지만, 바로 이 때문에, 그리고 어떤 보충 요구로서가 아니라, 이성은 우리에게 우리 유사한 것과 결합하도록 명령한다. 존재의 욕망은 동시에 일치의 욕망이기도 하다.

그렇다고 문제가 전부 해결된 건 아니다. 왜냐하면 지금까지 말한 것

---

[65] "왜냐하면 만일 가령 본성이 정확히 동일한 두 개체가 서로 결합된다면, 각자 따로일 때보다 두 배로 더 강력한 하나의 개체를 합성할 것이기 때문이다. 따라서 인간에게는 인간만큼 유용한 것도 없다. 나는 말하건대, 인간은 자기 존재를 보존하는 데 있어서, ⋯ 할 정도로 모두가 모든 점에서 합치하는 것보다 ⋯ 더 효과적인 것은 바랄 수 없다"(정리 18의 주석, 같은 주석에서 이 인용문과 연결되는[줄임표로 표시된 부분] 앞 주의 인용문도 참조하라). 『정치론』 2장 13절에도 같은 생각이 표현되어 있다.

은 단지 다른 사람들과 우리 자신이 오직 우리 본성의 법칙들에 따라 유덕하게 활동하는 경우에만 타당하기 때문이다. 이제 문제는 곧장 새로운 국면에 접어든다.

2) 이성적 효용주의

사실 사람들 사이의 이 유사성이란 과연 무엇을 의미하는가? 물론 타인은 그의 본성이 우리 본성과 일치하는 **한에서만** 우리에게 유용하다. 그렇지만 그가 모든 점에서 우리와 유사하지는 않다. 그는 다른 점에서는 우리와 다르며, 심지어 대립되기도 한다. 인간 상호간의 조화가 본성상의 일치에 달린 문제라면, 이 일치란 보다 정확히 어떤 것인가?

이 경우 우리는 앞서 정리 23~24에서 이미 개인적 삶과 관련하여 검토한 바 있는 양자택일을 다시 만나게 된다(이는 이 책 849쪽의 〈그림 3〉에서 A_1과 B_1군의 평행론을 재연하는 마름모꼴 구조를 해명해 준다). 실상 우리 안에는 참된 인식들과 정념들이 동시에 있으며, 양자 모두 존재를 유지하려는 우리의 노력을 일정 정도 정향시킨다. 따라서 문제가 제기된다. 코나투스들의 수렴은 이성적인 감정들의 수렴인가, 아니면 정념적인 충동들의 수렴인가?

우선, 사람들이 본성상 서로 일치한다면 이는 그들이 정념에 예속되는 **한에서**인가? 실상 이 물음은 이중적이다. 왜냐하면 "본성상 서로 일치하다"라는 표현에서 "본성"이란 말은 두 가지 의미를 지닐 수 있기 때문이다.[66] 한편으로 "본성"은 그 자체로 고찰된 우리의 인간적 본성을 가리킬

---

[66] 이렇게 구별해야만 정리 32와, 우리가 뒤의 주 69에서 인용할 정리 34 주석의 단락을 화해시킬 수 있다.

수 있다. 그런데 이러한 관점에서 보면, 답변은 아주 명백히 부정적이다.[67] 인간을 단독으로 고려할 경우, 정념 그 자체는 이 인간과 관련해서는 하등 실재적이지 않다. 정념은 다만 미완성이요 무력함일 뿐이며, 따라서 부정일 뿐이다. 설혹 정도 차가 있다 하더라도 모든 사람이 여하간 정념에 예속되어 있음은 물론 사실이다. 하지만 예속은 공통특성이 아니다. 왜냐하면 예속은 설령 공통적이라고 하더라도, 어떤 실정적인 특성을 정의하지는 않기 때문이다. 예속이란 단지 우리 모두가 우리 본질을 끝까지 현실화하지는 못함을 의미할 뿐이다. 만일 인간의 본성들이 오직 예속에서만, 그러니까 이 본성들에 결여된 것에서만 일치한다면, 그것들은 전혀 일치하지 않는 셈이다.[68]

그런데 다른 한편, "본성"이란 말은 **우리 감정들의 본성**을 가리킬 수도 있다. 왜냐하면 이 모든 점에도 불구하고 감정들에도 여하간 특정한 본성이 있기 때문이다. 인간을 단독으로 고려하는 대신 그의 환경 속에 되돌려 놓고 보기만 해도 이내 알 수 있다. 정념이 설령 우리 안에서는 손상이라 하더라도, 이 손상도 우리 밖에서는 실재적 원인들을 가지고 있다. 따라서 한 정념의 본성을 그 실정적인 내용에서 본다면, 그것은 두 본성, 곧 우리 본성과 우리를 변용시키는 외적 원인의 본성의 부분적 연접으로 정의된다. 두 개인은 동일한 대상이 그들에게 동일한 변용을 유발할 때, 오직 그때만 동일한 본성을 띤 정념을 체험한다. 그렇다면 사람들 간의 일치는 이렇게 이루어지는 걸까?

때때로는 그렇다. 어떤 주어진 상황에서 여러 사람이 같은 것을 욕망

---

[67] 『윤리학』 4부 정리 32.
[68] 같은 정리의 증명.

할 수도 있다. 이 경우 그들은 "본성"이라는 표현의 두번째 의미에서 본성상 일치하며, 서로에게 유용하다.[69] 일차적 형태의 감정모방이 이를 입증해 준다. 가령, (대상이 독점적 "선"이 아닐 경우의) 단순한 경쟁심, 연민, 비교에 기반을 두지 않은 명예의 야망 등등이 그렇다. 이런 식의 일치가 일어나는 정황은 소중하며, 정치의 역할도 바로 이를 제도화하여 안정시키는 데 있다. 그런데 문제는 이것이 그야말로 정황일 뿐이며, 외적 원인들에 의존한다는 점이다. 더구나 외적 원인들이 늘 이런 식으로 작용하도록 섭리에 따라 규정되어 있지도 않다. 주지하듯, 동일한 대상이 여러 개인을 아주 상이한 방식으로 변용시키는 경우도 있고 여러 개인이 아주 상이한 대상에 의해 동일한 방식으로 변용되는 경우도 있다. 이럴 경우 이 개인들의 정념들은 이 정념들의 본질을 구성하는 두 요소 가운데 최소한 한 요소에 의해서만은 구별되기에, 더 이상 본성상 동일하지 않으며, 따라서 개인들의 노력을 조화시키지도 못한다.[70] 더군다나, 심지어 우리가 우리 감정을 진정으로 공유하는 누군가를 발견했다고 여길 때조차도, 이 친목은 상황이 조금만 바뀌어도 매 순간 끝장날 수 있다. 정념에 빠진 인간들은 제 각각이며 항상성이 없는 것이다.[71] 따라서 사람들은 그들이 지닌 정념의 본성에 의해 서로 다를 수 있으며,[72] 더구나 [정념에 의해] 그들이 여러 사물에 소외되는[몰입하는] 이상, 조건형성을 통해 이를 잘 지도하지 않는다면, 그들 간의 지속적인 일치란 아예 불가능하다.

---

69) "왜냐하면 이 둘은 그들이 본성상 합치하는 한에서, 곧 둘 다 동일한 것을 사랑하는 한에서, 서로를 불쾌해 하는 것이 아니라 …"(『윤리학』 4부 정리 34의 주석).
70) 『윤리학』 4부 정리 33의 증명.
71) 『윤리학』 4부 정리 33.
72) 같은 곳.

소외는 심지어 불화의 원천이 될 수도 있다.[73] 그러므로 단순한 차이는 쉽게 논리적 모순으로, 따라서 실천적 모순으로 변질된다. 나아가, 물론 다른 형태로이긴 하지만 또다시 감정모방이 개입한다. 첫째, 스피노자는 지배의 야망을 암묵적으로 시사한다. 그는 베드로가 바울이 싫어하는 것과 유사한 "어떤 것"을 가진 탓에 바울에게 슬픔의 원인이 될 수 있다[74]고 말한다. 스피노자는 여기서 의도적으로 모호한 정식을 취하고 있다. 곧 "그(베드로)는 어떤 것을 가지고 있다"(Habet aliquid). 이 "어떤 것"이란 베드로가 지닌 어떤 성격상의 특징을 가리킬 수도 있고, 그가 소유하는 어떤 대상을 가리킬 수도 있다. 그런데 결국은 매한가지다. 왜냐하면 성격상의 특징이란 특정 욕망이 습관적으로 우세하다는 점으로 정의되며, 인간은 자기가 사랑하고 향유하는 것만을 소유하기 때문이다. 이렇게 볼 때, 스피노자가 말하는 바는 다음과 같다. 곧 베드로는 바울에게 혐오감을 주는 무언가를 이러저러한 방식으로 사랑한다는 것, 그리고 이 두 가치체계의 양립불가능성 때문에, 바울은 베드로를 미워하게 되고 나아가 베드로에게 바울 자신의 취향을 강요하기 위해 베드로와 싸운다는 것이다. 둘째, 스피노자가 이번에는 명시적으로 거론하는 시기심이 있다. 베드로가 독점적 "선"을 소유하고 바울 역시 이를 탐내는 경우, 베드로는 바울을 슬프게 할 수 있다.[75] 아마도 베드로와 바울은 같은 것을 욕망하는 **한**에서 대립하는 건 아닐 것이다. 그런 한에서는, 오히려 반대로 그들 감정의 본성은 동일하며, 더군다나 **만일** 대상이 공유할 수 있는 **것이라면** 일치를 낳을 수도 있을 것이다.[76] 그런데 대상이 그렇지 않은 이상, 베드로

---

73) 『윤리학』 4부 정리 34.
74) 같은 정리의 증명.
75) 같은 곳.

와 바울은 결국 양립 불가능한 두 사건을 욕망하는 셈이 된다. 곧 현행의 재화분배는 한 사람은 기쁘게 하고 다른 사람은 슬프게 하므로, 한 사람은 현행 상태를 유지하고자 하는 반면, 다른 사람은 이를 변경하고자 하는 것이다. 그러므로 베드로와 바울은 오직 그들의 정념이 상반되는 본성을 가지는 한에서만, 서로 대립한다.[77] 마지막으로, 스피노자는 『윤리학』 3부 정리 55의 주석을 다시 끌어오면서, 경탄이 정념들에 미치는 반향을 거론한다.[78] 곧 정념들이 비교에 기반을 둔 것이 될 때, 야망과 시기심은 사회적 적대를 한층 첨예하게 만드는 것이다.

이렇게 볼 때, 사람들은 정념에 지배될 때 반드시 일치하는 건 아니다. 일치한다고 하더라도, 오직 그들의 인간적인 본성 때문만은 아니다. 더구나 늘 한결같이 일치하지도 않으며, 오히려 불일치하거나 대립하는 경우가 태반이다. 그런데 만일 이성이 이끌어 간다면 어떻게 될까?

이 경우 상황은 정확히 그 역이다. 한편으로 우리가 이성에 의해 인도되는 한에서, 우리는 "본성"이라는 표현의 첫번째 의미에서 본성상 필연적으로 일치한다. 사실, 이런 한에서, 그리고 오직 이런 한에서만, 우리는 오직 우리 본성의 법칙들에 따라서만 활동하기 때문이다. 그 자체로 고려된, 그러니까 무력함이 아니라 실정적인 측면에서 고려된 우리 본성의 법칙들에 따라서 말이다.[79] 그런데 이럴 경우 인간 본성은 적어도 대다수의 경우 만인에게 동일하게 있으며 이 인간 본성을 방법적으로 보존하는 일이야말로 우리의 유일한 목표가 된다. 따라서 모든 이성적 인간은

---

76) 『윤리학』 4부 정리 34의 주석(앞의 주 69를 참조하라).
77) 같은 곳.
78) 『윤리학』 4부 정리 34의 증명.
79) 『윤리학』 4부 정리 35의 증명.

동일한 목표를 추구하며 동일한 모델을 현실화하고자 한다. 다른 한편, 우리는 "본성"이란 말의 두번째 의미에서도, 그리고 역시 필연적으로, 본성상 서로 일치한다. 왜냐하면 우리 감정들의 본성은 어떤 식으로도 외적인 원인에 오염되지 않고 이번에는 오직 우리의 본질에서만 연역되기 때문이다. 이제는 인간에게 실재적으로 합치하는 것에 대한 참된 인식만이 우리를 이끌어 가는 것이다. 또한 진리는 하나뿐이기에, 모든 이성적 인간은 이용해야 할 수단에 대해서도 동일한 결론들에 이를 수밖에 없다. 결론적으로, 우리의 공통 본성에서는 동일한 이성적 욕망들이 필연적으로 따라 나오며, 우리 노력들은 만인이 원하고 또 만인에게 유용한 사건들을 산출하는 가운데 서로 결합된다.[80] 이성은 언제 어디서나 만장일치의 원천이며, 오직 이성만이 코나투스들의 수렴을 아주 확실하게 실현할 수 있다.[81]

정리 35의 두 따름정리[82]에서 각각 상술되는 X의 관점[따름정리 2]과 Y의 관점[따름정리 1]은 이제 새롭게 조명된다. X인 한에서의 우리는 **이성적 효용주의**의 단계에 있다. 우리는 우리의 이익을 영리하게 계산하며, 또 이익을 발견하고 확실히 하기 위해서 지성을 계발하고, 우리 실존 전체를 이 계산에 종속시킨다. 그런데 이제 우리는 이러한 삶의 방식이 인류 전체에도 이득이 된다는 것을 아주 확실하게 알고 있다. 다시 말해서, 계획을 세운다는 것은 결과를 예측한다는 것을 함축하기에, 선행을 베푸는 자는 앞선 단계에서와는 달리 더 이상 자신이 선행을 베풀고 있다

---

80) 『윤리학』 4부 정리 35의 증명.
81) 『윤리학』 4부 정리 35.
82) [옮긴이] 정리 35의 따름정리 1: "자연 안에 있는 독특한 사물 가운데 이성의 인도에 따라 살아가는 인간보다 인간에게 더 유용한 것도 없다 …". 따름정리 2: "모든 인간이 저마다 자신에게 유용한 것을 최대한 추구할 때, 인간은 서로에게 가장 유용하다 …".

는 것을 모를 리 없다. 그렇지만 외관상 그리고 이 수준에서는, 아직 관대함이 출현하지는 않는다. 심지어 정념적인 격정에서 비롯되는 반성되지 않은 이타주의는 가차없이 억압된다.[83] 이성은 우리에게 여느 때보다 더 우리 개인의 사적 이득만을 생각하라고 명령하는 것이다. 그저 우리는 잘 알고 있기에(bonne science) 양심에 거리낌이 없을(bonne conscience) 뿐이다. 우리는 우리 자신을 가장 잘 도울 때 우리 유사한 자들에게도 최선의 도움이 된다고 생각하는 것이다 — 그리고 이는 정당하다.[84] "각자 탁월한 이기주의적 계산기가 되라. 그러면 공공선은 저절로(ipso-facto) 확보될 것이다"라는 고전 정치경제학의 근본 공준이 이미 여기에 있는 셈이다.

그러므로 이제 Y인 한에서의 우리는 X, 곧 다른 이성적 인간이야말로 우리의 가장 훌륭한 원군임을 이해하게 된다. 모든 독특한 사물 가운데 이성의 인도 하에서 살아가는 인간보다 인간에게 더 유용한 건 없다.[85] 물론 타인을 활용하자, 단 영리하게 활용하자. 그리고 이를 위한 단 하나의 확실한 방법은 타인을 영리하게 만드는 것이다. 잘 이해된 우리 이익은 우리 유사한 자들 모두가, 가능하다면 우리만큼 훌륭한 효용주의자가 되기를 요구한다. 일단 그렇게 되고 나면, 그들은 그들 자신에게 좋아 보이는 것을 행함으로써 바로 우리가 원하는 것을 행할 것이기 때문이다. 사실 그들에게 좋아 보이는 것은 진정으로 좋은 것일 테고 또한 만인에게 좋은 것일 테니 말이다.

---

83) 이 단계에서 이성적 인간은 "그들[=다른 사람들]의 정념을 모방하지 않도록 자제"한다 (『윤리학』 4부 부록 13절).
84) 『윤리학』 4부 정리 35의 따름정리 2.
85) 『윤리학』 4부 정리 35의 따름정리 1.

물론 이렇게 되기는 어렵다. 그리고 현 상태에서 이는 좀처럼 실현되지 않는다. 실상 대다수 인간은 무지하며 정념에 사로잡혀 있기 때문이다. 그러나 이럴 때조차 이미 사회는 단점보다는 이점을 더 많이 제공한다.[86] 그러니 사막으로, 우리와 훨씬 덜 유사하고 우리에게 도움도 훨씬 덜 되는 동물들이 우글거리는 데로 도망치진 말자. 있는 그대로의 타인에게서 도움을 얻자. 단 그의 진정한 욕구가 무엇인지를 밝혀 주려고 노력하면서 말이다. 그러므로 이 수준에서 이미 윤리적 전략 전체가 구상될 수 있을 것이다. 이제부터는 정리 40을[87] 스피노자 자신이 증명한 것과 다른 방식으로 증명하여 진술하기만 하면 되는 것이다. 도달해야 할 목표는 화합일 것이다. 왜냐하면 오직 화합만이 우리 존재의 보존을 보장할 수 있기 때문이다. 그리고 주된 수단은 지식(lumières)의 확산일 것이다. 왜냐하면 그것이야말로 화합에 가장 잘 이르게 하기 때문이다. 그래서 도덕 철학과 실용 교육학이 도입된다.[88] 양자의 역할은, 완벽하게 안정적인 평화적 협력을 산출할 수밖에 없는 이 같은 이성의 왕국에 타인 역시 접근하게 하는 일이 될 것이다.

그러나 이러한 접근도 아직은 그 자체로 바람직한 목적으로 등장하지는 않음을 주목해 두자. A_1군 가운데 이에 상응하는 단계에서 이성의 역할이 단지 특권적인 수단에 불과한 듯 보였던 것과 마찬가지로, 여기서

---

86) 『윤리학』 4부 정리 35의 주석.
87) [옮긴이] 4부 정리 40 : "인간 공통의 사회로 인도하는 것, 또는 사람들을 화합하여 살아가게 만드는 것은 유용하다. 이와 반대로 국가에 불화를 끌어들이는 것은 악이다". 증명 : "사람들을 화합하여 살아가게 만드는 것은 동시에 그들을 이성의 인도 하에 살아가게 만드는 것이기도 하다(4부 정리 35에 의해). 따라서 (4부 정리 26과 27에 의해) 그것은 선이다. 반대로 (같은 이유에서) 불화를 불러일으키는 것은 악이다".
88) 『지성교정론』 15절[G II p. 9/P p. 162]을 참조하라.

도 다른 이성적인 인간은 우리에게 그저 탁월한 도구로 나타날 뿐이다. 그리고 새로운 경지에 이르기 전까지는 그 이상을 기대할 수 없다. 바로 이 때문에, X의 관점은 비록 자기의식에 접근하면서 더 높은 위엄을 획득하긴 했지만, 그럼에도 아직까지는 Y의 관점보다 우세하지는 않다. 이용자의 시각은 여전히 자기 몫의 비중을 고수하고 있는 셈이다. 이제는 두 관점이 단지 동등해진다는 것뿐이다. 두 관점 모두 아주 똑같은 정도로, 각각이 지닌 인간 상호적인 함의들에 대한 참된 인식을 함축한다. 그러나 여기에 머무를 수는 없으며, 새로운 문제가 돌출할 것이다.

3) 지성주의

실상 지금까지 말한 내용에는 약간 애매한 점이 있지 않은가? 수렴이라는 통념에서 친목이라는 통념으로 부당하게 넘어가진 않았는가? 물론 모든 이성적 인간은 동일한 것, 다시 말해 인간 본성 일반에 유용한 것을 원한다. 그런데 그들은 이를 각자 자신을 위해 원할 뿐이다. 그렇다면 만일 그들이 원하는 것이 독점적 재화라면 어떻게 될까? 그 결과, 일부에게서 인간 본성이 완벽하게 실현될 경우 다른 이들에게서는 이 본성의 충만한 현실화가 불가능해진다면? 가령 이성의 근본적 요구가 가능한 한 많이 먹는 것인데 음식물의 양이 불충분하다면, 누군가는 희생될 수밖에 없다. 좀더 심층적으로 보자면, 홉스적인 인간이 바로 이와 유사한 상황에 처해 있다. 여기서 각자는 무한정 위협받는 생물학적 실존을 보존하고자, 상상할 수 있는 온갖 권력도구들을 축적하기를, 극한적으로는 만물의 주인이 되기를 욕망한다. 그러므로 전 세계를 지배하려는 의지는 인간 본성에 속하며, 또한 만인이 이를 똑같이 원하기에, 갈등은 불가피하다. 사정이 이렇다면, 설령 서로 간에 어쩔 수 없이 타협할 수 있다 치더라도, 어쨌든 인간은 본성상 서로의 적이다.[89] 또한 그들이 영리할수록 더 많은 적이 생기는 셈이다.

그런데 주목할 점은 바로 이렇게 될 수가 없다는 점이다. 사실상으로만이 아니라 권리상으로도 말이다.[90] 이런 식의 물음을 제기한다는 것 자체가, 이성의 역할에 관한 순전히 도구적 관점에 머물러 있다는 것이다. 왜냐하면 이는 이성적 효용주의가 특유의 애매함을 일소하기 위해 **지성주의**로 극복될 수밖에 없음을 이해하지 못한 물음이기 때문이다. 실상 스피노자가 이제 비로소 환기시키듯, 이성은 이성 자신을 목적으로 한다. 이성 자체와는 무관하게 정의될 어떤 인간 본성이 있어, 이를 목적으로 이용되는 수단이 아닌 것이다. 다시 말해, 이성 자신이 곧 인간 본성이다. 이성의 인도 하에 있을 때 우리는 이해하는 것 외에 그 무엇도 욕망하지 않으며, 우리의 최고선은 모든 참된 관념의 원천인 신에 대한 인식이다.[91] 그런데 아주 자명하게도 이 최고선은 결코 독점적이지 않으며, 오히려 만인에게 공통적이다.[92] 실상 누구나 신의 참된 관념을 소유하고 있으며[93], 또 그럴 힘이 있다면 누구나 이 관념에 함축된 것들을 전개하고 향유할 수 있기 때문이다.[94] 또한 그렇다고 해서 과연 어느 누가 이를 고까워하겠는가? 다른 사람들이 이 즐거움을 박탈당한다고 해서 우리의 행복이 조금이라도 더 커지지는 않으며 오히려 정반대임을 곧바로 덧붙이자. 이와

---

89) 『윤리학』 4부 정리 36의 주석.
90) 같은 곳.
91) 『윤리학』 4부 정리 36의 증명.
92) 『윤리학』 4부 정리 36.
93) 같은 정리의 증명. 바로 이것이 [이 증명에서] 2부 정리 47과 그 주석을 참조하면서 지시하는 바이다.
94) 『윤리학』 4부 정리 36.

달리 생각한다면 이는 정념 가운데서도 가장 어리석은 정념의 영향 하에 있음을 털어 놓는 셈이다. 비교에 기반을 둔 시기심 말이다.[95] 따라서 세 번째 단계에 접어들기만 하면 이와 같은 거짓 문제는 사라질 것이다.

이런 상황에서 우리는, 아무런 제한 없이 그리고 언제까지나 한결같이, 우리 자신을 위해 욕망하는 것을 타인을 위해서도 욕망한다.[96] 또한 정리 37의 두 증명[97]에서 하나하나 제시되는 X의 관점[두번째 증명]과 Y의 관점[첫번째 증명]은 다시 한 번 변양된다. 이번에는 X의 관점에 유리하게 말이다.

---

[95] "… 한 인간의 참된 행복과 지복은 오직 지혜와 참된 것에 대한 인식에 있을 뿐, 그가 다른 자들보다 더 지혜롭다거나, 다른 자들에게 참된 인식이 결여되어 있다는 점에 있지 않다. 사실, 그렇다고 해서 그의 지혜, 곧 그의 진정한 행복이 더 증진되는 것도 전혀 아니다. 이를 이유로 기뻐하는 자는 타인의 불행을 기뻐하는 셈이고, 따라서 그는 시기심 많고 사악하며, 진정한 지혜도 진정한 삶의 평온도 알지 못한다"(『신학정치론』 3장[G III p. 44/P p. 708]).

[96] 『윤리학』 4부 정리 37.

[97] [옮긴이] 4부 정리 37의 증명: "이성의 인도 하에 살아가는 한에서의 인간들만큼 인간에게 유용한 것은 없으며(4부 정리 35의 따름정리 1에 의해), 따라서 (4부 정리 19에 의해) 이성의 인도 하에 있을 때 필연적으로 우리는 사람들을 이성의 인도 하에 살아가게 하려고 노력한다. 그런데 이성의 명령 하에 살아가는 모든 인간, 곧 (4부 정리 24에 의해) 덕을 따르는 모든 인간이, 저마다 자신을 위해 열망하는 선이란 곧 (4부 정리 26에 의해) 이해하는 것이다. 따라서 덕을 따르는 모든 인간은 각자 자기를 위해서 열망하는 선을 모든 다른 사람들을 위해서도 욕망할 것이다. 다음으로, 정신에 관련되는 한에서의 욕망은 정신의 본질 자체이며(정서들에 대한 정의 1항에 의해), 정신의 본질은 인식에 있다(2부 정리 11에 의해). 그리고 이 인식은 신에 대한 인식을 함축하며(2부, 정리 47에 의해) 신 없이는 (1부 정리 15에 의해) 정신은 존재할 수도 인식될 수도 없다. 따라서 정신의 본질이 신에 대한 더 큰 인식을 함축할수록 덕을 따르는 인간이 자신을 위해 열망하는 선을 타인을 위해 욕망하는 정도도 더 커질 것이다". 다른 증명: "인간은 그가 자신을 위해 열망하고 또 자신이 사랑하는 선을 다른 자들이 사랑하는 것을 볼 경우 더 항상적인 사랑으로 그것을 사랑할 것이다(3부 정리 31에 의해). 따라서 그는 다른 모든 자들이 그것을 사랑하게 하려고 노력할 것이다. 그리고 이 선은 (앞선 정리 36에 의해) 모두에게 공통적이며 모두가 여기에서 만족을 얻을 수 있으므로 그는 (같은 이유에서) 모두가 여기에서 만족을 얻게 하고자 노력할 것이다. 그리고 (3부 정리 37에 의해) 그 자신이 이 선을 더 많이 향유할수록 더욱 그러할 것이다".

사실 Y인 한에서의 우리는 이제 인식을 위한 인식을 욕망하며, 우리 실존 전체를 바로 이 욕구에 맞춰 조직한다. 그런데 앎이 발전하려면 경험적 조건이 필요한 이상, 이를 위해 우리는 앞 단계에서처럼 균형적이면서도 풍부한 외부 환경을 구비하는 데 도움이 될 수 있는 모든 것을 추구한다. 그리고 역시 앞 단계에서처럼, 이에 가장 도움이 될 수 있는 것은 X, 곧 다른 이성적 인간이다. 따라서 우리는 다른 사람들도 이성적이기를 원한다.[98] 그런데 지금 우리는 그들 역시 온 삶을 인식을 위한 인식의 욕망에 따라 살아갈 때만 이성적일 수 있음을 알고 있다. 그리고 이 욕망의 힘은 이미 도달한 인식의 수준에 비례한다. 따라서 우리는 타인이 인식하기를, 그것도 늘 더 많이 인식하기를 욕망한다.[99]

그러나 Y가 자신을 위해 원하는 것을 다른 이들을 위해서도 원한다 하더라도, 정확히 **자기 자신을 위해서처럼** 원하지는 않는다. 곧 그가 최고 목표로 삼는 것은 바로 자기 자신의 앎의 증진이며, 오직 이것뿐이다. 또 그가 만일 그와 유사한 자들의 앎이 똑같은 정도로 증진되기를 바란다 해도, 이는 오로지 이러한 증진이 자신에게 가져다 줄 실천적 귀결 때문이다. 달리 말해, Y가 자신의 사적인 삶에 관한 한 지성주의 단계에 도달했다고 해도, 그는 아직 이것이 인간 상호관계에 어떤 귀결을 가져오는지를 전부 깨닫지는 못했다. 인간 상호관계의 영역에서는 여전히 이성적 효용주의에 머물러 있는 것이다. 그러므로 상황은 역전된다. 생물학적 단계가 진행되는 동안, 타인과의 관계에 대한 의식이 개인적 열망에 대한 의식보다 지체되었던 자는 다름 아닌 X였다. 그런 다음 X는 이 지체를 만회했

---

98) 3부 정리 37의 첫번째 증명.
99) 같은 곳.

다. 그리고 이제는 Y가 두 의식 간의 불균형 상태에 처해 있다.

그러므로 정리 37의 두번째 증명이 시사하듯이, 이제 X가 지성주의 혁명을 완수할 것이다. X인 한에서의 우리도 마찬가지로 인식을 위한 인식을 욕망한다. 그런데 우리는 타인도 우리와 같은 것을 욕망한다는 것 역시 알고 있다. 실존을 보존하려는 모든 노력을 통해 그가 겨냥하는 것도 근본적으로는 역시 인식을 위한 인식이라는 사실을 말이다. 그런데 이처럼 타인의 진정한 욕망을 알게 되면 이 인식은 우리에게 반향을 미칠 수밖에 없다. 실상 코나투스들 간의 수렴에서 감정모방이 생겨난다는 점을 상기해 본다면, 여기서도 감정모방이 작동하지 않을 이유는 없기 때문이다. 『윤리학』 3부에서 이루어진 감정모방에 대한 연역은 이성적 감정이든 정념적 감정이든 모든 감정에 예외 없이 타당하다. 따라서 감정모방이 개입함으로써 X의 기획은 지금까지 눈에 띄지 않은 한 차원을 획득할 것이다.

물론 스피노자가 왜 이를 더 일찍 말하지 않았는지 의아해 할 수도 있을 것이다. 그런데 이 침묵은 실상 방법론적 필요에 대한 응답이었다. 우선 일체의 상부구조를 제거해야 했고, 정념적 형태의 감정모방의 기저에서 인간 상호적 삶의 원리 자체에까지 거슬러 가야 했다. 그 원리는 곧 코나투스들의 수렴이었다. 일단 이 원리가 밝혀지고 나면, 다음으론 이 원리의 완결적 의미를 점진적으로 규정해야 했다. 곧 수렴하는 이 코나투스들의 실질적 내용을 한 발 한 발 발견해 나가야 했다. 이 작업이 완수되지 않은 한, 감정모방에 대한 언급은 시기상조였고 오히려 우리를 오도할 위험이 있었다. 이성에서 생겨나는 욕망의 정확한 본성에 대한 보다 정확한 정보 없이는 우리에게는 이성적 모방과 정념적 모방을 확실히 구별할 길이 없었기 때문이다. 그러므로 잠정적으로나마 이 두 모방 모두를 피하면서 이기주의적인 자제[100]를 고수하는 편이 더 나았다. 하지만 이제 원리는 충만히 밝혀졌고, 우리 모두는 아무런 장애 없이 이 원리로부터 귀결들을 전개할 수 있게 되었다.

따라서 우리는, 『윤리학』 3부의 B_1군에서 탐구되었던 정서들(affections)[101]의 적극적 측면을 이제 탈소외된 형태 아래 재회하게 된다. 물론 연민과 시기심은 그 자체로는 복구될 수 없는데, 왜냐하면 이성은 결코 슬프지 않으며 이성의 최고선은 공유가능하기 때문이다. 하지만 야망은 존속한다. 왜냐하면 야망이 명석하게 인식될 때, 그것은 온화함(humanité)이 되기 때문이다.[102] 단지 외적 원인들이 야망에 가해 왔던 왜곡이 사라질 뿐이다. 정념적인 명예의 야망은 타인이 좋아하는 것으로 그를 기쁘게 하라고 우리를 자극했으나, 이를 위해 우리는 이전에 가지고 있던 취향을 그를 위해 희생해야 했다. 다른 한편, 지배의 야망은 타인이 우리 기쁨을 공유하도록 만들어 모순을 우리 편에 맞추어 해소하도록 우리를 부추겼으나, 이를 위해 우리는 타인에게 그의 개인적 가치체계를 포기하라고 강요해야 했다. 반면, 이성의 수준에서는 두 행보가 하나가 된다. 앎에의 욕망은 만인의 공동자산인 이상, 이제는 우리 요구를 포기하는 일도, 강제를 통해 우리의 요구를 강요하는 일도 있을 수 없다. 이런 상황에서는 관대함도 아무런 구속 없이 펼쳐질 수 있다. 타인도 인식을 열망함을 알기에, 우리는 그 열망을 충족시키기를 욕망한다. 이 충족에서 타인은 기쁨을 느낄 것이고 이 기쁨은 결국 우리 자신의 기쁨을 강화해

---

100) 앞의 주 83을 참조하라.
101) [옮긴이] 이 단어의 사용에 관해서는 5장의 주 97에서 옮긴이 주를 참조하라.
102) 『윤리학』 4부 정리 37의 주석 1의 초입을 참조하라. 그리고 5부 정리 4의 주석 또한 참조하라.

줄 것이기에, 이와 같은 우리 자신의 기쁨을 향유하기 위해서 말이다. 그런데 이번에는, 우리는 정말로 **우리 자신의 일인 양** 이 최고선을 타인에게 안겨 주길 원한다. 또한 우리는 더 이상 타인의 관점과 우리의 관점을 구별하지 않는데, 왜냐하면 타인의 기쁨을 인식하는 것과 이를 체험하는 것 사이에는 아무런 차이도 없기 때문이다. 진리에 대한 지성적 인식이 우리에게 안겨 주는 행복은 더 많은 개인에 의해 공유될수록 더 커지는 것이다.[103] 이 욕망에는 계산도 없고 포기도 없다. '자아'(ego)와 '타자'(alter)가 서로 동화되므로, 우리는 이제 이기주의와 이타주의의 대립 너머에 있다. 하기에 이 욕망은 이기주의와 이타주의의 대립 아래에 있었던 정념적 야망과 대칭적인 지위에 있는 셈이다. 물론 다른 이성적인 인간 역시 X이듯, 우리 역시 Y이기도 할 것이다. 곧 부차적으로 우리는 우리 자신의 관대함과 유사하다고 알고 있는 관대함의 혜택을 입고 싶어 한다. 하지만 이는 단지 파생적 관점에 지나지 않는다. 우리가 X인 한에서, 또한 더 근원적으로, 인식하려는 욕망과 **인식시키려는** 욕망은 우리에게 정확히 같은 것이다.

따라서 정리 37의 두번째 증명은 선택적으로 추가된 보완물이 아니라 B_1군 전체를 결정적으로 장식하는 대미(大尾)이다. 이 증명은 오직 X의 기획에 애초부터 담지되어 있었던 자생적 보편성을 명시하고 있을 뿐이다. 생물학적 단계에서 X는 자기의 근본요구가 지닌 이타주의적 측면에 무지했다. 효용주의적 단계에서 그는 이 측면을 발견했지만, 이는 단지 다른 목적들에 부합하는 행위의 결과로서였을 뿐이다. 반대로, 이제 결과는 목적과 일체를 이룰 만큼 목적에 완벽히 통합된다. 요구의 보편성

---

103) 『윤리학』 4부 정리 37의 두번째 증명. 뒤의 주 106을 참조하라.

은 보편성의 요구가 된 것이다.

그런데 만인이 최고선을 향유하기를 원한다는 것은 만인이 한 마음으로 인식 발전의 외적 조건들을 실현하기 위해 작업하기를 원한다는 것이다. 따라서 만인이 협동하기를 원한다는 것이다. 그러므로 앞 단계에서 획득한 것 가운데 어느 것도 무효화되지 않는다. 도덕 철학과 교육학은 여느 때보다 더 절실하다. 미움의 풍토는 지적 소통을 아예 불가능하게 하는 이상, 여느 때보다 더 우리에게는 화합도 필요하다. 그러므로 정리 40은 여전히 정당하다. 단, 이제부터 그것은 스피노자 자신이 증명했던 방식대로 증명되어야 한다. 곧 물론 교육 자체가 화합에 기여하지만, 화합은 교육을 위한 것이지 그 역은 아니다.[104] 우리가 갈등 없는 사회를 원한다 해도, 이는 지성들 간의 일치를 더욱 촉진하기 위해서다. 그리고 이성의 보편적 왕국을 수립하는 것이 목적이며, 실천적 행위들 간의 조화는 단지 수단에 지나지 않는다. 지식(lumières)을 확산시키기 위해 적의를 종식시키고, 또 적의를 종식시키기 위해 지식을 확산시키고, 그리하여 지식은 더욱더 확산되고. 사이클은 이제 완결된다.

그러므로 사회적 삶의 이상적 모델은 만인이 철학자-현자들의 공동체로 통일되는 것이다. 참된 것의 추구를 최고 목표로 삼고, 자기가 발견

---

104) 여기에 비대칭성이 있다는 건 사실이다. 실제로, 정리 38의 증명은 정리 26과 27을 참조하고 있으며 이 두 정리는 개인적 차원의 지성주의 단계에 상응한다. 반면, 정리 40의 증명은 정리 35를 참조하고 있는데, 이 정리는 단지 인간 상호관계 차원의 효용주의 단계에 상응할 뿐이다. 그렇지만 정리 40의 증명이 참조하고 있는 것은 **충만하게 이해된** 정리 35, 곧 정리 35 이후 정리 40까지의 후속 정리들을 통해 소급적으로 조명된 정리 35라는 점은 너무도 분명하다. 스피노자의 시각에서 이성적 효용주의란 하나의 자족적 윤리가 아니라 다만 진정한 원리를 발견하는 한 계기에 불과함을 잊지 말자. 더군다나 정리 40의 이 동일한 증명은 정리 26~27 **역시** 참조하고 있다. 이는 이 증명에서 언급되는 정리 35가 충만한 지성주의적 의미에서 해석되고 있음을 잘 입증해 준다.

하는 것을 제한 없이 전파하며, 자기 삶 전체를 인간 지성의 집단적 도야에 바칠 철학자-현자들의 공동체로 말이다. 이럴 경우 진정 인류는 하나의 개체처럼 실존할 것이며, 이 개체의 포괄적 코나투스는 어떠한 구속도 왜곡도 없이 발휘될 것이다.[105] 물론 원대한 이상이다. 하지만 공상적이지는 않다. 왜냐하면 이 이상은 외부에서 부과되는 것이 아니기 때문이다. 감정모방의 일탈적 동요를 거치면서 우리가 알지 못하는 사이 항구적으로 추구해 온 것도 바로 이것이다. 인식시키려는 욕망은, 언제 어디서나 우리를 추동하는 이러한 일치에 대한 욕망의 진리다.[106]

그런데 A_1군에서 이미 주목했던 문제들을 잊지 말자. 그리고 이는 마찬가지로 인간 상호적인 삶에도 해당된다. 모든 사람들이 이성적 욕망을 체험하지만, 그들에게 이는 단지 여느 욕망 중 하나로, 그것도 대개는 매우 약한 욕망으로 나타난다. 좀더 정확히 말하자면, 다음의 세 이질적 욕망이 그저 병치되어 있는 듯 보인다. 첫째, 사회 안에서 살아가고자 하는 욕망. 사람들은 이를 오직 보존본능에만 결부시키며, 이 욕망은 매우 중요하긴 해도 이미 수많은 미움의 정념들에 패퇴되어 있다. 둘째, 사회적 삶을 합리화하려는 욕망. 사람들은 이를 타인의 정념들로 인해 우리가 마주하게 되는 치명적 위험에 대한 두려움이나, 쾌락주의적 계산, 아니면

---

105) 앞의 주 64를 참조하라.
106) 용어는 다르지만, 『윤리학』 4부 부록의 9항이 말하는 바도 이것이다. 실제로, 이 항은 Y의 관점(다른 이성적인 인간보다 인간에게 더 유용한 것은 없다)을 제시하고 난 다음, 인간에게는 타인을 이성적으로 만드는 일이야말로 자신이 "얼마만 한 기예와 재능이 있는지를 보여 주는"(ostendere quantum arte et ingenio valeat) 가장 좋은 방식이라고 덧붙인다. 곧 진리를 가르치는 것만큼 명예로운 일은 없다는 것이다. 따라서 이 두번째 논변은 명예에 대한 이성적 욕망을 참조하면서, 정리 37의 두번째 증명에서 정의되었던 X의 관점을 잘 표현하고 있다.

기원은 알 수 없는 질서에의 욕구에 결부시키곤 한다. 마지막으로, 인식시키고자 하는 욕망. 이 욕망은 목적론적으로 재해석되며, 그 뿌리에서 잘려 나온 탓에 아주 강렬하게 체험되지도 않는다. 따라서 이 단계에도 역시 "대자적" 관점과 "즉자적이면서 우리에 대한" 관점 사이에는 심연이 가로놓여 있다. 스피노자가 A_1군에서와 동일한 행보를 따랐던 것도 바로 이 때문이다. 물론 그는 곧장 두번째 증명만 가지고 정리 37을 언명할 수도 있었을 것이다. 그러나 만일 그랬다면 "즉자적이면서 우리에 대한" 관점은 "대자적" 관점에 희생되었을 것이고, 독자들로서는 일개 욕망에 이처럼 어마어마한 특권을 부여한다는 것이 도무지 정당하게 여겨지지 않았을 것이다. 다른 한편, 역으로 스피노자는 생물학적 단계에서 지성주의 단계로 곧장 이행할 수도 있었을 것이다. 정리 31 이후 곧바로, 사람들이 본성상 유사한 이유는 모든 인간 영혼의 본질이 인간 신체의 독특한 본질에 대한 참된 관념이기 때문이라고 말하기만 해도 되었던 것이다. 그렇지만 이는 독자들의 경험에 부응하지 않았을 텐데, 왜냐하면 그들에게 이성의 보편성은 여전히 추상적이기 때문이다. 이 경우에는 "대자적" 관점이 "즉자적이면서 우리에 대한" 관점에 희생되었을 것이다. 그래서 행보는 또다시 굴곡지고 느리다. 그래서 또한 우리는 다시 불만족을 느끼며, 이 불만족 때문에 가령 B_2군에서 제시될 죽음의 위험 앞에서 신의(信義)의 역설을[107] 주저 없이 받아들이지는 못한다. 증명이 제아무리 엄밀하다고 해도 여전히 우리는 이성이 우리의 구체적 개체성을 희생하도록 요구한다고 여기며, 이 요구가 결국 무한지성 안에서 **개체적 영혼들의 상호침투**로 이어지리라는 점도 아직 알지 못하는 것이다. 이를 알기란 아직도 요원한 일인데, 왜냐하면 두 관점을 통일하는 과정에서 장차 문제가 발생할 것이기 때문이다.

3. 결론 : 정치적 매개의 필요성

실제로 지상으로 다시 내려가 보자. 지금까지 말했던 모든 것은 추상적이었다. 스피노자는 A_1과 B_1군에서 이성의 근본요구를 즉자적으로, 그리고 대자적으로 고찰하는 것 같다. 마치 이 근본요구만이 우리 행위를 이끄는 듯이, 마치 이 근본요구가 정념적 맥락과는 전혀 무관하게 그 귀결들을 펼쳐낼 수 있다는 듯이 말이다. 그런데 구체적 현실에서는 그렇지가 않다. 이성의 요구를 체험하는 것과 그것을 실천에 옮기는 것은 별개의 문제다. 그리고 이처럼 실천으로의 이행을 가로막는 것이 바로 우리 정념들이다. 정념들은 이성의 요구보다 훨씬 큰 역량을 지니며, 또 이 요구와 상반되는 방향으로 우리를 이끄는 경우도 허다하다. 이 장애물이 정복되지 않는 한, 이성적 삶의 토대에서 전개로 이행하기란 순전한 요행에 불과할 것이다. 이성은 바랄 뿐이며 이끄는 것은 정념일 테니 말이다. 이렇게 하여 우리는 『윤리학』 4부의 처음 18개 정리들이 암묵적으로 제기한 문제, 곧 이 상황은 숙명적인가라는 문제에 다시 봉착한다. 앞 장에서 우리는 어떤 조건에서 이성이 우세해질 수 있는지를 살펴보았다. 그러려면 이성이 우리 영혼의 가장 큰 부분을 구성하거나, 아니면 외적 원인들이 우리에게 이성을 지원해 주는 정념들을 불러일으켜야 할 것이다. 그렇다면 다

---

107) 『윤리학』 4부 정리 72의 주석을 참조하라. 〔옮긴이〕 정리 72에 따르면 자유로운 인간은 기만하지 않고 늘 신의를 지킨다. 이에 대해 주석에서는, 기만함으로써 눈앞에 닥친 죽음의 위험을 벗어날 수 있을 경우, 존재 보존의 규칙은 오히려 기만을 명한다는 역설을 가상의 반박자의 입을 빌려 제기하고 있다. 이에 대해 스피노자는 다음과 같이 답변한다. "만일 이성이 기만을 명한다면, 만인에게 명할 것이고, 결국, 그들이 힘을 결합하여 공통의 법을 수립할 때 기만적으로만 계약을 맺으라고, 즉 사실상 공통의 법을 갖지 말라고 명하는 셈이 될 텐데, 이는 불합리하다".

시, 이 조건들은 정말로 실현될 수 있는가? 이제 이성의 명령이 어떤 내용인지를 알게 된 이상, 우리는 이 물음에 답할 수 있다.

우선, **최대조건**은 무엇일까? 주지하듯, 이성적 욕망의 힘은 이미 획득된 우리 인식의 크기에 달려 있다. 그런데 이 인식은 외부에서 우리 안에 새겨 넣어졌던 게 아니다. 우리는 이를 우리 자신의 깊은 바닥에서 끌어내면서 획득해야 했고, 또 우리가 끌어내려고 노력하는 만큼만 획득했기 때문이다. 그런데 앞에서 우리는 이처럼 인식하려는 노력이야말로 이성적 욕망 그 자체임을 알게 되었다. 따라서 그 역도 역시 참이다. 곧 우리 앎의 크기는 우리를 앎에 접근하게 해주는 이성적 욕망의 생생함에 의존한다. 이렇게 해서 일종의 양성 피드백을 통해, 이성은 발달하면서 강화되고 강화되면서 발달한다. 특정한 인식 수준에서 특정 강도의 욕망이 따라 나오며, 이 욕망에 힘입어 우리는 더 높은 인식 수준으로 상승하고, 여기서 다시 더 강렬한 욕망이 생겨나고 등등. 바로 이렇게 해서 우리 앞에는 장기적으로 무한한 전망이 열린다. 제한적이나마 우리가 명석한 관념이라는 초기 자본을 소유한 이상(게다가 우리는 공통관념들 모두를 소지하고 있다), 이 자본은 영속적으로 상승하는 사이클을 그리면서 자기 증식할 수밖에 없지 않겠는가?

아마도 그럴 것이다. 그리고 결국 이것이 우리를 구원할 것이다. 그렇지만 우선 사이클에 시동이 걸릴 수 있어야 한다. 그런데 바로 이 출발점에서 우리는 가장 취약하다. 사실 이해하려는 노력은 수많은 해로운 정념들에 의해 저지될 수 있기 때문이다. 가령 슬픔[108]이나 과잉된 기쁨[109]에

---

108) 『윤리학』 4부 정리 41.
109) 『윤리학』 4부 정리 43을 참조하라.

의해. 또는 우리를 단일 대상에 고착시켜, 종종 우리 안에서 일체의 지적 활동을 마비시킬 정도로 우리 지각장을 빈곤하게 만들거나 균형을 잃게 하는 사랑이나 미움에 의해.[110] 따라서 이해하려는 노력이 우세해지려면, 이 노력이 해로운 정념들보다 강하거나 아니면 우리 자신이 외부 환경을 변경해냄으로써 다른 정념들을 체험할 수 있어야 한다. 더 이상 단일관념 편집증도 없고 우리 사유를 방해하지도 않는 정념들을 말이다. 그런데 한 편으로, 우리가 보유한 적합한 관념의 저장고가 공통관념 및 이 관념의 몇몇 귀결로 제한되어 있는 한, 앎에 대한 우리 열망은 갈등 상황에서 우위를 점하기에는 여전히 턱없이 약하다. 다른 한편, 명석한 관념을 형성하는 데 필요한 균형적이면서도 풍부한 지각장을 우리 스스로 마련하기 위해 우리 환경을 변형시켜야 한다면, 이는 과연 무엇의 영향 하에서 성취될 수 있을까? 다시 한 번, 인식하려는 욕망의 영향 하에서이다. 하지만 똑같은 난점이 다시 제기된다. 이 욕망이 우리를 그것과 상반된 방향으로 이끄는 정념들보다 약하다면, 이 욕망에서는 어떤 행동도 따라 나오지 않을 것이고 외부 세계도 바뀌지 않을 것이기 때문이다. 따라서 여하튼 사이클은 오직 특정한 문턱에 이르러서야 비로소 시동이 걸릴 수 있을 것이다. 곧 이성이 무적이 되는 문턱에서야 말이다. 그런데 우리가 제기해 왔던 문제는 바로 이성이 과연 저 스스로 **이 문턱에까지 고양될 수 있느냐**였다. 따라서 답변은 부정적이다. 실상 우리는 사이클의 문제에서 어떤 순환에 빠져 있다. 곧 인식의 욕망이 필연적으로 그리고 장애 없이 새로운 인식을 획득하려면 힘이 있어야 하지만, 이 힘은 오직 인식을 획득함으로써만 갖춰질 것이다. 이성적이 되려면 이미 이성적이어야 할 듯하다.

---

110) 『윤리학』 4부 정리 44의 주석을 참조하라.

하물며 인간 상호관계적 욕망의 경우 이 문제는 더 심각하게 제기될 수밖에 없다. 이번에는 추가적인 약점도 있다. 우리가 우리 인식을 소통시킬 수 있는 경우는, 앞의 상황과 마찬가지로, 이 인식이 이미 충분히 높은 수준에 도달하여 이를 확산시키려는 욕망이 우리 안에서 그것에 적대적인 정념들보다 강할 때뿐이다. 하지만 적대적 정념들은 매우 강력하다. 곧 지배의 야망, 시기심, 각종 형태의 미움은 우리를 우리 유사한 자들과 대립시키면서, 우리에게서 그들을 계몽하려는 욕망 자체를 가시게 하고, 상호 이해의 가능조건인 화합을 수립하려는 우리 작업을 가로막는다.[111] 이것이 다가 아니다. 설령 우리 자신은 이 문턱을 넘어섰다 해도, 타인이 거기에 도달하지 못하는 한 우리는 그 이상 더 나아가지 못할 것이다. 이 경우, 타인의 정념들은 그가 우리 메시지를 받아들이지 못하게 할 테니 말이다. 우리가 다른 사람들을 이성적으로 만들기 위해서도, 다른 사람들과 우리는 이미 이성적이어야 할 듯하다.

그러므로 최대조건은 실현 불가능하다. 이성이 모든 것에 대해 그리고 모든 것에 맞서 자기 요구를 관철시킬 수 있을 정도로 **저 스스로** 상승할 수가 없기 때문이다. 그렇다면 **최소조건**이 남는다. 우리가 아직 이 문턱에 미치지 못했더라도, 주변 환경이 아무 문제없이 오직 그 법칙들의 운행만으로도, 이성의 진보를 구속하지 않는 조화롭고 다채로운 지각장과 평화로운 사회 풍토를 우리에게 제공할 수 있을까? 또는 오직 그 법칙들의 운행만으로도, 우리를 마치 이성에 인도되는 **양** 활동하게 하는 정념, 그리하여 이런 지각장과 이런 풍토를 획득하기 위해 환경을 변형하도록 우리를 고무하는 정념들을 불러일으킬 수 있을까? 이 두 물음은 서로 연

---

111) 『윤리학』 4부 정리 45와 따름정리를 참조하라.

결되어 있지만 그럼에도 구별되며, 장차 따로 고찰되어야 할 것이다. 하지만 당분간 우리가 속해 있는 관점에서 보면, 두 물음은 하나다. 곧 외적 원인들은 이성이 발달하고 승리하는 데 필요한 정념적 원군을 제공하게끔 자체적으로 조직될 수 있는가?

우주 앞에 선 단독적 개인을 고려한다면, 이는 절대로 불가능하다. 섭리적 목적성이 없는 이상, 인간 아닌 자연이 자발적으로 자신에겐 전혀 생소한 [인간적] 열망들에 따른다는 건 생각도 할 수 없는 일이다. 물론 자연이 늘 그 반대 결과를 초래하도록 예정되어 있는 것도 아니다. 때때로 유리한 정황이 있으며, 이러한 정황이 창출되면 그 결과는 확정적이 된다. 우리의 인식 수준은 상승하며 우리의 이성적 욕망은 강화되는 것이다. 하지만 유리한 정황이 출현할 확률은 수많은 법칙들에 의존하기에, 일반적으로 이런 정황은 아주 드물며, 있다 하더라도 거의 지속되지 못한다. 따라서 확연한 진보가 나타나기 위해서는 많은 시간이 걸릴 것이다. 최선의 경우, 우리의 개체적 본질이 예외적으로 강하다고 하더라도, 우리는 아마도 나이가 아주 들어서야 비로소 운명적인 문턱에 도달할 수 있을 것이다.[112] 그런데 우리가 만일 고립되어 있다면, 취약함으로 인해 요절을 면할 수 없을 것이다. 따라서 실제로 우리 안에서 이성이 발달할 기회는 아예 없을 것이다.[113] 요컨대, 개인은 혼자서는 스스로를 구원할 수 없다.

그런데 집단 속에 살아가는 개인들을 고려하면, 사정은 다르다. 실상

---

[112] "모든 자는 모든 것에 대해 무지한 채로 태어난다. 그리고 아무리 훌륭하게 교육된 자라 하더라도 생의 막대한 부분이 이미 지나가고 난 다음에야 비로소 삶의 진정한 규칙을 알게 되고 덕을 실천하는 습관을 획득할 수 있다"(『신학정치론』 16장[G III p. 190/P p. 882]). 게다가 이는 사실상의 정치적 사회에서 이미 살아가고 있으며 이 사회가 마련해 주는 문화의 혜택을 누리고 있는 사람들의 경우다. 그렇다면 자연 상태에서는 어떻겠는가? 하물며 고립된 상태에서는?

우리는 결코 혼자인 적이 없다. 자연 상태에서조차 말이다. 우리가 세계와 맺는 관계는 우리가 타인과 맺는 관계에 의해 매개되기 때문이다. 더구나, 세계와 우리 사이에 끼어 있는 이 인간이라는 환경의 본성은 물리적 자연만큼은 우리 본성에 이질적이지 않다. 그래서 이 인간이라는 환경은 아무런 목적성 없이 오직 그 자체의 인과적 결정론만으로도 훨씬 더 많은 경우 우리에게 유리할 수밖에 없다. 정념적인 인간 상호관계의 동학이 자체적으로 균형 상태에 도달하고, 이에 힘입어 이성이 적어도 얼마간 발달한다 해도 전혀 터무니없는 말은 아니다.

사실 이는 매일같이 또 우리 눈앞에서 다소 근접하게 일어나고 있는 일이기도 하다. 인간 상호적 삶의 내적 모순으로 인해 사람들은 필연적으로 정치사회를 형성하며, 이를 항구적으로 재생산한다. 정치사회는 결코 이성에서 탄생하지는 않는다. 만일 이와 달리 주장한다면, 이는 우리가 벗어나려 하는 순환에 다시금 빠져드는 일이 될 것이다. 오히려 그것은 3부의 B_1과 B_2군이 기술했던 과정 자체에서 탄생한다. 그리고 일단 탄생하고 나면, 그것은 사람들에게 비록 그들이 이성적이지 않을지라도 **외적으로는** 이성의 명령에 사실상 일치하면서 살아가도록 규정한다. 물론 이는 불완전한 일치이며, 또 정치체제가 무엇이냐에 따라 불완전함이 더하거나 덜할 뿐이지만, 여하튼 핵심상의 일치이긴 하다. 사실 한편으로, 제도를 수립하는 것은 그들이지만 제도들의 작용은 그들을 상대적으로나마 평화롭게 협조하도록 강제한다. 그리하여 그들은 어느 정도 화합하게 되

---

113) "… 상호 도움이 없다면 인간은 필연적으로 아주 비참하게 살아갈 수밖에 없을 것이며, 이성을 계발할 수도 없을 것이다"(『신학정치론』 16장[G III p. 191/P p. 883]). "… 인간은 상호 도움이 없이는 거의 삶을 지탱할 수도, 정신을 가꿀 수도 없다"(『정치론』 2장 15절[G III p. 281/P p. 285]).

고, 이 화합에 힘입어 서로의 인식을 소통하는 데 유능해지거나 여하튼 자연 상태에서보다는 덜 무능해진다. 다른 한편으로, 이 평화적 협조로 인하여 그들 각자는 덜 곤궁한 삶의 조건을 마련한다. 그리하여 덜 불균형적이고 덜 궁핍한 외적 환경이 마련되며 이는 각 개인이 부분적으로나마 이성의 왕국에 더 쉽게 접근하게 해준다. 그렇다면 이 두 결과가 가장 선명하게 발현되는 체제가 과연 무엇이냐를 규정하는 일, 바로 이것이 정치학의 역할이다. 이는 도덕철학―교육학―의학―기계학에 추가되는 다섯번째 학문이며, 이렇게 해서 『지성교정론』이 구상한 프로그램은 완결되는 셈이다.[114]

이것이 곧 구원의 길이다. 정치적 매개, 오직 정치적 매개만이, 이성적 삶의 토대에서 현실적 전개로의 이행을 가능하게 하며, 이성의 요구들이 일상적 삶에 구현될 수 있게 한다. 따라서 스피노자 체계에서 정치학은 정확히 A_1B_1군과 A_2B_2군 사이에 위치한다. 이와 같은 위치는 명시적으로는 정리 37의 주석 2에 의해, 암묵적으로는 정리 41~64에 의해 지시된다.

사실, 정리 37의 주석 2는 자연 상태에서 사회 상태로의 이행에 대한 대략적 윤곽을 그리고 있다. 물론 얼핏 보기에 이는 단지 여담처럼 보일 뿐, 선행 정리들에서 우리가 이끌어낸 문제제기에는 전혀 답하는 듯하지 않다. 하지만 이러한 외양에는 근거가 있다. 왜냐하면 사람들이 제도와 법률을 마련하는 것은 이 같은 문제를 해결하기 **위해서가** 아니기 때문이다. 이는 오히려 전혀 다른 원인, 전적으로 정념적인 원인들 때문이다. 따라서 이 점에 대한 일체의 혼동을 피해야 하며, 오히려 우회하는 듯한 인

---

114) 『지성교정론』 15절(G II p. 9/P p. 162)을 참조하라.

상을 주어야 한다. 이 우회를 거치면서 나중에 가서야 비로소 이 주석도 문제에 답변하고 있음을 발견하게끔 말이다. 이성적 삶을 이루어낼 외적 조건의 창출은 정치사회의 목적이 아니라 오히려 **최종 결과**에 불과하다. 그러므로 이 외적 조건의 창출을 언급하는 일은 주석 2의 몫이 아닌데, 왜냐하면 주석 2는 오직 국가의 발생만을 다루고 있으며 이 발생은 다른 데서 연원하기 때문이다.

이 결과를 보고하고 있는 곳은 정리 41~64이다(아니 오히려 정리 41~58이라고 해야 할 것이다. 왜냐하면 마지막 여섯 정리[59~64]는 A_2B_2 군으로의 이행을 확보하고 있기 때문이다). 사실, 이 정리들의 대상은 과연 어떤 정념이, 그러니까 어떤 종류의 외적 원인이 이성의 발휘를 촉진하거나 구속하느냐를 규정하는 일이다. 이는 다시, 해당 정치체제가 우리 안에 유용한 정념을 키워내느냐 해로운 정념을 키워내느냐를 기준으로, 다양한 정치체제들의 효과를 평가할 수 있게 해준다. 물론 이 경우는 주석 2에서 본 상황의 역이다. 이성의 발달이라는 문제설정은 분명하게 정식화되는 반면, 정치에 대한 명시적인 언급은 전혀 없는 것이다. 이는 아주 쉽게 납득된다. 스피노자는 물음을 아주 일반적인 관점에서 고찰하고 있을 뿐이며, 우리에게 작용하는 외적 원인들 가운데 **오직** 정치질서만 있는 건 아니기 때문이다. 하지만 정치질서가 가장 중요하다는 것은 여전히 사실이다. 스피노자도 이를 『윤리학』에서는 언급하지 않는다 해도, 『신학정치론』과 『정치론』에서는 언급하고 있다. 사회를 떠나서는 이성의 진보란 아예 불가능하다고 말이다.[115] 그러므로, 주석 2가 정치학 입문의 개괄이었다면, 이 정리군은 정치학의 최종 결론으로 간주될 수 있다. 그리고 양자

---

115) 주 113을 참조하라.

사이에는 상이한 유형의 제도들을 연구할 여지가 마련되어 있다. 한편, 앞으로 살펴보겠지만 정리 38~40은 정치적 매개에 속하는 것으로 간주되거나, 아니면 A_1B_1군에서 A_2B_2군으로의 더 직접적인 이행을 확보해 주는 것으로 간주될 수 있다. 바로 이 때문에 이 정리들은 우리가 이 책 849쪽의 〈그림 3〉에서 설정해 둔 아주 특별한 자리를 차지하는 것이다.

따라서 『윤리학』의 순서는 이제 우리에게 스피노자의 정치학을 검토하도록 권하고 있다. 물론 오로지 우리가 방금 정의한 관점에 따라서 말이다.

3부

외적 통일
정치사회와 지도된 소외

8장
자연 상태에서 정치사회로

9장
분리
소외된 정치사회와 분열된 개체성

10장
순전히 외적인 통일
신정의 난관과 잘 조직된 야만

11장
내적 통일을 향해
자유 국가와 문명화된 개체성

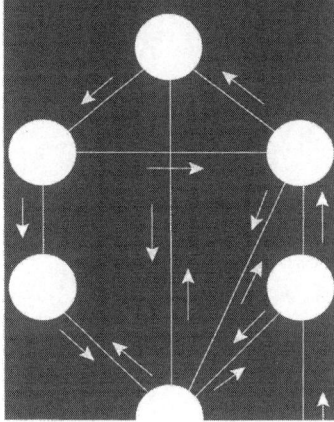

8장 _ 자연 상태에서 정치사회로

스피노자의 정치이론을 탐구하기 위해서는, 이 책 5장에서 우리가 도달했던 지점에 서서 문제를 다시 살펴볼 필요가 있다. 자연 상태에서 이성의 요구들은 아무런 비중도 없기에, 상황은 마치 이 요구들이 실존하지 않는 양 돌아간다. 그러므로 스피노자가 정치사회를 이성의 산물로 간주했다고 본다면 오산일 것이다. 이성이 만일 자기 욕망을 실행에 옮길 수 있었다면, 사람들은 자생적으로 합의에 도달했을 테고, 국가는 무용했을 테니 말이다.[1] 국가가 실존한다는 사실만으로도 이성의 무력함은 충분히 입증되는 셈이다. 그리고 이성이 아무것도 할 수 없는데, 하물며 어떻게 국가를 세울 수 있겠는가? 국가는 일단 탄생하고 나면 지성의 발달을 가능케 할지 모르지만, 이는 결과일 뿐이며 또한 사전에 목적으로 정립되지도 않았고, 그럴 수도 없었다. 따라서 만일 정치사회가 출현할 수밖에 없다면(또 당연히 그래야 하는데, 왜냐하면 이는 사실이기 때문이다), 이는 오

---

1) "만일 인간이 본성상, 참된 이성이 가르치는 것만을 욕망하도록 되어 있었다면, 사회에는 결코 법이 필요치 않았을 것이다. 대신 그들이 아주 기꺼이, 그리고 자유로운 마음으로, 진정으로 유용한 것을 행하게끔 그들에게 참된 도덕적 교훈을 가르치기만 해도 그야말로 충분했을 것이다"(『신학정치론』 5장[G III p. 73/P p. 740]).

직 인간 상호적인 정념적 삶의 자생적이고 맹목적인 놀이에서 비롯될 수밖에 없다.

얼핏 보면 『신학정치론』은 그 반대로 말하고 있는 듯하다. 그러나 앞으로 살펴보겠지만, 한편으로 『신학정치론』에서 이성에 부여된 역할은 실상 아주 축소되어 있다. 그리고 다른 한편, 『정치론』은 이 애매함을 일소하고 있다. 마치 그 사이에 스피노자가 그것을 자각하기라도 했던 양 말이다. 이 책은 국가가 순전한 역관계의 역학적 합력이라는 사실을 노골적으로, 심지어 과중하게 강조한다.

따라서 우리는 스피노자가 이후에 말했던 것은 **마치** 전혀 모른다 치고, 『윤리학』 3부에서 다시 출발해 볼 필요가 있다. 곧 정치사회가 탄생하고, 전개되고, 자기 자신과 모순에 빠지고, (최선의 경우) **사실상** 이성적 삶이 자유롭게 펼쳐지게 해줄 방식으로 조직됨으로써 자신의 모순을 해소하는 과정을 살펴보는 것이다. 그렇지만 처음에는 우리가 이 모두를 모른다고 해두자.

좌우간, 스피노자의 정치이론은 그의 개체성이론의 요충지이자 이 이론과 정확히 동일한 구조를 띠고 있다. 다시 말해, 우리의 해석이 정확하다면, 『윤리학』 전체와 동일한 구조를 띠고 있다. 실상, 『신학정치론』과 『정치론』을 조합해 보면 다음과 같은 구도가 얻어진다.

1. 자연 상태에서 정치사회로의 이행. 인간의 개체성이 실체에서 따라 나왔듯, 정치사회도 자연 상태에서 따라 나온다. 이에 해당하는 부분은 『정치론』 2장, 3장의 1~5절 및 10~17절, 그리고 4장의 1~3절이며, 『신학정치론』 16장과 이를 보충하는 5장의 한 단락, 그리고 『윤리학』 정리 37의 주석 2이다. 이 장에서는 이를 다룰 것이다.

2. 사실상의 정치사회들이 겪는 파국적인 변전(變轉)에 대한 탐구. 사실상의 정치사회는 잘못 조직되어,『윤리학』3부가 그 현신(現身)을 생생히 기술한 바 있는, 정념에 사로잡힌 개인의 경우와 아주 흡사한 소외의 희생물이 된다. 이에 해당하는 부분은『정치론』3장 7~9절과 4장 4~6절이며,[2]『신학정치론』17장의 역사적 부분이다. 이를 탐구함으로써 모든 건전한 정치사회를 지배해야 하는 근본원칙들이 드러날 것이다. 그리고 이는『윤리학』4부 전반부에서 언명되었던 개인에 대한 이성의 요구들을 국가 수준에 옮겨 놓은 등가물이라 할 수 있다.『정치론』5장과『신학정치론』18장은 이를 다룬다. 이 책 9장은 이를 다룰 것이다.

3. 이 원칙을 바탕으로 두 가지 해결책을 생각해 볼 수 있다. 그 중 하나는 이상적 성격의 신정이다. 즉, 히브리인에게서 역사적으로 실존했던 신정이 아니라, 역사적 신정을 실제로 멸망에 이르게 했던 몇몇 결함이 교정되고 일소된 신정 말이다. 논리적으로 볼 때,『신학정치론』에서 이 체제에 대한 연구는 18장 다음에 왔어야 했다. 하지만 실상 이상적 신정은 역사적 신정과 거의 구별되지 않으며, 이 때문에 그것은 17장에 등장한다. 스피노자가 이런 식으로 처리하지 않았다

---

[2] 이 두 집합은 상당 정도 다른 주제를 다루고 있기는 하지만(3장은 주권자의 권력이 미치는 범위가 어디까지인지를, 4장은 어떤 의미에서 주권자가 법에 따른다고 말할 수 있는지를 보여 준다), 양자는 사실상 거의 동일한 사태에 대해 말하고 있다. 곧 둘 다 잘못된 통치에서 초래되는 사회적 불균형을 검토하고 있는 것이다. 그래서 만일 이 책이 최종편집 과정을 거쳤다면, 양자는 합쳐지지 않았을까 생각해 볼 수 있다. 만일 그랬다면, 3장의 10절은 5절과 6절 바로 뒤에 이어지고, 4장의 1~3절은 아마도 3장으로 넘겨져 3장의 결론을 구성하게 되었을 것이다. 이렇게 되면, 4장은 동질적 성격을 띠면서 대중의 불만이 주권자의 역량에 가하는 제한들만을 다루게 될 것이다. 3장 6절의 경우, 그것은 "즉자적이면서 우리에 대한" 관점의 틈입을 표현한다. 다시 말해, 여기서 스피노자는 왜 이성적 인간 역시 법을 따르는지를 보여 준다.

면, 논의가 반복될 수밖에 없었을 것이다. 이 체제는 『정치론』 5장 4절에서도 아주 간략하게 암시되고 있다. 이 체제는 완벽한 짜임새를 갖춘 장치로서, 결과적으로 개인들을 자기 직분에 완전히 적응시키는 흠잡을 데 없이 지도된 소외를 가져온다. 하지만 이 소외는 개인들을 너무 잘 적응시킨 나머지 그들이 결국 이성의 삶에까지는 고양될 수 없게 하는 것이기도 하다. 따라서 이는 순전히 외적인 통일로, 정치적 구도의 극복을 일체 불가능하게 한다. 이 책의 10장은 이를 다룰 것이다.

4. 두번째 해결책은 "자유" 국가다. 이상적 군주정, 이상적 귀족정, 이상적 민주정이 그것인데, 이는 『윤리학』에 제시된 "자유로운 인간"의 사회적 등가물이다. 이 역시 잘 짜인 장치이지만, 이 국가는 이성 발달에 유리한 환경을 창출한다. 이에 해당하는 부분은 『정치론』 9~11장과 이를 보완하는 『신학정치론』 19장과 20장이다. 이 책 11장은 이를 다룰 것이다.

자, 그럼 시민 상태의 발생을 탐구하는 데서 시작해 보자. 여기서 핵심 개념은 **자연권, 자연 상태, 사회계약**이다. 스피노자에게서 이 개념들은 홉스가 그것들에 부여한 것과는 다소 상이한 의미를 지닌다.

1. 자연권에 대한 세부 설명

어떤 의미에서 보면 **자연권** 이론은 이 책 1부 전체의 유일한 주제였다. 이 이론의 철학적 토대는 『윤리학』 1, 2부, 그리고 3부의 처음 여덟 개 정리에서 정교하게 다듬어졌다. 그리고 『정치론』 2장의 처음 일곱 절은 『신학

『정치론』 16장의 처음과 마찬가지로, 이를 알아듣기 쉬운 언어로 간략히 요약하고 있을 뿐이다. 형이상학적인 구도에서 법적인 구도로 이행하기 위해서는 보편적으로 인정되는 공리 하나를 덧붙이기만 하면 된다. 자연의 절대적 주인인 신은 자신이 할 수 있는 모든 것을, 따라서 모든 것을 할 권리를 지니며, 신에게서는 지고의 권리[주권]와 무한한 역량이 일치한다는 공리 말이다.³⁾ 그 외 나머지는 신이 **진정** 무엇인지, 그리고 신과 사물들의 관계가 **진정** 무엇인지를 다시 떠올려 보기만 하면 '기하학적 방식으로'(*more geometrico*) 연역된다.

물론 이 연역은 두 수준에서 이해될 수 있다. 다의성을 계속 남겨 두는 상식적 의견의 수준과, 참된 인식의 수준에서 말이다. 우선, 모든 자연적 실재를 실존케 하고 활동케 하는 역량이란 신의 역량 자체라는 점⁴⁾만은 스피노자주의자가 아니더라도 인정할 수 있다. 그리고 문면(文面)만 보면, 두 논고는 그 이상을 입증하지는 않는다. 스피노자는 『윤리학』을 전혀 참조하지 않으면서, 독자에게 단지 철저한 유신론자이기만을 요구하는 듯 보인다. 그러나 이 명제는 그것이 위치한 이론적 문맥을 벗어날 경우 다양한 해석의 여지를 남기며, 이 해석들이 전부 의도했던 결론으로 이어지는 것도 아니다. 가령, 신이 모든 권리를 지니는 이상 신 아닌 것에는 아무 권리도 없으며, 또한 창조주와 피조물 사이에 구별이 유지되는 듯 보이는 한, 결과적으로 이 명제는 오히려 피조물을 격하하는 것일 수

---

3) "… 신은 모든 것에 대한 권리를 지니며, 신의 권리란 절대적으로 자유롭다고 간주되는 한에서의 신의 역량 자체에 다름 아니다"(『정치론』 2장 3절[G III p. 276/P p. 979]). 『신학정치론』 역시 똑같이 말한다. 곧 신은 "모든 것에 대한 지고의 권리를 가진다"(16장[G III p. 189/P p. 881]).
4) "자연적 사물들의 역량, 곧 자연적 사물들을 실존하게 하고 따라서 활동하게 하는 역량은, 신의 영원한 역량과 다른 것일 수 없다"(『정치론』 2장 2절[G III p. 276/P p. 978]).

밖에 없다는 식으로 말이다.⁵⁾ 이와 같은 애매함을 제거하기 위해서는 『윤리학』이 필요하다. 『윤리학』에 따르면 신은 만물의 내재적 원인이므로, 각 개체가 바로 '~인 한에서의 신'(*Deus quatenus*)이다. 즉 우리를 실존케 하고 활동케 하는 신의 힘이란, 멀리나 가까이서 우리를 규정하는 다른 모든 유한양태들의 힘에 의해 촉진되거나 정향되는 **우리 자신의 힘**이다. 또한 우리가 알고 있듯, 이 힘은 우리 코나투스와 다르지 않다. 따라서 코나투스는 신의 무한한 역량의 한 부분이다. 다시 말해, 신의 역량이 우리의 개체적 본질을 정의하는 구조를 취하는 **한에서**, 그리고 이 구조의 법칙들을 따라 활동하는 한에서, 코나투스는 신의 역량이다.⁶⁾ 그런 이상 결론은 아주 엄밀해진다. 신의 권리는 신의 능력과 동일하므로, '~인 한에서의 신'(*Deus quatenus*) 각각은 자신이 가진 힘만큼 권리를 갖는다. 그리고 개인적 욕망을 정당화하는 근거는 바로 스피노자의 형이상학으로부터 철저하게, 아무런 유보 없이 따라 나온다.⁷⁾

---

5) 이는 스피노자주의자가 아닌 사람들이 『정치론』 2장 2절을 별도로 놓고 볼 때 제기할 수 있을 법한 반박이다. 이 절은 극히 고전적으로, 독특한 사물들을 실존케 하는 힘과, 그 사물들의 '관념적 본질'(*essentia idealis*)을 대립시키고 있다. 곧 관념적 본질에서 실존으로, 그리고 다시 실존의 계속적 보존으로 이행하는 데는, 신의 역량이 필요하다는 것이다. 그리고 이는 모든 사람이 동의하는 점이기도 하다. 그런데 여기서 스피노자는 신의 역량이란 바로 이 동일한 독특한 사물들의 '현행적 본질'(*essentia actualis*)과 **다른 것**이 아니라는 점에 대한 증명을 누락시키고 있다. 앞 주에 인용한 정식이 보여 주듯, 그는 다만 그것을 전제하는 데 만족한다. 실상 자연의 사물들을 실존하고 **활동하도록 하는** 역량과 자연적 사물들의 역량이 동일하다는 점은 자명하지 않기 때문이다. 가령, 기회원인론자들은 양자를 근본적으로 분리시킨다. 이 둘을 동일한 것으로 간주하려면 『윤리학』에 제시된 형이상학 전체를 받아들여야 한다.
6) "따라서 인간의 역량은 그것이 이 인간의 현행적 본질을 통해 설명되는 한에서, 신 또는 자연의 무한한 역량의 일부이다"(『윤리학』 4부 정리 4의 증명).
7) "어떤 인간이든 자기 본성의 법칙들에 따라 행하는 모든 것은 그가 자연의 지고의 권리[주권]에 의해 행하는 것이며, 그가 자연 안에서 갖는 권리는 역량이 미치는 만큼이다"(『정치론』 2장 4절).

하지만 권리 이론을 탈신비화하는 개인주의는 덕 이론을 탈신비화하는 개인주의와 똑같진 않다. 후자는 이를테면 전자의 한 특수한 경우라고 할 수 있다. 왜냐하면 덕이란 역량 일반을 통해서가 아니라, **오직 우리 인간 본성의 법칙들에서만** 연역되는 것들을 행하는 역량에 의해 정의되기 때문이다. 단순히, "법칙들에서"(ex legibus)가 아니라 "오직 이 법칙들에서"(ex solis legibus) 연역되는 것을 행하는 역량에 의해서 말이다. 그러므로 덕은 오직 이성적 인간에게서만 권리와 일치한다.[8] 실제로 이성적 인간은 그 자체로 고려된 자기 본질에서 따라 나오는 것 외에 다른 어떤 일도 하고 싶어 하지 않으며(따라서 할 수도 없으며), 그러므로 그들을 지배하는 자연권은 보편적 규칙들의 체계로 정식화된다. 곧 이성적 인간 모두에게 공통적인 "이성의 명령들"로 말이다. 그러나 처음부터 이성적인 사람은 아무도 없으며, 이성적이 되는 사람도 아주 드물다. 그런데 무지자들이 행하는 것 **역시** 그들의 코나투스에서 따라 나오는 것이다.[9] 물론 그들의 코나투스는 외적 원인들의 작용으로 변양되기는 하지만 말이다. 그리고 그들 욕망의 특수한 방향을 규정하는 이 외적 원인들 역시 신-자연의 무한한 역량의 발현이다. 따라서 미치광이의 가치관도 법적으로는 현자의 가치관과 똑같이 정당하다.[10] 그렇지 않다고 생각한다면, 무언가

---

8) "… 현자는 이성이 명하는 모든 것을 할, 혹은 이성의 법칙들에 따라 살아갈 지고의 권리를 가진다"(『신학정치론』, 16장[G III p. 190/P p. 881]).
9) "… 이것이나 저것이나[이성적 욕망과 정념적 욕망] 모두 자연의 결과이며, 인간이 자기 존재를 유지하고자 노력하도록 하는 자연적 힘을 설명한다"(『정치론』, 2장 5절[G III p. 277/P p. 980]).
10) "… 따라서 인간의 자연적 역량 또는 권리는, 이성을 통해서가 아니라, 그들을 활동하도록 규정하고 자기를 보존하도록 노력하게 하는 그의 모든 충동을 통해서 정의되어야 한다"(『정치론』, 2장 5절). "따라서 각 인간의 자연적 권리는 건전한 이성을 통해서가 아니라 욕망에 따라 그리고 역량에 따라 정의된다"(『신학정치론』, 16장[G III p. 190/P p. 881]).

가 자연 안에 있으면서도 자연에 상반된다고, 따라서 신이 전체가 아니라고 주장하는 셈이 될 것이다. 하기에 전 인류에게 타당한 일반규칙은 없거나, 설혹 있다 해도 극히 드물다. 모두에게 금지되는 것이 있다면 오로지 아무도 욕망하지 않는 것, 그리고 아무도 할 수 없는 것뿐이다.[11] 하고 싶은 것, 그리고 할 수 있는 것은 하라. 이것이야말로 이 보편적인 비보편성에 대한 가능한 유일한 정식이다.

따라서 원리는 당돌할 만큼 단순하다. 권리와 사실의 절대적 동일성이 그것이다. 홉스는 거기까지 나가지 않았다. 소심해서가 아니라 그의 인간학이 막았기 때문이다. 누차 살펴보았듯이, 이 영국 철학자는 사실 인간 내에서 목적-수단의 이원성을 고수했다. 동물운동은 우리 욕망을 맹아적 시초로 삼아 생명운동의 보존을 확보하는 역할을 하며, 생명운동은 동물운동과 별도로 정의되었다. 따라서 생명운동이, 오직 생명운동만이 인간 활동을 정당화하는 원리가 되었다. 자연권은 어떤 인간이든 원하는 대로 활동할 자유에 있지만, 이는 다만 **자기 생명을 유지하기 위한** 자유였던 셈이다.[12] 그런 이상, 이 목적에 진정으로 부합하는 적법한 수단과 실상 이 목적에 이르지 않는 부적법한 수단이 적어도 이론상으로는 구별될 수 있었다.[13] 물론 이 구별은 실천적으로는 별반 의미가 없었다. 왜냐

---

11) "이로부터 다음이 따라 나온다. 곧 만물의 탄생과 그들이 살아가는 생의 대부분을 주재하는 자연의 권리와 규칙은, 오직 아무도 욕망하지 않으며 아무도 할 수 없는 것 외에는 아무것도 금하지 않는다"(『신학정치론』 16장[G III p. 190/P p. 882]). 『정치론』은 이 구절을 글자 그대로 재생하고 있다(2장 8절[G III p. 279/P p. 982]).
12) "자연권이란 … 인간이 저마다 그 자신의 본성, 즉 그 자신의 생명을 보존하기 위해, 자신이 의지하는 대로 자기 힘을 사용할 자유이다"(『리바이어던』 I, 14장, p. 66).
13) 그들의 목적에 진정으로 부합하는 이 수단들이야말로 홉스가 말하는 "자연법"(같은 곳)의 내용을 결정한다. 이 자연법은 시민국가가 보증해 주는 상호성에 힘입어 '외면의 법정에서' (*in foro externo*) 강제력을 얻기 전까지는, 자연 상태에서부터 우리를 '내면의 법정으로' (*in foro interno*) 강제한다(같은 책, p. 82).

하면 자연 상태에서는 각자의 운명은 오로지 각자가 책임지며 만인은 만인에 대해 전쟁 중이기에, 어떠한 방어수단도 선험적으로 배제될 수는 없었기 때문이다.[14] 그런데 설령 이렇게 하여 자연권이 힘으로 가늠된다 하더라도, 이는 단지 이차적으로만, 또한 이를테면 우연적으로만 그러했다. 그리고 이는 권리의 본질 자체에서 비롯되는 것이 아니라, 다만 개별 상황의 귀결들에서 비롯되었을 뿐이다. 스피노자에게서는 이와 비슷한 것이 없다. 그의 인간학적 일원론에서는 보존해야 할 삶과 이 삶을 보존하는 수단의 분리가 허용되지 않는다. 곧 적법성을 부여해 주는 심급은 바로 코나투스이며, 이는 하나이며 분할 불가능하다. 그것은 또한 우리 모든 개별 욕망과 더불어, 이 욕망에서 따라 나오는 모든 행동을 총괄한다. 따라서 모든 행위는 그 어떤 규범에도 준거하지 않고, 오직 우리가 그 활동을 수행한다는 바로 그 사실을 통해 정당화된다.

이 때문에 스피노자에게서 자연권은 극복 불가능하다. 홉스에게서 자연권은 자연 상태에서만 지배력을 지녔을 뿐, 일단 정치사회가 구성되고 나면 이내 타당성을 상실해 버렸다. 그런데 이 학설의 토대는 정확히 생명운동과 동물운동의 이원론이었다. 그리고 어떤 상황에서도 권리의 유일한 원리는 원초적인 생물학적 실존의 보존이었다. 이를 출발점으로 두 가지 절차가 구상될 수 있었다. 우선, 자연 상태에서 개인은 홀로 자신을 책임져야 하기에, 자기 방어를 위해 어떤 동물운동(운동 행위와 언어 행

---

14) "인간의 상태는 … 만인에 대한 만인의 전쟁 상태로, 이 경우 만인은 각자 자기 이성에 지배되며, 또한 자기 적에 맞서 자기 목숨을 보존하는 데 도움이 될 수 있는 것이라면 전부 사용할 수 있다. 따라서 그와 같은 상태에서는 만인이 심지어 서로의 신체에 대한 권리까지 포함된 모든 것에 대한 권리를 지닌다는 점이 이로부터 따라 나온다"(같은 책, p. 67). 이러한 상황 때문에, 아니 오로지 이 때문에, "자연법"은 순전히 의도의 상태로 남아 있을 수밖에 없다.

위)을 실행할지를 판단하는 유일한 판관도 그 자신이었다. 이것이 그의 자연권이었다. 반면, 국가(Commonwealth)에서 신민들은 수단 선택을 주권자에게 양도했다. 이 주권자가 그들을 확실히 보호할 목적으로 장차 그들의 이름으로 결정할 모든 것에 일괄적으로, 그리고 미리 법적 정당성을 부여함으로써 말이다.[15] 따라서 신민은 자신의 동물운동을 스스로 이끌어 가기를 포기하여 이를 주권자에게 넘겨 주었으며, 자연권은 소멸되었다. 그러나 스피노자에게서는 이렇게 될 수가 없다. 그에게선 목적과 수단이 구별되지 않기 때문이다. 우리가 어떻게 자연권의 권역에서 벗어날 수 있겠는가? 그러려면 자연의 법칙들에서 놓여나야 할 텐데 말이다. 우리는 우리가 좋다고 판단하는 모든 것을, 만일 그럴 힘만 있다면, 필연적으로 행하기 마련이며[16] 자연권이란 그 이상을 의미하지 않는다. 물론 국가가 그 자체 우리보다 더 강력한 하나의 개체가 될 경우 자연권은 정치적 권리로 이항될 수 있을 것이다. 그러나 이 정치적 권리조차도 수많은 개인적 자연권들의 전체적인 합력에 지나지 않을 것이다. 어떤 상황에서든 늘 각자는 자신이 원하는 것, 그리고 자신이 할 수 있는 것을 할 권리를 지닌다. 국가의 역할이란 이 모든 욕망과 능력을 특정한 방향으로 유도하는 데 지나지 않는다. 우리가 국가에 복종한다면, 설령 단지 두려움 때문일 뿐이라도, 여하간 우리가 그렇게 하고 싶어 하기 때문이다.[17] 그리고

---

15) 국가(Commonwealth)에 대한 정의를 참조하라. 그것은 "하나의 인격(One Person)으로, 대다수가 서로 간에 맺은 상호서약에 의거하여 이들 각자가 모두 이 인격이 행한 행위의 장본인(Author)이 되며, 나아가 이 인격은 그들의 평화와 공동의 방어를 위해 필요하다고 생각될 때 결국 그들 모두의 힘과 수단을 사용할 수 있다"(『리바이어던』 II, 17장, p. 90).
16) 홉스에서도 그렇다. 하지만 그에게서 자연권은 이렇게 정의되지 않는다.
17) "… 각자의 자연권은 (만일 우리가 사태를 올바르게 가늠해 본다면) 시민 상태에서 중지되지 않는다. 왜냐하면 인간은 자연 상태에서든 시민 상태에서든, 자기 본성의 법칙들에 따라 활동하고 자기 이익을 고려하기 때문이다"(『정치론』 3장 3절〔G III p. 285/P p. 991〕).

만일 우리가 국가에 불복종하기를 원하고 또 그럴 수 있다면, 우리 자신에게 위험천만한 일이긴 해도, 우리에겐 그럴 권리가 있다."[18] 자연권과 권리는 동의어이다.[19]

사정이 이런데도 왜 스피노자는 자연권의 "양도", 혹은 한 개인으로부터 다른 개인에게로 자연권의 "이전"(移轉)에 대해 말할까? 이는 홉스주의의 잔재가 아닐까? 이 표현들은 특히 『신학정치론』[20]과 『윤리학』[21]에서 자주 사용되지만, 스피노자가 자기 테제의 함의들을 보다 예리하게 의식하고 있었던 듯 보이는 『정치론』에서는 거의 폐기된다. 하지만 한편으로, 진화는 완벽하지 않다. 마지막 저작에서도 "이전하다"(transferre)라는 동사는 기회가 있을 때마다[22] 등장한다. 그런데 다른 한편, 이와 같은 진화는 학설의 토대보다는 오히려 정식화(물론 이 역시 매우 중요하다)와 관련된다. 사실, 『신학정치론』에서부터 스피노자가 설명하고 있었던 것은 법적 양도의 현실적 효력에 대해서였다. 다시 말해, 사실상으로는, 그리고 오직 사실들만이 중요한데, 우리는 자연권을 전부 양도하지는 않으며, 만일 그렇게 한다면 우리는 더 이상 인간이 아닐 것이다. 즉 존재하지

---

18) 『정치론』 3장 8절을 참조하라. 『신학정치론』도 똑같이 말한다. 곧 국가가 신민들에 대한 주권적 권리를 보존하는 것은 오직 "… 자신이 원하는 것을 집행할 역량을 보존하는 동안 만큼"이며, "그렇지 않으면 불안정하게 지배할 것이고, 더 강력한 자들 가운데, 그에게 복종하기를 원치 않는데도 계속 복종하게끔 제지될 자는 아무도 없을 것이다"(16장[G III p. 193/P p. 886]). 주목할 점은, 주권자가 자기 권리를 상실하는 때란 홉스의 경우처럼 **자기 신민들을 보호할** 능력을 상실할 때가 아니라 **그들을 강제할 능력을** 상실할 때라는 점이다.
19) 이미 종종 인용되었던 「편지」 50의 처음 부분[G IV pp. 238~9/P p. 1286]을 참조하라. 거기서 스피노자는 바로 이 점이야말로 자신의 정치 학설과 홉스의 학설이 완전히 달라지는 지점이라 선언한다.
20) "만일 각자가 자신이 보유한 모든 역량을 사회에 이전한다면(transferat) …"(『신학정치론』 16장[G III p. 193/P p. 886]).
21) "… 자신의 자연권을 포기할(cedant) 필요가 있다"(『윤리학』 4부 정리 37의 주석 2).
22) 『정치론』 6장 4절과 7장 5절, 8장 3절을 참조하라. 그러나 2장에는 이 단어가 없다.

않는 셈이 될 것이다.[23] 차후 『정치론』에서 사라지는 것은 스피노자의 것이라 보기 힘든 이론과 실제(pratique)의 구별뿐이다. 이 경우 "이전"은, 만일 그런 것이 일어난다면, 지극히 단순하고 지극히 평범한 것이 되어 버린다. 우리가 매일같이 그것을 실행하기에 말이다. 자연 전체의 권리, 즉 '전 우주의 얼굴'(Facies Totius Universi)의 포괄적 코나투스는 불변이다. 하지만 전체의 내부에서는 자연 법칙들의 작용이 독특한 개체들 간의 역관계를 끊임없이 변양시킨다. 따라서 단독으로 고려된 이 개체들 각각의 자연권은 마주침의 우연에 따라 권역이 확장되거나 축소된다. 일부가 자연권을 상실하면 다른 것들이 이를 획득하며, 따라서 아주 현실주의적 의미에서 그 개체들이 다른 개체들에게 자연권을 "양도했다"고 말할 수 있다.

이를 보다 잘 이해하기 위해, 인간 개체가 타인과 맺는 관계는 제쳐두고, 우선 그가 인간이 아닌 자연과 맺는 관계부터 고찰해 보자. 물론 그에게는 모든 것이 허용되지만, 이는 다만 그에게 무언가를 금하는 초월적 규범이 전혀 없다는 의미에서만 그렇다. 그럼에도 여전히 그의 자연권은 그의 욕망이 어떻게 정향되느냐에 따라, 그리고 그의 역량이 어느 정도의 크기를 가지느냐에 따라[24] 제한된다. 이로부터 몇 가지 가능한 상황이 도출된다. 첫째, 우리는 우리가 실제로 지닌 모든 것에 대해 **실질적 권리**를

---

23) "앞 장의 고찰은 … 설령 실제에(praxi) 적지 않게 부합한다 해도 … 대개의 경우 단지 이론적인 것에 머무를 것이다. 사실 어느 누구도 더 이상 인간이기를 그만둘 정도까지 다른 자에게 자기 역량을, 따라서 자기 권리를 이전할 수는 없을 것이며, 자기가 원하는 모든 것을 집행할 수 있는 주권자란 결코 있을 수 없을 것이다"(『신학정치론』 17장[G III p. 201/P p. 898]). 따라서 주 20의 인용절에서 정의된("… 모든 역량을" omnem potentiam) "이전"(移轉)의 이론적 모델은, 설령 "적지 않게"(non parum) 실제에 부합한다 하더라도 정확히 부합하지는 않는다.
24) "욕망에 따라 그리고 역량에 따라"(Cupiditate et potentia). 주 10을 참조하라.

행사한다. 그것에 대해 우리는 지배자이자 소유자, 곧 '주인'(*dominus*)[25]이다. 그런데 이 권리는 대상에 대한 소유가 확고한 정도에 따라 더 취약하거나 덜 취약할 수 있다. 이 경우 모든 것은 정도의 문제다. 여하튼, 우리가 무언가를 더 이상 원치 않을 때나 그것을 보존할 수단을 모두 상실할 때, 우리가 그것에 대해 가지고 있던 실질적 권리는 사라진다. 둘째, 하지만 우리가 탐내는 대상이 객관적으로 접근할 수 없는 것이라 하더라도, 당연히 우리는 이 사실을 모를 수도 있다. 가령 오만 때문에 우리 자신의 힘을 과대평가하는 경우는 흔하며, 또 불확실한 정황은 항상 희망의 여지를 주기 마련이다. 이 경우, 우리가 그 대상을 원하고, 또 아무것도 방해하지 않는다면, 필연적으로 우리는 이 대상을 차지하고자 시도할 수밖에 없고, 또한 우리에게는 그렇게 할 권한이 있다. 말하자면, 우리에겐 **사랑하는 사물에 대한 권리**는 없지만 그것을 획득하려고 노력할 **권리**만큼은 있다. 성공할 확률이 아무리 희박하다 하더라도 말이다. 이처럼 우리 운을 걸어 보고 꾀할 권리를 실질적 권리와 대비하여 **형식적 권리**라 부르기로 하자. 이 권리는 단연 가상적인 의견[26]에 의거하고 있지만, 이 가상이 실존하는 한 거기서 발생되는 동학은 자연적이고 적법하다. 셋째, 그런데 이러한 형식적 권리마저도 없을 수 있다. 우리가 어쨌든 한번 꾀해 보기라도 할 물리적 가능성마저 상실할 때가 그렇다. 혹은 이를 꾀할 때 초래될 위험도 두렵고 이를 피하고 싶은 나머지, 꾀하는 것마저 포기할 때도 그렇다. 하지만 이처럼 특정한 자연권을 포기한다고 해서 자연권 일반이 무효화되지는 않는다. 오히려 이 역시 자연권의 틀 안에서 실행되며,

---

25) 『윤리학』 4부 정리 37의 주석 2.
26) 이는 "사실보다는 의견에"(『정치론』 2장 15절[G III p. 281/P p. 985]) 기반을 둔 권리이다.

자연권이 발현되는 여러 방식 가운데 하나에 불과하다. 가령 식물인간도 살아 있는 이상 최소한 살 권리만큼은 보유하고 있다. 또한 만일 우리가 어떤 욕망을 단념한다면, 이는 상반되는 욕망이 우리 정신 안에서 우세해졌기 때문이고, 따라서 우리가 단념하기를 원했기 때문이다. 이런 상황이 외적 원인들의 압력에서 비롯되었다 해도, 바뀌는 건 없다. 우리가 정념에 사로잡혀 있는 한, 여하간 우리를 지배하는 것은 늘 외적 원인들이지만, 그렇다고 외적 원인들이 우리에게 불러일으키는 욕망이 우리 욕망이 아닌 건 아니다.

따라서 아주 넓은 의미에서 본다면, 우리가 우리 자연권의 일부를 우리를 강제하는 외적 원인들에 이전한다고 말할 수도 있다. 하지만 인간이 아닌 원인들에 대해서는 스피노자는 그렇게 말하지 않는다. 그런데 우리 환경에는 다른 인간들도 있다. 그리고 주지하듯, 지배의 야망은 보편적으로 팽배한 정념이다. 다시 말해, 모든 인간은 할 수 있는 한, 그와 유사한 자들이 그의 가치체계를 채택하게끔 하려고, 그리고 이 체계에 맞춰 행동하게끔 만들려고 노력한다. 이러한 기획은 대개는 실패로 돌아가지만, 가끔씩은 성공을 거두기도 한다. 따라서 우리가 타인과 맺는 관계에서도 과정은 동일하다. 만일 X라는 인간이 Y라는 인간을 자기 의지대로 움직이길 욕망하고 또한 그럴 능력이 있다면, X에게는 그럴 권리가 있다. 이 경우 Y는 X에게 법적으로 의존한다. Y는 '타인의 권리 하에'(*alterius juris*)[27] 있는 것이다. 앞서와 마찬가지로, 이러한 의존성 역시 두 종류일 수 있다. X가 Y를 속속들이 강제할 수단을 정말로 가지고 있다면, 이는 실질적 의존성이다. 반면, X가 이런 수단을 가지고 있다고 믿을 뿐이어

---

27) 『정치론』 2장 9절[G III p. 280/P p. 983].

서, Y로 하여금 어떤 일에 착수하게는 하지만—그러지 않을 경우 Y에게 (가령, 하는 척하거나, 요리조리 빠져나갈 필요 때문에) 상당히 성가신 일들이 초래되기에—, 실제적 복종에는 이르게 하지 못할 경우, 이는 형식적 의존성이다.[28] 그런데 이러한 수단의 폭은 상당히 넓다. 가령, X는 Y를 사슬로 묶을 수도 있고 무장 해제시켜 감금할 수도 있다.[29] 비록 성과는 미미하겠지만 말이다. 또는 X는 유혹이나 공포를 이용할 수도 있다. Y에게 보복하겠다고 위협하거나, 진심에서든 아니든[30] 자비를 베풀겠노라 약속하고는[31] 이를 언제까지나 미룸으로써 자기에게 집착하도록 만드는 것이다. 뒤의 두 경우 Y는 공포와 희망으로 인해, 이전의 욕망을 충족하는 것을 포기하고서는 아주 기꺼이 예속될 수 있다. 심지어 때로 Y의 조건형성이 너무나 잘 재조직되어, Y는 자신이 복종한다는 사실조차 의식하지 못할 수 있다. 그럼에도 그가 복종하기는 매한가지이며, 이것이 핵심이다. 그의 행위가 외적 의지에서 따라 나오는 이상, 스스로 깨닫든 깨닫지 못하든 그는 타인의 권한 하에 있는 셈이다.[32] 법적 양도(aliénation)는 인간 상호적인 정념적 소외(aliénation)를 완성한다.

---

28) 가령, 자신에게 거슬리는 종교적 의견을 금지하겠다고 나서는 주권자가 이 경우에 해당한다. 그가 자기를 거역하는 자들을 이단으로 몰아 언제든지 감옥에 가두거나 사형에 처할 수 있다는 의미에서 그에게는 그렇게 할 형식적 권리가 있다. 물론 이는 국가에는 파멸적인 것이 될 테지만 말이다. 그러나 그에게는 그렇게 할 실질적 권리는 없다. 실상 신민들은 여전히 그대로 생각할 테니 말이다. 이에 대해서는 『신학정치론』의 20장 전체를 참조하라.
29) 『정치론』 2장 10절 [같은 곳].
30) 왜냐하면 "정신이 다른 자에게 기만당할 수 있는 한에서, 판단 능력 역시 다른 자의 권리 하에 있을 수 있기" 때문이다(『정치론』 2장 11절[같은 곳]).
31) 같은 곳.
32) "… 타인의 모든 명령에 복종하리라 온 마음으로 결심하는 자야말로, 가장 타인의 지배 하에 있는 자이다"(『신학정치론』 17장[G III p. 202/P p. 900]).

반면, Y는 아무도 그를 강제할 권력을 갖지 않는 동안은 법적으로 독립적이다('자기 권리 하에 있다' *sui juris*). 일체의 속박에서 자유로워, 아무에게도 자기방어를 위한 도움을 구하지 않고서 주저 없이 복수를 감행할 만큼 적을 두려워하지 않는 동안은[33] 말이다. 요컨대 **자기 기질에 따라** (*ex suo ingenio*)[34] 살아갈 수 있는 동안은 말이다. 그런데 이 또한 두 가지다. 하나는 자기 본성에만 따르는 경우인데, 이때 그의 독립성은 최대치가 되며 진정한 자유와 일치한다.[35] 다른 하나는, 적어도 **인간이 아닌** 외적 원인들에 기인하는 조건형성을 통해 변양된 자기 본성에 따르는 경우이다. 그러므로 독립성 역시 때로는 실질적이고 때로는 형식적이다. 왜냐하면 자기가 타인의 의지를 고려하지 않고 활동할 수 있다고 잘못 상상하는 경우는 아주 흔하기 때문이다.

그런데 독립적일 때는 물론이거니와 의존적일 때조차도, 우리는 결코 자연권의 권역을 벗어나지 못한다. 사슬에 묶인 죄수도 원하는 대로 그

---

33) 『정치론』 2장 9절.
34) 같은 곳.
35) 『정치론』 2장 11절. 물론 무지자들의 사회 안에 사는 **고립된** 이성적 인간의 경우는 더 복잡하다. 그는 자기 이성에만 복종하므로, 어떤 의미에서는 모든 인간 가운데 가장 독립적이다. 그런데 그의 이성은 그에게 제아무리 사리에 어긋나는 법률이라도 그것에 따르라고 명하며(『정치론』 3장 6절을 참조하라), 바로 이런 의미에서 그는 스스로 의존적이 된다. 그가 어떤 상황에서도 복종하겠다는 포괄적 결정을 내릴 때, 그는 정념적인 인간과는 반대로 "자기 권리 하에"(*sui juris*) 있는데, 왜냐하면 이는 결코 희망이나 공포 때문이 아니기 때문이다. 그러나 그의 복종은 불합리한 행위들을 통해 표현되며, 이 행위들 각각의 개별 내용면에서 보면, 그는 "타인의 권리 하에"(*alterius juris*) 있다. 반면 그가 그 자체로 이성에 부합하는 명령을 받아들일 경우에는, 그는 어떤 의미에서도 "타인의 권리 하에" 있지 않다. 실상 아무도 그에게 명하지 않았다 하더라도 그는 똑같은 일을 했을 테니 말이다. 설령 그가 그렇게 하지 않는다 하더라도, 여하간 이는 단지 그의 앎과 능력이 자기 유사한 자들을 정념에서 벗어나게 하는 정도까지는 되지 못했기 때문일 뿐이다. 따라서 이 경우에도 여전히 정념적인 소외(이번에는 다른 자들의 소외)가 법적인 양도를 가능케 한다. 요컨대, 만일 **모든 인간**이 이성적이라면, 만인은 완전히 독립적일 것이다.

리고 할 수 있는 대로 활동한다. 단지 대단한 것을 할 수 없을 따름이다. 한편, 희망이나 공포에 굴복한 자의 경우, 그가 어떤 낯선 요구에 복종한다 하더라도 이 요구는 그가 이를 받아 안는 만큼만 실효성이 있다. 역관계는 내면화될 때 자발적 예속이 되는 것이다. 물론 우리에게 가해지는 "심리조작"이 완전하지 않을 때(거의 모든 경우가 그렇지만), 우리는 우리 너머에 있는 어떤 규범을 따른다는 인상을 받을 것이다. 정확히 여기서 권리는 사실로 환원되지 않는다는 권리에 대한 가상이 생겨난다. 가령, 무언가를 욕망하고, 또 그것을 차지할 물적 수단이 수중에 있음에도, 우리는 그렇게 하지 않을 "의무가 있다"고 느낀다. 그러나 이를 자제한다 하더라도 이는 우리가 기대하는 선을 얻으려는 욕망이나 우리를 위협하는 악을 피하려는 욕망이 결국 애초의 욕망을 압도했기 때문일 뿐이다. 따라서 그 어떤 순간에도 가장 강력한 욕망이 최고 심급을 차지한다. 그러므로 권리의 양도 역시 그것을 초래한 상황이 유지되는 동안만 유효하다. 우리가 더 이상 희망하지 않거나 두려워하지 않는 바로 그 순간부터, 우리는 법적으로 독립적인 상태로 되돌아간다.[36] 영원한 복종을 맹세했다 한들 하등 중요치 않다. 그 어떤 상황에서도, 심지어는 정치사회에서도, 우리에겐 약속을 지키지 않을 권리가 있다. 그러는 편이 더 좋다고 판단한다면, 또한 그렇게 할 수 있다고 충분히 강하게 믿는다면 말이다.[37] 그리고 이렇게 되지 않도록 방비하는 것은 상대편의 몫이다. 만일 상대편이 우리의 말만 믿는다면, 그가 어리석은 것이다.[38]

---

36) 『정치론』 2장 10절.
37) 『정치론』 2장 12절(G Ⅲ p. 280/P p. 984).
38) "만일 타인에게 언제까지고 계약에 충실하기를 요구하면서, 이와 동시에, 계약을 파기할 경우 파기한 자에게 이익보다는 손해가 더 많이 따르게끔 조치해 두고자 애쓰지 않는다면, 이는 어리석은 짓이다 …"(『신학정치론』 16장(G Ⅲ p. 192/P p. 885)).

이 같은 독립성과 의존성의 구별은 자연 상태와 사회 상태의 구별보다 논리적으로 앞서며, 그것과 아주 부분적으로만 겹친다. 앞으로 살펴보겠지만, 자연 상태에서 우리가 독립적인 경우는 매우 드물다. 그러나 정치사회에서 우리는 상당 정도 독립적인데, 주권자가 우리에게 강요하기를 원하지도 않고 강요할 수도 없는 모든 것에 대해 우리는 독립적이기 때문이다. 그러나 연대기상으로 볼 때, 이 두 핵심 개념은 오직 『정치론』과 더불어 등장한다. 『신학정치론』과 『윤리학』 정리 37에서 이는 아직 간과되고 있으며, 그 대신 이용되고 있는 것은 여전히 지나치게 투박한 관점의 "이전"(移轉)이다 — 조금 뒤에서 우리는 여기서 어떤 귀결들이 초래되는지 알아차리게 될 것이다. 물론 스피노자의 법자연주의가 핵심에 있어서는 변하지 않았다 하더라도(이는 『윤리학』의 형이상학에서 필연적으로 따라 나오는데, 어떻게 그럴 수 있겠는가?), 우리는 이 독립성과 의존성이라는 두 기초개념이야말로 충만한 성숙기에 이른 스피노자 철학의 산물이라 볼 수 있다. 여하간 이 두 개념은 자연 상태와 시민 상태, 그리고 전자에서 후자로의 이행이 갖는 실질적 의미를 더 잘 이해하게 해준다.

2. 자연 상태에 대한 세부 설명

자연 상태는 우리 책 2부 전체의 주제였다. 홉스와는 반대로, 스피노자는 정치 저작들의 몇 단락에서만 이 주제를 다루고 있다. 그런데 이에 대한 체계적인 연구는 실상 『윤리학』 3부, 그리고 4부의 처음 37개 정리에서 이루어진다. 사실 3부와 4부 절반은 **실제로 있는 그대로의 인간**을 기술한다. 정념에 지배당하는 인간, 그러나 대부분의 경우 아주 미약한 정도에 불과하더라도 여하간 모두가 다양한 정도로 이성의 요구를 체험하는 인간을 말이다. 하지만 거기서 고찰되는 인간은 일체의 정치적 조건형성이 추상되어 있다. 또한 거기서 스피노자는 외부 원인들의 특수한 방향을 전제하지 않으며, 따라서 이 원인들의 작용은 잠정적으로 우연에 내맡겨진다. 그런데 자연 상태란 이와 다른 것이 아니다. 자연 상태는 우리를 규제하는 제도들이 **고려되지 않을 때**, 우리가 처하게 되는 상태이다. 물론 이 제도들이 출현해도 우리의 동인(動因)들이 바뀌는 것은 아니다. 우리의 활동은 언제 어디서나 동일한 자연법칙들에 따라 이루어질 뿐이다. 그러나 제도가 출현할 경우 이 동인들은 특정한 방향으로 지도되며, 이는 자연 상태를 탐구할 때는 전혀 내다볼 수 없는 일이었다. 동인들의 지도(指導)는 자연 상태의 진정한 함의들을 전부 상론한 후에, 그리고 자연 상태의 운행 자체가 낳은 귀결로서 비로소 출현할 것이며, 따라서 그것은 자연 상태를 통해 인식되어야지 그 역은 아니기 때문이다. 이렇게 볼 때, 자연 상태와 시민 상태의 관계는 스피노자 자연학에서 오직 가장 단순한 물체들(corpora simplissima)의 합성체로만 고찰된 우주와, 복합적 개체들이 서로를 무한하게 포섭하는 실제 우주 간의 관계와 유사하다. 물론 어떤 의미에선, 세계에는 단순 물체들밖에 없으며, 보편적 자연 법칙을 연구하는 데는 여타의 보조 가설들이 전혀 필요 없다는 건 사실이다. 하지만 이 단순 물체들의 운동이 결국 조직된 개체들의 구성으로 이어지고, 이 개체들의 특수법칙들은 바로 보편적 자연법칙에서 연역된다는 것 또한 사실이다. 마찬가지로, 자연 상태는 일종의 추상이지만, 이는 정치사회를 이해하는 데 필수적인 추상이며, 나아가 정치사회 내부에서 극복되면서 보존되는 계기라는 의미에서 구체적으로 실존하는 추상이다.

자연 상태의 내용에 대해서라면 우리는 이미 알고 있다. 『윤리학』 4부 정리 19~37에 정의된 이성의 요구들이 효력이 없음이 드러난 이상,

자연 상태를 사실상으로 정확하게 기술하는 데는 오직 3부만으로도 충분하다고 볼 수 있다. 따라서 여기서는 다만 이 책 5장의 결론으로 되돌아가 보는 것으로 그치자. 만일 이 결론이 정당하다면, 자연 상태는 일종의 무–정부적 봉건 사회와 흡사할 수밖에 없다. 이 사회에서 인간관계는 다른 무엇보다도 개인적 충성이나 사적 전쟁처럼, 위신을 바탕으로 하는 직접적이고 무매개적인 관계에만 국한되리라는 점에서 말이다. 물론 이는 역사적으로 실존했던 유럽 중세사회가 아니라, 하나의 이론적 모델로서, 유럽 중세사회에서 일어났던 동요들을 사실상 조절해 주었던 공동체적 구조나 갖가지 제도들은 제거하고서 이 사회의 가장 개인주의적인 측면들만을 채택한 것이라 할 수 있다. 하지만 이런 상태는 그야말로 견딜 수 없는 것이기에, 그것이 극복되게끔 강제하는 내적 모순을 겪게 된다.

사실 한편으로, 자연 상태에서조차 인간은 필연적으로 사회를 이루어 살아갈 수밖에 없다. 스피노자는 이를 『신학정치론』 5장의 한 단락에서 보여 주며 그 밖의 구절들은 이를 간략하게 요약하고 있을 뿐이다. 우리가 오로지 우리 자신이 지닌 자원에만 의존해야 한다면, 우리는 거의 총체적으로 무력할 것이다. 그런데 우리 신체는 매우 복잡하기에, 신체가 보존되고 지탱되기 위해서는 매우 많은 것들이 필요하다.[39] 그리고 이것들은 어떤 섭리에 따라 우리 쓸모에 맞게 마련되어 있지 않기에, 우리에게 합치하도록 변형되어야 한다. 그런데 만일 우리가 고립되어 있다면, 여기에 필요한 노동을 전부 다 해낼 수는 없을 것이다. 이 노동은 양적으로는 너무 많은 시간을 요하며, 질적으로는 너무 다채로워 우리가 이에 필요한 소질을 전부 다 갖출 수는 없기 때문이다. 따라서 고립된 인간은

---

39) 『윤리학』 4부 부록의 27항.

삶의 욕구 가운데 상당 부분을 희생해야 하거나, 모든 일을 조잡하게 그리고 서둘러 해치워 버릴 수밖에 없을 것이다. 하지만 둘 중 어느 경우든 그는 금방 죽게 되어 있으며, 하물며 자기 이성을 발달시키는 문제는 아예 생각도 할 수 없을 것이다.[40] 결국 살아남기 위해 우리는 도움을 구한다. 그런데 우리는 경험을 통해 다른 인간들이 우리 감정을 모방하는 한에서 그들이야말로 우리에게는 가장 훌륭한 조력자라는 사실을 깨닫는다. 만일 우연히 유리한 상태에 놓인 개인 X가 개인 Y에게 뭔가가 필요하다는 사실을 알게 되면, 그는 연민에서든 명예의 야망에서든 Y에게 결여된 것을 조달해 주고자 할 것이다. 그리고 이를 방해하는 것이 없다면, 그는 능력이 닿는 한 그렇게 할 것이다. 따라서 Y는 X를 사랑하게 될 것이고 또한 X의 협조를 항구적으로 확보하고 싶어 할 것이고 이러한 목적에서 그 보답으로 자기 능력이 닿는 범위 내에서 무언가를 X에게 줄 것이다. 또한 자신이 해야 할 노동의 일부를 X가 덜어 주었으니, 그에겐 그럴 여력도 있다. 이러한 상황에서는 X도 Y를 사랑하게 될 텐데, Y와의 교제는 그에게도 이익이기 때문이다. 그리고 이 때문에 그는 처음에 Y에게 베풀었던 선행을 또다시 베풀게 될 것이다. 물론 Y도 마찬가지다. 이렇게 하여 긍정적 상호성의 사이클이 시작되고, 맹아적으로나마 교역과 노동 분업이 창출되며, 또한 이렇게 창출된 사회적 유대는 습관을 통해 견고해

---

40) "… 실상, 사람들이 서로 함께 작업하려고 하지 않는다면, 그들 자신이 할 수 있는 것으로 스스로를 지탱하고 보존하기에는 기술도 시간도 부족할 것이다. 왜냐하면 모든 이가 모든 일에 골고루 소질이 있지는 않으며, 어느 누구도 혼자서는 단 한 사람이 가장 필요로 하는 것조차도 마련할 수 없을 테니 말이다. 나는 말하건대, 만일 경작하고, 파종하고, 수확하고, 곡식을 갈고, 음식을 익히고, 옷감을 짜고, 바느질하고, 그밖에 삶을 지탱하는 데 필수적인 다른 많은 일들을 혼자서 해야 한다면, 각자에게는 힘과 시간이 부족할 것이다. 하물며 … 기예와 학문은 더 말할 나위 없다"(『신학정치론』 5장 [G III p. 73/P p. 740]).

진다. 수익이 점점 높아지니, 각자는 이런 유대가 자기에게 이익이 된다고 여긴다. 가령, 한 사람이 경작을 하고 다른 사람이 옷감을 짠다면, 둘 다 각자가 혼자 직조하고 경작할 경우보다 더 빨리 일을 진척시킬 것이다. 더욱이, 오직 한 가지 직무만 계속하니 노하우는 더 쉽게 획득된다. 마지막으로, 힘을 모아 외부의 침입에 더 잘 맞설 수도 있다. 이 모든 이유들로 인해, 이 두 사람은 서로 일치하여 둘이 함께 하나의 개체를 이룬다. 정확히 두 배로 강력하지는 않더라도[41] 적어도 그들 각자보다는 훨씬 더 강력한 개체를 말이다.[42] 그런데 우리는 X인 동시에 Y이다. 우리 모두가 X인 한에서는 위험 신호가 없는 한 우리 유사한 자들을 돕고자 하며, 또한 Y인 한에서는 사회를 이루어 살아가고자 한다 — 스피노자의 정치 저작들은 Y의 관점을 취하고 있다. 이런 욕망은 어떤 이성적 추론 없이도 품을 수 있다. 이 과정은 그야말로 자생적이며 그저 『윤리학』 3부에 진술된 심리법칙들만으로도 도출된다. 물론 모든 인간이 이성의 요구를 미약하게나마 감지하는 이상, 이성의 요구 역시 언제든지 개입할 수 있다. 하지만 모든 정념 가운데 가장 생생한 정념, 곧 고립이 초래할 죽음의 위험에 대한 공포[43]가 이를 뒷받침해 주지 않는다면, 이성의 요구는 여전히 효력을 발휘하지 못할 것이다.

하지만 다른 한편, 자연 상태에서는 안정된 사회란 아예 불가능하다. 우선, 감정모방은 연민과 명예의 야망뿐 아니라 지배의 야망과 시기심 역시 발생시킨다. 필연적으로 X는 자기가 획득한 위신을 이용하여 자기 관점을 Y에게 강요하려 들 수밖에 없다. 그의 약속이나 위협이 성공을 거둘

---

41) 『윤리학』 4부 정리 18의 주석.
42) 『정치론』 2장 13절(G III p. 281/P p. 984).
43) 『정치론』 6장 1절(G III p. 297/P p. 1008)을 참조하라.

경우, Y는 X의 가신이 되며 얼마간은 만사가 잘 풀려 간다. 그러나 실패할 경우 전쟁이 발발한다. 어쨌든, 그리고 필연적으로, X는 자신이 소유한 독점적 재화, 특히 토지로 인해 Y의 미움을 살 수밖에 없다. 다음으로, 긍정적 상호성의 사이클이 시동되었다 해도, 『윤리학』 3부가 보여 주었듯 그것은 이내 부정적 상호성의 사이클로 반전될 것이다. 조만간 어느 한쪽이 상대편이 기대해 왔던 일을 그만두게 되고, 선의 교환은 폭력의 교환으로 퇴락하는 것이다. 마지막으로, 경탄이 정념에 미치는 반향으로 인해 갈등은 한층 더 첨예해진다. 이제 사회적 유대는 끊임없는 적의로 교란되어, 형성되는 즉시 와해된다. 그리고 항구적인 불안의 풍토가 조성된다. 곧 다들 습격에 대한 두려움에 매 순간 전전긍긍할 수 있다. 따라서 우리 모두는 공포에서 벗어나기를 열망하면서 이 통탄할 상황을 종식시키고자 노력한다.[44] 그런데 다른 이들과 함께하기를 피한다는 것은 우리가 진정으로 욕망할 수 있는 것이 아니다. 그렇게 되면 우리는 비참한 고립 상태로 되돌아갈 테니 말이다. 따라서 우리에게 남은 대안은 새로운 연대를 맺으려고 시도하는 길밖에 없다. 그런데 이 역시 우리를 새로운 전쟁 상태에 빠뜨리고, 또 다시… 등등. 자연 상태에서 우리 앞에는 자연적인 죽음이냐 폭력적인 죽음이냐의 양자택일밖에 없다.

그런데 『정치론』(오직 이 저작만)은 여기다 중요한 사항 하나를 덧붙이고 있으며, 이는 이렇게 제기된 문제를 훨씬 단순하게 해결하게 해줄 것이다. 거기서는 이와 같은 모순적 상황이 어떻게 역설적인 법적 지위로 이어지는지가 제시된다. 『신학정치론』이 "자연이 각자에게 부여해 준 자

---

44) "… 적의와 미움, 분노, 그리고 간계 한가운데서도 아무런 걱정 없이 살아가는 자, 그래서 할 수 있는 한 이를 피하려고 전혀 노력하지 않는 자란 있을 수 없다"(『신학정치론』, 16장[G III p. 191/P p. 883]).

유"[45]라 말할 때 이는 자연 상태에서 우리가 독립적이라 여길 여지를 남겼던 반면, 이제는 반대로 우리가 타인과 맺는 관계상 자연 상태에서조차 우리는 실제로 독립적이지 않다. 독립성은 공포를 배제하는데 [공포가 지배하는 자연 상태에서] 우리가 어떻게 독립적일 수 있겠는가? 공격도 보복도 두려워하지 않고 홀로 자기 자신을 방어할 수 있는 사람만이 '자기 권리 하에'(sui juris) 있다. 그러나 우리는 혼자서 만인에 맞서 자신을 방어할 수가 없다.[46] 우리에겐 동맹자가 필요하다. 그러나 이들은 자기 입장을 따르라고 강요한다. 또한 우리 적은 물리적으로 우리와 엇비슷하게 강하므로 우리의 승리를 보장해 주는 것은 아무것도 없다. 중립적인 자들의 경우, 우리는 끊임없이 그들의 의도를 따져 볼 수밖에 없고, 이를 고려할 수밖에 없다. 어떤 부류에게 불만을 사고 있지는 않은지, 혹은 다른 부류에게 지나치게 잘해 주고 있진 않은지 등등을 경계하면서 말이다. 그런데 우리에게 공포의 동기가 강하면 강할수록 우리가 더 의존적이 된다는 점만은 확실하다.[47] 자연 상태에서 우리는 예외 없이 모든 인간을 두려워하므로, 우리는 최고로 '타인의 권리 하에'(alterius juris) 있다. 우리는 우리 유사한 자들의 의지를 결코, 혹은 거의 무시할 수 없다. 물론 우리가 사실 오랫동안 같은 사람들에 의존하는 경우는 없으며, 또 이 점에서 자연 상태는 시민 상태와 구별된다. 일탈적인 상호성의 변동에 따라 역관계는 끊임없이 변경되며, 한때의 주인 나리도 이내 멍에를 쓰게 되고, 노예

---

45) 『신학정치론』 16장[G III p. 195/P p. 889].
46) "자연 상태에서 각자는 타인에게 짓밟히지 않도록 자신을 지킬 수 있는 동안만 자기 권리 하에 있으므로, 그리고 헛되이도 자기 혼자 만인에 맞서 자기를 지키려고 노력할 것이므로 …" (『정치론』 2장 15절[G III p. 281/P p. 985]).
47) "또한 분명, 각자는 두려워할 이유가 더 많을수록 더 힘이 약하고, 따라서 더 적은 권리를 가진다" (같은 곳).

는 주인이 되거나 주인을 바꾼다. 그런데 바로 이러한 이유 때문에 통계적으로는, 또 장기적으로는, 각 개인은 만인에게 의존한다. 그리고 정치 사회에서 일어날 상황과는 반대로, 우리들 각자는 때로는 우연히 유리한 상황에 놓이기도 하여, 자기 좋을 대로 처신해도 될 만큼 충분히 강하다고 자처할 수 있다. 그러나 이는 연속적인 두 노예상태 사이에 놓인 짧은 에피소드에 불과하다. 따라서 특별한 운의 혜택조차도 형식적으로만 '자기 권리 하에'(sui juris) 있다. 물론 그는 두려워할 게 아무것도 없다고 믿지만, 그가 겪는 실패들은 이를 반증하면서 이내 믿음을 무너뜨린다.[48] 따라서 자연 상태란, 각자가 순전히 형식적인 독립성의 짧은 국면들을 차례로 거쳐 가는 **동요하는 상호의존성**의 상태로 정의될 수 있을 것이다. 제도를 갖춤으로써만 우리는 다른 형태의 상호의존성으로 이행할 수 있을 것이다.

이와 같은 역설적 지위는 사물과 우리의 관계에도 영향을 미친다. 자연 상태에서 만물은 만인의 수중에 있다. 그러나 이는 단지 누구도 특정 대상의 주인 혹은 소유주임을 만인에게서 인정받지 못했다는 것을, 곧 특정인의 수중에 있는 건 아무것도 없다는 것을 의미할 뿐이다.[49] 만물은 만인의 수중에 있되, 형식적으로만 그렇다. 정세는 너무 유동적이고 세력관계의 균형은 극히 드물며, 누가 우월한지는 거의 분명치 않은 탓에, 때로 각자는 자신이 욕망하는 것을 차지할 수 있다고 여긴다. 따라서 각자는

---

48) "… 이로부터 다음이 따라 나온다. 곧 사람들의 자연권이 각자의 역량에 따라 규정되는 동안은, 이 권리는 없는 셈이며 사실보다는 의견에 더 많이 기초하고 있다. 왜냐하면 이 권리를 차지하리라는 보장이 전혀 없기 때문이다"(같은 곳).
49) 『정치론』 2장 23절([G III p. 284/P p. 989]). 또한 『윤리학』 4부 정리 37의 주석 2의 마지막 부분도 참조하라.

기회를 노리며 또 그럴 권리도 있다. 반면, 실질적으로는 아무것도 어느 누구의 수중에도 있지 않은데, 정세의 바로 그 유동성이 우리의 모든 노력을 허사로 만들기 때문이다. 우리가 뭔가를 얻는 즉시 타인들이 그것을 앗아간다. 게다가, 만성적인 적개심이 교역의 발달과 확장을 가로막는 이상, 우리 부는 거의 토지재화일 수밖에 없기에, 우리는 더욱더 취약하다. 가령, 만일 우리에게 화폐가 있다면, 적들이 우리를 쫓아낼 때 부득이한 경우 우리는 화폐를 챙겨 나갈 수 있을 것이다. 그러나 화폐는 존재하지 않으며 그렇다고 땅을 가져갈 수도 없는 노릇이니, 도망가야 할 때면 우리는 모든 것을 상실한다.[50] 따라서 어떤 현실적 소유도 보장되지 않는 이상,[51] 이 영역에서도 우리의 자연권은 실재적이라기보다는 가상적이다. 자연권을 "이전하더라도" 잃을 건 아무것도 없는 셈이다.

이렇게 정의되는 자연 상태는 과연 역사적으로 실존했을까? 이 물음은 홉스에게서도 그렇지만 스피노자에게서도 하등 중요치 않다. 만일 인간이 결코 그러한 상황에 처한 적이 한 번도 없었다 해도, 자연 상태라는 개념은 시민 상태를 이해하고 또한 (같은 말이지만) 정당화하는 데 여전히 필수적이기 때문이다. 하지만 이 물음이 터무니없진 않다. 물론 이 물음은 엄밀히 말해 해결될 수 없는 것인지도 모른다. 스피노자는 최초의 인간들이 어떻게 살았는지 모르며, 또한 모르기 때문에 그것에 대해 아무런 언급도 하지 않는다. 하지만 답변의 기본 요소만큼은 여기저기서 엿볼 수 있다. 이론적 차원에서는, 『윤리학』 3부에서 경탄이 정념에 미치는 반향에 설정해 둔 역할에 모든 것이 달려 있다. 그런데 만일 이 역할이 결정

---

50) 『정치론』 7장 19절[G III p. 315/P p. 1035].
51) 주 48을 참조하라. 이 구절은 우리가 타인과 맺는 관계와 우리가 사물과 맺는 관계 둘 다에 적용된다.

적이라면, 만일 비교에 기반을 둔 야망이나 시기심이 단순한 야망이나 시기심만큼이나 중요하다면, 스피노자의 자연 상태는 홉스가 말하는 자연 상태와 상당히 흡사해져 버릴 것이다. 더욱이 설령 그렇다 해도 문제는 전혀 해결되지 않는데, 사실 홉스에게서도 역시 자연 상태의 사실성(史實性)이라는 물음은 까다로운 문제이기 때문이다. 여하간 이러한 가정에서는 인간이 그런 상태에서 어떻게 살아갈 수 있었을지 알기는 어렵다는 점만 짚어 두자. 반면, 비교에 기반을 둔 정념들이 중요한 역할을 하지 않는다면, 자연 상태는 훨씬 덜 끔찍할 것이다. 이 경우 자연 상태는 더 이상 만인의 만인에 대한 항구적인 전쟁이 아니라, 주기적인 전쟁과 맹아적인 교역의 교대로 이루어진다. 그리고 이럴 경우 아무리 비참하고 짧을지라도 생존이 절대적으로 불가능하지는 않다. 만일 비교에 기반을 둔 정념들을 『윤리학』 3부 끝으로 보내 버린 데 무슨 의미가 있다면, 여전히 아무것도 확실하지는 않지만, 여하간 아마도 이 두번째 해결책이 더 타당해 보일 수밖에 없기 때문일 것이다. 그런데 만일 우리가 이론의 영역을 떠나 사실의 영역으로 들어가 본다면, 사태는 더 분명해진다. 사실 스피노자는 적어도 자연 상태를 겪었던 한 민족의 사례를 제시하기 때문이다. 더 이상 이전 지배자들의 권위 하에 있지는 않지만 아직 신정의 제도들을 갖추지 않았을 시기, 바로 출애굽과 시나이 반도 사이의 히브리 민족의 사례[52]가 그것이다. 그러므로 다음과 같은 해답을 제안해 본다. 우선, 인류가 애

---

52) "왜냐하면, 견딜 수 없는 이집트인들의 압제에서 해방되고 난 후, 그들은 그 어떤 가사자(可死者)와도 계약을 맺지 않았기에, 그들의 역량이 미치는 모든 것에 대한 자연권이 회복되었고, 각자는 자신이 이 권리를 보유할 것인지, 아니면 그것을 포기하고 다른 자에게 이전할 것인지를, 원할 경우 완전히 새로이 결정할 수 있게 되었기 때문이다"(『신학정치론』 17〔G III p. 205/P p. 904〕).

초 자연 상태를 겪었는지는 아무도 모른다. 하지만 한 개별 정치사회가 해체되는 시기와, 이를 대체하는 체제가 설립되는—이는 늘 곧바로 이루어지진 않는다—시기, 양자 사이의 짧은 막간에 많은 민족들은 자연 상태에 처했음이 틀림없다. 따라서 이러한 이행 상태는 모든 경우에 언제나 현실화되지는 않지만 어쨌든 현실화될 경우, 그 다음에 오는 제도적 구조에 **비해서는** 원초적이다.

여하튼 한 가지는 확실하다. 정치사회의 내적 메커니즘을 이해하기 위해서는 자연 상태에서 출발해야 한다는 것이다. 단순한 것은 복잡한 것보다 논리적으로 앞선다. 그리고 여기서 단순한 것이란 병치된 개인들이다. 만일 자연 상태가 실존했다면, 그것은 내적 모순으로 인해 필연적으로 극복될 수밖에 없었을 것이고, 자연 상태가 운행되면서, 일정 시기가 지난 후 시민 상태가 탄생했을 것이다. 그러므로 시민 상태는 자신의 근접인인 자연 상태에서 발생적으로 연역된다. 이는 본질적인 발생으로, 때로는 역사적인 발생이 이에 상응할 수도 있다.

3. 사회계약

그렇다면 이러한 발생은 어떻게 일어나는가? 달리 말해 사회계약이란 정확히 무엇인가? 스피노자는 사회계약에 관해서 구조상으로는 아니라도 내용상으로 상당히 진화했다. 그러므로 그가 사회계약을 다루고 있는 세 텍스트를 차례로 검토해 봐야 한다.

『신학정치론』 16장에서 사회계약에 대한 연구는 세 단계를 포함한다. 첫번째는 도달해야 할 목표가 정의되는 단계로서, 이에 앞서 동기들이 상세히 제시된다. 이 동기에는 두 종류가 있다. 한편으로는, 우리가 앞서 거론했던 정념적인 동기들이 있다. 사람들은 공포에서 벗어나 안전하게 살기를 열망하므로, 자연 상태에서 인간 상호관계를 특징짓는 적대를 종식시키고 싶어 한다.[53] 그런데 똑같은 이유에서, 그들은 고립으로 도피하길 원하지는 않는데, 살아남으려면 상부상조가 필수적이기 때문이다.[54] 따라서 그들은 자연 상태의 모순을 해소하고자 한다. 다른 한편으로는, 이성적 동기들이 있다. 이성의 요구에 따라 살아가는 편이 사람들에게 이롭다.[55] 하지만, 그렇게 되려면 이성 자체가 발달되어야 하는데, 이는 자연 상태에서는 불가능하다.[56] 다시, 이로부터 자연 상태를 종식하려는 의지가 생겨난다. 그런데 사실 이 두번째 동기가 과연 어떤 역할을 하는지 의아스러울 수 있을 것이다. 그것은 계약의 체결에 실질적으로 기여하는가? 물론 우리는 지혜롭게 되기를 열망할 수 있으며, 우리 이성의 무력함을 자각하고서는 그것이 무적이 될 정도로 발달하게 해줄 외적 상황을 창출하고 싶어 할 수 있다. 그런데 이러한 외적 상황이 다른 방도를 통해 이미 실현되어 있지 않은 한, 이를 창출하려는 이성적 욕망은 실효성이 없을 수밖에 없다. 결국 우리는 앞장 말미에서 지적해 둔 순환에서 벗어나지 못하는 셈이다. 하지만 스피노자의 입장은 아주 분명하다. 곧 조금 더 뒤에서, 그는 이 두 동기 모두가 실제로 개입한다고 선언한다.[57] 그리고

---

53) 주 44를 참조하라.
54) "… 서로의 도움이 없다면 사람들은 필연적으로 아주 비참하게, 그리고 이성을 계발하지 못한 채 살아갈 것이다"(『신학정치론』 16장[G III p. 191/P p. 883]). 물론 "이성을 계발하지 못한 채"(absque Rationis cultu)는 두번째 동기와 관련된다.
55) "그러나 사실 법과 … 우리 이성의 확실한 계명에 따라 살아가는 것이 인간에게 훨씬 더 이롭다는 점만은 아무도 의심할 수 없다"(같은 곳).
56) 주 54를 참조하라.
57) "… 필요에 의해 강제되어, 그리고 이성 자체에 의해 설득되어 …"(같은 곳[G III pp. 193~4/P p. 887]).

이 주장은 잘 살펴보면 전혀 불합리하지 않다. 있는 그대로의 인간을 특징짓는 이성의 요구는 간헐적이고 미약하게나마 이미 자연 상태에서부터 느껴지며, 따라서 아주 미미하기는 하지만 죽음의 위협에서 벗어나려는 정념적 욕망을 강화시키기 때문이다. 물론 우리는 정념적 욕망만으로도 충분히 자연 상태를 극복할 수 있으며, 정념적 욕망이 실존하지 않았다면 정치사회는 결코 수립되지 못했을 것이다. 반면, 이성적 욕망은 충분치도 필요치도 않다. 하지만 이성적 욕망이 실존하는 이상, 어쨌든 그것은 미미하나마 정념을 원조한다. 물론 이 원조는 실질적으로는 무시할 만한 정도이지만, 그렇다고 무는 아니다. 따라서 만일 [계약의 동기가] 빠짐없이 열거된다면 이성적 욕망도 여기 포함될 수밖에 없다. 여하튼 결과는 명확하다. 자연 상태에서 살아가는 사람들은, 이 두 동기 각각이 차지하는 몫이 얼마이든 양자 모두의 영향을 받으면서, 결국 서로 합의할 수밖에 없었다. 각자의 욕망과 능력을 서로 조율하기 위해, 또 그 결과, 그들의 자연권을 각자 자신을 위해 개별적으로 행사하는 대신, 만장일치와 조화 속에서 집단적으로 행사하기 위해서 말이다.[58] 바로 이것이 사회계약의 목적이다.

두번째 단계에서는 우선 동기들이 간략히 제시되고 난 후, 수단의 선택이 다뤄진다. 가치 있는 것이 무엇인지를 정의하는 문제나 대상을 어떻게 분배하느냐라는 문제에서, 사람들이 각자의 정념 때문에 상반된 방향으로 이끌린다는 건 기정사실이다. 사정이 이렇다면, 어떻게 그들이 오랫동안 공동의 행위 노선을 따를 수 있겠는가?[59] 또한 만일 그들이 그럴 수

---

[58] "… 사람들은 안전하게 그리고 최대한 잘살기 위해 필연적으로 서로 합의했음이 틀림없으며, 따라서 이를 위해, 각자가 만물에 대해 자연으로부터 소유해 왔던 권리를 집단적으로 소유하여 … 했음이 틀림없다"(『신학정치론』 16장[G III p. 191/P p. 883]).

없다면, 누군가가 상대편의 의도를 전혀 확신할 수 없는데도 상대편을 돕겠다거나 해를 끼치지 않겠다고 일방적으로 결심하는 경우, 그는 오히려 보다 열등한 입장에 처하지 않겠는가? 따라서 해결책은 분명하다. 만인이 만인 앞에서 장래를 걸고 깨질 수 없는 약속을 하는 것밖에 없다. 이럴 경우, 각자는 자기 유사한 자들이 미래에 어떤 행위를 할지 미리 알기 때문에, 아무 공포 없이 첫 걸음을 내디딜 수 있을 것이고, 상부상조의 사이클은 더 이상 반전될 위험 없이 개시될 것이다.

이 약속은 두 조항을 포함하며, 각 조항에는 적극적인 면과 소극적인 면이 있다.[60] 첫번째 조항 — 오직 이 조항에서만 문제가 생긴다 — 은 만장일치로 채택해야 할 방침의 원칙과 관련된다. 두번째 조항은 여기에서 따라 나오는 상호성과 관련된다. 만장일치 조항은 다음과 같다. 만인은 적극적으로는 만사를 오직 이성의 명령만을 따라 행하겠다고 서약하고, 소극적으로는 서로 해를 끼치도록 그들을 부추기는 정념들을 억제하겠다고 서약한다. 우리 정념들이 언제든 우리를 분열시킬 수 있는 반면, 이성의 요구들은 우리 모두에게 공통적이므로 장기간의 협동을 위한 유일한 기반이다. 여기에서 똑같은 물음이 다른 형태로 또다시 제기된다. 개별적으로는 비이성적인 인간들이 어떻게 집단적으로는 이성에 복종하겠다고 결단할 수 있을까? 그런데, 우리가 바로 앞에서 인용한 원문의 끝

---

59) "그러나 만일 그들이 충동이 부추기는 것만을 따르고자 했다면, 이러한 시도는 무위에 그쳤을 것이다(왜냐하면 충동의 법칙들에 따를 경우 각자는 서로 다른 쪽으로 이끌리기 때문이다)"(같은 곳).
60) "… 또한 그들은 오직 이성의 명령(정신 나간 자로 보일까 봐, 아무도 감히 이를 노골적으로 위반하지는 못한다)만을 따라 만사를 이끌고, 충동이 타인에게 해가 되는 무언가를 하도록 부추기는 한, 충동을 억제하며, 자신이 당하고 싶지 않은 것은 다른 누구에게도 하지 않으며, 마지막으로 타인의 권리를 자기 권리처럼 보호해 줄 것을 아주 굳게 약정하고 계약했음에 틀림없다"(같은 곳[G III p. 191/P pp. 883~4]).

호 친 구절이 시사하듯이, 그런 결단을 내리도록 그들을 강제하는 것은 그들이 함께 모여서 토의한다는 사실 그 자체이다. 각자는 저마다 자기 정념이 명하는 가치체계에 따라 활동하며, 이 가치체계들은 상충한다. 그런데 만인이 서로의 입장을 맞추기 위해 회합할 경우, 어떤 연설가도 논의 도중에 감히 이성의 근본요구들(『윤리학』 4부 중 B_1군의 요구들)을 거슬러 의사를 표할 수는 없다. 그렇게 하면 그는 미친놈 취급을 받을 것이고 구성원 전체의 질책을 살 것이기 때문이다. 이 요구들은 아무도 실행에 옮기지는 않아도 모두가 인정은 하는 이상, 출석한 개인들이 많을수록 강화되며, 따라서 아무도 이에 노골적으로 도전할 수는 없을 정도로, 또한 단 한 사람이라도 그것을 발언하면 모두가 아무 반대 없이 찬성할 정도로, 비중 있는 여론을 정해 준다. 따라서 사람들을 이성에 복종하도록 추동하는 것은 이성적인 욕망의 힘이 아니라, 오히려 정념적인 명예의 야망이거나 이 야망의 부정적 이면, 곧 수치에 대한 공포이다. 하지만 결과만은 사실상 이성에 부합하는데, 이는 야망이 이성이어서가 아니라 공통적이기 때문이다. 이와 유사한 생각이 『정치론』에서는 보다 함축적인 형태로, 그렇지만 아주 다른 맥락에서 아주 다른 것을 입증하기 위해서 다시 등장할 것이다. 곧 집단통치의 탁월함을 증명하기 위해서 말이다.[61] 여기에서는 아직 이를 다루고 있진 않지만, 여하튼 원리는 매한가지다. 한편, 상호성 조항은 다음과 같다. 각자는 자기가 하지 않았으면 하는 일을 타인에게 시키지 않겠다고, 적극적으로는 타인의 권리를 자기 권리처럼 지켜 주겠다고 약속한다. 이 조항은 첫번째 조항을 단순히 응용한 데 불과하므로 (앞으로 살펴보겠지만 이는 『윤리학』 4부의 B_2군에 상응한다), 아

---

61) 『정치론』 8장 6절.

무런 난점도 제기되지 않는다.

세번째 단계는 우선 동기들이 훨씬 더 장황하게 제시되고 난 뒤, 이런 수단의 수단을 다루는 단계이다. 실상 말만으로는 충분하지 않기 때문이다. 계약을 맺은 자들이 공적으로는 이성의 편에 가담했다고 자처할 수밖에 없었다 해도, 그들은 해산하는 즉시 그들의 일상을 단 한 순간도 빠짐없이 지배해 왔던 정념들에 또다시 사로잡히기 때문이다. 그리고 이 정념들은 약속을 어기라고 그들을 강력히 부추길 수 있다. 정서역학의 일반법칙에는 예외가 없다. 곧 서약을 파기하는 편이 이익이리라 믿을 경우, 그 즉시 우리는 서약을 파기해 버린다. 더 큰 선에 대한 희망이, 그도 아니라면 오직 더 큰 악에 대한 공포만이 이를 막을 수 있다.[62] 또한 우리가 서약을 파기하고자 욕망하고 또 파기할 수 있다면, 자연권 역시 그렇게 하도록 허용한다. 따라서 계약은 언제든지 파기될 수 있다. 사정이 이렇다면, 우리가 어떻게 우리 상대편을 신뢰하겠는가? 또한 우리가 상대편이 미래에 품을 의도를 의심한다면, 상호성의 보증이 없는 셈인데 어떻게 협동하겠는가?[63] 이러한 불확실성에 대한 치유책은 단 하나밖에 없다. 약속을 하는 그 순간, 모든 계약자들이 앞으로도 늘 그 약속을 준수하고 싶어 하는 상황을 창출해야 하는 것이다. 이 상황은 오직 새로운 역관계로 성립될 수밖에 없는데, 왜냐하면 오직 힘만이 공포와 희망을 불러일으키

---

62) "그러나 이로부터[감정 메커니즘의 일반법칙으로부터] 다음이 필연적으로 따라 나온다. 곧 아무도, 속임수가 아니라면 만물에 대해 자신이 갖는 권리를 포기하겠다고 약속하지 않을 것이며, 절대적으로 말해, 더 큰 악에 대한 공포나 더 큰 선에 대한 희망 때문이 아니고서는 어느 누구도 약속을 지키지 않을 것이다"(『신학정치론』 16장[G III p. 192/P p. 884]).
63) "… 이런 이유 때문에, 사람들이 단지 마음의 확실한 징표만 가지고서 서약을 지키겠다고 약속하고 계약을 맺는다 한들, 약속에 다른 무언가가 추가되지 않고서는 아무도 타인의 서약에 대해 확신할 수 없다"(같은 곳[G III p. 193/P pp. 885~6]).

기 때문이다. 하지만 무에서 시작할 수는 없다. 어느 한 명이 권리나 역량에서 뭔가를 더 얻으려면, 다른 자는 그만큼을 상실해야 한다. 따라서 결집된 우리 모두의 능력을 마음대로 처분할 수 있어, 우리들 각자에게 복종을 강제할 가능성이 있는[64] 어떤 지고의 권위에 우리의 자연권을 이전하는 편이 바람직하다. 실상 누구도 달리 어찌해 볼 수 없는 이상, 이럴 경우, 오직 이럴 경우에만, 각자는 나머지 모든 이들이 언약을 지키리라 확신할 수 있을 것이다. 이렇게 하여 사람들은 한 순간 각성하여 선행의 사슬을 주조해낼 것이고, 이 사슬은 그들을 그럭저럭 이성의 길에 묶어 둘 것이다.

따라서 협동하려는 욕망, 약속, [권리]이전, 이것이 계약의 세 단계이다. 이 이론은 그 자체로도 일관되며, 스피노자 인간학과도 전혀 상충하지 않는다. 단 하나 난점이 있다면, 이는 대부분의 인간에게서 무력하기만 한 이성에 부여된 역할 때문일 것이다. 하지만 이성에 복종하리라 결단할 때조차도 실상 정념의 비중이 결정적이라는 점을 인정한다면, 이 난점은 사라질 것이다. 그럼에도 문제는 계속 남는다. 실상 이러한 [이론적] 구축은 사회계약이 **역사적 사건에 상응하는 한**에서만 의미가 있기 때문이다. 사실 정념에 사로잡힌 사람들이 이성적 프로그램에 동의한다 해도, 이는 그들이 심의회로 모인다는 조건에서만 그렇다. 따라서 자연 상태를 실제로 겪고 난 후 개인들은 제도를 수립하기 위해 어느 날 어느 장소엔가 결집했어야 한다(최초의 국가들이 아주 작다는 점을 감안한다면 이것

---

[64] "각자 모두가 자신이 지닌 모든 역량을 사회로 이전한다면, 그리하여 오직 사회만이 만물에 대한 최고의 자연권, 곧 최고 지배권(*imperium*)을 보유하여, 각자가 자유로운 마음에서든 극형에 처해지는 데 대한 공포 때문이든 거기에 복종하도록 제어된다면"(『신학정치론』 16장(G III p. 193/P p. 886)), 문제는 해결될 것이다.

도 전혀 터무니없진 않다). 곧 모든 일은 일순간, 비가역적으로 사태의 흐름을 변경해 버린 어떤 결단에 달려 있는 셈이다. 스피노자가, '**그들은 약정하고 계약했음에 틀림없다**'(*statuere et pacisci debuerunt*)고,[65] 사태가 그러했음에 **틀림없다**[66]고 할 때 말하는 바가 바로 이것이다. 하지만 한편으로, 이는 다소 거슬린다. 과연 무엇을 내세워 이를 확언할 수 있겠는가? 자연 상태가 실존했는지 그렇지 않은지 또 어떻게 아는가? 물론 우리가 살펴보았듯, 이는 불가능하진 않지만, 최초에 그런 상태가 정말 있었다고 입증해 주는 것 역시 아무것도 없다. 만일 그런 상태가 없었다면, 인간은 그 상태에서 벗어나겠다고 의식적으로 결단할 수도 없었을 것이다. 다른 한편, 자연 상태가 실존했다손 치더라도, 왜 사람들은 그것이 한창일 때, 그것을 종식시킬 수단을 검토할 목적으로 모일 필요를 느꼈을까? 이성이 그들에게 제안했기 때문에? 하지만 많은 수의 개인들이 우선 이미 결집

---

[65] 주 60을 참조하라.
[66] 물론 조금 더 뒤에서 스피노자는 이렇게 말한다. "모두는 바로 이를 암묵적으로나 명시적으로 계약했음에 틀림없기 때문이다"(*Hoc enim tatice vel expresse pacisci debuerunt omnes*, 같은 곳). 혹자는 이로부터 사회계약이 반드시 명시적인 서약으로 성립되는 건 아니라고, 또한 만일 이 서약이 단지 암묵적이라면 원초적인 집단적 회합 같은 건 아예 필요 없다고 결론내릴지도 모르겠다. 그러나 이러한 결론은 (물론 『신학정치론』에 한해서만) 착오일 것이다. 왜냐하면 이 구절에서 다루는 것은 사회계약 그 자체가 아니라 그로부터 도출되는 귀결들 가운데 하나이기 때문이다. '이를'(*Hoc*)은 그 앞의 구절, 즉 "모두는 모든 점에서 그에게 복종해야 한다"(*omnes ad omnia ei parare debere*)를 가리킨다(여기서 '그에게' [*ei*]는 주권자를 가리킨다). 스피노자가 말하려는 것은, 서약이 명시적으로 정식화되었든 아니든, 우리가 주권자에게 자연권을 이전한다는 것은 **모든 점**에서 그에게 복종한다는 것을 논리적으로 함축한다는 점, 그러므로 우리가 이미 통제로 넘겨 주었던 것을 몇몇 세부 사항에서 회수하겠다고 주장할 수 없다는 점이다. 만일 우리가 어느 정도의 자유나 특권을 우리 몫으로 남겨 두고자 했다면, 계약할 당시에 그것을 명확히 했어야지, 이미 계약이 체결되고 난 후에는 너무 늦었다는 것이다. 그러나 계약 자체(이성에 복종하겠다는 서약과 이전)는 명시적이다. 만일 그렇지 않다면, 계약에서 이성이 하는 역할은 불가해해질 것이다.

해 있어야만, 이성의 요구는 승리할 수 있다. 그렇다면, 이 결집은 순전한 우연의 소산이었을까? 물론 그것도 배제할 수 없지만 우리의 허기를 채워 주지는 못한다.

물론 연대기적 기원과 관련된 일체의 물음과는 별개로, 이와 같은 가설이 사실상의 정치사회에서 현재 일어나고 있는 일을 설명해 준다면, 비단 우리 선조들이 옛날에 시민 상태를 수립했던 이유뿐 아니라 **오늘날에도 우리가 시민 상태를 받아들이고 영속적으로 재수립하는 이유**를 이해할 수 있게 해준다면, 이 가설에 인식적 기능만은 있을 것이다. 하지만 이 가설은 그렇게 해주지도 않고 그것을 겨냥하지도 않는다. 가령, 우리가 법에 복종한다면, 아주 예외적인 경우를 제외하면 그 이유는 우리가 거의 상상도 해보지 않은 자연 상태를 거부하기 때문이 아니라 보상을 희망하고 징벌을 두려워하기 때문일 뿐이다. 그리고 스피노자가 『신학정치론』에서 구상하는 사회계약의 목표도 바로 상황을 이렇게 되게끔 만드는 데 있다. 곧 바로 이러한[=자연 상태를 벗어나겠다는] 결단을 통해, 차후 우리가 다시금 이런 결단을 내리지 않아도 되는 메커니즘을 비가역적으로 창출하는 것. 따라서 만일 그런 결단이 일어난다면, 이는 애초에 일어났거나 아니면 결코 일어날 수 없다. 여기서 딜레마가 생긴다. 만일 이것이 역사적 발생이라면, 이는 입증될 수 없는 요청에 의거하는 셈이고, 반대로 본질적 발생이라면, 이는 설명해야 할 대상과 동질적이지 않은 셈이다. 사정이 이렇다면, 기원의 신화는 포기하고, 우리 눈앞에서 매일같이 전개되는 인간 상호적 삶의 정념적인 동기만을 개입시켜 자연 상태로부터 정치사회를 재구축하는 편이 그래도 더 낫지 않을까? 물론 가능하다면 말이다.

그런데 이는 가능하다. 그리고 『신학정치론』에서부터, 우리가 지금

논하고 있는 바로 이 구절에서조차, 상이한 이론의 단초가 보인다. 스피노자는, 우리가 **자발적으로든 강제로든** 타인에게 우리 역량을 이전할 때 자연권을 넘겨 준다고 말한다.[67] "자발적으로든 강제로든"이라는 말에 주목해 보자. 이 설명은 앞서 말한 것과 상충되지 않으며, 오히려 그것을 한 개별 경우로 포섭하면서 극복한다. 자연 상태에서 빠져나온 특정 민족이 집단적 토의를 거친 후 주권자를 세우는 일은 일어날 수 있다. 우리가 살아가는 현실 사회에서도 특정 개인이 사회적 삶의 유용성을 깨닫고는 법을 따르는 일이 일어날 수 있다. 이런 일들이 실제로 일어날 경우, 위에서 제시된 사회계약 이론은 바로 이런 사실들을 해명할 수 있다. 그런데 권리 이전이 단지 역관계의 기계적 합력이라고 한다면 이 이론은 타당성을 상실하게 된다. 실상 그럴 경우 우선, 이 역관계는 우리의 법적 양도의 **원인**이지 양도의 결과는 아니다. 곧, 우리가 자연권을 양도한다면, 이는 이미 구성된 어떤 역량에 복종하도록 강제되었기 **때문이다**. 반면, 위에서 제시된 설명에 따르면, 우리가 이 역량에 복종하도록 강제된다면, 이는 우리가 그 전에 우리 권리를 양도하여 이 역량을 하나에서 열까지 이미 전부 창출해냈기 때문이다. 하지만 스피노자가 이와 같은 이원론에 머무를 리 없다. 사실 『신학정치론』의 사회계약론을 좀더 면밀히 살펴보면, 사회계약은 이미 선행하는 역관계에서 따라 나오고 있지 않은가? 만일 우리가 사회계약을 체결한다면, 이는 단연 희망과 공포 때문이다. 다시 말해, 사회계약의 체결은 우리 유사한 자들의 역량에서 혜택을 보려는 희망 때문이며, 그들의 의도가 악의적일 경우에는 이 역량에 대한 공포 때문이다.

---

[67] "… 강제적으로든 자발적으로든 각자가 자신이 지닌 역량을 타인에게 이전하는 만큼, 필연적으로 그는 자기 권리를 타인에게 양도한다"(『신학정치론』, 16장).

그리고 주권자의 역량이든, 아직 자연 상태에서 살아가는 개인들의 역량이든, 언제 어디서나 모든 것을 이끄는 것은 바로 역량이다. 이렇게 볼 때 역관계를 통한 설명이야말로 보편적이고 통일적이다. 그렇다면, 이를 논거로 내세우지 않을 이유가 있겠는가? 『신학정치론』이 그토록 비중을 두는 잠깐 동안의 각성 상태는 접어두고 말이다. 이런 각성 상태는 때때로 일어난다 하더라도 정치사회의 본질은 그것 없이도 인식될 수 있으며, 따라서 그것이 정치사회의 본질을 특징지을 리 없다. 결국 이후의 저작들은 이런 방향 하에 전개될 것이다.

이 점에서, 『윤리학』 4부 정리 37 주석 2는 이전의 관점에서 새로운 관점으로의 이행을 보여 준다. 『신학정치론』에서 제시된 세 단계는 여기에서 다시 등장하지만, 이번에는 아주 엄밀하게 증명된다. 첫번째 단계에서는 우선 앞의 저작처럼 자연 상태의 내적 모순을 환기시키는 동기들이 제시되며, 그런 다음 사회계약을 도출시키는 협동의 기획에 대한 진술이 이어진다. "사람들이 화합하면서 살고 서로에게 도움이 될 수 있으려면…"[68] 두번째 단계는 과연 어떤 조건에서 이 기획이 성취될 수 있는지를 보여 준다. 사람들이 자신의 자연권(곧 『정치론』에 등장하는 보다 정확한 용어법을 염두에 둔다면, 사람들이 자연 상태에서 누렸던 순전히 형식적인 독립성. 그러나 『윤리학』은 그렇게 말하지 않고 단지 자연권이라고만 말한다)을 포기하고, 또 상대방에게 해를 끼치지 않으리라고 상호 보증할 필요가 있다.[69] 따라서 만장일치와 상호성의 두 조항은 여기서도 나타난

---

[68] 『윤리학』 4부 정리 37의 주석 2.
[69] "… 자신의 자연권을 포기하고, 상호간에, 타인에게 해가 될 수 있는 어떤 행동도 하지 않으리라는 확신을 주는 것이 필요하다"(같은 곳).

다. 단, 여기서는 소극적인 측면만이 채택되어 있는데, 몇 가지 개인적 욕망을 억제해야 한다는 것이 그것이며, 이는 장래에 적대가 없으리라는 보증이 된다. 마지막으로, 세번째 단계에서는 정서역학의 일반법칙이 원용된 후에, 이 조건의 조건이 진술된다. 정념에 사로잡힌 인간들은 항상성이 없고 제각각인 이상, 오직 공포나 희망을 통해 그들을 항구적으로 구속할 어떤 힘이 실존하는 경우에만 우리는 우리 유사한 자들이 품을 미래의 의도에 대해 확신할 수 있다. 따라서 자연 상태에서 각자가 자기 나름대로 침해에 복수하고 선악을 심판하는 데 사용했던 권리를 이제 사회 스스로가 행사할 수 있을 경우에만, 따라서 사회가 공동의 행위 노선을 강제하는 데 필요한 입법 권력 및 억압 권력을 소유할 경우에만,[70] 사회는 견고하다. 그리고 이렇게 견고화된 사회가 국가 또는 '키비타스'(Civitas)가 된다.[71] 따라서 형식적으로 볼 때 여기서 제시된 사회계약론은 『신학정치론』의 사회계약론과 똑같은 구조를 지니고 있다. 그러나 세 가지 중요한 차이가 있다.

첫번째 차이는 이성이 더 이상 아무 역할도 하지 않는다는 점이다. 첫번째 단계에서는, 동기의 해명에서 이성이 사라진다. 곧 여기서 다뤄지는 것은 정념적인 갈등과 상부상조의 욕구가 빚는 모순뿐이며, 우리가 이성의 명령 하에 살아감으로써 얻게 되는 이익이나 자연 상태에서 이성을 계발하지 못하리라는 점은 더 이상 고려되지 않는다. 마찬가지로 두번째

---

70) "따라서 이 법칙[감정들의 메커니즘을 지배하는 일반법칙]에 의해 사회는 확립될 수 있을 것이다. 단, 각자가 지닌 복수의 권리와 선악 심판의 권리가 사회의 몫으로 돌아간다면, 따라서 사회가 공동의 삶의 규칙을 정할 권력과, 법을 제정할 권력, 그리고 정서를 강제할 수 없는 이성이 아니라 위협을 통해 이 법을 보증할 권력을 가진다면 말이다"(같은 곳).
71) "그런데 법과 자기 보존의 능력을 통해(potestate) 보증되는 이와 같은 사회(Societas)는 국가(Civitas)라 불린다"(같은 곳).

단계에서는, 상호성의 조항은 고스란히 남지만 만장일치 조항은 내용상 심층적으로 변경된다. 곧 설령 여전히 서약이 있다 가정해도, 우리는 이제 이성에 복종하기 위해 정념을 억제하겠다고 서약하지는 않으며, 단지 우리 자연권을 포기할 따름이다.[72] 달리 말해, 집단이 금하지 않거나 장려하는 욕망들만이 우세해지도록, 사회적으로 해로운 욕망에 따르기를 포기할 따름이다. 물론 그렇다고 해서 전자의 욕망들이 이성에서 연원함을 시사하는 건 아니다. 물론 이것도 불가능하지는 않지만, 필연적이지도 않다. 따라서 이제 사회계약은 오직 우리 정념들의 놀이로부터 이해되어야 한다.

그런데 이것이 통상적 의미의 계약일까? 정말로 서약이나 약속이 있는가? 첫번째 차이와 연관된 이 두번째 차이는 이런 의심을 자아낼 수 있다. 사실 주석 2에서 스피노자는 모종의 역사적 결단이 있었으리라는 암시를 전혀 하고 있지 않다. 이성의 역할을 제거해 버리고 나면, 원초적인 집단적 서약의 신화는 내세우지 않아도 되기 때문이다. 심지어 가설의 자격으로라 하더라도 말이다. 이는 두 가지 방식으로 나타난다. 한편으로 '상호간에 확신을 주다'(*se invicem securos reddant*)[73]라는 표현은 '굳게 약정하고 계약하다'(*firmissime statuere et pacisci*)라는 『신학정치론』의 표현보다 훨씬 모호하다.[74] 사람들은 서로에게 미래에도 선행을 베풀 것이라는 확신을 이런저런 방식으로 심어 주어야 하지만, 그렇다고 해서 서로에게 이를 명시적으로 약속한다는 건 아니다. 중요한 것은 오직 결과, 곧 장래에 관한 확신이다. 다른 한편, '그들은 했음에 틀림없다'

---

72) 주 69를 참조하라.
73) 주 69를 참조하라.
74) 주 60을 참조하라.

(*debuerunt*)[75])는 '~하는 것이 필요하다'(*necesse est ut*)로 대체된다.[76] 즉 더 이상 스피노자는 사람들이 협동하기를 원했기 때문에 상호성을 실행하겠다고 언젠가 서약**했음에 틀림없다**고, 또 이런 이유로 주권자에게 복종**했음에 틀림없다**고 단정하지 않는다. 그는 다만, 협동이 가능하기 **위해서는** 상호성이 보장되는 것이 **필요하다**고, 또한 상호성이 보장되기 위해서는 강력한 국가의 실존이 요구된다고 선언할 뿐이며, 과거 사건에 대한 언급은 전부 사라진다. 따라서 주석 2에 대해서는 서로 대립되는 두 해석이 모두 가능하다. 우선, 주석 2에 『신학정치론』과 똑같은 의미를 부여하는 것도 물론 가능하다. 특정 목적이 이미 정해졌고, 그래서 특정 수단이 선택되었다는 식으로 말이다. 그러나 다른 의미로도 읽힐 수 있다. 특정 결과는 오직 특정 원인에서만 따라 나올 수 있다는 식으로 말이다. 결과가 [목적인 양] 앞질러 투사되지 않았다 하더라도, 원인이 도구처럼 숙고되어 이용되지 않았다 하더라도, 필요의 관계만은 남는다. 인간은 국가가 실존할 **경우**, 서로를 신뢰할 수 있으며, 서로를 신뢰할 수 있을 **경우**, 서로 협동하며 오래 산다. 물론 반대의 경우, 서로 싸우고 빨리 죽는다. 그리하여 요행히 정치사회를 구성하는 데 성공한 몇몇 집단만이 살아남는다. 오직 그들만이 "자기보존의 능력"[77]을 지니는 것이다. 따라서 더 이상 의식적인 합목적성은 없으며, 자연 선택에 의해 승인되는 역관계만이 있을 뿐이다.

그런데 세번째 차이는 대체로 이 두번째 해석을 지지해 준다. 사실 자연권의 포기는 이제 두번째 단계에 속하며 『신학정치론』에서처럼 세번

---

75) 주 60을 참조하라.
76) 주 69를 참조하라.
77) 주 71을 참조하라.

째 단계에 속하지 않는다.[78] 따라서 사회계약에 대한 목적론적 관점은 다음과 같이 정식화되어야 할 것이다. 곧 사람들은 협동하겠다고 결단한다. 그런 후, 이 협동을 가능케 하기 위해서 그들의 자연권을 포기하여 신뢰가 만연한 풍토를 수립하기로 결단한다. 그런 다음, 이 포기를 가능케 하기 위해서 국가를 창조한다. 그런데 국가에 우리 개인의 자연권을 포기하면서가 아니라면, 어떻게 우리가 국가를 창조할 수 있겠는가? 따라서 둘 중 하나다. 『신학정치론』이 제시했던 이론대로 권리를 이전함으로써 정치사회가 탄생하거나, 아니면 오직 국가의 역량만이 우리에게 권리를 이전하도록 강제할 수 있거나. 그런데 첫번째 경우, 만일 그렇다면 권리 이전을 가능케 하는 것은 정치사회의 실존이 아니며, 권리 이전은 두번째 단계에 등장해서는 안 된다. 한편, 두번째 경우 만일 그렇다면 『신학정치론』의 구축물은 무너지게 된다. 즉 국가는 국가에 복종하겠다는 우리의 결단에 의해서 의도적으로 산출되는 것이 아니라 그 자체가 이미 주어진 힘이며, 결단은 오히려 이 힘에서 비롯되는 귀결이다. 그러면 세번째 단계는 모든 의미를 상실한다. 어떻게 보더라도, 주석 2를 목적-수단의 발생적 전진으로 해석하면 결국 스피노자가 유감스럽게도 자가당착에 빠진다고 여기는 셈이 된다. 반면, 인과적인 후행적 해석에는 일관성이 있다. 사실상 인간은 자연 상태에 대한 분석이 자아내는 믿음만큼 사분오열되어 있지는 않으며, 어느 정도는 평화적으로 협동한다. 그리고 만일 그렇다면, 이는 오직 그들이 자신의 자연권을 포기하기 때문이며, 또한 이 때문에 신뢰가 지배하기 때문일 수밖에 없다. 그리고 만일 그들이 자연권을 포기한다면, 이는 오직 국가가 실존하기 때문일 수밖에 없다. 따라서 모

---

78) 주 69를 참조하라.

든 것은 명확한 듯하다.

하지만 완전히 그렇진 않다. 이제는 문제의 핵심이 뒷전으로 밀려나 버린 듯 보이기 때문이다. 곧 국가의 발생이란 무엇인가라는 물음. 물론 우리는 국가가 실존할 경우 왜 그것이 유지되는지는 알고 있지만, 정작 국가는 어떻게 구성되는가? 아마도 아주 일반적인 해결책이 나올 수밖에 없을 듯하다. 곧 자연 상태에서, 외적 원인들의 무한하게 다채로운 작용을 받으면서, 인간들 사이에는 무한지성이 인식할 수 있는 모든 역관계가 차례로 수립될 수밖에 없다. 그리고 이 역관계 가운데서도 상이한 유형의 정치사회들을 특징짓는 역관계 역시 언젠가는 실현될 수밖에 없다. 그런 후에는, 주석 2에서 지적된 이유 때문에, 자연 선택이 개입하여 이 역관계를 보존해 준다. 그런데 이런 설명은 오류는 없지만 공허하다. 자연 상태의 혼돈에서 어떻게 돌연 이 안정된 지형이 출현할 수 있는가? 무언가를 이해한다는 것이 그것을 근접인에서 출발하여 발생적으로 재구축함을 의미한다면, 바로 이 물음에 답할 때에만 우리는 국가의 본질을 비로소 이해할 수 있을 것이다.

『정치론』은 의존성 및 독립성이라는 새로운 개념에 힘입어 이 물음에 답할 수단을 제공한다. 사실 모든 난점은 여전히 앞의 두 저작의 해명 기저에 있는, "이전"(移轉)에 대한 포괄적이고 투박한 관점에서 비롯되었다. (『윤리학』 4부 정리 37의) 주석 2 역시, 자연 상태에서 시민 상태로 이행한다는 것은 우리가 이전에 가지고 있던 자연권을 포기한다는 것이라고 주장하였다. 그러므로 둘 중 하나일 수밖에 없다. 모든 것을 불확실한 역사적 사건에 맡겨 두든지, 아니면 발생 자체를 단념하든지. 그러나 스피노자는 마지막 저작에서 이전(移轉)에 대한 이와 같은 관점을 말끔히 일소한다. 3장 3절은 이를 가장 잘 보여 주고 있다. 한편으로, 자연권은 정치사회에서도 존속한다. 즉, 우리는 어떤 상황에서도 항상 우리의 개인적 욕망에 따라 활동하기 마련이다.[79] 다른 한편, 이전 — 만일 우리의 욕망 가운데 몇몇이 타인의 욕망에 의해 규정된다는 사실을 아직도 이전이라 부를 수 있다면 — 은 결코 정치사회의 수립 그 자체의 특징일 수 없다. 오히려 정치사회는 자연 상태에서부터 아주 오랜 기간에 걸쳐(이를테면, 내내) 이루어진 것이다. 왜냐하면 우리는 자연 상태에서도 다른 사람들이 우리에게 불러일으키는 공포-희망 때문에 그들에게 의존하기 때문이다.[80] 자연 상태와 시민 상태는 단 하나를 제외하고는 근본적으로는 구별되지 않는다. 자연 상태에서 희망과 공포의 원인은 개인마다 다르며, 한 개인의 경우에도 시간의 흐름과 더불어 변하는 반면, 시민 상태에서는 만인이 똑같은 징벌에 대해 두려워하며 안심하는 동기 역시 똑같다.[81] 그러므로 문제는 훨씬 더 단순해진다. 이제 문제는 우리가 어떻게 독립성에서 의존성으로 이행하느냐가 아니라 어떻게 특정 형태의 의존성에서 다른 형태의 의존성으로 이행할 수 있느냐이다. 이는 이미 구성되어 있던 영역 내부에서 일어나는 변이에 불과하다.

    2장 13~17절은 해결의 윤곽을 제시한다. 형식상, 우리는 거기서 『신학정치론』과 『윤리학』 4부 정리 37의 주석 2의 세 단계를 재발견한다.

---

79) 주 17을 참조하라.
80) "나는 말하건대, 인간은 둘 중 어느 상태에서든[자연 상태든 사회 상태든—옮긴이] 희망이나 공포에 의해 이것 또는 저것을 행하거나 행하지 않도록 이끌린다"(『정치론』 3장 3절[G III p. 285/P p. 991]).
81) "… 그러나 두 상태 간의 주요한 차이는, 시민 상태에서는 모두가 동일한 것을 두려워하며, 모두에게 하나의 동일한 안심의 근거(causa)와 하나의 동일한 삶의 규칙(ratio)이 있다는 점이다"(같은 곳).

첫번째 단계(13~15절)는 협동의 필요성, 다시 말해 우리의 자연권을 더 이상 개별적으로가 아니라 집단적으로 행사해야 할 필요성을 다룬다. 우선 동기들이 제시되는데, 여기서는 『신학정치론』과 똑같은 방식으로 자연 상태의 내적 모순이 기술된다. 곧 상호부조의 혜택(13절),[82] 만성적인 전쟁(14절),[83] 그러나 타인의 도움을 거부하고 고립에서 안식처를 찾을 수는 없는 불가능성[84]이 그것이다. 또한 이성을 계발해야 할 필요가 다시 나타나긴 하지만, 앞서와 마찬가지로 이는 효력이 없다.[85] 그런데 여기에, 물음을 철저하게 전복하는 핵심 사항 하나가 추가된다. 자연 상태에서 우리 의존성은 최대치에 달하며 우리의 권리는 순전히 형식적이라는 점 말이다.[86] 이 때문에 치유책은 다음과 같이 진술된다. 인간은 서로 힘을 결집함으로써만 실질적인 독립성과 현실적인 권리를 누린다고.[87] 다음으로 두번째 단계(16절)는 집단적 규율을 다루는데, 이는 이와 같은 힘의 결집의 결과이자 원인으로서, 자연 상태를 특징지었던 독립성의 가상에 종지부를 찍음으로써 장래와 관련된 일체의 불확실성을 제거한다.[88] 마지막으로, 이 집단적 규율의 결과이자 원인인 주권적 권위는 세번째 단계가 다루는 대상이다(17절).[89]

물론 이 텍스트는 실제로 이행이 어떻게 이루어지는지는 거의 보여

---

82) [G III p. 281/P p.984].
83) [G III p. 281/P p.985].
84) "이에 덧붙여, 사람들은 상호 도움 없이는 거의 삶을 지탱할 수 없으며 또한 정신을 계발할 수도 없다"(『정치론』 2장 15절).
85) "또한 정신을 계발하다"(앞의 주를 참조하라).
86) 같은 곳(또한 주 46, 47, 48을 참조하라).
87) 같은 곳.
88) [G III pp. 281~2/P p. 986].
89) [G III p. 282/P p. 986].

주지 않기 때문에, 그 자체로만 보면 다소 실망스러울 수 있다. 하지만 『윤리학』 3부의 B_2군을 참조한다면, 누락 사항은 충분히 메울 수 있다. 물론 스피노자는 그렇게 하지 않았지만, 다음 세 가지 이유에서 우리는 이를 참조할 수밖에 없다. 우선, 우리가 관계하고 있는 것은 분명 발생이다. 다시 말해, 단지 결과에서 원인들로 거슬러 올라가는 후행이 아니라(앞으로 살펴보겠지만, 실상은 이것 **역시**), 원인에서 결과들로 나아가는 전진이다. 첫번째 단계에서 도출되었던 요구에 도달했을 "때", 혹은 "바로 그 때"(ubi)[90]에, 두번째 단계는 작동하기 시작한다. 그리고 두번째 단계의 동학에서 "이 권리"(hoc jus)[91]가 출현하며, 세번째 단계는 "이 권리"를 국가로 정의한다. 그런 다음, 정치사회는 이성의 작품이 아니라 정념의 작품이라는 점이 분명히 제시된다.[92] 마지막으로, 오직 역관계만이 개입한다. 세번째 단계에서만이 아니라 — 이는 이미 자명하다 — 앞선 두 단계에서도 말이다. 첫번째 단계에서 역관계는 사람들을 서로 의존케 하고 진정한 독립성(혹은 최소한의 의존성)의 조건들을 출현케 하며, 두번째 단계에서는 더 이상 약속도 서약도 아니고 오직 역관계만이 개입한다. 그런데 국가 발생에, 오직 정념에 사로잡힌 개인들 간의 역관계만이 개입해야 한다면, 이 발생의 출발점은 과연 어디여야 하는가? 이는 정념적인 인간 상호관계에 대한 이론일 수밖에 없다. 그러나 이 이론 자체가 또한 발생적 연역인 이상, 출발은 이 이론의 도달 지점에서 이루어져야 한다. 그리고 만일 경탄이 정념에 미치는 반향을 무시한다면 — 이러한 반향은 진정 새로운 상황을 창출하지는 않고 단지 악화시키는 역할만 하므

---

90) 이는 16절을 시작하는 첫 단어다. [옮긴이] 주 97을 참조하라.
91) 이는 17절을 시작하는 첫 단어다. [옮긴이] 주 102를 참조하라.
92) 『정치론』 6장 1절[G III p.297/P p.1008]을 참조하라.

로 ——, 이 이론은 바로 3부의 B_2군으로 완성된다.

따라서 3부 정리 39~43에서 도출되었던 일탈적 상호성에 대한 분석을 재검토해 보자. 우리는 이 책 5장에서 이를 주해하면서 최초의 선행자 혹은 악행자 X와, 수혜자 혹은 희생자 Y라는 두 개인만 놓고 관계를 설정했다. 이럴 경우 정치사회는 분명 생겨날 수 없었다. 곧 X와 Y 사이에는, 상황이 안정되는 법 없이, 긍정적 상호성과 부정적 상호성이 무한정 교대되는 상태 외에는 생각해낼 수 없었다. 따라서 고립된 2자 관계로는 결코 자연 상태를 극복하지 못할 것이다. 그런데 이는 단지 추상일 뿐이었다. 구체적 현실에서 Y(또다시 이를 우리가 위치한 관점이라 하자)가 대면하는 것은 단지 한 개인이 아니라 X_1, X_2, X_3 등등 여러 개인이다. 이들은 바로 이웃해 살고 있어 Y와 무척 자주 마주칠 수밖에 없다. 그리고 적어도 아주 예외적인 우연이 아니고는 Y는 그들 모두와 똑같은 순간 똑같은 관계를 맺지는 않는다. 가령, Y는 시점 t_1에서 X_1과 부정적 상호성의 사이클을 이제 막 시작하고 있고, X_2와는 긍정적 상호성의 사이클의 정점에 도달해 있으며, X_3과는 긍정적 상호성의 사이클을 이제 막 시작했고, X_4와는 부정적 상호성의 정점에 도달해 있다. 그런 후 이 상태 각각은 B_2군의 궤적을 밟아 진화를 겪는다. 시점 t_2에서 X_2는 X_1의 자리를, X_3은 X_2, X_4는 X_3, X_1은 X_4의 자리를 차지하며, 이것들 모두가 번갈아 가면서 무한정 교대된다. 즉 이들 상이한 사이클은 서로에 대해 국면을 달리하면서 끊임없이 반대 사이클로 반전하며, 상대방이 되는 자 모두는 각자 모든 역할을 순차적으로 수행하는 것이다. Y에게는 매 순간 친구만큼의 적이 생기며, 친구들은 과거 그에게서 받은 도움에 감사하고 미래에 그에게서 받을 도움을 기대하면서, 적에 맞선 투쟁에서 그를 돕는다. 그런데 이들은 결코 동일한 상태에 있지 않다. Y에게 모든 X는 차례차례로 적, 약간의 친구, 친구, 약간의 적이다. 이와 같은 상황이, 장기적으로는 각자가 만인에게 의존하는 순수 형태의 자연 상태이다.[93]

그런데 쉽게 알아차릴 수 있듯, 이러한 상황은 자체적으로 극복되는 경향이 있다. 사실 이 사이클들이 몇 번 돌고 나면, Y는 자생적으로, 그리고 단지 "막연한 경험"만으로도, X 모두가 친구이자 적이라는 것을 알게 된다. 그는 과거에 그들 모두가 자기에게 자행했던 악을 상기하면서 그리고 이와 유사한 미래를 상상하면서 그들에 대해 크나큰 공포를 느끼며, 자기 힘에 대해 낙담하고는 만연한 적의에 대항하여 자기 자신을 보호하기 위해 협력자를 찾기 시작한다. 그런데 그는 이 협력자를 모든 X 가운데서 찾을 수 있다는 것 역시 믿는데, 왜냐하면 그는 그들 모두가 언젠가 자신에게 베풀었던 선 역시 상기하며, 또한 이를 미래로 투사하기 때문이다. 따라서 그는 공격을 당할 경우 모두의 도움을 받으리라 희망한다. 그런데 그는 이전의 여러 사이클을 경험하면서 공짜란 없음을, 곧 돕는 자만이 도움을 받음을 알게 되었다. 따라서 Y는 모든 X에게, 누군가가 그들에게 악을 자행할 경우 이에 맞서 그들을 방어해 주겠노라는 의사를 내비친다. 그런데 이런 식으로 행위하는 자는 Y만이 아니다. 다시 말해, Y는 구체적 개인이 아니라 하나의 관점이며, 실제로는 모든 사람이 X인 동시에 Y이다. 결과적으로 각자는 결국 동일한 정신 상태에 도달한다. 그러므로 자연 상태를 지배하는 동요하는 상호의존성을 단지 자각하기만 해도, 우리에게 바로 그 상태를 벗어나게 해주는 동기들의 통일은 실현되는 셈이다.[94] 그리고 이제부터 모두에게 공포와 희망을 불러일으키는 것은 단

---

93) 주 46, 47, 48을 참조하라.
94) 주 81을 참조하라.

하나인데, 그것은 바로 모두의 역량이다. 이제 모두는 공포에서 벗어나고 희망을 확고한 안심으로 변형하기 위해, 다시 말해 덜 의존적이 되기 위해, 그들의 노력을 결집하기를 욕망한다. 방어와 보복에 대한 자연권을 집단적으로 행사하고, 각자가 입은 해악들에 복수하며, 공동의 일치 속에서 살아가기를 욕망하는 것이다.[95] 이것이 역관계를 통해 해석된 사회계약의 첫번째 단계이다.

바로 여기서, 그리고 역시 자생적으로, 두번째 단계를 해명해 주는 새로운 동학이 탄생한다. 실상 타인의 도움을 얻기 위해 그를 보호해 주려는 일반적 의도가 있다 해도, 이는 다시 매 개별 경우마다 실천적 응용의 문제를 제기한다. 가령 X_1과 X_2 사이에 갈등이 일어나는 경우, Y는 어느 편에 설 것인가? 처음에 그는 자신이 사랑하는 자가 옳고 자신이 미워하는 자는 틀렸다고, 혹은 두 적대자 모두가 그의 관심을 불러일으키지 않을 경우에는 중립을 고수하면서, 개인적 감정에 따라 자기 의사를 공표했다. 그러나 이제 이는 더 이상 가능치 않다. 그는 모든 X를 사랑하는 동시에 미워하며, 모두에 대항하여 자기 자신을 보호하기 위해 이들 모두의 호감을 얻고자 하기 때문이다. 결국 몇 번의 시행착오를 거친 후 나올 해결책은, 가장 만연해 있다고 여겨지는 감정에 맞추어 Y가 선택을 조절하는 것이 될 것이다. 만일 그가 이미 각각의 X들과 계속해서 여러 번 관계

---

95) "… 따라서 우리는 다음과 같이 결론 내린다. 즉 인간이라는 유(類)에게 고유한 자연권도, 사람들이 공통의 권리를 갖고서, 그들이 거주하고 경작할 수 있는 공동의 땅을 그들 몫으로 삼을 수 있는 곳, 그들 스스로를 방어하고 일체의 힘을 물리치며, 모두의 공통된 생각에 따라 살아갈 수 있는 곳이 아니고서는 거의 생각될 수 없다"(『정치론』 2장 15절[G III p. 281/P p. 985]). 물론 여기서 'concludimus'(우리는 결론 내린다)의 주어는 스피노자 자신이다. 그러나 자연 상태에서 살아가는 사람들도 우리가 방금 기술했던 과정의 끝에 이르러서는 경험적으로 이와 유사한 결론에 도달할 수밖에 없다.

를 맺었다면, 또 만일 이들 각자가 여전히 동일한 상태로 머물러 있다면, 만일 외적 상황이 거의 바뀌지 않았다면, 그는 대다수가 찬성하고 비난하는 바가 무엇인지를 다소간 막연하게나마 상상할 수밖에 없다. 따라서 그는 바로 이 가정된 '민심'(vox populi)을 따를 것이다. 공중(公衆)이 X_1의 편을 들 수밖에 없다고 추정되면, 그도 그렇게 할 것이다. 그리고 그가 '민심'을 용케 잘 맞추었다면, 그는 X_1뿐만 아니라 아주 많은 수의 다른 이들에게도 호감을 얻게 될 것이다. 그런데 각자는 X인 동시에 Y이기 때문에 모두 그처럼 행동한다. 따라서 X_1은 막강한 도움의 혜택을 입게 되며, 이에 저항할 수 없는 X_2는 적법하게 패배한다. 모두는 만장일치로, 마치 모두 함께 단 하나의 개체를 이룬 듯이,[96] 공동의 의견에 도전하는 자는 처벌하고 그것을 따르는 자는 보호한다.

그렇다면, 그리고 이 과정이 조금이라도 반복되면, 각자는 과거를 미래에 투사하여 결국 상황이 늘 이와 같으리라 기대하며, 이러한 기대에 따라 어떻게 처신할지를 결정한다. 집단적 규율이 수립되는 셈인데, 이 규율의 암묵적 규약은 모든 개인적 욕망의 합력을 내용으로 한다. 허용되는 것, 금지되는 것, 그리고 의무적인 것의 영역이 정해진다. 사실 한편으로, 각자는 집단이 "악"이라고 간주하는 것을 타인에게 자행할 경우 보복당하리라는 것, 더욱이 더 이상 한 개인의 보복이 아니라 만인의 보복을 당하리라는 것을 사전(事前)에 알게 된다. 각자는 감히 그렇게 할 엄두를 내지 못하며, 그런 이상 그렇게 할 권리도 없다. 역으로, 각자는 집단의 법칙을 따르는 자들을 도와 줄 경우 보편적으로 인정받으리라는 것, 또한 여기서 따라 나오는 온갖 혜택을 누리리라는 것 역시 알고 있다. 따라서

---

96) "… 그들은 마치 하나의 정신에 의해서인 듯 인도되다"(주 97을 참조하라).

희망이 그에게 그렇게 하도록 강제한다. 그리고 집단이 더 광범위해질수록 개인이 불복종할 여지는 더 줄어든다.[97] 따라서 자연 상태에서 우리가 흔히 착각해 왔던 형식적 독립성은 이제 아예 사라진다. 역관계가 아주 명백해진 이상, 누구도 더 이상 자신이 '스스로에 대한 판관'(*judex sui*)[98]이라 여길 수 없기에 말이다. 이제는 누구도 공동체가 인정하는 권리 말고는 어떤 권리도 갖지 못한다.[99] 그런데 다른 한편, 자연 상태에서 일어났던 것과는 반대로, 이 권리들은 이제 권리행사까지 보증되는 실질적 권리로 바뀐다. 누구나 사회가 자신에게 허락해 준 우주의 편린을 아무도 강탈할 수 없으리라는 것을 알기에, 아주 안심한 채 이를 마음대로 처분할 수 있기 때문이다. 각자는 그것의 '주인'(*dominus*), 곧 실질적이기에 적법성도 있는 소유주인 것이다. 그러므로 우리는 『신학정치론』이 말한 명시적인 약속이 **가져왔어야 할** 결과들을 다시 발견하게 된다. 하기야, 이러한 약속이 분명하게 정식화될 **수 있는** 때도 종종 있다. 가령, 첫번째 단계의 끝에, 두번째 단계가 진행되면서 어떤 일이 일어날지 모든 사람이 예견할 때가 그렇다. 또한 그럴 경우 경험적인 시행착오는 면하게 된다. 하지만 이는 일반적인 경우는 아니며, 이 때문에 『정치론』은 이에 대해 언급하지 않는 것이다.

이 집단적 규율은 일단 수립되기만 하면, 그것의 탄생을 주재했던 협

---

97) "사람들이 공통의 권리를 가질 때, 또한 만인이 마치 하나의 정신에 의해서인 듯 인도될 때, 그들 각자는 나머지 모두가 그 자신보다 더 강력해지는 만큼 더 적은 권리를 가진다는 점은 … 확실하다"(『정치론』 2장 16절[G III p. 281/P p. 986]).
98) "… 각자가 자기 자신의 판관이 되게 하는 이 자연권은 시민 상태에서는 필연적으로 중지된다"(『정치론』 3장 3절[G III p. 285/P p. 991]).
99) "… 다시 말해, 각자는 공통의 권리가 인정해 준 권리 외에는 실제로 자연 안에 어떤 권리도 갖지 않는다"(『정치론』 2장 16절[G III pp. 281~2/P p. 986]).

동하고자 하는 욕망을 새롭게 자극한다. 힘의 결집을 가로막았던 것은 미래와 관련된 불확실성이었다. 그런데 이제 장애는 제거되었다. 부정적 상호성이 억압된 의향의 상태로 축소되기에, 처절한 보복의 사이클이 시동될 위험은 없어진다. 물론 미움이 사라지진 않는다. 만일 우리가 우리 유사한 자들 가운데 어느 하나가 우리를 싫어한다고 상상한다면, 우리 역시 그를 싫어할 것이다. 그러나 그가 이를 행위에 옮길 수 없으리라는 점을 알고 있는 이상, 우리에게도 예방적 차원에서 앞질러 그를 공격할 동기가 없으며, 게다가 공격할 수도 없다. 물론 그 역시 이를 알고 있다. 이와 반대로 긍정적 상호성은 최적의 수준 언저리에서 안정화되어, 항구적인 사이클을 그리며 전개될 수 있다. 물론 우리가 우리 자신이 베푼 선행을 예외 없이 모두 되돌려 받으리라 기대한다면 지나치게 이상적일 것이다. 그러나 오해의 여지가 없는 명확한 거래의 경우에는 확실히 그럴 것이다. 사회의 역량이 소유권을 보증하는 이상, 우리 상대방은 이를 존중하도록 강제될 것이기 때문이다.[100] 따라서 우리는 더 이상 망설이지 않고 재화와 서비스를 교환하며 교역은 꽃핀다. 그래서 화합은 강화되며, 이로 인해 집단의 법에 대한 불복종이 일어날 개연성은 한층 더 줄어들고, 또 이 때문에 화합은 더 강화되며 등등…. 이 순환적 인과성에서, 협동과 규율은 꼬리를 물고 무한정 서로를 발생시키는 것이다.

즉자적으로는 국가는 이미 탄생했다. 이제 그것이 "대자적으로" 실존하기 위한 마지막 한 걸음이 남았고, 세번째 단계는 이에 상응한다. 실상 우리가 서 있는 지점에서, 상황은 여전히 불안정하다. 만일 이 상황이

---

100) "게다가 각자는 공동의 동의로 명령받은 것을 실행하게 되거나 혹은 … 실행하도록 정당하게 강제된다"(『정치론』 2장 16절).

실현된다 해도, 이는 각자가 막연한 경험을 통해 상대방의 심리를 알고 있어, 커다란 오류 없이 그들 대다수의 반응을 예견할 수 있었고, 이를 내다보면서 고려할 수 있었기 때문이다. 그런데 누구든 늘 잘못 알 수 있으며, 예기치 못한 문제가 돌발할 수도 있다. 또한 집단이 번성할 경우, 모두가 모두를 개인적으로 인지하는 것이 불가능할 정도로 이질적 성원들이 불어날 수도 있다. 그렇다면 평형은 깨지는 것인가? 그렇지 않다. 쉽게 치유할 수 있기 때문이다. 각자는 자기가 무엇을 할 수 있거나 없는지를 알기 위해 다른 자들의 생각에 대한 정보를 얻고 싶어 한다. 그리고 이럴 경우 그냥 그들에게 물어보면 되지 않겠는가? 따라서 결국 새롭게 제기되는 각각의 문제에 대한 난상토론이 습관적으로 열리고 이는 결국 정기적인 것이 된다. 곧 서로 대치하는 관점들이 제시되고, 결국 그럭저럭 공통분모가 도출되며, 또한 명확한 과반수 결정이 너무 느리지 않게 이루어질 수만 있다면(물론 문제는 바로 이 점이며, 우리는 이를 차후 다시 살펴볼 것이다), 여론이 찬성하고 비난하는 것에 관한 일체의 애매성이 일소될 것이다. 이렇게 되면 각자는 심지어 소수자라 하더라도 여론에 순응할 수밖에 없는데, 이는 그가 최대 다수의 역량을 두려워하기 때문이며, 또한 최대 다수는 십중팔구 [결정사항에] 복종할 것이기 때문이다. 이것이 가장 단순한 해결책이다. 그러나 다른 여러 해결책도 마찬가지로 생각해 볼 수 있다. 집단 내에서 하나나 여러 개인이 나머지 다른 이들을 훨씬 능가하는 위신을 얻는 경우도 있을 수 있다. 이 경우 각자는 대다수가 이 위신 있는 자들의 욕망에 따르리라고 추정하면서 그들에게 선과 악을 정의해 줄 것을 요구한다. 사람들은 이 위신 있는 자들이야말로 미래 여론의 열쇠를 쥐고 있다고 간주하며, 또 사람들이 그렇게 간주하는 한(물론 그리 오랫동안은 아닌데, 이 역시 뒤에서 다시 다룰 것이다) 그 자들은 실질적으로 열쇠를 쥐게 된다. 여하튼, 그리고 어떤 절차가 채택되든, 이제 '국가권력'(*imperium*)[101]이 명실상부하게 **출현한다**. 이는 다중(multitude)의 권리 혹은 역량으로서, 물론 앞서와 마찬가지로 결집된 개체적 힘들의 총괄적 합력에 불과하지만(두번째 단계에서 이미 출현했던 것이 바로 "이 권리"*hoc jus*이다), 이제부터는 이 힘의 실행이 제도화된다.[102] 공무를 돌보도록 만인이 공동으로 동의한[103] 주권자('최고 권력자' *Summa potestas* 혹은 '최고 권력자들' *summae potestates*)[104]가 바로 이 권력을 행사하는 것이다. 이 주권자는 자연인일 수도 법인일 수도 있으며, 각자는 그의 의지를 만인이 실행하리라 믿으면서 자신도 실행하기 때문에, 그의 의지는 개인들의 욕망을 제 뜻대로 정향시켜 사회체에 단일한 충동을 불어넣는다. 주권자가 인민 전체의 협의체일 때 국가는 민주정이며, 현 구성원의 지명으로 충원되는 엘리트일 때 귀족정이고, 개인일 때는 군주정이다.[105]

---

101) [옮긴이] 국가권력 : '*imperium*'은 특히 『정치론』에서 가장 많이 사용되는 용어 중의 하나이며, 대체로 '국가'를 가리키나, 사적 영역과 구별되는 공적 영역, 다중의 역량의 총괄이자 최고 권력인 주권(통치권), 그리고 통치기구(gouvernement) 등 다양한 함의를 지닌다. 그리고 바로 이 세 측면을 모두 담고 있다는 점이야말로, 사법적인 관점에서와 달리, 국가나 주권을 실질적인 지배와 타협이 일어나는 역관계의 메커니즘으로 바라보는 스피노자 '*imperium*' 개념의 주목할 측면이라 할 수 있다. 뒤에 나오겠지만, 이와 연장선상에서 마트롱 역시 '*imperium*'을 개체에 대한 정의 중 형식적 측면, 곧 부분들 사이의 운동과 정지의 특정 법칙으로 해석하고 있다. 위의 본문에서 마트롱은 '*imperium*'을 'le pouvoir étatique'(국가권력)로 번역하지만, 이후에는 대부분 이 라틴어 단어를 직접 사용한다. 하기에 우리도 이를 대체로 '국가권력'으로 옮기나, 맥락에 따라 '국가'나 '통치권' 등으로도 옮긴다.
102) "다수의 역량으로 정의되는 이 권리는 흔히 국가권력(*Imperium*)이라 불린다"(『정치론』 2장 17절).
103) "그리고 공동의 동의에 의해 국무(*Respublicae*)를 운영하는 자가 이것[주권]을 절대적으로 보유한다"(『정치론』 2장 17절). *Respublicae*(국무)는 다른 곳에서 *communi imperii negotia*(국가 공동의 업무들) 전체로 정의된다(『정치론』 3장 1절[G III p. 284/P p. 990]).
104) 『정치론』 4장 1절[G III p. 291/P p. 1000].
105) 『정치론』 2장 17절과 3장 1절.

이 국가권력은 일단 구성되고 나면, 자신을 가능케 했던 집단적 규율을 한층 강화함으로써 역으로 자기 조건에 영향을 미친다. 애초에 각자는 매 순간 여론의 요구가 무엇인지 인지할 수 있었고 여론에 복종하기를 욕망해 왔다. 그리고 이 욕망들은 서로 결집함으로서 전문화된 지휘 기관을 창출하기에 이르렀으며, 이 기관의 실존은 복종하려는 욕망을 다시 자극한다. 왜냐하면 국가가 우리의 의무와 권리를 공개적으로 언명하는 이상, 이제부터는 우리의 의무 및 권리의 내용에 대해 의심할 여지가 없어지기 때문이다. 우리는 어떤 행위가 인정이나 보편적 보복을 살 수 있는지 아주 정확하게 인지한다. 우리는 순응주의의 보답인 기쁨의 혜택을 누리기를 희망할 뿐만 아니라 어떤 조건에서 이 기쁨을 얻을 수 있는지도 명료하게 알게 된다. 물론 공포는 여전히 남아 있지만, 이제 우리는 거기서 벗어날 수단도 알고 있다. 희망-공포의 쌍은, 충성스런 자들의 경우 안심으로 나아가고, 반역하는 자들의 경우 절망으로 나아간다. 전부 아니면 전무의 법칙이 작용하며, 이 덕분에 순응은 이제 비가역적이 되는 것이다. 이리하여 국가는 다시 강화되고 등등 …. [『윤리학』 4부 정리 37의] 주석 2를 발생적으로 해석할 때 꼼짝없이 걸려드는 듯했던 원환의 진리는 바로 이 순환적 인과성에서 비로소 밝혀진다. 물론 우리가 국가에 복종하기 때문에 국가가 강력하다는 것도 사실이고, 국가가 강력하기 때문에 우리가 복종한다는 것도 사실이다. 그러나 이는 더 이상 역설이 아니다. 문제는 더 이상 독립성의 "양도"――이 경우 우리는 오직 어떤 힘이 가해져야만 독립성을 포기할 텐데, 이 힘 자체는 오직 이 독립성을 포기함으로써 창출된다――가 아니라, 처음부터 흩어진 상태로 실존해 왔던 집단적 힘의 재정향이다. 이는 애초부터 있던 집단적 힘의 무정부적 놀이에서 비롯되는 자생적 결과이자, 일단 실현되기만 하면 결국 스스로를 항구적으로 재생산한다.

이를 여전히 "사회계약"이라 부를 수 있을까? 그렇다. 사실 그다지 명확하진 않지만, 어쨌든 스피노자가 [『정치론』의] 한 구절에서 '계약(contractus)이라는 단어를 공공연히 사용하기 때문이다.[106] 물론 몇몇 한계 상황을 제외한다면, 이는 일상적 의미의 계약은 아닐지도 모른다. 그러나 어떤 계약이든 귀결은 동일하다. 장래가 보장된다는 것 말이다. 각자는 자기와 유사한 자들이 품을 미래 의도에 대해 확신함으로써 더 이상 반전의 위험이 없는 긍정적 상호성의 사이클에 주저 없이 가담할 수 있는 것이다.

따라서 국가의 발생이란 더 이상 독립성에서 의존성으로의 이행이 아니라 자연 상태의 동요하는 상호의존에서 **견고해진 상호의존**으로의 이행이며, 정치사회는 바로 이처럼 **견고해진 상호의존**으로 정의될 수 있다. 이와 같은 이행은 처음부터 추구되어 왔던 것이 아니다. 이는 그 어떤 의도에도 상응하지 않으며, 개체적 욕망들 및 권력들의 맹목적 상호작용에서 거의 기계적으로 따라 나온다. 이러한 이행의 연속적 계기들은 다음과 같은 연쇄로 요약된다. **자연 상태에서 인간 상호간의 정념적 삶의 전개 결과 출현하는 협동의 기미―집단적 규율의 기미―국가의 탄생―집단적 규율의 강화―협동의 강화** 등등의 무한정한 사이클.

이 연쇄를 바탕으로 앞의 두 설명을 재해석할 수 있을까? 이 연쇄 가운데 뒤의 세 계기는 주석 2에 대한 우리의 두번째 해석, 곧 주석 2를 발생적 설명으로 보는 대신, 결과에서 원인들로 거슬러 가는 후행적 배열에

---

106) "다수가 자기 권리를 한 협의체나 한 인간에게 이전할 때 의거하는 계약(Contractus) 또는 법"(『정치론』 4장 6절[G III p. 294/P p. 1004]). 하지만 2장에는 이 단어가 없다.

한정했던 해석에 상응한다. 이 연쇄 가운데 처음 세 계기는 형태상으로는 『신학정치론』의 텍스트 및 주석 2에 대한 우리의 첫번째 해석, 곧 이것들을 목적-수단의 발생적 배열로 간주했던 해석에 상응한다. 단, 『신학정치론』의 경우, 다음 네 가지 사항을 정정해야만 그렇게 볼 수 있다. 우선, 우리는 이성이 『신학정치론』에서 수행했던 기능을 박탈해야 한다. 특히 이성의 역할이 아무 효력도 없는 첫번째 단계에서가 아니라 두번째 단계에서 말이다. 다음으로, 우리는 일체의 의식적 의도를 제거하고 목적-수단의 발생적 배열을 원인에서 결과들로 나아가는 발생적 배열로 변형시켜야 한다. 가령, 공동의 법을 준수하겠다는 명시적 약속은 오히려 두번째 단계의 동학이 띨 수 있는 모든 형식 가운데 예외적으로 단순한 형식에 지나지 않으며, 이는 세번째 단계에서 심의를 거쳐 주권자를 옹립하는 경우도 마찬가지다. 나아가, 시원적인 역사적 사건에 대한 언급도 아예 제거해야 한다. 그런 사건이 불가능하기 때문이 아니라 정치사회를 이해하는 데 그것이 충분치도 필요치도 않기 때문이다. 마지막으로, "이전"(移轉)을 자연권 자체의 포기로 간주하는 시각을 폐기해야 한다. 앞서 살펴보았듯, 『신학정치론』의 다른 여러 단락들은 이렇게 볼 근거를 제공하는 이상, 이는 정당하다고 볼 수 있을 것이다. 이 정정 사항들은 매우 중요하다. 하지만 핵심에 있어서는 『신학정치론』의 학설과 명시적으로 상충하지는 않는다. 우선, 네번째 정정은 단지 개념들의 미성숙과 결부된 언어상의 (물론 심각한) 서투름을 겨냥할 뿐인 듯하며, 여하간 권리와 역량을 동일시한다는 점에서는 일치한다. 두번째 및 세번째 정정에서, 우리는 단지 특수한 경우에서 이를 포괄하는 일반적 경우로 옮겨 갈 뿐이다. 아마 첫번째 정정도 마찬가지일 것이다. 곧 이성에 복종하겠다는 공동의 결단은 다시 시원적인 집단적 서약이라는 특수한 경우에 포섭되는 또 다른 특수한 경우로 간주될 수 있을 것이다. 그리고 이 집단적 서약이 일어나는 경우, 만일 참여자 수가 많고 그들에게 여유롭게 토의할 시간이 있다면, 그들이 수립하는 규율의 내용은 이성의 명령들과 **사실상** 거의 부합할 수밖에 없다. 따라서 우리가 보기에 『신학정치론』과 『정치론』의 차이는 부인(否認)이 아니라 심화이자 보편화를 의미한다.

[『윤리학』 4부 정리 37의] 주석 2에 대한 첫번째 해석의 경우, 거기에 요구되는 정정 사항은 이보다 훨씬 더 미미하다. 우선 여기엔 이성이 언급되지 않으며, 과거 사건에 대한 언질도 없고, 서로 이어지는 세 단계를 목적-수단들의 발생적 배열보다는 원인-결과들의 발생적 배열로 보는 것을 금하는 것도 없다(물론 강제하는 것도 없지만). 다만 "자기 자연권을 포기하다"(*jure suo naturali cedant*)[107]라는 표현만 제거하면 된다. 그럴 경우, 주석 2에 대한 두 해석에서 우리는 역순으로 진행되는 두 개의 인과적 배열을 얻게 된다. 곧 한 해석에서 원인인 것은 다른 해석에서는 결과이고, 한 해석에서 결과인 것은 다른 해석에서는 원인이다. 그런데 이 둘을 조합하면 우리가 『정치론』을 주해하면서 기술했던 바로 그 이중의 순환적 인과성을 얻게 되는 셈이 아닌가? 따라서 이 두 텍스트[『윤리학』 주석 2와 『정치론』]는 네 개의 단어[*jure suo naturali cedant*]를 제외하면 서로 일치한다.

어쨌든 『정치론』 2장의 13~17절을 『윤리학』 3부의 정리 39~43으로 규명해 보면, 이는 『지성교정론』이 열거한 세 조건[108]을 완전히 충족시키는, 국가에 대한 발생적 정의를 제공한다. 첫째, 이는 정치사회를 **그것**

---

107) 주 69를 참조하라.
108) 『지성교정론』 95절과 96절[G II pp. 34~5/P pp. 191~2]을 참조하라.

의 근접인으로부터, 곧 자연 상태로부터 재구축한다. 앞서 말한 연쇄에서 처음 세 계기는 바로 이를 표현한다. 동요하는 상호의존성이 어떻게 견고해지는지, 그리고 이러한 견고화로 인해 분화된 강제 기관이 어떻게 출현하는지를 보여 주는 것이다. 이 과정은 경우에 따라서는 역사적일 수도 있다. 가령, 만일 최초의 인간들이 자연 상태를 겪었다고 한다면, 그들은 바로 이런 과정으로 자연 상태에서 빠져나왔음이 틀림없으며, 또한 만일 언젠가 한 민족이 자연 상태로 되돌아간다면, 그 민족은 바로 이런 과정으로 자연 상태를 또 다시 극복할 수밖에 없다. 그런데 이는 중요한 지점이 아니다. 우리가 다루는 것은 무엇보다 우선 개념적 발생이기 때문이다. 더욱이 이 발생은 이번에는 자신이 구축하는 대상과 동질적이다. 둘째, 사실 **이 개념적 발생은 우리에게 정치사회의 내밀한 본질을 알게 해준다**. 그것이 원용하는 여러 메커니즘은 단지 기원에서만이 아니라 매 순간 모든 국가에서 작동하며 국가 그 자체를 실존하게 해준다. 우리가 말한 연쇄의 다섯 계기들로 형성되는 사이클이 표현하는 바가 바로 이 점이다. 곧 매일같이 우리 눈앞에서, 각자는 만인이 복종한다는 것을 알기에 협동하기를 수락하며, 만인이 협동한다는 것을 알기에 그 역시 복종한다. 그리고 매일같이 우리 눈앞에서, 각자는 국가가 자신에게 공포와 희망을 불러일으키기에 복종하며, 국가는 만인이 자신에게 복종하기에 또 이 감정들을 불러일으킬 수 있다. 또한 이 두 순환적 인과성을 조합해 보면, 매일같이 우리 눈앞에서, 각자는 국가가 도움이 되면서도 두려운 것이기에 협동하기를 수락하며, 국가가 그럴 수 있는 것은 또 오직 만인이 협동하기 때문이다. 바로 이와 같은 항구적인 자가-재생산이 정치사회의 포괄적 코나투스가 아니고 무엇이겠는가? 정치사회의 '현행적 본질'(*essentia actualis*)이 아니고 무엇이겠는가? 물론 이에 대한 우리의 시각은 당분간은 여전히 매우 추상적이지만, 여기서 우리는 세부 사항을 더 깊이 꿰뚫어 보는 데 필요한 모든 것을 얻을 수 있다.

셋째, 왜냐하면 **이렇게 형성된 개념으로부터 국가의 모든 특성들이 연역될 수 있기 때문이다.** 이제 우리가 보여 주어야 하는 점이 바로 이것이다.

4. 국가 일반의 구조

이 연역의 원칙은 아주 단순하다. 만인이 인정하기 때문에 자기 의지를 사회체 전체를 통해 집행하게 만들 권력을 지닌 자는 권리상 주권적이다. 자기 의지를 집행하게 만드는 한, 그는 여전히 주권적이다. 그리고 이 권력을 상실하는 즉시, 그는 권리도 상실한다. 따라서 그의 역량을 현실적으로 실행하는 데 필수 불가결한 모든 것, 말하자면 그것 없이는 그의 역량이 존재할 수도 인식될 수도 없는 모든 것이 그의 권한에 속한다. 그런데 이와 같은 역량의 실행은 다양한 양상을 포함한다. 우선, 명령하는 행위가 있다. 명령되는 것은 추상하고서 행위 자체만 봐도 이 행위는 이미 꽤나 복잡하다. 거기에는 상호 의존하는 다수의 절차가 함축되어 있기 때문이다. 다음으로, 명령되는 내용이 있는데, 이 역시 단순치 않다. 사회가 복종하는 집단적 규율은, 상호 제약하면서 서로 구별되는 다수 영역을 포괄하기 때문이다. 나아가, 이 집단적 규율과 이 명령 행위는 순환적 인과관계를 통해 서로를 산출하는 이상, 양자의 상호작용 역시 다수의 활동 유형을 필요로 한다. 규율의 원인이자 결과인 협동 역시 마찬가지이며, 규율과 협동의 상호작용 역시 마찬가지다. 따라서 국가는 내적으로 분화되고 분절된다. 이러한 내적 분절의 본성에 대해 우리가 정보를 얻을 수 있는 원천은 두 가지다. 하나는, 스피노자 자신이 이에 대해 『정치론』

2~4장에서(2장 18절 이하, 3장의 1~5절과 10절, 4장의 1~3절)[109] 제시한 연역인데, 그러나 이는 완결적이지도 아주 체계적이지도 않다.[110] 다른 하나는, 모든 국가에 공통적인 성격들을 귀납적으로 재구성하는 출발점이 될 수 있는 이상적인 정체(政體)들(『정치론』에서의 군주정과 귀족정, 『신학정치론』 17장의 신정)에 대한 기술이다. 이 두 분석은 분명 서로 일치하지만, 후자가 전자를 완결하면서 해명해 준다.

첫째, 국가 발생의 세번째 단계, 곧 그 자체로 고찰된 명령 행위의 차원에서 보자. 주권자가 명실상부하게 주권적이라면, 그는 모든 것을 결정한다. 그는 법률을 만들고,[111] 이렇게 만들어진 법률이 선과 악을 정한다.[112] 그리고 자연 상태에서는 개인들의 가치체계들이 서로 어긋났던 반면, 이제 희망과 공포 때문에 모든 신민은 그들이 인정하는 권위(Autorité)의 [정치적 주권자의] 욕망에 순응할 수밖에 없으며, 그가 좋다거나 나쁘다고 선언하는 것은 모두에게 좋거나 나쁜 것이 된다. 하지만 이것이 문제의 전부는 아니다. 왜냐하면 모든 결정에는 원인이 있으며, 또한 결과가 뒤따를 수밖에 없기 때문이다. 따라서 명령이 이루어지기 위해서는, 아래의 세 가지 보충조건이 필요하다.

우선, 주권자는 의당 정보를 얻는다. 이는 "의무"가 아니라 필연이

---

109) 3장의 6~9절에 대해서는 주 2를 참조하라. 같은 장 11~17절 역시 주권자의 권리에 대한 연역에 속하지만, 이 절들은 외국과의 관계를 다루고 있으며, 이는 우리 연구의 한계를 넘어선다. 여기서 우리는 국가의 내적 동학만을 고찰할 것이다.
110) 뒤에서 살펴보겠지만, '국가'(imperium)를 이루는 9가지 제도 가운데 명시적으로 언급되는 것은 7가지뿐이다.
111) 『정치론』 4장 1절[G III p. 291/P p. 1000].
112) 같은 곳. 또한 『정치론』 2장 19절과 3장 5절 역시 참조하라.

다. 그는 원하든 원치 않든, 여하간 정보를 얻을 수밖에 없다. 그가 세계를 지각하는 방식에 따라 그에게는 욕망이 생겨나며, 이러한 지각은 적어도 부분적으로는 타인의 의견에 의존한다. 곧 신민들 중 그가 귀 기울이는 자들은, 그에게 아낌없이 충고하거나, 다소간 편향적인 입장에서 그에게 문제점들을 알려 주거나, 그에게 진실을 말해 주거나 그를 속임으로써, 미래의 법이 지닐 내용을 결정하는 데 기여한다. 따라서 군주의 신임을 받는 자는 누구나 아주 실질적인 권력, 곧 **자문권력**을 지니게 된다. 물론 주권자가 이 권력을 직접 행사할 수도 있다. 가령, 많은 수로 구성된 협의체에는 외부의 조언자가 필요 없다. 이 경우 협의체는 각 구성원들을 매개로 정보를 취합하며, 따라서 자문을 구하는 과정은 심의 과정과 일치하기 때문이다.[113] 하지만 이런 상황이 항상 가능한 건 아니다. 가령, 군주정에서 왕은 자기 혼자 모든 것을 다 알 수는 없기 때문에,[114] 반드시 다른 인물의 영향을 받기 마련이다. 따라서 자문권력은 제도화되든 아니든, 주권과 일치하든 구별되든, 여하간 모든 국가에서 실존하기 마련이다. 자문권력은 최고 권위에 신민의 욕망을, 적어도 일부의 욕망만이라도 상향식으로 전달해 준다.

다음으로, 주권자는 자기가 내린 명령을 집행하게 해야 한다. 법이 일단 공표되면, 이를 실제로 실행에 옮길 갖가지 조치들이 매 순간 필요하다. 그런데 주권자가 항상 이를 몸소 담당할 수는 없는 노릇이다. 만일 주권자가 군주라면, 군주 혼자 모든 일을 할 수는 없으며,[115] 만일 주권자

---

113) "따라서 왕에게는 자문들이 전적으로 필요하지만, 이런 성격의 협의체에서는 전혀 그렇지 않다"(『정치론』 8장 3절[G III p. 325/P p. 1048]).
114) 『정치론』 7장 3절[G III p. 308/P p. 1025].
115) 『정치론』 6장 5절[G III p. 298/P p. 1010].

가 아주 많은 수로 구성된 협의체라면, 이 협의체는 언제까지고 회기 중일 수 없다.[116] 따라서 이 업무는 더 제한된 협의체들이나 전문적인 개인에게 위임된다. 물론 이들은 주어진 명령을 어느 정도는 왜곡할 수 있다. 가령, 명령을 잘못 파악할 수도 있고, 내키지 않는 명령은 무시해 버리거나 찬성하는 명령의 적용 범위를 부풀릴 수도 있고, 부패할 수도 있고 등등 …, 따라서 이들 역시 실질적 권력, 곧 **집행권력**을 지닌다. 그리고 법이 사실로 옮겨지느냐 아니냐는 바로 이 권력에 달려 있다. 이 권력이 주권자에 의해 행사되든 아니든, 자문부와 일치하든[117] 구별되든,[118] 이 권력이 없는 정치사회란 있을 수 없다. 집행권력은 최고 권위의 욕망과 그것을 실행하는 수단을 신민들에게 하향식으로 전달한다.

마지막으로 명령 집행은 항상 통제를 받기 마련이다. 통제는 대개의 경우 자생적이고 분산되어 있다. 가장 흔한 형태의 통제는 인민의 불만이다. 잘못된 정보를 얻은 주권자가 신민들의 한결같은 바람과 공공연히 상반되는 결정을 내릴 때, 혹은 올바른 정보를 얻고도 그것을 무시했을 때, 혹은 모순적 명령들을, 따라서 실행에 옮길 수 없는 명령들을 내렸을 때, 혹은 그의 명령이 여론의 찬성을 얻었는데도 집행되지 않았을 때 불만은 터져 나온다. 이 경우, 주권자가 결국 자신에 대한 불신임의 폭이 어느 정도인지 알게 되는 순간이 올 때까지, 그리고 혁명을 두려워한 나머지 명령을 취소할 수밖에 없는 순간이 올 때까지 상황은 차츰 악화된다.[119] 다

---

116) "… 대규모 협의체는 매일같이 공무를 돌볼 수는 없다"(『정치론』 8장 35절[G III p. 339/P p. 1069]).
117) 왕의 국정자문회의가 이 두 권력 모두를 행사하는 이상적 군주정에서처럼(『정치론』 6장 17절과 18절을 참조하라).
118) 원로원이 이를 행사하는 이상적 귀족정에서처럼(『정치론』 8장 29절을 참조하라).
119) 『정치론』 3장 7~9절과 4장 4~6절을 참조하라.

음 장에서 우리는 사회체의 이러한 조절 기제를 다시 다룰 것이다. 그러나 어쨌든 이와 같은 자생적 조절은 언제나 파국적이기 마련이다. 그것은 대개 온 나라를 내전이라는 극한상황으로 몰아간다. 따라서 내전을 예방하기 위해 통제를 전문화된 기관에 맡겨 제도화할 수 있을 것이다. 그리고 이 기관은 정보가 올바르게 전달되는지, 법제가 정합적인지, 포고들이 효력이 있는지 등을 감시하는 일을 맡는다. 가령, 스피노자 식 귀족정에서 감사위원회가 그런 기구다.[120] 이렇게 해서 자문-결정-집행의 사이클은 조화롭게 맞물린다. 곧 좋은 정보를 얻은 주권자는 좋은 법률을 만들고, 이 법률은 잘 집행됨으로써 환대받고, 이렇게 환대받음으로써 다시 좋은 정보를 얻어, 주권자는 계속 순조로운 방향으로 나아간다. 물론 이는 한낱 이상에 불과할 수도 있다. 그러나 어쨌든, 분산되어 있든 조직되어 있든 **통제권력**은 어느 국가에서나 작동하기 마련이다. 통치전횡조차도 특정한 경계를 넘어설 수 없으며, 이를 무시하면 체제가 붕괴된다. 그리고 이 권력은 앞서 말한 두 권력과는 반대로 쌍방적이다. 다시 말해 상향적인 동시에 하향적인데, 왜냐하면 그것은 정보의 전달과 명령의 전달, 양자 모두를 조절하기 때문이다.

    자문부, 주권, 집행부, 통제부, 이들은 순환적으로 연쇄되면서 국가의 **통치제도**를 이룬다. 이들은 다른 제도들을 창출하고 조직하고 보존하는 역할을 담당한다. 그런데, 이것들이 서로 완전히 독립적일 수는 없다는 점은 명백하며, 그렇지 않으면 국가는 붕괴될 것이다. 주권자가 계속 주권적이려면, 그는 세 하위 권력의 작동을 제어할 수단을 지녀야 한다. 그가

---

120) 『정치론』 8장 19~20절을 참조하라. 이상적 군주정에서는 왕의 국정자문회의가 자문 및 집행과 더불어 이러한 통제 기능까지 동시에 행사한다.

무책임한 자문관들의 오류나 거짓말에 눈이 어두워지거나, 집행 관리들이 말을 듣지 않아 불수가 되거나, 통제 기능이 상실되어 활동의 균형을 잃어버리면, 그 즉시 그의 권위는 느껴지지 않게 된다. 이럴 경우 실질적 주권은 다른 이의 수중으로 넘어간다. 따라서 이 세 기관에 대한 지도야말로 주권의 본질에 속한다. 왜냐하면 주권은 이러한 지도 없이는 존재할 수도 인식될 수도 없으며, 그 역도 마찬가지이기 때문이다.[121]

명령 다음에는 복종이 있다. 따라서 둘째, 국가 발생의 두번째 단계에, 곧 그 자체로 고찰된 집단적 규율의 차원에 서보자. 이 집단적 규율은, 앞서 살펴보았듯, 모든 개인적 능력의 통일에서 생겨나 집단의 법률에 대한 일체의 위반을 징벌하는 어떤 무적의 힘이 실존하는 덕분에 수립되었을 것이며 또 그 덕분에 영속되어 왔다. 이를 바탕으로 두 영역이 정해지는데, 하나는 의무적이거나 금지되는 영역이고, 다른 하나는 허용되고 보증되는 영역이다. 이로부터 다시 세 구역이 생겨나는데, 이것들은 서로 유기적으로 이어지면서도 분명히 구별된다. 이 구역들 역시 제도화될 수밖에 없다.

우선, 집단적 힘이 조직된다. 이에 관해 의식적으로든 아니든 두 가지 문제가 제기되며, 이 문제들은 결국 실천되는 가운데서 해소된다. 첫번째 문제는 무력의 배분이다. 인민이 무력을 보유하는가, 아니면 이를 어떤 전문 집단에 넘겨 주는가? 이는 극히 중대한 지점인데, 왜냐하면 무력을 소지한 자들은 명실상부한 사실상의 지배자라 할 만큼 우월성을 누

---

[121] 자문권력과 통제권력은 『정치론』 2~4장에서는 언급되지 않는다. 집행권력에 해당하는 정식은 다음과 같다. "그것들을 집행하는 데 요구되는 수단들과 더불어"(『정치론』 4장 2절[G III p. 292/P p. 1000]).

리기 때문이다.[122] 그들은 나머지 모든 주민에게 자기 의지를 강요할 권력을 지니며, 따라서 금지하고 징벌할 실질적 권리를 행사한다. 나아가, 그들의 의지는 처음에는 주권적 권위의 의지와 구별되지 않더라도, 결국 언젠가는 구별될 수 있다. 이로부터 두번째 문제가 제기된다. 누가 군을 지휘하는가? 물론 형식적으로는 주권자가 자격을 갖지만, 실질적으로는? 만일 어떤 위신 높은 장군이 병사들로 하여금 자기에게 무조건적 애착을 갖도록 했다면, 바로 이 사실로 인해 그는 실제 주권의 주요 부분을 보유하는 셈이 된다.[123] 곧 명목상의 군주는 굴복하거나 사임해야 하며, 역관계가 그런 이상 이는 적법하다. 주권자는, 그에게 들려오는 온갖 목소리 가운데 특히 무장한 신민의 목소리를 듣게 되어 있으며,[124] 만일 이 목소리가 다른 누군가의 사주를 받은 것이라면 그는 더 이상 주권적이지 않다. 통치한다는 것은 곧 군대를 장악한다는 것이다. 따라서 **군**이야말로 엄밀히 말해 정치사회의 궁극적 토대이다. 말하자면, 국가는 군을 기반으로 권력을 얻으며, 또 국가의 권력은 군을 통해 감지된다. 하달 과정의 끝에서 집행부가 전달하는 명령이 집행되는 것도, 상달 운동의 출발점에서 자문부의 권고가 비중을 갖게 되는 것도, 바로 군에 달려 있다.[125]

그런데 이 집단적 힘의 행사는 효과적이어야 한다. 그리고 이는 구성원들 모두가 동의할 때만 가능하다. 더 나아가, 이는 무력을 박탈당한 신

---

122) "실상 무장한 사람은 무장하지 않은 사람보다 훨씬 더 자기 권리 하에 있으며, 시민들이 타인에게 무기를 넘겨주었을 때 그들은 자기 권리를 그에게 무조건적으로 이전해 주었던 셈이며, 그의 충성을 전적으로 신임했던 셈이다"(『정치론』 7장 17절[G Ⅲ p. 314/P p. 1034]).
123) 같은 곳의 마지막 부분.
124) 『정치론』 7장 12절[G Ⅲ p. 312/P pp. 1030~1].

민들이 핵심 지점에 동의할 때만 가능하다. 군이 끊임없이 개입해야 한다면 군은 소임을 다하지 못할 것이다. 그런데 앞서 살펴보았듯, 태도들이 수렴된다면, 이는 오직 각자가 미리, 스스로 과반수 의견이라고 믿는 것에 맞춰 처신하기 때문이다. 그런데 과반수가 선명하게 나타나지 않는다면 어떻게 될까? 혹은 사태가 더 악화되어, 만일 개인들의 욕망들이 서로 양립할 수 없음이 밝혀진다면? 이 욕망들에서 공통분모를 끌어낼 수 없다면? 물론 정치사회가 아예 형성되지 않은 경우라면 모를까, 처음부터 이런 상황이 벌어지진 않는다. 하지만 그렇게 되어 갈 수 있다. 그리고 만일 그렇게 된다면, 결국 언젠가는 모든 사람이 이를 알아차릴 것이다. 이럴 경우 군은 각자 내키는 대로 사적 전쟁을 수행하는 무장한 개인들의 병치에 지나지 않을 것이다. 더욱이 군이 특권층의 이익을 대변하기 위해서만 통일되는 지경에 이른다면, 군은 매 순간 전 주민과 전쟁을 벌일 수밖에 없을 것이다. 누구나 많은 이들의 불복종을 예상하기에 자기가 불복종하더라도 성공할 확률이 상당히 높다고 믿을 것이고, 이렇게 해서 위험스럽게도 자연 상태에 가까워질 것이다.[126] 이런 상황에서는, 주권자의 견해를 참고해 봐야 아무 소용이 없을 것이다. 누구도 주권자의 견해를 고려하지 않으리라고 모두가 예견한다면, 실제로 누구도 주권자의 견해를 염두에 두지 않을 것이기에 말이다. 긍정적 상호성이 진정으로 안정화되고 부정적 상호성이 진정으로 중화되는 것은, 오로지 불화의 주요원인들

---

125) 군 지휘권에 해당하는 정식은 "병사를 징집하는 것"(*milites conducendi*)이다(『정치론』 4장 2절).
126) "왜냐하면 시민 상태에서도 반란의 원인이 제거되지 않고, 거기서도 전쟁을 계속해서 두려워해야 하고, 마지막으로 거기서도 법이 빈번하게 위반된다면, 이는 자연 상태 자체와 별반 다르지 않기 때문이다"(『정치론』 5장 2절[G III p. 295/P p. 1006]).

이 사라지고 난 다음이다. 『윤리학』 3부 B_2군의 이면에 놓여 있는 이러한 원인들은 B_1군의 정념에 의존한다.

사실 이 원인에는 두 부류가 있다. 하나는 지배의 야망이다. 누구나 자신의 가치체계를 타인에게 강요하고 싶어 하며, 또한 이 가치체계들이 상충할 때 갈등은 언제고 터져 나올 수 있다. 이에 대한 치유책은 단 하나 뿐이다. 심리적 조건형성이 그것이다. 국가는, 세부적인 불일치를 넘어 구성원 모두에게 동일한 근본가치들을 채택하게 하는 데 성공할 경우에만 확고해질 것이다. 그런데, 희망과 공포만이 이러한 재조정을 수행해낼 수 있다고 할 수 있을 것이다. 다시 말해, 주권자가 선이라고 공표하는 것에는 보상의 이미지를, 악이라고 공표하는 것에는 징벌의 이미지를 연합함으로써, 우리 모두는 동일한 것들을 사랑하거나 미워하게 된다고 말이다. 그런데 희망과 공포는 그것들을 불러일으키는 힘이 막강할 경우에만, 곧 주권자가 이미 신민 대다수의 추종을 받고 있을 때만 작용한다. 그런데 이렇게 되기 위해서는 통일이 선행되어야 하지만, 이러한 통일 자체는 오로지 희망과 공포에 의해서만 생겨날 수 있고 등등 …. 그렇다면 이처럼 취약한 균형에서 비롯되는 순환성은 극복 불가능한 것일까? 그렇지 않다. 왜냐하면 정념에 사로잡힌 인간은 순전히 인간적인 보상이나 징벌과는 다른 것에 민감하기 때문이다. 즉, 그의 "현세적" 가치들은 **이데올로기**와 결부되어 있으며, 요구되는 만장일치는 이를 통해서 실현될 수 있기 때문이다. 정념적 삶에 대한 연구는 우리가, 인간의 모습을 한 '지배자들'이 특정한 기호를 통해 현현하며 우리에게 특정한 행위를 요구한다고 믿으면서, 어떻게 우리 자신의 욕망을 바탕으로 이 '지배자들'이 거주하는 피안을 주조해내는지를 보여 주었다. 이와 같은 환상적 존재자들은 아마 처음에는 이들을 고안한 자의 기질을 반영할 것이다. 이들이 명령하는 것은 요행히도 바로 우리 마음에 드는 것이다. 그런데 우리의 상상 속에서는 실재적 관계가 전도된다. 우리의 개인적 가치들에서 탄생한 '신'이 거꾸로 이 가치들을 우리에게 명령하는 듯 보이는 것이다. 그런데 여기에도 이미 어떤 괴리가 있다. 우리는 기분을 바꾸듯 자주 신을 바꾸지는 않는다. 또한 우리 믿음은 고유한 효력을 획득하며, 그것이 우리 사활이 걸린 열망들에 아주 노골적으로 대립할 때만 우리는 그것을 포기한다. 그 다음, 우리가 지닌 가상의 내용이 개인적으로 받은 "계시"가 아니라 소문을 통해 우리에게 시사될 때 이 괴리는 더해 간다. 우리에게 저항하는 세계에 당혹해하면서 우리가 아무나 덥석 믿어 버릴 때마다 이런 일이 일어난다. 이럴 경우 '지배자들'은 감각세계의 여느 대상마냥, 우리가 행위를 결정할 때 고려하는 기정사실이 된다. 우리는 그들의 역량을 두려워하면서, 그들의 역량과 화해하길 바라면서, 그들의 의지를 집행하기 위해 우리 욕망 가운데 일부를 포기하는 것이다. 그리고 마치 그들이 실제로 존재하는 양 그들에게 의존한다. 물론 이와 같은 의존성은 자연 상태에서는 동요한다. 그렇지만 시민 상태가 구성되는 순간(또한 이후 기회가 있을 때) 의존성은 한동안 견고해진다. 이제 만인은 주권자에게 복종하기를 희망하고, 신이 복종을 명했다고 상상한다. 따라서 정치적 권위는 이러한 의견을 적당한 선전으로 뒷받침하면서 영속화시키기만 하면 된다. 이 절차는 결코 통속적 의미의 "사기"가 아니다. 국가 혼자서는 종교를 탄생시킬 수 없으며, 오히려 종교가 이미 실존하기 때문에 국가는 자기에게 이득이 되도록 종교를 조작하는 것뿐이다. 여러 형태의 종교 가운데 자신에게 부합하는 것은 선별하고, 자신이 배척하는 것은 표출되지 못하게 막으면서 말이다. 홉스가 생각했던 것과는 달리, 이를 위해 유일 종교를 의무적으로 강제할 필요는 없다. 이는 여러 해결책 중 하나일 뿐이다. 그러나 국가가 존속하기 위해서는, 교회들이 교리나 예배에서 아무리 상이하더라도, **최소한** 그것들 모두가 동일한 가치체계, 곧 법이 정한 가치체계를 가장 우선적으로 설교하는 것만은 필요하다. 만일 모든 교회가 시민의 복종을 칭송할 만한 것이라고, 반역을 "죄"라고 부르는 데 동의한다면,[127] 주권자의 권력은 유지될 것이다. 그렇지 않다면, 그는 이내 명목상의 주권자로 전락할 테고, 다른 주권자가 그를 대체하지 않는 한, 인민은 통치 불가능해져 자연 상태로 회귀할 위험은 상당히 높아진다. 따라서 종교 전파의 권리가 행사될 수 있느냐 없느냐 자체가 세속 권력에 달린 이상,[128] 종교 전파의 권리는 세속 권위의 관할 사항이다. 또한 종교 전파의 권리를 보유한 자는 잠재적으로는 세속 권위를 보유하는 셈이다. 교회(혹은 교회들)는 국가를 이루는 핵심 장치로, 집행부가 하달한 명령을 이데올로기적으로 통일된 군(軍)이 수용하고, 군이 다시 이 명령을 주민에게 세세하게 부과할 수 있게 되어, 주민도 원칙적으로 이 명령을 준수하게 되는 하달 운동은 바로 교회에 의존한다.

다른 원인은 시기심이다. 가치들의 통일은 모든 문제를 해결하기는 커녕, 아무런 대비가 없을 경우 오히려 가치 있는 대상을 소유하기 위한 투쟁을 악화시킬 수 있다. 모두가 한결같이 동일한 것을 사랑한다 하더라도, 그것을 분배하는 방식에 대해 일치를 보지 못한다면, 그런 사랑은 아무짝에도 쓸모가 없다. 따라서 국가는 누구나 인정하는 **소유제**가 분명하게 정해질 때만 기능할 수 있다.[129] 엄밀히 말해, 〔적어도〕 비교에 기반을

---

127) 『정치론』 2장 19절 [G III p. 282/P p. 987]을 참조하라. 이를 『윤리학』 4부 정리 37의 주석 2와 비교해 보라.
128) "그 외에 종교를 전파하는 임무는 신에게 맡겨지거나, 아니면 국무의 운영이 독점적으로 귀속되는 주권자들에게 맡겨져야 한다"(『정치론』 3장 10절 [G III p. 289/P p. 996]).

두지 않은 형태의 경제적 시기심이 사라지려면 모두가 정확히 동일한 대상을 소유해야 할 것이다. 타인의 행복이 독점적이지 않을 때, 그 행복 때문에 우리가 슬퍼할 확률은 최소화되기 때문이다. 하지만 이와 같은 최대 조건이 반드시 필요하진 않다. 신민들 대다수가 더 이상 잃을 게 없을 만큼 자기가 빈곤하다고 여기지만 않아도 충분하다. 그리고 '현행 질서'(statu quo)를 문제시할 때 우리가 처할 위험에 대한 공포는 현재 우리가 지닌 재산 규모의 함수이며, 특정한 문턱을 넘어서부터는 이 공포가 특권층에 끼지 못한다는 슬픔보다 우세해진다. 이 같은 균형이 존재할 경우, 가장 박복한 자들조차도 대다수가 타인의 재화를 존중하리라고 예상하기 때문에, 그들 역시 어쩔 수 없이 타인의 재화를 존중한다. 이럴 때 국가는 통치될 수 있다. 누구나 사적 영역을 평화롭게 전유하며, 이 영역의 한계 내에서 자기 이익을 마음껏 추구할 수 있다. 또한 누구나 이 한계를 넘어서기를 단념하기에, 모든 특수이익은 큰 틀에서는 서로 일치한다. 이런 조건에서는 특수이익들을 총합하는 일도 그다지 어렵지 않다. 곧 "일반이익"이 객관적으로 존재하게 되는 것이다.[130] 만일 주권자가 신민들의 사정에 밝다면, 전 주민이 찬성할 만한 법률을 만들 수 있다.[131] 반면, 소유권이 지나치게 잘못 분배된다면 적대가 빚어질 것이고, 정상으로 전달되는 정보는 상충할 것이며, 어떤 공통분모도 도출되지 않을 것이다. 따라

---

129) "… 국가에서는 … 각자에게 돌아가는 몫이 공동의 권리에 의해 결정된다"(『정치론』 2장 23절[G III p. 284/P p. 989]).
130) 소유제와, 만장일치된 여론의 실존 유무 사이의 이와 같은 연관에 대해서는 특히 7장 8절[G III p. 311/P pp. 1028~9]에서 조명되는데, 이에 대해서는 뒤에서 다시 길게 다룰 것이다.
131) "주권을 보유한 자의 직분은 국가의 상태와 조건을 항상 숙지해 두는 일, 그리고 모두의 공통된 안녕에 주의를 기울이는 일, 그리고 과반수 신민들에게 유용한 모든 것이 실행되도록 하는 일이다"(『정치론』 7장 3절[G III p. 308/P p. 1025]).

서 결정은 일방적으로 내려질 수밖에 없을 것이고, 이는 불만을 촉발시켜 이내 무정부 상태를 불러올 것이다. 그러므로 앞서 말한 균형이 실현되도록 심혈을 기울이는 것은 바로 주권자의 소관이다. 곧 각자의 몫을 결정할 권리는 오직 주권자에게만 속한다. 만일 그가 이 권리를 상실하면, 다른 자가 그 권리를 차지해 실질적 주권자가 되거나, 아니면 어떤 주권도 지속적 소유도 없는[132] 자연 상태로 되돌아가거나, 둘 중 하나이기 때문이다. 자문부의 목소리가 입법에 필수적인 자료를 제공할 수 있게 되어, 이 입법을 통해 국가를 보존하는 상달 운동은 바로 소유제에 달려 있다.

그러나 아무 재산제에다 아무 종교를 갖다 붙일 수는 없다. 소유 관계가 진정으로 보존되려면, 그것은 지배 이데올로기의 내용에 반영되어야 한다. 지배 이데올로기는 일반적으로 법에 대한 복종을 설교한다. 그런데 법 중에는 소유권을 다스리는 법 역시 있으며, 나아가 이 법이 가장 우선적이다. 따라서 종교는 그것이 통합되어 있는 정치 체계와 조화를 이루려면, 무엇이 좋은지뿐만 아니라 그것이 누구에게 속하는지도 가르쳐야 한다. 종교는 타인의 재산에 대한 일체의 공격을 불의하다고 단죄하고, 정의, 곧 법이 정한 바대로 소유권을 존중하는 것을 근본적인 "덕"으로 격상시켜야 한다.[133] 그렇지 않다면, 종교는 제 기능을 상실할 것이다.

교회, 군대, 소유권, 이것들은 서로 순환적으로 연쇄되면서 국가의 **하부제도**를 이룬다. 이 제도들은 주민 전체를 관리하는 기능을 담당한다. 종

---

132) "… 따라서 각 시민은 국가의 공통된 명령에 의해 지켜낼 수 있는 것을 제외하고는 어떤 것도 합법적으로… 소유하지 않는다"(『정치론』 3장 2절[G III p. 285/P p. 990]).
133) 『정치론』 2장 23절[G III p. 284/P p. 989]. 또한 『윤리학』 4부 정리 37의 주석 2도 참조하라. 이렇게 정의된 정의(正義)를 실행할 필요성은 '최소한의 믿음'(Credo minimum) 가운데 신앙의 다섯번째 조항에 등장한다(『신학정치론』 14장[G III p. 177/P p. 865]을 참조하라).

교는 영혼들을 통일시키며, 이 단결 덕분에 군은 실천적으로 무적의 힘을 지니고, 이 힘 덕분에 소유제는 확고하게 보존되며, 또한 이 소유제의 규범이 이번에는 종교로 옮겨가 종교가 다시 이 규범을 신성하게 만들어 주며 … 등등. 한편, 통제 기관은 그것이 자생적인 것이든 제도화된 것이든, 사이클의 조절을 최대한 보증한다. 이 제도들에 힘입어, 인민의 복종은 그 스스로 매 순간 소생되는 조건들을 창출한다.

그런데 셋째, 하부제도와 통치제도는 서로 무관하지 않다. 앞서 살펴 보았듯, 국가 발생의 두번째 단계와 세번째 단계 역시 순환적 인과관계를 맺고 있다. 상향적으로는 복종에서 주권자의 힘이 나오며, 하향적으로는 이 힘이 복종을 강제한다. 따라서 이제 이 상호작용의 차원에 서서, 상호작용을 양방향 각각에서 가능케 해주는 매개들을 검토해 보자.

한편으로, 상향적으로 상황은 어떻게 돌아갈까? 여기서 모든 것은 통치 요원을 충원하는 방식에 달려 있다. 사실, 주민이 최상의 하부제도로 조직된다 하더라도, 주권자가 주민에 의지할 때만 주민 역시 온힘을 다해 주권자를 지지하리라는 점은 명백하다. 그런데 사람들은 자신들이 알고 있는 바에만 의지하며, 또한 정상에는 정의상 오직 자문부가 전달한 정보만이 알려진다. 게다가, 알고 있는 바에 의지한다는 것은 알고 있는 바를 고려한다는 것이며, 또한 그것을 끝까지, 다시 말해 집행수단까지 고려한다는 것이다. 그런데 자문부나 집행부의 구성원들도 여느 인간처럼 정념에 사로잡혀 있다. 구성원들 각자는 견해를 제시할 때나 결정사항을 집행할 때, 자신의 특수한 욕망을 먼저 생각하기 마련이다.[134] 따라서

---

134) 『정치론』 7장 4절[G III p. 309/P pp. 1025~6]을 참조하라.

하부와 정상의 일치는, 주권자가 신민들 전체의 이해관계와 지나치게 대립되지 않은 이해관계를 지닌 자문관과 공무원을 선택할 때만 가능하다. 이는 인민이 지도자를 선출해야 한다는 이유에서가 아니다. 왜냐하면, 인민은 오직 인민 자신이 주권자일 경우에만 지도자를 선출하지만(보다 정확히는, 인민은 자신이 지도자를 선출할 경우 주권자이지만), 민주정만이 가능한 유일한 해결책은 아니기 때문이다. 이는 다만 국가가 가동되려면 통치기구의 구성비에 어떠한 방식으로든 사회 전반의 구성비가 상당 정도 반영되어야 한다는 이유에서다.[135] 게다가, 국가에 급선무인 사항은, 때때로 아주 강렬하게 나타나는 신민들의 열망과 일치한다. 우선, 누구나 이데올로기적 지배의 야망 때문에 의무적인 공통분모를 얼마간 초과하여 자기 개인적 믿음을 확산시키고자 하며, 또한 경제적 시기심 때문에 자기에게 득이 되게끔 현존 소유관계를 이용하기를 바란다. 이 두 가지 이유 때문에, 누구나 권력자들에게 자기 존재를 환기시키려고 노력하며, 다른 누군가가 의회에서 자기 입장을 대변해 주기를 바란다. 다음으로, 국가가 구성되어 있다는 바로 그 사실 때문에, 지배의 야망과 시기심은 자연 상태에서 이미 우리가 인지해 왔던 형태 외에도 새로운 측면을 얻게 되었다. 곧 엄밀한 의미의 정치적 지배욕과 시기심이 되었다. 누구든 통치기구가 자기 말을 들어 주길 욕망할 뿐 아니라, 가능하면 그 자신이 통치기구에 참여하길 욕망하는데, 이것이야말로 자기 관점을 받아들이게 할 최상의 수단이기 때문이다.[136] 그리고 다른 이들이 그 자리를 차지하면 슬퍼

---

135) 같은 곳. 또한 『정치론』 8장 6절[G III p. 326/P p. 1050]을 참조하라. 여기서는 다른 방식들이 사용되고 있지만, 얻어지는 결과는 동일하다.
136) 『정치론』 7장 10절[G III pp. 311~2/P pp. 1029~30], 9장 30절의 앞부분[G III p. 336/P p. 1064], 10장 6절[G III p. 356/P p. 1093] 등을 참조하라.

한다.[137] 마지막으로, 이 두 감정은 대개 비교에 기반을 둔 것이다. 말하자면, 누구나 권력을 행사할 때, 이에 함께 참여하는 동료들이 가능한 한 적기를 바란다.[138] 이 요구들 중 일부는 정치적으로 유용하며, 일부는 심각한 위험을 가져온다. 그런데 이 요구들 중 어느 것도 충족되지 않는다면, 또한 충족시킬 희망조차 아예 사라진다면, 신민들은 불만을 갖거나 어쩌면 반란을 일으킬지도 모르고,[139] 그도 아니면 더 이상 자기 나라에 붙어 있지 않으려 할 것이다.[140] 따라서 주권자는 자기에게 유익한 절차에 따라 몸소 협력자들을 임명해야 한다.[141] 이는 주권자에 속하는 권리인데, 왜냐하면 그가 이 권리를 상실한다면, 그는 자기 역량의 토대를 확보해 줄 어떤 수단도 가지지 못하게 되며 결국 미성년의 상태로 전락할 것이기 때문이다.[142] **지도자 선별양식**은 소유제와 자문부를 매개하는 제도로서, 하부 제도가 정한 사적 이익이 통치 활동으로 표현되고 또 이 활동을 뒷받침해 주느냐의 여부는 바로 이에 달려 있다.

다른 한편, 하향적으로 상황은 어떻게 돌아갈까? 이번에는 **사법조직**이 결정적 역할을 수행한다. 그런데 법의 불이행을 제재하기 위해서는 매개별 경우마다 위반 여부를 결정할 수 있어야 하는데, 이는 쉬운 일이 아니다. 또한 동일한 정념들이 여기에도 개입한다. 우선, 누구나 자기의 확신을 공유하는 자들을 옳다고, 이를 거부하는 자들을 그르다고 심판하는

---

137) 『정치론』 7장 13절[G III p. 313/P p. 1031]을 참조하라.
138) 『정치론』 8장 12절[G III p. 329/P p. 1054]을 참조하라.
139) 주 137을 참조하라.
140) 『정치론』 8장 10절[G III p. 328/P p. 1053]을 참조하라.
141) 주권자는 "공적 업무들을 처리할 … 권리"뿐 아니라, "그 일들을 위한 각료들을 선발할 … 권리"도 지닌다(『정치론』 4장 3절[G III p. 292/P p. 1001]).
142) 『정치론』 8장 17절의 끝부분[G III p. 331/P p. 1057].

이상, 이데올로기적 지배의 야망이 개입한다.[143] 또한, 누구에게나 자기가 탐내는 재화를 가진 자에게 유죄선고를 내리는 경향이 있는 이상, 경제적 시기심도 개입한다.[144] 그리고 타인의 행위를 심판할 실질적 권력을 가진 자는 동시에 타인의 행위를 자기 뜻대로 이끌어 갈 권력 역시 가지는 이상, 정치적 야망과 시기심이 개입한다. 이는 불가피한 정념들이며, 따라서 반드시 고려해야 한다. 단, 견고한 제도를 통해 그것들을 일정한 방향으로 유도한다는 조건에서 말이다. 집단적 징벌이 개인의 가치판단에 따라 행사될 수는 없는 노릇이다. 분쟁상황의 해결에 보편적으로 인정되는 방법이 존재하지 않는다면, 어떻게 교회가 오랜 동안 복종을 설교할 수 있을 것이며, 어떻게 군대가 복종을 강제할 수 있을 것이며, 어떻게 사람들이 타인의 재산을 침해하는 데 주저할 수 있겠는가? 만일 각자가 자기 구미에 맞게 법을 해석할 권력을 지니고 있다면, 악의의 원천이 무한한 이상, 상황은 마치 법이 전혀 없는 것이나 진배없을 것이다.[145] 이 때문에, 반박할 수 없는 권위와 분명하게 정해진 권한을 지닌 법원들이 필요하다. 그런데 만일 법원들이 통치기구의 통제를 받지 않는다면, 사실상의 주권은 법원의 성원들이 보유하는 셈이 된다. 유명무실한 입법자와, 명령을 실행하지 않는 자를 처벌하지 못하는 공무집행자를 두려워할 자는 없기에 말이다. 따라서 사법권력은 주권자의 권리에 속하는데, 왜냐하면 최고권위의 행사는 사법권력과 연관되어 있기 때문이다.[146] 사법조직은 집행

---

143) 오직 훌륭한 제도를 갖출 경우에만, 홀란드처럼 "판사 앞에서 승소하게 하거나 패소하게 하는 데 … 종교나 분파는 아무 기여도 하지 못한다"(『신학정치론』 20장[G III p. 246/P p. 962]).
144) 『정치론』 8장 37절[G III p. 341/P p. 1071]을 참조하라.
145) 『정치론』 3장 4절[G III p. 285/P p. 991].
146) 『정치론』 4장 1절[G III p. 292/P p. 100].

부와 교회를 매개하는 제도로서, 통치부의 결정사항이 하부제도의 기능에 작용을 미치느냐의 여부는 여기에 달려 있다.

따라서 사법제도와 지도자 선별방식은 국가의 **중간제도**라고 부를 수 있을 것이다. 이 제도들은 통치자와 피치자의 관계를 맺어 줌으로써 정상과 하부를 소통시키며, 그럼으로써 정보가 위로 전달되고 명령이 아래로 전달될 수 있게 한다. 그리고 앞의 두 경우와 마찬가지로 통제권력은 이와 같은 전달의 메커니즘을 조절한다.

마지막으로 넷째, 국가 발생의 첫번째 단계, 곧 협동에 대해서 살펴보자. 이는 복종의 원인이자 결과일 뿐 아니라, 그 이전에 명령의 원인이자 결과이기도 하다. 하부의 밑에는 하부가 딛고 있는 토양이 있다. 영토, 주민, 주민에게 영토를 배분하는 방식, 그리고 주민이 공동의 노력으로 영토를 개조하는 방식이 그것이다. 이는 오늘날 인문지리학, 인구학, 기술학, 생태학, 더 나아가 엄밀한 의미의 사회학이 다루게 될 복합적 영역이라 할 수 있다. 그런데 스피노자는 이를 길게 늘어놓지 않으며, 다만 문제의 순수 정치적 측면에만 관심을 둘 뿐이다. 다시 말해서, 스피노자의 관심사는 이 영역 자체가 아니라, 이 영역에 자신의 구조를 부과하면서도 이 영역을 지반으로 수립되는 명령-복종의 체계와 이 영역이 주고받는 상호작용이다. 이러한 상호작용은 다형적(多形的)이다. 어떤 제도든 특정 인물진을 활용하며, 특정 장소에서, 그리고 자신의 작용이 감지되는 지형을 기반으로 실행된다. 따라서 어떤 제도든 그로부터, 영토 전반에 걸쳐 이루어지는 주민 활동의 특정 분포 양상이 따라 나온다. 나아가, 이 상이한 유형의 분포 역시 제도화된다. 스피노자가 언급하는 것들만 열거해 보면, 하부제도의 경우, 군부대의 분포, 도시의 축성, 현존 소유관계에 따른 도시-농촌의 분화, 종교 건조물의 소재지와 규모가 그것이다. 그리고 중간제도의 경우에는 선거구 및 재판구가, 통치제도의 경우에는 한 도시 혹은 여러 도시 —지방분권적 국가냐 중앙집중적 국가냐에 따라— 로의 주권의 분할이 그것이다. 우리는 이것들을 부득이 **영토제도**라고 부를 것이다.

따라서 국가에는 전부 10가지 종류의 제도가 있는 셈이다. 이렇게 해서 형성된 전체는, 우리가 이 책 850쪽에 그린 〈그림 4-1〉이 보여 주듯, 카발라의 세피로트 나무[147]와 일대일로 대응될 수 있다. 그 중 네 가지 유비는 분명하다. 주권은 왕관의 세피라에, 자문부는 지혜의 세피라에, 사법부는 준엄한 심판의 세피라에, 영토제도는 왕국의 세피라에 상응한다. 다른 세 가지 유비도 쉽게 성립된다. 군이 정치사회의 토대라면, 이는 토대의 세피라에 상응하며, 지도자 선별양식(선별이라는 통념은 은총이라는 통념으로 손쉽게 넘어갈 수 있다)은 은총의 세피라에 상응한다. 또한 지혜 안에서 미분화된 통일 상태로 머물러 있던 것이 지성에서 비로소 구체화되고 분할된다는 점에서,[148] 자문부가 장려하는 법률을 집행수단을 통해 구체화하는 집행부는 지성의 세피라에 상응한다. 다른 두 가지 유비는 좀더 느슨하다. 경제생활이나 그 생활이 요구하는 일상적인 노역과 연결되어 있는 소유제는 항상적 인내의 세피라에 상응한다. 그리고 종교의 사회적 기능이 정치적 권위의 명령에 초자연적 위신을 부여하는 데 있는 이상, 종교는 위엄의 세피라에 상응한다. 마지막으로 통제 기관은 미의 세피라와

---

147) 게르숌 숄렘(G. G. Scholem), 『유대 신비주의의 주요 흐름』(Les grands courants de la mystique juive), p. 229를 참조하라.
148) 같은 책, p. 235.

동일한 기능, 곧 체계의 균형을 확보하는 기능을 수행한다.

여하튼 이와 같은 세피로트 도식은 스피노자가 『정치론』 6장과 7장에서 채택한 구도를 제법 잘 이해할 수 있게 해주는 것 같다. 이상적 군주정을 기술하는 6장은 다음과 같은 순서로 문제를 제시한다(851쪽의 〈그림 4-2〉를 참조하라). **영토제도**(9절) ― **군대**(10절) ― 다시 영토제도(11절) ― **소유제**(12절) ― **지도자 선별**(13~16절) ― **왕의 자문회의가 행사하는 통제 기능**(17절 맨앞 구절. "국가의 근본법들을 수호하다" *imperii fundamentalia jura defendere*) ― **왕의 자문회의가 행사하는 자문 기능**(17절) ― **주권자**(17절의 끝부분) ― **왕의 자문회의가 행사하는 집행 기능**(18절) ― 다시 왕의 자문회의가 행사하는 자문 기능(19절) ― 다시 왕의 자문회의가 행사하는 통제 기능(왕세자 교육에 대한 통제, 20절) ― 지도자 선별양식에 대한 보충적 세부 사항(21절) ― 왕의 자문회의가 행사하는 자문 기능에 대한 보충적인 세부 사항(22~25절) ― 주권자(25절의 마지막 단락) ― 다시 왕의 자문회의가 행사하는 집행 역할(이 단락의 마지막 구절인 "그리고 무엇이 집행되어야 하는지" *et quid faciendum*) ― **사법부**(26절) ― 사법부에 대한 왕의 자문회의의 통제(26절에서 계속) ― 사법부로 되돌아옴(27-29절) ― 왕의 자문회의가 사법부를 통제함을 다시 암시(29절의 마지막에서, "이는 양 협의체의 수익이 되어야 한다" *qua utrumque Concilium gaudeant*) ― 군대(31절) ― 영토제도(32절) ― 군대(32절 마지막) ― 자문회의에 의한 외교 및 왕궁에 대한 통제(33~34절) ― 군대(35절) ― 왕의 결혼에 대한 자문회의의 통제(36절) ― 주권자(37절) ― 왕위 계승에 대한 자문회의의 통제(38절) ― **종교**(40절) ― 영토제도(40절의 끝부분).

이상적 귀족정을 기술하는 8장은 문제를 다음과 같은 순서로 제시한다(851쪽의 〈그림 4-3〉을 참조하라). **영토제도**(8절) ― **군대**(9절) ― 소유제

(10절) — **지도자 선별양식**(11~15절) — 귀족협의체가 **자문역할**을 행사하도록 보증하기 위해 취해야 할 예방책(16절) — **귀족협의체의 주권성**(17~18절) — **감사위원회의 통제 기능**(19~22절) — 감사위원회와 군대의 관계(23절) — 감사위원회의 기능에 대한 상세한 설명(24~25절) — 지도부 선별로 되돌아옴(25절 중간) — 법조문에 대한 규제, 다시 말해 귀족협의체가 수행하는 자문 역할에 대한 규제(25절 끝부분) — 감사위원회로 되돌아옴(26절) — 주권적 협의체의 기능에 대한 상세한 설명(27절) — 감사위원회로 되돌아옴(28절) — 주권적 협의체에 대한 간략한 암시(29절의 처음: "최고협의체에 종속되어야 하는" *quod supermo subordinandum est*) — **원로원이 행사하는 집행 기능**(29~36절) — **사법부**(37~41절) — 사법부에 대한 감사위원회의 통제(41절 끝부분) — 원로원으로 되돌아옴(42절) — 사법부로 되돌아옴(43절) — 원로원을 재차 상세히 설명함(44~45절) — 감사위원회로 되돌아옴(45절 마지막 구절) — **종교**(46절) — 영토제도(사원의 소재지와 규모, 46절 중간) — 종교(46절 끝부분).

〈그림 4-2〉와 〈그림 4-3〉은 제도를 서로가 잇따르고 재출현하는 순서대로 그것들을 하나의 연속선으로 연결하면서, 각각 위의 두 도식을 따르고 있다. 그리고 이 두 그림 모두에서 우리는 세피로트 나무가 제법 선명하게 그려짐을 확인하게 된다. 하지만 일단 세부사항은 접어 두고, 단지 큰 윤곽만 잡아 보자. 앞서 우리가 열거한 것들에서 우리는 제도들 각각에 대해 그것이 최초로 언급되는 순간에 강조 표시를 해두었다. 강조 표시된 항들, 곧 **영토제도**—군대—소유제—**지도자 선별**—자문부—주권자—집행부—사법부—종교를 고려해 보면, 우리는 6장과 8장의 구조가 동일함을 확인할 수 있다. 바뀌는 것은 다만 통제권력의 위치이다. 6장에서 그것은 자문부 앞에 오는 반면, 8장에서는 주권자 뒤에 온다. 하지만

이는 별로 중요치 않다. 왜냐하면 통제권력은 그림의 가장자리가 아니라 중심에 놓이기 때문이다.

이렇게 해서 국가 구조에 대한 스피노자적 시각이 아주 선명히 드러난다. 국가는 닫힌 사이클로 가동되면서 스스로를 항구적으로 생산하고 재생산하는 운동 체계이다. 개인들은 영토 위에 이리 저리 분포하며, 무장을 할 수도 하지 않을 수도 있으며, 소유제에 의해 방향과 한계가 규정되는 욕망들을 체험한다. 이 욕망들은 지도부의 선별을 매개로 자문부에 도달하며, 자문부는 이 욕망들을 주권자에게 전달한다. 그리고 주권자는 이 욕망들에서 공통분모를 끌어내어 법으로 변형시킨다. 이 법은 다시 집행부의 포고로 구체화되며, 이 명령의 준수는 사법부의 비준으로 뒷받침된다. 또 이 비준은 종교를 통해 내면화됨으로써 군대에게 주민을 복종시킬 수 있게 해준다. 그럼으로써 이제 또다시 소유관계 및 이 소유관계가 규정하는 욕망들이 재차 유도되고 등등…. 이 전체 사이클의 내부에서는 다시 두 개의 부차적 사이클이 출현하는데, 통치제도의 사이클과 하부제도의 사이클이 그것이다. 교란을 일으키는 간극들은, 통제 기관을 거쳐 공정의 각 체절에 접속되는 유도 회로들에 의해 상쇄된다. 따라서 국가는 스피노자적 의미에서 아주 정확히 하나의 개체이다.

좀더 상세히 설명해 볼 수도 있다. 사실 개체성에 대한 스피노자 식 정의에는 두 항이 포함된다. 하나는, 합성되는 요소들의 수와 본성이며, 다른 하나는 이 요소들이 서로 간에 운동을 전달하는 법칙이다. 첫번째 항은 국가라는 개체를 감싸고 있는 영토제도이다. 이것이 곧 '사회' (*societas*) 또는 그 나라에 거주하면서 나라에 외관을 부여하는 인간 집단들의 집합이다. 비록 가동 방식이 무정부적이었을지라도, '사회'는 자연 상태에서도 실존하긴 했을 것이다. 어떤 일이 벌어지든, 주민과 땅은 늘 있었을 테니까 말이다. 두번째 항은 나머지 아홉 제도에 상응한다. 이것이 곧 '국가권력'(Imperium) 또는 "다중의 역량에 의해 정의되는 권리"(jus quod multitudinis potentia definitur)[149]이다. '사회' 하부 단위들의 활동과 권력은, 바로 이 포괄적 구조에 따라, 자가-조절적인 순환적 상호작용을 일으키면서 상호 조정된다. 체계 전체는 '국가체'(Civitas)이다. 이는 법에 의해 공고해진 '사회'[150] 또는 "전체로서 국가의 신체"(imperii integrum corpus)[151]이다. 한편, 주권자는 "마치 국가의 정신과도 같은"(Imperii veluti mens)[152] 것이다. 단, "마치 ~같은 것(Veluti)"일 뿐인데, 왜냐하면 그가 정확히 국가의 정신은 아니기 때문이다. 연장 속성의 측면에서 보면, 주권자는 사회적 신체의 일부에 지나지 않으며, 신체 가운데 이를테면 뇌와 어느 정도 유사하다 할 수 있을 것이다.[153] 그런데 사유 속성의 측면에서 보면, 국가의 영혼은 주권자의 영혼과 일치한다고 할 수는 없어도, 적어도 주권자의 영혼으로 합성되는 관념들의 일부, 혹은 주권자의 사지(四肢)의 영혼들로 합성되는 관념들의 일부와는 일치한다. 다시

---

149) 주 102를 참조하라.
150) 주 71을 참조하라.
151) 『정치론』 3장 1절 [G III p. 284/P p. 990].
152) 『정치론』 4장 1절 [G III p. 291/P p. 1000].
153) 그러나 단지 아주 멀리서 볼 때만 그렇다. 홉스(『리바이어던』의 서문을 참조하라)와 반대로 스피노자는 일반적으로, 국가-개체의 기관과 인간 개체의 기관을 일대일 비교하는 것을 매우 경계한다. 국가가 개체라 하더라도 이 개체의 법칙들은 인간의 법칙들과는 아주 상이하기 때문이다. 이 규칙에 단 하나 예외가 있다면, 『정치론』 6장 19절인데, 여기서 사용되는 유비는 스피노자의 것이 아닌 심신 이원론적 발상의 소산으로, 적당한 유비라 보기 힘들다 [G III p. 302/P p. 1015]. [옮긴이] 『정치론』 6장 19절의 유비 : "… 요컨대, 왕은 국가의 정신인 양(veluti Civitatis mens), 그리고 이 협의체는 이 정신의 외적 감관 혹은 국가의 신체인 양 간주되어야 한다. 이를 통해 정신이 국가의 상황을 지각하며 정신 자신에게 가장 좋다고 결정하는 것을 행한다는 점에서 말이다."

말해, '국가권력' 전체의 메커니즘이 최고 권위의 의지에서 따라 나오는 한에서, 현행적으로 실존하는 이 '국가권력'에 대한 관념이란, 개인인 주권자가 이 국가권력에 대해 품는 관념이라고, 혹은 집단적 주권에 참여하는 자들이 국가권력에 대해 품는 관념들의 합력이라고 말할 수 있다.

따라서 사법적 법칙〔=법률〕과 물리적 법칙 사이에는 어떤 차이도 없다. 다시 말해, 양자 모두 개체적 본질의 삶을 표현하는 한결같은 법칙이다.[154] 물론 국가의 법은 종종 위반되기도 한다. 하지만 모든 개별 유기체들의 법칙 역시 그러하다. 왜냐하면 외적 원인으로 인해, 이 유기체들 모두 자신의 본성을 온전히 따르지는 못하도록 방해받기 때문이다. 조금도 위반되지 않는 것은 오직 '전 우주의 얼굴'(Facies Totius Universi)의 법칙뿐이다. 그런데 인간도 그렇지만 '국가'(Imperium) 역시 왕국 안의 왕국이 아니다. 하지만 또한 인간과 마찬가지로, 그리고 그 어떤 존재자와도 마찬가지로, 국가 역시 자기완결적인 닫힌 전체이며 바로 이 때문에 상대적 자율성을 지닌다. 환경의 작용으로 인해 왜곡된다 하더라도, 국가를 활동하게 하는 것은 바로 그의 코나투스인 것이다.

바로 이를 통해 우리는 인간 개체와, 인간 개체가 편입되어 있는 국가-개체 사이의 관계가 무엇인지 이해하게 된다. 이 관계는 이중적이다. 한편으로, 신민들은 정치사회의 내재적 원인이다. 우리의 세피로트 도식 가운데 오른쪽 열이 보여 주는 것이 바로 이것이다. 여기서 우리는 사적

---

154) "절대적으로 말해 법칙(legis)이라는 이름은, 동일한 종에 속하는 개체들 전부나 일부가 모두 하나의 동일한 특정하고 규정된 방식으로 활동할 때 따르는 것을 의미한다. 그런데 이 방식은 자연의 필연성에 의존하거나 혹은 사람들의 결정에 의존한다"(『신학정치론』 4장〔G III p. 57/P p. 722〕). 하지만, 그 다음에 곧장 스피노자는 사람들의 결정 역시 자연 필연성의 한 개별 경우임을 분명히 한다(같은 곳〔G III p. 58/P p. 723〕).

이익들이 주권자에게까지 올라가 그의 의지가 지닐 내용을 강제함을 목격한다. 이 상달 운동이 원활히 실행되는 정도는 다양할 수 있지만, 이 운동이 완전히 멈춘다면 이는 사회체의 파괴를 의미할 것이다. 국가가 실존한다면 이는 결국 오직 국가의 구성원이 그것을 원하는 한에서만이며, 구성원 모두가 국가의 실존을 받아들이지 않는다면, 국가는 곧바로 사멸할 것이다.

그런데 다른 한편, 국가는 일단 탄생하고 나면 신민들에게 초월성의 형태로 등장한다. 우리가 제시한 도식의 왼쪽 열은 바로 이를 보여 준다. 여기서 우리는 주권자의 명령이 갖가지 종교적 계시의 외양을 띠고서 사적 개인에게 내려가는 것을 목격한다. 초월성의 가상은 정념적인 소외에서 생겨나며, 이미 자연 상태에서부터 발현되었다. 그러나 그때까지는 여전히 우리의 가장 개인적인 욕망과 결부되어 있어, 이 가상은 상당 정도는 유동적인 상태로 남아 있을 것이다.[155] 반면 이제 초월성은 안정화되고 굳어진다. 우리가 공식적 '신'에게 바치는 것은 물론 우리의 사랑과 미움이지만, 그 와중에 주권자는 이 사랑과 미움을 가공하여 거기서 어떤 공통분모를 끌어낸다. 따라서, 우리에게 강제되는 가치체계 가운데 어떤 것에 대해서는 우리 모두가 찬성한다고 하더라도, 우리 중 어느 누구도 이것이 전적으로 자기 것이라고는 생각하지 못한다. 이 가치체계의 사이비-객관성이 거의 비가역적이게 되는 것이다. 그러나 우리가 이 가치체

---

155) 이 때문에 스피노자는 이렇게 단언한다. "왜냐하면 신에게 복종해야 한다는 것은 아무도 본성상 알지는 못하기 때문이다"(『신학정치론』 16장[G III p. 198/P p. 893]). 자연 상태에서 우리는, 인간의 모습을 한 우리 신이 명한다고 여겨 왔던 요구들이 더 이상 마음에 들지 않을 때, 신이 다른 요구들을 부과한다고 여기거나 아니면 이 신을 좀더 "너그러운" 다른 신으로 갈아치운다.

계를 신봉하는 정도만은 자연 상태에서보다 더 확고한데, 왜냐하면 그렇게 하도록 고무하는 자극제가 훨씬 더 강력하고 항상적이기 때문이다. 따라서 우리는 그 어느 때보다도, 천상의 부름을 듣고 있다는 인상을 받는다. 일상적 의미의 "도덕심"은 이렇게 해서 생겨난다. 가령, 금지된 욕망의 경우, 우리는 그것을 충족시킬 수 있을 때조차도, 신이 포기를 요구하는 듯 보이기 때문에 포기한다. (죄의 반대인) '복종'(*obsequium*)과 정의(正義)라는 "덕"은, 그저 물적인 합법성으로 정의되는 것이 아니라 법에 복종하고 소유권을 존중하려는 "항상적 의지"로 정의되며,[156] 국가가 자신의 용도에 맞게 우리를 도아시키고 국가 자신을 보존할 수 있게끔 우리에게 가하는 조건형성의 궁극적 귀결이다.

아마도 이는 잘 이해된 우리 이익과도 부합할 것이다. 하지만 부합한다는 사실은 당장에는 소외만을 강화할 뿐이다. 왜냐하면 이로 인해, 무지자에게는 타율의 영역이 심지어 이성의 요구들에까지 확장되기 때문이다. 이 요구들은 정치사회와 전혀 무관하게, 그것이 추상적이며 목적론적 세계관으로 오염되어 있다는 사실만으로도 이미 우리에게 초월적 규범으로 나타나는 경향이 있었다. 그런데 국가가 실존할 경우 이 가상은 공고화된다. 물론 이성을 따른다는 것은 순종이 아니라 자유다.[157] 그렇다 해도, 정치사회의 유지야말로 이성 자신이 진보하기 위한 조건인 이상, 이를 위해 어쨌든 이성은 우리에게 법에 복종하기를 독려한다.[158] 앞으로 살

---

156) "… 반면에 복종이란 법적으로 선인 것, 그리고 공동의 명령에 의해 행해져야 하는 것을 실행하려는 항상적 의지이다"(『정치론』 2장 19절[G III pp. 282~3/P p. 987]). "… 각자에게 각자의 몫을 주려는 항상적 의지를 가진 자는 '정의롭다'고 불린다"(『정치론』 2장 23절[G III p. 284/P p. 989]).

157) 『정치론』 2장 20절[G III p. 283/P pp. 987~8].

158) 『정치론』 2장 21절[G III p. 283/P p. 988].

펴보겠지만, 역으로 정치사회가 더 안정적일수록, 정치사회가 수립하는 법들은 내용상 이성의 계명들과 더 일치한다.[159] 그러므로 이 계명들이 지배의 맥락에 따라 재해석되어 강제의 양식으로 체험된다는 것에는 하등 놀라울 게 없다. 우리는 이 계명이 다른 모든 도덕적 "의무"와 마찬가지로 외부에서 우리 독특한 개체에 부과되는 명령이라고, 또 이를 위반하는 것은 "죄"라고 믿는다.[160] 물론 이성이 이 가상에 힘입어 우리 영혼의 가장 큰 부분을 구성하는 지점까지 발달하면, 이 가상은 일소될 것이다. 그러나 이 가상이 그 자신의 소멸을 위한 전제들을 창출하는 일은 아주 장기적인 견지에서나 내다볼 수 있는 일이다.

그렇지만 어쨌든 초월성과 내재성은 적당한 균형을 이루어야 한다. 원리상 이것이 [850쪽 〈그림 4-1〉의] 중간 열에 등장하는 제도들, 곧 체계의 양극에서 상달과 하달 사이의 접점을 확보해 주는 주권자와 군대, 그리고 장치들 간에 운동이 거의 정확하게 전달되게 해주는 통제 기관이 하는 역할이다. 내재성이 과잉되면 우리는 자연 상태로 되돌아가고 말 것이다. 초월성이 과잉되어도 마찬가지인데, 왜냐하면 이는 곧 폭정을, 따라서 불만과 반란을 의미할 것이기 때문이다. 그런데 이는 언제든지 일어날 수 있는 일이기도 하다.

* * *

실상 국가는 여느 개체와 마찬가지로 외부 원인들이 가하는 끊임없는 압력 하에 놓여 있다. 외부 원인에는 세 부류가 있다.

외부 원인은 첫째, 바로 이 제도들의 수준에서 표출된다. 앞서 아주 일반적이고 추상적인 형태로 정의되었던 국가의 본질로부터, 우리는 이미 국가의 현행적 실존이 우연을 완전히 면할 수는 없다고 결론 내릴 수 있다. 열 개의 제도들 각각을 그 자체로 보면, 각 제도는 어느 정도 잘 짜이거나 잘못 짜일 수 있다. 잘못된 소유관계, 잘못된 지도자 선별, 자문부나 집행부의 잘못된 조직 등, 각 제도가 제 기능을 원활하게 수행하지 못할 경우 사회적 균형은 교란되며, 때로는 체제가 이를 견디고서 살아남지 못하는 경우도 있다. 그런데 이것이 전부가 아니다. 제도들은 각각 독자적으로 가동되는 것이 아니라 상호 제약한다. 따라서 국가가 보존되려면 제도들이 서로 잘 맞아야 한다. 그렇지 않으면 파국이 올 것이다. 논리적으로 양립 불가능한 요소들로 이루어진 체계는 언젠가는 결국 자멸하고 말 것이기 때문이다. 그러니, 아무것이 아무것에나 병치되는 것이 아니다. 오히려 각각의 주권 형태가 자기 존재를 유지하는 데 필요한 기관들은 그 주권 형태로부터 아주 엄밀하게 연역된다. 『정치론』에서는 바로 이와 같은 연역이 우선 군주정에 대해, 그 다음에는 귀족정에 대해 수행될 것이며, 그리고 민주정에 대해서는 윤곽만이 그려질 것이다. 달리 말해, 각 유형의 국가는 그저 국가 일반이 아니며 그 자신만의 본질을 지니고 있다. 그리고 국가를 설립하는 입법자라면 바로 이 본질에서 착상을 얻어야만 할 것이다. 그러나 불행히도 상황은 이렇게 돌아가지 않는다. 사실상의 국가가 구성되는 과정을 주재하는 것은 과학적 인식이 아니라 오히려 정황의 우발성과 지도자의 정념이다. 그러므로, 사실상의 국가들은 훌륭한 짜임새를 갖추고 있지 못하다. 새 세상이 오기 전까지는, 모든 정치 사회는 자기 본성과 어울리지 않는 제도, 자기 안에 이질적 물체처럼 끼

---

159) 『정치론』 2장 21절[G III p. 283/P p. 988].
160) 같은 곳.

어 있는 제도를 포함하기 마련이다. 그리고 이 이질적 물체들이 산출하는 효과는 인간 개체에서 정념과 비견될 수 있다. 곧 구조가 최적의 현실화 수준에서 가동되지 못하도록 가로막으면서 구조를 왜곡하는 것이다. 물론 이러한 왜곡에도 불구하고, 국가는 그의 코나투스를 정의하는 상달 운동과 하달 운동을 이어가는 동안만큼은 살아남을 것이다. 그러나 어쨌든 운동이 잘 전달되지는 못할 것이며, 어느 지점에선가 소통이 가로막힐 때 사회체는 죽음을 맞이한다.

　둘째, 외적 원인은 개인의 수준에서도 표출된다. 사실 개인들은 그들을 지배하는 제도에 의해 완벽히 조건형성되지는 않는다. 법률의 기저에는 **풍습**이 있다. 이는 사회적 삶의 자생적 하부구조로서, 국가는 이를 우선 염두에 두지 않고서는 사회적 삶을 조직할 수 없다. 스피노자는, 어떤 민족에게 특수한 성격을 부여해 주는 것은 바로 법률과 풍습이라고 말한다.[161] 따라서 풍습에는 고유한 실효성이 있다. 물론 풍습은 부분적으로는 현존 제도들에 의해 규정된다. 그러나 단지 부분적으로만 그렇다. 풍습은 또한 인간 아닌 것들로 이루어진 환경이나 선행 정치체제에서 비롯되기도 한다. 자연은 항상 있으며, 역사적 과거는 우리 안에 지속적인 흔적을 남긴다.

　이 풍습의 내용과 진화 과정에 대해서는 다음 장에서 다시 살펴볼 것이다. 그러나 지금 말한 내용만으로도 이미 풍습의 주요 마디들을 대략적으로나마 그려볼 수 있다. 앞서 살펴보았듯, 자연 상태에서 인간의 실존은 두 차원, 곧 경제적 차원과 이데올로기적 차원을 포함했다. 시민 상태

---

161) "각 민족이 저마다 특정한 기질 … 을 갖는 것은 이 가운데 오직 뒤의 두 가지, 즉 법률과 풍습에 의해서만 생길 수 있는 일이다"(『신학정치론』 17장[G III p. 217/P p. 922]).

와 더불어 세번째 차원, 곧 정치적 차원이 출현한다. 따라서 이 세 영역 각각은 특수한 형태의 풍습에 상응할 수밖에 없다. 나아가, 각각의 풍습은, 정념적 삶 자체에서처럼 두 유형의 관계와 관련될 수밖에 없다. 하나는 개인이 세계와 맺는 관계이고, 다른 하나는 개인이 타인과 맺는 관계이다.

개인적 차원에서 경제적 풍습은, 가령 돈이나 이와 반대로 토지재산처럼 우리가 특별히 소외되는[몰입하는] "현세적" 대상들의 본성을 통해 정의될 수 있다. 이에는 상이한 유형의 인간 상호적 상황들이 상응한다. 가령 다양한 정도로 격렬하게 분출되는 시기심, 다양한 규모의 교역 등등이 그렇다.

개인적 차원에서 이데올로기적 풍습은 우리 믿음의 내용과 연관되어 있다. 우리가 '자연의 지배자들'과 상상적 관계를 맺을 때, 특별 "계시"와 예배 기술에 어느 정도 비중을 두느냐에 따라 믿음들의 미신적 성격은 유독(有毒)하거나 미약하다. 그 결과 인간 상호적인 차원에서는 다양한 정도로 격렬하게 분출되는 종교적인 지배의 야망, 다시 말해 불관용이 생겨난다.

정치적 풍습의 경우, 이는 경제적·이데올로기적 풍습의 인간 상호적 측면의 결과이자 선행 체제가 미치는 영향력의 결과이다. 사실 이 두 원인 모두, 특정 개별 국가 형태에 어울리는 특정 민족의 적성을 규정한다. 가령, 시민들이 평화적으로 심의하면서 집단적으로 자치하는 소질은 더 많거나 더 적을 수 있다. 그리고 만일 그런 소질이 없다면 그들에게는 다른 통치형태가 필요하며, 일단 책임을 맡지 않게 되면 이 습관은 급속히 비가역적이 된다.

이를 바탕으로, 우리는 가능한 두 가지 조합을 생각해 볼 수 있다. 야만과 문명이 곧 그것이다. 그리고 정념이론에 대한 연구에서 이미 예감했듯이, 둘 사이의 이행을 이끄는 것은 희망과 공포의 사이클이다. 여하간 한 가지는 명백하다. 아무 제도가 아무 풍습하고나 합치하지는 않는다는 점이다. 가령, 아무리 통치기구가 민주적이라 하더라도 노예근성을 지닌 민족에게는 전혀 먹혀들지 않을 것이고, 종교에 관한 자유주의적 법률을 제정한다 한들 심히 불관용적인 신민들에게 이는 아무 효과가 없을 것이며, 교역을 갈망하는 민족이라면 교환을 전혀 실행할 수 없게 하는 소유제를 견디지 못할 것이고 등등. 모든 것이 언제 어디서나 가능하진 않다. 모든 제도적 체계 가운데 가장 정합적인 체계조차도, 다스려야 하는 개인들의 자생적 습관들과 상충한다면 제대로 작동할 수 없을 것이다. 이럴 경우 풍습 역시 체계 내의 이질적 물체처럼 작용할 것이다. 풍습이 국가의 코나투스를 구속하고 국가는 결국 붕괴되고 마는 것이다.

마지막 셋째, 모든 국가는 그 국가를 둘러싸고 있는 외국의 작용을 받을 수 있다. 나라들끼리의 상호관계는 여전히 자연 상태에 머물러 있다. 더욱이, 이런 상황을 극복할 필요가 긴박하지 않은 이상, 앞으로도 늘 그러할 듯하다. 말하자면, 개인들에게 일어났던 상황과는 반대로, 여기서는 실질적 독립성의 계기들이 규칙이고 오히려 의존성의 계기들이 예외이다. 게다가 어떤 나라든 대개는 자기 스스로를 방어할 수 있다.[162] 그렇기에 인류 전체를 이성의 왕국에 접근시킨다는 발상조차도, 전 세계적 정치사회를 수립한다는 발상보다는 아마도 덜 이상적일 것이다. 전자의 경우 적어도 사태가 어떻게 진행될 수 있을지는 그려지기에 말이다. 그러므로 전쟁은 만연한다. 이는 곧 종종 패배하기도 한다는 것이며, 나아가 심

---

162) 『정치론』 3장 11절[G III p. 289/P pp. 996~7].

각한 패배는 국가의 죽음을 가져올 수 있다. 그런데 이런 상황에서는 아무도 그다지 대단한 일을 해낼 순 없다. 다른 모든 조건이 같다면, 잘 구성된 국가가 전쟁을 덜 일으키며 내부 모순 때문에 분열된 국가보다는 침략자에게 더 잘 저항하리라는 점만 짚어 두자. 따라서 우리는 결국 앞의 두 문제로 되돌아가는 셈이며, 오직 이 두 문제만이 이론적으로 해결될 수 있다.

따라서 예견할 수 없는 우발적 상황이 허용하는 한에서 국가가 항구적으로 자기를 보존하려면, 두 조건을 만족시켜야 한다. 하나는 제도적 체계에 내적 모순이 없어야 한다는 것이고, 다른 하나는 제도와 풍습 간에 외적 모순이 없어야 한다는 것이다. 이 두 조건이 충족되지 않을 경우 과연 어떤 일이 일어날까? 또 이를 충족시키기 위해서는 어떻게 해야 할까? 이제 우리는 이를 보다 세부적으로 살펴보아야 한다.

9장_분리 : 소외된 정치사회와 분열된 개체성

국가의 코나투스가 외적 원인 때문에 왜곡될 경우 어떤 일이 일어날까? 『정치론』 4장 4~6절(따라서 역시 최종 집필 과정을 거쳤다면 분명 이 절들과 합쳐졌을 3장 7~9절)은 이에 대한 정보를 아주 대략적으로 제공하고 있다. 이 경우 주권자는 신민들의 열망에 귀 기울이지 않으며, 국가는 점차 대중이라는 하부로부터 멀어진다. 이는 곧바로 반대 방향의 반작용을 초래한다. 신민들은 점점 더 불만에 차서 다루기 어려워지며, 하부는 정상에 대해 점차 자율성을 획득한다. 물론 이와 같은 초월성의 과잉과 내재성의 과잉은 서로 상쇄되기도 하지만 어느 지점까지만 그렇다. 긴장이 극도로 고조되면, 체계는 흔들리고 주권은 전복되어, 다른 주권이, 나아가 다른 체제가 들어선다. 하지만 이 답변은 좀더 구체화되어야 한다. 사태는 세부적으로 어떻게 진행되는가? 『신학정치론』 17장은 이에 대해 알려 주고 있지만, 여기서의 해명은 히브리 국가의 퇴조라는 극히 특수한 경우에만 근거하고 있다. 이를 보편화할 수 있을까? 사실 가능하다. 『정치론』 전체를 두고 보면, 거기서 하나의 온전한 사회변천관이 도출되기 때문이다. 역사란 서로 꼬리를 물고 발생하는 사회적 불균형의 연속이며, 제도적 체계가 잘못 정비되어 있는 한은 늘 그럴 것이다.

이런 조건에서, 제도적 체계가 잘 정비되려면 어떻게 해야 하는가? 달리 말해 집단적 균형의 토대는 무엇인가? 『정치론』 5장은 이 토대의 커다란 얼개를 밝혀 준다. 그리고 『신학정치론』 18장은 이를 구체화하고 있으며, 물론 모든 것이 망라되어 있진 않지만 우리는 쉽게 이를 메워 넣을 수 있다. 여기서 도출되는 것이 바로 사회적 안정성이라는 문제설정인데, 이 문제설정을 가동시키기만 해도 스피노자가 생각한 이상적 정체(政體)는 발견될 것이다.

따라서 이 장에서는 역사이론, 그리고 이 이론을 바탕으로 집단적 균형의 여러 토대를 다룰 것이다.

1. 역사, 혹은 사회체의 정념들

스피노자는 한 번도 자신의 역사관을 체계적으로 밝히지 않았다. 원칙적으로 『정치론』의 유일한 주제는 이상적인 정체들을 정의하는 것이다. 그런데 처방을 내리려면 병을 알아야 한다. 어떤 제도를 권장할 때, 그 제도가 없을 경우 생겨날 불편을 보여 주지 않고서 달리 그것을 정당화할 수 있을까? 바로 이것이 스피노자가 하는 일이다. 적어도 대개는 말이다. 그는 자주, 특정한 장치가 없는 곳에서는 인간 상호적인 정념적 삶이 잘못된 방향으로 흘러가고 이는 결국 국가에 아주 파국적인 결과를 초래하기에, 그 장치는 채택되어야 한다는 식으로 말한다. 스피노자가 명시적으로 이렇게 말하지 않을 때조차, 이 점에 대한 그의 생각은 대개 아주 명백하다. 따라서 그는 있어야 할 것뿐 아니라 있는 것도, 자신이 실현하고자 하는 사회적 균형의 조건뿐 아니라 역사의 흐름에서 사실상의 국가의 작동을 교란시키는 불균형의 원인들도 염두에 두고 있다. 달리 말해, 그는 사회학적 명제를 진술하고 있는 셈이다. 물론 이 명제들은 경험적으로 귀납된 것이 아니라 정념이론에서 연역된 것이며, 그렇지 않았던들 과학적이지 않았을 것이다. 그러나 이 명제들은 예전에 일어났고 지금도 우리 앞에 일어나고 있는 실제 사건들과 관련된다. 때로는 역사적 사례들이 이 명제들을 예증하기도 한다.

이러한 사회학적 법칙들 중에, 두 가지 커다란 발전 법칙이 정식화된다. 첫번째 법칙은 **제도의 진화**와 관련된다. 민주정은 귀족정으로, 그리고 귀족정은 군주정으로 바뀐다는 것이 이 법칙이다.[1] 그런데 그 역은 그만큼 엄격하지는 않다. 모든 귀족정이 반드시 원시 민주정에서 연원하는 것은 아니며, "대다수의" 귀족정이 그럴 뿐이다.[2] 그리고 군주정의 경우, 선행하는 귀족정에 기원을 두는 군주정이 수적으로 가장 많은 경우인지 아닌지조차 정확히 서술되지 않는다. 따라서 이미 꽤 넓은 가능성의 폭이 있는 셈이다. 두번째 법칙은 **풍습의 진화**와 관련된다. 사회적 평화가 지배할 때, 인간은 야만에서 문명으로 이행한다. 그런 다음 문명은, 성공을 거두었다는 바로 그 사실로 인해 조금씩 쇠퇴기로 접어들며, 동력을 전부 상실한 나라는 결국 이방인에게 저항할 수 없어진다.[3] 원리상 이 두 법칙은 독립적으로 작동하지만, 구체적 현실에서는 분명 끊임없이 서로 간섭

---

1) "내가 보기에는, 바로 이 때문에 민주정이 귀족정으로, 그리고 이 귀족정이 결국 군주정으로 바뀐다"(『정치론』 8장 12절[G III p. 329/P p. 1054]).
2) "왜냐하면 나는 대부분의 귀족정이 그 전에 우선 민주정이었다고 전적으로 확신하기 때문이다"(같은 곳).
3) "사실 평화의 시기에 사람들은 공포에서 놓여나, 사납고 야만적인 상태에서 점차 공손한 혹은 온화한 상태로, 온화한 상태에서 다시 무르고 타성적인 상태가 되며, 다른 자들을 덕이 아니라 교만과 사치로 능가하는 데 몰두한다. 이때부터 그들은 조국의 풍습을 내던져 버리고 이국의 풍습들을 채택하기 시작한다. 노예가 되기 시작하는 것이다"(『정치론』 10장 4절[G III p. 355/P p. 1093]).

할 수밖에 없다. 하기에 더 넓은 가능성의 폭이 있는 셈이다.

여타의 법칙들은, 우리가 그것들 각각을 별도로 고찰하는 한, 위의 두 법칙만큼 광범위한 효력을 지니지 않는다. 그것들은 단지 단편적인 인과관계만 진술할 뿐이다. 그러나 이 법칙들을 함께 고찰하면, 그것들은 상호 순환적으로 맞물린다. 한 법칙에서 결과로 등장하는 것이 다른 법칙에서는 원인으로 나타나는 식으로 말이다. 그런데 이 법칙들을 이처럼 조합함으로써 우리는, 앞의 두 진화 법칙에서 아주 일반적인 형태로 표현되었던 것과 똑같은 귀결들을, 단 세부적으로는 훨씬 명확해진 형태로 만나게 된다. 그러므로 이 법칙들 각각은, 제도의 진화 법칙이든, 풍습의 진화 법칙이든, 혹은 이 두 법칙의 항구적 상호작용이든, 어쨌든 앞의 두 진화 법칙의 특수한 양상으로 간주될 수 있다.

따라서 우리는 완전한 의미의 역사 철학까지는 아니라 하더라도, 역사가 겪을 수 있었던 정치사회의 주요 유형들이 어떻게 나고, 성장하고, 쇠퇴하고, 사멸하는지에 대한 정합적 이론을 얻게 된다. 물론 이 이론이 모든 것을 다 설명해 주진 않는다. 실상 현실 역사에서 제국들은 대개 전쟁과 정복의 우연에 따라 수립되거나 해체된다. 또는 군주정의 경우, 탄생과 상속의 우연에 따라 수립되거나 해체된다. 그런데 이런 종류의 사건들을 정확히 연역해낼 수 있는 것은 오로지 무한지성뿐이며, 스피노자 자신은 전지적이지 않다. 반면, 일체의 외적인 개입을 추상한 국가의 **내적 동학**만은 유한지성의 범위 내에 있다. 스피노자가 정식화한 법칙들은 바로 이 내적 동학에 대해 말해 준다. 우리는 이 법칙들에서 도출되는 진화의 모델을 통해, 특정한 제도적 체계가 잘못 구상되거나 지배적 풍습에 적응하지 못할 경우 어떻게 필연적으로 다른 체계에 자리를 내주고, 이 다른 체계 역시 같은 이유로 사라지게 되는지를 이해할 수 있다. 따라서 또한 어떻게 하나의 동일한 '사회'(*societas*, 곧 주어진 영토에서 살아가는 주어진 주민)가 독립성을 획득하는 순간과 상실하는 순간 사이에 여러 가지 '국가'(*imperium*) 형태를 취하는지를 이해할 수 있다. 이런 식으로 이해된 역사이론은 **사회체의 정념이론**으로 출현한다. 여기서는, 정치적 유기체의 코나투스를 왜곡하고 소외시키는 것 가운데 그 결과가 이 유기체의 내부에서 감지되는 원인만이 외적 원인으로 간주된다. 그리고 민주정 — 귀족정 — 군주정의 연쇄는 코나투스 — 기쁨과 슬픔 — 사랑과 미움의 연쇄를 연상시킬 수밖에 없다.

1) 원시 민주정

어디서 시작해야 할까? 문제는 자연학에서 제기되는 것과 약간 유사하다. 무한양태들에서 개별 유한양태의 현행적 실존을 곧바로 연역할 수는 없듯이, 사회계약이라는 기초개념만 가지고는 사실상의 정치사회의 현행적 실존을 곧장 연역할 수는 없다. 두 경우 모두, 실존과 본질을 분리시키는 간극을 메우기 위해 독특한 원인들의 계열을 시간적으로 거슬러 올라가야 한다. 연장 속성에서 직접적으로는 운동과 정지가, 매개적으로는 전 우주의 얼굴이 연역되며, 이로부터 우리는 동일한 영원한 법칙들을 따르는 단 하나의 동일한 우주가 왜 있는지, 왜 늘 있었는지, 왜 늘 있을 것인지를 이해한다. 그렇지만 이로부터 특정 순간 우주의 상태를 도출하기 위해서는, 우리는 또한 앞선 순간 우주의 상태, 그보다 앞선 순간 우주의 상태… 등등도 알고 있어야 한다. 이와 마찬가지로, 자연 상태에서 인간 상호적인 정념적 삶에서는 직접적으로 사회계약이, 매개적으로는 국가 일반의 구조가 연역되며, 이로부터 우리는 사람들이 왜 정치사회에 살고 있는지, 왜 십중팔구 늘 살아왔는지, 왜 (그들이 이성적이게 될 때까지는) 여전히 정치사회에서 살아갈 것인지를 이해한다. 그렇지만 이로부터 특정 시기 특정 인민에게 효력을 미쳤던 체제를 도출하기 위해서는, 우리는 또한 이 인민의 과거, 이 과거의 과거 … 등등을 알고 있어야 한다. 하지만 방법상, 무한히 거슬러 올라갈 수는 없는 노릇이다. 곧 설명은 [우주나 정치사회의] 주어진 독특한 짜임새에서 출발할 수밖에 없는데, 여러 역사적 증거가 이 짜임새의 실존을 확증한다 하더라도 이 짜임새 자체는 학문의 관점에서는 요청에 지나지 않는다. 하지만 이러한 출발점이 어쩔 수 없이 임의적이라고 하더라도, 가급적 임의적이지 않도록 노력해 볼 수는 있다. 사실상의 국가를 재구성하는 일이 가설-연역적일 수밖에 없다면, 최소의 전제들만을 함축하는 가설을 초기 가설로 내세우는 데 온통 관심을 쏟아야 한다.

이와 같은 가설이 충족시켜야 하는 조건들에 대해서는, 『데카르트의 "철학 원리"』[이하 『원리』]의 우주론과 관련된 대목에 언급되어 있다. 이에 따르면, 이러한 가설은 그 자체로 어떠한 모순도 함축하지 않아야 하며, 가능한 한 가장 단순해야 한다. 따라서 가장 이해하기 쉬워야 하며, 마지막으로 자연 전체에서 관찰되는 모든 것을 연역할 수 있도록 해주어야 한다.[4] 『원리』를 집필할 당시, 스피노자는 우주의 원초적 상태에 대한 데카르트의 가설이 위의 네 조건을 실질적으로 만족시킨다고 단언한다. 곧 그 가설은 물질 개념에 포함되어 있는 특성들만을 물질에 귀속시키기에 모순적이지 않으며, 최초의 입자들 사이에 "어떠한 부등성도 상이성도" 가정하지 않기에 가장 단순하고 이해하기 쉽다. 마지막으로, 데카르트는 이 가설에서 출발하여 우리가 현실적으로 지각하는 세계를 그대로

---

[4] 『원리』 3부 서문[G I p. 227/P p. 295].

재구성하는 데 성공했다.[5] 물론 이 가설은 어떤 의미에서는 거짓이다. 그렇지만 데카르트가 제시한 이유와는 정반대의 이유에서 그렇다. 데카르트에게서 이 가설이 거짓인 이유는, 실상은 신이 우주를 현행 상태로 직접 창조했기 때문이다. 반면, 스피노자에게서 이 가설이 거짓인 이유는, 실상 우주에는 시작이 없었기 때문이다. 데카르트에 따르면, 오류는 사태가 진짜로 이런 식으로 진행되었다고 믿는 데 있다. 다시 말해 설명의 편의를 위해 취한 절차에 불과한 것에 사실적(史實的) 성격을 부여하는 데 있다. 반면 스피노자에 따르면, 오류는 이러한 짜임새가 정말 **기원적**이라 믿는 데 있다. 하지만 이 짜임새가 아주 예전에, 무한히 많은 다른 짜임새들 이후에 실현된 적이 있었다고 생각할 수는 있다. 게다가 만일 인식가능한 모든 것이 언젠가는 필연적으로 실존한다면, **이 짜임새는** 어떤 특정 시기 **반드시** 실현될 **수밖에 없었을 것이다**.

물론 이는 충분하지 않다. 『원리』가 미완에 그쳤던 것도 아마 이 때문일 것이다. 왜냐하면 스피노자의 관점에서 볼 때 인과 계열의 연역이 한낱 공허한 담론에 그치지 않으려면, 그 연역은 실재적인 인과 계열에 상응해야 하기 때문이다. 그런데 적어도 얼핏 보기에는, 그리고 사태를 낱낱이 꿰뚫어 볼 수 없는 자가 보기에는, 우주의 이와 같은 초기 상태에서 출발하여 우주의 현행 상태를 재구성하는 무한히 많은 방식이 있다. 우리의 한정된 지성은 모든 방식들을 한꺼번에 응시할 수단이 없기에, 이 방식들 가운데 어떤 방식이 사건들의 진정한 추이를 표현하는지 결정할 수 없을 것이다. 더구나 우리는 물리적 자연의 과거에 대해서는 아예 무지하므로, 이 점에 관해서는 경험도 우리에게 아무런 도움이 될 수 없다.

---

5) 『원리』 3부 서문의 요청[G I pp. 228~9/P p. 297].

이것이 심사숙고된 허구인 한에서, 데카르트 철학에서 이 점은 아무런 결함이 되지 않았지만, 스피노자 철학에서는 커다란 악이 된다. 결정적으로 네번째 조건이 충족되지 않기 때문이다. 그러나 사정이 이렇다 해도, 이는 오직 우주론적 대상이 지니는 특수한 성격에 기인할 뿐이며, 네 가지 조건은 원리상 여전히 타당하다.

그런데, 인간 역사의 경우 사정은 또 다르다. 한편으로, 정치사회는 우주가 아니다. 우리가 일체의 맥락과 독립적으로 정치사회를 고찰한다면, 이 경우 가능한 조합들은 수적으로 유한하며, 우리 지성은 응당 이를 숙달할 수 있다. 다른 한편, 우리에게는 인류의 과거에 대한 다양한 정보가 있으며, 따라서 경험은 연역의 실마리가 될 수 있다. 비단 연역의 끝에서만이 아니라, 연역의 매 계기 혹은 적어도 많은 계기들에서도 말이다. 결과적으로 『원리』와 유사한 시도를 하더라도 이 영역에서만은 공허하지 않다.

이제 독립적인 나라를 구성하는 순간에 있는 한 민족을 생각해 보자. 그리고 이 민족을 구성하는 개인들이 지금까지는 줄곧 자연 상태에서만 살아왔다고 가정해 보자. 사회계약의 세번째 단계에 이르렀을 때, 이 민족이 해결해야 할 문제는 군주정, 귀족정, 민주정 중 어떤 통치 형태를 채택해야 하는가이다. 그런데, 이 세 통치형태 중 어느 것도 사회계약이라는 기초개념에 필연적으로 함축되어 있진 않다. 우선 추상적으로 보면, 이 문제는 해결불가능하다. 또 구체적으로 보면, 특수한 매 경우 모든 것은 계약을 체결하기 직전 시기 지배적 역관계가 무엇이었느냐에 달려 있다. 이제 이 구체적인 특수성들은 모두 무시하자. 그리고 추상에서 역사적 현실로 옮겨가기 위해 필요한 최소한의 전제만을 가정해 보자. 우리

가설이 모순적이지 않으리라는 확신을 위해, 눈앞의 개인들에게 정념이론상 인정될 수 있는 특성들만 있다고 가정해 보자. 사태를 단순화하고 이를 더 쉽게 이해하기 위해 이 개인들 사이에 "어떠한 부등성도 상이성도" 가정하지 않기로 하자. 이제 이러한 조건에서 과연 어떤 제도적 체계가 수립될 확률이 가장 높은지 찾아보자. 만일 이 체계를 출발점으로 삼고 이를 오직 내적 역학에만 내맡겨 둠으로써 어떻게 그 체계가 스스로 붕괴되어 다른 체계들의 탄생에 이르는지를 보여 줄 수 있다면, 또한 만일 이 연역적인 재구성의 각 단계(혹은 거의 매 단계)가 역사적 사례를 통해 후험적으로 확증된다면, 우리는 『원리』에서 정의된 방법론적 요구 모두를 만족시키게 될 것이다. 마찬가지로, 인류 역사 일반이라는 관점에서 이 체계에 선행했던 상태가 자연 상태와는 다른 무언가였다 해도 이는 별로 중요치 않다. 우리는 탄생 중에 있는 한 나라를 가정해 보되, 마치 그 구성원들이 이전에는 그 어떤 나라에도 속한 적이 없었던 양, 마치 구성원들 각각의 정신이 정치적으로 백지 상태였던 양 가정해 보는 것이기에 말이다. 물론 경우에 따라 간혹 이를 정정할 필요가 있을지 모르나 이러한 정정 작업은 조금 더 나중의 일이다. 마찬가지로, 많은 경우를 살펴봐도 이 체계가 기원에서부터 정말로 가동되었음을 확인시켜 주는 증거가 전혀 없다 해도 이 역시 별반 중요치 않다. 연역적 재구성이 완결적이기만 하다면, 개념적 역사가 현실 역사로 이어질 순간이 어떻게든 올 것이다. 물론 이 현실 역사는 이론에서 예견되는 것보다 더 늦게 시작될 수도 있지만, 어쨌든 일단 시작되기만 하면 이 이론은 그것을 철저하게 입증해 줄 것이다. 또한 이렇게 구성된 진화 도식을 통해 왜 특정 사건들이 이 도식과 거리가 있는지도 이해할 수 있다면, 우리로서는 더 이상 요구할 게 없을 것이다.

문제가 이런 식으로 제기된 이상, 민주정에서 출발해야 한다는 점은 너무도 명백하다. 『신학정치론』에 따르면 민주정은 모든 통치형태 가운데 가장 자연적인 형태이며, 민주정이야말로 "자연이 각자에게 인정해 준 자유"에 가장 가깝다.[6] 사실 우리가 『정치론』에서 알게 된 내용에 비춰 보면 이러한 정식은 상당 정도 부적합하다. 우리가 확인한 바에 따르면, 자연 상태에서 인간은 **실재적으로는 독립적이지 않으며**, 자유 역시 지배적이지 않다. 자유를 단지 타인의 의지에 의해 활동하도록 규정되어 있지 않은 상태로만 본다 해도 말이다. 그러나 이 단락에 이어지는 구절은 스피노자가 무엇을 말하고자 하는지를 잘 보여 준다. 곧 사실상 중요한 것은 자유보다는 평등이다.[7] 또한 자연 상태에서 우리는 적어도 대체적으로는 실질적으로 평등하다. 하지만 단기적으로 볼 때는 그렇지 않으며, 오히려 이렇게 짧은 시간을 놓고 보면 자연 상태는 정반대로 극단적인 불평등으로 특징지어질 수 있다. 인간 상호간 정념적 삶의 우발성에 따라 누군가는 명령하고 누군가는 복종하는 것이다. 그러나 이러한 일방적 의존성의 상황은 거의 안정될 수가 없다. 역할은 뒤바뀌고 상대는 바뀌며, 그리하여 장기적으로는 각자는 아무에게도 특별히 의존하지는 않으면서 만인에게 똑같은 정도로 의존한다. 물론 이는 순전히 통계적인 진리이다. 하지만 편의상 우리는 자연 상태가 상시적으로 요동치는 진폭의 중간치인 이 평균적 이상을 자연 상태와 동일시할 수 있다. 이럴 경우 민주정은 자연 상태로부터 아주 자연적으로 출현할 수밖에 없다.

---

[6] "모든 것에 앞서 내가 이것[민주정]을 다루고자 했던 이유는 민주정이야말로 가장 자연적이며 또한 자연이 각자에게 인정해 준 자유에 가장 가까워 보였기 때문이다"(『신학정치론』 16장[G III p. 195/P p. 889]).
[7] 민주정에서는 "이전의 자연 상태에서처럼 만인은 계속 평등하다"(같은 곳).

여전히 자연 상태에서 살고 있기는 하지만, 거기서 벗어나고자 하면서 이제 막 시민 상태 구성 과정을 시작하는 개인들이 있다고 가정해 보자. 여타의 고려는 모조리 추상하고, 또 그 개인들이 지녔을 법한 심리적 특수성이나 개인적 이력, 또한 그들 중 몇몇이 특별히 맺을 수 있었던 우애 관계, 적의 관계, 위신 관계 역시 제거해 보자. 그들이 다른 점에서는 서로 대체가능하다 생각하면서, 오로지 **자연-상태에서-살아가는-정념에 사로잡힌-개인들**이라는 특성만을 그들에게 부여해 보자. 아마 그들 각자는 절대적 지배자가 되기를 은밀히 욕망할 것이다. 그렇지만 그들 각자의 적대적 노력은 상호 중화된다. 계약자들 모두가 권력 지망자들이기 때문이다. 누구도 기꺼이 남에게 권한을 넘겨주지는 않으며,[8] 인간에게는 자기와 동등한 자에게 예속되는 것만큼 견디기 힘든 것도 없다.[9] 이는 시기심과 결합된 지배의 야망의 필연적 귀결이다. 균형이 깨지려면 보충적인 외적 원인들이 크나큰 영향을 미쳐야만 한다. 오로지 모든 상대방에게 끊임없이 공포와 희망을 불러일으킬 수 있는 자만이, 상대방이 [권력 지망자에서] 사퇴하는 혜택을 누릴 수 있을 것이다. 하지만 공포와 희망을 불러일으키려면 그렇게 할 물적 수단을 지니고 있든지, 그런 수단을 지니고 있다고 착각하게 할 만한 수완이 있어야 한다. 게다가, 우중(愚衆)의 경탄을 자아낼 정도의 위엄 있는 인격을 갖춰야만 하고, 신적인 존재 내지는 초인적인 존재로 통해야 한다. 그렇지 않으면 시기심이 여전히 작용할 테니 말이다.[10] 그런데 가정상 우리는 모든 개인적 차이들을 제거했다.

---

8) "… 아무도 통치권을 자발적으로 타인에게 넘기진 않는다"(『정치론』 8장 12절[G III p. 329/P p. 1054]).
9) "다음으로, 자기와 동등한 자들에게 종속되고 그들에 의해 지배받는 것만큼 인간에게 견딜 수 없는 것도 없다"(『신학정치론』 5장[G III p. 74/P p. 741]).

이러한 조건에서는 민주정만이 생각할 수 있는 유일한 통치형태다. 특정 인에게 권력을 줄 하등의 이유가 없기 때문에, 만인은 과반수 법칙에 따라 집단적으로 권력을 행사하는 것이다. 여기서 지배의 야망은 주어진 문제 상황과 양립할 수 있는 최대의 만족을 얻어내는데, 왜냐하면 각자는 말하자면 "얼마만큼의-주권자"(Souverain-*quatenus*)가 됨으로써 일정 크기의 권한은 보유할 것이기 때문이다. 그리고 이 조각들의 크기는 모두 동일하므로, 정치적 시기심, 적어도 비교에 기반을 두지 않은 형태의 시기심은 더 이상 발현될 계기가 없을 것이다.

이러한 이유로 민주정은 여타의 통치 형태들에 비해 논리적 특권을 지닌다. 민주정은 가장 적은 전제들을 요구하는, 가장 단순하며 가장 경제적인 형태의 정치적 균형을 대표한다. 민주정은 자연 상태와 사회계약이라는 기초개념만 가지고도 거의 다(전부 다는 아닌데, 왜냐하면 통계적 평균이 구체적 현실로 변형된다는 것은 여전히 요청이기 때문이다) 연역될 수 있다. 여타의 체계들을 이해하려면 부가적인 요인들을 고려해야 하는 것과 다르게 말이다. 스피노자가 『신학정치론』 16장에서 명시적으로 수행하는 것이 바로 이 자연 상태에서 민주정으로의 이행이다. 여기서 그는 일반적으로 국가가 형성되는 방식을 제시하고 난 다음, 이렇게 구성된 국가가 사실상(*ipso facto*) 민주정이라 선언한다.[11] 또 그는 『윤리학』 4부 정리 37 주석 2에서 동일한 이행을 암묵적으로 수행하고 있다. 거기서는 권

---

10) "… 만일 소수가 혹은 오직 한 사람이 통치권을 보유한다면, 그는 자기 안에 공통적인 인간 본성을 넘어서는 무언가를 지니고 있든지, 아니면 적어도 우중에게 이를 납득시키고자 온힘을 다해 노력해야 한다" (같은 곳).
11) "이런 종류의 사회의 권리가 바로 사람들이 말하는 민주정이다" (G II p. 193/P p. 886).

력이 별다른 구체적 설명 없이 "사회"에 위임된다. 일단 사회계약이 이루어지고 나면, 다른 모든 조건이 같을 경우, 그로부터 필연적으로 민주정이 출현할 것이다. 반면 다른 조건들이 같지 않다면 다른 체계가 수립될 텐데, 이때는 왜 그런지를 설명해야 할 것이다. 한 국가가 민주정이라는 것은 단번에 이해된다. 반면 그 국가가 민주정이 아닐 경우, 이는 특정 원인들이 그 국가가 민주정이 되는 것을 가로막고 있기 때문이며, 이 원인들이 밝혀져야 할 것이다.

그러므로 우리가 출발점으로 삼아야 하는 사회의 통치제도들은 다음과 같다. 인민 전체의 협의체가 담당하는 주권, 이 때문에 주권 자체와 구별되지 않는 자문권력, 그리고 주민 가운데 선출된 자들에 의해 이런저런 방식으로 행사되는 집행권력. 스피노자는 하부제도에 대해서는 아무 언급도 하지 않지만, 우리는 앞의 단순성 원칙을 통해 이를 쉽게 생각해 낼 수 있다. 우선 토지 소유는 개인적일 수밖에 없는데, 자연 상태에서 누구나 그렇게 하기를 열망하기 때문이다. 또한 힘이 상호 균형을 이루는 한, 토지 분배는 거의 평등하게 이루어질 수밖에 없다. 그런데 아마도 이러한 평등을 유지하기 위한 특별한 예방책이 마련되지는 않을 것이다. 나중에 살펴보겠지만, 당장은 상업적 거래가 존재하지 않으며, 시민들은 정통한 정치 이론가가 아닌지라 사건들의 추이를 예견할 수 없기 때문이다. 다음으로, 종교는 특별 계시에 의거할 수밖에 없고 또 누구에게나 동일할 수밖에 없다. 왜냐하면 계약 당시, 누구나 다 더불어 살아가고자 하는 동일한 욕망을 지니고 있고 또 누구나 다 신이 그들에게 이러한 욕망을 불어넣는다고 믿는 이상, 신에게 똑같은 얼굴과 똑같은 의도들을 부여할 수밖에 없기 때문이다. 그런데 여기서도 마찬가지로 이러한 상황을 영속시키기 위한 예방책이 마련되지는 않는다. 마지막으로, 군대는 인민과 일체가 될 수밖에 없다. 어느 누구에게도 개인적인 방어 도구들을 일방적으로 포기하도록 강제할 만큼 강한 자는 없기 때문이다. 중간제도들도 마찬가지다. 지도직에 들어갈 수 있는 길은 누구에게나 열려 있고, 아마도 재판관은 선출되어야 할 것이다.

이 체계는 그 자체로 보면 완벽한 응집력을 갖춘 듯 보인다. 이 체계는 개인적 욕망들이 주권적 협의체 안에서 아무런 장애 없이 표출될 수 있도록 하고, 또 그러면서도 다수의 결정을 존중하도록 각자를 강제함으로써, 국가의 코나투스를 정의하는 상달 운동과 하달 운동을 원리상 확고하게 해준다. 그렇다면, 이 체계가 내부로부터 붕괴되는 일은 없단 말인가? 그리고 이럴 경우, 『원리』의 네번째 조건에 명시되어 있는 것과는 반대로, 이 체계가 결코 다른 통치 형태들의 탄생으로 이어질 수 없는 것은 아닐까? 물론 그렇지 않다. 이 제도들은 그것들 나름의 탁월성에도 불구하고 풍습에 의해 변형될 것이기 때문이다.

실상, 가정상 자연 상태를 이제 막 지나온 사회의 풍습은 어떠하겠는가? 『정치론』 10장 4절은 이에 대한 정보를 주고 있다.[12] 자연 상태를 거의 배타적으로 지배했던 공포는 사회적 평화가 확보되면서 사라진다('평화적 시기에 공포에서 놓여나' *in pace deposito metu*). 그리하여 사람들은 이전의 야만 상태에서 벗어나 공손해지고 온화해진다. 하지만 이것도 하루아침에 이루어지진 않는다. 과정은 더디고 꾸준하며, 변형은 단지 '조금씩'(*paulatim*)만 일어나는 것이다. 따라서 이 절은 우리에게 두 종류의 정보를 알려 준다. 우선, 우리는 원시 민주정의 시민들이 오랫동안 야

---

12) 주 3을 참조하라.

만 상태에 머물러 있을 수밖에 없음을 알게 된다. 다른 한편, 우리는 무엇이 야만인지를 알게 된다. 분명, 야만은 희망과 공포 사이클의 3국면, 곧 점차 공포가 줄어들기는 하지만 여전히 희망보다는 우세한 국면에 상응한다. 이로부터 원초적인 사회의 경제적, 이데올로기적, 정치적 풍습이 연역될 수 있다. 이 연역은, 직접적으로든 아니면 등가적인 다른 표현을 통해서든, 스피노자가 야만을 암시하고 있는 모든 텍스트를 통해서 확증된다.

우선 **경제적으로는**, 시민 상태가 수립되어도 개인이 세계나 타인과 맺는 관계가 눈에 띄게 개선되지는 않는다. 적어도 당장은 말이다. 실제로, 앞서 인용한 『신학정치론』의 구절, 곧 스피노자가 사회 속에서 살아가는 삶의 이득을 제시하는 단락을 다시 읽어 보자.[13] 이 단락에서는 기술 수준과 교환의 밀도라는 두 항 사이에 필연적인 상응 관계가 수립된다. 그리고 이 두 항 사이의 연관은 세번째 항, 그러니까 노동 분업으로 이룩되는 전문화의 정도를 통해 알 수 있다. 그 다음, 스피노자는 이 테제를 언명하고 난 뒤 곧바로 하나의 사례, 바로 야만인들의 사례를 통해 이를 해명한다. 그는 야만인들이 비참하고 거의 동물적인 삶을 살고 있다고, 하지만 그들이 가진 것이 아무리 보잘 것 없어도 어떤 식으로든 상부상조하지 않고서는 이조차도 마련하지 못하리라 선언한다.[14] 이 사례를 두 부분으로 잘라 보면 직접적인 입증인 동시에 반대를 통한(*a contrario*) 증

---

13) 이 책 8장 주 40을 참조하라.
14) "사실 우리가 보듯이, 정치조직 없이 야만적으로 살아가는 자들이 비참하고 거의 동물적인 삶을 이어가고 있으며, 하지만 그들이 가진 얼마 되지 않는 비참하고 조잡한 방편들조차도, 그 질이야 어떻든 상호적인 작업 없이는 거의 마련될 수 없다"(『신학정치론』 5장[G III p. 73/P p. 740]).

명이 되는 셈인데, 그럼으로써 이 사례는 야만적 경제의 두 가지 성격을 명시화한다.

개인적인 차원에서 보자면, 사람들은 자연 앞에 무력하다. 초보적인 기술 덕택에 사람들은 가장 절박하게 필요한 것들만을 겨우 조달할 수 있으며, 이 기술조차 아주 조금씩만 개선될 뿐이다. 폭력적인 죽음의 유령을 몰아낸다고 하더라도, 자연적인 죽음의 모면이라는 중차대한 문제는 해결되지 않은 채 남아 있다. 여분의 안락은 바랄 수조차 없다.[15] 각자는 자기가 집요하게 일구는 땅뙈기에 매달려 그럭저럭 살아남고자 노력할 뿐이다.

인간 상호적인 차원에서 보면, 계약이 체결되기 이전보다 교역의 비중이 간신히 증가한다. 물론 교역은 이미 현존하며, 스피노자는 이를 무엇보다도 강조한다. 교환이 없으면 노동 분업도 없고, 노동 분업이 없으면 기술도 없으며, 그 역도 마찬가지이기 때문이다. 교환, 노동 분업, 기술이라는 세 항이 [각각] 어떤 식으로 변하든 간에, 상응 관계만은 불변이다. 그런데 바로 이 세 항 중 하나가 가장 낮은 수준에 있는데, 어떻게 다른 두 항이 상당 정도의 발전을 거둘 수 있겠는가? 실제로, [『신학정치론』에서] 스피노자가 이 사례 바로 직전에 언급하고 있는 기본적인 기술적 작업(땅 갈기, 씨뿌리기, 수확하기, 빻기, 익히기, 직조하기, 바느질하기)[16]은 기껏해야 몇 가지 임무를 가족이나 마을 단위로 소박하게 분배하는 정도만을 요구한다. 따라서 교환 역시 최소한으로 축소된다. 도시도 없고, 시장도 없고, 화폐도 없다. 요컨대, 자기 밭 너머에는 어떤 밭도 없다고 상

---

15) 희망과 공포 사이를 가운데 3국면의 경제적 측면들에 대해서는 이 책 5장 2절 pp. 195~6을 참조하라.
16) 이 책 8장 주 40을 참조하라.

상했던 『소론』의 농부[17]보다 그다지 확장된 지평을 가지고 있지 않고, 자기 땅에서 난 산물들로 살아가는 협소하고 폐쇄적인 집단들만이 있을 뿐이다.

그런데 인과성은 순환적이다. 이번에는 역으로 교역의 밀도가 미미하기 때문에 개인적 삶의 투박함이 유지된다. 화폐가 없으므로, 정념을 불러일으킬 수 있는 유일한 "현세적" 대상은 땅이다. 땅의 소유에 현세의 모든 행복이 달려 있는 듯 보이는 것이다. 이는 다시 인간 상호관계에 반향을 일으킨다. 토지재화는 평등하게 분배될 경우 시기심을 얼마간 약화시키긴 해도, 어쨌든 본성상 독점적이기 때문이다. 개인의 자그마한 땅뙈기들 간의 질적 차이가 끊임없는 경쟁을 낳고, 또한 토지는 마음대로 확장될 수 없는 탓에 각자는 오직 타인의 손실을 대가로 해서만 자기 상황의 개선을 희망할 수 있다.[18] 따라서 평화적인 거래는 불가능하지는 않지만 어쨌든 매우 어려워지며, 화폐는 여전히 출현하지 않고, 등등. 야만인이란 요컨대 너무 거칠고 너무 의심 많은 농부이다.

이로부터 두번째로, 상응하는 **이데올로기적 풍습**이 생겨난다. 『신학정치론』 서문의 처음 몇 줄을 상기해 보자. 만일 사람들이 자신의 삶을 숙고된 계획에 따라 조직할 수 있다면, 혹은 그들에게 늘 운이 따라 준다면, 그들은 미신에 빠지지 않을 것이다.[19] 그러나 그렇지 않기 때문에 그들은 무지막지한 맹신에 빠진다. 물론 『신학정치론』의 이 단락은 보편적인 효력을 지닌다. 모든 인간, 심지어 가장 문명화된 인간에게도 해당된다. 왜냐하면 인간은 모두, 예외적이고 지속되기 힘든 몇몇 순간을 제외하면,

---

17) 『소론』 2부 3장 2절 [G I p. 57/P p. 103].
18) 이 책 5장 3절, pp. 255~58을 참조하라.
19) 이 책 5장 p. 192의 주 147을 참조하라.

공포와 희망 사이에서 동요하기 때문이다.[20] 그런데 미신에도 여러 정도가 있다. 미신은 우리가 덜 희망하고 더 두려워할수록 우리 의식을 더 강력하게 지배한다. 다시 말해, 미신은 사건을 제어하는 우리의 소질에 반비례하여 더 커지거나 작아진다. 그런데 이 소질을 결정하는 여러 요인 가운데, 기술적 요인이야말로 분명 결정적인 비중을 차지한다. 이런 견지에서 볼 때 아무도 야만인만큼 불리하진 않다. 하기에 야만인에게서 경제적 궁핍은 최고로 발전된 미신을 수반한다.

우선 개인적 차원에서 볼 때, 신화적 사유와 예배의 주술이 번성한다. 야만인이 보기에는 만물에 신이 득실거리는데, 왜냐하면 그들의 눈에 만물은 가공할 만하면서도 기괴하게 보이기 때문이다. 물론 그는 더 이상 공포와 희망 사이클의 2국면을 특징짓는 이 비등한 공황 상태에 빠져 있지는 않을 것이다. 정치사회에서 살아온 이래, 그의 상황은 결코 절망적이지는 않기 때문이다. 더욱이 노동이 진척될수록 상황은 절망에서 점차 멀어져 간다. 하지만 공포가 여전히 우세한 이상, 종교의 핵심은 여전히 "계시"와 의례이다.[21] 이 종교는 거의 순수한 상태에서는 『윤리학』 1부 부록과 『신학정치론』 서문에서 말한 대로이며, 『윤리학』 4부 서문에서 제시하는 "형이상학적" 성향은 아직 없다. 다만 착란이 자연 상태에서처럼 개인적인 것이 아니라 집단적인 것이 될 뿐이다. 이것이 예를 들어 모세 시기 히브리인들의 정신적 상황이었다. 이집트 미신들의 영향도 있었지만,

---

20) "따라서 미신을 낳고 유지하고 조장하는 원인은 공포다 … 이와 같은 미신의 원인으로부터, 모든 인간이 본성상 미신에 예속된다는 점이 분명히 따라 나온다"(『신학정치론』 서문 [G III pp. 5~6/P pp. 663~4]).
21) 희망과 공포 사이클의 3국면이 띠는 이데올로기적 측면들에 대해서는 이 책 5장 2절, pp. 203~4를 참조하라.

단지 그들의 조야한 정신(그들은 "조야했으며"[rudes], 이는 야만적이라는 말과 거의 동의어인 듯하다) 때문에라도 그들은 신에 대해 아무것도 이해할 수 없었던 것이다.[22]

그러나 맹신에도 여러 정도가 있다. 스피노자에 따르면 최고의 일탈은 **살아 있는 인간**에 대한 신격화이다. 하지만 오랫동안 그 정도로 타락해 있는 자는 드물다. 마케도니아인에게 자기의 신성을 믿게 하고자 했던 알렉산더 대왕은 그들을 얕잡아 봤음이 분명하다. **완전히** 야만적인 사람들만이 그토록 노골적인 기만에 넘어갈 수 있기에 말이다.[23]

따라서 인간 상호적 차원에서는 온통 불관용이 지배한다. 이데올로기적 지배에 대한 야망은 대개 우리 의견을 주변 사람들에게 유포하도록 부추긴다. 그리고 이에 성공하지 못할 경우 우리는 우리에게 저항하는 자들을 미워한다. 하지만 우리의 믿음이 우리 기질이나 이력이 지닌 특수한 면들과 결부되어 있을수록, 우리의 믿음을 타인에게 전달하기는 더 어려워진다. 종교의 미신적 측면에 부여되는 비중에 비례하여 적대는 첨예화되는 것이다. 이 비중이 극도로 커지는 야만인들은 필연적으로 광신적이기 마련이다. 실상 그들은 쇠퇴기의 문명인들보다 훨씬 더 광신적이다. 그들은 정교한 사변에 생소하고, 결국 신의 속성과 관련된 문제를 두고 논쟁을 벌일 수 없는 까닭에, 종족의 우상을 숭배하지 않는 자는 누구나 그저 적으로 간주해 버리면 그만이다. 가령 다른 민족에 대한 증오가 제 2

---

22) "이집트 미신들에 길들어 있고, 조야하고, 가장 비참한 예속으로 쇠약해진 이 사람들이, 신에 대해 뭔가 건전한 것을 인식했으리라 믿어서는 안 된다"(『신학정치론』 2장[G III pp. 40~1/P p. 703]).
23) "하지만 마케도니아인들은 아주 사려 깊었다. 그리고 완전한 야만인이 아닌 한, 어떤 인간도 그토록 노골적으로 기만당하진 않으며 또한 자기에게 아무 이로울 것도 없이 신민에서 노예로 바뀌는 경우를 당하고 있진 않는다"(『신학정치론』 17장[G III p. 205/P p. 903]).

의 천성이 되어 버렸던 히브리인들이 그런 경우다.[24] 또한 교역의 부재로 인해 이웃 나라와의 접촉이 잦지 않은 탓에, 갈등의 원인은 오히려 드물다. 하지만 단지 잠복 상태일 뿐이라 하더라도 위협은 항상 목전에 있다. 내적이든 외적이든 어떤 이유에서든 어쩌다 불일치점이 나타나기라도 하면, 그때까지 묶여 있던 불관용이 어김없이 풀려 나오게 될 것이다. 그래서 히브리인들은 그들의 족장들 가운데 신법을 위반한 자들을 모든 증오 가운데 가장 가혹한 증오로 탄핵했던 것이다. 곧 신학적 증오로 ….[25] 여기서도 또다시 순환적 인과성이 나타난다. 즉, 불관용은 반성을 마비시켜 미신을 온존시킨다. 직접적으로만이 아니라, 간접적으로도 말이다. 왜냐하면 반성이 구속될 경우, "기예"가 진보하기는 매우 어렵고,[26] 낮은 기술 수준은 공포를 더 살찌우기 마련이며 … 등등이기에 말이다.

위에서 말한 모든 것으로부터, 세번째로, 원시 사회의 **정치적 풍습**이 연역된다. 스피노자는, 이집트를 탈출할 당시 히브리인들이 집단적으로 권력을 행사할 준비가 전혀 되어 있지 않았다고 말한다. 왜냐하면 그들 모두는 '정신이 조야했고'(rudis ingenii) 노예 상태의 비참함에 짓눌려 있었기 때문이다.[27] 이 두 원인 중 두번째 원인(노예상태의 후유증)은 잠시 내버려 두고, 첫번째 원인만 살펴보자. "조야한" 정신, 한 민족 전체와 관련될 경우 이는 곧 야만이다. 이 단락은 보편적인 대전제, 곧 다른 모든

---

24) 히브리인들의 경건함은 "다른 민족에 대한 증오와 함께, 일상의 예배를 통해 너무나 잘 배양되고 유지된 나머지, 본성이 될 수밖에 없을 정도였다"(『신학정치론』 17장[G III p. 215/P p. 919]).
25) "… 그렇게 하지 않을 경우[=신법을 위반할 경우] 그들은 신민들의 증오를, 신학적 증오가 흔히 그렇듯 가장 격렬한 증오를 피할 수 없었다"(『신학정치론』 17장[G III p. 212/P p. 916]).
26) 뒤의 주 57을 참조하라.

조건들이 같다면 야만인들이 자치에는 별 소질이 없음을 전제하고 있다. 그렇다면 무엇 때문에 이렇게 소질이 없는가? 이는 확실히 정치학에 대한 그들의 무지 탓은 아닌데, 마찬가지로 정념에 사로잡혀 있고 무지한 문명인들도 이 점에 대해 별로 나아진 것이 없기 때문이다. 자치에 대한 야만인들의 무능은 실상, 그들의 이데올로기적 풍습이 지닌 인간 상호적 측면과 그들의 경제적 풍습이 지닌 인간 상호적 측면의 결합에서, 곧 종교적 불관용과 결합된 자연 경제에서 비롯된다.

사실 집단 통치는 다중이 그들 내부에서 일치를 실현할 경우에만, 또한 대부분의 협의체에서 일어나기 마련인 논쟁들이 반란으로까지 이어지지 않을 경우에만,[28] 존속될 수 있다. 그런데 이는 야만인의 공동체에서는 좀처럼 이루어지지 않는 일이다.

한편으로, 일치를 실현하는 데는 여하간 어느 정도의 시간이 걸린다. 이는 그 어떤 집단에서도, 심지어 문명화된 집단에서도 그렇다. 모든 것을 단번에 꿰뚫어 보기에는 인간이 너무 둔하기 때문이다. 인간은 어떤

---

27) "… 그들에게 가장 소질이 없었던 것은 곧 현명한 법제를 구성하는 일, 그리고 통치권을 집단적으로 보유하는 일이었다. 그들 모두의 정신은 거의 조야했고, 비참한 예속으로 쇠약해져 있었기 때문이다"(『신학정치론』 5장[G. III p. 75/P p. 742]). [옮긴이] 'ingenium' : 여기서 마트롱은 이 단어를 번역하면서, 라틴어 'mens' (정신)를 옮길 때와 똑같은 단어 'esprit' 를 사용하고 있다. 그러나 1999년 출판된 모로-라그레판 번역에서는 이를 '기질', '성향'을 뜻하는 'complexion' 으로 옮기고 있다. 사실, 칸트를 비롯한 18세기 철학에서 '천재'라는 뜻으로 사용되는 것과 달리, 스피노자에게서 'ingenium' 은 몇몇 경우를 제외하면 대개, 습관을 통해 형성된 개개인의 다양한 신체적·정신적 기질을 의미한다. 단, 이는 전통 의학 담론(특히 갈레노스의 4기질론)에서 말하는 '기질' 보다 훨씬 다양할 뿐만 아니라, 정신 구조의 다양성까지 포함한다. 따라서 우리는 이를 대개는 '기질'로 옮기되, 여기서는 마트롱을 따라 '정신' 이라 옮긴다.
28) "… 전체 다중은 만일 그들 사이에 합치할 수 있다면, 그리고 규모가 큰 협의체에서 흔히 촉발되곤 하는 논쟁들이 반란으로까지 나아가지 않는다면, 그들의 권리를 소수에게 또는 한 명에게 결코 양도하지 않을 것이다"(『정치론』 7장 5절[G III p. 309/P p. 1026]).

문제든 심의와 경청과 토론에 힘입어 비로소 누구나 찬성하는 해결책을, 그리고 그때까지 아무도 생각해내지 못했던 해결책을 발견한다.[29] 그러나 상충하는 의견들의 카오스에서 마침내 모든 욕망의 불변항이 출현하는 데 필요한 시간은, 분명 바로 이 불변항의 크기에 달려 있다. 그런데 자연 경제에서 이 불변항의 크기는 너무 작다. 교역을 통해서만 이익들의 상호의존성은 직접적으로 지각되며, 또한 교역이 우리를 비-독점재인 화폐에 집중시키는 한에서, 교역을 통해서만 개인적인 열망들은 수렴된다.[30] 또한 우리가 서 있는 지점에서 교역은 이제 막 등장하여 겨우 있을까 말까 하는 정도다. 자기 밭에서 나는 산물로 연명하며 그 너머는 보지 않는 『소론』의 농부가, 자신의 물질적 번영이 이웃의 번영에 의존한다는 것을 어떻게 이내 눈치 챌 수 있겠는가? 오히려 정반대로, 그는 부를 늘리기 위해서는 오직 타인의 자산을 잠식함으로써 자기 자산을 살찌우는 길밖에 없다고 여길 것이다. 고립과 시기심이 지배하는 곳에서는 이 타인은 우선 우리를 제한하는 이방인으로 지각된다. 행여 그가 협력자로 지각된다 하더라도 이는 단지 아주 커다란 요행일 뿐이다. 그 결과, 일반이익을 겪어 본 경험이 없는 이상, 이와 관련된 토론은 길어지고, 치사해지고, 좀스러워지며, 난삽하고 편협한 국지적 싸움으로 뒤죽박죽이 된다. 각자는 어떤 안이 제안되기만 하면 거기에 놓인 덫을 직감하고는 지치지 않고 자기 입장만 내세울 뿐, 종합은 좀처럼 이루어지지 못한다.

그렇다고 내내 사치스럽게 긴 논쟁만 하고 있을 수만은 없는 노릇이

---

29) "… 사실 인간의 재능(ingenia)은 너무 둔중해서 모든 것을 단번에 꿰뚫을 수는 없지만, 심의하고 듣고 논쟁하면서 예리해지며, 도중에 있는 모든 것을 궁구하는 과정에서 마침내 자신들이 찾아왔던 것, 모든 이들이 찬성하며 이전에 아무도 생각해내지 못했던 것을 발견한다"(『정치론』, 9장 14절[G III p. 352/P p. 1088]).
30) 뒤의 주 60을 참조하라.

다. 만일 이 문제에 대한 신속한 결정이 절대절명으로 필요한 상황이라면 어떨까? 가령 기근의 경우에는? 혹은 외적이 침입하는 경우에는? 혼비백산하여 구세주에게 파국적으로 매달릴 것임은 불을 보듯 뻔한 일이다. 다시 말해, 그들 모두는 짓누르는 상황을 빠져나갈 출구를 발견하지 못해 아무에게나 모든 일을 일임할 것이다.[31] 이런 일은 심지어 문명국가에서도 일어난다. 인민은 흔히 모든 상황이 나쁘게 돌아갈 때 너무 심각한 공황 상태에 빠진 나머지, 장래는 생각해 보지도 않고 명망 높은 전쟁 지휘관에게 도움을 구하고서는 그들의 안녕을 보살필 임무를 아무런 유보 없이 그에게 맡겨 버린다.[32] 그런데 이런 일은 야만인에게서 더 빈번하게 일어날 수밖에 없다. 토의하는 데 소질이 없다는 바로 그 점으로 인해 그들은 항구적으로 마비상태에 묶여 있기 때문이다.

또 **다른 한편**, 설령 길고 더딘 토론이 가능하다 치더라도, 그것이 끝까지 평화로울 확률은 거의 없다. 미신적인 광신이 이를 방해할 것이다. 신들이 논쟁의 장으로 내려오는 순간부터 타협하려는 의지는 자취를 감춘다. 또한 편협한 싸움은 아주 쉽게 교회의 싸움으로 둔갑할 수 있다. 사활이 걸린 이익이 쟁점이 되기만 하면 여지없이 등장하는 사기꾼 몇 명만 있으면 된다. 이제부터는 과반수가 만든 법에 복종한다는 것은 생각할 수 없는 일이 되며, 소수파는 더 이상 불복종도 두려워하지 않는다. 신이 그들과 함께 하기 때문이다. 심지어 과반수나 소수라는 개념 자체가 아예 무의미해진다. 갈등은 더 이상 수단이 아닌 목적과 관련되며, 선악의 이분법으로 흘러가기 때문이다. 우리의 정적(政敵)은 우리의 존재와 가치를

---

31) 이 책 5장 p. 195의 주 154를 참조하라.
32) 『정치론』 10장 10절[G III p. 357/P p. 1096].

근본적으로 부정하는 절대적인 적으로 나타난다. 그리하여 바야흐로 내전이 목전에 다가온다. 사람들은 신에 도전하는 자들과는 토론하지 않으며 아예 묵살해 버린다. 바로 이렇게 해서 논쟁은 반란으로 탈바꿈한다.[33]

하지만 누구도 우리를 자연 상태로 되돌려 놓을 이러한 내전을 진정으로 바라지는 않는다. 그럼에도 내전이 발발한다면, 각자는 그것을 종식시키고자 욕망한다. 다시 말해, 반란은 사회적 유대를 완전히 해체시킬 정도까지 나아가진 않는다.[34] 그리고 일단 위기가 지나가고 나면 모든 이들은 내전의 재발을 막을 수단을 찾는다. 하지만 이 재앙스러운 경험으로 인해 정신적 외상을 입은 다중이 자기네에게는 더 이상 불화를 극복할 능력이 없다고 느낀다면 어떻게 될까? 또다시 그들은 자신을 내맡길 어떤 구세주의 중재에 기댈 것이다.

이처럼 둘 중 어느 경우를 보더라도, 야만적 공동체가 집단 통치에 소질이 없는 이유, 그리고 이 공동체가 결여한 능력, 곧 논쟁을 중재하고 신속한 결단을 내리는[35] 능력을 어떤 초인에게 맡기도록 내몰리는 이유는, 바로 야만적 공동체의 정치적 미성숙 때문이며, 생활방식과 사고방식에서 비롯되는 이 공동체 구성원들의 비사회성 때문이다. 이런 비사회성 때문에 야만적 공동체는 거의 무방비 상태로 병을 오히려 악화시키는 치유책, 곧 "인격숭배"에 빠져든다.

게다가 공동체가 [자치에] 소질이 없음을 꼭 실제로 경험해야만 이와

---

33) 뒤의 주 62를 참조하라.
34) 『정치론』 6장 1절 [G III p. 297/P p. 1008].
35) "… 그러므로 다중이 왕에게 자유로이 넘겨주는 유일한 것은, 절대로 그들의 능력 내에 보유할 수 없는 것, 곧 논쟁을 해소하면서 신속한 결정을 내리는 것뿐이다"(『정치론』 7장 5절 [G III p. 309/P p. 1027]).

같은 극단에 치달을 수 있는 것도 아니다. 이 공동체는 자신이 소질이 없다고 막연하고 혼돈되게 예감할 수도 있으며, 지레 스스로를 의심하면서 감히 집단적 토의를 시도조차 해보지 못할 수 있다. 이럴 경우, 인민의 협의체는 경악(consternatio)에 휩싸여, 즉 그들에게 제기된 문제의 규모에 질려 그들에겐 통제할 수단이 없다고 믿으면서, 문제에 대한 검토에 착수해 보기도 전에 모이자마자 곧장 명망 높은 한 개인에게 해결의 임무를 맡겨 버린다. 단명한 히브리 민주정의 처지가 바로 이랬다. 처음에 그들은 신이 내릴 명령을 듣기 위해 모두 함께 신에게 몰려간다. 그러나 그들은 신의 말씀을 도무지 이해할 수 없었고, (그리고 이 때문에) 대신 자기들이 곧 죽으리라 여길 정도로 심한 공포에 휩싸이게 된다. 따라서 그들은 결국 자기네를 대신하여 신에게 문의할 권리를 모세에게 양도한다.[36]

따라서 경제적 궁핍, 미신의 만연, 마비를 낳는 비사회성, 바로 이런 것이 야만인들의 "미개하고 조촐한 삶"[37]의 근본 특징이다. 하지만 야만과 문명 사이에 근본적 단절이 있는 건 아니다. 진정한 문턱은 정념에 사로잡힌 인간과 이성적 인간을 나누는 문턱이며, 대부분의 문명인도 여전히 외적 원인에 종속된 노예로 머물러 있다. 따라서 차이가 있다면 단지 정도상의 차이일 뿐이다. 야만인도 사실 문명화되지-않은(non-civilisé) 것은 아니다. 이와 같은 규정은 엄밀하게 말해 오직 자연 상태에서 살아

---

36) "… 그들은 신이 그들에게 명령하고자 하는 바를 듣기 위해 모두 함께 처음으로 신에게 갔다. 그러나 이 최초의 방문에서 그들은 신이 그들에게 말하는 것을 들으면서 너무나 경악하고 겁에 질린 나머지, 그들에게 종말의 시간이 도래했다고 믿게 되었다. 따라서 그들은 완전히 공포에 사로잡혀 … 최초의 계약을 파기하고 그들이 지니고 있었던 신에게 문의할 권리와 신의 포고를 해석할 권리를 모세에게 완전히 이전했다"(『신학정치론』 17장[G III p. 206/P pp. 905~6]).
37) 『윤리학』 4부 정리 35 따름정리 2의 주석. [옮긴이] 원문에는 '따름정리 2'로 되어 있으나 사실 이 표현은 그 주석에 나온다.

가는 인간들에게만 적용될 테니까 말이다. 그들은 단지 덜-문명화(moins-civilisé)되었을 뿐이다. 어떤 민족이 야만적이라면, 이는 이미 가지고 있는 문명의 싹을 틔워 결실을 맺게 할 시간이 모자랐거나 아니면 그럴 기회를 놓쳤을 경우이다. 그리고 이런 정도상의 차이가 한 민족의 다른 민족에 대한 소위 타고난 우월성으로 설명될 리 없다. 자연은 민족을 창조하지 않는다.[38] 심지어 우리 서구 유럽인 가운데도 야만인은 있다. 아직도 봉건 양식에 따라 살아가는 농민이나 시골귀족이 그렇다. 다만 [봉건적 삶의] 거대한 대양에 도회적 삶의 작은 섬들이 여기 저기 가까스로 떠올라 있을 뿐…, 그런데 그 중 제법 큰 섬이 바로 홀란드 주이다.

따라서 우리는 역설적 귀결에 이르게 된다. 우리는 자연 상태에서 살아가는 인간, 단 가설상 한 번도 통치를 경험해 본 적이 없는 인간들을 가정해 보았고, 그들이 맺은 최초의 계약에서 과연 어떤 종류의 사회가 도출될지를 물었다. 이제 우리는 답변을 알고 있다. 제도는 민주적일 것이고 풍습은 야만적일 것이다. 그런데 이 제도와 풍습 사이에는 모순이 있다. 원시 민주정의 시민들은 별 볼일 없는 풍습만을 보존했던 자연 상태와, 돌연 가장 완전한 제도적 형태를 갖추게 된 시민 상태 사이에 불안정하게 돌출되어 있다. 물론 구조는 내용을 조직하도록 되어 있었지만, 구조가 내용보다 앞서 있는 탓에 내용에 부합하지 않는 것이다.

이 상황은 분명 일시적이다. 민주주의자 없는 민주정이 무한정 오래 지속될 리 없기에 말이다. 또한 모순도 장기적으로는 해소될 수밖에 없

---

[38] "… 이것[자연]은 민족이 아니라 개인을 창조한다"(『신학정치론』, 17장(G III p. 217/P p. 922)).

다. 그런데 해소 방식에도 두 가지가 있다. 곧 제도가 재빨리 풍습에 맞춰질 수도 있고, 아니면 풍습이 서서히 제도 수준으로 향상될 수도 있다. 그리고 둘 중에 결국 어느 쪽이 선택되느냐는 외적 원인에 달려 있을 것이다. 요컨대, 조야한 정신들로 구성된 사회는 극히 불안정한 사회이며, 여타의 사회들보다 운에 더 많이 의존한다.[39] 따라서 두 가지 경우가 있을 수 있다. 하나는 상황이 특별히 유리하지는 않은 경우이다. 아마도 대부분의 경우가 그럴 것이다. 왜냐하면 외적 원인들은 우리 역량을 무한히 넘어서며, 또한 이 외적 원인들을 우리 용도에 맞게 배치해 줄 섭리적 목적성 따위가 있는 것도 아니기 때문이다. 언젠가는, 아마도 머지않아, 난처한 사건이 일어날 것이다. 이때가 되면, 야만적 민족은 앞서 기술했던 과정대로, 두려움과 공포에 휩싸여 소수 몇몇 사람이나 한 사람 앞에 무릎을 꿇을 것이다.[40] 이렇게 주권을 이전함으로써, 민주정은 군주정이 되거나 혹은 아주 협소하고 이미 과두적 성격을 띠는 귀족정이 될 것이다. 최고 구세주라는 명망이 개인에게 돌아가느냐 집단에 돌아가느냐에 따라서 말이다. 정치적 진화의 전체 사이클에서 하나 혹은 두 국면이 단축되는 셈이다.

하지만 민주정의 수립과 해체 사이에 있는 휴지기(休止期)는 아주 가변적이다. 이는 거의 무에 가까울 수 있다. 가령, 단 일회 상연으로 끝나 버린, 그리고 양위가 제 1막이자 종막이었던 유대 민족의 사산된 민주정의 경우처럼 말이다. 더 나아가 보자. 그 시기는 아예 없을 수도 있다. 만일 동요하는 상호의존성이 이미 자연 상태에서부터 일방적 의존성의

---

39) "… 정신이(ingenii) 조야한 사람들로 이루어진 사회는 가장 많은 부분 운에 의존하며 항상성은 가장 적다"(『신학정치론』 3장[G III p. 47/P p. 711]).
40) 주 28에서 인용한 구절 가운데 "소수 혹은 한 명에게"(in paucos aut unum)를 참조하라.

상황에 이른다면, 그래서 만일 하나 혹은 몇몇 사람이 돌연 초인적 존재로 통하는 데 성공한다면, 사회계약은 기껏해야 이와 같은 사실상의 상태를 신성화하는 일만을 할 수 있을 뿐이다. 민주적 방식은 어렴풋이 보이자마자 거부되고 곧바로 귀족정이나 군주정으로 넘어갈 것이다.

그런데 이렇게 될 가능성은 아주 농후하다. 우리가 출발점으로 삼았던 전제는 실상 이중으로 추상적이다. 한편으로 우리는 "순수한" 자연 상태에서 개인들 간의 차이가 무화된다고 가정했다. 하지만 이는 통계적으로만 그렇다. 다른 한편, 우리는 이 자연 상태를 "순수하다"고 간주했다. 하지만 이 경우 "순수함"은 거의 거짓에 가깝다. 설령 자연 상태라는 게 있다 하더라도, 자연 상태에서 살아가는 사람들이 그들 삶의 전부를 자연 상태에서 보내지는 않았다. 대개는 앞선 정치체제가 해체되고 난 후 아주 짧은 시기만을 자연 상태에서 머무르며, 물론 이때 그들에게는 자연 상태에서 벗어나는 것보다 더 시급한 일은 없다. 게다가 분명 앞선 체제의 흔적, 붕괴되었기에 정의상 나쁜 체제인 그 체제의 흔적이 남아 있다. 따라서 새로운 제도를 상상해내야 할 때 기존의 습관은 커다란 영향을 미칠 것이다. 그리고 예속이 각인되어 있는 민족이라면, 심지어 민주정을 전혀 경험해 보지 않고서도 그것을 가장 먼저 제쳐 두리라는 것도 충분히 생각해 볼 수 있다.

하지만 대체로 실험을 해보긴 했을 것이다. 아무도 타인에게 기꺼이 권한을 넘겨주지는 않는다는 점[41]을 다시 한 번 떠올려 보자. 모든 인간은, 설령 굽신거리는 데 이골이 난 사람조차도 으뜸이기를 꿈꾸기 마련이며, 사건의 강제 하에서만 이를 포기한다. 히브리인 역시 물론 노예상태

---

41) 앞의 주 8을 참조하라.

로 인해 정신이 쇠약해지긴 했지만,[42] 최고 권한을 금방 모세에게 맡기지는 않았다. 우선 그들은 집단 통치를 시도해 보았다. 하지만 외적 환경이 불리하게 작용하고, 여기에 선행 체제의 유해한 작용이 단지 더해지기만 해도, 이 경험의 지속 시기는 단축된다. 물론 대개 이러한 통치 경험이 완전히 무화될 수는 없지만 말이다. 바로 이 점이 적어도 스피노자의 의견일 듯한데, 왜냐하면 그에 따르면 **대다수의** 귀족정이 원시 민주정에서 연원하기 때문이다.[45] 군주정의 경우, 그 대다수가 원래는 귀족정이었음을 입증하는 것은 아무것도 없다. 그것들은 애초의 민주정에서 곧장 탄생했을 수도 있다. 그렇지만 거의 대부분은 원시 민주정이나 귀족정의 단계를 거쳤을 것이다.

따라서 첫번째 경우〔상황이 특별히 유리하지 않은 경우〕 제도와 풍습 간의 모순은 제도가 풍습의 수준으로 떨어짐으로써 해소된다. 하지만 두 번째 경우도 가능하다. 이런저런 이유로 상황이 오랫동안 계속 유리한 상태로 이어지는 경우 말이다. 악마적인 역방향의 목적성이 없는 이상, 이 경우도 배제되지 않는다. 이럴 경우, 문명은 발달될 시간을 얻으며, 풍습은 제도와 결합되고 정치적 진화의 사이클은 완결된다.

이를 검토해 보기에 앞서, 간략하게 원시 민주정 가설에 대한 결론을 내려 보자.

1. 이 가설은 어쨌든 가지성의 도식으로서 보편적 가치를 지니고 있다. 우리가 인간 본성에 대해 알고 있는 바에 비춰 보면, 민주정은 자명하다. 반면, 귀족정이나 군주정의 실존은 얼핏 보아서는 일종의 논리적 변칙 같다. 하지만 선행하는 민주정에서 어떻게 이 체제들이 나올

수 있는지를 이해하고 나면 이런 변칙성은 사라진다. 곧 시민 상태가 극복된 자연 상태이듯, 이 두 체제는 극복된 민주정이다.

2. 이 가설은 역사적 실재에 상응할 수도 있고 그렇지 않을 수도 있다. 만일 어떤 민주정의 작동을 불가능하게 만드는 원인들이 그 민주정의 탄생을 주재하는 원인들과 동시에, 그렇지만 더 강력하게 작용한다면, 이 가설은 역사적 실재에 상응하지 않는다. 이럴 경우 사이클의 첫번째 단계는 삭제된다. 반대로 이처럼 교란을 일으키는 원인들이 처음에는 무시할 만한 것이고, 그 효과가 점진적으로만 전개될 경우 이 가설은 역사적 실재에 상응한다.

3. 실상 대부분의 시기에 이 가설은 역사적 실재에 상응할 듯하다. 왜냐하면 지배에 대한 야망과 시기심은 쉽게 패퇴될 수 없기 때문이다.

4. 하지만 이를 입증할 확실한 증거는 있을 수 없다. 왜냐하면 이 원시 민주정들은 대부분 풍습의 야만성으로 인해 우연적 사건에 좌우되어 흔적도 없이 사라졌기 때문이다.

5. 이는 이론의 관점에서는 하등 중요치 않다. 어떤 단계에 주목하든 차후 이루어질 진화 과정은 매한가지일 테니까 말이다. 바로 이것이 이제 우리가 살펴볼 내용이다.

2) 번영기의 귀족정

이제 모든 일이 잘 되어 간다고 가정해 보자. 운은 너그럽게 작용하고, 아무런 위기도 일어나지 않으며, 집단 통치는 유지된다고 말이다. 이럴 때

---

42) 앞의 주 22와 27을 참조하라.
43) 앞의 주 2를 참조하라.

인간은 진정으로 "공손한 혹은 온화한"(civiles seu humani)[44] 상태로 바뀔 시간을 갖게 된다. '후마니'(humani)라는 단어는 키케로가 사용한 의미(문화, 세련됨, 부드러움)로 보면, 개인적 측면에서나 인간 상호적인 측면에서나, 전반적으로 개화된 풍습을 가리킨다. 문명은 확실히 희망과 공포 사이클의 4국면에 상응한다. 이제 "공포에서 놓여나"(deposito metu)라는 표현은 충만한 의미를 지니게 되며, 공포는 완전히 사라지지는 않더라도(완전한 평화는 단지 한계 경우일 뿐이다) 점차 줄어들고, 또한 이번에는 희망이 우세해진다. 하지만 정념이론의 어휘를 고려해 보자면, '후마니'는 특별히 이 풍습의 인간 상호적 측면에 적용되어야 한다. 갈등은 누그러지고, '후마니타스'〔humanitas, 온화함〕라고도 불리는[45] 명예의 야망이 지배의 야망으로 타락하거나 시기심으로 인해 교란될 기회는 줄어든다. '키빌레스'(civiles)라는 단어는, 물론 더 넓은 의미를 가질 수 있지만, 무엇보다도 '후마니타스'에서 귀결되는 정치적 소질과 관련된다.

경제적 영역에서는, 우리가 이미 알고 있는 법칙에 따라 우선 기술과 노동 분업, 그리고 교환이 서로 상응하면서 진보한다. 개인적 차원에서는, 인간은 자연에 대한 지배력을 증대시키기에 이른다. 자기 실존의 보존에 필수적인 것을 추구한 결과, 그들은 때로는 모든 역경을 이겨내고 그것을 얻어내기도 한다. 그리고 결과는 매번 확정적인 것이 된다. 그리하여 이제부터는 매번 성공할 때마다 새로운 기대가 생겨나고, 이 때문에 노동에 대한 더 큰 열의가 생겨나며, 이는 또다시 새로운 성공으로 이어지고 등등 …. 따라서 코나투스의 집요함은 조금씩 보답받는다. 죽음의

---

44) 앞의 주 3을 참조하라.
45) 『윤리학』 3부 정리 29의 주석.

위험은 멀어지고, 더 이상 단지 살아남는 것만이 아니라 이전에는 미처 상상조차 할 수 없었던 온갖 종류의 편리를 누리는 것도 꿈꿀 수 있다.[46] 물질적 번영과 더불어 지각장도 다양화되고 확장된다.

인간 상호적 차원에서는, 교역이 발달한다. 욕망하는 대상들이 보다 다채로워질수록 혼자 힘만으로 그것들을 얻기는 더욱 어려워진다. 그래서 타인에게 그것들을 요구하는 것이 필요하고, 또 그 보답으로 그에게 무언가를 주어야 한다. 우리의 생산량이 늘어난 이상, 이는 이제 할 수 있는 일이기도 하다. 따라서 많은 긍정적 상호성의 사이클이 시동되며, 국가의 무적의 역량은 이를 보장한다. 시장이 출현하고 도시가 세워지고, 그러면서 이내 "만물의 축도"(*omnium rerum compendium*),[47] 곧 만물의 축소판 또는 만물을 얻는 수단인 화폐의 발명과 재발명이 거듭된다.

여기서도 역시 인과성은 순환적이다. 화폐가 존재하는 순간부터 각자는 그것을 가능한 한 많이 갖고자 한다. 정서 전이법칙에 따르면, 화폐의 이미지는 우리가 그것에 대해 경험했던 모든 기쁨의 이미지들과 연합되며, 이 각각의 연합들이 다시 화폐가 우리에게 불러일으키는 사랑을 더욱 강화한다.[48] 그러면서 화폐는 점차 우리의 개인적 욕망의 특권적 대상이 되어 간다. 토지재화 이상으로 말이다. 그리고 이와 같은 새로운 소외가 인간 상호관계를 변형시킨다. 화폐는 재생산될 수 있고 모든 질적 차이가 사상되어 있다는 점에서, 배타재가 아니다. 따라서 화폐는 그것을 보유한 자를 약탈하지 않고도 다른 여러 수단으로 획득될 수 있다. 노동

---

46) 희망과 공포 사이클의 제 4국면이 띠는 경제적 측면들에 대해서는 이 책 5장 2절, p. 196 를 참조하라.
47) 『윤리학』 4부 부록의 28절.
48) 같은 곳.

을 해도 되고, 교역을 해도 되고, 이자를 붙여 빌려 줘도 된다. 노역이 혐오감을 주지 않는 한, 시기심 대신 경제적 경쟁심이 들어설 수 있고, 이익들은 이제 치유할 수 없을 만큼 갈라지지도 않는다."[49]

하지만 이 전복도 할 수 있는 한 가장 급진적인 정도까지 나아가지는 못한다. 대체로, 소유제도가 진화를 어느 정도 지연시키기 때문이다. 물론 토지가 국유화된다면, 동산 이외에 다른 자산은 가질 수 없다면, 누구나 다 자본으로 이윤을 남기기 위해 무역이나 금융에 종사하려 들 것이다.[50] 하지만 토지는 사적 소유물이다. 애초부터 그랬고 소유주는 그것을 포기할 이유가 없다. 따라서 비록 예전처럼 사람들이 땅에 외곬으로 집착하지는 않는다 해도, 어쨌든 땅에 대한 애착은 존속한다. 몇몇 개인은 차후 토지재화를 획득할 목적으로 화폐를 유통시키는 대신 축장한다. 그리고 폐쇄성과 시기심은 쇠퇴 중에 있다고 해도 결코 제거되지는 않는다. 그리고 이제는 부동산이 거래대상이 되기 때문에 불평등이 출현한다. 우연히 빈궁해진 불행한 자들은 밭을 팔게 되고, 만일 국가가 이를 억제하기 위한 아무런 대책도 마련하지 않을 경우, 이 경향——엄격한 조치들 덕분에 히브리인에게서는 제거됐던[51]——은 만개할 수밖에 없다. 이제 곧 토지임대로 무위도식하며 호사스럽게 살아갈 수 있을 만큼 충분히 넓은 토지를 지닌 거대 부동산 소유자들이 출현할 것이다.[52] 하지만 우리는 아

---

49) 이 책 5장 3절, pp. 255~8을 참조하라.
50) 아무도 "고정 재화"(부동산, *bona fixa*)를 소유하지 않는다면, "모두는 수익을 내기 위해 교역활동을 하거나 … 서로에게 돈을 빌려 줄 수밖에 없을 것이다"(『정치론』 7장 8절[G III p. 311/P p. 1029]).
51) 사실 히브리인들의 경우 "만일 누군가가 가난 때문에 어쩔 수 없이 자기 논이나 밭을 팔게 되더라도, 희년(禧年)이 돌아오면[50년 후] 그것을 온전히 되돌려 받게 되어 있었다"(『신학정치론』 17장[G III p. 216/P p. 920]).

직 거기까지 가지는 않았다.

　이러한 풍토에서 **이데올로기적** 풍습도 변모한다. 공포는 희망 앞에서 후퇴하기에, 『신학정치론』 처음 몇 줄에서 스피노자가 진술한 법칙에 따라 미신도 필연적으로 약화될 수밖에 없다. 개인적 차원에서는 신화와 주술이 퇴조한다. 일소되는 게 아니라, 비중이 덜해지는 것이다.[52*)] 인간이 자연을 점점 더 많이 지배함에 따라, 인간의 자기 자신에 대한 믿음은 더해 가고 신의 특별한 도움에 대한 기대는 점점 덜해진다. 경험이 많아지는 동시에 사변할 여유도 늘어나면서, 사람들은 우주 안의 어떤 질서를 엿볼 수 있게 된다. 가령 이미지의 연합 메커니즘이 각인시키는 항상적인 잇달음, 유와 종 따위 말이다. 따라서 기적도 드물어진다. 점차 "형이상학"이 다듬어져 간다── 이 "형이상학"의 발생은 『윤리학』 4부 서문에서 재구성되고 있다[53)]. 곧 신이 더 이상 변덕스런 명령을 통해서가 아니라 큰 틀은 불변적인 일반 구도에 따라 통치하는, 목적론적이고 위계화된 우주가 등장하는 것이다. 신에 대한 관념은, 여전히 신인동형적인 성격을 띠고 있긴 해도 점차 신에 대한 참된 관념에 가까워진다. 곧, 다른 점에 대해서는 어떤 식으로 상상되든, 여하간 '자연의 지배자'의 유일성이 더 많이 강조된다. 또한, 신이 특정한 때 특정 장소에 기이하게 출현하는 사건보다는 신의 편재성에, 더 이상 〔우리에게 뭔가를 해주도록〕 신을 강제하

---

52) 이는 교역도 금융도 하지 않고 돈을 빌 수 있는 유일한 수단이다. 자작 농민은 자기가 경작한 산물을 시장에 내다팔거나, 아니면 자연 경제로 먹고 살면서 아무런 "수익"(*lucrum*)도 내지 않는다.
52*) 희망과 공포 사이클의 4국면이 띠는 이데올로기적 측면에 대해서는 이 책 2장 2절, pp. 204~5을 참조하라.
53) 이 "형이상학"의 구성에서 기술적 경험이 차지하는 역할은 이 4부 서문에서 분명하게 부각되고 있다.

기 위해 우리가 신에게 영향을 미칠 수 있는 가능성이 아니라 신의 무한한 역량에 강조점을 둔다.[54] 그리고 속죄 기술이 상당 부분 실효성을 상실한 듯 보이기에, '자연의 지배자'가 요구하는 숭배는 점차 핵심 사항, 곧 '복종'(obsequium)과 정의[55]로 축소되어 간다.

인간 상호적인 차원에서는, 불관용이 다소 완화된다. 이는 한편으로 미신의 약화에 기인한다. 우리가 받은 심리적 외상에 아주 밀접하게 의존해 왔던 종교의 여러 측면이 이제 우리에게 부차적인 것으로 보이기에, 우리는 사소한 논점들에 관해서는 누군가가 우리와 달리 생각하는 것을 용납하기 시작한다. 반면 우리가 집착하는 핵심 부분의 경우, 이는 단순하기 때문에 쉽게 공유될 수 있다. 다른 한편, 이는 또한 경제적 교환의 발달에 기인하는 것이기도 하다. 근본적으로 불관용적인 종교가 영혼을 오래 지배하려면, 이웃 국가들과의 여하한 접촉도 고의로 거부해야 할 것이다.[56] 하지만 상황은 정반대로 돌아간다. 대외교역은 확장되고 지평은 넓어지며, 극히 다양한 교회에 속한 이방의 상인들이 그 나라에 와서 정착한다. 이방의 상인들이 나라의 경제적 번영에 기여하기 때문에 사람들은 그들을 몰아내고 싶어 하지 않으며, 이내 그들 역시 다른 모든 사람처럼 어떤 신을 숭배하며 법을 존중한다는 것을 깨닫는다. 따라서 사람들은

---

54) 이 둘은, 신 존재에 대한 긍정과 더불어, 보편종교의 "사변적" 신앙에 담길 세 항목이 될 것이다(『신학정치론』 14장[G III pp. 177~8/P p. 865]을 참조하라).
55) 이는 '최소한의 믿음'(Credo minimum)의 "실천적" 신앙에 담길 첫번째 항목이 될 것이다. 다른 두 가지, 곧 보상과 징벌, 그리고 면죄는 여기서 따라 나온다(『신학정치론』 같은 곳을 참조하라).
56) 불관용을 결정적으로 안정화할 수 있는 곳은 오직 신정 체제뿐이다. "대외 교역 없이 오직 자기네끼리만 살아가고자 하며 자기 국경 내에 갇혀 나머지 세계로부터 격리되고자 하는 자들에게는 유용할 수 있을지 몰라도, 다른 나라들과의 교역이 필요한 자들에게는 결코 그렇지 않다"(『신학정치론』 18장[G III p. 221/P p. 929]).

그들을 처음에는 불신의 눈초리로, 하지만 그 다음에는 아주 흔쾌히 받아들인다. 이제 또다시 인과성은 순환적이다. 먼저 관용의 경우, 그것은 모든 종교의 공통분모에 대한 애착을 강화함으로써 미신을 약화시키며, 다시 이 공통분모를 계시나 의례와 더 확연히 분리시킨다. 그럼으로써 관용은 또한 사유를 해방시키고 "기예"와 학문의 진보를 가능케 해준다.[57] 그리고 이러한 기술적 진보는 다시 경제의 확장을, 따라서 관용을 북돋우며 등등 …. 이렇게 되면 이데올로기적 지배의 야망은 가장 강력한 자극제를 박탈당하는 셈이다. 근본가치는 이제 만인에게 동일하며, 각자는 핵심 부분에서 일치를 보기 때문에(아니 오히려 일치하는 부분을 핵심으로 인정하기 때문에) 더 이상 자기 생각을 강요하려 애쓰기보다는 만인이 찬성하는 덕을 실행에 옮김으로써 명예와 위신을 얻으려고 애쓰게 되니 말이다.[58] 이 순간이야말로 '최소한의 믿음'(Credo minimum)에 기초를 둔 보편종교가 수립될 확률이 가장 높은 때이다.

하지만 보편종교는 수립되지 않는다. 종교제도가 가로막기 때문이다. 물론 이제 국교 이외의 다른 종교들도 허용될 것이며, 심지어 공식 교회의 내부에서도 이데올로기적 탈선에 대한 처벌은 덜 가혹해질 것이다. 그렇지만 자유주의에도 한계가 있다. 특별 계시가 아무리 느슨하게 해석된다고 해도, 어쨌든 각 교회는 여전히 이러한 계시에 대한 믿음을 강요

---

57) "… 이런 자유는 무엇보다도 학문과 기예가 진보하는 데 필수적이다. 왜냐하면 학문과 기예는 오직 자유롭게 판단하고 편견이 없는 자들에 의해서만 성공적으로 일궈지기 때문이다"(『신학정치론』 20장[G III p. 243/P p. 958~9]).
58) 스피노자에 따르면 사회가 쇠퇴기에 접어들면 사람들은 "다른 자들을 덕이 아니라 교만과 사치로 능가하는 데 몰두한다"(앞의 주 3을 참조하라). 따라서 그 이전에는 사람들이 "덕"으로 탁월해지고자 애썼다. 하지만 문명인 역시 정념의 지배를 받는 이상, 여기에서 말하는 덕이란 정치적 조건형성으로 생겨난 유사-덕, 곧 "복종"(obsequium)과 정의일 수밖에 없다.

한다. 따라서 갈등이 약화되기는 하지만, 갈등의 뿌리까지 진정으로 제거되는 건 아니다. 영혼들의 결합이 풍습의 진보가 허용하는 정도에 미치지 못하는 것이다. 더욱이, 합리적으로 정당화될 수 없는 교리들이 유지되는 한, 이것들을 새로운 "형이상학"과 일치시키기 위해서는 믿기 힘들 만큼 막대한 지적 소모가 필요하다. 따라서 여가가 아주 많은 전문가들이 이를 담당한다.[59] 이제 얼마 안 가 무위도식하는 대토지 소유자 이상은 아니라도 적어도 그만큼 해로운 인물이, 곧 사변적 신학자들이 등장할 것이다. 하지만 이런 현상도 지금 당장은 거의 감지되지 않는다.

이러한 상황에서 **정치적 풍습**도 변형된다. 왜냐하면 **한편으로는**, 상업경제의 발달에 힘입어 다중은 그들 내부에서 일치를 실현할 수 있기 때문이다. 정념이론의 B_2군 수준에서 (Y의 관점으로) 볼 때, 상업적 교환과 신용 거래가 실행됨으로써 이익들의 상호의존성은 직접적으로 지각될 수 있게 된다. 각자는 타인의 사업이 번창하기를 바라는데, 왜냐하면 도매상이나 금융 자본가의 파멸은 연쇄도산을 초래하기 때문이다. B_1군의 수준에서 (X의 관점으로) 보면, 돈에 대한 애착 때문에 시기심이 줄어들어 개인적인 계획들이 조화를 이룬다. 곧 모든 상인은 국가가 자신의 교역에 유리한 조치를 취해 줄 것을 요구하며, 따라서 각자는, 심지어는 자기밖에 생각하지 못하는 자도, 교역 전반이 촉진되기를 암묵적으로 요망한다. 그리고 일부가 부유해진다고 해서 다른 자들이 반드시 빈곤해지는 것은 아니므로, 모든 사람은 끝까지 같은 것을 원하게 된다.[60] 따라서 모든 욕망들의 상수는 상당 정도 확장되며, 통일 요인이 분열 요인보다 훨씬 우세해진다. 따라서 협의체에서 토의를 할 경우, 비중 있는 과반수도 신속

---

59) 앞의 5장 2절, p. 205와 주 180을 참조하라.

히 나타난다.[61] 신속한 결단이 요구될 때도 이제 더 이상 단 한 사람 내지 몇몇 사람들에게 결단을 일임할 필요가 없어진다. **다른 한편**, 미신은 퇴조하고 관용이 진전됨으로써 논쟁이 반란으로 타락할 위험은 훨씬 줄어든다.[62] 이제 각자는 자기와 대립되는 의견이 개진되는 상황도 받아들이며, 갈등이 일어나더라도 더 이상 신성화되지는 않는다. 따라서 위신 있는 개인의 중재 또한 필수 불가결하지는 않다. 이 두 이유 때문에 민주정은 이제 제대로 운행될 수 있다.

하지만 민주정은 소멸된다. 물론 이번에는 더 간접적이지만, 아직도 문명화된 사회의 경제적·이데올로기적 풍습이 부족한 것이다. 『정치론』 8장 12절이 보여 주는 것이 바로 이 점이다. 이 나라의 번영에 매력을 느낀 이방인들이 부유해지려고 이 나라에 정착하러 온다. 관용적인 민족의 환대를 받은 이방인 중 상당수가 완전히 이 나라에 정착하고 여기서 새 가문을 연다.[63] 하지만 비교에 기반을 둔 시기심이 작동하기 시작한다.[64] 주지하듯, 각자는 자기와 유사한 자들의 무력함을 상상할수록, 대조를 통해 자기 능력을 응시하는 기쁨을 더 많이 느낀다. 따라서 최고협의체의

---

60) 주 50에서 인용된 구절 바로 다음에 스피노자는 이렇게 덧붙인다. "따라서 그들이 취급하는 일은 오직 그들 서로가 긴밀히 얽혀드는 사업이거나(*vel*), 아니면 적어도 번성하는 데 동일한 수단이 요구되는 사업일(*vel*) 수밖에 없을 것이다"(『정치론』 7장 8절[G III p. 311/P p. 1029]). 첫번째 '~이거나'(*vel*)에 대한 주해로는 이 책 5장 4절, pp. 295~6(B2군)를, 두번째 '~이거나'(*vel*)에 대해서는 이 책 5장 3절, pp. 255~8(B1군)을 참조하라.
61) "따라서 이 협의체의 최대 다수는 공동의 일과 평화의 기예에 대해서는, 대개의 경우 하나의 동일한 정신이 될 것이다"(『정치론』 7장 8절).
62) "국가의 법에 따라(*ex jure imperii*) '오직 행위만이 고소될 뿐 말은 처벌받지 않는다'면, 이런 종류의 반란은 결코 합법성의 외양으로 치장할 수 없을 것이고, 논쟁이 반란으로 뒤바뀌는 일도 없을 것이다"(『신학정치론』 서문[G III p. 7/P p. 665]).
63) 『정치론』 8장 12절[G III p. 329/P pp. 1054~55].
64) 같은 곳.

구성원이 되었다는 행복감은 모두가 거기에 참여할 경우 사라지는 반면, 그 구성원이라는 점이 특권이 되는 순간부터는 새로운 빛을 발한다. 이제 토착민들은 이를 지키려고 이민자들에게 시민권 주기를 거부한다.[65] 이민자들 역시 아예 이를 요구하지 않으니만큼 결정은 더 쉬워진다. 이민자들은 한몫 벌러 왔지 통치하러 온 것은 아니며, 정말로 안전하게 자기 사업에 열중할 수 있게만 해준다면 완전히 만족할 수 있다.[66] 그러나 거주 외국인들은 점차 토착민과 유사해져서, 권력에 참여하지 않는다는 점을 제외하고는 토착민과 구별되지 않을 정도가 된다.[67] 그 결과 일정 시간이 지나고 나면, '국가권력'(imperium)을 독점하는 소수 귀족의원들[68]과 수동적인 신민에 불과한 다수 평민들이라는 두 계층의 거주자들이 생기게 된다. 민주정은 자생적으로 귀족정으로 탈바꿈하는 것이다.[69]

스피노자적 정의의 문면(文面)을 따르자면 사실 이는 귀족정이라기보다는 제한된 민주정이다. 왜냐하면 민주정이 인민의 통치라 하더라도 인민이 반드시 거주민 전체와 동일해야 한다는 법은 없기 때문이다. 형식상으로 민주정은 법이 정하는 특정 조건들을 만족시키는 모든 자들이 권리상 최고협의체에 참석하는 체제로 정의된다.[70] 하지만 이 조건은 아주 다양할 수 있다. 현재의 경우처럼 공직이 몇몇 가문의 자손들로만 충당되지 말란 법도 없다. 반면 귀족정에서 최고협의체가 구성원을 충원하는 방식은 현회원이 신입회원을 지명하는 식이다.[71] 지금의 경우는 적어도 출

---

65) 『정치론』 8장 12절 [G III p. 329/P pp. 1054~55].
66) 같은 곳.
67) 같은 곳.
68) [옮긴이] '귀족의원'(Patricien)에 대해서는 뒤의 주 72 [옮긴이]를 참조하라.
69) 『정치론』 8장 12절.
70) 『정치론』 11장 1절 [G III p. 358/P p. 1097].

발점에 있어서만은 이에 해당되지 않는다. 하지만 그 뒤에 곧장 스피노자는 귀족정과 제한된 민주정 간의 차이도 실질적으로는 별 의미가 없다고 더 분명히 하고 있다. 곧 귀족정에서 귀족의원이 선택하는 자는 자기 친척이거나, 친구이거나, (부는 가장 보편적으로 인정되는 "현세적" 가치인 이상) 더 부유한 거주민들이다.[72] 그런데 제한된 민주정에서는 새로운 법을 제정하여 일정 몫의 납세를 하는 모든 이들에게,[73] 혹은 "공화국에 지대한 공헌"을 한 모든 이들에게,[74] 그러나 지도자들의 친구가 아니라면 분명 그렇다고 인정받지 못했을 사람들에게 시민권을 줄 수 있다. 따라서 8장 12절과 11장 1절이 서로 일치하려면, [제한된 민주정에서도] 해당 순간 이런저런 방식으로 지명 절차가 채택된다는 것을 받아들이자. 따라서 사실상 다른 게 없는 셈이다.

---

71) 같은 곳.
72) 『정치론』 11장 2절(G III p. 359/P p. 1098). [옮긴이] 여기서 말하는 귀족의원(Patricien)은 『정치론』 8장에 제시된 이상적 귀족정의 주권집단으로, 당대의 제노바나 특히 베네치아의 귀족들을 염두에 두고 구상되었으나, 역사적으로 실존했던 이들 집단과 완전히 일치하지는 않는다. 사실 『정치론』에서 말하는 제도들은 인간의 정념과 각 체제의 본질을 고려하여, 해당 체제의 평형과 안정을 가져오기에 가장 합당한 제도들을 역사적으로 경험했던 다양한 제도들로부터 추려낸 것이기 때문이다. 스피노자가 말하는 귀족의원의 핵심 특징은 충원방식에 있으며, 이 점에서 세습귀족(le noble)과 다르다. 귀족의원은 귀족회의(Patriciat)에 참여하는 모든 시민을 가리키며, 이는 현회원이 신입회원을 지명하는 절차(cooptation)를 통해서 정의된다. 반면 세습귀족은 이러한 시민권의 문제, 따라서 체제의 정의 문제와 무관한 혈족적인 개념으로, 특징은 세습에 있다. 따라서 다수일수록 체제 유지에 유리한 전자와 달리 후자는 가능한 한 축소되어야 하며, 『정치론』 6장과 7장에서는 세습귀족을 왕족으로 제한할 것을 제안하고 있다. 따라서 우리는 'Patricien'을 세습적인 성격을 갖는 귀족과 구별하기 위해서 '귀족의원'으로 옮긴다. 물론 이 책에서도 시사되지만, 세습귀족이 스피노자 식 귀족정과 권리상 양립할 수 없다고 해서, 귀족지위가 사실상 세습되지 않는다고는 할 수 없다. 귀족의원들이 자기 자식이나 인척을 지명할 수 있기 때문이다. 그러나 이것이 법적으로 공식화되고 제도화되지 않는 한, 체제는 유지된다.
73) 같은 곳(G III p. 358/P p. 1098).
74) 『정치론』 11장 1절.

요컨대, 인간 개체에게서 과잉된 기쁨과 다소 유사한 무언가가 국가-개체의 수준에서도 일어난다. 유기체의 한 부분은 유리해지지만 이는 다른 부분들의 손해를 대가로 한 것이다. 그리하여 불균형이 초래된다. 하지만 그 효과는 오랜 시간이 지나서야 감지될 것이다. 따라서 이 소수파의 통치에도 처음에는 아무런 단점이 나타나지 않는다. 귀족의원들은 아직은 수적으로 많기 때문이다. 그리고 많은 수로 구성된 협의체가 내린 결정은 대개 이성에 합치하기 마련이다.[75] 이렇게 해서 우리는 결국 『신학정치론』에 제시된 사회계약관의 토대가 되는 생각을 훨씬 완화된 형태로, 그리고 훨씬 더 받아들이기 쉬운 형태로 만나게 된다.[76] 여기서 말하는 것은 원초적인 사회계약이 아니라 이미 구성된 한 국가 안에서 이루어지는 집단 통치이다. 또한 정신 나간 자로 취급되는 데 공포는 더 이상 개입하지 않으며, 사람들이 신봉하는 것도 더 이상 이성 그 자체는 아니다. 그러나 원리는 동일하다. 곧 해로운 정념들은 사람들을 상반된 방향으로 이끌어 가며,[77] 그리하여 많은 사람들이 함께 심의하기 위해 모일 경우 개인들 간의 이런 분열은 모두 상호 중화된다. 그리고 참여자의 수가 더 많아질수록, 떠오르는 공통분모는 이성의 요구들 — 오직 이것들만이 진정으로 보편적이다 — 에 더 일치하는 경향이 있다. 그러다 어떤 문턱을 넘고 나면 정념의 잔여물마저 실제로는 무의미해진다. 고결한(honnête) 것까진 아니라도 적어도 그것과 아주 흡사한 것들에 대해, 늘 한 마음이 되

---

75) "왜냐하면 아주 큰 규모의 협의체의 의지는 욕망에 의해서보다는 이성에 의해 규정될 수 있기 때문이다"(『정치론』 8장 6절[G III p. 326/P p. 1050]).
76) 이 책 8장 주 60을 참조하라.
77) "왜냐하면 사람들은 나쁜 정서들에 의해 제각각으로 이끌리기 때문에 …"(『정치론』 8장 6절).

기 때문이다.[78] 따라서 평민들도 공민체(le corps civique)의 규모가 크기만 하다면 귀족의원들의 압제를 받을 위험이 없다.[79] 물론 귀족의원들은 신민들 모두를 굴복시키고 착취하기를 꿈꿀 수도 있지만, 그들은 각자 자기 식으로 꿈꿀 따름이다. 또 이런 야망과 시기심도 너무 다양하고 너무 상충되어 일치의 지반을 발견할 수 없으므로, 결과는 결국 주민 전체의 이익에 거의 상응하게 된다. 이런 상황에서 만사는 최고로 잘 굴러간다. 그리고 대중은 **마치 자기 스스로 통치하는 양** 통치되는데, 왜냐하면 실상 그들의 소원은 심지어 정식화될 필요도 없을 정도로 잘 실현되기 때문이다. 나라는 역사의 절정에 도달하는 것이다.

하지만 이 목가적 상황은 귀족의원들의 수가 많다는 데 전적으로 의존한다. 만일 이를 유지하기 위한 대책이 마련되지 않는다면, 이 상황도 퇴락하고 이내 쇠퇴가 도래할 것이다.

3) 쇠락기의 귀족정

제도의 수준에서 모든 문제는 **지도자 선별양식**의 타락과 함께 시작된다. 왜냐하면 다양한 이유로 공민체의 규모가 축소되기 때문이다. 많은 수의 귀족 가문들이 사라지며, 협의체에 참여했던 성원들 가운데 일부는 보통법을 얼마간 위반했다는 이유로 협의체에서 축출되며, 어느 정도 몰락한 다른 성원들은 공적 업무에 관심을 두지 않는다.[80] 그러는 사이 이민자들은 계속 쇄도하고, 토착 평민들도 끊임없이 증가한다. 그 결과, 귀족회의

---

78) "… 고결한 것들(honesta) 혹은 적어도 고결해 보이는 것들을 열망하는 한에서만, 그들은 마치 하나의 정신에 의해서인 듯 인도될 수 있다"(같은 곳). 〔옮긴이〕 'honnête'(honestus)의 용법에 대해서는 5장의 주 261〔옮긴이〕을 참조하라.
79) 같은 곳.
80) 『정치론』 8장 12절.

의 수적 크기는 이내 절대값으로든 상대값으로든 아예 무시할 만한 것이 된다. 더욱이 이러한 파국적인 불균형을 치유하기 위한 대책은 전혀 제시되지 않는다. 그러기는커녕, 비교에 기반을 둔 시기심에 대해 우리가 알고 있는 바를 염두에 두면, 엘리트가 축소되는 만큼 권력에 참여하는 기쁨이 더 강력해질 수밖에 없다. 경쟁자의 수가 줄어듦에 따라, 유력한 모든 귀족의원은 홀로 군림할 가능성을 엿보기 시작한다.[81]

이와 같이 병목화 현상이 일어남으로써 아래에서 위로 정보가 전달되는 것도 어려워진다. 협의체에 제출된 기획들이 전체적으로 사적 소유자들 대부분의 열망에서 점점 유리되기 때문에, 협의체의 **자문** 역할은 교란된다. 협의체에서 서로 대결하는 욕망들의 폭은 그리 넓지 않아, 잘 이해된 일반이익이 요구할 만한 것과는 동떨어진 제안이 나오더라도 이와는 반대 방향으로 동떨어진 제안에 의해 좌초되지는 않는다. 따라서 이러한 욕망들은 이 동일한 협의체의 **주권적 결정**에 각인된다. 우리는 지금, 개인적 정념들이 상호 균형을 이룰 문턱보다 한참 아래에 있다. 그리고 다수결 법칙이 작동을 멈춰 버린 이상, 개인적 정념들의 공통분모는 더 이상 건전한 이성에 필연적으로 합치하지는 않는다. 나아가 이제 악을 자행하기 위해 합의를 보는 것도 가능해지며, 신민들에게 해로운 법이 채택된다. 다음은 **집행부**가 타격받는다. 법이 나쁠 뿐 아니라, 법의 집행을 맡은 자조차 그것을 따르지 않는다. 또한 각 귀족의원은 동료들의 비리를 은폐하기에 급급한데, 이는 자기에게 지도직이 맡겨질 경우 자기 역시 그만큼의 비리를 저지르리라는 희망에서이다. 그리고 지도 집단 내부에 경쟁이 일어나지 않는다는 사실 때문에 이와 같은 보편적 공모는 더욱 조장

---

81) 『정치론』 8장 12절.

된다.[82] 똑같은 이유로, 이 보편적 공모는 **사법** 작용에서도 감지된다. 다시 말해, 판사들 역시 귀족의원인지라 자기 계급의 구성원들에게는 극히 관대하지만, 부유한 평민들에게는 그들의 재산을 갈취하려고 가혹하게 군다.[83] 이제 파국적인 양성 피드백을 통해, 국가의 쇠퇴는 점차 악화되어 가면서 재생된다. 왜냐하면 불법을 저지르고서도 면죄되어 왔던 습관 때문에, 귀족의원들은 새로운 동료를 선택할 때 아무런 거리낌도 없어지기 때문이다. 그들 각자는 지배의 야망에 이끌려, 자기를 맹목적으로 추종하는 멍청이들이 지명되도록 안간힘을 쓴다. 나아가 그들은 수적으로 얼마 되지 않으니, 가장 명백한 가치관으로 확립된 가장 훌륭한 규칙들을 무시하면서, 공석(空席)을 이 잡다한 추종자 집단에 속한 얼간이들 가운데 배분하는 협정을 맺을 수도 있다(이는 대규모 협의체에서는 불가능한 일인데, 왜냐하면 여기서는 상충하는 아주 많은 이익들이 서로 대립하기 때문이다).[84]

---

82) "… 경쟁이 결여된 탓에 귀족의원들의 의지가 법의 제약에서 완전히 풀려나는 과두정에서는 …"(『정치론』 11장 2절[G III p. 359/P p. 1098]).
83) "귀족의원들 가운데서만 선출된 판사들은, 자기 뒤를 이을 귀족의원들에 대한 공포로 이들 중 누군가에게 조금이라도 부당한 판결을 내리지나 않을까 주저할 수 있을 것이며, 아마도 심지어는 이들을 공과에 따라 마땅히 처벌하려는 엄두도 내지 못할 것이다. 반면 평민들에 대해서는 모든 것을 과감하게 결행할 것이며 그 중 부유한 자들은 그들이 갈취할 일상적인 먹이감이 될 것이다"(『정치론』 8장 37절[G III p. 341/P p. 1071]).
84) "… 소수로 이루어진 협의체에는 이 비슷한 자들["아주 조야한 정신을 지닌"(rudi admodum ingenio) 사람들]이 끼어들지 않는다는 것은 전혀 사실이 아니다. 실상 오히려 정반대로 이 협의체의 대부분이 바로 그런 자들로 이루어진다. 왜냐하면 여기서 각자는 자기 말대로 움직일 멍청이들을 동료로 두고자 최대한 노력하기 때문이다. 물론 이는 큰 규모의 협의체에서는 일어나지 않는 일이다"(『정치론』 7장 4절[G III p. 309/P p. 1026]). 여기서 "조야한 기질"(rudo ingenio)이라는 표현은 어떤 지점에서 사람들이 다시 야만으로 회귀하는지 잘 보여 준다. 귀족협의체는 순리를 거슬러 선별함으로써, 개인적 차원에서는 이 야만의 상태에서 가장 멀어지지 않은 자들 가운데 구성원을 충원하기 시작하는 것이다. 『정치론』 11장 2절에서 이와 똑같은 생각을 발견할 수 있다. 거기서는 이러한 수준 하락을, 귀족협의체 구성원 선별이 "법의 제약에서 완전히 풀려난다"는 사실을 통해 설명하고 있다[G III p. 359/P p. 1099].

따라서 실질적으로 통치하는 사람 수가 줄어듦과 동시에 협의체의 수준도 낮아진다. 얼마 안 가 파당들만이 남게 되는데, 각 파당은 독재지망자에 만장일치로 복종한다.[85] 그 결과 법은 점점 더 나빠지며, 집행부는 점점 더 자의적이 되고, 법원은 점점 더 편파적이 된다. 그리고 바로 이 때문에 지도자 선별양식은 한층 심각하게 타락하고… 등등. 이런 식으로 통치기구는 위험천만하게도 그것의 경제적 하부에서 떨어져 나온다. 정상에서 내린 결정과 소유제가 규정하는 사적 이익 간의 결별이 한층 가속화되는 것이다. 국가는 초월성의 과잉이라는 결점을 지니게 된다. 이 때문에 국가의 권위도 약화된다. 우선, 평민은 불만에 가득 차 암암리에 저항한다. 또한 귀족의원들은 평민의 소요를 두려워하기에, 종종 그들의 긴급한 요구를 법적으로는 아니더라도 사실상으로 고려할 수밖에 없다.[86] 따라서 그들의 권력은 절대적이지 않다. 다시 말해, 독립적이지 않다. 왜냐하면 독립성은 공포를 배제하기 때문이다. 가령 저지대 독일에서 장인 길드가 성공적으로 획득했던 권리들이 이를 입증해 준다.[87]

그런데 이런 불만은 종교에도 여지없이 반향을 일으킨다. 애초부터 종교는 법에 대한 복종을 설교해 왔으며 시민불복종을 "죄"와 동일시해 왔다. 물론 교회가 가르치는 가치관은 원래의 입법 정신을 반영하지만, 이제 이 정신은 더 이상 통하지 않는다. 법은 예전의 법, 다시 말해 신이 원했을 법과는 사뭇 달라진 것이다. 어쨌든 귀족의원들은 아무런 처벌도

---

85) "… 그러는 동안 유력자들은 홀로 군림할 궁리만 하며, 이렇게 하여 국가는 점차 소수의 수중에, 그리고 마침내는 파당게임에 의해 한 명의 수중에 넘어가게 된다"(『정치론』 8장 12절[G III p. 329/P p. 1055]). 하지만 우리는 당분간 아직 "한 명의 수중에(ad unum)"에 해당하는 지점까지 오진 않았다.
86) 『정치론』 8장 4절[G III pp. 325~6/P pp. 1049~50].
87) 『정치론』 8장 5절[G III p. 326/P p. 1050]. [옮긴이] 저지대 독일은 라인 강 좌안을 가리키며, 한때 로마 속주로서, 오늘날 벨기에, 홀란드, 그리고 독일 라인란트 지역을 포함했다.

받지 않고서 법을 어긴다. 따라서 법을 어긴 자들을 죄인이라고 부른다면 권위의 대리자들을 파문하는 셈이 된다. 실제로 파문하지 않아도 결과는 매한가지인데, 왜냐하면 그들을 죄인이라 부를 경우 이제까지 세속권력의 결정사항에 강력한 위신을 부여해 주었던 초자연적 후광을 세속권력에게서 걷어 가는 셈이 되니 말이다. 따라서 나쁜 통치에서 생겨난 미움은 이제 공식적인 신의 이름을 표방할 수 있다. 그리고 "계시받은" 인물은 만연한 부패를 규탄하며, 압제 하에 있는 인민은 그를 찬양하고 신임한다.[88] 자생적으로 **새로운 사법 권력**이 구성되는 것이다. 신법을 자기 식으로 해석하고는 그들이 찬성하지 않는 행위들을 파문이라는 수단으로 일벌하는 사제들의 권력이 말이다. 더구나 그들의 평가가 국가 재판부들의 평가와 늘 일치한다는 건 어림도 없는 일이다. 이 때문에, 교회는 국가 내에서 어마어마한 영향력을 갖게 된다. 여론의 대세에 따라 교회가 경건함과 불경함을 심판할 특권을 갖는 이상, 통치자들 역시 교회를 고려하지 않을 수 없는 것이다. 또한 통치자들은, 도덕과 조금이라도 관련이 있는 조치를 취하려면 이에 앞서 신의 사자(使者)들이 과연 그것을 어떻게 받아들일지 따져 봐야 한다. 그리고 공개적으로 비난받을지도 모른다는 두려움이 그들을 마비시키고 만다.[89]

교회는 재판권을 가지고 있으니 어렵지 않게 자율적인 **집행부**를 갖

---

[88] "분명 그와 같은 자들[=예언가나 거짓 예언가]은 압제 하에 있는 인민을 자기에게 쉽사리 매료시켜 취약한 징표들만 가지고도 아무것이나 자기가 원하는 대로 믿게 할 수 있었다"(『신학정치론』 17장[G III p. 213/P, p. 917]). 물론 이 법칙은 히브리 신정에 대해 진술된 것이다. 그렇지만 분명 이는 얼마간 압제가 지배하는 사회 모두에 해당된다.
[89] 주권자들이 "뭔가를 유용하다고 판단하더라도, 이것이 경건한 것인지 불경한 것인지를 그에게 가르쳐 주는 다른 누군가의 의견을 기다려야 한다면, 그는 전쟁에 대해서도 평화에 대해서도 그 어떤 직무에 대해서도" 더 이상 자유롭게 판단할 수 없을 것이다(『신학정치론』 19장[G III p. 235/P p. 947]).

춘다. 처벌할 수 있다는 것은 명령할 수 있다는 것이니 말이다. 따라서 예배의 운영과 관련된 모든 일에 대해, 교회는 통치부의 의견에 더 이상 개의치 않고 원하는 조치를 취할 수 있다. 그리고 신자들은 혹여 양자 사이에 갈등이 생기면 우선은 교회에 복종할 것이다. 이렇게 해서 교회 업무는 국가 업무와 유사한 위엄을 갖추게 된다.[90] 그런데 또 예배와 관련된 조치들은 그것들을 정초하는 어떤 이데올로기를 함축한다. 만일 신이 이러 저러한 행위를 요구한다면, 이는 신의 본성이 이러 저러한 성격을 지니기 때문일 수밖에 없다는 식으로 말이다. 그리하여 이제 교회는 자기의 신조와 교리를 저 스스로 규정하는 지경에 이른다. 그리고 신법을 정의해야 할 경우, 교회는 **주권**과 **입법 권력**을 장악하며, 목회자들이 최고로 존경받는다.[91] 이런 조건에서는, 성직자가 되고자 하는 자라면 누구나 이행해야 할 정통의 기준도 바로 교회가, 오직 교회만이 규정한다. 국가는 이 영역에서 부적격이 되는 것이다. 따라서 예배 사제의 선택도 점점 더 교회에 의존하게 되며, 교회 **지도자를 선별하는 양식**도 교회가 지배한다.[92] 그리고 교회 지도자의 임명이 정부당국의 별다른 간섭 없이 이루어지는 순간부터, 교회 지도자들은 점점 대담하게 파문과 징계를 일삼는다. 이는 교회의 행정적 독립성을, 그 다음에는 이데올로기적 독립성을, 그 다음에는 신입 목회자 충원에서의 독립성 …, 등등을 증가시킨다. 여기서도 역시, 퇴락은 양성 피드백을 통해 부양된다. 원래 국가의 종교적 하부가 지닌 사명은 통치의 상부구조를 정당화하는 것이었지만, 이제 그것은 여기

---

90) "교회 성직을 곧 고위관직으로"(뒤의 주 120을 참조하라).
91) "… 목회자들에게 최고의 존경심을 품다"(주 120을 참조하라).
92) 가톨릭 교회가 고위 성직자 지명과 관련된 일체의 권리를 세속 권력에서 빼앗기 위해 사용했던 절차에 대해서는 이 책 5장 2절, 주 186, p. 205을 보라. 곧 선발의 자율성을 확보하는 길은 교리를 점점 더 복잡하게 만드는 데 있다.

서 분리된다. 명령의 하달도 점점 더 어려워진다. 이번에는 국가에 내재성의 과잉이라는 결함이 생긴다. 그 결과는 곧장 소유제에까지 파급된다. 왜냐하면 애초부터 가난한 이들에게 생필품을 조달하는 역할을 맡았던 교회가 지금은 자기 마음대로 적선을 집중시키고 분배할 수 있기 때문이다. 그리고 이와 같은 자율적인 징세(徵稅) 덕분에 교회는 경제적 유력자로 탈바꿈한다. 사제들은 부유해지며, 그들의 '직분'(officia)은 '특권'(beneficia)으로 바뀌는 것이다.[93]… 사법부, 집행부, 주권, 자문부, 성직 선발 그리고 자비의 외피를 쓰고 재화 재분배에 미치는 영향력. 요컨대, 교회는 군대만을 제외하고 '국가권력'(imperium)의 전 영역을 잠식해 들어간다.[94] 이제 실질적으로는 두 개의 경쟁하는 권위가 존재하는 셈이다. 하나는 '세속 권력'(jus civile)을, 다른 하나는 '성무 감독권'(jus circa sacra)을 소유한다. 그리고 후자는 지배의 야망으로 인해 필연적으로 권력 전체를 탈취하고자 한다.[95]

바로 이것이 제도를 퇴화시키는 두 순환적 운동이다. 지도자 선별로 시작되어 (〈그림 4-1〉에서) 오른쪽에서 왼쪽으로 나아가는 첫번째 운동은, 국가를 사적 이익의 영역과 연결해 주었던 끈들을 점차 파괴한다. 이 운동이 종교에 도달하면, 두번째 운동이 시작된다. 사법부에서 출발하여 왼쪽에서 오른쪽으로 나아가는 이 운동은, 교회를 국가와 연결해 주었던 끈들을 점차 파괴한다. 이 두 운동은 이런저런 방식으로 상쇄하는 경향을 띤다. 가령, 두번째 운동이 재화의 재분배에 미치는 효과(어쨌든 적선은 비참함을 꽤나 덜어 준다)는 통치자들의 수탈을 좀더 견딜 만하게 해준다. 그렇다면 내재성의 과잉이 초월성의 과잉을 교정함으로써 일종의 균형

---

93) 뒤의 주 120을 참조하라.

상태가 생겨날 수도 있지 않을까? 그렇지 않다. 이 두 과정이 제도 영역 내에 한정된다면 이론적으로는 가능할지도 모른다. 하지만 제도의 이면에는 풍습이 존재한다. 그리고 바로 이 제도와 풍습의 상호작용 때문에 쇠퇴는 돌이킬 수 없을 것이다.

우선 **경제적** 차원에서 일어나는 상호작용을 살펴보자. 특별한 대비가 없는 한, 문명은 무한정 진보하지는 않는다. 문명의 성공 자체가 문명

---

94) '성무(聖務) 감독권'(이는 잘 형성된 국가에서는 반드시 주권자에게 속해야 한다)은 "이 일들 [=오늘날의 성무bodierna sacra]을 운영하고, 이를 수행할 예배 사제들을 선발하며, 교회의 토대와 교리를 결정하고 확립하며, 풍습과 행위가 경건한지를 판단하고, 누군가를 파문하거나 다시금 교회로 받아들이고 … 마지막으로 가난한 자들에게 생필품을 조달할 권리와 권력"으로 정의된다(『신학정치론』 19장(G III p. 235/P p. 947)). 지금 이 단락에서 우리가 말하고 있는 것은 이 원문에 대한 주해에 불과하다. [옮긴이] 성무 감독권 : 교리 해석뿐만 아니라 목자 임명, 전도 내용, 파문 등, 개인적 믿음(내적 종교)을 제외한 종교의 외적 측면에 대한 제반 권한을 의미한다. 스피노자가 『신학정치론』을 쓰던 당시 17세기 네덜란드 사회에서는 이 권한이 교회와 세속국가 중 어느 편에 속하는지를 둘러싼 오랜 논쟁이 벌어진다. 이는 칼뱅주의 내부의 분파 논쟁으로 시작되었는데, 이들은 공히 세속 영역에 대한 세속 권력의 자율성과 합법성은 인정했으나, 종교 영역의 자율성을 얼마나 인정해야 할 것인가에 대해서는 이견이 있었다. 정통 칼뱅파(가령, 고마루스F. Gomarus)는 교회와 국가는 저마다 자기 영역에 자율적 권력을 지니며 따라서 세속 권력이 종교 문제에 대한 교회의 지배권을 인정해 주어야 한다고 주장했다. 반면, 자유의지와 관용을 중시하는 아르미니우스파(가령, 위텐보가르트J. Uytenbogaert)는 이것이 모두 세속 권력의 주권자에게 귀속되어야 한다고 보았으며, 이 입장은 이후 그로티우스, 보시우스, 콘스탄스 등으로 이어진다. 그런 만큼 이 논쟁은 정치적 문제와 직결되어 있었으며, 나아가 17세기 네덜란드에서 공화국의 지위와 조건을 둘러싼 논의 자체가 바로 이 성무 감독권을 둘러싸고 이루어진다. 사실 교회 편에서는 자신의 권한이 실질적인 효력을 가지려면 세속 권력의 도움이 필요했고, 세속 권력 역시 이 신학적 논쟁의 유해성을 인지하고 있었기에 이에 개입해야 했을 뿐 아니라 대중에 대한 전도자들의 영향력을 통제해야 했기 때문이다. 더구나 당시 권력에서 밀려난 오라녜파가 이 종교 지도자들과 영합하여 권력을 탈환하려고 시도했기에 이는 권력의 생존과 직결된 문제이기도 했다. 『신학정치론』에서 스피노자 역시 이 논쟁에 개입하며, 특히 19장에서는 이 문제를 주제로 다루면서 성무 감독권이 오직 주권자에 속해야 함을 논증하고 있다.

95) "… 주권자에게서 이 권한을 빼앗으려 하는 자는 … 국가권력을(imperium) 차지하는 길을 찾고 있는 셈이다"(같은 곳).

을 구속한다. 문명은 희망 앞에서 공포가 물러서는 동안, 그러나 여전히 공포가 느껴지는 동안 발달한다. 이럴 때 인간은 여전히 불확실한 장래를 확실하게 보장해 두기 위해 계속해서 노동하고 교역한다. 하지만 불안이 누그러질수록 이 자극은 약화된다. 언젠가는 공포가 말끔히 사라지고, 희망이 완전한 안심으로 탈바꿈하는 때가 도래한다. 물론 이는 오랫동안 이어질 수 없는 한계 상황에 지나지 않을 것이다. 실제로 외적 원인들은 우리 역량을 훨씬 능가하며, 얼마 안 가 우리는 이런저런 궁지에 빠지게 된다. 하지만 이미 길이 들어 버렸다. 인간은 오만에 힘입어, 이제는 불행에서 벗어났다고 믿으며, 다시 공포를 느끼기 시작하더라도, 상황이 결국 어떻게든 호전되리라 상상하는 것이다. 게다가 위험은 아직은 충분히 멀리 떨어져 있으며, 지금 당장은 그것을 고려하지 않아도 된다. 하지만 위험의 원인을 제거하기 위해 더 이상 아무 일도 하지 않기에, 위험이 조금씩 커질 수밖에 없다는 건 분명하다. 그리고 언젠가는 고통스럽게 꿈에서 깨어날 것이다. 이처럼 우리는 희망과 공포 사이클의 1국면, 곧 공포가 증가하지만 아직은 희망이 대체로 우세한 국면으로 들어서게 된다.[96] 이때부터 인간은 "무르고 타성적"(molles et inertes)이 된다.[97] 내일을 대비하느라 전전긍긍할 것 없이, 생산과 무역이 요구하는 노역과 희생보다는 당장의 향유를 더 선호하면서,[98] 그저 이전에 획득한 것들로 살아가는 것이다. 쾌락 충동이 탐욕보다 우세해지면서 경제적 쇠퇴가 시작된다.

물론 이 상태도 치명적이진 않다. 적절한 제도가 나라의 경제적 활동

---

96) 1국면의 경제적 측면에 대해서는 이 책 5장 2절, pp. 194~5을 참조하라.
97) 앞의 주 3을 참조하라.
98) "그들은 인간이다. 따라서 노동보다는 쾌락을 선호하는 성향이 있다"(『신학정치론』 17장 〔G III p. 203/P p. 901〕).

을 자극함으로써 그리고 새로운 동기부여를 통해 탐욕을 강화함으로써 이런 경향을 제어할 수도 있을 것이다. 하지만 문제는 바로 이러한 제도가 결여되어 있다는 점이다. 기존의 **소유제**는 기생적 사회 계층의 성립에 결코 상충하지 않는다. 앞서 살펴보았듯이, 만일 토지가 국유화되었다면 '수익을 내기 위해' (lucri causa) 모두가 교역을 실시하고 서로에게 돈을 빌려 줄 수밖에 없었을 것이다.[99)] 이렇게 되면 게으름에 빠질 일은 없을 것이다. 왜냐하면 우선, 교역에서 파멸하지 않으려면 매 순간 활동해야 하기 때문이다. 금융도 마찬가지인데, 왜냐하면 이자를 붙여 대부해 주는 자는 투자처의 수익에 신경을 곤두세울 수밖에 없으니 말이다. 그런데 토지가 사적으로 소유되고 부동산 거래도 자유로운 상태라면, 부유한 자들로서는 투자해서 이익을 남길 훨씬 더 단순한 수단이 있는 셈이다. 땅을 사서 임대하기만 하면 된다. 그 형태야 어떻든 지대는 그들에게 여유로운 삶을 보증해 줄 테니 말이다. 그런데 사람들이 노역을 싫어하게 된 이상, 점차 이러한 해결책을 따라갈 수밖에 없다. 한때는 상인이었던 귀족들은 점점 무위도식하는 토지 소유자로 변모되어 간다.[99*)]

물론 스피노자의 텍스트는 명시적으로 대토지 소유자와 무위도식자들을 동일시하지는 않는다. 하지만 두 텍스트를 연결해 보면 그것을 시사받을 수 있다. 한편으로, 이상적 군주정을 다루는 『정치론』 6장에서는, 세습귀족[100)]을 감축하는 문제가 토지 소유자를 제거하는 문제 다음에 곧바로 언급되는데, 이는 세습귀족과 토지 소유자 간의 모종의 연관을 말하는

---

99) 앞의 주 50을 참조하라.
99*) 스피노자 시대에 홀란드가 그랬다(베버M. Weber, 『프로테스탄트 윤리와 자본주의 정신』L' éthique protestante et l'esprit du capitalisme, p. 235, 주 88을 참조하라).
100) [옮긴이] 귀족의원(Patricien)과 세습귀족(noble)의 차이에 대해서는 앞의 주 72[옮긴이]를 참조하라.

듯 보인다.[101] 그런데, 마찬가지로 세습귀족 감축을 정당화하는 『정치론』 7장에서는(여기서도 이는 부동산 소유자 제거를 정당화하는 부분 바로 다음에 이어진다), 세습귀족들을 바로 무위도식하는 자들이라 규정한다.[102] 다른 한편, 무위도식하는 부자들 때문에 생겨나는 난점을 치유하기 위해 취해야 할 조치는 이상적 귀족정을 다루는 『정치론』 10장에서만 연구된다.[103] 그런데 이 체제에서도 토지의 사적 소유가 유지된다. 이와 대조적으로, 땅이 국가에 속하는 이상적 군주정과 관련된 해명에서는 경제적 쇠퇴의 문제는 한 번도 다루어지지 않는다. 마치 그것이 아예 불가능하기나 한 듯이 말이다. 이렇게 볼 때 스피노자는 아마도 지대를 사회적 기생충을 온존시킬 수 있는 부의 주요형태로 본 듯하다. 게다가 이는 아주 고전적인 생각이기도 하다.

하지만 부동산 소유는 단지 소극적인 영향만을 미친다. 우리가 말할 수 있는 것은, 만일 토지가 국유화되었다면 쇠퇴의 위험에서 멀어졌을지 모르나, 부동산 소유가 인정된 이상 쇠퇴를 막지 못한다는 것뿐이다. 그리고 경제가 팽창하는 맥락이라면, 부동산 소유는 거의 아무런 지장을 초래하지 않을 것이다. 그런데 문제는 이제 바로 이러한 맥락이 존재하지 않는다는 것이다. 이와 반대로, 그리고 이번에는 적극적으로, **지도자 선별 양식**은 풍습의 진화를 가속화시킨다. 최고협의체의 구성원 선발이 광범위하게 이루어졌던 때는, 누구라도 언젠가는 거기에 낄 수 있으리라고 희망할 수 있었다. 그리고 귀족의원들이 새 동료를 되도록 가장 유복한 신

---

101) 『정치론』 6장 13절[G III p. 300/P p. 1013].
102) "넘치는 여유를 누리는 사람들 …"(『정치론』 7장 20절[G III p. 316/P p. 1036]).
103) "여유가 넘치는 사람들이 빠져드는 … 악덕 …"(『정치론』 10장 4절[G III p. 355/P p. 1092]).

민들 가운데서 선택해 왔기 때문에, 누구나 부를 늘리려고 노력해 왔다. 탐욕이 야망으로 뒷받침되었던 것이다.[104] 그런데 지금은 바로 이러한 동기 부여가 사라졌다. 부유한 평민이 주권체에 접근할 기회가 무한히 축소된 것이다. 먹고살 게 많은데, 또 절약한다고 고위직에 오를 수 있는 것도 아닌데, 계속해서 금욕적으로 축적하면서 살아갈 이유가 있겠는가? 그는 필시 현재 순간을 만끽하는 편이 더 낫다고, 그리고 나 죽은 뒤에 무슨 일이 일어나든 무슨 상관이냐고 생각할 것이다. 게다가 귀족의원들 역시 유사한 추론을 한다. 만일 채무변제불능 상태가 공민 지위의 하락을 가져온다면, 그는 자기 사업에 힘썼을 것이다.[105] 하지만 그렇지 않기 때문에, 그는 엄청난 빚을 지면서 자기 재력 이상의 수준으로 살아간다. 재판관들이 관대하게도 언젠가는 그를 채무상태에서 풀려나게 해줄 수도 있고, 비리를 몇 번 저질러 채무상태에서 벗어날 수도 있는 것이다. 제도의 타락은 이런 식으로 사회 전반의 태만을 조장한다.

따라서 개인적 차원에서는 '현재를 즐기라'(carpe diem)가 풍습이 된다. 그리고 이것이 인간 상호관계에 낳는 결과는 매우 끔찍하다. 이제부터 사람들을 빛나게 하는 것은 "덕"이 아니라 사치와 방탕이다.[106] 이런 관행은 감정모방으로 인해 하위 계층에까지 침투한다. 별로 부유하지 않은 자들도 하찮은 호사를 과시하기 위해 버는 것 이상으로 지출하고 싶어

---

104) "왜냐하면, 보편적이고 항상적인 이 탐욕의 정서가 명예의 욕망에 의해 촉진된다면, 의심의 여지없이 그들 대부분은, 고위직에 접근하고 지독한 추문을 피하고자, 불명예롭지 않은 방식으로 자기 부를 늘리는 데 진력할 것이기 때문이다"(『정치론』 10장 6절[G III p. 356/P p. 1093]). 이는 바로 다음과 같은 경우 일어난다. "… 대부분의 부자들이 통치부와 국가 관직에 접근할 만큼 통치하는 자들의 수가 많다"(『정치론』 10장 7절[G III p. 356/P p. 1094]).
105) 같은 곳.
106) 앞의 주 3을 참조하라.

한다. 그리하여 화폐는 땅처럼 점차 독점적 재화가 되어 간다. 물론 노동에 대한 열망이 지배적이었을 때는 그렇지 않았다. 왜냐하면 화폐는 재생산될 수 있기에 각자는 아무에게 해를 끼치지 않고도 돈을 벌 수 있었기 때문이다. 하지만 더 이상 아무도 결핍도 피곤함도 받아들이지 않는 지금, 대토지 소유자가 될 확률이 없는 자들(또한 욕구가 수입을 초과할 경우라면, 그럴 확률이 있는 자들조차)로서는 무슨 수를 써서라도 타인의 재화를 차지하는 것 외에는 다른 방편이 없다. 소유권에 대한 존중은 상실되고 시기심이 다시금 맹위를 떨친다. 불만, 사회 전복에 대한 열망, 특권층에 대한 맹목적 분노, 가난에 대한 멸시, 이렇게 범죄를 촉발하기 위한 모든 것이 다 갖춰져 있는 셈이다.[107] 따라서 이익들은 더 이상 수렴되지 않는다.

    향락을 둘러싼 이 경쟁은 곧장 국가의 경제적 번영을 위험에 빠뜨린다. 사치를 좋아하는 취향이 소비 습관을 뒤죽박죽으로 만든다. 사람들은 전통 풍습을 버리고 이웃 나라의 풍습을 채택하며,[108] 이국의 생산물이 국내 시장을 휩쓴다. 한편, 수출이 점점 적어지므로, 무역 수지는 점점 적자로 기운다. 이렇게 해서 예속이 시작된다.[109] 아무런 반대급부 없이 물질적 의존성만 늘어나니, 국가는 더 이상 자기 자신의 완전한 주인은 아니다. 이에 더해, 모두가 이 의존성을 심화시키는 데 결탁한다. 공직에서 배제된 평민들은 자기 나라에 특별한 애착이 없다. 더욱이 자기 소유의 땅을 거대 영지의 소유자에게 팔 수밖에 없는 일부 평민을 자기 나라에 붙

---

107) "현재에 대한 염증과 혁신적인 것들에 대한 욕망, 치닫는 분노, 가난에 대한 멸시가, 빈번히 사람들에게 어떤 범죄들을 저지르도록 부추기는지는 모두가 다 알고 있다"(『신학정치론』 17장[G III p. 203/P p. 901]).
108) 앞의 주 3을 참조하라.
109) 『신학정치론』 17장[G III p. 203/P p. 901].

잡아 두는 것은 아무것도 없다. 역경의 시기가 닥쳐오면 그들은 자기 돈을 챙겨 이민을 간다.[110] 이와 같은 인력과 자본의 유출은 나라 전체를 한층 더 약화시킨다.

하지만 지도자들도 이 정도로 처참한 상황을 근심하지 않을 만큼 눈이 멀지는 않았다. 하지만 그들이 어떻게 이 상황의 원인을 제거할 수 있겠는가? 그러려면 귀족의원을 더 충원해야 할 텐데 말이다. 즉 비교에 기반을 둔 시기심을 억제하고 전횡이 주는 단맛을 포기해야 할 텐데 말이다. 결국 그들은 얄팍하게 풍습의 타락을 공격하는 시늉만 낼 뿐이다. 그들은 그야말로 가장 어리석은 조치에 의존한다. 독재적인 금지령이 그것이다. 무역 적자를 만회하기 위해, 또 소비를 억제하고 축적을 고무하기 위해, **사치단속법**을 포고하는 것 외에 다른 수단은 찾아내지 못하는 것이다.[111] 그러나 치유책이 병을 더 악화시킨다. 우선 이 따위 법률은 아예 무용하다. 사회에 해로운 것은 사치 그 자체가 아니라, 수입보다 지출이 많다는 점이다. 그런데, 가난한 자에게 지나치다고 해서 부자에게도 지나친 건 아니다. 그러므로 넘지 말아야 할 선을 일반적으로 규정할 수는 없다.[112] 게다가 이런 법률은 효력이 없다. 사치했다고 해서 누군가에게 직접적으로 잘못을 저지르는 건 아닌 이상, 누구도 이 법률을 심각하게 받아들이지 않으며,[113] 무위도식하는 자들은 능란한 솜씨로 너끈히 이 법을 피해 갈 수 있다.[114] 마지막으로 이런 법률은 정말로 해롭다. 금단의 열매가

---

110) "왜냐하면 국가 안에 아무 몫도 가지고 있지 않은 신민들은, 만일 자기 소유의 재산을 가지고 원하는 곳으로 갈 수만 있다면, 역경의 시기가 닥칠 경우 모두 아무런 주저 없이 국가를 등질 것이기 때문이다"(『정치론』 8장 10절[G III p. 328/P p. 1053]).
111) 『정치론』 10장 5절[G III p. 355/P p. 1093].
112) 같은 곳.
113) 같은 곳.
114) 같은 곳.

주는 매력은 오히려 갈망을 강화시키기만 할 뿐이다.[115] 요컨대, 쇠퇴를 멈추게 해야 했던 조치가 오히려 쇠퇴를 돌이킬 수 없게 만드는 셈이다.

이런 상황에서, 신민들은 필연적으로 점점 더 좌절감을 느낄 수밖에 없다. 신민들의 욕망은 그것이 통치자들의 안중에서 점점 더 멀어지는 바로 그때 더없이 격앙된다. 이제 어떤 선동가라도 신민들을 모험의 세계로 이끌어갈 수 있다.

종교적 차원에서 제도와 풍습의 상호작용도 이와 정확히 똑같은 구조를 지닌 과정을 따라 펼쳐진다. 곧 〈그림 4-1〉의 왼쪽 열에서 일어났던 사건들은 오른쪽 열에서 일어나는 사건들과 일대일로 대응하는 것이다.

사실 이데올로기는 경제적 상황의 영향을 받는다. 역시 『신학정치론』의 처음 몇 줄에서 진술된 법칙에 따라서 말이다. 사람들은 일하지 않고 향락을 즐기고자 하므로, 또 운이 어떤 섭리적 목적성에 따르지 않으므로, 커다란 근심이 생겨난다. 공포가 증가하면 미신의 비중도 차츰 커져갈 수밖에 없다. 하지만 미신의 얼굴은 야만 시대의 얼굴 그대로는 아니다. 상대적 여유와 아주 실제적인 풍요에 힘입어 사변이 성장하기 때문이다. 그런데 사변은 방향을 바꾼다. 희망과 공포 사이클의 4국면에서, 사변의 독단적 핵은 풍화되어 갔고, 계시는 의사-합리적인 "형이상학" 앞에서 사라져 갔다. 사람들이 자유롭게 성찰하는 한에서, 이 "형이상학"은 진정한 이성의 발달을 그럭저럭 가능하게 해주었다. 하지만 이제 우리가 1국면에 있는 이상, 이와는 정반대로[116] 강조점은 계시에 놓인다. 따라

---

115) 같은 곳.
116) 이 1국면의 이데올로기적 측면에 대해서는 이 책의 5장 2절, p. 207를 참조하라.

서 계시에 맞추기 위해 "형이상학"은 점점 더 터무니없어지는 궤변에 빠져들 수밖에 없다. 또한 이 궤변들이 다시 계시의 내용을 변질시키고 복잡하게 만든다. 상황을 한층 불안정하게 만드는 요인은, 전통적 믿음 역시 위안자로서의 덕을 상당 정도 상실했다는 점이다. 왜냐하면 사람들이 점점 더 불행해지고 있으니만큼, 이 믿음들은 그들이 걸어 왔던 희망에 부응치 못했던 셈이기 때문이다. 그 결과 인간은 점차 다른 것을 열망케 된다.[117] "혁신적인 것들에 대한 욕망(*rerum novandarum cupiditas*)"[118]은 종교를 감염시키고, 이를 모색하는 일에 섬세해진 상상력의 모든 자원이 투자된다. 경제가 유약해질수록 이론이 비등하는 것이다.

이런 상황 역시 치명적이지는 않다. 적절한 제도는 사태의 흐름을 다른 방향으로 이끌 수도 있을 것이다. 하지만 문제는 이런 제도가 결여되어 있다는 점이다. 소극적으로는, **종교제도도** 이 파국적 진화를 결코 억제하지 못한다. 만일 보편종교가 때마침 수립되어 있다면, 만일 공식 교리의 내용이 '최소한의 믿음'이 규정하는 대로라면, 만일 의무적인 예배가 복종과 정의의 실천만으로 축소되어 있다면, 이데올로기적 광란은 결코 어떤 한계를 넘어설 수 없을 것이다. 또한 신은 개개 의견에 무관심하며 오직 행위의 산물만이 중요하다는 것, 그리고 법의 준수와 소유권 존중이야말로 참된 신자의 자격을 얻기 위한 필요충분조건이라는 것이 결정적으로 받아들여질 것이다.[119] 이럴 때는 설령 미신이 부활해도 그것이 불가

---

117) 이 책의 5장 p. 208의 주 196을 참조하라.
118) 앞의 주 107을 참조하라.
119) "따라서 이와 같은 악들을 피하기 위해서는, 경건과 종교 예배를 오직 행위에(*operibus*), 곧 오직 자비와 정의의 실천에 두고, 나머지에 대해서는 각자가 판단하도록 내려려 두는 것보다, 공화국을 위해 더 확실한 것은 생각해낼 수 없다"(『신학정치론』 18장[G III p. 226/P p. 934]).

피한 것이 되기는 어려울 것이다. 전통의 무게가 거기에 대립할 것이니 말이다. 하지만 사정은 그렇지 않다. 계시와 의례는 한 순간도 완전히 폐기된 적은 없었으며 단지 뒷전에 물러나 있었을 뿐이다. 따라서 풍습이 바뀐 지금 그것들이 다시 무대 전면에 출현하지 못할 이유가 없다. 애초에는 별 볼일 없었지만 그럼에도 문명이 번영하는 단계에서도 있기는 했던 인물들, 곧 사변적 신학자들이 맹위를 떨칠 가능성이 모두 갖춰진 셈이다.

적극적으로는, 이 가능성은 **사법 권력**의 일부가 교회 몫이 됨으로써 현실화된다. 앞서 살펴보았듯, 성직자가 행위의 경건함을 심판할 권리를 갖게 되면, 그는 주권자의 역량과 경쟁하는 자율적 역량을 획득하는 셈이다. 그가 맡는 직무는 높은 위엄을 획득함은 물론 치부의 원천이 되고, 최고의 영예는 이 위엄과 부를 지닌 자들에게 돌아간다. 그리고 이제 이러한 사칭이야말로 종교의 본질 자체로 나타나게 된다.[120] 그런데 이 특권은 분명 아주 매력적이다. 누구나 사제가 되고 싶어 하며, "성무(聖務)를 운영하려는 충동"(libido sacra officia administrandi)이 가슴에 불을 지핀다. 그리고 성직자의 적성은 더 이상 신에 대한 사랑이 아니라 지배의 야망과 더러운 탐욕으로 정해진다.[121] 이와 같은 극렬한 경쟁 풍토에서 교회 위계의 가장 높은 지위에까지 올라가려면 어떻게 해야 할까? 해답은 뻔

---

120) "따라서 이 불행한 사태[=기독교 타락]의 원인을 찾으면서, 나는 그것이 다음에서 연원했다고 믿어 의심치 않았다. 곧 우중에게 종교란, 교회 성직을 곧 고위관직으로, 그 직분을 곧 특권으로 간주하고, 목회자들에게 최고의 존경을 표하는 것에 불과했다는 점 말이다"(『신학정치론』 서문[G III p. 8/P pp. 666~7]).
121) "… 왜냐하면 이러한 남용이 교회 안에서 시작되자마자 곧장 성무(聖務)를 관장하려는 거대한 충동이 가장 사악한 자들을 사로잡기 시작했으며, 신의 종교를 전파하는 일에 대한 사랑은 불결한 탐욕과 야망으로 … 타락해 버렸기 때문이다"(같은 곳).

하다. 환심을 사야 하며, 대중성으로 인정받아야 한다. 그리고 불안에 찬 인민이 혁신을 욕망하는 이상, 장차 인민이 십분 이용될 것이다. 이제 교회들은 극장으로 타락한다. 박사들은 웅변가가 되며, 그들의 관심사는 깨우침이 아니라, 어떤 대가를 무릅쓰고라도 자기 교리의 참신함을 내세워 경탄을 불러일으키는 것이다.[122] 교리는 터무니없을수록 더 가치를 지닐 텐데, 왜냐하면 바로 그 기이함이 주목을 끌 것이니 말이다. 제도의 타락은 이처럼 풍습의 수준에서 아직 막연한 경향성의 상태로만 발현되었던 것을 두드러지게 하고 구체화시킨다.

따라서 개인적 차원에서는 모든 둑이 무너진다. 다시 말해 상충하는 해석들의 영향으로 전통 교리는 급속도로 등한시되고, 미신은 미친 듯이 증식한다.[123] 이러한 상황에서 불관용은 인간 상호관계를 한층 더 부패시킨다. 서로 경합하는 신학자들은 상대방을 시기하며, 이 미움은 지속적인 흔적을 남긴다.[124] 이내 이들은 자기 신봉자들을 설득하여 자기편에 끌어들인다. 물론 귀족의원들까지 포함해서 말이다. 그리고 성직자와 최고협의체는 분열되며, 모든 파당들은 매한가지로 두 권위의 몇몇 대표자들에게 의지할 수 있다. 이제는 분리 요인이 통일 요인보다 중요하므로, 서로 이해하려는 시도조차 하지 않는 것이다. 하기에, 교회는 필연적으로 여러

---

122) "… 따라서 사원 자체가 극장으로 타락할 정도가 되어, 거기에서는 교회의 박사들이 아니라 웅변가들의 목소리만 들렸으며, 이들 중에서 어느 누구도 인민을 가르치려는 열망에 머물러 있는 자는 없었다. 대신 그들은 단지 인민을 자기에 대한 경탄으로 사로잡으려는 열망, 그리고 그들과 다른 의견들을 공개적으로 비난하려는 열망, 그리고 우중이 가장 경탄해마지 않는 혁신적이고 기이한 것만을 가르치려는 열망에 사로잡혀 있었다"(『신학정치론』 서문[G III p. 8/P pp. 666~7]).
123) "그러므로, 고대의 종교에서 외적인 숭배 … 외에는 아무것도 남아나지 않았다 해도, 그리고 신앙은 이제 맹신과 편견에 불과해졌다 해도, 하등 놀라울 게 없다"(같은 곳).
124) "… 오랜 시간의 흐름도 결코 진정시킬 수 없었던 거대한 논쟁과 시기심, 미움은 바로 여기서 연원했음이 틀림없다"(같은 곳).

종파들로 분할될 수밖에 없다.[125] 그리고 각 분파는 더 이상 개인의 자질을 문제삼지 않고서 분파에 속한 성원들을 일괄적으로 성자라고 추켜세우며, 자기 종파의 성서 해석에 전적으로 찬성하지 않는 자는 누구든 신의 적으로 단죄한다.[126]

이내 국가의 독립성도 위험에 처한다. 왜냐하면, 변화에 대한 갈증은 공식 교회의 바깥에서조차 너무 커서 수많은 이국 종파들이 나라 안에 정착하는 지경에 이르기 때문이다. 물론 그들은 애초부터 이 나라 안에 있었지만, 관용이 지배적이었을 때는 공격적이지는 않았다. 하지만 이제는 정반대로 그들의 현존과 증식이 국가를 심각하게 위협한다. 주권자들[최고협의체]이 어떤 종파의 도입은 허용했으나 그 종파에 형식적 합법성의 관점에서조차 아무 권위를 행사하지 못할 때, 신흥 종교의 추종자들은 이 권력에 신수권(神受權) 문제에 대해 어떤 권한도 인정하기를 거부한다. 그들은 자기네 박사들의 의견을 훨씬 더 존중하며, 이들의 의견이 법보다 위에 있다고 추켜세운다.[127] 그리고 이 박사들은 당연히 나라의 적일 수 있다. 이 역시 예속의 시작이다.[128]

결국 언젠가는 지도자들이 이 상황을 불안해하는 때가 온다. 하지만

---

125) "왜냐하면 사람들이 미신적인 열기에 휩싸여서, 그리고 집정관[세속권력—옮긴이]이 어느 한 편을 지지하는 가운데 다투기 시작할 경우, 그들은 결코 진정될 수 없으며 오히려 필연적으로 분파로 갈라서기 때문이다"(『신학정치론』 18장[G III p. 223/P p. 931]).
126) "우리가 종파에 속한 자들을 … 비난하는 이유는 … 그들이 자기와 생각을 공유하지 않는 자는 설령 그가 아무리 정직하고 참된 덕으로 헌신한다 하더라도 신의 적으로 박해하고, 반대로 그들에게 찬성하는 자들은 아무리 영혼이 무력하더라도 신의 선민으로 극진히 여기기 때문이다"(『신학정치론』 14장[G III p. 173/P p. 860]).
127) "주권자들이 그들 자신이 권위자가 아닌 어떤 분파를 도입했을 때, … 이럴 경우 그들은 신수권(神受權, jus divinus)의 해석자가 아니라 종파의 구성원으로 간주된다. 다시 말해 종파의 박사들을 신수권의 해석자로 인정하는 일개 구성원으로 말이다"(『신학정치론』 18장[G III p. 225/P p. 934]).
128) 앞의 주 3을 참조하라.

그들은 그 원인을 제거할 수 없다. 사제들에게서 인간 행위를 심판할 실질적 권리를 박탈하려면 —— 이 권리야말로 악의 근원이기 때문에 ——, 무엇보다도 통치를 잘 해야 하지만, 귀족회의의 충원이 지나치게 협소하게 이루어지기 때문에 불가능하다. 따라서 지도자들은 다시 한 번 권위적 방식에 의존하고 만다. 평정을 바라는 분위기, 아니 체념의 분위기에서 **사변을 규제하는 법률**이 공표된다. 가장 격렬하고 영향력 있는 신학자들의 의견이 급기야 신앙의 표준교의로 선언되고, 이에 대한 비판은 전면 금지된다.[129] 이렇게만 해도 논쟁이 종식되고 나라의 이데올로기적 통일성을 되찾기에 충분하다고 생각할 수도 있다. 하지만 또 다시, 그리고 사치금지법의 경우와 똑같은 세 가지 이유 때문에 치유책이 병을 더 악화시킨다. 우선, 사변을 규제하는 법률은 무용하다. 무질서는 교리를 둘러싼 불일치 때문이 아니라 사람들이 이 불일치에 과장된 중요성을 부여하기 때문에 생겨나며, 이 과대평가에서 연원하는 반란 행위 때문에 생겨난다. 만일 각자가 미움에 호소하지 않고, 불복종하지도 불복종을 도발하지도 않고서 자기 관점을 조용히 표현하는 데 그친다면, 사회 평화는 확고해질 것이다.[130] 두번째로, 이런 법률은 아무 효력이 없다. 사람들은 본성상 수다스럽기에, 그들이 생각하는 바를 말하지 못하게 막을 수는 없다.[131] 하

---

129) "이런 따위의 법, 곧 각자가 믿어야 하는 바를 명하고, 이런저런 의견에 반대하여 뭔가를 말하거나 쓰는 것을 금지하는 법들은 대개 자유로운 기질의 사람들을 참지 못하는 자들의 분노를 후하게 받아들여, 아니 아예 이 분노에 내맡겨 제정되었다"(『신학정치론』 20장 [G III p. 244/P p. 960]).
130) 국가에 아무런 위험도 초래하지 않으면서 각자는 "아무 제한 없이 생각하고 판단하고 따라서 또한 말할 수 있다. 단, 그저 말하거나 가르치는 데 그치기만 한다면, 그리고 이를 간계, 분노, 미움에 의해서도 아니고, 자기 뜻의 권위에 따라 공화국에 무언가를 새롭게 도입하려는 의도에서도 아니고, 오직 이성으로 변호하기만 한다면 말이다"(『신학정치론』 20장[G III p. 241/P p. 956]).

물며 그들의 의견을 어떻게 속속들이 지배할 수 있겠는가?[132] 그렇게 하려면 그들을 낱낱이 재조건형성 해야 할 것이고, 이는 제도적 체계 전체의 완전한 개편을 함축할 텐데 말이다. 그러니 단순 금지는 그저 우스꽝스러울 뿐이다. 마지막으로 이 법률은 아주 해롭다. 국가가 개입함으로써 이견과 미움은 줄어들기는커녕 더 악화된다. 신학자들은 고위층을 자기편으로 끌어들이기 위해, 하층민의 갈채를 받으며 적들에게 승리를 거두기 위해, 또 그들에게는 공식적 서품이나 다름 없는 고위성직에 접근하기 위해, 불신과 격분을 배가시킨다.[133] 패자들은 국가의 화해할 수 없는 적이 되는 반면, 승자들은 무엇이든 해도 된다고 믿는다. 그들에겐 지금, 자기 마음에 들지 않는 자를 단죄할 법적 특권이 있으니 말이다. 게다가 승리를 거듭할수록 역량은 증가하므로 그들의 광신은 만족을 모른다. 다시 말해, 자기 관점을 강요하는 데 성공을 거둘수록, 그들은 더더욱 그것을 강요하기를 원하고 또 그렇게 할 수 있다. 결국 종교적 쇠퇴는 그것을 억제했어야 할 조치들로 인해 오히려 돌이킬 수 없는 지경이 된다. 불관용이 제도화될 경우 끝을 모르기에 말이다. 더군다나 불관용은 학문과 기예의 진보를 가로막아[134] 경제적 쇠퇴를 강화시키고, 이 경제적 쇠퇴가 다시 불관용을 가속화시키고 등등 ….

---

131) "왜냐하면 평민은 말할 것도 없고 가장 능란한 자 역시 침묵할 줄은 모르기 때문이다"(『신학정치론』 20장[G III p. 240/P p. 956]).
132) "…그렇게 되었다고 해서 결코 [사람들이] 오직 그 자신[=주권자]이 원하는 것만을 생각하게 되지는 않을 것이다"(『신학정치론』 20장[G III p. 243/P p. 959]).
133) "만일 사람들이 법과 집정관을 자기편으로 끌어들일 수 있다는 희망에 사로잡히지 않았다면, 통속적 우중의 갈채를 받으며 자기 적들에게 승리를 거둘 수 있다는 희망에, 영예를 얻을 수 있다는 희망에 사로잡히지 않았다면, 그들이 그토록 적의에 차서 싸움을 벌이지는 않았을 것이며 그토록 격심한 광기가 그들의 영혼을 들쑤셔 놓지는 않았을 것이다"(『신학정치론』 20장[G III p. 244/P p. 960]).
134) 앞의 주 57을 참조하라.

이런 상황이라면, 성직자에겐 체제 전복 기도를 성공적으로 이끌 수단이 죄다 갖춰진 셈이다. 미신의 증가로 인해 의식을 더 많이 지배하게 된 예배 사제는 이제 신의 직접적 대리자로 통할 수 있다. 점차 그들은 주권자들보다 더 우월한 것처럼 보이게 된다.[135] 이 측면에서도 역시 충돌은 목전에 있다.

따라서 최종적 파국을 위한 모든 것이 마련된 셈이다. 사실, 경제적 풍습과 이데올로기적 풍습의 타락은 정치적 풍습에도 반향을 일으킨다. 물질적 이익들이 더는 수렴되지 않는 이상, 최고협의체는 자기 내에서 일치를 실현하는 데 점점 곤란을 느낄 수밖에 없다. 경제적 시기심의 부활이 모든 욕망들의 공통분모를 축소시킴으로써 논쟁을 오랫동안 질질 끌게 만드는 것이다. 불관용이 다시 출현한 이상, 갈등은 다시 한 번 신성화되며 논쟁이 반란으로 탈바꿈할 위험은 이전보다 커진다.[136] 이와 같은 내적 이견들로 마비된 주권체는 집단 통치의 소질을 점차 상실한다. 난국이 발생하면, 귀족협의체는 명망 있는 한 개인에게 논의를 중재하고 신속한 결정을 내릴 임무를 떠넘길 수밖에 없을 것이다.

그런데 난국도, 명망 있는 개인도 어김없이 출현한다. 왜냐하면 엘리트가 제한되어 있다는 바로 그 사실로 인해, 체제는 이제 양면에서 공격받기 때문이다. **한편**으로 평민들은 불만에 차 있으며 성직자는 그들의 분노에 불을 지핀다. 지도자 선별양식으로 인해, 정부는 점차 자기 신민들

---

135) "… 이렇게 하여 이 자들은 감히 그들의[=정치 지도자들의] 권위와 권리를 찬탈하려 들며, 아무 부끄럼 없이, 신이 직접 자기네를 선택했다고 참칭한다"(『신학정치론』 20장[G III p. 247/P p. 964]).
136) 앞의 주 62를 참조하라.

의 열망을 덜 존중하게 된다. 마찬가지로 이로 인해, 신민들의 열망 역시 점점 더 도를 넘게 된다. 가능하면 더 적게 일하면서 더 많이 즐기고자 하는 것이다. 헤어날 길 없는 이 모순은 점점 더 첨예해지는 노여움을 낳을 수밖에 없다. 이와 병행하여, 교회가 '성무 감독권'(*jus circa sacra*)을 찬탈함으로써, 목회자들의 정치적 야망이 촉발되고 급기야 그들은 권력 전체를 차지하려는 욕망을 품게 된다. 또 바로 이 찬탈로 인해 온 나라에 미신이 들끓게 되며, 이 때문에 사제들의 권위도 더 커진다. 따라서 불가피하게 결탁이 이루어진다. 어떻게 성직자가 대중의 요구를 자기 이익을 위해 이용하지 않을 수 있겠는가? 어떻게 대중은 자기네가 신의 의지로 정당화된다고 믿지 않을 수 있겠는가? 자기 처지에 만족하지 않고, 또 지배에 굶주린 신학자들로 인해 광신에 빠진 인민이 반란을 일으키는 건 시간 문제다. 귀족정은 자기 토대를 허무는 것이다.

다른 한편, 군주가 되기를 꿈꾸는 자를 패퇴시키기에는 귀족의원의 수가 너무 적다. 지금 이 지점에서는, 협의체를 실질적으로 이끌어 가는 자는 바로 여러 파당의 수장들인데, 이들은 한결같이 개인적 권력을 열망한다. 물론 그들은 서로를 중화시킬지도 모른다. 하지만 소수 인물들 사이에 수립되는 균형이란 큰 집단에서 성립하는 균형보다 안정성이 훨씬 떨어지기 마련이다. 결국, 파벌 게임은 일정한 변동을 거쳐 일인 통치로 이어진다.[137] 그리고 이런 정세에서는 군 지휘권을 보유한 자들이 특히 유리하다. 사실, 군대는 오래 전부터 나라와 일체가 되기를 그만두었다. 무기는 본래 시민의 수중에 있었지만, 시민이 신민과 구별되는 바로 그 순간부터, 한정된 소수만이 폭력을 독점해 왔다. 그런 다음, 군대는 점점 더

---

137) 앞의 주 85를 참조하라. 이제 우리는 "한 명의 수중에"(*ad unum*)에 이를 것이다.

심하게 소요를 일으키는 주민들을 진압할 수 있도록 외국인 용병을 선발함으로써 병력 수를 보충해야 했다.[138] 그리고 얼마 안 있어 이들 용병이 수적으로 우세해진다. 그리하여 이제 군대는 국가 내의 자율체로 자처하려 든다. 그리고 이 군대는 나라의 운명에는 무관심하고 물질적 만족에만 급급하여, 봉급을 지급하고 환심을 사는 자가 시키는 대로 할 수밖에 없다. 따라서 만일 어떤 총사령관이 오랫동안 직무를 수행하면서 선동과 후한 인심으로 여러 부대에서 인기를 얻었다면, 위기의 순간 결정권을 쥐게 될 자는 바로 그일 것이다.[139]

따라서 귀족회의는 상부와 하부에서 동시에 침해당한다.[140] 이제 아무 사건이라도 균형을 무너뜨릴 수 있다. 가령, 외국의 침입만으로도 충분하다. 신학자들이 키워온 대중의 격분은 이럴 경우 절정에 이르게 된다. 공포와 희망 사이클의 2국면으로 접어드는 것이다.[141] 다중은 공황 상태에 빠져 지도자들을 저주하고 구세주를 찾는다. 내분으로 무력화된 협의체는 이 습격에 저항할 수 없으며, 얼빠진 상태에서 체념하는 것 외에는 달리 방도가 없다. 그리고 기회만을 노려 왔던 자, 바로 그가 구세주가 된다. 일체의 합법성이 무시된 채, 반란을 꾀하는 사령관이 나라의 운명을 넘겨받는 것이다.[142] 그리고 전시에는 권위를 단 한 사람에게 귀속시키

---

138) 그 어떤 귀족정에서도, 심지어 가장 완벽한 귀족정에서도 "귀족회의가 … 외국인 부대를 자기를 방어하고 반란을 진압하기 위해 … 끌어들이는 것은 허용된다"(『정치론』 8장 9절 [G III p. 327/P p. 1052]).
139) "… 귀족회의가 자기 군사령관들의 압력에 굴복하는 일은 종종 일어난다"(같은 곳).
140) 홀란드에서 공화제의 몰락을 촉발했던 자들이 바로 이들이다. 즉 "… 통치권을 실제로 보유하고 있던 자들은 다중을 다스리고 강력한 적들을 굴복시키기에는 너무나 소수였다"(『정치론』 9장 14절[G III p. 352/P p. 1088]).
141) 이 책 5장의 2절, p. 195을 참조하라.
142) 『정치론』 10장 10절[G III p. 357/P p. 1096].

는 편이 더 효율적이라는 구실로, 모든 권력은 그에게 집중된다.[143] "인격숭배"가 승리하는 것이다.

따라서 어찌됐든, 집단 주권체제는 결국 군주정으로 탈바꿈한 셈이다. 마치 사회적 동학이 불가항력적으로 바로 이 체제를 향해 나아가고 있었던 양 말이다. 앞에서처럼 짧은 사이클의 끝에서든,[144] 아니면 지금처럼 긴 사이클의 끝에서든, 결과는 매한가지다. 인간 개체에게서 사랑과 다소 유사한 무언가가 국가-개체의 수준에서 일어났다. 말하자면, 과잉된 기쁨(협의체의 축소)이 슬픔으로 퇴락했고, 사회체는 과도기적 상황에서 고통을 덜어 줄 수 있으리라 보이는 외적 원인(군주)에 무조건적인 애착을 갖게 된 것이다.

4) 군주정

하지만 정반대로, 구세주는 아무것도 구원하지 않는다. 군주정이 일단 수립되었다 하더라도 불균형을 피할 수 없다. 대략적으로 볼 때, 이 불균형은 귀족정의 불균형과 동일하다. 하지만 이제는 주권을 한 개인이 독점한다는 사실로 인해 군주정의 불균형은 몇 가지 개성적인 특성을 드러낼 것이며, 앞으로 우리는 무엇보다도 이를 부각시킬 것이다. 무질서 내에서의 이 종차야말로, 장기적으로 그리고 외적 개입이 전혀 없다면, 나라를 야만으로 퇴행할 수밖에 없도록 만들 것이다.

통치제도와 **중간제도**의 수준에서 볼 때, 이 체제는 해소 불가능한 어떤 모순에 희생된다. **한편으로**, 아무도 혼자서 통치할 수는 없다. 진정으

---

143) 『정치론』 12장 5절[G III pp. 309~10/P p. 1027].
144) 앞의 pp. 522~5과 527~30을 참조하라.

로 절대적인 군주정은 (신정이라는 매우 특수한 형태 하에서가 아니라면) 결코 존재하지 않고, 존재한 적도 없으며, 존재하지도 않을 것이다. 왕 혼자만으로는 모든 것을 할 수도,[145] 모든 것을 알 수도 없다.[146] 왕은 정보를 전달받아야 하고, 다른 사람들에게 자기가 내린 결정을 집행하는 임무를 맡겨야 한다. 이 경우 자문부와 집행부는 필연적으로 주권자와 구별될 수밖에 없다. 그리고 권리와 역량은 구별되지 않기에, 진짜 권한을 행사하는 자는 바로 이 두 권력의 보유자들이다.[147] 모든 경우에 그렇다. 왕이 어린 아이가 아니라도, 중병 환자가 아니라도, 지력이 떨어진 노인네가 아니라도, 후궁의 변덕에 휘둘리는 난봉꾼이 아니라도 말이다. 더구나 이런 경우조차 자주 생겨난다.[148] 따라서 이른바 절대군주정이라는 것도 실제로는 위장된 귀족정이다.[149] 그런데 이 체제야말로 가장 나쁜 체제인데, 자기 자신을 있는 그대로 인정하지 않는다는 점 때문에 그렇다.[150] 군주의 자문관들이 그들 다수가 지지하는 정견을 그들의 지배자에게 알릴 목적으로 모여서 함께 토론하는 경우는 없다. 최소한 의무적으로라도 말이다. 요컨대 모든 일은 우연한 개인적 접촉에 따라 무대 뒤에서 벌어지는 것이다. 심지어 자문관의 수가 많을 때조차도(그리고, 앞으로 살펴보겠지만, 그들의 수는 많지 않다), 집단적 심의에서 오는 이득은 상실될 것이다. 우선, 적대적 정념들은 서로 균형을 이루기는커녕, 때로는 이 정념이, 때로는 다른 정념이 주권자의 동요하는 의지를 좌우한다. 그리고 이 정념들의 공

---

145) 『정치론』 6장 5절[G III pp. 298~9/P p. 1010].
146) 『정치론』 7장 3절[G III p. 308/P p. 1025].
147) 『정치론』 6장 5절.
148) 같은 곳.
149) 같은 곳.
150) 같은 곳.

통분모는 오로지 통계적으로만, 그리고 장기적으로만 도출된다. 그것도 온 나라가 치러야만 하는 시행착오를 대가로 해서 말이다.

그런데 다른 한편, 왕은 혼자 군림하길 원한다. 다시 말해, 지배의 야망은, 비교에 기반을 둔 형태일 때도 그렇지만 단순한 형태일 때도, 필연적으로 왕에게 그렇게 하도록 부추길 수밖에 없다. 그리고 이 계획을 실행하기 위해 그가 펼치는 노력은 재앙과도 같은 결과를 초래한다. 우선 질적으로 볼 때, 자문관이나 대신들의 선택이 아주 형편없어진다. 사실 지배의 야망은 오만의 발달을 조장하며, 그것 자체가 오만과 별로 다를 게 없다.[151] 타인을 좌지우지하려 한다는 것은 곧 자기 혼자만이 모든 것을 다 안다고 믿는 것이니 말이다. 물론 이런 착각에 빠지지 않는 사람은 없다.[152] 그렇지만 문제는 왕에겐 이를 바로잡을 수단이 전혀 없다는 점이다. 애초부터 모든 사람이 그를 과대평가하기 때문이다.[153] 또 오만한 자 주변에는 그가 듣고 싶어 하는 것만을 말해 주는 기식자와 아첨꾼들만이 득실거리며,[154] 그들의 아첨은 그의 허영을 한층 더 부추긴다. 일단 이 순환에 빠지기만 하면 아무도 헤어나지 못한다. 그래서 모든 군주는 자신이 처한 상황 때문에 현실에서 다소간 유리된다. 마찬가지로, 야망이 비교에 기반을 둘 때, 그것은 늘 시기심을 수반하기 마련이다. 우리가 우리 유사한 자들과의 격차를 늘리는 가장 좋은 방법은 그들을 깎아내리는 것이다. 그 때문에 왕은 정말로 탁월한 자가 자기 주변에 있는 것을 견디지 못한다. 그래서 일반이익에는 관심이 없는 그는, 지혜로나 부로 자기 위신과

---

151) 『윤리학』 5부 정리 4의 주석.
152) "각자는 자기 혼자만 모든 것을 안다고 여긴다"(『신학정치론』 17장 [G III p. 203/P p. 901]).
153) "과대평가는 과대평가되는 자를 쉽게 오만하게 만든다"(『윤리학』 4부 정리 49).
154) 『윤리학』 4부 정리 57.

권력을 위협하는 듯 보이는 자들 모두에게 덫을 놓을 궁리만 하는 것이다.[155] 마지막으로 양적으로 볼 때, 지도자의 수가 아주 축소될 수밖에 없다. 우선, 자기 권위에 집착하는 국왕은 최대한 많은 일을 몸소 하고 싶어 한다. 그리고 그의 보좌관들도 국정자문회의에 새 인물을 영입할 것을 왕에게 건의하지 않는다. 이 모든 것이 개인적 결함 탓은 아니다. 정념에 사로잡힌 인간이라면 누구나 그렇게 할 것이다. 설령 왕이라 해도 말이다.

따라서 사실상의 통치는 평범하고 불성실한 개인들로 이루어진 제한된 파벌에 의해 수행된다. 이로부터 첫째, 귀족정의 쇠퇴에서도 확인한 바 있었던 양성 피드백이 일어난다. 그런데 새로운 체제의 동학은 이 양성 피드백을 한층 더 악화시킨다. 왕은 잘못된 정보를 얻기 때문에 해로운 결정을 내린다. 국가 고관들은 수가 아주 적은 탓에 악행을 저지르기로 의견을 모을 수 있으며,[156] 동시에 임기가 무제한적이라 일체의 보복을 피할 수 있는 탓에,[157] 법률을 위반하고 더 나쁜 비리에 전념한다. 재판관들은, 왕이나 왕의 총신이 탐내는 재산을 보유한 모든 자들에게 체계적으로 유죄선고를 내림으로써 악행을 엄벌하기는커녕 몸소 시범을 보인다.[158] 또한 순환적으로, 이러한 관행은 처벌받지 않는다는 확신 때문에 큰 규모로 확장되며, 이 관행에서 다시, 처벌받지 않는다는 확신이 생겨

---

155) "… 신민들을 돌보기는커녕 오히려 덫을 놓고자 애쓸 것이며, 특히 지혜로 이름 높은 자들이나 너무 부유해서 막강한 힘을 지닌 자들에게 그렇게 할 것이다"(『정치론』 6장 6절 [G III p. 299/P p. 1011]).
156) 바로 이 때문에 이상적 군주정에서 왕의 자문관은 "동일한 범죄를 저지르는 데 서로 합치할 수 있는 수보다 더 많아야" 한다(『정치론』 7장 14절[G III p. 314/P p. 103]).
157) 만일 왕의 자문관이 종신 지명된다면 "그들은 (후임자들에 대한 공포에서 벗어난 이상) 모든 것을 마음대로 할 수 있을 것이고, 왕 쪽에서의 반대도 전혀 없을 것이다. 왜냐하면 그들은 시민들에게서 더 많이 미움을 살수록 왕에게 더 밀착하여 그에게 더 많이 아첨하는 경향을 보일 테니 말이다"(『정치론』 7장 13절[G III p. 313/P p. 1031]).

난다. 바로 이 때문에 신민들의 불만이 쌓여간다. 둘째, 지도자 집단의 규모가 너무 작기 때문에 대부분의 사람들은 고위직에 오를 수 있다는 희망을 박탈당하며, 이 때문에 권력은 시기심과 갈등을 일으키는 독점적 재화로 탈바꿈한다.[158] 물론 스피노자가 명시적으로 말하지는 않았지만 이는 귀족정 단계에서부터 이미 그랬을 것이다. 하지만 주권이 사유화된 지금, 질투가 되어 버린 시기심은 최고조로 심화될 수밖에 없다.[160] 셋째, 자문관들의 수가 적어질수록, 그들 각자가 지닌 역량은 훨씬 커지게 된다. 다시 말해, 경쟁의 부재는 야망을 부추겨 유력인사 모두가 언젠가는 결국 전복을 기도하게 된다.[161] 따라서 측근의 음모가 왕을 위협하는데, 왕 역시 이를 잘 알고 있다. 그렇다면 그는 어떻게 이를 막을 수 있을까? 왕이 유일하게 의지하는 것은, 바로 통치의 전횡과 엘리트의 제한이 낳는 이중적 불만이 아닌가? 대신(大臣)은 미움을 더 많이 받을수록 자신이 약하다고 느끼며, 그럴수록 주권자와 일체가 될 수밖에 없다.[162] 따라서 군주는 대신의 비리를 처벌하기는커녕 더욱 독려하며, 자문관들의 구성을 확대하기는커녕 더욱 제한한다. 이야말로 최악의 정치로, 당장에는 군주를 보

---

158) "다음으로 재산의 몰수가 왕들에게 수입원이 될 때 … 소송에서 고려되는 사항은 정의나 진실이 아니라 부의 크기가 된다"(『정치론』 7장 21절[G III p. 316/P, p. 1036]).
159) "대부분의 시민들은 이러한 고위직[왕의 자문직—옮긴이]에 도달하리라는 희망을 거의 품을 수 없을 것이다. 그리하여 이로부터 시민들 사이에서 커다란 불평등이 생겨날 것이고, 또한 이 불평등에서 시기심과 끊임없는 불평의 소리가, 그리고 마침내 반란이 일어날 것이며, 지배를 갈망하는 왕자들에게 이는 분명 언짢은 일은 아닐 것이다"(『정치론』 7장 13절[G II p. 313/P p. 1031]).
160) 이 책 5장 4절 pp. 281~2을 보라.
161) "따라서 자문관들의 수가 적어질수록, 그래서 그들이 더 강력해질수록, 그들이 다른 누군가에게 통치권(*imperium*)을 이전해 버릴 위험으로 왕은 더 많이 위협받게 된다"(『정치론』 7장 14절[G III p. 313/P p. 1032]).
162) 앞의 주 157과 159를 참조하라.

호해 주며, 또한 "만일 왕이 안다면"이라는 메커니즘이 작동을 멈추는 순간까지는 그를 보호해 줄 것이다. 이렇게 해서 귀족정에서는 겪어 보지 못한 두번째 양성 피드백이 시작되며, 이는 첫번째 피드백을 증폭하면서 거기에 맞물린다.

이 모든 것은 **하부제도의 작용에**, 그리고 하부제도와 풍습의 상호작용에 반향을 미친다. 우선 **경제적** 차원에서는, 소유제가 전과 똑같은 방향으로 진행되지 않을 이유가 없다.[163] 우연히 혹은 게으름 때문에 가난해진 자는 자기 밭을 팔아 치우며, 땅은 점차 소수의 수중에 집중된다. 토지귀족의 힘은 절정에 이른다. 그 결과 그의 존재는 교역을 가로막고 쇠퇴를 가속화시킨다. 그런데 이것이 전부가 아니다. "절대" 군주정은, 귀족정에는 거의 해를 끼치지 않았던 새로운 재앙을 낳는다. 방금 살펴보았듯, 왕은 기식자들로 둘러싸이길 욕망한다.[164] 다시 말해, 지위의 확고함 때문에 상당 정도 독립성을 지닌 부자들을 특별 대우하느니, 차라리 결함 있는 개인들에 기대는 편을 선호한다. 곧 재력이 필요를 감당하지 못하는 자들, 또 이 때문에 왕에게 전적으로 의지하는 자들을 말이다. 이 때문에 **궁정**이라는 아주 기이한 현상이 생겨난다. 궁정의 출현은 『정치론』에서는 자명한 것으로 제시되는 듯 보이지만, 『윤리학』 4부 정리 57에서는 아주 엄밀하게 연역된다. 그런데 궁정이 유지되려면 많은 돈이, 곧 많은 세금이 필요하다. 물론 무거운 징세도 그 자체로는 악이 아니다. 가령, 홀란드 같은 귀족정에서는 세금이 아무리 올라가도 나라의 번영이 해를 입지는 않았다.[165] 왜냐하면 세금의 산물은 많은 사람들에게 재분배되고,[166] 이들은

---

163) 앞의 pp. 534~5과 pp. 551~52을 보라.
164) 앞의 주 154를 참조하라.

또 그것을 교역이나 금융에 재투자하기 때문이다. 게다가, 세금에서 이득을 보는 자들이 동시에 가장 많이 납세하는 자들이기도 한데, 왜냐하면 지도자는 우선적으로 부자들 가운데서 선발되기 때문이다.[167] 다시 말해, 대개의 경우 세금은 부담 전가라기보다는 귀족층 내부에서의 단순 재분배이며, 신민들은 세금 때문에 고통을 겪지 않는다. 하지만 군주정에서는 정반대다. 궁정의 사치는 막대한 비용지출을 초래하는데,[168] 그 수혜자는 한 줌도 안 되는 소수뿐이며,[169] 왕이나 그의 보좌관들은 그 비용을 일절 분담하지 않는다.[170] 노동 인구에게 모든 부담이 고스란히 돌아가는 것이다. 이런 조건에서는 경제적 상황이 악화될 수밖에 없다. 나라 전체가 돌이킬 수 없을 만큼 궁핍해지는 것이다. … 왕은 이 상황을 알고 있을까? 분명 그럴 것이다. 그렇다면 그는 마지막으로 분발하여 사태의 흐름을 바로 잡을 것인가? 확실히 그렇지 않다. 왜냐하면 실제로 그는 신민들이 비참한 처지에 있기를 바라기 때문이다.[171] 물론 악의나 심술에서가 아니라, 부자들 모두가 잠재적으로 그의 권력을 위협한다는 점 때문에 말이다.[172] 여기서도 마찬가지로, 최악의 정치는 의식적이고 숙고된 것이다.

하지만 당연히 이런 정치가 불러오는 반발들을 중화시켜야 한다. 신민들의 불만을 억누르기 위해서는 거대한 억압 장치가 필요하다. 그런데

---

165) 『정치론』 8장 31절 [G III pp. 337~8/P pp. 1066~7].
166) 같은 곳.
167) 같은 곳.
168) 같은 곳.
169) 같은 곳.
170) 같은 곳.
171) "… 혼자 다스리고자 하는 자들은 무슨 수를 써서라도 신민들을 가난한 상태로 머무르게 하려고 애쓸 수밖에 없다"(같은 곳).
172) 앞의 주 155를 참조하라.

왕 혼자서는 그 누구도 두려움에 떨게 하지 못할 것이다. 따라서 군대를 그의 권력 기반으로 삼을 수밖에 없다.[173] 그리하여 군이 점점 더 팽창한다. 물론 이들은 용병이다. 군이 진압해야 할 자들로 군을 구성할 수는 없기 때문이다.[174] 왕은 자기 병사들에게 전적으로 의존하는 상태로 전락하며, 군인들이야말로 진짜 주인이 된다. 그래서 온갖 선물, 온갖 호의, 가장 비굴한 우민정치의 온갖 행사들이 군인들에게 바쳐진다.[175] 이 군인들에 비하면 나머지 모든 주민은 노예이며,[176] 또 군인들이 몸소 주민들에게 이를 역력하게 느끼게 해준다. 그들은 민간인들을 온통 멸시하면서,[177] 한가로움 때문에 필시 빠져들게 되는 방탕한 삶을 영위하려고 갖가지 방식으로 민간인들의 고혈을 짜낸다.[178] 그런데 군인들이 무엇보다 원하는 일은 바로 전쟁이다. 왜냐하면 전쟁만이 그들을 진정으로 부유하게 만들어주기 때문이다.[179] 그런데 적어도 다음의 두 가지 이유에서 국왕의 욕망 역시 같은 방향으로 나아간다. 첫째, 전쟁은 기식자의 충동들을 한 방향으로 유도할 수 있게 한다. 귀족들은 지나치게 여유롭기 때문에 악을 저지를 궁리만 일삼으며,[180] 지칠 줄 모르는 탐욕 때문에 끝없이 싸움을 벌

---

173) "실상 왕 혼자서는 모두를 공포로 묶어 둘 수 없으며, 그의 역량은 … 군의 수에 의거한다"(『정치론』 7장 12절[G III p. 312/P pp. 1030~1]).
174) "군주들이 오직 스스로 급료를 지급하는 군대를 통해서만 인민을 진압할 수 있다는 것은 확실하기 때문이다"(『신학정치론』 17장[G III p. 213/P p. 916]).
175) 『정치론』 7장 12절.
176) "… 오직 군대만이 자유를 향유하며, 나머지 사람들은 노예가 된다"(『정치론』 7장 22절[G III p. 317/P p. 1037]).
177) 『정치론』 7장 28절[G III p. 320/P p. 1042].
178) "그들은 평화로운 시기에는 지나친 여유 때문에 방탕함에 빠져들고, 결국은 가산을 탕진하여 단지 약탈과 민사상의 알력, 그리고 전쟁에만 골몰하게 된다"(『정치론』 7장 22절[G III p. 317/P p. 1037]).
179) 앞의 주를 참조하라.

인다. 따라서 왕이 가끔씩이나마 숨 돌릴 틈을 가지려면, 귀족들에게 군 지휘권 일부를 주고는 외국을 약탈하러 원정 보내는 편이 낫다.[181] 둘째, 전쟁은 인민을 일상적인 걱정거리에서 눈 돌리게 함으로써 주권자의 위신을 드높여 줄 것이다. 특히 인기 없는 왕일수록, 자신이 없어서는 안 될 존재임을 대중에게 각인시켜 줄 위기상황을 인위적으로 만들어내려는 유혹이 크다.[182] 이것이 "절대" 군주정이 최악의 정치인 세번째 이유다. 그런데 도구는 양날의 칼인데, 왜냐하면 왕 혼자 군 작전을 지휘하는 것은 아니기 때문이다. 만일 장군들 중 하나가 빛나는 승리로 이름을 날린다면, 어떤 일이 벌어질까? 이 장군은 심지어 군주의 이름보다 자기의 이름을 기리게 하기 위해 이를 이용하지 않겠는가?[183] 이 장군이 아주 오랫동안 지휘권을 보유할 경우, 그 역시 파렴치한 우민정치를 통해 군이 자기에게 애착을 갖게 만들지 않겠는가?[184] 그리고 만일 이에 성공한다면, 그는 쿠데타를 시도하지 않겠는가? 한 개인의 권력을 다른 개인에게 넘어가게 하는 것보다 쉬운 일은 없다. 그렇다고 해서 군주제의 본성이 바뀌는 것은 아닐 테니 말이다.[185]

어쨌든 이와 같은 정치는 경제적으로도 파국적인 귀결을 초래한다. 직업 군대는 비용이 너무 많이 든다.[186] 왕은 비자금으로 남겨둔 예산의

---

180) 『정치론』 7장 20절[G III p. 316/P p. 1036].
181) 같은 곳.
182) "왕들의 덕은 평화 시보다 전쟁 시에 더 빛을 발한다"(『정치론』 8장 31절[G III p. 337/P p. 1027]).
183) 『정치론』 7장 17절[G III p. 315/P p. 1034].
184) 같은 곳.
185) "비록 전 권력이 한 명에게 절대적으로 이전되었다고 하더라도, 그것은 너무나 쉽게 또 다시 다른 한 명에게 이전될 수 있다 …"(『정치론』 7장 14절[G III p. 313/P p. 1032]).
186) 『정치론』 7장 17절[G III pp. 314~5/P p. 1034].

대부분을 전쟁비용으로 써버릴 수도 있는데, 이 전쟁비용은 궁정 경비에 추가되어 주민의 고혈을 짜낸다.[187] 이 때문에 주민은 더욱 비참해진다. 이를 치유하기 위해 군대를 강화하고 새로운 전쟁을 벌이고 등등 …. 시간이 지날수록, 반란을 획책하는 장군들에게 많은 기회가 주어진다. 이제부터 찬탈의 위험은 상시적이 된다.

헤어날 길 없는 이 난국을 피하기 위한 최후의 수단이 남아 있기는 하다. **종교**를 이용하는 것이다. 종교는 처음부터 그만한 힘을 지니고 있었다. 광신적 예언을 통해 군주제의 수립을 가능케 한 자들은 다름 아닌 예배 사제들이였으며, 그들로선 전리품을 포기할 이유가 전혀 없다. 따라서 불관용은 귀족정에서와 동일한 도덕적 귀결을 동반하면서 여느 때보다 더 기승을 부릴 수밖에 없다. 그런데 이제는 그 이상이 있다. 사실 왕이 인정받았던 것도 여론이 그에게 어떤 초자연적 위신을 부여해 주었기 때문이었다. 권력을 계속 유지하려면 왕은 반드시 이 가상을 온존시켜야 한다. 설령 인기가 없다 하더라도 그렇게 해야만 할 것이다. 대개 사람들은 자기 유사한 자에게 복종하기를 좋아하지 않기 때문이다. 그렇기에 사람들이 한 개인에게 순종하도록 만들기 위해서는, 이 개인은 그들에게 초인적인 무언가를 지닌 자로 보여야 한다.[188] 왕의 권위가 불안정할수록 이러한 필요는 더욱 절실해질 수밖에 없다. 노골적인 폭력만으로는 충분치 않으며, 이 폭력을 내면화시켜야 하는 것이다. 군주제의 커다란 비밀, 근본 이해는, 사람들을 길들이기 위해 그들에게 공포를 불러일으키고 여기

---

187) "따라서 만일 평화를 위해서 군주 국가에 부담이 가해진다면, 이는 시민들을 짓누르지 않을 것이다. 그런데 바로 저런 국가들의 은밀한 정책이 초래하는 부담이야말로 신민들의 등골을 휘게 한다"(『정치론』, 8장 31절[G III p. 337/P p. 1067]).
188) 앞의 주 10을 참조하라.

에 종교적 색채를 가미하여 그들을 기만하는 데 있다.[189] 이렇게 되기 위해서는, 가장 터무니없는 미신을 체계적으로 길러내는 수밖에 없다. 그리고 이 터무니없는 미신은 아주 정교한 조작을 요하므로, 전문가들의 호의를 얻어 두는 편이 좋다. 이런 이유로 목회자와 신학자가 왕국의 귀빈이 된다. 군주는 아첨꾼들에게 특혜를 베풀며,[190] 그 가운데서도 가장 파렴치한 아첨꾼은 군주야말로 지상에서 신의 대리자라고 선포한다.[191] 물론 "현세의 부"를 지급받는다는 조건에서 말이다. 따라서 불관용은 제도화된다. 하지만 이는 퇴락하는 귀족정에서 종교 정치로 말미암아 생겨났던 해로운 귀결과는 성격이 다르다. 거기서는 이 해로운 귀결도 그 장본인이 의도했던 건 결코 아니었다. 그러나 지금은 기획 자체가 명시적이고 숙고된 것이다. 왕은 아주 고의적으로 정신들의 예속을 바란다. 의무적인 유일 국교를 원하는 것이다. 곧 특별 계시를 토대로 하며, 고위직의 후광을 업은 이데올로기 공무원들에 의해 강요되고, 신수권을 지닌 절대군주정을 정당화하는 근거가 도출될 수 있는 국가 종교.[192] 퀸투스 쿠르티우스처럼, 왕도 미신이야말로 가장 효과적인 통치 수단이라고 생각한다.[193] 왕은 그의 기획이 실현될 경우 초래될 지적 퇴행을 알고 있을까? 분명 그렇겠

---

189) "… 만일 군주 국가의 최고 비밀과 전적인 이해가 사람들을 기만하는 데, 그리고 그들을 묶어 두는 데 필요한 공포를 종교라는 허울좋은 이름으로 위장하는 데 … 있다면"(『신학정치론』 서문[G III p. 7/P p. 665]).
190) 앞의 주 154를 참조하라.
191) 다음 주를 보라.
192) "그러나 다른 이들은 더 쉽게 다음과 같이 설득할 수 있었다. 곧 폐하는 신성하고, 지상에서 신의 역할을 대신하며, 인간의 투표와 동의가 아니라 신에 의해 옹립되었고, 특별한 섭리와 신의 도움으로 보존되고 수호된다고 말이다"(『신학정치론』 17장[G III p. 205/P p. 903]).
193) "… 실상 (말해진 것에서 이미 명백하듯, 또한 쿠르티우스Q. Curtius도 [『알렉산더 대왕 이야기』 Historiae Alexandri Magni — 옮긴이] 4권 10장에서 잘 주목해 두었듯이) 다중을 다스리는 데는 미신만큼 효과적인 것도 없다"(『신학정치론』 서문[G III p. 6/P p. 665]).

지만, 오히려 그는 이를 기뻐한다. 그에게는 지성이야말로 최대의 적으로 보이기 때문이다.[194] 이것이 바로 "절대" 군주정이 최악의 정치인 네번째 이유다.

그런데 **이는 통치제도와 중간제도에 영향을 미친다**. 이제부터 사제들은 유례없는 자율성을 누리며, 경건과 불경을 심판할 권리를 공식적으로 갖게 된다. 그들은 분명 자기 야망을 실현하는 데 이 권리를 이용할 것이다. 이 때문에 첫째, 이미 귀족정이 퇴락할 때부터 기승을 부려 왔던 양성 피드백이 악화된다. 교회는 먼저 예배의 운영을, 다음에는 종교 분야에서 주권과 자문권력을, 그 다음에는 목회자 선발을 점차 장악해 들어간다. 이는 다시 교회의 사법 권력을 강화하고 등등. '성무 감독권'(*jus circa sacra*)은 완전한 자율성을 띠며, 군주는 이에 대해 아무것도 할 수 없다. 그런데 이것이 전부가 아니다. 둘째, 사실 교회가 왕에 대항하여 왕의 정책을 무산시키지 못할 이유가 없다. 예언 역시 무력(武力)처럼, 필요하면 합법성을 무너뜨리는 데 쓰일 수 있는 것이다. 주지하다시피, 미신만큼 유동적인 것도 없다. 인민이 불행할 때, 아주 보잘것없는 제안에도 인민의 의견은 돌변한다.[195] 그런데 너무나 명백하게도, 인민은 지금 아주 불행하다. 따라서 목회자와 신학자들은 인민의 불만을 마음껏 이용해, 인민이 한때 신처럼 숭배했던 군주를 인류의 적으로 혐오하도록 만들 수 있다.[196] 물론 이런 가능성은 이미 귀족제에서도 있었겠지만, 집단 통치의 익명성 때문에 최악의 사태는 얼마간 피할 수 있었다. 하지만 반대로 권력이 의인화되는 군주정에서는 질투와 갈망의 메커니즘이 아주 활발하게

---

194) 앞의 주 155를 참조하라.
195) 이 책 5장의 p. 208에서 주 196을 참조하라.
196) 이 책 5장의 p. 285에서 주 389를 참조하라.

작동할 수밖에 없다.[197] 그리고 인격숭배만큼 쉽게 전복될 수 있는 것도 없다. 제아무리 훌륭한 왕이라 하더라도 베푸는 것에 소홀히 하는 순간 미움을 사게 된다. 그러니 잘못 통치할 경우에야 더 말할 것도 없다. 따라서 이제 교회는 자기 의지를 주권자에게 강요하기 위한 멋진 협박 도구를 갖춘 셈이다. 바야흐로 정치적 파문(破門)의 시대로 접어든다.[198] 이 때문에 셋째, 국가는 전면적으로 공격받으며, 이제 성직자는 본심을 대놓고 드러낸다. '성무 감독권'만이 아니라 권력 전체를 요구하는 것이다.[199] 이번엔 왕은 퇴위 말고는 요구를 들어줄 방도가 없다. 바로 이것이 히브리 군주정과[200] 중세 기독교 세계를[201] 분열시켰던 끊임없는 격변의 기원이다. 그런데 이 격변에서 세속권력이 결정적으로 승자가 된 적은 단 한 번도 없다. 사실 왕이 자기 방어를 위해 택할 수 있는 해결책은 둘 중 하나다. 할 수 있다면 새로운 종교를 도입하거나, 아니면 교회 내부에 한 종파를 만들어 그가 지닌 모든 물적 수단을 동원해 이를 뒷받침하거나. 여하간 그는 오직 미신 자체에 의존해서만 미신과 투쟁할 것이다. 어떤 해결책을 택하든, 그의 전술은 휘하에 있는 사제들이 주관하는 예배에 눈부신

---

197) 이 책 5장의 4절, pp. 283~5을 참조하라.
198) 『신학정치론』 19장 앞부분[G III p. 228/P p. 938]에서 성 암브로시우스와 테오도시우스에 대한 언급을 참조하라. [옮긴이] 암브로시우스(330~397년) : 밀라노 주교로, 아우구스티누스에게 세례를 준 사람이기도 하다(387년). 테오도시우스 황제(재위 379~395년)가 반란을 진압하기 위해 텟살로니카 지역의 주민 7천 명을 학살했을 때(390년), 그는 황제에게 파문을 내리고 속죄하게 한다. 이것이 로마 국가가 처음으로 가톨릭 권력에 종속된 사건이다. 이 사건은 교회권력이 세속권력의 주권자를 파문한 상징적 사례로서, 칼뱅, 고마루스, 홉스 등 17세기 신학-정치 이론에서 자주 언급된다(『신학정치론』 모로-라그레 판 19장의 주 3, p. 779 참조). 여기서 스피노자 역시 같은 맥락에서 이를 언급하고 있다.
199) 앞의 주 95를 참조하라. 하지만 이제 이 목표는 훨씬 더 뻔뻔스럽게 공표된다.
200) 『신학정치론』 17장[G III pp. 219~20/P pp. 926~7]을 참조하라.
201) 교황과 황제 사이의 투쟁에 대해서는 『신학정치론』 19장[G III p. 235/P p. 948]을 참조하라.

위엄을 부여해 주는 것,[202] 다시 말해 예배 사제들의 역량을 결정적으로 강화하는 것이 될 테니 말이다. 따라서 사제들은 이제 그들의 입장을 내세울 가장 좋은 입지점을 확보할 것이다. 이것이 곧 첫번째 양성 피드백에서 비롯되면서 그것을 증폭시키는 두번째 양성 피드백이다. 또한 이것이 바로 "절대" 군주정이 최악의 정치인 다섯번째 이유다.

더구나, 성직자가 완벽한 승리를 거두어 두 권력을 통일함으로써 사회질서를 회복해낼 수 있으리라 믿지는 말자. 정반대로, 사제들은 직접 통치하는 순간부터 정치적 야망에 이끌려 그들이 취하고자 하는 조치들과 종교를 조화시키기 위해 종교의 내용을 쉴 새 없이 바꿔댈 것이다. 이 때문에 이교와 이단들이 틀림없이 생겨날 것이고, 또한 퇴락하는 귀족정을 특징지었던, 그렇지만 그보다 한결 악화된 신학적 비등의 상황이 도래할 것이다. 교회는 종파들로 거듭 분열될 것이고, 이내 다른 권력, 곧 고위 성직자 일색의 한 분파에 독점된 속세 권력에 대항하는 영적 권력이 등장할 것이다. 두번째 히브리 국가의 역사는 이를 웅변적으로 보여 준다.[203] 성직자들이 직접 국가를 운영할 때 세속적 평화는 끝이라는 것을.

이처럼 체제의 내적 동학이 반란과 불화를 발생시킨다. 왕이 그밖에 어떤 장단점을 가지고 있든, 그는 자신이 처한 상황 때문에 필연적으로 사회 모든 수준에서 적을 만들어낼 수밖에 없다. 더욱이 왕이 자기 방어를 위해 펼치는 노력은 오히려 그것이 제어해야 했던 대립들을 보다 첨예

---

202) "이와 같은 악[=종교의 외피 하에 인격숭배가 계속 전복되는 상태]을 피하기 위해, 사람들은 종교 —— 참된 종교이든 헛된 종교이든 —— 를 예배와 행렬로 치장하는 데 막대한 공을 들였다. 그 종교가 다른 어떤 종교보다 장중하게 여겨지도록, 그리고 한결같이 만인의 주목을 받으면서 추앙받도록 하기 위해서 말이다"(『신학정치론』 서문[G III pp. 6~7/P p. 665]).
203) 『신학정치론』 18장[G III pp. 222~3/P pp. 929~31].

하게, 그리고 보다 광범위한 규모로 재생산할 수 있을 뿐이다. 왕의 적은 다섯 집단으로 나뉘며, 주권자가 실행할 수밖에 없는 다섯 가지 최악의 정치 때문에 이들의 열망은 유지된다. 이 가운데 세 집단은 사회 피라미드의 정상에 있으며, 권력 지망자들로 이루어진다. 군주의 대신과 자문관들, 반란을 획책하는 장군들, 교계제도를 대표하는 최고 유력자들이 바로 그들이다. 다른 두 집단은 서민에서 충원되며, 경우에 따라 위의 세 집단이 시도하는 대중조작의 대상이 될 수 있을 것이다. 경제 악화로 궁핍해져 불만에 찬 다중, 그리고 미신의 지배에 정신이 팔린 광신적인 다중이 바로 그들이다. 비참과 맹신이 함께 가는 이상, 이 두 그룹은 대개의 경우 구별되지 않는다. 이제부터는 정황이 모든 것을 결정할 것이다.

물론 이렇게 정해진 틀 내에서도, 군주 개인의 능란함이나 "덕"은 일정한 역할을 할 수도 있다. 왕들 모두가 하나같이 공공선에 무관심한 것도 아니고, 자기 적수들을 서로 이간질시켜 자기를 보호하는 데 소질이 없는 것도 아니기에 말이다. 그러나 이러한 관점에서 볼 때조차, 시간이 지남에 따라 상황은 어쩔 수 없이 악화된다. 사실 왕은 자기의 계승자마저 잠재적인 왕위 찬탈자로 보기 때문에, 그에게 가능한 한 최악의 교육을 시키고자 노력한다.[204] 왕의 측근들 역시 이를 부추기는데, 사실 무능한 왕은 더 쉽게 조종될 테니 말이다.[205] 각 주권자는 선왕이 물려준 취약함을 타개하기 위해 자기의 계승자를 한층 더 취약하게 만든다. 이것이 마지막 양성 피드백인데, 이는 이번에는 앞서의 피드백을 장기간에 걸쳐 강화한다.

---

204) 『정치론』 6장 7절[G III p. 299/P p. 1011].
205) 같은 곳.

하지만 이 양성 피드백의 체계는 언젠가는 결국 음성 피드백으로 반전한다. 실상 군주제는 적어도 초기와 전성기만큼은 조절 기제를, 한심스럽긴 하지만 어쨌든 없는 것보다는 나은 조절 기제를 이용한다. 이 체제에서 생겨나는 불만의 진폭이 그것이다. 확실히 군주는 인민의 항의에 무관심하지만, 이것도 인민의 항의가 자기 권력에 직접적인 위험이 되지 않는 동안만 그렇다. 그런데 위협은 갈수록 뚜렷해진다. 한편으로, 왕의 무절제함은 그에 대한 신격화의 효과를 무색하게 만든다. 만일 왕이 창녀들을 대동하고서 술에 취해 벌거벗고 산책을 한다면, 만일 그가 어릿광대짓을 한다면, 어떻게 그가 여전히 반신(半神)적 존재로 통하겠는가?[206] 물론 이 지경까지 가는 경우는 드물다. 그러나 왕이 자기가 만든 법을 노골적으로 위반하는 일은 훨씬 더 빈번히 일어나며, 결과는 매한가지다. 스스로 명령하는 것과 정반대를 행하는 주권자를 우러러보는 자는 아무도 없기 때문이다.[207] 사람들에게 그들이 우스꽝스럽다거나 역겹다고 여기는 자를 존경하도록 하기란 불가능하다. 이는 인간에게 하늘로 날아갈 의무가 있다고 우기는 것과 마찬가지일 것이다.[208] 다른 한편, 왕은 전횡을 일삼는 바람에 역설적으로 더 이상 신민들에게 두려움을 자아내지 못한다. 공포는 슬픔, 다시 말해 미움이며, 우리는 미워하는 대상을 물리치거나 파괴하기를 욕망한다. 그런데 만일 신민들이 그렇게 하지 않고 잠자코 있다면, 이는 오로지 그들 각자가 고립되어 있다고 느낀 나머지 그렇게 할 수 있으리라는 희망이 전혀 없는 한에서만이다. 그런데 압제의 결과 바로 그러한 희망이 출현하게 된다. 실상 왕이 대규모의 살인과 도둑질을 자행

---

206) 『정치론』 4장 4절 마지막 부분(G III p. 293/P pp. 1002~3).
207) 같은 곳.
208) 같은 곳.

할 때, 어린 소녀들을 유린할 때, 모두에게 피해를 주는 중죄를 저지를 때, 공포는 곧 분개로 뒤바뀐다.[209] 다시 말해, 각자는 정서 모방을 통해 자기 유사한 자들의 원한과 공명하며, 또한 각자는 자신의 미움이 보편적으로 공유된 것임을 감지한다. 따라서 신민들은 사회계약의 절차와 유사한 절차를 따라 아주 자연스럽게 서로 뭉친다.[210] 그리고 단결은 곧 힘이니, 봉기가 성공할 확률은 지금이 가장 높다. 그러므로 전제정에도 한계가 있다. 곧 왕은 [신민에게] 경외심(reverentia)과 위구심을 불어넣음으로써만 자기를 보존한다. 이 두 감정이 사라지는 때가 곧 그의 권리와 권력이 만료되는 때이다.[211] 이러한 조건에서, 가능한 경우는 둘 중 하나다. 주권자가 후퇴하면서 그의 역량의 기반을 복원해 주는 몇 가지 양보조치를 취하여 신민들의 마음을 달래든지, 아니면 계속 그렇게 하든지. 첫번째 경우 통치 방법의 잠정적인 개선에 힘입어 왕위는 보존될 수 있으며, 두번째 경우 왕은 곧바로 타도된다. 물론 첫번째 경우가 가장 빈번하다. 또 이 때문에 여하간 사회를 이루어 살아가는 삶의 이득이 압제가 주는 불편함보다 더 많다. 그런데 반대 경우에는 어떻게 될까?

이 경우, 모든 것은 군주정 체계가 도달한 진화의 수준에 달려 있다. 이러한 관점에서, 세 국면이 신중하게 구별되어야 한다. 처음에, 체제가 아직 신생일 때, 왕권의 토대는 취약하다. 구 귀족의원들(혹은 이제 막 원

---

209) "공포는 분개로, 따라서 시민 상태는 전쟁 상태로 바뀐다"(같은 곳).
210) "왜냐하면 사람들은 공동의 공포에서든, 공동으로 겪은 침해에 복수하려는 열망에서든, 자연스럽게 함께 모여 모의하게 된다는 점은 확실하기 때문이다"(『정치론』 3장 9절[G III p. 288/P p. 995]).
211) "… 어떤 상황들이 … 제거되면 공포와 경외심이, 그리고 이와 동시에 국가도 제거된다"(『정치론』 4장 4절[G III p. 293/P p. 1002]). '경외심'은 다른 데서 "공포에서 생겨나 경탄과 합성된 … 정념"으로 정의된다(『신학정치론』 17장[G III p. 202/P p. 900]).

시 민주정을 지나온 군주정이라면, 신민들 전체)은 집단 통치에 대한 추억을 어느 정도 간직하고 있다. 더욱이, 대부분의 경우 체제 전복은 근본적이지 않았다. 구제도들은 여전히 존속하며, 단지 거기에 왕이 추가되었을 뿐이다. 아라곤인들이 그런 경우인데, 그들은 아랍의 지배에서 해방되고 난 다음에도 군주에게 무조건적으로 권한을 넘겨주진 않았다. 왕과 나란히 17인 회의가 막대한 권력을 지니고 있었던 것이다.[212] 이러한 상황에서 정치적 균형은 매우 불안정하다. 왜냐하면, 한편으로 인민은 일단 공황 상태에서 벗어나고 나면 1인 통치를 잘 견디지 못하기 때문이며, 다른 한편 왕은 제한된 대권들로 만족할 수 없어 자기에게 유리하게 법제를 변경하고자 하기 때문이다.[213] 이와 같은 "아라곤적" 국면은 "세력 균형"이 잘 이루어진다면 아주 오래 지속될 수도 있지만, 여하튼 이 국면이 유지되는 동안 내내 게임은 끝나지 않는다. 그리고 갈등 상황에서는 귀족정으로 회귀하든, 군주정이 강화되든, 모든 것이 가능하다. 우리는 차후 이를 다시 살펴볼 것이다.

그런데 이후 왕이 여러 번에 걸쳐 승리를 거둔다고 가정해 보자. 일정 시기가 지나면 습성이 형성된다. 인민은 한 사람에게 책임을 떠맡기는 데 익숙해져서 이미 돌이킬 수 없을 만큼 자주적 결정의 소질을 상실한다. 따라서 차후 인민이 행여 가증스런 폭군을 퇴위시키더라도, 그들은 다시 군주정이 수립되는 순간과 똑같은 상황에 처할 뿐이다. 인민은 이견들로 마비되고, 그들 내부에서 일치를 실현할 줄도 모르며, 언제라도 논

---

212) 『정치론』 7장 30절[G III pp. 321~2/P pp. 1043~4].
213) "왜냐하면 그들[=인민]은 그런 국가 권력을 견딜 수 없을 것이고, 왕의 권위를 가진 자 역시, 자기 권위보다도 더 작은 다른 권위에 의해 수립된 법과 인민의 권리를 견딜 수 없을 것이기 때문이다"(『신학정치론』 18장[G III p. 226/P p. 935]).

쟁을 반란으로 뒤바꿀 태세여서, 스스로를 규율할 줄 모르며 위신이 없는 권위는 모두 얕잡아 본다.[214] 그런데 이는 그들이 얼마간 정황적인 성격을 띤 공황상태에 빠졌기 때문이 아니라, 문명의 비약으로 한때 사라졌던 인격숭배가 다시금 제2의 천성이 되었기 때문이다. 결과적으로 신민들에게 급선무는 쫓겨난 폭군을 다른 개인으로 대체하고 그에게 똑같은 권력들을 다시 맡기는 일이다.[215] 영국인이 바로 그런 경우인데, 그들은 피비린내 나는 혁명 이후, [왕이라는 이름이 아닌] 다른 이름 하에 크롬웰을 새 왕으로 추대한다.[216] 물론 왕위 찬탈자는 처음에는 합당하게 통치할 것이다. 그러나 체제의 동학에는 여지가 없는 이상, 이것도 오래가지 않는다. 새 왕은 선행자의 운명을 되밟는 것을 가장 두려워한다. 그리고 예방적 차원에서 자기를 방어하기 위해 어쩔 수 없이 동일한 방법들에 의존하게 된다. 곧 폭압, "본보기" 처형,[217] 크롬웰 자신이 기획했던 교란전[218] 등등처럼 말이다. 결국 바뀌는 건 아무것도 없다.[219] 이와 같은 "영국적" 국면은 군주정의 전성기에 상응한다. 한편으로, 인민은 모든 기백을 상실하지는 않았으며, 때로 그들의 항거는 통치전횡을 어느 정도 억제하기도 한다. 그렇지만 다른 한편, 정치적 풍습의 변형은 체제의 안정성을 보장해 준다. 기껏해야 가끔씩 주인을 바꿀 뿐, 군주정 자체는 나라에 확고하게 뿌리내리기 때문이다. 국가-개체는 인간 개체와 마찬가지로 해방될 수도

---

214) "왜냐하면 왕의 권위에 익숙해져 있고 오직 여기에만 구속되는 인민의 경우, 더 약한 권위에 대해서는 그저 경멸하고 비웃을 것이기 때문이다"(같은 곳).
215) "… 이런 이유로, 만일 어떤 왕이 퇴위 당할 경우 … 이전의 그 자리에 다른 자를 앉힐 필요가 있을 것이다 …"(같은 곳).
216) 같은 곳[G III p. 227/P p. 936].
217) 같은 곳[G III pp. 226~7/P p. 935].
218) 같은 곳[G III p. 277/P p. 936].
219) 같은 곳[G III p. 277/P p. 936].

없고 또 해방되기를 원하지도 않으며, 단지 특정한 소외에서 상반된 소외들로 나아갈 뿐이다.

이런 경험이 조금이라도 반복되면, 우리는 세번째이자 마지막 국면으로 접어든다. 이제 인민은 봉기를 시도하는 것 자체가 부질없음을 깨닫는다. 그리고 아무에게도 기대할 것이 없음을 알고는 모든 것을 받아들이고 수동적으로 체념한다. 물론 궁정혁명은 늘 일어난다. 투르크족 폭군들에게서 가족 암살은 만성적 관례이다.[220] 하지만 암살은 아무것도 진정시키지 못한다. 대중선동은 불필요한 일이 되는데, 왜냐하면 대중들은 이 싸움에 대해 거리를 두고 있기 때문이다. 조절 기제가 사라진 것이다. 따라서 이 체제는 그 본성에서 연역되는 파국적인 결과들을 아무런 장애 없이 펼쳐낼 수 있다. 경제적으로는, 신민들이 비참에 빠질 수밖에 없다. 이데올로기적으로는, 투르크족의 경우처럼 미신이 승리를 거두고, 모든 논쟁은 질식되며, 더 이상 아무도 사유할 수도 의문을 품을 수도 없다.[221] 우민화 기도가 갈 데까지 가는 것이다. 전능한 군대 앞에서는 단 하나의 감정, 즉 처벌에 대한 공포만이 지배한다. 이제는 삶을 윤택하게 하는 일이 아니라 그저 살아남는 일만이 문제가 된다.[222] 물론 이러한 상황에서도, 만일 일체의 외적 개입이 없다면, 국가는 거의 무한정 유지될 수 있다. 투르크인의 체제보다 더 오래 지속된 체제는 아마 없을 것이다.[223] 하지만 무슨 가치가 있으랴! 말할 수 있는 것이라고는, 거기서는 내전이 빈번하

---

220) 『정치론』 7장 23절[G III p. 317/P p. 1038].
221) "그들(투르크인들)은 심지어 논쟁조차도 신성모독으로 간주하며, 각자의 판단은 그토록 많은 편견들로 점령되어, 정신에 건전한 이성의 자리도, 심지어 무언가를 의심하기 위한 자리조차 아예 남겨 두지 않았다"(『신학정치론』 서문[G III p. 7/P p. 665]).
222) 『정치론』 5장 6절. 그리고 이 책 5장의 주 141을 참조하라.
223) 『정치론』 6장 4절[G III p. 298/P p. 1009].

지 않았다는 것뿐이다.[224] 이처럼 만연한 타성에 평화라는 이름을 붙인다면 이는 아마 언어도단일 것이다. 오히려 예속과 야만과 고립이라 부를 수 있지 않을까?[225] 각자는 공포 때문에 자기 속으로 침잠하고 비사교적이 되므로, 그것은 강한 의미에서 고립이다. 풍습은 몇 가지를 제외하고는 자연 상태에서 막 벗어났을 때와 같은 상태로 되돌아가 있으므로, 그것은 야만이다. 희망과 공포 사이클의 2국면과 3국면 사이에서 시계추처럼 동요하다가, 균형은 결국 가장 낮은 수준에서, 곧 절망의 수준에서 안정적으로 이루어진다. 이는 곧 죽음의 균형이다. 하기에 이 "투르크적" 국면의 끝에 이르면 국가는 단지 유예된 죽음을 살고 있는 데 불과하다. 이 국가는 (내적 갈등이라는 의미의) 악덕은 없다 하더라도, 일체의 덕을,[226] 다시 말해서 일체의 역량을 결여하고 있기 때문이다. 만일 이 국가가 존속한다면, 이는 오로지 이웃 국가들과의 적대 덕분이다. 하지만 그것은 아주 보잘 것 없는 공격에도 아무런 저항 없이 그냥 무너질 것이다. 누가 이 국가를 지켜내기 위해 일어서겠는가? 설령 자신에게도 결국 손해일지라도, 어쨌든 신민들은 이 국가의 몰락을 기쁘게 환영할 수밖에 없지 않겠는가?[227] 그런 다음 이제 다른 역사적 사이클이 열릴 것이다.

---

224) "공포에 마비된 신민들이 무기를 들지 않았던 국가에 대해서는, 평화가 유지되었다기보다는 단지 전쟁이 없었다고 말해야 한다"(『정치론』 5장 4절[G III p. 296/P p. 1006]).
225) "그러나 만일 예속, 야만, 그리고 고립을 평화라고 불러야 한다면, 인간에게 평화보다 더 비참한 것은 없는 셈이다"(『정치론』 6장 4절[G III p. 298/P p. 1010]).
226) "왜냐하면, 그저 사람들을 공포를 통해서 인도하는 것 외에는 내다볼 게 없는 국가는 유덕하다기보다는 악덕이 없을 뿐이기 때문이다"(『정치론』 10장 8절[G III p. 356/P p. 1094]).
227) 그러한 체제 하에서 신민들은 "그들을 통치하는 자들에게 일어나는 악이나 손해에 대해 기뻐할 수도 있다. 설령 그것이 그들 자신에게도 커다란 악을 가져온다 하더라도 말이다"(『신학정치론』 5장[G III p. 74/P p. 741]).

5) 변이들

따라서 한 나라를 단독으로 고찰할 경우, 이 나라의 제도가 잘못 만들어지거나 풍습에 제대로 적응하지 못했을 때 일어나는 사회 변천은 네 가지 단계로 요약된다. 원시 민주정, 번영기의 귀족정, 퇴락기의 귀족정, 군주정으로 말이다. 마지막 단계인 군주정에는 아라곤적 국면, 영국적 국면, 그리고 투르크적 국면이 있다. 하지만 이렇게 구축된 모델이 경직된 틀은 아니라는 점을 명확히 해두자. 우리는 스피노자가 『정치론』 8장 12절과 10장 4절에서 제시했던 안내도를 따르면서, 이 모델을 가장 완결적이면서 단순한 형태로 해명했을 뿐이다. 하지만 도중에 살펴볼 수 있었듯이, 많은 변이들도 가능하다. 이를 하나하나 검토하고 끝맺기로 하자.

1. 우리는 귀족정 대신 과두 민주정을 얻을 수도 있다. 하지만 앞서 보았듯이, 이 둘 사이의 차이는 실제로는 미미하다. 물론 이 두 체계의 차이는, 이 체계들의 본질을 정의하고 이 본질로부터 체계에 합치하는 제도를 연역하고자 하는 정치 이론가에게는 중요하다. 그러나 두 체계가 잘못 짜이고 잘못 작동할 때, 두 체계의 내적 동학은 거의 동일하다.

2. 앞서 우리가 그 이유를 살펴보았듯이, 민주정은 곧장 군주정으로 탈바꿈할 수도 있다. 예를 들어, 히브리인들에게 일어났던 상황이 그런 경우다. 더구나 이는 논리적으로 볼 때 가장 자주 일어날 수밖에 없는 일이기도 하다. 이 경우에는 두 개의 중간 단계를 건너뛰게 되는데, 그렇다고 해서 네번째 단계의 추이가 핵심에 있어서 변경되는 건 아니다. 다만 처음에 이 군주정의 풍습이 야만적인 것뿐이다.

3. 민주정이 귀족정으로 탈바꿈할 때, 이것은 『정치론』 8장 12절에서

기술된 것과는 아주 상이한 과정을 따라 이루어질 수도 있다. 이민자들이 쇄도하고 공민권을 거부당하기 때문이 아니라, 토착 집단이 공황상태에 빠져 자기들 내부에서 조화를 실현해낼 수 없다고 느끼기 때문에 진행되는 과정이 그렇다. 이럴 때 그들은 군주가 아니라 극소수 개인에게, 곧 초인적인 무언가를 지닌 듯 보일 만큼 높은 위신을 지닌 자들에게 모든 것을 일임할 수도 있다.[228] 이 경우 지도층의 숫자는 갑자기 매우 축소된다. 따라서 아마도 진화의 두번째 단계는 생략될 것이다. 귀족정은 탄생하자마자 쇠락의 내리막을 걷는 것이다.

4. 변이 2와 변이 3을 가능케 하는 원인들이 인민정부의 수립을 주재하는 원인들보다 처음부터 훨씬 강하게 발현될 수도 충분히 있을 수 있다. 이럴 때 민주적 실험은 시도조차 되지 않는다. 진화가 세번째나 네번째 단계에서 시작되는 것이다. 가령, 아라곤인들은 독립을 회복하자 곧장 왕을 옹립했다. 그들이 17인 회의의 권력을 왕의 권력에 맞세웠다 해도, 이는 그들이 이전의 귀족정이나 민주정에 대한 향수를 간직하고 있었기 때문이 아니라, 교황의 권고 때문이었다.[229]

5. 똑같은 이유로, 군주정의 아라곤적 국면 역시 종종 생략될 수 있다. 이는 인민이 짧으나마 민주적 실험을 거쳤든 아니든(변이 2나 변이 4), 그들에게 이전의 노예상태가 너무 깊이 각인되어 있어 그들이 일인 통치 외의 다른 것은 정말로 생각해 볼 수 없을 경우 일어나는 일이다. 히브리 군주정([처음에는] 신정, 그 다음에는 보통의 군주정)은 원래부터 돌이킬 수 없는 것이었다.

---

228) 주 10에서 인용한 구절의 "소수가"(*pauci*)라는 단어와 주 28에서 인용한 구절의 "소수에게"(*in paucos*)라는 말은 이에 연유한다.
229) 앞의 주 212를 참조하라.

6. 아라곤적 국면 동안, 군주정은 아주 불안정하다. 따라서 국가는 다시 귀족정이 될 수 있으며, 이럴 경우 진화의 순서는 부분적으로 뒤바뀐다. 네번째 단계에서 세번째 단계로 되돌아가는 것이다. 물론 새로운 귀족정은 그다지 조화롭게 운행되지는 않을 것이다. 수동적 복종을 규칙으로 했던 예전 체제의 낙인이 남아 있을 것이기 때문이다. 그리고 지도자의 수가 대폭 축소되는 탓에 이들 각자가 개인적 권력을 열망하며, 귀족협의체는 집단 통치에 거의 소질이 없을 것이다. 따라서 조만간 군주정이 필연적으로 부활할 것이다. 스피노자는 그와 같은 해결책은 피하는 편이 더 낫다고 말한다. 그것은 종국에는 '선행 질서'(statu quo ante)로 회귀하고 마는 끊임없는 격변으로 이어질 뿐이기 때문이다.[230] 그러나 결국 그와 같은 해결책이 채택된다면, 그렇게 수립된 체제도 아주 오래 지속될 수 있다. 그러므로 이 변이를 변이 4(혹은 변이 2나 변이 3)와 조합해 보면, 『정치론』 8장 12절의 도식과는 현저하게 멀어지는 진화 도식을 얻게 된다. 예를 들어, 로마는 애초 (스피노자는 아무런 언급도 하지 않지만, 곧장 혹은 민주정 단계 직후) 그다지 견고하지 않은 군주정이었으며, 신민들은 극히 규율이 없고 제멋대로였다. 그 결과 귀족정이 출현했으며, 그것은 상시적인 내전에도 불구하고 몇 세기에 걸쳐 존속했다. 그러다 이 내전들로 인해 결국은 군주정이 다른 이름으로 복원되었다.[231] 스피노자에 따르면, 베네치아와 제노바의 총독제도는 이와 유사한 진화 과정을 보여 주는 것 같다. 이 두 공화국은 그 이전 틀림없이 군주정이

---

230) 『신학정치론』 18장[G III p. 226/P p. 935].
231) 『신학정치론』 18장[G III p. 227/P pp. 936~7].

었을 것이기 때문이다.[232] 홀란드는 주변적인 경우다. 거기에는 왕도 없었고, 기껏해야 공작들밖에 없었으며, 더욱이 귀족협의체는 단 한 순간도 그들에게 주권을 이전하지 않았다.[233] 그리고 이 때문에 귀족정은 고스란히 복원될 수 있었다. 하지만 이 군주제의 맹아를 잘라내 버림으로써 제도에 심각한 빈틈이 생겼고, 바로 이 맹아적 군주제에 대한 기억이 1672년 쿠데타를 상당히 용이하게 해주었다.[234]

7. 앞서 보았듯, 풍습의 진화는 제도의 진화에 의해 전적으로 규정되지는 않는다. 풍습의 진화에는 고유한 동학이 있으며, 국가 구조는 기껏해야 이를 가속화하거나 억제할 수 있을 뿐이다. 따라서 탈구가 있을 수 있다. 귀족정제도가 타락하는 **바로 그 순간** 문명 역시 꼭 쇠퇴기로 접어드는 것은 아니다. 지도자 계층의 협소함 때문에 풍습이 타락하기 시작할 때에도, 문명은 다른 이유들로 인해 여전히 발전하는 경향을 띨 수도 있다. 이럴 경우 두 가지 상충하는 경향이 생겨날 것이다. 그리고 이 두 경향 간의 적대로 인해, 사건들은 앞서 제시된 것에서 예견할 수 있는 것보다는 덜 선형적인 행보를 취하게 될 것이다. 군주정의 경우, 적어도 아라곤적 국면과 영국적 국면에 있는 동안은, 문명이 유리한 정세에 힘입어 제도에서 오는 장애들을 이겨내고 얼마간 발전할 수 있다. 이는 야만적 민주정에서 곧바로 이어지거나, 혹은 자연 상태와 등가적인 봉건적 무정부 상태에서 곧바로 이어진 군주정의 경우에도 가능하다. 틀림없이 후자에 속하는 영국과 프랑스가 눈부신 문명을 이룩했음을 스피노자는 잘 알고 있다.

---

232) 『정치론』 8장 18절 [G III p. 331/P p. 1058].
233) 『신학정치론』 18장 [G III p. 227/P p. 937].
234) 『정치론』 9장 14절 [G III p. 352/P p. 1088].

8. 분명히, 거대 국가들의 경우는 좀더 까다롭다. 유형 도식은 홀란드나 북이탈리아 공국에 훨씬 더 용이하게 적용된다. 하지만 이 도식이 일체의 외적 개입을 추상한 고립된 사회와 관련됨을 명심하자. 구체적 현실에서 국가들은 늘 관계를 맺고 있다. 군사 정복이 결정적 영향을 미치며, 전쟁이 만성적으로 벌어지는 군주정에서 특히 그렇다.[235] 군주정에서는 결혼 동맹도 영향을 미친다.[236] 유럽 주요 강대국의 형성은 바로 이런 식으로 설명되어야 한다. 우선, 위에서 기술된 과정들 중 어느 하나에 따라 작은 핵이 구성되며, 그런 다음 영토의 나머지 부분은 정복되거나 유산 상속으로 획득되거나 아니면 둘 다에 의해 얻어진다. 그리고 이 본래의 핵을 중심으로 뭉쳐진 여러 도시와 지방은 매우 상이한 진화 수준에 있을 수 있다. 그러므로 여기서 발생하는 상호작용은 극히 복잡한 양상을 띤다.

9. 마지막으로, 스피노자가 그려낸 이와 같은 진화 과정은 결코 숙명적이지 않다. 군주정의 투르크적 국면에 이르지 않는 한, 어떤 체제라도 그것이 처한 수준에서 안정화될 수 있다. 적절한 조치들을 취하기만 하면 된다. 문제는 이 조치들이 과연 무엇이냐이다.

2. 집단의 무력함

이러한 기술(記述)은 규범적 정치학이 해결해야 할 문제를 참된 지반에서 제기할 수 있게 해준다. 집단적 균형은 국가의 코나투스를 정의하는 상달

---

235) 『정치론』 5장 6절[G III p. 296/P p. 1007]을 참조하라.
236) 『정치론』 7장 24절[G III p. 317/P p. 1038]을 참조하라.

과 하달의 두 운동이 펼쳐지는 방식에 달려 있다. 인민의 열망이 권고라는 형태로 하부에서 정상으로 전달되는 방식과, 그런 다음 이것이 일단 종합되어, 명령이라는 형태로 정상에서 하부로 전달되는 방식에 달려 있는 것이다. 그러므로 문제는 이 이중의 전달 운동이 과연 어떤 조건에서 질곡 없이 실행될 수 있느냐이다.

그런데 이런 관점에서 볼 때, 자생적인 역사 진화에는 크게 기대할 것이 없다. 원시 민주정에서, 제도는 인민에게 그들 자신의 목소리를 듣도록 해주었을 것이다. 인민이 한 목소리를 내었다면 말이다. 그러나 풍습은, 분열 요인이 통일 요인보다 우세한 탓에 일반 의지가 표현되기가 아주 어렵게 되어 있었다. 의심할 여지없이 번영기의 귀족정이야말로 가장 유리한 순간에 해당된다. 한편으로 협의체 구성원들의 수는 그들이 지닌 모든 욕망들의 공통분모가 이성에, 따라서 일반이익에 합치할 수 있을 만큼 충분히 많으며, 다른 한편 풍습이 바뀌어 통일 요인이 분열 요인보다 우세해짐으로써, 이제 큰 어려움 없이 공통분모를 도출할 수 있다는 점에서 말이다. 그런데 귀족의원들은 대다수 사람들처럼 결코 학자가 아니다. 또 그들이 내린 결정의 합리성은 그들 인식의 평균 수준을 넘을 수 없다. 아무리 집단적 심의를 하더라도, 심지어 적대적 정념들을 중화시킨다 하더라도, 구성원들 각자가 모르는 진리가 도출되도록 강제하지는 못할 것이다. 그러니 지도자 수를 제한할 때 생겨나는 귀결들을 그들이 어떻게 알아차리겠는가? 이는 아주 장기적으로만 감지될 뿐인데 말이다. 오직 정치학만 이를 예견할 수 있다. 이렇게 볼 때 주권 집단은 심지어 역량의 전성기에 있을 때조차도 자신의 주권을 뒷받침하는 조건들을 영속시킬 수단이 없는 셈이다. 그 후 게임은 끝난다. 쇠락기의 귀족정에서는 일반이익이 더 이상 고려되지 않는다. 그리고는 이내 일반이익이 정합적으로 표현될 가능성마저 제거된다. 공통분모는 풍습의 타락으로 인해 심각하게 축소된 나머지 심지어 출현하지도 못하는 것이다. 마지막으로, 군주정 하에서 상황은 더 나쁘다. 물론 요행히 훌륭한 왕이 즉위할 수도 있다. 하지만 이 훌륭한 왕도 다른 왕들보다 더 잘 할 게 거의 없다. 세계에 대해 아무리 훌륭한 의도를 가지고 있다 한들 체계의 동학에 맞서 무언가를 해낼 수는 없는 것이다. 오직 봉기만이 일반의지에 아직 상당 정도 비중을 실어 줄 수 있다. 그러나 봉기는 적극적 전망을 결여한 채 단지 적개심의 결탁으로 지탱되면서, 그저 맹목적이고 발작적으로 일어날 뿐이다. 또 봉기는 결과적으로 뭔가를 개선하기는커녕, 최선의 경우 본래 상태의 복원으로 이어질 뿐이다. 그것도 끔찍한 격변을 거친 후에 말이다.

따라서 우리는 국가-개체 수준에서도, 『윤리학』4부의 처음 18개 정리들에서 인간 개체의 경우에 제기되었던 것과 다소 유사한 문제에 직면한다. 윤리적 문제에서 정치적 문제로 옮겨가려면, 이성을 집단으로 대체하기만 하면 된다. 우선 일반의지는 있다. 그것은 늘 거기 있고, 끊임없이 자기 존재를 뚜렷이 드러내는 경향을 띤다. 그렇지만 일반의지는 확실해지지 못하거나, 설령 확실해진다 하더라도, 지속적으로 인정받을 기회를 얻지 못한다. 사회체의 소외들이 일반의지를 좌초시키기 때문이다. 따라서 문제의 해결은 바로 이러한 소외의 교정에 달려 있다. 그리고 인민의 열망이 무력한 이상, 승리에 필요한 조력을 외부에서 조달하지 못한다면 국가는 조만간 사멸할 것이다.

그렇다면 구세주가 될 외적 원인은 어디서 출현할까? 분명, 그것은 제도 체계 전체를 전복할 어떤 사건일 수밖에 없다. 앞서 보았듯, 모든 악은 제도와 풍습에서 비롯된다. 그런데 풍습에 대해서는 누구도 당장에 큰 일을 할 수 없다. 반면, 제도는 숙고된 결단에 의해 바뀔 수 있다. 그러므로, 정치 지도자들의 정념이 이렇게 창출된 새로운 환경에 의해 정향되어, 그들이 훌륭하게 통치하려는 욕망을 필연적으로 그리고 한결같이 갖게 되는 제도를 찾아야 한다.[237] 그런데 이런 제도를 발견하려면, 인간 정념의 본성을, 따라서 인간 본성 일반을, 따라서 자연 일반을 인식해야 한다. 요컨대 철학자가 되어야 한다.

철학자의 실존, 바로 이것이 필요한 외적 원인이다. 물론 이는 전적으로 외적이진 않다. 정치사회가 아무리 결함이 많다 해도, 그것은 자연 상태보다는 이성의 진보에 유리하기 때문이다. 물론 이성은 발달해 가는 과정에서 고통으로 인해, 과잉된 기쁨으로 인해, 집착과 무절제한 욕망으로 인해, 미움에 의해, 끊임없는 공포로 인해, 과대평가나 과소평가의 감정들로 인해, 주기적인 분개에 의해, 오만과 굴욕의 교대[238]로 인해 질곡을 겪는다. 그리고 이는 앞서 기술한 역사 과정에 각인되어 있다. 하지만 계약의 체결 이전에 일어났던 일과는 반대로, 결국 이성이 완전히 질식되지는 않는다. 따라서 이성은 유례없이 풍부한 본질을 가진 특정한 개인들에게서는 스피노자적 진리에 대한 인식으로까지 고양될 수 있다. 이미 적어도 두 명의 진정한 철학자가 있었다. 바로 예수 그리스도와 스피노자 자신이다. 천년에 한 명씩, 많지는 않지만 아예 없는 것도 아니다. 그리고 확실히 다른 철학자들도 있게 될 것이다. 결국, 그때까지 파국으로 치닫던 역사를 올바른 길로 되돌려 놓는 일은 그들의 몫이다.

이는 철학자가 지배해야 한다는 말일까? 분명 그렇지 않다. 만일 철

---

237) "… [국가가] 영속할 수 있으려면, 국가의 공적인 일들(*res publicae*)이, 그것을 운영하는 자들이 이성에 이끌리든 정서에 이끌리든 충성을 저버리거나 사악하게 활동하도록 유도될 수 없게끔 조직되어야 한다"(『정치론』 1장 6절[G III p. 275/P p. 977]).
238) 뒤의 주 253~62를 참조하라.

학자가 "절대" 주권자라 하더라도, 그의 위치 때문에 그도 여느 군주들과 동일한 방법들을 (다소 덜 나쁘게) 이용할 수밖에 없을 것이다. 그렇게 하지 않는다면, 그는 다른 왕위 찬탈자에 의해 전복될 것이다. 또 아무리 그가 통치를 잘 한다 하더라도, 그가 죽고 나면 어떻게 되겠는가? 그럼에도 철학자가 완수해야 할 주요한 사명이 있다. 그의 임무는 순전히 이론적인 것으로, 일단 수립되기만 하면 **마치 이성에 지배되는 양** 행동하도록 사람들을 조건형성하는 이상적 정체들이 무엇인지를 정의하는 일이다. 그가 결국 이러한 체계들 중 하나가 채택되게 만든다면, 국가는 이후 복종을 위해 달리 개입할 필요 없이 저절로 아주 잘 운행될 것이다.

그런데 이것도 사람들이 적어도 한 번, 사태의 흐름을 비가역적으로 변경시켜야 할 이 결정적 순간에 그의 말에 귀를 기울여 주어야만 가능하다. 그리고 이는 정치 지도자들에 달려 있다. 하지만 주권자의 관심사와 철학자의 관심사는 분명 아주 다르다. 철학자는, 『윤리학』 4부 정리 37에 언명된 근본요구에 따라, 최대다수가 이성에 접근하는 데 가장 용이한 사회를 원한다. 반면, 주권자는 자기 권력을 보존하기를 원한다. 이 두 의지는 수렴될까? 만일 수렴된다면, 모든 희망을 다 걸어 볼 수 있다. 그렇지 않다면, 국가는 요행을 믿는 수밖에 없다.

3. 집단적 균형의 기초

1) 원리들

실상, 이 둘은 수렴된다. 두 가지를 제외하고는, 철학자와 정치 지도자는 근본적으로 동일한 것을 바란다.

사실 국가 수장들은 절대적으로 어리석진 않다. 모든 것이 다 가능하지는 않음은 그들도 잘 알고 있다. 혹은 처음에는 알지 못하더라도, 경험을 통해 이내 그것을 배우게 된다. 앞서 보았듯, 인민의 불만은 전횡을 조절하는 역할을 한다. 소외된 정치사회는 주기적으로 동요를 거듭하는 와중에도, 평균적인 균형 상태 주변에서 진동한다. 소멸을 각오하지 않는 한, 그것은 이 중간 상태에서 너무 멀어질 수는 없다. 파열 지점을 넘어선다면, 신민들이 느끼는 공포가 분개로 바뀌는 문턱에 도달한다면, 틀림없이 여기서 발생할 갈등이 악화되어 이를 억누르려는 시도가 전부 허사가 되는 지경에 이른다면, 권력은 곧장 다른 자들의 수중에 넘어갈 것이다. 하지만 군주든 협의체든, 주권자는 주권자로서의 자기 존재를 유지하고자 하며, 자신에게 이득을 주는 체계를 보존하고자 한다. 따라서 명백한 위기 상황이 닥쳤을 때, 국가가 다시 그것의 본질에 상응하는 최적의 균형 상태로 향하게끔 사태의 흐름을 역전시키는 것도 그가 충분히 할 수 있는 일이다. 만일 그가 그렇게 하지 않는다면, 그의 뒤를 잇는 찬탈자가 이 일을 떠맡을 것이다. 이럴 경우, 화합과 안정이 되살아나고, 또한 되살아난 결과 지도자들은 일정 시기가 지나면 다시 그들의 과잉을 되풀이해도 된다고 여기며, 그런데 인민의 반작용으로 조금은 더 한도를 되찾게 되고 …, 등등. 따라서 정치권력이 지나치게 터무니없이 명령을 내리는 경우는 드물다. 한편으로, 그 자신의 이익이 이를 만류하기 때문이고, 다른 한편으로 통계적으로 그리고 장기적으로 볼 때, 적어도 투르크적 국면의 군주정에 이르지 않는 한, 정치권력은 부지불식간에 이성에 따라 통치하는 경향을 띠기 때문이다.[239]

물론 이 모든 일은 경험적으로, 그리고 잇따른 암중모색을 통해 이루어진다. 하지만 아무리 경험적이라 하더라도, 몇 번 반복되고 나면 이전의 역사적 경험에 대한 기억이 이에 더해지기 때문에, 주권자들은 정치적 균형 상태의 가장 기초적인 조건들을 모호하게나마 의식할 수밖에 없다. 그들은 한편으로, 사회적 적대가 기성의 질서를 위험에 빠뜨리며 자기 권력을 뒤흔들 수도 있다는 점, 반대로 그의 권위는 국가 평화에 의해 강화된다는 점을 알게 된다(라팔리스인들은 이를 알고 있었을 것이다). 다른 한편, 그들은 국가 평화를 확보하는 최선의 길은 신민들의 불만족을 가능한 한 줄이는 것이라는 점, 그리고 인간은 더 만족할수록 폭동을 덜 일으킨다는 점, 그리고 주민들 대다수가 수시로 자신의 실존에 위협을 느낀다면 폭동을 일으키더라도 더 이상 잃을 것이 없다고 생각하리라는 점을 알게 된다. 따라서 사회적 평화가 상당 정도 지배하도록 만드는 일, 개인의 안전을 상당 정도로 보증해 주는 일, 투르크적 국면을 제외한다면 바로 이것이 지도자들의 거의 항상적인 관심사이다. 달리 말해, 이것이야말로 정치사회의 내재적 목적이다.[240] 곧 통치자와 피치자는 파국적 역사의 갖가지 일탈 저편에서 이를 항구적으로 열망한다.

국가 수장 중 누구도 이와 같은 이중의 기획을 지속적으로 실현한 적이 없다. 하지만 다들 그렇게 하려고 노력하긴 했다. 또한 그들 가운데 많은 이들이, 사람들에게 이전보다 좀더 큰 행복을 안겨 주어 잠잠하게 지내도록 유도할 새로운 제도들을 상상해내려고 시도했다. 역사는 그들의 시도들로 점철되어 있다. 스피노자는 심지어, 이 문제에 관해 생각해 볼

---

239) "… 주권자가 극도로 불합리하게 명령을 내리는 경우는 아주 드물다. 왜냐하면 그가 자기 이익을 유지하고 통치권을 보존하려면, 공동선에 주의를 기울이고 모든 것을 이성의 명령에 따라 이끄는 일이야말로 그에게 가장 필요한 것이기 때문이다"(『신학정치론』, 16장[G III p. 194/P p. 887]).
240) "그런데 모든 국가의 [가장 좋은—옮긴이, A.G. Wernham 판본 참조] 상태가 무엇이냐는 시민 상태의 목적으로부터 쉽게 인식된다. 그것은 곧 평화와 삶의 안전 외에 다른 것이 아니다"(『정치론』, 5장 2절[G III p. 295/P p. 1005]).

수 있는 모든 것은 이미 언젠가 실행된 적이 있다고, 또한 가능한 모든 통치형태들이 실제로 구현되었다고, 가능한 모든 훌륭한 법들이 이미 여기저기서 공표된 바 있다고 생각한다.[241] 그 결과 한낱 일시적인 개량밖에 얻어내지 못한다 해도, 이는 단지 이 다양한 경험들이 지닌 부분적 성격 때문일 뿐이다. 하나의 고립된 법은 제아무리 탁월하다 해도 일관된 제도적 체계로 통합되지 않으면 거의 효력을 발할 수 없기 때문이다. 마찬가지로 제아무리 바람직한 통치형태라 해도 거기에 맞는 제도적 체계의 뒷받침을 받지 않는다면 더 심한 실망만을 낳을 뿐이다. 결국 이러한 이유 때문에 시행착오의 방법으로는 역사의 흐름을 교정할 수 없다. 하지만 교정하려는 의도가 없는 경우는 드물다. 정의상, 모든 주권자는 자기 역량의 토대를 안정화하고자 하기 때문이다. 그리고 흩어져 있기는 하지만, 수단들도 이미 있다. 그러므로 이것들을 모으기만 하면 된다.

그러면 권력 보유자들에게 모든 면에서 그들의 심층적 욕망에 부합하는 정체(政體)에 대한 구상이 제안되었다고 해보자. 물론 이는 혁신적 통치형태는 아닐 것이다. 가령, 누구도 왕에게 민주정 체제의 우월성을 납득시키지는 못할 테니까 말이다. 또한 그것은 유토피아 국가 내지는 황금시대에나 어울릴 법한 전대미문의 색다른 법률체계도 아닐 것이다.[242] 경험 있는 자라면 누구나 이를 가소롭게 여기고 거들떠보지도 않을 테니까 말이다. 그것은 우선 바로 현존 통치형태의 보존을 겨냥하는 구상이다. 또 만일 독창성이 있다면, 각각을 별도로 고려했을 때에도 제 능력을

---

241) "그리고 경험은 생각해낼 수 있는 모든 종류의 국가를 전부 보여 주었으며, 이와 동시에, 다중을 이끌어가야 할 수단, 다시 말해 그들을 특정 한계 내에 묶어 두어야 할 수단을 보여 주었다고 나는 확신한다"(『정치론』, 1장 3절[G III p. 274/P p. 975]).
242) 『정치론』 1장 1절[G III p. 273/P p. 974]을 참조하라.

충분히 발휘했던 여러 제도를 체계적으로 또한 흠잡을 데 없이 엄밀하게 배치한다는 점에서만 독창적인 구상, 마지막으로 그 효력이 과학적으로 증명되는 구상이다.[243] 주권자에겐 이 구상을 수락하는 편이 커다란 이익이 되지 않겠는가? 또한 그가 이를 잘 모른다고 하더라도, 만일 인내심을 가지고 끈질기게 설명한다면 그는 이것이 주는 이득을 결국은 납득하지 않을까? 어쨌든 이는 불가능하지는 않다.

하지만 스피노자주의 철학자는 단지 이를 구상할 **가능성**을 지닐 뿐이다. 그는 인간 본성을 알고 있다. 그는 특정한 결과를 산출하기 위해서는 정념에 어떤 자극들이 가해져야 하는지를 정확히 알고 있다. 그 결과, 그는 왜 사실상의 정치사회들이 늘 결국 자신의 파괴를 초래하는 행위들을 촉발하는지도 알고 있다. 역으로 그는 체계 자체를 재생산할 행위들을 유발하게끔 사람들의 소외를 이끌어갈 수 있는 제도적 체계가 무엇인지도 알고 있다. 요컨대, 그는 각 통치형태에 맞는 사회적 균형의 조건을 알고 있다. 그런데 그는 **장차** 이 인식을 주권자가 이용하게 **하려는** 것일까? 분명, 권력 당국의 환심을 사는 것이 그의 목표는 아니다. 그에게 중요한 것은 다름 아닌 지식의 진보이기 때문이다. 하지만 최적의 사회적 균형을 이루는 조건은 동시에 이성 발달의 조건이기도 하다.

바로 이것이 『윤리학』 4부 정리 38~40이 시사하는 내용이다. 이 정리들은 그 자체로 보면 이성적 정치학 입문으로도 간주될 수 있다. 우리가 〈그림 3〉에서 강조하고자 했던 것처럼 이 정리들은 실상 삼중의 역할

---

243) "내가 하고자 한 일은 결코 혁신적이거나 금시초문의 어떤 것을 증명하는 것이 아니라, 다만 실천에 가장 합치하는 것들만을 확실하고 의심할 수 없는 이유들을 통해 증명하고 이를 인간 본성 자체의 조건으로부터 연역하는 것이었다"(『정치론』 1장 4절).

을 한다. 우리는 이미 이를 『윤리학』 4부의 A_1과 B_1군의 결론으로서 탐구했다. 이후에는 A_2와 B_2군의 출발점으로서 다시 만날 것이다. 당분간은 이를 단지 국가의 필요와 철학자의 열망 사이의 관계라는 관점에서만 검토하기로 하자.

분명, 인간 상호적 차원에서는 이성이 도래하려면 **사회 평화**의 분위기가 요구된다. 사람들을 화합 속에서 살아가도록 하는 모든 것은 선이며, 불화를 끌어들이는 모든 것은 악이다.[244] 이는 장황하게 따져 볼 필요도 없다. 이 경우 철학자와 정치 지도자는 정확히 똑같은 것을 원하기 때문이다.

개인적 차원에서는 이성이 도래하려면 **적절한 심리-물리적 균형**이 요구된다. 이는 두 가지를 함축한다. 한편으로는, 최소한의 조건이 필요하다. 곧 인간 신체의 본질을 정의하는 운동과 정지의 비율이 보존되어야 한다.[245] 만일 이 비율이 파괴되면, 신체는 죽어 버리기 때문에 주변 환경과도 아무 관계를 맺지 못한다. 그렇게 되면, 정신도 지속 안에서 더 이상 아무것도 지각하지 못하며, 시간상에서 지성의 진보는 아예 불가능하다. 만일 이 비율이 파괴의 위험에 놓이면, 신체는 외부 세계에 의해 변용되는 능력과 외부 세계를 변용시키는 능력을 부분적으로 상실한다. 따라서 정신은 지각하는 소질을 덜 갖게 된다. 가령, 생존에 공포를 느끼는 자가 결코 많은 것을 사유할 수 없듯이 말이다. 그러므로 건강과 안전은 이성적으로 사유하는 데 필수적이다. 이 점에서도 마찬가지로, 정치가의 관심은 철학자의 관심과 합쳐진다. 물론 이미 투르크적 국면에 도달해 버린

---

244) 『윤리학』 4부 정리 40.
245) 『윤리학』 4부 정리 39.

왕국을 다스리는 폭군들은 제쳐 두자. 그들에게는 그들이 말하는 사회 평화를 폭력으로 강제할 수단은 있다. 왜냐하면 그의 신민들은 너무나 절망에 빠진 나머지 봉기할 수 없기 때문이다. 하지만 주민들이 아직 완전히 마비되지는 않은 곳에서는, 지도자들이 만일 그 자리에 계속 머무르고자 한다면, 비록 동기는 다를지라도 여하간 스피노자와 동일한 결론에 도달할 수밖에 없다. 곧 개인적인 균형이야말로 정치적 균형을 뒷받침하는 최선의 보증물이 아니겠는가? 미래에 대해 불안해 하지 않고 자기 처지에 만족하며 서로 조화를 이루는 사람들이, 말썽을 일으키는 도발자들의 말을 듣지 않으리라는 것은 아주 확실하다. 그리고 주권자는 무엇보다도 이를 원한다.

하지만 다른 한편, 이는 필요조건일 뿐 충분하진 않다. 사실 조화에도 여러 종류가 있다. 이는 전적으로, 조화에 참여하는 재료들이 풍부하냐 희소하냐에 달린 문제이다. 유기체의 균형은 자극과 반응을 체계적으로 축소함으로써 최소한의 비용으로도 획득될 수 있다. 또 만일 새로운 것이 전혀 습격해 오지 않는 한, 아무 어려움 없이 평온을 유지할 수 있을 것이다. 그런데 이성에 필요한 것이 이런 것일까? 분명 그렇지 않다. 왜냐하면 지각장이 빈곤해지면 지성의 진보가 방해받기 때문이다. 안전이 그저 단조롭고 무감각하게 살아가기 위한 것이라면, 안전하다는 것이 무슨 소용이랴? 이성의 작업이 촉진되려면 지각장이 단지 조화로울 뿐 아니라 다양화되어야 한다. 우리 경험이 더 광범위해질수록 사물들의 공통특성에 대한 관념은 우리 정신 속에서 더욱 두드러지며, 우리 지성은 더욱 민활해지기 때문이다. 바로 이 때문에 균형은 **풍요롭고 다채로운 가운데** 실현되어야 한다. 우리가 환경과 주고받는 교환물을 제한할 것이 아니라, 오히려 정반대로 최대한 증식시켜야 하는 것이다. 인간 신체가 여러 가지

방식으로 다른 신체들에 의해 변용되고 다른 신체들을 변용시키는 소질을 증대시키는 모든 것은 다 선이다.[246] 정리 39는 코나투스 이론에서 곧바로 연역되는 것이 아니라 바로 이 정리 38에서 연역된다. 곧 생물학적 건강과 안전이 이성의 궁극 목표는 아니며, 이는 다만 우리에게 많은 사물들을 지각할 가능성을 주는 한에서만 바랄 만하다.[247] 그런데 이 많은 사물들이 우선 우리에게 주어져야 한다. 그러나 지금 이 경우는 반드시 그렇지만은 않다.

    이와 같은 최대 조건에 대해 정치 지도자들은 어떻게 생각할까? 실상, 그들은 이를 전혀 생각하지 않는다. 그들이 보기에 중요한 것은 오직 사회적 균형이며, 이는 아무 형태의 개인적 균형과도 양립할 수 있다. 인간의 타인에 대한 적응은 다채로운 가운데 이루어질 수도 있지만 획일적으로 이루어질 수도 있다. 신민들이 부유하게 살든 그저 그렇게 살든, 그들의 지평이 광범위하든 그들의 정신이 편협하든, 국가의 안녕에는 그다지 중요치 않다. 핵심은 그들이 스스로가 행복하다고 여기는 것이며 소란을 일으키지 않는 것이다. 이럴 경우, 결과적으로 "투르크적"이지 않은 주권자의 요구도 철학자의 요구와 더 이상 일치하지 않는다. 하지만 치명적으로 대립되는 것은 아니며, 단지 엄밀하게 볼 때 덜 일치한다는 것뿐이다. "순수" 정치학의 관점에서는, 두 해결책 모두 동등하게 타당하며, 그 중 하나만 합당하다면 이는 이성의 관점에서만 그렇다.

    따라서 수렴은 세 가지 방식으로 실현될 수 있다. 우선 첫째로, 정치적 균형의 여러 형태 가운데, 오직 정리 40의 요구 사항들만을, (불화가

---

246) 『윤리학』 4부 정리 38.
247) 『윤리학』 4부 정리 39의 증명.

일어나지 않는다는 점에서) 적어도 외적으로 그리고 소극적으로 만족시키는 것이 있다. "투르크적" 군주정의 정치적 균형이 그렇다.[248] 또 전쟁권상 외국인 정복자에게 복종하는 나라에서 지배적인 균형도 그렇다.[249] 두 경우 모두 개인적 균형은 아예 문제조차 되지 않는다. 공포가 유일한 통치 방법이기 때문이다. 이러한 체제들에 대해 스피노자는 언급하지 않을 것이다. 언급한다고 해도 기껏해야, 최악의 예속도 자연 상태보다는 더 낫고 이성은 상황을 불문하고 권력에 복종하라고 명한다는 점을 들어,[250] 신민들에게 악을 인내하며 견디라고 충고하는 데 지나지 않을 것이다. 그런데 이것이 폭군과 "제국 광"에게는 어떻게 들릴까? 늘 더 많이 억압하라고, 계략을 쓰라고, "힘을 보여 주어 힘을 사용하지 않아도 되게 하라"고? 그렇다면 그들은 [마키아벨리의] 『군주론』을 읽는 셈이다. 그것도 철저하게 오독하면서 말이다.[251] 어쨌든 그들은 파멸로 치닫고 만다.

두번째 유형의 정치적 균형은 정리 39와 40의 요구사항들을 만족시킨다. 이 유형은 지평을 체계적으로 축소한 덕분에 얻어진 빈곤한 형태의 개인적 균형에 의거한다. 이 경우 신민들은 더 이상 실존에 대해서는 두려워하지 않으며 심지어 일종의 식물적 행복을 맛보기까지 한다. 하지만 시민국가의 평화는 그들의 타성으로 유지된다. 신민들은 수동적으로 복종하게끔 조건형성되어 거의 가축처럼 사육되어야 하는 것이다. 이런 국가 역시 오히려 고독이라는 명칭이 걸맞다.[252] 그리고 『정치론』은 이에 대해 아예 언급조차 하지 않는다. 이와 반대로 『신학정치론』은 이러한 국가

---

248) 앞의 주 224를 참조하라.
249) 『정치론』 6장 6절[G III p. 296/P p. 1007].
250) 『정치론』 3장 6절[G III p. 286/P p. 993].
251) 『정치론』 5장 7절[G III p. 296/P p. 1007]을 참조하라.

에 합당한 제도들에 대해 아주 자세히 설명하고 있다. 명실상부한 단 하나의 절대군주정인 이상적 신정이 바로 그것이다. 이 국가는 정치적 체계는 흠잡을 데 없지만 이성의 발달은 거의 허용치 않는다. 여기서 철학자의 위치는 아주 미묘하다. 그는 극도의 충성심으로 해결책의 세부사항들[만]을 전부 일일이 지적해 주어야 한다. 만일 그 나라의 만장일치된 염원이 이러저러하다면, 이 염원에 맞서 봐야 아무 소용없을 것이고, 또 결국 어떤 민족들은 아마도 그 이상 더 나아갈 수준도 되지 않을 것이기 때문이다. 하지만 그는 자신의 기호(嗜好) 역시 보여 주어야 한다. 한편으로, 이해할 수 있는 자들에게는 이 체제가 지성의 죽음을 뜻한다는 것을 보여 주어야 한다. 다른 한편, 무지자용(用)으로는 대인논증(ad hominem)에 호소해야 한다. 즉, 신정은 대외 교역, 따라서 홀란드의 개화된 풍습과 양립할 수 없으며, 이런 체제를 실제로 만들려면 나라의 총체적인 "야만으로의 복귀"가 전제되어야 할 것이라고, 그런데 이것이 진정 칼뱅주의 신학자들이 원하는 바냐고 말이다.

마지막으로, 정리 38, 39, 40의 요구사항을 만족시키는 정치적 균형이 있다. 이것은 자유 국가(이상적 군주정, 이상적 귀족정, 그리고 이상적 민주정)를 실현시키는 균형으로, 이는 지각장의 체계적 확장에 힘입어 획득된 풍부한 형태의 개인적 균형에 의거하고 있다. 이럴 경우 이성은 진보를 위한 모든 수단을 구비하게 된다. 『정치론』의 후반부 여섯 장은 바로 이를 다룬다.

---

252) "게다가 이런 국가들의 평화는 오직 굴종만을 배우도록 마치 가축 떼처럼 사육되는 신민들의 무기력에 달려 있기 때문에, 이 국가들은 국가라기보다는 오히려 사막이라 말하는 편이 더 정확하다"(『정치론』 5장 4절[G III p. 296/P p. 1006]).

2) 정치체제와 정념

『윤리학』 4부 정리 41~64는 방금 말한 것에 비추어 이해될 수 있다. 물론 이 정리들은 정치 영역을 크게 벗어날 것이다. 이 정리들의 목표는 이성이 어떤 정념에 뒷받침될 수 있는지, 또 어떤 정념이 이성에 장애가 되는지를 일반적으로 규정하는 것이기 때문이다. 그런데 우리 정념들 대부분은 외적 원인들 중에서도 현존하는 제도적 체계로부터 따라 나온다. 따라서 이 정리들은 스피노자가 상이한 사회 유형들을 어떻게 평가하는지를 간접적으로나마 더 잘 이해하게 해준다.

이 정리들이 제시되는 순서는 다시 한 번 유사-세피로트 나무 형태(〈그림 3〉)를 띤다. 이 정리들은 수직적으로는 두 개의 열로 나뉜다. 왼쪽 열(정리 41~44, 정리 47~49, 정리 52~56)은 개인적 삶을, 오른쪽 열(정리 45, 정리 50~51, 정리 57~58)은 인간 상호관계를 다루고 있다. 그리고 수평적으로는 세 개의 군으로 나뉜다. 먼저 첫번째 군(정리 41~45)은 기쁨, 슬픔, 사랑, 욕망, 미움과 같은 근본 정서들의 효과를 탐구한다. 다음으로 정리 45의 따름정리 2의 주석과 정리 46 및 그 주석은, 4부의 A_2, B_2군을 미리 내다보면서 현자의 삶을 짤막하게 기술하고 있다. 그런 다음, 두번째 군(정리 47~51)은 희망과 공포, 과대평가와 무시, 연민, 호의와 분개 등 파생적 정념들의 효과를 고찰한다. 마지막으로 세번째 군(정리 52~58)은 보다 특수하게 내적 만족, 겸손, 후회, 오만과 굴욕, 명예와 수치 등 자아에 대한 감정들을 다룬다. 한편, 정리 59~64는 수동적 욕망과 이성적 욕망을 대조하면서, A_2 및 B_2군과 더불어 이행을 확보한다.

그런데 우리의 현행 관심사에 초점을 맞춰 보면, 세 부류가 두드러진다. 첫째, 사회에도 이성에도 해로운 정념들이 있다. 사실상의 국가들에서 맹위를 떨치는 정념들이 바로 이것들이며, 여기서 초래되는 단점은 이미 역사이론에서 분명히 밝혀졌다. 이 정념들에는 우선, 인간 상호간의 미움과,²⁵³⁾ 이와 결부된 모든 정념, 곧 질투, 조롱, 경멸, 화, 복수심이 있다.²⁵⁴⁾ 그리고 모든 체제는 새 세상이 오기 전까지는 다소간 이러한 정념들에 사로잡혀 있기 마련이다. 다음으로 슬픔이 있는데,²⁵⁵⁾ 모든 통치형태가 이를 풍성하게 살찌운다. 그리고 과잉된 기쁨²⁵³*⁾이 있으며, 이는 이미 살펴보았듯 쇠퇴가 시작되는 순간에 출현한다. 그리고 공포,²⁵⁶⁾ 이는 모든 주권자들이 이용하며, 특히 폭군들이 그렇다. 또 희망 역시 그러한데, 단 이 희망이 늘 공포를 수반하는 한에서만 그렇다.²⁵⁷⁾ 그리고 과잉된 사랑,²⁵⁸⁾ 이는 인격숭배에서 비롯되는 과대평가와 무시의 감정²⁵⁹⁾이다. 그리고 지도자들의 오만²⁶⁰⁾과 신민들의 굴욕,²⁶¹⁾ 이는 특히 군주정의 특징이며, 쇠락기의 귀족정 역시 이를 발달시킨다. 마지막으로 분개,²⁶²⁾ 이는 국가의 죽음을 가져온다.

　　두번째로는 이성의 발휘와 양립할 수 없지만, 국가의 평화와 빈곤한 형태의 개인적 균형에 도움을 줄 수 있는 정념들이 있다. 신정에서 길러내는 정념들 모두가 그렇다. 간접적 선인 슬픔은 과잉된 기쁨²⁶³⁾을 상쇄시

---

253) 『윤리학』 4부 정리 45와 주석.
254) 같은 곳, 따름정리 1.
255) 『윤리학』 4부 정리 41.
253*) 『윤리학』 4부 정리 43.
256) 『윤리학』 4부 정리 47.
257) 같은 곳.
258) 『윤리학』 4부 정리 44.
259) 『윤리학』 4부 정리 48.
260) 『윤리학』 4부 정리 55~57.
261) 『윤리학』 4부 정리 56.
262) 『윤리학』 4부 정리 51의 주석.
263) 『윤리학』 4부 정리 43.

킬 편리한 수단이다. 간접적 선인 공포 역시 마찬가진데,[264] 단 너무 부풀리지 않고 희망에 어느 정도 여지를 남겨 두는 한에서만 그렇다. 겸손과 후회는 사회적 유용성 때문에 예언자들이 권장했던 것이다.[265] 수치[266]도 마찬가지다. 연민은 부득이 협동의 요인이 된다.[267]

마지막으로 사회에도 유용하고 이성과도 양립할 수 있는 정념들이 있다. 본성의 변화 없이 능동적 감정들로 탈바꿈할 수 있는 정념들이 그렇다. 물론 이 정념들은 사실상의 국가들 및 신정에서도 나타나지만, 특히 이를 길러내는 것은 자유 국가들이다. 『정치론』의 이상적 정체들의 적용으로 볼 수 있는 체제에서는, 모든 형태의 기쁨[268]이 슬픔보다 압도적 우위에 있을 것이며, 심지어 쾌활(bilaritas)[269]에까지 근접해 갈 것이다. 희망이 지배적일 것이고, 공포는 불가피한 최소치만으로 축소될 것이다. 내적 만족[270]과 명예,[271] 그리고 특히 명예에 대한 야망은 결정적인 자극제

---

[264] 『윤리학』 4부 정리 47과 정리 54의 주석.
[265] 『윤리학』 4부 정리 53과 정리 54 및 그 주석. 〔옮긴이〕 겸손(humilité/Humilitas) : 상식과는 다르게 스피노자에게서 '겸손'은 그 자체로 좋은 정념이 아니라는 점을 염두에 두라. 그리고 이는 흔히 생각하듯 위선 때문도 아니다. 성 아우구스티누스 이래 기독교 전통에서 인간의 가장 큰 죄 혹은 타락의 징표는 '자만'이었다. 반대로, '겸손'은 인간에게 신과의 거리를 유지하게 하며 이 거리를 무화하려는 자만을 억제한다는 점에서, 가장 덕스러운 정념 중 하나로 간주되었다. 반면, 스피노자에게서 '겸손'은 자기 무능력에 대한 응시에서 생겨나는 슬픔에 불과하다. 따라서 그것은 우리 본질인 코나투스에 반대되며, 더 나아가 코나투스가 곧 신의 역량의 표현인 이상, 신의 역량에 대한 부정이기도 하다. 그러므로 '겸손'은 그 자체로 유덕한 정념일 수 없다. 자기만족이라는 정념의 반대항인 '후회'도 마찬가지다. 물론 여기서 말하듯, 두 정념은 간접적으로는 유용할 수 있으나 다만 간접적으로만 그렇다.
[266] 『윤리학』 4부 정리 58의 주석.
[267] 『윤리학』 4부 정리 50과 그 주석.
[268] 『윤리학』 4부 정리 41.
[269] 『윤리학』 4부 정리 42.
[270] 『윤리학』 4부 정리 52.
[271] 『윤리학』 4부 정리 58.

가 될 것이다. 이는 뒤에서 다시 다룰 것이다. 지금 우리가 강조하고자 한 것은 다만 정리 41~64가 정치적 매개에 속한다는 점이었다.

3) 정치적 문제설정

일단 가능한 두 목표(풍부한 균형이냐 빈곤한 균형이냐)가 정의되고 나면, 정치적 문제설정 자체는 역사이론에서 연역된다. '국가'(*imperium*)의 제도들 각각에는, 혹은 대부분의 제도들에는, 세 가지 문제(P_1, P_2, P_3)가 제기되며, 이 문제들은 서로 완전히 독립적이지는 않지만 독자적으로 정식화될 수는 있다. 그리고 이 문제들 각각에는 S와 T라는 두 가지 해결책이 있을 수 있다. 오직 주권과 군대에만 한 가지 문제만 제기된다. 그렇다고 해서 우리가 얻는 조합이 기계적으로 적용하기만 해도 되는 것은 아닐 텐데, 왜냐하면 모든 조합이 다 바람직하지는 않으며 때로는 실현 가능하지도 않기 때문이다. 하지만 여기서 우리는 적어도 꽤 넓은 가능성의 폭을 얻을 수는 있다. 어떤 해결책이 채택되든, 각 제도는 모든 체제에 대해 타당한 한 가지(때로는 두 가지) 근본요구만은 의무적으로 충족시켜야 한다. 『신학정치론』 18장은 이 요구들 중에서 주권이나 왼쪽 열에 속하는 제도들과 관련된 요구들만 열거하고 있지만, 표는 쉽게 채워 넣을 수 있다. 마지막으로, 어떤 제도를 고찰하든, 하나의 보편원리만은 필수불가결하다. 곧 두려움에 떨면서 살아가는 신민들은 지도자들의 몰락을 필연적으로 바라는 이상,[272] 공포만으로 통치해서는 안 되고 희망의 여지를 적어도 약간이나마 남겨 두어야 한다는 것이다.[273]

---

272) 위의 주 227을 참조하라.

1. **주권**의 경우, 근본요구는 아주 단순하다. 통치형태를 바꿔서는 안 된다는 것이다. 어떤 체제든, 거역하면 반드시 처벌받는 관행을 만들어낸다. 체제가 파괴될 경우, 무용한 분열을 무수히 겪고 난 다음 언젠가는 결국 이 체제가 복원되든지, 아니면 상황이 더 악화되든지 둘 중 하나이기 때문이다. 귀족정에서 군주정으로 이행하는 식으로 역사의 사면을 따라 내려가는 것은 바람직하지 않다.[274] 그렇다고 군주정에서 귀족정으로 되돌아가면서 역사의 사면을 거슬러 올라가는 것은 가능하지 않다.[275] 귀족정에서 민주정으로의 우연한 회귀만이 배제되지 않는데, 왜냐하면 두 경우 모두 집단 통치이기 때문이다.

여기서 문제는 한 가지로 귀착된다. 민주정이냐, 귀족정이냐, 아니면 군주정이냐로 말이다. 물론 군주정은 "인간적" 형태일 수도 있고 신정 형태일 수도 있다는 점은 잊지 말자. 원리상 선택은 임의적일 수 없다. 선택은 이미 도달한 진화 수준의 지배를 받기 마련이기 때문이다. 하지만 이행기에는 어느 정도 자유의 여지가 있다. 가령 여전히 미결정 상태였던 홀란드의 상황에서는 두 가지 해결책 모두를 내다볼 수 있다.

2. **소유제**의 경우, 근본요구는 두 가지다. 우선, 가능한 한, 무위도식하는 대토지 소유자 계층의 형성을 막아야 한다. 물론 이 요구는 스피노

---

273) "… 어떤 국가에서든 법은 사람들이 공포보다는 그들이 아주 열렬히 욕망하는 어떤 선에 대한 희망 때문에 자제하게 되는 방식으로 제정되어야 한다"(『신학정치론』 5장(G III p. 74/P p. 741)).
274) "… 왕들의 치하에 살아가는 데 익숙하지 않으며 제정된 법을 이미 보유하고 있는 민족에게는, 군주를 선출한다는 것이 얼마나 불길한 일인지 우리는 알고 있다"(『신학정치론』 18장(G III p. 226/P pp. 934~5)).
275) "그런데 이 지점에서 내가 빼먹고 그냥 넘어갈 수 없는 점은 군주를 중간에 타도하는 것 역시 적지 않게 위험하다는 것이다"(『신학정치론』 18장(G III p. 226/P p. 935)).

자 저작에서 명시적으로 나타나지는 않는다. 하지만 이는 앞서 진술된 것에서 분명하게 도출되며, 우리는 모든 이상적 정체가 이 요구를 준수하고 있음을 알게 될 것이다. 다른 한편, 사치금지법을, 보다 일반적으로는 교역에 대한 금지를 일절 피해야 한다. 교환이 얼마간 비중을 지니는 순간부터는, 금지 조치로 교환을 제한하겠다고 드는 것은 가소로운 일이 된다. 그럴 경우 오히려 쇠퇴가 가속화될 뿐이다.

이를 바탕으로 세 가지 문제가 제기된다. 문제 P_1은 교역에 대해 취해야 할 태도의 문제이다. 교역이 발달하도록 내버려 두어야 하는가, 그러지 말아야 하는가? 교역이 이미 지배적인 곳에서 그것을 구속한다는 것은 불가능하다. 하지만 교역이 탄생하지 못하도록, 혹은 적어도 교역이 통제 불가능해지는 지경에 이르지는 못하도록 막을 수는 있다. 우리가 S_1이라 부를 자유주의적 해결책은, 교역이 만개하도록 해주는 수단을 전부 인정하는 것이 될 것이다(군주정과 귀족정). 우리가 T_1이라 부를 보수주의적 해결책은, 거주민에게 아주 어릴 적부터 어떤 심리적 조건형성을 가하여 경제적 혁신을 아예 욕망할 수 없게 하는 것이다(신정). 이럴 때 똑같은 종류의 삶이 세대를 거듭해서 불변적으로 재생산될 것이며, 나라는 문명화되지 않겠지만 적어도 쇠퇴기로 접어들지는 않을 것이다.

문제 P_2는 토지를 집단적으로 전유하느냐, 개인적으로 전유하느냐의 문제이다. (T_1과 양립할 수 없는) 급진적 해결책 S_2는 땅을 국유화하는 것이다(군주정). 이 경우 모든 사람은 교역에 전념할 것이다. 또 누구도 독점적 재화를 소유하지 않기에, 일반이익이 곧바로, 그리고 아무런 제약 없이 도출될 것이다. 이와 반대로 온건한 해결책 T_2는 사적 소유를 고수하는 것이다(귀족정과 신정). 이 경우 일반이익은 자폐와 시기심이 낳는 여러 장애를 거쳐 간접적으로만 도출될 것이다. 그 자체로 보면 S_2가 더 낫다. 하지만 다른 여러 이유로 인해 어쩔 수 없이 T_2를 채택해야 하는 경우도 있을 수 있다.

문제 P_3은 토지재화의 평등 내지는 불평등에 관한 문제다. 만일 S_2가 선택되었다면, 사실상 평등주의적 해결책 S_3이 채택되는 셈이다(군주정). 곧 땅을 소유하지 않는다는 점에서 만인은 평등하며, 또한 질투는 없어진다. 하지만 토지의 사적 소유는 고수하면서도, 국가가 누구에게나 동일한 몫의 토지를 분배해 주고 그것을 양도할 수 없다고 선포할 수도 있다(신정). 물론 이는 S_1과는 양립할 수 없겠지만, 적어도 시기심만은 최소한으로 축소된다. 이와 반대로 해결책 T_3은 부동재화가 계속 양도되도록 방임하며, 따라서 이에 함축된 불평등의 위험들도 모두 존속시킬 것이다(귀족정). 그러나 사람들이 S_1과 T_2 둘 다에 애착을 갖는다면 T_3을 선택할 수밖에 없을 것이다.

유동재화의 경우에는 아무 문제도 제기되지 않는다. 자연 상태에서 토지는 보전하기가 상당히 어려운데, 왜냐하면 토지 소유자는 그것을 숨길 수도 없고 가지고 다닐 수도 없기 때문이다.[276] 바로 이 때문에 토지 소유자의 법적 지위는 본질적으로 권력자들의 의향에 달려 있다. 토지에 관한 한, 국유화도 의미가 있는 것이다. 하지만 땅에 매여 있지 않은 대상들에 대해서도 국유화가 유의미할까? 사람들이 돈이나 도구를 가지고 다니거나, 추적을 따돌리면서 아무도 모르게 감춰 두는 것을 어떻게 막겠는가? 따라서 유토피아에서가 아니라면 이 재화들은 사적으로 소유될 수밖에 없다.

---

276) 『정치론』 3장 19절 [G III p. 315/P p. 1035].

3. **종교**의 문제설정은 모든 점에서 소유의 문제설정과 유사하다. 여기에도 두 가지 요구가 필수적이다. 한편으로는, 사변적 신학자들 같은 해로운 인물의 출현을 가능한 한 막아야 한다. 다른 한편, 사변을 규제하는 법률 제정을 피해야 한다.[277] 사변이 실존할 경우 어떠한 명령도 이를 결코 제한할 수 없을 것이며, 이를 제한하는 방향에서 이루어지는 시도들이야말로 국가에 재앙을 가져온다.

따라서 문제 P_1은 사변이 발달하도록 방임해야 하는지 아닌지에 관한 것이다. 자유주의적 해결책 S_1은 가장 완벽한 관용을 공식화하여, 사변에 관한 한 모든 자유를 인정해 준다(군주정과 귀족정). 물론 여기에도 하나의 제한사항이 있다. 시민적 복종에 필수적인 '최소한의 믿음'을 의무적으로 신봉하게 한다는 것 말이다. 이와 반대로, 보수주의적 해결책 T_1은 신민들에게 요람에서부터 조건형성을 가하여 논쟁하거나 반성하려는 의사를 아예 제거해 버린다(신정). 이 둘 모두 그 나름의 방식으로 사회 평화를 확보한다.

문제 P_2는 종교의 성격이 보편적인가 특수한가이다. (T_1과 양립할 수 없는) 급진적 해결책 S_2는 오직 '최소한의 믿음'만으로 축소되는 진정한 "보편"(catholique)[278] 종교를 제도화한다(귀족정). 이럴 경우 모든 신앙의 공통분모는 아무런 장애 없이 곧바로 도출되는데, 왜냐하면 핵심적인 것과 부수적인 것 간의 구별은 신법 자체에 각인되어 있기 때문이다. 온건한 해결책 T_2는 의례에 대한 특별 계시를 고수한다(군주정과 신정). 따라서 이 해결책에 따르면 공통분모는, 주요한 것을 부차적인 것으로 치장

---

277) "… 순전히 사변적인 문제를 신수권과 관련시키는 것, 그리고 의견들에 대한 법을 제정하는 것이 얼마나 위험한 일인지 …"(『신학정치론』 18장[G III p. 225/P p. 933]).
278) "… 가장 단순하고 극히 보편적인 …"(『정치론』 8장 46절[G III p. 345/P p. 1077]).

하는 경향을 띠는 미신적인 신앙을 넘어, 간접적으로만 도출될 수 있다. 여하튼 '최소한의 믿음'은 존중되지만, 이는 이 믿음에 수반되면서 인간들을 분열시키는 여러 부조리들이 존중되는 정도 이상도 이하도 아니다. 물론 그 자체로는 S_2가 더 낫지만, 때때로 T_2의 선택이 필수적인 경우도 있다.

문제 P_3은 유일 종교냐 다수 종교냐이다. 만일 S_2가 선택된다면 사실상 일원적 해결책 S_3이 채택되는 셈이다(귀족정). 곧 누구나 아무 거리낌 없이 보편교회에 소속될 수 있는데, 왜냐하면 보편교회는 우리가 자유롭게 신을 우리 멋대로 상상하도록 내버려 두기 때문이다. 하지만 공민권을 받고자 하는 자라면 모두 의무적으로 동일한 특수 종교에 가입하도록 강요할 수도 있다(신정). 이 해결책은 S_1과 양립할 수 없겠지만, 아마도 이데올로기적 분쟁은 최소한으로 축소되게 해줄 것이다. 이와 반대로, 다원적 해결책 T_3은 모든 국교를 폐지하며, '최소한의 믿음'과 상충하는 것을 가르치지만 않는다면 모든 교회를 허용한다(군주정). 그리고 만일 S_1과 T_2 둘 다에 애착을 갖는다면, 바로 이 다원적 해결책을 선택해야 한다.

4. **사법**의 경우, 근본요구는 다음과 같다. 즉 어떤 대가를 무릅쓰고라도 경건과 불경에 대한 심판권은 세속 권력이 가져야 한다는 것이다.[279] 그렇지 않을 경우, '성무 감독권'은 자율화되는 경향을 띠게 되고 이데올로기적 풍습은 퇴락하며, 교회는 조만간 국가와 갈등을 빚을 것이다. 그러므로 여기서는 주권자가 성직자에게 행사해야 하는 감독의 양상과 관련하여 세 가지 문제가 제기된다. 『정치론』은 이 문제들을 앞의 문제들과

---

279) "우리는 무엇이 신성모독이고 무엇이 그렇지 않은지를 가려내는 권리를 주권자들에게 양도하는 것이 국가에도 종교에도 얼마나 필수적인지 알게 된다"(『신학정치론』 18장[G III p. 226/P p. 934]). 『신학정치론』 19장은 이 점을 상술한다.

동일한 항목으로 묶고 있지만, 이들은 앞의 문제와는 구별된다. 왜냐하면 국교회조차 정치당국의 통제에서 벗어나는 경우도 있을 수 있고(그리고 이는 피해야 한다), 역으로 사적인 종교들이 정치당국의 통제에서 벗어나지 못하는 경우도 있을 수 있기(바로 이렇게 되어야 한다) 때문이다. 이 문제에 비하면, 세속 재판소의 조직과 관련된 문제는 아주 사소하다.

문제 P_1은 성직자의 사법적 권한 및 그 한계와 관련된 문제이다. 고위 성직자들에게 개인적인 재판권은 부여하지 않고, 보수주의적 관점에서 그들을 사법 자문으로 삼을 수도 있지 않을까? 의심스런 사건의 경우, 재판관들이 고위 성직자들에게 의탁할 수밖에 없다고 여기는 물음들에(오로지 이러한 물음들에만) 답변할 임무를 그들에게 위임할 수도 있지 않을까? 이것이 해결책 T_1이다(신정). 이 해결책은 법 해석 문제에서 일체의 혁신이나 대담한 시도를 불가능하게 하고, 그럼으로써 재판소의 전횡을 억제한다는 점에서는 그 나름의 장점이 있다. 그리고 사회적 균형의 관점에 한해서만 보면 단점은 거의 없다. 사제들이 직접 심판하지는 않을 테니, 그들이 정치적 협박을 목적으로 자신의 도덕적 권위를 이용할 길은 없을 것이기 때문이다. 반면, 자유주의적 해결책 S_1은 성직자에게 법과 관련된 어떠한 권한도 ── 심지어 성직자의 권한이 T_1에서처럼 무해한 형태를 띤다고 하더라도 ── 인정하지 않는다(군주정과 귀족정). 그런데 이럴 경우, 이데올로기적 통제가 부재하므로, 재판관들이 직무를 잘 이행하도록 강제하기 위해서는 경제적 자극이 필요할 것이다.

문제 P_2는 전문화된 성직자의 존재와 관련된 문제이다. 사제들이 해악을 끼치지 못하게 하는 가장 근본적인 수단은 그들을 제거하는 것이 아닐까? 이것이 (T_1과는 양립할 수 없는) 해결책 S_2인데, 이 해결책에 따르면 세속권력의 보유자들이 예배 운영도 담당한다(귀족정). 곧 이들이 손수 교회직무(성무일과, 성사聖事, 전도 등등)를 담당하고 자신들이 내린 결정을 신성화하는 일도 몸소 떠맡으면서, 군중의 정신을 직접 조종할 것이다. 그리고 일반의지는 일단 정상에서 도출되고 나면, 이 의지의 원천인 개인들에게 아무 매개 없이 다시 전달될 것이다. 이와 반대로, 온건한 해결책 T_2는 예배를 운영하는 전문 사제들을 온존시킴으로써, 전통적인 매개들이 존속하도록 방임한다(군주정과 신정).

문제 P_3은 성직자가 국가장치에 통합되느냐 아니냐이다. S_2를 채택한다는 것은 분명 통합주의적 해결책 S_3을 함축한다. 이럴 경우, 교회와 국가는 정의상 서로 구별되지 않는다(귀족정). 그리고 전문 사제들이 존재한다 하더라도, 그들을 공무원으로 변모시키고, 제도적으로 정해진 절차에 따라 주권자가 그들을 임명하고, 납세자의 세금으로 그들을 부양하는 경우 등등도 당연히 있을 수 있다(신정). 물론 이는 S_1과는 양립할 수 없을 텐데, 왜냐하면 고위 공직자에 결부되는 위신으로 인해 성직자는 막대한 도덕적 권위를 지니게 될 것이며, 여하간 사람들은 그들에게 문의할 것이기 때문이다. 하지만 적어도 그는 제어될 것이다. 이와 반대로 "분리주의적" 해결책 T_3은 사제들을 일개 사인(私人)의 신분으로 만든다(군주정). 곧 그들은 위신도 없고, 일체의 법적 특권을 박탈당하고, 일체의 고위 공직에서 밀려나고, 상류층에 알려지지도 않고, 급료도 국가의 개입 없이 신자들에 의해 임의로 지급받는 것이다. 다른 문제에서 S_1과 T_2를 채택할 경우, 이 문제에서는 T_3을 따를 수밖에 없다.

5. **지도자 선별**의 경우, 근본요구는 자명하게 주어진다. 선별의 범위가 광범위해야 한다는 것이다. 물론 어떠한 체제도 모든 거주민에게 예외 없이 시민권을 부여할 수는 없을 것이다. (외국인, 전과자, 벙어리와 광인

외에도) 여성, 아이, 노예, 농노(*Servos*)[280]와 같이 '자기 권리 하에' (*sui juris*) 있지 않은 자들이[281] 시민권에서 배제된다. 더 나아가, 보다 일반적으로는 "하인들"(serviteurs, *famuli*)[282] 및 '어떤 노예적인 직분으로 삶을 연명하는 자들' (*qui servili aliquo officio vitam sustentant*)[283] — 양자는 봉급생활자 전체를 포괄하는 계층으로 보인다 — 도 배제된다. 그 이유는 명확하다. 이 하층민들은 자기 주인에 대해 두려워할 것이 너무 많고 희망할 것도 너무 많아 독립된 의견을 표현할 수 없기 때문이다. 만일 그들이 투표한다면, 이는 그들에게 그들을 좌지우지하는 자들을 찍으라고 지정해 주는 것과 매한가지일 것이고, 협의체에서 모든 소유자들은 저마다 자기가 쓰는 자들의 수만큼 투표권을 지니게 될 것이다. 따라서 이와 같은 근본적 불평등은 대소유자와 소소유자 간의 평등이라는 대의를 위해 요구되는 셈이다. 물론 이는 고전적인 논변이다. 하지만 그렇다고 해서, 지도자들의 수가 특정한 최소치 이하로 내려가서는 안 된다. **적어도**, 대다수의 부자들이 고위직에 접근하기를 희망할 수 있어야 하기 때문이다. 이러한 희망을 가질 수 없다면, 앞서 보았듯, 국가는 자신의 경제적 기반과 단절되고, 풍습은 퇴락하며, 체제는 파멸을 향해 치닫게 된다.

이를 바탕으로, 문제 P_1은 엘리트 선별이 관례적인 성격을 지니느냐 경쟁적인 성격을 지니느냐에 관련된다. 보수주의적 해결책 T_1은 지도자 지명의 과제를 전통에 맡겨 둔다(신정). 각자는 태생이나 나이에 따라, 자신이 어디에 나설 수 있는지 정확히 알고 있으며, 경쟁은 아예 사라진다.

---

280) 『정치론』 11장 3절[G III p. 359/P p. 1099].
281) 같은 곳.
282) 『정치론』 6장 11절[G III p. 359/P p. 1099].
283) 같은 곳. 동일한 표현으로는 『정치론』 8장 14절[G III p. 330/P p. 1056].

하지만 아무도 모욕당했다고 불평할 수는 없는데, 왜냐하면 개개의 인간 됨을 따지는 것이 아니기 때문이다. 반대로, 자유주의적 해결책 S_1은 선별을 개인적 기준에 의거하여 이루어지게 한다(군주정과 귀족정). 자문권력이나 집행권력의 성원들은 그들의 "덕"이나 재능 —— 실제적이든, 단지 그렇게 보이는 것일 뿐이든 —— 에 따라 지명된다. 그리고 실질적으로 중요한 고려의 대상이 되는 것은 무엇보다도 부이다.

문제 P_2는 대중의 통치기구 참여와 관련된다. (T_1과 양립할 수 없는) 급진적 해결책 S_2는 지도자들을 아주 짧은 임기 동안, 또한 연임이 불가능하도록 임명하는 것이다(군주정). 지도자들은 임기가 끝나면 원래의 생활로 되돌아온다. 또, 지도자들의 수는 충분히 많기에, 신민들이 부유하지 않더라도 추문을 일으키지 않고(honnête) 경제적으로 독립적이기만 하면 언젠가는 선택될 확률이 매우 높다. 결국 주민과 수장은 확연히 구별되지 않는 셈이다. 그리고 일반 의지는 정상에서 곧바로, 아무런 질곡 없이 표현된다. 또 모든 주부들까지는 아니더라도 적어도 모든 가장들은 국가를 통치하는 법을 배우게 된다. 이와 반대로 온건한 해결책 T_2는 분화되고 자율적인 국가 장치를 유지한다(귀족정과 신정). 곧 종신 임명된 엘리트가 지도 직무를 독점하며, 일반이익은 오직 그를 매개로 해서만 실현될 수 있다.

문제 P_3은 충원이 평등주의적이냐 불평등주의적이냐의 문제이다. S_2의 채택은 분명 평등주의적 해결책 S_3을 함축한다(군주정). 하지만 종신 임명된 엘리트만 통치할 수 있게 한다 해도, 그를 모든 주민층들을 대표하도록 만들 수 없는 것은 아니다. 가령 친족관계의 비중을 염두에 둘 때, 각 가(家)의 장자들을 통치기구에 편입시킨다면 그는 최대한 그렇게 할 수 있을 것이다(신정). 이는 S_1과는 양립할 수 없겠지만 적어도 정치적 시기심만은 최소한으로 축소될 것이다. 반면, 불평등주의적 해결책 T_3은 "가장 훌륭한 자들"(이 경우에는 가장 부유한 자들)에 대한 선호를 솔직히 인정한다. 이미 S_1과 T_2를 선택했다면, T_3을 채택할 수밖에 없다(귀족정).

6. 주권을 별도로 한다면, **통치제도들**은 아주 긴밀히 연관되어 있기에 그것들 각각에서 제기되는 문제설정은 분리된 채로 제시될 수 없다. 이 지점에서 한 가지 근본요구사항이 명시적으로 정식화된다. 어떤 대가를 치르더라도 집행권력을 성직자에게 결코 맡겨서는 안 된다는 것이다.[284] 예배 사제(ministres du culte)와 정부 각료(ministres)를 혼동할 경우, 이미 사법 권력을 목자들에게 귀속시킨 결과 생겨났던 단점들은 더 악화된 형태로 재생산될 수밖에 없다. 이런 혼동은 가장 해로운 신학적 흥분의 풍토를 창출한다. 두번째 요구사항은 암묵적이다. 통치기구 내에 독립적인 기관이 둘 이상이어서는 안 된다는 것이다. 단지 셋만 있어도, 결탁과 전복의 게임이 국가 균형을 파괴하게 될 것이다.

이제 문제 P_1은 자문권력을 집행할 때 성직자에게 어떤 몫이 돌아가느냐의 문제이다. 보수주의적 관점에서는 이 권력을 그들에게 부여하지 않을 이유가 없다(신정). 단, 발의는 주창자 개인의 것으로 간주될 수 있는 이상, 사제들은 발의권은 전혀 없이[285] 다만 검토되는 조치들의 정통성과 관련해 제기되는 물음에 답해 주기만 하면 된다. 이것이 바로 가장 오

---

284) "우리는 예배 사제들에게 포고를 내릴 권리를 조금이라도 인정해 주는 것, 그리고 그들에게 국가 업무를 처리할 권리를 양도하는 것이 종교에도 공화국에도 얼마나 위험한 일인지 알게 된다"(『신학정치론』, 18장(G III p. 225/P p. 933)).
285) "그리고 반대로, 이들[=예배 사제들]에게 오직 그들이 질문받은 문제에 대해서만 답변하는 데서 그치게 한다면, 만사가 훨씬 더 안정된다는 것"(같은 곳).

래된 전통을 보존함으로써 국가의 안정성을 확보하는 해결책 T_1이다. 하지만 이를 채택한다 해도, 첫번째 근본요구사항을 준수하려면 집행권력이 자문부로부터 완전히 독립적이어야 할 것이다. 그리고 만일 두번째 근본요구사항을 준수하고 싶다면, 자율적 통제기관은 있을 수 없을 것이다. 집행권력과 자문권력이 상호 통제할 테니 말이다. 반면, 자유주의적 해결책 S_1은 자문권력에 대한 참여권을 사제들에게서 일체 박탈한다(군주정과 귀족정). 곧 정보는 하향식이 아니라 상향식으로 전달되며, 세속 자문관들은 이제 더 이상 신의 이름으로가 아니라 집단의 이름으로 말하는 것이다. 그리고 성스러운 것은 이제 더 이상 없기에, 모든 혁신이 허용된다. 이 경우에는, 자문권력과 집행권력을 분리시킬 필요가 없으며, 전문 통제기관을 설립할 수도 있다.

문제 P_2는 집행권력과 자문권력을 한 편으로 하고, 주권을 다른 한편으로 하는 두 편을 합치느냐 마느냐의 문제다. 급진적 해결책 S_2(이는 T_1과 양립할 수 없는데, 왜냐하면 사제들에게는 주권이 인정될 수 없기 때문이다)는 이 세 권력을 동일 인물들에게 부여하는 것이다(귀족정). 곧 자문권력이 일반 의지를 표현하며, 아무런 매개 없이 이는 곧바로 입법적 결정으로 옮겨진다. 그리고 이 결정은 아무 매개 없이 곧바로 집행권력의 포고로 구체화된다. 만일 내적 분화가 계속 진행된다 하더라도, 이는 순전히 기술적(技術的)인 이유들 때문이다. 반대로, 온건한 해결책 T_2는 주권과 두 파생 권력의 실재적 차이를 보존해 둔다(군주정과 신정).

문제 P_3은 주권과 이 두 파생 권력이 서로 대립되느냐 아니냐의 문제이다. S_2를 채택하면 일방적인 혹은 절대주의적인 해결책 S_3이 반드시 채택될 수밖에 없다(귀족정). 하지만 구별되는 기관들을 보존하면서도, 이것들을 신격화된 한 주권자에게 엄중하게 종속시키는 것이 불가능하진 않다. 또 만일 이 주권자가 **진정으로** 무오류적이라면, 체계는 가동될 수 있을 것이다(신정). 이는 S₁과는 양립할 수 없는데, 왜냐하면 필수불가결한 이데올로기적 일괴성은 오직 전능한 종교만이 확보해 줄 수 있기 때문이다. 하지만 적어도 갈등만은 피해갈 것이다. 반면, 다원주의적 해결책 T₃은 "세력균형"이다. 서로 독립적인 자문들이 순전히 인간적인 주권자에게 각각 균형추 노릇을 하며, 그의 전제적인 의사를 중화시키는 것이다(군주정). 만일 S₁과 T₂를 동시에 취한다면 이 해결책을 택하는 도리밖에 없다. 하지만 이 해결책이 채택된다 하더라도, 두번째 근본요구사항을 준수하려면 집행권력과 자문권력은 일체를 이뤄야 한다.

7. **군대**의 경우, 근본요구사항은 군 지휘권을 단 한 명의 사령관에게 너무 오래 맡겨 두어서는 안 된다는 것이다. 그가 이 지휘권을 이용해 권력 장악을 기도할 위험이 있기 때문이다. 1년이 최대치다. 여기서 제기되는 문제는 단 하나인데, 이는 문제 P₃과 거의 등가이다. 그것은 바로 무기의 배분과 관련된 신민들 간의 평등과 불평등의 문제이다. 해결책 S₃은 민간인을 무장시키는 것이고(군주정과 신정), 해결책 T₃은 직업 군인을 무장시키는 것이다(귀족정).

이렇게 볼 때 이 상이한 제도들 각각의 문제설정들 간에는 상사성(상동성이라 해야 할까?)이 있다. 이 각각을 살펴보면, 문제 P₁은 다음과 같은 결정적인 선택과 관련된다. 곧 **다양성과 운동 가운데 이루어지는 풍부한 균형이냐, 아니면 정태적인 일률성 가운데서 이루어지는 빈약한 균형이냐**이다. 문제 P₂는 각 심급의 수준에서 일반 의지가 표출되는 방식이 **직접적이냐 간접적이냐**의 문제이다. 마지막으로 문제 P₃은 일자와 다자, 혹은 동일자와 타자의 문제이다. 다시 말해, '국가권력'(*imperium*) 기관의 운영에 참여하는 개인이나 집단들이 **동질적이어야 하느냐 이질적이어야 하느냐**의 문제이다. 각 제도마다 수용 가능한 조합은 단 세 가지뿐이다. $S_1S_2S_3$과 $S_1T_2T_3$, 그리고 $T_1T_2S_3$이 그것이다. 다른 조합들은 논리적으로 모순이거나 재앙과도 같은 것이 될 것이다. 그런데 분명한 것은 하나의 조합을 이루는 이 세 선택지들이 완전히 독립적이지 않다는 점이다. 특정 제도에 대해 일단 특정 조합이 채택되고 나면, 그 밖의 것에 있어서는 자유의 여지가 아주 축소된다. 그리고 모든 것을 결정적으로 이끌어 가는 것은 주권의 본성이다.

이제 스피노자가 연구한 세 가지의 이상적 통치형태의 구조를 나타내 보자.

	신정	자유 군주정	귀족정
통치제도	$T_1 T_2 S_3$	$S_1 T_2 T_3$	$S_1 S_2 S_3$
사법부	$T_1 T_2 S_3$	$S_1 T_2 T_3$	$S_1 S_2 S_3$
종교	$T_1 T_2 S_3$	$S_1 T_2 T_3$	$S_1 S_2 S_3$
군대	S_3	S_3	T_3
소유	$T_1 T_2 S_3$	$S_1 S_2 S_3$	$S_1 T_2 T_3$
지도자 선별	$T_1 T_2 S_3$	$S_1 S_2 S_3$	$S_1 T_2 T_3$

앞으로 이어질 두 장에서는 이 표를 증명할 것이다. 물론 민주정의 경우에는 스피노자가 연구를 미처 다 끝낼 시간이 없었던 이상, 미완으로 남아 있다. 하지만 민주정의 각 제도들을 $S_1 S_2 S_3$(그리고 군대의 경우 S_3)을 조합하여 정의해 보는 것도 시도해 볼 만하다. 물론 이 조합은 가장 자유로운 동시에 가장 근본적이며, 또한 가장 평등한 혹은 일원적인 해결책이다.

10장_순전히 외적인 통일:
신정의 난관과 잘 조직된 야만

"절대" 군주제의 골칫거리는 바로 군주라는 인물이다. 한편으로, 군주는 모든 것을 다 알지는 못하기에 정직하거나 정직하지 못한 보좌관들에 휘둘린다. 다른 한편, 군주는 죽을 수밖에 없고, 그의 치적이 아무리 완벽하다 한들 그가 죽은 이후에도 계속 남아 있을 확률은 거의 없다. 이 두 가지 단점은 절대 극복할 수 없는 것일까? 주권을 전지하면서도 불멸하는 군주에게 넘겨줄 수는 없을까? 실상 이는 가능하지만, 단 신정 체제가 실현하는 아주 역설적인 조건 하에서만 그렇다.

한 천재적 경험주의자는 이를 거의 이해할 뻔했다. 앞서 보았듯, 히브리인들은 민주정에 대한 아주 비참한 경험을 한 후, 그들을 대신해 신에게 문의할 권리를 위신 있는 한 개인에게 이전했다. 그때부터 모세는 홀로 다스렸는데, 이는 그가 신에게 신 자신이 무엇을 원하는지, 또 언제 원하는지를 말하도록 할 수 있었기 때문이다. 이론상으로 모세는 신이 내린 결정을 집행하는 자에 지나지 않았지만, 바로 이 때문에 그는 여느 군주보다 실질적 권위를 더 많이 누렸다.[1] 모세가 인간 후계자를 선택했다면, 히브리 국가는 평범한 군주정에 불과했을 것이다.[2] 하지만 그는 그렇게 하지 않았다. 실상, 그는 사태의 원활한 진행이 오로지 자기의 개인적 능력에 달려 있다는 점을, 곧 자기 이후에는 아무도 그만한 과업을 감당하지 못하리라는 점을 알고 있었다. 그렇다고 민주정으로 되돌아갈 수도 없었다. 유대 민족이 집단 통치에 조금도 소질이 없었기 때문이다. 따라서 해결책은 정해져 있었다. 모세가 어떤 방식으로든 영원히 다스려야 했던 것이다. 그래서 그는 남은 생애 동안, 가능한 모든 상황이 예견되어 있고 모든 문제를 해결할 극히 치밀한 법제를 다듬었고, 통치자나 피치자가 언제까지고 이를 준수하도록 강제해낼 제도적 체계를 상상해냈다. 따라서 모세 사후에는 어떤 인간도 더 이상 주권을 보유할 수 없을 것이었다. 다시 말해, 히브리 국가는 궐석 중인 왕의 대리자들에 의해 순전히 관례적 규칙에 따라 운영될 것이었다.[3] 원칙적으로는 진정한 주권자는 신일 것이다. 하지만 사실상으로는 최초 입법자의 정신이 무덤 저편에서 자기 신민들 삶의 가장 세세한 일상사까지도 계속해서 일일이 통제할 것이었다. 죽은 모세의 유령은 보편적 권한을 지닌 법을 매개로 언제까지나 이스라엘을 지배할 것이었다.

가장 놀라운 점은 모세가 그의 계획을 실현하는 데 **거의** 성공했다는 것이다. 그렇다고 모세가 남다른 통찰력을 보이는 지성의 소유자인 것도 아니다. 하지만 그의 상상만큼은 매우 생생했다. 그는 무엇보다도 외부 환경의 변화에 민감했고, 또 이 변화가 아주 나중에 끼칠 영향을 혼돈스

---

1) "인민이, 군주는 오직 신의 뜻으로부터 군주 자신에게 계시된 것만을 명령한다고 믿는다 해서, 그들이 신민인 정도가 덜해지는 것은 아니며 사실상 더 커진다"(『신학정치론』 17장[G III p. 207/P p. 907]).
2) "만일 그가 그런 자[=후계자], 곧 몸소 국가 전체 운영을 담당하는 …. 누군가를 선출했다면, 이 국가는 단지 군주정에 불과했을 것이다"(같은 곳).
3) "모세는 국가의 후계자를 뽑지 않고서, 이후 그의 대리자들이 죽은 왕이 아니라 마치 궐석한 왕을 대신하는 양 국가를 운영하는 것처럼 보일 정도로, 모든 직무를 배분해 두었다"(『신학정치론』 19장[G III p. 234/P p. 946]).

럽게나마 예상할 수 있었기에, 그의 기획을 틀림없이 실현시켜 줄 조치들 대부분을 경험적으로 감지했던 것이다. 이런 의미에서, 신이 이 조치들을 그에게 "계시했다"고도 말할 수 있다. 즉, 보통의 가사자(可死者)들에게는 지각 불가능한 외적 원인들로 모습을 드러낸 신이 이 조치들을 모세의 신체와 영혼에 새겨 주었다고 말이다. 이것이야말로 스피노자적 의미에서 일종의 기적이다. 권리상 인식 가능하지만 아직까지는 해명되지 않은 예외적이고 기괴한 사건인 것이다. 하지만 이 경험주의에는 대가가 따랐다. 모세는 자신을 엄습해 온 이미지들을 진정으로 **이해하지는** 못했기 때문에 (단 하나의) 치명적인 오류를 범하며, 이 때문에 그가 세운 체계는 장기적으로 살아남을 수는 없는 것이 되었다. 스피노자 자신이 이를 바로 잡는다. 『신학정치론』 17장은 모세 신정을 역사적으로 실존했던 모습 그대로 기술하면서도, 동시에 그것이 어떤 결함을 지니고 있었는지, 그리고 그것을 진정으로 영원하게 만들기 위해서는 무엇을 변경했어야 하는지를 기술한다. 그리고 이를 통해 이상적 신정의 도면을 작성한다.

* * *

분명 모든 것은 **종교제도**에 달려 있다. 전 인민이 오직 한 사람의 말만 믿고 따르려면, 인민에게 이 사람은 신의 사자(使者)로 보여야 한다. 모든 절대군주제의 근본 원리는 여기서도 유효한 셈이며, 또 그래야만 군주가 살아 있지 않을 때 그의 후광이 퇴색할 위험이 덜할 것이다. 따라서 모든 신민은 동일한 종교를 가져야 한다(해결책 S_3). 또한 이 종교는 역사적 계시에 근거해야만 한다(해결책 T_2). 왜냐하면 국가의 법률들은, 어떤 인격신이 특정한 날, 특정 장소에서, 특정인에게 자기 의도를 깨닫게 하기 위해 말했을 경우에만, 구체적인 개별 내용상 신의 의지의 표현일 수 있기 때문이다. 또한 이 계시는 배타적이어야 한다. 한편으로, 신이 인격화될수록 신이 우리에게 불러일으키는 헌신의 감정은 쉽사리 질투에 종속되기 때문이며, 다른 한편, 우리가 사랑해 주는 만큼 우리를 사랑해 주는 자, 더욱이 다른 누구보다도 우리를 사랑해 주는 자만을 우리는 사랑하기 때문이다.[4] 모세는 이 점을 기막히게 잘 감지했다. 그는 신이 히브리인들에게 계시되었다고, 신의 왕국은 이스라엘 국경 내로 제한된다고, 다른 모든 민족은 그들의 적일 수밖에 없다고 선언했던 것이다.[5] 그때부터 유대인들은 이 특권을 그들에게 안겨다 준 제도들에 열렬한 애착을 보였다. 바로 이 때문에 그들은 이방인들을 맹렬히 미워했으며,[6] 이방인들의 풍습을 조금이라도 도입하는 것을 최악의 범죄로 간주했다. 하물며 한 순간이라도 이방인들에게 복종한다는 것은 생각조차 할 수 없는 일이었다.[7] 게다가 그들의 미움은 다른 종교의 예배의식과 철저하게 대조를 이루는[8] 예배의식을 통해 일상적으로 부양되었다. 익히 알려진 과정대로, 이런 미움은 이웃 민족들에게 맹렬한 반유대주의를 불러일으켰고, 이 반유대주의가 다시 그들의 미움을 한층 더 강화했다.[9] 이러한 사정 때문에 히브리인들은 이와 같은 정치-종교 공동체에 한층 강한 애착을 느끼면서, 거기

---

4) 이 책 5장 4절, pp. 285~7를 참조하라.
5) "왜냐하면, 그들의 권리를 신에게 이전하고 난 후, 그들은 자기네 왕국이 신의 왕국이라고, 또한 오직 그들만이 신의 아들이고 다른 민족들은 신의 적이라고 … 믿었기 때문이다"(『신학정치론』 17장[G III p. 214/P p. 918]).
6) "… 게다가 그들은 다른 민족들에 대해서는 아주 격렬한 미움을 품었으며 …"(같은 곳[G III p. 214/P p. 919]).
7) "… 그들에게는 어떤 이방인에게 충성을 서약하고 그에게 복종하겠다고 약속하는 것보다 더 혐오스러운 일은 없었다"(같은 곳).
8) "왜냐하면 일상적인 예배가 [다른 민족의 것과—옮긴이] 전적으로 달랐을 뿐만 아니라 … 절대적으로 상반되었기 때문이다"(같은 곳[G III p. 215/P p. 919]).

를 떠나서는 어떤 구원도 없으리라 여겼다. 이렇게 차이들이 체계적으로 배양됨으로써, 적극적으로나 소극적으로, 비타협적 쇼비니즘이 생겨났다. 이런 면에서는 오염은 전혀 두려워할 게 아니었다.

하지만 이방인과의 접촉만이 쇄신의 가능한 유일한 원천은 아니다. 그 밖에, 개인적 반성이 깨어날 때도 쇄신이 일어날 수 있다. 따라서 무슨 수를 써서든 개인적 반성을 마비시키는 편이 좋다(해결책 T_1). 단, 일단 악이 발생하고 나면 필연적으로 효력이 상실되어 버리는 금지 조치들을 통해서가 아니라 강도 높은 심리적 조건형성을 통해서 말이다. 이는 물론 까다로운 기획이지만, 아주 일찍부터 시작하기만 한다면 실현 불가능하진 않다. 그러므로 신민들은 유아기 때부터 복종에 길들여져야 한다. 또, 일상생활에서 그들이 조금이라도 뭔가를 주도적으로 할 기회를 내주어서는 안 된다. 이 점에서도 역시, 신의 극단적 인격화가 난점들을 제거해 준다. 만일 신도들이 그들 '지배자'(rector)가 자기네만을 열정적으로 사랑한다고 믿는다면, 그들이 신에 복종함을 한결같이 입증하라는 신의 요구도 기꺼이 받아들일 테니 말이다.[10] 이것 역시 모세가 알아차렸던 것이다. 완전히 의례화되어 있었던 히브리인들의 생활은 복종에 바친 영속적 제물이었다.[11] 그들은 구애받지 않는다고 의식한 적이 단 한 순간도 없었으며, 결코 자기 뜻대로 행동하지 않았고 오직 명령받은 대로만 행동했다.[12] 그 결과 아무도 감히 신의 일에 대해 조금이라도 판단을 내리려 들지 않

---

9) "그리고 미움을 끊임없이 더 많이 불타오르게 하는 통상적인 원인, 곧 미움의 상호성도 어김없이 구비되어 있었다. 다른 민족들도 그들에 대해 아주 격렬한 미움을 품었기 때문이다"(같은 곳).
10) 이 책의 5장 4절 p. 286를 참조하라.
11) 이 책의 5장 p. 203의 주 183을 참조하라.

았다. 그들 모두는 심지어 이해하려고 시도조차 해보지 않은 채 순응했던 것이다.[13]

따라서 이 제도는 양가적인 감정들을 키워냄으로써 국가의 이데올로기적 통일성을 확보했던 셈이다. 우선, 히브리인들이 인간의 모습을 한 자기네 신에 대해 가졌던 과잉된 사랑은 그들에게 줄곧 바른 길을 걷게 했다. 신이 히브리인의 관심을 완전히 독차지했다는 점에서, 또한 히브리인에게 사랑을 불러일으킨 존재가 실존하지 않았다는 점에서, 이는 과잉된 사랑이었다. 그리고 이 사랑은 히브리인에게서는 역시나 도를 넘는, 심지어 오만으로까지 이어지는 내적 만족을 동반했다. 그들만이 유일한 선민이다! 이와 같은 무절제한 기쁨은, 만일 어떤 것도 그것을 교정해 주지 않았던들 아주 유감스러운 귀결로 이어질 수도 있었을 것이다. 신의 총애를 받는 자들이 뭔들 못하겠는가? 그런데 간접적으로 좋은 슬픔이 이를 보정(補正)해 주었다. 우선, 이방인에 대한 미움은 필연적으로 내면화되었다. 누구든 잠재적으로는 이교도였고, 누구든 신의 숱한 명령 가운데 어느 하나를 어겨 신을 화나게 할 수 있었기에 말이다. 그래서 행여나 죄를 범하지는 않을까 끊임없는 공포가 생겨났으며, 마찬가지로 예언자들이 권장했던 지속적인 겸손과 주기적으로 되풀이되는 광적인 후회[회개]도 생겨났다.[14] 이와 같은 겸손과 후회는 다행히도 '구원에의 확신'

---

12) "따라서, 예식들의 목표는, 사람들이 어떤 것도 자기 뜻에 따라 하지 않고 모든 것을 타인의 명령에 따라 행하는 것, 그리고 자신이 조금도 자신의 권리 하에 있지 않으며 전적으로 타인의 권리 하에 있음을 지속적인 행위와 성찰을 통해 인정하는 것이었다"(『신학정치론』 5장[G III p. 76/P p. 743]).
13) "… 왜냐하면 신적인 일들에 대해서는 아무도 감히 판단을 품을 엄두를 내지 못했으며, 그들은 … 자신에게 명해진 모든 것에 대해 단 한 번도 이성에 조회해 보는 일 없이 복종할 수밖에 없었기 때문이다"(『신학정치론』 17장[G III p. 217/P p. 922]).

(*certitudo salutis*)이 낳는 위험한 열광을 상쇄시켜 주었다. 결국 모순되는 병리적 정서들(affections)이 서로를 제한해 주었던 셈이다. 히브리인은 자기네가 전 인류보다 우월하다고 믿는 순간 자기네의 비참함을 의식할 수밖에 없었으며, 또 그들이 이 비참함을 견뎌내었던 것은 자기네가 위대하다는 느낌이 그들을 지탱해 주었기 때문이다. 이렇게 해서 그들은 정상 상태를 유지했던 것이다.

그런데 법이 불변이려면, 거기에는 또한 만사가 예견되어 있어야 한다. 말하자면, 모든 일은 미리 해결되어 있어야 하고, 전대미문의 새로운 상황이 나타나서는 안 되며, 새로운 문제도 돌발해서는 안 되는 것이다. 그런데 주권자가 생존할 당시 주권자 스스로 제기해 보았던 것과는 다른 물음들이 집단에 제기될 수 있다면, 죽은 주권자가 어떻게 만사를 해결할 수 있겠는가? 영원을 약속하며 정식화되었던 반응들의 체계는, 이 체계가 대처하도록 예정되어 있었던 자극들이 불변일 때만 적절할 것이다. 그런데 이는 본질적으로 **소유제**에 달린 문제이다. 교역은 지평을 확장함으로써 습관을 변형시키며, 또 교역이 발달할 때 인간관계는 변모되고 전통은 무력화된다. 그러므로 교역을 제거하지 못할 바에는, 적어도 최대한 일정한 방향으로 유도하는 편이 낫다(해결책 T_1). 당연히 대외 교역은 조금도 묶인되어서는 안 된다.[15] 이 나라는 혁신을 피하기 위해 외부와 두절한 채 살아야만 하는 것이다. 마찬가지로 대내 교역도 아주 협소하게 묶여 있어야 한다. 경제 성장은 특정한 문턱을 넘어 버리면 통제 불가능해

---

14) 『윤리학』 4부 정리 54의 주석을 참조하라.
15) 이 책 9장 p. 536의 주 56을 참조하라.

질 것이기에 성장 자체를 막아야 하는 것이다. 히브리인들이 모세 시대의 생활방식을 고수하게끔 하기 위해 별별 조치가 다 취해졌다. 밭갈이, 씨 뿌리기, 수확하기 등 생산 양식은 기술적 진보가 아예 불가능하도록 아주 세부적인 사항까지도 규제되었다.[16] 또 먹거리, 옷, 머리모양, 유흥과 축제 등 소비활동은 아주 엄격한 규정에 따랐다.[17] 그 결과 교환 사이클이 변경될 위험은 없었다. 또 금단의 열매가 지닌 매혹적 권능은 습관의 힘으로 거세되었다. 신민들은 새로운 자극의 유혹을 한 번도 받은 적이 없기에, 복종하면서도 스스로를 자유롭다고 여겼던 것이다.[18] 게다가 다음과 같은 의무 사항들도 불쾌할 게 전혀 없었다. 주기적인 축연과 주일의 휴식, 그리고 법이 지정한 성찬식은[19] 너무 평범한 기쁨들에 종교적 색채를 가미해 주었고, 이는 이 기쁨들을 경탄 및 사랑과 연합시킴으로써 더욱 강화시켰기 때문이다.[20] 이처럼 생활의 의례화는 경제 활동 전반으로 확장되었고, 또 그럼으로써 그것을 가능하게 해주었던 이데올로기적 보수주의의 물질적 조건을 온존시켰다. 종교와 "현세적" 삶이 서로를 순환적으로 재생산했던 것이다.

---

16) "사실 그들은 밭 갈고 씨 뿌리고 수확하는 것도 자기 마음대로 하도록 허용되어 있지 않았고 법이 지정한 특정한 규칙을 따라야 했다 …"(『신학정치론』 5장[G III p. 75/P p. 743]).
17) "나아가, 먹는 것이나 입는 것도, 머리나 수염을 자르는 것도, 노는 것도, 도대체 무엇을 하든, 법 안에 규정되어 있는 규칙과 명령에 따라서가 아니고는 허용되지 않았다"(같은 곳).
18) "… 따라서, 이에[=이러한 삶에] 완전히 익숙해진 이 사람들에게는 이와 같은 복종도 더 이상 예속이 아니라 자유로 보일 수밖에 없었다. 그리고 이는 다시, 아무도 금지된 것을 욕망하지 않고 오히려 명령받은 것을 욕망하는 귀결을 가져왔다"(『신학정치론』 17장[G III p. 216/P p. 921).
19) "… 그들은 연중 정해진 때에 여가와 기쁨을 누리도록 되어 있었으며, 그것도 도락을 위해서가 아니라 마음으로부터 신에게 복종하기 위해서였다"(같은 곳).
20) "왜냐하면 헌신에서, 다시 말해 사랑과 동시에 경탄에서 생겨나는 기쁨만큼, 마음이 욕망하는 것은 없기 때문이다"(같은 곳).

이런 맥락에서 볼 때, 토지 소유는 개인적일 수밖에 없다(해결책 T_2). 우선, 아무도 거래로 부를 늘리지 않으니 화폐에선 그다지 큰 이익을 기대할 수 없고, 또 이런 상황에서 토지가 국가 소유라면 주민이 애착을 가질 만한 게 하나도 없어질 테니 말이다. 하지만 이것만으로는 충분치 않다. 주지하듯, 토지의 사적 소유는 가장 첨예한 갈등을 발생시키는 경향이 있다. 그리고 정신들의 일괴성으로 지탱되는 사회에서 갈등만큼 불길한 것도 없을 것이다. 따라서 시기심을 최소한으로 줄이려면, 토지재화의 분배가 엄격하게 평등주의적이어야 한다(해결책 S_3). 그리고 이 평등이 유지되려면 토지는 양도불가능하다고 선포되어야 한다. 히브리인은 지도자든 평범한 일개인이든, (적어도 양적으로는) 정확히 똑같은 밭을 소유했으며, 누구나 자기 소유지의 영구적인 주인이었다.[21] 따라서 대소유주도 없었다. 물론 이런저런 사정으로 궁핍해진 자들이 자기 몫을 팔 수밖에 없는 경우도 있었다. 하지만 그들은 이를 희년[50년절]에 되돌려 받았다.[22] 다시 말해, 토지대장은 50년마다 원상 복귀되었다. 물론 반세기나 되는 동안 숱한 일이 일어날 수 있긴 하다. 그러나 스피노자가 더 구체적으로 명시하지는 않지만, 그 외 다른 조치들이 이런 종류의 매매를 아주 어렵게 만들었다.[23] 그리고 그 사이 기간 동안에는, 자비를 실천하라는 의무 덕분에 가난은 세상 어느 곳에서보다 더 견딜 만한 것이 되었다.[24] 이

---

21) "시민들은 … 족장과 동등한 몫의 토지와 밭을 가지고 있었으며 모든 이가 각자 자기 몫에 대한 영원한 주인이었다"(『신학정치론』 17장[G III p. 216/P p. 920]).
22) 이 책 9장 p. 534의 주 51을 참조하라.
23) "그리고 이런 식으로, 아무도 자기 몫의 고정 재화를 양도할 수 없도록 다른 여러 제도들이 수립되었다"(『신학정치론』 17장[G III p. 216/P p. 920]).
24) "… 세상 어디서도, 이웃에 대한, 곧 동포에 대한 자비를 최고의 경건을 통해 길러내야 했던 곳보다 가난을 더 잘 견딜 만한 곳은 없었다"(같은 곳).

상적 신정에서 양도불가능의 원칙은 완벽했을 것이다.

우리는 여기서 다시 정서의 양가성과 만나게 된다. 히브리인 모두는 수중에 있는 얼마 안 되는 토지가 불러일으키는 과잉된 사랑 때문에 자기 조국에 애착을 가졌다. 그리고 이 사랑은, 그것과 거의 일체를 이뤘던 신에 대한 사랑처럼, 신민들의 지나친 애국주의를 키워냈다. 모든 인간 행위의 힘이자 생명인 개인적 이익이 그들 히브리인을 모국 땅에 붙박아 두었던 것이다.[25] 축제와 집단적 성찬에 참여하는 기쁨도 엇비슷한 방향으로 작용했다. 이 기쁨의 감정은 헌신의 감정에 힘입어 그 실재대상에 합당치 않을 만큼 아주 큰 폭으로 배가되었기 때문이다.[26] 하지만 이처럼 도를 넘어선 기쁨 때문에 딱한 결과가 초래되거나 하진 않았다. 왜냐하면 간접적으로 좋은 슬픔이 이 기쁨을 강박적인 탐욕이나 통음난무로 타락하지 않게 막아 주었기 때문이다. 의례의 규정들에서 단 한 치라도 벗어나지나 않을까 하는 공포, 타인의 재산을 침범하거나 자비를 베풀지 않아 신을 노엽게 하지 않을까 하는 공포가, 그리고 같은 이유로 겸손과 후회가 그런 역할을 했던 것이다. 참으로 극렬한 대비이지만, 바로 이 덕분에 개인과 집단의 균형은 유지되었다.

(경건과 불경을 판단하는 권리, 다시 말해 '성무 감독권'의 토대와 관련되는 모든 것을 포함하는) 넓은 의미의 **사법부도** 이와 동일한 원칙에 따라 조직될 수밖에 없다. 종교가 특별 계시에 근거하는 이상, 신의 전언을 가

---

25) "… 이 국가에는 다른 무언가가 있었다. 아주 견고하고 예외적이며, 시민들을 아주 강력하게 붙들어 두고 … 할 수밖에 없었던 것. 그것은 바로 모든 인간 행위의 힘이자 생명인 이익의 논리였다"(같은 곳[G Ⅲ pp. 215~6/P p. 920]).
26) 앞의 주 20을 참조하라.

르치고 예배 의식을 조직하는 일을 담당하는 전문 성직자가 분명 없을 리 없다(해결책 T_2). 또한 종교가 의무적인 유일교인 이상, 성직자는 국가 기구에 엄중히 통합될 수밖에 없다(해결책 S_3). 곧 그들은 법이 정한 절차에 따라 지명되고, 공금에서 봉급을 지급받고, 그들이 갖는 공식적 특권의 반대급부인 의무들에 따라야 한다. 하지만 사제들이 개인의 행위를 제재할 권력을 갖도록 방임할 수는 없다. 그들은 자기 마음에 드는 일을 지시하기 위해 이 권력을 유용(流用)할 것이고, 그러면 법은 곧장 효력을 상실할 것이기 때문이다. 하지만, 그들의 위신을 고려할 때, 그들에게 자문을 구하지 못하도록 하기는 어렵다. 적어도 의심스런 사건들에 대해서만은 그렇다. 따라서 이런 경향성을 법적인 한계 내에 묶어 두면서 그것을 제도화하는 편이 더 낫다. 해결책 T_1을 채택할 수밖에 없는 것이다. "현세적"인 것이든 종교적인 것이든(신정에서 이 두 영역은 결코 구별되지 않는다) 일체의 범죄나 분쟁은 오직 세속 재판소의 관할 하에 있어야 한다. 그러나 재판관들이 법을 적용할 때 까다로운 문제라 여길 경우, 그들은 원한다면 성직자들에게 문의할 수는 있을 것이다. 성직자들은 개인적 입장을 완전히 떠나, 심지어는 누가 피고이고 누가 원고인지도 모른 채, 자기 견해를 제시할 것이다. 그리고 그들의 답변은 권위를 지닐 것이다. 히브리인의 경우가 바로 그랬다. 예배 사제들은 어느 누구도 심판하거나 파문할 권리를 가지지 못했고,[27] 그런 자격은 순수 세속 집행부가[28] 지명한 재판관들에게만 주어졌다. 그런데 이 재판관들은 당혹스러운 상황에 빠질

---

[27] "다음으로, 예배 사제들이 법의 해석자이긴 했어도, 시민을 심판하거나 누군가를 파문하는 일은 그들 소관이 아니었다. 이는 오직 인민에 의해 뽑힌 재판관과 족장의 소임이었다"(『신학정치론』 18장[G III p. 222/P p. 929]).
[28] 이후 살펴보겠지만, 곧 부족 족장들이. 부족 족장들은 "각 도시마다 재판관들을 구성하는" 소임을 맡았다(『신학정치론』 17장[G III p. 210/P p. 912]).

때마다 그들 형편에 맞게 대제사장에게 문의했고,²⁹⁾ 이럴 경우 그들이 대제사장의 견해를 참작하지 않는다면, 이들에게는 사형이 언도되었다!³⁰⁾ 이런 조건에서, 재판관들은 감히 법을 위반할 엄두를 내지 못했고, 대제사장은 법의 의미를 바꿔서는 아무런 이익도 얻을 수 없었다. 이렇게 해서 법은 온전히 효력을 보존했다. 법을 어긴다는 것은 단지 약간의 물질적 곤란에 봉착한다는 것만을 뜻하지는 않는다. 그것은 또한 틀림없이 만인의 비난을 받는다는 것, 가차 없는 "신학적 증오"³¹⁾가 이구동성으로 쏟아진다는 것을 뜻한다. 위법의 욕망을 느끼는 자도 확실한 징벌에 대한 공포 때문에, 그리고 가장 치욕적인 수치 때문에 자제했다. 공포와 수치, 이는 간접적으로 선한 두 가지 슬픔이다. 그리고 불복종할 경우 처벌을 면할 길 없다는 점이 유혹을 약화시켰다. 사람들은 불가피하리라고 알고 있는 것에 대해서는 맞서지 않기에 말이다.

통치제도에도 이와 유사한 구조가 적당하다. 신정에서는, 집행부 및 자문부는 주권과 구별될 수밖에 없다(해결책 T₂). 우선, 주권자는 최초 입법자의 정신이며, 최초 입법자의 의지는 신의 의지와 동일한 것으로 간주된다. 같은 이유에서, 이 두 권력이 최고 권위에 **대립한다**는 것도 있을 수 없는 일이다. 자문부의 소임은 법률 초안의 작성이 아니다. 법은 이미, 애초부터, 그리고 영원히 만들어져 있기 때문이다. 또한 집행부의 소임은

---

29) "그리고 만일 어쩌다 이 재판관들 자신도 법에 대해 의문스런 사항이 있을 경우, 이들은 대제사장의 해명에 따라 분쟁을 해결하기 위해, 그를 … 찾아갔다"(『신학정치론』 17장의 방주 38[G III p. 266/P p. 912]).
30) "어쩌다가 이 예하 재판관들이 판결을 내리면서 … 대제사장의 해석에 따르지 않겠다고 나서기라도 하면, 그들은 사형 당했다"(같은 곳).
31) 이 책 9장 p. 521의 주 25를 참조하라.

정념에 사로잡힌 군주의 전제적인 의향들을 교정하는 일이 아니다. 왕은 산 자의 세계에 속하지 않는 이상, 그의 의지도 일체의 변덕에서 벗어나 있기 때문이다. 따라서 이 두 파생적 심급은 신격화된 주권자에게 완벽히 종속되어야 한다(해결책 S_3). 하지만 이 두 권력은 필수불가결하다. 실상, 한편으로 법은 각 개별 경우마다 실제적인 집행 조치를 통해 구체화되어야 하고, 다른 한편으로 어떤 상황에서는 법 해석의 문제가 생기기도 하기 때문이다. 이 때문에 전문 기관장들과, 필요한 경우 이들 책임자에게 해설을 해줄 조언자들이 동시에 필요하다. 이제 유일하게 남는 문제는, 기관장이나 조언자가 원래의 법제를 바꿀 수 없도록 양자의 관계를 맺어주는 일이다. 그들이 만일 원래의 법제를 바꾼다면, 죽은 군주는 당연히 그것을 막을 수 없을 것이다. 그런데 이와 같은 관점에서 볼 때, 자문부는 분명 사제들 차지다(해결책 T_1). 사제들이 신의 의지의 수탁자인데 그들이 아니고 과연 누가 필요시 신의 의지가 의미하는 바를 설명할 수 있겠는가? 물론 이럴 경우 사제들이 집행권력에 참여하는 것은 일체 금지해야 한다. 그렇게 하지 않는다면, 사제들은 자기네의 탐욕에서 나온 조치들과 법을 조화시키려고 법을 바꿀 것이다.[32] 사제들이 명실상부한 주권자가 되는 것이다. 반대로, 만일 법 집행자와 법 해석자가 구별된다면, 전횡은 두려워할 필요가 거의 없을 것이다.[33] 집행자가 해석자를, 또한 해석

---

32) "국가 운영자들이 … 어떤 범죄를 저지를 때면, 그들은 항상 이를 법으로 가장하여 은폐하려 … 애쓰기 마련이다. 그리고 법 해석이 전적으로 그들에게 의존할수록, 이는 더 쉽게 달성된다. 왜냐하면 의심의 여지없이 그들은 바로 여기서 그들이 원하는 모든 것, 또한 그들의 충동이 부추기는 모든 것을 할 막대한 자유를 쟁취하기 때문이다 …"(『신학정치론』 18장[G III p. 212/P p. 915]).
33) "… 그리고 역으로, 만일 법 해석에 대한 권리가 다른 자에게 있다면, 그들에게서 [이 자유의] 태반은 제거되는 셈이다"(같은 곳).

자가 집행자를 상호 견제할 것이기 때문이다.

히브리 국가에서 공공기관은 바로 이러한 요구에 응하여 조직되었다. 법 해석을 맡았던 레위족은 모든 행정직에서 배제되었다. 게다가, 그들은 오로지 국가의 녹으로 살았을 뿐, 개인 재산은 조금도 소유하지 않았다. 따라서 그들이 속세적인 이익 때문에 자기 의무를 게을리 하는 경우는 있을 수 없었다.[34] 실질적인 지도는 세속인, 곧 열두 부족의 족장들이나, 혹은 한 부족만 있었을 경우에는(하지만 이런 경우는 드물었다) 군의 최고사령관(士師)에 의해 이루어졌다. 이들은 그렇게 하는 것이 좋다고 판단되면, 그들이 취하려는 조치들이 과연 교리에 부합하는지를 대제사장에게 문의할 수 있었다. 그럴 경우 이 고위 성직자는 "신의 대답"을 그들에게 전해 주었다. 하지만 대제사장에게는 그 어떤 주제에 대해서도, 또한 그 어떤 순간에도 자기 견해를 제시할 권리는 없었다. 그의 권리는 자신에게 제기된 문제에 대해서만, 그리고 문제가 제기될 때만, 답변하는 데 한정되었다.[35] 그래서 대제사장은 아주 공을 들여 전통적인 법제를 유지했다. 그가 독립성을 표명할 유일한 길은 사람들이 그에게 혁신을 승인해 달라고 요구할 때 이를 거부하는 것뿐이었기 때문이다.[36] 반면, 부족의 족장들은 괜히 대제사장에게 자문을 구해 굴종할 이유는 없었기에, 그들 또한 대개 일체의 변화를 삼가는 편을 선호했다.[37] 두 가지 대립되는 야망

---

34) "… 모든 법에 대한 해석의 권리는, 국가 운영에서나 영토에서나 다른 부족과 공유하는 것이 없었던 레위족에게 주어졌다"(『신학정치론』, 17장(G Ⅲ p. 212/P pp. 915~6)).
35) "물론 대제사장은 법을 해석하고 신의 대답을 전달해 주는 권리를 가졌지만, 이는 모세처럼 언제든 자신이 원할 때가 아니라 오직 총사령관이나 최고회의 및 다른 유사 단위에서 이를 요청받는 경우에 한해서였다"(『신학정치론』, 17장(G Ⅲ p. 209/P p. 910)).
36) "[대제사장이] 족장들에 맞서 자신의 자유를 안전하게 보존할 수 있는 길은 법을 훼손되지 않게 지키는 것뿐이었다"(『신학정치론』, 18장(G Ⅲ p. 222/P p. 930)).

이 결합하여 동일한 귀결을 산출한 것이다.

그런데 집행부의 집권자들이 법을 위반할 경우 어떻게 되었을까? 사실, 이는 불가능했다. 전문 통제기관이 있어서가 아니다. 오히려 이런 종류의 장치는 두 권력의 균형을 깨뜨렸을 것이다. 그것 없이도 순조로웠다. 한편으로, 이는 인민이 법을 암기하고 있었기 때문이다. 대제사장이 그들에게 7년마다 그것을 들려 주었고, 각자는 그것을 끊임없이 읽고 또 읽을 의무가 있었다.[38] 따라서 부족 족장들은, 자기가 감히 법을 위반하기라도 하면 자기 신민들의 "신학적 증오"를 초래하리라는 점을 잘 알고 있었다.[39] 또한 자문부는 일정한 여론을 만들어내 그것을 매개로 집행부를 간접적으로 통제했다. 다른 한편, 이는 족장들이 서로 독립적이었기 때문이다. 각 족장은 자기 부족을 통치했고, 또 자신이 필요하다고 생각할 경우, 그리고 그럴 힘이 있다고 믿을 경우, 이웃 부족의 영토를 침범할 권리가 있었다.[40] 이는 원리상 순전히 이론적 가능성에 불과했지만, 족장들 중 어느 하나가 민심을 잃는 즉시 실현가능한 것이 되었다. 따라서 각 족장은 명백한 불경을 저지를 경우 동료 족장들이 연합해서 자기를 징벌하러 오리라는 것을 알고 있었다. 결국 집행부의 성원들은 대중의 압력 하에 서로를 중화시켰던 셈이다. 여기에 히브리인만의 고유한, 그러나 결코 다른 것으로 대체할 수 없는, 역사적 특수성이 덧붙여진다. 새로운 예언자에 대한 공포 말이다.[41]

---

37) "족장은 대제사장을 찾아가 그의 앞에서 자기 품격을 떨어뜨릴 일이 없도록, 할 수 있는 한 혁신을 자제했다"(『신학정치론』 17장(G III p. 214/P p. 918)).
38) 『신학정치론』 17장(G III p. 212/P p. 916).
39) 이 책 9장 p. 521의 주 25를 참조하라.
40) 『신학정치론』 17장(G III p. 210/P p. 913).
41) 『신학정치론』 17장(G III p. 213/P p. 917).

그런데 한 부족의 족장이 위법 행위를 저질러 혐오를 받는다 해도, 그는 자신을 두려워하게 만듦으로써 자기 보존을 강구할 수단이 있지 않았을까? 그리고 이웃 부족들 가운데 적어도 몇몇 부족과는 공모할 수단이 있지 않았을까? 그렇지 않다. 왜냐하면 **군대**는 주민 전체와 구별되지 않았기 때문이다(군대와 관련된 유일한 문제에 대한 해결책 S_3). 20세부터 60세까지의 모든 시민이 예외 없이 군에 복무했고 용병의 고용은 엄격하게 금지되었다.[42] 따라서 누구도 그토록 강력한 힘에 맞서서, 신민들이 이 구동성으로 비난하는 것을 그들에게 강요할 수 없었다. 인민의 의지, 즉 조건형성에 의해 인민이 따르도록 되어 있었던 모세의 의지가 어떤 상황에서도 우세했다.

이제 **지도자 선별양식**의 문제를 살펴보자. 지도자의 충원은 분명 전통적인 방식이어야 한다(해결책 T_1). 주권자는 이미 죽은 이상, 그가 개인적으로 통치자들을 선택할 수는 없다. 대신 적용만 하면 통치자들이 명확히 지명될 수 있는 기준을 세움으로써, 이를테면 처음이자 마지막으로 그들을 선별했다. 그런데, 성직자의 역할에 비추어 볼 때, 이 기준은 개인의 인간 됨됨이와는 전혀 무관한 것이어야 했다. 만일 개인의 장점 —— 실제적이든 그렇게 보일 뿐이든 —— 이 고려사항이 될 수밖에 없다면, 성직을 얻으려는 끔찍한 경쟁이 일어날 것이고 종교는 타락할 것이다. 따라서 자연적 특징들만이 채택될 수 있었다. 태생이나 나이, 아니면 둘 모두가 말이다. 더군다나 자연은 그것의 '지배자'가 선호하는 자들을 지시해 주지 않는가? 따라서 어떠한 경쟁도 없다. 모든 것은 미리 정해져 있으며, 아

---

42) 『신학정치론』 17장[G III p. 212/P p. 916].

무도 자기 힘으로 출세할 수 없다. 신민들이 잘 처신한다 해도, 이는 결코 정치적 야망 때문이 아니다. 사정이 이렇다면, 지도자들은 필연적으로 종신으로 지명될 수밖에 없다(해결책 T_2). 아무도 출신을 바꿀 수는 없으며 젊어질 수도 없기 때문이다. 따라서 통치자와 피치자는 선명하게 구별되며, 권력은 엘리트가 독점한다. 하지만 이럴 경우 문제 P_3이 제기된다. 엘리트는 평등주의적 규준에 따라서 주민 구성을 반영해야 하는가 그렇지 않은가?

모세는 바로 여기서 실수했다. 물론 집행부 성원들의 지명 절차에서는 아니다. 이 절차에 따르면 가(家)[43]의 수장들 가운데 최고 연장자가 족장이 되었다.[44] 이는 해결책 S_3인데, 아주 오래 사는 것만큼은 누구나 희망할 수 있는 이상, 이는 정치적 시기심을 최소한으로 축소시켰다. 그런

---

43) [옮긴이] 가(家, *familia*) : 이스라엘 왕정 이전 히브리 민족은 12부족의 동맹 체제로 알려져 있으며, 각 부족의 하부 단위가 여기서 말하는 '*familia*'이다. 이는 혈족적인 단위이긴 하지만, 일상적 의미의 '가족'보다 더 광범위하고 복합적인 일종의 기초적인 행정, 사법, 군사 단위를 가리킨다. 더구나 '*familia*'는 역사적으로 실존했던 히브리 신정을 다루는 『신학정치론』이 아니라(거기서는 '*tribus*'로만 지칭된다), 실상 『정치론』의 이상적 군주정과 귀족정에서 언급되며, 여기서 스피노자는 히브리 국가의 부족뿐만 아니라 베네치아의 귀족가문도 염두에 두었던 듯하다. 다음 장에서 마트롱도 지적하듯, 이 경우 '*familia*'는 지역, 혈통, 직업을 기준으로 하는 도시 길드나 촌락 공동체와 비슷하다. 이런 점에서, '가족'(famille ; 모로), '부족'이나 '씨족'(tribu ; 실뱅 자크/clan ; 셜리), 혹은 '집단'(groupement ; 마들렌 프랑세) 등 기존의 번역어는 모두 합당치 않은 면이 있다. 이런 이유로, 2005년에 나온 라몽판 번역에서는 모로의 번역('famille')을 따르되, 일상적 의미의 '가족'과는 구별하기 위해 대문자 표기('Famille')를 해두고 있다. 물론 여기서 마트롱 역시 일상적 의미(가족)를 염두에 두고서 이 단어를 사용하고 있다. 따라서 우리도 '*familia*'가 '가족'이나 '가문'처럼 혈족에 뿌리를 두나, 그보다는 광범위한 단위를 가리킨다는 점을 지시하기 위해 이를 '가'(家)로 옮긴다.
44) "… 그럼에도 추측해 보자면, 각 부족은 여러 가(家)로 나뉘어 있었고 각 가(家)의 장은 그 안에서 가장 나이가 많은 자들 중에서 선출되었던 것으로 보아, 이 연장자들 가운데 최고 연장자가 합법적으로 족장의 지위를 계승했다고 볼 수 있을 것이다"(『신학정치론』 17장[G III p. 211/P p. 914]).

데 자문부의 충원에서, 모세는 불행히도 해결책 T_3을 채택했다. 그는 성직을 오직 레위족 성원들에만 한정했으며, 나머지 주민들 모두는 영구적으로 성직에서 배제되었다.[45] 이는 재앙이었다. 토지재화의 불평등한 분배나, 직업군인, 비공식적 종교의 현존, 성직과 국가장치의 분열, 주권자와 통치자들 사이의 "세력균형" 등등만큼이나 말이다. 필연적으로 레위족에 대한 시기심이 맹렬히 일어났다. 이는 그들이 폐쇄적 특권층을 형성했기 때문인 동시에, 그들이 인민이 대는 비용으로 생활했기 때문이기도 하다. 특히 수확이 나쁜 해에는, 그럼에도 여전히 부양해 주어야 했던 이 기식자들에 대한 분노는 폭발 직전이었다.[46] 따라서 기쁨과 간접적으로-선한-슬픔 사이의 균형은 슬픔의 우세로 기울면서 깨져 버렸다. 그리고 이는 결국 체제붕괴로 이어졌다. 히브리인들은 의무에서 풀려나고, 그 다음에 가사자(可死者)인 왕을 요구하고 옹립했다. 이때부터 히브리 국가는 궁극적인 붕괴에 이를 때까지 평범한 군주정들이 겪는 모든 부침들을 겪게 되었다.

    이는 불가피했을까? 단연코 그렇지 않다. 모세 자신이 처음 생각했던 대로 각 가(家)의 장자들에게 성직을 맡기기만 했어도 이는 충분히 피할 수 있었다.[47] 만일 그랬다면 누구나 자기 혈족들을 통해서 공무의 운영에 참여하는 셈이 되었을 것이다. 그리고 누구나 형제나 부모를 부양하는

---

45) "… 애초에는 모든 성직을 … 장자들에게 맡기도록 의도되어 있었다 … 하지만 레위족을 제외한 그들 모두가 황금 송아지를 숭배하고 난 이후 장자들은 내쳐졌고 부정(不淨)하다 비난받았으며, 그 자리에 레위인들이 선택되었다"(『신학정치론』 17장[G III p. 218/P p. 923]).
46) "그리하여 끊임없는 불평불만, 그리고 일도 하지 않고 인기도 없고, 더군다나 그들과 아무런 혈연관계도 없는 자들을 부양해야 하는 데 대한 거부감이 생겨났으며, 식료품 시세가 오를 때는 특히 그랬다"(『신학정치론』 17장[G III p. 218/P p. 924]).
47) 주 44를 참조하라.

데 기뻐했을 것이고, 형제나 부모의 법률해석을 듣는 것을 달가워했을 것이다.[48] 우리가 사랑하는 자들이 기쁨으로 변용되면, 동일시의 메커니즘에 따라서 우리 자신 역시 기쁨을 느낀다는 점을 떠올려 보자.[49] 만일 그들이 통치를 한다면 이는 마치 그들을 통해 우리 자신이 통치하는 것과 같으며, 시기심은 유발되지 않는다. 해결책 S_3의 철저한 적용이었을 이 유일한 교정책을 수단으로 삼았다면, 신정은 영원히 지속될 수도 있었을 것이다.

* * *

바로 이것이 이상적 신정이다. 그것은 역사적으로 실존했던 히브리 신정과 **거의** 일치한다. 둘 사이의 유일한 차이는 엘리트 선별 양식에 있다. 순전히 정치적인 관점에서만 본다면, 이 체계는 흠잡을 데 없다. 이 체계는 완전히 정합적이고 내적 모순이 없으며, 사람들로 하여금 이 체계를 영속적으로 재생산할 행위들을 하게끔 고무시킨다. 또한, 예기치 못한 우연들을 고려치 않는다면, 이 체계는 언제까지고 사회 평화를 확보할 수 있다. 나아가 이 체계의 법 하에서 살아가는 신민들은 진정한 지복을 모르기는 하지만 조금도 불행하지 않다. 그런데 이 체계를 실행에 옮기려 한다면, 아주 철저하게 해야 한다. 유대인의 사례가 잘 보여 주듯, 아주 작은 흠조차도 족히 이 체계를 내부에서부터 붕괴시킬 수 있기 때문이다.

---

48) "… 종교가 명하는 경건을 바탕으로 제 형제부모인 피붙이들을 부양하는 일보다, 또한 이 피붙이들이 가르치는 법 해석을 배우는 일보다, 마지막으로 이들을 통해 신의 대답을 기다리는 일보다 더 좋은 일이 또 있겠는가?" 『신학정치론』 17장 [G III p. 218~9/P p. 924~5])
49) 이 책 5장 2절 pp. 210~3을 참조하라.

오라녜가의 기욤이 절대군주가 되고자 한다면?[50] 그는 모세처럼 해야 할 것이고 그의 사후에는 누구도 군주로 군림해서는 안 될 것이다. 봉건 영주들이 그를 지지한다면? 그들은 토지재화의 평등과 귀족신분의 철폐를 받아들여야 할 것이다. 신학자들이 성경에서 어떤 정치학을 끌어내려고 든다면? 그렇다면 그들이 설립할 이 체제는 그들에게 사변을 만들고 파문을 내리는 일을 금지할 것이다. 더구나 무엇보다도, 대외 교역을 제거함으로써 풍습을 제도에 맞춰야 할 것이다.[51] 그렇지만 이는 별반 설득력이 없는 요구로, 네덜란드인 중 누구도 이 체제를 자기 것으로 받아들이지 않을 것이다. 물론 신정은 의심할 여지없이 타락만은 피하게 해줄 것이다. 그러나 이는 오로지 문명의 발달을 틀어막고서만 달성될 수 있을 것이다. 말하자면, 신정은 야만을 너무나 잘 조직한 나머지 야만을 극복 불가능하게 만들 것이다. 이러한 통치형태는 미개한 민족, 곧 『소론』의 농부와 아주 흡사한 생활양식을 지닌 민족에게는 맞을 수도 있다. 그런데 과연 암스테르담에서 이것이 유토피아이겠는가? 어쨌든 목표를 원하는 사람은 수단도 원하기 마련이다. 스피노자는 홀란드인에게 정보를 주었고 선택은 그들 홀란드인의 몫이다.

그런데 철학자는 이에 대해 어떻게 생각해야 하는가? 우리는 여기서 두 물음, 곧 이 책 7장 말미에서[52] 제기되었고 지금까지는 구별되지 않았던 두 물음을 다시 만난다. 우선, 이런 국가에서 제도는 외적으로나마 마치 이성이 통치하는 **양** 살아가도록 사람들을 강제하지 않을까? 다음으로, 이런 국가는 생활을 정연하게 함으로써 이성의 진보에 유리한 지각장을

---

50) [옮긴이] 5장의 주 37[옮긴이]을 참조하라.
51) 이 책 9장 p. 536의 주 56을 참조하라.
52) 앞의 pp. 402~3을 참조하라.

사람들에게 제공하지 않을까?

첫번째 물음에 대한 답변은 아주 분명 부정적이다. 신정이 낳는 삶의 양식은, 『윤리학』 4부의 A_2와 B_2군이 기술할 "자유로운 인간"의[53] 지혜를 전혀 준비하게 해주지 않는다. 우선, 인간 상호적인 차원에서(B_2군), 신정에서의 삶의 양식은 진정 긍정적 상호성을 실천하도록 고취하는가? 그것은 스피노자가 『윤리학』 4부 정리 71에서 정식화하게 될 **감사**의 규칙을 실행하게 해주는가? 분명 그렇지 않다. 실상 긍정적 상호성이 어떤 의미에서는 의무적이라고 하더라도, 그것이 펼쳐질 기회는 거의 없을 것이기 때문이다. 우선, 상업적 교환은 아주 축소되고, 정치적·종교적 의견의 교환은 있을 수도 생각할 수도 없다. 또한, 각자는 가족이라는 협소한 영역 바깥에서는 타인과 그다지 접촉하지 않고, 거의 신 앞에 선 단독자처럼 자기 밭에 갇혀 살아간다. 그렇다면, 정리 70이 요구하게 될 것처럼, 어떻게 **무지자들**이든 혹은 그 누가 되었든 이 자들이 보여 주는 **호의를 피할** 수 있겠는가? 현존하는 교환의 사이클이 취약한 만큼, 그것은 가장 엄격한 규칙을 따른다. 각자의 역할은 증여자로서든 수혜자로서든 항상 미리 정해져 있다. 따라서 아무도 상대방을 선택할 수 없다. 그렇다면 정리 72에서 말할 **신의**의 규칙은 어떻게 될까? 물론 신의에 따라 행동해야 한다. 그렇지만 계약이 거의 맺어지지 않기 때문에, 신의의 실행도 필연적으로 극히 제한될 수밖에 없다. 각자는 신에게 충실하며, 이것만으로도 보편적인 조화를 유지하기에는 충분하다. 그러나 자신이 불신하는 이웃들에 대해서는 별다른 약속을 하지 않는다.

마찬가지로, 개인적 차원에서도(A_2군) 신정에서 살아가는 인간은 정

---

[53] 『윤리학』 4부 정리 65~73을 참조하라. 이는 이 책 12장에서 다뤄질 것이다.

리 65가 진술할 우선 선택의 규칙을 실행에 옮길 방도가 없다. 어떻게 그가 더 큰 선과 더 작은 선을 **비교할** 수 있겠는가? 비교를 하기에는 그의 지평이 지나치게 협소하다. 경제적으로는, 그는 자신의 조그마한 땅뙈기나 전통적인 축제가 제공하는 행복 외에 다른 형태의 행복에는 아무런 매력을 느끼지 못한다. 정치적으로는, 국가를 완전하게 만든다는 이념이 그에게 생겨날 리 없으며 또한 아무도 그에게 이를 제안하지도 않는다. 이데올로기적으로는, 신에 대한 예배가 개선될 수도 있다는 것은 아예 생각도 못할 일이다. 의무적인 것은 절대적 선이고 금지된 것은 절대적 악이며, 이 두 선택지 외에는 아무것도 없다. 하물며, 정리 66이 정식화할 **계획의 규칙**을 그가 무슨 수로 실행하겠는가? 현재의 작은 선보다 미래의 더 큰 선을 선호한다는 것은 그야말로 비정상적이다. 모든 것은 이미 현존하며, 장래는 과거를 불변적으로 재생산한다. 누구도 눈앞의 이익을 희생하여 부를 늘리거나 공직에 접근한다는 희망을 품지 못한다. 정치적 야망도, 축적을 향한 탐욕도 없어, 앞을 내다보는 행위는 아예 불가능하다. 마지막으로, 정리 68이 요구할 내용과는 반대로 기쁨은 결코 슬픔보다 우**세할** 수 없다. 이 두 감정은 정확히 균형을 이루며 국가의 안정은 바로 이 균형에 달려 있다. 만일 슬픔이 우세해진다면 당연히 신민들은 그들을 지배하는 제도들에 더 이상 애착을 갖지 않을 것이다. 그런데 [이 체제에서] 모든 기쁨은 아주 적은 수의 대상과 결부되어 있기 때문에, 간접적으로 선한 슬픔이 상쇄시켜 주지 않을 경우 기쁨은 과잉될 것이다. 공포, 겸손, 후회, 수치심이 국가를 보존하는 데 결정적인 비중을 차지하는 것이다.[54] 사람들의 행위는 선의 관념에 의해서뿐 아니라, 악의 관념에 의해서도 정

---

54) 『윤리학』 4부 정리 54의 주석과 『윤리학』 4부 정리 58의 주석을 참조하라.

향된다. 타민족에 대한 미움도 빠뜨리지 말자. 누구도 이방인을 만나 보지 못하는 이상, 아마 이러한 미움이 갈등을 일으키지는 않을 것이다. 하지만 이성의 관점에서 보면, 이 미움은 나쁘다.[55] 따라서 신정에서 살아가는 사람은 결코 『윤리학』의 "자유로운 인간"처럼 처신하지 않을 것이다. 외적으로도 말이다.

마지막 세 논점을 다른 각도에서 보면, 우리가 앞에서 제기한 두 문제 중 두번째 문제에 대한 답변을 얻을 수 있다. 이를 위해서는(그리고 이러한 대조작업에 대비하는 일이 이 책 6장의 목표들 중 하나였다) D, F, G군 ── 이는 우리가 『윤리학』 4부의 처음 18개의 정리들에서 분류했던 것이고, 5부의 처음 20개 정리들에서 다시 만나게 될 것이다[〈그림 2〉] ── 을 고찰하는 것으로도 충분하다. 첫째(D군),[56] 신정이 발생시키는 정념들은 분명 아주 생생하다. 하지만 이와 동시에, 이 정념들을 겪는 사람들은 **이를 극히 적은 수의 외적 대상에 결부시킨다.** 가령, 그들 개인이 소유하는 작은 밭, 그들이 관계 맺는 늘 똑같은 몇몇 사람, 그리고 법이 그들에게 조달하도록 명하는 늘 똑같은 몇몇 대상 등이 그것이다. 일체의 토론을 배제하는 이상, 정치적 삶도 결코 지평을 확장시키지 못한다. 종교는 더욱 그러한데, 왜냐하면 모든 개인적인 반성은 신성모독과 동의어이기 때문이다. 따라서 국가의 신민들을 지배하는 격렬한 감정들은 그들에게 사유할 질료를 제공하지 않는다. 비록 그들의 지각장이 아주 균형적이라 하더라도 그것은 너무 빈약하며, 이와 같은 단일관념 편집증(혹은 이를테면 "과두관념 편집증")이 이성의 발달을 가로막는다. 둘째(F군),[57] 모든 것이

---

55) 『윤리학』 4부 정리 45와 그 주석을 참조하라.
56) 『윤리학』 4부 정리 5~6과 『윤리학』 5부 정리 8~9를 참조하라.
57) 『윤리학』 4부 정리 9~12와 16~17, 그리고 『윤리학』 5부 정리 5~7을 참조하라.

다 이미 주어져 있고, 새로운 일은 결코 일어나지 않으며, 동일한 상황이 항구적으로 재생산되기 때문에, 신정에서 살아가는 인간이 겪는 정념들은 필연적으로 현재 순간에 집중된다. 정념들이 먼 미래와 결부될 때 벌어질 상황과는 반대로, **약화 법칙**은 어떤 식으로도 정념에 관여하지 않는다. 따라서 이 정념들 앞에서는 이성의 요구들이 시간이 지나면서 점차 인정받을 확률도 전혀 없다. 물론 사태의 흐름이 불가피하다는 의식은 이 흐름이 우리에게 불러일으키는 정서들(affections)을 상당 정도 경감시킨다. 그리고 이런 관점에서 보면, 이것이야말로 이 체제의 유일하게 적극적인 측면이다. 마지막으로 셋째(G군),[58] 만일 신정에서 살아가는 인간이 자신에게 일어나는 모든 사건을 신의 관념에 결부시킨다 하더라도, 이는 장점이라기보다는 단점이다. 왜냐하면, 한편으로 이와 같은 신의 관념은 거짓이며, 또 이 관념이 명석해지면서 정화되도록 해줄 만한 것은 전혀 없기 때문이다. 그리고 다른 한편, 이러한 신의 관념은 **기쁘면서도 슬프기** 때문이다. 이 관념에는 공포와 사랑이 뒤섞여 있다. 이 관념에서는 선의 인력뿐만 아니라 죄나 죄인에 대한 미움 역시 따라 나오며, 내적 만족뿐만 아니라 겸손과 후회도 따라 나온다. 따라서 이성에서 생겨날 수도 있는 몇몇 감정들조차 이와 같은 어두운 '신'의 이미지에 오염될 경우, 필연적으로 "선에 대한 참된 인식"의 형태보다는 오히려 "악에 대한 참된 인식"의 형태를 띠기 마련이다. 그리고 만일 고통에서 생겨난 욕망들이 환희에서 생겨난 충동들보다 더 약하다면, 이는 결국 무력함의 새로운 원인이 된다.

    이렇게 볼 때, 신정이라는 환경은 사람들을 이성적이 되도록 해주는

---

58) 『윤리학』 4부 정리 18과 『윤리학』 5부 정리 14~20을 참조하라.

건 고사하고, 심지어 그들이 마치 이성적인 양 처신하게 해줄 수도 없다. 말할 수 있는 것은 다만 가장 협소한 조화를 통해, 그리고 가장 완벽한 안전을 통해, 기초적인 생물학적 기능을 완벽히 행사할 수 있도록 보장해준다는 것뿐이다. 만일 홉스의 인간학이 옳았다면, 이런 체제가 이상적 체제일 것이다. 정치 지도자로서는 그에게 하등 반대할 이유가 없다. 하지만 철학자에게 이는 궁지다.

11장_내적 통일을 향해 :
자유 국가와 문명화된 개체성

따라서 신정 체제를 수립하여 야만을 영속화하느니, 이성의 관점에 서서 사회가 문명화되기를 기다리는 편이 더 낫다. 이 과정에 입법자가 미치는 영향은 미미하다. 문명은 법령으로 포고되는 것이 아니라 자생적 발전의 귀결이며, 여기에는 상황의 협조가 필요하기에 말이다. 그런데, 문명이 현존하는 순간부터는, 그것이 퇴락하는 것을 막음으로써 안정되게 하는 일만큼은 너끈히 해낼 수 있다. 이것이 『정치론』이 제시하는 여러 이상적 정체(政體)의 역할이다.

교역이 우세한 국가, 그리고 종교적 의견이 아주 다양한 국가, 또 시민들이 평화적으로 토의할 능력을 어느 정도 갖추고 있는 국가, 이런 국가를 어떻게 하면 확실하게 보존할 수 있을까? 또 이 조건들을 충족시키면서, 서로 상충하지 않고, 여느 국가에도 유효한 근본요구들에 합치하면서도, 이와 동시에 지배적 풍습에도 잘 들어맞는 제도들의 체계를 어떻게 만들어낼 수 있을까? 여러 정식을 구상해 볼 수 있다. 그런데 어떤 절차가 채택되든, 한 가지만은 확실하다. 어떤 제도든 문제 P_1이 해당 제도에 제기되면, 여하튼 해결책 S_1을 받아들일 수밖에 없다는 것이다. 가령, 상업경제로 인해 이미 새로운 욕구들이 생겨났다면, 이 욕구들을 제거하기엔 이미 너무 늦은 셈이며, 우리는 사치단속법이 어떤 결과를 가져오는지를 알고 있다. 따라서 교역은 자유로워야 한다. 또한 가령, 정신을 획일화한다는 것도 너무 늦은 일이며, 우리는 사변을 규제하는 법률이 어떤 결과를 불러오는지도 알고 있다. 따라서 '최소한의 믿음'을 받아들임으로써 관용은 공식화되어야 한다. 바로 이 때문에, 특별 계시의 수탁자들에게 법 해석을 맡기는 건 불가능해진다. 전문 사제들이 사제로서 사법부 운영에 참여하는 일은 있을 수 없는 것이다. 조언자의 자격으로도 말이다. 하물며 그들이 통치기구 내에서 어떤 형태로든 자문권력을 행사한다는 건 더더욱 있을 수 없는 일이다. 결국 그들의 권위는 더 이상 보편적으로 인정되지 않으며, 설령 인정된다 해도, 그들이 대리하는 전통은 수시로 변하는 경제 정세에서 매 순간 제기되는 아주 새로운 문제들에 대해 아무런 답변도 줄 수 없다. 따라서 정보의 흐름은 하향식이 아니라 상향식으로 이루어진다. 마지막으로, 이와 같은 상황의 유동성 때문에 경쟁을 통한 충원 방식이 채택될 수밖에 없다. 만일 지도자 선별이 재산이나 "덕"과 같은 인격적 기준이 아니라 태생이나 연령과 같은 자연적 기준에 의거한다면, 이러한 선별 방식은 사적 소유자들 간의 현실적 관계에서 부단히 일어나는 변화를 반영하지도 비준하지도 못할 것이며, 또한 정상은 하부와 단절될 것이고 자극의 부재는 사회 전반의 태만으로 이어질 것이다. 따라서 이런 관점에서 볼 때, 자유 국가는 신정 국가의 정확한 반정립이다.

문제 P_2와 P_3이 남았다. 앞서 살펴보았듯, 해결책 S_2는 해결책 S_3을 함축하며 T_2S_3의 조합은 S_1과 양립할 수 없다. 따라서 우리가 해결책 S_1을 채택하는 순간부터 S_2S_3이냐 T_2T_3이냐 라는 양자택일만이 남게 된다. 만일 '국가권력'(*imperium*)의 여섯 심급 각각이 독립 사건이 될 수 있다면,

64개의 체계가 구상될 수 있을 것이다. 그리고 만일 이 체계들 각각이 주권의 세 형태 그 어느 것과도 합치할 수 있다면, 무려 192가지 유형의 정체들을 하나하나 고찰해야 하는 셈이 된다. 그런데 [제도들 간] 내적 모순이 없어야 한다는 요구는 바로 이를 단순화하기 위한 것이다. 실상 선택지들은 서로를 논리적으로 결정한다. 그리고 일단 주권의 본성이 규정되고 나면, 나머지 모든 것은 이로부터 '기하학적 방식으로'(more geometrico) 따라 나온다. 따라서 도합 세 가지 이상적 정체만이 있는 셈이다. 하나는 군주정에 해당되는 이상적 정체고, 다른 하나는 귀족정에 해당되는 이상적 정체이며(여기에는 두 가지 변종이 있다), 마지막 하나는 민주정에 해당되는 이상적 정체다.

이 가운데 무엇을 채택해야 할까? 그 자체로 볼 때, 세 정체들은 동등한 가치를 지니고 있지 않다. 우선, 이상적 군주정은 흠잡을 데 없는 집단적 균형의 양상들을 정의하고 있지만, 국가 내에 이질적 물체를 존속시켜 두고 있다. 이 경우 일반의지가 여전히 우위에 있다 해도, 이는 왕 자신이 이를 인민에게 강제하고, 이것이 다시 그에게 강제되기 때문이며, 이러한 우회를 거치지 않을 수는 없을 것이다. 그리고 인격숭배는 결과적으로는 중화되지만 원리상으로는 견고해진다. 다음으로, 이상적 귀족정에서는 집단의 역량이 직접적으로 그리고 투명하게 실행되지만, 이 집단은 주민 전체와 동일하지 않다. 이 경우, 이질적 물체의 역할을 수행하는 것은 바로 평민이며, 평민이 보여 주는 위협 때문에 귀족회의의 권력은 완전한 절대성을 띨 수 없다.[1] 마지막으로, 온전한 민주정만이 명실상부한 절대주의의 조건을 실현한다.[2] 완전성과 역량은 동의어인 이상, 따라

---

1) 『정치론』 8장 4절[G III pp. 325~6/P pp. 1049~50].

서 이 민주정만이 완전한 국가라 불릴 만하다. 그런데 가장 완전한 정체라 해도 반드시 '여기 지금'(hic et nunc)의 상황에 가장 합당한 정체는 아니다. 주지하다시피, 주권의 본성은 기정 사실로 부과되며, 파국적인 사건들이 터져 나오기 전까지는 임의로 변경할 수 없다. 결국 결정자는 역사적 맥락이다. 특정 시대, 특정 정도로 문명화된 민족에게는 단 한 가지 유형의 이상적 체제만이 받아들여질 수 있다. 곧 현존 통치형태를 교정하면서 또 거기에 적응하는 체제가 말이다. 아니면 엄밀히 말해 둘일 수도 있다. 1672년 이후의 홀란드처럼 상황이 불확실하다면 말이다.

1. 집단적 평형의 실현 : 자유 군주정

문명과 왕정이 반드시 양립할 수 없는 건 아니다. 물론 대다수의 군주제는 야만적 풍습의 귀결로 수립되었겠지만, 풍습도 차후에 진화할 수 있다. 그 밖의 나머지 군주제는 퇴폐의 풍토에서 탄생했겠지만, 또한 일단 수립되고 나면 이 풍토를 유지하거나 악화시키겠지만, 문명이 하룻밤 새에 금방 사라지진 않는다. 문명의 쇠퇴는 길고 복잡한 과정이어서, 투르크적 국면에 도달하지 않는 한, 갖가지 요인들이 이를 저지하거나 상쇄시킬 수 있는 것이다. 그런데 인격숭배만은 돌이킬 수 없는 습관들을 급속도로 만들어낸다. 복종에 익숙해진 집단은, 제아무리 문명화되거나 문명을 회복한다 한들, 경제적·이데올로기적 풍습의 인간 상호적 측면들에 힘입어 토의하는 소질을 얼마간 획득하거나 회복한다 한들, 스스로 주권 능력이 있다고 느낄 수 없을 것이고, 따라서 실제로도 주권 능력이 없을

---

2) 『정치론』 8장 3절의 맨 끝.

것이다.³⁾ 바로 이것이 『정치론』의 6장과 7장이 다루는 내용이다. 여기서 기술하고 있는 정체는 이미 문명화되어 있거나 여전히 문명을 유지하고 있는 민족,³*⁾ 하지만 오랫동안 정치적 무책임의 전통 속에서 형성된 탓에 왕 없이 지낼 줄도 모르고 원하지도 않는 민족에 들어맞는다.

통치제도의 경우 해결책 T_2를 택할 수밖에 없다. 인간은 [모세와는 달리] 살아 있다 하더라도 혼자서는 국가를 이끌어갈 수는 없는 이상,⁴⁾ 신정에서처럼 자문부와 집행부는 필연적으로 주권자와 구별될 수밖에 없다. 그리고 현실 권력을 궁정의 비밀집단에 넘기고 싶지 않다면,⁵⁾ 이 상태를 아예 제도화해 버리는 편이 더 낫다. 그런데 어떤 형식으로? 이제는 더 이상 만사를 신격화된 입법자의 의지에 따라 해결할 수 없다. 법이 어떤 불변의 전통에 의해 고정되어 있어 전통을 해석하기만 해도 모든 문제를 충분히 해결할 수 있는 상황이 아닌 것이다. 법은 계속해서 새로이 만들어져야 하며, 더구나 이를 만드는 자는 무지하고 정념에 사로잡힌 개인이다. 따라서 해결책 T_3만이 남는다. 곧 너무나 인간적인 군주의 취약함을 바로 잡아야 하고, 그가 알지 못하는 것을 채워 넣어야 하며, 제멋대로인 그의 의향들을 중화시켜야 하며, 일반이익이 무엇인지 그에게 알려 주어 여기에 따르려는 욕망을 불러일으켜야 한다. 이것이 **왕의 국정자문회의**가 할 역할이다. 이는 토론 과정에서 이성적인 공통분모가 추출될 수 있

---

3) 이 책 9장 p. 585의 주 214를 참조하라.
3*) 이 정체는 "야만적이지 않은 국가"(『정치론』 7장 30절[G III p. 321/P p. 1043])의 보존을 확실시해야 한다.
4) 『정치론』 6장 5절[G III p. 298/P p. 1010].
5) 같은 곳.

을 만큼 충분히 많은 수로 이루어진 협의체로서, 우선 **자문권력**을 행사할 것이다.[6] 곧 왕은 해결해야 할 국가대사에 대한 견해를 묻기 위해 고정된 날짜에[7] 이 협의체를 소집할 것이다. 그러면 협의체는 심의할 것이고, 가결할 것이고, 적어도 100표 이상을 얻은 의견들은 모두 군주에게 전달해 줄 것이다.[8] 물론 투표는 순전히 참고 사항일 뿐이다. 다시 말해, 주권자는 군주 자신인 이상, 어쨌든 결정은 그가 자기 마음대로 내릴 것이다.[9] 하지만 그는 적어도 자기 신민의 요구에 대한 정보만큼은 제공받을 것이다. 일단 결정이 내려지고 나면, 다시 똑같은 협의체가 **집행 수단**을 책임질 것이다.[10] 협의체는 우선 이에 대한 대강의 윤곽을 결정할 것이고, 그런 다음 해산하기에 앞서, 구성원 가운데 50명 가량으로 구성된 소위원회에 다음 회기까지 일상 현안을 신속히 처리할 임무를 맡길 것이다.[11] 실상 집행부와 자문부는 반드시 일체가 되어야 한다. 그렇지 않을 경우 왕은 언제든지 두 권력을 서로 맞서게 만들 수 있을 것이다. 같은 이유에서, **통제권력** 역시 바로 이 국정자문회의에 귀속되어야 한다. 다시 말해, 왕국의 기본법이 조금도 잠식되지 않도록 이를 지키는 권력은 바로 국정자문회의 몫이다.[12] 따라서 행정관에게 사무보고를 요구하고,[13] 재판관들의 위법 행위를 제재하고,[14] 외교관과[15] 조신의[16] 활동을 감시하는 권력도 국

---

6) 『정치론』 6장 17절[G III p. 301/P pp. 1014~15].
7) 『정치론』 6장 24절[G III p. 303/P p. 1017].
8) 『정치론』 6장 25절[G III p. 301/P pp. 1017~18].
9) 같은 곳.
10) 『정치론』 6장 18절[G III p. 302/P p. 1015].
11) 『정치론』 6장 24절[G III p. 303/P p. 1017].
12) "… 국가의 근본법들을 지켜내다 …"(『정치론』 6장 17절[G III p. 301/P p. 1014]).
13) 『정치론』 6장 24절[G III p. 303/P p. 1017].
14) 『정치론』 6장 26절[G III p. 304/P pp. 1018~19].
15) 『정치론』 6장 33절[G III p. 306/P p. 1021].

정자문회의가 갖는다. 마찬가지로, 왕세자의 교육을 감독하고,[17] 왕이 위법적인 정혼을 하지 못하도록,[18] 또한 왕위 계승 규칙을 준수하도록 강제하는 권력도[19] 국정자문회의가 갖는다. 이처럼 왕의 국정자문회의는 주민과 군주 사이를 상향식으로나 하향식으로, 양방향 모두로 매개해 주는 유일하고 필수적인 중개제도로서,[20] 그 홀로 정보의 상달과 명령의 하달, 그리고 일탈의 교정을 보증한다. 주권의 본질 자체를 특징짓는 것, 곧 법을 만들고 공직자를 지명하는 일을 제외한다면,[21] 나머지 모든 권력은 바로 이 국정자문회의에 속한다.

그런데 국정자문회의가 내놓는 제안들은 어떤 것들일까? 정상으로 전달되는 정보가 정확하려면 어떻게 해야 할까? 모든 것은 **자문관들의 지명방식**에 달려 있다. 왜냐하면 기적이 일어나지 않는 한, 자문관들은 필연적으로 자기 충동에 예속될 것이기 때문이다. 이들 모두는 일단 직무를 맡고 나면 늘 저마다 자기에게 이익이 된다고 여기는 조치들을 권하기 마련이다.[22] 따라서 자문관들이 지닌 개인적 욕망들의 합력이 개략적으로나마 일반이익과 일치하게끔 선발이 이루어져야 한다.[23] 그런데 군주정에서는 이러한 일치가 다른 어디서보다도 더 실현되기 어렵다. 협의체의

---

16) 『정치론』 6장 34절[같은 곳].
17) 『정치론』 6장 20절[G III p. 302/P p. 1015].
18) 『정치론』 6장 36절[G III p. 306/P pp. 1021~2].
19) 『정치론』 6장 37절[G III p. 306/P p. 1022].
20) 『정치론』 6장 19절[G III p. 302/P p. 1015].
21) 주권의 이 두 가지 본질적 속성에 대해서는 『정치론』 8장 17절[G III p. 331/P p. 1057]을 참조하라.
22) 『정치론』 7장 4절[G III p. 309/P pp. 1025~6].
23) 같은 곳.

구성원 수가 아주 많다는 것은 필요조건 중 하나이지만 충분하지는 않다. 정의상 오직 주권자만이 자문관을 지명할 자격이 있으므로, 만일 어떤 예방책을 취해 두지 않는다면, 주권자가 자문관들을 특수한 사회계층 내에서만 체계적으로 충원하여 이 계층을 발판으로 삼아 대다수 신민을 억압할 수도 있을 것이다. 이렇게 되면 자문관들의 정념은 서로 간에 중화되기는커녕 오히려 서로를 강화시킬 것이다. 그리고 이처럼 짜고 하는 놀이에서 과반수 법칙은 작동하지 않을 것이다. 그러므로 문제 P_3은 해결책 S_3을 받아들여야만 한다. 곧 지도자 선별은 엄격하게 평등주의적이어야 한다. 물론 왕이 몸소 자문관들을 지명하겠지만,[24] 단 이는 주민을 이루는 전 계층 모두가 제 목소리를 내도록 해주는 규칙에 따라 이뤄질 것이다.

이러한 목적에 맞도록, 시민들은 '가'(家)[25]라 불리는 몇 백 개의 집단으로 나뉠 것이다. 이들 가(家)는 거의 동수의 사람을 포함하며, 각각의 성원은 아마도 세 종류의 기준에 따라 결정될 것이다. 첫째, 거주 장소이다. 왜냐하면 왕국 안에서도 지역마다 생활수준이 다를 수 있기 때문이다. 바로 이 때문에 정상적인 시기에 각 마을에 할당되는 투표수는 인구수에 비례할 것이다.[26] 둘째, 태생이다. 물론 스피노자가 말하는 '가'(家)는 통상적인 가족보다 훨씬 더 크며, 또 경우에 따라 이방의 성원들도 편입될 수도 있고[27] 반대로 성원의 자격이 박탈되는 경우도 미리 정해져 있

---

24) "이러한 선발은 왕이 몸소 해야 할 것이다"(『정치론』 6장 16절[G III p. 301/P p. 1014]). 같은 장의 16절 끝부분, "왕이 몸소 … 할 때까지는"도 참조하라. 〔옮긴이〕 전체 문장은 다음과 같다. "만일 왕이 다른 업무나 그 밖의 다른 이유로 얼마 동안 이렇게 선발하는 일을 처리하지 못할 경우에는, 잠정적으로 자문관들이 누군가를 선발할 것이다. 왕이 몸소 다른 자들을 선발하든지, 국정자문회의가 선발한 자들을 인준할 때까지는 말이다".
25) 『정치론』 6장 11절[G III p. 300/P p. 1012].
26) 『정치론』 7장 18절[G III p. 315/P p. 1035].
27) 『정치론』 6장 32절[G III p. 305/P p. 1020].

긴 하지만,[28] 여하간 구성원의 아들들만이, 그리고 이들만이 성년이 되자 마자 완전한 권리를 가지고 '가'(家)에 정상적으로 등록된다.[29] 이는 자연스러운 일이기도 하다. 왜냐하면 모든 인간은 정서적 동일시에 의해, "제 종족으로 인정받고 싶어 하며 … 다른 이들과 혈통상 구별되기를"[30] 원하기 때문이다. 셋째, 직업이다. 『정치론』 7장 4절은 한 가(家)의 구성원이 동일한 '사적 이익'(privatae res)을 공유하리라는 점, 그리고 동일한 '업무'(negotia)에 종사하리라는 점을 암묵적으로 시사하고 있다.[31] 직업 역시 어느 정도는 아버지에서 아들로 계승된다는 점을 감안하면 이는 별로 놀라울 게 없다. 이렇게 해서 견고한 내적 동질성을 지닌 사회 단위들이 얻어질 것이다. 그러므로 이제 이 단위들이 국정자문회의 내부에서 모두 동등하게 대표되기만 해도, 군주는 현존 이해관계 전부에 대한, 그리고 이것들 각각이 지닌 비중에 대한 정확한 시야를 충분히 확보할 수 있을 것이다.[32] 따라서 특권층, 곧 세습귀족은 없다.[33] 왕은 각 가(家)마다 반드시 동수의 자문관을 선발할 것이다. 스피노자는 **집행적** 성격의 협의체의 경우 구성원 수가 최대 3,000명이라 보는 듯하므로, 만일 가(家)가 600개를 초과하지 않는다면, 각 가(家)마다 5명이 선발될 것이다. 그렇지 않다

---

28) 『정치론』 6장 11절 [G III p. 300/P p. 1012].
29) 같은 곳.
30) 『정치론』 7장 18절 [G III p. 315/P p. 1035].
31) [G III p. 309/P pp. 1025~6]. 스피노자는 이 단락에서, "[자문관들이] 시민의 각 종족(genere) 혹은 신분(classe)을 기준으로 선출될 경우" 자문관들의 '사적 이익'(privatae res)은 일반이익과 일치한다고 말하고 있다. 그리고 각 자문관은 '자기 업무'(negotia sua)를 숙지하고 있을 것이므로, 협의체의 무능력은 별로 두려워할 게 못된다고 덧붙인다. 이 단락은 각 '종족 혹은 신분'(genus sive classis)이 사적 이익 및 업무를 공유하는 어떤 공동체와 일치하는 한에서만 유의미하다.
32) 『정치론』 7장 4절 [같은 곳].
33) 『정치론』 6장 13절과 14절 [G III p. 300/P p. 1013].

면 4명이나 심지어 3명일 수도 있다.[34] 그리고 그 중에는 자격을 갖춘 법률가가 적어도 한 명은 포함되어야 한다.[34*]

그렇다면 이들의 임기는 얼마 동안일까? 여기서 문제 P_2가 제기된다. 그런데 군주정에서 해결책 T_2는 합당치 않다. 만일 협의체 구성원이 종신 임명된다면, 이 고위직에 오를 개인별 확률은 실상 아주 축소될 수밖에 없다. 더구나 선발이 경쟁을 통해 이뤄지는 이상, 아주 많은 수가 좌절을 겪을 것이다. 그 결과 시기심이 생겨날 것이고, 권력의 사유화는 이를 질투로 탈바꿈시킬 것이다.[35] 그런데 군주는 이 시기심을 은밀히 조장할 것이다. 앞서 살펴보았듯, 군주는 자기 보좌관들이 [신민들에게서] 미움받기를 항상 바라기 때문이다.[36] 같은 이유로 왕은 비리를 부추길 것이며, 지도자들은 만일 후임자의 보복에 대해 전혀 두려워할 게 없다면 이를 저지르려는 유혹을 느낄 것이다.[37] 그리고 왕이 지도자들을 부패시킬 시간은 얼마든지 있다.[38] 물론 영구적인 위계질서가 있으면 단점이야 늘 생기기 마련이지만, 단 한 사람이 주권을 맡을 경우 이 단점은 이처럼 재앙이 되고 만다. 이럴 경우 신민들을 조금이라도 분열시키기만 하면, 곧장 전제정치로 향하는 길이 열리기 때문이다. 그래서 자문관이라는 직책은 빨리 교대되어, 모든 이가 적어도 한 번은 그 직무를 맡으리라는 희망을 품을 수 있게 해야 한다(해결책 S_2). 스피노자는 몇 번 망설인 끝에,[39]

---

34) 『정치론』 6장 15절[G III pp. 300~1/P pp. 1013~14]
34*) 같은 곳.
35) 이 책 5장, p. 281~3를 참조하라.
36) 『정치론』 7장 13절. 이 책 9장, p. 571의 주 159를 참조하라.
37) 『정치론』 7장 13절. 이 책 9장, p. 570의 주 157을 참조하라.
38) 『정치론』 7장 13절.
39) 그는 6장 15절에서는 5년 임기라면 괜찮으리라 보았다.

임기 후 6년 동안 재선출될 여지가 없는[40] 3년 임기에 찬성을 표명한다.[41]

그런데 이 조치도 반감을 누그러뜨리기에는 충분하지 않을 것이다. 어쨌든 가용석의 수가 시민 전체의 수에 비해서 늘지는 않을 테니 말이다. 하지만 고위직에 도달할 객관적 개연성이 여전히 취약하다 하더라도, 이와 반대로 주관적 개연성은 상당 정도 증대될 수 있다. 사실 대부분의 인간은 꽤 이른 나이에 죽는다. 따라서 만일 오직 늙은이들만 경합을 벌인다면, 이들 모두는 자기도 언젠가는 성공하리라고 거의 확신할 것이다.[42] 그런데 심한 병자가 아닌 한, 우리 모두는 자기가 장수하리라 여기기 마련이다.[43] 이로부터, 이러한 착각을 다소 냉소적으로 활용하는 두번째 조항이 도출된다. 최소 50세 이상의 나이가 된 시민만이,[44] 그리고 그때까지 조금도 비난을 사지 않고[45] 자기 직업에 명예롭게 종사해 온 자만이,[46] 각각의 가(家)가 왕에게 제시하는 후보자 명부에 오를 수 있을 것이다. 이렇게 해서, 경제적으로 자립적인 모든 소유자(노예, 임금 노동자 등은 공민체에서 배제된다는 점을 상기하라)[47]는, 만일 그가 법을 준수했고 경제 활동기에 "유덕함"을 보여 주었다면, 노년기에는 틀림없이 통치하게 되어 있다고 믿을 것이다.[48] 정치적인 시기심은 사라질 것이고 지배의 야망은 모든 이를 훌륭하게 처신하도록 유도할 것이다.[49] 이렇게 하여 일

---

40) 『정치론』 7장 13절 [G III p. 313/P pp. 1031~2].
41) 임기를 마친 자문관들은 5년 내지 그 이상의 기간 동안은 출마할 수 없다(『정치론』 6장 16절). 따라서 최선의 경우라 하더라도, 그들은 퇴임 후 6번째 해가 끝나기 전에는 재선될 수 없고, 7번째 해가 시작되기 전에는 공직을 맡을 수도 없다.
42) 『정치론』 7장 10절 [G III pp. 311~2/P pp. 1029~30].
43) 같은 곳.
44) 『정치론』 6장 16절 [G III p. 301/P p. 1014].
45) 『정치론』 7장 4절 [G III p. 309/P p. 1026].
46) 『정치론』 6장 21절 [G III p. 302/P p. 1016].
47) 『정치론』 6장 11절 [G III p. 300/P p. 1012].

반의지는 정상에서 곧바로, 그리고 아무런 질곡 없이 표현될 수 있을 것이다.

그런데 이렇게 되려면 일단 **하나의** 일반 의지가 있어야 한다. 달리 말해, 특수 이익들이 커다란 공통분모를 지니고 있어야 한다. 그런데 이는 **소유제**에 달려 있다. 주지하듯, 경제적 차원에서 욕망들의 조화를 가로막는 것은 무엇보다도 땅의 사적 전유이다. 분명, 땅의 사적 전유가 고도로 발달한 시장경제와 공존한다면, 일치의 지점들은 여하간 토지재화의 독점적 성격과 연관된 불일치보다 우세할 것이며, 토론이 벌어질 경우 확실한 과반수 의견도 재빨리 도출될 것이다. 하지만 군주제에서는 이것으로는 충분치 않다. 사실, 어떤 법도 왕이 최대 다수의 열망을 따르도록 강제해내지는 못할 것이다. 그래서 왕은 이 열망을 무시해 버리는 편이 자기에게 이득이 된다고 확고하게 믿는다면, 또 그렇게 하여 유력한 소수의 지지를 받을 수 있다면, 그렇게 할 것이다. 왕에게는 거의 일괴(一塊)처럼 통일된 여론만이 그나마 비중 있게 여겨질 것이다. 그러므로 경제적 시기심의 뿌리를 치고 들어가 이 같은 유사-만장일치의 조건들을 창출해야

---

48) 『정치론』 7장 10절[G III pp. 311~2/P pp. 1029~30]. 각자의 기대 수명이 68세라고 해보자. 17세기에 이미 그 정도였다고 한다면, 이는 말도 안 된다고 할 만큼 과하게 잡은 것이다. (그처럼 넉넉하게 가정하면) 18년 동안 최소한 9,000명이, 그리고 최선의 경우(즉 9년이 지날 때까지 왕이 동일한 자문관을 결코 다시 뽑지 않는다면) 최대한 18,000명이 최고협의체에 참여할 수 있을 것이다. 체계가 제대로 가동되기 위해서는, 50세 이상 된 시민 수가 이 최대수와 엇비슷해야만 한다. 따라서 만일 250,000명의 시민이 있다면(뒤의 p. 666를 참조하라), 50세 이상 된 사람은 그들 가운데 7.2%뿐이어야 한다. 하지만 이 250,000이라는 숫자가 비시민권자까지 포함한 남자 성인 인구 전체에 해당된다면, 수명이 훨씬 더 길더라도 이 체계는 적용할 수 있을 것이다. 가령, 임금 노동자와 독립 소유자의 수가 같다면, 14.4%의 여지가 있는 것이다. 뒤의 주 131을 참조하라.
49) 『정치론』 7장 6절[G III p. 310/P p. 1028]

한다. 이로부터 토지의 국유화, 가능하다면 주택의 국유화라는[50] 해결책 S_2의 필연성이 도출된다. 그러면 해결책 S_3도 자동으로 작동할 것이다. 이제 모든 사람은 신정에서처럼 토지를 소유한다는 점에서가 아니라, 토지를 소유하지 않는다는 점에서 평등할 것이다.

이는 급진적이고 극도로 반봉건적인 조치이긴 하지만, 결코 "공산주의적"인 조치는 아니다. 이 조치의 결과, 오히려 시장경제가 돌이킬 수 없이 일반화될 것이다. 사실, 착취는 개인적인 차원에서만큼은 여전히 남아 있을 것이다. 다시 말해서, 모든 경작자는 단순 소작인이 되어 경작 가능한 땅의 특정 면적을 국가로부터 임대할 것이고,[51] 개인 소유의 도구로 이를 개발할 것이며, 임대료를 제하고 난 후에는 생산물을 시장에 내다 팔 수 있을 것이다. 또 부자들의 경우 임금 노동자를 고용할 수도 있다. 하지만 물론 지대는 조세의 역할을 할 것이기에,[52] 무위도식하는 사인(私人)에게 돌아가는 것이 아니라 국고에 귀속될 것이다. 이렇게 되면 가용 자본은 동산에 투자되는 것 외에 다른 출구를 찾지 못할 것이다. 토지에 대한 투자는 불가능해지며, 도시에서든 시골에서든 돈 있는 자는 누구나 돈을 효율적으로 운용하여 수익을 내려고(*lucri causa*) 상업에 종사하거나 대부할 것이다.[53] 그래서 모두가 너나 할 것 없이 이런저런 방식으로 상업

---

50) 『정치론』 6장 12절[G III p. 300/P p. 1013].
51) 같은 곳.
52) 같은 곳.
53) 『정치론』 7장 8절[G III p. 311 ; P pp. 1028~29]. 스피노자가 "상업 부르주아의 대변인"이 아니라는 미스라이(R. Misrahi) 선생의 말(『스피노자』 *Spinoza*, p. 27)에도 분명 일리는 있다. 하지만 이러한 결론은 『정치론』의 이 구절에서만큼은 도출할 수 없다. 한편, 스피노자를 반(反)공산주의의 기수로 보는 조지프 더너(J. Dunner)가 제시한 그 반대 테제(『스피노자와 서구민주주의』*Baruch Spinoza and Western Democracy*, pp. 131~40)는 반박할 가치조차 없다!

분야나 금융 분야로 편입될 것이다. 이렇게 해서 토지에 대한 애착, 곧 사람들을 폐쇄적으로 만들고 극복할 수 없는 이견들에 연루되게 했던 토지에 대한 심리적 애착은 사라질 것이며, 이익들은 수렴되고 서로 연동될 것이다.[54] 그리고 이런 상황이 타락으로 빠질 위험도 없을 것이다. 왜냐하면 사회의 기식층이 모두 제거되는 덕분에, 풍습이 해이해지거나 퇴폐가 시작되거나 하지는 않을 것이기 때문이다. 또한 이는 지도자 선별양식에서 나타날 수도 있었던 유일한 단점, 곧 극단적 평등주의가 다른 맥락에서는 개인들에게 부를 늘리려는 자극을 거의 주지 못한다는 결함을 임시적으로나마 완화시킬 것이다. 사정이 이렇다면, 결국 모든 시민, 혹은 거의 모든 시민이 거의 동일한 욕망을 갖게 될 것이다. 말하자면, 모두가 평화를 원하며, 그들 가운데 대부분은 "공동의 이해와 평화의 기예에 대해" (circa res communes et pacis artes) 동일한 의견을 가질 것이다.[55] 따라서 왕의 국정자문회의에서도 아주 쉽게 일치가 이루어질 것이다. 비록 절대적인 만장일치까지는 생각할 수 없더라도, 안이 가결될 때는 주권자가 거기에 복종할 수밖에 없도록 강제될 만큼 아주 압도적인 과반수를 얻는 것이다.[56]

그런데 왕이 정말로 강제될까? 왕이 자기 역량이 이에 저항할 만큼 강하지는 않다고 느낀다면, 그렇다. 하지만 왕 자신이 고용한 군대를 가지고 있다면, 그렇지 않다. 무력을 지닌 자는 아무 탈 없이 여론을 무시할 수 있기에 말이다. 이런 이유에서 **군대**는 공민체 전체와 구별되어서는 안

---

54) 『정치론』 7장 8절. 이 책 9장 p. 538의 주 60을 참조하라.
55) 『정치론』 7장 8절.
56) 같은 곳.

된다(해결책 S_3). 따라서 신정에서처럼 용병도 있어서는 안 된다.[57] 각 가(家)는 스스로 민병대를 구성할 것이다.[58] 여기에는 전 구성원이 예외 없이 복무해야 할 것이며,[59] 단 비시민권자(임금 노동자, 정착 외국인 등등)는 여기서 배제될 것이다.[60] 또한 민병대 사령관들이 자율적인 권력자로 자처하지 못하도록 모든 조치들이 취해질 것이다. 사령관들은 왕의 전·현직 자문관들 가운데서 선택되고,[61] 연임이 불가능한 1년 임기로 임명되기에,[62] 그들이 대표하는 주민들과 일체가 될 것이다. 이렇게 해서 일반의지는 군주를 항구적으로 강제할 힘을 지니게 될 것이다.[63]

그러나 이와 같은 집단적 힘도 **이데올로기적 통일성이** 확보되지 않고서는 무적일 수 없다. "현세적" 결속만으로는 모든 다툼을 잠재우기에는 충분치 않다. 경제적 시기심이 없다 해도, 종교적 지배의 야망이 반란과 내전을 불러올 테니 말이다. 근본가치들을 통합함으로써 이를 치유케 하는 두 가지 방법(S_1과 T_1) 가운데, 우리가 살펴보았듯, 공식적인 관용만이 문명화된 나라에 적합하다. 그런데 이것이 실질적으로 발효되려면 어떻게 해야 할까? 보편종교의 교의 외에는 다른 어떤 교의도 강요하지 않되, 모든 시민이 의무적으로 신봉해야 할 일종의 국교를 설립함으로써? 군주정에서는 분명 그렇지 않다. 만일 왕이 국교의 수장이라면, 그의 인격은

---

57) 『정치론』 7장 22절[G III p. 316/P p. 1037].
58) 같은 곳. 뒤에 나올 주 81을 참조하라.
59) 같은 곳.
60) 『정치론』 6장 10절[G III pp. 299~300/P p. 1012].
61) 같은 곳.
62) 같은 곳.
63) 『정치론』 7장 11절[G III p. 312/P p. 1030].

신격화되며 이 신격화의 후광에 힘입어 그는 필요시 자기 자문회의 권고 사항을 무시할 수도 있을 것이고, 반대로 만일 왕이 수장이 아니라면, 주권은 분할될 것이기 때문이다. 따라서 해결책 T_3을 택해야 한다. 양심의 자유만이 아니라 예배의 자유까지도 인정해 주는 것이다. 이제 모든 교회가 전부 공인될 것이다. 단, 최소한의 믿음과 양립할 수 있는 가르침을 베풂으로써, 법 준수와 화합을 전도한다는[64] 조건에서 말이다. 나머지 부분에 대해서는, 국가는 교회들이 제멋대로 지껄이도록 내버려 둘 것이다.

이는 명백히 해결책 T_2를 함축한다. 따라서 특별 계시나 의례에 근거한 종교들, 다시 말해 미신을 얼마간 포함하는 종교들도 있을 것이다. 이는 분명 불가피한 악이지만, 세속적 평화에 유리하게 돌아가는 경제적 맥락에서라면 그다지 큰 지장을 초래하지는 않을 것이다. 상이한 예배의 추종자들에게도 정의와 자비만큼은 그들 각자가 신봉하는 신화에 담긴 핵심으로 보일 것이기에, 그들은 정의와 자비라는 동일한 이상을 공유할 것이기 때문이다. 그리고 각 교회는 자기만이 진리의 담지자라 믿겠지만, 이 "진리들" 모두는 핵심 지점에서는 수렴되며 유사한 행위 규칙들을 정당화할 것이기 때문이다. 교리 논쟁의 경우, 국가가 이에 대해 전혀 무관심할 테니 아무도 여기서 이익을 얻지 못할 것이고, 따라서 그것은 평화적으로 전개될 것이다.

사법권력이나 성무(聖務) 감독권의 조직은 여기서 따라 나온다. 특수 종교들이 존재하는 이상, 전문 사제들의 존재를 받아들여야만 한다(해결책 T_2). 그렇다면 이들을 어떻게 통제할 것인가? 그들을 국가에서 봉급을

---

64) 『정치론』 6장 40절[G III p. 307/P pp. 1022~3].

받고 국가 장치에 통합되는 고위 관리로 삼는다면, 그들은 여기서 획득한 위신에 힘입어 아마도 도덕의 판관으로 자처할 것이다. 이러한 위험은, 가장 비열한 자들에게 권세와 부를 마구 안겨다 줌으로써 그들의 지지를 받아 국정자문회의의 감독에서 벗어나려는 왕의 성향 때문에 더욱 심각해진다. 그리고 이는 사제들의 위력과 요구를 한층 증대시킬 것이고 등등…. 그래서 사제들을 아무런 법적 권위도 없는 일개 사인(私人)의 신분으로 만들어 버리는 편이 낫다(해결책 T_3). 곧, 사제들은 공공 기관에서 어떤 종류의 특권도 인정받지 못할 것이고, 아무런 지원금도 받지 못할 것이며, 그들을 위해 특별 조세가 징수된다거나 하는 일도 결코 없을 것이다. 또, 각 교파의 신도들은 자기 판단에 따라 그들 자신이 예배 비용을 부담하겠지만, 아무도 이를 의무적으로 강제하지는 않을 것이다.[65] 이렇게 하여 해결책 S_1의 실행이 가능해진다. 타인을 심판해야 할 때, 사회적 비중이 극히 미미한 개인들에게 이를 문의할 생각을 하는 사람은 아무도 없을 것이다. 마찬가지로 왕도 자기 보좌관에 맞서는 데 이런 자들을 이용할 수는 없을 것이다.

그런데 이 해결책 S_1에는 하나의 보충사항이 반드시 필요하다. 이데올로기적 통제가 완전히 배제된 이상, 정치·경제적 자극을 통해서 재판관들에게 정도(正道)를 지키도록 해야 한다는 것이 그것이다. 그래서 재판관들은 개별적으로가 아니라 집합적으로 하나의 협의체를 이룰 것이고 이 협의체는 부패하기 어려울 만큼[66] 충분히 많은 수(구성원이 적어도 51명 이상)[67]로 이뤄질 것이다. 왕은 그들을 극히 제한된 임기로 임명할 것

---

65) 같은 곳.
66) 『정치론』 7장 21절(G III p. 316/P p. 1036).
67) 『정치론』 6장 27절(G III pp. 304~5/P p. 1019).

이고,[68] 한 가(家) 당 한 명 이상은 절대 뽑을 수 없을 것이며,[69] 그들의 임기가 끝나면, 순환제에 따라 재판소에서 모든 가(家)가 차례대로 돌아가며 대표되도록 후임자를 선발해야 할 것이다.[70] 공명정대함이 어느 정도 확보되기를 바란다면 이는 현명한 예방책이다. 재판관들이 근면함과 단호함을 갖추도록 독려하기 위해,[71] 그들은 고정된 급여를 받는 대신 벌금형을 당한 자들에게서 나오는 수익과 사형 당한 자들의 재산을 넘겨 받게 될 것이다.[72] 그렇다고 해서 그들이 탐욕에 눈이 멀어 지나치게 가혹한 형을 내리지는 못할 것이다. 이는 후임자들이 그들에게 불러일으키는 공포 탓도 있지만,[73] 소유제 역시 이를 막아 줄 것이기 때문이다. 소유제는 그들에게 돈을 교역이나 금융에 투자하도록 강제할 것이고, 따라서 그들은 자신[의 이익]과 다른 시민[의 이익]이 연동되어 있다고 느낄 것이기에, 이들을 체계적으로 궁핍하게 만들지는 못할 것이다.[74] 그 밖에도, 이를 더 확실히 해두기 위해, 왕의 국정자문회의에 재판관들과 같은 방식으로 봉급을 받는 소위원회를 두어,[75] 재판관들이 내린 선고를 재가하고, 권력남용이 발생할 경우 원심에 대한 파기원의 구실을 하게 해야 할 것이다.[76]

마지막으로, 권력이 그 원천이 되는 주민들에게서 너무 멀어지지 않으려면, 광범위한 탈집중화가 요구된다. 즉 지역적 이익과 관련된 문제는

---

68) 같은 곳.
69) 같은 곳.
70) 같은 곳.
71) 『정치론』 7장 21절.
72) 『정치론』 6장 29절 [G III p. 305/P pp. 1019~20].
73) 『정치론』 7장 21절.
74) 같은 곳.
75) 『정치론』 6장 29절.
76) 『정치론』 6장 26절 [G III p. 304/P pp. 1018~9].

현장에서 해결되어야 한다. 따라서 각 도시에는 시립 자문회의 및 재판소가 있을 것이다. 그리고 이것들은 왕의 국정자문회의 및 최고 사법협의체와 동일한 방식으로 구성원을 충원할 것이고, 동일한 규칙에 따라 운용될 것이다.[77] 간단히 말해, 여기에서는 해당 지역의 가(家)들을 대표하는 자들만이 의석을 가질 것이다.[78]

이제 **영토제도**를 이루는 것이 무엇일지는 더 명확해진다. 한편으로 도시가 있다. 그것은 요새화된 도시 주거 밀집지역[79] 및 여기에 의존하는 여러 촌락 ── 그러나 도시민과 촌락민의 지위에는 차이가 없다 ── 으로 이루어진 자율적 정치 단위이다.[80] 다른 한편으로 가(家)가 있다. 이것은 과연 어떤 얼굴을 하게 될까? 가(家)의 규모에 대해 스피노자는 아무런 언급도 하지 않고 있지만, 만일 대략 250,000명 정도의 시민(앞으로 살펴보겠지만, 이는 중간 규모 국가 인구에 해당하는 숫자다)이 있다면, 그리고 이들이 『정치론』 6장 15절이 시사해 주듯 대략 600개의 가문들로 묶여 있다면, 각 가(家)에는 거의 400명 정도의 성인 남성이 포함되어 있을 것

---

77) 『정치론』 6장 30절[G III p. 305/P p. 1020].
78) 같은 곳. 이로써, 마찬가지로 다음과 같은 문제도 해결될 수 있는 셈이다. 이는 스피노자가 특히 홀란드 상황에 전념했던 까닭에, 명시적으로 제기하지는 않았던 문제이다. 곧 프랑스나 영국 같은 대규모 군주정에서는 대부분의 노인이 왕의 자문관 3천 명에 낄 기회가 없었을 텐데, 여기에도 스피노자가 말하는 정체를 적용할 수 있을까? 실제로 이는 가능하다. 왜냐하면 시 단위 공직의 경우만은 모든 이들의 야심을 만족시킬 수 있을 만큼 충분히 많을 것이기 때문이다. 게다가 홀란드의 경우, 그것을 통치했을 국정자문회의에 대해서는 모든 이가 적어도 한 번은 거기서 의석을 차지하리라는 희망을 품을 수 있었을 법한데, 그렇다면 도시를 홀란드 같은 규모의 지방으로 재편성하지 못할 이유도 없을 것이다. 고유한 의미의 왕의 국정자문회의의 경우, 최고 재판소처럼 가(家) 별로 돌아가는 순환제로 구성원을 충원할 수 있을 것이다. 이럴 경우 장기간에 걸쳐 평등은 확보되었을 것이다.
79) 『정치론』 6장 9절[G III p. 299/P pp. 1011~12].
80) 같은 곳.

이다. 그런데 250,000이라는 수에 비시민권자 역시 포함되어 있다면, 이들의 실제 인원은 400명이 안 될 것이다. 가령, 자립 소유자와 동수의 임금 노동자가 있다면, 그 수는 절반 정도가 될 것이다.[81] 아마도 꽤 민주적으로 이루어질 가(家)의 내적 운용에 관해서는, 스피노자는 다만 그것이 "유력자들"(chiliarques)에 의해 관리되리라고 말할 뿐이다.[82] 어찌 되었든, 소속을 규정하는 세 기준[지역, 혈통, 직업]의 조합은 도시 길드와 촌락 공동체를 생각나게 한다. 가령, 같은 도시 내에서 같은 생업에 종사하는 장인 혹은 상인 단체, 같은 마을에 거주하는 경작자 단체, 그리고 여하간 대부분의 경우 친인척으로 맺어진 단체 등이 그렇다. 하지만 이러한 공동체와 길드는 막대한 권력을 지니고 있을 것이다. 왜냐하면 그것들은 무장되어 있을 것이며 왕국의 모든 협의체들의 구성비를 규정할 것이기 때문이다. 종교를 제외한다면, '국가'(imperium)의 모든 제도들은 결국 바로 이것들을 기반으로 수립될 것이다.

그러므로 스피노자 식의 군주정은 다음과 같다. 하향적으로는, 온건하고 다원적인 정식 T_2 T_3이 통치제도, 사법부 그리고 종교 부문에 알맞다. 그리고 상향적으로는, 급진적이고 평등주의적인 — 일원적인 정식 S_2

---

81) 여기서 문제가 제기된다. 어떻게 각 가(家)에서 구성된 아주 제한된 규모의 민병대가, 6장 10절이 지시하는 대로 다시 "군단"과 "보병대"로 나뉠 수 있을까? 만일 민병대에 200명의 병사가 있다면, 여기서 각각 100명의 남성으로 이루어진 2개 군단이 있을 것이고, 또한 이 군단 각각은 10명으로 이루어진 10개의 보병대로 이루어질 것이다. 더구나 가(家)는 600개보다 훨씬 더 적으리라는 점을 잊지 말자. 600이라는 수는 단지 최대치를 한정하고 있을 뿐이다. 이 수치를 넘을 경우 왕의 국정자문회의에서 각 가의 대표자 수가 줄어들 것이라는 이유에서 말이다. 이 역시 중요치 않다. 어쨌든 스피노자가 말하는 "군단"과 "보병대"는 로마 군대의 군단이나 보병대대와는 하등 닮은 점이 없다!
82) 『정치론』 6장 32절[G III p. 305/P p. 1020]. 여성과 아이, 그리고 "하인"까지 계산에 넣는다면, 각 가(家)에는 실질적으로는 1,000명 이상이 포함될 것이다.

S_3이 군대, 소유제 그리고 지도자 선별양식에 알맞다. 전자는 왕이 농간을 부릴 여지를 최소한으로 축소하며, 후자는 다중의 역량과 응집력을 최대치로 높여 준다.

하지만 이 체제를, 혹여 제거해 버려도 실질적으로는 아무 차이가 없는 무능한 왕을 꼭대기에 앉혀 둔 민주정으로 간주한다면 오산일 것이다. 물론 이 체제는 (군주정을) 가장한 민주정이지만, 여기서는 오히려 의상(costume)이 핵심이다. 다시 말해, 왕은 아주 실질적으로 모든 것을 제 의향대로 결정할 것이다. 물론 이 의향의 내용은 외적 영향에 규정되겠지만, 이런 점은 어떤 군주정에서도, 이른바 "절대" 군주정에서도 마찬가지이다. 다른 점이 있다면 주권자에게 가해질 압력이다. 인민의 의지가 만일 이 결정적인 설득 수단을 갖추고 있기만 하다면, 곧 그것이 무력을 구성하며, 소유제에 의해 통일되고, 지도자 선별양식에 힘입어 정상에 충실하게 전달되기만 한다면, 그것은 국정자문회의를 매개로 군주에게 도달할 것이고, 군주의 결정은 이에 따를 것이다. 또한 인민의 의지는 동일한 국정자문회의에 의해 집행됨으로써, 그리고 외적으로는 사법부 조직에 힘입어, 내적으로는 종교 조직에 힘입어 준수됨으로써, 결국 신민에게 되돌아와 그들의 활동을 정향시킬 것이다. 하지만 이것도 결국은 단 한 사람의 의지를 우회하여 이루어질 수밖에 없다. 이는 절대적으로 필수적인데, 왜냐하면 가정상 시민들은 제 운명을 제 손아귀에 쥘 능력이 있다고 느끼지 못하기 때문이다. 하기에 건물의 꼭대기를 자르는 것은 결국 건물 전체를 무너뜨리는 셈이 될 것이다. 이렇게 해서는 민주정이 아니라 혼란과 혼돈만이 귀결될 것이다. 그뿐만이 아니다. 이러한 체계에서는 인격숭배의 유감스런 결과는 제거하지만, 그리고 제거한다는 바로 그 이유 때문에, 어떤 식으로든 인격숭배는 강화될 수밖에 없다. 사실 왕이 만일 일반이익에 따라 통치하도록 강제된다면, 누구도 그의 자리에 이의제기하지 않을 정도로 그는 인기를 누릴 것이기 때문이다.[83] 따라서 혁명과 쿠데타는 배제될 것이다.[84]

따라서 스피노자는 전혀 비꼬지 않고 진심으로 자신의 개혁안을 제시할 수 있다. 문명화된 나라라면 왕들은 이 안을 채택하는 편이 아주 이롭다. 전제군주들마냥 자기 역량의 실질적 크기에 대해 착각하지만 않는다면, 왕들이 그렇게 해서 잃을 것은 하나도 없으며, 오히려 신민들의 흔들림 없는 충성을 얻어낼 것이다. 하지만 그러려면 이 신민들 중 적어도 한 명은 [스피노자처럼] 명민해야 한다. 또 인민을 끝까지 자신의 지지 기반으로 삼으려면 상당한 용기도 필요한데, 왜냐하면 토지귀족도, 성직자도, 군 사령관도, 심지어는 시 단위의 과두지배자들도, 자기 특권이 박탈되는 것을 아무 저항 없이 지켜보고만 있지는 않을 테니 말이다. 그런데 오라녀가의 기욤이 과연 그런 경우인가?

2. 집단의 역량 : 중앙집권적 귀족정

이제 역사적 진화 사이클의 한두 단계 뒤로 물러나 보자. 문명은 팽창 중에 있거나 이제 막 쇠퇴기에 접어들었다. 외상을 일으킬 만한 충격적 사건은 아직 일어나지 않았으므로, 지도자 집단은 자기네에게 주권적 능력이 있다고 느낀다. 하지만 예전에 인민이 자발적으로 단념했기 때문이든, 이방인들이 이 나라로 몰려들었기 때문이든, 이미 지도자 집단은 경제적

---

83) 『정치론』 7장 11절(G III p. 312/P p. 1030).
84) 『정치론』 7장 14절(G III pp. 313~4/P pp. 1032~3).

으로 자립적인 거주민 전체와 구별된다. 지도자 집단은 협소한 귀족회의를 형성하는데, 이는 권력을 독점하고 특권을 지키려고 노심초사하며, 귀족정 체제의 정의대로[85] 현회원의 선발로 신입회원이 충당된다. 결국 이 귀족의원들이 수도에 사는 전(全) 시민이며, 다른 도시 거주민들과 주권을 공유하지 않기로 결정했다고 가정해 보자.[86] 이것이 중앙집권적 귀족정인데, 문제는 이 체제의 보존을 가능케 해줄 제도들을 그것의 본성으로부터 연역하는 일이다.

궁극적으로는 앞의 경우와 동일한 문제가 제기된다. 하지만 문제의 항들은 전혀 다르다. 스피노자 식 군주정의 역설은, 실상 단 한 명의 인간이 모든 권력을 자신의 수중에 결코 집중시킬 수 없다는 데 기인했다. 따라서 치유 불가능한 이 약점과 양립할 수 있는 최대치의 권한을 왕에게 부여하려면, 그의 측근을 잘 구성해야 한다. 이와 반대로, 충분히 많은 수의 구성원으로 이루어진 협의체라면, 아무런 보조 없이 완벽히 통치할 수 있다.[87] 따라서 이제 문제는 다중을 충분히 강력하게 만들어 개인 주권자가 멸시하는 태도로 다중을 대할 가능성도, 그러려는 욕망을 갖지 않도록 만드는 것도 아니다. 오히려 역으로, 집단적 주권을 충분히 강력하게 만들어 다중이 반란을 일으킬 가능성도, 그러려는 욕망도 갖지 않도록 만드는 것이다. 여기서는 평민이야말로 중화시켜야 할 이질적 물체가 된다. 말하자면, 귀족협의체가 결정을 내릴 때 평민의 압박이 덜할수록, 체계는 자기 자신의 본질을 더 잘 입증할 것이다.[88]

---

85) 『정치론』 8장 1절 [G III pp. 323~4/P. pp. 1046~7].
86) 『정치론』 8장 3절 [G III p. 324/P p. 1048].
87) 같은 곳 [G III p. 325/P pp. 1048~9].
88) 『정치론』 8장 5절 [G III p. 326/P p. 1050].

지도자(이 경우, 귀족의원) **선별양식**과 관련해서는, 이 체제의 정의에 이미 해결책 T_2가 함축되어 있다. 공무의 관리는 종신 임명된 엘리트에게 돌아가는 것이다. T_3도 마찬가지로 함축되어 있다. 최고협의체는 현회원의 지명을 통해 신입회원을 충원하므로, 모든 사회 계층이 여기서 동등하게 대표되어야 할 이유가 전혀 없다. 이론상, 귀족의원들은 자기가 좋다고 여기는 자를 자유롭게 지명할 수 있다. 그리고 사실상, 돈과 명성은 서로 짝을 이루기 마련이므로 그들은 신참 동료를 늘 부자들 가운데서 선택할 것이다.[89] 그럼에도 해결책 T_3의 실행은 여느 국가에도 유효한 근본요구와 양립할 수 있어야 한다. 사실, 우리는 공민체가 너무 협소할 경우 풍습과 제도는 타락하기 마련임을 알고 있다. 이 경우 한편으로, 최고협의체의 결정사항은 더 이상 이성에 합치하지 않을 것이며, 다른 한편으로 공직 접근에 절망한 평민들은 경제 활동을 해서 부유해지기보다는 그저 현재를 즐기는 편을 선호할 것이기에 말이다. 이와 같은 이중의 퇴락 때문에 군주정의 우여곡절은 불가피했다. 이로부터 근본원칙이 도출된다. 귀족의원의 수는 무한정 늘어나도 아무 지장이 없지만,[90] 특정한 최소치 이하로 줄어들어서는 안 된다는 것이 그것이다.[91]

얼마인가? 몇몇 경험적 요청들이 개입되지 않는 한, 이를 구체적으로 말할 수 없을 것이다. 왜냐하면, 집단이 이성적으로 결정을 내리는 데 필요한 인원수는 귀족의원들 각자의 소질과 그들이 논의하는 문제의 복잡성에 달려 있고, 둘 모두 결코 선험적으로 연역될 수 없기 때문이다. 그

---

89) 『정치론』 11장 2절 [G III p. 359/P p. 1098]과 8장 31절 [G III p. 337/P p. 1066].
90) 『정치론』 8장 13절 [G III p. 330/P p. 1056].
91) 『정치론』 8장 1절 [G III p. 324/P p. 1047].

래서 스피노자는 다음과 같이 가정한다. 첫째, 중간 규모의 국가를 통치하기 위해서는 정치적으로 유능한 사람이 100명은 필요하다.[92] 둘째, 무작위로 100명을 선정할 경우 고작 두 명만이 정치적으로 유능하다.[93] 따라서, '보통 규모의 국가'(mediocris imperii)를 관리하는 데는 적어도 5,000명의 귀족의원이 필요하다는 결론이 나온다.[94] 만일 이와 같은 국가의 주민 수가 대략 250,000명(물론 이는 성인 남성만 포함해서이며, 그렇지 않다면 이 나라는 정말로 아주 작은 국가일 것이다)까지 늘어난다면, 위의 가정을 따를 경우 우리는 거주민 50명당 한 명의 귀족의원을 얻게 된다.[95] 이것이 귀족정 체제의 황금률이다. 즉 다중에 대한 시민의 비율은 2% 이상이어야 하며 결코 그보다 작아서는 안 된다. 그리고 주민이 늘어날 때에도 이 비율이 보존되려면 주권체가 확장되어야만 한다.[96]

이런 조건에서, 몇몇 특권적 가(家)의 구성원들만 시민권을 지닌다는 것은 불가능하다. 이들 가(家)도 결국은 대가 끊기기 마련이기에 말이다.[97] 이상적 군주정에서 자동으로 시민이 될 사람들 모두가 최고협의체의 후보자가 될 수 있을 것이다. 그리고 이방인과 전과자, 그리고 경제적 독립성이 없는 노동자들만이 후보자 명부에 들 자격을 갖지 못할 것이다.[98] 하지만 후보자들은 이미 30세에는 도달해 있어야 할 것이며, 이는

---

92) 『정치론』 8장 2절 (같은 곳).
93) 같은 곳.
94) 같은 곳. 그러나 규모가 분명히 동일했던 어느 국가의 경우, 왕의 국정자문회의 정원은 최대 3,000명을 넘지 않았다. 그런데 이들의 충원이 오직 과반수 법칙의 작용에 완전히 좌우되었던 것도 아니다. 가령, 자문관들 각각은 자기 가(家)의 대표자로서, 그것과 늘 연결되어 있었고 그것의 이익이 무엇인지를 아주 잘 알고 있었다. 그 밖에도, 각 가(家)의 대표단은 자격을 갖춘 법률가 한 명을 의무적으로 포함시켰다(『정치론』 6장 15절).
95) 『정치론』 8장 13절[G III p. 330/P pp. 1055~6].
96) 같은 곳.
97) 『정치론』 8장 14절[G III p. 330/P p. 1056].

족벌주의의 과잉을 어느 정도 막아 줄 것이다.[99] 그렇게 하면, 유복한 평민들 거의 대다수가 지도층에 편입되리라는 진지한 희망을 품게 될 것이다.[100] 마지막으로, 최종 조치는 무능력자를 확실히 제거함으로써 유복한 평민들이 선출될 기회를 늘리는 방법이다. 가령, 과오를 저질러 파산한 귀족의원들에게선 모든 권리를 박탈해 버리고[101] 그들을 신참자로 대체한다. 반면, 그들이 운이 나빠 빈곤해졌다는 사실이 확실히 밝혀진다면, 국가는 보험 회사의 역할을 맡아 그들의 전 재산을 회복시켜 줄 것이다.[102] 이렇게 해서 권력은 부자들에 의해, 오직 부자들에 의해서만, 그리고 적어도 근사적으로나마 부자들 모두에 의해서 행사될 것이다. 요컨대, 이는 몇몇 세력가들의 과두정이 아니라, 이를테면 부르주아 전체의 정부라 할 수 있을 것이다.[103]

이 정부는 과연 어떤 식으로 운용될까? **최고협의체**는 당연히 주권의 두 가지 본질적 속성인 법안 가결권과 행정관 임명권을 보유하게 될 것이

---

98) 같은 곳. 라틴어 판본은 술집주인과 양조업자들도 **피선거권자 가운데** 포함된다는 점을 명시적으로 지시하고 있다. 그들 역시 독립 소유자이기 때문이다.
99) 『정치론』 8장 15절[G III p. 330/P p. 1057]. 실질적으로는, 원로원 나이[50세 이상]가 된 귀족의원들만이 자기 아들을 최고협의체에 들어가게 할 수 있을 것이다.
100) 『정치론』 10장 7절[G III p. 356/P p. 1094]. 따라서 30세 이상의 부자들은 성인 남성 인구의 2%를 넘지 않는다고 가정할 수 있다(새로운 경험적 요청). 가령, 자립 소유자 수가 임금 노동자 수와 같을 경우, 자립 소유자 가운데서 4%를 넘지 않는다.
101) 『정치론』 8장 47절[G III pp. 345~6/P p. 1078].
102) 같은 곳.
103) 우리가 지금 다루는 것은 중앙집권적 귀족정이므로, 이들 대부르주아 중 대다수는 분명 수도에 거주할 수밖에 없을 것이다. 물론 더 안전을 기하려면, 서로 인접한 도시들에서 각 도시당 몇십 명 정도의 유력자들에게 시민권을 주는 편이 더 나을 것이다(『정치론』 8장 42절[G III p. 343/P p. 1075]). 하지만 그렇게 하더라도 여하간 이들은 최고협의체 내에서 아주 소수에 지나지 않을 것이다. 이런 유의 국가는 그럴 경우 상당히 특별한 얼굴을 갖게 된다. 곧 가난한 소도시들을 지배하는 부유한 대도시. 연방제적 귀족정은 이보다는 훨씬 더 균형 잡힌 것이 될 것이다.

다.[104] 5,000명으로 이루어진 단체라면 자체적으로도 충분히 국가를 잘 관리할 수 있기 때문에, 나머지에 문제에 대해서는 분명히 해결책 S_2와 이로부터 곧장 따라 나오는 해결책 S_3이 취해질 수밖에 없다. 곧 주권 집단의 구성원들이 몸소 자문권력과 집행권력을 행사할 것이다. 자문부의 경우, 주권 집단과 완전히 같다고 보아도 무방하다. 최고협의체는 외부 자문에게 도움을 청할 필요 없이[105] 토의 과정에서 자체적으로 정보를 얻을 것이기에 말이다. 그리고 이유 없는 결석에 대해서는 벌금으로 제재한다면,[106] 모든 구성원은 매 회기 때마다 참석에 열렬한 관심을 보일 것이고, 서로 대결하는 관점들의 다양성 덕분에 일반이익에 부합하는 공통분모가 투명하게 드러날 수 있을 것이다.[107]

하지만 집행부는 기술적 이유 때문에 경우가 다르다. 구성원 수가 적을수록 일은 더 빨리 처리되는데, 5,000명은 너무 많기 때문이다. 따라서 최고협의체는 자신이 결정한 사항을 집행하기 위해 그 내부에서 정원이 훨씬 적은 **원로원**을 선출할 것이다.[108] 그리고 원로원은 다시 소수의 집정관에게 일상 현안의 신속한 처리를 위임할 것이다.[109] 그런데 원로원의 구성 역시 문제다. 만일 정치적 시기심이 터져 나오는 것을 피하고 싶다면, 모든 귀족에게 원로원에 선출될 가능성을 열어 두어야 할 테니 말이다.[110]

---

104) 『정치론』 8장 17절[G III p. 331/P p. 1057]. 루이스 새뮤얼 포이어(L. S. Feuer)에 따르면, 스피노자가 말하는 귀족정의 통치제도들(또한 평민 대비 귀족 비율이 2%라는 점 역시)은 베네치아의 통치제도들을 연상시킨다(『스피노자와 자유주의의 부상』 *Spinoza and the Rise of Liberalism*, pp. 166~7).
105) 『정치론』 8장 3절[G III p. 325/P p. 1048].
106) 『정치론』 8장 16절[G III pp. 330~1/P p. 1057].
107) 『정치론』 8장 6절[G III p. 326/P p. 1050].
108) 『정치론』 8장 29절[G III p. 335/P p. 1064].
109) 『정치론』 8장 33절과 34절[G III pp. 338~9/P pp. 1068~9].
110) 『정치론』 8장 30절[G III pp. 335~6/P pp. 1064~5].

바로 이 때문에, 왕의 국정자문회의가 따랐던 것과 동일한 원칙들에 의거하는 순환제가 실시된다. 우선, 원로원은 400명(이는 귀족의원들 중 거의 1/12에 해당한다)[111]의 인원으로 구성되며 구성원 모두가 50세 이상으로,[112] 임기 후 두 해 동안 출마 금지를 조건으로 1년 임기로 지명될 것이다.[113] 이렇게 해서, 공민체에서 대략 1/4에 해당되는[114] 1,200명의 노인들이 차례로 돌아가며 원로원직을 수행할 것이다. 그런데 그들이 이를 잘 수행할까? 임기를 어기는 경우도 있지 않을까? 특히나 — 실상 이것이 가장 심각한 위험인데 — 그들이 나라를 전쟁에 몰아넣어 붕괴시키지는 않을까? 그렇지 않다. 단 만일 그들이 전 급여를 나라의 대외무역 총매상고에 부과되는 조세로만 지급받는다면 말이다.[115] 평화주의를 고취하는 데 이익보다 더 나은 건 없다…![116]

마지막으로 헌법 위반을 예방하거나 처벌하기 위해서는 자율적 통제기관이 필요하다. 왜냐하면 집단적 주권 기구는 그냥 내버려 둘 경우 내부 구성원이 개인적으로 저지른 비리에 대해 눈감아 줄 위험이 있기 때문이다.[117] 따라서 최고협의체는 역시 그 내부에다 **감독위원회를**[118] 뽑아둘 것이며, 그 정원은 귀족의 1/50에 달할 것이다.[119] 이 감독관들은 군대의 일부를 자기 휘하에 두고서[120] 다음과 같은 3중의 임무를 맡을 것이다.

---

111) 같은 곳.
112) 같은 곳.
113) 같은 곳.
114) 같은 곳. 물론 여기서 우리는 [라틴어 판본에 대한] 네덜란드어 판본의 정정, 곧 1/12이 아닌 1/4을 채택했다.
115) 『정치론』 8장 31절[G III pp. 336~7/P pp. 1065~6].
116) 같은 곳.
117) 『정치론』 8장 19절[G III pp. 331/P p. 1058].
118) 『정치론』 8장 20절[G III p. 332/P p. 1059].
119) 『정치론』 8장 22절[G III p. 332/P p. 1059].

우선, 2% 황금률을 준수하게 하는 일이다.[121] 다음으로 최고협의체를 소집하고,[122] 여기서 토론이 정기적으로 이루어지도록 감시하며,[123] 원로원에서 일어나는 일을 관찰하기 위해 매 회기마다 거기에 대표자 몇몇을 파견한다.[124] 마지막으로 재판관[125] 및 행정관의[126] 불법 행위를 제재한다. 감독관들이 정직하게 직무를 이행하도록 독려하기 위해서는 경제적 자극제가 마련된다. 곧 모든 신입 귀족의원은 상당히 큰 몫의 은을 그들에게 갖다 줄 것이고[127] 이는 그들로 하여금 공민체가 조금이라도 축소되는 것을 묵과하지 못하게 할 것이다. 그리고 부적격의 행정관과 [최고협의회에] 결석한 시민에게 부과되는 벌금 총액도 바로 이들에게 돌아갈 것이다.[128] 그런데 이들은, 다른 경우와 달리, 완전한 독립성을 지녀야만 하며, 따라서 종신으로 지명될 것이다.[129] 하지만 임기가 너무 길면 오만의 힘을 더 이상 버티지 못하게 될 테니까, 이에 대한 반대급부로 그들은 최소한 60세 이상이어야 할 것이다![130] … 이렇게 하여 모든 귀족의원은 노년에 원로원이나 감독관이 되리라는 희망을 품을 수 있을 것이다.[131]

그런데 **소유제** 역시 **지도자 선별양식**에 부합할 때만, 체계는 가동될 것이다. 이런 관점에서 보면 땅의 국유화는 아주 해로울 것이다. 왜냐하

---

120) 『정치론』 8장 23절[같은 곳].
121) 『정치론』 8장 25절[G III p. 333/P pp. 1060~2].
122) 『정치론』 8장 26절[G III p. 334/P p. 1062].
123) 『정치론』 8장 25절.
124) 『정치론』 8장 32절[G III p. 338/P p. 1067].
125) 『정치론』 8장 40절[G III p. 342/P p. 1073].
126) 『정치론』 8장 20절[G III p. 332/P p. 1059].
127) 『정치론』 8장 25절[G III p. 333/P pp. 1060~1].
128) 같은 곳.
129) 『정치론』 8장 21절[G III p. 332/P p. 1059].

면 평민들은 어떠한 정치적 권리도 누리지 못하고 정착 외국인과도 전혀 구별되지 않기에,[132] 만일 자기 나라에 물질적으로 애착을 가질 만한 것이 전혀 없다면[133] 불행이 닥쳐올 경우 나라를 떠나 버릴 것이기 때문이다. 대체로 아무 실효성이 없는 금지조치를 차치한다면, 무슨 수로 평민들이 돈을 갖고 떠나 버린다거나,[134] 그들이 좋다고 여기는 곳에서 재능을 발휘하는 것을 막을 수 있겠는가? 이는 항상적인 위협이며, 평민들은 권력이 내리는 결정사항에 압력을 가하기 위해 이를 활용할 것이다. 평민에게 공민 정신을 기대할 수는 없는 이상, 그들을 붙들어 두는 데에는 이익만 한 것이 없다. 따라서 토지재화는 사적 소유일 것이다(해결책 T₂).[135]

그렇다고 해서 모든 난점이 다 해결되는 건 아니다. 도달해야 할 목표는 **모든 신민** 각자가 적어도 한 채의 집이나 한 조각의 땅이나마 소유하

---

130) 같은 곳.
131) 종신 감독의원 100명과 3년마다 교대되는 1,200명의 원로원. 스피노자는 이 1,300이라는 수가 50세 이상 된 귀족의원들 수에 비해 그리 적은 건 아니라고 말한다(『정치론』 8장 30절[G III p. 336/P p. 1065]). 따라서 30세 이상 성인 가운데 50세 이상은 대략 26% 정도라고 가정해야 한다. 이와 같은 장수율은, 30세 이상의 사람들에게 가공할 만한 대량 살육이 자행되지 않는 한, '하인' 및 그 외 임금 노동자 수가 [시민권자들보다] 더 많을 경우에만, 군주정의 장수율과 일치한다(그리고 군주정에서 사람들이 꼭 덜 장수해야 할 이유는 없다. 앞의 주 48을 참조하라). 실상 군주정의 신민이 전부 다 시민이라고 가정해 보자. 50세 이상의 18,000명 노인이 성인 남성 인구의 7.2%를 차지하면서 동시에 30세 이상 성인의 26%를 차지하려면, 성인 남성 인구의 단지 27.7%만이 30세 이상이어야 할 것이다. 반면, 역시 군주정에서, 자립 소유자 외에도 이와 동수의 임금 노동자가 있다면, 최고협의체 의식에 오를 수 있는 이 18,000명은 시민들 가운데 14.4%에 해당할 것이다. 따라서 그들이 이와 동시에 30세 이상 시민의 26%를 차지하려면, 시민의 55.4%가 30세 이상이어야 한다. 문제를 말끔히 해결하기 위해서는 17세기 홀란드에서 연령 피라미드를 반드시 연구해 보아야 할 것이다.
132) 『정치론』 8장 10절[G III p. 328/P p. 1053].
133) 같은 곳.
134) 같은 곳.
135) 같은 곳.

는 것이 될 것이다. 그런데 신정에서처럼 그들 각자에게 동일한 몫의 토지를 주고 그것이 양도불가능하다고 선언할 수 있을까? 해결책 S_1을 고려해 볼 때, 이는 불가능하다. 즉 교역이 자유롭기 때문에, 토지 역시 다른 재화처럼 마음대로 사고 팔 수 있어야 한다(해결책 T_3). 하기에 불평등은 불가피하다. 다시 말해, 토지가 결국 몇몇 소수에게 집중되지 않도록 막아 주는 것은 원리상 없다. 이와 같은 경향을 상쇄하기 위해, 스피노자는 한 가지 대책을 제안한다. 신민들에게 부동산은 임대되지 않고 판매되어야 한다는 것(*subditis non locandi sed vendendi sunt*)이 그것이다.[136]
이 대책은 원리상으로는 명확하지만, 적용 양상에서는 상당히 모호하다. 분명, 이 정식은 국가 소유지의 경우에는 타당하다. 원래 국가 소유였든 아니면 국가 소유로 바뀐 것이든 상관없이 말이다. 하지만 이 정식이 사유 재산에도 적용될까? 이는 일반적으로 누구도 자기 토지를 평민에게 임대해 줄 권리를 갖지 못하리라는 뜻일까? 정말로 그렇다면, 이 대책으로 문제는 거의 해결될 것이다. 부농과 시골 귀족은 자기가 개발할 수 없는 잉여 토지의 경우, 임대는 허용이 안 되니 그것을 파는 수밖에 없을 테니 말이다. 이렇게 하여 소(小)소유자는 유지될 수 있을 것이다. 그런데 스피노자가 형식적인 금지를 생각했을 법하진 않다. 주지하듯, 그는 이런 유의 절차를 공허하다고 본다. 아마 그가 말하려는 건, 국가가 자금력이 허용하는 한도 내에서 임대된 소유지를 사들여 잘게 분할한 뒤, 그것을 이전 임차인이나 다른 평민들에게 되판다는 것이 아니었나 싶다. 만일 소유자들에게 흥미로운 가격이 제안된다면, 많은 소유자들이 소유지를 국가에 판매하려 들 것이다. 받은 돈이 일단 교역이나 금융에 재투자되면,

---

136) 같은 곳.

그들은 이전에 받아 왔던 것보다 더 높은 수입을 거둘 것이다. 이렇게 하여, 강제적인 조치를 동원하지 않고도, 의도된 결과가 통계적으로 그리고 장기적으로 얻어질 것이다 …. 단, 'subditis' (신민들에게)라는 단어의 사용이 명확히 지시하고 있는 유보사항을 잊지는 말자. 만일 모든 평민이 이미 확고하게 땅을 가지고 있다면, 국가는 귀족의원들에게는 국유지를 임대해 줄 수도 있다.

그런데 이런 수정을 거쳐도 이 정식 $T_2 T_3$에는 여전히 단점이 있다. 한편으로, 토지에 대한 심리적 집착이 계속 남아 있을 것이다. 여기서 비롯되는 모든 결과, 곧 폐쇄적 성향, 시기심, 불화, 요컨대 시골 야만인의 유제들과 더불어서 말이다. 다른 한편, 설령 소수에 불과할지라도 무위도식하는 토지 소유자들이 몇몇은 남아 있을 것이고, 따라서 풍습이 붕괴될 여지도 남아 있을 것이다. 이처럼 소유제는 그 자체만 봐서는 낡은 경제 부문의 현존도, 퇴폐의 위험도 완전히 축출하지는 못하게 되어 있다. 바로 이 두 위험을 몰아내는 데 기여하는 것이 지도자 선별양식과 통치제도들이다. 귀족회의는 신흥 부자들에게 활짝 열려 있는 이상,[137] 평민들은 거기에 편입될 수 있다는 희망에 자극되어, 규모의 재산을 구축하기 위해 악착스럽게 일할 것이다.[138] 그리고 귀족의원들 자신은 기존의 권리를 박탈당할까 두려워하여 자산을 탕진하지 않도록 주의를 기울일 것이다.[139] 그리고 이 두 경우 모두에서 탐욕은 야망에 의해 강화될 것이다. 곧 시민과 신민은, 문명화된 국가에서는 생각할 수 없는 금욕적 생활까지는[140] 아

---

137) 『정치론』 10장 7절 [G III p. 356/P p. 1094].
138) 『정치론』 10장 6절 [G III p. 356/P p. 1093].
139) 『정치론』 10장 7절.
140) 『정치론』 10장 6절.

니더라도, 적어도 쓰는 것보다는 더 많이 벌려고 애쓸 것이며,[141] 경제 활동의 수준은 유지될 것이다. 게다가 필연적으로 국가 역시 일반적인 정책으로 이에 기여할 것이다. 왜냐하면 교역의 발달은 모든 원로원 의원에게 — 설령 그들 가운데 몇몇이 토지 소유자라 하더라도 — 이롭기 때문이다. 그들이 지급받는 봉급 총액이 교역에 달려 있기에 말이다. 물론 독점적 재화가 여전히 존재하는 이상, 여러 통치 협의체들은 왕의 국정자문회의가 따랐던 유사-만장일치를 경험하기는 힘들 것이다. 하지만 중화시켜야 할 군주가 없는 경우에는 단지 과반수만으로도 충분하다. 또한 과반수는 빨리 추출될 것인데, 왜냐하면 대부분의 귀족의원은 여하간 무역이나 금융에 얼마간은 돈을 투자할 테니 말이다. 평민들 사이에 일어나는 분열은 어떤 지점까지는 바람직한 것일지도 모른다. 신민들이 원자화될수록 공민체는 더욱 강력해질 것이기에 말이다.

군대의 조직 역시 아주 "현실주의적" 원칙에 따라 이루어질 것이다. 이 체제에서 공권력은 오직 귀족회의에만 전적으로 봉사해야 한다.[142] 따라서 주민 전체가 무장한다는 것은 불가능하다. 이렇게 될 경우 주민에게 모든 권력을 이양하는 셈이 되기 때문이다. 그렇다고 해서, 오직 시민만이 무장한다는 것도 역시 불가능하다.[143] 왜냐하면 시민은 충분히 많지 않기 때문이다. 따라서 국가는 용병을 군의 기반으로 삼을 것이다(해결책 T_3).[144] 반란을 예방하기 위해 외국에서 징병을 하는 것도 금지되지는 않

---

141) 같은 곳.
142) 『정치론』 8장 9절[G III pp. 327~8/P pp. 1052~3].
143) 같은 곳.
144) 같은 곳.

을 것이다.[145] 물론 다른 모든 조건이 같다면, 토착민을 고용하는 편이 더 낫긴 하다.[146] 그들은 소유제 때문에 나라에 애착을 가지고 있어, '집의 제단과 화로를 걸고'(pro aris et focis) 극도의 용기를 가지고 싸울 것이며,[147] 군인으로서 받은 봉급을 현장에서 지출하여 교역을 증진시킬 것이다![148] 하지만 당연히 모든 국가에 유효한 근본요구는 준수해야 할 것이다. 곧 사령관——그 역시 반드시 시민이어야 한다——[149]은 오직 전쟁 시기에만, 연임이 불가능한 1년의 임기로 지명되어야 한다.[150] 이렇게 하면, 내부의 두 전선에서 귀족회의는 무적이 될 것이다. 인민도, 반란을 획책하는 장군들도 귀족회의를 위협하지 못할 것이기에 말이다.

하지만 이것만으로는 충분치 않다. 귀족회의의 힘은 또한 **이데올로기적 통일성**에도 달려 있다. 그런데, 이런 관점에서 볼 때 예배의 자유는 만족할 만한 해결책일까? 확실히 그렇지 않다. 이상적 군주정에서는 어떠한 대가를 치르고서라도 국가수반을 탈신격화해야 하기 때문에, 예배의 자유는 필수적이었다. 물론 이 자유가 오히려 불일치를 확정하는 역할을 하긴 했지만, 이 불일치는 대체로 견딜 만한 것이었다. 왜냐하면 다른 한편에서는 땅의 국유화가 이익들의 긴밀한 공조를 보증해 주었기 때문이다. 하지만 여기서 문제는 정확히 그 역이다. 여기서 해악을 끼치지 못하도록 막아야 할 상대는, 왕이 아니라 인민이다. 또 지도자 집단이 전선을 그어야 하는 상대도, 부재하는 군주가 아니라 평민이다. 그런데 귀족들이

---

145) 같은 곳.
146) 같은 곳.
147) 같은 곳.
148) 같은 곳.
149) 같은 곳.
150) 같은 곳.

자기 마음대로 아무 교회에나 가입할 수 있다면 어떻게 될까? 그들은 틀림없이 분파로 나뉠 것이다.[151] 그리고 소유제는 경제적 적대의 심층적 원인이 존속하도록 방치하기 때문에, "현세적" 갈등은 종파적 경쟁을 악화시킬 것이고, 이 종파적 경쟁은 다시 "현세적" 갈등을 정당화하는 데 이용될 것이다. 이럴 경우 누구나 승리하기 위해 법적 지위와 무관하게 자기와 같은 신앙을 가진 자들을 두둔할 것이다.[152] 그리고 동일 신앙에 복종하는 시민과 신민들의 수직적 연대체들은 공민체를 분쇄하는 데 그치지 않고, 이내 모든 시민으로 이루어진 수평적 블록을 대체할 것이다. 더 나아가 보자. 각 귀족은 자기 목회자들의 권위를 인정할 것이다.[153] 그들이 평민이든 이방인이든 무관하게 말이다. 그리고 급기야 비시민권자들이 다른 사람을 내세워 최고협의체 한가운데서 논쟁을 벌이는 셈이 되고 말 것이다. 이렇게 되면, 최고협의체는 더 이상 실질적 권력을 보유하지 못할 것이다. 그러므로 이와 같은 비가역적 과정이 촉발되지 않게 해야 한다. 그리고 이 때문에 모든 귀족은 동일 국교[154]에 소속되어야 할 것이다(해결책 S₃). 그런데 이럴 경우 그들의 개인적 자유가 침해되지는 않을까? 그렇지 않다. 왜냐하면 아무도 공민체에 끼워 넣어 달라고 청원할 의무는 없기 때문이다. 반면, 받는 것이 없으니 해줘야 할 것도 없는 평민들은 마음대로 종파를 선택할 수 있을 것이다.[155]

그런데 어쨌든 치유책이 병을 더 악화시키는 건 아닐까? 그리고 이 대책은 해결책 S₁과 양립할 수 없는 것은 아닐까? 공식 교회가 특별 계시

---

151) 『정치론』 8장 46절[G III p. 345/P pp. 1077~8].
152) 같은 곳.
153) 이 책 9장 p. 561의 주 127을 참조하라.
154) 『정치론』 8장 46절.
155) 같은 곳.

를 토대로 하는 교리들을 강요한다면 그럴 것이다. 곧, 이럴 경우 시민은 '미신에 사로잡혀'(superstitione capti) 자기 신민들에게서 생각하는 대로 말할 자유를 박탈하고자 노력할 것이며,[156] 불관용이 맹위를 떨치게 될 것이다. 그러므로 국교는 극도로 단순해야 하며 "최고로 보편적"[157]이어야 한다(해결책 S_2). 가령 신은 존재한다, 신은 유일하며 편재하며 전능하다와 같이, 사회 평화에 필수적인 '최소한의 믿음'의 교리[158] 외에 다른 교리는 포함하지 않아야 한다. 또한 국교는 정의와 자비의 실천 외에는 어떤 예배도 강요하지 않으며, 국교에 복종하는 자는 구원하고 나머지는 내버려 둔다. 마지막으로, 자기 죄를 참회하는 자는 용서한다. 이렇게 하여 각자는 개인적 신조를 보존하면서도 국교를 신봉할 수 있을 것이다.

이 때문에 **'성무 감독권'**이나 **사법부**의 조직은 매우 특별한 성격을 띠게 된다. 국교에서는 예배를 관장하는 일이 분명히 공직자에게 맡겨져야 한다(해결책 S_3). 그렇게 하지 않는다면, 공식 교회는 정의상 매우 강력하기 때문에 통치기구에 커다란 위협이 될 것이다. 그런데 이 사제들이 국가의 다른 기관들과 구별되는 아주 특수한 질서를 형성해 버리면, 그들은 자신이 누릴 법적 권위에 힘입어 도덕의 판관으로 자처할 수도 있지 않을까? 이에 대한 대책은 하나밖에 없다. 직업적 목회자들을 제거해 버리는 것 말이다. 그런데 이것이 가능할까? 가능하다. 왜냐하면 보편종교에는 계시나 주술적 의례가 없으니, 전문 성직자가 전혀 필요 없기 때문이다. 따라서 바로 세속권력이 교회의 주요 기능을 직접 담당하고 필수적인 의

---

156) 같은 곳.
157) 같은 곳.
158) 『신학정치론』 14장[G III pp. 177~8/P pp. 865~6]을 참조하라.

식들을 주재할 것이다(해결책 S₂). 가령, 세례를 주고 결혼을 시키고 안수하는 일은¹⁵⁹⁾ 귀족의원들이, 더 정확히는 원로원 의원들만이 담당할 것이다. 그리고 단지 부차적 임무(포교와 재정 운영)만이 부득이한 경우 평민에게 위임될 수 있을 것이다.¹⁶⁰⁾ 단 원로원이 그를 지명하고 책임진다는 조건에서 말이다. 하지만 이는 비시민권자들이 자유롭게 가입할 수 있는 특수 종교들에는 분명 적용되지 않는다. 거기에는 사제가 필요하기 때문이다. 따라서 특수 종교들은 이상적 군주정에서와 똑같은 지위를 똑같은 이유로 부여받게 될 것이다. 특수 종교의 신자들은 사적인 자격으로 자신이 원하는 사원을 건립하고 유지할 수 있되,¹⁶¹⁾ 국가가 그들을 보조해 주지는 않을 것이다. 그런데 한 가지 유보사항이 있다. 이 사원들은 규모가 작아야 하고 서로 떨어져 있어야 한다는 것이다.¹⁶²⁾ 왜냐하면 통제가 아예 없을 경우 대개 반란으로 변질될 수 있는 대규모의 대중 집회는 피해야만 하기 때문이다.¹⁶³⁾ 반면, 국교는 아주 광대하고, 인상적일 만큼 성대한 사원들을 가지게 될 것이다.¹⁶⁴⁾ 따라서 비시민권자들은 국교가 보여 주는 외적인 장중함에 매혹되고 다른 종교의 예배들의 궁색함에 거부감을 느껴, 필시 아주 많은 수가 국교에 가입하게 될 것이다. 국교는 어떤 신앙도 침해하지 않고서도, 사실상 평민 인구의 대부분을 포섭할 것이다.

따라서 정식 S_2와 S_3은 정식 T_2 T_3보다 훨씬 더 근본적으로 해결책 S_1이 실행되도록 해준다. 곧 어떤 "영적" 권력도 타인을 심판하는 문제에서

---

159) 『정치론』 8장 46절.
160) 같은 곳.
161) 같은 곳.
162) 같은 곳.
163) 같은 곳.
164) 같은 곳.

발언권을 갖지 못할 것이다. 그런데 우리는 이러한 해결책에 불가결한 보충사항이 무엇인지 알고 있다. 사법 체계가 온전히 세속화된 이상, 그것은 이상적 군주정의 사법 체계와 동일한 원칙들에 의거해야 한다는 것이 그것이다. 따라서 최고재판소[165]나 지방재판소는[166] 이상적 군주정에서와 마찬가지로 합의제로 조직된다. 재판관들에게 보수를 주는 방식 역시 동일한데, 이익이라는 미끼는 동료 귀족의원에게 지나치게 관대해지지 않도록 그들을 유도할 것이다.[167] 재판관들의 판결도 동일한 통제를 받는데, 여기서는 감독위원회가 그것을 수행한다.[168] 그리고 감독위원회는 인기를 얻기 위해, 평민들에 대한 부당한 갈취를 결코 묵과하지 않으리라는 점도[169] 확신하자. 유일한 차이점이 있다면, 이는 체제의 본성 자체와 관련되는 것으로서, 재판관들은 반드시 귀족이어야 하며,[170] 따라서 "가"(家)는 전혀 고려되지 않고서[171] 최고협의체에 의해 선출되리라는 점이다.[172]

영토제도는 주지하듯 군주정에서와는 사뭇 다를 것이다. 도시는 대체로 요새화된 하나의 중심지역을 둘러싸고 조직되며,[173] (군주정에서처럼) 여전히 탁월한 행정 단위일 것이나, 정치적 자율성은 상실할 것이다.[174] "가"(家)는 무용하기 때문에 소멸될 것이다.[175] 지도자 선별양식상

---

165) 『정치론』 8장 38절[G III p. 341/P p. 1072].
166) 『정치론』 8장 43절[G III p. 344/P p. 1075].
167) 『정치론』 8장 41절[G III pp. 342~3/P pp. 1073~4].
168) 『정치론』 8장 40절[G III p. 342/P p. 1073].
169) 『정치론』 8장 41절.
170) 『정치론』 8장 40절.
171) 『정치론』 8장 37절[G III p. 340/P p. 1071].
172) 『정치론』 8장 40절.
173) 『정치론』 8장 8절[G III p. 327/P p. 1051].
174) 『정치론』 8장 42절[G III p. 343/P p. 1075].
175) 『정치론』 8장 8절.

으로도, 군의 구조상으로도, 사법부의 운영상으로도, 더 이상 가(家)는 필요치 않다. 게다가, 가(家)가 있으면 오히려 아주 해로울 것이다. 그리고 저지대 독일 길드들의 사례가 보여 주듯, 모든 자율적 대중 조직은 언젠가는 주권체의 권력을 위협할 소지가 있을 것이다.[176] 비록 스피노자가 명시적으로 권장하지는 않지만, 동업 조합 및 시골 공동체를 없애는 것이 체계의 논리에 맞다. 요컨대, 최대한 긴밀히 통일된 귀족회의 아래, 병치된 개인들만이 있어야 한다.

따라서 이상적인 중앙집권적 귀족정은 다음과 같다. S_1이라는 공통 요소를 제쳐 둔다면, 이 체제의 구조는 군주정의 구조와 역대칭을 이룬다. 상향적으로는, 온건하고 불평등주의적인 정식 $T_2 T_3$이 군대, 소유체제, 그리고 지도자 선별양식에 알맞다. 하향적으로는, 급진적이고 평등주의적-일원론적 정식 $S_2 S_3$이 통치제도들, 사법부, 그리고 종교제도에 알맞다. 전자는 신민들이 개입할 여지를 최소로 축소시키며, 후자는 지도자 집단의 역량과 응집력을 최대치로 높여 준다.

이 체제는 어떤 의미에서는 완벽히 반(反)민주주의적이다. 평민, 다시 말해 인구의 98%가, 그들의 의지를 따르도록 하는 데 필요한 군대를 갖지 않을 것이다. 이민을 간다면 토지재화를 상실할 테니 이 토지재화 때문에 나라에 묶여 있을 뿐, 복종하느냐 비참하게 사느냐 둘 중 하나를 선택할 수밖에 없을 것이다. 또한 지도자를 선출할 권리를 박탈당하기 때문에, 그들은 자신의 목소리가 정상에 들리게 할 수조차 없다. 하지만 다른 의미에서 보면, 이 모든 일은 마치 사람들이 가장 완벽한 민주정 하에

---

176) 『정치론』 8장 5절 [G III p. 326/P p. 1050].

서 살아가는 양 일어난다. 즉 최고협의체에서 정식화된 의견들은 오직 이 의견들의 수가 많다는 사실 하나 때문에 이성적인 결정들에 이르도록 대수적으로 합성(타협)될 것이다.[177] 따라서 5,000명의 귀족의원들이 포고할 법령은, 만일 250,000명의 신민에게 문의했을 경우 이 신민들이 가결했을 법령과 동일할 것이다. 그리고 이 법령은 자기 임무를 잘 이행하는 데 물질적으로 이해관계를 가진 원로원에 의해 집행되고, 자기가 공정함을 입증하는 데 물질적 이해관계를 가진 재판관들에 의해 적용되며, 공민 정신에 이로운 종교에 의해 신성화됨으로써, 그것을 현실 속에 구현하는 재하달 운동을 수행하는 가운데 그 문면만이 아니라 정신까지도 준수될 것이다. 그러므로 전제정치의 위험은 조금도 없다.[178] 다시 말해, 비록 일반의지가 단 한 번도 표현되지 않을지라도, 법은 일반의지의 표현이 될 것이다. 바로 이 때문에 더 이상 혁명의 위험도 쿠데타의 위험도 없을 것이다. 곧 다중은 핵심적인 부분에 대해 만족하기 때문에, 발언권이 없다는 점도 받아들일 것이다. 물론 그들은 지도자들을 시기할지도 모른다(물론 이 시기심이 질투로 변형될 수는 없다 하더라도[179]). 하지만 각자는 개인적으로 지위가 상승하리라는 희망을 품을 것이며 아무도 대중 선동에 귀 기울이지 않을 것이다. 예기치 못한 외적 개입을 고려하지 않는 한, 이 체제는 영원할 것이다.[180]

그런데 이 체제는 점진적으로 민주화되어 갈 수 있을까? 우리가 살펴보았듯이 2% 황금률은 최소치의 문턱만을 정해 줄 뿐, 그 상위의 한계

---

177) 『정치론』 8장 6절[G III p. 326/P p. 1050].
178) 같은 곳.
179) 이 책 5장 pp. 281~2을 참조하라.
180) 『정치론』 10장 9절[G III p. 357/P pp. 1095~6].

는 정해 두고 있지 않다. 권리상, 최고협의체가 독립 소유자들 모두를 품 안에 받아들이지 못할 이유도 없는 셈이다.[181] 그런데 사실상, 최고협의체가 확대의 필요를 느낄 이유가 있을까? 확대하도록 자극하는 것은 아무것도 없을 것이다. 모든 일이 완벽하게 잘 돌아갈 테니 말이다. 더군다나 비교에 기반을 둔 정치적 시기심 때문에라도 그렇게 될 수 없을 것이다. 따라서 1:50이라는 비율은 감독관들의 탐욕 덕분에 그럭저럭 유지될 뿐이며, 차후 이 비율이 초과될 확률은 전혀 없다. 중앙집권적 귀족정은 군주정과 마찬가지로 정적 평형 상태에 있다.

3. 연방제적 귀족정에서 민주정으로 : 완벽한 국가를 향해

이제 이와는 사뭇 다른 모델의 귀족정 국가를 생각해 보자.[182] 여기서 시민권은 수도에 사는 거주민들에게 독점되지 않고, 여러 도시의 유지(有志)들에게 속한다.[182*] 각 도시는 지역 귀족회의의 지배 하에 자치정부를 가지며, 이를 보존하려 한다. 단지 매우 협소한 영역에 한정된 공동 업무만이 중앙관청의 권한에 속하게 된다. 이런 형태의 주권을 기정사실로 가정하면, 어떤 제도들이 거기에 합치할까?

　이 역시 귀족정인 이상, (중앙집권적 귀족정과) 동일한 원칙들이 여전히 유효하며, 다만 그것들을 이항하기만 하면 된다. 하부제도의 경우 바뀌는 건 아무것도 없다. 군 조직, 소유제, 종교적 상황도 똑같다. 마찬가

---

181) 『정치론』 8장 1절(G III p. 323/P pp. 1046~7).
182) 『정치론』 9장 1절(G II p. 346/P pp. 1079~80).
182*) 이는 부자들이 중앙집권적 귀족정보다 나라 전체에 걸쳐 더 균질적으로 분포하고 있음을 함축한다. 앞의 주 103을 참조하라.

지로, 지역 차원의 통치제도들과 중간제도들도 변경될 필요가 없다. 도시마다 귀족협의체가 있고, 여기에는 그 도시의 거주민 중 최소한 2%가 들어가야 할 것이다.[183] 이 협의체는 통제권력을 담당할 종신 감독관을 선출할 것이다.[184] 그렇지만 협의체의 정원이 적어도 처음에는 스스로 집행권력을 행사할 만큼 축소되어 있을 테니, 원로원은 필요 없을 것이다. 다만 협의체는 몇몇 집정관에게 회기와 회기 사이의 막간에 일어나는 현안에 대한 신속한 처리를 맡길 것이다.[185] 마지막으로, 협의체는 시 재판관을 선출할 것이며,[186] 분명히 국교를 직접 운영할 것이다. 그 이상을 말할 필요는 없다. 이와 같은 다양한 기관들은 중앙집권적 귀족정에서와 똑같은 권한을 지닐 것이고, 똑같은 방식으로 충원될 것이며, 똑같은 규칙에 따라 운용될 것이다.[187]

연방 정부 문제가 남았다. 여기서는 주권도, 주권의 두 가지 본질적 속성도 각 도시에 사는 귀족의원들 전체에 근거를 둔다. 그런데 서로 간에 그토록 멀리 떨어져 사는 수천 명의 개인들을 정기적으로 모이게 하려면 어떻게 해야 할까? 이는 실질적으로 거의 불가능하다.[188] 따라서 법안 가결 시, 투표에 부치는 편이 더 낫다.[189] 고위 공직자 선출 시에도 이동할 필요가 없다.[190] 이런 조건에서는 하나의 통치 협의체만이 존속할 것이다.

---

183) 『정치론』 9장 5절 (G III p. 348/P pp. 1081~2).
184) 『정치론』 9장 10절 (G III p. 350/P p. 1085).
185) 『정치론』 9장 11절 (G III pp. 350~1/P p. 1086) 라틴어 판본이 명확히 지시하듯, 이는 연방 집정관들이 아니라 시(*municipaux*) 집정관들과 관련된다.
186) 『정치론』 9장 12절 (G III p. 351/P p. 1086).
187) 『정치론』 9장 3절 (G III p. 347/P p. 1080).
188) 같은 곳.
189) 『정치론』 9장 6절 (G II p. 348/P pp. 1082~3).
190) 같은 곳.

연방 원로원이 그것인데,[191] 각 시의 귀족회의는 여기에 자기 구성원 중 1/12(이는 400 대 5,000이라는 비율에 상응한다)을[192] 중앙집권적 귀족정에서와 똑같은 기준에 따라, 똑같은 기간 동안 대표로 임명하여 파견할 것이다.[193] 이를 통제하기 위해 지방 감독위원회의 대표자들이 회기마다 참관할 것이다.[194] 마지막으로, 각 시의 귀족회의는 마찬가지로 정원에 비례하는 수의 재판관들을 연방 재판소에 보낼 것이며,[195] 이 연방 재판소는 항소원의 역할을 수행할 것이다.[196]

따라서 이처럼 이항하더라도 귀족정 일반의 구조는 영향을 받지 않는다. 하지만, 이는 아주 중대한 결과를 가져온다. 이러한 이항 덕분에 실상 완전히 새로운 유형의 자동조절 메커니즘이 가동되기 시작하기 때문이다. 사실, 연방 원로원의 내부에서 어떤 일이 일어나겠는가? 원로원의 구성원들은 3년 후이긴 하지만 재선출이 되기 위해서는 그들을 배출하는 지방 귀족회의들과 여전히 결속을 유지할 것이다. 그 결과, 통치 협의체는 모든 도시에서 파견된 대표단들이 대치하는 일종의 시합장 같은 양상을 띨 것이다.[197] 그리고 여기서 각 대표단이 갖는 투표수는 그들이 대표하는 시민 수에 비례할 것이다.[198] 그렇다면 영향력을 늘리고 싶어 하는 지방 귀족회의는 어떻게 경쟁자들을 누를 수 있을까? 너무도 당연히 자기의 정원을 늘림으로써이다.[199] 그러니 비교에 기반을 둔 시기심은 지배

---

191) 『정치론』 9장 5절[G III p. 348/P p. 1082].
192) 『정치론』 9장 6절[G III p. 349/P p. 1083].
193) 『정치론』 9장 5절[G III p. 348/P p. 1082].
194) 『정치론』 9장 10절[G III p. 350/P pp. 1085~6].
195) 『정치론』 9장 6절[G III p. 349/P p. 1083].
196) 『정치론』 9장 12절[G III p. 351/P p. 1086].
197) 『정치론』 9장 14절[G III pp. 351~2/P p. 1087].
198) 같은 곳.

의 야망에 정복될 것이다. 그런데 지배의 야망은 보편적으로 팽배한 정념인 이상, 이런 일은 모든 도시에서 똑같이 벌어질 것이고, '기성 질서'(*statu quo ante*)는 회복될 것이다. 그리하여 다시금 정원을 늘릴 필요가 생기고 등등…. 비록 스피노자가 명시적으로 언급하지는 않지만 이와 같은 유익한 "확장"(escalade) 끝에, 결국은 모든 자립 소유자(중소상인, 중소장인, 농민)가 귀족의원이 될 것이다. 그 가운데 우선 30세 이상 된 자들이, 그 다음에는 다른 자가…. 이렇게 해서 공민체 과반수의 연령은 점진적으로 낮아질 수밖에 없을 텐데, 왜냐하면 족벌주의는 더 이상 작동하지 않을 것이기 때문이다. 그러므로 연방제 귀족정은 앞의 두 체제와는 반대로 역동적 평형 상태에 있는 체제이다. 즉 주어진 시기의 끝에 이르면, 논리적으로 그것은 민주정으로 변형될 수밖에 없다.

물론 법적으로 말하자면, 이는 스피노자적 의미의 민주정, 곧 법이 정한 조건들을 충족시키는 모든 거주민이 권리상 주권체에 속하는 그런 체제[200]는 아닐 것이다. 주권체가 현회원의 지명으로 신입회원을 충원하는 한, 설령 모든 사람이 지명된다 해도, 이는 여전히 귀족정이다.[201] 하지만 이러한 차이는 실제로는 무의미하다. 각 도시 시민들은 그들이 가능한 한 최대 다수이기를 항상 바랄 것이고, [시민권] 지망자들에 대한 승인은 사실상 요식행위에 불과할 것이기 때문이다. 실질적인 운용에 있어서, 과두 귀족정이 과두 민주정과 구별되지 않듯, 만인에게 개방된 귀족정도 만인에게 개방된 민주정과 구별되지 않을 것이다.

이런 조건에서는, 확대 적용도 가능하지 않을까? 스피노자는 그가

---

199) 같은 곳.
200) 『정치론』, 11장 1절[G III p. 358/P p. 1097].
201) 『정치론』, 8장 1절[G III p. 323/P pp. 1046~7].

생각하는 **이상적 민주정**에 합치하는 제도적 체계가 무엇인지를 설명해 줄 만큼 오래 살지는 못했다. 하지만 다음처럼 물어보기만 해도 이는 충분히 재구성될 수 있지 않을까? 곧 **연방 귀족제가 진화의 끝에 이르러, 경제적으로 독립적인 성인 남성 모두가 시민권을 획득할 경우,**[202] 그것은 무엇이 될 것인가? 물론 이는 단지 가설에 지나지 않지만, 간명한 가설이기도 하다. 더 나은 가설이 없다면, 이를 시도해 보자.

주권체가 이처럼 확장된다 하더라도 **통치제도들**은 조금도 영향을 받지 않으며, 정식 S_2 S_3은 유지된다. 전국적 차원에서는 아무것도 변하지 않는다. 우선 국가는 여전히 연방 원로원에 의해 관리될 것이고, 이 원로원의 회기마다 각 시 감독위원회 대표자들이 여기 참관할 것이다. 그리고 인민은 한 장소에 모일 수가 없는 이상, 투표와 선거 기간에만 주권과 자

---

[202] 그러나 사소하긴 하지만 난점이 하나 있다. 스피노자가 말하는 민주정에서 여성, 아이, 이방인 및 전과자 외에도, 시민권에서 추가적으로 배제되는 것이 딱 하나 있는데, 이는 'servos' (노예)이다(『정치론』 11장 3절[G III p. 359/P p. 1099]). 그런데 [당시] 홀란드에는 노예가 없다. 게다가 신정 및 군주제와는 양립할 수 없고 귀족제에서는 실질적으로 불가능한 노예제가 왜 민주정 체제에서 불쑥 다시 출현하는지도 알 수 없다. 그렇다면 이는 단지 관례적인 형식적 조항에 불과한 것일까? 곧 공민체가 토착 성인 남성 전부를 아우를 정도까지 확대되리라는 점을 받아들여야 할까? 우리 생각에는 그렇지 않다. 사실, 만일 그렇다면, 왜 자유 군주정에서 임금 노동자들은 시민이 될 수 없겠는가? 그들은 또 왜 귀족정에서 최고협의체 구성원 지망자가 될 수 없겠는가? 스피노자가 보기에는 그들을 이처럼 배제하는 것은 아주 당연하다. 이를 정당화하는 논거로 제시할 수 있는 유일한 근거는, 이 두 체제를 다루는 장들이 아니라 바로 민주정을 다루는 장에서 발견된다. 곧 시민이려면 '자기 권리 하에' (sui juris) 있어야 한다는 것(같은 곳). 다시 말해, 권리는 사실과 구별되지 않는 이상, 개인적 의견을 표현할 권리가 허용되려면 경제적으로 독립적이어야 한다. 그런데 이는 고용주에 대해 두려워하고 희망할 게 너무 많은 피고용인의 경우에는 해당되지 않는다(『정치론』 2장 10절을 참조하라). 설령 그가 법의 눈에는 '자유롭게' 보인다 하더라도 말이다. 따라서 우리가 보기에, 여기서 'servos' 라는 단어는 스피노자가 군주정과 귀족정에서 사용했던 표현, 즉 "어떤 노예적인 직분으로 삶을 연명하는 자" (qui servili aliquo officio vitam sustentant)라는 표현(『정치론』 6장 11절과 8장 14절)과 등가적인 듯하다.

문권력을 행사할 것이다. 반면, 지역적 차원에서는 어느 정도의 변경이 불가피하다. 우선, 시민들이 집행권력을 직접 행사하기에는 수가 너무 많기 때문에 시 원로원을 선출해야 할 것이다. 아마 마찬가지로, 최소한 거대 주거 밀집지역에서만은 인민 협의체가 회합을 갖지 못할 것이다. 따라서 결국 우리는 통상적 의미의 대의민주제에 접근하게 될 것이다. 전국 규모에서는, 또한 대체로 도시 규모에서도, 감독관들에 의해 통제되는 원로원만이 실제로 통치할 것이기 때문이다.

그러면 **지도자 선별양식**은 어떻게 될까? 다시 말해 원로원 의원의 선별양식은 어떻게 될까? 1 대 12의 비율이 유지되려면[203] 연방 원로원 정원은 공민체가 확장되는 정도에 비례하여 늘어나야 할 것이다. 하지만 3,000명이 넘어서는 안 된다. 군주정에서 살펴보았던 것처럼, 이 숫자는 행정 협의체가 넘어서는 안 될 최대치이다. 따라서 1 대 12의 규칙(물론 이는 비례 대표의 원칙은 아니다)은 시민 수가 36,000명 이상이 되는 순간부터는 더 이상 지켜지지 않을 것이다. 그리고 최종 단계에서 이 규칙은 완전히 추월당해 버릴 것이다. 그런데 만일 그렇다면, 50세 이상 노인들이 30세 이상 성인 가운데 여전히 1/4 이상을 차지할 경우, 이들 가운데 많은 수는 최고위직에 접근할 수 없게 되지 않을까? 그래서 모든 시민이 노년에 국가를 통치하리라는 희망을 한결같이 갖지는 못하지 않을까? 그렇지는 않다. 단, 다음과 같은 한 가지 조건이 지켜진다면 말이다. 즉 입

---

203) **30세 이상**의 시민 12명당 원로원 한 명임을 잊지 말자. 그런데 30세 이상 자립 소유자들 전부가 이미 귀족회의에 편입되고 난 다음이라면 모를까, 공민체 과반수의 연령을 더 낮추는 일은 아마 없을 것이다. 그런데 30세 이상 자립 소유자 전체의 26%를 차지하는 노인이 18,000명이므로(앞의 주 48과 131을 참조하라), 중간 규모의 국가에서 이들 30세 이상 자립 소유자는 대략 70,000명 정도일 수밖에 없다. 따라서 이 지점에 이르면, 1:12의 규칙은 오래 전부터 이미 작동하지 않고 있을 것이다.

법자 가운데 세 명 중 한 명꼴로 동일인이 체계적으로 재선출되는 경우를 피해야 할 것이다.[204] 게다가 귀족회의 숫자가 취약할 때만 귀족정은 이런 사치를 누릴 수 있었던 것이기도 하다. 더구나 이는 그리 심각한 문제도 아닐지 모른다. 시 원로원직만은 모든 야망을 충족시킬 수 있을 만큼 충분히 개방되어 있을 테니 말이다.[205] 여하튼, 우리는 이제 정식 $S_2 S_3$으로 되돌아오게 된다. 곧 공무 지휘는 종신 임명된 엘리트가 아니라, 저마다 차례가 돌아오면 누구나 참여할 수 있을 만큼 구성원이 빠르게 교체되는 협의체들의 몫이 된다. 이와 동시에, 모든 사회 계층이 정상부에서 동등하게 대표될 것이다. 더 나아가 보자. 공민체의 거대한 규모를 고려한다면, 각 도시를 스피노자가 말한 '가'(家)와 유사한 선거구로 나누지 못할 이유가 있겠는가? 어쨌든, 각자는 자기와 가까운 자들에게 찬성표를 던질 것이므로 이런 식의 구획은 자생적으로 이루어질 것이다. 그렇다면 이를 제도화하는 편이 더 낫지 않을까? 물론 반드시 그럴 필요는 없을 것이다. 왜냐하면 선거가 얼마만 한 규모에서 진행되든, 과반수 법칙의 작용이 군주의 개입으로 왜곡될 위험이 없을 것이기 때문이다. 하지만, 귀족제에서와는 반대로 이러한 구획의 제도화는 배제되지 않으며, 이는 오히려 보다 정확한 표본 추출을 가능케 할 것이다. 이 경우, 연방 원로원과 지역 원로원들은 인민에 의해 선출된다는 점을 제외하고는 왕의 국정자문회의나 자유 군주정의 도시 자문회들과 아주 흡사할 것이다. 즉 3년 임기로 하되 6년 동안 재임하지 않는 경우와 1년 임기로 하되 2년 동안 재

---

204) 이미 살펴보았듯이 이는 군주정에서도 피해야 할 부분이다(앞의 주 48을 참조하라).
205) 군주정도 그렇지만, 이 때문에 민주정과 연방제 귀족정은 거대 규모의 국가에도 적용할 수 있다(앞의 주 78을 보라). 반면, 중앙집권적 군주정의 경우에는 어떻게 해서 '보통 규모의 국가'(*mediocis imperii*)를 넘어도 되는지 알 수 없다.

임하지 않는 경우 사이에는 그다지 큰 차이가 없다.

소유제의 문제는 더 복잡하다. 만일 모든 자영인들이 시민이라면, 나라에 애착을 갖도록 그들을 땅에 매어 둘 필요는 없다. 따라서 더 이상 T_2만이 가능한 유일한 해결책은 아니다. 역으로, 해결책 S_2는 군주정에서만큼 긴급하게 요구되지는 않는다. 왕이 없는 이상, 원로원의 의사결정도 반드시 유사-만장일치로 이루어져야 하는 것은 아니기에 말이다. 그렇다 해도 확실히 이것이 더 바람직하긴 하다. 그런데 시민들이 이를 납득할까? 연방제 귀족정에서 시민들은 토지재화를 소유하고 있었다. 그리고 이 체제가 일단 끝까지 진화하면, 그들은 토지재화를 더 많이 소유하지 않을까? 이런 상황에서, 그들이 무슨 이유로 토지재화를 국가에 양도하겠다고 결정하겠는가? 그런데 그들은 아마도 그렇게 될 것이다. 곧 어떠한 법령 없이도 선행 메커니즘의 자생적인 작용 때문에 그들은 토지재화를 박탈당할 것이다. 사실, 적어도 8장 10절에 대한 우리의 해석이 정확하다면, 귀족정 국가는 귀족의원들의 영지를 아주 높은 가격에 사들여 싼 가격에 평민들에게 되팔 수밖에 없다. 그럼으로써 국가는 재정적으로 잃는 것을, 더 정확히 말하자면 납세자들이 잃는 것을 정치적으로 만회한다. 그 귀결이 어떠할지는 쉽사리 상상할 수 있다. 대부분의 토지 소유 귀족의원들은 이러한 전망에 귀가 솔깃해져 그들의 토지를 〔주권〕집단에 팔 것이다. 그 결과 매년 많은 부동산이 국유 재산으로 뒤바뀔 것이다. 처음에는 이 부동산이 줄곧 국유 재산으로 머물러 있는 일은 없을 것이다. 그렇지 않다면 토지매매는 아무 의미가 없어질 테니 말이다. 그런데 공민체가 점차 확장될수록 국가가 이 부동산을 평민에게 되팔려고 해도 그것을 살 평민은 점점 줄어들 것이다. 그렇다면 이제 무엇을 할 것인가? 토지매입을 중단하기? 분명 그렇지 않다. 실상 새로이 귀족의원으로 상승한 자들 — 이들은 점점 더 가난해질 것이다 — 은 감독관들에게 부과금을 내기 위해 자기 농장이나 저택을 팔 수밖에 없을 것이다(차후에 다시 거기세 들어 사는 것을 무릅쓰고서라도 말이다). 그리고 감독관들은 탐욕에 떠밀려 국가가 귀족의원들에게서 그것을 예전과 같은 가격에 사들여야 함을 역설할 것이다. 다시 말해, 언젠가는 감독관들도 [신입 귀족의원이 내야 하는] 유권자 명부 등록비의 점진적 감소를 부득이 받아들이겠지만, 할 수 있는 한 그들은 선행 법의 적용을 요구할 것이다. 그렇다면 이렇게 사들인 농장과 저택을 누구에게 매각할 것인가? 더 부유한 귀족의원들에게? 그런데 이를 덤핑으로 넘긴다면, 이는 바보 같은 짓일 것이다. 왜냐하면 그렇게 한다고 해서 얻는 정치적 이득은 전혀 없을 테니 말이다. 반대로, 덤핑 없이 넘긴다면 너무 비싸서 누구의 관심도 끌지 못할 것이다. 따라서 국가는 어쩔 수 없이 방대한 토지재화를 수중에 보유할 것이고, 이를 시민들에게 임대해 줄 것이다. 여기서 거둬들인 수익 덕분에 국가는 보충적인 조세를 부과하지 않고도 장기적으로 예산의 균형을 회복할 수 있게 될 것이다. 이런 식으로, 평민의 수가 줄어들수록 국유재산은 늘어날 것이다. 그리하여 결국 아무것도 징발하지 않고서도 거의 전 국토가 사실상(*de facto*) 국유화될 것이다. 그리고 그 밖의 남은 토지를 [국유지로] 회수하는 일은 식은 죽 먹기다. 이렇게 해서 우리는 결국 다시 한 번 정식 $S_2 S_3$으로 되돌아올 것이다.

다른 제도들의 경우에는 아무런 어려움이 없다. 만일 귀족제 국가가 용병제를 받아들여야 했다면, 이는 오직 귀족의원들의 수가 아직 적어 단지 그들만으로는 효력 있는 공권력을 구성하지 못했기 때문일 뿐이다. 그런데 시민의 수가 증가할수록 용병의 필요성은 덜 절박해진다. 귀족의원들은 비용이 많이 드는 용병을 차츰 차츰 해고할 것이고 이러한 과정이 막바지에 이르면 군대는 인민과 구별되지 않을 것이다(해결책 S_3). 다른 한편, 평민들은 시민권을 받는 정도에 비례하여 국교를 신봉할 것이다. 물론 자신의 신앙은 온전히 보존하면서도 말이다. 그 결과 급기야는 정식 $S_2 S_3$이 일반화되는 상황이 도래할 것이다. 곧 적어도 자립 소유자들에 대해서만큼은(물론 그들의 '하인들'도 그들을 따르겠지만) 오직 보편종교만이 존속할 것이며, 이는 동시에 국교이기도 하다. **사법부와 성무 감독권도** 마찬가지다.

바로 이것이 스피노자 식의 민주정일 듯하다. 급진적이고 평등주의적인—일원적인 정식 $S_2 S_3$은 모든 제도에 예외 없이 다 부합한다. 이 정식은 이상적 군주정에서는 상향적으로 적용되어(군대, 소유제, 지도자 선별양식) 인민 대중에게 무적의 힘과 일괴(一塊)처럼 단단한 응집력을 부여해 주었다. 그리고 이상적 귀족정에서는 하향적으로 적용되어(통치제도들, 사법부, 종교) 주권체에 위와 동일한 응집력과 동일한 힘을 부여해 주었다. 이제 주권체와 인민이 구별되지 않는 이상, 이 정식은 당연히 양방향으로 부과된다. 반면, 정식 $T_2 T_3$은 군주정에서는 하향적으로 적용되어 왕의 저항력을 감소시키는 것만을 목적으로 했고, 귀족정에서는 상향적으로 적용되어 평민들의 저항력을 감소시키는 것만을 목적으로 했다. 이제 왕도 평민도 없는 이상, 그것은 존재 이유를 아예 상실한다. 이렇게 해서 자유 국가는 최고로 완성된 모습을 띠게 된다. 우회해야 할 장애도, 극복해야 할 분열도 없기에, 이 국가의 코나투스를 특징짓는 상향 운동과 재하향 운동은 이제 가장 단순하고 조화롭게 펼쳐질 수 있다.

그런데 바로 여기서 우리에게 스피노자의 정치사회관에 대한 새로운 전망이 열린다. 이미 알고 있듯, 모든 국가는 하나의 개체적 본질을 가지고 있어, 역사의 우여곡절을 통해서도 이 본질이 그럭저럭 현실화되도록 노력한다. 또한 이미 알고 있듯, 이 모든 개체적 본질들은 공통특성들을 함축하고 있어, 이 특성들을 기반으로 몇 개의 항목으로 분류될 수 있다. 곧 신정, 자유 군주정, 중앙집권적 귀족정, 연방제 귀족정, 민주정이 그것이다. 따라서 모든 국가는 자신의 본질을 실현하려는 경향을 띠는 한에서, 이 다섯 유형 중 하나에 부합하는 경향을 띤다. 가령, 1672년 이전의 홀란드가 스스로도 알지 못한 채 추구해 왔던 최적 형태의 균형은, 다른 무엇보다도 스피노자 식의 연방제 귀족정을 정의하는 데 쓰이는 제반 특징들을 보여 주었다. 그리고 만일 홀란드가 단호히 새 체제를 선택한다면, 그것이 향하는 최적 형태의 균형은 다른 무엇보다도, 자유 군주정을 정의하는 데 쓰이는 제반 특징들을 보여 줄 것이다 등등. 다원론은 어떤 의미에서는 절대로 극복불가능하다. 다시 말해, 한 국가가 자기에게 맞는 정체를 찾았다면 이 국가는 가능한 만큼 완전할 것이며, 이 국가의 본성과 양립할 수 없는 이상을 내세워 그것을 개선하겠다고 드는 것은 원에다 사각형의 특성을 부여하려 드는 것만큼이나 부조리할 것이다. 하지만 문제를 다른 각도에서 고찰해 볼 수도 있다. 다른 모든 고려 사항을 추상한 정치사회 **그 자체**는 본질적으로 민주정이 아닐까? 정치사회가 실존하려면, 결국 개인들이 이를 원해야 하며 또 이로써 충분하다. 달리 말해, 주권자의 결정에 신민들의 요구가 적어도 일부라도 반영되어, 바로 이 때문에 신민들이 주권자의 결정을 받아들여야 하며, 또 이것으로 충분하다. 또는, 상향과 하향의 순환 운동이 완전히 끊겨 버리지 않아야 하며, 또 이것으로 충분하다. 그런데 이 순환 운동은 그 개념에 포함되지 않은 규정들은 일단 괄호친다면, 논리적으로 정식 $S_1\ S_2\ S_3$을 '국가'(*imperium*)의 모든 심급에 적용하도록 요구하지 않는가? 그외 나머지 정식들은 모두 보충적 가설들을 개입하게 한다. 곧, 해결책 T_1은 마비를 낳는 강제적 명령을 함축하며, 해결책 T_2는 갖가지 매개와 우회들로 도식을 복잡하게 만들며, 해결책 T_3은 축소될 수 없는 불평등과 불일치를 전제한다. 물론 이 정식들은 주어진 사실이며, 이를 고려하는 것은 종종 필수적이지만, 오직 그 자체로 본 정치사회의 기초개념에서만 연역되지는 않는다. 따라서 어떤 면에서 비민주정 국가들은 외적 원인들의 작용으로 인해 기능상 교란된 민주정으로 나타난다. 이번에는 통합적 일원론이 성립하는 것이다. 이 두번째 관점은 앞서 말한 다원론적 관점과 양립 불가능한가? 아마 그렇지는 않을 것이다. 두 유기체가 단 하나의 개체를 형성할 정도로 공생할 때, 부분과 전체는 각자 자기 본성을 지킨다. 또한 동일한 부분이 아주 상이한 전체들에 잇달아 통합될 수도 있다. 이 경우가 바로 그렇다. 곧 이상적 귀족정은 예속된 주민과 공생해야 하는 민주정이며, 이상적 군주정은 왕과 공생해야 하는 민주정이고, 신정은 죽은 자의 의지와 공생해야 하는 민주정이다. 물론 이 체제들 각각에는 그만의 본질이 있으며 이 본질들은 서로 환원 불가능하다. 하지만 이들 모두는 동일한 근본 핵을 지니고 있고, 이 핵은 그것이 편입되는 맥락의 작용을 받아 다소간 왜곡되기도 하고 소외되기도 한다.

동거하는 이질적 물체에 의해 이 핵이 변용될 때 일어나는 파행의 폭에 따라, 스피노자가 권장하는 제도 체계들 가운데서도 어떤 것이 다른 것보다 더 나 덜 완전하다고 말할 수 있다. 완전성은 역량을 뜻함을 잊지 말자. 그리고 권력은 절대적일수록, 다시 말해 외적 원인에 대해 독립적일수록 더 강력하기 마련이다. 이런 면에서 볼 때 이상적 신정은 최고 등급의 소외에 상응한다. 곧 비록 신정의 법이 항상 인민의 의지와 부합한다 하더라도, 이는 신정이 인민에게 항상 이 법을 원하도록 조건형성하기 때문이며, 바로 이 때문에 이 체제는 여전히 상황에 좌우된다.[206] 즉 이상적 신정은 외부와 완전히 두절된 은둔 생활을 하는 데 성공한다면 영원히 지속될 수 있지만, 외국과의 경제적 혹은 문화적 접촉이 조금이라도 생기면 이내 파괴되고 말 것이다. 반면, 자유 국가들에서는 타율이 극복된다. 즉 인민의 의지가 법의 내용을 명실상부하게 규정하며 그 역은 아니다. 이 체제들은 예기치 못한 상황에 처하더라도 완벽히 적응할 수 있기 때문에, 끊임없이 변화하는 외부 상황에 대해 그다지 두려워할 게 없다. 상황이 변하면 신민의 욕망들 또한 변할 것이며, 그래도 통치 협의체들은 심의에 힘입어 늘 이 욕망들에서 결국은 이성적인 공통분모를 끌어낼 것이다. 그렇지만 소외의 극복에도 여러 정도가 있다. 이상적 군주정에서 정념적인 욕망들 모두에 있는 이성적 불변항이 강제력을 가지기 위해서는 여전히 외적인 뒷받침이 필요하다. 왜냐하면 인민이 감히 그들 자신의 의지에 복종한다 해도, 이는 왕이 그들에게 이를 강제하도록 왕을 강제하고서야 일어나는 일이기 때문이다. 그리고 이처럼 군주를 우회해야 할 필연성은 적어도 잠재적이나마 중대한 결과를 가져온다. 만일 주권자가 외국의 굳건한 지원을 기대할 수 있다고 믿기라도 하면, 그는 전제정치의 가상에 빠져들지 않겠는가? 절대주의에 더 가깝다는 점에서[207] 〔군주정보다〕 확실히 더 우월한[208] 중앙집권적 귀족정은, 이처럼 위험천만한 협력 없이도 운행될 수 있다. 이 체제에서 지도자 집단은 명망 높은 한 개인에게 재가받을 필요 없이 직접 법률을 제정하며, 완성된 민주정의 모든 특징은 이미 〔이 체제의〕 정상에 회집해 있다. 하지만 하부에서는 아직 그렇

---

206) 이 책 9장 p. 528의 주 39를 참조하라.
207) 『정치론』 8장 3절의 마지막 부분〔G III p. 325/P p. 1049〕.

지 못하다. 다중은 공민체에 통합되어 있지도, 또 결코 통합되지도 않을 것이다. 그리고 제도들의 작용 자체가 이 이원성을 극복불가능하게 만든다. 여기서 체계의 은밀한 취약점이 생겨난다. 착오할 수 있는 왕을 타락시키는 것보다 만족 상태에 있는 주민을 부추겨 봉기시키는 경우가 훨씬 어렵다고는 해도, 어쨌든 언젠가는 어떤 강력한 적이 이를 해낼 것이다. 중앙집권적 귀족정보다 더 우월한[209] 연방제 귀족정은 이런 장애를 제거하기 위해서 필요한 모든 것을 갖추고 있다. 이 체제는 내적 동학의 작용만으로도 하부와 정상이 일치할 때까지 확장되게끔 되어 있다. 따라서 연방제 귀족정과 더불어, 정치사회 그 자체는 그 본질의 완전한 현실화를 향해 점진적으로 나아간다. 그리고 이 현실화의 끝에 이르면 그것은 이상적 민주정이 된다. 오직 이것만이 명실상부한 절대국가인데,[210] 왜냐하면 국가의 본질에 이질적인 무언가가 있어 국가를 오염시킬 일은 없기 때문이다.

이는 개인의 도덕적 완성도의 잇따른 단계들과 다소 유비적이지 않

---

208) 비록 8장의 제목이 스피노자가 붙인 것이 아니라 하더라도, 그의 생각에 상응한다는 점은 분명하다. [옮긴이] 곧 "귀족정 국가는 많은 수의 귀족의원들로 이루어져야 한다는 것, 이 국가는 군주정보다 절대국가에 더 가깝다는 것, 그리고 이러한 이유에서 이 국가는 자유의 보존에 더 소질이 있다는 것"이 이 장의 제목이다. 미완으로 끝난 『정치론』 각 장의 제목은, 1676년 수신인을 알 수 없는 어느 편지에 스피노자가 쓴 구절들을 이용하여, 그의 사후 그의 저작 출판자들이 붙인 것이다. 이 편지는 『정치론』에 대한 스피노자의 언급이 등장하는 유일한 곳으로, '유고집'(*Opera posthuma*)에서 『정치론』의 서문 형식으로 수록되었다. 이 편지에 따르면 스피노자는 당시 이 책을 6장까지 완성했고 7장 군주정에 대해 집필하고 있던 중이었으며 이후의 장에 대해서는 귀족정과 민주정을 다루리라는 예고만 있을 뿐이다. 더구나, 편지에서 스피노자가 말한 대로 붙여진 다른 장의 제목들과 달리, 8장에는 예외적으로 긴 제목이 달려 있다. 따라서 8장의 제목은 스피노자의 것이 아니라 유고집 출간에 참여한 출판자들이 붙인 것이라는 설이 있다(가령, 1954년의 『정치론』 불역본에서 프랑세Francès의 주장).
209) 『정치론』, 9장 1절[G III p. 346/P p. 1079]과 14절[G III p. 351/P p. 1087].
210) 『정치론』 8장 3절 마지막 부분.

은가? 어쨌거나 개인의 도덕적 완성도에도 다섯 단계가 있다. 이 사다리의 아래에는 정직한 무지자가 있는데, 이들의 정직함은 오로지 훌륭한 조건형성 덕분이다. 그 다음에는 『윤리학』 4부의 "자유로운 인간"이 있는데, 그는 스스로에게 좋은 정념들을 촉발하기 위해, 이성의 명령 하에 외적 원인들에 작용을 가하지만, 아직은 이와 같은 우회를 거칠 수밖에 없다. 그 다음에는 5부 앞부분에 나오는 "자유로운 인간"이 있는데, 그는 자신의 정념들을 명석 판명한 관념들로 변모시키지만, 이 관념들을 단지 추상적으로만 인식하기에 놀람에서 완전히 벗어날 만큼 정념에서 해방되어 있지는 않다. 그 다음에는, 자기 신체의 모든 변용들을 신의 관념과 다시 결부시키는 "자유로운 인간"이 있다. 그럼으로써 그는 충만한 인식을 향해, 그리고 자신의 개체적 본질의 완전한 현실화를 향해 나아갈 수 있다. 그리고 마지막에는, 이 과정의 끝에 이르러 완전성에 도달한 "자유로운 인간"이 있다. 그런데 개인의 수준에서 이 단계들은 하나의 변천 과정을 이루는 잇따른 계기들이다. 반면 국가의 수준에서는 연방제 귀족정과 민주정 사이를 제외하고는 하나의 정체에서 다른 정체로의 이행은 결코 가능하지 않다.

4. 결론 : 자유 국가와 이성

여하튼, 자유 정체들은 정치적으로 흠잡을 데 없다. 외적 개입을 고려치 않는다면, 이 정체들의 자가-조절 메커니즘은 아주 잘 짜여 있고 지배적인 풍습에도 잘 적응되어 있어, 이 정체들에는 영원이 약속되어 있다. 신정이 국가를 야만의 수준에서 안정시켰듯이 이 정체들은 국가를 문명의 수준에서 안정시킨다. 그렇다면 철학자는 이 정체들에 대해 어떻게 생각해야 할까? 앞장 말미에서 제기했던 두 물음을 여기서 다시 생각해 봐야 한다. 한편으로, 자유 국가는 사람들이 외적으로는 마치 이성의 통치를 받는 양 행동하도록 조건형성 하는가? 다른 한편, 자유 국가가 사람들에게 마련해 주는 지각장은 이성의 발달에 유리하게 작용하는가?

처음 물음에 대한 답변은 당연히 긍정적이다. 이를 먼저 인간 상호관계의 관점에서 살펴보자. 첫째, 가장 완전한 화합, 강한 의미에서의 화합, 다시 말해 욕망들의 수렴이 지배하는 데 필요한 모든 조건들이 구비된다. 우선, 소유제의 경우 민주정과 군주정은 경제적 시기심의 심층적 원인들을 제거하며, 귀족정은 교역을 독려하는 방식으로 이와 아주 가까운 결과에 도달한다. 다음으로, 중간제도들은 정치적인 지배의 야망이 어느 곳에서나 발생시키는 의견대립을 상당 정도 누그러뜨림으로써, 정치적 시기심을 사라지게 하거나 적어도 최대한 완화시킨다. 민주정과 군주정에서는 누구나 번갈아 가면서 통치하며, 귀족정은 부유해진 평민들에게는 귀족회의에 편입될 가능성의 여지를 둔다. 민주정과 귀족정에서는 성직자가 없기 때문에 성직을 얻기 위한 투기적 경쟁 자체가 제거되며, 군주정은 목회자를 일개 사인(私人)의 신분으로 격하하여 이와 거의 같은 효과를 얻는다. 마지막으로, 종교제도는 이데올로기적 지배의 야망을 곧바로 충족시켜 이 야망을 무해하게 만든다. 민주정과 귀족정에서는 모든 시민이 동일한 보편적 '믿음'(Credo) 속에서 교감하며, 군주정에서도 마찬가지다. 물론 군주정에서는 이 '믿음'이 그것을 치장하는 미신에서 덜 벗어나긴 하지만 말이다. 여하튼, 특수한 신앙들과 종교적 의례들은 뒷전으로 밀려난다. 물론 지나친 환상을 품진 말자. 갈등은 늘 있을 것이다. 하지만 중요한 점은 이 경우 갈등이 근본적으로 극복 불가능하진 않다는 점이다. 부, 권력, 구원을 좇는 삼중의 탐색에서, 사람들은 핵심에 대해서는 서로 일치할 것이다. 단지 말로만이 아니라 행위와 마음속으로도 말이다. 바로 이 사실로 인해, 그들은 서로를 기만하는 데에서 별다른 이익을 보지 못할 것이며, 또 누구나 이를 알고 있을 것이므로 불신은 줄어들 것이다. 이는 타인을 속이려는 욕망을 한층 더 약화시킬 것이고 등등. 상업적 계약에서나, 정치적 경쟁에서나, 종교적 전도에서나, **신의와 성실**이 규칙이 될 것이다.

둘째, 이 때문에 모든 차원에서 교환이 비상히 확산된다. 재화와 서비스의 교환이 그러리라는 것은 자명하다. 민주정과 군주정에서 소유제는 누구나 교역이나 대부를 통해 부를 늘리고 싶어 하도록 강제하며, 귀족정도 이와 약간 다른 수단을 통해서긴 하지만 역시 무역과 금융을 북돋운다. 뿐만 아니라 의견의 교환도 마찬가지다. 세 체제의 통치제도들은 시민들이 평화롭게 토론하도록, 각자의 관점들을 대조하여 관점들의 종합을 수행하도록, 모두에게 유용한 해결책을 함께 찾아보면서 상호 계몽하도록 길들인다. 또한 종교제도는 여전히 이를 가로막을 수 있는 마지막 장애들을 제거한다(군주정보다는 민주정과 귀족정에서 더 근본적으로, 그러나 이는 중요치 않다). 그것은 관용을 공식화함으로써, 불화에 신을 개입시키지 않고 이념 논쟁이 끝까지 나아갈 수 있도록 해주는 것이다. 그리고 오로지 정의의 실천만을 강조하기에, 사실상의 국가들에서 흔히 교역의 발달을 구속하곤 하는 종파적 장벽에 제약받지 않고 교역이 만개할 수 있도록 한다.[211] 이렇게 해서 반전의 위험이 없는 긍정적 상호성의 여

---

211) 암스테르담에서처럼 관용이 지배하는 곳에서 "사람들은 타인에게 신용대부를 해줄 때에도 단지 이 사람이 부자인지 가난한지, 대개 정직하게 행동하는지 기만적으로 행동하는지만 고려하면 된다. 그 밖에 종교나 종파는 그들에게 아무런 동기가 되지 않는다. 왜냐하면 그것은 판사 앞에서 승소하거나 패소하는 데 아무 기여도 하지 못하기 때문이다"(『신학정치론』 20장[G III p. 246/P p. 962]).

러 사이클들이 펼쳐질 것이다. **정념적 감사**가 규칙이 될 것이고, 분노와 복수심은 예외가 될 것이다.

셋째, 그런데 상호성의 이 상이한 사이클들은 결코 불변적이지 않다. 빌린 것을 갚을 의무는 절대적이지만, 줄 의무와 받을 의무는 사라진다. 교역이 자유롭기에, 누구나 자기 마음에 드는 자와 계약을 맺는 것이다. 이 때문에 경솔하게 약속하기에 앞서 반성하는 습관이 생겨난다. 우연히 만난 이 고객은 지불 능력이 있을까? 그는 부유한가 가난한가? 그에 대한 평판은 좋은가? 이는 상인이나 금융가가 거래에 앞서 불가피하게 제기해 볼 수밖에 없는 물음이며,[212] 아무도 그를 대신해서 이를 결정해 줄 수 없다. 마찬가지로, 엘리트 선별은 경쟁을 통해 이루어지기에 누구나 자기에게 맞는 후보자에게 표를 던지기에 앞서 숙고할 수밖에 없다. 자유 국가의 시민은 언제 어디서나, 그리고 위의 사실이 함축하는 모든 위험을 안고서, 자기 상대방을 선택할 수밖에 없으며, 따라서 그는 아무에게서나 덥석 제안을 받아들이지는 않을 것이다. 다시 말해, 누군가 당장 호의를 베풀더라도 만일 언젠가는 자신이 이에 대해 너무 큰 대가를 치러야만 한다면 그는 이를 거절할 것이다. 이 결정이 올바른가 아닌가, 이는 또 다른 문제이다. 어쨌든 적어도 그는 사려를 기할 심리적 준비는 되어 있을 것이다.

신의의 규칙, 감사의 규칙, 상대방 선택에서의 신중함의 규칙. 자유 국가는 신민들이 타인과 맺는 관계를 조직하는 방식을 통해, 신민들에게 이 세 명령 ——『윤리학』 4부 B_2군의 정리들은 이를 정식화할 것이다 ── 을 이행하는 성향을 심어 준다. 이는 개인적인 생활의 경우에도 마찬가지

---

212) 위의 주를 참조하라.

다. 곧 A₂군의 정리들이 기술할 세 가지 태도(기쁜 생활, 선별적 선택, 계획화) 역시 바로 이 동일한 신민들의 일상 행동에서 예고되고 있다.[212*)]

첫째, 사실 긍정적 감정이 부정적 감정보다 전반적으로 우세하기 위해 필요한 모든 조건이 구비된다. 민주정과 군주정에서는 소유제만으로도 돈을 향한 탐욕이 지배적인 경제적 정념이 될 것이다. 귀족정에서도 이는 마찬가지일 텐데, 여기서는 야망이 탐욕을 강화할 것이다. 그런데, 탐욕은 사랑이다. 다시 말해 기쁨이며, 기쁨은 그 자체로 좋다.[213)] 탐욕은 아마도 문명화된 모든 국가에서, 심지어 아주 불완전한 국가에서도 지배적일 것이다. 그런데 우리가 살고 있는 현실 사회에서는 비참에 대한 공포가 탐욕에 드리워진다. 상황이 너무 불확실한 나머지, 사람들은 대개 빈곤해지지 않으려고 부를 늘리는 것이다. 반대로, 이상적 체제들에서는 희망-공포의 짝이 조건부 안전으로 나아가는 경향을 띨 것이다. 곧 국가가 보험회사 역할을 하면서 운이 나빠 파산한 시민들에게는 빚을 온전히 탕감해 줄 것인 이상,[214)] 대부업자와 상인이 자산의 효율적 운용을 위해 만일 자기 능력이 닿는 한 모든 것을 다 했다면, 그들은 예측불가능성의 이러한 여지 ── 사실 이는 누구도 제거할 수 없을 것이다 ── 에 대해서는 거의 근심하지 않을 것이다. 따라서 사람들은 직접적으로 부를 열망함으로써 간접적으로 가난을 피하지, 그 역은 아니다. 마찬가지로, 중간제도들은 정치적 야망을 전면에 부각시킬 것이다. 재판관들의 엄정함과 공평함은 법을 위반하려는 유혹을 느끼는 자들의 의욕을 꺾는 데 분명 기여하겠지만, 그보다는 고위직에 오를 수 있다는 희망 ── 이는 엘리트층이

212*) 이 책 12장의 1절과 2절을 참조하라.
213) 『윤리학』 4부 정리 41.
214) 『정치론』 10장 7절[G III p. 356/P p. 1094].

개방되어 있을 경우 보편적으로 확산된다——이 공민정신을 한층 더 북
돋울 것이다. 곧 시민들에게 훌륭한 처신을 유도하는 데는 처벌의 공포보
다는 명예욕이 훨씬 더 큰 자극이 될 것이다.[215] 게다가, 주지하듯 명예는
이성과 상반되는 것이 아니라 오히려 이성에서 생겨날 수도 있다.[216] 마지
막으로, 종교제도는 슬픔을 줄여 기쁨을 배양한다. 물론 보편종교의 신이
선한 자에게 보상한다 해도 마찬가지로 악한 자를 처벌한다는 것도 사실
이다.[217] 그런데 여기에서 악한 자란 단지 국가의 법에 복종하지 않는 자
와 타인의 재산을 존중하지 않는 자를 가리킬 뿐이다. 곧 무시무시한 벌
을 받지 않기 위해 세세하게 준수해야 할 의례도, 죄의식도, 저주에 대한
불안도 없다. 물론 '최소한의 믿음' 중 일곱번째 조항에서는 슬픈 정념인
후회를 명하고 있다는 것 역시 사실이다.[218] 그러나 후회는 근심이나 절망
을 유발하지는 않는다.[219] 왜냐하면 우리는 어떻게 하면 거기서 벗어나는
지 아주 정확히 알고 있기 때문이다. 곧 행위를 바꾸자, 그러면 우리 죄가
사해지리라.[220] 이렇게 하여 신에 대한 사랑은 지옥의 공포를 저 뒤편으로
밀어낼 것이다.[221] 그 결과 모든 영역에서 인간 행동은 **악의 관념보다는 선
의 관념을 훨씬 더 많이 따를 것이다.**

그런데 이와 같은 기쁨-슬픔의 균형——이는 신정을 지배했던 것이
기도 하다——이 일단 깨져 버리면, 어떻게 될까? 직접적이면서 편중된

---

215) 『정치론』 10장 8절[G III p. 356/P p. 1094].
216) 『윤리학』 4부 정리 58.
217) 『신학정치론』 14장[G III pp. 177~8/P pp. 865~6]을 참조하라.
218) 같은 곳.
219) 같은 곳.
220) 같은 곳.
221) "… 그리고 이러한 이유 때문에 그는 신에 대한 더 큰 사랑으로 불타오른다"(같은 곳[G III p. 178/P p. 866]).

기쁨은 모두 과잉될 위험이 있지 않은가?[222] 우리 신체에서 이 기쁨이 곧바로 관여하지 않는 부분들을 침해할 위험이 있지 않은가? 우리 장래를 위태롭게 할 위험이 있지 않은가? 분명 그렇다. 하지만 지나치게 편중된 쾌락을 조절하기 위해 늘 고통이라는 중화제를 써야 하는 건 아니다. 상황이 허용한다면, 다른 대상이나 다른 순간과 관련되는 다른 쾌락들을 편중된 쾌락에 대립시킴으로써 이를 완화시킬 수도 있다. 그런데 자유 국가에서는 상황이 이를 최대한 허용해 준다. 물론 정념적 쾌활(*hilaritas*)이란 아주 드물기 마련이지만,[223] 서로 연합되는 많은 수의 부분적 기쁨들이 조합됨으로써, 이런 쾌활에 가까운 등가물이 제공될 것이다.

둘째, 사실 각 개인의 의식은 다양하고 끊임없는 대조작업이 이루어지는 극장이 될 것이기 때문이다. 상기해 보자. 시장경제가 지배하는 곳에서는 무엇을 향유하든 우리는 이 즐거움을 결국 돈의 관념과 결부시키며(감정연합 중 두번째 경우),[224] 돈의 관념은 다시 많은 유쾌한 사물들을 우리 정신에 연상시킨다(세번째 경우).[225] 이 때문에 지평은 상당히 확장된다. 쾌락이 우리를 유혹할 때, 우리는 거기 드는 비용을 생각하며, 그런 다음 우리가 같은 비용으로 살 수 있을 다른 모든 쾌락들을 생각하는 것이다. 그러므로 자유 국가에서 교역의 관행은 사람들에게 비교하고 계산하는 습관을 심어 줄 것이다. 이것이 전부가 아니다. 통치제도들 역시 이와 유사한 행위 유형을 고무하는 경향을 띨 것이다. 실상, 집단 토론에서 각 참여자는 원하든 원치 않든, 자기 유사한 자들의 관점을 알고 있어야

---

222) 『윤리학』 4부 정리 43.
223) 『윤리학』 4부 정리 44의 주석.
224) 이 책 5장 p. 171를 참조하라.
225) 같은 곳.

한다. 내가 좋다고 생각하는 것을 다른 이들은 나쁘다고 생각하며, 또한 이러한 불일치 때문에 나는 어쩔 수 없이 문제를 다른 각도에서 검토해 볼 수밖에 없다. 게다가 토론은 반성을 통해 내면화되기 마련이다. 하지만 우선, 각자가 경우에 따라서는 자기 관점을 수정하는 성향이 일단 마련되어 있어야 한다. 그리고 종교제도는 바로 이에 기여할 것이다. 신성모독적 의견이란 없는 이상, 이러한 내적 논쟁들은 [정신을] 마비시키는 금기들에 가로막힐 위험이 거의 없을 테니 말이다. 이렇게 해서 같은 문제에 대한 가능한 모든 해결책을 상상하는 법, 또한 해결책 각각이 갖는 장점을 평가하는 법을 어느 정도 성공적으로 배우게 될 것이다. 가령, 더 **작은 선보다 더 큰 선을, 더 큰 악보다 더 작은 악을 선호하는** 법 등을 말이다. 편중된 자극의 위세는 일소될 것이다.

당장의 것이 갖는 위세 역시 마찬가지다. 왜냐하면, 셋째, 이와 같은 효용주의적 계산은 장래에까지 확장될 것이기 때문이다. 결정적으로 정해진 상황이 아예 없는 사회, 출세할 수도 추락할 수도 있는 사회, 부유해질 수도 가난해질 수도 있는 사회, 이런 사회에서 앞날을 내다보는 용의주도함이 없다는 것은 치명적이다. 이미 교역과 대부의 실행 때문에라도, 우리는 '이익 때문에'(*lucri causa*) 어쩔 수 없이 미래의 사물에도 거의 현재 사물에 대해서만큼 주의를 기울인다. 게다가 토지재화에 결부되는 탐욕과는 반대로, 돈을 향한 탐욕은 앞을 내다보게 한다. 그것도 끝없이 말이다. 우리는 늘 더 가져야만 하는 것이다. 물론 사치와 풍요가 지배적일 때는 이 정념이 무위도식의 유혹에 휩싸일 수도 있을 것이다. 하지만 민주정과 군주정에서는 무위도식하는 자들이 없을 것이다. 그리고 귀족정에서는 야망이 탐욕을 최대로 자극할 것이다.[225*] 우선 평민들은 누구나 언젠가 귀족의원이 되려고 늘 한결같이 축적에 골몰할 것이다. 한편,

만일 협의체의 구성원이 자기의 과오로 인하여 파산할 경우 공민권을 박탈해 버린다면, 귀족의원들은 누구나 최소한 자신이 소유하고 있는 것을 유지는 하려고 애쓸 것이다. 여하간, 모두가 현재 순간 이상을 내다볼 것이다. 심지어 돈에 대한 사랑이, 역시나 강력한 다른 여러 동기들과 합류하여 강박적이 되지는 않을지 물을 수도 있을 것이다.[226] 하지만 실상 이러한 위험은 조금도 두려워할 필요가 없다. 문명화된 국가에서는 병리적인 경우를 제외한다면, 쾌락의 취향만큼은 결코 소멸되지 않기 때문이다. 막스 베버가 말한 청교도적 자본가와는 반대로, 귀족정 국가에서 시민과 신민은 '탐욕적'(*avari*)일 뿐 '금욕적'(*parci*)이지는 않을 것이다.[227] 곧, 부를 갈망하지만(avide) 아르파공(Harpagon)식으로[228] "인색하지"(avares)는 않을 것이다. 물론 그들은 쓰는 양보다 더 많이 벌기에 열중하지만, 어쨌든 많이 쓰기는 할 것이다. 반면, 다른 두 체제에서는 탐욕과 야망 간의 연관이 귀족정에서보다는 덜 긴밀할 것이다. 하지만 거기에서도 이 연관이 존속하기는 할 것이다. 우선, 왕의 국정자문회의나 원로원 의석에 부자들이 지명되는 빈도가 여하간 가난한 자들보다는 더 많으리라는 건 확실하기 때문이다. 더욱이 야망은 곧장, 또 그 자체로, 미래를 대비하는 행위들을 촉발할 것이기 때문이다. 누구나 노년쯤엔 통치할 만한 자격이 되게끔 전 생애를 조직할 것이기 때문이다.[229] 그러므로 탐욕과 야망이라는 이 두 감정에 힘입어 사람들은 먼 장래에 맞추어 생애를 계획하는 습관을 갖게 될 것이다. 가령 **현재의 더 적은 선보다 미래의 더 큰 선을**

225*) 앞의 p. 679과 주 137~41을 참조하라
226) 이 책 5장 p. 171를 참조하라.
227) 『정치론』 10장 6절[G III p. 356/P p. 1093].
228) [옮긴이] 몰리에르의 희곡, 『수전노』(*l'Avare*)의 주인공 이름.
229) 『정치론』 7장 6절[G III p. 310/P p. 1028].

선호하는 습관 등을 말이다.

　물론 그들의 계산이 분별 있게 이루어지리라는 보장은 없다. 정념/수동이 무지인 이상, 심지어 그 정반대라고 가정할 여지도 충분히 있다. 하지만 오류들은 서로를 중화시킬 것이다. 곧 모든 집단적 심의는 참여자 개개인을 벗어나는 거듭되는 상쇄 메커니즘의 작용으로 결국은 이성적인 결정에 도달하기 마련이다. 그리고 이 이성적 결정이 종국에는 모든 개인을 강제한다. 따라서 자유 국가의 시민은, 사적인 삶의 협소한 영역을 넘어서는 모든 일에 대해서는, 그들이 개인적으로 어떤 결론을 내리든 외적으로는[행위에서는] 이성의 요구들을 따를 수밖에 없을 것이다.

　물론 **이성에 부합하게** 행동한다는 것은 아직 **오직 이성의 명령 하에서만** 행동한다는 것은 아니다. 그런데 후자의 비중이 부단히 증가하기 위한 지반만은 이미 준비된 셈이 아닐까? 이것이 우리의 두번째 물음이다. 그리고 우리가 말한 마지막 세 논점을 다른 측면에서 검토해 본다면, 이 물음에 대해서도 답할 수 있을 것이다. 이를 위해서는, 이미 신정에 대해서 해보았던 대로, 세 논점을 『윤리학』 4부 처음의 D, F, G군 및 5부 서두와 연관시켜 보기만 하면 될 것이다.[228*]

　우선, 여기서는 **감정들의 약화 법칙**(F군)이 관철될 기회가 많을 것이다. 여기서 인간의 정념은 대체로 미래의 사건과 관련될 것이므로, 그만큼 정념의 정서적 하중은 감소할 것이다. 그리고 다른 모든 조건이 같다면, 이 사회에서 정념은 사람들이 무엇보다 현재에 몰두하는 사회에서보다는 덜 격렬할 것이다. 바로 이 사실에 의해, 이성에서 생겨나는 욕망들이 시간의 흐름과 더불어 정념들보다 우세할 확률도 높아질 것이다. 또한

[228*] 뒤의 13장 pp. 764~70과 pp. 782~4를 참조하라.

이미 신정에서도 유효했던 다음의 사항도 빼놓을 수 없다. 사람들이 사태 흐름의 거역할 수 없는 필연성(위반과 고통 간의 필연적 연관, 즉 처벌받지 않고 법을 위반하기는 절대 불가능하다는 것)을 의식하게 되면, 여전히 남아 있을지도 모를 반사회적 경향성은 둔화될 것이다.

더 나아가 보자. 이 사회에서 지배적인 정념들은 여느 곳에서보다 이성에 덜 대립할 뿐 아니라, 오히려 대체로 이성의 확산을 촉진할 것이다. 탐욕은 강박적이지만 않다면 많은 대상을 한꺼번에 상상하도록 우리를 강제한다. 가령, "만물의 축도"[230]는 거기에 축약된 모든 것을 떠올리게 한다. 정치적 야망도 마찬가지다. 적어도 협의체 체제에서는 말이다. 집단토론에서 승리하고자 하는 자라면, 서로 대치하고 있는 다양한 관점들을 한 눈에 파악해야 하며, 타협책을 모색해야 하며, 그때까지 아무도 생각해내지 못한 해결책을 구상해내야 한다. 정신들은 서로 마찰을 빚으면서 날카롭게 벼려진다.[231] 그런데 주지하다시피, 우리 지각장이 균형적이면서 풍부할수록, 우리 정신 안에서 사물들의 특성들에 대한 공통관념과 적합한 관념은 더욱 분명하게 드러나며, 그만큼 연역 작업은 용이해진다. 따라서 자유 국가에서 가장 팽배하고 가장 생생한 감정들(D군)은 **생각할 거리를 가장 많이 주는 감정들**이기도 하다.

또 더 나아가 보자. 이러한 정념들은 **기쁨**일 것이다. 따라서 다른 모든 조건이 같다면, 이 정념들에서 생겨나는 욕망은(G군) 슬픔에서 연원하는 정념들보다 우세할 것이다. 그런데 이 기쁜 정념들은 어쩔 수 없이 보편종교의 '지배자'(rector) 이미지와 연합될 것이다. 즉 '최소한의 민

---

230) 『윤리학』 4부 부록의 28항.
231) 이 책 9장 p. 523의 주 29를 참조하라.

음'에서 신은 유일하고 편재하고 전능한 이상, 신자들은 자기 모든 행복을 신에게 돌릴 것이다. 또한 그들은 대개 행복하기 때문에 그들이 신에 대해 느끼는 사랑은 약화될 위험이 조금도 없다. 그런데 이 신은 과연 누구인가? 이는 아직 스피노자의 신은 아니지만, 이미 미신의 신도 아니다. 이 신과 관련된 신앙의 일곱 조항들은 그 문면을 놓고 볼 경우[232] 결코 진리에 상반되지 않는다. 또한 이 조항들은 전제 없는 결론들이긴 하지만, 그것들을 올바른 전제들과 다시 결부시키지 못할 이유도 없다. 물론 꼭 그렇게 하도록 강제하는 것도 없지만 말이다. 따라서 자유 국가에서는 현세적인 혜택과 정화된 교리가 한데 어우러져, 신민들에게서 한결같은 사랑을 발달시킬 것이다. 그 어떤 고통이나 증오보다도 더 강력한 사랑, 바로 철학자가 접근할 수 있는 신을 향한 사랑을 말이다. 더 이상 무엇을 요구하겠는가? 이성을 향한 궤적은 이미 전부 그려지지 않았는가?

따라서 이런 유의 국가는 가장 유리한 문화적 환경을 정비해 준다. 이 환경은 우리를 이성적이 되도록 준비시키며, 그렇게 되기 전까지는 우리를 마치 이미 이성적인 양 행하도록 규정한다. 이 환경은 우리 이성이 자신의 요구들을 승리하게 하는 데 필요한 정념적 원군을 공급해 줄 뿐만 아니라, 지적 진보의 외적 조건 역시 창출한다. 이 진보의 끝에 이르면 더 이상 이 정념적 원군이 없어도 되게끔 말이다.

하지만 가장 중요한 지점이 아직 남아 있다. 자유 국가의 시민, 이 완벽한 "부르주아"는 철저하게 소외된 상태로 머물러 있다. 만일 그가 사실상의 국가에서 우리가 볼 수 있는 평균적인 인간 유형보다 도덕적으로 우

---

[232] 『신학정치론』 14장(G III pp. 177~8/P pp. 865~6)을 참조하라.

월하다 하더라도, 이는 오직 이 소외가 적절하게 관리되는 한에서만 그렇다. 인간-개체 수준에서 본 이 시민은 국가-개체의 수준에서 신정의 등가물이다. 하지만 중요한 차이가 하나 있다. 그의 경우, 이처럼 유리하게 정비된 환경을 이용하여 진정한 자유에 접근할 수 있다는 점이다. 그런데 어떻게? 바로 이것이 이제 우리가 살펴보아야 할 부분이다.

4부
내적 통일
해방된 개체성과

현자들의 공동체

12장
이성적 삶의 전개

13장
이성의 역량

14장
영원한 삶의 토대와 전개

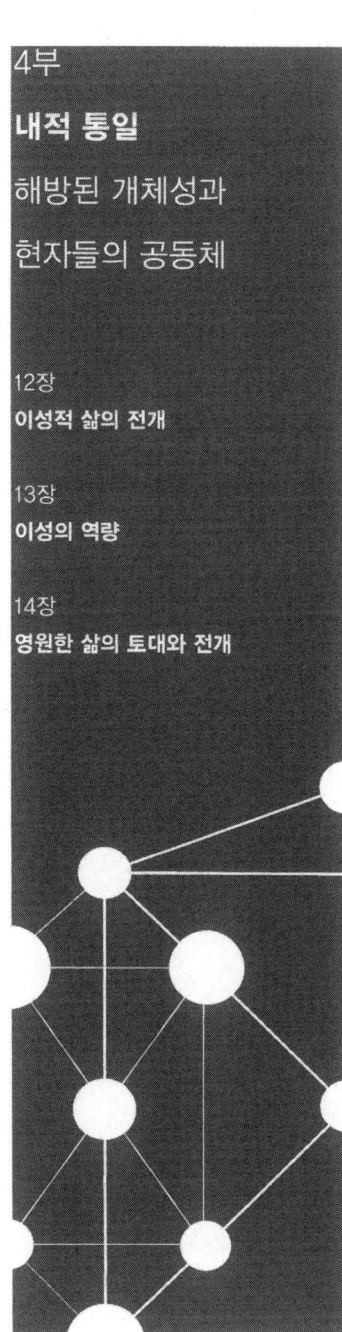

12장_이성적 삶의 전개

이성의 영향으로 우리는 인식하기를 욕망하며 인식시키기를 욕망한다. 우선, 인식하기 위해서는 균형적이면서 풍부한 지각장이 필요하며, 다시 여기에는 우리 신체 모든 소질들의 조화로운 발달이 필요하다. 다음으로, 우리 인식을 전파하기 위해서는 사회적으로 평화로운 풍토가 필요하다. 그런데 이는 적어도 부분적으로는 외적 원인들의 협조에 달려 있다. 물론 이 외적 원인들의 비중은 우리 앎이 증가하고 확산됨에 따라 줄어들겠지만, 우리는 유한한 이상 결코 절대적 자율에는 이를 수 없을 것이다. 여하튼 처음에는 외적 원인들의 원조가 결정적으로 중요하다. 따라서 만일 우리가 이성을 돕는 것을 좋다고, 이성을 방해하는 것을 나쁘다고 부른다면, 좋은 정념과 나쁜 정념이 있는 셈이다. 어떤 것들인가? 『윤리학』 4부 정리 41~58은 이를 제시하고 있는데, 우리는 이미 이 책 3부의 곳곳에서 그것에 대해 주해한 바 있다. 개인적 삶의 관점에서 볼 때, 우선 모든 형태의 기쁨은 그 자체로 좋으며 능동적 감정으로 변형될 수 있다(단, 과대평가와[1] 오만은[2] 여기서 제외된다. 왜냐하면 이것들은 정의상 오류에 기반하

---

1) 『윤리학』 4부 정리 48.

고 있기 때문이다. 또한 희망 역시 제외되나, 단 이는 단지 그것이 공포와 분리될 수 없는 한에서[3]만이다). 왜냐하면 인간 신체는 그 역량이 증대되거나 촉진될 때, 이전보다 더 다양한 방식으로 외부 물체들을 변용시킬 수 있고 또 그것들에 의해 변용될 수 있기 때문이다.[4] 역으로, 모든 형태의 슬픔은 그 자체로 나쁘며 이성에 상반된다.[5] 그런데 모든 부분적인 기쁨은 과잉될 수 있기에, 그것이 유기체의 전체적 균형을 위협한다면, 우연적으로는 나쁘다.[6] 그런 한에서, 지나치게 편협한 쾌락을 완화시키는 모든 부분적 슬픔은 간접적으로는 유용해진다.[7] 반면, 우울(melancholia)은 어떤 경우에도 항상 해로우며, 쾌활(hilaritas)은 항상 좋다.[8] 인간 상호적 삶의 관점에서 볼 때, 몇몇 형태의 기쁨은 화합에 기여하며, 몇몇 형태의 슬픔 역시 그렇다. 물론 전자만이 그 자체로 좋고 또 능동적 감정으로 변형될 수 있으나, 아주 흔히 일어나듯 그것들이 과잉되면 사회 전체의 균형을 위협할 수 있다. 이럴 경우, 후자는 무지자들을 제지하는 데 부득불 필수적이 된다.[9] 반면, 불화를 온존시키는 모든 슬픔은 무조건 나쁘다.[10] 이로부터 아래의 표가 따라 나오는데, 이는 18개의 정리를 요약하고 있다.

---

2) 『윤리학』 4부 정리 56.
3) 『윤리학』 4부 정리 47.
4) 『윤리학』 4부 정리 41과 그 증명.
5) 같은 곳.
6) 『윤리학』 4부 정리 43.
7) 같은 곳.
8) 『윤리학』 4부 정리 42.
9) 『윤리학』 4부 정리 54의 주석과 정리 58의 주석.
10) 『윤리학』 4부 정리 45와 그 주석.

	그 자체로 좋으며 능동적 감정으로 변형될 수 있는 정념들		그 자체로 나쁘며 이성에 반대되는 정념들	
	항상 좋은 것	때때로 과잉된 것	때때로 간접적으로 좋은 것	항상 나쁜 것
개인적 삶	쾌활	쾌락, 사물들에 대한 사랑, 내적 만족	고통, 사물에 대한 미움, 희망[10*]과 공포, 겸손과 후회	우울, 과대평가와 무시, 오만과 비굴
인간 상호적 삶		인간에 대한 사랑 (호의 등등), 명예	연민, 수치심	인간에 대한 미움 (질투, 분개, 분노, 복수심, 경멸, 조롱 등등)

    그런데 지금 우리는 이러한 감정들을 형성하는 데 사회적 환경이 어떤 역할을 하는지 알고 있다. 우선, 자연 상태에서는 네번째 열에 속하는 정념이 맹위를 떨치며, 세번째 열에 속하는 정념은(어쨌든 고통과 공포만은) 두번째 열에 속하는 정념보다 훨씬 더 팽배하며 간접적으로 좋은 정념이 될 기회는 거의 없다. 다음으로, 우리가 살아가는 사실상의 사회에서도 네번째 열에 속하는 정념이 여전히 창궐한다. 물론 특정한 한계를 넘어설 수는 없지만 말이다. 그리고 이 사회에서는 세번째와 두번째 열에 속하는 정념은 거의 동등하지만 단지 장기적으로만 상호 균형을 이룬다. 거의 항상 과잉되어 있는 기쁨들은 진자가 흔들리듯 들고 나면서 그 못지 않게 격렬한 고통을 낳기 때문이다. 한편, 신정에서는 동요의 폭이 최소한으로 축소되기 때문에, 두번째 열과 세번째 열의 정념은 항구적으로 상

10*) 희망은 오직 필연적으로 공포와 결부된다는 점에서만 세번째 열에 속한다. 그 자체만을 본다면 그것은 기쁨과 사랑이기 때문에 두번째 열에 들어간다.

호 균형을 이룬다. 또 여기에서는 인간 상호적인 미움은 오로지 이방인만을 향한 것밖에 없기에 국가 내부의 삶을 중독시키지 않는다. 마지막으로 자유 국가에서는, 두번째 열의 정념이 세번째 열의 정념보다 확고한 우세를 점한다. 따라서 두번째 열의 정념들은 바로 그 다수성으로 인해 그들 상호간의 절제를 가져오며, 쾌활로 향하는 경향을 띤다. 그리고 네번째 열의 정념 ─ 이방인과의 관계에서 생기는 정념도 포함하여 ─ 은 예외일 뿐 규칙은 아니다. 지금까지 말한 네 가지 유형의 조건형성은 분명 동등한 가치를 지니지는 않는다. 첫번째 유형은 재앙이고 두번째 유형은 지나치게 가변적이며 세번째 유형이 진보 자체를 봉쇄하는 반면, 네번째 유형은 탁월하기에 말이다.

따라서 우리가 이 책 7장 말미에서 제기했던 문제는 더 이상 해결 불가능한 것으로 나타나지 않는다. 순환은 깨질 수 있으며 사이클의 시동은 걸릴 수 있다. 곧 이성적이 되기 위해 우선 이성적이어야 할 필요는 없는 것이다. 왜냐하면 잘 형성된 사회에서는 외적 원인들이 저 스스로 조직되어 우리 이성이 승리를 거두는 데 필요한 이러한 지각장과 이러한 평화를 우리에게 마련해 주기 때문이다. 자유 국가는 현자를 만드는 기계까지는 못되더라도, 적어도 우리에게 지혜를 준비시킬 것이다. 물론 그와 같은 국가는 아직 어디에도 존재하지 않는다. 하지만 이 국가의 몇몇 특색들은 홀란드처럼 문명화된 나라에서는 어느 정도 윤곽이 잡혀 있다. 스피노자도 이 덕분에 자신의 철학적 기획을 실현할 수 있지 않았던가? 어쨌든, 제도와 풍습이 이러한 이상에 근접할수록 이성은 그만큼 더 쉽게 호소력을 얻을 것이다.

난점이 원리상 해결된 이상, 우리는 『정치론』에서 『윤리학』으로 되돌아갈 수 있다. 유리한 정념적 맥락으로 지탱되었던 이성의 요구는 일상적 삶의 세계에서 어떻게 펼쳐질까? 이를 보여 주는 것이 『윤리학』 4부 정리 59~73이며, 이 장은 이를 다룰 예정이다. 다른 한편 이성이 발전되어 감에 따라 어떻게 그것은 애당초 의지해 왔던 정념들에서 마침내 벗어날 것인가? 이를 보여 주는 것이 『윤리학』 5부 처음 20개 정리들이며, 이것들은 13장에서 탐구될 것이다. 마지막으로 이와 같은 진보의 끝에 이르러 이성적 삶은 어떻게 다른 것에 이르게 될까? 이를 알려 주는 것이 5부 정리 21~42이며, 이 책 14장은 이를 주해할 것이다.

* * *

이성의 명령 하에서 우리는 무엇을 할까? 이는 어떤 점에서는 정념의 지배 하에서 우리가 이미 해왔던 것과 동일한 것이 될 것이다.[11] 왜냐하면 우선, 지혜롭든 무지하든, 우리는 늘 우리 본성의 법칙에 따라 활동하며, 이 법칙은 불변이기 때문이다. 다음으로, 인식하고 인식시키려는 욕망이 코나투스의 진리인 이상, 이 욕망은 우리의 생물학적 구조에서 따라 나오는 모든 개별 활동을, 그리고 우리가 세계에 압도되어 있을 때조차 우리 유사한 자들과의 일치를 통해 우리 자신을 보존하려는 노력이었던 모든 개별 활동을, 그 나름의 방식으로 이어 가기 때문이다. 그런데 모든 활동을 예외 없이 말인가? 자, 이것이야말로 역설적으로 보인다. 각각의 정념은 저마다 특유의 유용성을 지니고 있지 않은가? 가령, 크나큰 분노는 실존을 위한 투쟁이나 국가의 안녕을 위한 투쟁에서 우리의 힘을 현저히 증가시켜 주지 않는가? 그래서 만일 우리가 오로지 이성에만 따른

---

11) 『윤리학』 4부 정리 59.

다면, 우리의 자원 가운데 상당 부분을 빼앗겨 버리지 않을까? 그렇지 않다. 왜냐하면 실상 정념은 지적 무력함이면서 **신체적** 무력함이기도 하기 때문이다. 우선, 슬픔은 정의상 우리의 물리적 소질을 감소시키며,[12] 과잉된 기쁨 역시 그 전체적 귀결을 고려해 보면 마찬가지다.[13] 그리고 과잉되지 않은 수동적 기쁨은 우리의 인과적 능력을 증대시키긴 하지만, 우리를 최적의 현실화 수준에, 말하자면 우리 자신이 우리가 하는 일에 적합한 원인이 될 수준에 이르도록 하기에는 역부족이다.[14] 따라서 우리가 이성적이 될 때, 우리는 아무것도 상실하지 않으며 오히려 많은 것을 얻을 것이다. 다시 말해, 우리 관념들이 더 명석해질수록, 우리의 코나투스는 그만큼 더 효과적으로 작동할 것이다. 하물며 정념이 이미 우리에게 행하도록 규정해 왔던 모든 것을 할 수 있으리라는 것은 두말할 필요도 없다.[15]

그렇다면, 혹여 우리가 잘못된 행위를 할 수도 있지 않을까? 전혀 아니다. 실상 모든 행위는 분석해 보면 두 요소로 분해된다. 하나는 엄밀한 의미의 활동(action)인데, 이는 그 자체로는 좋지도 나쁘지도 않다.[16] 다른 하나는 이 활동을 촉발하는 자극인데, 오로지 이것만이 활동에 도덕적인 성질을 부여할 수 있다.[17] 예를 들어, 때리는 활동은 인간 신체의 구조만으로 인식되는 자연적 역량이며, 따라서 덕이다.[18] 하지만 이 활동은 아주 상이한 이미지들과 연합될 수 있다.[19] 한편으로, 무질서한 이미지들,

---

12) 같은 곳, 첫번째 증명.
13) 같은 곳.
14) 같은 곳.
15) 같은 곳.
16) 『윤리학』 4부 정리 59의 두번째 증명.
17) 같은 곳.
18) 『윤리학』 4부 정리 59의 주석.
19) 같은 곳.

즉 외부에서 유래하며 우리 정신에서는 부적합한 관념들(미움, 분노 등)[20]에 상응하는 이미지들의 영향 하에서, 우리는 대개 우리 자신의 진정한 이익을 고려하지 않은 채 부적절한 계기에 이 활동을 수행한다. 바로 이 때문에, 무지자(그가 헤라클레스 같은 힘을 가졌다 해도!)는 자기 영혼의 주인도, 자기 신체의 주인도 아니다. 다른 한편, 논리적으로 연쇄되는 이미지들, 즉 우리 정신에서 명석 판명한 관념들에 상응하는 이미지들의 영향 하에서,[21] 우리는 합당하게 활동한다. 우리는 공공의 안녕이나 우리 실존의 보존이 요구하는 바에 따라 때려야 할 자를, 때려야 할 때에, 적절한 방식으로 때리는 것이다. 그렇지만 두 경우 모두 활동은 같다. 좋은 행위와 나쁜 행위는 단지 행위의 동기, 행위가 적용되는 대상, 행위가 수행되는 시기에 의해서만 구별된다. 그리고 이성적 행위와 정념적인 좋은 행위는 오로지 동기에 의해서만 구별된다.

그러므로 이성적 인간의 행동과 정념에 사로잡힌 인간의 행동은 외적으로는 유사할 수 있다. 물론 모든 경우 그렇진 않지만 말이다. 이는 전적으로 우리를 길러내는 조건형성, 특히 정치적 조건형성에 달려 있다. 우선, 우리가 살아가는 사실상의 사회에서 이성과 정념은 대개 갈등상태에 있다. 이성과 정념이 우리에게 규정하는 활동이 같다 해도, 일반적으로 그것은 동일한 시기에 이뤄지지도 않고 동일한 대상을 향해 있지도 않기에 말이다. 이런 이유로 사실상의 사회에서는 자유로운 인간이 드물다. 반면, 자유 국가에서는 [정념이 규정하는 활동과 이성이 규정하는 활동의] 대상이나 시기는 훨씬 더 자주 일치한다. 그래서 원한다면 누구나 행위를

---

20) 같은 곳.
21) 같은 곳.

크게 바꾸지 않고도 내적으로는 자유로워질 수 있을 것이다.[22] 그 후에는, 순전히 실용적 관점에서 봐도, 좋은 정념적 욕망들은 애초의 유용성을 차츰 상실하면서[23] 이성이 그 뒤를 이을 것이다. 다시 말해, 정념이 우리로 하여금 하게끔 했던 모든 것, 가령 우리의 물질적 풍요를 위한 것이나 국가의 안녕을 위한 것을, 이성 역시 같은 방식으로 하게끔 할 것이다.

아니, 훨씬 더 잘 하게 할 것이다. 왜냐하면 정념적 욕망은 맹목적이며,[24] 또한 외적 원인도 우리에게 **완전히** 이성적인 양 행동하도록 하지는 못하기 때문이다. 설령 정치적 조건형성이 가장 훌륭하다고 해도, 이 역시 너무 대략적이고 세부적으로 너무 불완전하며, 너무 초보적이기까지 하다. 그것은 질병과 자연사를 조절하지 못하며, 마찬가지로 성적 관계나 가족 관계, 개인적 취향, 사적인 우정과 반감 등 사생활의 많은 측면을 조절하지 못한다. 그래서 우리의 수동적 충동과 우리 이성의 열망 사이에는 메울 수 없는 간극이 생겨난다. 우선 첫째, 정념적 욕망은 거의 항상 편중되어 있기에 한 인간의 전체적 이익에 상응하는 경우는 아주 드물다.[25] 물론 그 욕망은 다른 정념적 욕망들에 의해 상쇄되어 균형을 이룰 수도 있

---

22) "… 따라서 이 공화국은 가장 자유로우며, 따라서 이 공화국의 법은 건전한 이성에 토대를 둔다. 왜냐하면 여기서 각자는 자신이 원할 경우 자유로워질 수 있기 때문이다. 다시 말해, 온 마음을 다해 이성의 인도에 따라 살아갈 수 있기 때문이다"(『신학정치론』 16장(G III p. 195/P p. 888). 물론 이에 대한 방주 33([G III p. 263/P pp. 888~9])은 더 분명하게, 우리가 그 어떤 사회에서도 자유로울 수 있다고, 왜냐하면 이성은 설령 수립된 법이 나쁘다고 하더라도 늘 이에 복종하라고 우리에게 명령하기 때문이라고 말하고 있다. 그런데 잘못 구성된 국가에서 우리는 오직 법에만 복종하도록 규정되지는 않으며 반란을 일으키도록 자극되는 경우도 많다. 그리고 어쨌든 나쁜 정념들이 창궐하기 마련이다. 따라서 이런 국가에서 내적 해방이란 더 어려운 일이다.
23) 『윤리학』 4부 정리 58의 주석 마지막 부분과 정리 59의 주석 마지막 부분.
24) 같은 곳.
25) 『윤리학』 4부 정리 60.

겠지만, 이는 아주 깨지기 쉽고 외적 원인들이 그것을 항구적으로 유지해 주리라는 보장도 없다. 반대로 이성적 욕망은 결코 과잉될 수 없는데,[26] 왜냐하면 그것이 우리의 본질과 동일하기 때문이다.[27] 이성적 욕망은, 매 순간 최선의 결과를 낳는 **부단한 대조**를 통해 우리의 모든 욕구와 이를 충족시킬 만한 모든 대상을 고려한다. 둘째, 정념적 욕망은 미래 사물보다 현재 사물에 애착을 보인다.[28] 물론 자유 국가는 이처럼 눈앞의 것이 주는 매혹에서 우리를 상당 부분 해방시키겠지만, 어떻게 그 원인까지 제거할 수 있겠는가? 반대로, 이성적 욕망은 현재와 미래를 동일한 평면에다 놓는데,[29] 왜냐하면 이성적 욕망을 산출하는 인식은 모든 사물을 그것의 필연성과 영원성의 측면에서 고찰하기 때문이다.[30] 따라서 이성적 욕망은 가장 완전한 **신중함**을 특징으로 한다. 마지막으로 셋째, 정념적 욕망은 대개 어떤 부정적 감정을 근원으로 하기 마련이다. 자유 국가가 슬픔에 아주 제한된 역할만을 부여한다 해도, 그것을 완전히 사라지게 하지는 못한다. 죽음의 공포를 비롯한 일체의 공포를 어떻게 다 제거하겠는가? 반대로, 이성적 욕망은 **긍정적 감정**에서만 생겨날 수 있는데, 명석한 인식은 우리를 슬프게 하는 법 없이 우리에게 늘 즐거움을 선사하기 때문이다.[31] 그러니 공포에 이끌려 가는 자, 악을 피하기 위해 선을 행하는 자는 이성에 인도되는 것이 아니다.[32] 그렇다면, 악에 대한 참된 인식이 발생시키는

---

26) 『윤리학』 4부 정리 61.
27) 같은 정리의 증명.
28) 윤리학 4부 정리 60의 주석.
29) 『윤리학』 4부 정리 62.
30) 같은 정리의 증명.
31) 『윤리학』 4부 정리 63의 증명.
32) 『윤리학』 4부 정리 63.

욕망은 정념인가? 물론 그렇다. 앞서 보았듯,[33] 이와 같은 슬픈 인식은 능동적 감정이 아니다. 그것은 이성의 발휘에 따르는 부산물로서, 이성이 자신의 기획을 훌륭하게 완수하는 데까지 이르지 못할 경우에만 생겨난다. 이성은 **참된** 인식인 한에서 악에 대한 인식이 아니다. 반면, 악에 대한 인식인 한에서, 이성은 필연적으로 부적합하다.[34]

대조의 원칙, 신중함의 원칙, 긍정성의 원칙. 이것이 이성적 인간이 줄곧 따르는 세 규범이다. 그렇다면 이성적 인간은 자기 생활이나 타인과의 관계를 조직할 때 과연 어떤 식으로 이 규범을 따를까? 『윤리학』 4부의 마지막 정리들은 이를 보여 준다.

1. 개인적인 이성적 삶의 전개(A_2군)

A_1군의 정리들은 이성의 근본요구가 무엇인지 밝혀 주었다. 가능한 한 많은 사물들을 적합하게 인식하기, 그리고 이처럼 인식하는 것만을 목표로 인식하기가 그것이다. 이는 자유로운 인간이 자기의 삶 전체를 바치는 최고 목적이기도 하다. 나머지 모든 것은 그에게 활용해야 할 수단이거나 물리쳐야 할 장애에 지나지 않는다. 그렇다면 수단이 되는 것과 장애가 되는 것을 어떻게 가려낼까? 우리는 이미 (『윤리학』 4부) 정리 38과 39에서 이를 알게 되었지만, 이처럼 새로운 측면에서 고찰할 때 이 정리들은 A_2군의 출발점으로도 간주될 수 있다(〈그림 3〉에서[35] 우리가 이 정리들에 아주 특별한 위치를 지정해 둔 것은 이 때문이기도 하다). 이 정리들에 따르

---

33) 이 책의 6장 p. 324를 참조하라.
34) 『윤리학』 4부 정리 64.
35) 이 책 849쪽을 참조하라.

면, 우리 지각장이 보다 조화롭고 다채로울수록, 우리의 지적 노동은 더 용이해진다. 이로부터 실천에서 우리 행위 지침을 규정할 수밖에 없는 파생적 요구가 도출된다. 우리 신체의 균형을 위협하지 않으면서[36] 신체의 감각-운동적 소질을 발달시키는 모든 것을 체계적으로 추구하자는 것이 그것이다.[37] 그런데 주지하다시피, 우리 신체의 소질들을 이런 식으로 발달시키는 것은 바로 과잉되지 않은 기쁨이다. 그래서 이성은 우리더러 서로 상쇄되면서 균형을 이루는 폭넓은 즐거움들을 마련하도록 외적 원인들에 작용하라고 명한다. 쾌락들이 서로 조절되게끔 하면서 모든 쾌락을 계발하자고 말이다. 맛난 음식, 향수, 푸른 초목, 좋은 옷, 음악, 체조, 공연물 등, 이 중 어떤 것도 얕잡아 볼 수 없다.[38] 그리고 우리가 더 많은 기쁨을 느낄수록, 우리는 신적 본성에 더 많이 참여할 것이다.[39] 물론 이렇게 되려면 일단 외적 원인들의 협조가 있어야 한다. 자연 상태에서나, 심지어 [자연 상태에서 벗어난] 야만적인 나라에서도 이런 계획은 이행될 수 없을 테니까. 그러나 문명의 비약적 발전은 이 계획의 유토피아적 성격을 상당 부분 덜어 준다. 그리고 미신적인 금기나 사치금지령 없이도 번영을 누릴 자유 국가에서는, 우리가 실현하길 원하기만 한다면 이 계획은 아무런 질곡 없이 실현될 수 있을 것이다.

따라서 이제부터 상황은 마치 우리가 이성적 효용주의 단계로[40] 다시 내려가는 양 진행될 것이다. 앞서 보았듯,[41] 이성적 효용주의의 태도는

---

36) 『윤리학』 4부 정리 39.
37) 『윤리학』 4부 정리 38.
38) 『윤리학』 4부 정리 45 주석의 따름정리 2.
39) 같은 곳.
40) 이 책 7장 p. 357를 참조하라.
41) 이 책 7장 pp. 361~62를 참조하라.

극복되지 않는 한 유지될 수 없었다. 왜냐하면, 한편으로 우리 이성이 정념에 봉사하는 도구에 불과다하면, 그 이유는 이성이 아직은 무력하고 우리의 쾌락주의적 계산이 여전히 무위로 끝나기 때문이며, 다른 한편 이성이 우리를 실제로 다스릴 수 있다면, 이는 오직 이성 자신의 요구들의 이름 하에서만 가능하며, 그렇다면 지성주의 단계에 도달한 셈이기에 말이다. 그러나 일단 목적이 정해지면, 수단을 선택할 때 우리는 다시 쾌락의 계산으로 돌아간다. 그리고 이 계산은 지금은 효과적이다. 우리는 애초부터 명석 판명한 관념들의 자본을 일정 정도 지니고 있다. 그리고 이 자본을 증식시키기 위해, 우리의 진정한 욕구에 부합하도록 환경을 개선하는 실천적 활동에 그것을 투자한다. 이 때문에 우리 인식은 증가하고, 다시 이 인식은 활동에 재투자되고 등등. 이 사이클 전체를 주관하는 것은 분명 자본의 증식이다. 그렇지만 외부에서 보면, 우리의 행동은 지성적인 쾌락주의자─만일 이런 인물이 실존할 수 있다면─가 취할 만한 행동과 아주 흡사하다. 각각의 전제와 분리시켜서 보면, 결론들[행동들]은 자유 국가가 산출하는 경향이 있는─그러나 완벽히 산출해내지는 못하는─'경제적 인간'(homo economicus)이 본받을 만한 결론과 같다.

그런 이상, 우리는 앞서 정념에 사로잡힌 인간이 이미 부딪칠 수밖에 없었던 것들과 유사한 문제들에 직면하게 된다. 의외인가? 그렇지만 우리가 씨름하는 세계는 동일하며, 우리의 본성 역시 변함없다. 지혜롭든 무지하든, 우리는 동시에 일어나거나 잇달아 일어나는 다수의 이미지들에 포위되어 있으며, 이 이미지들은 연합법칙들에 따라 상호 조합되어 우리 경험의 구조를 규정한다. 지혜롭든 무지하든, 우리는 이 중 몇몇 이미지를 가깝거나 먼 장래에 결부시킨다. 지혜롭든 무지하든, 우리는 어떤 이미지는 보존하고 다른 이미지는 제거하려고 노력한다. 지혜롭든 무지하든, 우리는 우리 소질에 대해 스스로 생각하는 바에 맞추어 결정을 내린다. 그러나 정념에 사로잡힌 인간에게서 이 문제들은 소외의 맹목 하에서, 오직 일탈적인 파생의 놀이 — 그 메커니즘은 『윤리학』 3부의 A_2군이 보여 주었다 — 에 의해서만 해결되었던 반면, 자유로운 인간은 그의 욕망의 규범 노릇을 하는 세 원칙을 철저하게 적용함으로써, 이 문제들을 의식적이고도 명철하게 해결한다.

먼저 **대조의 원칙**. 정념의 지배 아래 있을 때, 우리가 기쁨으로 상상하거나 슬픔으로 상상하는 것은 우리에게는 무조건 좋거나 나쁘게 보였다. 또한 우연적 인접에 의한 전이가 작동할 때부터는, 우리가 원인은 전혀 모른 채 무언가를 사랑하거나 미워할 때부터는, 그러니까 이 일탈은 거의 돌이킬 수 없게 되었다. 그래서 우리는 마주침의 우연에 따라, 가장 상이하고 모순적인 대상들에 번갈아 가면서 애착을 가져왔다. 지나치게 열광했다가 이내 쓰디쓴 환멸을 느꼈던 것이다. 게다가 이 애착들은 저마다, 우리가 사랑하는 자를 위해서라면 우리 생존에 가장 긴요한 것을 비롯한 모든 것을 희생할 수도 있게끔 하는 동일시 과정을 발생시켰다. 물론 자유주의적 조건형성은 이런 사태의 단점들을 최대한 약화시키긴 했다. 우리에게 경험을 끊임없이 종합하도록 강제함으로써, 다시 말해 많은 수의 대상을 더 이상 잇달아서가 아니라 동시에 상상하도록 강제함으로써, 그것은 **대략적으로**(grosso modo) 우리의 진정한 이익에 거의 상응하는 욕망을 불러일으켰던 것이다. 그러나 단지 **대략**일 뿐이었고, 여하튼 미봉책에 지나지 않았다. 우리의 소외가 더 많이 분산되고 덜 과잉되기는 했지만, 그렇다고 사라지진 않았으니 말이다. 반대로, 자유로운 인간은 타율을 극복한다. 그는 어떤 것에도 무조건적으로 집착하지 않고, 나아가 어떤 것에도 객관적인 가치를 부여하지 않는다. 선은 유용성으로 환원되며, 각 사물은 그것이 줄 수 있는 도움에 따라 평가되고, 이와 같은 목적-수단의 관계가 망각되는 법은 전혀 없는 것이다. 이 때문에, 우연적 인접성 법칙은 더 이상 작동하지 않는다. 이성적 욕망은 명석하게 인식된 인과적 관계만을 안내자로 해서 목적에서 수단으로, 그 다음 이 수단의 수단으로 나아가기에 말이다. 그리고 단지 상대적인 유용성만이 있기에, 동일시 메커니즘도 더 이상 촉발되지 않는다. 이성의 눈에는 어떤 것도 절대적으로 좋거나 나쁘지는 않기에 말이다. 특정 순간, 특정 맥락에서, 우리 이상의 실현에 가장 효과적으로 기여하는 것은 좋다. 그렇지만 이 선도 새로운 정황에서 우리가 더 큰 선을 획득하는 데 장애가 된다면, 곧장 악이 된다.[42] 역으로, 우리가 어떤 악 덕분에 더 큰 악을 피할 수 있을 때, 이 악은 선이 된다.[43] 따라서 자유로운 인간은 그 어떤 것도 경배하거나 경시하지 않으며, 대신 자신을 유혹하는 모든 대상을 체계적으로 비교하여 추호의 망설임 없이 자신이 추구해 왔던 것을 버리거나 피해 왔던 것을 추구한다. 요컨대, 그는 두 선 중에는 보다 큰 선을, 두 악 중에는 보다 작은 악을 선택할 것이다.[44] 그는 이처럼 동일시나 전이에 휘둘리지 않고 냉정하게 효용주의적으로 계산함으로써, 가장 능숙한 상인이나 금융가보다 더 탁월한 "자본가"처럼 처신할 것이다. 그러나 이는 오직 그의 목적들이 그들과 동일하지 않기에 가능한 일이다.

신중함의 원칙의 적용도 동일한 방향으로 이루어질 것이다. 왜냐하면 자유로운 인간의 계산은 미래로도 확장될 것이기 때문이다. 분명, 정념의 지배 아래 있을 때도 우리의 지평은 현재로만 국한되지는 않았다. 그러나

---

42) 『윤리학』 4부 정리 65의 증명.
43) 같은 곳.
44) 『윤리학』 4부 정리 65.

우리에게 닥칠 일을 극히 혼동되게만 상상했기에, 우리는 희망과 공포를 오가며, 곧 실현이 요원한 만큼 더욱 취약한 욕망들을 발생시키는 항상적이지 않은 기쁨과 슬픔을 오가며 흔들릴 수밖에 없었다. 따라서 여타의 조건이 같다면, 우리는 장기적인 이익보다는 당장의 향락에 더 민감하기 마련이었다. 물론 자유주의적 조건형성은 우리더러 행위를 계획하도록 강제함으로 이 성향을 시정하긴 한다. 그렇다 해도 이 조건형성이 불확실성을 제거할 수는 없는 이상, 시정은 단지 불완전하게만 이루어진다. 반대로, 자유로운 인간에게는 이처럼 시야가 흐려지는 일이 없다. 그는 현재의 사물이 낳을 미래의 귀결들을 명석하게 인식하며, 또한 그것들을 필연적인 것으로 지각하므로, 그에게는 마치 그것들이 이미 있었던 양 보이는 것이다. 그래서 그는 원인들의 연쇄를 이루는 모든 고리들을 시간적인 멀고 가까움과는 무관하게, 그것들의 정확한 가치에 따라 평가한다. 그는 희망이나 공포에 사로잡히지 않기에,[45] 현재의 작은 선보다 미래의 더 큰 선을 선호하며, 미래의 더 큰 악을 피하기 위해 현재의 작은 악을 받아들이는 것이다.[46] 정확히 해두자. 우리가 지금 말하고 있는 인간은 이성적 인간 그 자체이며, 그가 불가피하게 지닐 수밖에 없는 여러 결함들은 사상되어 있다.[47] 그런데, 실상 이성은 전지적이지 않다. 이성이 여전히 추상적인 한, 그것은 사물들의 지속에 관해서는 상당 부분 무지하며,[48] 따라서 상상의 권리는 여전하기에 말이다.[49] 그러나 자유로운 인간은 자유로운

---

45) 『윤리학』 4부 정리 47의 주석.
46) 『윤리학』 4부 정리 66.
47) 같은 정리의 증명.
48) 『윤리학』 4부 정리 62의 주석.
49) 같은 곳.

한에서, 다시 말해 명석 판명한 관념에 의해 활동하도록 규정되는 한에서, 항상 자신이 예견하는 바에 따라 결정한다. 궁극적으로 그가 자신의 이상적 모델에 진정으로 합치하게 된다면, 그의 실존이 펼쳐지는 과정은 마치 단일한 기획의 점진적 실현처럼 나타날 것이다. 탐욕은 결코, 심지어 야망으로 강화된다 해도, 어느 누구도 여기까지 이끌지 못할 것이다. 단지 우리를 이 길에 들어서게 할 수 있을 뿐이다.

그런데 우리 장래의 끝에는 죽음이 있다. 그렇다면 우리 계산의 배경막 노릇을 하는 것은 죽음인가? 우리가 살아갈 이유는 죽음을 지체시키거나 죽음에 대비하기 위해서인가? 전혀 아니다. 왜냐하면 우리가 적합한 관념들을 가지고 있는 한, 우리는 오직 우리 안에 있는 실정적인 것만을 사유할 수 있을 뿐, 우리의 무력함을 사유할 수는 없기 때문이다. 다시 말해, 우리의 코나투스를 사유할 수 있을 뿐, 코나투스의 실패를 사유할 수는 없기 때문이다. 우리의 죽음을 명석 판명하게 인식한다는 것은, 언젠가는 그것을 초래할 수 있는 외적 원인들 모두를 인식한다는 것과 다름없을 것이다. 그런데 이럴 경우, 우리가 이 외적 원인들을 물리치거나 파괴하기 위해 어떻게 해야 하는지 알고 있는 이상, 그것들은 더 이상 위험하지는 않을 것이다. 결국 우리는 불멸이 될 것이며, 우리 개념의 대상조차도 사라질 것이다. 우리가 만일 죽음에 대해 생각한다면, 이는 단지 우리가 죽음을 몰아낼 수단을 모르는 한에서만, 따라서 우리가 부적합한 관념을 갖는 한에서만 그렇다. 그러므로 자유로운 인간 그 자체는 오직 살아가는 것과 잘 살아가는 것만을 생각할 뿐, 잘 죽을 채비를 한다든지 죽지 않을 궁리를 한다든지 하지는 않는다.[50] 그는 죽음을 피하는 데 필요한 모든 것을 하지만, 그저 죽음을 피할 **목적으로** 그렇게 하는 것은 아니다. 그의 유일한 지향은 자기 존재를 유지하는 것뿐이다.

그런데 **긍정성의 원칙**은 훨씬 광범위하게 적용된다. 죽음이라는 특수한 한 경우에만 국한되지 않고, 모든 악에 예외 없이 적용되는 것이다. 여하한 이성적 욕망도 능동적 기쁨의 감정에서 생겨나기에, 일반적으로 자유로운 인간은 직접적으로는 선을 추구하며 오직 간접적으로만 악을 피한다.[51] 나아가, 우리 관념들이 적합한 한에서 우리는 악을 사유할 수조차 없다. 우리의 이해하려는 욕망을 방해하는 것은 정의상 나쁘다. 그렇다면, 우리가 이해하는 것이 어떻게 우리 앎의 진보에 대립할 수 있겠는가? 모든 장애는 명석하게 인식되는 한에서 장애가 아니라 매개념/수단 (moyen)이 된다. 우선 직접적으로 그렇다[매개념으로서]. 왜냐하면 진리에서는 진리만이 연역되기 때문이다. 또한 간접적으로도 그렇다[수단으로서]. 왜냐하면 인식된 대상은 조작 가능하며, 우리는 이를 활용하여(단지, 인식된 대상을 분해하고 그런 다음 분해된 요소들로 새 대상을 구축할 뿐이라 해도) 우리 환경을 이성 발달에 유리한 방향으로 조직할 수 있기 때문이다. 따라서 우리가 오로지 명석 판명한 관념만 가지고 있다면, 악의 관념은 단 한 순간도 우리를 스쳐 가지 않을 것이다.[52] 더 나아가, 만일 사정이 그렇다면, 이번에는 선의 통념 역시 사라지게 될 것이다.[53] 확실히 선에 대한 참된 인식은 적합하다. 하지만 진짜 선은 오로지 악과의 대립을 통해서만 우리에게 **선으로서 현상한다**.[54] 이와 같은 선악의 이분법은 사태 자체의 수준에서는 무의미하며 한낱 실용적인 가치만을 지닌다. 우리를 둘러싼 대상들 중에서 우리에게 도움이 될 수 있는 것과, 우리에게

---

50) 『윤리학』 4부 정리 67.
51) 『윤리학』 4부 정리 63의 따름정리.
52) 『윤리학』 4부 정리 64의 따름정리.
53) 『윤리학』 4부 정리 68.
54) 같은 정리의 증명.

해를 끼치지 못하게 할 만큼 충분히 인식하지는 못하는 것을 구별하게 해 주는 것이다. 그런데 만일 해로운 것이 없다면, 이 이분법은 존재 근거를 상실할 것이다. 곧 우리에게는 수단들만이, 말하자면 가치를 부여하거나 박탈하지 않고서도 그때그때의 필요에 따라 이용하게 될 수단들만이 있을 것이다. 더구나 우리의 모든 관념이 오직 우리 자신의 본질에서 연역된다면, 아무것도 해롭지 않을 것이다. 물론 이 모든 것은 우리가 인간 본성을 단독으로 고찰할 때만 만들어낼 수 있는 순전한 허구다.[55] 실상 외적 원인들은 우리를 변용시키며, 그리고 우리가 전지하지도 전능하지도 않은 이상, 이 원인들은 우리 이성이 고취시키는 기획의 수행을 종종 가로막기도 하기에 말이다. 또한 이러한 한에서 우리는 슬퍼하며, 선악의 대립은 여전히 유효하기에 말이다. 자유로운 인간은, 자유로운 한에서는 선악을 모를 수밖에 없겠지만, 세계의 작용을 겪는 한에서는 악에 대한 참된 인식을 아예 떨쳐내지는 못한다. 그리고 이 때문에, 그는 자유로운 한에서도 여하간 선 자체에 대한 참된 인식에서 벗어나지는 못한다. 그러나 적어도 정리 68은 우리가 무한정 접근할 수 있는 이상을 어렴풋하게나마 보여 준다. 우선, 우리 앎이 증가할수록, 선악에 대한 참된 인식은 점차 인식한다는 순수하고 단순한 기쁨으로 흡수되어 가는 경향을 띤다. 그리고 적합한 관념들이 우리 정신의 가장 큰 부분을 구성할 때, 선악에 대한 참된 인식은 완전히 주변으로 밀려날 것이다. … 좌우간, 이성적 인간은 악의 관념을 온전히 제거하지는 못할망정 단 **한 번도** 악의 관념에 이끌려 행동하지는 않는다. 그리고 바로 이 점에서, 우리는 분명 최선의 정치적 조건형성에서 얻어내는 결과 이상으로까지 나아가게 된다! 자유 국가에

---

55) 같은 정리의 주석.

서 우리의 정념적 욕망은 슬픔일 경우보다 기쁨일 경우가 더 많겠지만, 항상 그렇지는 않을 것이기에 말이다.

따라서 자유로운 인간은 자신을 위협하는 것에 대해 근심하지 않는다. 그는 모든 위험에 대해 경쾌하고 느긋하게 대처하면서 영혼의 힘을 발산한다. 그런데 이런 태도가 이익이나 신중함과 양립할 수 있을까? 긍정성의 원칙과 앞선 두 원칙 사이에 모순이 있는 것은 아닐까? 이런 영웅주의가 효용주의와 더불어 동일한 삶의 유형을 정의할 수 있을까? A_2군을 마무리하는 정리 69는 이런 외관상의 모순을 손쉽게 해소한다. 실상 이성은 맹목적인 대범함을 공포와 마찬가지 이유에서 금지한다. 만일 정념에 사로잡힌 인간이 이 두 과잉 가운데 어느 하나에 빠져든다면, 이는 그가 자기 능력을 제대로 평가할 줄 모르기 때문이다. 그는 계속해서 오만과 굴욕을 오가며 흔들릴 뿐, 언제나 자기 자신에 대해서는 무지하다. 반면, 이성적 인간은 자기가 무엇을 할 수 있는지를 정확히 안다. 그래서 그는 위험에 빠지면 역관계를 평가하고 그에 따라 결단한다. 그때그때의 상황에 따라 맞서거나 아니면 빠져나가는 것이다. 그런데 굴욕적인 두려움과 오만한 무모함은 둘 다 똑같이 격렬할 수 있기 때문에,[56] 위험을 피하는 데도 위험에 맞서는 것만큼의 영혼의 힘이 필요하다.[57] 싸우든 도주하든 동등한 굳건함(*animositas*)이 요구되는 것이다.[58] 따라서, A_2군의 정리들이 기술하는 다양한 태도들은 하나의 성향에 관련된다. 그것은 곧 '굳건함'의 덕(이성의 인도 하에서 우리 존재를 보존하려는 노력)[59]으로, 이것이야말로 개인적인 이성적 삶 전체의 축도다.[60]

---

56) 『윤리학』 4부 정리 69의 증명.
57) 같은 곳.
58) 『윤리학』 4부 정리 69의 따름정리.

2. 인간 상호적인 이성적 삶의 전개(B₂군)

B₁군의 정리들은 이 새로운 영역에서 이성의 근본요구가 무엇인지 드러내 주었다. 그것은 곧 우리 유사한 자들에게도 진리를 인식시키자는 것이다. 우리 자신이 이해하는 바를 그들도 이해할 때, 그들이 느낄 능동적 기쁨에서 우리 역시 기쁨을 얻기 위해서 말이다. 그런 다음, 정리 40(계속해서 849쪽의 〈그림 3〉을 참조하라)은 이 이상의 실현조건을 알려 주었다. 사람들이 화합하면서 살아갈수록, 지식은 더 쉽게 확산된다는 것이 그것이다. 이로부터, 실천상에서 우리와 타인의 관계 맺음을 도맡아야 할 파생적 요구가 도출된다. 사회적 평화를 촉진시키는 모든 것을 체계적으로 추구하자는 것이 그것이다. 그리고 주지하다시피, 사회적 평화를 촉진시키는 것은 바로 배타적이지 않은 사랑이다. 따라서 이성은 우리더러 우정으로 미움을 정복하게끔 다른 이들에게 행동하라고 명령한다.[61] 우리를 경멸하거나 싫어하는 자들조차, 그들의 지성이 발달하면 어떻게 변할지를 생각하면서 사랑하자, 그리고 온힘을 다해 도와주자, 그러면 아마 그들도 우리를 더 이상 미워하지 않을 것이다.[62] 반목을 극복할 다른 수단이 없는 이상, 여하튼 그렇게 하려고 시도해 보자. 물론 이것이 항상 가능하진 않다. 우선, 적대가 보편적인 자연 상태에서는 그와 같은 기획은 여지없이

---

59) 『윤리학』 3부 정리 59의 주석.
60) 『윤리학』 4부 정리 73의 주석을 참조하라.
61) 『윤리학』 4부 정리 46. 주지하다시피, 이 정리는 정리 45의 주석이 개인적인 이성적 삶의 연구에서 수행하는 것과 동일한 역할을 인간 상호적인 삶의 연구에서 수행하고 있다. 말하자면, 파생적 요구를 실행하기 위해서 따라야 할 방법을 정의하고 있는 것이다. 이 때문에 우리는 〈그림 3〉에서 이 정리를 정리 45의 주석과 같은 곳에 두었다(앞의 pp. 726~7를 참조하라).
62) 같은 곳의 증명.

실패하기 마련이다. 또한, 우리가 살아가는 사실상의 사회에서도 그와 같은 기획은 실현되기가 매우 어렵다. 그렇지만 핵심 지점에 대해서는 사람들이 이미 어느 정도 일치해 있을 잘 구성된 국가에서라면, 이 기획은 제도와 풍습의 도움을 받을 수 있을 것이다.

따라서 또 다시 상황은 마치 우리가 이성적 효용주의 단계로 다시 내려가는 양 진행될 것이다.[63] 상기해 보자. 자유로운 인간은 여기서도 역시 두 측면에서 고찰되어야 한다. 우선 증여자 X로서, 그런 다음 수혜자 Y로서 말이다. 효용주의적 고려를 전혀 개입시키지 않는 정리 46의 증명은 전적으로 X의 관점을 취하고 있다. 그래서 스피노자는, 이성이 다른 사람들이 우리에게 도움을 줄 수 있으니 그들을 사랑하라고 권유한다고 말하지 않는다(이렇게 말했다면 훨씬 간단했을 것이다). 오히려 그는 다음과 같이 단언한다. 이성적 인간은 그 자신을 위해 욕망하는 최고선을 타인을 위해서도 욕망하기에, 또 미움의 정념은 이 최고선에서 멀리 떨어져 있음을 알기에, 그리고 미움은 사랑으로 정복될 수 있다는 것을 이해하기에, 자기 유사한 자들에게 사랑의 감정을 표출하려고 노력한다고. 그리고 이는 자기 유사한 자들에게 지성을 계발할 여건을 마련해 줄 평화적 성향들을 불어넣기 위해서라고 말이다.[64] 그런데 이성적 인간이 자기 기획을 성공적으로 완수한다면, 그도 역시 개인적으로 사랑받고 도움도 받을 것이다. 이는 단순하며 예견 가능한 귀결로서 이성적 인간이 이를 모를 리 없다. 그런 이상, 결과는 필연적으로 목적으로 변형된다. 이제 Y인 한에서의 자유로운 인간은 자기의 이성을 발달시킬 온갖 수단을 제공해 줄 조력을 얻

---

63) 이 책 7장 pp. 386~9을 참조하라.
64) 『윤리학』 4부 정리 46의 증명.

고자 타인과 우정을 맺는 것 **또한** 원한다. 그리고 이런 한에서, 그에게는 그의 이웃이 아주 특별한 도구처럼 보이게 된다. 그런데 지성적인 쾌락주의자가 실존할 수 있다면(물론 그럴 수 없다. 자유 국가의 시민이 그와 다소 흡사한 경향을 보이기는 해도 말이다), 그도 정확히 같은 방식으로 처신할 것이다. 물론 앎을 증가시키기 위해서가 아니라, 혼자 힘만으로는 얻을 수 없을 갖가지 쾌락을 얻기 위해서이긴 하지만 말이다. 결국 근본요구는 상이하지만, 파생적 요구에서부터는 두 길은 같아진다.

그러므로 우리가 이미 알고 있는 문제가 다시 제기된다고 해도, 하등 놀라울 게 없다. 자유로워진다고 해도 우리는 계속해서 인간 상호적 세계와 대결하며, 이 세계의 법칙은 여전히 같기에 말이다. 우리가 만일 우리 유사한 자에게 그들을 사랑한다는 것을 보여 준다면, 그들도 우리를 사랑할 것이고, 또 우리에게 그들 나름의 방식으로 도움을 주려고 노력할 것이다. 만일 우리가 그 대가로 그들이 좋아하는 것을 준다면, 그들은 우리를 한층 사랑할 것이고, 사이클은 계속될 것이다. 그러나 만일 우리가 그것을 주지 않거나 혹은 다른 사람에게 애착을 보인다면, 그들은 우리를 미워할 것이고, 우리에게 해를 입히려고 시도할 것이다, 등등. 그런데 무지자는 바로 이 인과결정 ——『윤리학』 3부 B_2군의 정리들은 이를 세부적으로 분석했다—— 을 겪는다. 그것을 이해하지도 제어하지도 못한 채 말이다. 소외의 맹목에 빠져, 복수심과 감사, 상호공조와 상호파괴 사이에서 쉴 새 없이 흔들리면서, 일탈적 상호성의 긍정적 국면과 부정적 국면을 교대로 거치는 것이다. 이 무지자를 올바른 길 가까이에 붙들어 둘 수 있는 것은 오로지 정치적 조건형성뿐이다. 반대로, 이성적 인간은 원인을 충만히 인식함으로써 문제를 해결한다. 한 치의 과실도 없이, 완전히 안정적인 긍정적 상호성의 사이클에 들어가기 위해 필요한 모든 것을 하는 것이다. 그리고 이는 또 다시, 그의 욕망의 규범 노릇을 하는 세 원칙을 적용한 덕분이다. 이런 이유로 4부의 B_2군은, 〈그림 3〉에서 우리가 보여주고자 했던 것처럼,[65] A_2군과 정확히 동일한 구조를 지니게 된다.

    이번에는 스피노자는 **신중함의 원칙**에서 시작한다. 여타의 조건이 같다면, 자유로운 인간은 가능한 한 많은 사람들과 가능한 한 많은 선행을 교환하고자 한다. 그리고 당장은 이는 여전히 유용하다. 하지만 아직 긍정적 상호성이 차후 부정적 상호성으로 퇴락하지 않도록 하는 일이 남아 있다. 우정이 미움으로 바뀔 경우, 그 결과는 우정이 아예 없었을 경우보다 더 나쁘기에 말이다. 그런데 무지자를 상대할 때는 이런 일이 가장 흔하게 일어난다. 만일 무지자가 우리에게 모종의 도움을 준다면, 이는 그 자신도 등가적인 무언가를 받으리라는 희망에서이다.[66] 그러나 그가 우리에게서 반대급부로 받고자 하는 선이 이성에 부합하지 않는다면, 이성은 우리가 무지자를 만족시키는 것을 금한다.[67] 이 경우, 무지자는 우리를 배은망덕하다고 비난하며 싫어한다.[68] 따라서 자유로운 인간은 미래의 성가신 일을 예방하기 위해 당장의 이익을 버릴 것이다. 무지자가 베푸는 선행을 피하려고 할 수 있는 한 노력하는 것이다.[69] 물론 항상 그렇게 하지는 못할 것이다. 사회적 삶이 주는 모든 편의를 어떻게 포기할 수 있겠는가?[70] 하지만 적어도 그는 경계할 것이며 거리를 둘 것이다. 자유로운 인간은 누군가가 주는 것을 받기 이전에 주는 자가 **누구인지**, 그리고 어떤

---

65) 이 책의 849쪽을 참조하라.
66) 『윤리학』 4부 정리 70의 증명.
67) 같은 곳.
68) 같은 곳.
69) 『윤리학』 4부 정리 70.
70) 같은 정리의 주석.

명시적 또는 암묵적 조건에서 주는지를 따져 볼 것이다. 앞서 살펴 보았듯, 자유 국가에서는 상인이나 금융가들도 이와 유사한 행위 노선을 택하는 경향을 띠었다. 그러나 그들은 완전히 그렇게 되지는 못했다. 무지자 자신이 불신하는 자는 무지자 일반이 아니라, 그들 가운데 탄탄치 않은 부를 가지고 있거나 의심스런 명성을 누리는 자뿐이었기 때문이다. 결국 그들은 아주 능숙했음에도 쓰디쓴 기습만큼은 피하지 못했다. 반면, 자유로운 인간은 좋은 기준을 사용하기에, 늘 분별 있게 상대방을 선택한다. 다시 한 번 말하지만, 적어도 그가 자유로운 한에서는 말이다.

그런데 자유로운 인간은 주변에서 다른 자유로운 인간을 만날 수도 있을 것이다. 이 경우 **대조의 원칙**은 특히나 적용하기 쉬울 것이다. 이 원칙에 따르면, 우리는 두 이익 중 보다 큰 것을 선택해야 한다. 그런데 이성적 인간에게 세상에서 가장 유용한 것은 다름 아닌 다른 이성적 인간 아닐까?[71] 어떤 선이든 악으로 바뀔 수 있지만, 이 선만은 예외다. 정리 35의 따름정리 1이 보여 주었듯, 어떤 경우든 이런 인간보다 우리에게 더 이익이 되는 독특한 사물은 없을 것이다.[72] 사정이 이렇다면, 자유로운 인간들은 아무런 속셈이나 망설임 없이 서로 사랑할 것이다. 그들은 모두 한숨에 훌쩍 뛰어올라, 상대방을 최대한 돕고자 노력할 것이며,[73] 이처럼 관대함을 서로 겨룸으로써 그들의 우정은 부단히 새로워질 것이다. 요컨대, 감사의 사이클이 가장 높은 현실화의 수준에서 가동되는 것이다. 그

---

71) 『윤리학』 4부 정리 71의 증명.
72) "제 맘대로 되지 않는 모든 것 가운데, 진리를 성심껏 사랑하는 자들과 우애로운 결속을 맺는 것보다 제가 더 높이 사는 것은 없습니다. 왜냐하면 우리 맘대로 되지 않는 세상에서, 그런 식으로 사람들을 사랑하는 것보다 더 평온하게 사랑할 수 있는 경우는 없다고 여겨지기 때문입니다"(『편지』 19[G IV pp. 86~7/P p. 1178]).
73) 『윤리학』 4부 정리 71의 증명.

렇다면 그들은 서로 무엇을 교환하는가? 첫째, 각자의 사상이다. 그들 모두는 같은 진리를 인식하는 일을 최고 목적으로 삼을 것이기에,[74] 그들 사이에 비밀은 아예 없을 것이다. 그래서 누구나 마음속 깊이 품고 있는 물음들을 솔직하게 제기할 것이며, 각자의 인식을 제한 없이 소통할 것이다.[75] 뿐만 아니라 그들은 서로에게 나눠 줄 수 있는 "현세적" 혜택 역시 전부 교환할 것이다.[76] 그들 친구가 지성을 계발하기를 원한다는 것은, 동시에 그렇게 할 수 있는 물질적 수단 역시 그 친구에게 제공하길 원한다는 것이기도 하기에 말이다. 물론 이는 교환을 조건으로 하지만, 아무도 이를 거론할 생각조차 하지 않을 만큼 이 조건은 자명한 것이 될 것이다. 또한 명석한 관념들이 거짓 관념들로 변형될 수는 없는 이상, 참된 것에 대한 사랑에 바탕을 둔 이와 같은 긍정적 상호성이 반전될 위험은 결코 없을 것이다.[77] 자, 이처럼 우리 앞에는 보통의 인간 상호관계와는 사뭇

---

[74] 「편지」 19를 쓸 당시 스피노자는 블뤼엔베르흐가 바로 그런 경우라 믿고 있었다. "당신의 편지를 … 받았습니다. 거기서 저는 진리에 대한 당신의 강렬한 사랑을, 그리고 그것만이 당신이 추구하는 유일한 목표임을 알게 되었습니다"[G IV p. 86/P p. 1177]. 그래서 그는 블뤼엔베르흐에게 두 가지를 약속한다.

[75] 이것이 스피노자가 블뤼엔베르흐에게 한 첫번째 약속이다. "저 역시 이와 정확히 동일한 것을 마음에 품고 있는 이상, 이렇게 결론 내리게 되는군요. 곧 당신이 지금 보내온 질문과 앞으로 보내올 질문에 대해 제 지성의 힘을 다해 답변해 달라는 당신의 부탁을 전적으로 받아들일 뿐만 아니라 …" (「편지」 19[G IV p. 86/P p. 1178]).

[76] 이것이 스피노자가 블뤼엔베르흐에게 한 두번째 약속이다. "… 서로에 대한 보다 깊이 있는 앎과 진심어린 우애에 도움이 될 수 있는 모든 것을 제 분(分)을 다해 행하기로…" (같은 곳[G IV p. 86/P p. 1178]). 또한 스피노자는 조금 더 뒤에서 이렇게 덧붙인다. "그 밖에도, 그것이 주는 아주 크나큰 유용성에 대해서는 언급하지 않겠습니다" (같은 곳[G IV p. 87/P p. 1178]). 하지만 'concluderem' [제가 결론 내리게—옮긴이]이라는 낱말이 보여 주듯, 이 두 약속은 가설적 추론의 결론들이다. 곧 그것들은 블뤼엔베르흐가 진정으로 자유로운 인간일 *경우*에만 타당하다. 물론 이 가정은 이후 잘못된 것으로 밝혀질 것이다.

[77] "… 일단 지각된 진리가 파악되지 않을 수 없는 것과 마찬가지로, 그런 자들이 서로에 대해 갖는 사랑은 각자가 진리의 인식에 대해 갖는 사랑에 토대를 둔 이상 해소될 수 없기 때문입니다" (같은 곳).

다른 풍경이 펼쳐진다. 물론 훌륭한 정치적 조건형성 하에서 나타나는 무지자들의 관계도 이런 풍경의 예고일 수 있다. 정념적인 감사는 교역이며,[78] 자유 국가에서 이 교역은 보편적으로 확산되고 더없이 안정적일 테니 말이다. 그럼에도 양자 사이에는 얼마나 큰 차이가 있는가! 통상적으로 실행되는 교역은, 최선의 경우에도 적어도 잠재적으로는 모종의 속임수를 동반하기 마련이다.[79] 가장 정직한 상인조차도, 합법적으로 할 수만 있다면, 또 고객을 유지할 수만 있다면, 항상 적게 주고 많이 받을 궁리를 한다. 그럼에도 균형이 유지된다면, 그 이유는 누구나 똑같이 그렇게 하기 때문이다. 반대로, 자유로운 인간들 사이의 교환은 이런 식의 쩨쩨함을 단연코 넘어서 있다. 그래서 사이클의 영속성을 확보하기 위한 법적 방비는 전혀 필요 없다. 상황은 마치 누구나 모든 이들에게 무기한의 백지 어음을 주는 양, 그리고 누구나 이에 대해 흡족해 하는 양 돌아가는 것이다. 이것이야말로 교역의 본질에 완전히 합치하는 이를테면 이상적 교역이다. 그런데 이는 그것을 실행하는 자들에게 정념으로는 불가능한 아주 폭넓은 시야와 그들의 진정한 이익에 대한 자각을 요구한다. 그래서 오직 자유로운 인간만이 서로에게 완전히 감사한다.[80]

그러므로 사회 평화를 추구하려면, 우리는 대화 상대자의 본성에 따라 아주 상이한 두 가지 태도를 취해야만 한다. 하지만 목표는 여전히 동일하며, 이 동일성은 엄밀하게 받아들여져야 한다. 자유로운 인간은 무지자들과의 관계에서조차 직접적으로는 화합을 원하며, 단지 간접적으로만 불화를 피한다. **긍정성의 원칙**에는 어떤 예외도 없는 것이다. 그런데 신뢰

---

78) 『윤리학』 4부 정리 71의 주석.
79) "… 거래 또는 계약" (같은 곳).
80) 『윤리학』 4부 정리 71.

가 없다면 긍정적 상호성도 없다. 따라서 자유로운 인간은 항상 충직하게 처신할 것이다.[81] 만일 그의 유일한 목표가 분노와 미움이 초래하는 불편함을 피하는 것이라면, 사정은 사뭇 다를 것이다. 이럴 경우 그는 위험이 사라지는 즉시 자기 맹세를 어기는 한이 있더라도, 그저 곤란을 겪지 않을 요량으로 아무것이나 약속할 것이다. 물론 약속을 지키는 것이 평온을 위한 최선의 수단인 이상, 그는 대체로는 자신의 서약을 지키긴 할 것이다. 하지만 경우에 따라서는 그렇게 하지 않을 것이다. 요컨대, 타인과의 합의는 한낱 타협으로 전락해 버리고, 타협을 꼭 지키지 않아도 동일한 결과를 얻을 수 있는 순간부터는 타협의 필요조차 사라질 것이다. 그러나 이성적 인간은 화합을 고식책으로가 아니라 그 자체로 추구하기 때문에, 누구를 막론하고 단 한 순간도 속일 생각을 하지 않을 것이다. 설령 예외적인 상황에서일 뿐이라 하더라도 여하간 이성이 기만을 허용한다면, 이는 이성이 우리더러 근본적으로는 여전히 대립하면서도 단지 말로만 합의하라고 명한다는 것과 마찬가지일 테니 말이다.[82] 그러므로 어떤 상황론적 궤변도 배제된다. 자유로운 인간은 경우에 따라 자기 생각을 소통하기도 하고 그러지 않기도 하겠지만, 여하튼 거짓말은 하지 않을 것이다. 그가 비록 자기 생각 **전부**를 말하지는 않더라도, 어쩔 수 없이 대화 상대자의 언어를 채택할 수밖에 없다 해도,[83] 그는 자기가 생각하지 않는 바를 말하는 법은 없을 것이다. 마찬가지로, 그는 "현세적" 삶을 살아가는 동안 경우에 따라 서약을 할 수도 하지 않을 수도 있지만, 여하튼 자기가 약속한 것만은 모두 지킬 것이며,[84] 어떤 일이 닥치더라도 반드시 지키겠다

---

81) 『윤리학』 4부 정리 72.
82) 같은 정리의 증명.
83) 『지성교정론』 17절.

는 결심이 서지 않는 약속은 하지 않을 것이다. 자유로운 인간은 이 점에서도 역시, 가장 훌륭한 정치사회조차도 아주 대략적인 근사치밖에 제시할 수 없었던 완전한 상인의 이상을 충만하게 실현할 것이다. 그는 모든 계약을 예외 없이 양심적으로 준수할 것이다. 계약의 문면뿐 아니라 그 정신까지 말이다.

당장 죽을 위험에 처할 경우도 포함해서 말인가?[85] 당연히 그렇다. 화합은 무조건적으로 좋은 것이기 때문이다. 긍정성의 원칙은 이런 극단적인 경우에도 **역시** 적용된다. 자유로운 인간은 자기 생명을 대가로 한다 하더라도 정직할 것이다. 그렇다고 자유로운 인간이 배신이나 거짓말보다 죽음을 선호한다고는 말하지 말자. 정리 67이 보여 주었듯, 그는 단지 죽음을 생각하지 않을 뿐이다. 하지만 그렇다면, 그는 더 이상 자기 존재를 유지하려고 하지 않는다는 것인가?[86] 그렇지 않다. 상기해 보자. 실상 코나투스는 한낱 원초적인 생물학적 실존을 보존하는 것으로 환원되지 않는다. (존재 일반이 아니라) **우리의** 존재를 보존한다는 것은, 우리 본질에서 따라 나오는 귀결들을 현실화시킨다는 것이며, 또한 우리 본질의 귀결들은 바로 이성의 명령들이기에 말이다. 그런데 이성의 명령들은 보편적이다. 그래서 우리 실존이 절체절명의 위기에 빠졌을 때, 만일 이성이 우리에게 맹세를 어기라고 조언한다면, 이성은 만인에게 똑같이 조언할

---

84) 물론 자신의 진심이 악용당했음을 깨닫는 경우는 제외된다. 가령, 만일 약간의 돈을 맡아 주겠다고 약속했는데 그 후 그 돈이 훔친 것이었음을 알게 된다면, 이성은 우리에게 그것을 합법적 소유자에게 되돌려주라고 명한다(『정치론』 3장 17절). 사회계약은 다른 모든 약속에 논리적으로 선행하기 때문에, 이와 같은 경솔한 약속은 무효화되는 것이다. 하지만 오류를 범한 이상, 우리는 자유롭지는 않다.
85) 『윤리학』 4부 정리 72의 주석.
86) 같은 곳.

것이다. 따라서 이성은 사람들더러 서로 힘을 모으는 데 동의하되 오직 불분명하게만, 곧 각자 원할 때 빠져나갈 여지를 남겨 두면서 그렇게 하라고 명할 것이다. 달리 말해, 이성은 사람들에게 진정으로 힘을 모으지 말라고 명하는 셈이 될 텐데, 왜냐하면 실질적으로 각자는 계속해서 단독 행동을 하고 어느 누구도 서로 믿을 수 없을 것이기 때문이다. 이는 분명 불합리하다.[87] 이러한 논리적 필연성에서 빠져나가기란 불가능하다. 왜냐하면 자유로운 인간은 이와는 달리 추론**할 수 없도록** 되어 있으며, 가정상 그의 활동은 그의 추론의 결론들이기 때문이다. 만일 그가 죽는다면, 그 이유는 외적 원인이 그보다 훨씬 강했기 때문이겠지만, 그렇다고 해서 그가 본성을 바꿀 리는 없다. 원이 살아남기 위해 사각형이 되겠는가?

따라서 이런 관점에서 볼 때 자유로운 인간의 관대함에는 제한이 없다. 그의 관대함은 특정 개인의 장점이나 개별 경우를 고려하지 않는다. 그런데 또 다시, 이는 이익이나 신중함과 양립할 수 있을까? 자유로운 인간이 만일 무지자들과의 교환을 최소한으로 축소한다면, 만일 자기 동료들과만 우정을 맺는다면, 그러면서도 어떻게 동시에 만인에게 무조건적으로 헌신할 수 있을까? 여기서도 또 다시, 긍정성의 원칙과 앞의 두 원칙 간에는 모순이 있지는 않는가? B_2군의 결론인 정리 73은 이러한 외관상의 난점을 손쉽게 해결해 준다. 우리가 우정을 맺을 만한 사람들과만 우정을 맺는다 해도 사회 전체에 봉사할 수 없는 것은 아니다. 이럴 경우,

---

[87] 같은 곳. 물론 이와 같은 불합리에 의한 추론은 결코 칸트 식의 추론이 아니다. 스피노자는, 사기를 그 자체로 볼 경우 그것이 모순 없이 보편화될 수 없다고 말하는 것이 아니다. 그의 단언은 사기가 선행적으로 이미 정립된 이성의 요구와 모순을 빚지 않고서는 보편화될 수 없다는 것이며, 이성의 이 요구(화합의 무조건적 필요성)는 최고선의 열망에서 따라 나오는 이상, 결코 형식적이지 않다.

우리는 아예 인적(人的)이지 않은 방식으로 사회 전체에 봉사할 것이다. 시민으로서 국가 법률에 복종하면서 말이다. 그런데 자유로운 인간은 바로 이런 식으로 처신한다. 고립되어 있을 때, 그는 자기의 이성적 욕망을 실현할 아무런 수단도 갖지 못할 것이다. 그는 자기 자신에만 복종하겠지만, 항상 실패할 것이다. 반면, 국가에서 그는 자기 본성의 귀결들을 훨씬 더 성공적으로 현실화할 것이며, 이는 결국 그가 더 자유롭다는 것이다.[88] 아마도 사회 자체가 더 잘 형성되어 있을수록 더욱 그럴 것이다. 그렇지만 최악의 국가에서도 그는 적어도 맹아적인 안전과 화합의 혜택을 누릴 것이다. 그래서 그는 아무런 유보 없이 사회계약을 맺을 것이며, 여기서 비롯되는 의무들을 전부 어김없이 이행할 것이다.[89] 모범적인 시민인 그는 필요하다면 자기 생명을 대가로 해서라도 공동의 법을 따르는 것이다. 그런데 그에게 그 이상을 요구할 수는 없다. 공민으로서의 의무와 인적 관계는 별개이기에 말이다. 후자와 관련하여, 그는 할 수 있는 한 지식만을 목표로 삼는 사람들의 소규모 공동체에만 참여할 것이다. 이렇게 하여 B_2군의 모든 정리들은 단 하나의 성향으로 회집된다. 그것은 곧 **관대함**의 덕(이성의 인도 하에서 사람들을 돕고 그들과 우정을 맺으려는 노력)[90]으로, 이것이야말로 인간 상호적인 이성적 삶 전체의 축도이다.[91]

* * *

---

88) 『윤리학』 4부 정리 73.
89) 『정치론』 3장 6절을 참조하라.
90) 『윤리학』 3부 정리 59의 주석.
91) 『윤리학』 4부 정리 73의 주석.

하지만 정리 73은 또한 다른 것을 시사해 준다. 방금 전 살펴보았듯, 자유에도 여러 등급이 있다. 자유롭다는 것은 이성의 명령 하에서 활동한다는 것이다. 그리고 이성이 보다 강하고 정념이 보다 유순할수록, 이성은 그만큼 더 쉽게 명령한다. 여기서 두 가지 결론이 도출된다. 첫째, 자유로운 인간은 법률에 복종하는 데 만족하지 않으며, 국가의 개혁도 원한다. 그의 목표가 **모든 인간**을 이성적으로 살아가게 하는 것임을 잊지 말자. 그런데 그가 성공할 확률은 대부분 정치 제도에 달려 있다. 우선, 잘못 형성된 사회에서는, 다시 말해 가장 생생하고 가장 만연한 정념적 욕망들이 이성적 욕망들과 대립하는 사회에서는, 해방에 이른 개인은 극히 드물다. 이성의 요구에 무감한 자는 아무도 없겠지만, 극히 예외적으로 풍부하고 강력한 개인적 본질을 지닌 자만이 이런 요구가 실천적으로 승리하게 만들기에 말이다. 반면, 자유 국가에서 이성적 욕망은 자신과 거의 같은 방향으로 우리를 정향시키는 정념적 욕망의 지원을 받는 이상, 훨씬 덜 힘들게 호소력을 얻을 것이다. 곧 자유 국가에서 모든 것은, 비록 완벽하게는 아닐지라도, 우리의 장래를 고려하면서 이익을 계산하도록, 슬픔을 피하기보다 기쁨을 추구하도록, 엄선된 상대와의 교환을 늘리도록, 그리고 충직함을 보이도록, 우리를 준비시킬 것이다. 이럴 경우, 자유로운 인간은 아마도 군단을 이룰 것이다! … 그러므로 이성은 분명 우리에게 정치적 참여를 명한다. 다만 반란을 호소함으로써가 아니라, 현존 통치형태에 맞는 제도적 체계를 탐색하고, 그런 연후 합법적 권력자들에게 이를 알려 줌으로써 말이다. 물론 합법적 권력자들이 우리 말을 들으리라는 보장은 없다. 그러나 불굴의 인내로 이를 시도해야 한다. 박해를 두려워하지도, 그렇다고 쓸데없이 도발하지도 않고서 말이다. 인류의 구원에는 이런 대가가 필요하다.

그런데 둘째, 이와 같은 확장의 노동에는 심화의 노동이 수반되어야 한다. 실상, 우리가 지금 서 있는 지점에서는, 우리의 자율성은 아직 충만하게 확보되어 있진 않다. 물론 우리는 자유롭다. 즉, 우리가 무엇을 하든, 우리에게 그것을 명령하는 것은 다름 아닌 우리의 이성이다. 그러나 우리가 그것을 할 수 있는 것도 오직 상황의 협조 덕분이다. (이성적 욕망, 외적 원인에 가하는 활동, 좋은 정념, 우리 이성적 욕망의 강화 등등으로 이어지는) 이성적 삶의 사이클은 필연적으로 세계의 매개를 거치며, 당연히 세계는 우리 요구에 따르지 않을 수 있다. 그래서 최상의 정치사회라 해도 결코 우리를 슬픔이나 과잉된 기쁨에서 완전히 해방시키지는 못한다. 하물며 자유 국가는 예기치 못한 우연에 좌우되며, 더욱이 새 세상이 오기 전에는 우리는 이런 국가에서 살지도 못한다. 그런데 외적 원인의 도움을 전혀 받을 수 없다면 어떤 일이 일어날까? 상황은 암울해지는데 우리로서는 아무런 비책이 없다면? 한편으로, 우리의 기획은 좌초할 것이고, 우리는 이를 슬퍼할 것이며, 악에 대한 참된 인식은 실지(失地)를 회복할 것이다. 그리고 우리는 불가피한 것을 받아들이기는 하겠지만,[92] 이는 그야말로 피치 못한 일에 불과할 것이다. 다른 한편, 또한 무엇보다도, 우리가 더 이상 아무것도 할 수 없는 환경이 우리에게 영향을 미쳐 나쁜 정념들을 소생시킬 것이며, 이 정념들은 이성의 욕망들에 대립하는 욕망들을 낳을 것이다. 그리고 이성은 우리 정신에서 이미 충분히 큰 비중을

---

[92] 『윤리학』 4부 부록 32항. 필연성이 우리를 좌절시킬 때, 우리가 이를 이해하는 한, 우리 자신의 가장 탁월한 부분(명석 판명한 관념들로 구성된 부분)은 기뻐할 것이다(같은 곳). 하지만, 우리가 이 필연성을 실제로 제어할 만큼 충분히 이해하지 못하는 한, 우리는 슬퍼할 수밖에 없다. 따라서 만일 명석 판명한 관념이 우리 정신의 가장 큰 부분을 구성하지 않는다면, 우리에게는 기쁨보다 슬픔이 더 클 것이다.

차지하고 있지 않다면 수세에 몰릴 것이다. 이럴 경우, 사이클은 더 이상 닫히지 못할 것이다. 다시 말해, 우리는 다시 타율적이게 될 것이며, 보다 유리한 상황 덕분에 우리의 능동적 감정이 얼마간 지휘권을 되찾을 때까지는 계속 타율적으로 머물러 있을 것이다. 4부의 마지막 정리들에 등장하는 자유로운 인간은 아직은 잠정적으로만 자유롭다. 이런 그의 모습은 이상적인 군주제 국가와 흡사한데, 이 국가에서 집단의지는 그 외 여러 다른 영향을 받을 수 있는 왕의 재가가 떨어져야 비로소 강제력을 갖는다. 자유로운 한에서 그는 무오류적이지만, 이는 한낱 추상에 불과하다. 구체적인 현실에서는, 그가 자기 모델에 합치하기 위해서는 외부의 원군이 필요하다. 따라서 그는 이런 우회의 필요성으로부터 최대한 빨리 절연해야 한다. 다시 말해, 명석 판명한 관념들이 그의 영혼의 대부분을 구성하도록, 그리고 여기서 따라 나오는 욕망들이 그것들 자체로도, 결집된 정념적 욕망들 전부보다 강해지도록 해야 하는 것이다. 그리고 그가 행위를 정향할 때 외적 원인들이 ── 이것들이 어떤 기쁨이나 슬픔의 감정으로 그를 변용시키든 ── 더 이상 아무런 역할도 못할 무적의 문턱까지 올라가야 한다. 달리 말해, 지금까지 그를 지탱해 주었던 정념을 비롯한 일체의 정념에 더 이상 의존하지 않아야 한다. 이는 어느 정도까지 가능할까? 바로 이것이 『윤리학』 4부를 마무리하는 물음이다.[93] 그리고 5부 처음 20개 정리가 이에 답할 것이다.

---

93) 『윤리학』 4부 정리 73 주석의 끝부분.

13장 _ 이성의 역량[1]

 우리가 이처럼 우월한 등급의 자유, 그러니까 상황의 협조 없이도 우리의 이상적 모델과 유사해질 수 있을 정도의 자유까지 올라갈 수 있을까? 우리의 명석 판명한 관념들은 우리에게 모든 경우, 심지어 외적 원인이 우리를 점점 올바른 길에서 빗나가게 할 때조차, 우위를 점할 만큼 충분히 강력한 욕망을 불어넣을 수 있을까? 보다 고전적으로 표현하자면, 우리 이성은 우리 정념에 대해 정확히 어떤 지배력을 지니고 있는가? 이 지배력이 절대적이지 않다는 건 확실하다. 우리가 오래전부터 알고 있듯, 우리 신체의 변용들은 오로지 연장의 본성을 통해서만 인식되는 결정론을 따른다. 또한, 우리 감정들이 이 신체 변용들에 대한 관념들인 이상, 그것들은 이 변용들과 동일한 질서로 연쇄된다. 그리고 『윤리학』 4부의 처음 18개 정리들이 보여 주었듯, 어떤 참된 인식도 이 준엄한 역학 법칙들을 변경하거나 유예시키진 못할 것이다. 그래서 환경이 우리에게 불러일으키는 과잉된 기쁨이나 슬픔을 체험하지 않기란 불가능하며, 또 어떤 욕망

---

[1] 이는 알퀴에(F. Alquié) 선생이 동일한 주제를 다룬 강의(『스피노자에게서 예속과 자유』 Servitude et liberté selon Spinoza, p. 90)의 한 장에 붙인 제목을 따온 것이다.

이 나쁘다는 것을 우리가 알고 있더라도 역관계가 그것을 조장할 경우 이 욕망을 패퇴시키기란 불가능하다. 그렇다고 우리가 근본적으로 무력하다고 결론짓지는 말자. 사실, 이성은 이 인과결정을 고작 외부에서 관조하고 말지는 않는다. 이성 자신이 이 인과결정을 이루는 일부이기에 말이다. 힘 중의 힘인 이성은 특정한 발달 수준에 이르고 나면 상황을 자신에게 유리한 방향으로 역전시킬 수밖에 없지 않을까?

분명 그렇다. 그리고 이 역시 우리가 오래전부터 알고 있었던 것이다. 왜냐하면 평행론은 정의상 필연적으로 양 방향으로 작동하기 때문이다. 우리 관념들이 우리 신체 변용들과 동일한 질서로 연쇄되듯, 역으로 우리 신체 변용들도 우리 관념들과 동일한 질서로 연쇄되는 것이다.[2] 정확히 하자. 분명 여기서 말하는 것은 영혼과 신체의 상호작용이 아니다. 또한, 하나는 수동을, 다른 하나는 이성적 능동성을 해명해 줄 상반된 방향의 두 평행론 ── 전자는 부대현상론이, 후자는 관념론이 될 것이다 ── 도 아니다.[3] 두 계열은 비단 간섭하지 않을 뿐 아니라, 어떤 순간에도 두 계열 중 어느 하나가 특별히 주도권을 갖지도 않는다.[4] 우선, 정신은 언제나 사유하려고 노력할 뿐이며, 신체는 언제나 자기 구조에서 귀결되는 활동들을 수행하고자 노력할 뿐이다. 다음으로, 정신과 신체에서 일어나는 모든 것은 정신과 신체 각각의 코나투스에서 따라 나온다. 각각의 코나투스는 교란될 수도 그렇지 않을 수도 있지만, 이는 그들 각각이 속한 것과

---

2) 『윤리학』 5부 정리 1.
3) 브룅슈빅(L. Brunschvicg)의 생각(『스피노자와 당대인들』 *Spinoza et ses contemporains*, pp. 130~1)과는 반대로 말이다.
4) 라쉬에즈-레이(P. Lachièze-Rey)가 시사하는 듯 보이는 것(『스피노자 신의 데카르트적 기원』 *Les origines cartésiennes du Dieu de Spinoza*, p. 110)과 반대로 말이다. 물론 그는 이 물음을 깊이 파고들지는 않는다.

동일한 속성에 포함되어 있는 다른 외부 원인들에 의해서이다. 한편, 만일 영혼이 정념에 예속된다면, 그 이유는 신체 활동이 외부에서 유래한 이미지들[5]에 의해 여기 지금 촉발되기 **때문이** 아니다. 오히려 그 이유는, 영혼이 오직 그 자신의 본성에서 연역되지 않고 현행적으로 실존하는 다른 독특한 사물의 관념[다른 영혼]의 본성에서 연역되는 사유를 형성하기 때문이며, 또한 이 다른 관념[다른 영혼]들과 분리되어서는 영혼 스스로 이런 연역을 수행할 수 없기 때문이다. 다른 한편, 만일 신체가 이성적으로 행동한다면, 이는 영혼이 자신의 관념들을 서로 연역되도록 하는 데 성공하기 **때문이** 아니다. 오히려, 신체가 자기에게 일어나는 이미지들을 논리적 질서에 따라 연쇄시키는 경향을 줄곧 필연적으로 띠어 온 결과 마침내 이에 성공하기 때문이며, 이 논리적 질서에 힘입어 자기 행동들을 자신의 진짜 필요에 맞게 정향할 수 있게 되었기 때문이다. 그리고 그 결과, 신체의 코나투스가 효력을 발하기 때문이다. 하지만 그럼에도 여전히 수동성은 연장에서 출발할 때 더 쉽게 이해되고, 능동성은 사유에서 출발할 때 더 쉽게 이해된다. 그 자체로는 아니라도, 적어도 우리에 대해서는 말이다. 사실, 왜 우리 영혼은 현행적으로 실존하는 다른 독특한 사물의 관념[다른 영혼]과 분리되는가? 이는 우리 영혼의 대상이 우리 신체이기 때문이며, 또 신체들이 연장의 양태들인 한에서 서로 분리되고 경합하기 때문이다. 우리 정념들 모두는 오직 사유에 의해서 설명되지만, 단 사유가

---

[5] 상기해 보자. 이미지들은 그것에 대한 관념들이 우리에게 외부 물체들을 현존하는 것처럼 표상해 주는, **인간 신체**의 변용들이다(『윤리학』 4부 정리 17의 따름정리와 주석). 물론 스피노자가 이 정의를 항상 따르는 것은 아니다. 그는 때로는, 우리에게 외부 물체를 현존하는 것처럼 표상해 주는 **관념들**을 '이미지'라고 부르곤 한다. 좀더 명확하게 하기 위해, 우리는 이 장에서 '이미지'라는 말을 정신적 이미지가 아니라 항상 **신체적** 이미지라는 의미로 사용할 것이다.

연장에 대한 사유라는 점을 잊지 않는다는 조건에서만 그렇다. 역으로, 왜 우리 신체는 자신의 변용들을 논리적이고 무모순적으로, 따라서 자기 조절적으로 조직하려는 경향을 띠는가? 왜 우리 신체는 코나투스를 갖는가, 아니 더 정확히 말해 왜 우리 신체는 코나투스인가? 왜냐하면 신체가 개체적 본질을 지니고 있기 때문이다. 즉, 가지적이기(intelligible) 때문이다. 우리의 모든 이성적 행동은 오직 연장에 의해서만 설명되지만, 단 연장이 사유에 대한 연장이라는 점을 잊지 않는다는 조건에서만 그렇다. 바로 여기서, 5부 정리 1이 보여 주는 관점 전환이 일어난다. 이제 평행론은 우선 사유-연장의 방향으로 읽히며, 그런 다음 단지 부차적으로만 연장-사유의 방향으로 읽힐 것이다. 우선, 이성은 발달되어 감에 따라 점차 우리 정신에서 더 큰 비중을 차지한다. 따라서 이에 상응하는 변양(사유에서 연장으로의 이항移項)이 우리 신체 내부의 역관계에 일어날 수밖에 없다. 그러므로 감정역학의 일반법칙대로 이성의 신체적 등가물이 수동적 변용들보다 우세해질 확률은 점점 높아진다. 이는 다시 (연장에서 사유로 재이항하면) 이성이 우리 정신에서 정념들보다 우세해질 확률이 점점 높아진다는 것이기도 하다.

더 나아가 보자. 이러한 관점의 전환은 '사유-내적' 평행론[6]에도 해당된다. 우리 관념들에 대한 관념들이 우리 관념들과 동일한 질서로 연쇄

---

6) 이는 게루(M. Gueroult) 선생의 표현이다. [옮긴이] 게루는 『윤리학』 2부 정리 7을 주해하면서 평행론의 세 가지 차원을 구별한다. 첫째, 표상으로서의 관념들(표상적 본질)과 사유 바깥의 사물들 사이에 성립하는 평행론(사유-외적 평행론). 둘째, 사물로서의 관념들(형상적 본질)의 연쇄와 원인들의 연쇄 사이에 성립하는 평행론(첫번째 사유-내적 평행론). 셋째, 관념에 대한 관념(곧, 반성적 관념)들과 관념들 사이에 성립하는 평행론(두번째 사유-내적 평행론). 여기서는 두번째 사유-내적 평행론을 가리키고 있다(게루, 『스피노자 II : 영혼에 대해』Spinoza II : De l'âme, p. 70 이하를 참조하라).

되듯이, 우리 관념들도 우리 관념들에 대한 관념들과 동일한 질서로 연쇄된다고 할 수 있을 것이다. 스피노자가 이 진리에 별도의 정리를 할애할 필요를 못 느낄 정도로, 이 진리는 그야말로 자명하다. 관념과 관념에 대한 관념은 **동일한 속성** 안에 있는 동일한 것, 다시 말해서 아무런 제한 없이 동일한 것이기에 말이다. 따라서 여기에서의 평행론은 순수하고 단적인 동일성을 의미한다. 십분 양보하더라도, 이 두 계열[관념의 계열과 관념에 대한 관념의 계열] 사이에는 이를테면 사고상의 구별만이 있다.[7] 그런데 이것이야말로 『윤리학』 5부의 첫 부분을 해명해 주는 열쇠다. 스피노자는 5부의 처음 정리들에서 우선 관념에 대한 관념에서 관념으로, 그런 다음 관념에서 그 관념에 상응하는 신체적 이미지로 나아갈 것이다. 즉, 스피노자는 우리 감정에 대한 명석한 의식은 감정 자체의 변형을 수반하며(정리 3), 이 변형은 다시 우리 신체의 변용들의 재조직화를 수반한다고(정리 10) 말할 것이다. 그가 만일 이런 절차로 진행하지 않았다면, 우리 정신에 대한 우리의 지성적 인식이 어떻게 정서역학에 편입될 수 있는지, 그리고 어떻게 이 역학의 전개를 정향할 수 있는지가 납득되지 않을 것이다.

그렇다면 왜 이제 와서야 스피노자는 문제를 이 측면에서 고찰할까? 『윤리학』 4부의 첫 부분에서 이성의 유약함이 어디에서 비롯되는지를 보여 줄 때, 왜 스피노자는 동시에 이성이 보유하는 역량을 검토하지 않았을까? 이유인즉, 이 역량이 지금까지는 실천적으로는 무의미했기 때문이다. 이성이 우리 정신의 가장 큰 부분을 구성하지 않는 한, 그것은 유리한 정념적 맥락을 필요로 한다. 그런데 이는 단지 이성의 요구가 '여기 지

---

[7] 『윤리학』 5부 정리 3의 증명.

금 우세해지도록 만들기 위해서만은 아니며, 그와 같은 [정념적] 원군이 없어도 될 때까지 이성 스스로가 발달하기 위해서이기도 하다. 실상 특정한 외적 조건이 갖추어지지 않는다면, 이성은 일체의 외적 조건과 무관하게 우리 행위를 정향할 수 있게 되는 무적의 문턱에 결코 도달하지 못할 것이다. 그런데 우리 환경이 어떻게 정비되느냐는, 적어도 상당 부분, 우리가 살아가는 사회 유형에 달려 있다. 가령, 자유 국가(또한 흡사함의 정도는 다르긴 해도, 제도나 풍습의 이러저러한 측면에서 자유 국가와 흡사한 모든 국가)는 정념들을 시간상으로 늘여 놓도록 우리를 강제함으로써, 또한 사태의 흐름을 필연적이라고 상상하게 만듦으로써, 정념의 유독성을 완화시킨다. 그리고 다수 대상에 관련되는 감정들에 특권을 부여함으로써 우리 지각장을 풍부하게 만들어 주는 것도 이런 국가이며, 진정한 제1원인의 모습과 점차 가까워지는 어떤 신에 대한 항상적인 사랑을 불어넣음으로써 장차 스피노자를 이해할 준비를 시켜 주는 것도 이런 국가다. 따라서 정념에 대한 이성의 지배력을 조급하게 다루지 않는 편이 나았던 것이다. 물론 스피노자는 이 지배력을 훨씬 일찍 말할 수도 있었을 것이다. 그러나 그럴 경우 그것은 실현가능성이 없는 바람에 불과했을 것이다. 그리고는 이 지배력이 행사될 수 있는 가능성의 조건을 불가능성의 조건으로 보이게 했을 것이다. 좋은 사회 환경이 없다면, 인간은 거의 항상 당장의 것에 외곬으로 몰두하고, 단일관념 편집증적이며 가공할 만치 미신적인 감정들에 눈멀어 있을 테니까. 반대로, 이제 우리는 이성이 실제로 발달할 여지를 마련해 주는 매개들에 대해서 알게 되었다. 그래서 이성이 발달함으로써 이성 그 자신을 강화시키는 방식을 충분히 연구할 수 있다.

그런 이상, 약간의 치환을 제외하고는 『윤리학』 5부 정리 2~20이 4

부 정리 1~18과 동일한 유사-세피로트 구조에[8] 따라서 배열된다는 것은 어찌 보면 당연하다. 전자가 후자의 긍정적인 대응부이기에 말이다. 우선 수직적으로는, 우리 앞에는 동일한 세 열이 있다. 왼쪽 열(정리 2, 5, 8, 11)은 이성에 대해서는 아예 언급하지 않은 채 감정 일반의 역학을 다룬다. 중간 열(정리 3, 정리 4의 주석, 정리 10, 12~13)은 스피노자의 평행론을 활용하여 이성에서 생겨난 감정들이 어떻게 이 감정역학에 편입되는지를 보여 준다. 그리고 오른쪽 열(정리 4, 6, 7, 9)은 이성의 역량을 직접적으로 다룬다. 다음으로 수평적으로는, 우리 앞에는 동일한 다섯 그룹이 있다. 단, 이 경우 순서는 더 이상 C D E F G가 아니라 C F D E G가 된다. 우선 문제를 장기적으로 고찰하는 C군(정리 2~4 주석)은, 우리 정념들을 명석한 관념들로 변형시켜 점진적으로 축소해 가는 도정에서 우리가 따라야 할 일반적인 방법을 정의한다. 그 다음, 후속하는 네 그룹은 이 점진적 축소의 두 가지 주요 단계 각각에서, 우리의 능동적 감정과 수동적 감정 사이에 수립되는 역관계를 다룬다. 이 가운데 처음 세 그룹은 이성이 무적의 문턱에 도달하기 이전에, 그러니까 이성이 여전히 순수하게 이성이기만 할 때 일어나는 일을 탐구한다. 먼저, F군(정리 5~7)은 몇 가지 시간적이고 양상적인 고려를 통해서 우리 감정이 약화될 수 있는 법칙을 재검토한다. 다음으로, D군(정리 8~9)은 원인과 결과의 비례 법칙을 재검토하며, E군(정리 10~13)은 정서역학의 일반법칙을 재검토한다. G군(정리 14~20)은 이성이 마침내 무적의 문턱에 도달하여, 변치 않는 기쁨을 낳는 새로운 형태의 인식에 이를 때 어떤 일이 일어나는지를 탐구한다.

---

8) 848쪽의 〈그림 2〉를 참조하라.

1. 정념의 축소 (C군)

우리가 『윤리학』 4부 말미에서 일별했던 자유로운 인간은 여전히 자기 본성을 전통적인 이원적 방식으로 표상한다. 한편으로, 그는 경우에 따라 좋은 정념을 체험하기도 하고 나쁜 정념을 체험하기도 하는데, 여하간 그는 이 정념들 나름의(*sui generis*) 실재성이 있다고 여긴다. 다른 한편, 그는 자기 안에서 이성의 요구들을 느낀다. 물론 이 요구들은 이성에서 비롯되지만, 그는 이 이성이 바로 정념의 진리라는 사실을 모르기에, 그것들은 그에게 초월적 규범처럼 나타난다. 그에게 경험적 개체성을 극복하고 이상적 모델을 닮으라고 주문하는 일종의 부름처럼 말이다. 정념과 이성의 요구, 그는 양자를 이질적 심급이라 믿으며, 또 자신의 전 운명이 이 두 심급의 협력이나 갈등에 달려 있다고 믿는다. 달리 말해, 우리가 지금 서 있는 지점에서는 자유로운 인간도 진정한 스피노자주의자와는 한참 거리가 멀다. 그가 어떻게 조금씩 진정한 스피노자주의자가 되어 갈까? C군의 정리들은 바로 이를 설명한다.

우리 정념을 정복하기 위해 무엇을 해야 할까? 따라야 할 방법(왼쪽 열)은 처음에는 극히 단순해 보인다. 만일 우리 욕망이 우리를 나쁜 방향으로 이끈다면, 이는 우리 욕망이 일탈적 가치평가에 의거하고 있기 때문이다. 즉, 진정으로 사랑하거나 미워할 만한 자격이 없는 것을 사랑하거나 미워하면서 선악판단에서 실수를 범하기 때문이다. 물론, 정념은 한낱 오류는 아니다. 4부 정리 2가 보여 주었듯, 정념은 우리가 보편적 자연에 아주 실재적으로 속해 있음을 표현하기 때문이다. 우리를 둘러싼 세계가 우리 신체에 작용하여, 우리에게 어느 정도의 쾌락을 선사하거나 어느 정도의 괴로움을 안겨 준다는 것, 이는 전혀 가상이 아니다. 그렇지만 우리는 이 감정을 우리가 소외되어(몰입해) 있는 특정 사물에 대한 관념에 결부시키면서 커다란 과오를 범한다. 그러므로 우리에게 일어나는 표상들의 추이를 바로잡자. 우리의 기쁨이나 슬픔을 그것들을 촉발하는 듯 보이는 외적 원인에 대한 사유에서 분리하자, 그리고 그것들을 다른 사유에 연합시키자, 그러면 우리가 그것들의 외적 원인에 대해 느꼈던 사랑이나 미움은 사라질 것이다.[9] 적어도 원리상으로는, 이는 나무랄 데 없는 규칙이다. 하지만 우리는 이내 이 규칙을 실행하기가 아주 어렵다는 사실을 깨닫는다. 가령, 우리가 단지 소문 때문에 사랑해 왔던 것은 쉽사리 포기한다 해도, 우리의 애착이 실질적 경험에 깊이 뿌리내리고 있는 경우는 사정이 다르다.[10] 왜냐하면 이 경우 우리에게 일어나는 연합들은 너무 견고하여 단지 의견을 바꾼다고 해서 분쇄되지는 않기 때문이다. 그렇다면 왜 그토록 견고한 것일까? 도대체 어떤 법칙 때문에? 이를 알게 된다면, 우리는 아마도 우리를 거역하는 이 인과결정을 결국 제어하게 될 것이다. 따라서 결론은 분명하다. 우리 정념에서 해방되려면, 정념을 과학적으로 인식해야 한다.

그런데 이런 인식을 획득하는 데 성공할 경우, 이 성공의 경험에서 우리는 문제를 철저히 전복시킬 어떤 진리를 발견하게 될 것이다(중간 열). 어떤 정념이든, 우리가 그것에 대해 명석 판명한 관념을 형성하는 정도만큼은 정념이기를 그치고 능동적 감정으로 변형된다는 진리 말이다.[11] 그러지 않을 수가 없는데, 왜냐하면 관념과 관념에 대한 관념은 서로 구별되지 않기 때문이다.[12] 수동적 감정은 정의상 우리 신체의 변용에 대한

---

9) 『윤리학』 5부 정리 2.
10) 『소론』 2부 21장 2~3절[G I pp. 99~100/P p. 136].
11) 『윤리학』 5부 정리 3.

혼동된 관념이다. 그렇지만, 어떤 혼동된 관념에 대한 관념이 적합할 경우 이 혼동된 관념 역시 필연적으로 적합해진다.[13] 그리고 우리 감정들을 명석하게 인식할 때, 우리는 그것들에 상응하는 신체적 변양들을 명석하게 인식하며, 또한 우리의 수동은 능동이 된다. 물론 그렇다고 해서 4부 정리 1, 곧 "거짓 관념이 지닌 실정적인 측면은, 참인 한에서의 참된 것의 현존에 의해 제거되지는 않는다"라는 점이 의문시되는 건 아니다. 그렇지만 정념의 '실정적인 측면'(quid positivum)은 참된 인식과 두 종류의 관계를 맺을 수 있다. 불투명한 잔여로서 참된 인식과 나란히 존속하거나, 아니면 참된 인식에 의해 동화되거나. 그리고 이제부터는 바로 이 두번째 유형의 관계가 우세해지기 시작할 것이다. 그저 신기루가 일소되는 것이 아니라, 여태껏 파편적이고 불완전하게 있었던 것이 완성되는 것이다.

남은 문제는 이 기획이 과연 어느 지점까지 실현될 수 있느냐이다(우측 열). 정념의 '실정적인 측면'은 **온전하게** 명석해질 수 있을까? 결코 아니다. 우리 신체의 변용들이 오직 우리 본성의 법칙으로 설명되는 한에서만, 우리는 이 변용들을 판명하게 인식한다. 그런데 4부 정리 3과 4가 보여 주었듯, 우리는 우리를 포괄하면서 우리를 무한히 능가하는 힘을 지닌 우주에 의해 외부로부터 변양되지 않을 도리가 없다. 우리는 결코 절대적 자율에 이르지 못할 것이며, 실재 전체를 결코 우리 마음대로 지배할 수는 없을 것이다. 그리고 우리의 앎과 능력이 어느 정도이든, 우리 안에는 우리가 유일한 원인이 되지 못하는 사건들이 늘 일어날 것이다. 그런데 우리가 겪는 이 변양들 각각에는 여하튼 적합하게 인식될 수밖에 없는 어

---

12) 같은 정리의 증명.
13) 같은 곳.

떤 것이 있다.[14] 가령, 연장의 모든 양태들이 공통으로 지닌 특성들이 그렇다. 언제 어디서나 현존하며, 우리 신체를 비롯한 그 어떤 물체의 본성에도 온전하게 있는 특성들 말이다. 따라서 우리가 명석 판명한 관념을 형성할 수 없는 우리 신체의 변용들은 하나도 없다.[15]

이런 앎도 처음에는 분명 매우 일반적이고 매우 추상적이다. 이 앎이 우리에게 전달해 주는 것이라곤, (아직까지는 신의 속성으로 인식되지 못한) 연장, 운동과 정지, 빠름과 느림이라는 [공통]관념 뿐이다. 그런데 이것이야말로 구원을 향한 길이다. 왜냐하면 우리가 지닌 명석한 관념들이라는 자본은 무한정 수익을 낼 수 있기 때문이다(중간 열). 적합한 관념에서는 다른 적합한 관념들이 연역된다.[16] 우선, 우리는 운동과 정지라는 [공통]관념을 특정 방식으로 조합해, 우리 본성에 대한 인식을 보다 정확하고 풍부하게 할 것이다. 또한, 이 [공통]관념을 다른 방식으로 조합해, 외부 물체의 본성에 대한 인식을 보다 정확하고 풍부하게 할 것이다. 그런데 우리 신체의 변용이 이 두 본성의 연접으로 설명되는 이상, 우리가 이런 식으로 나아갈수록 우리 정념들은 그만큼 더 이성으로 변모할 것이다. 이 두 방향 가운데 첫번째 방향에서는 권리상 우리 기획의 완수를 가로막는 것은 아무것도 없을 것이다. 반면, 두번째 방향에서는 우리는 결코 끝까지 나아가지는 못할 것이다. 특정 외부 물체가 어떻게 우리에게 특정한 작용을 가하는지를 이해하려면, 또 다른 특정 외부 물체가 어떻게 이 물체를 작용하게 하는지를 이해해야 하고…, 이렇게 무한정 나아가야 하기 때문이다. 이러한 이유로, 4부 정리 4의 따름정리가 보여 주었듯, 우

---

14) 『윤리학』 4부 정리 4의 증명.
15) 『윤리학』 5부 정리 4.
16) 『윤리학』 5부 정리 4의 주석.

리는 항상 정념들에 예속되어 있을 것이다. 하지만 적어도 우리는 정념들을 부분적으로나마 인식함으로써 우리 정신에서 그것들이 차지하는 자리를 조금씩 줄여갈 수는 있다.[17] 빛이 더 잘 들도록 그늘을 물러서게 하는 것이다. 그 결과, 우리는 덜 수동적이고 더 능동적이게 될 수는 있다.[18] 이경우, 우리가 이를 실제로 달성하는 정도만큼, 우리의 덕과 행복은 더 이상 상황에 의존하지 않게 될 것이다. 사실 그런 정도만큼, 수동적 감정이 우리에게 일어날 때마다 곧바로 이 감정은, 우리에게 충만한 만족감을 선사할 명석 판명한 관념들을 형성하도록 우리를 규정할 것이다.[19] 그리고 이 수동적 감정은 우리가 그것을 인식한다고 해서 완전히 소멸하지는 않지만, 그럼에도 이해하는 기쁨이 지배하는 집합에 편입될 것이다. 따라서 그런 정도만큼, 수동적 감정은 우리의 상상이 그것에 결부시켜 왔던 외적 원인의 관념과 분리될 것이다.[20] 즉 수동적 감정은 참된 사유들(우선 사물들의 공통특성들에 대한 적합한 관념들, 그 다음에는 신에 대한 적합한 관념)과 연합되고,[21] 미움도, 정념적인 사랑도 사라질 것이며,[22] 소외 역시 극복될 것이다. 마지막으로, 그런 정도만큼, 그와 같은 감정에서 흔히 생겨나는 욕망들도 과잉으로 치닫지 않을 것이다.[23] 물론 이는 여전히 동일한 욕망들인데,[24] 왜냐하면 이것들 모두가 저마다 우리 코나투스의 특수한 발현으로서 우리 코나투스에 포함되어 있기 때문이다. 그러나 이제 이 욕

---

[17] 같은 곳.
[18] 같은 곳.
[19] 같은 곳.
[20] 같은 곳.
[21] 같은 곳.
[22] 같은 곳.
[23] 같은 곳.
[24] 같은 곳.

망들은 더 이상 부적합한 관념에 의해서가 아니라 이성에 의해 정향될 것이다.[25] 그 흐름을 왜곡시켜 왔던 압력에서 해방되어 능동적 욕망이 되는 것이다. 우리의 진정한 본성이 이해하는 데 있음을 아는 이상, 우리는 우리를 둘러싼 사물들이 무엇을 해줄 수 있든, 여하간 우리 앎을 증가시키는 방식으로 그것들을 활용하려고 노력할 것이다. 다시 말해, 우리의 수동적 충동들은 '군건함'(animositas)으로 바뀔 것이다. 우리를 다른 사람들과 합일시키는 본성상의 유사성이 진정 무엇인지를 아는 이상, 그들이 우리에게 무엇을 해줄 수 있든, 우리는 여하간 그들이 지성을 계발하도록 돕고자 노력할 것이다. 다시 말해, 정념적인 야망은 관대함으로 바뀔 것이다.[26] 바로 이것이 정리 2가 우리에게 정해 준, 목표에 도달하기 위해 따라야 할 방법이다. 곧, 처음에 우리는 우리 감정들을 어떻게 정복하는지를 발견하기 위해 이 감정들을 인식하고자 했다. 생리학적 인과결정에 작용을 가하기 위해 우선 이 인과결정을 연구하는 의사처럼 말이다. 그리고 이제 우리는 인식이야말로 직접적으로 그리고 그 자체로 가장 좋은 치유책임을 깨닫는다.[27]

이렇게 해서 우리는 스피노자주의자가 된다. 우리 정념을 이처럼 명석한 관념으로 변형하는 작업은, 우리가 의식하지는 못했지만, 이미 오래

---

25) 같은 곳.
26) 같은 곳. 물론 여기서 스피노자가 말하는 것은 '도의심'(pietas)이다. 그러면서 그는 『윤리학』 4부 정리 37의 주석 1을 참조한다. 그런데 이 주석을 참조한다면, 오히려 '고결함'(honestas)이 더 적절하다. 그리고 '고결함'의 정의와 '관대함'(generositas)의 정의는 똑같다(『윤리학』 3부 정리 59의 주석을 참조하라). [옮긴이] 4부 정리 37 주석 1에서 스피노자는 '도의심'을 우리가 이성의 인도에 따라 살아가기 때문에 우리 안에 생겨나는 선행의 욕망으로, '고결함'을 이성의 인도에 따라 살아가는 사람이 나머지 다른 사람들과 우애로 맺어지게 하는 욕망으로 칭한다. 그리고 3부 정리 59의 주석에서 '관대함'은 각자가 오직 이성의 명령에 따라 다른 사람들을 돕고 그들과 우애로 맺어지려는 욕망으로 정의된다.

전부터 시작되었다. 우리가 공통관념을 지녀 왔기 때문이 아니라면, 우리가 어떻게 이성의 요구들을 느꼈겠는가? 또 우리가 이미 우리 신체의 변용들에 대해 얼마간 명석 판명한 개념을 형성해 왔기 때문이 아니라면, 이 공통관념은 또 어떻게 지녔겠는가? 그런데 우리에게 이성과 정념은 둘 중 어느 하나로 환원되지 않고 그저 병치되어 있는 듯 보였다. 인간 안에 있는 천사와 악마로서, 경험적인 것과 규범적인 것의 "영원한" 투쟁으로서 말이다. 이제는 반대로, "대자적" 관점은 "즉자적이면서 우리에 대한" 관점과 결합된다.[28] 우선, 『윤리학』 3부의 A_2군에 속하는 정념들을 인식함으로써 우리는 A_1군의 정념들에 대한 인식으로, 나아가 이 정념들의 일차적 뿌리, 곧 코나투스로 되돌아간다. 그리고 이 코나투스를 인식함으로써 우리는, 그것이 4부의 A_1군이 밝혀낸 이성의 근본요구와 다른 것이 아님을 발견하며, 이 요구는 우리 앎과 비례하여 우리 안에서 중요한 비중을 획득하게 된다. 그리고 이로부터 우리는 4부 A_2군의 파생적 요구들을 연역하는데, 이 파생적 요구들은 강화되면서 3부 A_2군의 정념들을 점진적으로 대체하는 경향을 띤다. 『윤리학』 3, 4부의 B_1 및 B_2군도 마찬가지다. 하지만 스피노자의 정념론을 인식한다는 것은 단지 새로운 삶의 출발점에 불과하다. 그렇게 해서 우리가 얻는 것은 인간 일반의 코나투스일 뿐 아직 특별히 우리 코나투스는 아니기 때문이다. 『윤리학』은 전서(全

---

27) 같은 곳. 이는 물론 우리가 외부 세계에 대해 더 이상 작용을 가하지 않는다는 뜻이 아니다. 우리가 우리 고통의 원인을 인식하는 한에서, 우리는 우리 앎을 증가시키기 위한 최상의 상태에 있기 위해 이 원인을 제거하려고 필연적으로 노력한다. 그래서 『윤리학』 4부의 말미에서 언급된 모든 것은 여전히 타당하다. 하지만, 우리의 고통에 대한 인식이 너무 추상적이어서 효과적인 기술(技術)로까지 이어지지 못한다 해도, 여타의 조건들이 같다면, 우리가 이 인식에서 끌어낼 기쁨은 우리를 덜 고통스럽게 할 것이다.
28) 이 책 7장 p. 347를 참조하라.

書)가 아니라 단지 안내서에 불과하다. 그러므로 스피노자가 우리에게 가르쳐 준 방향으로 전진해 보자. 우리의 자아를 발견하러 나서 보자. 그러면 우리의 이성적 욕망들은 개체화되는 가운데 굳세질 것이다. 그리고 누군가의 정확한 표현처럼 조금씩 "자연의 가장 큰 힘"[29]이 되어 갈 것이다.

하지만 이 작업에는 긴 호흡이 필요하다. 이성이 여전히 추상적인 한, 그러니까 한낱 이성인 한, 그것은 도정에서 숱한 장애와 마주친다. 그다음, 이성이 다른 것으로 바뀌는 경향을 띠는 순간부터, 이성은 실질적으로 무적이 된다. 이 두 단계 각각에서 이성의 능력은 어떻게 발현될까? 일차적으로는 F, D, E군이, 이차적으로는 G군이 보여 주는 것이 바로 이것이다.

2. 첫번째 단계(F, D, E군)

우리 정념이 능동적 감정으로 변형되는 과정이 아직 초입에 들어섰을 뿐일지라도, 우리 이성은 이미 어떤 힘을 보유하고 있다. 물론 훌륭한 정치적 조건형성이 부재하다면, 감정들의 약화 법칙, 원인과 결과의 비례 법칙, 따라서 정서역학의 일반법칙은 이성에게 거의 아무런 기회도 주지 않는다. 하지만 잘 형성된 사회에서는 이 법칙들도 수많은 계기를 통해 이성을 유리하게 해준다. 그리고 이성이 이 계기들을 이용해서 발달하면 할수록, 이성은 자신이 한층 발달하는 데 필요한 상상적 장을 스스로 마련할 것이다. 그리고 급기야 외적 조건들의 역할은 실질적으로는 무시할 만한 것이 될 것이다.

---

29) 빅토르 델보스(V. Delbos), 『스피노자주의』(Le spinozisme), p. 157.

우선 첫째로(F군), 우리 감정들의 생생함을 약화시키는 **양상적·시간적 고려들**로 되돌아가 보자. 앞서 보았듯이, 이런 고려들은 우리 정념에는 조금도 타격을 주지 못하면서, 선악에 대한 참된 인식에서 생겨나는 욕망들을 무디게 해버릴 수 있다. 그런데 또 다른 맥락에서는, 이런 고려들은 우리의 능동적 감정들은 조금도 침해하지 않고서도 우리의 정념을 누그러뜨릴 수도 있다. 먼저 **양상적 고려들**을 검토해 보자. 양상적 고려들에서 비롯되는 효과들 중 일부는 『윤리학』 4부 앞부분에서 이성에 대한 일체의 참조 없이 이미 연구되었다(왼쪽 열). 이에 따르면, 여타의 조건들이 같을 경우, 우연한 것은 가능한 것보다, 가능한 것은 필연적인 것보다 우리를 덜 변용시킨다. 하지만 또 다른 측면이 있다. 필연적인 것은 우리가 단순하게 상상하는 것보다 우리를 덜 변용시킨다는 것 말이다.[30] 어떤 사물을 단순하게 상상하는 것, 이는 결국 그 사물이 자유롭다고 상상하는 것이다.[31] 다시 말해, 그 사물의 실존과 활동을 지각하되, 그것을 실존하고 활동하게끔 규정하는 원인들은 모르고서 지각하는 것이다.[32] 이 경우, 그 사물이 우리에게 불러일으키는 감정을 약화시키는 것은 아무것도 없는데, 왜냐하면 그것이 이 감정의 유일한 대상이기 때문이다. 반면, 똑같은 사물이 우리에게 필연적인 것으로 보이게 되면, 우리가 그것에 대해 느끼는 사랑이나 미움은 부분적으로는 우리가 그 사물에다 결부시키는 원인들과 연관되며, 그래서 그것은 우리 마음을 훨씬 덜 움직인다. 그런데 이는 이성에 유리하게 작용할 수밖에 없다(우측 열). 이성은 정의상, 모든 사건이 무한한 인과계열의 한 매듭에 지나지 않음을 우리에게 이해시켜 주지 않

---

30) 『윤리학』 5부 정리 5.
31) 같은 정리의 증명.
32) 같은 곳.

는가?³³⁾ 물론 처음에는, 이와 같은 인식은 우리 정념의 유독성을 현저하게 감소시키기에는 지나치게 추상적일 것이다. 이 인식의 효과는, 우리가 소외되어〔몰입해〕 있는 대상들이 외적으로 규정된다는 것뿐 아니라 어떻게 외적으로 규정되는지도 우리가 알게 될 때부터만 감지되는 것이다. 그런데 이렇게 되기 전까지는, 상상도 〔이성과〕 동일한 직무를 수행할 수 있다. 우리가 1종의 단순한 인식에 의해 경험상 필연적인 것으로 지각하는 것, 따라서 그 앞에서는 우리가 마음의 흔들림을 조금도 느끼지 않는 것 역시 있기에 말이다. 예를 들어, 우리가 어린아이의 무력함을 측은히 여기지 않게 되는 것은 습관을 통해서다.[34] 하지만 또한 우리 경험의 소여들이 지나치게 혼돈스러운 형국을 띠어서도 안 된다. 자연 상태, 그리고 자연 상태와 가까워지고 있는 사회에서는 이 법칙이 적용되는 장이 아주 협소할 수밖에 없을 것이다. 개인의 전횡이 판치는 곳에서, 같은 행위가 어떤 때는 칭찬받고 어떤 때는 처벌받는 곳에서, 아무도 무언가에 대해 결코 확신할 수 없는 곳에서, 어떻게 사태의 흐름이 불가피한 것으로 보이겠는가? 반대로, 건전한 사회 —— 신정까지 포함하여 —— 에서는 온갖 종류의 항상적 연계들이 한 눈에 나타난다. 고정된 규칙이 있어 이를 위반할 경우 어김없이 처벌이 뒤따르며, 이를 준수하지 않고서는 우리는 부유해질 수도, 권력에 접근할 수도, 쾌락을 얻을 수도 없는 것이다. 그런 이상, 우리 정념의 격렬함은 상당 부분 사라지며, 우리의 이성적 욕망과 정념이 갈등을 빚을 경우 이성적 욕망이 가까스로 승리하게 된다. 이와 같은 출발의 기반이 확보되고 나면, 그 다음엔 이성이 그 스스로 비약할 조

---

33) 『윤리학』 5부 정리 6의 증명.
34) 『윤리학』 5부 정리 6의 주석.

건을 만들어내면서 뒤를 이어 간다. 우리가 사물들을 필연적인 것으로 (이 경우 명석 판명하게) 이해하는 한, 우리는 우리 감정을 더 잘 제어하며, 우리의 수동성은 그만큼 감소하는 것이다.[35] 그리고 이런 인식이 사건들의 독특한 세부사항에 적용되면 될수록 더욱 그렇다.[36]

시간적 고려들 역시 이와 유사한 전복을 불러온다. 스피노자는 이 경우 감정역학의 새로운 측면을 검토할 필요조차 없다. 단지 그가 이미 오래전부터 확립해 놓은 것에만 근거하면 되기에 말이다. 좌측 열에 분명히 들어 있어야 할 정리(우리가 〈그림 2〉에서 회색 음영으로 표시한 정리)[37]가 명시적으로 진술되지 않는 것도 이 때문이며, 이를 다시 증명하는 것 역시 무용하다. 왜냐하면 관련되는 것은 단지 『윤리학』 4부 정리 9, 곧 여타의 조건이 같을 경우 현재적인 것은 현재적이지 않은 것보다 우리를 더 변용시킨다는 것이기 때문이다. 그런데 이 법칙 역시 이성에 유리하게 작용할 수 있다(우측 열). 실상 우리의 이성적 감정은 필연적으로 사물의 공통특성과 연관된다.[38] 그리고 이 공통특성은 정의상 우리 신체의 그 어떤 변용에도 함축되어 있기 마련이다. 곧 우리에게 어떤 일이 일어나든, 공통특성은 항구적으로 거기 있다. 물론 우리가 늘 공통특성을 생각하는 것은 아닌데, 왜냐하면 우리 이미지들의 장이 조직될 때 그것은 종종 배경으로 밀려나기 때문이다. 하지만 우리가 공통특성을 생각할 때마다 우리는 그것을 현재적인 것으로 지각한다.[39] 따라서, 공통특성을 응시할 때 우리가 느끼는 기쁨, 공통특성에서 연역되는 귀결들을 인식하고 인식시키

---

35) 『윤리학』 5부 정리 6.
36) 『윤리학』 5부 정리 6의 주석.
37) 이 책 848쪽을 참조하라.
38) 『윤리학』 5부 정리 7의 증명.
39) 같은 곳.

려는 우리의 욕망, 이 욕구에 맞춰 외부 세계를 정비하려는 우리의 의지, 이 의지에서 따라 나오는 파생적 요구들, 이 모든 것들은 시간의 경과에 따라 약해질 위험이 전혀 없다.[40] 반면, 우리 정념은 그와 같은 항상성과는 거리가 멀다. 정념은 우리가 그 대상을 여기 지금 실존한다고 상상할 때는 아주 생생하다가도, 이 대상이 단순한 기억 ─ 그리고 우리는 이 기억을 우리 장래로 투사한다 ─ 의 상태로 넘어가면 상당 정도 약화된다. 물론 이 과정이 개입할 계기가 늘 있지는 않다. 가령, 자연 상태나 이에 가까운 상황에서 우리는 끊임없이 우리를 괴롭히는 현실적 위험들로부터 우리 자신을 지킬 궁리만을 할 뿐이며, 야만적 사회 ─ 신정까지도 포함한 ─ 에서도 여전히 그날그날을 근근이 연명할 뿐이고, 쇠락에 접어든 문명사회에서는 당장의 향락에 빠져든다. 하지만, 자유 국가나 이와 다소간 흡사한 문명사회에서는, 우리는 장래에 대해 훨씬 더 자주 생각한다. 이럴 경우, 우리 정념은 실제로 잠잠해지며, 우리의 이성적 욕망과 정념이 갈등을 빚을 경우 이성적 욕망이 우세해질 확률은 얼마간 확보된다.[41] 시간의 측면에서 보면, 이성에서 생겨나는 감정은 부재하는 독특한 사물과 관련되는 감정보다 강력하기 때문이다.[42]… 물론 여기에도 정도 차가 있다. 이성이 여전히 취약할 때, 이성은 오로지 아주 먼 미래 사건과 관련되는 정념만을 물리칠 수 있다. 그런 다음, 이성이 발달해 가면서 이성은 점점 더 가까운 장래의 자극들도 격퇴할 수 있게 된다. 그러다 우리는 급기야 현재에 대한 예속에서 벗어날 것이다.

---

40) 같은 곳.
41) 같은 곳.
42) 『윤리학』 5부 정리 7.

이 역시 아직은 핵심이 아니다. 아주 격렬한 정념이 양상적·시간적 고려들로 인해 약화되었다 해도, 여하튼 그것은 여전히 이성에서 생겨나는 감정보다 훨씬 강력할 수 있다. 모든 것은 정념의 본래적 생생함에 달려 있는 것이다. 그리고 우리는 이 생생함이 어디서 유래하는지를 알고 있다. 『윤리학』 4부 정리 5가 보여 주었듯, 정념의 힘은 외적 원인의 힘에 비례한다. 그러니 두번째로(D군) 이 **원인과 결과의 비례 법칙**으로 되돌아가 보자. 이 법칙의 한 측면(좌측 열)은 지금까지는 어둠 속에 있었다. 이에 따르면, 감정이 하나의 원인이 아니라 여러 원인에 의해 동시에 촉발되는 경우는 흔하며,[43] 이 경우 여타의 조건이 같다면 원인의 수가 많을수록 감정은 그만큼 더 강력할 것이다.[44] 당연히, 하나의 원인 단독으로도 다수의 미미한 원인들보다 강력할 수 있다. 그렇지만 여러 힘들이 결합해서 동일한 효과를 산출할 경우, 이 효과는 그 힘들 중 하나가 단독으로 작용할 때보다는 크다. 그런데, 이는 세번째로 이성에 유리하게 작용할 수밖에 없다(우측 열). 왜냐하면, 여러 원인이 우리를 변용시켜 하나의 감정을 촉발할 경우, 이 감정은 우리에게 이 원인들을 모두 함께 상상하도록 **규정할 수 있기** 때문이다.[45] 이럴 경우, 이 감정의 유해함은 줄어들며 그것에 의해 우리가 수동적이게 되는 정도도 덜해진다. 우리의 지각장이 풍부할수록 우리의 지적 노동은 보다 용이해지니 말이다.[46] 또한 이럴 경우,

---

43) 여기서 말하고 있는 것은, 우리 정념의 직접적 원인을 통시적으로 산출하는 무한한 인과 계열이 아니다. 오히려 서로 공시적으로 결합하여 우리에게 같은 방향으로 작용하는 다수의 직접적 원인들이다. 물론 이 원인들 각각은 무한한 인과계열의 최종 결과이지만, 이 측면은 여기서의 관심사가 아니다.
44) 『윤리학』 5부 정리 8.
45) 『윤리학』 5부 정리 9.
46) 같은 정리의 증명.

이 감정에 실리는 정서부하는 그것이 환기시키는 대상들 모두로 분산되며,[47] 이 대상들 각각이 우리 마음을 움직이는 정도도 덜해진다.[48] 물론 항상 그렇지는 않다. 자연 상태에서, 불균형적이거나 빈곤한 사회에서, 신정에서, 우리 정념들이 우리에게 동시에 애착을 갖게 하는 사물은 대개는 아주 적은 수이거나, 심지어 단 하나인 경우도 있다. 하지만 자유 국가나 그와 흡사한 국가에서, 가장 격렬한 정념들은 바로 우리에게 성찰의 기회를 가장 많이 주는 정념들이다. 시장 경제에서 발현되는 형태의 탐욕이나 협의체 중심의 정치체제에서 발현되는 형태의 정치적 야망이 그것들인데, 이 정념들은 때로 우리에게 나쁜 욕망을 불어넣기도 하지만, 그럼에도 이성이 발달할 수 있게 함으로써 그것들 스스로가 패배당할 조건을 창출한다. 이 정념들에 힘을 주었던 것(관련되는 대상의 수가 아주 많다는 점)이 동시에 이 정념들을 이롭게 만드는 셈이다. 그런 다음, 이제는 이성이 뒤를 이어 간다. 이성이 진보할수록, 그것은 우리 변용의 다양한 원인을 우리에게 더 많이 인식시켜 주며, 우리의 의식장을 더욱더 확대시킨다. 그리고 그만큼 이성 자신이 한층 더 진보할 수 있다.

이것이 첫번째 단계에서의 이성의 역량이다. 정리하자면, 이성의 역량은 사회적 맥락이 조금이라도 유리하기만 하면 무시할 수 없게 된다. 이제부터는 **정서역학의 일반법칙**을 적용하는 일만이 남는다(E군). 엄밀히 볼 때, 이는 다음의 한 문장으로도 족할 것이다. 곧 이성적 감정이 나쁜 정념보다 강력할 때 그것은 나쁜 정념을 이긴다는 것 말이다. 그러나 스

---

47) 같은 곳.
48) 『윤리학』 5부 정리 9.

피노자는 문제의 심화를 원한다. 그가 만일 그 이상을 말하지 않았다면, 우리로서는 여전히 불만족스러웠을 것이다. 사태가 이런 식으로 진행될 수밖에 없다는 **사실**은 알겠지만, 사태가 진행되는 **방식**은 알지 못했을 테니 말이다. 그런데 이를 알기 위해서는 연장을 검토해야 한다. 왜냐하면 이 법칙이 **물리적** 법칙이기 때문이다. 그래서 이 법칙은 『윤리학』 4부의 첫 부분에서는 신체로부터 연역되었다. 따라서 우리도 신체에서 출발할 때 이 법칙의 새로운 역할을 이해할 것이다.

    4부 정리 8이 보여 주었듯, 참된 인식은 우리 정신의 활동 역량을 증가시키는 감정이다(중간 열). 곧 이해하고 이해시키는 기쁨이며, 이 기쁨에서 따라 나오는 욕망들이다. 따라서 참된 인식에는 우리 신체의 활동 역량을 증가시키는 물리적 등가물이 있다. 이 진리의 함의들을 펼쳐 보이는 작업은, 이성의 비중이 실천적으로 무시할 정도였을 때는 무용했지만, 반대로 이제는 불가결해진다. 이를 상기해 보자. 주지하다시피, 우리 신체는 그것의 구조에서 따라 나오면서 그것을 보존할 수 있게 하는 활동들을 수행하려고 필연적으로 노력한다. 그런데 이 신체 활동이 환경이 신체에 유발하는 이미지들에 의해 여기 지금 촉발되는 한, 신체는 수동적이다. 왜냐하면 이 이미지들은 오직 신체의 본성만으로 설명되지 않고, 신체의 본성과 외부 물체의 본성의 연접에 의해 설명되기 때문이다. 하지만 우리 신체의 본성과 외부 물체의 본성이 근본적으로 이질적이진 않다. 한편으로, 모든 물체들에 예외 없이 공통적으로 있으면서 물체들 각각의 전체와 부분에 동시에 있는 아주 일반적인 특성들이 있다. 기하학적 연장, 운동과 정지, 빠름과 느림이 그것들이다. 다른 한편, 우리 신체와 우리 신체를 습관적으로 변용시키는 몇몇 외부 물체들에 공통적으로 있으면서 이 외부 물체들 각각의 부분과 전체에 동시에 있는 덜 보편적인 특성들이 있다. 운동과 정지의 특수한 조합들이 그것들인데, 이것들은 우리 바같에서 형성되긴 하지만, 우리의 생물학적 구조상 우리에게 소질이 있는 활동들을 상동물로 하기에, 우리는 이를 재생산할 수 있다. 우리 신체가 다른 물체들의 특성들 가운데 바로 이 특성들에 의해 변용되는 한에서, 우리 신체의 이미지들에는 오로지 우리 신체의 본성에 의해서만 설명되는 무언가가 있다. 그리고 우리 신체에 일어나는 이미지들의 바로 이 측면에 의해 우리 신체의 활동이 촉발되는 한에서, 우리 신체는 능동적이다. 이 측면들이 바로 공통관념의 물리적 등가물이자, 『윤리학』 2부 정리 39가 말한, 보다 특수한 적합한 관념들의 물리적 등가물이다. 그렇지만 이는 단지 출발점에 불과하다. 사실, 우리에게 일어나는 이미지들이 우리 안에 일단 각인되면, 그것들은 나름의 삶을 누린다. 이미지들이 인접성 법칙에 따라 서로를 연상시키기에 말이다. 그런데 특정 순간 이미지들의 어떤 측면이 전면에 부각되느냐에 따라, 이미지들의 상호 연상은 두 가지 방식으로 이루어질 수 있다. 하나는 이미지들이 그것들이 지닌 여러 측면 중 우리 본성만으로는 설명되지 않는 측면들 사이에 맺어지는 인접성 관계에 따라 연합되는 것이며, 다른 하나는 우리 본성만으로 설명되는 측면들 사이에 맺어지는 인접성 관계에 따라 연합되는 것이다. 전자의 경우, 우리가 얻는 것은 자체 안에 존재 이유가 없는 단순한 병치이다. 빨간 원의 이미지, 피의 이미지들, 전쟁의 이미지들 등등처럼 말이다. 그리고 이런 부류의 배열로 인해 촉발되는 신체 활동들은 불연속적이고 혼돈스럽기 때문에, 우리는 이를 통해 사태를 진정으로 제어하지는 못한다. 반대로 후자의 경우, 우리가 얻는 것은 논리적 연쇄이다. 이동에 의해 발생하는 직선의 이미지, 이 직선의 회전에 의해 발생하는 원의 이미지, 이 원의 회전에 의해 발생하는 구의 이미지 등등처럼 말이다. 그리고 이런 부류의 배열로 인해 촉발되는 (맹아적이거나 현실적인) 신체 활동들은 마치 (잠재적이거나 실재적인) 기술적(技術的) 작도——이것은 완전히 정확해질 경우 최고의 효율을 발휘한다——를 이루는 연속적인 요소들처럼 서로 합성된다. 우리 신체상에 일어나는 이런 논리적 연쇄가 바로 이성적 연역의 물리적 등가물이다. 그리고 이로부터 출발할 때, 우리의 활동 역량은 무한정 증가될 수 있다. 우선, 우리 신체는 자신의 이미지들을 특정 순서로 논리적으로 연쇄함으로써, 자기 자신의 내적 구조에 대해 점점 더 정확한 모델을 마련해 간다. 다음으로, 이 이미지들을 또 다른 순서로 연쇄함으로써, 외부 물체의 구조에 대한 점점 더 정확한 모델을, 그리고 (같은 말이지만) 이 물체를 산출하는 방식에 대한 점점 더 정확한 모델을 마련해 간다. 그리고 이 두 길을 따라 나아갈수록, 그만큼 우리 신체는 자신의 진정한 필요에 따라 사물들의 진정한 특성들에 반작용할 능력을, 마주침의 우연에 따라 상황에 적응하는 대신 상황을 지배할 능력을, 자기의 법칙들이 자기 안팎에서 우세하게끔 만들 능력을 갖추게 된다. 그런 이상, 우리 신체의 코나투스가 우리 신체를 이런 방향으로 이끈다는 사실은 새삼스럽지 않다. 우리 정신이 어떤 적합한 관념들을 가지는 한에서, 이로부터 다른 적합한 관념들을 연역하려고 필연적으로 노력하듯이, 마찬가지로 우리 신체는 자기가 지닌 이미지들의 몇몇 측면들이 신체 자신의 본성만으로 설명되는 한에서, 자신에게 일어나는 연합들에 가지성과 일관성을 부여하려고 필연적으로 노력한다. 그리고 정신이 연역에 도달하는 정도만큼, 다시 말해 불리한 외적 원인들이 이를 가로막는 힘을 상실하는 정도만큼, 우리 신체의 이런 노력도 성공을 거둔다. 요컨대, 우리 본성에 상반되는 감정들에 지배되지 않는 동안, 우리는 지성에 부합하는 질서에 따라 우리 신체의 변용들을 정돈하고 연쇄할 능력을 갖는다.[49)]

이렇게 해서, 우리의 이성적 감정이 승리하게 해줄 자동운동이 갖춰질 것이다. 우리 정신에서 우리 신체의 변용에 대한 명석 판명한 관념이 전면에 부각될 때, 우리 정신은 자기 내부에서 『윤리학』 4부 A_1과 B_1군이 정의한 것과 같은 이성의 근본요구를 느낀다. 또한 그것을 느끼는 동안, 이 근본요구로부터 4부 A_2와 B_2군의 요구들이 어떻게 파생되는지도 이해한다. 그리고 이 파생적 요구들을 느끼는 동안, 우리 정신은 상상해 볼 수 있는 모든 구체적인 상황에 이 요구들을 적용함으로써 그것들로부터 가능한 모든 결론들을 연역해내고자 노력한다. 예를 들어, 미움은 사랑으로 정복해야 한다는[50] B_2군의 파생적 요구를 생각해 보자. 우리가 이 보편 규칙을 실행에 옮길 가장 좋은 방식에 대해 진지하게 따져 보는 순간부터, 이 규칙은 몇몇 삼단논법의 대전제 역할을 할 것이다. 이 삼단논법의 소전제는 이 규칙을 활용할 계기가 되는 모든 특수한 경우들에 대한 관념들에 의해 제공될 것이다. 곧, 우리가 주변에서 관찰할 수 있었던 모든 형태의 인간 상호적 갈등에 대한 관념, 모든 불의에 대한 관념, 모든 무례한 태도들에 대한 관념[51]에 의해서 말이다. 그리고 이 삼단논법의 결론은, 각각의 경우 관대함이 어떤 방식으로 반목을 이겨낼 수 있는지를 지시해 주는 보다 세부적인 규칙들일 것이며,[52] 2종의 인식은 결코 이와 달리 진행되지 않는다. 그런데 이제 우리는 우리 신체에 일어나는 이미지들의 연쇄가 이와 같은 관념들의 연쇄에 상응한다는 것을 알고 있다. 또한 우리는 『윤리학』 2부 이후로, 어떤 이미지가 우리를 변용시킬 때마다, 이 이미지

---

49) 『윤리학』 5부 정리 10.
50) 『윤리학』 5부 정리 10의 주석.
51) 같은 곳.
52) 같은 곳.

는 그것과 습관적으로 연합되어 왔던 다른 이미지들을 소생시키는 경향을 띤다는 것 역시 알고 있다. 예컨대, AB의 배열이 우리에게 아주 빈번하게 표상되었다면, B의 이미지는 A의 이미지를 연상시키는 것이다. 이로부터 다음과 같은 귀결이 나온다. 우리는 이전에 심사숙고했던 특수한 경우들 중 하나가 실제로 나타날 때마다, 곧장 일반 규칙을 생각할 것이고 이를 적용할 채비를 할 것이다.[53] 물론 심한 모욕을 당할 경우, 거기서 생겨나는 분노를 이겨내기가 항상 쉽지만은 않을 것이다.[54] 그렇다고 해도 이전에 이런 숙고를 해본 적이 없었던 때보다는 쉽게 물리칠 것이다.[55] 적어도 놀람의 효과는 작용하지 않을 테니 말이다. 이성은 그 자신을 발휘하는 가운데, 어떤 돌발사건에도 만전을 기하게 할 보호망을 창출하면서 경험을 선취한다.

    그런데 이 보호망의 효력은 정확히 어느 정도인가? 분명, 모든 것은 이 망의 상대적인 견고함에 달려 있다. 실상 모욕의 이미지는 우리를 모욕한 자에 대해 우리가 취해야 할 이성적 행동의 이미지만을 연상시키지는 않는다. 그것은 또한, 적어도 처음에는 이전에 행해 왔던 우리의 정념적인 행동들과도 연합된다. 그렇다면 이 두 유형의 연쇄 중에서 어느 쪽이 우세할 수밖에 없을까? 논리적으로 정돈된 연합이 과연 경험적 연합보다 안정적일까? 이 물음에 답하기 위해서는, 정서역학의 일반법칙이 지니는 새로운 측면을 고찰할 필요가 있다. 이를 우선 이성은 일체 참조하지 않고서 검토해 보자(오른쪽 열). 4부 정리 7이 이미 보여 주었듯, 상반된 두 감정이 있다면 이 중 보다 강력한 감정이 우세하다. 혹은, 상반된

---

53) 같은 곳.
54) 같은 곳.
55) 같은 곳.

두 이미지가 있다면 이 중 우리 정신을 더 많이 차지하는 것은 우리를 훨씬 강하게 변용시키는 외적 원인에서 생겨나는 이미지다. 따라서 D군을 고려해 보면, 어떤 이미지가 보다 많은 수의 사물들과 관련될수록, 그것은 우리 정신을 더 많이 차지한다.[56] 더 나아가, 보다 많은 수의 사물들과 관련되는 이미지는 동시에 **가장 빈번한** 이미지이기도 하다.[57] 실상 여러 대상의 흔적을 지닌 이미지는 여러 원인에 의해 산출될 수 있으며,[58] 그것이 다시 형성되기 위해서 굳이 이 대상들 모두가 동시에 현존할 필요는 없다. 이 대상들 가운데 단 하나가 우리에게 작용을 가해도 이미지는 아주 온전히 소생될 것이기에 말이다. 그래서 이 대상들이 다양할수록 이미지는 더 빈번하게 되살아날 것이다. 가령, 돈에 대한 사랑이 상업 사회에서 그토록 팽배하고 강력했던 것도 이런 이유 때문이다. 그런데 이 법칙은 특히, 우리 이미지의 여러 측면 가운데서 사물의 공통특성에 상응하는 측면, 그리고 이 공통특성에서 형성되는 정합적 연쇄와 관련된다(우측 열). 전자는 원리상 아무것에 의해서나 연상될 수 있다. 그래서 우리 자극들의 장이 지나치게 불균형적이거나 빈곤하지만 않다면, 이 측면은 우리 신체에서 비록 항상은 아니라도 자주 전면에 부각된다.[59] 그리고 이 측면이 전면에 부각될 때마다, 그것은 후자를 다시 출현시킨다. 따라서 이는 4부 정리 15의 긍정적인 대응부가 된다.[60] 그렇다면, 개별 이미지는 다른

---

56) 『윤리학』 5부 정리 11.
57) 같은 곳.
58) 같은 정리의 증명.
59) 이 책 848쪽의 〈그림 2〉에서 회색 음영으로 표시된 이 정리는, 정리 12의 증명 과정 자체에서 진술되고 증명된다. 그렇지만 논리적으로는 이 정리가 정리 12에 선행한다.
60) [옮긴이] 『윤리학』 4부 정리 15 : "선악에 대한 참된 인식에서 생기는 욕망은 우리를 사로잡는 정서들에서 생기는 다른 많은 욕망들에 의해 소멸되거나 억제될 수 있다".

것보다는 논리적으로 정돈된 이미지들의 체계와 더 쉽게 연합할 것이다 (중간 열).[61] 왜냐하면 정돈된 이미지들의 체계가 이 이미지와 동시에 소생할 기회는 [정돈되지 않은] 다른 개별 이미지보다 훨씬 많을 것이고,[62] 또한 주지하다시피 반복의 빈번함이야말로 연립의 견고함의 바탕이기 때문이다. 그 다음, 일단 이 연관이 맺어지고 나면, 개별 이미지가 다시 나타날 때 이번에는 이 이미지가 체계의 모든 요소들을 다시 떠오르게 할 것이다. 또한, 이 때문에 체계의 모든 요소들이 출현하는 빈도는 한층 증가할 것이고, 이 요소들은 새로운 개별 이미지와 훨씬 쉽게 연합될 것이고, 등등. 요컨대, 체계의 요소들이 보다 많은 수의 이미지들과 연결될수록, 그 요소들은 더 자주 되살아날 것이며,[63] 더 자주 되살아날수록 보다 많은 수의 이미지와 연결될 수 있을 것이다. 이렇게 해서 이성은 세력을 확장해 간다. 공통관념이 우리 정신에서 전면에 부각되는 빈도가 늘어날수록(또 다시 이는 우리 지각장이 훌륭하게 조직화되어 있음을, 다시 말해 그 무엇보다도 훌륭한 정치적 조건형성이 구비되어 있음을 전제한다), 우리는 거기에서 연역되는 보편적 도덕규칙들을 더 자주 생각하게 된다. 그리고 이 규칙들을 더 자주 생각함으로써, 우리는 그것들을, 우리가 그것들을 적용하려고 숙고하는 개별 경우들의 표상에 더 쉽게 연합시킨다. 또

---

61) 『윤리학』 5부 정리 12. 스피노자는 이런 개별 이미지가 "우리가 명석 판명하게 이해하는 사물들과 관련되는 이미지들에" 더 쉽게 연합될 것이라고 말한다. '관련되다'(*referuntur*)라는 단어는 문맥에 따라 해석되어야 하는 만큼, 언제나 곤혹스럽다. 하지만 이 단어의 의미는 여기서만은 아주 명백하다. 어떤 사물을 명석 판명하게 이해한다는 것은, 공통관념(혹은 신의 관념)을 출발점으로 하는 연역적 연쇄에 그것을 통합시킨다는 것이다. 따라서 어떤 이미지가 우리가 명석 판명하게 이해하는 사물들과 관련된다는 말은, 그 이미지가 이 연역의 물체적 등가물인 논리적으로 정돈된 이미지들의 연쇄에 편입된다는 말과 같다.
62) 같은 정리의 증명.
63) 『윤리학』 5부 정리 13.

이처럼 미리 예견되는 상황이 많아질수록, 우리 경험에서 그에 상응하는 보편규칙을 생각할 기회도 더 많아진다. 또 이러한 도덕원칙을 생각할 기회가 많아질수록, 우리는 새로운 개별 경우의 표상에 이 원리를 더 용이하게 연합시킨다, 등등. 보호망은 강화되면서 확장해 가고, 또 확장되면서 강화되어 간다. 말하자면, 논리적 연합을 점차 안정화시킴으로써 그것이 외부에서 유래하는 연합보다 우세할 확률을 무한정 증가시키는 양성 피드백이 일어나는 것이다. 바로 이것이 우리가 찾아 왔던 해명이다. 우리가 4부 정리 14 이래로 참된 인식이 그 자체 하나의 감정으로서 우리 정념보다 우세할 수 있음을 알고 있었다면, 이제 우리는 참된 인식이 과연 어떤 메커니즘을 통해 정념을 물리치는지 알게 된 셈이다.

따라서 첫번째 단계의 와중에서, 우리는 이미 우리 정념에 대해 아주 실질적인 지배력을 갖게 된다. 하지만 이것으로 충분치는 않다. 무적의 문턱에 도달하지 못한 이상, 놀람을 아예 피할 수는 없기에 말이다. 물론 우리의 감정들은 명확하게 밝혀지지만, 여하튼 존속할 수밖에 없는 정념적 잔여의 비중을 아주 보잘것없는 것으로 만들 정도까지는 미치지 못한다. 게다가 우리는 정확히 어느 정도까지 우리 감정들을 분명하게 만들 수 있는지조차 알지 못한다. 실상, 우리가 우리 본성과 우리를 변용시키는 외부 물체들의 본성을 점점 더 잘 인식한다 해도, 이 인식은 여전히 추상적이다. 이 인식의 출발점은 여전히 공통관념들이며, 이 공통관념이 우리에게 밝혀 주는 일반적 특성들 배후에 알 수 없는 모종의 기체(基體)가 없다고 누가 장담하겠는가? 기하학적으로 연장된 것 배후에 모종의 모호한 물체적 실체가 없다고 누가 장담하겠는가? 사유 배후에 모종의 모호한 정신적 실체가 없다고 누가 장담하겠는가? 만물의 배후에 모종의 초월적인 인격신이 없다고 누가 장담하겠는가? 그래서 우리는 아직 이성의 명령들을 진정하게 우리의 것으로 느끼지는 못한다. 우리에게 그것들은 우리 자아의 독특한 측면을 표현하는 게 아니라, 그저 우리 안에 있는 보편적 측면으로 나타난다. 자유로운 인간은, 우리가 지금 서 있는 지점에서는, 점점 더 이원론을 탈피해 가고는 있지만 근본적으로는 여전히 이원론적이다. 그는 자기의 정념을 부분적으로나마 이성으로 변환시키지만, 자기가 이런 식으로 자신의 개체적 본질에 대한 충만한 인식과 충만한 현실화로 나아가고 있음은 이해하지 못한다. 그는 스피노자가 말한 중앙집권적 귀족정 국가와 흡사한데, 이 국가에서 권력은 하나의 주권체로 변형된 일부 주민에 의해 직접적으로 행사되며 또 이 주권체는 이성적 결정을 내리기는 하지만, 귀족-평민의 이원성을 극복할 수단도, 따라서 자신의 국가적 본질을 충만하게 현실화할 수단도 가지고 있지 않다. 그 너머로 나아가려면 그는 바로 **자신이 개체적 본질을 가지고 있음을** 발견해야 할 것이며, 이를 발견하려면 진정한 신을 인식해야 할 것이다.

3. 두번째 단계(G군)

그런데 우리는 우리 감정들을 인식함으로써 언젠가는 여기에 도달할 것이다(G군). 아니 더 정확히 말해, **도달할** 필요조차 없다. 우리가 의식하지는 못했지만, 실상 신에 대한 참된 관념은 줄곧 우리 안에 있어 왔기에 말이다. 왜냐하면 결국 아무것도 실체 없이는 존재할 수도 인식될 수도 없기 때문이다. 예컨대, 우리가 자연학에 대한 어떤 명석 판명한 개념을 형성하자마자, 이미 거기에는 연장 개념이 필연적으로 함축되어 있었다. 그리고 연장이 신이 아니라면 도대체 무엇이겠는가? 분명, 이 동일성은 지금까지는 포착되지 않았다. 연장은 우리에게 모든 물체들의 공통특성으로 나타났을 뿐, 스피노자적인 의미의 실체적 속성으로는 나타나지는 않았던 것이다. 또한 처음에는 그럴 수밖에 없었다. 왜냐하면 연장의 관념은 다른 공통관념과 마찬가지로, 우리 신체의 변용에 대한 관념을 매개로 해서만 우리 안에 형성되어 왔기 때문이다. 다시 말해, 연장의 관념은 상상이 세공하는 재료에서 우리가 그것을 끌어내는 한에서만 의식되어 왔기 때문이다. 그런데 실체는 그 자체로는 상상의 대상이 아니다.[64] 실체가 여기 지금 현존한다고 지각할 때 우리가 지각하는 것은, 실체의 양태들이 우리를 변용시킬 때 이 양태들 사이로 비쳐지는 실체의 모습일 뿐 다른 것이 아니다. 다시 말해, 물체들의 경우에는 3차원성이 그렇다.[65] 따라서 연장이라는 [공통]관념의 이 측면만이 우리 정신에서 전면에 부각되었을 뿐, 그것의 "능산적" 측면은 어둠 속에 남아 있었다. 하지만 이처럼 의식되지 않는다는 사실이 결정적이지는 않다. 오히려 정반대로, 우리의 앎이 발달하면서 우리는 결국 다음의 사실을 발견할 **수밖에 없다**. 곧, 이른바 개별적인 물질적 실체들[=물체]이란 실은, 이른바 그것들의 특성[=연장]의 양태이자 결과라는 사실을 말이다. 그런데, 상기해 보건대 2종의 인식은 필연적으로 두 계기를 거친다. 처음에는 **정적**이다가 그런 다음 **발생적**이게 되는 것이다. 예를 들어, 우리는 처음에 구(球)를 한 중심에서 등거리에 위치한 3차원상의 점들의 모임으로 인식한다. 이 관념이 구를 전체적으로 이해하게 해줄 모든 것을 자체 안에 담고 있는 이상, 그것은 적합하다. 하지만 구의 구성 과정이 아직 명시되지 않았기에, 우리에게

---

64) 『윤리학』 2부 정리 47의 주석.
65) 이것이 『원리』 2부 정의 1[G I p. 181/P p. 249]에 등장하는 연장에 대한 정의다.

구는 "그러하다"는 양상으로 제시된다. 우리가 보기에 구는 마치 원자적인 자명성처럼 그저 거기 있을 뿐이며, 우리는 이것을 다른 사물에 결부시키지는 못하는 것이다. 그러나 우리는 여기서 만족하지 않고, 구를 발생시키는 동학을 밝히면서 사태를 심화시키고자 한다. 이를 위해 구에다 무언가를 덧붙일 필요는 전혀 없다. 다만 구에 함축된 것을 추출하고 구를 내적으로 재조직하기만 하면 된다. 반원은 첫번째 계기에서부터 구 안에 전체적으로 현존해 왔지만, 거기서는 다만 추상적인 단면으로만 여겨졌다. 반대로 두번째 계기가 진행되면 반원은 회전하면서 구를 산출하는 것으로서 나타난다.[66] 반원은 이른바 그것의 기체[=구]의 내재적 원인이 되는 것이다. 그 다음, 이번에는 이 원인이 다시 유사한 절차를 거친다. 애초에는 한 중심에서 등거리에 위치한 평면상의 점들의 모임으로 주어졌던 원은, 반지름의 회전을 통해 산출되는 내재적 결과가 된다 등등.[67] 그런데 이러한 후행의 끝에서, 그리고 잇따르는 재구축의 기원에서, 우리는 연장을 발견한다. 곧 모든 것은 연장에 이르게 되며, 모든 것은 연장에서 출발하는 것이다. 그리고 이는 구에 대해서뿐 아니라, 모든 기하학적 도형에 대해서도, 모든 물리적 과정에 대해서도, 우리가 생각해낼 수 있는 운동과 정지의 모든 조합에 대해서도 타당하다. 이런 식으로, 우리의 적합한 관념들이 단일한 체계로 통합되어 갈수록, 우리 신체에 일어나는 이미지들은 한층 더 논리적으로 연쇄되며, 연장은 우리에게 자신의 진정한 모습을 한층 더 드러낸다. 인식론적으로는 우리가 형성하는 모든 발생적 정의들의 출발점으로서, 그리고 존재론적으로는 우리가 인식하는 물

---

66) 『지성교정론』 72절[G II p. 27/P p. 183].
67) 『지성교정론』 95~96절[G II p. 35/P pp. 191~2].

체들 모두의 내재적 원인으로서 말이다. 그리고 마침내 일종의 지적 조명(照明, illumination)을 통해[68] 우리가 연장의 무한한 산출성을 의식하는 순간이 도래한다. 이미 알고 있는 것들을 확대적용[67*]함으로써, 연장이 실재적인 모든 물체의, 또한 생각해낼 수 있는 모든 물체의 내재적인 원인임을 이해하는 순간이, 달리 말해서 연장이 신의 한 속성임을 발견하는 순간이 도래하는 것이다. 이럴 경우 비로소 우리는 명시적으로, 그리고 원인에 대한 충만한 인식으로, 우리 신체 변용들 각각을 신의 관념에 관련시킬 수 있다.[69]

이런 지적 조명은 언제 일어나는가? 이를 명확히 하기란 분명 불가능하다. 다만 확실한 것은 이것이 기적적인 은총과는 전혀 무관하며, 이성의 지난한 노동의 성과라는 점이다. 지적 조명이 일어나려면, 우리는 이미 많은 적합한 관념들을 상호 연역해 두고 있어야 하며, 또한 우리의 이미지들의 장이 상당 정도 논리적으로 조직되어 있어야 한다. 그런데 그만한 인식 수준에서도, 우리 정신의 부적합한 부분이 어느 정도의 힘으로 이에 대립할 수 있다. 왜냐하면 신의 참된 관념이 암묵적으로 머물러 있는 동안은 다른 관념들이 그것을 대체해 버리기 때문이다. 여하튼 우리는 자연의 제1원인이 무엇인지 알고 싶어 하며, 그리고 이성이 그것을 밝혀주지 못하는 한 상상이 그것을 고안하는 일을 떠맡는다. 그래서 인간의 모습을 한 '지배자'(rector) 혹은 '지배자들'(rectores), 미신의 우글거리

---

[68] 조명(照明)은 개념화하기가 어렵다기보다는(왜냐하면 신적 속성의 개념은 완벽하게 명석 판명하기 때문에) 말로 옮기기가 어렵다. 스피노자는 죽기 7달 전, 자신도 아직 이 주제를 정리하지 못했다고 고백한다(「편지」 83 [G IV p. 334/P p. 1357]).
[67*] 물론 이 확대적용은 오직 신에 대한 참된 관념이 우리 안에 암묵적으로 현전해 왔기 때문에 가능하다.
[69] 『윤리학』 5부 정리 14.

는 '신'들, 목적론적 "형이상학"의 데미우르고스, 이런 것들에다 우리는 "신"이라는 낱말을 연합시킨다.[70] 그런데 이와 같은 편견이 끼치는 해로움의 정도는 극히 다양하다. 자연 상태나 잘못 형성된 사회에서, 또한 신정에서도 역시, 우리가 숭배하는 신들은 너무나 인격화되어 있다. 변덕스럽고 무시무시하며 질투심 많고 복수심에 사로잡힌 개인들처럼 보이는 것이다. 그렇지만 이런 신들은 스피노자의 실체와는 아무런 공통점이 없다. 따라서 설령 우리가 자연학을 공부할 수 있다손 치더라도, 바로 이런 이유로 우리는 이 자연학의 형이상학적 함의를 깨닫지 못할 것이다. 요컨대, 이런 사회에서는 과학과 미신이 공존할 것이고, 우리는 진정한 제1원인을 포착하지 못할 것이다. 반면, 자유 국가나 이에 가까워지는 사회에서는, 우리가 변함없이 사랑하는 '자연의 지배자'(rector naturae)는 충분히 탈인격화되어 있어서 종교도 극복 불가능한 인식론적 장애가 되지는 않는다. '최소한의 믿음'은, 선택적인 확충을 추상한 채 그 문면만 놓고 본다면, 자연에 대한 우리 앎의 대상 자체에 귀속시킬 수 있는 성격만을 제1원인에 귀속시킨다. 따라서 우리가 이 두 개념을 동일시하는 데 필요한 모든 것이 갖춰지는 셈이다.

　이것이 정치사회가 우리에게 궁극적으로 기여하는 바다. 여기서부터 우리는 결정적인 해방을 맞이한다. 우선, **개인적인 차원에서** 우리는 우리에게 일어나는 모든 사건을 신에 관련시키기 때문에, 우리의 수동[정념]은 다시 추락하는 일이 아예 불가능할 정도로 능동으로 변형된다. 확실히, 이 새로운 단계와 첫 단계가 근본적으로 불연속적이지는 않다. 우리는 예전과 마찬가지로 우리 변용을 인식하고자 노력하며, 예전과 마찬

---

70) 『윤리학』 2부 정리 47의 주석.

가지로 그런 인식에 도달할 때 즐거워하기에 말이다.[71] 하지만 이제부터는 인식하는 기쁨은 그것의 원인인 신의 관념에 결부된다.[72] 즉, 우리는 우리 자신을 이해하고 우리 감정을 이해하면서 신을 사랑하며, 우리 자신과 감정에 대한 이해가 깊어질수록, 우리는 한층 더 신을 사랑하는 것이다.[73] 그런데 바로 이것이 모든 것을 바꾼다. 지금까지는, 우리가 사물의 공통특성을 적합하게 인식했을 때 체험해 왔던 기쁨은 사랑으로 확장되지 않았다. 추상적 특성이 실재적 존재자도, 따라서 실재적 작용인도 아닌 이상, 누구도 추상적 특성을 사랑하지는 않기에 말이다. 외적 대상들에 대한 애착은 사라졌지만, 이를 대신하는 것은 아무것도 없었다. 아니 보다 정확히 말하자면, 두 부류, 오직 두 부류의 개별 사물에 대한 사랑만이 그런 애착을 대신해 왔다. 한편으로, 우리는 우리 자신을 사랑해 왔다. 어떤 적합한 관념도 우리에게는 우리의 활동 역량의 발현처럼 보였고, 우리가 여기서 얻은 즐거움은 내적 만족이 되었다. 다른 한편, 우리는 다른 인간들을 사랑해 왔다. 독특한 개인들로서까지는 아니더라도 적어도 이성을 분유하는 자들로서 말이다. 왜냐하면 이런 한에서 그들은 우리에게 무조건적으로 유용했기 때문이다. 하지만 우리는 그 이상으로 나아가진 않았다. 이제는 반대로, 이 두 감정은 심화되고 확장된다. 우선, 우리의 자아를 통해, 우리 유사한 자들의 자아를 통해, 우리는 신을 재발견한다. 또한 우리 안이나 타인 안에서만이 아니라, 우리가 얼마간 명석 판명한 개념을 형성하는 모든 외부 물체들에서도 신을 재발견한다. 그리고 직접적 원인이 무엇이든, 우리 변용들은 우리를 동일한 실재적 존재로, 무궁

---

71) 『윤리학』 5부 정리 15의 증명.
72) 같은 곳.
73) 『윤리학』 5부 정리 15.

무진하게 산출하는 무한하게 무한한 자연으로 소급시킨다. 따라서 이 존재가 우리에게 불러일으키는 사랑은 우리 정신에서 일차적인 자리를 차지할 수밖에 없다.[74] 왜냐하면 이 사랑은 모든 것과 연합되고 모든 것에 의해 촉진되므로[75] 우리 정념들 가운데 어떤 것보다도 강력하기 때문이다. 같은 이유에서, 우리에게 일어나는 모든 것은 이 사랑을 되살리며, 이는 항구적으로 우리 수중에 있다…. 그런데 과연 외적 원인이 우리를 고통스럽게 할 때도 그럴까? 자, 바로 여기서 역설이 생기는 듯 보인다. 만일 신이 만물의 원인이라면 우리는 그를 우리 모든 슬픔의 원인으로도 간주해야 하지 않을까?[76] 따라서 그를 미워해야 하지 않을까? 그렇지 않다. 왜냐하면 우리가 슬픔을 신과 관련시키는 것은 오직 슬픔을 명석하게 인식할 때뿐이며, 바로 이런 한에서 슬픔은 더 이상 슬픔이 아니라 능동적 기쁨으로 탈바꿈하기 때문이다.[77] 따라서 누구도 스피노자가 말하는 신을 미워할 수 없다.[78] '신을 향한 사랑'(amor erga Deum)은 결코 그 반대물로 뒤바뀔 리 없는 것이다.[79]

이 사랑에서 비롯되는 **인간 상호적 결론들** 역시 눈여겨볼 만하다. 신이 진정 무엇인지를 이해함으로써, 우리는 기쁜 감정도 슬픈 감정도 모두 똑같이 신에게는 낯설다는 점을 이해하게 된다.[80] 어떤 외적 원인도 신에게 작용하지 못하는데, 어떻게 신이 정념에 예속되겠는가?[81] 신의 활동

---

74) 『윤리학』 5부 정리 16.
75) 같은 정리의 증명.
76) 『윤리학』 5부 정리 18의 주석.
77) 같은 곳.
78) 『윤리학』 5부 정리 18.
79) 같은 정리의 따름정리.
80) 『윤리학』 5부 정리 17.
81) 같은 정리의 증명.

역량은 무한해서 더 높은 등급의 완전성으로 상승할 수 없는데, 어떻게 신이 능동적 기쁨의 감정을 느낄 수 있겠는가?[82] 따라서 우리는 신이 아무도 미워하지 않음을, 또한 아무도 — 적어도 지금까지 "사랑하다"는 말에 부여되어 왔던 의미에서는 — 사랑하지 않음을 이해하게 된다.[83] 따라서 상호성의 요구는 사라진다. 우리가 신을 사랑할 때, 그 대가로 신도 우리를 사랑하게 하도록 노력할 수는 없는 것이다.[84] 실상 이는 그가 더 이상 신이 아니기를 또한 우리를 기쁘게 하지 않기를 바라는 셈이 될 테니 말이다.[85] 사정이 이렇다면, 인간의 모습을 한 '지배자들'(rectores)이 우리에게 불어넣는 사랑과는 반대로, '신을 향한 사랑'은 그 어떤 시기나 질투의 감정에 의해 더럽혀지지 않는다.[86] 오히려 정반대로, 이 사랑은 더 많은 개인들이 우리와 동시에 그것을 느낄수록 더 강력해질 것이다.[87] 다시 말해, 신을 인식하면서 느끼는 우리의 기쁨은 우리 유사한 자들과 더 많이 공유할수록 더 생생해질 것이다. 여기서 "즉자적으로 그리고 우리에 대해"는 새삼스럽게 발견되는 것이 아니다. 『윤리학』의 독자는 4부의 정리 36과 37 이래로 이미 이를 알고 있었다. 하지만 "대자적으로"의 경우, 『윤리학』이 탐구하는 인간은 이를 몰랐을 것이다. 이와 같은 지적 교유의 요구는 줄곧 그 자신의 것이었지만, 이제야 비로소 그는 이 요구의 궁극적 토대를 의식한다.

이렇게 해서 우리는 무적이 된다. 이제부터는 적어도 우리가 살아 있

---

82) 같은 곳.
83) 『윤리학』 5부 정리 17의 따름정리.
84) 『윤리학』 5부 정리 19.
85) 같은 정리의 증명.
86) 『윤리학』 5부 정리 10.
87) 같은 곳.

을 동안은, 아무것도 우리를 우리 길에서 엇나가게 하지 못할 것이다.[88]
그런데 이 길 자체는 무엇이 될까? 어떤 의미에서 보면 그것은 바뀌지 않는다. 지금까지 해왔던 대로 우리는 우리 감정을 늘 더 잘 이해하려고 노력하며, 따라서 우리가 신을 이해하는 데서 느끼는 기쁨도 부단히 증가한다. 또한 지금까지 우리가 해왔던 대로 우리는 타인이 지성을 계발하는 데 도움을 줌으로써 이 기쁨을 타인과 소통하려고 노력한다. 또한 지금까지 해왔던 대로 우리는 이 두 요구에 따라 우리의 자연적·사회적 환경을 정비하려고 노력한다. 하지만 다른 의미에서는 완전히 새로운 전망이 우리에게 열리는 셈이다. 왜냐하면 이제 우리는 어디로 나아가는지를 알고 있기 때문이다. 신이 만물의 내재적 원인임을 알게 됨으로써, 동시에 우리는 자연이 철저하게 가지적임을 알게 되며, 따라서 우리 본성 역시 그렇다는 것을 알게 된다. 요컨대, 우리는 **우리가 개체적 본질을 가지고 있음**을 안다. 그래서 우리는 이러한 본질에 대한 충만한 인식과 이러한 본질의 충만한 현실화를 향해 의식적으로 그리고 명료하게 나아갈 것이다. 스피노자의 연방 귀족제 국가가 그 국가적 본질의 충만한 현실화를 향해 나아가듯이 말이다. 그렇다면 우리는 어떻게 거기에 도달하며 이로부터 어떤 귀결이 발생할까? 바로 이것이 5부의 마지막 정리들이 보여 주는 것이다.

---

88) 같은 정리의 주석.

14장 _ 영원한 삶의 토대와 전개

『윤리학』 5부 정리 21~42와 그 앞의 정리들 사이에는 연속성과 불연속성이 함께 있다. 우선 연속성이 있는데, 왜냐하면 3종의 인식은 어떤 점에서는 2종의 인식의 연장이기 때문이다. 정리 14~20은 어떻게 이성이 특정한 발달 수준에서부터는 진정한 신에 대한 명시적인 의식이 되는지를 보여 주었고, 이어지는 정리들은 여기서 도출되는 귀결을 제시하고 있다. 그러나 양자는 불연속적이기도 한데, 왜냐하면 이성이 이처럼 다른 것으로 변형됨으로써 우리는 지금까지 눈에 띄지 않았던 차원에 접근하기 때문이다. 지속의 구도에서 영원의 구도로 이행하는 것이다. 그럼에도 양자는 연속적인데, 왜냐하면 우리가 정말로 영원하게 **되는** 건 아니기 때문이다. 우리가 잘 알지는 못했지만, 우리는 늘 영원해 왔다는 점에서 말이다. 하지만 여하튼 양자는 불연속적인데, 왜냐하면 우리가 누구인지를 발견함으로써 비로소 우리는 새로운 형태의 행복을 안겨 주는 새로운 형태의 실존에 참여하기 때문이다.

이에 따라 『윤리학』 5부 이 마지막 부분은 다음과 같이 배치된다(〈그림 5〉).[1] 첫번째로, 영원한 삶을 다루는 5부 정리 21~42는 3부 정리 4~51 및 4부의 정리 19~73과 동일한 유사-세피로트 구조를 따라 배열된다. 처음에 우리가 만나는 것은 정리 21~31인데, 이 정리들은 그 자체 작은 유사-세피로트 나무를 형성하며 영원한 삶에 들어가기 위한 조건을 다룬다. 그 다음, 이를 바탕으로 우리는 앞서 줄곧 제시되어 왔던 두 개의 열과 네 개의 그룹을 다시 발견한다.

A_1군	개인적인 영원한 삶의 토대	정리 32~34
B_1군	인간 상호적인 영원한 삶의 토대	정리 35~36 주석
A_2군	개인적인 영원한 삶의 전개	정리 38~40
B_2군	인간 상호적인 영원한 삶의 전개	정리 40 주석

전체의 요충지인 정리 37은 토대와 전개를 매개하는 구실을 한다. 또한, 정리 41~42는 비단 위의 집합뿐 아니라 『윤리학』 전체의 일반적인 결론 역할을 한다. 하지만 B_1과 B_2군의 인간 상호적인 함의들은 첫눈에 알아볼 만큼 자명하지 않다는 점은 명확히 해두자. 엄밀히 말해, 우리는 이 군(群)들에 그러한 함의들이 있다는 것을 **입증조차** 할 수 없다. 이는 다만 우리가 내세운 가설에 불과하다.

둘째, 정리 14~20이 형성하는 집합과 정리 21~37이 형성하는 집합은 정확히 동일한 구조를 지니며, 일대일로 대응한다. 전자가 지속의 관점에서 고찰했던 물음들 각각을 후자는 영원의 관점에서 다시 고찰한다. 먼저, 정리 14는 정리 21~31과 상동을 이룬다. 양자 모두 3종의 인식을 다룬다는 점에서 말이다. 다음으로, '신을 향한 사랑'(amor erga Deum)을 다루는 정리 15~20은 '신의 지적 사랑'(amor Dei intellectualis)을

---

1) 이 책 852쪽을 참조하라.

다루는 정리 32~36 주석(A_1군과 B_1군)과 상동을 이룬다. 이 두 부분집합은 서로 포개질 수 있는 수평적인 두 유사-세피로트 나무를 형성한다. 우선, A_1군에서 정리 32는 정리 15에, 정리 33은 정리 16에, 정리 34는 정리 18과 그 따름정리 및 주석에 대응한다. 그리고 B_1군에서 정리 35와 정리 36의 따름정리의 전반부는 정리 17과 그 따름정리에, 정리 36과 그 따름정리의 후반부는 정리 19에, 정리 36 따름정리에 나오는 한 단어와 정리 36의 주석은 정리 20에(단, 이 경우 대응은 가설적이다) 대응한다. 마지막으로, 정리 20 주석의 앞부분은 정리 37과 상동을 이룬다. '신의 지적 사랑'의 절대적 파괴불가능성이 '신을 향한 사랑'의 상대적 파괴불가능성과 짝이 되는 것이다.

따라서 셋째, 정리 14~42로 구성되는 집합은 그 자체 커다란 수직적 유사-세피로트 나무를 형성한다. A_1군(정리 15, 16, 18)과 B_1군(정리 17, 19, 20)을 포괄하는 이 나무의 상단은 3종의 실존의 시간적 측면들을 다룬다. 우리는 이를 이미 앞장 말미에서 탐구했지만, 이처럼 새로운 각도에서 다시 검토할 필요가 있을 것이다. 체계의 요충지인 정리 21~31에서 우리는 지속의 구도에서 영원의 구도로 이행한다. 나무의 하단은 이 영원의 구도에서 진행되며, 여기서 우리는 똑같은 A_1과 B_1군을, 그 다음 A_2와 B_2군을 다시 만나게 된다.

* * *

정리 14에서 우리는, 이성이 지금까지의 발달로 마련된 조건에서 이제 일종의 내적 변동을 거쳐 3종의 인식으로 탈바꿈하려는 바로 그 순간에 이르렀다. 지금까지 우리는 사물들을 공통관념을 통해 인식해 왔지만,

이제 우리는 사물들을 그 내재적 원인인 신을 통해 인식한다. 지금까지는 우리가 형성해낸 적합한 관념의 연쇄들이 우리 정신에 비조직적으로 나타났지만, 이제 그것들은 단일한 체계로 통합된다. 왜냐하면 이제 우리가 동일한 능산자에서 출발하여 이 연쇄들을 발생적으로 구축하기 때문이다. 예컨대, 우리는 어떻게 연장 속성이 필연적으로 운동과 정지를 산출하는지, 어떻게 운동과 정지의 비율이 우주에서는 필연적으로 항상적인지, 어떻게 '전 우주의 얼굴'(*Facies Totius Universi*)의 법칙들이 가능한 모든 방식으로 상호 조합되어 점점 더 특수한 법칙들을 발생시키는지 등등을 이해한다. 이에 평행해서 우리 신체에서는, 논리적으로 정돈된 이미지들의 연쇄들 역시 단일한 체계를 형성한다. 어떤 점에서 보면, 이처럼 출발점이 바뀐다고 해서 우리 행보의 방향이 변경되지는 않는다. 우리는 계속해서 우리 길을 간다. 우리 정신은 여전히 연역하고자 노력하며, 우리 신체는 여전히 자기 변용들에 점점 더 일관된 질서를 부여하고자 노력한다. 그러나 다른 점에서 보면, 이 새로운 관점은 사태를 보는 우리의 시각을 뒤바꾼다. 실상, 모든 것이 신에서 연역된다면 모든 것은 가지적이며, 또 모든 것이 가지적이라면 모든 개체는 본질을 가진다. 그리고 이제부터 우리는 더 이상 이를 모르고 있지 않다. 그런데 이로부터 두 가지 중대한 귀결이 초래될 수밖에 없다. 한편으로, 우리는 더 이상 추상적 자연학에 만족할 수 없다. 개체적인 것에 대한 학(學)이 가능하다는 사실을 아는 이상, 우리는 독특한 사물의 그야말로 독특한 측면에 도달할 때까지 자연에 대한 인식을 구체화하려고 전력투구할 것이다. 다른 한편, 우리는 더 이상 우리 자신이 지속에 완전히 잠겨 있다고 믿을 수 없다. 우리는 우리 신체가 영원한 본질을 가지고 있음을 알기에, 우리 정신의 영원성을 의식하게 될 것이다. 아니 더 정확히 말해, 이 두 도정은 결국 같다. 말하자면,

우리의 영원성을 드러내 주는 것은 3종의 인식이며, 역으로 3종의 인식을 가능케 하는 것은 우리의 영원성이다. 그런데 어떻게? 정리 21~31은 바로 이를 보여 줄 것이다.

이 정리들이 형성하는 작은 유사-세피로트 나무에서 왼쪽 열(정리 21~23, 29)은 영원성을 다루고, 오른쪽 열(정리 24~27, 30)은 3종의 인식을 다루며, 중간 열(정리 28, 31)은 이 두 기초개념을 연결한다.

우리는 무엇이 영원하고 무엇이 그렇지 않은지를 안다(왼쪽 열). 첫째, 모든 본질은 영원진리다.[2] 따라서 영원진리에는 우리 영혼의 독특한 본질과 우리 신체의 독특한 본질도 포함된다. 둘째, 실존은 그것이 오로지 영원한 사물의 정의에서 따라 나온다고 인식되는 한에서 영원하다.[3] 신의 실존은 영원한데, 왜냐하면 신의 실존은 오직 신의 정의로부터 연역되기 때문이다. 무한양태들의 실존도 영원한데, 왜냐하면 그것 역시 오직 신의 정의에서 연역되기 때문이다. 유한양태들의 경우, 그것들이 내재적 원인인 신으로부터 연역되는 한에서, 신의 본질은 그것들의 실존 역시 함축한다.[4] 왜냐하면 그러한 한에서 유한양태들에 상응하는 속성은 그것들을 산출하는 **경향**을 필연적으로 **띠며**, 또 필연적으로 산출할 **수밖에 없기** 때문이다. 따라서 유한양태들 각각은, 그것이 신의 본성의 필연적 귀결인 한에서 영원하게 현행적인 어떤 것을 가지고 있다.[5] 다시 말해, 신이 자신이 인식하는 모든 것을 산출하는 이상, 유한양태들의 실존에 대한 포부는

---

2) 『윤리학』 1부 정의 8의 해명을 참조하라.
3) 『윤리학』 1부 정의 8.
4) 『윤리학』 5부 정리 30의 증명을 참조하라.
5) 『윤리학』 5부 정리 29의 주석을 참조하라.

언젠가는 실현되기 마련이다. 물론 이와 같은 유한한 실존 역량은[6] 이미 실존하는 다른 유한양태들의 활동에서 도움을 받을 경우에만 효력이 있지만, 그 자체로는 시간에 의존하지 않는다. 요컨대, 우리 영혼과 신체가 실존할 수밖에 없다는 것, 그리고 적절하게 규정된 특정한 외적 조건이 갖춰지는 즉시 실존한다는 것, 이는 영원히 참이다.

셋째, 하지만 이런 조건이 늘 마련되는가? 신체의 경우에는 불가능하다. 물질적 우주에는 생각할 수 있는 모든 상태가 다 있지만, 동시에가 아니라 잇달아 있다. 이런 이유로, 연장의 양태들은 모두 한꺼번에 현실화될 수는 없으며, 매 순간 그것들 사이에 수립되는 역관계에 따라서 나타나고 사라진다. 우리의 신체도 다른 모든 것과 마찬가지로 태어나고 죽는다.

반면, 영혼의 경우 문제는 좀더 복잡하다. 한편으로, 영혼이 자기의 대상을 현행적으로 현존한다고 지각하는 한에서, 다시 말해 자기의 대상을 그것에 일어나는 변용들을 매개로 지각하는 한에서, 영혼 역시 탄생과 죽음에 종속된다. 우리 신체가 지속할 동안이 아니라면, 우리 영혼은 그 무엇도 상상하거나 기억할 수 없다.[7] 따라서 우리 영혼은 불멸이 아니며 시간상에 있다.

그런데 다른 한편, 『윤리학』 2부 처음 부분에서 증명되었지만 그 이후 스피노자가 고의로 모호한 채로 내버려 두어 왔던 것을 잊지 말자. 신이 자기 자신을 인식하는 한에서, 신은 자기 본성의 귀결들 모두를 필연적으로 인식한다.[8] 달리 말해, 신은 유한양태 모두의 본질들을 인식하며,

---

6) 『윤리학』 1부 정리 11 세번째 증명과 주석.
7) 『윤리학』 5부 정리 21.
8) 『윤리학』 2부 정리 2를 참조하라.

이러한 총괄활동에 힘입어 이 본질들이 차례차례 실존으로 이행하는 순서를 인식한다. 그래서 독특한 사물들의 본질들이 있는 만큼, 무한지성 안에서 이 본질들을 표상적으로 표현하는 관념들이 있다. 그런데 이 관념들은 단적으로 영원하다. 이 관념들의 실존에 대한 포부는 어떤 장애에도 부딪치지 않는데, 왜냐하면 연장의 양태들이 서로 잇달아 있다 해도 무한지성이 이것들을 동시에 사유하지 못할 이유는 없기 때문이다. 또한 이 관념들은 신의 본성에서 연역된다는 사실만으로도 일체의 시간적 조건과 무관하게 실존한다. 따라서 실존하지 않는 물체에 대한 관념은 그 대상과는 사뭇 다른 지위를 갖는다. 이 대상은 연장 속성 안에 포함되는 한에서만 실존한다.[9] 논리적 잠재태로서, 생각해 볼 수 있는 운동-정지의 조합으로서 말이다. 반면, 이 관념은 비단 사유 속성 안에 포함되는 한에서뿐 아니라 **신의 무한관념 안에** 포함되는 한에서도 실존한다.[10] 이 직접적 무한양태의 현행적 부분으로서 말이다. 그래서 물체의 영원한 본질에 상응하는 사유상의 등가물은, 단지 [이 물체에] 상응하는 관념의 영원한 본질일 뿐 아니라 이 물체의 본질에 대한 영원한 관념이기도 하다. 물론 이는 우리라는 개별 경우에도 타당하다. 즉, 우리 신체의 독특한 본질을 영원의 범주 하에(sous la catégorie de l'éternité)[11] 표현하는 어떤 관념이 신 안에 있는 것이다.

그렇다면 이 관념은 우리 영혼과는 **다른 것인가**? 분명 그렇지 않다. 영혼은 신 안에서는 현행적으로 실존하는 신체에 대한 관념이다. 그런데

---

9) 『윤리학』 2부 정리 8의 따름정리
10) 같은 곳.
11) 『윤리학』 5부 정리 22. 'sub aeternitatis specie'에 대한 이런 번역은 레옹 브룅슈빅에게서 빌려 온 것이다(『스피노자와 당대인들』, p. 123을 참조하라).

현행적으로 실존하는 신체는 신체 자신의 본질과 다른 것이 아니다. 그것은 본질 자체이되,[12] 실존상에서 그것을 왜곡하면서도 지원해 주는 외부 물체들에 의해 변양된 본질인 것이다. 따라서 신이 인간 신체를 영원하게 사유하면서 가지는 관념은 인간 정신의 본질에 속한다.[13] 영혼은 이 관념 자체이되, 외래의 변용들 —— 이는 이 관념의 대상이 지속에 편입되어 있음을 표현한다 —— 에 대한 늘 어느 정도는 부적합한 관념들에 의해 변양된 관념인 것이다. 따라서 영혼은 신체와 함께 절대적으로 파괴되지는 않는다. 요컨대, 영혼에는 영원한 어떤 것이 존속한다.[14] 이 "어떤 것"이야말로 우리 자아의 핵이지만, 여태껏 우리는 이를 거의 의식하지 못했다. 왜냐하면 그것은, 우리 자신을 알아보지 못하게 만드는 수동적 변양들에 대한 관념들에 의해 가려져 있었기 때문이다. 그것은 상상에 의해 가라앉아 있었던 탓에 우리 정신 안에서 너무나 보잘것없는 자리밖에 차지하지 못했고, 그 결과 우리는 그것을 전면에 부각시킬 수 없었던 것이다. 그러나 우리가 적합하게 이해할수록, 그것은 점점 더 뚜렷하게 나타날 것이다. 그리고 이는 바로 3종의 인식에 힘입어 이루어질 것이다.

  3종의 인식의 원리는 각각의 변양들의 산출자로 인식되는 신적 속성들에 대한 인식이다(오른쪽 열).[15] 그런데 이는 단지 출발점에 불과하다. 실체는 양태 없이는 그저 추상에 지나지 않는다. 그래서 실체에 대해 우리가 가진 참된 관념을 심화시키기 위해서는, 이 관념의 귀결들을 전개해야만 한다. 그리고 이제 우리가 알고 있듯, 이 귀결들이란 바로 개체들이다.

---

12) 『윤리학』 3부 정리 7을 참조하라.
13) 『윤리학』 5부 정리 23의 증명.
14) 『윤리학』 5부 정리 23.
15) 『윤리학』 2부 정리 40의 주석 2와 정리 47의 주석.

운동과 정지가 어떻게 연장에서 연역되는지를 이해할 때, 우리는 신을 보다 잘 인식하게 된다. 또한 전체 개체의 구조를 정의하는 항상적 비율이 어떻게 운동과 정지로 변양된 연장에서 연역되는지를 이해할 때, 우리는 신을 한층 더 잘 인식하게 된다. 그리고 이 구조의 보편적 법칙들을 이러저러한 방식으로 조합해서 마침내 특정한 개별 개체의 본질을 구성하는 운동과 정지의 체계를 발생적으로 재구성할 때, 우리는 신을 훨씬 더 잘 인식할 것이다.[16] 요컨대, 우리가 독특한 사물들을 더 많이 이해할수록, 우리는 신을 더 많이 이해할 것이다.[17] 그런데 우리가 이 길의 끝까지 가려고 욕망할까? 당연히 그렇다. 우리는 신을 이해하고 싶어 하지 않을 수 없는데, 왜냐하면 우리 코나투스는 신을 이해함으로써 역량의 절정에, 혹은 같은 말이지만 덕의 절정에 이르기 때문이다.[18] 이미 오래전에 4부 정리 28이 증명했던 것처럼 말이다. 따라서 인간 정신의 최고의 노력 또는 인간 정신의 최상의 덕은 3종의 인식으로 사물들을 이해하는 것이다.[19] 물론 모든 사람들이 하나같이 이에 도달하지는 못할 것이다. 그러나 이에 대한 소질을 더 많이 갖출수록, 그것을 더 욕망하도록 필연적으로 규정된다.[20] 또한 그것에 성공하는 정도만큼, 거기서 가장 생생한 만족을 길어낼 것이다.[21] 우선, 우리는 이런 방식으로 이해하는 것만은 온전히 지배할 것이다. 왜냐하면 우리는 그것을 실체가 산출하는 대로 재산출할 테니 말이

---

16) 우리가 "고정되고 영원한 것들"(속성과 무한양태)에서 출발하여 독특한 사물들에 대한 발생적 정의를 형성하는 방식에 대해서는 『지성교정론』 101절[G II pp. 36~7/P pp. 193~4/K pp. 83~5]을 참조하라.
17) 『윤리학』 5부 정리 24.
18) 『윤리학』 5부 정리 25의 증명.
19) 『윤리학』 5부 정리 25.
20) 『윤리학』 5부 정리 26.
21) 『윤리학』 5부 정리 27.

다. 그렇게 되면 우리의 활동 역량이 최고 수준에 이르면서, 우리는 이 역량을 응시함으로써 원인으로서의 우리 자신에 대한 관념이 동반하는 최고의 기쁨을 얻을 것이다.[22] 이 때문에 다시 이 3종의 인식으로 또 다른 것들을 이해하려는 욕망은 더욱 증가하고 등등 …. 일단 가동되기만 하면, 이 과정은 비가역적이 된다.

그런데 이러한 소질과 욕망은 본래 어디서 연원하는 것일까?(중간 열) 앞장 말미에서 살펴보았듯이, 이는 2종의 인식에서이며 1종의 인식에서는 아니다.[23] 상상에서 직관으로의 갑작스러운 전향이나 이행은 없다. 그 이유는 명백하다. 손상된 표상에서는 다른 손상된 표상들이 필연적으로 따라 나오며, 참된 관념만이 참된 관념들을 형성하도록 우리를 규정할 수 있기 때문이다.[24] 설령 상상이 때로 지성의 작업을 용이하게 하더라도(그리고 이 점은 우리가 아주 많이 강조했던 것이기도 하다), 그렇다고 상상이 이 작업의 전제들을 산출하지는 않는다. 엄밀히 말해, 진리의 구도에 **접근한다**는 것은 불가능하다. 우리가 이미 진리의 구도에 있거나 아니면 진리의 구도로 고양되지 못하거나, 둘 중 하나다. 그런데 이처럼 진리가 시간상의 시초 없이 우리 안에 현존한다는 점이야말로 우리 영원성의 표지 아닐까?

사실, 모든 참된 관념의 가능조건들을 반성해 보자(왼쪽 열). 이미 이성은 사물을 영원의 범주 하에서 필연적으로 인식해 왔다.[25] 그런데 어떻

---

22) 같은 정리의 증명. 〔옮긴이〕 여기서 '동반하는'의 용법에 대해서는 5장의 주 262〔옮긴이〕를 참조하라.
23) 『윤리학』 5부 정리 28.
24) 같은 정리의 증명.
25) 『윤리학』 5부 정리 29의 증명.

게 그럴 수 있었을까? 2부 정리 13이 보여 주었듯, 우리는 우리 신체를 출발점으로 해서만 무언가를 안다.[26] 그리고 정의상 영혼은 자기의 대상에 포함된 것 말고는 아무것도 지각하지 못한다. 우리가 외부 물체를 상상한다면, 이는 오로지 우리 신체가 현재적으로 실존하는 동안 이 신체가 겪는 변용들을 우리가 의식하는 한에서 만이다. 그렇다면, 이런 형태의 인식이야말로 우리에게 진리를 영원한 것으로서 일별하게 해주지 않을까? 전혀 아니다. 물론 공통관념들은 우리에게 **항상 현재적인 것**으로서 주어지는 특성들과 관련되지만, 항구적인 현재는 아직 영원이 아니다. 그것은 다만 영원을 지속 안에 옮겨 놓은 것에 지나지 않는다. 더군다나 이 무지막지한 확대적용, 곧 유한수의 확인된 사실들에서 전 시간을 포괄하는 항구성에 대한 긍정판단으로 넘어가게 하는 이러한 확대적용을 어떻게 정당화할 수 있겠는가? 우리가 만일 우리 신체에 대해 지각하는 것이 그것의 여기 지금의 실존뿐이라면, 영원이라는 개념 자체(따라서 **개념** 일반)가 우리에게 절대적으로 낯설 것이다.[27] 하지만 우리는 공통관념과 그 귀결들이 영원진리라는 사실을 분명히 알고 있다. 따라서 이것들은, 우리 정신이 현행적으로 실존하는 독특한 사물에 대한 관념인 한에서 함축하는 것과는 다른 형태의 인식에서 유래할 수밖에 없다.[28] 곧, 우리 정신이 우리 신체의 **현재적인** 현행적 실존을 인식한다는 점에서가 아니라, 우리 신체의 독특한 본질과[29] 이 본질의 영원하게 현행적인 실존 역량을[30] **영원의 범주 하에서** 인식한다는 점에서 말이다. 공통관념은 한낱 우리가 균형

---

26) 『윤리학』 5부 정리 29의 증명.
27) 같은 곳.
28) 같은 곳.
29) 『윤리학』 5부 정리 29.
30) 같은 정리의 주석.

잡히고 다양화된 상상적 자료에서 끌어내는 추상물만은 아니다. 보다 근본적으로 볼 때, 그것은 우리의 개체적인 신체적 본질에 대한 참된 관념에서 벼려낸 추상물이다. 우리가 만일 연장, 운동과 정지, 자연의 보편법칙들을 '영원의 범주 하에서' 인식한다면, 그 이유는 이것들 모두가 개체적인 신체적 본질에 함축되어 있기 때문이다. 그리고 우리가 만일 이런저런 외부물체를 '영원의 범주 하에서' 인식한다면, 이는 연장과 그 무한양태들로부터, 즉 또 다시 개별적인 신체적 본질에 함축되어 있는 것으로부터 출발해서이다. 우리 신체를 (또한 반성적으로는 우리 정신을) 그것이 지닌 영원한 측면에서 인식하는 것이야말로 우리에게는 모든 진리의 영원한 진원(震源)이다.

이제 이런 인식의 가능조건에 대해 반성해 보자(오른쪽 열). 우리 신체와 정신을 영원의 범주 하에서 이해한다는 것은 무엇인가? 이는 명백히 우리 신체와 정신을 신의 필연적 귀결들로 이해한다는 것이다.[31] 우리 신체와 정신의 본질이 영원진리인 까닭은 그것들이 신의 본질에서 연역되기 때문이다. 그리고 우리 신체와 정신의 본질이 실존을 영원하게 함축하는 까닭도 그것들이 신의 본질에서 연역되기 때문이다.[32] 따라서 우리 정신이 이런 방식으로 자기 자신과 신체를 인식하는 한에서, 우리 정신은 신에 대한 인식을 필연적으로 가지고 있다. 다시 말해, 우리 정신은 자신이 신 안에 있고 신에 의해 인식됨을 안다.[33] 어떤 점에서는, 우리 정신은 이를 늘 알고 있었다. 그렇지 않았던들 적합한 관념을 아예 형성하지 못했을 것이다. 2종의 인식은 **우리 신체와 영혼에 대한 3종의 인식을** 가장 온

---

31) 『윤리학』 5부 정리 30의 증명.
32) 같은 곳.
33) 『윤리학』 5부 정리 30.

건한 형식 아래 **암묵적으로 은닉해 왔던** 셈이다. 그러나 우리 이성이 순전히 이성이기만 했던 한, 우리는 이 인식을 거의 의식하지 못했다. 신의 속성들도 우리에게는 그저 공통특성들에 불과한 것으로 보였기에, 우리는 이 특성들이 이미 우리 본질의 진정한 토대를 밝혀 주었음을 몰랐던 것이다. 반대로, 이제 이 앎은 명시적이 된다. 우리의 우리 자신에 대한 의식과 신에 대한 의식은 동일한 운동으로 전개되니 말이다.

따라서 이것이 정리 28이 제기한 물음에 대한 완벽한 답변이다(중간 열). 원은 닫힌다. 만일 우리에게 3종의 인식으로 **사물들**을 이해하는 소질이 있다면, 이는 우리가 3종의 인식으로 **우리의 개체적 본질**을 영원하게 인식하는 한에서이다.[33*)] 왜냐하면 그렇게 인식한 한에서 우리는 신을 이해하기 때문이다. 그리고 신을 이해하는 이상, 우리는 신에서 출발하여 그 어떤 개체적 본질도 적어도 권리상으로는 발생적으로 재구축할 수 있기 때문이다.[34)] 3종의 인식은 이처럼 우리에게 우리 실존의 다른 차원을 발견하게 하며, 여기에는 다른 형태의 평행론이 상응한다. 이 평행론의 대상은 우리 신체의 영원한 본질(그리고 반성적으로는 우리 정신의 영원한 본질)이며, 더불어 이 본질이 함축하는 실존 역량이다. 이 실존 역량은 신체가 '여기 지금' 실존할 때는 코나투스가 되지만, 그 자체는 지속과 전혀 무관하다. 이 평행론의 주체, 이를테면 형상적 원인은 영원한 한에서의 우리 정신이다.[35)] 따라서 이는 시간적인 평행론이 아니라 영원의 평행론이다.

하지만 이 두 평행론 또한 서로 평행한다는 점을 잊지 말자. 3종의

33*) 『윤리학』 5부 정리 31의 증명.
34) 같은 곳.
35) 『윤리학』 5부 정리 31.

인식 **역시** 시간적 측면을 지닌다. 정리 20의 주석이 명시적으로 지적하듯, 정리 14는 이미 3종의 인식에 관련되어 있었다.[36] 이 인식은 그 자체로는 영원하지만, 우리는 이를 지속 안에서 조금씩 의식해 간다. 곧, 우리에게 3종의 인식은 마치 시간의 흐름 속에서 전개되는 양 보이며, 또한 이런 식으로 설명하는 편이 보다 편리하다.[37] 물론 3종의 인식은 직관적일 것이다. 대상에 외적으로 적용될 일반규칙을 매개로 하지 않고[38] 대상을 직접 포착한다는 점에서, 또한 대상 스스로가 구축되는 것처럼 이를테면 대상을 내적으로 재구축한다는 점에서 말이다.[39] 그러나 이 인식의 대상은 우리에게 단번에 발견되지는 않는다. 3종의 인식은 신의 속성으로부터, 점차 감소하는 일반성의 여러 수준을 연속적으로 거치면서[40] 개체적 본질로 **나아간다**.[41] 3종의 인식은, 이들 매 수준에서 우리가 그것에 힘입어 인식하는 것을 비시간적으로 인식하게 한다. 왜냐하면 우리를 이 지점까지 인도했던 과정의 계기들 모두는 단일 직관으로 통합되기 때문이다. 그렇지만 이 인식은, 그것이 아직 이르지 못한 하위수준들에 비하면 아직도 2종의 인식처럼 보인다.[42] 따라서 우리는 계속 나아가야 한다. 우리 본질의 점점 더 개체화되는 측면들이 드러남에 따라, 우리 정신의 영원한 부분도 시간의 흐름과 더불어 증가할 것이다.

그런데 바로 이렇게 해서 우리는 신체의 지속으로 되돌아간다. 스피

---

[36] 스피노자는 이 주석에서 "이 3종의 인식"(*tertium illud cognitionis genus*)이라 말한 다음, 정리 14, 15, 16을 지시한다[G II p. 294/P p. 636].
[37] 『윤리학』 5부 정리 31의 주석.
[38] 이에 대해서는 파킨슨(G. H. R. Parkinson), 『스피노자의 인식론』(*Spinoza's Theory of knowledge*), pp. 182~8을 참조하라.
[39] 『윤리학』 2부 정리 40의 주석 2를 참조하라.
[40] 앞의 주 16을 보라.
[41] 『윤리학』 2부 정리 40의 주석 2.

노자는 A₂군(정리 39의 증명)에서, 한편으로 우리 정신의 영원한 부분이 차지하는 상대적 비중, 곧 우리가 우리 신체의 변용들을 신의 관념에 관련시키는 능력과 다른 한편으로 우리가 이 변용들을 논리적으로 연쇄시키는 능력 사이에 엄밀한 대응관계를 수립할 것이다. 이는 전혀 놀라울 게 없다. 왜냐하면 우리는 여전히 우리 신체에 일어나는 사건들에 대한 관념들을 통해서만 우리 신체에 대한 의식에 **접근하기** 때문이다. 따라서 우리 신체의 여기 지금의 **실존**이 우리 신체의 **본질에 부합하는** 한에서만, 우리는 이에 대한 **참된** 의식에 접근할 것이다. 반면, 환경이 우리 신체를 알아볼 수 없을 정도로 왜곡하고 손상시키는 한, 우리 신체가 능동적이지 않고 수동적인 한, 우리 신체의 활동이 그 자신의 코나투스보다는 외적 원인에 의해 훨씬 더 많이 설명되는 한, 우리는 우리 신체의 진리를 파악

---

42) 실상 참된 인식의 유형에는 4가지가 있다.
   a) 발생적이지 않은 2종의 인식 : 원을 가령 동일한 중심에서 등거리에 있는 점들의 모임으로 정의하는 경우.
   b) 발생적인 2종의 인식: 원을 한 끝이 고정되어 있고 다른 끝이 움직이는 한 선분에 의해 발생되는 도형으로 정의하는 경우.
   c) 미완의 3종의 인식: 연장 속성이 두 가지 특수한 운동-정지의 조합을 동시에 산출하는 한에서, 연장 속성에 의해 발생된 도형으로서 원을 정의하는 경우. 이 중 하나는 이동(긋기)이며(이는 가장 단순한 조합이다. 즉 이 조합은 다른 모든 것이 동일할 경우 오직 운동과 정지라는 기초개념에서 곧바로 연역된다), 그 다음 다른 하나는 이 이동에 의해 발생된 선분의 한쪽 끝을 정지해 둔 채 다른 끝을 운동시키는 조합이다.
   이러한 인식은 **원과 관련해서는** 3종의 인식이지만, **원형의 구체적 대상과 관련해서는** 여전히 2종의 인식이다. 이는 우리가 원에 대해 이미 증명한 정리들(théorèmes)을 외부로부터 이 대상에 적용하기 때문이다.
   d) 완성된 3종의 인식으로, 이는 독특한 현실적 존재자의 본질에 도달한다.
   『윤리학』이 주는 인간에 대한 인식은 c유형에 속한다. 즉 이 인식은 우리가 인간을 **신에 의해** 이해하도록 하지만, 여기서 이해되는 것은 단지 **인간 일반**에 지나지 않는다. 만일 이와 같은 c유형의 인식을 2종(genre)의 인식의 세번째 종(espèce)으로 보고자 끝끝내 고집한다 하더라도, 이는 결국 정의의 문제에 불과하다. 하지만 우리가 보기에 스피노자 자신은 b와 c 사이에 단절을 설정하는 듯하다.

하지 못하게 되어 있다. 그런데, 우리 신체의 이미지들 중 몇몇이 그 어떤 인간 신체의 구조와도 유사한 구조를 지닌 가지적 질서에 따라 연쇄될 때, 이 이미지들이 시동시키는 논리적으로 정돈된 행위들이 인간 본성 일반의 진정한 욕구에 부응할 때, 우리는 인간 본성 일반에 대해 추상 개념을 형성할 수 있게 된다. 그런 다음, 우리의 이미지들의 연쇄가, 항구적으로 우리 재량권 하에 있는 단일 체계에 통합되는 순간, 우리는 이러한 추상 개념을 신의 관념에 관련시키게 된다. 여기서부터는, 이미지와 활동의 체계가 더 풍부해지고 명확해질수록, 이 체계의 구조는 우리의 개체적 신체 구조를 재생산하는 경향을 더 많이 띠게 되고, 그만큼 우리는 우리 본질에 대한 인식에 더 많이 다가가게 된다. 마지막으로, 우리 본질이 우리의 '여기 지금'의 실존에서 투명하게 드러날 때(국가의 본질 그 자체가 이상적 민주정에서 투명하게 드러나는 듯), 우리는 이 본질을 속속들이 이해할 수 있을 것이다. 이럴 경우, 오직 이럴 경우에만, 우리는 영원한 삶을 충만하게 향유할 것이다. 그렇다면 이 향유는 무엇이며, 또 그 귀결은 무엇일까? 5부의 마지막 정리들은 이를 탐구한다.

1. 개인적인 영원한 삶의 토대(A₁군)

개인적인 영원한 삶의 토대는 '신의 지적 사랑'(amor Dei intellectualis)이다. 이 토대의 시간적 측면 또는 이 토대를 지속으로 옮겨 놓은 것이 '신을 향한 사랑'(amor erga Deum)이다.[43] 그리고 이 동일한 사랑의 두 얼굴 각각이, 구도를 달리하면서도 엄밀한 대응을 이루는 다음 세 개의 정리들에서 다루는 대상이다. 정리 32~34는 전자를, 정리 15, 16, 18은 후자를 다룬다.

첫째, 3종의 인식은 **우리에게 신을 필연적으로 사랑하게 한다.** 지속의 구도에서 그렇다는 것, 우리는 이를 정리 15 이래로 알고 있었다. 차후 정리 39의 증명이 제공할 정보를 활용하여 논점을 명확히 해보자. 우리 신체의 변용에 대한 명석한 인식(이는 모든 인간에게 어느 때고 일어난다)은 우리의 사유 역량을 증대시킨다. 이에 평행해서, 이 변용은 효과적인 기술적(技術的) 작업을 가능케 해주는 일관된 논리적 질서에 따라 다른 변용들과 연쇄되며 우리의 활동 역량은 증대된다. 따라서 이 두 역량을 응시하면서, 우리는 원인으로서의 우리 자신에 대한 관념이 동반하는 능동적 기쁨의 감정을 느낀다. 이미지들의 이런 연쇄들은 그로 인해 촉발되는 기술적 작업들(가령, 선분으로부터 원을 작도하기)과 동일한 구조를 지니는데, 우리 신체 구성상 우리에게 소질이 있는 운동의 조합들을 늘 반영하기 때문이다. 하지만 이런 연쇄들이 처음부터 서로 연계되는 것은 아니다. 그때그때의 자극에 따라 이 가운데 특정 연쇄들만이 떠오르기에 말이다. 그리고 이런 한에서, 우리의 적합한 관념들이 형성하는 여러 배열체도, 여기서 오는 즐거움도 불연속적이기 마련이다. 대부분의 인간은 이런 상태에 머물러 있다. 하지만 이와 같은 불연속적 계열들도 그것들 자체가 발달될수록 서로 결합되어 간다. 그리고 "자유로운 인간"에게서는 총괄적 구조들이 대략적으로나마 그려진다. 한편으로는 인간 신체의 총괄적 구

---

43) 실뱅 자크(S. Zac) 선생(『스피노자 철학에서 생의 관념』 *L'idée de vie dans la philosophie de Spinoza*, p. 214)은 이 두 종류의 사랑을 아주 잘 구별해 놓았지만, 이 사랑은 실은 연속적인 두 단계이다. 게다가 스피노자 자신이 신의 지적 사랑을 종종 '신을 향한 사랑'(*amor erga Deum*)으로 부른다는 점(『윤리학』 5부 정리 33의 주석)에 주목하자. 하지만 구별되는 두 표현을 사용하는 편이 편리하긴 하다. 따라서 아래에서 우리는, 명목상의 정의로, 정리 14~20에서 말하는 사랑을 '신을 향한 사랑'으로, 정리 32~36에서 말하는 사랑을 '신의 지적 사랑'(*amor Dei intellectualis*)으로 부를 것이다.

조가, 다른 한편으로는 몇몇 외부 물체들의 총괄적 구조가 그려지는 것이다. 흔히 우리 안에 수동적 변용이 생겨날 때 이 변용은 대개 두 가지 이미지 체계, 곧 인간 신체의 짜임새를 재생산하는 이미지 체계와 우리를 변용시키는 외부물체의 짜임새를 재생산하는 이미지 체계를 동시에 연상시킨다. 그런데 위의 경우, 우리 신체는 이 두 모델을 본뜬 행위 체계로 변용에 적합하게 반응하며 우리 정신은 두 원인을 통해 변용을 적합하게 인식한다. 그리고 우리의 활동 역량과 사유 역량은 더 높은 수준으로 상승한다. 하지만 이와 같은 이미지 체계들이 서로 연계되지 않는 동안은 원하는 연합이 알맞은 때에 산출되리라는 절대적 보장은 없다. 다시 말해, 우리가 해방의 첫 단계를 넘어서지 않는 한, 우리의 능동적 기쁨은 제아무리 항상적이라 한들 언제든 다시 추락할 위험이 있다. 하지만 완벽한 통합의 순간이 온다. 우리가 두번째 단계로 진입할 때, 모든 부분적 구조들은 그것들을 결속시키는 하나의 원칙이 지배하는 단일 체계로 조직된다. 그리고 이 단일 체계는 우리 경험의 소여들 모두와 연합되기에, 더 이상 우리에게 결여될 위험이 없다. 다시 말해서, 이 체계는 우리에게 무슨 일이 일어나든 곧장 재출현하며, 그래서 우리는 특정 정황에 올바르게 반응할뿐더러 그 어떤 상황도 제어할 항구적인 채비를 한다. 이에 평행해서, 우리에게 일어나는 모든 일은 우리를 모든 앎의 유일한 원천인 신의 관념으로 소급시키며, 우리는 여기서 출발하여 곧장 우리 자신의 본성이나 외부 물체의 본성에 대한 명석 판명한 개념을 재형성한다. 그리고 우리는 특정한 개별 변용을 적합하게 인식할뿐더러, 아무것도 우리 자신에 대한 철저한 인식이나 다른 사물에 대한 인식의 무한정한 진보를 가로막지 못한다는 점을 확실히 알게 된다. '신을 향한 사랑'이란 이런 확실성이 우리에게 주는 기쁨이 아니고 또 무엇이겠는가? 모든 앎과 모든 능력의 열쇠를 쥐는 기쁨이 아니고 또 무엇이겠는가? 적어도 잠재적으로나마 우리 자신과 우주의 지배자이자 소유자가 되는 기쁨이 아니고 또 무엇이겠는가?

분명, 잠재성과 현실적인 실현 사이에는 결코 넘을 수 없는 무한한 심연이 있다. 우리가 특정한 사물을 적합하게 인식한다면, 이는 오직 우리 신체가 자신에게 소질 있는 활동들을 특정한 순서로 수행함으로써 그 사물을 재구축할 수 있는 한에서뿐이며, 더구나 이런 활동들은 수적으로 유한하다. 하지만 우리에게는 적어도 (아마도) 몇몇 개체적 본질을 이해할 능력이 있다. 그리고 다른 모든 본질들에 대한 인식이 우리 자신의 개체적 본질에 대한 인식에 달려 있는 이상, 우선적으로 우리 자신의 개체적 본질을 이해할 수 있다. 그런데 이런 능력이 보다 잘 현실화될수록, 우리의 '신을 향한 사랑'은 더욱 강력해질 수밖에 없다.[44] 물론 처음에 우리가 우리 자신에 대해 인식하는 것이라곤 인간 본성 일반뿐이며, 또 우리 활동이 부합하는 것이라곤 우리 이미지들의 배열이 반영하는 인간 신체의 추상적 모델뿐이다. 그러나 우리가 우리 자아에 대해 명석하게 의식하면 할수록, 이 추상적 모델은 한층 더 개체화되는 경향을 띤다. (스피노자 자신도 도달했다고 하기에 아직 먼) 극한에 이르면, 이 모델은 완벽히 개체화될 것이다. 우리는 진정하게 우리 자신이 **되는 것이다**. 그리고 우리가 행하는 것은 오직 우리 본성의 법칙들에서, 그러나 우리 본성 가운데 단지 다른 인간들의 본성과 공통적인 측면에서만이 아니라 우리 본성의 독특한 측면에서 연역될 것이다. 그렇다고 우리 변용들 모두가 오직 우리 본성에 의해서만 설명되리라고는 할 수 없다. 실재 전체를 지배할 수는

---

44) 『윤리학』 5부 정리 15.

없는 이상, 우리를 구속하는 환경이 외적으로 가하는 변양을 피할 도리가 없기에 말이다. 아마도 우리는 고통을 겪을 것이며, 병에도 걸릴 것이고… 여하튼 우리는 죽을 것이다. 하지만(죽음의 경우를 제외한다면) 우리는 이런 자극들에 대해 항상 가능한 최선의 방식으로 **반응할** 것이다. 즉, 우리는 어떤 이미지에 대해서든 반작용하겠지만, 이런 반작용은 이 이미지를 따라서도 아니고, 더구나 우리 신체의 빈곤한 도식만을 제공하는 이미지들의 연쇄에 따라서도 아니며, 다만 우리 신체의 정확한 구조와 일대일로 대응할 수 있는 이미지들의 연쇄에 따라서 이루어질 것이다. 우리에게 일어나는 변용들이 무엇이든, 그것들에 뒤따르는 활동은 우리 코나투스를 정의하는 운동과 정지의 체계를 최적의 현실화 수준으로 되돌려 놓을 것이다. 신체에 대한 이와 같은 완전한 지배는 요가를 생각나게 한다.[45] 왜냐하면 양자는 근본적인 한 지점에서 다르지 않기 때문이다. 곧 영혼이 신체에 초월적 규범을 부과함으로써 신체를 지배하는 것이 아니라, 신체가 스스로에게 법칙을 부과함으로써 스스로를 지배하리라는 점이 그것이다. 이렇게 해서 우리 본질은 지속 안에서 부상할 것이며 일체의 정황과 독립적으로 우리의 실존방식을 통해 뚜렷이 부각될 것이다. 말하자면, 우리가 보이는 몸짓 하나하나가, 태도 하나하나가 우리 본질의 적합한 표현이 될 것이다. 이에 평행해서, 우리 정신에서는 우리 본질에 대한 완벽한 관념이 전면에 부각될 것이고 계속 전면에 머물러 있을 것이다. 이럴 경우, 우리의 활동 역량과 이 역량을 응시하는 데서 느끼는 기쁨

---

45) 숄렘 선생(G. Scholem)이 가르쳐 준 바대로, '예언적 카발리즘'의 대표자인 아브라함 아불라피아(Abraham Abulafia)는 신비적 체험을 신체 지배의 기술과 결부시키는데, 이 기술은 일종의 '유대화된 요가'라 여겨진다(『유대 신비주의의 주요 흐름』*Les grands courants de la mystique juive*, pp.154~5). 스피노자는 카발라의 이러한 흐름을 알고 있었을까?

은 정점에 도달할 것이다. 가장 효율적으로 작동하는 기쁨, 우리 자신을 항구적으로 구축하고 재구축하는 기쁨, 우리를 충만하게 현실화하는 기쁨이 되는 것이다. 또한 이럴 경우, 우리 자신을 인식하게 해주는 내재적 원인에 대한 우리의 사랑은 완수될 것이다. 우리 자신의 개체적 본질에 대한 인식에 관한 한, 우리는 더 이상 바랄 게 없을 것이며, 이 본질에 대해 우리가 알 수 있는 것 모두를, 그러니까 모든 것을 알게 될 것이다. 그리고 이런 관점에서, 우리는 최고의 완전성으로 고양될 것이다.[46] 우리가 우리 본질에서 연역되는 활동에서 생겨날 수 있는 다양한 조합들을 재구축하면서 인식하게 될 다른 모든 개체적 본질들의 경우도 당연히 마찬가지일 것이다. 우리가 3종의 인식을 통해 이해하는 모든 것은, 우리에게 원인으로서 신의 관념이 동반하는 완전한 기쁨을 준다.[47]

이와 동시에, 신에 대한 우리 사랑의 또 다른 측면이 백일하에 드러난다. '신을 향한 사랑'은, 신이 우리 변용들 각각에 현존한다고 우리가 지각하는 한에서 신에 관계한다. 심지어 스피노자는 "신이 현존한다고 우리가 상상하는 한에서"[48]라고 말한다. 신은 상상되지 않는 이상[49] 이 말은 아주 정확하지는 않지만, 그럼에도 우리가 상상하는 무언가를 **기회**로 신의 관념을 형성한다는 건 사실이다. 그러나 이제는 우리 변용들의 질서 자체가 우리 본질을 투명하게 드러내 준다. 외부 세계가 우리에게 어떤 변양을 가해 오든 우리 본질은 우리 눈앞에 있으며, 우리 삶의 양식은 이로부터 연역되는 것이다. 그런데 여기 지금의 실존에서 본질의 이러한 현

---

46) 『윤리학』 5부 정리 27.
47) 『윤리학』 5부 정리 32.
48) 같은 정리의 따름정리
49) 『윤리학』 2부 정리 47의 주석을 보라.

전(이러한 **재림**parousie) —— 이는 영원성의 시간적 등가물이다 ——, 이것이야말로 **우리가 구도를 바꾸도록 해줄 수밖에 없는 매개**가 아닐까? 이제부터 3종의 인식은 그 시간상의 시초로 보이는 것과 의식적으로 독립적이 된다. 우리 본질이 우리에게 아주 순수하게 주어지기 때문에, 우리는 이 본질이 겪는 우발적 변용을 덜어내면서 바로 이 본질을 응시하게 될 테니 말이다. 그리고 일체의 외적 원인과의 관계나 시간과의 관계는 추상하고서, 우리 코나투스를 신의 필연적 귀결로서 인식할 테니 말이다. 이런 조건에서, 신의 사랑은 그 진면목을 드러낸다. 영원하게 우리 자신으로 존재하는 기쁨이자 우리 자신을 영원하다고 인식하는 기쁨으로, 그리고 우리를 영원하게 하는 자기원인에 대한 사랑으로 말이다. 따라서 우리에게 일어나는 사건들을 통해 현존한다고 우리가 "상상하는" 한에서의 신이 아니라 영원하다고 우리가 이해하는 한에서의 신의 사랑으로 말이다.[50] 이것이 바로 '신의 지적 사랑'이며,[51] '신을 향한 사랑'은 이 사랑의 현상적 표현에 지나지 않았다.

둘째, 여기서 이 사랑의 아주 특수한 본성이 나온다. 이 사랑은 완전하기 때문에 **필연적으로 불변**이라는 점이다. 그런데 여기서 문제가 제기된다. 만일 신의 사랑이 더 작은 완전성에서 더 큰 완전성으로의 이행이 아니라면, 그러고도 그것은 여전히 감정일까? 여하튼 **이 사랑의 시간적 측면에서는** 그렇다. 정리 16이 보여 주었듯 '신을 향한 사랑'은 우리 정신에서 늘 일차적인 위치를 차지한다는 의미에서 **항구적**이다. 그렇다고 변화가

---

50) 『윤리학』 5부 정리 32의 따름정리
51) 같은 곳.

아예 배제되는 것은 아니다. 왜냐하면 한편으로, 우리가 지속하는 한에서 외적 원인들은 끊임없이 우리를 변용시키기 때문이다. 외적 원인들은 매 순간 우리를 우리의 최적의 현실화 수준에서 벗어나게 함으로써 우리를 상당 정도 왜곡하며, 우리는 매 순간 우리를 이 수준으로 되돌려 놓는 활동으로 반작용한다. 말하자면, 외적 원인들은 부단히 우리를 우리 자신의 왕도에서 벗어나게 하는 경향을 띠고, 우리는 또 부단히 이 왕도로 되돌아가는 것이다. 이런 관점에서 볼 때, '신을 향한 사랑'이란 세계가 우리에게 던지는 모든 도전에 대해 우리가 성공적으로 응답하는 데서 느끼는 기쁨이다. 그리고 이 사랑이 항상적인 이유도 우리가 이런 항상적인 교란을 항상적으로 제거하기 때문이다. 또한 다른 한편, 우리에게는 인식하고 지배할 독특한 사물들이 아직 무한히 많이 남아 있기 때문이다. 물론 우리가 어떤 사물을 전보다 더 잘 이해할 때 느끼는 기쁨은, 우리 본질에 대한 완벽한 인식이 이미 가져다 주었을 기쁨을 조금도 증대시키지 않을 수도 있다. 하지만 이 사물에 대한 인식과 관련해서는 우리는 당연히 더 큰 완전성으로 이행한다. 그리고 뒤에서 A_2군을 탐구하면서 살펴보겠지만, 이는 결코 무시할 만한 것이 아니다. 따라서 3부 정의 3이 말한 의미에서, '신을 향한 사랑' 역시 감정이다.

그런데 '신의 지적 사랑'은 그렇지 않다. 이 사랑의 항구성은 더 이상 부단한 소생에 있지 않다. 다시 말해, 이 사랑은 엄밀한 의미에서 **영원한데**,[52] 왜냐하면 그것의 원천이 되는 인식이 영원하기 때문이다.[53] 따라서 이 사랑에 대해서는 탄생도 변화도 낯설다.[54] 우리 본질이 일체의 맥락

---

52) 『윤리학』 5부 정리 33.
53) 『윤리학』 5부 정리 33의 증명.
54) 『윤리학』 5부 정리 33의 주석.

과 독립적으로 신에 의해 인식되는 한에서, 이 본질은 그것을 지속 안에서 복원하게 해주는 이 같은 경미한 변질들에 영향을 받지 않는다. 더구나 영원의 구도에서는 진보란 있을 수 없다. 우리가 영원하게 인식하는 것을 영원하게 향유한다 해도, 우리 앎이 증대되는 건 아니기에 말이다. 그렇다면 감정이 아닌 이 기쁨이란 도대체 무엇일까? 지금까지 오직 "운동하는" 기쁨만이 고찰되어 왔다면, 이와 대립하는 이 "정지한" 기쁨이란 도대체 무엇일까? 엄밀히 볼 때, 3부의 정의들을 고수한다면 "기쁨"이라는 단어는 더 이상 합당치 않다. 그리고 이런 이유로 이 경우 스피노자는 다른 단어를 사용한다. "지복"이 그것인데, 이 단어는 완전성의 **증가**가 아니라 완전성의 소유 자체를 가리킨다.[55]

하지만 단순한 정의만으로는 아무것도 해결되지 않는다. 만일 스피노자가 말한 "지복"이 우리가 일상적으로 느끼는 기쁨과 **아무 관련**이 없다면, 새로운 용어의 도입이 도대체 우리에게 무슨 소용이 있겠는가? 그런데, 정말로 그런 것은 아닐까? 우리가 일단 완전성의 절정에 도달하고 나면, 논리적으로 볼 때, 우리는 더 이상 아무것도 느끼지 못하게 되지 않을까? 그렇지 않다. 만일 그렇다면, 하물며 우리가 이 절정을 향해 나아가고 있었을 때에는 더더욱 아무것도 느끼지 못했을 것이기에 말이다. 실상 지복과 능동적 기쁨의 관계는 3종의 인식과 2종의 인식이 맺는 관계와 같다. 지복은 능동적 기쁨의 영원한 가능조건이며, 능동적 기쁨이 시간의 흐름에서 전개되어 감에 따라 우리는 조금씩 지복을 의식하게 된다는 점에서 말이다. 게다가, 지복은 우리의 능동적 기쁨뿐 아니라 우리의 수동적 기쁨도 정초하며, 소급해서 보면 이렇게 해서 감정론 전체가 새롭게

---

55) 같은 곳.

조명된다. 사실, 만일 우리의 완전성의 증가가 우리를 기쁘게 한다면, 이는 완전성 그 자체가 우리를 행복하게 해주기 때문이 아니겠는가?

더군다나 스피노자는 오래전부터 이를 시사해 왔다. 그는 3부 정리 53에서 "자신과 자신의 활동 역량을 응시할 때, 정신은 기뻐한다"고 단언했다. 물론 이 정리의 증명은 정리의 진술 자체에서는 등장하지 않았던 **이행**이라는 통념을 도입했다.[56] 그리고 이는 아주 당연해 보이는데, 왜냐하면 우리가 정념에 사로잡혀 있는 한, 우리의 활동 역량은 우리가 이 역량을 직접적으로 그리고 그 자체로 응시할 수 있을 만큼 충분히 현실화되지 않기 때문이다. 즉, 우리의 활동 역량이 아직 덜 현실화된 이전 상태와 대조적으로 이 역량이 증가할 때만, 우리는 이 역량을 지각하기에 말이다. 하지만 적어도 지표는 세워졌다. 그런 다음, 이어서 스피노자는 감정에 대한 역동적 관점을 엄밀히 고수하면서도, 끊임없이 우리에게 관점 전환에 대비케 했다. 예컨대, 능동적 기쁨을 다루었던 3부 정리 58이 그러한데, 이 정리는 [증명에서 언급된] 변화[역량의 증감]에 대해서는 일절 참조하지 않은 채 정리 53의 진술에만 토대를 두고 있다.[57] 내적 만족이 이성을 탄생시킬 수 있음을 증명했던 4부 정리 52도 마찬가지다. 하지만 연결고리가 끊어지진 않았다. 가령, 5부 정리 27의 증명은 여전히 다음과

---

56) [옮긴이] 『윤리학』 3부 정리 53. "정신이 자기 자신과 자신의 활동 역량을 응시할 때 정신은 기뻐하며, 정신이 자기 자신과 자신의 활동 역량을 판명하게 상상할수록 더욱 기뻐한다". 증명 : "인간은 (2부 정리 19와 23에 의해) 자기 신체의 변용들 및 이에 대한 관념들을 통해서만 자기 자신을 인식한다. 따라서 정신이 자기 자신을 응시할 경우가 생기면, 바로 이로 인해 정신은 가정상 보다 더 큰 완전성으로 **이행**한다. 즉 (3부 정리 11의 주석에 의해) 정신은 기쁨으로 변용된다 …"(이하 생략/강조는 옮긴이).
57) [옮긴이] 『윤리학』 3부 정리 58. "수동인 기쁨과 욕망 이외에도, [능동적으로] 활동하는 한에서의 우리와 관련되는 또 다른 기쁨과 욕망의 정서도 있다." 이에 대한 증명은 다음과 같이 시작된다. "정신은 (3부 정리 53에 의해) 자기 자신과 자신의 활동 역량을 인식할 때 기뻐한다 …".

같이 진술하고 있기 때문이다. 만일 3종의 인식이 우리를 최고로 만족시키킨다면, 이는 그것이 우리를 최고의 완전성으로 **이행**하게 하기 때문이라고 말이다. 물론 여기서 말하는 이행은 궁극적 이행, 차후에 일어나는 이행은 더 이상 이행이 아닐 그런 이행이다. 그리고 [5부] 정리 33의 주석에서 우리는 지금 이 최고의 만족이 일체의 변화에 독립적임을 알게 된다. 즉 우리 활동 역량의 최종적 증대가 하는 역할이란 기껏해야 우리가 이미 영원하게 향유해 왔던 것을 우리에게 드러나게 하는 일에 불과하다. 그러므로 이제 전환은 완결된다. 만일 우리가 3부 정리 53을 재검토해야 한다면, 검토대상은 이 정리의 진술 자체이다. 진술 자체가 스스로의 증명 노릇을 해야 하기 때문이다. 그렇다면 이 진술은 "우리 활동 역량의 증가는 모두 우리를 기쁘게 한다, 그런데 우리 활동 역량의 증가는 모두 이 역량에 대한 응시를 수반한다, 따라서 이러한 응시는 우리를 만족시킨다"가 아니라, "우리 활동 역량에 대한 응시는 우리를 만족시킨다, 그런데 우리 활동 역량의 증가는 모두 이 역량을 더 잘 응시하게 해준다, 따라서 우리는 우리 활동 역량의 모든 증가를 기뻐한다"가 되어야 할 것이다. 그 자체로 볼 때, 지복은 우리가 느꼈던 즐거움 각각에 늘 함축되어 있었다. 우리 본질 자체가 그 변용들 각각에 함축되어 있었던 것처럼 말이다. 우리의 쾌락이 쾌락으로 느껴졌던 까닭도, 그것이 실은 지속 안에서 지복을 이전보다는 덜 모호하게 음미할 **기회**가 되었기 때문이다. 그리고 암묵적인 것에서 명시적인 것으로 이행이 완결되는 때, 다시 말해 우리가 '신을 향한 사랑'에 도달하는 순간, 우리는 이런 사실을 사후적으로 깨닫게 된다.

그러므로 '신의 지적 사랑'은 우리에게 **일어나는** 어떤 것이 아니다. 신이 우리를 인식하면서 가지는 관념이 곧 우리**인** 이상, 우리가 신의 지적 사랑**이기** 때문이다. 그렇지 않다면 우리의 실존은 불가능했을 것이다.

존재한다는 것은 행복하다는 것이며, 정념적인 기쁨과 이성적인 기쁨은 이와 같은 영원한 행복이 점진적으로 드러나는 것에 불과하다. 구원받기 위해서는 이를 아는 것으로도 충분하다.

셋째, 따라서 신의 사랑은 **다른 모든 형태의 사랑과 근본적으로 구별된다**. 신의 사랑은 그 항상성 때문에 지속의 구도에서도 이미 다른 형태의 사랑과 구별된다. [5부] 정리 18에서 알게 되었듯, '신을 향한 사랑'은 결코 미움으로 바뀌지 않는다. 사실상으로뿐 아니라 권리상으로도 말이다. 그런데 신의 사랑은 그것이 '신의 지적 사랑'인 한에서 다른 형태의 사랑과 한층 더 구별된다. 우리는 우리 신체가 지속하는 동안에만 정념에 종속되며,[58] 지적 사랑을 제외하고는 그 어떤 사랑도 영원하지 않기 때문이다.[59] 우리의 모든 기쁨에는 끝이 있기 마련이지만, 지복만은 우리에게 결코 결여되지 않을 것이다. 우리가 **항상** 지복을 맛볼 것이라서가 아니라 그것을 맛보자마자 "결코"나 "항상"이라는 말이 아예 무의미해지기 때문이다.

우리는 이처럼 우리가 단 한 순간도 빠짐없이 향해 왔던 것에 도달한다. 정념적 삶에서부터, 우리는 우리 자신으로 존재하려고 그리고 우리 자신을 인식하려고 애써 왔고, 우리 신체적 본질을 완벽히 현실화하려고 그리고 우리 정신의 뿌리에 있는 영원한 관념을 충만하게 드러내려고 애써 왔다. 하지만 그렇게 하지는 못했다. 우리 코나투스는 외적 원인에 의

---

58) 『윤리학』 5부 정리 34.
59) 같은 정리의 따름정리.

해 왜곡되고 손상되어, 스스로를 소외시키면서 알아보지 못했기 때문이다. 그래서 우리는 미완이었고 거의 인간이 아니었다. 반면, 이성적 삶은 소외를 극복해 왔다. 우리 코나투스는 자신의 진리 그대로, 곧 이해 자체를 위해 이해하려는 욕망으로 우리에게 나타났고, 우리는 이 요구의 실현에 우리 실존을 바쳐 왔다. 그러나 이 진리는 여전히 추상적 진리였다. 우리는 대체로 이해하기를 원해 왔지만, 우리가 열망하는 인식이 결국 우리의 개체적 본질에 대한 인식임은 알지 못했고, 우리 자아는 시야에서 사라지는 듯 보였기 때문이다. 결국, 우리는 진정으로 인간이었지만 진정으로 **우리 자신**은 아니었다. 이제, 이 노력은 열매를 맺는다. 우리 개체성이 명확해지는 가운데 만개하는 것이다. 이성이 정념의 진리였듯, 신을 향한 사랑은 이성적 삶의 완성이다. 한편 '신의 지적 사랑'은, 우리가 이 사랑이 처음부터 있어 왔음을 이해하는 한에서, 그리고 우리 신체가 파괴되더라도 이 사랑에는 아무 문제가 되지 않음을 이해하는 한에서, 바로 이러한 귀결 자체다. 이제 시간과 죽음은 더 이상 거의 아무 비중을 차지하지 못하며, 우리는 시간과 죽음 너머에서 우리 자아의 영원한 현행성을 확신하게 된다.

2. 인간 상호적인 영원한 삶의 토대(B_1군)

인간 상호적인 영원한 삶의 토대는 '신의 지적 사랑'이 가능케 하는 완전한 교유이다. 이 토대의 시간적 측면은 '신을 향한 사랑'이 이미 가능케 해주었던 완전한 교유이다. 그리고 이 동일한 교유의 두 얼굴 각각이, 적어도 우리가 볼 때, 구도를 달리하면서도 대응을 이루는 다음 세 진술의 대상이 된다. 정리 35, 정리 36, 정리 36의 주석은 전자를, 정리 17, 정리

19, 정리 20은 후자를 다룬다. 정리 17과 정리 35의 대응, 정리 19와 정리 36의 대응은 명백하다. 반면, 영원의 구도에서 정리 20과 상동을 이루는 것이 무엇인지는 그리 명백해 보이지 않는다. 그래서 이에 대해서는 우리는 상당한 모험을 감행할 것이며, 또 우리 해석이 별반 강제력이 없다는 점도 기꺼이 인정한다.

신의 사랑은 사람들 사이에 어떤 유형의 관계를 수립하는가? 이를 알기 위해서는, 먼저 이 사랑이 신과 인간 사이에 어떤 유형의 관계를 수립하는지를 검토해야 한다. 첫째, **우리가 신을 사랑하듯 신도 우리를 사랑할 수 있을까? 지속의 구도에서**, 정리 17과 그 따름정리는 이에 부정적으로 대답했다. 신의 활동 역량은 결코 증대되거나 감소하지 않기에, 신은 기쁨도 슬픔도 느끼지 않는다. 따라서 신에게 사랑이라는 감정은 미움만큼이나 낯설다. 그래서 우리가 행하는 어떤 것도 신에게 정서를 불러일으키지 못한다. 하지만 **영원의 구도에**는 이런 부정의 긍정적 대응부가 있다. 신은 결코 더 큰 완전성으로 **이행하지** 않지만, 그럼에도 무한한 완전성을 영원하게 **향유한다**(jouit).[60] 그리고 신이 무한지성을 직접적으로 산출하는 한에서, 신은 여느 상상에 의해서도 흐려지지 않는 3종의 인식을 통해 자기 자신을 자기원인이자 자기 완전성의 원인으로[61] 인식하는 이상, 이런 향유에서 의식되지 않은 것은 전혀 없다. 그 결과, 신은 원인으로서의 자기

---

60) 『윤리학』 5부 정리 35 증명. 여기에 등장하는 '만족하다'(gaudet)라는 말["신의 본성은 무한한 완전성에 만족한다"]은 명백히 부적절하다. 적어도 3부 정리 18의 주석 2에서 제시된 '만족'(gaudium)에 대한 정의를 떠올려 본다면 말이다. 그렇지만 [이러지 않고서] 어떻게 영원에 대해 말할 수 있을까? [옮긴이] 3부 정리 18 주석에서 '만족'(Gaudium)의 정의 : "만족이란 우리가 결말을 의심했던 지나간 사물의 이미지에서 생겨나는 기쁨이다".
61) 같은 곳.

자신에 대한 관념이 수반하는 무한한 지복을 영원히 맛본다.[62] 달리 말해, 신은 자기 자신을 무한한 **지적 사랑**으로 사랑하는 것이다.[63] 그런데 신이 자기 자신에 대해 가지는 관념은, 신의 본성에서 귀결되는 모든 결과에 대한 모든 관념을 필연적으로 포함한다. 그러므로 신은 자신을 사랑하면서 자신이 산출하는 개체들 모두를 필연적으로 사랑한다. 일반적으로는 개체들 모두를, 특수하게는 개체들 각각을 말이다. 좀더 정확히 해보자. 신이 만일 유한양태 A를 사랑한다면, 이는 A가 다른 유한양태 B의 작용에 의해 왜곡되는 한에서가 아니다. 물론 신은 이런 사태 역시 인식하지만, 이런 인식은 오직 A의 관념만을 통해서가 아니라 함께 고려된 A와 B의 관념을 통해서 이루어진다. 그런 이상, A와 관련해서는 이런 손상에 실재적인 것은 전혀 없는 셈이다. 신이 따로 고찰된 각 개체에서 사랑하는 것은 각 개체의 실정적인 측면이다. 즉, 신은 외부 원인과 맺는 일체의 관계와 무관하게 인식된 개체의 코나투스를, 또한 개체의 영원한 본질과 아울러 실존에 대한 이 본질의 영원한 포부를 사랑하는 것이다. 이는 당연히 우리라는 개별 경우에도 타당하다. 이로부터 정리 36 따름정리의 전반부가 도출된다. 신은 자신을 사랑하는 한에서 사람들을 사랑하지만,[64] 이는 사람들이 상황의 압력 하에서 **행하는** 것 때문이 아니라 오히려 그들이 영원하게 **존재한다**는 것 때문이다. 신은 사람들의 여기 지금의 실존이 보여 주는 여러 모습들에 마음을 움직이지 않으며, 다만 그들의 본질을 고요하게 직관하면서 불변적으로 만족한다. 자신의 진정한 본성을 충만하게 현실화하는 데 성공한 자들의 경우, 신은 그들 **역시** 사랑하며, 신 자

---

62) 같은 곳.
63) 『윤리학』 5부 정리 35.
64) 『윤리학』 5부 정리 36의 따름정리.

신의 편에서는 아무 변화 없이 그들이 여기 지금 있는 그대로 사랑하는 것이다.

둘째, 따라서 **이로부터 우리에게 무엇이 귀결될 수밖에 없는지가** 밝혀진다. **지속의 구도에서**, 우리는 이미 물음의 부정적 측면을 알고 있다. 정리 19가 보여 주듯, 신을 진정으로 사랑하는 자라면 신이 그 대가로 자신을 사랑하도록 노력할 수 없다. 그러나 **영원의 구도에서**, 이런 비상호성은 고유한 의미의 상호성보다도 훨씬 밀접한 관계를 긍정적 대응부로 한다. 신이 우리에게 불어넣는 사랑과 우리가 신에게 불러일으키는 사랑의 **순전하고 단적인 동일성**이 그것이다. 정확히 말해, 이는 신에 대한 신의 지적 사랑에 의해 매개된 동일성이다. 사실, 신을 향한 우리의 지적 사랑이란, 우리 정신의 핵심을 구성하는 영원한 관념이 원인으로서의 신의 관념을 동반하면서[65] 자신의 본질과 신체의 본질을 영원하게 응시하는 활동이 아니고 또 무엇이겠는가? 그리고 이 활동은, 자신의 무한지성 안에 우리 본질에 대한 관념을 영원하게 지니는 한에서의 신이 원인으로서의 자기 자신에 대한 관념을 동반하면서[66] 양태들 중 하나를 응시하는 활동이 아니고 또 무엇이겠는가? 따라서 신에 대한 우리의 사랑을 통해 신은 자기 자신을 사랑하는 셈이다. 이 두 사랑의 주체와 대상은 동일하지만 한 가지 차이가 있다. 곧, 우리 사랑의 주체와 대상은 신적 사랑의 무한한 주체와 무한한 대상의 유한한 부분들이라는 것 말이다. 따라서 신에 대한 우리의 지적 사랑은 신에 대한 신의 지적 사랑의 일부다.[67] 즉, 자연 전체를

---

(65) 『윤리학』 5부 정리 36의 증명.
(66) 같은 곳.

살아 움직이게 하는 무한한 우주적 지복의 일부다. 그런데 바로 앞에서 살펴보았듯, 인간에 대한 신의 지적 사랑도 똑같은 지위를 지닌다. 이 사랑 역시 무한한 지복의 유한한 부분인 것이다. 그렇다면, 이 두 부분은 어떤 점에서 구별되는가? 분명 어떤 점에서도 구별되지 않는다. 신이 우리에게 품는 사랑도, 우리가 신에게 품는 사랑도, 우리 본질에 대한 관념을 가진 한에서의 신이 우리 본질에 대한 응시를 향유하는 활동이기에 말이다. 이 경우 주체와 대상은 단적으로 일체가 된다. 나는 신 안에서 나를 사랑한다, 나는 신을 사랑한다, 신은 내 안에서 자신을 사랑한다, 신은 나를 사랑한다, 이 네 가지 긍정판단은 등가이다. 이로부터 정리 36 따름정리의 후반부가 도출된다. 이에 따르면, 신을 향한 인간 정신의 지적 사랑과 인간을 향한 신의 사랑은 같은 것이다.[68] 이 둘은 원인과 결과가 아니라 **같은 것**이다. 우선, 우리가 신을 사랑하기 **때문에** 신이 우리를 사랑하는 것도 아니고, 신이 우리 사랑에 **답하는** 것도 아니다. 신은 자신의 모든 양태들을 그것들의 본질의 완전성의 정도에 따라 사랑하듯, 시간을 초월해 우리를 사랑한다. 그리고 이런 한에서, 양태들 모두가 그것들의 본질의 완전성의 정도에 따라 신을 사랑하듯, 우리도 시간을 초월해 신을 사랑한다. 단지 모든 유한양태들 가운데서 오로지 3종의 인식에 도달한 인간만이 이 사태를 명시적으로 알 만큼 충분히 완전한 것뿐이다. 우리가 신을 사랑함을 의식할수록, 우리는 신의 사랑을 받고 있음을 더욱 의식하게 된다. 물론 신의 관점에서 볼 때 바뀌는 것은 전혀 없지만, 우리의 행복은 이에 달려 있다. 이 점에서도 역시 구원과 구원의 확신은 일치한다.

---

67) 『윤리학』 정리 36.
68) 『윤리학』 5부 정리 36의 따름정리.

셋째, 따라서 신의 사랑은 우리에게 **타인과 내적으로 소통하게** 해줄 수밖에 없다. 우리는 정리 20 이래로 이를 부정적으로는 알고 있었다. 우선, **지속의 구도에서** '신을 향한 사랑'은 질투나 시기심을 아예 배제하며, 따라서 인간 사이의 일체의 대립을 배제한다. 또한, 이성이 지적 직관으로 변형된다고 해서 2종의 인식에서 이미 생겨났던 지적 교류에 대한 요구가 거부**되지는 않는데**, 왜냐하면 진정한 신을 발견하면서 우리는 신의 호의를 독점하려는 시도가 얼마나 터무니없는지도 이해하기 때문이다. 그러므로 타인을 최고선에 동참시키려는 우리 욕망에 대립되는 것은 아무것도 없다. 그렇다면, 이 세번째 부정판단에도 **영원성의 구도상에** 긍정적 대응부가 있을까? 스피노자는 이에 대해 아무것도 말하지 않으며, 엄밀한 증명의 관점에서 볼 때 '신의 지적 사랑'에 대한 물음은 다 다뤄진 것처럼 보인다. 하지만 독자로서는 아직 불만족스럽다. 신의 사랑을 다룬 두 집합이 지금까지는 일대일로 대응해 왔는데, 이 대응이 끝까지 이루어지지 않을 이유가 있을까? 정리 20이 정리 17과 18의 인간 상호적 귀결들을 명시하는 이상, 우리는 이 정리에 대응되면서 정리 35와 36의 인간 상호적 귀결들을 적어도 에둘러서나마 명시하는 등가물을 찾으려 해보았다. 『윤리학』 5부는 3부와 4부의 도달점이고, 또 개인적 삶을 다루는 3부와 인간 상호적 삶을 다루는 4부가 동일한 구조를 지니고 있는 이상, 이런 시도는 더욱 해볼 만한 일이다. 만일 5부의 정리 32~34가 3, 4부의 A_1 군을 따라 이어졌던 도정의 최종적 진리를 밝혀 준다면, 3, 4부의 B_1군과 관련해서 정리 35~36이 똑같은 역할을 수행하지 못할 이유가 있겠는가? 물론 이런 식의 내적 건축술에 대한 고려만으로는 논변이 성립하지 않을지도 모른다. 우선 '신의 지적 사랑'의 수평적 유사-세피로트 나무 (마찬가지로 〈그림 5〉를 참조할 것)는 '신을 향한 사랑'의 나무와는 반대로 미완일지도 모르며, 또한 5부는 3, 4부와는 반대로 수직적 유사-세피로트 나무를 형성하지 않을지도 모르고, 마지막으로 영원한 삶은 신과 함께하는 단독적 개인에만 해당되는지도 모르니 말이다. 그러나 정리 35~36에서 **무언가**가 인간 공동체를 시사해 준다면? 만일 이런 방향에서 해석될 **수 있는** 어떤 잔여가 남아 있다면? 그런데 이런 잔여가 있다. 한편으로, 정리 36 따름정리에 나오는 한 단어가 있다. "사람들"(*homines*)이라는 단어가 그것인데, 이는 두 번 반복되며 복수형으로 쓰인다.[69] 다른 한편, 정리 36의 주석 전반부가 있다. 이는 처음 보기에는 성서에 나오는 "명예/영광"(*gloire*)라는 말의 의미를 다루는 여담처럼 제시된다. 그런데 명예는 바로 우리가 타인과 맺는 관계와 관련된 감정이다. 따라서 이를 더 자세히 살펴보자.

"사람들"(*homines*)이라는 낱말은 그 앞[정리 36과 그 증명]에 언급되었던 내용에 무언가를 덧붙이고 있다. 신은 자기 자신을 사랑하면서 사람들을 사랑하되, 그들을 자신의 본성에서 따라 나오는 다른 모든 귀결들과 동등하게 사랑한다는 점은 어렵지 않게 납득된다. 그렇지만, 신을 향한 우리의 개별 정신의 사랑이 **사람들을 향한** 신의 사랑과 다르지 않다는 점은 그리 쉽게 납득되지 않는다. 왜냐하면, 정리 36으로부터는 단지 신을 향한 우리 개체적 정신의 사랑이 **우리 개체적 정신을 향한** 신의 사랑과 일체가 된다는 결론만을 내릴 수 있을 것 같기 때문이다. 그럼에도 스피노자가 "사람들"이라고 말한다면, 이는 아마도 실수 때문은 아니리라. 만일 실수라 쳐도, 이는 의미심장하다. 이 복수 표현은 결국 '신의 지적 사

---

[69] [옮긴이] 『윤리학』 5부 정리 36의 따름정리. "신은 스스로를 사랑하는 한에서 사람들(*homines*)을 사랑하며, 따라서 사람들을 향한 신의 사랑과 신을 향한 정신의 지적 사랑은 같은 것이다."

랑' 안에서 개별적인 정신들이 상호 침투함을 시사하는 것이 아닐까?

문제의 소지가 있긴 하지만 이는 불가능하지는 않다. 왜냐하면, 상기해 보건대 3종의 인식은 우리를 우리 자신 안에 가둬 두지 않기 때문이다. 개체적 본질들은 상호 고립되어 있지 않다. 이 본질들은 공통의 토대인 신을 매개로 서로 소통하기에 말이다. 그래서 우리는 우리 자신의 본질을 인식함으로써 신을 인식하고, 또 신에서 출발하여 다른 본질들을 인식할 수 있다. 그렇다면 과연 어떤 본질들을, 과연 어느 정도 인식할 수 있을까? 사실 이를 미리 알 수는 없다. 단지 성공하고 난 후에야 사후적으로 이 물음에 답할 수 있을 것이나, 이는 아직 요원한 일이다. 하지만 적어도 몇몇 독특한 사물들에 대해서만은 우리가 이를 완벽히 해낼 수 있다고 해보자. 이럴 경우, 우리가 가진 '신의 지적 사랑'은 확장될 수밖에 없다. 우리는 신을 사랑하면서, 그와 동시에 우리가 신에서 연역해내는 데 성공한 개체적 본질 모두를 사랑할 것이기 때문이다. 왜냐하면 이 경우 이 개체적 본질들의 관념들이 어떻게 신의 관념에 포함되어 있는지를 알게 될 테니 말이다. 그런데, 우리가 완벽하게 이해할 수 있는 개체적 본질들 가운데는 다른 사람들의 본질, 혹은 그 중의 몇몇 본질도 아마 포함되어 있을 것이다. 우리가 이를 선험적으로 결정할 수는 없지만, 우선은 그렇다고 가정해 보자. 만일 그렇다면, 우리는 신을 사랑하면서 우리 유사한 자들의 본질도 사랑할 것이다. 물론 이것으로 충분하지는 않다. 만일 이 개인들이 무지하고 정념에 사로잡혀 있다면, 만일 그들의 본질이 외적 원인의 압력 때문에 알아보지 못할 정도로 왜곡되어 있다면, 우리는 지금 여기 있는 그대로의 그들을 사랑하지는 않을 것이다. 더군다나 그들을 인지할 기회조차 없을 수도 있다. 왜냐하면, 신으로부터는 무한히 많은 독특한 본질들이 발생적으로 재구축될 수 있고, 이 중 어떤 것이 여기 지금 현실화되는지를 알려면 경험에 의뢰해야만 하는데,[70] 경험이 만일 그것들을 은폐한다면 [그것들을 알아볼] 실마리조차 갖지 못할 것이기에 말이다. 하지만 이 사람들도 3종의 인식에 도달했다고 해보자(세번째 가설). 이럴 경우, 그들의 본질들은 그 핵심을 아는 자에게는 그 현재적 실존 속에서도 곧바로 간파될 수 있을 테고, 우리는 그들이 **누구인지** 즉각 이해할 것이다. 또한 이럴 경우, 우리는 그저 그들의 지성이 발달한다면 그들이 지속에서 보여 줬을 법한 모습이 아니라, 그들이 지속에서 실존하고 활동하는 모습 그대로를 사랑할 것이다. 그렇다면, 정리 36 따름정리는 보다 명확해진다. 곧 우리가 지닌 '신의 지적 사랑'이 사람들을 향한 사랑으로 이어지는 한에서, 그것은 사람들을 향한 신의 사랑과 실질적으로 동일하다.

그런데 이것이 전부가 아니다. 이제 이 개인들의 관점에서 서서, 각 개인들이 3종의 인식으로 다른 모든 개인들과 우리 자신을 인식한다고 가정해 보자(네번째 가설). 그들 역시 신을 사랑할 것이다. 그리고 그들 역시 신에서 출발해 우리 본질들을 재구축하고 실존 안에서 이것들을 알아봄으로써, 우리들, 곧 우리와 그들 유사한 자들을 사랑할 것이다. 마찬가지로 그들에게서도, 신을 향한 지적 사랑은 사람들을 향한 사랑으로 이어져, 사람들을 향한 신의 사랑과 일체가 될 것이다. 따라서 이제, 그들의 관점과 우리의 관점을 조합해 다음의 네 등식이 얻어진다. 신에 대한 우리 자신의 사랑=타인에 대한 우리 자신의 사랑=사람들에 대한 신의 사랑=우리에 대한 타인의 사랑=신에 대한 타인의 사랑. 영원한 삶의 수준에서는, 타인이 우리에게 불러일으키는 사랑은 타인이 우리에게 품는 사

---

70) 『지성교정론』 102~3절[G II p. 37/P p. 194/K p. 85].

랑과 **다른 것**이 아니다. 관계의 두 항은 순전히 그리고 단적으로 같아진다. 신을 매개로 한 완전한 우애야말로 영혼들의 명실상부한 융합이다.

여기서 혹자는 단 한 낱말에 지나치게 많은 비중을 부여한다고 할 수 있을 것이다. 그럴지 모른다. 그렇지만 정리 36의 주석 역시 이와 유사한 무언가를 시사하고 있다.[71] 스피노자는, 지복이 성경에서는 '영광'〔명예〕이라 불리며 여기에는 그럴 만한 이유가 있다고 말한다. 한편으로, 신의 지적 사랑은 신에 관련되든 인간 정신에 관련되든 내적 만족 혹은 자기애이기 때문이다. 즉 신은 자신을 사랑하며, 우리는 신을 사랑하면서 우리의 활동 역량에 대한 응시를 향유하는 것이다. 다른 한편, 내적 만족과 명예 사이에 진정한 차이는 없기 때문이다.[72] 그런데 문제는 불행하게도 둘 사이에 사실상 차이가 있다는 점이다. 명예는 자기애 자체가 아니라 자기애의 한 형태에 불과하다. 명예를 느낀다는 것, 이는 원인으로서의 우리에 대한 관념을 동반하는 **타인의 기쁨**을 향유한다는 것이고, **타인이 우리에게 품는 사랑을 통해** 우리 자신을 사랑한다는 것이다. 따라서 스피노자가 제시한 근거는 그것이 입증하고자 하는 바와 일치하지 않는 셈이다. 그래서인지 스피노자 역시 물러서는 듯 보인다. 그는 신의 지적 사랑을 명예와 동일시한 이후, 곧장 명예의 인간 상호적 측면은 제거한 채 이를 자기

---

71) 〔옮긴이〕『윤리학』 5부 정리 36의 주석: "여기서 우리는 우리의 행복 또는 지복, 혹은 자유가 무엇에 있는지 명석하게 이해하게 된다. 곧 이는 신에 대한 항상적이고 영원한 사랑, 혹은 사람들에 대한 신의 사랑에 있음을 말이다. 그리고 바로 이 사랑 혹은 지복을 성경에서는 명예/영광(gloria)이라 부르는데, 이는 근거가 없지 않다. 왜냐하면, 이 사랑이 신에 관련되든, 정신에 관련되든, 그것은 정신의 내적 만족이라 불릴 수 있으며, 이 내적 만족은 (정서들에 대한 정의 가운데 25와 30에 의해) 명예와 정말로 구별되지는 않기 때문이다. 왜냐하면, 신에 관련되는 한에서의 이 사랑은, (5부 정리 35에 의해) 자신에 대한 관념이 동반하는 기쁨이며—여전히〔신에 대해서도〕이 어휘를 이용해도 된다면—, 이 점은 (5부 정리 27에 의해) 이 사랑이 정신에 관련되는 한에서도 마찬가지이기 때문이다…".
72) 『윤리학』 5부 정리 36의 주석.

애 일반에 결부시킨다. 그렇지만 "명예"라는 단어는 정말로 언급되었다. 왜인가? 단지 스피노자가 자신의 입장과 성경의 입장이 일치함을 다소 인위적으로나마 보여 주고자 해서인가?[68*] 아니면 지복이 **고유한 의미의** 명예와 모종의 관계가 있는 것은 아닐까?

그렇게 생각할 여지가 있다. 사실, 3종의 인식을 통해 자기 자신과 상대방을 인식하는 두 개인 X와 Y를 생각해 보자. X는 자기 본질을 인식하고 사랑하며, 이를 인식하고 사랑하면서 신을 인식하고 사랑하며, 신을 인식하고 사랑하면서 Y의 본질을 인식하고 사랑한다. Y 역시 자신의 본질, 신의 본질, 그리고 X의 본질을 인식하고 사랑한다. 그리고 X와 Y의 활동은 결국 같다. 이 두 활동 모두, 신이 자기 자신을 인식하고 사랑하면서 X와 Y를 인식하고 사랑하는 활동이기에 말이다. 물론 X와 Y의 활동에서 원인(principe)과 귀결의 관계는 뒤바뀌어 있다. 즉, X의 관점에서 볼 때 Y에 대한 X의 사랑은, 그 자체로는 Y에 대한 신의 사랑이나 Y에 대한 Y의 사랑과 동일하지만, 여하튼 X에 대한 X의 사랑의 귀결이다. 반면, Y의 관점에서 볼 때 X에 대한 Y의 사랑은, 그 자체로는 X에 대한 신의 사랑이나 X에 대한 X의 사랑과 동일하지만, 여하튼 Y에 대한 Y의 사랑의 귀결이다. 그렇지만 각자는 자신의 관점과 상대방의 관점을 한꺼번에 취하므로 순환이 성립한다. X는 신이 Y를 인식하고 사랑하듯, 다시 말해 Y가 자기 자신을 인식하고 사랑하듯, 자기가 Y를 인식하고 사랑한다는 것을 **안다**. 그래서 그는 이러한 Y에 대한 Y의 사랑의 귀결들을 내면화한다. 곧 X는 Y를 인식하고 사랑하는 한에서, Y가 신을 인식하고 사랑하

[68*] 울프슨(H. A. Wolfson)의 『스피노자의 철학』(*The philosoohy of Spinoza*, II pp. 324~5)과 이스라엘 살바토르 레바(I-S. Révah) 『스피노자와 후안 데 프라도』(*Spinoza et Juan de prado*, p. 37)가 말한 대로라면, 우리엘 다 코스타(Uriel da Costa)와는 반대로 말이다.

듯 신을 인식하고 사랑하며, 또 그런 한에서 X는 Y가 X를 인식하고 사랑하듯 자기 자신을 인식하고 사랑한다. 달리 말해, X의 관점에서 볼 때 X에 대한 X의 사랑은 X에 대한 Y의 사랑의 원인이자 귀결이며, 마찬가지로 Y의 관점에서 볼 때 Y에 대한 Y의 사랑은 Y에 대한 X의 사랑의 원인이자 귀결이다. 이렇게 해서, 두 개인은 각자 자기 자신을 두 방식으로 사랑한다. 우선 직접적으로 사랑하며, 다음으로 자기가 상대방에게 불러일으키는 사랑을 매개로 사랑한다 — 그렇지만 이 두 방식은 결국 하나다. 그런데 자신을 사랑하는 두번째 방식이야말로 바로 스피노자가 정의한 **명예**가 아닌가? 정념적 명예와 유일한 차이가 있다면, 동일시가 끝까지 추진된다는 점이다. X는 자신이 Y에게 불러일으키는 사랑을 더 이상 외적으로 **모방하지** 않는다. 곧, X는 Y-를 사랑하는-X이기에 X-를 사랑하는-Y이며, 마찬가지로 Y는 X이자 Y이다.

터무니없는가? 그렇지 않다. 단, 지속의 구도와 영원의 구도를 잘 구별해야 한다. 지속에서 '신을 향한 사랑'은 결코 영혼들의 융합을 가져오지 않는다. 가령, X의 정신 안에 있는 Y에 대한 참된 관념은, Y의 정신을 구성하는 Y에 대한 참된 관념[73]과 같은 것이 아니다. 왜냐하면 전자의 물리적 상관항은 Y의 신체가 아니라, X의 신체 안에서 Y의 신체 구조를 재생산하는 논리적으로 배열된 이미지들의 연쇄이기 때문이다. 그렇기에 X가 죽으면 X 안에 있는 Y의 관념도 사라지지만, 반면 Y의 영혼은 남아 있다. 하지만 영원의 평행론 수준에서는 사정이 다르다. 이제 Y에 대한 X의 인식은, Y 신체의 영원한 본질이 신을 매개로 X 신체의 영원한 본질과 소통하는 한에서, 연장 안에 있는 Y 신체의 영원한 본질을 상관항으로 한

---

73) 『윤리학』 2부 정리 17의 주석 참조.

다. 마찬가지로 X에 대한 Y의 인식은, X 신체의 영원한 본질이 Y 신체의 영원한 본질과 소통하는 한에서, 연장 안에 있는 X 신체의 영원한 본질을 상관항으로 한다. 따라서 XY 집합에 대한 X의 인식(혹은 X가 자기 자신과 Y에 대해 느끼는 지적 사랑)과 XY 집합에 대한 Y의 인식(혹은 Y가 자기 자신과 X에 대해 느끼는 지적 사랑)은 양자 모두, 이 두 본질이 서로 소통하는 한에서, 이 두 본질에 의해 형성된 집합을 상관항으로 한다. 이 두 관념은 이처럼 동일한 대상을 갖기 때문에 동일한 영혼을 형성한다.

스피노자가 정말로 이렇게 보았을까? 여하간, 그가 사랑 안에서 타인과의 동일화라는 문제를 생각해 보았음은 아주 확실하다. 「편지」 17이 이를 입증한다. 스피노자는 발링(Balling)에게, 아버지가 아들을 너무 사랑한 나머지, 양자가 동일한 존재를 형성하는 일이 일어날 수 있으며, 이럴 경우 아버지는 아들의 일부가 되므로 아버지의 영혼은 아들의 관념적(idéale) 본질, 이 본질의 변용들, 그리고 이로부터 따라 나오는 것을 분유할 수밖에 없다고 쓰고 있다.[74] 물론 이 구절은 수수께끼 같다. 아버지의 영혼이 아들의 본질을 이처럼 "분유한다"는 것은 무슨 뜻일까? 아버지가 아들의 본질을 **인식한다**는 것일까? 하지만 발링은 분명 3종의 인식으로 자기 아들을 인식하고 있지 않으며, 그의 부성애는 정념적이거나 기껏해야 이성적이다. 그렇다면 이는 『윤리학』 3부 정리 19~26이 해명한 바 있

---

74) 「편지」 17[G IV p. 77/P p. 1173]. [옮긴이] 피에테르 발링(Pieter Balling, ?~1669년) : 에스파냐와 홀란드 사이의 무역에 종사했던 상인으로서, 스피노자의 친구이자 서신교환자 중 하나이다. 1664년, 스피노자가 쓴 『데카르트의 "철학 원리"』를 네덜란드어로 번역하기도 했다. 발링은 그의 아들이 앓아누워 있을 때 아들의 흐느낌을 환각으로 듣고 난 후, 얼마 후 아들이 죽는 일을 당한다. 그 후, 그는 스피노자에게 이 생생한 지각이 '전조'가 아니냐는 질문을 담은 편지를 보낸다. 이에 대해 스피노자는 그것이 상상이며, 이 상상을 가능케 한 것은 사랑이라는 요지의 답장을 보낸다. 본문의 대목은 이러한 스피노자의 답변 내용 중 일부이다.

는, 사랑의 감정이 초래하는 정서적 동일시를 뜻하는 것일까? 하지만 이러한 동일시는 아주 피상적이며, 분리를 온존시킨다. 지속의 구도에서, 아버지의 영혼은 오직 자기 신체의 변용들에 대한 관념들을 통해서만 아들을 지각하기에 말이다. 그렇다면, 이 두 종류의 동일시 사이에 어떤 중간적인 것이 있어 혹여 하나에서 다른 하나로 이행할 수 있게 해주는 것은 아닐까? 그럴 수도 있다. 왜냐하면 스피노자는 아버지의 영혼이 아들에게 일어날 수밖에 없는 것을 "혼동되게나마 예감" 할 수 있다고 말하기 때문이다.[75] 이미 살펴보았듯, 우리가 느끼는 정념적 기쁨의 영원한 가능조건은 무의식적 지복——또는 완전한 무의식은 아닌 이상, 거의 의식되지 않은 지복이었다. 그렇다면, 타인과의 정념적 동일시의 영원한 가능조건 역시, 우리 정신들의 영원한 부분들 사이의 거의 의식되지 않은 지적 교유가 왜 아니겠는가? 이 경우, 3종의 인식이 창출하는 명시적인 지적 교유는 단지 인간 상호적 사랑의 영원한 토대를 드러나게 하는 것에 지나지 않을 것이다. 스피노자는 물음을 세밀하게 다듬지는 못했다. 그렇게 하려면 그는 독특한 본질들이 과연 **어느 정도까지** 서로 교유하는지, 따라서 개인들이 과연 **어느 정도까지** 서로를 인식할 수 있는지를 규정했어야 했을 것이다. 그런데 그 자체로서의 그 **어떤** 독특한 본질도, 심지어 자신의 본질마저도 인식하지 못했던 그가 어떻게 그렇게 했겠는가? 그런데 만일 그가 이 문제를 깊이 생각했다면, 이를 하나의 정리로 증명할 능력은 없었을 테니, 아마도 그는 주석에서 이를 암시적으로 환기시키고자 했을 것이다.

사정이 이렇다면, 영원한 삶에의 접근은 다시 한 번 한 순간도 빠짐

---

75) 같은 곳[G Ⅳ p. 77/P p. 1172].

없이 우리가 지향해 왔던 것을 우리에게 안겨 주는 셈이다. 정념적 삶에서부터 우리는 다른 인간들과 일치하려 노력해 왔다. "이해타산" 때문이 아니라 그들의 기쁨을 향유하고 그들의 기쁨을 통해 우리 자신을 사랑하기 위해서 말이다. 근본적으로, 야망은 강한 의미의 **만장일치**의 요구이자 강한 의미의 **화합**의 요구였다. 하지만 야망은 스스로를 소외시키면서 자신을 알아보지 못했다. 우리는 타인의 자아를, 외부로부터 이 자아에 일어나는 것과 혼동하고는, 우리 유사한 자들의 정념에 종속됨으로써 그들의 찬사를 얻고자 했던 것이다. 또 우리는 우리의 자아를, 외부로부터 이 자아에 일어나는 것과 혼동하고는, 우리 유사한 자들을 우리 정념에 종속시킴으로써 그들의 찬사를 얻고자 했던 것이다. 그러나 그 결과는 갈등상황이었다. 이성적 삶의 수준에서는, 이런 요구가 자신의 진리 그대로, 곧 타인의 인식하는 기쁨을 분유하기 위해 우리의 앎을 그들과 소통하려는 욕망으로서 나타났다. 하지만 이는 여전히 추상적 진리였다. 이런 기획을 통해 우리가 결국 개체적 정신들 간의 상호침투로 향해 가고 있음을 이해하지 못한 채, 그저 일반적으로 빛을 확산하려 했던 것이다. 게다가, 우리의 자아도 타인의 자아도 모두 보편 이성으로 흡수되는 듯 보였다. 하지만 이제는 정반대로 우리는 우리 자신과 다른 사람들을 동일시하되, 우리 자신과 그들이 지닌 독특한 측면 속에서 동일시한다. 다시 말해, 우리는 변함없이 우리 자신이면서도 그들과 일치하며, 그들의 지복은 우리의 지**복이다**. 이와 같은 총체적 투명성은 자기성을 폐지하지 않고서도 타자성을 제거하여, 우리가 항상 열망해 왔던 명예를 완성된 형태로 안겨 준다.

이와 같은 완전성에 일단 도달하면, 다시 추락하는 일은 불가능하다. 이제 우리는 구원되었다. 지속의 구도에서, '신을 향한 사랑'은 오직 우리 신체가 파괴될 때만 파괴될 것이다.[76] 외적 원인이 우리에게 어떤 고통을 가해 오든, 이 사랑은 항상적으로 우리의 성향이 될 것이고, 우리의 최적의 현실화 수준을 회복시켜 줄 것이며, 우리 정념을 아주 부차적인 것으로 만들 만큼 항상적으로 우리를 채울 것이다. 또한 이 사랑은 불가피한 최후의 패배 순간에만, 곧 우리 코나투스가 세계의 무게에 으스러져 발휘될 수 없는 절대적인 불가능의 상황에 놓일 경우에만 사라질 것이다. 다른 한편, 아무것도, 심지어 죽음조차도 '신의 지적 사랑'만은 파괴할 수 없다.[77] 우리 정신이 우리 신체의 본질에 대한 영원히 참된 관념인 한에서, 이 사랑은 우리 정신의 본질에 속하며, 아무것도 참된 것을 거짓이게 할 수는 없기에 말이다.[78] 그런데 이는 우리가 이 사랑을 영원하게, 이를테면 "사후"까지 포함하여 영원하게 **의식하리**라는 뜻인가? 의심의 여지없이 그렇다. 하지만 그렇다면, 정신은 신체가 현행적으로 실존할 때 신체 **안**에서 일어나는 것 외에는 의식할 수 없다는 지론은 폐기되는 것이 아닌가? 결코 그렇지 않다. 왜냐하면 신 안에는 우리 신체의 모든 변용에 대한 영원하게 참된 관념이 있기 때문이다. 단지 우리의 수동적 변용들에 대한 영원하게 참된 관념들의 경우, 이것들은 신이 단독으로 고려된 우리 신체의 본질에 대해서가 아니라, 이 본질과 멀리서나 가까이에서 우리에게 작용하는 다른 모든 물체들의 본질로 형성된 집합에 대한 관념을 갖는 한에서, 신 안에 있을 뿐이다. 이와 반대로 우리의 능동적 변용들에 대한 영원하게 참된 관념들은, 신이 오직 우리 본질에 대한 관념을 갖는 한에서 신 안에 있다. 달리 말해, 이 관념들은 우리 신체에 대한 영원한 관념

---

76) 『윤리학』 5부 정리 20의 주석(시작 부분).
77) 『윤리학』 5부 정리 37.
78) 같은 정리의 증명.

안에 포함되어 있다. 따라서 우리 영혼이 이처럼 우리 신체에 대한 영원한 관념인 한에서, 그것은 자기 신체의 능동적 변용들에 힘입어 자기 본질에 대해 인식할 수 있는 모든 것을 의식하는데, 왜냐하면 우리 영혼은 이 변용들에 대한 참된 관념들을 영원하게 가지기 때문이다. 그러므로 우리 영혼은 그런 인식이 수반하는 의식적 지복을 영원하게 향유한다.

그런데 이처럼 동요 없는 행복은 욕망을 아예 배제하는가? 그렇지 않다. 왜냐하면 자연적·사회적 세계는 항상 우리 앞에 있기 때문이다. 우리가 전지전능하지 않은 이상, 아무튼 우리가 끊임없이 우리를 변용시키는 환경을 한층 더 지배해야 함에는 변함이 없다. 다른 사람들 대부분이 무지한 이상, 우리가 그들을 계몽해야 함에는 변함이 없다. 이성이 우리에게 이미 내렸던 명령들은 더 이상 초월적 규범으로 나타나지는 않지만, 그럼에도 여전히 타당하다. 우리는 단지 이 명령들의 완전한 의미를 의식하게 될 뿐이다. 그렇다면 영원한 삶이 지속에서는 어떻게 펼쳐질 것인가? A_2와 B_2군은 아주 간략하게나마 이를 보여 준다.

3. 개인적인 영원한 삶의 전개(A_2군)

우리의 적합한 관념들 모두는 영원진리다. 곧 그것들은 우리를 불멸케 하는데, 왜냐하면 우리가 적합한 관념을 품는 활동은 신이 그것을 품는 활동 자체이기 때문이다. 그러나 여기 지금 실존하는 대로의 우리 정신은 결코 적합한 관념들만으로 이루어지지는 않는다. 우리 신체 변용을 온전히 파악하려면, 그것을 산출하는 두 종류의 원인을 완전히 파악해야 할 것이다. 우리 안에서는, 우리의 개체적 본질을 파악해야 한다. 우리 바깥에서는, 우리를 변용시키는 외부 물체의 개체적 본질을, 그런 다음 이 물체에 작용하여 이 물체가 그런 방식으로 우리를 변용시키도록 만드는 [또 다른] 외부 물체의 개체적 본질 등등을 파악해야 한다. 이 두 과업 중 전자가 끝까지 완수될 수 있다 해도, 후자는 정의상 끝이 없다. 그래서 우리가 3종의 인식으로 우리 자신을 인식해도, 우리에게는 여전히 정념들이 남아 있을 것이다. 그리고 이 정념들은 우리 신체와 함께 사라질 것이다. 그러므로 우리 정신에는 이를테면 두 "부분", 곧 영원한 부분과 사멸하는 부분이 있는 셈이다.

하지만 이 두 부분 각각의 크기가 결정적으로 고정되어 있지는 않다. 우리가 명석 판명한 관념들을 더 많이 가지면, 영원한 부분은 더 커지고 사멸하는 부분의 비중은 상대적으로 더 작아지는 것이다.[79] 이를 살펴보자. 우리 정신의 뿌리에 있는 영원한 관념은 그 **자체로는** 늘거나 줄지 않는다. 하지만, **우리에 대해서는** 그렇지 않다. 현행적으로 실존하는 신체에 대한 관념인 영혼에서, 신체의 본질에 대한 참된 관념이 떠오르는 정도에는 차이가 있을 수 있다. 인간보다 낮은 등급의 존재자에게는 이런 관념은 아예 떠오르지도 않는다. 이런 관념은 도처에 있긴 해도 결코 순수한 상태로는 나타나지 않는데, 왜냐하면 이런 관념이 나타날 때마다 상상이 그것을 뒤덮어 버리기 때문이다. 그래서 동물이 의식하는 모든 것은 그것이 죽으면 사라질 것이다. 결국, 동물에게도 영원한 무언가가 있긴 하지만 동물은 그것을 알지 못할 것이다. 반면, 대부분의 인간에게는 이런 영원한 관념의 추상적인 몇몇 측면만이 명시적인 앎의 대상이 된다. 공통 관념들과 그 귀결들 중 일부를 아는 것이다. 우리가 이런 식으로 인식하

---

79) 『윤리학』 5부 정리 38의 증명.

는 우리 본질의 추상적인 측면들이 우리 신체의 지속에 의존하지 않는 이상, 이런 의미에서 우리는 모두 우리의 영원성을 의식한다.[80] 그러나 우리가 2종의 인식을 극복하지 못하는 한, 이 영원성은 아직 비개인적인 영원성에 불과하다.[81] 우리의 개체적인 측면이라고 우리가 믿는 것은, 우리의 혼동된 관념이다. 그리고 이런 이유로, 우리의 영원성에 대한 참된 의식은 우리 자아에 대한 거짓된 지각에 오염되어, 지속에서의 불멸이라는 가상을 불어넣어 우리를 불안케 한다.[82] 우리가 진정한 신을 발견할 때에야 비로소 이 가상은 사라진다. 우리 자아가 무엇인지는 아직 몰라도, 우리 자아가 영원하다는 점만은 알기에 말이다. 그런 다음, 우리의 앎이 증진되어 감에 따라 우리 본질에 대한 참된 관념도 개체화되면서 점진적으로 드러나며, 우리의 정신 가운데 우리 신체를 '영원의 범주 하에서' 인식하는 부분도 점차 큰 비중을 차지하게 된다. 우리가 3종의 인식으로 우리 자신을 인식할 때, 우리는 우리의 개인적인 영원성을 의식적으로 향유할 것이다. 그리고 신체와 함께 소멸할 수밖에 없는 부적합한 관념의 지대는 아예 주변적인 것이 될 것이다.[83]

하지만 우리의 명료화 작업은 여기서 멈추지 않는다. 이런 [부적합한 관념의] 주변적 지대를 다른 끝으로 공격함으로써 **한층 더** 줄일 수 있는 것이다. 우리 본질이 다른 본질들과 분리되지 않는 이상, 우리 본질이 신을 매개로 다른 본질들과 소통하는 이상, 우리는 우리를 변용시키는 독특

---

80) 『윤리학』 5부 정리 23과 정리 34의 주석을 참조.
81) 이 점에 대해서는 레옹 로트(Léon Roth), 『스피노자, 데카르트, 마이모니데스』(*Spinoza, Decartes and Maimonides*), pp. 139~40을 참조하라
82) 『윤리학』 5부 정리 34의 주석.
83) 『윤리학』 5부 정리 38의 주석.

한 사물들의 영원한 본질을 적어도 부분적으로나마 이해할 수 있다. 사실, 우리는 이미 외부 물체들의 몇몇 특성을 인식하고 있다. 이 물체들이 우리 신체와 공통으로 지니는 특성을 말이다. 그러니 계속 이 길로 나아가 보자. 그리고 이로부터 출발해서 사물들의 독특한 측면에, 그것도 가능하면 가장 많은 수의 사물에 도달하려고 노력해 보자. 우리가 이런 기획에 성공하면 할수록, 우리는 우리 본질이 다른 본질과 맺고 있는 관계를 더욱 더 의식할 것이며, 우리 정신의 영원한 부분도 더욱 커질 것이다. 물론 그렇다 해도 사멸하는 부분을 완전히 제거할 정도로 늘어나지는 않을 것이다. 그러려면, 우리 정신의 영원한 부분이 무한지성과 일치해야 할 테니 말이다. 하지만 이 부분의 발달에 어떤 한계도 선험적으로 지정할 수는 없다.

그런데 시간상에서 이루어지는 이런 발달에는, 이성 발달에 필요한 것과 똑같은 외적 조건이 필요하다. 분명, 이 조건의 비중은 우리가 이미 획득한 인식들의 범위에 반비례하지만, 우리가 전지적이 될 수는 없는 이상 아예 무시할 만한 것이 되진 않을 것이다. 그래서 『윤리학』 4부 정리 38과 39가 정식화했고, 또 4부의 파생적 요구들에 대한 연역의 출발점이기도 했던 요구들은 계속해서 이전과 똑같은 강제력을 지닐 것이다. 우리의 '굳건함'(*animositas*)은 타협을 모른다. 우리가 2종의 인식을 극복했든 아니든, 우리의 개체적 본질을 완벽하게 인식했든 아니든, 우리의 직관적 앎이 다른 개체적 본질들에까지 확장되었든 아니든, 우리는 언제나 우리 지성의 진보에 유리하게끔 환경을 개조해야 한다. 유일한 차이가 있다면, 이 노력이 진정 겨냥해야 할 바를 우리가 이전보다 잘 파악한다는 점이다. 우리는 이제, 우리 과제가 영원한 삶에 대한 의식적인 분유의 정도를 높이는 일임을 알고 있기에 말이다.

4부 정리 39에 따르면, 우리는 우리 개체성을 정의하는 운동과 정지의 비율을 보존하기 위해 필요한 모든 것을 다해야 한다. 우리의 영원성이 발견되었다고 해서 이런 지침이 격하되는 것은 아니며, 단지 새롭게 조명될 뿐이다. 우리는 이제 우리 정신의 능동적 부분이 절대적으로 파괴 불가능하다는 점을 이해한다. 적합한 관념을 더 많이 가질수록, 우리는 죽음을 덜 두려워하게 된다.[84] 우리의 앎이 방대해질수록, 우리 신체의 소멸은 덜 해로운 것이 된다.[85] 하지만 신체의 소멸이 **전적으로** 해롭다는 점만은 변함없을 것이다. 죽음이 끝이 아니라 해도 그렇다고 새로운 삶의 시작도 아니다. 그래서 우리가 여태껏 감지하지 못했던 진리들을 죽음 덕분에 관조하리라 믿는다면, 이 또한 영원성을 한계 없는 지속과 혼동하는 셈이다. 죽음 "이후" ── 만일 이러한 표현에 무슨 의미가 있다면(그런데 달리 어떻게 표현하겠는가?) ── 에는 지적 **진보**가 일체 배제된다. 영원성의 구도에서는 아무것도 **일어나지** 않기 때문이다. 우리의 운명은 이 생(生), 오직 이 생에서만 펼쳐진다. 영원한 삶이란 우리가 시간상에서 획득한 것을 시간 바깥에서 향유하는 것에 지나지 않는다. 그런데 전지함에 도달하기가 불가능한 이상, 우리에겐 획득할 무언가가 여전히 남아 있다. 우리 안에 잔존하는 혼동된 관념을 줄이는 일은 무한한 과업이며, 이를 훌륭하게 수행하려면 우리의 여기 지금의 실존은 무한정 길어져야 할 것이다. 따라서 현자는 신체를 가능한 한 오래 지속에 걸쳐 보존하고자 노력할 것이다. 그리고 이런 노력이 성공할수록, 현자가 지성을 완전하게 도야하면서 자기 자신을 영원하게 만들 시간은 더 길어질 것이다. 아마도

---

[84] 『윤리학』 5부 정리 38.
[85] 같은 정리의 주석.

그가 진전을 보면 볼수록, 자신의 기획이 불가피하게 중단되리라는 표상에 타격을 받는 정도도 점점 덜해질 것이다. 그가 자기 본질을 온전히 이해할 경우, 다른 몇몇 본질에 대한 이해는 그의 행복에 별 대단한 것을 더해 주지는 않을 것이기에 말이다. 그러나 여하튼 이처럼 경미한 증대도 무는 아니기에, 그는 더 멀리까지 가기 위한 운동을 계속할 것이다.

하시만 우리의 지성을 발달시키려면, 오래 사는 것으로는 충분치 않다. 『윤리학』 4부 정리 38의 지적처럼, 우리 신체의 운동-감각 능력도 가능한 한 많이 발달해야 하는 것이다. 우리의 영원성이 발견되었다고 해서 이 평행론이 폐기되는 것은 아니다. 상기해 보건대, 우리의 적합한 관념에는 두 가지 물리적 상관항이 있다. 영원의 구도에서 우리 신체의 영원한 본질, 그리고 이를 통해 다른 신체의 본질에 대해 우리가 이해하는 바가 그 하나이며, 지속의 구도에서 논리적으로 연쇄되는 이미지들, 아울러 여기서 따라 나오는 논리적으로 연쇄되는 활동들이 다른 하나다. 이 두 가지 상관항 중 후자의 현재 상태는 우리가 전자에 대해 가질 수 있는 의식의 정도를 아주 정확히 정해 준다. 우선, 영혼은 결코 신체 이상으로 나아가지 못할 것이다. 다음으로, 우리 본성과 다른 사물의 본성에 대해 매 순간 우리가 인식하는 것이라곤 오로지 우리 변용들의 배열이 이에 대해 드러내 주는 것뿐이다. 마지막으로, 새로운 명석한 관념의 획득도 이 배열상태의 향상과 연계되어 있다. 그런데, 신체가 자기 변용들에 점차 일관된 질서를 부여하는 **경향**을 필연적으로 지닌다 하더라도, 이를 달성하는 정도에는 차이가 있다. 그리고 이런 차이는 신체의 소질에 달려 있다. 아주 적은 수의 이미지들만을 형성할 수 있는 신체들, 따라서 아주 적은 수의 활동을 통해서만 환경 변화에 반응할 수 있는 신체들이 있다. 이런 신체의 "영혼"은 사유할 능력이 거의 없다. 이런 영혼의 지각장은 공통관념이 부각되기에는 너무나 빈곤하고 불균형적이어서, 사물을 적합하게 인식할 여지를 주지 않는다. 그래서 이런 영혼은 자신의 영원성도 파악하지 못한다. 인간은 이 경우에 해당되지 않는다. 인간의 신체는, 외부 물체들을 많은 방식으로 변용시키고 또 이 물체들에 의해 다양한 방식으로 변용되는 소질이 있다. 물론 개인마다 다를 수 있지만 말이다. 그러므로 인간의 영혼도 많은 것을 인식할 소질, 다시 말해 자신의 영원성을 아주 잘 의식할 소질이 있다.[86] 하지만 그는 이 능력들을 계발해야 한다. 이 능력은 원래 한낱 잠재성에 지나지 않기에, 적절하게 규정된 특정 조건, 가령 유기적인 성장, 건강에 좋은 음식, 좋은 환경 등이 구비되어야만 실질적으로 발휘될 것이다. 아이가 자기 신체를 발달시키고 성인의 신체가 되기 위해 행하는 노력은, 무의식적으로 이런 경향을 띤다.[87] 정념에 사로잡힌 인간이 환경이 제공해 주는 온갖 쾌락을 추구하면서 자기 활동 역량을 증대시키기 위해 반쯤은 의식적으로 행하는 노력도, 이런 경향을 띤다. 자기 신체를 가장 효율적으로 기능하게 해줄 모든 것을 조달하기 위해 자유로운 인간이 행하는 노력도, 이번에는 아주 의식적으로 이런 경향을 띤다. 그리고 현자는 한층 더 이런 경향을 띤다. 물론 그가 이미 자기 본질을 온전히 인식했다면, 그에게 곤경은 대수롭지 않을 것이다. 질병도, 빈궁도, 사회적 격변도 그의 변함없는 지복을 교란하지 못하는 것이다. 하지만 불리한 외적 원인들은 끊임없이 그를 구속함으로써, 그리고 그것들이 악착같이 파괴하려 드는 이미지 체계나 활동 체계를 계속 복원하도록 그를 강제함으로써, 그의 진보를 가로막을 수도 있다. 그가 만일 다른 본

---

86) 『윤리학』 5부 정리 39의 주석.
87) 같은 곳.

질들을 인식함으로써 자신의 영원한 부분을 증대하고자 한다면(그는 필연적으로 그렇게 하고자 한다), 그는 지성이 풍부해지는 데 필요한 균형 잡히고 다채로운 지각장을 마련해야만 한다. 또한 그는 자기 신체가 가능한 한 가장 많은 이미지를 동시에 형성하고 가능한 한 가장 많은 활동을 조화롭게 수행하기 위해 필요한 모든 일을 다 해야 할 것이다. 우리가 이 두 능력 —— 둘은 결국 하나다[88] —— 을 더 많이 가질수록, 우리의 이미지들 중 오직 우리 본성만으로 설명되는 측면들이 우리 신체상에서 더 많이 전면으로 등장하며, 우리는 우리 변용들을 가지적 질서에 따라 연쇄시킬 능력을 더 많이 가지며, 결국 이 변용들을 더욱더 신의 관념에 관련시킬 수 있고, 신에 대한 인식과 사랑은 우리 영혼에서 더 큰 부분을 차지한다.[89] 그러므로 우리의 운동-감각의 소질이 더 많아질수록, 우리 정신의 영원한 부분은 더 커진다.[90]

이로부터 우리는 『윤리학』 4부의 정리 65~69의 정리들이 진술했던 이성의 명령들을 모두 재발견한다. 비록 더 이상 명령의 모습을 하고 있진 않지만 말이다. 과잉되지 않은 모든 쾌락들의 체계적 계발, 선별적 선택, 계획화, 그 자체로서의 악에 대한 무지, 위험 앞에서의 이성적 태도가 그것이다. 이 중 어느 하나도 정정하거나 손질해야 할 필요는 없으며, 스

---

88) 모든 이미지는 **맹아적이든 현실적이든** 어떤 행동을 필연적으로 촉발하기 때문에 이는 하나일 수밖에 없다. 만일 우리가 선천적으로 마비환자라면, 우리 [내적] 환경의 단조로움 때문에 우리는 많은 수의 이미지를 형성할 수 없을 것이다. 하지만 우리가 아주 충만한 생활을 하고 난 후라면, 설령 우리가 사지를 쓸 수 없게 된다 하더라도, 계속해서 우리는 행동의 어떤 맹아를 이미 획득된 이미지들 각각에 연합시킬 것이다. 물론 이 경우 우리에게 새로운 이미지를 형성할 기회는 거의 없겠지만 말이다.
89) 『윤리학』 5부 정리 39의 증명. 사실, 우리는 A1군을 탐구하면서 이 증명에 대해 이미 주해한 바 있다.
90) 『윤리학』 5부 정리 39.

피노자는 이를 언급조차 하지 않는다. 하지만 결연한 쾌락주의의 성격을 띠는 이와 같은 삶의 양식은 이제 우리에게 우리의 무시간적 구원을 위한 명령인 듯 나타난다.

우리는 이 길의 어느 지점까지 도달할 수 있을까? 다시 한 번, 누구도 이를 미리 말할 수 없다. 한편으로, 이는 우리 개체적 본질의 풍부함에 달려 있다. 우리는 우리 신체를 완성하려고 노력하나, 단 이는 "우리 신체의 본성이 허용하는 만큼 그리고 도와주는 만큼"[91]이며, 이 한계를 넘을 수는 없다. 어떤 인간들은 이성의 비개인적인 영원성을 아예 극복할 수 없게 되어 있는지도 모른다. 다른 한편, 이는 환경에 달려 있다. 똑같은 개인도 환경이 얼마나 잘 정비되어 있느냐에 따라 도달하는 정도가 다르다. 그리고 우리가 살아가는 사실상의 사회에서는 정신들이 전혀 영원하지 않다 해도, 자유 국가는 분명 사태를 개선시킬 것이다. 요컨대, 본성적이며 정황적인 이중의 불평등이 있는 셈이다. 하지만 어쨌든 우리에게는 궁극적인 위안이 있다. 완전성과 능동성이 동의어라는 것,[92] 따라서 우리 정신의 영원한 부분은 그것이 아무리 작다 하더라도 신체와 함께 사멸할 수밖에 없는 부분보다는 완전하다는 것을[93] 떠올리자.

4. 인간 상호적인 영원한 삶의 전개(B_2군)

5부의 A_2군이 4부의 A_2군에 상응하듯, 4부의 B_2군에 상응하는 것도 5부에 있을까? 이성의 인간 상호적인 명령들을 영원의 관점에서 재해석한

---

91) 『윤리학』 5부 정리 39의 주석.
92) 『윤리학』 5부 정리 40.
93) 같은 정리의 따름정리.

것을 5부에서 찾을 수 있을까? 얼핏 보면, 그런 것은 없는 것 같다. 정리 40 이후, 영원한 삶의 전개라는 문제는 끝난 것처럼 보이기에 말이다. 하지만 여기에도 역시 잔여가 있다. 정리 40의 주석이 그것인데, **추측건대** 이는 현자가 타인과 맺는 관계를 암시하는 듯하다.

사실, 이 주석에서는 세 개의 긍정명제가 진술되고 있다. 첫째, 우리 정신이 이해하는 한에서, 그것은 사유의 영원한 양태다.[94] 이 진술은 앞선 정리들이 증명했던 것을 다른 방식으로 표현한 것에 불과하다. 즉, 명석판명한 관념들을 가지는 한에서의 우리 영혼은, 사유 속성의 형식으로 표출되는 한에서의 신이 우리 신체의 본질을 '영원의 범주 하에서' 인식하면서 가지는 영원한 관념과 일치한다는 것 말이다. 둘째, 하지만 이와 같은 영원한 양태는 혼자서는 현실화될 수 없다. 분명, 이 양태가 영원하다면, 이는 일체의 시간적 조건과 무관하게 오직 신이 실존한다는 사실에 기인한다. 그런데, 여기서 스피노자가 참조하고 있는 1부 정리 21이 이미 보여 주었듯, 이 양태의 실존은 신의 절대적 본성에서 따라 나오지는 않는다. 만일 그렇다면, 이 양태는 무한할 것이다. 신이 오직 그가 실존한다는 이유만으로 우리 신체의 영원한 본질에 대한 관념을 형성한다면, 그 이유는 신이 오직 그가 실존한다는 이유만으로 다른 물체의 본질에 대한 영원한 관념 **역시** 형성하기 때문이다. 따라서 영원한 유한양태는 오로지 다른 영원한 유한양태들과의 관계 속에서만 실존할 수 있다. 그렇지만 이 관계는 아무것이나 아무것에 동등하게 묶어 줄 무차별적 상호의존이 아니라 순서대로 맺어지는 관계다. 곧, 물체들 각각의 본질은 '전 우주의 얼굴'의 법칙들로 정의되는 엄격한 질서에 따라 차례로 실존으로 이행하며,

---

94) 『윤리학』 5부 정리 40의 주석.

이 본질들 각각에 대한 영원한 관념도 이와 동일한 질서 속에서, 그렇지만 이번에는 시간 바깥에서 현실화된다. 정확히 바로 이러한 의미에서, 우리인 참된 관념도 다른 모든 관념들과 결속된다. 즉, 우리인 참된 관념은 사유의 다른 영원한 양태에 의해 영원하게 현실화되도록 규정되며, 이 다른 영원한 양태도 또 다른 영원한 양태에 의해 영원하게 현실화되도록 규정되고, 이렇게 무한정 이어지는 것이다.[95] 셋째, 하지만 〔양태들 간의〕 상호적인 규정이라는 "수평적" 질서는 신에 의한 규정이라는 "수직적" 질서를 토대로 한다. 물체적인 본질들이 모두 운동과 정지의 논리적으로 실현가능한 조합들이듯, 이 본질들 각각에 대한 관념들도 모두 자기 자신을 사유하는 신의 영원한 관념의 현실적으로 실현된 귀결들이다.[96] 이런 이유에서, 결론이 전제에 포함되어 있듯 이 관념들 모두는 이 유일 관념에 포함되며,[97] 역으로 결론이 전제를 함축하듯, 이 관념들 각각도 이 유일 관념을 함축한다. 그리고 이 때문에 이 관념들 각각은 특정한 방식으로 다른 모든 관념들을 함축한다. 이 관념들이 라이프니츠의 모나드들마냥 서로를 상호표현하기 때문이 아니라, 이 관념들이 그것들을 최정점에서 서로 소통하게 해주는 동일한 원리에서 따라 나오기 때문이다. 하기에 이 관념들이 존재론적으로 결속되어 있다고 하더라도 그들의 논리적 독립성이 배제되는 건 아니며, 오히려 정반대로 존재론적 결속은 논리적 독립성을 전제한다. 독특한 본질 각각은 다른 독특한 본질들의 뒷받침 없이도 신으로부터 직접적으로 인식된다. 그런데 이 본질들 각각에 대한 인식이 그것들의 공통 토대에 대한 인식에 소급되고, 또 이 공통 토대에 대한 인

---

95) 같은 곳.
96) 『윤리학』 2부 정리 3을 참조하라.
97) 『윤리학』 2부 정리 4를 참조하라.

식은 다른 모든 본질들에 대한 인식에 소급되는 만큼, 신은 이 본질들 모두를 함께 인식하지 않고는 그 중 어느 하나도 인식할 수 없다. 그리고 신은 본질들 모두를 한꺼번에 인식하기 때문에, 마찬가지로 이 본질들이 서로를 실존하도록 상호 규정하는 수평적 질서를 인식한다. 그러므로 사유의 영원한 유한양태들은 서로 뒤섞이는 일 없이 상호 침투한다. 그리고 그것들 모두는 단일한 원천을 매개로 상호 함축함으로써, 또 이 상호 함축을 매개로 상호 조건 지음으로써 단 하나의 관념을 형성한다. 신의 영원하고 무한한 지성을 형성하는 것이다.[98]

스피노자는 이 이상을 말하지 않는다. 하지만, **만일** B_1군에 대한 우리의 가설적 해석을 받아들인다면, 이 주석의 함의들은 자명하다. 이 주석이 정당화하는 것은 바로 인간 상호적 지복의 무한정한 확장 가능성이다. 현자는 단지 특권적인 소수 개인과 더불어서만이 아니라 전 인류와 더불어 완전한 공동체를 형성할 수 있다. 최소한 잠재적으로는 말이다. **즉자적으로는**, 모든 정신들이 참여하는 공동체는 늘 이미 실현되어 있다. 그런 이상, 이를 구성원 각자에게 드러내 주기만 해도 충분하다.

분명 이 과업은 무한하며, 우리는 이를 끝내지 못할 것이다. 새 세상이 오기 전에는 극히 소수의 영혼만이 자기가 신의 무한관념에 속해 있음을 의식한다. 어떤 본질에 대한 영원한 관념은 그 자체 아직 개체적 정신이 아니다. 이 관념은 신이 형성한 개념이지 하나의 구별되는 **주체**는 아니다. 우리가 어떤 정리를 증명할 때 형성하는 관념들이 주체가 아니듯 말이다. 오직 이 관념이 현행적으로 실존하는 독특한 사물에 대한 관념인 한에서만, 그것은 주체화되며 자기 자신과 자기 대상을 **대자적으로** 의식

---

98) 『윤리학』 5부 정리 40의 주석.

하게 된다. 그런데 현행적으로 실존하는 독특한 사물에 대한 관념들 대부분은 자기 자신과 자기 대상에 대해 아주 부적합한 관념만을 가진다. 인간보다 낮은 등급의 존재자에게 이와 같은 결함은 치유불가능하다. 예컨대, 설령 어떤 동물의 "영혼"이 함축하는 영원한 관념이 다른 모든 영원한 관념들과 영원히 소통한다 한들, 이 "영혼"은 이를 모르게 되어 있다. 하지만 인간 정신들은, 신이 그들 각자의 신체들을 인식하면서 가지는 관념들과 자신들이 동일하다는 것을 아는 한, 자신들이 무한지성 안에서 통일되어 있음을 적어도 부분적으로나마 의식할 수 있다. 따라서 할 수 있는 한 다른 인간 모두를 계몽시키려 노력하자. 다시 말해, 그들이 자기의 개체적 본성을 이해하고, 그런 다음 그들과 유사한 자들의 본성과 우리의 본성을, 그런 다음 우리가 이미 인식한 모든 것들의 본성을 이해하게 만들려고 노력하자. 그들의 영혼들이 똑같은 본질을 응시하는 가운데 우리 영혼과 더 많이 융합될수록, 우리 모두는 함께 동일한 정신을 더 많이 형성할 것이고, 타자성을 배제하는 아주 완전한 명예를 더 많이 누릴 것이다. 가능하면 가장 많은 정신들이 최대한 서로를 계몽시킴으로써 서로를 최대한 영원하게 만드는 것, 이것이 지금 우리의 목표다. 우리가 우리 정신의 영원한 부분을 무한정 증대하기를 원하듯, 이제 우리는 유(類)로서의 인간의 영원한 부분을 무한정 증대시키고자 한다.

그런데 여기에도 외적 조건들이 필요하다. 화합이 없다면 지식의 확산도 없다. 따라서 『윤리학』 4부 정리 40에서 정의된 요구는 이전과 똑같은 필연성으로 계속해서 부과된다. 따라서 현자도 자기 주변에 사회적 평화와 우애의 분위기가 퍼져 나가도록 노력한다. 현자도 '관대함'(generositas)의 덕을 실행한다. 『윤리학』 4부의 B_2군이 이미 이 원칙에서 연역했던 지침들, 곧 엄밀한 긍정적 상호성, 동료 선택에서의 신중함, 감사, 정직, 시민법에 대한 완전한 복종을 철저히 이행함으로써(단, 더 이상 명령의 자격으로서가 아니라) 말이다. 현자 역시 국가 개혁에 평화적으로 참여한다.

그런데 그의 "현세적" 활동은 이제 훨씬 더 광범위한 메타-역사적 기획에 복속된다. 그는 "부르주아적인" 자유 국가와 인간 상호적인 이성적 삶이라는 과도기적 단계를 넘어, **정신들의 코뮤니즘**을 세우고자 한다.[99] 전 인류를 하나의 자기 의식적인 전체로서, 무한지성의 소우주로서 실존케 하고, 그 안에서 각각의 영혼이 자기 자신으로 머물면서도 이와 동시에 다른 모든 영혼이 되게 하는 것이다. 이 종말론적 전망은 몇몇 카발리스트의 관점과 어느 정도 유사할지도 모른다.[100] 단, 스피노자에게서 종말의 지점은 무한히 물러선다는 점을 제외하면 말이다. 다시 말해, 이 결과는 결코 현실적으로 달성되지 않을 것이다. 하지만 우리는 적어도 항상

---

99) 아브람 모이세비치 데보린(A-M. Déborine)이 주목했듯(「스피노자의 세계관」"Spinoza's World-View", pp. 115~6), 이는 논리적으로 재화의 코뮤니즘을 함축할 것이다. 만일 너와 내가 융합된다면, 네 것과 내 것의 구별도 폐지될 것이기 때문이다. 이는 법률이나 제도적 강제가 없는 코뮤니즘이다. 곧, 국가는 국가 자신이 무용해질 조건을 창출한 다음 사멸할 것이며(앞의 8장, p. 287의 주 1을 참조하라), 만인은 각자에게 유익한 것에 대해 자생적으로 똑같은 관념을 가질 것이다. 「편지」 44에서 인용되는 다음과 같은 탈레스의 정식은, 만일 여러 신들을 [하나의] 신으로 대체한다면, 인류 전체에 대해 유효할 것이다. "친구 사이에는 … 모든 것이 공유되며, 현자들은 신들의 친구이고, 모든 것은 신들에게 속하며, 따라서 모든 것은 현자들에게 속한다"[G IV pp. 228~9/P p. 1279]. 물론 이는 결코 도달될 수 없을 이상적 극한이지만, 현자에게는 칸트적 의미의 규제적 이념의 역할을 한다.
100) 게르숌 숄렘(G. Scholem) 선생이 알려 주듯, 이삭 루리아(I. Luria)와 그의 제자들에 따르면, "아담은 인류(humanité)의 영혼 전체를 담고 있었으나" 타락 이후 "셀 수 없이 많은 개인적 측면들로 거듭 분할되는 인간 유(類)로 흩어졌다". 하지만 시간의 종말에 이르면 이러한 분리도 극복될 것이다. "계율을 달성한 영혼들은 저마다 축복받은 위치에서 만물의 일반적인 회복이 일어날 때 아담의 영혼으로 통합될 것을 기다린다"(『유대 신비주의의 주요 흐름』, p. 300). 주지하듯, 스피노자의 스승이었던 므나세 벤 이스라엘(Menasseh ben Israel)은 이삭 루리아 학파에 속해 있었다(뷔요P. Vulliaud, 『스피노자의 서재』, *Spinoza d'après les livres de sa bibliothèque*, p. 31을 참조하라).

더 가까워질 수는 있다. 이처럼 우리는 인간적 드라마의 근원에 있는 존재론적 드라마의 부분적 해결을 향해 나아갈 것이다. 무한지성이 연장의 양태들을 여기 지금 실존하는 대로 사유할 필연성 때문에 자기 자신과 분리되었다면, 그것은 인류가 자기 자신과 더 잘 화해하는 만큼 이런 분리를 더 잘 극복할 것이다.

5. 결론

따라서 3종의 실존은 두 얼굴을 하고 있다. 지속의 구도에서, 3종의 실존은 우리의 개인적·인간 상호적 코나투스에 완전한 만족을 안겨 줌으로써 2종의 실존을 완성한다. 일체의 소외와 분열을 극복하며, 가장 완전한 명료함 속에서 자아를 현실화하며, 가장 완전한 교유 속에서 우리를 현실화한다. 스피노자는 부득불 이 정도에서 그칠 수밖에 없었다. 우리 정신의 영원성이 발견된다고 해서 주어진 윤리적 문제가 변경되지는 않는다. 가령, 우리가 스스로를 가사적(可死的)이라고 믿는다 해도, '굳건함'과 '관대함'의 가치는 조금도 퇴색되지 않는 듯 보이며,[101] 지복은 덕에 대한 피안에서의 보답이 아니라 오히려 덕과 하나가 될 것이다.[102] 하지만 영원의 구도로 이행할 때만, 우리 탐색의 온전한 의미가 드러난다. 우리 본질에 대한 지적 인식은 단지 우리가 우리이지 못하게 가로막는 손상에서 우리를 해방시키는 데서 끝나지 않는다. 이 인식은 우리 영혼을 그 대상의 현재적 실존에서 풀어 줌으로써 우리를 최종적 예속, 곧 죽음에서 해방시킨

---

101) 『윤리학』 5부 정리 41.
102) 『윤리학』 5부 정리 42.

다. 또한 동일한 본질들을 인식하면서 이루어지는 지적 교유는 단지 우리를 서로 대립시켜 왔던 적대를 제거하는 데서 끝나지 않는다. 이 교유는 공간적으로 정해진 대상의 실존에서 우리 영혼을 풀어 줌으로써, 일체의 분리를 폐지하기에 말이다. 요컨대, 개인의 **완벽하고 결정적인** 해방과 **제한 없는** 공동체. 이 두 극한으로의 이행이야말로 스피노자주의의 가장 심오한 동기들을 소급적으로 밝혀 주지 않는가?

『윤리학』의 구조를 보여 주는 세피로트 도식

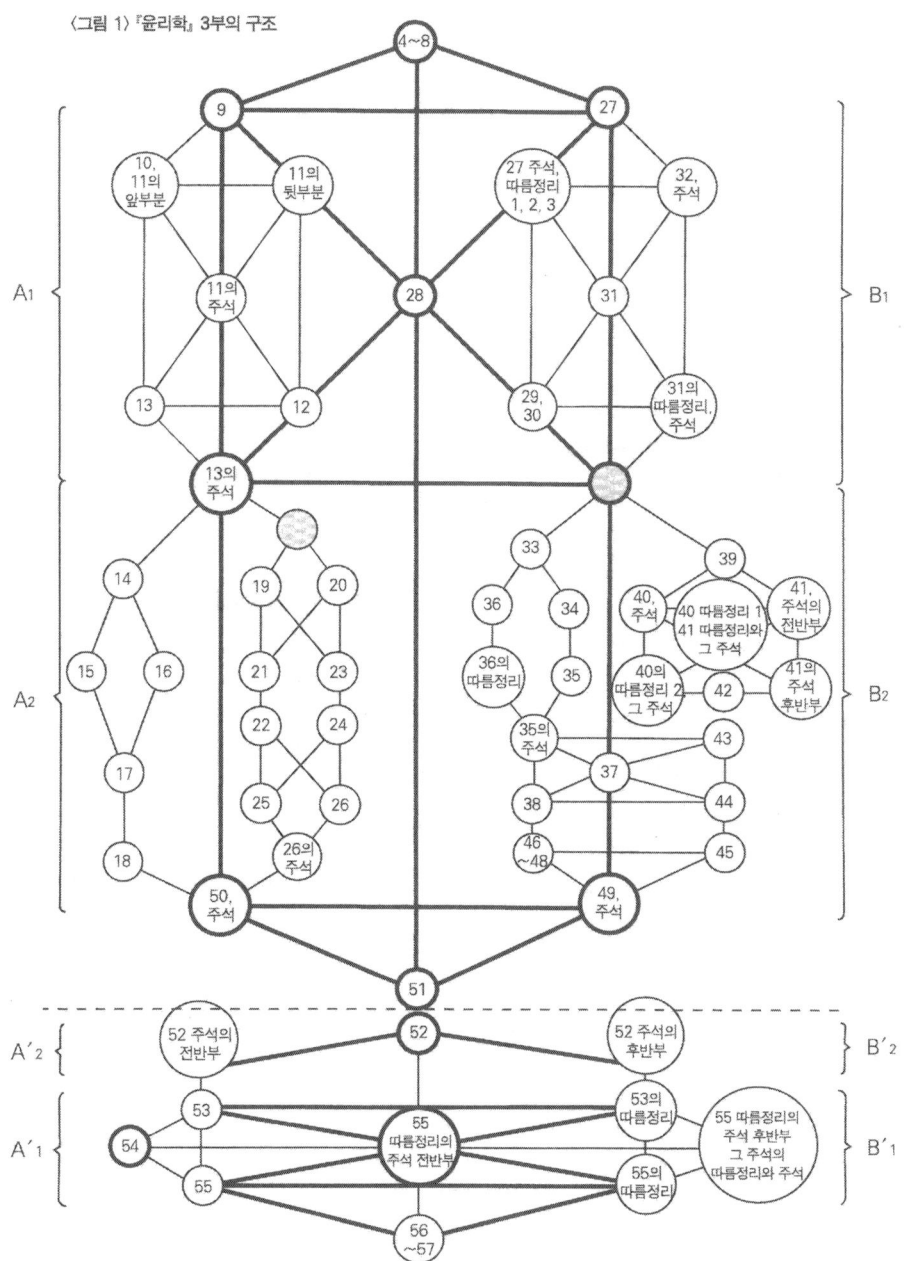

〈그림 1〉『윤리학』 3부의 구조

〈그림 2〉『윤리학』 4부 정리 1~18의 구조(왼쪽)와 5부 정리 1~20의 구조(오른쪽).

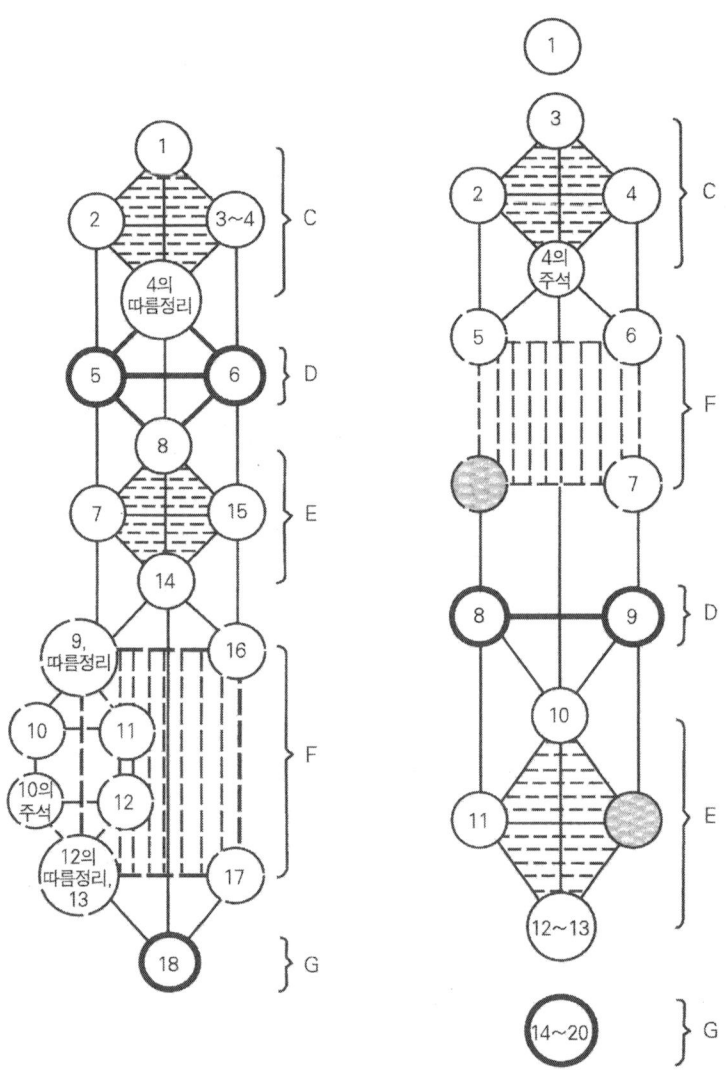

848 『윤리학』의 구조를 보여 주는 세피로트 도식

〈그림 3〉『윤리학』 4부의 정리 18~73.

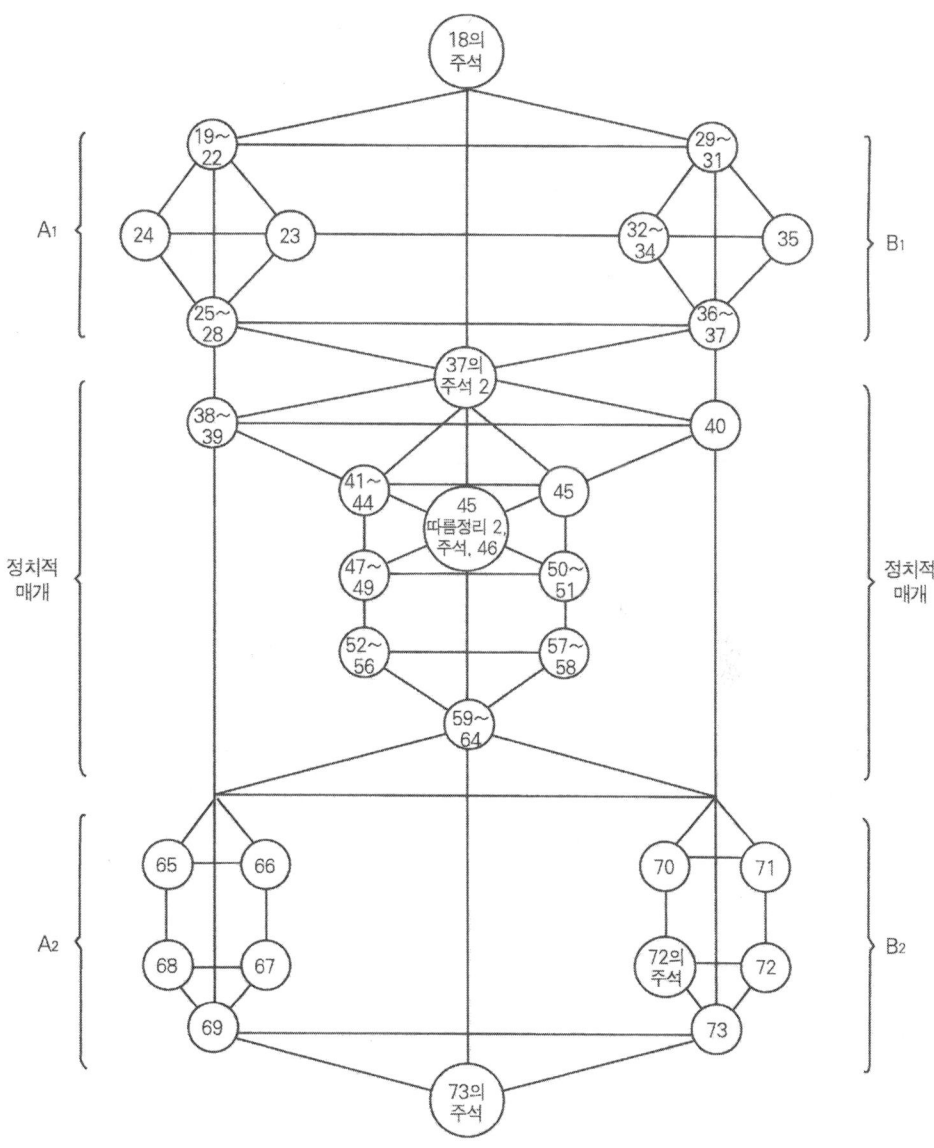

『윤리학』의 구조를 보여 주는 세피로트 도식

〈그림 4-1〉

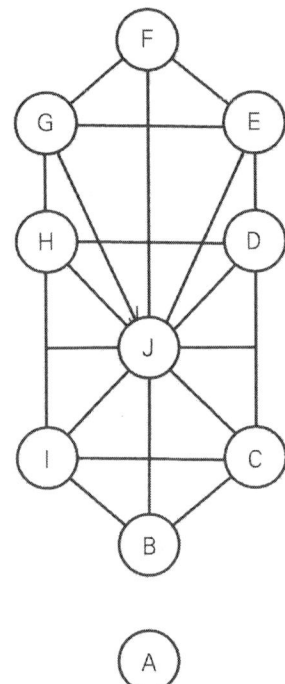

	스피노자의 구분	세피로트 나무*
A	영토제도	왕국
B	군대	토대
C	소유제	항상적 안내
D	지도자 선별양식	은총 또는 사랑
E	자문부	지혜
F	주권	왕관
G	집행부	지성
H	사법부	준엄한 심판
I	종교	위엄
J	통제 기관	미

* 이 표에서 '세피로트 나무'의 구분은 게르숌 숄렘의 책 『유대 신비주의의 주요 흐름』 p. 229에 의한 것이다.

〈그림 4-2〉『정치론』 6장의 구조 〈그림 4-3〉『정치론』 8장의 구조

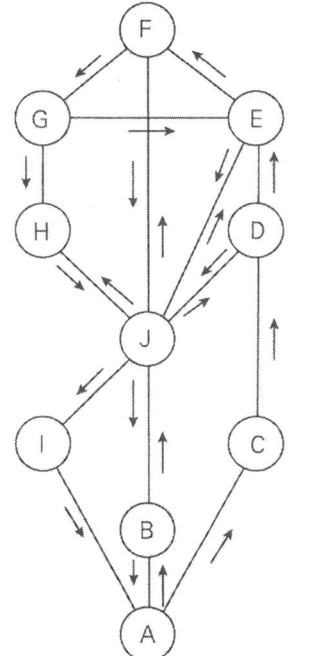
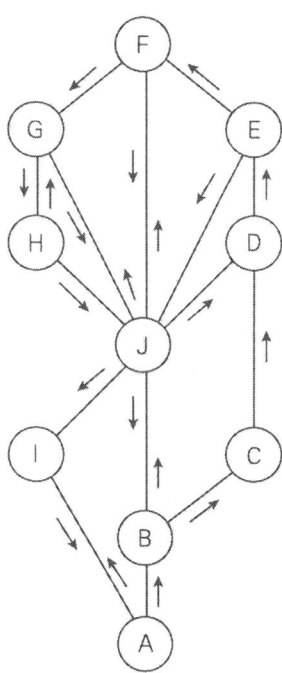

『윤리학』의 구조를 보여 주는 세피로트 도식 851

〈그림 5〉『윤리학』 5부 정리 14~42

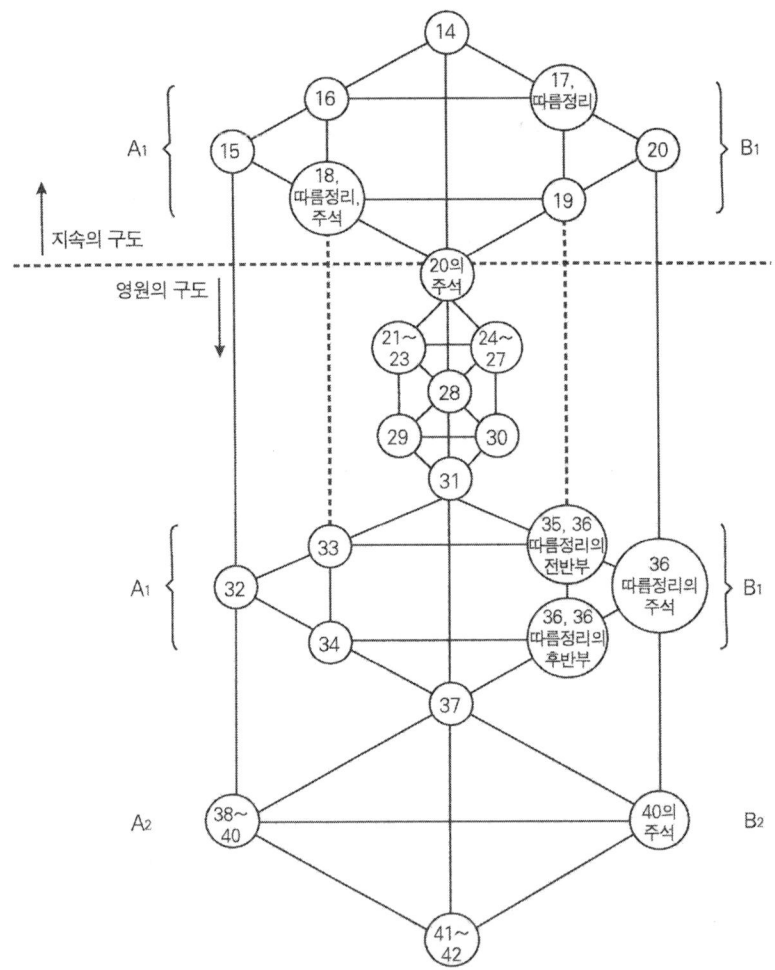

852 『윤리학』의 구조를 보여 주는 세피로트 도식

참고문헌

I. 스피노자의 저작

Spinoza, *Opera*, édit. Carl Gebhardt, 4 vol., Heidelberg, C. Winter, 1924. (약호: G)

Spinoza, *Œuvres complètes*, traduites, présentées et annotées par R. Caillois, M. Frances et R. Misrahi, Bibliothèque de la Pléiade, Gallimard, 1954. (약호: P)

B. de Spinoza, *Traité de la Réforme de l'Entendement*, traduction et notes par A. Koyré, deuxième édition, Vrin, 1951. (약호: K)

II. 인용된 문헌

F. Alquié, "Servitude et liberté selon Spinoza", *Les Cours de la Sorbonne*, Paris, C.D.U., s.d. (이 논문은 F. Alquié, *Leçons sur Spinoza*, La Table Ronde, 2003에 실려 있다.)

É. Amado Lévy-Valensi, "Mal radical et rédemption dans la tradition

---

[옮긴이] 부록에 실린 대담에서 밝히고 있듯이, 마트롱이 이 책을 준비했을 당시만 해도 프랑스에서 스피노자 연구는 폐허에 가까웠다. 따라서 여기서 제시된 스피노자에 관한 참고문헌들은 무시해도 좋을 만큼 빈약하다. 따라서 『스피노자의 철학』(질 들뢰즈, 박기순 옮김, 민음사, 2001), 『헤겔 또는 스피노자』(피에르 마슈레, 진태원 옮김, 이제이북스, 2004), 『스피노자와 정치』(에티엔 발리바르, 진태원 옮김, 이제이북스, 2005)에 역자들이 실어 놓은 참고문헌을 참조하는 편이 더 나을 것이다.

mystique du judaïsme : l'assomption d'un destin", dans *Mélanges de philosophie et de littérature juives*, 1~2, Paris, P.U.F. 1957, p. 134~152.

Ch. Appuhn, *Spinoza*, Paris, Delpeuch, 1927.

H. Bergson, *L'évolution créatrice*, 77ᵉ édition, Paris, P.U.F., 1948. [황수영 옮김, 『창조적 진화』, 아카넷, 2005.]

V. Brochard, *Études de philosophie ancienne et de philosophie moderne*, nouvelle édition, Paris, Vrin, 1954(특히 "L'éternité des âmes dans la philosophie de Spinoza", p. 371~383).

L. Brunschvicg, *Spinoza et Ses Contemporains*, 4ᵉ édition, Paris, P.U.F., 1951.

E. Chartier(Alain), *Spinoza*, Paris, Mellottée, 1949.

Marcus Tullius Cicero, *Des termes extrêmes des biens et des maux*, texte établi et traduit par J. Martha, 2 vol., Paris, Les Belles Lettres/Société d'édition, 1955.

P.-L. Couchoud, *Benoît de Spinoza*, Paris, Alcan, 1902.

A. Darbon, *Études spinozistes*, Paris, P.U.F., 1946.

G. Davy, *Sociologues d'hier et d'aujourd'hui*, Paris, Alcan, 1931.

A.-M. Deborine, "Spinoza's World-View", article traduit du russes dans : G.L. Kline, *Spinoza in Soviet Philosophy*, London, Routledge and Kegan Paul, 1952, p. 90~119.

V. Delbos, *Le spinozisme*, 2ᵉ édition, Paris, Vrin, 1926.

R. Derathé, *Jean-Jacques Rousseau et la science politique de son temps*, Paris, P.U.F., 1950.

J.-T. Desanti, *Introduction á l'Histoire de la Philosophie*, Paris, Editions de la Nouvelle Critique, 1956.

S. von Dunin-Borkowski : *Spinoza*, Münster i. W., Aschendorff, 4 vol.

    I. *Der junge De Spinoza*, 1910.

    II. *Aus den Tagen Spinozas, 1 : Das Entscheidungsjahr 1657*, 1933.

    III. *Aus den Tagen Spinozas, 2 : Das neue Leben*, 1935.

    IV. *Aus den Tagen Spinozas, 3 : Das Lebenswerk*, 1936.

J. Dunner, *Baruch Spinoza and Western Democracy*, New York, Philosophical Library, 1955.

L.S. Feuer, *Spinoza and the Rise of Liberalism*, Boston, Beacon Press, 1958.

É. Gilson, *Le thomisme*, 4ᵉ édition, Paris, Vrin, 1942.

V. Goldschmidt, *Les dialogues de Platon, structure et méthode dialectique*, Paris, P.U.F., 1947.

H.F. Hallet, *Benedict de Spinoza, the Elements of his Philosophy*, University of London, The Athlone Press, 1957.

S. Hampshire, *Spinoza*, 4ᵉ édition, London, Penguin Books, 1965.

G.W.F. Hegel, *La phénoménologie de l'esprit*, traduction de Jean Hyppolite, 2 vol., Paris, Aubier, 1939. [임석진 옮김, 『정신현상학』 1·2권, 한길사, 2005.]

G. Huan, *Le Dieu de Spinoza*, Arras, Schoutheer frères, 1913.

H.H. Joachim, *A Study of the Ethics of Spinoza*, Oxford, Clarendon Press, 1901.

P. Lachièze-Rey, *Les origines cartésiennes du Dieu de Spinoza*, Paris, Alcan, 1932.

Titus Lucretius Carus, *De la Nature*, texte établi et traduit par A. Ernout, 2 vol., Paris, Les Belles Lettres/Société d'édition, 1942.

C.B. Macpherson, *The Political Theory of Possessive Individualism: Hobbes to Locke*, Oxford Paperbacks, 1964.

M. Mauss, *Sociologie et Anthropologie*, Paris, P.U.F., 1950.

R. Misrahi, *Spinoza*, Paris, Seghers, 1964.

G.H.R. Parkinson, *Spinoza's Theory of Knowledge*, Oxford, Clarendon Press, 1954.

Platon, *Œuvres complètes*, traduction et notes de L. Robin, Bibliothèque de la Pléiade, Gallimard, 1950.

R. Polin, *Politique et philosophie chez Thomas Hobbes*, Paris, P.U.F., 1953.

I.S. Révah, *Spinoza et Juan de Prado*, Paris, Mouton & Cⁱᵉ, 1959.

L. Roth, *Spinoza, Descartes and Maimonides*, Oxford, Clarendon Press, 1924.

J.-P. Sartre, *Critique de la Raison dialectique*, Paris, Gallimard, 1960.

G. G. Scholem, *Les grands courants de la mystique juive*, traduction de M.M. Davy, Paris, Payot, 1960.

P. Vernière, *Spinoza et la pensée française avant la Révolution*, 2 vol., Paris,

P.U.F., 1954.

P. Vulliaud, *Spinoza d'après les livres de sa bibliothèque*, Paris, Chacornac, 1934.

M. Weber, *L'éthique protestante et l'esprit du capitalisme*, traduction de Jacques Chavy, Paris, Plon, 1964. 〔박성수 옮김, 『프로테스탄티즘의 윤리와 자본주의 정신』, 문예출판사, 1990.〕

H.A. Wolfson, *The philosophy of Spinoza*, 2 vol., Cambridge Massachusetts, Havard University Press, 1948.

S. Zac, *L'idée de vie dans la philosophie de Spinoza*, Paris, P.U.F., 1963,

Ⅲ. 마르샬 게루(Martial Gueroult)의 *Spinoza, t. I, Dieu*(Paris, Aubier, 1968)는 따로 언급할 필요가 있다. 이 저작은 우리가 이 책의 수고를 인쇄하려 넘겼을 당시에는 아직 출간되지 않았다. 그렇지만 게루 선생은 책이 출간되기 이전에도 자신의 책에 관해 많은 말을 해주었다. 우리가 게루 선생의 저작을 어디에도 인용하지 않았지만, 그럼에도 그 저작은 우리 책 곳곳에 있다. 만일 이 책이 다시 출간된다면, 거기에서는 우리가 게루 선생에게 빚지고 있는 바를 상세히 언급할 것이다.

Ⅳ. 스피노자에 관한 일반적인 서지는 다음을 참조하라

G. Huan, 앞의 책.

P. Siwek, *Spinoza et le panthéisme religieux*, Paris, Desclées de Brouwer, 1950

S. Zac, 앞의 책.

부록

1988년판에 부쳐

대담_스피노자에 대하여

1988년판에 부쳐

알렉상드르 마트롱

우리는 1969년 판본에서 아무것도 바꾸지 않았다. 그러니까 이 책은 새 판본이 아니라 재 인쇄본인 셈이다. 건방지게 들릴지 모르겠지만, 이 책은 18년 후에 다시 읽어 보아도 핵심 내용에 관한 한, 후속 연구들로 번복되었다기보다는 오히려 확증된 것 같다. 따라서 만일 개정이 필요하다 해도, 그것은 엄밀한 의미의 정정이라기보다는 보충적 분석들일 테고, 이를 본문 자체에 포함시켰다가는 책 분량이 두 배로 늘어나 버릴 것이다. 이 보충적 분석 가운데 몇몇은 우리가 다른 데서 다양한 논문과 발표문의 형태로 파편적으로나마 수행한 바 있다. 큰 문제가 없다면, 그것들을 바탕으로 언젠가는 다른 책이 출간될 수밖에 없으리라.[1] 여기서는 간략하게 그 책의 대략적 윤곽만 밝혀 두기로 하자.

좀더 정확하고 상세한 논의가 필요한 곳은 당연히 이 책 1부일 것이다. 이는 실상 일종의 입문으로 구상되었으니 말이다. 이 부분의 주제가 마르샬 게루(Martial Gueroult)가 쓴 『스피노자』 1, 2권의 주제와 같은 이

---

[1] 우선은, 이 논문들 중에서 11개 논문을 『17세기 인간학과 정치학 : 스피노자 연구』 (*Anthropologie et Politique au 17e siècle : Etudes sur Spinoza*, Paris: Vrin, 1986)에 묶어 두었다.

상, 그것과의 비교는 필선무다. 이 책 참고문헌의 한 단락[III]에서 밝혔듯, 당시 우리는 이 저작에 대해 알 도리가 없었다. 그렇지만 책이 출판되기 전, 게루 선생이 선뜻 우리와 담화를 나눈 적이 몇 번 있고 그때 그는 이 책에 대해 많은 언질을 주었다. 역시 같은 단락에서 한 약속을 지킨다는 차원에서, 우선 간단히 우리가 게루에게 빚진 바는 무엇보다도——그렇지만 이것이 핵심이다——방법론적 요구였음을 말해 두자. 우리는 이 요구를 실제로 실행해 보려 했고 그 결과 성공을 거둔 부분도 그렇지 않은 부분도 있지만, 여하간 그것은 우리 영감의 끊임없는 원천이 되었다. 그렇기에, 우리 책에 적극적인 측면이 있다면, 그 모든 것은 어떤 의미에서는 바로 이 방법론적 요구가 맺은 결실이다. 반면, 구체적인 적용의 면에서는, "우리인 관념"과 "우리가 가진 관념" 사이의 극히 중요한 구별——우리는 이를 4장에서 올바르게 활용했다고 믿는다——에 관한 걸 빼면, 게루의 영향은 우리 책 처음 네 장의 내용면에서는 유감스럽게도 거의 감지되지 않는다. 그러나 이는 어떤 점에서는 전화위복이다. 너무 강렬하고 너무 빠른 빛은 우리 눈을 멀게 했을 테니 말이다.

 가령 1장을 보자. 혹자는 여기서 "하나의 속성을 가진 실체들", 그리고 이 실체들이 신 개념의 발생적 구축에서 하는 역할에 대한 게루의 관점은 흔적조차 찾아볼 수 없다는 점에 놀라워할지도 모르겠다. 게루는 틀림없이 우리에게 이에 대해 말해 주었을 테지만, 우리는 그 가운데 정말 아무것도 새겨 두지 못했던 것 같다. 사실, 우리는 그 후 일정 시간이 지나고 나서야 그 이론을 소화할 수 있었고, 그것을 정말로 "지양하는" 데는 한참 더 많은 시간이 걸렸다. 그런데, 만일 우리가 당시 그것에 대해 무언가 기억해 두었더라면, 이 책 첫 장에서부터 틀을 갖추어 가고 있었던 실체, 양태, 속성의 관계에 대한 우리 자신의 해석을 결국 포기하고 말았을 게 십중팔구 확실하다. 그리고 잘못을 범했을 것이다. 왜냐하면 우리 해석은 오늘날에도 여전히, 그리고 누차 숙고해 봐도 정확한 것 같기 때문이다. 물론 이 해석의 근거로 이 1장에 제시된 논변이 아주 불충분하다는 점은 인정하자. 우리는 이를 오직 『지성교정론』의 텍스트에서만 끌어 왔고, 이는 비상식적이라 할 만하다. 그런데 지금 우리는 이를 바로 『윤리학』 자체 내에서 정초할 수 있다고 생각한다. 이를 위해서는 『윤리학』 1부에서, 정리 8의 두 주석과, **문자 그대로 본** 정리 9, 정리 11의 마지막 두 증명 및 그 주석이 의거하는 몇 개의 비공식 공리들이 함축하는 바를 끝까지 따라가 보기만 하면 된다. 우리가 이미 막연히 예감했던 바이기도 하지만, 이렇게 해보면 게루가 난해해 했던 정리 16은 반대로 거의 직관적인 것이 된다. 이는 게루의 해석과 반대되는 것이 아니라, 오히려 게루 해석의 문면(文面)은 아니더라도, 적어도 그 해석의 주요 지지대로 보이는 지점을 강화해 준다. 언젠가 이 점에 관해 보다 상세히 설명할 때가 있을 것이다.[2]

마찬가지로 1장과 그 다음 2장에서 우리가 직접적 무한양태나 매개적 무한양태에 대해 말한 내용은, 지금 보기에는 다소 불분명한 것 같다. 우리가 『윤리학』 1부 정리 28을 간략히 주해하는 대목에서, 게루 해석의 어렴풋한 흔적이 눈에 띌 것이다. 하지만 이 주제를 다룬 다른 대목들은 게루 해석에 형식적으로 상충하진 않지만, 그렇다고 확연하게 합류하지

---

[2] 우리는 아직까지 출판되지 않은 한 발표문, 「『윤리학』 1부에서 본질, 실존, 역량: 정리 16의 토대(Essence, existence et puissance dans le livre I de l'Éthique: les fondements de la proposition 16)에서 이를 해명하기 시작했다. [옮긴이] 이 논문은 『신과 자연: 스피노자의 형이상학』(*God and Nature: Spinoza's Metaphysics*, ed. Yirmiyahu Yovel, Leiden: E. J. Brill, 1991)에 실려 있다.

도 않는다. 지금 우리는 이 지점에 관한 한, 게루의 해석을 이끌어 가는 주도적 원리에 동의한다. 물론 우리는 이 원리에 대한 세부 논의를 게루라면 받아들이지 않았을 법한 내용으로 전개하고 있지만 말이다.[3]

이 책 2장과 특히 3장에서 우리가 스피노자의 물리적 개체성 이론으로 제안한 모델(물체 충돌의 문제설정에서 빌려 온 모델──이 책의 "정식 F"를 참조하라)은 게루가 제안한 모델(호이헨스의 진자)과는 사뭇 다르다. 이러한 차이──만일 당시 우리가 이를 새겨 두었더라면 이 역시 순전히 억제 효과만 낳았을 것이다──는 오늘날 깨우쳐 주는 바가 있는 듯하다. 게루의 모델은 다른 무엇보다도 스피노자적 의미의 개체의 가능한 한 유형을 아주 명료하게 그려 주며, 우리 책에 제시된 모델 역시 그렇다고 믿는다. 그런데 지금 우리가 보기에는 두 모델 모두 스피노자가 구상한 개체성 **일반**을 설명하기에는 지나치게 **상세하다**. 보다 정확히 말하자면, 우리가 제안한 모델은 『소론』을 쓸 당시 스피노자 자신이 생각했던 바와 거의 일치하는 것 같다. 그러니까 우리 모델이 다루는 것은 수학적인 의미에서("가령 1에서 3까지") 운동과 정지 사이의 비율이었다. 반면, 『윤리학』에서 다루는 것은 오직 물리적 개체를 구성하는 부분들 사이의 **운동과 정지로 표현될 수 있는** 관계뿐이며, 이는 연장의 경우, 모든 관계에 예외 없이 해당된다. 수학적으로 처리될 수 없는 것까지 포함해서 말이다. 더군다나 "정식 F"에 대한 우리 설명에서 그 말미에 추가된 듯 보이는 한 구절이 입증하듯, 이 점은 마지막 순간 우리 자신도 이미 얼핏 감지했던 것 같다. 지금 우리는 이 확장이 적어도 두 가지 이유로 설명된다고 생각한다. 우선, 자신의 개체성 이론을 **정치사회**에 적용하려 했던 스피노자의 의지

---

[3] 『17세기 인간학과 정치학 : 스피노자 연구』, pp. 7~16을 참조하라.

가 그 하나이다. 곧 비유적으로가 아니라면 『소론』의 모델은 정치사회에는 부합하지 않았던 것이다. 다른 하나는 당시 철학과 (근대적 의미의) 과학 사이에 생겨나고 있었던 분리에 대한 그의 자각이다. 스피노자는 대다수 동시대인들보다 더 선명하게 이 분리를 의식하고 있었던 듯하며, 우리는 그가 이를 자신의 체계 안에 실제로 정초해 낼 수도 있었으리라 생각한다.

나머지 11개의 장에서는, 여기 저기 몇몇 세부적인 논점[4]을 제외하고는 교정할 게 거의 없다. 하지만 8장에 꺼림칙하게 누락된 부분이 하나 있음을 일러두자. 지금도 물론 우리는 거기서 『신학정치론』과 『정치론』 사이에 일어난 스피노자의 진화(이상하게도, 이것이 가장 크게 물의를 빚었던 지점이다)에 대해 언급했던 바는 온전히 고수하고 있다. 하지만 진화의 **이유들**은 당시 우리로선 진정으로 납득하지는 못했다. 많은 망설임 끝에 지금 우리는 그것들을 거의 파악했다고는 생각하지만, 우리 혼자 힘으로 도달한 건 아니다.[5] 역시, 끈질기게 따라다니는 한 가지 오해도 불식시키자. 우리가 "세피로트 나무"에 대해 말했던 바는 (스피노자가 말한 [이상적] 국가의 구조 외에는) 단지 『윤리학』 3, 4, 5부 정리들의 **물리적 배치**에만 관련될 뿐, 그 내용과는 무관하다. 우리는 스피노자를 카발리스트로 만들려 했던 것이 아니다. 비유해서 사례를 들어 보자면, 가령 내 제자의 학위논문이 삼위일체의 구조를 하고 있다고 해서, 그리고 삼위일체가 실

---

[4] 이에 대한 보완은 앞의 책 전체에서 이루어지고 있다.
[5] 우리는 우리에게 가해져 온 여러 반박들에 답변하면서, 아직 출판되지 않은 한 발표문 「『신학정치론』에서 『정치론』으로의 스피노자의 진화라는 문제」(Le problème de l'évolution de Spinoza du *T.T.P.* au *T.P*)에서 이 논점을 해명하기 시작했다. [옮긴이] 이 논문은 『스피노자 : 쟁점과 방향』(*Spinoza: Issues and Directions*, The Proceedings of the Chicago Spinoza Conference, ed. E. M. Curley & P. F. Moreau, Leiden: E. J. Brill, 1990)에 실려 있다.

제로 이 구조의 원천이라 해도, 이는 내 제자가 삼위일체를 믿는다는 것을 의미하진 않는다. 한편, 우리가 확대 적용한 것 중 몇몇(9장에서 연방제 귀족정의 민주정으로의 변형, 14장에서 3종의 인식의 완성)에 우리 자신의 주관적 관점이 과연 얼마나 끼어들었을지 가늠할 수 있도록, 5년 전 한 친구가 말했던 것도 언급해 두자. "자네의 1982년 스피노자보다 1969년 스피노자가 훨씬 낙관적이었군". 그 친구는 아마도 이를 "시대 분위기"로 돌리고자 했겠지만, 그렇다고 해서 우리가 반드시 1969년에 오류를 범했다고는 할 수 없다!

참고문헌에서도, I과 II에서는 전혀 바꿀 것이 없다. 왜냐하면 II의 경우 우리는 이 책에서 인용했던 저작들만을 언급했기 때문이다. III에 관해서는 앞에서 해명했다. IV를 보완하기 위해서는, 오늘날 스피노자에 관한 두 권의 방대한 일반서지가 있다는 점을 일러두자. 하나는 장 프레포지에(Jean Préposiet)의 것(*Bibliographie Spinoziste*, Annales Littéraires de l'Université de Besançon, Paris: Les Belles Lettres, 1973)이고, 다른 하나는 그 뒤에 나온 테오 판 더 베르프(Theo Van der Werf), 하이네 지브란트(Heine Siebrand), 쿤 베스터베인(Coen Westerveen)의 것(*A. Spinoza Bibliography 1971-1983*, Mededelingen vanwege het Spinozahuis 46, Leiden: E. J. Brill, 1984)이다. 또한 1979년 이래 『철학논집』(*Archives de Philosophie*)이라는 잡지에서 해마다 네번째 호(10~12월)에 「스피노자 문헌목록」(Bulletin de Bibliographie spinoziste)을 출간하고 있다는 것도 일러두자.

마지막으로, 이 책이 프랑스 대학 동료들에게 받았던 압도적인 멸시를 생각해 보건대, 여기서 우리는 이런저런 이유로 감히 대세를 거슬렀던 모든 이들에게 감사하고 싶다. 단지 동등한 위치에서 우리와 기꺼이 논의만이라도 주고받았던 이들이나, 이런저런 지점에서 우리가 스피노자 철학에 대한 인식에 이바지한 점들을 (때로는 심지어 공개적으로) 인정했던 이들이나, 독창적이면서 비중 있는 저서들에서 우리의 귀결들을 명석하게 활용했던 이들, 정도의 차이는 있지만 이들 모두는 적어도 우리가 무언가 쓸모 있는 일을 했다는 위안을 주었다.

대담_스피노자에 대하여[1]

로랑 보브(이하 보브) 추종의 대상으로든 논쟁의 대상으로든, 당신의 스피노자 독해는 오늘날 스피노자 연구의 주요한 준거가 되고 있습니다. 스피노자 연구를 언제 시작하셨는지, 그리고 당시 이 홀란드 철학자에 대한 연구 상황은 어떠했는지요?

알렉상드르 마트롱(이하 마트롱) 제가 스피노자를 연구하기 시작했던 때는 1946년, 그러니까 스피노자 정치학을 주제로 (오늘날 석사과정에 해당되는) 상급연구과정에 등록했을 때입니다. 제가 아는 한, 이 주제로는 최초의 연구였습니다. 게다가 아주 형편없는 연구였죠. 그건 『정치론』, 그리고 『신학정치론』 후반부의 몇 장을 아주 밋밋하게 그냥 말만 바꿔 놓은 것에 불과했습니다. 그런데 사실 제 주요 관심사도 꼭 스피노자는 아니었

---

[1] [옮긴이] 이 글은 『멀티튜드』(Multitude) 3호(2000년 11월)에 실린 알렉상드르 마트롱, 로랑 보브(Laurent Bove), 피에르 프랑수아 모로(Pierre François Moreau)의 대담을 번역한 것이다. 피에르 프랑수아 모로는 리옹 고등사법학교(ENS-LSH) 교수이며 스피노자 및 고전시대 철학 전문연구자이다. 저서로는 『스피노자 : 경험과 영원』(Spinoza : L'éxperience et l'éternité, 1994), 『스피노자주의의 문제들』(Ploblémes Spinozisme, 2006) 등이 있다. 로랑 보브는 아미엥 대학 교수이며, 마찬가지로 고전시대 철학 전문연구자이다. 저서로는 『코나투스의 전략, 스피노자에게서 긍정과 저항』(La Stratégie de Conatus: L'Affirmation et la résistance chez Spinoza, 1996) 등이 있다.

습니다. 당시 저는 가입한 지 얼마 되지 않은 공산당원이었고(심지어 당시엔 심한 스탈린주의자였죠), 맑스의 선구자로 볼 만한 철학자를 찾고 있던 중이었습니다. 저는 스피노자를 교조적 맑스주의식으로 다루려 했습니다. 생산력과 생산관계에서 시작해서, 그 다음 정치구조, 이데올로기적 사조, 계급투쟁 등등으로 넘어가고…. 마지막으로 철학에 도달하는 식으로 말입니다. 물론 상급연구과정에서는 그렇게 하지 않았지만, 차후 그렇게 하리라 내심 생각하고 있었습니다…. 당연히 결국 한 번도 그렇게 해보지 못했지만 말이에요. 박사논문은 50년대 말에서 60년대 초반, 제가 이미 알제리의 알제대학에서 조교로 일할 때 구상하기 시작했습니다. 당시 프랑스에서 스피노자 연구는 거의 없는 거나 마찬가지였습니다. 몇 년 후 알튀세르에게서 스피노자 세미나 준비 모임에 초대받은 일이 기억납니다만(그리고 이 세미나는 결국 한 번도 열리지 않았죠)….

보브 그게 몇 년쯤이었나요?

마트롱 정확히 몇 년이었는지는 모르겠지만, 여하간 『"자본" 읽기』가 출판된 이후였습니다. 그 모임에는 마슈레도 있었고 바디우도 있었죠. 저는 이미 그들의 이름을 알고 있었습니다. 그리고 68년 5월 이전이었습니다.

보브 대략 65~66년쯤인가요?

마트롱 네, 그건 확실합니다. 그때 알튀세르가 우리에게 참고문헌으로 제시한 건 델보스(V. Delbos)와 다르봉(A. Darbon)의 책뿐이었습니다. 그러니까, 제가 교수자격시험을 준비했을 당시 우리가 이미 읽었던 것이 여전히 전부였고, 특별한 점이라면 다만 스피노자가 시험 프로그램에 들어 있었다는 것뿐이었죠. 그 밖에는 알퀴에(F. Alquié) 강의 노트 복사복과 스피노자 정치학에 관한 미스라이(R. Misrahi)의 원고가 있었는데, 제가 알기론 그게 거의 전부였습니다. 더구나, 제가 참고문헌을 구하러 게루를 찾아갔을 때, 그는 이렇게 답했죠. "참고문헌? 그런 건 없다네. 델보스와 레비스 로빈슨(L. Robinson) 빼고는 모두 다 얼간이들이지!" 그러니 실제로 거의 아무것도 없었던 셈이죠. 그리고 사실 68년 무렵까지는 계속 그런 상태였습니다.

보브 당신 책 『스피노자 철학에서 개인과 공동체』(이하 『개인과 공동체』)의 참고문헌에서는 실뱅 자크(S. Zac)도 인용하고 계신데….

마트롱 아, 그렇죠. 자크의 박사논문이 1962년에 나왔고, 그가 처음으로 스피노자 연구를 재개했다고 할 수 있습니다. 하지만 그 이후엔 다시 68년 무렵을 기다려야 했습니다. 그리고 실제로 『개인과 공동체』에 실린 제 참고문헌 목록을 보시면, 거기엔 아무것도 없는 거나 마찬가지입니다.

보브 당신의 참고문헌과 오늘날 스피노자 연구를 시작하는 학생의 참고문헌을 비교해 보면, 당연히….

마트롱 아무렴, 아주 근본적인 차이가 있죠. 그러다가 68년에 베르나르 루세(B. Rousset)의 대작이 출판되었고, 그 책이 게루의 책보다 먼저 나왔죠….

보브 그리고 질 들뢰즈도 있죠.

마트롱 들뢰즈는 좀더 나중이죠. 게루가 68년 말이고, 들뢰즈가 69년 초입니다(출판년도는 68년이라 표기되어 있지만, 서점에는 69년이 되어서야 나왔으니까).

보브 그때라면 당신 작업은 이미 끝났을 테니까, 그러고 보면 그들은 당신 작업에서 딱히 이렇다 할 역할을 하지 못했겠군요?

마트롱 루세와 들뢰즈는 아무 역할도 하지 않았고, 저는 그들을 전혀 알지 못했습니다. 게루로 말하자면, 그는 국립과학연구소(CNRS)에서 제 대부로 불렸습니다. 저는 이따금 그를 만나러 갔고, 그는 제게 당시 준비 중이었던 당신 책에 대해 엄청나게 많은 이야기를 했습니다. 하지만 그의 주장 가운데 제가 이해하지 못한 게 상당히 많을 거예요. 가령, 분명 '하나의 속성을 가진 실체'에 대해 그가 말해 주지 않았을 리가 없는데(그에게서 이것이 아주 중요했던 만큼), 저는 아무것도 소화하질 못했어요. 정말 아무것도 말이죠. 반면, 제가 새겨 두었던 지점이 하나 있는데, 또 그것을 제 박사논문에서 사용도 했습니다만, 그것은 바로 '우리인 관념'과 '우리가 가진 관념' 간의 차이가 갖는 엄청난 중요성이었습니다. 그러니까 이것만은 녹음이 된 거죠. 하지만 그것 말고는, 제가 귀동냥으로 알게 된 게루의 스피노자에 관한 책은 제 박사논문에서 내용상 그리 크게 소용이 닿지 않았습니다. 어쨌든 제 주제는 그의 주제와 아주 부분적으로만 겹쳤으니까요. 『개인과 공동체』 전체 600페이지 중 80페이지 정도일 겁니다. 반면, 방법론적 관점에서는 제 작업에 대한 그의 지적들은 큰 도움이 되었습니다. 더구나 데카르트에 대한 그의 책(물론 그가 쓴 말브랑슈에 대한 책보다는 덜 좋아하지만)은 저에게는 그야말로 이상적인 모델이었습니다. 꼭 그런 작업을 하고 싶었어요!

보브 당신은 사르트르 역시 인용하셨고, 이는 『그리스도와 무지자들의 구원』(*Christ et le Salut des Ignorants*, 이하 『그리스도』) 참고문헌 목록에도 들어 있습니다. 그러니까 사르트르가 두 번이나 나오는 셈인데….

마트롱 『그리스도』의 참고문헌에서 그를 인용한 건 아주 일회적이었습니다. 저는 스피노자가 본 히브리 신정에서는 일종의 "박애-공포"의 짝이 지배했다고 말했고, 오직 이 지점을 위해 사르트르를 인용했던 거죠. 반면, 『개인과 공동체』나 스피노자의 정념 이론에 대한 연구에서는 『변증법적 이성 비판』(*Critique de la raison dialectique*)을 훨씬 더 많이 염두에 두었고, 실제로 '계열에서 집단으로의 이행'은 많은 영감을 주었습니다.

피에르 프랑수아 모로(이하 모로) 다시 뒤로 되돌아가 보면, 우선 49년 당시에는 아무것도 없었고 당신은 당신 말대로라면 아주 형편없는 석사논문을 썼죠. 그리고 66년에 박사논문을 쓰고 69년에 발표를 했습니다. 이 두 시기 사이에 무슨 일이 있었나요?

마트롱 1957년과 1963년 사이에 알제대학에서 가르쳤고, 일단 박사논문 주제를 정한 다음에는 스피노자에 대해 아주 많이 공부를 했습니다. 게다가, (제 윗사람들은 강의내용에 대해서는 거의 관여하지 않았기에) 스피노자에 대한 강의도 매우 자주 했어요. 이 강의를 하면서, 학생들에게 말은 하지 않았지만 이후 『개인과 공동체』에 담은 많은 것들이 떠올랐습니다.

모로 그럼 박사논문을 쓰기로 결정한 건 그때였나요?

마트롱 그렇게 생각한 건 그때였죠. 그 다음, 저는 국립과학연구소에 들어갔고, 거기서 5년 동안을 두 박사논문을 집필하면서 보냈습니다. 하지만 주요 아이디어들을 얻은 건 알제대학에 있을 때였습니다.

모로 애초에는 다른 주제로 박사논문을 쓸 생각이셨나요?

마트롱 꼭 그렇진 않습니다. 다만, 제가 아직 심한 스탈린주의자였을 때 (이때는 제가 아주 어렸을 때였기도 하죠), 그리고 "18세기 유물론자에 대해 뭔가를 써야 한다"고, 왜냐하면, 당시 어법으로 말해, 그게 "정치적으로 올바르니까"라고 생각했을 때를 제외하면 말입니다. 하지만 이내 저는 스피노자가 홀바흐나 헬베티우스보다 훨씬 더 낫다고 여기게 되었어요. 하지만 그들에 대해서도 아직까지 마음이 많이 갑니다. 물론 그때와는 차원이 다르지만!

보브 브룅슈빅(L. Brunschwig)은 전혀 도움이 되지 못했나봐요. 그에 대해서는 언급하신 적이 없으니.

마트롱 그래요. 그는 전혀 도움이 되지 않았습니다. 그러고 보니 제가 브륑슈빅을 빼먹고 있었네요…. 뿐만 아니라 스피노자에 대한 글을 남긴 오래전 저자들 중에서 저를 엄청나게 깨우쳐 준 사람이 있다는 것도 말씀드리지 않았군요. 역설적으로 보일 수도 있지만, 그는 『스피노자 신의 데카르트적 기원』을 쓴 라쉬에즈-레이입니다. "능산적 자연"과 "소산적 자연"이 동일하다고, 그러니까 하나는 산출하는 **한**에서, 다른 하나는 산출된 **한**에서 고찰된 동일한 자연이라는 점을 처음으로 말한 게 바로 그 양반이었죠, 아마. 모두가 그것을 진정으로 이해하지는 못했지만 오늘날 이는 이미 평범한 말이 되었죠. 하지만 저에게 그것은 일종의 지적 조명(照明, illumination)이었습니다. 그 전에는 한 번도 그렇게 생각해 보지 못했으니까요.

모로 한때 『신비평』(*La Nouvelle Critique*) 지(誌)의 편집위원을 맡으신 적이 있으시죠?

마트롱 아니요, 전혀 아닙니다. 그 일을 맡겨 주었다면야 제가 수락했을 게 분명하지만 맡기지를 않더군요. 제가 실제로 한 일이 있다면, 50년대에 『신비평』 지에 아라공의 『공산주의자들』에 관한 참 한심한 원고 하나를 썼다는 겁니다. 물론 미셸 베레(M. Verret), 그리고 프랑수아 퓌레(F. Furet) 같은 이들도 함께 글을 썼으니만큼 아주 훌륭한 글들 가운데 껴 있었다 뿐이지…. 정말 형편없는 글이었습니다. 지독히 스탈린주의적인 글이었죠.

보브 당신이 마침내 스피노자에 대해 박사논문을 쓰기로 마음먹었을 때가 드장티(J.-T. Desanti)의 책이 나온 것과 실제로 같은 시기죠.

마트롱 그 책은 그 전에 나왔습니다. 제가 알기로 드장티의 『철학사 입문』(*L'Introduction à l'histoire de la philosophie*)이 출판된 게 1956년이었으니까. 그래요, 저에겐 정말 흥미로운 책이었습니다.

보브 당신이 학위를 받을 때 내고자 했던 책이 바로 그런 책 아니었나요?

마트롱 그래요, 그래. 저도 그런 걸 쓸 생각이었어요. 그리고 그 책을 읽고 난 다음에는, 그 길을 이어가리라 생각했어요. 1권 500페이지에서는 홀란드에서의 생산력과 생산관계, 그리고 계급투쟁 등등을 기술하고, 역시 500페이지 분량의 2권에서 마침내 스피노자를 다루는 걸 상상했더랬습니다. 하지만 박사논문을 쓰기 시작하면서 이내 1권은 완전히 포기했습니다. 게다가 그때 저는 더 이상 스탈린주의자도 아니었으니까.

보브 그때라면 언제죠?

마트롱 1957년부터입니다. 그때는 더 이상 당원이 아니었습니다. 물론 이후 64년에서 78년까지는 복당했습니다만, 그때 저는 당에 저항했던 사람들에게 온통 끌리고 있었습니다. 알튀세르나 라비카(G. Labica), 또는 『변증법』지(誌)에 참여했던 제 학생들이나 졸업생들에게 말입니다. 그러니까 이미 단지 아주 넓은 의미의 맑스주의자에 불과했던 셈이죠.

보브 그와 동시에 당신은 드장티의 책을 계속 인용했고, 또 당신이 전에 저한테 말했듯, 드장티 자신이 자기 책에 대해 거리를 둘수록 더욱 의도적으로 그렇게 했죠….

마트롱 네, 그래요, 저는 늘 드장티를 인용했습니다. 단지 그가 쓴, 그리고 아마도 그 스스로가 부인했을 이 책이 아주 좋은 책임을 그에게 일깨워 주려고 그랬을 뿐일지라도 말입니다. 이 책은 제가 읽어 본 맑스주의 철학사 가운데 가장 훌륭한 책입니다. 네그리의 책과 더불어 말이죠.

보브 드장티는 스피노자 철학 내에서 유물론적 경향과 관념론적 경향을 구분했는데, 심지어 이 점에서까지 그런가요?

마트롱 아닙니다. 모든 철학자에게서 매번 양극, 그러니까 유물론적 극과 관념론적 극 사이의 모순을 구분해야 한다는 의무는 저에겐 더 이상 대수가 아니었습니다. 물론 한 철학 내에서 여러 상이한 극을 구분할 수 있고 나아가 상이한 경향 사이의 갈등을 구별할 수 있습니다. 하지만, 이것들 모두가 레닌의 말마따나 항상 "철학사의 길잡이"가 될 영원하고 유일한 모순으로부터 이해되어야 한다는 것, 아니요, 저는 더 이상은 딱히 그렇다고 보지 않습니다. "유물론"이라는 말에 훨씬 넓은 뜻을 부여하지 않는 한은 말입니다. 왜냐하면 결국 엥겔스가 유물론을 "생소한 것을 전혀 덧붙이지 않은, 있는 그대로의 자연"에 대한 인정으로 정의할 때, 이는 스피노자에도 해당될 수 있겠지만, 이런 유물론은 흔히 말하는 유물론은 아니기 때문이죠.

보브 그러니까, 드장티의 책은 결국 스피노자 당대 홀란드의 역사적 조건에 대한 맑스주의적 분석 외에 스피노자에 대해서는 그다지 가르쳐 주는 바가 없는 셈인가요?

마트롱 그렇진 않습니다. 이 분석들은 역사가의 눈으로 보면 어쨌든 아주 불충분하지만(무엇보다 이 분석들은 프로그램적인 성격이 강합니다), 그럼에도 우리에게 무언가를 가르쳐 주기 때문입니다. 스피노자 자체에 대해서는 아니라 해도, 적어도 스피노자에게 주어졌던 일련의 문제틀이 어떻게 서로 맞물려 있었는지에 대해서 말입니다. 그러니까 스피노자에게 성찰의 출발점이 될 수밖에 없었고, 따라서 스피노자주의 같은 것이 다른 곳이 아닌 바로 홀란드에서 출현할 수 있게 한 가능조건들을 정의하는 여러 문제틀이 서로 연결되는 방식에 대해서 말이에요. 네그리도 같은 것을 보여 주었죠. 물론 다른 관점에서이긴 하지만, 이 역시 드장티의 것과 겹칩니다. 분명 스피노자 자체를 다루는 2권까지 나왔어야 했어요. 물론 그러지 못했지만. 저는 그것이 아주 훌륭한 책이었을 거라고, 또한 1권과는 상당히 다른 모습을 보였을 거라고 확신합니다.

보브 드장티의 글에 대해 한 가지 더 물어보고 싶습니다. 실상, 그는 스피노자 철학에서 언급된 3종의 인식을 보존하는 것이 유물론자에게는 무용하다고 했습니다.

마트롱 그런 말을 했어요?

보브 네.

마트롱 아! 저는 기억이 나지 않는군요. 이것이야말로 의미심장한 망각인 것 같습니다. 왜냐하면 저는 늘 그 반대로 생각했거든요. 물론 제가 『윤리학』 5부에 훨씬 더 많은 관심을 가지게 된 게 공산당과 거리를 두면서부터였다는 것은 사실입니다. 그런데 이런 일이 있었어요. 제가 아직 교수자격시험 준비반이었을 때 철학과 학생 세포조직이 『위마니테』 (L'Humanité) 지(誌) 구독을 권장하기 위해 자체적으로 신문을 내기로 결정한 적이 있습니다. 저도 기사 하나를 썼는데, 거기서 저는 여러 신문들을 이렇게 비교했습니다. 『르피가로』 신문은 늘 거짓말만 하고, 『르몽드』 신문은 겨우 2종의 인식밖에 주지 못하며, 『프랑스-옵세르바테르』 지(誌)는 뭐, 적어도 가끔씩은 2종의 인식을 주는 장점이 있다고 인정할 수 있고, 그리고 마침내, 『위마니테』 지는 유일하게 3종의 인식을 준다고 말입니다! 그룹 전체가 이 기사를 아주 재미있어하긴 했지만, "그럼에도" 이 기사를 실을 수는 없었죠! 이는 3종의 인식이 늘 제 관심사였음을 말하기 위해 한 이야기입니다만…. 여하간 저는 3종의 인식이 마오쩌둥이라면 틀림없이 "인식의 실천적 단계"라고 말했을 어떤 인식을 예고한다고, 그리고 마찬가지로 스피노자적 영원성이 전사의 삶을 예고한다고 생각하는 경향이 정말로 있었습니다. 이 삶은 저에겐 우리 실존이 본질에 일치하는 최고의 표본으로 보였고, 또한 저 자신이 이 일치를 실현할 수 없었다는 점이 늘 유감스러웠습니다. 실상 저는 아주 형편없는 전사였거

든요. 저에겐 다행스럽게도, 이런 생각은 그리 오래가진 않았습니다. 하지만 처음부터 저는 적어도, 3종의 인식이 비단 스피노자 체계에서 핵심일 뿐만 아니라, 실천될 수 있고 또 우리에게 **정말로** 일종의 구원을 가져다줄 수 있는 것이라는 점은 이해하고 있었습니다.

보브 드장티가 스피노자를 일컬어 부르주아 사상가라 말하는 대목이 아직도 옳다고 보이십니까?

마트롱 아니요. 하지만 처음에는 그렇게 생각했어요. 그렇다고 해도 스피노자가 부르주아 사상가가 가볼 수 있는 최대치까지 가보았다는 점만은 저에게 이미 두말할 나위 없이 분명했습니다. 그 후 결국 저는 그가 이 길에서 너무나 멀리까지 나아간 나머지 이런 사실이 더 이상 부르주아와의 관계를 함축하지 않을 정도였다는 걸 깨닫게 되었습니다. 그러니까, 처음 제가 스피노자를 연구하기 시작한 건, 그가 자신의 계급적 관점이 강제하는 한계를 넘어 맑스의 선구자라는 찬사를 받을 만한 자로 비쳤기 때문입니다. 그리고 이제는 오히려 맑스를 몇몇 영역에서 스피노자의 계승자 중 하나라는 찬사를 받을 만한 사람이라고 보는 편입니다.

모 오늘날의 스피노자 연구자들은 당신이 이용했던 것보다 훨씬 광범위한 2차 문헌들을 이용할 수 있습니다. 또한 그들은 외국 연구자들의 논문에 대해서도 논의하는데, 왜냐하면 스피노자 철학의 부흥은 프랑스 바깥에서도 일어났기 때문이죠. 반면, 당신은 그 당시 외국 주석가들을 거의 알고 있지 못했거나 아니면 높이 평가하지 않았던 듯한데… 당신 논문에서 인용된 자들, 가령 조지프 더너(J. Dunner)나….

마트롱 그야말로 별 볼일 없었습니다. 하지만 박사논문을 쓰면서 훌륭한 외국 책들도 더러 읽었습니다. 가령 루이스 포이어(L. Feuer)의 책은 아주 흥미로웠습니다.

모로 그 당시 레오 스트라우스도 알고 계셨죠? 인용은 안 했지만.

마트롱 아니요. 그 레오 스트라우스라면 알고 있지 못했습니다. 물론 그가 홉스에 관해 쓴 책은 읽었지만, 스피노자에 대해 쓴 책은 알지 못했습니다. 울프슨(H. Wolfson)은 당연히 읽었고, 물론 그를 절대 무시하진 않았지만 이렇다 할 영감은 받지 못했습니다. 그 책의 접근 방식을 제 것으로 받아들일 순 없었던 거죠. 그럼에도 몇 가지를 배우긴 했습니다. 유대 철학에 대해 저는 일자무식이었으니까요.

모로 다른 스피노자주의자들과의 접촉은 있었나요?

마트롱 아니요. 전혀 없었습니다. 심지어 스피노자주의자가 있는지도 몰랐습니다. 아니 있긴 했네요. 마리안 숍(Marianne Schaub)이 있었으니까. 제가 파리에 갔을 때, 한 다과회에서 만나긴 했는데, 스피노자에 대해서는 서로 말한 바가 거의 없습니다.

모로 그렇다면 실뱅 자크는 개인적으로 알고 계셨나요?

마트롱 아니요. 단지 제 논문이 끝나고 난 뒤에야 알게 되었죠. 68~71년 제가 (오늘날 강사에 해당하는) 조교로 일하던 낭테르 대학에 들어가기 조금 전이었습니다. 그와의 관계는 늘 근사했습니다. 멋진 양반이었죠.

모로 당신 박사논문 지도교수는 누구였나요?

마트롱 게루가 박사논문 지도는 안 한다는 걸 알고 있던 터라 구이에(H. Gouhier)에게 요청했었죠. 결국 구이에는 제 부논문을 지도했고, 주논문 지도를 위해 저를 폴랭(R. Polin)에게 보냈는데, 폴랭은 저를 도와주지도 귀찮게 하지도 않았습니다.

모로 그러니까 실상 게루를 알고 지낸 건 결국 그가 국립과학연구소에서 당신의 대부였기 때문일 뿐이군요.

마트롱 그의 책들을 읽긴 했습니다만 사실 개인적으로 알고 지낸 건 오직 거기서였습니다. 그런 기회나 제 박사논문 발표 때 만난 게 전부입니다. 그가 심사교수에 포함되어 있었으니까요. 우리는 오직 스피노자에 대해서만 이야기했습니다. 꼭 한 번, 왜 그랬는지는 모르겠지만, 그가 알랭 페르피트(Alain Peyrefitte)에 대해 혹평을 했을 때를 제외하면 말이죠. 저는 그걸 아주 예의바르게 들어 주었죠. 하지만 이게 전부였습니다.

모로 하지만 박사논문 이후에는 다시 만나지 않았습니까?

마트롱 그 이후에는 한 번도 만나지 못했습니다. 가끔씩 전화통화를 하거나 편지를 썼을 뿐이죠. 가령 그는 당신 책에 대한 요약발췌를 부탁했고, 또 저는 그것을 들어주었습니다. 하지만 물리적으로는 전혀 만날 기회가 없었습니다.

모로 놀라운 건 사람들이 당신을 게루의 가장 가까운 제자라고, 그것도 비단 지적인 차원에서만이 아니라 개인적으로도 그와 많은 친분이 있다고 생각한다는 겁니다.

마트롱 네. 저도 잘 알고 있습니다. 그리고 이 때문에 게루에게 그리 친절한 대접을 받지 못했던 몇몇 사람들은 그걸 제 탓으로 여기기도 하죠….

모로 일종의 배후 조종자라고….

마트롱 그렇습니다. 참 기괴한 노릇입니다. 이는 단지 거짓일 뿐만 아니라, 당시 저는 그 각각의 경우를 알고 있지도 못했고 한참 후에야 무엇이 일어났는지를 알게 되었을 뿐인데 말이죠. 실상 게루는 제 앞에서 어떤 동료에 대해서도 나쁘게 말한 적이 없습니다…. 아, 잊고 있었네요. 딱 한 번, 그러나 아주 짧게 그리고 아주 암시적으로 그런 이야기를 한 적이 있지만, 이는 당시 제가 전혀 모르던 사람이었습니다. 심지어 이름조차도 말이죠.

보브 드장티와 게루 중, 차후 당신에게 커다란 역할을 한 사람은 게루죠.

마트롱 방법론적 관점에서는 그렇죠.

모로 알제리에 있었다는 사실이 스피노자에 대한 관점을 형성하는 데 일정 역할을 했나요? 그때는 한창 전쟁 중이었는데….

마트롱 아마도 그럴 겁니다. 특히 제 책의 정념 이론을 다룬 장에서 일정 역할을 했다고도 할 수 있을 겁니다. 제가 세운 정식들 가운데 몇몇은 '프랑스령 알제리'를 지지하는 자들이 알제리인에 대해 말했을 법한 것을 생각나게 하죠.

모로 그것을 의식적으로 염두에 두고 계셨나요?

마트롱 네. 최소한 한 번은. 그러니까 명예의 야망이 어떻게 지배의 야망과 시기심으로 탈바꿈하는지를 설명하는 대목이 그렇습니다. 우리는 타인 마음에 들고자 그를 도와주고, 그런 후에는 그가 우리 욕망에 맞추기를 원하고, 마침내 그가 가진 재산을 박탈하고자 한다고 말입니다. 이렇게 설명한 후, 저는 우리 희생자들의 저항이 "우리에게는 아주 막심한 배은망덕으로 느껴진다"고 말했고, 이런 정신 상태를 이렇게 요약했죠. "우리가 그들에게 어떻게 해줬는데!" 이는 실상 알제리에 있던 프랑스인 쪽에서 거의 매일같이 들려오던 정식이었죠.

보브 게루와 대화를 나누면서 정치적 스피노자에 대해 논의한 적이 없었나요?

마트롱 한 번도 없었습니다. 그는 거기엔 아예 관심이 없었으니까요. 심지어 스피노자의 정치이론에 대해 단 한 번도 언급한 적이 없는 것 같습니다. 그러니 그가 이에 대해 무슨 생각을 하고 있었는지 직접적으로는 모르겠습니다. 그런데 제가 알제리에 있을 때, 지네트 드레퓌스라고, 골수 게루주의자 선생이 한 명 있었어요. 『정치론』이 교수자격시험 프로그램에 포함된 적이 있었는데, 그때 그녀는 이를 참 유감스럽게 여겼습니다.

왜냐하면, 그녀 왈, "그건 재미가 없었기" 때문입니다. 제 추측으론 게루 역시 똑같이 생각했을 겁니다. 여하간, 매년 제가 작업한 것들을 그에게 가져갔을 때(왜냐하면 국립과학연구소 대부인 그에게 그것들을 제출할 의무가 있었거든요), 그는 온갖 종류의 관찰과 칭찬, 비판 등등을 다 해주었지만, 정치이론과 관련된 장들에 관해서는 일언반구도 없었습니다. 분명히 그것들은 그의 관심을 전혀 끌지 못했습니다.

보브 게루의 독해가 역량이라는 주제를 억압한다고 생각하진 않으셨습니까? 이런 물음을 스스로 제기해 보신 적이 있나요?

마트롱 아니요. 그리고 그것 자체가 참 기묘합니다. 사실, 『개인과 공동체』 첫 장의 맨 서두에서 저는 곧바로 제가 지금 가지고 있는 생각에 이르렀습니다. 실체를 순수 활동성으로 보는 것 말이에요. 이 생각은 대단한 관념론자였던 라쉬에즈-레이에게서 온 것입니다. 저는 연장이 "공간화된 공간이 아니라 공간화하는 공간"이라는 그의 정식을 인용했어요. 물론 그는 이처럼 활동적 연장이라는 생각을 정당하게도 스피노자의 것이라 여겼지만, 이 생각이 "실상은" 고수될 수 없다고 간주했죠. 그가 볼 때 스피노자는 '논리적으로' 관념론자여야 했거든요. 그리고 바로 이 지점에서 저는 그를 더 이상 따르지 않았습니다. 그리고 『개인과 공동체』의 처음 몇 페이지에서부터 저는 이처럼 실체가 순수 활동성이라는 관점을 정당화하려고 시도했습니다. 더구나 이를 위해 지금처럼 『윤리학』을 토대로 해서가 아니라(그때까지만 해도 저는 『윤리학』에서는 이런 관점을 발견하지 못했습니다), 오직 『지성교정론』의 발생적 정의 이론을 토대로 삼았죠. 이해한다는 것은 발생적으로 이해한다는 것이고, 존재와 인식은 결국 같은 것인 이상, 이로부터 저는 스피노자에게서 존재란 발생이자 산출성이라는 결론을 곧장 도출한 것입니다. 하지만, 이렇게 말하고 난 후 저는 그냥 다른 문제로 넘어갔습니다. 사실 게루의 책을 읽고 난 이후 이 생각을 어느 정도 억압했다고 할 수도 있겠군요. 아마도 주요하게는 그가 말한 '하나의 속성을 가진 실체'라는 개념의 영향 때문이었을 겁니다. 물론 저는 앞서의 제 생각을 정말로 부인하지는 않았지만 그렇다고 더 이상 생각하지도 않았던 거죠. 게다가 제가 보기엔, 하나의 속성을 가진 실체라는 개념은 그것을 약간 변형시키기만 한다면—즉 하나의 속성을 가진 실체가 아니라 하나의 속성 하에 **고려된** 유일 실체라고 말입니다—, 『윤리학』의 처음 정리들에서 스피노자가 따른 방법을 정말로 해명해 줄 수 있었기 때문에 더더욱 그렇습니다. 하지만 그 외 다른 점에서 보면, 여하간 이는 저를 지체시켰죠. 그리고 저는 80년대에 가서야 비로소 저의 처음 생각으로 되돌아가게 되었습니다. 제가 게루를 시쳇말로 '지양'(sursumer)하기 시작했던 때에 말입니다.

모로 박사논문을 제출하시기 전, 혹은 그것을 집필하는 과정에서, 다른 위대한 철학사 책이나 사상사 책에서 영향을 받은 적이 있나요?

마트롱 위대한 철학사 책으로 저는 당시 사람들이 읽던 모든 것을 읽었습니다. 저는 구이에와 질송(E. Gilson)을 매우 찬미했고 (게루처럼 구조에 대한 관심이 지대했던) 골드슈미트(V. Goldschmitt)에 대해서도 역시 그랬습니다. 그리고 이상한 일이지만(아니 결국 그리 이상한 일도 아니지만), 레비스트로스도 있었죠. 실뱅 자크는 제가 있는 앞에서 누군가에게 이렇게 말한 적이 있습니다. "레비스트로스가 친족 체계를 두고 했던 일을 마트롱은 스피노자를 두고 했다네." 저는 이 말이 맞다고 생각합니다. 그러니까 특히 제가 『정치론』의 정치체제들이나 『신학정치론』의 신정을 구축할 때 바탕으로 삼았던 조합이 그렇지요. 심지어 저는 스피노자 식의 군주정과 귀족정을 비교하면서 양자의 구조가 "역대칭을 이룬다"고 한

적도 있습니다. 이는 레비스트로스에게서 온 것이었습니다.

보브 맥퍼슨(C. B. Mecpherson)의 책도 있는데….

마트롱 그래요. 거기서도 많은 영향을 받았습니다. 하지만 홉스에 관해서는 아무래도 그릇된 영향을 받았다고 해야겠죠. 그의 해석도 이제는 구닥다리가 된 것 같으니…. 하지만 저는 이 책이 여전히 괜찮은 책이라 생각하고 있습니다. 그리고 그걸 읽는 동안, 저는 거의 지적인 조명(照明)을 받는 느낌이었어요. 더구나 제가 알제대학에 있었을 때 학부과정 프로그램에 홉스가 있었던 만큼 제가 그를 연구한 건 꽤 오래전이었던 데다가, 저는 거기 매료되었었으니 그것을 언제든 다시 떠올릴 채비는 되어 있었던 셈이죠.

보브 당신 이전에는, 18세기부터 내려오는 전통대로, 스피노자는 정치이론에 관한 한 홉스와 동일시되었습니다. 두 철학자를 강하게 구별한 건 당신이 최초였는데, 이를 의식하고 계셨나요?

마트롱 앵글로색슨계 나라 사람들은 실제로 스피노자 정치학을 늘 홉스에서 출발하여 생각했었죠. 프랑스의 경우, 당시 홉스에 대해서 (폴랭의 책을 제외하곤) 별다른 연구가 없었던지라, 사정이 약간 다르긴 했습니다. 어떤 이들은 스피노자 정치학이 홉스 정치학의 서투른, 게다가 아무 이득도 없는 표절이라고, 하지만 정말 다행히도 정치학은 그의 철학의 나머지 부분과는 전혀 무관하다고 여겼죠. 다른 이들은 반대로, 스피노자에게는 부당하게도 자유주의적 계약론을, 그리고 홉스에게는 역시 부당하게 "강자의 권리" 이론을 귀속시키고서는 양자를 대립시키고…. 이런 식이었어요. 여하간 이런 비교들 대부분이 곡해를 바탕으로 이루어졌지요.

보브 그 밖에도 마들렌 프랑세(Madeleine Francès)의 책도 알고 계셨나요? 이 책은 인용하지 않으신데….

마트롱 네, 당연히 알고 있었죠. 흥미로운 책이기는 했지만, 제 작업과 관련해서 대단한 걸 끌어내진 못했습니다.

보브 다시 개체나 코나투스라는 개념을 검토하면서 『개인과 공동체』을 좀더 구체적으로 살펴보기로 하죠. 당신의 여러 논문과 『개인과 공동체』를 쭉 훑어보면, 사이버네틱 모델이 자주 등장한다는 걸 알 수 있습니다. 가령, "항구적으로 자체 재생산되는 자기완결적 전체"와 같은 표현들이 종종 나타나며, 또한 당신은 "상대적 자율성", "자가조절", "자가조절적 체계", 혹은 "교환의 자가조절적" 체계, 더 나아가 "자가조절적 구조" 등등의 표현도 사용하고 있습니다…. 이는 40년대 말 이래 유행했던 사이버네틱의 관점과 관련된 시대적 영향은 아니었나요?

마트롱 그랬을 수도 있죠. 그러나 사실 저는 사이버네틱스에 관한 책은 거의 전혀 읽어 보지 않았습니다. 아무튼 그런 생각들은 당시 널리 퍼져 있었어요.

보브 1965년 에디시옹 소시알(Editions Socials) 출판사에서 나온, 사이버네틱스와 역사적 유물론에 대한 자크 기요모(J. Guillaumaud)의 책이 있었습니다. 실뱅 자크 역시 그의 책 서두에서 레이몽 뤼에(R. Ruyer)의 저작을 인용하고 있죠.

마트롱 그 중 제가 읽어 본 건 하나도 없습니다. 하지만 그 생각들은 스피노자에 아주 잘 들어맞습니다. 스피노자 철학에서 자가조절을 말할 수 있으며, 스피노자에게 정치체제란 기실 자가-조절되는 체계들이죠….

보브 하지만 스피노자는 보존이라는 문제설정에서 상당히 떨어져 있지 않습니까? 설령 그가 『정치론』에서 그것을 심심찮게 언급하고 있다 해도 이는 실재의 무한정한 순수 산출성이라는 논리를 뒷받침하기 위해서이고, 그런데 사이버네틱 모델은 바로 그 보존 논리와 결부되어 있지 않습니까?

마트롱 스피노자가 보존 논리를 폐기했다고 생각지는 않습니다. 우리가 활동하는 한에서 우리 존재를 보존한다는 것은 그에게는 자명한 일입니다. 사물이 산출하는 결과들이 그 사물의 본성과 모순을 빚을 수는 없는 이상, 결과를 산출하는 모든 것은 바로 이를 통해 자기 존재를 보존한다는 것이죠. 스피노자가 이를 포기했다고 전혀 생각하지 않기 때문에 저 역시 이를 포기하지 않았습니다. 하지만 좁은 의미, 그러니까 생물학적 의미의 보존이라는 통념이 스피노자 철학에서 차지하는 비중은 가령 홉스 철학에서보다는 훨씬 적다고 생각하며, 늘 그렇게 생각해 왔습니다. 스피노자는 단 한 번도 우리 존재의 보존을 생물학적 보존으로 환원하진 않았습니다. 그러므로 어떤 의미에서 보면 『윤리학』은 궁극적으로는 보존을 논하지 않고 오직 "실존하고 활동하는 역량"만 가지고서 쓰일 수 있다고도 할 수 있습니다. 하지만 그렇다 해도, 실존하고 활동하는 역량의 전개가 자기보존과 자기조절을 **결과**(당연히 목적이 아니라)로 한다는 건 여전하죠. 단지, 상이한 모델의 자가-조절이 있고, 상이한 방식의 자기보존이 있을 뿐입니다. 예컨대, 히브리 국가의 모델처럼 스스로를 동일하게 재생산하는 정태적인 자기보존이 있는가 하면, 『정치론』에서 다루는 여러 국가의 모델처럼 매번 더 높은 수준으로 상승하면서 스스로를 재생산하는 역동적인 자기보존도 있죠. 개인도 마찬가지입니다. 협소한 의미에서, 옹색하게 딱 있는 그만큼만 자기를 보존하는 개인이 있는가 하면, 자신의 산출성을 더 발달시키고 늘 좀더 많이 증대시키면서 자기를 보존하는 개인들도 있습니다. 그리고 적합한 관념이 우리 정신에서 중요한 역할을 수행하기 시작하는 때부터는 바로 두번째 형태의 자가조절이 이루어지는 거죠. 하지만 그렇다고 해서 자가-조절이라는 발상 자체가 의문시된다고 보진 않습니다. 이성의 인도 하에 살아가는 자유로운 인간은, 자유로운 인간이라는 그의 본성에서 따라 나오는 모든 결과들을 산출하고자 노력하며, **바로 이 사실 때문에**, 자유로운 인간이라는 그의 본성을 보존하는 경향을 띠는 것이죠.

보브 중심 개념인 개체에 대한 당신 입장은, 『개인과 공동체』 이래로 정의상 별로 바뀐 바가 없는데요.

마트롱 네. 바뀌지 않았습니다. 단, 지금 생각해 보면 『개인과 공동체』에서 지나치게 구체적인 세부설명을 한 것 같긴 합니다. 이 세부사항들은 개별 경우들에만 들어맞을 수 있으니까요. 지금 제 생각을 말하자면, 결국 개체란 단지 다른 체계와는 상이한 법칙들을 지닌 특정 체계를 따라 상호작용하는 물체들의 집합이라는 것, 그것뿐입니다.

보브 문제는 운동의 교환에서 법칙들이 갖는 지위가 과연 무엇이냐인데….

마트롱 그렇습니다. 왜냐하면 한 정치사회에서 구성원들은 물론 서로 운동을 교환하고(단지 서로 이야기를 나누면서 교환할 뿐일지라도), 이는 정치사회의 재생산으로 귀결됩니다. 그리고 이 운동들은 단연 법칙들에 의해 조절되며, 이 법칙들에는 민법도 포함되죠.

보브 개체의 통일성도 바로 운동의 교환에서 비롯됩니다.

마트롱 그렇습니다. 다른 개체의 법칙들과는 상이한 특정 법칙들에 따라서 말입니다. 가령, 지금 이 순간 우리는 대담 처음에 명시되었던 특정 법칙들(인터뷰의 법칙들)에 따라 운동을 교환하고 있는 중이며, 이 법칙들은 사람들이 길거리에서 서로 운동을 교환하는 법칙들과는 다르죠. 따라서 우리 셋은 하나의 작은 맹아적 개체를 형성하구요…. 하지만 『개인과 공동체』에서 저는 **모든 종류의** 개체를 물리-수학적으로 모델화하려는 경향이 좀 지나쳤습니다. 권리상 모든 것이 수학화될 수 있다고 보는 경향이 있었던 거예요. 사실상 말의 교환에 불과한 경우에도 말입니다.

모로 그건 당시 유행이었으니….

마트롱 아무렴요. 저는 그걸 잘 알고 있습니다. 게다가 드장티도 딱 한 번 제 책에 대해 말한 적이 있었는데, 그때 저더러 이렇게 말하더군요. "자네 모델, 상당히 기민한 걸…." 지금 제 생각에는 이것이 특정 경우에만 들어맞을 듯합니다.

보브 개체 개념을 연구하던 끝에 당신이 전개한 정치이론들에 이르게 되는 셈인가요, 아니면 후자에서 시작하여 개체 일반에 대한 이론에 이르게 되셨나요? 아닌 게 아니라, 이 개체 개념에는 정치이론상 대단한 산출성이 있습니다. 이 개념은 [당신의] 정치이론에서 온 것인가요?

마트롱 정확한 기억은 없지만, 아마도 정치이론에 대한 장들을 처음 장보다 먼저 썼을 겁니다. 1부를 제일 마지막에 썼던 것 같아요.

보브 개체 개념이 정치이론에서 왔다니 퍽 흥미로운 사실인데요.

마트롱 그럼요. 1부에서 저는 물리적 개체성의 구성과 제가 여전히 사회계약이라 불렀던 것(물론 이것이 계약은 아님을 분명히 해두면서) 사이에 일종의 유비를 수립했고, 저는 이를 "물리적 계약"이라 불렀죠.

보브 지금 우리가 논의하고 있는 것과 아주 긴밀히 연관되어 있는 만큼, 역시 개체적 본질에 대해 한 가지 더 여쭙겠습니다. 당신은 개체적 본질과 독특한 본질 사이에 차이가 있다고 보시나요?

마트롱 아니요. 한 번도 그렇게 본 적은 없습니다.

보브 이 개체적 본질, 그러니까 물체들 사이의 특정 관계로 규정되고 또한 한 개체를 구성하는 이 개체적 본질이란 곧 개체들의 산출 법칙입니다. 바로 이 개체 개념으로부터, 당신 저작에서 아주 창조적인 효과들을 생산할 중심 개념이 도출되는데, 그것이 바로 모방 원리죠….

마트롱 네. 스피노자에게서 인간 개체들 자체가 다시 하나의 정치적 개체를 형성할 수 있는 것은 근본적으로 바로 정서 모방에 의해서입니다.

보브 하지만 그렇다면 한 개체의 본질을 말하는 바로 그 순간, 개체들 상호간의 역사를 복구시키는 셈이 아닐까요?

마트롱 그렇게까지 주장하고 싶지는 않습니다. 인간 개체든, 정치적 개체든, 한 개체의 출현 조건과 가동 조건은 정확히 똑같지는 않으니까요. 해당 개체의 출현을 가능케 하는 외적 조건, 이 개체가 실존에서 유지될 수 있게 하는 외적 조건과, 이 개체의 본질을 정의하는 **내적** 가동의 법칙들을 구별할 필요가 있습니다. 물론 정서 모방을 할 수 있다는 것, 따라서 다른 개체와 상호작용하면서 살아갈 수 있다는 것이 인간 개체의 **본질에 속한다**는 건 사실이지만 말입니다.

보브 역사 문제는 인간 개체의 문제 자체 안에 이미 나타나 있지 않은가요? 일종의 물음으로서 말입니다.

마트롱 물론이죠. 그리고 상기시켜 드리자면(이건 대개 주목하지들 않았으니까) 『개인과 공동체』에서 이미 저는 그 점에 대해 아주 구체적인 생각들을 가지고 있었습니다. 한 장에서 저는 몇 가지 텍스트를 하나하나 맞붙여서 역사 이론까지는 아니라도—이는 너무 큰 말이고—, 외적 원인들은 추상하고 본 주어진 한 정치사회의 순전히 내적인 진화 이론을 재구성해 보려고 했습니다(그리고 스피노자 자신이 이를 생각지 않았으리라 보이진 않습니다). 저는 우선 스피노자가 언급한 두 가지 커다란 진화 법칙(하나는 민주정에서 귀족정과 군주정으로의 이행, 다른 하나는 야만에서 문명으로, 그리고 다시 퇴폐로의 이행)을 조합했습니다. 그러고선 스피노자의 정치 저작들 및 『윤리학』에서 취한 온갖 종류의 대목들을 이용하여 이 두 법칙 간의 상호작용을 구체적으로 재구성했습니다. 그리고는 가능한 경우를 모두 다 들어 보았습니다. 특히 원시 민주정에서, 홀란드나 베네치아 귀족정을 거쳐, 투르크적 전제정으로 나아가는 진화 도식을 전개하는 가운데 말입니다. 그런데, 제가 알기론 앙드레 토젤 말고는 거의 아무도 이를 주목하지 않더군요. 반면, 『그리스도』에서 저는 스피노자의 역사관을 다른 각도에서 검토해 보았습니다. 거기서는 더 이상 스피노자의 이론이 아니라 스피노자가 특히 기독교의 혁신적 역할에서 출발하여 서구인 전체의 역사를 구체적으로 떠올리는 (이론적이지도 않고 이론화할 수도 없는) 방식을 재구성해 보고자 했습니다. 거기서는 분명 저는 외적 조건들을 훨씬 더 많이 강조했습니다. 그건 상이한 접근이었던 셈이죠. 그리고 바로 이 점에 얼마간은 눈여겨 볼 가치가 있다고 생각합니다.

보브 정념 문제는 당신 작업에서 중심을 차지합니다. 당신 이전에는 거의 아무도 정념의 문제를 정치적 산출성의 측면에서 말한 적이 없었죠.

마트롱 그렇지요. 물론, 누구든 정념 이론에 대해 한 장 정도는 쓰긴 했습니다. 하지만 대체로 이 장을 쓰고 난 다음 차후 이용하지는 않았죠….

보브 정념 문제는 인간 본성의 불변성이라는 문제와 관련되어 있습니다. 스피노자에게서 인간 본성은 어디서나 동일합니다. 당신은 이른바 스피노자의 보수주의라는 문제를 여러 논문에서 다룬 바 있습니다. 가령, 「고전시대 정치철학에서 주인과 하인[피고용인]」[2]이라는 논문이나 「스피노자 식 민주정에서 여성과 하인」[3]이라는 논문이 그렇죠.

---

[2] "Maîtres et serviteurs dans la philosophie politique classique", *La Pensée*, 1978, n. 200, pp. 3~20. 이 논문은 『17세기 인간학과 정치학 : 스피노자 연구』에 실려 있다.

[3] 'Femmes et serviteurs dans la démocratie spinoziste', *Revue philosophique*, 1977, n. 2, pp. 181~200. 이 논문 역시 『17세기 인간학과 정치학 : 스피노자 연구』에 실려 있다.

마트롱 둘은 아주 다른 문제입니다. 인간 본성의 불변성이라는 문제의 경우, 스피노자는 분명 욕망과 사랑과 미움 등등은 늘 있기 마련이라고, 그리고 이런 의미에서 인간 본성은 늘 동일하다고 생각합니다. 그러나 정념들 사이의 조합——이것이 바로 모로 당신이 말한 기질(ingenia)인데 (저는 이 개념에 대한 모로 당신의 분석에 전적으로 동의합니다)——에는 개인마다, 사회마다, 또 역사 과정마다, 무한한 변이들이 있을 수 있습니다. 『신학정치론』과 『정치론』을 비교해 보면, 우리는 아주 상이한 형태의 기질들을 찾아볼 수 있고, 여기에는 〔실존했던〕 히브리 국가나 실존할 수도 있을 『정치론』의 스피노자 식 국가들의 개인적 차원도 포함됩니다. 이 국가들에서 정념들은 늘 동일하지만 다르게 작용합니다. 정념들 서로 간의 배치 방식이 다르니까요. 그리고 이는 대부분 역사적이고 제도적인 맥락에 달려 있습니다. 하지만, 언젠가 인간이 아주 부분적으로라도 더 이상 사랑하지 않는다든지, 미워하지 않는다든지 등등은 절대로 있을 수 없습니다. 인간은 늘 외적 원인에 의해 변용되기 마련이니까요. 심지어 언젠가 모든 인간이 이성의 인도에 따라 살아가는 날이 온다 하더라도, 정념들 간의 조합은 달라질지언정 그들은 여전히 동일한 정념들을 가질 겁니다. 단지 정념들이 사람들을 이끄는 위치에 있지 않을 뿐이죠.

보브 정치학적 관점에서는, 그렇다면 코뮤니즘이란 오직 현자들이 3종의 인식 속에서 상호 소통하는 차원에서만 거론될 수 있다고 보는 입장이신 셈인데….

마트롱 그렇지요. 그때 이미 그런 생각에 이르게 되었어요. 코뮤니즘 사회란 만인이 현자가 될 때에만 존재할 수 있다고! 하지만 또한 코뮤니즘은 사람들이 서로 간의 관계에서 스피노자적 의미의 "자유로운 인간"으로 행위하는 모든 곳에 다소간 존재한다고도 할 수 있겠죠.

모로 스피노자는 모든 형태의 정치적 경험이 이미 다 나왔다고 했지만, 이렇게 말할 때 그도 아직 정당이라는 형태만은 내다볼 수 없었다고 할 수 있지 않을까요?

마트롱 사실상 그렇죠. 만일 그에게 정치 정당에 대해 말해 준다면, 그는 이를 종파와 같은 것으로 여기지 않을까 싶습니다. 그가 『신학정치론』에서 한 종파의 성원들은 자기 종파에 속하지 않는 사람들을 죄다 신의 적이라고 단죄하고, 자기 종파에 속한 사람들은 모두, 사악한 악당조차도 신에게 선택받은 자라고 간주한다고 말할 때, 여기서 신만 빼고 보면 종파는 정당을 떠올리게 합니다. 혹은 마피아….

보브 모방의 논리를 기반으로, 당신은 분개(慣慨, indignatio)의 정치적 산출성에 대해 말씀하셨는데….

마트롱 그렇습니다. 그리고 처음에는 그것을 전혀 생각하지 못했습니다. 물론 상당히 강한 인상을 받긴 했지만, 『정치론』 6장 서두에서 스피노자가 한 말 때문에 말하자면 그걸 억압한 거죠. 그러니까 인간은 늘 정치사회에서 살아갈 것인데, 왜냐하면 그들은 공통으로 느끼는 공포의 효과 하에서든, 공통으로 겪은 해악에 복수하기 위해서든 서로 모이기 때문이라고, 그런데 사람들은 늘 고립을 두려워하고, 따라서 등등. 그리고 이를 입증하기 위해 스피노자는 3장의 한 대목을 참조하는데, 거기서 그는 정부가 사람들에게 불러일으키는 공포가 분개로 뒤바뀔 때, 그들은 정치사회를 형성하기 위해서가 아니라 그 반대로 아주 나쁜 정부를 전복하기 위해 모인다고 말합니다. 저는 『개인과 공동체』에서 왕에 대항하는 대중 봉기와 관련해서 이를 약간 시사한 적이 있습니다. 그러니까 주권자가 다소 막나갈 때 신민들은 분개의 영향 하에서, "사회계약의 과정과 유사한 과정에 따라" 그에 맞서 모인다고(이를 저는 사회계약이라 불렀죠. 물론 이는 계약은 아니지만 말이에요.) 했죠. 하지만 이를 강조하진 않았어요. 그리고 나중에 저는 그 대목을 재고하게 되었습니다. 사람들이 저더러 정치사회의 이론적 발생을 이성이나 계산 등등은 모조리 추상한 채 재구성했다고 비난하곤 했으니까요. 하지만 저는 그것을 **전적으로** 추상하지는 **않았었**죠. 그런데 이에 대해 곰곰이 생각하면서, 저는 실제로, 분개를 개입시킬 경우(『『개인과 공동체』를 쓸] 당시에는 그렇게 하지 않았어요), **정말로 효용주의적 계산을 모조리 추상할 수 있다는 것을 깨달았습니다. 실상 자연 상태에서 사람들이 타인을 지배하기 위해서나 타인이 가진 것을 차지하기 위해 싸울 때, 그들이 분개를 느낄 수 있는 한에서 이는 결코 어느 **하나**가 다른 **하나**와 일대일로 싸우는 게 아닙니다. 다른 자들이 개입하니까요. 말하자면 "이 문제와 전혀 무관한 자들이 끼어드는" 겁니다. 그리고 그들이 이 둘 중 누구와 유사성을 갖느냐에 따라, 자기 유사한 자의 편을 들어 그의 적에 분개를 느끼는 거죠. 그리고 결국 이런 방식으로, 어떤 계산 없이도 맹아적인 정치사회가 형성된다는 것을 설명할 수 있습니다.

보브 스피노자도 마키아벨리처럼 자유에 대한 기억이 존재한다고 생각했으리라 보십니까?

마트롱 네, 당연히….

보브 그렇다면 일종의 긍정적 분개가 있는 셈인가요?

마트롱 그렇기도 하고, 아니기도 합니다. 실상 분개라는 **정서**와 이 정서로 인해 우리가 이런저런 경우 도달하는 결과를 구별할 필요가 있습니다. 분명히 저는 스피노자가 혁명에 대해 아주 호의적이었을 수도 있다고 생각합니다. 하지만 어쨌든 그는 정서로서의 분개는 늘 나쁘다고 말합니다. 즉 분개는 미움의 한 형태인 이상, 그것을 **느끼는 자들에게** 필연적으로 나쁘다고, 그리고 분개가 아무리 긍정적인 결과를 가져온다고 하더라도, 사회에는 늘 아주 무거운 반대급부가 있기 마련이라고 말입니다.

보브 스피노자가 『윤리학』 4부 정리 51〔주석〕에서 분개가 필연적으로 나쁘다고 쓸 때, 그가 분개를 유감스러워한다는 인상을 줍니다. 또 이런 시각에서 보면(바로 이것이 이상한 점인데), 그가 그렇게 말한 까닭은 동시에 분개에다 주권에 대한 이상적이고 추상적인 관점을 맞세우기〔그래서 후자를 옹호하기〕위해서인 듯 보입니다…. 이 두 입장, 다시 말해 한편으로 나쁜 분개와, 다른 한편으로 이런 "추상"을 정말 곧이곧대로 받아들일 수 있을까요?

마트롱 그럴 수 있죠. 스피노자는 이렇게 말합니다. 주권자가 국가의 평화를 유지하려는 욕망에서 범죄자를 처벌할 "경우"(이 "경우"라는 말을 강조해야 합니다), 그는 분개가 아니라 도의심(*pietas*), 다시 말해 이성에서 생겨나는 욕망을 동기로 그렇게 한다고 말입니다. 이는 분명 어느 정도 추상이며 아마도 심지어 비꼬는 말이라고도 할 수 있을 거예요. 왜냐하면 스피노자는 주권자들과 재판관들이 종종 그것과 아주 다른 동기로 움직인다는 걸 알고 있기 때문이죠. 하지만 이는 또한 스피노자 자신의 테제에 대한, 반대를 통한 입증이기도 합니다. 왜냐하면 재판관들이 분개를 동기로 할 "경우", 이는 엄청난 사법적 오류를 초래할 위험이 있고 따라서 이는 아주 나쁘기 때문입니다.

보브 분개 문제에 관한 한, 스피노자의 사상이 진화했다고 보지는 않으십니까?

마트롱 『윤리학』과 『정치론』 사이에 말입니까? 아니요. 그런 흔적은 전혀 발견하지 못했습니다. 여하간, 분개로 인해 한 체제가 다른 체제로 교체될 때, 여기에는 늘 부정적인 효과가 따르기 마련입니다. 설령 다른 점에서는 최종 결과가 비교적 좋다고 해도 말입니다. 그리고 결과가 비교적 좋다면, 이는 **오로지** 분개만이 있었던 게 아니라 또한 긍정적 정서들(가령 자유와 정의를 향한 열망이나 조국에 대한 사랑 등등) 역시 있었기 때문이며, 이와 동시에 많은 반성이 있었기 때문입니다. 물론 스피노자는 이에 대해 그다지 많은 설명을 하진 않았죠. 하지만 그는 필시 분개는 반드시 식어 다른 여파를 미치기 마련이라고 말했을 겁니다. 이것이 설령 분개가 사태의 진정한 책임 소재가 아닌, **사람들만을** 맹목적으로 공격하기 때문일 뿐이고 그 흔적이 남기 때문일 뿐일지라도 말입니다. 그리고 어쨌든 『정치론』 5장에서 그는 이렇게 말하기도 합니다. 만일 **사람들**만을 탓한다면, 이는 폭정의 원인 ──이는 제도적인 것인데 ── 은 제거하지 않은 채 기껏해야 폭군만을 제거할 뿐이라고. 하기에 저는 스피노자가 아마도 프랑스 혁명에 찬성했겠지만 9월 학살에는 분명히 동의하지 않았으리라 생각합니다. 그는 이 학살과 데 비트 형제의 암살 사이에는 하등 차이가 없다고 보았을 겁니다. 하지만 물론 스피노자는 분개를 촉발하는 원인이 있는 한 분개는 절대로 제거될 수 없다는 점도 아주 잘 알고 있죠. 그래서 그것을 "안고 가야" 한다는 것도 말입니다. 제 생각에 그는 이를 정치사회의 본래적 결함과도 같은 것이라고, 그래서 최대한 중화되는 수밖에 없다고 보았던 것 같습니다. 『정치론』의 정치체들이 분명 그렇습니다. 이 정치체제들은 사람들을 움직이는 동기가 긍정적 감정이 되도록, 그리고 분개는 가능한 한 최소의 역할만을 하도록, 그러니까 그것이 특정 사람들을 겨냥하는 것이 아니라, 누구든 인물과는 무관하게 처벌받을 만한 자들 **일반**에 대한 **추상적** 분개로 바뀌도록 하는 경향을 띱니다. 하지만 추상적이든 아니든 여하간 분개는 국가가 안고 가는 원죄입니다.

보브 그러니까 국가 개체의 나쁜 본성이 있는 셈인가요?

마트롱 꼭 그렇진 않습니다. 하지만 여하간 국가가 완전히 떨쳐낼 수는 없는 태생적인 뭔가가 있는 셈이죠. 우리가 우리의 유아기에서 완전히 벗어날 수는 없듯이 말입니다.

모로 다른 것들로 상쇄시킨다거나….

마트롱 그렇죠. 아주 광범위하게, 가능한 한 가장 광범위하게 상쇄하는 거죠. 한 국가가 오직 분개만을 토대로 한다면 단 한 순간도 지속되지 못할 테니까요. 그건 극한적으로는, 작은 집단들이 가령 「머나먼 서부」(*Far West*)[4] 같은 데서 한 범죄자에게 집단폭행을 가하기 위해 모이듯이 형성된 자연 상태에 불과하다고도 할 수 있을 겁니다.

모로 여기서 우리는 다시 사르트르를 만나는 셈인데….

마트롱 그렇죠. 그 집단들은 '탄생 중인'(*in statu nascendi*) 정치 그룹들일 뿐, 지속되지는 않습니다.

보브 융합은 깨지고…. 이렇게 논의하다 보니, 자연스럽게 착취자와 피착취자 간의 역관계의 문제로 넘어가게 되는군요. "스피노자는 이렇게 말할 수도 있었을 것이다"(『신비평』지에 실린 「스피노자와 권력」이라는 논문에서)라고 하면서, 당신은 풀란차스(N. Poulantzas)를 인용하여 국가를 이와 같은 "역관계의 물질적 응집"이라 말한 바 있습니다. 하지만 곧장 당신은 스피노자의 입장에서 볼 때 착취자와 피착취자 간의 역관계는 배경막 노릇 외에는 거의 아무 역할도 하지 않는다고 덧붙이죠. 당신이 쓴 문장은 아주 단호합니다. "하인들은 정의상 늘 이미 패배한 자들인 이상, 계급투쟁은 역사의 동력이 아니다."

마트롱 그렇습니다. 그건 스피노자에겐 기정사실입니다. 물론 그가 오늘

---

4) [옮긴이] 1973년에 제작된 자크 브렐(Jacques Brel)이 감독하고 주연한 영화를 말하는 듯하다.

날 살아 있다면 여전히 피고용인들이 이미 패배한 자들이라 말하지는 않겠죠. 하지만 계급투쟁이 역사의 동력이 아니라는 것만은 고수했을 겁니다. 단지 이런 이념이 내적 모순이라는 통념에 바탕을 둔 목적론을 끌어들이기 때문에 그럴 뿐일지라도 말입니다. 오히려 정반대로 그의 생각에 모든 모순은, 심지어 그것이 내적으로 보일 때조차도 외적입니다.

모로 한 강의에서 당신은 이렇게 말한 적이 있습니다. 스피노자주의와 맑스주의를 근접시킬 수 있는 많은 것들이 있지만, 모순 문제만은 양자를 진정으로 나누는 궁극적 분리선이라고 말입니다.

마트롱 그렇습니다. 스피노자에게서 모순은 물론 내적일 수도 있지만, 단지 위상학적(topologique)으로만 그렇습니다. 사소한 의미에서, 모순이 사회 안에 위치하고 있다는 의미에서 사회 **안에 있는** 모순들이 있습니다. 하지만 모순은 **사회의 본질과 관련해서는** 항상 외적입니다. 스피노자에게 이는 선험적인 것입니다. **사물들의 본질 자체 내에는 모순이 있을 수 없어요**(그리고 반대로 말하는 것 역시 선험적입니다). 물론 스피노자가 한 사물의 "현행적 본질"이라 부르는 것 안에는, 그러니까 외적 원인들의 협조로 마침내 현실화에 이른 본질 안에는 모순이 있을 수 있습니다. 외적 원인의 이런 협조는 모든 유한양태에게 필수 불가결하지만, 이 현실화에 **상반되는** 결과들 역시 산출할 수 있으니까요. 가령, 정치사회는 여러 개체들로 합성된 하나의 개체이나 이 개체들은 이 사회에 **결코** 완벽하게는 통합되지 않습니다. 그들은 그들 나름대로 외부 환경과 관계를 맺고 있고, 이 때문에 그들 안에 특정한 정념들이 생겨납니다. 또한 그들은 서로 개인적인 관계를 맺는데, 이 관계 역시 전체 사회의 가동과는 다소간 무관하게 돌아갑니다(여기서도 역시, 상응하는 정념들이 생겨나죠). 또한 그들은 그들 간에 [전체 사회보다] 좀더 협소한 여러 집단 또한 형성하는데, 이 집단들 역시 개체이며, 역시 전체에 완벽하게 통합되지는 않으며, 따라서 역시 그것들 나름의 정념적 체계를 가지고 있죠. 다소간 상충하는 이 모든 정념들은 국가의 제도 체계에까지 반향을 미칩니다. 이 제도 체계는 물론 이 정념들로부터 합의를 도출하긴 하죠. 국가여야 하는 바에 맞추어, 따라서 국가의 본질을 정의하는 것에 맞추어서 말입니다. 하지만 사실상의 제도들은 이 본질과 아주 부분적으로만 일치합니다. 그리고 이 본질과 경향적으로 양립불가능한 것, 그래서 사회 자체 내의 외부 물체와도 같은 것은 늘 존재하기 마련입니다. 이 때문에 모든 정치체제는 늘 잡종적인 것이었습니다.

모로 히브리 국가에서 [성직의 자리에] 장자들 대신 레위족을 세운 일은, 바로 이런 의미에서, 심지어 과일 안의 벌레, 곧 내부화된 외래체였다고 할 수 있죠. 물론 먼저 히브리인들의 국가를, 이런 사실은 제하고서 기술한 이후, 사후적으로 이것이 그 국가를 장차 멸망시킬 요소인 듯 도입할 수도 있겠죠. 그런데 맑스주의자라면 이렇게 말하겠죠. 만일 이런 사실이 장차 그 국가를 멸망시킬 것이었다면, 이는 그것이 그 국가의 본질 자체에 포함되기 때문이라고. 게다가 이런 사실을 제하고서 우선 국가를 완벽하게 기술한다는 것은 신비화된 설명이라고…. 스피노자와 맑스 중 누가 옳다고 보십니까?

마트롱 어떻게 말해야 할지 모르겠습니다만…. 스피노자는 여하간 이렇게 대답했을 겁니다. "만일 이것이 장차 그 국가를 멸망시킬 것이라면" 이것이야말로 그것이 이 국가의 본질에 포함되지 않음을 보여 주는 **증거**라고, 그리고 과일에서 벌레가 태어나게 하는 것이야말로 신비화라고 말입니다. 게다가 인간 개체의 경우에도 똑같은 문제가 다시 제기됩니다. 그의 개체적 본질과 그의 기질에 대해 말입니다. 한 개체의 기질과 개체적 본질 사이에는 분명 어떤 관련이 있습니다. 기질이 본질과 완벽히 양립가능하고, 본질이 기질을 통합하는 경우가 있을 수 있으며, 이 경우 개체적 본질은 기질로 인해 더 풍부해진다고 할 수 있겠죠. 반대로, 개체적 본질이 자신과는 잘 맞지 않는 기질을 통해 현실화되는 경우도 있을 수 있습니다. 해로운 정념들에서 습관이 생겨날 수 있습니다(바로 이것이 사람들이 말하는 악덕이죠). 그리고 이 정념적 습관들은 신체의 여러 부분이 이 개체의 본질을 정의하는 법칙들과 다소간 모순되는 법칙들에 따라 서로 간에 운동을 교환하는 데서 성립됩니다. 따라서 극한적으로는, 우리 신체의 구성 부분들이 이루는 하나의 동일 집합 내에 여러 개체들이 공존한다고 할 수 있겠죠. 그러니까 우리 자신인 개체가 있는가 하면, 그 밖에 이런 종류의 접붙임, 곧 우리 본질 자체에는 통합되지 않는 이런저런 정념적 습관으로 형성되는 개체가 있다고 말입니다. 이런 의미에서, 우리 안에는 이런 종류의 정념적 잡종체들의 수만큼 많은 개체들이 있다고 할 수 있습니다.

보브 그럼에도 이 정념적 잡종체들이 하나의 동일한 개체를 형성합니다. 그것들이, 결국 [이 개체의] 유지에 포함되어 있는 법칙들에 따라 서로 운동을 교환한다는 점에서 말입니다. 코나투스란 그렇다면, 한 존재자에게 그의 존재를 유지하게 하되 단 스스로의 파멸로 치달으면서 유지하게 하는 이런 모순들도 경우에 따라 포괄하는 것이라 해야겠죠. 코나투스의 실정성은 이런 식으로 그 기질 내부 자체에 모순(이 개체를 죽일 수도 있는)을 포괄하는 셈이고.

마트롱 그렇습니다. 그것이 바로 정념적 코나투스죠. 저는 이 주제에 대해 보브 당신이 쓴 글을 아주 좋아했어요.

보브 「고전시대 정치철학에서 주인과 하인」이라는 논문으로 다시 돌아가

보죠. 거기서 당신은 이렇게 말했습니다. 그로티우스, 홉스, 로크, 루소 등 "위대한 선조들"이 "놀라운 일관성으로 사태에 대해 명확하게 말한 바 있다. 곧 근본적으로는 두 종류의 인간이 있다고"라고. 그런데 그들에게서 이러한 명석함은 '사법적' 영역에서 일어나는 사태를 정당화하려는 이데올로기적 기획이 동반되어 있습니다. 당신 말에 따르면 스피노자는 동일한 것을 말하지만, 단 그것에 수반되어 왔던 이데올로기는 닦아내면서입니다.

마트롱 그렇습니다. 그는 있는 바를 말하죠. 그것이 잘된 일이라고 하지는 않고서 말입니다. 하지만 스피노자 식의 정치체제들에서도 피고용인의 소멸이 불가능하진 않습니다. 피고용인이 이 체제들의 가동에 필수불가결하진 않으니까요. 가령, 토지 소유의 완전한 부재와 상업 경제의 일반화를 특징으로 하는 군주제 하에서는 각자가 자기 소유의 작은 기업을 운영하고 이것이 아주 번창하여 피고용인 자신이 기업을 꾸릴 수 있을 정도가 되는 경우도 당연히 생각해 볼 수 있습니다. 언젠가 저는 한 강의에서 (그리고 학생들은 이를 매우 재미있어 했는데) 스피노자 식의 사회에서, 특별하게는 군주정 경제 체제에서 산업 혁명은 어떤 것이었을까 상상해본 적이 있습니다. 그러고 보니, 상황은 영 딴판이었습니다. 우선 프롤레타리아화되는 자는 없었을 것이고 따라서 자본주의도 없었을 겁니다. 왜냐하면 농민들을 토지에서 쫓아낼 대토지 소유자가 없었을 테니까요. 그리고 반대로 과학은 훨씬 빨리 발달했을 것이고, 그것이 기술로 투자되는 것도 훨씬 빨랐을 것이며, 이 때문에 작은 가족 기업들은 이미 19세기부터 컴퓨터, 총체적인 자동화 등등과 더불어, 고도로 정교화된 장비들을 갖출 수 있었을 것이고, 모든 사람은 피고용인 필요 없이 자기 기업을 가질 수도 있었을 것이며, 피고용인들은 차츰 동업자로 집단화되어 결국 일종의 자치적 사회주의에 이르는 거죠!

모로 소규모 가족 기업이라면, 거기서 사람들은 자기 부인과 자식들만 착취하겠군요.

마트롱 동등하게 노동할 수도 있죠….

보브 "동등하게"라구요? 「스피노자 식의 민주정에서 여성과 하인」이라는 논문에서 당신은 "부르주아와 남근중심의 세계"라 하셨는데….

마트롱 그랬죠. 스피노자는 인간이 정념에 종속되는 한, 여성은 남성의 지배를 받으리라고 봅니다. 스피노자 자신도 이유는 알지 못한 채 다만 그가 말하는 경험만을 토대로 해서 말이죠. 그가 이해할 수 있는 것은, 정념의 지배 하에서는 모든 부부/연인들 사이에 (다른 모든 곳처럼) 권력 투쟁이 필연적으로 있을 수밖에 없다는 점입니다. 하지만 압도적으로 그리고 늘 우위를 차지하는 자는 남성임을 그는 단지 확인하는 데서 그치고 있습니다. 스피노자는 이것이 잘된 일이라 말하는 것이 아니라 사람들이 그 점에서 바뀔 수 없으며 정치제도는 이를 "안고 갈" 수밖에 없다고 보는 거죠.

보브 그런 상황이 극복될 수 있다면 이는 오직 이성의 산물일 텐데….

마트롱 아무렴, 당연히 그렇습니다. 바로 이 때문에 저는, 스피노자에 따르면 오직 남성 인간만이 『윤리학』에서 말하는 의미의 "자유로운 인간"이 될 수 있다고 말하는 자들에 전적으로 반대합니다. 오히려 정반대로, 『윤리학』 4부 부록의 20항에서 이성의 인도에 따라 살아가는 자들의 결혼에 대해 스피노자는 그것이 '남자 그리고 여자의' (utrisque, viri scilicet & faeminae) 정신의 자유에 바탕을 두는 것이 가장 좋다고 아주 분명하게 말하고 있습니다. 그에게서 이상적인 결혼이란 두 당사자 모두의 정신의 자유—물론 그가 정의한 의미의 자유—에 바탕을 둔 결혼입니다. 그러므로 『윤리학』의 '자유로운 인간'(homo liber)에서 'homo'는 [남성이라는 의미가 아니라] 유적 의미를 지니며 당연히 여성일 수도 있습니다. 그리고 스피노자가 결혼이라는 문제를 모든 자유로운 인간에 대해 제기하고 있는 이상, 두 성 각각에 거의 동수의 자유로운 인간이 있다고 가정할 수밖에 없습니다.

보브 그것이 우리가 근거로 삼을 수 있는 스피노자의 유일한 구절이죠.

마트롱 그럼요. 그는 이 문제에 대해 그리 많이 쓰지 않았습니다.

모로 누구를 반박하고자 하시는 말씀인가요?

마트롱 누군가 언젠가 성차별주의가 스피노자주의 윤리의 근본 특징인데 제가 이를 "은폐한다"고 비난한 적이 있는데 그를 염두에 둔 것입니다. 이후 그는 자신의 박사논문에서 (이번에는 제 이름은 거론하지 않고서) 제가 행한 분석, 곧 스피노자에 따르면 **정념에 사로잡힌 인간들**은 필연적으로 여성을 **정치권력**에서 배제하고자 한다는 분석을 근거로 이를 정당화했습니다. 마치 그것이 **스피노자 자신이**(그리고 스피노자에 따르면 이성의 인도 하에 살아가는 모든 인간이) 자유로운 인간의 공동체로부터 여성을 배제하는 근거인 양 말이죠. 저는 그것이 스피노자에 대해서도, 부수적으로는 저에 대해서도, 그다지 '공정한 게임'은 아니라고 생각합니다.

보브 그러니까, 점점 더 이성화되는(스피노자 식의 정치적 합리성이라는 의미에서) 사회를 생각해 본다면, 그때에는 해방의 정치적 희망을 내다볼 수 있겠지요. 하지만 당신은 이것이 여전히 전적으로 의심스러운 것이라고, 또한 우리는 이것을 단지 희망할 수만 있다고 말합니다. 심지어 이 희망이 체계 외적인 것이라고. 따라서 당신 말대로라면, 이 희망은 코나투스 자체에는 함축되어 있지 않은 셈이죠? 코나투스는 희망의 원리가 아닌가요?

마트롱 물론 코나투스는 희망의 원리입니다. 하지만 코나투스가 그걸 이루리라는 보증은 전혀 없습니다. 인간은 자연의 일부에 불과하니까요.

모로 『그리스도』라는 주제로 작업하신 이유는 무엇인가요? 제가 알기론 이 책은 가장 심하게 공격받은 책입니다. 오늘날은 더욱더 그렇죠. 이 책은 스피노자 연구자들의 준거 중 하나이니까요. 그런데 20년 전에 사람들은 이 책이 맑스주의 책이라고도 했고 기독교 책이라고도 했고…. 얼마간은 둘 다라고도 했죠. 이 책에서 당신이 다루는 물음은 당시 스피노자 연구에서 완전히 부재했던 것입니다. 당신은 연구의 한 영역을 창조한 셈이죠.

마트롱 무지자들의 구원이라는 문제에 관심은 있었지만, 왜 그 책을 쓰기까지 했는지는 정확히는 모르겠습니다. 아마도 스피노자가 무지자들의 구원을 믿는다고 선언할 때 그가 두말할 것 없이 거짓말을 하고 있다고 믿는 자들에 제가 발끈했기 때문일 겁니다. 저는 스피노자가 거짓말을 할 수 없을 뿐만 아니라(그랬다면 이는 그 자신의 윤리와 상반되는 셈이 될 테니까), 그가 무언가를 증명할 수는 없지만 믿고 있을 경우 그는 문제에 대해 틀림없이 진지하게 숙고한다고 생각했죠. 게다가 스피노자 자신이 무지자들의 구원의 문제를 그리스도의 정체라는 문제와 명시적으로 연관시키고 있는 이상, 따라서 저도 그가 그리스도에 대해 언급하고 있는『신학정치론』의 모든 구절을 검토하게 되었고, 그 다음에는 그가 속한 역사적 맥락과 이 맥락에 선행하는 역사적 맥락 등등을 하나하나 따져 보게 되었습니다.

모로 『신학정치론』을 진지한 의미의 철학 텍스트로 보려는 의지가 있었던 셈이군요.

마트롱 그래요. 늘 그렇게 생각했습니다. 심지어 선험적인 것이기도 했죠.

모로 그런데 당신은 『그리스도』에 담긴 분석 유형을 단 한 번도 재개하지 않았죠? 몇 가지 정정사항과 더불어 『개인과 공동체』의 논점들을 다시 다루는 논문들은 있는데, 『그리스도』가 아니라…. 그렇다면 당신은 이 책을 왜 썼는지도 정확하게 기억할 수 없고…. 게다가 후속 작업도 없고!

마트롱 그러네요.

모로 지금 쓰고 계신 책은?

마트롱 제가 쓰리라 마음먹고 있는 책이 여럿 있습니다. 그런데 제가 너무 게을러서요. 『지성교정론』을 다루는 책의 한 장은 이미 썼습니다. 제 희망은 스피노자가 교수자격 시험 프로그램에서 빠져 버리기 전에…. 내년 안에 끝내는 겁니다만. 나머지는 『윤리학』을 다룰 텐데, 이것이 한 권이 될지 여러 권이 될지는 잘 모르겠습니다. 한 권은 거의 준비가 되었습니다. 이제 '세련된 프랑스어로' 집필하는 일만이 남았다는 의미에서 말이죠. 이 책은 영원성을 다루며, 제가 한 강의를 바탕으로 한 것인데, 사실 이 강의는 영원한 삶과 신체 문제를 다룬 제 논문을 상술한 것이기도 합니다. 만일 제가 모든 것을 단 한 권에다 묶는다면, 이 부분은 제일 마지막 장이 될 겁니다. 그 밖에 최근 몇 년간 제가 아주 몰두한 또 다른 문제가 하나 있습니다(게다가 이는 전세계는 아니더라도 적어도 브라질과 멕시코에 제가 전파한 강의 주제이기도 합니다). 이는 『윤리학』의 처음 정리들, 그리고 『소론』의 첫번째 대화로부터 이 정리들이 발생되는 과정을 다룹니다. 제 생각에 『소론』의 이 대화는 모든 것의 출발점입니다(이는 라쉬에즈-레이와 델보스의 관점이고, 게루와 미니니F. Mignini의 관점은 다르죠). 두번째 단계는 엄밀한 의미의 『소론』으로 이루어지며, 세번째 단계는 이 『소론』의 첫번째 부록으로, 네번째 단계는 올덴부르그에게 보내는 「편지」 2와 4 — 이 편지들은 제가 보기엔 『소론』의 부록보다 시기상 더 뒤입니다(하지만 모든 이들이 그렇게 생각하는 건 절대 아닙니다)—로, 그리고 다섯번째 단계는 『윤리학』의 초고(이 초고의 처음 정리들이 무엇인지는 다들 알고 있습니다)로 이루어집니다. 그리고 마지막으로, 『윤리학』의 두번째 원고가 있죠. 저는 어딘가에서 하나의 속성을 가진 실체들에 대한 이론이 『윤리학』 이전의 모든 저작들에 완벽하게 적용된다는 것 —이렇게 보면 이것들은 게루의 관점에 완벽히 부합하는 저작들인 셈입니다—, 그리고 『윤리학』에서부터 비로소(그리고 아마도 『윤리학』의 두번째 원고에 가서야) 더 이상 하나의 속성을 가진 실체는 더 이상 말할 수가 없고 하나의 속성 하에 고려된 실체라고 해야 한다는 점을 잠깐 언급할 생각입니다. 제가 보여 주려는 내용의 방향은 실재적인 것은 완전히 가지적이라는 관점(스피노자는 이를 점점 더 선명하게 의식하게 됩니다)과 역량의 존재론(반면 이는 완전한 성숙에 이르지는 못했죠)이 동시에 진전되어 간다는 점입니다. 양자는 절대적으로 연결되어 있으니까요. 그 결과는 『윤리학』의 처음 정리들에서 직관지의 여러 수준들을 가려낼 수 있다는 것인데, 이 수준들은 스피노자가 이 정리들에 이르기 위해 쭉 거쳐간 상이한 단계들의 응축이라 할 수 있습니다. 저는 처음 8개 정리와 이 정리들의 주석들에서 점점 더 직관적이 되어 가는 세 가지 수준을 구별합니다. 하나는 정리들 자체로 구성되고, 또 하나는 정리들 일부와 주석들 일부로, 세번째는 정리 8의 두 주석으로 구성됩니다. 다른 한편, 이 세 수준은 신 존재 증명으로도 재발견되며, 세번째 수준은 곧바로 역량의 존재론에 이릅니다. 그러니까 마지막 신 존재 증명(정리 11의 주석에 나오는 증명)의 함축들을 완전히 펼쳐내면, 결과는 정리 16(실체의 무한한 산출성을 다루는 정리)과 거의 동일하다는 것을 알 수 있을 정도로 말입니다. 따라서 이로부터, 스피노자에게서 신의 실존은, 따라서 그의 본질 역시, 산출성이며 그 외 다른 것이 아니라는 것, 산출성은 결코 선행적으로 정립된 신의 본질에서 따라 나오는 특성이 아니라는 것, 스피노자가 적어도 지향했던 바는 이것이었다는 결론을 도출할 수 있습니다. 그런데 이런 **결론을 도출할 수 있다**는 것이지, 제가 『개인과 공동체』에서 그렇게 했던 것처럼, 그리고 이후 종종 그렇게들 하듯(그런데 저하고는 무관하게, 오히려 들뢰즈와 네그리의 영향으로) 단순히 이를 공언할 수 있다는 게 아닙니다. 그런 후 저는 이것이 『윤리학』에―2부의 처음 정리부터 정리 9까지 포함해서 말입니다. 여기까지는 아직 일반 존재론이 다뤄지니까―가져오는 모든 효과를 보여 주려고 합니다. 만일 제가 책을 단 한 권만 쓴다면, 이것이 1부가 될 수 있을 겁니다. 마지막은 영원성이구요. 그리고 이 둘 사이에 뭐가 올지는 아직 잘 모르겠습니다. 이 부분에서 저는 여러 논문들을 종합하면서 제목을 '코나투스의 헌신들'로 붙일까 하고 있습니다. 사실 저는 정치적 코나투스까지 포함해서 이 모든 문제에 대해 많은 것을 썼으니까요. 하지만 이것도 외적 원인들로 설명되는 한에서의 신이 저에게 충분한 시간을 줘야지요!

보브 한 개체의 역량이란 결국 그가 산출하는 결과들에 있으니 하는 말입니다만, 『개인과 공동체』를 집필할 당시 당신이 스피노자 학파의 수장이 되리라 생각하셨나요?

마트롱 당연히 그랬죠. 저의 은밀한 희망, 감히 제 자신에게도 털어놓지 못한 은밀한 희망은 책을 내자마자 곧바로 제가 만인에게 인정되고 지지받는 것이었을 겁니다. 물론 그러지 못했지만 말입니다.

보브 당신의 은밀한 욕망은 태어난 지 바로 몇 분 후에 그 책을 쓰는 것이었겠죠…⁵⁾

마트롱 저의 개체적 본질이 저 먼 미래에 다시 현실화된다면 그럴지도 모르죠! 하지만 진지하게 말해, 이 책은 아주 오랫동안 완전히 무시되고 멸시되었습니다. 몇몇 사람을 제외하고 말이에요. 당신 둘 다 이 몇몇에 포함된 것에 무한히 감사드립니다.

모로 『카이에 스피노자』(Cahiers Spinoza)나 1977년 이후 결성된 스피노자주의자 네트워크의 존재는 당신 작업을 확산시키는 증폭의 효과를 낳았죠. 하지만 이미 그 전에도 이 작업은 입으로 귀로 인정되어 왔습니다. 제 기억으로는, 1972년 교수자격시험에서 스피노자가 프로그램에 있었고, 우리 세대 시험 준비생에게는 스피노자 해석 하면 바로 게루와 당신이라는 건 자명한 사실이었습니다. 알튀세르가 학생들과 토론하면서 당신 두 분을 거명했던 것도 기억납니다. 누군가 이렇게 말했죠. "아, 그래 마트롱. 『개인과 공동체』는 읽어야 돼. 『그리스도』는 시험하고는 별로 상관이 없으니까". 그러자 알튀세르는 이렇게 덧붙였죠. "게루 안에는 『윤리학』의 모든 정리들이 다 있지. 심지어 스피노자가 빼놓은 정리들까지도 말야. 그런데 게루와 스피노자 사이에는 아무것도 일어나지 않아. 반면 마트롱과 스피노자 사이에는 무언가가 일어나지".

마트롱 들뢰즈의 막대한 영향도 있었죠. 저는 늘 들뢰즈를 아주 찬미했습니다. 그는 천재죠. 게다가 재미있는 천재!

모로 들뢰즈는 스피노자 집단 바깥에서 훨씬 더 큰 영향을 미쳤죠. 저는 오늘날 스피노자를 연구하는 자들에게 들뢰즈는 오히려 정신의 자극제로, 몇몇 주제들에 대해 직관을 가진 자로 간주되지 않을까 생각합니다.

---

5) 「스피노자의 인간학?」(Anthropologie spinoziste?)이라는 논문에서 마트롱은 다음과 같이 말한다. "우리 이성보다 훨씬 더 쉽게 발달하는 이성을 지닌 존재자들(가령, 스피노자의 『윤리학』을 태어난 후 5분 후에 이해할 수 있는 존재자들)을 생각해 볼 수 있다…"(『17세기 인간학과 정치학 : 스피노자 연구』 p. 25).

마트롱 비상한 직관들이죠…. 그리고 거기에는 스피노자에 대한 직관도 포함됩니다!

보브 하지만 스피노자 연구자들을 매료시킨 건 『스피노자와 표현의 문제』보다는 들뢰즈의 다른 저작들입니다(특히 스피노자는 거의 다루지 않은 『차이와 반복』을 염두에 두고 하는 말입니다만). 스피노자에 대한 당신 작업의 특수성은 개방과 확장을 고취하는 소질입니다. 마치 우리가 스피노자주의적인 끝없는 산출 과정에 **당신과 더불어**(그리고 이건 들뢰즈주의식으로 말해야 합니다!) 있는 양….

모로 저에게 인상적인 점은 스피노자에 대한 책을 출판한 최근 저자들, 가령, 앙리 로나 로랑 보브, 샹탈 자케, 요하니스 프렐로렌조, 그리고 저 자신까지 포함해, 우리는 모두 아주 상이한 테제들을 가지고 있지만, 이는 늘 결국 당신의 작업이 세운 틀 안에 있다는 점입니다. 그리고 이는 심지어 프랑스 바깥에서도 명백해 보입니다. 여기로 오는 젊은 스피노자주의자들이 말하는 걸 들어 보면, 이는 프랑스 에콜 특유의 양식을 띠고 있다는 점, 그리고 이와 동시에, 만일 그들이 엄밀해지고자 한다면 그렇게 해야 한다는 점은 분명합니다. 가령, 고등사범학교 세미나에 참석하는 사람들에게는 마트롱이 현대 스피노자 연구의 가장 주요한 준거라는 점은 두말할 필요가 없습니다.

찾아보기

ㄱ

가(家, Famille) 639, 655, 656, 662, 665~667, 672, 685, 686, 694

가상디(Gassendi, Pierre) 125
　신-에피쿠로스주의 125

가족 213

갈망(*Desiderium*) 282

감사(reconnaissance) 294, 296

감정(sentiments) 122, 133, 168, 183, 211, 218, 225, 320, 334

　~모방(imitation des sentiments) 121, 222, 224, 225, 232, 237, 251, 267, 372, 378, 383, 384, 393, 397, 432, 554

　긍정적 ~ 706, 725

　능동적 ~(les sentiments actifs) 226, 235, 243, 320, 327, 333, 340, 608, 717, 718, 726, 749, 756, 758, 765

　부정적 ~ 706

　수동적 ~(les sentiments passifs) 320, 332, 340, 756, 758, 761

감정역학(mécanique des sentiments) 767

　~의 일반법칙 753

감정연합(association des sentiments) 170, 282, 708

　~의 여섯 가지 경우 168~170

　우연적인 인접성에 의한 연합 174, 183

　유사성에 의한 연합 176, 184

개인의 도덕적 완성도 702

　자유로운 인간 702

　정직한 무지자 702

개체 491

게루(Guéroult, Martial) 753
  『스피노자 II』 753
  『유대 신비주의의 주요 흐름』 50, 844
결과(effet, résultat) 24, 25
겸손(humilté, Humilitas) 234, 312, 608, 628, 632
경멸 306
경악 305, 526
경쟁심 224
경제적 인간 728
경탄(admiration, Admiratio) 237, 269, 304, 310, 313, 314, 433
계시 626
고결한 것 231
고통(douleur, Dolor) 144
골드슈미트(Goldschmidt, Victor)
  『플라톤의 대화편, 변증술의 구조와 방법』 153
공동체(communauté) 35, 214, 249, 301, 317, 460, 842
  생물학적 공동체 214
  야만인의 공동체 522, 525
  인간 공동체 228
  현자들의 공동체 226, 396, 397
공통관념(les notions communes) 107, 120, 151, 322, 342, 401, 712, 763, 772, 777, 778, 780, 790, 798, 832
공통특성 83, 85, 105, 224, 373, 377, 698, 761, 767, 776, 780, 784, 800
공포 129, 305, 465, 478, 500, 532, 557, 576, 607, 608, 632, 634
과대평가(surestime, Estimatio) 215, 607, 717
관념(idée) 52, 56
  무한관념 842
  신의 관념(idée de Dieu) 53, 55
  적합한 관념(idée adéquate) 343, 356
관념론 751
관대함 746
교역 533, 611, 629, 649, 665, 680, 704, 708
국가(l'Etat) 361, 411, 420, 451, 462, 469, 474, 478, 495, 506, 609, 667, 698, 746
  국가 구조에 대한 스피노자적 시각 491
  국가권력 464, 465, 492, 540, 620, 649
  국가의 본질 803
  군대 481, 476, 565, 566, 574~576, 620, 638, 680
  사법부 485, 487, 488, 547, 559, 614, 632, 663, 683, 697
  소유권 481
  소유제 480, 481, 485, 488, 610, 629, 659, 676, 679, 681, 695
  자문부 474, 481, 483, 485, 488
  자유 국가 414, 605, 649, 697, 700, 720, 725, 728, 747, 755, 770, 839

주권 474, 488, 610, 620
주권자 420, 464, 472, 474, 477, 599, 629, 635
중간제도 487, 488, 567, 578, 689
지도자 선별방식 487, 485, 488, 543, 553, 616, 638, 661, 671, 676, 693
집행부 474, 483, 488, 544
통제부 474
통치제도 474, 483, 488, 514, 567, 578, 619, 634, 652, 689, 692
  통치제도로서의 종교 480, 481, 488
  하부제도 481, 483, 485, 487, 514, 572, 688
국교 662, 682
군주정(Monarchie) 281, 282, 315, 464, 471, 472, 497, 505, 528, 567, 583, 584, 588, 597, 607, 610, 671
  군주 623, 653
  궁정 572, 573
  아라곤적 국면 584, 588~590
  영국적 국면 585, 588
  이상적 군주정 247, 257, 414, 489, 552, 553, 605, 650, 672, 681, 684, 685, 697, 699, 700, 749
  이상적 군주정의 세피로트 도식 489
  최악의 정치로서의 "절대" 군주정 572~581, 623, 668
  투르크적 국면 587, 588, 597, 601, 651
  히브리 군주정 579, 589

굳건함(Animositas) 735, 762, 834, 845
굴욕(abjection, Abjectio) 215, 216, 607, 735
권리(Droit) 424, 427, 455, 467
  실질적 권리 422
  형식적 권리 423
귀족정(Astrocratie) 281, 314, 464, 471, 497, 528, 531, 540, 565, 610
  귀족회의(Patriciat) 681, 694
  번영기의 귀족정 588, 593
  쇠락기의 귀족정 543, 588, 593, 607
  연방제 귀족정 688, 691, 695, 698, 701
  원로원 674, 676
  이상적 귀족정 247, 257, 315, 414, 553, 605, 650, 699
  이상적 귀족정의 세피로트 도식 489~490
  이상적인 중앙집권적 귀족정 686
  자문위원회 675
  중앙집권적 귀족정 670, 688, 700, 779
근본요구 616
기쁨(joie, Laetitia) 122, 125, 131, 139, 141, 143, 320, 325, 506, 607, 608, 712
  과잉된 기쁨 722
  능동적 기쁨 804, 805, 811
  수동적 기쁨 722

ㄴ

내재성 496, 502
내재적 원인 782
내적 만족(Satisfaction intérieure, *Acquiescentia in se ipso*) 608, 784, 812, 824
내전 525
능산자(naturant) 26, 27, 29, 32, 791
능산적 자연(nature naturant) 36

ㄷ

다비(Davi, Georges) 284
『어제의 사회학자와 오늘의 사회학자』 284
다중 464, 522, 525, 538, 566, 670, 687
덕(vertu) 351, 352, 355~357, 378, 845
데보린(Deborin, Abram Moiseyevich) 844
데카르트(Descartes, René) 20, 45, 507, 508
도덕심(conscience morale) 495
동일시 208, 210, 212, 213, 214, 299, 641, 730, 828
두닌 보르코프스키(Dunin Borkowski) 52
『스피노자의 시대: 필생의 과업』 52
드라테(Derathe, Robert) 222
『장-자크 루소와 당대의 정치학』 222
드장티(Desanti, Jean Toussaint) 164
『철학사 입문』 164

ㄹ

라쉬에즈-레이(Lachieze-Rey, Marc) 24, 27, 751
라이프니츠(Leibniz, Gottfried) 57, 841
레바(Révah, Israël Salvator S.) 825
레비-발랑시(Eliane Amado Lévy-Valensi) 50
『유대주의 신비적 전통에서 근본악과 대속』 50
로트, 레옹(Roth, Léon) 833
루리아, 이삭(Luria, Isaac) 50, 844
루크레티우스(Lucretius) 137

ㅁ

맥퍼슨(Mcpherson, Crawford Brough) 318
『소유적 개인주의의 정치 이론』 318
멸시 304
명예(gloire, *Gloria*) 233, 234, 235,

608, 826
모나드(Monad) 841
모세(Moïse) 270, 526, 530, 623, 627
모스(Mauss, Marcel) 240, 295
   과시적 증여 239, 317
   증여론 240
목적론(Finalisme) 124, 151, 157, 183, 260, 263, 367, 369, 452
목적성 309, 331
몰리에르(Molière) 710
   『수전노』 710
   아르파공 710
무시 215, 607
무지자 738~740
무한지성(l'Entendement infini) 30, 36, 51, 52, 55, 398, 453, 505, 794, 816, 834, 843, 845
문명(civilisation) 551
물체(corps) 43~48, 166, 334, 429, 498
   가장 단순한 ~(corpora simplicissima) 44, 46, 47, 49, 54, 57, 66, 75, 77, 429
   ~ 방정식(Equation corporell) 140, 141
   이질적 ~(les corps étranger) 497, 498, 500, 650, 670, 699
   합성된 ~(les corps composés) 61, 62, 75
미신(superstition) 158, 159, 173, 197, 198~208, 216, 269, 288, 299, 306, 317, 519, 521, 557, 565
미움(haine, *Odium*) 122, 131, 144, 296, 305, 402, 462
   미움과 기억 146
민주정(Démocratie) 314, 464, 484, 497, 511, 513, 514, 528, 539, 610, 622, 650, 698
   원시 민주정(Démocratie primitive) 506, 530, 588, 593
   이상적 민주정(Démocratie idéale) 414, 605, 692, 701, 803
   제한된 민주정 540, 541

ㅂ

발링(Balling, Pieter) 827
발생적 정의(définition génétique) 23~25, 781
법(Lois) 624, 629, 630, 633, 634, 637
베르니에르(Vernière, Paul) 41
베버(Weber, Max) 710
벨(Bayle, Pierre) 41
변용(affections) 69, 70, 72, 89, 166
   내적 변이 69, 90
   수동적 변용 72, 90, 91
   외적 변이 69, 90
   재생 68, 90
   커짐과 작아짐 68
보르코프스키(Borkwski, Dunin) 52

본성 81, 382, 385, 386
본질(essence) 61, 81, 323
   개체적 본질 31, 37, 38, 52, 80, 130, 321, 331, 370, 403, 493, 697, 753, 779, 787, 800, 806, 808, 822, 834, 839
   독특한 본질 34, 35, 84, 85, 135
   본질과 본성 80~81
   현행적 본질 469
부대현상론 751
부르주아 228, 673, 713
부정적인 변이 139
분개(indignation, *Indignatio*) 211, 225, 607
분노 292
뷔요(Vulliaud, Paul) 844
   『스피노자의 서재』 844
브륑슈빅(Léon Brunschvicg) 751
블뤼엔베르흐(Blyenbergh, Guillaume de) 142, 741
비난(blâme, *Vituperium*) 231

ㅅ

사랑(amour, *Amor*) 122, 124, 127, 128, 131, 144, 145, 146, 151, 209, 279, 282, 296, 305, 607, 785
   사랑과 기억 145
   성적 사랑 212
   신을 향한 사랑 785, 786, 789, 790, 803, 805, 806, 808~810, 813~815, 820, 826, 829
   신의 지적 사랑 789, 790, 803, 809, 810, 813~815, 818, 820, 822~824, 830
   자기애 127, 308, 309, 311, 316, 824
   조국애 210
사르트르(Sartre, Jean-Paul) 289
   『변증법적 이성 비판』 289
사유(Pensée) 49, 50, 56, 377, 492, 752, 794, 841
사치금지법 562, 611
사회계약(le Contrat social) 36, 414, 438, 444, 446, 447, 448, 452, 459, 513, 746
3종의 실존 845
상상(imagination) 98, 797
상호성(réciprocité) 451, 786
   긍정적 ~(~ positive) 290, 302, 431, 433, 457, 462, 466, 477, 533, 643, 738, 739, 741, 743
   부정적 ~(~négative) 290, 302, 433, 457, 462, 477, 739
   일탈적 상호성 278, 738
선 124, 153, 161, 326, 352, 478
성무 감독권 549, 565, 578, 614, 632, 663, 683, 697
세금 572, 573
세피로트(séfirotique) 50, 488~490

유사-세피로트 120, 121, 165, 208, 217, 278, 289, 329, 336, 345, 490, 606, 756, 788, 790, 820
소외(aliénation) 132, 164, 175, 224, 275, 277, 380, 384, 425
   경제적 소외 164
   이데올로기적 소외 164, 260
속성 27~29, 42, 96, 782, 801
숄렘(Scholem, Gershom) 50, 807, 844
수치(honte, *Pudor*) 231, 233, 234, 608, 634
숭상 306
슬픔(tristesse, *Tristitia*) 122, 131, 139, 140, 141, 143, 324, 607, 712, 718, 722
   간접적으로 선한 슬픔 628, 632, 634, 644
시간적 고려 767, 769
시기심(envie, *Invidia*) 211, 254, 255, 259, 276, 303, 314, 402, 480, 484, 512, 569, 571
   경제적 시기심 484, 486, 662
   비교에 기반을 둔 시기심 539, 544, 556, 690
   정치적 시기심 513
시민 상태 414, 454, 479, 527
신정(Théocrathie) 413, 471, 607, 623, 642, 646, 719, 770
   이상적 ~ 413, 605, 632, 641, 699
   히브리 ~ 203, 228, 286, 589, 641
   히브리 신정의 붕괴 원인 639

실체(Substance) 27, 28, 31, 34, 779, 780, 795, 796

ㅇ

아리스토텔레스(Aristotle) 150
아퀴나스, 토마스(Aquinas, Thomas) 124
아쀵(Appuhn) 38
악 161, 478
안심(sécurité, *Securitas*) 186, 188, 305
알렉산더 대왕(Alexander the Great) 205, 207
알퀴에(Alquié, Ferdinand) 750
야망(ambition, *Ambitio*) 229, 237, 239, 249, 394, 442, 679
   명예의 ~(Ambition de gloire) 229, 237, 262, 267, 274, 276, 312, 379, 394, 432, 608
   비교에 기반을 둔 야망(Ambition comparative) 312
   정념적인 야망 762
   정치적 야망 712
   지배의 야망(Ambition de domination) 244, 258, 265, 270, 276, 303, 313, 394, 402, 432, 478, 484, 486, 512, 559, 569, 662, 691
양상적 고려 765, 769

양태(mode) 27
  매개적 무한양태 32, 35, 37, 39, 105
  무한양태 506, 792, 799
  사유의 유한양태 53
  영원한 유한양태 840, 842
  유한양태 35, 45, 51, 52, 78, 416, 506, 792, 793, 819
  직접적 무한양태 32, 35, 37, 39, 51, 52, 105, 794
역량 448, 459, 467, 470, 485
  사유 역량 140, 162, 805
  실존 역량 800
  이성의 역량 770
  활동 역량 76, 78, 93, 140, 141, 167, 188, 189, 321, 773, 784, 785, 797, 805, 807, 812
연민(pitié, Commiseratio) 225~229, 254, 259, 262, 379, 432, 608
연장(l'Etendue) 25~27, 41, 42, 46, 48, 49, 52, 377, 492, 750, 752, 771, 779, 781, 782, 791, 793, 794, 796, 799
영웅주의 735
영원의 구도 788, 790, 811, 816, 818, 826
영원진리 798, 799, 831
영토 666
영토제도 491, 685
영혼(Âme) 56, 57, 93, 95, 132, 360, 482, 749, 794, 798, 838
영혼의 동요(fluctatio animi) 170, 184, 185, 241, 252, 264, 269, 294
오라녜가의 기욤(Guillaume d'Orange) 276, 642, 669
오만(orgueil, Superbia) 215, 216, 217, 290, 569, 607, 717, 735
온화함(humanité, Humanitas) 231, 394
요가 807
욕망(désir, Cupiditas) 122, 126, 128, 130, 131, 132, 135, 333, 379
  능동적 욕망 321, 347, 762
  명예의 욕망 243
  스피노자의 욕망 129~131
  이성의 욕망 748
  이성적 욕망 347, 400, 403, 440, 725, 733, 746, 747, 764, 766
  정념적 욕망 342, 343, 346, 440, 724, 725, 735, 747, 749
  참된 인식에서 생기는 욕망 342, 343, 344
  홉스의 욕망 126~128
우리 유사한 자들(인간) 211, 220, 227, 373, 380, 721, 736, 786, 829
우울(Melancholia) 144, 718
우연적 인접에 의한 전이 729
우주론 507~508
  데카르트의 우주론 507~509
  스피노자의 우주론 508~509
운동(mouvement) 796
운동-감각 능력 836

운동과 정지(mouvement et repos) 25, 760, 772, 791
    운동과 정지의 비율(proportion de mouvement et de repos) 44, 47, 48, 59, 62, 64, 71, 82, 357, 362, 601, 835
    운동-정지 32, 43, 46, 48, 52
울프슨(Wolfson, Harry Austryn) 825
    『스피노자의 철학』 825
위앙(Huan, Gabriel) 52
    『스피노자의 신』 52
유사성 223, 274, 372, 381
의존성 454, 455, 479
이기주의 126, 128, 130, 131, 380
    생물학적 이기주의 348, 370
이미지 98, 145, 146, 166, 209, 728, 752, 754, 772, 773, 776, 807, 838
이상적 통치형태의 구조(표) 622
이성 322, 327, 358, 370, 379, 386, 390, 411, 449, 456, 595, 712, 751
    ~ 발달의 조건 600
    ~적 인간 738, 743
    ~의 진보에 유리한 지각장(le champ perceptif) 642
이성적 인간이 따르는 세 규범 726
    긍정성의 원칙 726, 733, 742, 744
    대조의 원칙 726, 729, 740
    신중함의 원칙 726, 730, 739
이스라엘, 므나세 벤(Israel, Menasseh ben) 844

이전(transfert) 454, 467
2종의 실존 845
이행 812, 813
인간의 모습을 한 신 180, 266
인간의 영혼 837
인격숭배 276, 285, 307, 525, 567, 579, 585, 650, 651, 668
인식(connaissance) 331, 363, 393, 400, 403, 734
    1종의 인식 766, 797
    2종의 인식 322, 323, 328, 334, 774, 780, 788, 797, 799, 801, 820, 833, 834
    3종의 인식 131, 213, 311, 324, 788, 789, 790, 792, 795, 796, 797, 799, 800, 801, 804, 808, 809, 813, 819, 822, 823, 825, 828 832, 833
    선악에 대한 참된 인식 324, 325, 326, 327, 328, 329, 330, 333, 335, 646, 725, 733, 748, 765
    이익에 대한 참된 인식 356

ㅈ

자가-조절(auto-régulation) 73, 301, 702
자기만족(Contentement de soi, *Acquiescentia in se ipso*) 234, 303, 308

자문권력(pouvoir consultatif) 472, 619 620, 653
자문부(Consultatif) 674
자연 상태(l'etat de nature) 119, 173, 227, 241, 316, 341, 411, 412, 414, 428, 430, 432, 433, 436, 438, 445, 454, 458, 494, 500, 511, 513, 527, 529, 595, 719, 766, 770
자연권(le droit naturel) 40, 41, 42, 115, 414, 417, 418, 420, 422, 423, 424, 426, 443, 448, 450, 467
   홉스의 자연권 418~420
자연의 지배자(rector naturae) 150, 157, 158, 173, 180, 192, 199, 206, 260, 261, 267, 499, 535, 783
자유(liberté) 734
자유로운 인간(l'homme libre) 729, 730, 732, 733, 737, 739, 740, 742, 743, 744, 745, 747, 749, 757, 779, 804
자크, 실뱅(Zac, Sylvain) 804
적선(Aumône) 228, 259, 318, 549
전 우주의 얼굴(Facies Totius Universi) 32, 48, 53, 55, 59, 64, 74, 82, 422, 493, 506, 791, 840
전율 306
전이(transfert) 165, 183, 184, 208
   우연적 인접에 의한 ~ 729
전쟁 296, 500, 574
절망 186, 188
정념(passion) 122, 219, 330, 332, 333, 343, 360, 382, 401, 456, 478, 498, 606, 607, 722, 749, 758, 832
   비교에 기반을 둔 정념 437
   17세기의 정념 이론 122~127
   아퀴나스의 정념 이론 123~124
정서모방 583
정서역학 754
   ~의 일반법칙 449, 756, 764, 770, 775
정식 F 62, 63, 64, 96, 98
정식 F' 65, 102
정신들의 코뮤니즘 844
정치 297
   스피노자의 ~ 이론 115, 412
   ~사회 239, 241, 404, 411, 412, 428, 438, 446, 452, 456, 467, 469, 476, 493, 495, 496, 505, 506, 595, 598, 698, 744
   ~적 균형 603, 604, 605
   ~학 405, 406, 592, 593
제도(institutions) 296, 319, 435, 487, 490, 497, 530, 550, 594, 609, 671, 737
   제도의 진화 504, 505
조건형성(conditionnement) 184, 241, 313, 319, 355, 383, 426, 495, 596, 613, 638, 703, 720, 723, 731
   문화적 조건형성 152
   심리적 조건형성 478, 611, 627
   우연적인 조건형성 302
   자유주의적 조건형성 729, 731

재조건형성 243, 563
정치적 조건형성 257, 288, 336, 341, 347, 429, 723, 724, 734, 738, 742, 764, 777
정치-종교적 조건형성 291
제도적인 조건형성 282
조롱 305
『조하르』 50
종교(Religion) 265, 268, 479, 480, 536, 558, 576, 613, 625
   교회(Eglise) 546~549
   무신론(Athéisme) 205~206
   미신(superstition) 158, 159, 173, 197, 198~208, 216, 269, 288, 299, 306, 317, 519, 521, 557, 565
   보편종교 159, 172, 173, 205, 265, 287, 537, 558, 613, 662, 683, 697, 707, 712
   사변적 신학자 613
   최소한의 믿음 159, 172, 265, 268, 537, 558, 613, 614, 649, 663, 683, 707, 712, 783
죽음 137, 732, 733, 830, 835
지복(béautitude) 811, 813, 817, 824, 825, 829, 845, 838, 842
지성주의(intellectualisme) 348, 358, 362, 367, 370, 389, 390, 393, 728
지속(durée) 36, 40, 46, 800, 801
지속의 구도 788, 790, 804, 816, 818, 820, 826, 828, 829

지적 조명 782
질투(jalousie, *Zelotypia*) 272, 278, 281, 286
집단적 규율 460, 465, 470
집행 653
집행권력(pouvoir exécutif) 473, 619, 620, 635
집행부(Exécutif) 674

ㅊ

초월성 494, 496, 502
최고선 363, 364, 390, 737, 820
충동 133
취른하우스(Tschirnhaus, Ehrenfride Walter von) 29
층첩(emboîtement) 78, 83, 224
친절(Bieveillance) 225, 226
칭찬(louange, *Laus*) 231

ㅋ

카발라 49, 120, 488
코나투스(*conatus*) 20, 21, 41, 47, 72, 76, 90, 91, 115, 122, 126, 132, 135, 137, 145, 209, 228, 311, 321, 327, 332, 346, 352, 353, 354, 355, 369, 375, 376, 378, 381, 386, 416, 506,

532, 721, 722, 732, 744, 751, 761, 763, 773, 796, 800, 802, 807, 814
　개인적/개체적 ~ 21~23, 40, 47, 301, 331, 817
　국가의 ~ 493, 498, 500, 502, 515, 592, 697, 301
　신체의 ~ 752
　인간 공동체의 포괄적 ~ 224, 259, 378
　인간의 ~ 119
　정치사회의 포괄적 ~ 469
　홉스의 ~ 126~127
쾌락 125, 126, 128, 143, 718, 728
쾌활(*Hilaritas*) 143, 173, 608, 708, 718, 720
쿠슈(Couchoud, Paul-Louis) 38
크롬웰(Cromwell, Oliver) 585
키케로(Cicero, Marcus Tullius) 125, 222
　『최고선악론』 125, 222

'사유-내적' 평행론 753
　영원의 평행론 826
포이어, 루이스 새뮤얼(Feuer, Lewis Samuel) 674
푸펜도르프(Puffendorf) 222
　『자연의 권리와 인간의 권리』 222
풍습(moeurs) 498, 499, 500, 515, 530, 550, 554, 559, 572, 587, 593, 594, 651, 661, 671, 679, 737
　경제적 풍습 257, 516, 522, 564
　봉건적 풍습 249
　야만적 풍습 651
　이데올로기적 풍습 518, 522, 535, 564, 614
　정치적 풍습 521, 538, 564, 585
　풍습의 진화 504, 505
프랑세, 마들렌(Madeleine Francès) 159, 701
플라톤(Platon) 163
　『필레보스』 163

ㅌ · ㅍ

탐욕(*Avaritia*) 171, 210, 257
폴랭(Polin, Raymond) 221
　『토머스 홉스에서 정치와 철학』 221
평행론 54, 59, 93, 217, 223, 308, 371, 751, 754, 756, 800, 836
　관념에 대한 관념 754, 758

ㅎ

해일릿(Hallet, Herold Foster) 40
　『베네딕트 데 스피노자』 40
햄프셔(Hampshire, Samuel) 67
행위(conduite) 723
헌신 306
헤겔(Hegel, Georg Wilhelm Friedrich)

238, 239, 347

『정신현상학』 238

혐오 122

호의(faveur, *Favor*) 211, 225

홉스(Hobbes, Thomas) 126, 127, 130, 219, 221, 223, 238, 246, 303, 309, 358, 361, 363, 366, 418, 647

　『인간 본성』 221

　~의 코나투스 126~127

화폐(argent) 171, 172, 173, 533, 534, 555, 631

활동(action) 22, 24, 25, 27, 43, 50, 111, 722, 728

　활동과 행위(conduite)의 구별 722~723

효용주의(Utilitarisme) 318, 359, 735

　이성적 효용주의(Utilitarisme rationnel) 348, 355, 357, 362, 381, 386, 390, 727, 737

후회(repentir, *Poenitentia*) 302, 608, 628, 632

희망(espoir, *Spes*) 305, 478, 500, 532, 607, 608

희망과 공포(espoir et crainte) 186~194

　순환적 진화의 네 국면 194

　희망과 공포 사이의 동요 198

히브리 437, 521, 534, 623, 626, 628

히브리 국가 580, 623, 636, 640